saur

/

DGD-Schriftenreihe Band 9

Herausgegeben von der
Deutschen Gesellschaft für Dokumentation (DGD), Vereinigung für Informationswissenschaft und -praxis, e.V.
Frankfurt/Main

Marianne Buder, Werner Rehfeld
und Thomas Seeger (Hrsg.)

Grundlagen der praktischen Information und Dokumentation

Ein Handbuch zur Einführung
in die fachliche Informationsarbeit

Begründet von Klaus Laisiepen,
Ernst Lutterbeck und
Karl-Heinrich Meyer-Uhlenried

3. völlig neu gefaßte Ausgabe
Band 1

K·G·Saur
München · London · New York · Paris 1990

CIP-Titelaufnahme der Deutschen Bibliothek

Grundlagen der praktischen Information und Dokumentation :
ein Handbuch zur Einführung in die fachliche
Informationsarbeit / Marianne Buder ... Begr. von Klaus
Laisiepen ... – München ; London ; New York ; Paris : Saur.
(DGD-Schriftenreihe ; Bd. 9)
ISBN 3-598-21253-4
NE: Buder, Marianne [Hrsg.]; Laisiepen, Klaus [Begr.]; Deutsche
Gesellschaft für Dokumentation: DGD-Schriftenreihe

Bd. 1.–3., völlig neu gefasste Ausg. – 1990
ISBN 3-598-21254-2

Gedruckt auf säurefreiem Papier
Printed on acid-free paper

Printed in the Federal Republic of Germany
Druck/Binden: grafik & druck gmbh, München

ISBN 3-598-21253-4 (set)
ISBN 3-598-21254-2 (Band 1)

Geleitwort

Zur ersten Auflage schrieben noch zwei Bundesminister Geleitworte (Genscher/Inneres; Leusching/Wissenschaft und Forschung), zur zweiten Auflage begnügten wir uns mit einem Geleitwort eines der Hauptautoren, desselben, der die Freude und die Ehre hat, nun auch die vollkommen neu gestaltete dritte Ausgabe auf den Weg zu geleiten. Er ist inzwischen in der Lage, das, was zwei Jahrzehnte lang einer der Hauptinhalte seines Lebens gewesen war, in aller Gelassenheit (und mit progressiv wachsendem Verständnisabstand zu den neuen Entwicklungen) aus der Vogelperspektive beobachten und so, wie es in den beiden Bänden zum Ausdruck kommt, bestaunen zu können. Der Unterzeichner gehört zwar bei weitem nicht zur ,,Gründergeneration''. Aber er hat doch die meisten der ehemals ehrfürchtig betrachteten ,,Alten'' noch gekannt und dann die Entwicklung der ,,Information und Dokumentation'' – von den Anfängen der ,,Dokumentation'' als einer Mischung aus Bibliographie, Normung und weiterentwickeltem Bibliothekswesen, über die ,,Dokumentation und Information'' mit Beginn der Bundesförderungsprogramme bis zum heutigen Stand, der i.d.R. wohl mit ,,Fachinformation'' und ,,Informationsvermittlung'' bezeichnet wird – miterlebt.

Dieser heutige Stand mit seinen neuen, revolutionären Informationstechniken ist in den beiden Bänden der endlich vorliegenden dritten Ausgabe, wie ich meine, eindrucksvoll dokumentiert. Sie wäre nicht zustandegekommen ohne den unerhört zähen, aufopferungsvollen und kenntnisreichen Einsatz von Marianne Buder, schon seit Jahren Präsidiumsmitglied der Deutschen Gesellschaft für Dokumentation e.V., in deren Auftrag alle drei Auflagen herausgegeben wurden. Frau Buder, ihren Herausgeber-Kollegen und auch dem Verlag, der soviel Geduld aufgebracht hat, ist es zu verdanken, daß der ,,LaiLuMU'' nun radikal erneuert in Gestalt und Inhalt wieder vorgelegt werden kann.

An dieser Stelle möchte ich in herzlicher Erinnerung Klaus Laisiepens, der im vergangenen Herbst plötzlich verstarb, gedenken. Von ihm ging im Jahre 1965 der allererste Anstoß zur Herausgabe eines ,,Dokumentations-Lehrbuches'' aus.

So möge nun mit einem herzlichen Dank an alle Herausgeber und Autoren sowie an den Verlag dieses Standardwerk seinen Weg in die Hände der alten ,,Dokumentalisten'' (wenn es solche noch gibt), der ,,praktischen'' Dokumentare, Archivare und Bibliothekare mit und ohne Diplom, der Informations-Wissenschaftler, -Spezialisten, -Vermittler, -Manager, -Politiker, -Ökonomen, -Juristen und nicht zuletzt -Benutzer und Entscheidungsträger finden und ihnen gute Dienste leisten. Denn im offenbar gegebenen Gegensatz zur Meinung der heute insbesondere für die finanzielle Förderung zuständigen Ministerialbürokratie hat die ,,Information und Dokumentation'', haben die Informationswissenschaften auch und gerade in der Zukunft wichtige Funktionen für Gesellschaft, Staat, Kultur und Wirtschaft wahrzunehmen. Dazu möge dieses Werk weiterhin ein unentbehrliches Handwerkszeug sein.

Ernst Lutterbeck

Vorwort der Herausgeber

Mit der vorliegenden dritten Ausgabe hat sich ein neues Herausgeberteam darum bemüht, die aktuellen „Grundlagen der praktischen Information und Dokumentation" darzustellen. 44 Autoren aus den verschiedenen Spezialgebieten der IuD konnten für die Mitarbeit gewonnen werden. Um die vielen neueren Entwicklungen berücksichtigen zu können, mußte auf das ursprüngliche Konzept der ausführlichen ‚Einführung' verzichtet werden. Stattdessen wurde ein Handbuch angestrebt, das einerseits den Einstieg in ein Teilgebiet der IuD ermöglicht, andererseits einen insgesamt umfassenden Überblick über das inzwischen sehr breite Spektrum professioneller Informationstätigkeit bietet. Dies erforderte einen Umfang, der eine Zweiteilung anbot: Band 1 enthält schwerpunktmäßig die konstruktiven Aspekte der praktischen IuD-Arbeit, Band 2 beinhaltet die für Planungen und Entscheidungen wichtigen infrastrukturellen Themenbereiche.

Das als „LaiLuMU" bekannt gewordene Standardwerk erschien erstmals 1976, herausgegeben und zu großen Teilen selbst verfaßt von Klaus Laisiepen (Lai), Ernst Lutterbeck (Lu) und Karl-Heinrich Meyer-Uhlenried (MU). 1980 folgte die unter Mitwirkung zahlreicher Autoren völlig überarbeitete 2. Auflage.
Bereits drei Jahre später regten die Begründer und der Verlag eine aktualisierte Fassung an. Anfang Dezember 1983 wurden gemeinsam von Marianne Buder, Thomas Seeger und Gernot Wersig erste Vorschläge für eine Neustrukturierung zusammengetragen. Teile dieses Entwurfes dienten noch als Anregung für die Konzeption, mit der schließlich 1987 die 3. Ausgabe in Angriff genommen werden konnte. Im Unterschied zu den früheren Versionen liegt ihr nicht mehr ein institutionenbezogener Ansatz, sondern eine funktionale Betrachtungsweise zugrunde.

Die beiden ersten Auflagen beschrieben die historische Entwicklung der IuD sowie ihre methodischen und organisatorischen Grundlagen. Sie zeigten die Information und Dokumentation der 70er Jahre, wie sie sich als eigenständiges Tätigkeitsfeld etabliert hatte, geprägt durch eine fortschreitende Institutionalisierung und ein vor allem für die Literaturdokumentation hoch entwickeltes Methodeninstrumentarium. Die Darstellung der Historie und der intellektuellen Methoden hat weitgehend noch immer Gültigkeit, so daß Aktualisierung weniger Ersatz als Fortschreibung der 2. Auflage bedeutet.

Die 3. Ausgabe zeigt den heutigen Stand der Informationsarbeit in seinen vielfältigen Ausprägungen und Funktionen. Sie knüpft an die klassische IuD an, die Ausgangs- oder Bezugspunkt für die Darstellung der neueren Entwicklungen ist. Bis in die späten 80er Jahre hat sich das Tätigkeitsfeld ständig erweitert. Die modernen Methoden, Techniken und Systeme bieten zusätzliche Anwendungsmöglichkeiten. Bezeichnungen wie Fachinformation und Informationsvermittlung sind Ausdruck für veränderte Aufgabenstellungen der fachlichen Informationstätigkeit.

So sind zu der Beschreibung der bewährten IuD-Methoden moderne Themen hinzugekommen wie die Neuen Formen der Wissensrepräsentation und die automatischen Verfahren der Inhaltserschließung; Fragen der Bürokommunikation werden

ebenso behandelt wie klassische und moderne Diensteformen, Aspekte der Datendokumentation, der elektronischen Informationsproduktion und -publikation und der Informationsvermittlung. Anhand verschiedener Beispiele werden die methodischen, inhaltlichen, institutionellen und funktionalen Zusammenhänge von Informationsdiensten und -systemen dargestellt.
Obwohl weitgehend in die methodischen Zusammenhänge integriert, ist der Informationstechnik noch ein gesondertes Kapitel gewidmet, in dem auf neuere Entwicklungen für den IuD-Bereich eingegangen wird. Zum Bereich Infrastruktur gehören u.a. Informationspolitik, -management, -ökonomie und Informationsrecht. Am Beispiel der Informationswissenschaft wird gezeigt, welcher Probleme der Informationsarbeit sich Forschung und Entwicklung annehmen. Und schließlich wird auf Tendenzen aufmerksam gemacht, die in den beginnenden 90er Jahren die praktische IuD-Tätigkeit kennzeichnen werden.

Für die Darstellung all dieser Aspekte und Grundlagen der heutigen IuD wurde folgende Struktur gewählt:

A. Gegenstand der IuD
B. Methoden und Verfahren der IuD
C. Informationsdienste
D. Informationssysteme
E. Informationstechnik
F. Infrastruktur der IuD
G. Informationswissenschaft an Hochschulen
H. Tendenzen der IuD.

Bei diesem Konzept, das den Schwerpunkt auf die Funktionen der praktischen Informationsarbeit legt, mußte zugunsten der neueren Themenbereiche auf eine Beschreibung der geschichtlichen Entwicklung und der institutionellen Verflechtung der ‚IuD-Landschaft' verzichtet werden. Analog dazu bleiben die internationalen und ausländischen Aktivitäten unberücksichtigt. Ebenso entfällt die Vorstellung benachbarter Tätigkeitsfelder wie Archiv- und Bibliothekswesen; dafür sind Beispiele für das Hineinreichen in verschiedene Arbeitsbereiche und Anwendungsfelder gegeben. Um einen Überblick über IuD-Entwicklungen zu ermöglichen, sind in einer abschließenden Zeittafel Daten und Ereignisse zusammengefaßt.

An eine Tradition der ersten beiden Auflagen wurde unfreiwillig angeknüpft. Auch die 3. Ausgabe erscheint später als beabsichtigt und angekündigt. Die Beiträge sind 1988 und 1989 geschrieben worden; einige Aktualisierungen konnten noch in den Korrekturphasen vorgenommen werden. Autoren und Leser müssen um Verständnis gebeten werden, daß es bei der Koordinierung der Beiträge und dem Aufwand der redaktionellen Arbeiten zu Verzögerungen kam. An dieser Stelle sei den Mitarbeitern und Mitarbeiterinnen im Verlag für Geduld, Hartnäckigkeit und Unterstützung gedankt.

Die Idee des einheitlichen Handbuches konnte bei fast 60 Einzelbeiträgen nicht ganz konsequent durchgehalten werden. Trotz konzeptioneller Vorgaben lag die Entscheidung für Schwerpunkte und Darstellungsform bei den Autoren. Thematische Überschneidungen waren nicht auszuschließen, zum Teil sogar vorgesehen. Einige Lücken mußten in Kauf genommen werden, zumal der geplante Gesamtumfang Grenzen setzte. Verbindungen zwischen den Kapiteln sind durch Verweisungen gekennzeichnet. Die Literaturangaben befinden sich am Ende jedes Beitrages, so daß gezielt auf themenspezifische Literatur zugegriffen werden kann.

Als Orientierungshilfe enthält die Ausgabe weitere redaktionelle Teile. Beiden Bänden ist eine Gliederungsübersicht und jedem Hauptkapitel eine einführende Zusammenfassung vorangestellt. Einen weiteren Einstieg ermöglicht das Sachregister, das von Thomas Seeger und Dietmar Strauch erstellt wurde. Die Abkürzungsverzeichnisse und das Autorenverzeichnis lagen in der Obhut von Werner Rehfeld.

Den Freunden und Kollegen, die bei den Redaktionsarbeiten geholfen haben, sei Dank gesagt. An vielen Korrekturvorgängen und der Endredaktion beteiligte sich Wilfrid Kschenka; ihm gilt für seine unentbehrliche fachkundige und zuverlässige Unterstützung ganz besonderer Dank.
Gedankt sei schließlich allen Autoren, die an dieser 3. Ausgabe mitgewirkt und damit erst die Herausgabe ermöglicht haben.

Marianne Buder
Werner Rehfeld
Thomas Seeger

Gesamtübersicht

Band 1

Band 2

Inhaltsverzeichnis Band 1

B METHODEN UND VERFAHREN DER INFORMATION UND DOKUMENTATION

B 6 Ulrich Reimer:
Neue Formen der Wissensrepräsentation

B 7 Wolfrudolf Laux:
Speicherung

B 8 Wolfgang Ratzek:
Zugangsverfahren

C 3 Joachim Kind: Online-Dienste

C 4 Josef L. Staud: Statistische Information

C 5 Dietmar Strauch: Neue Diensteformen

D 13 **Hartmut Kroll: Innerbetriebliche Informationssysteme**

D 14 **Karin Frese: System der privaten Informationswirtschaft**

D 15 **Karl A. Stroetmann: Das Öffentliche Informationssystem**

Gliederungsübersicht Band 1 und 2

Band 1

Abkürzungsverzeichnis Band 1

ABD Bereich Archiv, Bibliothek, Dokumentation
ACM Association of Computing Machinery
ADAM Automatic Document Abstracting Method
ADP Automated Data Processing
ADV Arbeitsgemeinschaft für Datenverarbeitung
AFI Arbeitsgemeinschaft Fachinformation e.V.
AKP-Staaten Assoziierte Staaten Afrikas, der Karibik und des Pazifiks
ANSI American National Standardization Institute
ARTEMIS Automatic Retrieval of Text from Europe's Multinational Information Service
ASB Allgemeine Systematik für öffentliche Bibliotheken
ASCII American Standard Code for Information Interchange
AV Audiovisuell

BDI Bundesverband der Deutschen Industrie
BISp Bundesinstitut für Sportwissenschaft, Köln
BMFT Bundesministerium für Forschung und Technologie
BMJFFG Bundesministerium für Jugend, Familie, Frauen & Gesundheit
BSP Bruttosozialprodukt
BTX Bildschirmtext

C Programmiersprache
CAD Computer Aided Design
CAP Computer Aided Publishing
CAS Chemical Abstracts Service
CASSI Chemical Abstracts Service Source Index
CAT Computer Aided Translation
CBT Computer Based Training
CCF Common Communication Format
CCITT Comité Consultatif International Telegraphique et Telephonique
CCL Common Command Language
CD-ROM Compact Disk Read Only Memory
CDI CD-Interface
CECC CENELEC Electronic Components Committee
CEM Clearinghouse on Educational Management
CEN Comité Européen de Normalisation
CENELEC Comité Européen de Normalisation Electrotechnique
CEP Corporate Electronic Publishing
CHIN Canadian Heritage Information Network
CIDOC Comité International pour la Documentation
CIP Cataloguing in Publication
COBOL Common Business Oriented Language
CSO Commonwealth Standards Organization
CUU Computerunterstützte Unterrichtssysteme

DBE Dokumentarische Bezugseinheit
DBI Deutsches Bibliotheksinstitut
DBMS Database Management System
DDC Dewey Decimal Classification
DE Dokumentationseinheit
DECHEMA Deutsche Gesellschaft für chemisches Apparatewesen e.V.
DETEQ Dechema Environmental Technology Equipment Databank
DFG Deutsche Forschungsgemeinschaft
DGD Deutsche Gesellschaft für Dokumentation
DIANE Direct Information Access Network for Europe
DIMDI Deutsches Institut für medizinische Dokumentation und Information, Köln
DIN Deutsches Institut für Normung
DITR Deutsches Informationszentrum für technische Regeln
DK Dezimalklassifikation
DKI Deutsches Kunststoffinstitut
DOPAED Leitstelle Dokumentationsring Pädagogik, Frankfurt/Main

DOR Digital Optical Recording
DPA Deutsches Patentamt
dpi dots per inch
DRA Deutsches Rundfunkarchiv
DRAW Direct Read After Write
DTP Desktop Publishing
DVGW Deutscher Verein des Gas- und Wasserfaches e.V.

EDD Electronic Document Delivery
EDV Elektronische Datenverarbeitung
EG Europäische Gemeinschaft
EIDOS Electronic Information Delivery Online System
EN Europäische Norm
EP Elektronisches Publizieren
EPA Electronic Publishing Abstracts der PIRA und des IEPRC
ES-FAKT Expertendatenbanksystem für Faktenretrieval
ESA European Space Agency
ETP Electronic Technical Publishing

F + E Forschung und Entwicklung
FAZ Frankfurter Allgemeine Zeitung
FI Fachinformation
FID Fédération Internationale de Documentation
FIS Fachinformationssystem
FIZ Fachinformationszentrum
FORTRAN Formula Translator

GATT General Agreement on Tariffs and Trade
GBDL Gesellschaft für Bibliothekswesen und Dokumentation des Landbaus
GdT Gemeinschaftsausschuß der Technik
GI Gesellschaft für Informatik e.V.
GID Gesellschaft für Information und Dokumentation mbH
GMD Gesellschaft für Mathematik und Datenverarbeitung mbH
GMDS Deutsche Gesellschaft für medizinische Dokumentation, Informatik und Statistik e.V.
GREMAS Genealogisches Recherchieren durch Magnetbandspeicherung
GUT Gesellschaft für Umwelttechnologie

HDFD High Density Floppy Disk
HDTV High Definition Television

IAB Institut für Arbeitsmarkt- und Berufsforschung
IAI Institut der Gesellschaft zur Förderung der Angewandten Informationsforschung
IASA International Association on Sound Archives
IBM International Business Machines Corporation
ICOM International Council of Museums
IDC Internationale Dokumentationsgesellschaft für Chemie
IDW Institut für Dokumentationswesen
IFI Information for Industry/Plenum Data Corporation
IFLA International Federation of Library Associations
IFRA International Research Association for Newspaper Technology
IGMGRAF Inventaire Général des Monuments et Richesses Artistiques de la France
IKT Informations- und Kommunikationstechnologie
INID-Codes ICIREPAT Numbers for the Identification of Data
INPADOC Internationales Patentdokumentationszentrum, Wien
INSEE Institut National de la Statistique et des Études Économiques
IPC International Patents Classification
IR Information Retrieval
IRB Informationszentrum Raum und Bau
IS&R Information Storage & Retrieval
IS&RS Information Storage & Retrieval Systems
ISA Information Science Abstracts der IFI/Plenum Data Corporation
ISBD International Standard Bibliographic Description
ISBN International Standard Book Number
ISDN Integrated Services Digital Network (Dienstintegrierendes Digitales Nachrichtennetz)
ISI Institut für Systemtechnik und Innovationsforschung
ISI Institute for Scientific Information
ISO International Standardization Organisation
IuD Information und Dokumentation
IUPAC International Union of Pure and Applied Chemistry
IVS Informationsvermittlungsstelle

IVS-PAT Informationsvermittlungs- und Patentstelle
IW Informationswesen

JURIS Juristisches Informationssystem GmbH, Saarbrücken

KI Künstliche Intelligenz
KL-ONE Knowledge Representation Language One
KRL Knowledge Representation Language
KTK Komitee Technische Kommunikation
KWIC Key Word in Context
KWID Komitee Wirtschaftlichkeit der Information und Dokumentation

LAN Local Area Network
LID Lehrinstitut für Dokumentation
LISA Library and Information Science Abstracts der British Library Association
LISP List Processing Language

MAB Maschinelles Austauschformat für Bibliotheken
MDA Museum Documentation Association
MHS Message Handling System
MINITEL im Zusammenhang mit BTX in Frankreich
MT Maschinelle Übersetzung

NABD Normenausschuß Bibliotheks- und Dokumentationswesen
NBM Non Book Materials
NIMEXE Warenverzeichnis für die Statistik des Außenhandels der Gemeinschaft und des Handels zwischen den Mitgliedsstaaten
NLM United States National Library of Medicine

OCLC Online Computer Library Center
ODA Office Document Architecture
OECD Organisation for Economic Cooperation and Development

PC Personal Computer
PL/1 Program Language 1
PROLOG Programming in Logic

RAK Regeln für die alphabetische Katalogisierung
RIP Raster Image Processing
RKW Rationalisierungskuratorium der Deutschen Wirtschaft
ROM Read-Only Memory

SCI Science Citation Index
SDI Selective Dissemination of Information
SGML Standard Generalised Markup Language
SITC Standard International Trade Classification
SSCI Social Science Citation Index
STN (Karlsruhe) Scientific & Technical Information Network
SWP Stiftung Wissenschaft und Politik, Ebenhausen

TBP Themenbeschreibungsparagraphen
TMS Truth Maintenance System

UDC Universelle Dezimalklassifikation
UDI Utility Data Institute
UNESCO United Nations Educational, Scientific and Cultural Organisation
UNIBID Unisist International Centre for Bibliographic Descriptions
UNIMARC Universal MARC Format
UNISIST Universal System for Information in Science and Technology
UNIX Betriebssystem für Kleinrechner/Mikrorechner

VDD Verein Deutscher Dokumentare, Berufsverband Dokumentation, Information und Kommunikation e.V.
VDE Verband Deutscher Elektrotechniker
VDI Verein Deutscher Ingenieure
VDMA Verein Deutscher Maschinen- und Anlagebau e.V.
VdTÜV Verein der technischen Überwachungsvereine
VINITI Vsesojuznyi Institut Naucnoj i Tehniceskoj Informacii

WEFA Wharton Econometric Forecasting Associates Ltd.
WLN Wiswesser Line-Formula-Notation
WORM Write Once Read Many Memory
WTI Wissenschaftlich-Technische Information
WTID Wissenschaftlich-Technische Information und Dokumentation

WYSIWYG What you see is what you get
ZADI Zentralstelle für Agrardokumentation und -information, Bonn
ZDF Zweites Deutsches Fernsehen
ZIV Zentrale Informationsstelle für Verkehr, Köln
ZSK Zentrale Schallplattenkatalogisierung

A Gegenstand der Information und Dokumentation

A 1 Grundbegriffe der Information und Dokumentation

Thomas Seeger

A 1.1 Information und Dokumentation als Tätigkeit und System

Dokumentation (Lit. 95.) – Dokumentation und Information (Lit. 86.) – Information und Dokumentation (Lit. 18.) – Fachinformation (Lit. 17.) – Informationsvermittlung (Lit. 06.; Lit. 07.): Mit diesen in chronologischer Reihenfolge ihrer Entstehung aufgeführten Bezeichnungen wird seit Anfang dieses Jahrhunderts ein Bereich praktischer und professioneller Tätigkeit beschrieben. Neben dem Archiv- und Bibliothekswesen tritt also eine dritte „Spezialität" der Informationsarbeit auf den Plan, die es sich zum Ziel setzt, andere Menschen mit fachlichem Wissen zu versorgen. Umgangssprachlich nennt man dieses fachliche Wissen oft auch „Information". Daß diese Gleichsetzung nicht trennscharf ist, wird in Kap. A 2 erläutert; ebenso wird dort eine knappe Skizzierung der Aufgaben von Bibliotheks- und Archivwesen und verwandter Bereiche gegeben. Im folgenden soll der hier gemeinte Tätigkeitsbereich mit Information und Dokumentation (abgekürzt IuD) bezeichnet werden, wenn er allgemein angesprochen wird.
Um fachliches Wissen (d.h. Fakten, Erkenntnisse, Gedanken über Prozesse der Natur und Gesellschaft) an andere Personen weiterleiten zu können, sind spezielle Methoden, Verfahren, Instrumente und Regeln, sowie Techniken und Technologien notwendig, mit deren Hilfe die Aufgabe des „Informierens" bewältigt werden kann.
Dieses Verständnis einer praktischen Tätigkeit, die zweckdienlich das „Wissen der Welt" anderen verfügbar macht, wird deutlich in den inzwischen klassischen Definitionen der Dokumentation, wie sie die internationale Dachorganisation FID (anfänglich Fédération International de Documentation, in den 80ger Jahren dann International Federation of Information and Documentation genannt) formuliert hat:

Documentation c'est reunir, classer et distribuer des documents de tout genre dans tout les domaines de l'activité humaine. (Um 1930)
Documentation ist the collection and storage, classification and selection, dissemination and utilisation of all types of information. (1960)

Obwohl das Wort Dokumentation vielerlei umgangssprachliche Bedeutungen annehmen kann (wie etwa in dem Wort Fernsehdokumentation u.ä.), ist jedoch aus der Sicht der professionell Tätigen von Anfang an deutlich gemacht worden, daß es sich um Tätigkeiten handelt.
Ganz allgemein kann man diese Tätigkeiten in drei Tätigkeitsbereiche einteilen:

- **Input:** Tätigkeiten des Sichtens, der Auswahl, der Beschaffung, der eineindeutigen formalen und inhaltlichen Erschließung und der Speicherung der Wissenquellen.

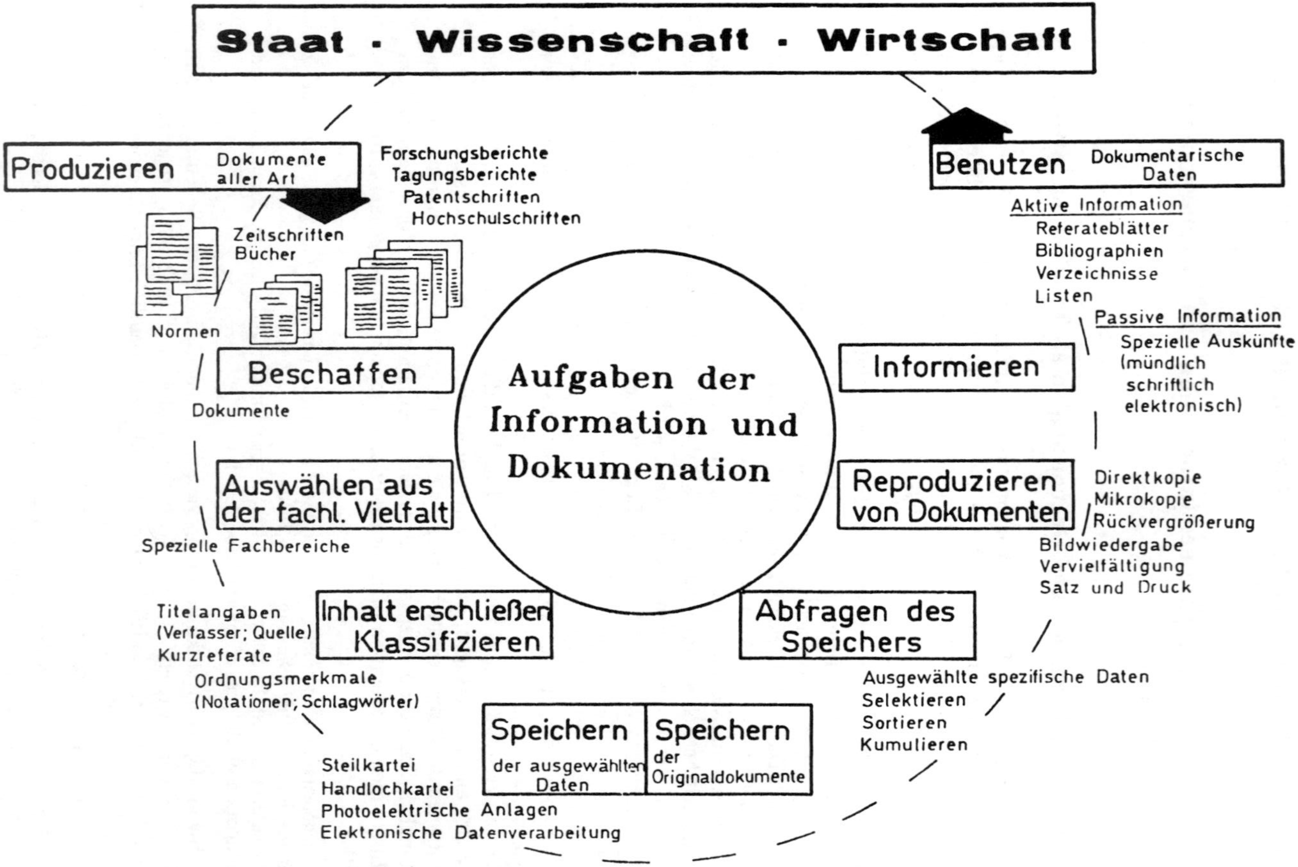

Abb. 1: Information und Dokumentation als Tätigkeiten (Lit. 79.; S. 18)

- **Aufbereitung:** interne Aufbereitung von einzelnen Quellen im Sinne der Zusammenfassung, Veredelung, Straffung, sowie der Umsetzung der Wissensquellen in andere Darstellungsformen. Diese internen Tätigkeiten können als das Hinzufügen von ,,informationellem Mehrwert" (Lit. 133.) verstanden werden.
- **Output:** Nutzung, Verteilung, aktive Vermittlung und Vermarktung der durch die Bearbeitungsprozesse entstandenen neuen Dienstleistungen, die wenig trennscharf ,,Informationsdienstleistungen" genannt werden.

Die *Abb. 1* stellt diesen Ablauf von typischen Bearbeitungsschritten als Kreislauf dar.

Da sich professionelle Tätigkeiten auch immer in einer organisatorischen Umgebung abspielen, kann mit der Bezeichnung IuD auch ein Institutionentyp ausgedrückt werden. Dies finden wir z.B. in der Gattungsbezeichnung Informations- und Dokumentationsstellen, kurz IuD-Stellen (Lit. 42.). Diese können organisatorisch selbsttändige Organisationen sein, wie z.B. ein Fachinformationszentrum, oder ein Datenbankanbieter, sie können als innerbetriebliche Informationsabteilungen (Lit. 74.) eine abgrenzbare Einheit im Gesamtbetrieb bilden, es können wiederum mit einer davon verschiedenen Organisationsform Informationsvermittlungsstellen (Lit. 05.; Lit. 07.) sein. Darüber hinaus sind selbständige Informationsvermittler und -berater (Information-broker) möglich, denkbar und auch schon existent, sowie – als neueste Entwicklung schon recht genau beobachtbar – Funktionen im organisationsübergreifenden Zusammenhang, wie etwa das ,,strategische Informationsmanagement" (Lit. 105.).
Dieser organisationsbezogene Blickwinkel auf die IuD wird angesichts der rapiden Fortschritte in der telekommunikativen Vernetzung von Instanzen der IuD und der funktionalen Arbeitsteilung zunehmend komplizierter, weil die Informierungsfunktionen sich nicht mehr eindeutig mit der Organisation in Deckung bringen lassen (Stichwort: virtuelle Organisation von Informierungsprozessen). Dennoch kann man – blickt man auf die IuD heute – mit Fug und Recht vom IuD-Wesen sprechen, der Summe aller Institutionen, Organisationen und deren Untergliederungen, in denen die Funktion des Informierens wahrgenommen wird.
Als dritte Betrachtungsmöglichkeit kann die IuD in einer abstakteren, systemtheoretischen Auffassung betrachtet werden.
Ein IuD-System in diesem Sinne besteht aus materiellen und konzeptionellen Elementen, die so aufeinander abgestimmt sind, daß eine optimale Informierung der Benutzer gewährleistet ist.
Unabhängig von der jeweiligen organisationellen Einbindung ist ein IuD-System beschreibbar durch den Zusammenhang von technisch-apparativen (d.h. materiellen) Resourcen, dem Personal und den konzeptionellen Elementen (d.h. Methoden, Instrumente, Regeln). Das Zusammenwirken dieser Einzelelemente bildet Voraussetzung und gewährleistet optimale Informierung.
Diese dritte Betrachtungsart, die nicht mehr von einer direkten Entsprechung der Organisationsform im Sinne der festgefügten Institution und der Informierungsfunktion ausgeht, ist in der Lage, Informationsflüsse, wie sie beispielsweise durch den Zugriff einer innerbetrieblichen Informationsvermittlungsstelle auf externe online Datenbanken eines anderen Landes in Gang gesetzt werden, zu beschreiben. Da

das Geflecht der Informationsflüsse durch die Möglichkeiten der elektronischen Übermittlung von Daten zunehmend undurchsichtiger wird, hat diese ,,systemische" Betrachtungsweise Vorteile, weil sie flexibler ist und den neueren Entwicklungen Rechnung trägt.
Somit ist IuD beschreibbar als
- Funktion im Sinne zweckgerichteter Tätigkeiten (IuD-Tätigkeiten)
- eine Menge von Organisationen und/oder Institutionen (IuD-Wesen)
- das Zusammenwirken von Technik, Methoden, Regeln und Menschen (im Sinne des ,,virtuellen" IuD-Systems).

A 1.2 Daten – Dokument – Dokumentationseinheit

Von zentraler Bedeutung für das Verständnis der IuD-Tätigkeit sind Allgemeinbegriffe, wie Daten, Dokument, dokumentarische Bezugseinheit, Dokumentationseinheit. Sie für Zwecke der IuD und ihrer typischen Arbeitsroutinen zu bestimmen, ist wegen der Mehrdeutigkeit nötig.
Anders als beispielsweise in der Datentechnik ist die Bedeutung des Wortes **Daten** in der IuD nicht formal gefaßt, etwa im Sinne einer beliebigen Folge von Zeichen, sondern inhaltlich nach dem möglichen Aussagewert der Zeichen (Lit. 93.; S. 48.).
,,Daten sind die kleinsten realisierbaren Repräsentationen von Sachverhalten, die in einem gegebenen kommunikativen Zusammenhang für sich interpretiert werden können"
Um diesen Sinn deutlich zu machen, wird vorgeschlagen, als Singular ,,Dateneinheit" und nicht ,,Datum" zu verwenden.
Daten sind also eine Menge von zusammengehörigen Zeichen, die in einem gegebenen Kontext Sinn machen (z.B. eine bestimmte Zahl mit der Angabe, was diese Zahl aussagt: XY-Stadt: 1,4 Mio. Einwohner). Daten müssen ferner, um für Zwecke der IuD nutzbar zu sein, auf seinen Datenträger dauerhaft fixiert sein. Der sinnstiftende Inhalt muß haltbar auf Papier etwa, elektronischen und/oder magnetischen Aufzeichnungsstoffen oder ähnlichen Trägern verfügbar sein, die ihrerseits dann als Dokumente in den weiteren Verarbeitungs- und Veredelungsprozeß eingehen.
Dokumente sind zunächst ,,die Einheit eines Trägers dokumentarischer Daten" (Lit. 93.) und bilden den ,,Rohstoff", aus dem dann dokumentarische Daten gewonnen werden, die in Form von Informationsdienstleistungen an den Benutzer weitergegeben werden.
Innerhalb des Reichtums an Dokumentarten und -typen kann unterschieden werden nach:
- Aufzeichnungsstoffen (etwa audio-visuelle, elektronische, u.s.w.)
- nach Zweckbestimmungen (etwa Verzeichnis)
- nach Inhaltscharakterisierung (etwa Wörterbuch, Atlas)

Dokumente können aber auch nach dem Stellenwert innerhalb des IuD-Prozesses eingeteilt werden:

- Primärdokument ist ein Dokument, das nicht Ergebnis eines IuD-spezifischen Bearbeitungsprozesses ist. Oft wird es gleichbedeutend mit „Originalquelle" oder „Quelle" bezeichnet.

- Sekundärdokument stellt das Ergebnis eines IuD-spezifische Bearbeitungsprozesses dar, dessen Bezugspunkt das Primärdokument, ein Teil dessen, oder mehrere Dokumente bildeten. (Beispiel: Literaturdatenbank)
- Tertiärdokument ist wiederum eine Stufe weiter; das Resultat eine IuD-spezifischen Bearbeitungsprozesses dar, dessen Bezugspunkt Sekundärdokumente bildeten. (Beispiel: Datenbankführer über Literaturnachweise)

Eine dokumentarische Bezugseinheit (DBE) ist nicht notwendigerweise identisch mit einem Dokument, sondern stellt das Objekt (d.h. den Sachverhaltsausschnitt) dar, dessen Merkmale im IuD-spezifischen Bearbeitungsprozess als Einheit behandelt wird. So kann eine DBE beispielsweise als ein Produkt aus einem Warenkatalog, oder im umgekehrten Falle eine Sammlung von Schriftstücken, die als Konvolut inhaltlich zusammengehörend aufgefaßt werden. Dies zu entscheiden und entsprechende Regeln für die Festlegung dessen zu definieren, was als DBE anzusehen ist, ist Aufgabe der Informationspezialisten und wird in der Regel aus den Informationsbedürfnissen des Benutzerkreises abgeleitet.
Aus der DBE wird die **Dokumentationseinheit** (DE) erzeugt. Sie ist Stellvertreter der DBE und bildet die Grundlage für Informationsdienstleistungen. Die DE stellt deshalb die „die Datenmenge (dar), die stellvertretend für die dokumentarische Bezugseinheit in den IuD-Prozess eingeht" (Lit. 93.; S. 51.).
Mit der Erstellung von Dokumentationseinheiten beginnt im Sinne des in *Abb. 1* dargestellten Kreislaufes der IuD-Prozess.

A 1.3 Nationale Vereinigungen der Information und Dokumentation

Der Tätigkeitsbereich Information und Dokumentation verfügt über eine Reihe von Zusammenschlüssen, in denen die professionellen Belange der IuD-spezifisch Tätigen aufgegriffen werden.
Es werden im folgenden lediglich diejenigen Vereinigungen und Verbände kurz erwähnt, die im Kernbereich der IuD anzusiedeln sind; bibliothekarische und archivalische Verbände werden hier weitgehend nicht berücksichtigt. Die ehemalige staatliche Infrastruktureinrichtung Gesellschaft für Information und Dokumentation (GID) und ihre Nachfolgeeinrichtungen werden im Kap. F3 Informationspolitik behandelt.

Ihrem Selbstverständnis nach ist die **DGD** e.V. (Deutsche Gesellschaft für Dokumentation, seit 1984 mit dem Untertitel: Vereinigung für Informationswissenschaft und -praxis benannt) eine wissenschaftliche Gesellschaft. Sie ist als eingetragener Verein gemeinnützig; ihre Gründung läßt sich bis ins Jahr 1941 bzw. 1948 nachvollziehen. (Lit. 99.). Die DGD veranstaltet den jährlichen „Dokumentartag", der an wechselnden Orten abgehalten wird. Darüber hinaus ist diese Gesellschaft Organisatorin verschiedener Spezialveranstaltungen, die in der Regel von den Kommitees der Gesellschaft initiiert werden (z.B. das Online-Frühjahrstreffen in Verbindung mit INFOBASE, oder die Tagungen des Kommitees „Wirtschaftlichkeit in der IuD" KWID).

Die Aufgaben der DGD sind – vergleichbar anderer wissenschaftlich-praxisorientierter Vereinigungen – darauf gerichtet, den professionell Tätigen ein Forum des Austausches von Erfahrungen und Erkenntnissen zu geben, wobei die folgenden Aufgaben besonders hervorgehoben werden:

- die Entwicklungen in Informationswissenschaft und -praxis zu verfolgen und zu präsentieren,
- sich für die Erarbeitung neuer Arbeitsmethoden einzusetzen,
- Forschung und Entwicklung in der IuD, und dort insbesonders technologische Entwicklungen zu fördern.
- die Terminologiearbeit weiter zu entwickeln.
- Die Arbeit der Kommitees zu unterstützen (etwa Reprografie, Rechtsfragen, Wirtschaftlichkeit, On-line Benutzergruppe, innerbetriebliche Informationsvermittlung u.a.)
- Aus- und Forbildung durch das bei der DGD institutionalisierte Lehrinstitut für Dokumentation (LID) in Frankfurt durchzuführen.

Die DGD ist Herausgeber einer gleichnamigen Schriftenreihe und ist als Institution auch Herausgeber einer Fachzeitschrift und eines Newsletters.
Adresse: DGD, Westendstr. 19, 6000 Frankfurt a.M. 1

Die im engeren Sinne beruflichen Fragen behandelt der **VDD** e.V. Der 1961 gegründete Verband wurde zunächst „Verein deutscher Dokumentare" benannt und trägt seit 1985 den Namen „VDD-Berufsverband Dokumentation, Information, Kommunikation e.V." mit Sitz in Bonn. Als Berufsvereinigung widmet sich der VDD vordringlich zwei Aufgabenfeldern:

- Ausbildungsfragen, wobei es im Interesse einer jeden Berufsvereinigung liegt, die Qualifikationen für das Berufsfeld nach den Anforderungen der Berufspraxis auszurichten.
- Tariffragen, wobei in diesem Feld das Interesse in einer gerechten und angemessenen Entlohnung liegen muß. Besonders zu erwähnen sind die Arbeiten zur Festlegung der Tätigkeitsmerkmale für IuD-spezifisch Tätige.

Adresse: VDD, Postfach 2509, 5300 Bonn 1

Fachgruppe 7: Presse-, Rundfunk-, Filmarchivare im Verein deutscher Archivare.
Adresse: c/o Eckart Lange, SWF, Postfach 820, 7570 Baden-Baden

Deutsches Institut für Normung **(DIN)**, Normenausschuß für Bibliothekswesen und Dokumentation (NABD)
Adresse: DIN, Burggrafenstr. 4–10, 1000 Berlin 30

Gesellschaft für Bibliothekswesen und Dokumentation des Landbaus **(GBDL)**
Adresse: Paracelsusstr. 2, 7000 Stuttgart 70

AFI Arbeitsgemeinschaft Fachinformation e.V.
Adresse: Untermainkai 83, 6000 Frankfurt a. M. 1

Branchenspezifische professionelle Vereinigungen existieren unter anderem:
Informationsring Kreditwirtschaft e.V.
Adresse: Postfach 111141, 6000 Frankfurt a.M. 11

Abteilung **Chemie-Information und -Dokumentation** in der Gesellschaft Deutscher Chemiker.
Adresse: Carl-Bosch-Haus, Hamburger Allee 26 – 28, 6000 Frankfurt a.M. 97

Deutsche Gesellschaft für Medizinische Dokumentation, Informatik und Statistik e.V. **(GMDS)**
Adresse: Haedenkampfstr. 1, 5000 Köln 41

Deutscher Verband Medizinischer Dokumentare e.V.
Adresse: Kirchenweg 22, 8011 Forstinning

Gesellschaft für Klassifikation e.V.
Adresse: Woogstr. 36a, 6000 Frankfurt a.M. 50

A 1.4 Veröffentlichungen

Verzeichnis deutscher Informations- und Dokumentationsstellen. Bundesrepublik Deutschland und Berlin (West). Ausgabe 5-1989. Hrsg. Ges. f. Mathematik u. Datenverarbeitung mbH (GMD). München u.a.: Saur 1990.

Einige Fachzeitschriften aus der IuD (deutschsprachig)

ABI-Technik. Zeitschrift für Automation, Bau und Technik im Archiv-, Bibliotheks- und Informationswesen. Wiesbaden.
Erscheint seit ca. 1980 in 4 Ausgaben pro Jahr.
Cogito. Neue Wege zum Wissen der Welt. Zeitschrift für die Nutzung elektronischer Medien. Darmstadt.
Erscheint seit 1985 in 4 Ausgaben pro Jahr.
Der Reprograf.
Hrsg. vom Fachverband Reprografie e.V., Düsseldorf
Erscheint in 12 Ausgaben pro Jahr.
DFW Dokumentation, Information. Hannover.
Erscheint seit ca. 1979 in 6 Ausgaben pro Jahr.
Info 7. Informationen aus der Fachgruppe Presse-, Rundfunk-, und Filmarchive. Baden-Baden. Hrsg. vom Vorstand der Fachgruppe 7 des VdA.
Erscheint seit 1986 in mindestens 2 Ausgaben pro Jahr.
Nachrichten für Dokumentation (NfD)
Hrsg. von der DGD-Gesellschaft für Informationswissenschaft und -praxis, Frankfurt a.M.;
Erscheint seit 1951 in 6 Ausgaben pro Jahr.
öDV Online/ADI Hrsg. vom Verband für Informationsverarbeitung e.V., Köln (enthält Online-ADI-Nachrichten)
Erscheint in 10 Ausgaben pro Jahr.
Informatik
Hrsg. vom Zentralinstitut für Information und Dokumentation (ZIID) Berlin, DDR.
Erscheint seit 1953 in 6 Ausgaben pro Jahr.

Englischsprachige Fachveröffentlichungen

Journal of Information Science. Principles and Practice. Hrsg. von Institute of Information Scientists, London.
Erscheint seit 1976 in 6 Ausgaben pro Jahr.
Journal of Documentation, London. Hrsg. von ASLIB, London.
Erscheint in 4 Ausgaben pro Jahr.
Journal of the American Society for Information Science.
(Abgekürzt: Journal ASIS) Hrsg. von der American Society for Information Science, Washington D.C.
Erscheint seit 1951 in 6 Ausgaben pro Jahr. (früher unter dem Titel American Documentation)
Parallel zu dem Journal ASIS erscheint in gleicher Erscheinungsweise ein aktuelles Mitteilungsblatt unter dem Titel „Bulletin of the ASIS" ebenfalls 6 mal im Jahr.
Information Processing & Management. Libraries and Information Retrieval Systems and Communication Networks. Oxford, UK.
(Früher unter dem Titel: Information Storage and Retrieval)
Erscheint seit 1964 in 6 Ausgaben pro Jahr, seit einigen Jahren ist die Fachzeitschrift „Information Technology: Research, Development, Application", London, darin aufgegangen.
International Forum on Information and Documentation.
Hrsg. von International Federation for Information and Dokumentation (FID), Den Haag.
Erscheint in 4 Ausgaben pro Jahr seit 1976 in Moskau.
Online. The Magazine of Online Information. Weston, CT. (USA)
Erscheint seit Mitte der 70ger Jahre in 6 Ausgaben pro Jahr.
On-line review. Learned Information.
Erscheint in 6 Ausgaben pro Jahr seit Mitte der 70ger Jahre.
Abschließend sei noch auf einen jährlich erscheinenden Überblicksbericht hingewiesen, der die aktuellen Fortschritte in einzelnen Gebieten der IuD und der Informationswissenschaft referiert:
Annual Review of Information Science and Technology.
Hrsg. von der American Society of Information Science, Washington, D. C.
Hrsg. von Martha Williams (früher von C. Cuadra).
Es erscheint seit 1966 einmal pro Jahr ein Band.

A 2 Zur Entwicklung der Information und Dokumentation

Thomas Seeger

A 2.1 Information als grundlegende Kategorie

„Information ist Information, nicht Stoff, nicht Energie. Ein Materialismus, der dieses nicht berücksichtigt, kann heute nicht lebensfähig sein" (Lit. 144.; S. 192). Mit Sätzen und Aussagen dieser Allgemeinheit wird von Seiten der Philosophie, Biologie, Publizistik, Nachrichtentechnik, Informatik und nicht zuletzt der Informationswissenschaft versucht, die zunehmende gesellschaftsbestimmende Kraft von Information selbst und der Informationsflüsse zu erklären. Dies ist in einer Vielzahl von theoretischen Abhandlungen geschehen, und hat in den vergangenen 20 – 25 Jahren eine Vielfalt von Ansätzen, Diskussionen und Theorien hervorgebracht (z.B. Lit. 141.).
Wenn man unterstellt, daß jeder Journalist, Nachrichtentechniker, Informatiker, Biologe mit jeweils begründetem Anspruch einen Aspekt des Begriffes Information für sein Erkenntnisinteresse oder seine Berufsorientierung herausgegriffen hat, dann ist es in diesem praktischen Zusammenhang nur wichtig zu verstehen, was die Bedeutungen jeweils sind und wovon sie sich von anderen unterscheiden. Dies soll besonders hinsichtlich des Verständnisses des Wortes „Information" für das Tätigkeitsfeld IuD geschehen.
Gehen wir davon aus, daß Information immer die Übermittlung (von etwas zunächst nicht näher Beschreibbarem) von einer aussendenden (S) zu einer empfangenen Instanz (E) ist, dann kann man dies leicht in ein ganz einfaches Kommunikationsmodell übertragen *(Abb. 2)*:

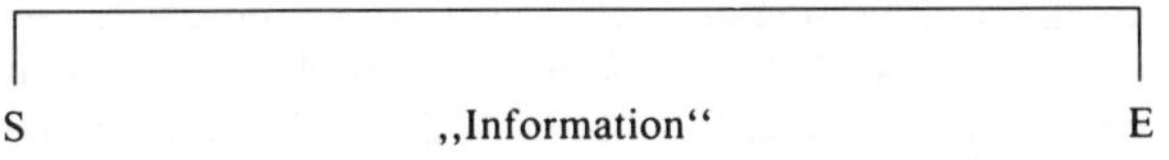

Abb. 2: Informationsaustausch zwischen Sender und Empfänger

Damit „Informationen" zwischen Sender und Empfänger ausgetauscht werden können, bedarf es eines Kanals *(Abb. 3)*.

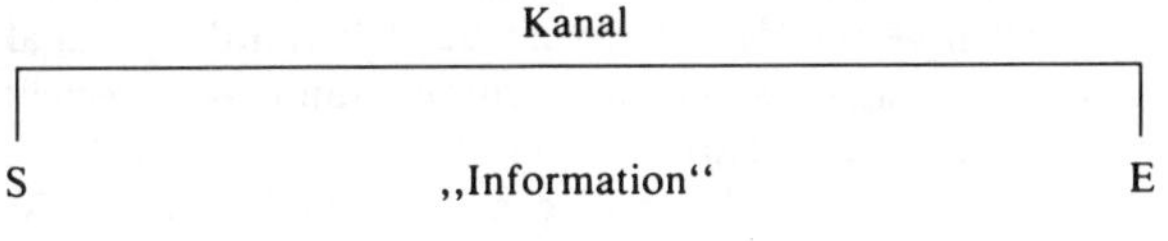

Abb. 3: Informationsaustausch zwischen Sender und Empfänger über Kanal

Dies sehr einfache Grundmodell kann von verschiedenen Arbeitszusammenhängen verwendet werden, wie etwa in der

- Nachrichtentechnik
- Informatik
- Publizistik
- Information und Dokumentation.

Dies liegt vor allem daran, daß nicht ausgeführt wird, was an ,,Information" eigentlich zwischen Sender und Empfänger ausgetauscht wird und wie die sendenden und empfangenden Instanzen beschaffen sind. Sind es etwa Menschen, technische Gerätekonfigurationen, Institutionen oder mündliche Mitteilungen? Oder liegt es vielleicht daran, daß die Bedeutung des Wortes ,,Kanal" verschieden ist?
Nachrichtentechniker/innen oder Informatiker/innen einer bestimmten Spezialisierung beispielsweise würden nach diesem Modell in der praktischen Anwendung der Frage nachgehen, wie ,,Informationen" im Sinne von meßbaren Signalen in einem technisch-definierten System (etwa Telefon) oder die über die physikalische Leitungen (,,Kanal") optimal von Sender und Empfänger hin- und hertransportiert werden, ohne daß es zu Störungen kommt (dem ,,Rauschen im Kanal").
In diesem technischen Zusammenhang werden Informationen als physikalische Signale, genauer: die Darstellung physikalischer Signalen von Daten (Lit. 107.; S. 531) aufgefaßt. Dies schließt eine semantische d.h. inhaltsbezogene Interpretation der übermittelten Daten weitgehend aus. Sender und Empfänger werden gleichermaßen technisch-naturwissenschaftlich als Signalquelle und Signalempfänger verstanden; ebenso ist der ,,Kanal" in diesem Sinne zu verstehen.
Journalisten/innen würden in diesem Modell ebenfalls wesentliche Merkmale der journalistischen Arbeit wiedererkennen können, da Sender als Informanden oder textliche Informationsstellen verstanden werden können, von denen ,,Informationen" zu erhalten sind (etwa Personen des öffentlichen Lebens, Nachrichtendienste, Zeugen, Betroffene). Diese auch so genannten ,,Informationen" zu sammeln, journalistisch aufzubereiten und sie über die Massenmedien (Kanäle der Massenmedienkommunikation) wie etwa Radio, Fernsehen, Presse usw. an ein allgemeines (disperses) Publikum zu verbreiten, ist Aufgabe der Publizistik. Dies jedoch mit dem Ziel, Unterhaltung, Aufklärung und (politische) Meinungsbildung für die breite Bevölkerung zu bewirken. Zur Beschreibung dieses Prozesses wird oft die inzwischen betagte publizistische Formel: ,,Wer sagt was zu wem über welchen Kanal in welcher Absicht" (Laswell) herangezogen.
In diesem Zusammenhang ist es wichtig, daß ,,Information" inhaltlich aufgefaßt werden muß und sich damit deutlich von der oben genannten Auffassung unterscheidet.
Sender und Empfänger werden als gesellschaftlich vorfindbare Einrichtungen und Personen und Quellen verstanden, während der Übermittlungskanal sich auf die ,,Medien" – d.h. die Kanäle – der Massenkommunikation bezieht.
Informationsspezialisten/innen hatten weder die Optimierung technischer Kommunikationssysteme im Sinn, noch das Anliegen, etwa die Meinungsbildung der breiten Bevölkerung zu ermöglichen, oder als aufklärende Instanz zu wirken. Sie sehen ihre Aufgabe darin, Informationen (im Sinne von Wissen, etwa im Gegensatz zu Meinung), welches in einer Vielzahl von unterschiedlichen Dokumenten enthalten ist, so aufzubereiten und zu vermitteln, daß es zielgerichtet an fachlich Tätige weitervermittlungsfähig ist. Der dabei verwendete Informationsbegriff ist thematisch

(vom Inhalt der Quelle her) bestimmt. Andererseits ist nicht das allgemeine (disperse) Publikum angesprochen, sondern der fachlich Tätige, den durch die Vermittlung von Informationen (im Sinne Wissen), die außerhalb seines Kopfes verfügbar sind, geholfen werden kann, ein Problem in der Arbeit, des Alltags, oder des Interesses zu bewältigen.
Aus dieser grob umrissenen Aufgabenstellung des/der Informationsspezialisten/innen kann die Notwendigkeit abgeleitet werden, daß sowohl über die Beschaffenheit des Senders, als auch des Empfängers nähere Aussagen notwendig sind, sowie über den ,,Kanal".
In Abgrenzung zum Bereich der Publizistik wird hier von faktischem Wissen als Spezialfall von ,,Information" ausgegangen, welches in Form einer Fixierung (z.B. in Form eines Dokumentes) verfügbar ist. Das verfügbare Dokument (z.B. in Form einer Patenschrift, eines Video-Films, einer amtlichen Statistik, eines wissenschaftlichen Meßwertes oder in den vielfältigen Formen der elektronischen oder gedruckten Literatur) ist Ausgangspunkt der Informationsarbeit.
Zielrichtung dieser Informationsarbeit ist die ,,Veränderung des Wissens beim Problemlöser" (Lit. 77., Lit. 78.) und orientiert sich deshalb an Lebensbereichen, die (in sehr unscharfer Absetzung der Publizistik) mit der Bewältigung von faktischen Problemen der Arbeitswelt und der Welt des Interesses zu tun haben.
In Bezug auf die Kanäle, über die Wissen und Wissenwertes vermittelt werden, sind Besonderheiten feststellbar, die in den Kriterien formeller Informationskanäle (z.B. on-line-Datenbank-Abfrage) und informeller Informationskanäle (z.B. Gespräch mit Experten, Fachtagungen, usw.) beschreibbar sind.

A 2.1.1 ,,Information" im Tätigkeitsfeld Information und Dokumentation

Information im Sinne von Wissen ist für Zwecke der Informationsarbeit im Hinblick auf seine Wirkung beim Informationsaufnehmer beschrieben worden:
Information ist die Verringerung von Ungewißheit aufgrund von fachlichen Kommunikationsprozesses (Lit. 93.; Lit. 141.).
Über dieses Grundverständnis von ,,Information" hinaus ist noch darauf hinzuweisen, daß die auf das Individuum gerichtete, durch Wissenzuführung verringerte Ungewißheit eingebettet ist in ein Problemlösungsprozeß, der zumeist aus sog. ,,problematischen Situationen" (Lit. 77.; Lit. 35.) erwächst und eine Entscheidung verlangt (Lit. 01.; Lit. 44.).
Informierung im faktischen Sinne steht also im systematischen Zusammenhang von

- fachlich motivierten Kommunikationsprozessen,
- Wirkungen bei den Individuen,
- problematischen Situationen, die sehr komplex sind,
- Problembehandlungs- und -bewältigungsprozessen,
- Entscheidungsfindung unter verschiedenen Handlungs- und Lösungsalternativen.
- Wiederholbarkeit und Mehrmaligkeit des Informierungsprozesse.

Information kann charakterisiert werden, als die schrittweise und wiederholte Beseitigung von Ungewißheit in Problembehandlungs- und -bewältigungsprozessen, in denen die Zuführung externen Wissens (d.h. beim Problemlösen nicht verfügba-

ren Wissens) notwendig ist. Dies beruht auf Kommunikationsprozessen, die technisch unterstützt sein können, in der Absicht, den internen Zustand des Wissens beim Akteur so verändern, daß eine begründbare Entscheidung ermöglicht wird. Diese vielleicht recht abstrakt anmutende Charakterisierung des IuD-spezifischen Informationsbegriffes ist jedoch durch Alltagserfahrung belegbar.
Jede(r) hat sicher schon einmal die Erfahrung gemacht, daß er/sie eine Aufgabe oder ein Problem auf Anhieb nicht zur Zufriedenheit mit den individuell verfügbaren Mitteln lösen konnte. Der natürlichste, wenngleich unbefriedigenste Weg wäre, das Problem/die Aufgabe zu verdrängen oder als Problem nicht zu beachten. Sollte das Problem jedoch als solches erkannt und akzeptiert sein, dann stellt sich beim Individuum zumeist Unsicherheit oder Ungewißheit ein; etwa in der Art: Wie soll ich eine Lösung finden, für welche der vermuteten Lösungsmöglichkeiten soll ich mich entscheiden? Wie viele Möglichkeiten zum Anpacken des Problems gibt es eigentlich? Wie strukturiere ich das Problem? Wie soll das aussehen, was danach als Ergebnis vorliegt? Gibt es Hilfsmittel, die eine gute Lösung ermöglichen?
Dieser Ausdruck der Ungewißheit kann nun bezogen werden auf bestimmte Aspekte des Problemlösens bzw. der Entscheidungsfindung. In ein sehr einfaches und formales Modell umgesetzt, kann bei dem (ansonsten sehr vielschichtigen und komplizierten) Problembewältigungsprozess unterschieden werden (Lit. 35.):

Aspekt/Stufe

ANFANGSZUSTAND	TRANSFORMATION	ENDZUSTAND

Sind alle Stufen bekannt und herrscht ein entsprechender Bekanntheitsgrad über den IST-Zustand (Anfangszustand), über den SOLL-Zustand (Endzustand) und seine Zielkriterien, sowie über Regeln, Methoden, Verfahren wie IST in SOLL überführt werden kann (Transformation), so liegt keine „Problemmatische Situation" vor, also ein Fall von Alltagsbewältigung, eine Entscheidungsfindung stellt also keine Schwierigkeit dar.
Fehlt jedoch in einer oder mehreren Stufen ein hinreichender Bekanntheitsgrad der Zustände oder Transformationen, dann stellt sich Ungewißheit ein, die durch Hinzuführung von Wissen außerhalb des eigenen Kopfes verringert werden kann. Nun sieht der Anknüpfungspunkt für das informationelle Wissen im Modell vielleicht überzeugend aus, jedoch wissen wir aus Erfahrung, daß eine Vielzahl von psychologischen Mustern (etwa Verdrängung des Problembewußtseins, Reduzierung von Komplexität des Problems auf eine handhabbare Größe usw.) es oft verhindert, daß von der Nachfrage-Seite her sich ein aktives Informationsbewußtsein bildet. Auf der Anbieter-Seite muß ebenfalls vermutet werden, daß die Art/der Umfang und vielleicht auch die Qualität des informationellen Wissens nicht so beschaffen sind, daß es für „Problembewältiger" im oben skizzierten Sinne schnell und einfach zugänglich und nutzbar ist.

Spielt man die Komponenten der problematischen Situation einmal durch, dann sind z.B. folgende Konstellationen denkbar:
- Unerwünschter Anfangszustand A.
- Unerwünschter Endzustand E.
- Transformationen von A nach E oder E nach A.

Dabei ergeben sich Umsetzungsschwierigkeiten, die auch als Barrieren bezeichnet werden. Dies hat nun zu einer Klassifikation von Barrieren im idealtypischen Problembewältigungsprozeß geführt, die verdeutlicht, wo die Schwierigkeiten – aus psychologischer Sicht – verborgen liegen. (Lit. 35.)

Klarheit der Zielkriterien

		hoch	gering
Bekanntheitsgrad der Mittel („Wissen" über . . . .)	HOCH	Interpretationsbarriere	Didaktische Barriere
	GERING	Synthesebarriere	Didaktische und Synthesebarriere

Wenn die Mittel vollständig bekannt sind, ebenso die Zielkriterien für einen erwünschten Endzustand, dann müssen beide Zustände interpoliert werden, d.h. in Einstimmung zueinander gesetzt werden und Handlungspläne der schrittweisen Umsetzung ausgearbeitet werden.
Sind die Mittel nur unvollständig bekannt, die Zielprojektionen dagegen klar, dann liegt eine Synthesebarriere vor, die eine systematisch-analytische Durchdringung des Anfangszustandes erfordert!
Auch von anderer Seite wird in diesen Zusammenhang oft auch von „Informationsbarrieren" gesprochen (Lit. 39), die durch Nutzung und Anbieten von Informationsdiensten aufgebaut sind und werden.
Der Informationsbegriff, wie er sich im IuD-Bereich entwickelt hat, knüpft also an die Vermittlung von externen (fremden) Wissen für Zwecke der individuellen Problembewältigung an und gewinnt dadurch seine Exklusivität und Rechtfertigung.
Weil die Vermittlung von Wissen – ausgehend vom Dokument – nicht an zeitliche oder räumliche Distanzen gebunden oder begrenzt wird, kann man vereinfachend zusammenfassen, daß Informationsarbeit bedeutet:
Die Vermittlung von Wissen über die Grenzen Zeit und Raum für Zwecke der individuellen Problembewältigung.

A 2.1.2 Sender und Empfänger von Information

Für Zwecke der IuD wird der sehr allgemeine Begriff **Sender** präzisiert durch den Begriff „Urheber". Mit dieser Präzisierung wird erreicht, daß lediglich Aussagen/Mitteilungen/Wissen von persönlichen oder institutionellen Urhebern betrachtet werden sollen. Als weitere Einschränkung kommt hinzu, daß nur solches Wissen Eingang in die Informationsarbeit findet, welches in Form eines Dokuments vorliegt.

Der **Empfänger** des informationellen Wissens wird Benutzer genannt. Er ist Empfänger oder Nachfrager von Informationen in Form von bestimmten Dienstleistungen. Neben dem Ausdruck ,,Benutzer" finden wir oft auch die Bezeichnung Nutzer (N) (DDR und Österreich vorwiegend), oder vereinzelt auch das Wort Rezipient (R). Sie bezeichnen jedoch dieselbe Rolle.

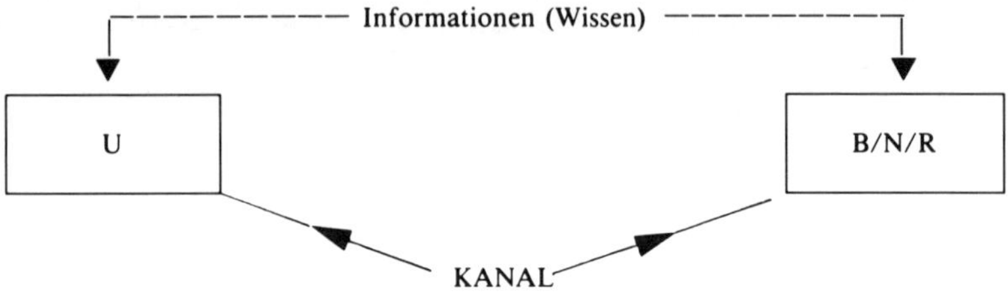

Abb. 4: Urheber – Benutzer – Modell

A 2.1.3 ,,Kanal" in der Informationsarbeit

Damit der Urheber und der Benutzer einander in Beziehung treten können, bedarf es eines sog. Kanals.
Zunächst soll Kanal verstanden werden als eine Strecke zur Überwindung einer räumlichen und/oder zeitlichen Distanz zwischen mindestens zwei Partnern, wobei das Übermittelte Information im Sinne von Wissen ist.
Der Kanal stellt also unter kommunikativen Gesichtspunkten die notwendige Verbindung zwischen einem Urheber von Wissen und dem Nutzer her. Dies kann sehr vielfältig geschehen:

- Etwa in Form eines mündlichen Gespräches (Kanal wären hierbei die Schallwellen der Luft, über die die kommunikative Verbindung hergestellt wird).
- Etwa in Form eines Telefonats (Kanal ist die Telefonleitung).
- Etwa in Form einer Abfrage aus einem elektronischen Speicher (Kanal ist die physikalische Leitung zu einem Computer; der Partner ist demzufolge nicht mehr ein Mensch, sondern eine Maschine).
- Etwa in Form einer Dokumentbenutzung (Ausleihe oder Kauf), wobei der Kanal im Produkt des Dokuments manifestiert ist, z.B. durch den Druck und die Distribution der Zahl der Exemplare.

An diesen Beispielen wird deutlich, auf welchen Wegen ein Nutzer an Information gelangen kann. Aus diesem Grund wird in der Informationsarbeit oft auch von verschiedenen Informierungskanälen gesprochen, die entweder ergänzend oder konkurrierend zueinander stehen.
In einer ersten Näherung können wir zwischen
- formellen Informationskanäle,
- informellen Informationskanälen

unterscheiden.

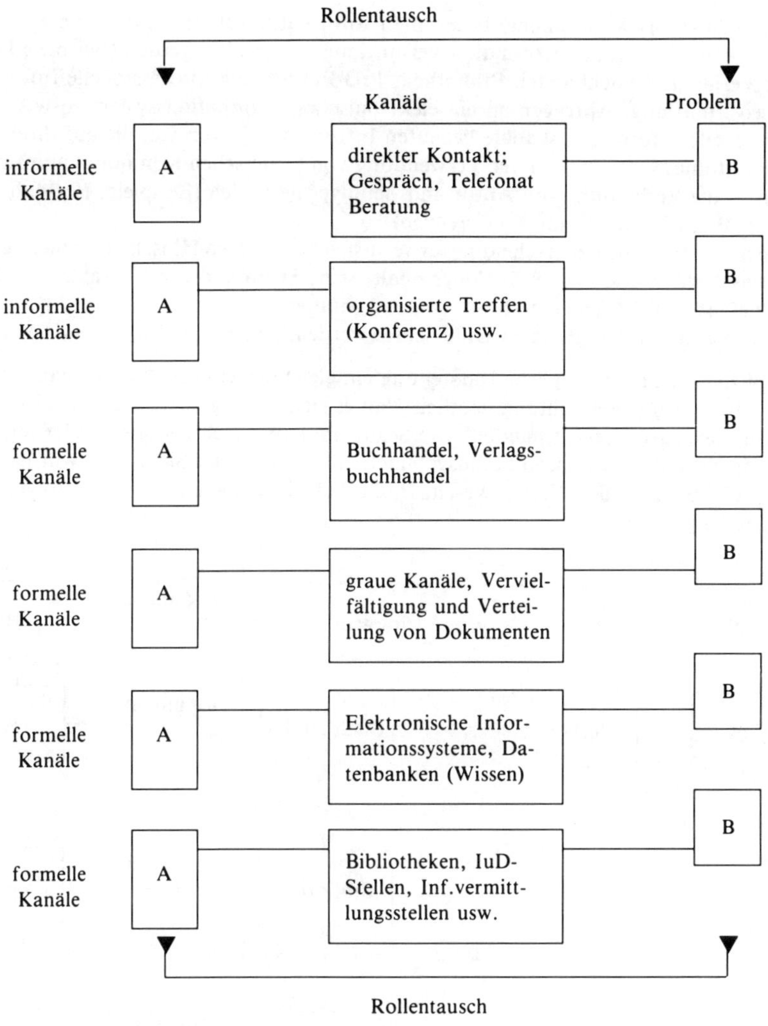

Merkpunkt: Kanäle im hier gemeinten Sinne stehen gleichberechtigt nebeneinander. Bei der Wahl des Kanals ist aus der Sicht des Benutzers ausschlaggebend, welcher am schnellsten, effektivsten und der Problemlage am angemessensten das Informationsbedürfnis befriedigen kann.

A = Personen, die etwas vermitteln: Sender, Urheber, Autor.
B = Personen, die etwas wissen wollen (sollen, sollten): Empfänger, Rezipient, Benutzer, Nutzer.

Abb. 5: Informierungskanäle

Formelle Informationskanäle bezeichnen Informationsprozesse, die über eine Instanz, deren Aufgabe Informationsvermittlung ist, geführt werden (Beispiele hierzu: Verlag und Buchhandel, Bibliothek, IuD-Einrichtung, professionelle Informationsvermittlung, Anfragen an ein elektronisches Informationssystem, usw.).
Informelle Informationskanäle bedeuten Informierungsprozesse, die auf direktem Vermittlungsweg – ggf. unter Verwendung von technischen Kommunikationsmitteln – die Verbindung von Autor und Benutzer herstellen (Beispiele: Persönliches Gespräch, Austausch auf Konferenzen).
Die hier getroffene Unterscheidung erweist sich bei näheren Hinsehen als nicht ganz trennscharf, weil der Übermittlungsinhalt, seine Form und der Charakter der Kanalbeschaffenheit näher bestimmt werden müßten.
Den hier gemeinten globalen Unterschied verdeutlicht *(Abb. 5)*.

Impliziert diese schematische Darstellung ein gleichberechtigtes Nebeneinander, so wird bei näherer Betrachtung deutlich, daß es sich um Segmente bei den formellen Informierungsprozessen handelt. Die Segmente haben sich historisch oder logisch als eigenständige Instanzen herausgebildet. In traditioneller Sichtweise würden die Bereiche Buchhandel, Verlagswesen, Bibliothek, IuD-Stelle usw. in der folgenden Abstufung stehen:

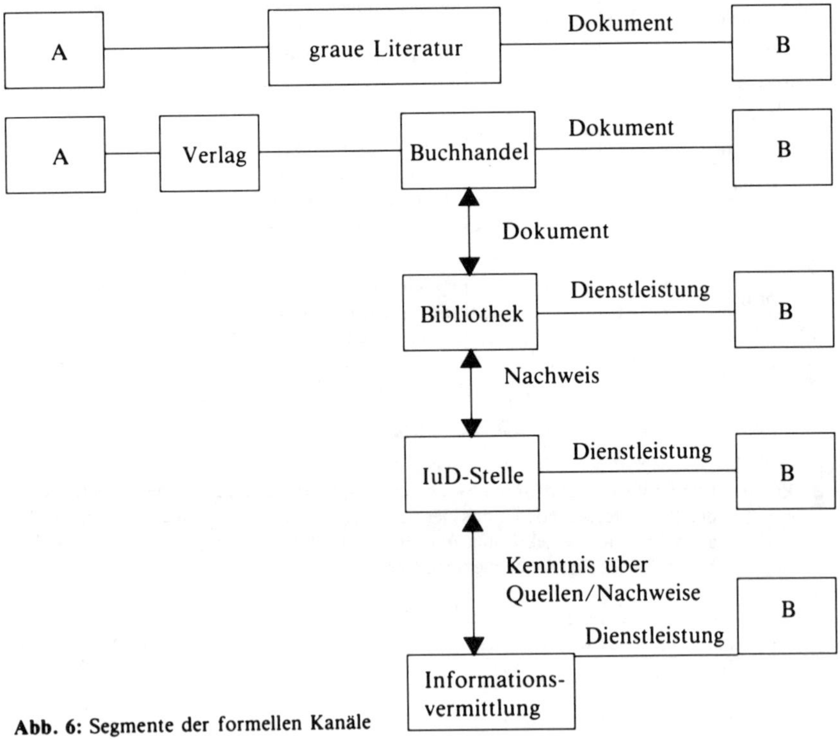

Abb. 6: Segmente der formellen Kanäle

Es wird später gezeigt, daß diese arbeitsteilige Aufteilung in dem Informationsprozess im wesentlichen hervorgerufen wurde durch die enorme Produktionsrate an Wissen und den damit verbundenen Sichtungs- und Vermittlungsproblemen. Dabei ist es hier wichtig, daß den Bibliotheken, IuD-Stellen und sonstigen Vermittlungsstellen eine zusätzliche Funktion zueigen ist, die sonst in keinem der genannten ,,Kanäle" vorfindbar ist.
Die Funktion des systematischen, kontinuierlichen Speicherns von Wissen, welche diese Institutionen wahrnehmen, indem sie Wissen über die Kriterien von Zeit und Raum verfügbar und öffentlich nutzbar halten, unterscheidet sie von anderen. Es wird noch darauf einzugehen sein, daß moderne Informations- und Kommunikationstechnik diesen historisch gewachsenen Prozeß der institutionellen Aufsplitterung in der Informationskette aufzulösen in der Lage ist.
Der grundlegende Unterschied zwischen formellen und informellen Informierungskanälen wird durch die Zwischenschaltung des Dokumentes in der kommunikativen Kette von A zu B verursacht.
Das heißt, daß Informationen, die über informelle Kommunikationskanäle laufen, ohne die Fixierung auf einen materiellen Träger, direkt an den Benutzer gelangen: die Kommunikationsform ist zumindest zeitgleich, oft auch anwesenheitsgebunden (z.B. beim mündlichem Vortrag). In formellen Kommunikationskanälen wirkt das Prinzip der Zeitungleichheit und der nicht notwendigen Präsenz des Nutzers, da das Dokument die physischen Anwesenheit und Zeitgleicheit nicht erforderlich macht. Ein weiterer Unterschied besteht in der angestrebten bzw. verwirklichten kommunikativen Wirkung, die in den Kommunikationsformen bestehen.
Die folgende Übersicht versucht diesen Zusammenhang hinsichtlich der Reichweite der kommunikativen Wirkung zu qualifizieren (Lit. 58.).

Wirkungen der Kommunikationskanäle (Reichweiten)

Informelle Informationskanäle

Auditiv					**Reichweite**
Urheber	——	Gespräch: Beratung	——	Nutzer	1 : 1
Urheber	——	Teamgespräch/Gruppensitzung	——	Nutzer	1 : 10 – 20
Urheber	——	Konferenz/Fachtagung	——	Nutzer	1 : 100 – 500
Urheber	——	Massenmedien (Radio)	——	Nutzer	1 : 10.000 – 10 Mio.

Audio-Visuell					
Urheber	——	Ausstellung	——	Nutzer	1 : 1.000 – 100.000
Urheber	——	Demonstration Vorführung	——	Nutzer	1 : 20
Urheber	——	Lehrfilm	——	Nutzer	1 : 500 – 1.000
Urheber	——	Massenmedien (Film)	——	Nutzer	1 : 10.000 – 10 Mio.

Wirkungen der Kommunikationskanäle (Reichweiten) (Fortsetzung)

Formelle Informationskanäle

Dokumentbezogen

Urheber	——	Bücher	——	Nutzer	1 : 500 – 20.000
Urheber	——	Schallplatten/Tonband	——	Nutzer	1 : 1.000 – 50.000
Urheber	——	Fachzeitschriften	——	Nutzer	1 : 500 – 5.000
Urheber	——	Graue Literatur	——	Nutzer	1 : 50 – 500
Urheber	——	Hochschulschriften	——	Nutzer	1 : 150
Urheber	——	Firmenschriften	——	Nutzer	1 : 50 – 5.000

Nachweisbezogen (Informationsdienstleistungen)

Urheber	——	Bibliographien	——	Nutzer	1 : 300 – 1.000
Urheber	——	Referate-Organe	——	Nutzer	1 : 100 – 3.000
Urheber	——	Informationsauskunft	——	Nutzer	1 : 1
Urheber	——	Standardprofil (SDI)	——	Nutzer	1 : 5 – 50

Bei der Durchsicht der Kommunikationsformen wird deutlich, daß Massenmedien eine große Reichweite haben, während die Beratungsformen (aller Erfahrung nach wirksam und zielgerichtet) sehr aufwendig sind. Einschränkend sei noch einmal angemerkt, daß massenmediale Vermittlungsformen wie Radio und Fernsehen nicht primär auf Informationsvermittlung im eingangs beschriebenen Sinne zugeschnitten sind.

A 2.1.4 Wahl des Informierungskanals

Aus Benutzersicht stellt sich die Wahl der Informierungskanäle nun spiegelbildlich dar. Zwei empirische Untersuchungen sollen dafür als Fallbeispiele herangezogen werden. Befragt wurden deutsche Ingenieure nach der Nutzungshäufigkeit ihrer Informierungsquellen. 21 % der Befragten gaben an, daß sie zumeist keine Quellen benutzen; nur 5 % der Befragten nutzen Bibliotheken und IuD-Stellen regelmäßiger (Lit. 56.; Lit. 62.).

Informationsquellen	Nutzung % Mehrfachnennung	Rangfolge	Nutzungsbewertung Rang
Kollegen	96	1	1
Zeitschrift	92	2	3
F + E-Berichte	86	3	4
Vorgesetzter	85	4	2
Bibliothek	84	5	5
Seminare	68	6	8
Tagungen	63	8	13
Abstracts (Referate)	62	9	12
Anfragen bei Herstellern	59	11	7
Eigenes Material	54	13	9
Inf. Zentren	21	23	21
Datenbanken	20	24	22

Abb. 7: Nutzungshäufigkeit von Informationsquellen bei deutschen Ingenieuren

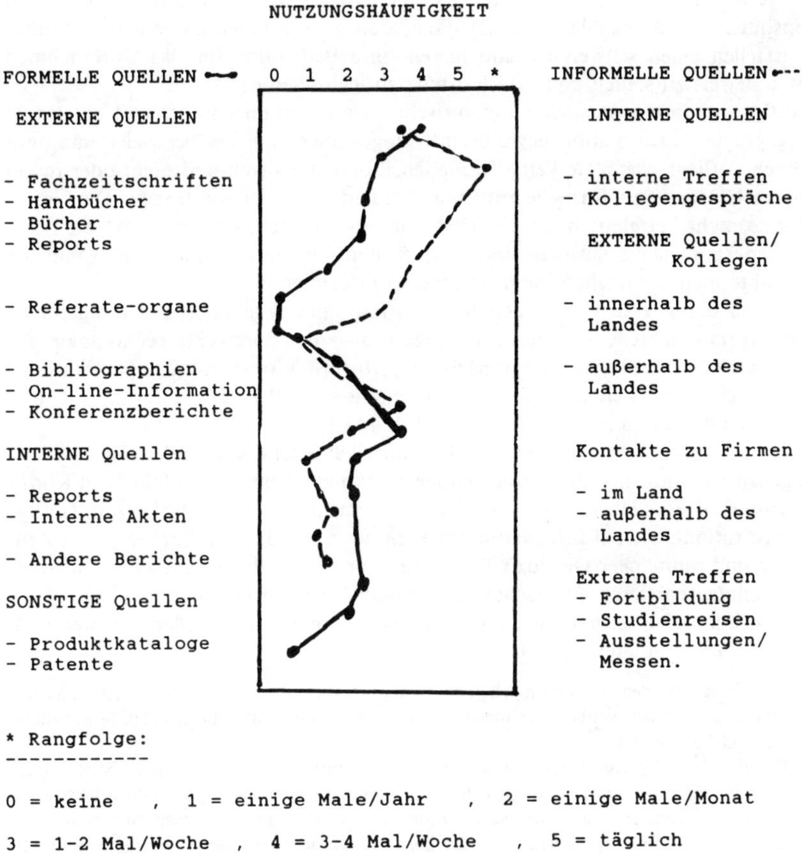

Abb. 8: Nutzung von Informationsquellen in der angewandten Technologie (Lit. 62.)

Beide Studien, die aus verschiedenen Ländern stammen, belegen, daß die Nutzung von informellen Kanälen/Quellen deutlich gegenüber den formellen im Vorteil ist: Dies liegt – nach allen Erkenntnissen, die in der empirischen Benutzerforschung gewonnen wurden – daran, daß

- Formelle Kanäle zumeist mit Zeitaufwand und Verlassen des Arbeitsplatzes verbunden sind.
- Formelle Kanäle Benutzerbarrien aufweisen (Benutzerordnung; Benutzungszeiten, Kosten, usw.).
- Die Verfügbarkeit von Information oft unangemessen lange Zeit dauert und die Orientierung in den Quellen als umständlich empfunden wird.
- Informelle Kanäle dagegen dem Bedürfnis nach zielgerechter Auskunft über bestimmte Probleme besser, schneller und persönlich angenehmer nachkommen können.

Die recht eindeutige Bevorteilung flexibler und schnellerer informeller Informationsquellen und -kanäle führt oft dazu, daß gerade innerbetriebliche Informationsstellen einen schweren Stand haben, ihre Bedeutung für das Unternehmen unter Beweis zu stellen und ihre Existenz zu legitimieren.
Häufig wird in entsprechenden empirischen Untersuchungen auch auf das wenig ausgeprägte „Informationsbewußtsein" hingewiesen, welches bei vielen dann angeblich vorliegt, wenn sie keine formellen Kanäle benutzen und nicht oder in geringem Umfang nur formelle Informationsdienstleistungen abfragen. Dies ist so oder so nicht belegbar, denn die Abstinenz von formellen Informationsdienstleistungen kann nichts darüber aussagen, ob eine Person durch seine persönlichen Kontakte nicht hinreichend und umfassend informiert wird.
Nun sind diese – den formellen Informationskanälen anhaftenden Benutzungs- und Zugangsnachteile – dabei, aufgehoben zu werden durch eine Technologie, für die man als Sammelbegriff die Bezeichnung „Informations- und Kommunikationstechnologien" verwenden sollte (IuK-Technologien) (Lit. 57.; Lit. 72.; Lit. 84.; Lit. 94.; Lit. 123.; Lit. 126.; Lit. 129.; Lit. 143.).
Ohne hier auf die sehr komplexen und technisch äußerst komplizierten Einzelheiten eingehen zu können, sollen jedoch einige Merkmale dieser technologischen Konfigurationen dargestellt werden, um deutlich zu machen, daß die bislang im Gefüge der institutionalisierten Informationsquellen noch bestehenden Barrieren von Zeitverzug und räumlicher Distanz von Information, die ja die wesentlichen Zugangs- und Benutzerbarrieren ausmachen, überwunden werden können.
IuK-Technologien zeichnen sich dadurch aus, daß in den verschiedenen Systemkonfigurationen mindestens drei Elemente vereint sind:

- Das Endgerät, den Bildschirmarbeitsplatz als Schnittstelle von Benutzer oder Bildschirmarbeiter und der weiteren technischen Welt, die (zumeist unsichtbar) sich hinter dieser Oberfläche verbirgt.
- Einen je nach Zuschnitt des Systems größeren Rechner, der elektronisch gespeicherte Informationsbanken vorhält oder für die vielen angeschlossenen Endgeräte die arbeitsteilige Benutzung von Anwender-Software ermöglicht. (s. dazu Teil E Informationstechnik)
- Die telekommunikative Vernetzung der beiden vorgenannten Elemente zu einem ständig interagierenden Gesamtsystem. Dabei werden die Telekommunikationsnetze der Post, beispielsweise Telefonleitungen, Telex, Datex P und L, benutzt, um den Datenaustausch (und die Datenübertragung) zwischen Endgerät und Großrechner zu ermöglichen. (Lit. 52.; Lit. 61.; Lit. 22.; und Kap. E7 von K. Löns)

In diesen Systemkonfigurationen kommt es nun darauf an, inwieweit die in Software gegossene „Intelligenz", die dem Anwender die Durchführung von bestimmten Arbeiten erlaubt, auf die Endgeräte oder auf den in der kommunikativen Verbindung irgendwo zwischengeschalteten größeren zentralen Rechner gelegt wird. (Lit. 37)
Die Entscheidung, inwieweit die Endgeräte oder die größeren (zentral für alle Benutzer bestimmten) Rechner mit „Intelligenz" ausgestattet werden sollen, ist nur durch die Analyse des Anwendungszusammenhanges zu treffen. Je nach Anlage spricht man deshalb von Systemen mit „dezentraler Intelligenz" dann, wenn viele Anwender-Software direkt am Arbeitsplatzrechner (also dem Endgerät, in welchem sich in der Regel auch ein kleiner Computer befindet) verfügbar ist. Von Systemen

mit „zentraler Intelligenz" spricht man umgekehrt in den Fällen, in denen das Endgerät nicht mit diesen Leistungsmerkmalen ausgestattet ist („Dumme Terminals") und alles, was an Datenaustausch und Anwendersoftware benutzt wird, im zentralen Rechner vorgehalten wird.
Für die Informationsarbeit wichtig und betrachtenswert sind derzeit drei solcher Systemkonfigurationen, mit denen Informationsvermittlung im allgemeinsten Sinne bereits jetzt schon real durchgeführt wird:

- On-line-Systeme, dem inzwischen schon klassisch gewordenen Zugriff auf elektronisch gespeicherten Datenbasen (Informationsquellen). Hierbei ist anzumerken, daß der Trend immer mehr verstärkt wird, die Endgeräte mit mehr „dezentraler Intelligenz" auszustatten, um die Ergebnisse von on-line-Recherchen am Bildschirmarbeitsplatz weiterverarbeiten zu können (hier spricht man von „downloading", Lit. 81.; Lit. 97.; Lit. 103.; Lit. 135. u.a.).
  Abspeichern der Recherche im Massenspeicher des Arbeitsplatzrechners und deren Weiterverarbeitung (im Sinne Veredelung, der Umwandlung und des Zusammenführens mit anderen, bereits im Arbeitsplatzrechner gespeicherte Informationen zu einem neuen Endprodukt, wie dies bei Taylor (Lit. 132.; Lit. 133.) entwickelt wird.
- Bildschirmtext (BTX) als Beispiel für eine Systemkonfiguration mit mehrheitlich „zentraler Intelligenz", in dem zunehmend stärker Informationen für besondere (und oft auch geschlossene) Nutzergruppen durch einfachste Abfrage-Routinen geboten werden (Lit. 117.).
- Bürokommunikationssysteme, in denen sowohl intern erarbeitete Informationen wie auch extern verfügbare Informationen zusammengeführt werden, um sie im innerorganisatorischen Zusammenhang an die Funktions- und Entscheidungsebenen elektronisch weiterleiten zu können, für die sie bestimmt sind.
  Hier werden in der Regel Systeme mit „dezentraler Intelligenz" entwickelt, da diese Systeme auf die jeweiligen Bedürfnisse und Anwender der einzelnen Arbeitsplätze zugeschnitten sein müssen. (vgl. etwa Lit. 101.; Lit. 131.)

Allen drei hier kurz vorgestellten Beispielen gemeinsam ist die Tatsache,

- daß auf Informationsquellen in verschiedener Art und Ausgestaltung zugegriffen wird,
- daß Information selbst erzeugt und weitervermittelt werden kann, dies fast zeitgleich (d.h. ohne Zeitverzug) geschieht,
- daß sowohl über kleine als auch über riesige Entfernungen empfangen und gesendet werden kann.

Im Rahmen der jetzt schon bestehenden und künftig noch zu entwickelnden Systeme der IuK-Technologien ist also jetzt schon möglich, daß von jedem einigermaßen leistungsfähigen Endgerät, welches mit entsprechender „dezentraler Intelligenz" (d.h. entsprechender Verarbeitungssoftware sowie Telekommunikationssoftware) ausgestattet ist und das sich in der Nähe eines beliebigen telekommunikativen Kanals befindet, der interaktive Zugang zu anderen Endgeräten oder zentralen Datenbanken ermöglicht wird. Die noch vor Jahren als Utopie belächelte Formel, daß bald jeder mit jedem über beliebige Kanäle auf der Grundlage einer mächtigen technischen Infrastruktur zeitgleich und ortunabhängig beliebige Daten empfangen und aussenden kann, ist der Wirklichkeit erheblich näher gerückt. – Ob dies alles wünschenswert ist, ist bezweifelbar; daß dies erhebliche Auswirkungen im Recht, in der Politik und in der Gesellschaft hat, ist nicht von der Hand zu weisen (Lit. 124; Lit. 125.; Lit. 113.; Lit. 127.; Lit. 85.; Lit. 94.; Lit. 104.).

Für die Informationsarbeit haben diese Entwicklungen eine Chance geboten, die stabilen und jahrzehntelang in der praktischen Informationsarbeit ausgetesteten Methoden und Techniken der Auswahl, der Strukturierung, der inhaltlichen Beschreibung, der Ablage und des Wiederfindens von sehr verschiedenen Daten, sie zusammenzuführen und der Benutzung zugänglich zu machen, in diese nun technisch bestimmte Welt einzubringen. Mit guten Durchsetzungschancen, wie zu hoffen ist.

A 2.2 Fachliche Kommunikation und formelle Informierungsprozesse

Die Existenz formeller Informierungsprozesse, so, wie sie uns heute und in Form der Bibliotheks- oder Archivbenutzung, der Inanspruchnahme der Dienstleistungen von Informations- und Dokumantationsstellen, der on-line-Abfrage von Datenbanken und ähnlichen Quellen begegnen, läßt sich aus der zunehmenden Komplexität fachlicher Kommunikationsprozessen erklären. Ganz vordergründig betrachtet sind fachliche Kommunikationsprozesse aus dem Bedürfnis der Gesellschaft nach Austausch und Vermittlung von Wissen über Natur und Gesellschaft zur Bewältigung und vor allem der Verbesserung der jeweils geltenden Lebenssituationen entstanden. Zu wissen, wie man etwas verbessern kann, intelligentere Lösungen für anstehende Probleme zu finden, oder neue, innovative Techniken und Verfahren zur Effektivierung der Produktion zu ersinnen, fungierte schon immer als Motor für den wissenschaftlich-technischen Fortschritt.
Zunächst soll aber die Besonderheit des Stoffes **Wissen** kurz erläutert werden, um deutlich machen zu können, daß dem „Wissen" selbst und in seiner vermittelten Form als „Information" zwei verschiedene Eigenarten anhaften.
„Wissen" im Sinne der fachlichen Erkenntnis (Lit. 78.) hat kumulativen Charakter; d.h. daß neues Wissen, neuere Erkenntnisse in der Regel nur gewonnen werden können, wenn sie auf dem bis dahin Gedachten und Gewußten aufbauen. Die Besonderheit in der Entstehung neuen Wissens bedeutet auch, daß das Prinzip des Austausches des Wissens wirksam ist auf der internationalen Ebene. Dies verlangt, daß es in entwickelten Gesellschaften eine Instanz geben muß, die die Funktion des „Historischen Gedächtnisses" und der Verteilung des Wissens wahrnimmt, über Länder- und Blockgrenzen hinweg.
Über viele hunderte von Jahren hindurch haben das Bibliotheks- und Archivwesen die Funktionen übernommen, den immer größer werdenden Berg des zu kumulierenden Wissens zu ordnen, zu verwalten und im Falle der Nachfrage dieses Wissen an andere weiterzuleiten. Da es sich ohne Schaden wohl keine Gesellschaft auf Dauer leisten kann, den materiellen und ideellen Wert, der in diesen Bemühungen steckt, Natur und Gesellschaft zu ergründen und zu erforschen, zu vernachlässigen, haftet dieser kumulierenden und bewahrenden Funktion im Wissensumgang das Merkmal des Kulturschaffens (z.B. Lit. 82.; Lit. 143.) an.
Wissen – aus der Warte des Individiums – ist andererseits auch kein jeweils vollständig zu verzehrendes Gut, wie dies bestimmte Waren sein können, die nach Gebrauch oder Verzehr eben aufgebraucht sind. Identisches Wissen wird immer wieder – auch wenn es von neueren Erkenntnissen laufend und in immer schnelle-

ren Innovationszyklen aktualisiert wird – von Menschen nachgefragt werden, weil diese eben sich je nach ihrer individuellen Sozialisation, ihren Berufanforderungen oder ihren Interessen Wissen laufend aneignen.
Dies aber angesichts der immer größer werdenden Menge an Wissen in Bezug auf die Vielzahl der nachfragenden Individuen zu organisieren und zu gestalten, stellt an die kommunikative Vermittlung dieses Wissens immer höhere Ansprüche. Wissen als solches wird also in immer wieder veränderten Zusammenhängen und Erscheinungsformen mehrfach und wiederholt benutzt und verwendet, und dadurch in neue Erkenntnisse umgeformt und weiterentwickelt.
Die Notwendigkeit, sich ständig neues Wissen anzueignen, ist plausibel begründbar zum einen in der Bevölkerungsdynamik; es wachsen immer neuere Generationen nach, die sich vorliegende Erkenntnisse aneigenen müssen (Stichwort: Bildung, Qualifikation). Zum anderen ist sie pauschal begründbar durch das Schlagwort der ständig komplexer werdenden Lebenszusammenhänge, die allem Anschein nach das hervorstehende Merkmal der postindustriellen Gesellschaften sind. Hoch arbeitsanteilig organisierte Gesellschaften erzeugen durch ihr zunehmendes Spezialistentums eine Komplizierung der Lebensumstände und damit die Gefahr der zunehmenden Intransparenz von Verwaltungs- und Entscheidungsprozessen. Dies wirkt nicht nur in die hochspezialisierte Arbeitswelt hinein, sondern erfaßt auch immer mehr die breite Bevölkerung und wirkt zunehmend in das „Alltagsleben" hinein.
Beide Seiten des Charakters von Wissen, zum einen als historisch kumuliertes Kulturgut und zum anderen als Organisationsproblem der bedarfsgerechten Vermittlung an die Nachfrager, bildeten eigentlich von Beginn an die Legitimation für die Existenz von Bibliothekswesen, Information und Dokumentation, dem Archivwesen und den angrenzenden Bereichen, auf die später noch eingegangen wird.
Unter quantiativen Gesichtspunkten ist einerseits versucht worden, die Wissens- und Erkenntnisproduktion anhand der Menge der Veröffentlichungen, des Zuwachses an Produzenten von Wissen und anderen Einflußgrößen zu belegen. Qualitativ dagegen ist der Aspekt zu bewerten, wie die Kommunikationsbeziehungen, die bei der Vermittlung des Wissens, gestaltet sind.

A. 2.2.1 Die Messung des Wissens und seiner Konsumenten

Es wird also immer mehr vom Einzelnen an Wissen, Kenntnissen und Flexibilität abverlangt, um sich im Arbeits- und Alltagsleben orientieren und mit den Veränderungen Schritt halten zu können. Die Lebenswelt des Einzelnen wird erst mit der Aufnahme von „Neuem" transparent, beherrschbar und strukturierbar.
Die Befürchtungen, daß nicht alle Gruppen in den entwickelten Gesellschaften an diesem ständigen Wissens- und Kenntnisvermittlungsprozess teilhaben werden und daß große Teile der Bevölkerung daraus „ausgeblendet" werden könnten, hat zu der These des zunehmenden Auseinanderfallens der Bevölkerungsgruppen in die sog. „information-rich" und „information-poor" geführt. Neben der Teilhabe am Erwerbsleben scheint also in der „Informationsgesellschaft" (Lit. 104.) die Teilhabe an Information eine zunehmend größere Rolle zu spielen (Lit. 142.).

Die für die Begründung der Information und Dokumentation so häufig angeführte quantitative Analyse von Publikationen, – auch unter den Stichworten: ,,Informationslawine" und ,,Literaturflut" bekannt geworden –, hat ihre Ursprünge in der Wissenschaftssoziologie der 50ger Jahre. Sie ist verbunden mit zwei prominenten Namen: Derek J. de Solla Price (Lit. 122.) für die USA und G. M. Dobrov (Lit. 32.) für die UdSSR. Beide Autoren haben mit Hilfe statistischer Analysen die sog. Output-Indikatoren der Wissensproduktion gemessen und sich dabei auf den engeren Bereich der Wissenschaft und Technik beschränkt. Hinter diesen sehr aufwendigen Bemühungen stand die Erkenntnisabsicht, den Bereich der wissenschaftlich-technischen Forschung und Entwicklung, einer der Eckpfeiler der Erkenntnis- und Wissensproduktion, in seiner gesellschaftsveränderten Kraft und seiner Leistungsfähigkeit zu untersuchen (und dies auch im Vergleich der Supermächte).
Im Verlauf der Weiterführung dieser Arbeiten hat sich ein recht umfassendes Bild der ,,Vermessung der Forschung" (Lit. 138.) ergeben, welches im Ablauf des Zusammenhanges wie folgt dargestellt werden kann *(Abb. 9)*.

Input in Forschung und Entwicklung

Wissenschaftlich-technisch Tätige

Entwicklung der Veröffentlichungen

Aufkommen und Entwicklung von Referate-Organen

Informationsvermittlung

Zitierungsanalysen, als statistisches Maß für die Nutzung von Wissenquellen

Abb. 9: Wissensproduktion (quantitative Indikatoren)

Obwohl die wissenschaftlich-technische Erkenntnisproduktion lediglich einen Teil der Quellen der Fachinformation ausmacht, und so wichtige Fachinformationsbereiche wie etwa publizistische Information, Medien-Information, Wirtschaftsinformation, Produkt- und Herstellerinformation u.ä. unberücksichtigt läßt, so können wir doch an diesem Ausschnitt der Erkenntnisproduktion die Notwendigkeit für die Existenz formeller Informierungsinstanzen demonstrieren.

Kursorisch werden im folgenden einige Belege für das Anwachsen im Bereich Erkenntnisproduktion, -vermittlung und -verwertung dargestellt:

(a) Input-Indikatoren für Forschung und Entwicklung (F + E)

In der Bundesrepublik Deutschland allein haben sich im Berichtszeitraum 1962 – 1981 die Aufwendungen für Forschung und Entwicklung verneunfacht.

Jahr	Mio. DM (gerundet)	% Anteil vom BSP*	davon öffentlich finanziert (absolut)	in % Anteil von Gesamt
1962	4.450	1,3	2.270	51,1
1964	6.570	1,6	3.190	48,5
1966	8.840	1,8	4.220	47,7
1968	10.550	2,0	4.960	47,0
1970	14.800	2,2	6.900	46,6
1972	19.250	2,3	9.600	49,8
1974	22.290	2,3	11.350	50,5
1976	25.740	2,3	12.300	47,8
1978	29.850	2,3	13.770	47,5
1980	39.270	2,6	16.940	44,3
1981	41.320	2,7	17.820	43,1

*BSP (Bruttosozialprodukt = Die Summe des Umsatzes aller Waren und Dienstleistungen in einer nationalen Volkswirtschaft eines Jahres).

Abb. 10: Forschungs- und Entwicklungsausgaben der Bundesrepublik Deutschland und ihre Finanzierung. 1962 – 1981. (Lit. 138.; Lit. 15.)

Neben dem stattlichen Zuwachs in absoluten Zahlen, die wegen des Geldwertverfalls vielleicht nicht allzu aussagekräftig sind, ist an dieser Zusammenstellung auffällig, daß sich der Anteil der Aufwendungen für F + E gemessen am Bruttosozialprodukt in knapp 20 Jahren verdoppelt hat. Diese Bezugsgröße ist in der Lage, die stärker werdende Bedeutung der F + E für die nationale Volkswirtschaft zu belegen.
Aus der dritten und vierten Spalte wird deutlich, daß F + E eine Gemeinschaftsaufgabe von öffentlicher Hand (Förderungspolitik) und Wirtschaft (Umsetzung der Ergebnisse der Erkenntnisproduktion in Produktion) ist; die Lasten (d.h. Aufwendungen) sind etwa gleich verteilt.

Ein Blick über die Grenzen des eigenen Landes macht deutlich, daß vergleichbare Anstrengungen auch in anderen Ländern gemacht werden.
Andere Nationen, allen voran die USA und – soweit dies durch die verschiedenen Bezugsgrößen bedingt überhaupt vergleichbar ist – die UdSSR, wenden absolut und in Anteilen vom Bruttosozialprodukt mehr Mittel als andere Länder mit vergleichbarem technologischen Stand auf.
Folgende Übersicht (*Abb. 11*) illustriert das Gefälle zwischen einzelnen Ländern:

		% Anteil vom BSP			
Jahr	Frankreich	BRD	U.K.	U.S.A	UdSSR
1961	1.3	n.v.	2,46	2.73	n.v.
1965	2.1	1.73	n.v.	2.89	2.85
1969	1.94	2.05	2.22	2.71	3.03
1973	1.76	2.22	n.v.	2.29	3.64
1979	1.76	2.32	2.11	2.37	n.v.
1981	n.v.	n.v.	n.v.	2.37	n.v.

n.v. = Zahlen nicht verfügbar. (Lit. 138., S. 80)

Abb. 11: Ausgaben für F + E nach Anteilen des BSP nach Ländern 1961 – 1981

(b) Wissenschaftlich-technisch Tätige

Obwohl mit dem nicht sehr präzisen Begriff des „Wissenschaftlich-technisch Tätigen" nur ein kleiner Teil (aber durchaus wichtiger Teil) der Nachfrager der Fachinformation erfaßt wird, ist es doch beeindruckend, wie der Anteil dieser Berufsgruppen, die in ihrer Arbeit zunehmend von den Erkenntnissen profitieren, proportional zu anderen Berufsgruppen angewachsen ist.
Sehr deutlich bei allen hier betrachteten Ländern ist der Trend, daß in dem Berichtszeitraum 1965 – 1980 eine wesentliche Zunahme des Anteils wissenschaftlich-technisch Tätiger an der Erwerbsbevölkerung zu verzeichnen ist (s. *Abb. 12.*).

Dies bedeutet auch , daß diese absolut steigende Zahl der Menschen als potentielle Nachfrager von Fachinformation angesehen werden müssen (Lit. 08.).
Daß nun nicht alle Nationen den gleichen Anteil an der Forschung und Entwicklung und unterschiedlichen Anteil an veröffentlichten Erkenntnissen haben, kann durch eine Tabelle (*Abb. 13*) belegt werden.

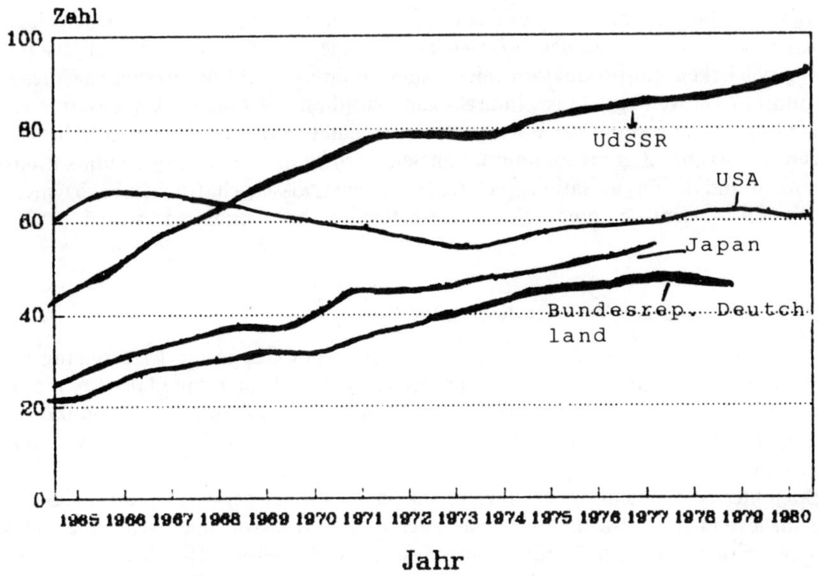

Abb. 12: Anteil der Wissenschaftler und Ingenieure im Bereich der F + E pro 10.000 Einwohner nach Ländern (Lit. 138.).

Land	% Anteil der Weltbevölkerung	BSP in % von der Weltproduktion	Anteil der wissenschaftlichen Autoren an der Weltproduktion
U.S.A.	5.9	32.8	41.5
UdSSR	7.0	15.6	8.0
Japan	2.9	3.6	4.1
U.K.	1.6	4.8	8.1
Frankreich	1.4	4.5	5.4
Leitein-amerika	7.0	3.7	0.9
Nahost (ohne Israel)	2.5	0.85	0.4

Abb. 13: Anteil in % der Weltbevölkerung, des Bruttosozialproduktes und der wissenschaftlichen Autoren (Lit. 121., S. 34)

Ohne auf die systematischen und statistischen Unschärfen hier im einzelnen eingehen zu können, wird an dem Vergleich der Länder deutlich, wie ungleich der Beitrag der Erkenntnisproduktion (hier gemessen an der Zahl der wissenschaftlichen Autoren) weltweit verteilt ist. Indirekt kann aus diesem Zahlenwerk auch der jeweilige Entwicklungsstand der F + E grob eingeschätzt werden, wobei jedoch die Barrieren (Sprache, Zugang zu internationalen Veröffentlichungen) des Publikationssystems und der Organisationsgrad der jeweiligen ,,wissenschaftlichen Fachgemeinschaften" (scientific communities) angemessen zu berücksichtigen wären.

(c) Entwicklung der Veröffentlichungen

Wenn immer größere Anteile des Bruttosozialproduktes in die Erforschung von Natur und Gesellschaft fließen, ein immer größer werdender Anteil der Erwerbsarbeit im Bereich Erkenntnisproduktion stattfindet, dann kann diese Produktivität spiegelbildlich ihren Niederschlag in der Zahl der Veröffentlichung von Erkenntnissen finden.
Doch hier ist Vorsicht bei der Interpretation des Zahlenwerkes angebracht. So beeindruckend die Informationslawine oder Publikationsflut auch sein mag, selbst wenn man sie auf die Veröffentlichungsorgane der wissenschaftlich-technischen Welt begrenzt, so wenig schlüssigen Beweis gibt es dafür, daß dies nun direkt die Menge des neuen Wissens anzeigt.
Zunächst einmal ist eine wissenschaftliche Veröffentlichung noch kein Indiz dafür, daß neue Erkenntnisse vorliegen. Es kann ebenso sein, daß eine Veröffentlichung im wesentlichen bereits Bekanntes noch einmal nachvollzieht. Zum anderen kann plausibel gemacht werden, daß die große Zahl der Mehrfachveröffentlichungen (über die gerade in den 60ger Jahren sehr viel empirische Studien unternommen wurden) nicht nur dem innerwissenschaftlichen Publikationszwang (etwa im Sinne ,,publish or parish") entspringen, sondern der Notwendigkeit, verschiedene Publikationsorgane und -kanäle zu benutzen, um die Erkenntnis in das weite Geflecht der verschiedenen organisierten ,,scientific communities" einmünden zu lassen.
Überspitzt ausgedrückt könnte man die These aufstellen, daß das Publikationswesen nicht primär wegen der Zunahme der Erkenntnisse diese Ausmaße angenommen hat, sondern vor allem, weil es schwieriger und äußerst kompliziert geworden ist, die Erkenntnisse im Sinne der kommunikativen Vermittlung an die Nachfrager heranzubringen. Schließlich haben Publikationsorgane, die in der Regel engere Fachgrenzen nicht überschreiten und auf eine zumeist hochspezialisierte Fachgemeinschaft zugeschnitten sind, nur eine begrenzte Reichweite. Erkenntnisse auch in andere Diziplinen oder Fachgemeinschaften hinein bekannt zu machen erfordert demzufolge, sie mehrfach zu veröffentlichen.
Ist die Beziehung von Erkenntnisproduktion und Anwachsen der Publikationen zumindest keine direkte, so stellt aus der Sicht der Informationsarbeit das Mengenproblem und die Tatsache der Mehrfachveröffentlichungen immer größere Anforderungen an die Bewertung, Einordnung, Selektion und Kontrolle der Informierungsquellen, die in dem Zwang zu immer differenzierteren Methoden und Techniken der Information und Dokumentation ihren Ausdruck findet.

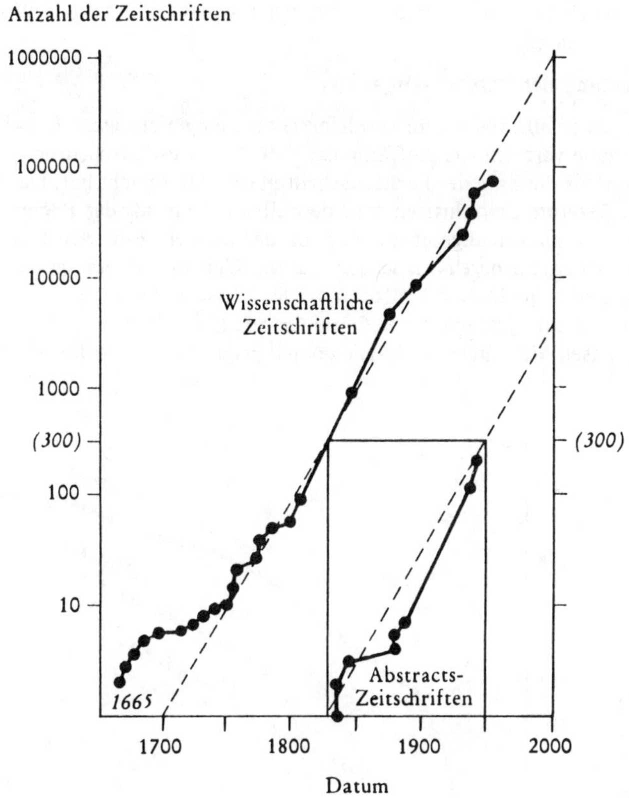

Abb. 14: Gesamtzahl der Gründungen wissenschaftlicher Zeitschriften und Referateorgane (Lit. 122.).

An dem für wissenschaftliche Erkenntnisse wohl immer noch wichtigsten Dokumententyp Zeitschrift zeigt die Abbildung, daß seit Aufkommen dieser Publikationsform im 17. Jahrhundert ein exponentielles Anwachsen zu verzeichnen ist, deren Menge sich durchschnittlich alle 15 Jahre verdoppelt. 1950 war bereits die Schwelle von 100.000 Fachzeitschriften der Naturwissenschaft und Technik überschritten. Zahlenwerke, die die Buchproduktion quantitativ erfassen, und spezielle Untersuchungen zu dem Typus der besonders wissenschaftsrelevanten Forschungsberichte belegen Größenordnungen von über 500.000 Buchtitel pro Jahr weltweit (für das Jahr 1970 beispielsweise) und mehrere hunderttausend Forschungsberichte pro Jahr weltweit.

Andere statistische Untersuchungen (etwa Lit. 68) weisen beispielsweise nach, daß zwischen 1960 und 1974 sich die Zahl der Abonnenten der Fachzeitschriften von durchschnittlich 3.900 auf 6.000 gesteigert hat, während andererseits die Abonnements an Fachzeitschriften sich durchschnittlich von 3,0 auf 3,6 pro Wissenschaftler steigern konnten.

(d) Entwicklung der Referate-Organe

In *Abb. 15* ist (maßstabsgerecht verkleinert) die mengenbezogene Entwicklung der Referateorgane verzeichnet. Auffällig ist, daß Referate-Zeitschriften zu einer Zeit aufkommen, als die Zahl der Fachzeitschriften ca. 300 erreicht hat. Das Veröffentlichen von Referate-Zeitschriften wird deshalb zu Recht als der Beginn der klassischen Dokumentation angesehen. Kommt darin doch zum Ausdruck, daß die Erkenntnismenge, die bereits zu der Zeit auf die Welt zufloß, eine sammelnde systematisierende und qualitative Umformung des Wissens verlangte.
Ein Blick in die Entwicklung der Referate-Organe (Zeitschriften und on-line verfügbare Datenbasen) der jüngeren Vergangenheit zeigt, daß der Anfall von Veröffent-

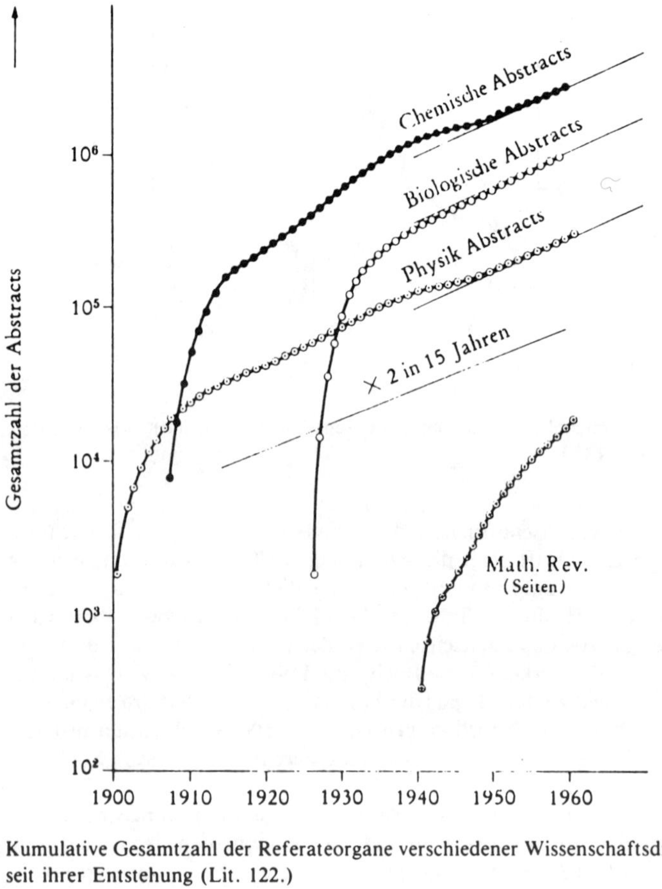

Abb. 15: Kumulative Gesamtzahl der Referateorgane verschiedener Wissenschaftsdisziplinen seit ihrer Entstehung (Lit. 122.)

lichungen in einzelnen Naturwissenschaften sehr unterschiedlich groß ist – unbestritten jedoch ist, daß die Chemie den stärksten Zuwachs zu verzeichnen hat (1987 waren es allein in ,,Chemical Abstracts'' knapp 500.000 Dokumentationseinheiten, von denen ca. 75 % Zeitschriftenaufsätze waren).

(e) Informationsvermittlung

Waren Referate-Zeitschriften, deren Größenordnung heute vorsichtig mit 1.500 beziffert wird (Lit. 09.), eine Antwort auf die zunehmende Unübersichtlichkeit im Veröffentlichungswesen, so markieren rechnergestützte Informationssysteme den nächsten Entwicklungssprung, der in den späten 50ger Jahren einsetzte. Diesen strukturellen Zusammenhang verdeutlicht *Abb. 16.*

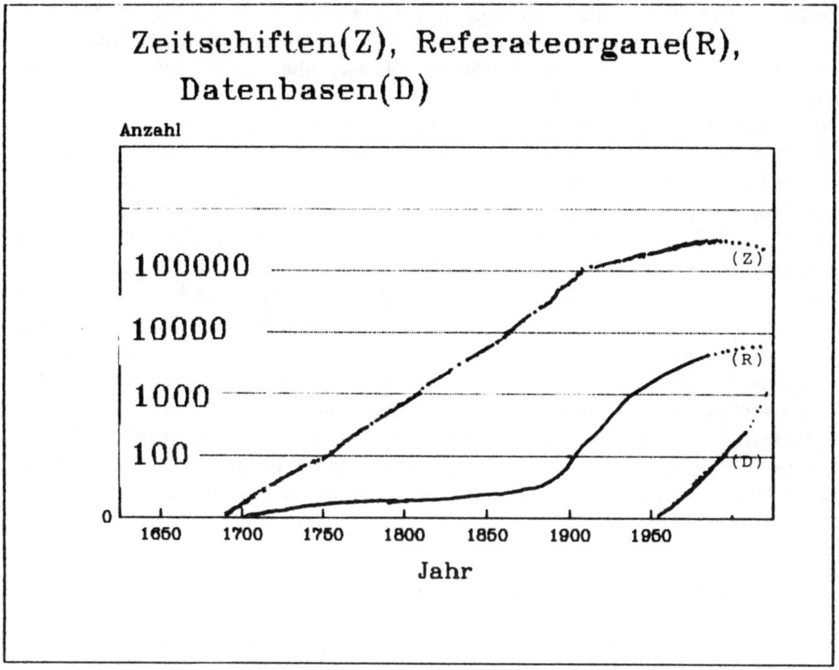

Abb. 16: Veröffentlichungen, Referierung und Datenbanken in zeitlicher Abhängigkeit voneinander (Lit. 09., S. 25)

Die Verfügbarkeit von Informationen durch zeitgleichen Zugriff auf on-line Datenbasen ist in den 70ger und 80ger Jahren vorangetrieben worden. Weltweit wurde 1987 die Zahl der verfügbaren on-line Datenbasen (unter ihnen befinden sich natürlich auch die elektronisch gespeicherten Referateorgane) auf 3.500 – 4.000 geschätzt. Durch den enormen Zuwachs an Datenbasen aus dem Wirtschaftsbereich etwa und sonstigen Gebieten des menschlichen Wissens ausserhalb der engen Grenzen wissenschaftlich-technischer Erkenntnisse, hat die elektronische Informationsvermittlung einen enormen Ausschwung erfahren. Sie ist zu großen Anteilen bereits ein eigenständiges Marktsegment geworden. Was zumindest in den westlichen Ländern sich unter dem Vorzeichen der marktwirtschaftlichen Betrachtungsweise auch als Erwerbszweig dargestellt, ist nun nicht mehr als nachgeordnete Größe des engeren F + E-Bereich zu verstehen. Inwieweit sich die Bereiche der wissenschaftlich-technischen Information (WTI-Inf.) und der sonstigen Information sich unter den Vorzeichen der eigenständigen Vermarktung der Informierungsprodukte entwickelt haben, wird in einem späteren Abschnitt behandelt.

(f) Zitierungsanalysen

Unter den verschiedenen Bezeichnungen: Bibliometrie, Scientometrie und Informetrie werden Bemühungen zusammengefaßt, wie mit Hilfe statistischer Analysemethoden die Kenntnisnahme von Veröffentlichungen über die Zeit festgehalten werden kann (Lit. 28.; Lit. 29.).
Hinter diesen statistisch teilweise sehr aufwendigen Untersuchungen, die die Genese wichtiger wissenschaftlicher Erkenntnisse oder Durchbrüche in einer Diziplin darstellen können, steht ein recht einfaches Muster:
Wer zitiert in einer Veröffentlichung wen und umgekehrt, wer wird bei einer bestimmten Forschungsfrage von wem zitiert? In der Kumulation solcher Einzeluntersuchungen kann dann die „Prominenz" einzelner Autoren an der Zahl der Zitate, der Zitierung dieses Autors über Länder- und Diziplinengrenzen hinweg abgelesen werden. Darüberhinaus sind Veralterungszyklen von wissenschaftlichen Erkenntnissen zumindest im statistischen Sinne ermittelbar, die Auskunft darüber geben, in welchem Zeitraum eine ehemals aktuelle wichtige Veröffentlichung nicht mehr zitiert wird, weil diese von neueren Veröffentlichungen ersetzt wurde, die diese Erkenntnisse bereits berücksichtigt. Über diese Autoren-bezogenen Fragestellungen hinaus sind auch allgemeinere Aussagen über den Wissenstransfer (auf statistischer Basis) zu gewinnen, wie z.B. die folgende Gegenüberstellung illustriert (Lit. 28.; Lit. 29.).

Gattung / Quelle	Zeitschrift %	Monographie %	Graue Lit. %	zus. %
Informetrie-Lit.	46.0	23.1	30.9	100.0
J. ASIS	46.8	26.5	26.7	100.0
Nachr. Dok.	42.8	23.0	34.2	100.0
Gesamthäufigkeit	45.2	24.2	30.6	100.0

Abb. 17: Verteilung der Zitate in Veröffentlichungen nach Dokumentengattungen

Am Beispiel zweier Fachzeitschriften und der Literatur über informetrische Fragestellung kann deutlich gemacht werden, daß Zeitschriftenliteratur und sog. graue

Literatur (das sind z.B. Forschungsberichte, Firmenschriften usw.) eine größere Rolle spielen als etwa Monographien.

Sprache / Quelle	Englisch %	Deutsch %	Übrige %	zus. %
J. ASIS	98.0	0.5	1.5	100.0
Informetrie-Lit.	89.2	7.0	3.8	100.0
Nachr. Dok	25.9	71.0	2.7	100.0

Abb. 18: Sprachenverteilung der in verschiedenen IuD-Zeitschriften zitierten Literatur

Nicht überraschend das Ergebnis, das englisch-sprachige Zeitschriften bei den Zitaten fast ausschließlich im eigenen Sprachbereich bleiben, während der Anteil englisch-sprachiger Zitate in nicht englisch-sprachigen Zeitschriften erheblich höher liegt. Dies unterstreicht u.a. die Bedeutung des Englischen für den Wissenschaftsbetrieb und deutet auf das Problem der Sprachbarrieren in der Erkenntnisproduktion hin.

A 2.2.2 Die fachlichen Kommunikationsbeziehungen

Wiederum die schon erwähnte Wissenschaftssoziologie (allerdings in einer anderen Ausprägung und zeitlich nachfolgend) hat ein wenig Licht in das Geflecht der Kommunikationsbeziehungen innerhalb der Fachgemeinschaften gebracht. Hierbei lag das Schwergewicht auf den Untersuchungen der Mechanismen des Erfolges im Wissenschaftsbetrieb, der Anerkennung der F + E-Leistung und der zumeist informellen Kommunikationsbeziehung innerhalb der „scientific communties“. Daneben spielten auch die Probleme der Forschungsorganisation (Stichwort: Hinwendung zur Großforschung) eine große Rolle sowie die Auswirkungen der neueren Organisationsformen der Forschung und Entwicklung auf Informationsversorgung und -vermittlung (Lit. 02.; Lit. 47.; Lit. 146.).
Aus der Sicht der Informationsarbeit ist an den vielen empirischen Einzelbelegen interessant, inwieweit die interne Beschaffenheit der einzelnen Fachgemeinschaften, die unsichtbar zumeist informelle Kommunikationsgemeinschaften bilden, Rückschlüsse auf das Informationsverhalten und die Nachfrage nach Information zu lassen (Lit. 73.; Lit. 25.; Lit. 26.).
Merton (Lit. 89.) z.B. faßt die Essenz seiner Beobachtungen von Anerkennungs- und Belohnungsmechanismen in den wissenschaftlichen Gemeinschaften in dem von ihm so bezeichneten „Mattheus-Effekt“ zusammen. Getreu dem Bibel-Zitat (Mattheus), wonach dem gegeben werden soll, der bereits hat und dem genommen werden soll, der nicht hat, ist die Anerkennung von Arbeiten bereits bekannter und hochgeschätzter Wissenschaftler weitaus höher als etwa von Unbekannten. Diese ungleichen Anerkennungsmechanismen sagen wenig über die Qualität der Arbeiten

aus. Dies kommt etwa dadurch zustande, daß bekannte Personen im informellen Geflecht des Erkenntnisaustausches besser und reicher durch die Mitglieder ihrer Gemeinschaft mit neueren Informationen versorgt werden, während Unbekanntere diesen Informationsreichtum durch die Nutzung formeller Informationskanäle auszugleichen haben. In diesem Zusammenhang sind die informellen Rollen des „invisible Colleges" und „linkage agents" (Lit. 24.) innerhalb dieser Gemeinschaften von besonderer Bedeutung, die, ohne daß dies verlangt oder bestimmt ist, einen großen Anteil an der Diffusion der Erkenntnisse in die Fachgemeinschaften hinein haben. Sie nehmen somit sehr zielgerichtet und bedarfsgerecht informell die Funktionen der Informationsvermittlung wahr.

„Invisible Colleges" (unsichtbare Kollegen) ebenso wie „linkage agents" (informationsorientierte Verbindungsleute) und „gatekeeper" (informationelle Schleusenwärter) gewährleisten durch ihre Vermittlungsfunktion effektive Informationsversorgung zu den anderen „unsichtbaren" Mitglieder dieser Fachgemeinschaft, andererseits erzeugen sie erst durch ihr „ehrenamtliches Tun" den informellen Zusammenhalt der Fachgemeinschaft (Lit. 147.).

Unabhängig von der gruppeninternen Betrachtung wissenschaftlicher Fachgemeinschaften gibt es ein allein plausibles Argument für die zunehmende Komplexität fachlicher Kommunikationsprozesse. Und dies ist ein einfaches Rechenexempel. (Lit. 09.; S. 27)

Treten 3 Personen in kommunikative Verbindung, so ergibt dies 3 Berührungspunkte (Knoten); sind dies 30 Personen, so sind das bereits 435 Knoten, . . . u.s.w.

A 2.3 Typologie der formellen Organisationen der Informationsvermittlung

Es mag durch den vorangegangenen Abschnitt der Eindruck entstanden sein, daß sich fachliche Informierungsprozesse aus der wissenschaftlich-technischen Entwicklung allein und seiner zunehmenden Bedeutung für die gesellschaftliche Entwicklung ableiten ließen. Obwohl schon an anderer Stelle darauf hingewiesen wurde, soll hier deutlich gemacht werden, daß der Prozess der Informationsvermittlung nicht nur den engen Bereich der wissenschaftlich-technischen Erkenntnisproduktion einschließt, sondern alle Gebiete des Wissens einschließt und in engerem Zusammenhang mit allen Formen des menschlichen Handelns (Arbeit, Beruf, Interesse usw.) gesehen werden muß.

Dies geht aus der inzwischen klassisch gewordenen Charakteristik des Begriffes „Dokumentation" hervor, die von Paul Otlet bereits 1905 in die Fachdiskussion eingeführt wurde (Lit. 95; Lit. 36). Dokumentation ist demnach das „Sammeln, Ordnen und Verfügbarmachen von Dokumenten jeder Art auf allen Gebieten des menschlichen Handelns".

Die Dokumentation hat also seit ihrer Begründung am Anfang dieses Jahrhunderts die Fülle und Vielfalt des Wissenswerten zur Gundlage ihrer Tätigkeit gemacht, sich dabei jedoch zunächst auf das Statische und Passive des Sammelns und Erschließens beschränkt, bis durch das Hinzufügen der aktiven informationsvermittelnden Komponente die kommunikative Kette von Autor und Benutzer geschlossen wurde.

Dieser langwierige Prozess der klassischen, dokumentorientierten Dokumentation zu der Hinwendung auf den Benutzer und seinen Informationsbedürfnissen hat das Begriffspaar „Dokumentation und Information" in den 60ger Jahren aufkommen lassen (Lit. 86).
Mit der Loslösung von der ausschließlich bewahrenden und sammelnden Funktion der klassischen Dokumentation konnte der Bereich, der nun „Information und Dokumentation" genannt wurde, aus dem Schatten der anderen Institutionen der formellen Information heraustreten und durch die intellegente Anwendung der Informations- und Kommunikationstechnologien ein eigenes Profil gewinnen. Daß dies – vordringlich in den 70ger Jahren – durch staatliche Förderungsprogramme (Lit. 16.; Lit. 17.; Lit. 18.) angestoßen und vorangetrieben wurde, soll hier nur am Rande erwähnt werden.
Will man den gesamten Bereich der Institutionentypen erfassen, die arbeitsteilig die Funktionen des „Gedächtnisses des Wissens" und der kommunikativen Vermittlung von Fachinformation ausmachen, so müssen die sich jetzt sehr deutlich abzeichnenden Entwicklungsstufen unterschieden werden.
Zum einen die Entwicklung der eigenständigen Institutionen und zum anderen die Strukturveränderungen, die im Gefüge der Institutionen durch die massenweise Einführung von Informations- und Kommunikationstechnologien beobachtbar sind.

A 2.3.1 Die Institutionen der Informationsaufbereitung und -vermittlung

Bis in die 70ger Jahre hinein war es möglich, recht genau die Funktionen und Aufgaben der formellen Information in einer übergreifenden Typologie darzustellen – oft auch verkürzt als ABD-Bereich (Archiv, Bibliothek, Dokumentation) bezeichnet. Das Informationswesen ließ sich mit allen Überschneidungen und unscharfen Abgrenzungen etwa in folgende Teilbereiche aufteilen:

Das Informationswesen (IW) (hier gleichgesetzt mit dem BID-Bereich) ist eingebettet in das System der Publizistik (Massenkommunikation), des Buchhandels und Verlagswesens, der Bildung und praktischen Auskunfts- und Buchungsfunktionen. Es besteht aus den folgenden Teilgliedern, die untereinander in Beziehung stehen oder gegenseitig voneinander abhängig sind und hier ganz kurz charakterisiert werden:

MDSDV: **M**edizinische **S**tatistik, **D**okumentation und **D**aten**v**erarbeitung. Dieser Fachinformationsbereich ist aus dem Bereich der Medizin und des Gesundheitswesens entstanden und hat die Aufgabe, medizinische Information (z.B. Literatur, Patientendaten usw.) für die Forschung und die Gesundheitspflege aufzubereiten.

BI.: **B**etriebliche **I**nformation (Lit. 74) stellt einen wichtigen Informationsbereich dar, der Informationsflüsse im innerbetrieblichen Zusammenhang organisiert und den verschiedenen Funktionsebenen (Sachbearbeiter bis Management) bedarfsgerecht mit innerbetrieblichen und externen Informationen vermittelt.

R.A.: **R**egistraturen und **A**rchive.
Vornehmlich mit der Funktion der Ablage von Schriftstücken befaßt, dient der Be-

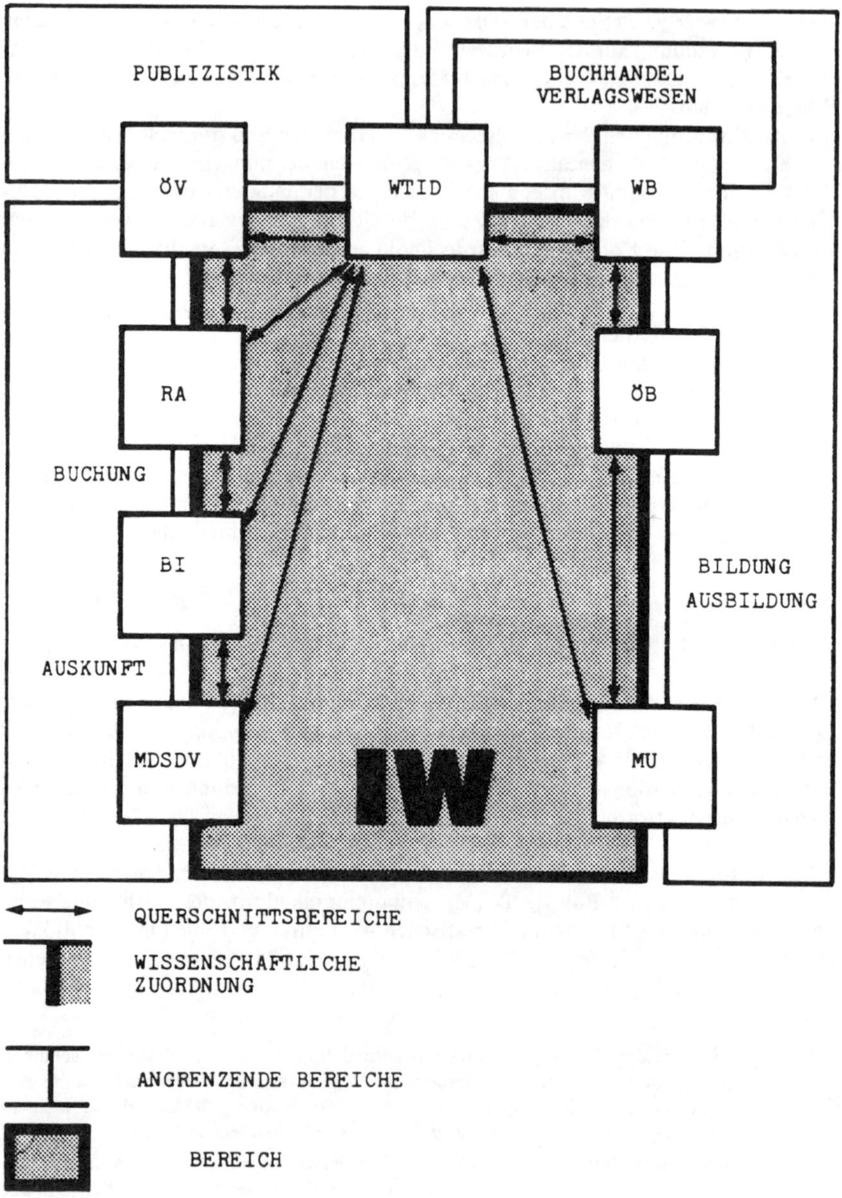

Abb. 19: Die Teilbereiche des Informationswesens (IW) (Lit. 13., S. 43)

reich wesentlich dem historischen Nachvollziehen von Abläufen, die sich aus dem Archivgut rekonstruieren lassen. Archivalien haben hinsichtlich des Dokumenttypes eine Besonderheit; sie sind meist sog. Unikate, d.h. Schriftstücke, die nicht vervielfältigt sind und zumeist nur in einem Exemplar existieren (z.B. Urkunden, Briefe, Erlasse, usw.).

ÖV: Informationssysteme der **ö**ffentlichen **V**erwaltung. Hierunter sind sehr verschiedene Informationsinstanzen zu fassen, die etwa in der Breite Personenauskunftssysteme über Vorgangsdokumentation, Parlamentsinformationssysteme bis hin zu Presse- und Informationsabteilungen für Regierungen und Verwaltungen beinhalten.

WTID: **W**issenschaftlich-**t**echnische **I**nformation und **D**okumentation. Hierunter sind die klassischen IuD-Stellen zu fassen, die den Kern der eigenständigen Informationsvermittlung ausmachen. Zunächst beschränkt auf wissenschaftlich-technischen Erkenntnisse und lange Zeit beschränkt auf die Vermittlung von Nachweisen aus der wissenschaftlichen Literatur, hat die Information und Dokumentation im letzten Jahrzehnt eine erhebliche Verbreiterung in der Methodik und Technik erfahren. Faktenbanken, Produktinformation, direkter Zugriff auf Informationen, die rechnergestützt vorgehalten werden, Projekt, Personen, Institutionen und vieles mehr hat die anfängliche Orientierung auf einen Typus von Wissen erheblich erweitert. Über die Institutionenentwicklung wird genauer im folgendem Abschnitt eingegangen.

WB: Das **W**issenschaftliche **B**ibliothekswesen mit seiner Unterteilung in Spezialbibliothekswesen und Universalbibliothekswesen. Ungleich größer als der vergleichsweise kleine Bereich der Information und Dokumentation ist das wissenschaftliche Bibliothkekswesen – auch aus seiner langen, bis ins Altertum zurückreichenden Tradition – als Hüter der menschlichen Erkenntnis anzusehen. Ihre traditionellen Funktionen liegen in der Literaturversorgung und -bereitstellung. Dabei war notwendigerweise das Hauptaugenmerk auf die sammelnde und nachweisende Funktion zu richten, die in den klassischen Arbeitsvorgängen Bestandsaufbau, Katalogisierung, bibliographisch-systematische Aufbereitung und Ausleihe ihren Ausdruck fand. Die Strukturveränderungen der Technologien läßt jedoch eine solche eindeutige Funktionszuordnung nicht mehr zu.

ÖB: **Ö**ffentliches **B**ibliothekswesen.
Vergleichbaren bibliothekarisch-bewahrenden Funktionen verpflichtet, ist das öffentliche Bibliothekswesen in seiner fast flächendeckenden Struktur auf einen algemeinen Bildungsbegriff ausgerichtet, der zumindest dem Anspruch nach die Allgemeinheit – also jedem Bürger und jede Bürgerin – betrifft. Sind im wissenschaftlichen Bibliothekswesen die Ansprüche der wissenschaftlich-technischen Tätigen an Literatur zu befriedigen, so sind es im öffentlichen Bibliothekswesen alle Alters- und Bildungsstufen. Dies rückt die Arbeit öffentlichen Bibliothekswesens in die Nähe eines allgemeinen Bildungsauftrages. Um diesen einzulösen, sind eine Reihe von Spezialisierungen in dem Bereich entstanden: Schulbibliotheken, Musikbibliotheken, Videotheken, Artotheken, spezielle Kinder- und Jugendbibliotheken beispielsweise unterstreichen das Bemühen, für besondere Zielgruppen und spezielle Interessenlagen ein differenziertes Angebot zur Verfügung zu stellen.

MU: **Mu**seen sind hier nur der Vollständigkeit als weiterer Typus der formellen Information angeführt worden, auf deren Besonderheiten, der Darstellung von Objekten ästhetischen, historischen oder technischen Interesses, hier nicht näher eingegangen werden soll.

Die hier lediglich im Überblick dargestellte Typologie kann verdeutlichen, daß jeder analytisch separierbare Teilbereich besondere Funktionen erfüllt (z.B. ÖB, WB), einen besonderen Wissensausschnitt (z.B. MDSDV) oder bestimmte Gattungen von Quellen (z.B. RA) berücksichtigt, oder in einem besonderen organisatorischen Zusammenhang (z.B. BI, ÖV) informatorisch wirkt. Allen gemeinsam ist jedoch, daß diese Institutionen arbeits- und funktionsbezogen differenziert Informierungsprozesse professionell so organisieren, daß Wissenstransfer in die Gesellschaft hinein vollständig, systematisch und kontinuierlich ermöglicht wird.

A 2.3.2 Institutionenentwicklung der Information und Dokumentation

Im folgenden soll etwas genauer auf die Entwicklung des Teilbereiches wissenschaftlich-technische Information und Dokumentation eingegangen werden; die im vorangegangenen Abschnitt genannten weiteren Teilbereiche werden also nicht weiter berücksichtigt.
Ohne hier auf die Geschichte der Dokumentation speziell eingehen zu können, weil sie lediglich in wenigen Aspekten aufbereitet ist (Lit. 11.), sollen unter quantifizierenden Gesichtspunkten einige – sehr formal gefaßte – Entwicklungen festgehalten werden.
Bereits in den 20ger Jahren sind Dokumentationsbestrebungen festzustellen. Die Institutionen der frühen Dokumentationsbewegung wurden häufig auch unter der Bezeichnung: „Schrifttumsauskunftsstellen" geführt.
Etwas klarer wird der Überblick über die Dokumentation dann nach dem 2. Weltkrieg (Lit. 04.).

Zeit	Zahl
vor 1945	67
1945 – 49	62
1950 – 55	158
1956 – 61	70
Summe	357

Abb. 20: Gründungen von IuD-Stellen in der Bundesrepublik Deutschland bis 1961

In einer Institutionenerhebung konnte bis Ende 1961 die Zahl von 357 IuD-Stellen ermittelt werden. Auffällig ist in dieser Graphik, daß im Zeitraum 1950 – 1955 (den Anfängen des Wirtschaftsaufschwunges also) der größte Anteil von Neugründungen feststellbar ist. Nun ist das bloße Zählen von organisatorischen Einheiten nicht sehr aussagekräftig, weil damit nichts über Größe, Personal, Aufgaben und das Ausmaß der Vermittlungsleistung gesagt wird. Zudem muß man bei solcherart

empirischer Erhebungen in Rechnung stellen, daß nur diejenigen Insitutionen reagiert haben, die aus ihrem jeweiligen Selbstverständnis sich als IuD-Stelle verstanden. D.h. also, daß nur diejenigen berücksichtigt werden konnten, die sich dem IuD-Bereich zugehörig fühlten und angeschrieben wurden; andere, die möglicherweise gleichartige Tätigkeiten verrichten, wurden nicht erfaßt, weil das professionelle Selbstverständnis im Bibliothekswesen etwa oder im Archivwesen oder gar der Fachdisziplin, in der dokumentiert und informiert wurde, verankert war. Diese definitorischen und subjektiven Unschärfen treten bei allen empirischen Institutionenanalysen auf; sie sind jeweils zu berücksichtigen. Wenngleich methodisch anzweifelbar, sind diese flächendeckenden Untersuchungen erstmals in der Lage gewesen, das Berufs- und Tätigkeitsfeld Information und Dokumentation zu erfassen und global zu beschreiben.
Ein gutes Jahrzehnt später (1974) ist die Zahl der ausgewiesenen IuD-Stellen auf 507 angewachsen, die sich auf die einzelnen Fachinformationsbereiche wie folgt verteilen (Lit. 12).

Fachinformationsbereich	Stellen	% von Gesamt
1 Gesundheitswesen	53	10.46
2 Ernährung	42	8.28
3 Chemie	50	9.87
4 Physik, Mathematik	24	4.73
5 E-Technik	52	10.27
6 Hüttenkunde	42	8.28
7 Rohst.-Geowiss.	20	3.94
8 Verkehr	24	4.73
9 Bauwesen, Raumordnung	24	4.73
10 Verbrauchsgüter	14	2.76
11 Wirtschaft	29	5.72
12 Recht	34	6.71
13 Bildung	14	2.76
14 Sozialwiss.	36	7.10
15 Geisteswiss.	17	3.35
16 Auslandskunde	14	2.76
17 Andere	18	3.55
	= 507	100.00

Abb. 21: IuD-Einrichtungen in der Bundesrepublik Deutschland 1974

Von 507 ermittelten IuD-Stellen hatten ca. 55 % nur einen Personalbestand zwischen 1 und 5 Mitarbeiter; 27 % verfügten über 6 bis 20 Mitarbeiter und lediglich knapp 9 % verfügten über mehr als 20 Mitarbeiter. Diese Stellen nach ihrem Status betrachtet, ergibt, daß knapp 40 % den privaten Unternehmen zuzurechnen sind ca. 50 % dem Bereich der Wissenschaft und Forschung und gut 10 % der öffentlichen Verwaltung.

Die Struktur der IuD-Stellen stellt sich im Jahre 1974 – also kurz vor dem Anlaufen der staatlichen Förderprogramme (Lit. 18.) – folgendermaßen dar:
Viele kleine und kleinste Einheiten – mit zumeist sehr speziellem Wissensausschnitt – stehen wenigen größeren Einheiten gegenüber, die eine gewisse Leisungsfähigkeit und einen breiteren thematischen Bereich abzudecken in der Lage sind. Zudem ist der IuD-Bereich – zumindest in seinem institutionellen Gefüge – dadurch gekennzeichnet, daß die Mehrheit der Stellen im öffentlichen Dienst angelagert ist, ein kleinerer Anteil in der Privatwirtschaft verankert ist.
Dies bildete auch die wesentlichen Probleme, die bei Neuordnung der IuD-Landschaft durch die staatlichen Förderprogramme anzugehen waren.
Wiederum knapp 10 Jahre später (1983) wird die Zahl der IuD-Stellen mit ca. 650 beziffert (Lit. 42.), die sich thematisch wie folgt verteilen:

	Summe
1. Medizin	45
2. Landwirtschaft	41
3. Chemie	44
4. Physik, Energie	29
5. Hüttenkunde, Metallverarbeitung	32
6. Rohstoffe, Geowissenschaften	22
7. Verkehr	19
8. Raumordnung	23
9. Verbrauchsgüter	17
10. Wirtschaft	35
11. Recht	32
12. Bildung	28
13. Sozialwissenschaften	58
14. Geisteswissenschaften	40
15. Staatenkund, Interne Beziehungen	31
16. Technik	45
17. Patente	20
18. Umwelt	10
19. Technische Regeln	2
20. Informationswissenschaft	3
21. Sonstige	20
22. Informationsvermittlung	48
	650

Abb. 22: IuD-Einrichtungen der Bundesrepublik Deutschland 1983

Durch die Auswirkungen der Förderungsmaßnahmen wird bei der differenzierten Betrachtung der Einrichtungen des Jahres 1983 deutlich, daß sich die Größe der Stellen – gemessen in Personal, Arbeitsleistung usw. – durchschnittlich erhöht hatte. Des weiteren ist erwähnenswert, daß sich besonders die Technologie-Ausstattung der Stellen, die noch in den 70ger Jahren nur in ganz geringem Umfang vorhanden war, zu diesem Zeitpunkt erheblich verbessert hatte und der Zugriff zu

den IuK-Technologien fast in allen Einrichtungen in irgendeiner Form realisiert war.
Die hier in groben Umrissen angezeigte Institutionenentwicklung verwendete in ihren Analysen durchgehend das Konzept der IuD-Einrichtung oder IuD-Stelle, welches nahelegte, daß nur und ausschließlich organisatorisch selbständige oder zumindest organisatorisch gut isolierbare Einheiten in Betracht gezogen wurden.
Diese starre, auf einen Typus von Organisationsstruktur gerichtete Betrachtungsweise, ließ eine Reihe von informationellen Tätigkeiten unberücksichtigt, die eben nicht über diese oben beschriebenen Organisationsmerkmale verfügten: z.B. den gesamten Bereich der Informationsvermittlung im innerbetrieblichen Zusammenhang, die man unter der Bezeichnung Informationsvermittlungsstellen (Lit. 07.) zusammenfassen kann; sowie den Bereich der Technologie-Transferstellen oder Innovations-Beratungsstellen, den Aufgabenbereich des Informations-Managements in organisationellen Umgebungen (Lit. 92.; Lit. 136.; Lit. 137.) und den neuen – auf die Vermarktung von Informationen ausgerichteten – Berufsrollen wie etwa Information Broker, Informations-Berater, den Möglichkeiten qualifizierter Informationsarbeit bei Datenbank-Anbietern, im System Bildschirmtext etwa oder in der informationsvermittelnden Tätigkeit anderer technologischer Konfigurationen.
Diese erweiterte Sichtweise der Informierungsfunktionen in ganz verschiedenen Organisationszusammenhängen ist einerseits durch die Leistungsfähigkeit der IuK-Technologien bedingt, andererseits zeigt sie auf, daß die Vielgestaltigkeit der Informierungstätigkeiten als Funktion und als Methoden und Techniken der Verarbeitung von Information geschehen werden muß und nicht etwa aus der kurzen Sicht einer historisch urwüchsig gewachsenen Organisationsform bzw. eines Institutionentypus. Diese notwendig gewordene breitere Betrachtungsweise hat Anlaß gegeben, den wenig deutlich strukturierten Teil der Informationsvermittlung zu beleuchten (Lit. 05, Lit. 06).
In einer wiederum flächendeckenden empirischen Bestandserhebung der sog. Informationsvermittlungs- und beratungsstellen im Jahre 1980 kommt diese Studie zu dem Ergebnis, daß es im weiteren (definitorischen) Sinne ca. 2.500 Informationsvermittlungsstellen, und im engeren IuD-Sinne ca.. 1.300 „klassische" Informationsvermittlungsstellen gebe. Wie sich diese auf Branchen und Arbeitsbereiche verteilen, zeigt *Abb. 23*.

Zusammenfassend können wir festhalten, daß der historische Kern der Informationsarbeit wohl eindeutig auf die qualifizierte, methodisch abgesicherte Arbeit in den eigenständigen IuD-Einrichtungen beschränkt war. Dieser institutionalisierte Kern der Informationsarbeit hat nach dem 2. Weltkrieg in der Quantität eine beachtliche Ausweitung erfahren. Er hat durch die Entwicklung stabiler Methoden und die Anwendung komplexer Technologien den Wissenstransfer professioneller gestaltet und damit den Grundstein für eine Verbreiterung der Informationsarbeit in allen denkbaren Tätigkeits- und Arbeitsbereichen gelegt. Diese gilt es nun weiter voranzutreiben. Aber dabei sollen die oft mühsamen und oft wenig eindrucksvollen Entwicklungsetappen nicht aus den Augen verloren werden.

Branche/Zahl der Stellen	Klassische „IVS" nach enger Def.	IVS nach weiterer Def.
IUD-Stellen	187	347
Handwerk	141	197
Handel	133	173
Nichtöffentliche Spezialbibliotheken	128	358
Presseämter, Städte, Statistische Landesämter	103	296
Öffentliche Spezial-Bibliotheken	88	202
Verbraucher, Interessen-Verbände	78	109
Bundesverband der Deutschen Industrie	67	101
Forschung	67	161
Presse- u. Informationsdienste	64	128
Arbeitnehmerorganisationen	52	78
Sonstige Wirtschaft (ohne BDI)	46	69
Banken, Versicherungen	45	77
Arbeitgeberverbände, Berufsgenossenschaften	42	71
Institutionen der Odin-Befragung	41	57
Verlagswesen	34	85
PR-Berater, Agenturen	29	49
Sonstige Wissenschaftliche Bibliotheken	29	78
Hochschulbibliotheken	16	59
Gewerbeämter	12	30

Abb. 23: Informationsvermittlungsstellen (IVS) in einigen ausgewählten Branchen 1980 (Lit. 05.)

A 2.4 Die Bedeutung der Kommunikationsinstrumente für die Entwicklung der IuD

Unter prägnanten Formeln, wie etwa „informierte Gesellschaft", „Informatisierung der Gesellschaft" (Lit. 10.; Lit. 140.; Lit. 88.; Lit. 143.) oder „kommunikative Revolution", wird seit gut einem Jahrzehnt versucht, die Bedeutung der Informations- und Kommunikationstechnologien (IuK-Technologie) deutlich zu machen. Breit angelegte Konzepte, wie etwa das von Nora und Mink (Lit. 94.), die bereits in den 70ger Jahren ausgearbeitet wurden, versuchen aufzuzeigen, wie und in welchem Umfang diese Technologien in allen Bereichen der Lebenswelt Strukturveränderungen erzwingen werden und welche Arbeits- und Lebensbereiche aller Wahrscheinlichkeit nach mit welchen Wirkungen davon betroffen sein werden.

Diese bereits Legion gewordenen Argumentationen können hier aus Platzgründen nicht dargestellt werden. Es soll vielmehr versucht werden, aus einer strukturellen Betrachtung dieser Technologien als Kommunikationsinstrumente die Wirkungen der zunehmenden Verbreiterung der IuK-Technologien für die Information und Dokumentation in Umrissen begreifbar zu machen. Daß dabei zunächst als Strukturierungsmittel das Augenmerk auf die Entwicklung der Kommunikationsinstrumente gelegt wird, ist allein damit zu begründen, daß sich die Information und Dokumemtation immer auch als ein Anwender bzw. Verwerter dieser Instrumente verstand. IuK-Technologien markieren in dieser Linie einen gravierenden, qualitativen Entwicklungssprung, der in den Konsequenzen bislang kaum erfaßt werden kann. Auf die Wirkungen für die IuD soll im nächsten Abschnitt eingegangen werden.

Kommunikationsinstrumente sind – ganz vereinfacht ausgedrückt – alle Verfahren, Techniken und Technologien, die bei Austausch von Daten (im Sinne einer Nachricht) verwendet werden. Als Betrachtungsaspekte werden hier die folgenden Dimensionen ausgewählt, wobei das Grundmodell „Sender – Empfänger" weiterhin Gültigkeit hat (Lit. 143.):

Transport: Hier werden nur zwei technologisch wichtige Unterscheidungen getroffen:

- Elektronischer Transport (etwa über Telefon, Telex, Datenbanken usw.)
- Physikalischer Transport (in materialler Form, z.B. in Form eine gedruckte Dokuments).

Räumliche Distanz: Diese kann je nach der eingesetzten Technik klein, mittel oder groß sein.

Zeitliche Distanz: Diese kann zeitpunktabhängig sein, d.h., daß Kommunikationspartner zeitgleich präsent sein müssen, oder zeitpunktunabhängig, d.h., die Kommunikationspartner müssen nicht zeitgleich verfügbar sein, sondern können durch entsprechende Aufzeichnungstechnologien (z.B. Mail-Box) den Kommunikationsprozeß zeitversetzt wieder aufnehmen.

Möglicher Streuungsgrad: Hier wird die Zahl und die Zielgruppengenauigkeit bei der Ansteuerung der Empfänger in Kriterien von gering, mittel und groß gefaßt.

Mögliche Wechselseitigkeit: Interaktivität der Austauschbeziehungen, die in Kriterien von vorhandenen und nicht vorhandenen gefaßt werden soll.

Sehen wir einmal ab von frühen Formen der gesellschaftlichen Kommunikation und der allmähligen Durchsetzung der Schriftkultur (Lit. 55.) als der überwiegend verwendeten Kommunikationsform – etwa im Gegensatz zu Kulturformen, die überwiegend oral-bestimmte Kulturtradition haben – dann markiert die Erfindung des Buchdrucks am Ende des 15. Jahrhundert eine entscheidene Wende. Diese sog. Gutenberg-Galaxie hat über Jahrhunderte hinweg einen großen Teil des gesellschaftlichen Kommunikationsaufkommens bewältigt, zumindest den Teil, der textlich oder bildlich auf ein Trägermedium (z.B. Papier) fixiert wurde.

Wesentliche Erleichterungen bot dieses Kommunikationsinstrument in folgender Hinsicht:

- Materieller Transport gesichert (Nachricht – Rezipient), daher zeitpunktunabhängig, aber zeitlich versetzt.
- Größere räumliche Reichweite (abhängig von Transporttechnik und der Organisation der Distribution (Verlagswesen, Buchhandel)).
- Größerer Streuungsgrad (annähernd zeitgleiche Verteilung identischer Nachrichten).
- Abnahme der Interaktivität durch Verteilung (Distribution).
- Erhöhung der Bandbreite (Darstellungsvielfalt, wie etwa Bild, Text usw.).

Der Siegeszug dieses sog. „Gutenberg-Zeitalters" wurde unterstützt durch folgende **Faktoren:**

- Verfeinerung der Druck-Techniken (Rotationsdruck, Farbdruck, Papierherstellung).
- Breitere Beteiligung der gesellschaftlichen Klassen und Schichten (Lesefähigkeit, Kultur).
- Ausweitung der Transporttechnik (Post, Eisenbahnwesen).
- Schrittweises Aufkommen von besonderen Reprographischen Verfahren für die Speicherung und das Reproduzieren von Zeichen.
- Kostenreduzierung.

Mit Beginn dieses Jahrhunderts etwa ist eine Verzweigung in zwei Stränge nachvollziehbar:

a) Neue Verteilkonzepte

- Ersetzung der physischen Transporttechnik durch elektronischen Transport (Nachrichtentechnologie: drahtgebundene, drahtlose Übertragung).
- Ergänzung der relativ einseitigen Print-Medien durch
  - Auditive Formen: Radio, Schallplatte,
  - Piktoral-Auditive Formen: Fernsehen, Ton-Film,
  - Piktorale Formen: Stehende oder laufende Bilder.

Merkmale

- Energetische Übermittlung (zumeist), oder Verlängerungstechnologie (Video).
- Zeitpunktabhängig oder -unabhängig durch Verlängerungstechnologie.
- Räumliche Distanz praktisch unbegrenzt.
- Größere Streuungsmöglichkeit (flächendeckend).
- Als Verteilmedium nicht interaktiv.
- Erheblich größere Bandbreite.

Vorteil: Einbeziehung jedes Gesellschaftsmitgliedes.

Nachteil: Gesellschaftssteuerung zentral (Manipulationsverdacht)

b) Neue interaktive Konzepte (als Gegenentwicklung zu a).

- Elekronischer Transport der Signale.
- Ergänzung der reinen einkanaligen Verteilung durch zielpunktgenaue interaktive Systeme mit den breitbandigen Darstellungsmöglichkeiten.
  - Telegraph (Texte, Schriftzeichen); Telex,
  - Telefon (Auditive Signale),
  - Telefax (Texte und Bilder).

Merkmale

- Energetische Übermittlung; keine physische Transportmöglichkeit.
- Zumeist zeitpunktabhängig (Telex, Telefax unabhängig).
- Optimale Wechselseitigkeit.
- Geringste Streuung (optimale Zielgenauigkeit).
- Größte räumliche Reichweite.
- Größere Breitbandigkeit.

Neuere Entwicklungen seit den 70er Jahren

Zeitpunktunabhängig durch Aufzeichnungstechnologie oder Verlängerungstechnologie.

- Überwindung der zeitlichen Distanz durch
  - Aufzeichnungstechnologien (Mailbox, Anrufbeantworter).
  - Verlängerungstechnologien (Tonband, Video).

- Vergrößerung des Streuungsgrades der interaktiven Systeme.
  - Auditiv (Telefonkonferenzen).
  - Auditiv-Piktoral (Videokonferenzen).
  - Textlich (Telex, Telefax).
- Verbreiterung der Interaktivität der (ehemaligen) Printmedien, durch ,,kleinere" Vervielfältigungstechnologien (z.B. Kopierer). On-line-Abruf; Publishing on Demand; Desktop-Publishing.

In der kommunikativen Kette von Sender-Empfänger sind schrittweise an den verschiedensten Einwirkungspunkten Rationalisierungen vorgenommen worden, die sich dem Ideal der Verfügbarkeit von Informationen/Unterhaltung zu jedem Zeitpunkt an jedem Ort in jeder Kommunikationsform (interaktiv – nicht interaktiv), in möglichst breiten Darstellungsformen (breitbandig) annähern, ohne dieses jedoch total miteinander zu integrieren.
Als wesentliche Schnittpunkte, an die die Technologieentwicklung bislang immer nur partiell ansetzte, können angesehen werden:

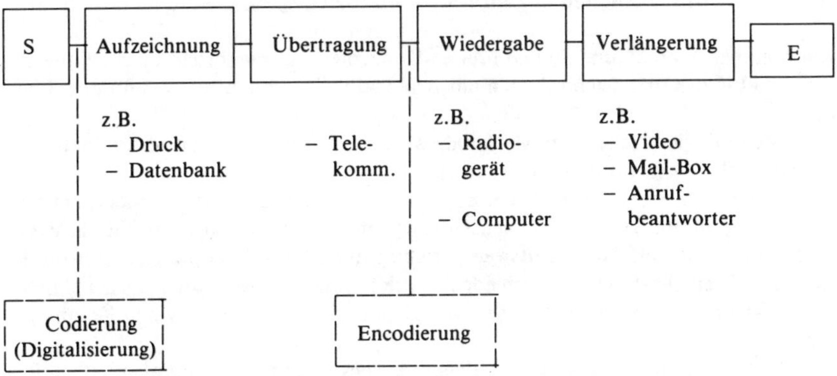

Durch die zunehmende Digitalisierung und kommunikative Vernetzung verschiedener Digital-arbeitender Geräte (mit dezentraler Verarbeitungsintelligenz) sind neue Dimensionen sichtbar.
Sie sind in der Lage, an allen Punkten der bislang separierten Einzeltechnologie-Entwicklung zugleich anzusetzen und bestimmte Glieder der Kette zu überspringen, oder sie überflüssig zu machen.
Bei Vorhandensein der technologischen Infrastruktur (vollständige Digitalisierung der Input-Prozesse und flächendeckende breitbandige Vernetzung) könnte das (formale) Kommunikationsangebot total sein:
Jeder nach seinen Bedürnissen kann zu jedem Zeitpunkt, an jedem Ort über verschiedene technisch-vermittelte Kommunikationsformen auf alle Kommunikationsinhalte zugreifen und gleichzeitig von allen anderen Kommunikationsteilnehmern zeitpunktabhängig oder -unabhängig ansprechbar sein.

Ob diese Perspektive, die hier ausschließlich unter dem Imperativ des technisch Realisierbaren gesehen wird, wünschenswert ist, ist zumindest zweifelhaft.
Als Korrektur der technologischen Projektionen sei hier angemerkt, daß es historisch gesehen wohl kein Beispiel gibt, daß ein Kommunikationsinstrument vollständig unterging. Alle Kommunikationsmittel und -formen sind vertreten und müssen lediglich in ihrer Bedeutung für die gesellschaftliche Kommunikation relativiert werden, wenn neuere – in bestimmten Aspekten leistungsfähigere und schnellere – Kommunikationsinstrumente aufkommen. Es ist, trotz aller Nachrichtentechnik immer noch so, daß einige Armeen der Welt einen Teil der Nachrichtenvermittlung in der Form von Brieftauben abwickeln.

A 2.5 Strukturveränderungen der IuD durch die IuK-Technologien

A 2.5.1 Die Qualitäten der Informationsarbeit

Knüpfen wir noch einmal an den breiten Konzepten an, die durch die zunehmende Anwendung der IuK-Technologien auf den Tätigkeitsbereich IuD zukommen können.
IuK-Technologien haben ein Merkmal, welches sie von früheren technologischen Durchbrüchen wesentlich unterscheidet:
Sie wirken nicht mehr allein in den Bereich der Produktion hinein, sondern wirken gleichzeitig in den Bereich der Diensleistung hinein. Ihre Wirkungen sind darüberhinaus nicht nur auf die Arbeitswelt gerichtet (innerhalb derer ganz grob Produktion und Dienstleistung unterschieden wurde), sondern bestimmen in zunehmendem Maße auch Freizeit, Interesse, Hobby und die Form der privaten Kommunikation.
IuK-Technologien in ihren verschiedenen Ausgestaltungen setzten also auf breitester Front und gleichzeitig an allen Lebensbereichen an. Das allein ist schon ein kaum noch begreifbarer Prozeß.
Betrachtet man andererseits die Veränderungen, die sich – verglichen mit früherer Zeit – durch das Anwenden dieser IuK-Technologien beobachten lassen, so sind diese Technologien im Stande, körperliche Arbeit mit maschineller Intelligenz auszustatten. Andererseits sind sie in der Lage, aus der geistigen Arbeit Anteile herausziehen und diese zu mechanisieren. In großem Umfang steht also das Arbeitsfeld der „geistigen Arbeit" – der Dienstleistungssektor also – vor einer Rationalisierung, die tief in die Domäne der dem menschlichen Denken vorbehaltenen Arbeit eingreift. IuK-Technologien – mit entsprechender Ausstattung – sind also in der Lage, aus den geistigen Arbeitsprozessen bestimmte Anteile geistiger Tätigkeiten herauszuziehen und diese in die Maschine zurück zu verlagern (Lit. 124.; Lit. 126.).
Bestimmte Anteile geistiger Arbeit, ob dies nun im trivialen Fall Sortierfunktionen, oder Funktionen der Ablage, oder des Auffindens von Informationen, oder Entscheidungsfunktionen sind, werden aus dem Arbeitsprozeß herausgezogen und von der Maschine übernommen. Dies hat folgerichtig nun erhebliche Auswirkungen auf

die Qualifikationsstruktur der Menschen, die mit diesen Technologien umgehen (Lit. 112.; Lit. 113.).
Zudem ist die Rückverlagerung von Teilen geistiger Arbeitsprozesse damit verbunden, daß mit der Verlagerung auf die Maschine eine Reduktion an Komplexität einhergeht.
Dinge, die die menschliche Wahrnehmung in Beziehung zu anderen sieht, sie ganzheitlich und etwa im Verwertungszusammenhang erkennt, sind eben – auch wenn man die neuesten Ansätze der sog. künstlichen Intelligenz (Lit. 60.; Lit. 108.) hier berücksichtigt – nur ausschnitthaft und unvollkommen im Computer abbildbar. Auch dies hat Folgen für die Arbeit und die Qualifikation, die zur professionellen Gestaltung der Arbeit notwendig ist.
Aus der Sicht der Industriesoziologie sind diese Folgen für die Qualifikation vielfältig beschrieben worden.
Unter dem Gesichtspunkt der Qualifikationsveränderungen haben sich jedoch drei Modelle herauskristallisiert, in denen Qualifikationsveränderungen (abgesehen von dem arbeitsplatzeinsparenden Effekt der Rationalisierung) abbildbar sind:

– **Dequalifikation**
Arbeitsinhalte werden derart durch die Wirkungsweise der Technologien eingeschränkt und von den inhaltlichen Anfoderungen her ausgehöhlt, daß sie insgesamt dequalifizierend wirken und im Regelfall zu Routinearbeiten werden.

– **Polarisierung**
Arbeitsinhalte werden durch die sog. Taylorisierung (arbeitsteilig differenzierte Zerlegung ehemals zusammengehöriger Arbeitsprozesse) aufgespalten. Durch den Trennungsprozeß werden also von ehemals geschlossenen und zusammengehörigen Arbeitsprozessen inhaltlich anspruchsvollere Tätigkeiten von inhaltlich weniger anspruchvollen getrennt und auf dann verschiedene Arbeitsplätze neu verteilt. Dies hat zur Folge, daß ein Teil der Arbeitsplätze, bei denen anspruchsvollere Tätigkeiten neu gebündelt werden, höhere inhaltliche Anforderungen stellt; d.h. also aufgewertet wurde, der andere Teil der Arbeitsplätze, bei denen sich die weniger anspruchsvollen Tätigkeiten massieren, eine Abwertung erfährt.

– **Reintegration**
Strukturell als Umkehrung der Taylorisierung zu verstehen, beschreibt dies Modell das Zusammenlegen kleinerer Arbeitsschritte zu größeren und inhaltlich breit gefächerten Arbeitsverrichtungen, die in ihrer Konsequenz in der Lage sind, teilautonome Arbeitsbereiche neu zu gestalten und somit die inhaltlichen Aufgaben anspruchsvoller zu gestalten.

Zweifellos haben die IuK-Technologien in der IuD Auswirkungen auf die konkrete Gestaltung des Arbeitsplatzes. Es sind auch die qualifikatorischen Anforderungen zur Ausfüllung bestimmter professioneller Arbeitsplätze verändert worden. Über das Ausmaß und den Umfang jedoch liegen keine abgesicherten empirischen Erkenntnisse vor.
Dennoch sind die hier kurz vorgestellten Modelle der Arbeitsveränderungen auch anwendbar auf die Informationsarbeit in der Praxis der IuD und müssen – neben anderen Faktoren – berücksichtigt werden, wenn IuK-Technologien eingeführt werden. Daß andererseits mit der intelligenten Anwendung von IuK-Technologien erhebliche Leistungssteigerungen und Qualitätsverbesserungen der Dienstleistungen und der effizienten Informationsvermittlung erst ermöglicht werden, ist wohl selbsterklärend.

A 2.5.2 Die Organisationsstruktur der Informationsvermittlung

Außerhalb der qualifikatorischen und arbeitsplatzbezogenen Dimension der IuK-Technologien, ist eine strukturelle – über die Einwirkungsmöglichkeit des Einzelnen hinausgehende – Tendenz absehbar. Dieser strukturell wirkende Trend ist in der These der drohenden ,,Entinstitutionalisierung" der klassischen IuD-Stellen zusammengefaßt worden (Lit. 112). In dem folgenden Schaubild werden drei Stufen der Entwicklung recht vereinfachend dargestellt, an denen dieser Prozeß verdeutlicht werden kann:

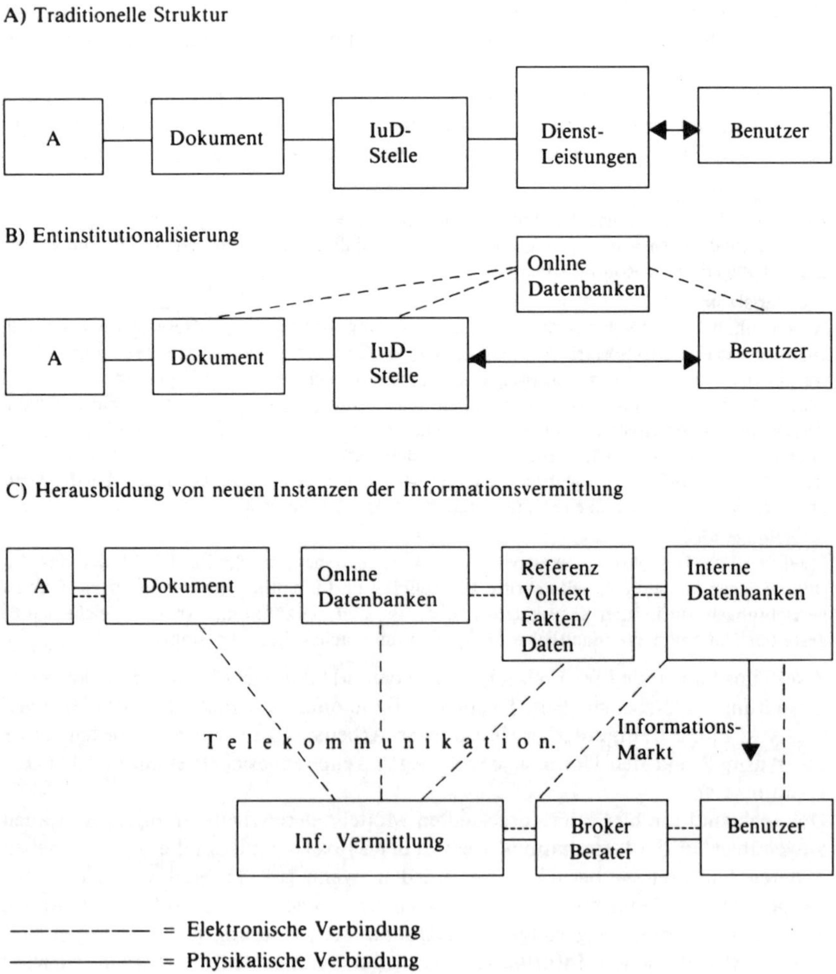

Abb. 24: Instanzen der Informationsvermittlung in der Entwicklung

In dem obersten Schaubild (A) wird verdeutlicht, daß der Benutzer durch seine physische Präsenz die Dienstleistungen abfragt, die eine IuD-Stelle (im weitesten Sinne) aktiv oder passiv anbietet. Er/Sie muß als Nachfrager von Informationsdienstleistungen sich entweder selbst zur IuD-Stelle bemühen, oder etwa telefonisch nachfragen und sich die Rechercheergebnisse per Post zuschicken lassen. Dieses charakterisiert die übliche Arbeitsweise der IuD-Stellen bis in die 60er Jahre hinein. Die Dienstleistungen, sind es nun Nachweise über Literatur, die Dokumente selbst oder sonstige Daten (Adressen, Projekte, Objekte, Vorgänge, Patente, Meßdaten), werden durch die Arbeit in den IuD-Stellen erst für die zielgerichtete Abfrage so aufbereitet, daß der Benutzer sie auf seine Anfrage hin thematisch zusammengehörig und in einheitlicher Form benutzen und weiterverarbeiten kann.

Mit dem Aufkommen der on-line-zugreifbaren Datenbanken (Schaubild B) setzt nun eine Entwicklung ein, die nicht mehr notwendigerweise die Organisationsstruktur einer fest installierten IuD-Stelle verlangt. Dokumente und Daten können nun – durch die zeitgleiche Eingabe von unterschiedlichen Orten aus – direkt, ohne die Filterfunktion einer etablierten IuD-Stelle eingegeben werden. Verleger, Datenbank- und Datenbasen-Anbieter, die nicht notwendigerweise identisch sind mit Bibliotheken und IuD-Stellen, treten jetzt als Anbieter elektronisch gespeicherter Information auf den Plan. Andererseits ist der Benutzer durch die flexible Verfügbarkeit der elektronisch gespeicherten Information nicht mehr gezwungen, seinen Bedarf an Informationsdienstleistungen durch die IuD-Stelle abzudecken.

Er/Sie hat die Möglichkeit durch die Telekommunikation erhalten, von fast jedem Ort diese Informationen abzurufen, wenn er/sie über eine entsprechende technologische Ausstattung verfügt, das know-how hat, und die Kosten zu übernehmen gewillt ist. Der Gang zur IuD-Stelle, auch immer mit zeitlichen Aufwendungen verbunden, ist somit tendenziell überflüssig geworden, die IuD-Stellen selbst verlieren in diesem Prozeß der zunehmenden Auflösung des physikalischen Zugangs zu den Informationsdienstleistungen einen Teil ihrer Out-put-gerichteten Funktionen in der Informationsvermittlung. Andererseits werden sie – im Verhältnis zu anderen Datenbanken- und Datenbasenanbietern – diesen schrittweisen Wegfall der Funktionen dadurch wettmachen können, wenn sie das Informationsangebot durch die Neu-Konzeption neuer Dienste und neuer (direkt auskunftsgebener) Datenbasen qualitativ bereichern.

Die zunehmende Verfügbarkeit von elektronisch gespeicherten Informationen, zu der nun nicht mehr nur der Teil der wissenschaftlich-technischen Fachinformation gehört, sondern auch eine Vielzahl von wirtschaftlichen, statistischen, publizistischen, verwaltungsbezogenen und sonstigen Daten, deren Verfügbarkeit an vielen Arbeitsplätzen zur Problemlösung und Entscheidungsfindung strategische Bedeutung zukommt, hat nun andererseits den Bereich der Informationsvermittlung differenziert.

Im Schaubild (C) ist die zunehmende Herausbildung neuer Funktionsrollen in der Informationsvermittlung schematisch dargestellt. Das nun um eine Vielzahl von Typen angereicherte Datenbasen-Angebot, das von klassischen Nachweissystemen (Referenz-Sytemen) über Volltext-Datenbanken zu statistisch-numerischen und sonstigen Faktendatenbanken bis hin zu aktuellen Produkt-, Hersteller- und Firmeninformationen reicht, und die große Gruppe der real-time-Wirtschaftsdatenbanken nicht ausklammert, verlangt nun professionellere und differenziertere Vermittlung zu den jeweiligen Benutzerkreisen und ihren besonderen Informationsbedürfnissen. Im Jahre 1988 ist die Zahl der verschiedenen Datenbasen, auf die öffentlicher Zugriff ermöglicht ist, auf ca. 4.000 geschätzt worden. Dieses riesige Wissenspotential, auf das nun in kürzester Zeit zugegriffen werden kann, bedarf der professionellen Vermittlung von Personen, die im Bereich der Informationsarbeit Methoden und Techniken beherrschen und sich in die spezifischen Interessenlagen der Abnehmer von Information hineindenken können. Dieses Vermittlungspotential ist durch die Rollen Informationsvermittlung und Information-Broker im Schaubild angedeutet, unterschlägt jedoch weitgehend die wichtige Rolle der innerbetrieblichen Informationsvermittlung und der neu aufkommenden Funktion des Information-Managements (Lit. 105.; Lit. 96.; Lit. 136.; Lit. 128.), die durch den Überschneidungsbereich Interne Datenbanken angedeutet ist.

Die Profilierung der Informationsvermittlung als weitgehend selbständiger Arbeitsbereich und des Verkaufs von Datenbank-Abfragen hat dazu geführt, daß immer häufiger von einem Informationsmarkt – im Sinne eines eigenständigen privatwirtschaftlich verfaßten Erwerbssektors – gesprochen wird. Unter dem Gesichtspunkt der strategischen Bedeutung der Information für die Unternehmen wird heute auch von der „Produktivkraft Information" (Lit. 98.) gesprochen, die das Bild eines neu aufkommenden Marktes von der Abnehmerseite her abrundet.

A 2.5.3 Das Aufkommen eines Informationsmarktes

Die Umrisse dieses Informationsmarktes, der Vermarktung der Information zeichnen sich erst langsam ab. Unbestritten ist, daß die Bundesrepublik Deutschland als Datenbank- und Datenbasenproduzent ein vergleichsweise schmales Angebot aufweisen kann (Lit. 119.).

Typ	Zahl
Sonstige	39
Volltext	6
Projeke	12
Institutionen	19
Daten	39
Literatur	52
Abstract	58
Σ	225

Abb. 25: Zahl der online-Datenbanken, die in der Bundesrepublik Deutschland erstellt werden) nach Typen (Stand: Ende 1985)

Insgesamt 225 Datenbankangebote konnten ermittelt werden, von denen die Hälfte etwa dem Typus der Referenz-Datenbanken zuzurechnen sind. Hier beginnen offenbar die Ablösungsprozesse der ehemals staatlichen Verantwortung für den IuD-Bereich zugungsten des Marktes zu wirken (Lit. 54.). Betrachtet man dagegen den Umsatz von on-line-Datenbank-Abfragen, der in den Vergleichsjahren 1984 und 1987 allein für die Bundesrepublik Deutschland erzielt wurde, dann ist auffällig, daß im Berichtszeitraum von drei Jahren eine Verdoppelung der Umsätze geschätzt wurde, dies allerdings ausgehend von einer kaum betrachtenswerten Ausgangsgröße.
Noch auffälliger ist die Tatsache, daß die wissenschaftlich-technische Information im Vergleich zur Vermarktungsfähigkeit der sog. Wirtschaftsinformation ein Zwerg ist. (Lit. 16.) Während 1984 der Gesamtumsatz der Wissenschaftlich-technischen Information 5.9 Mio. DM betrug und sich 1987 auf ca. 10.9 Mio. steigerte, betrug der Umsatz in der Wirtschaftsinformation 1984 schon 75.6 Mio DM und erreichte 1987 bereits 148.7 Mio. (weitere Ausführungen zum „Informationsmarkt" bringt das Kapitel F 6 von W. Schwuchow im 2. Band).
Unter Berücksichtigung der erhebungstechnischen und auf Definitionszuwächse zurückzuführenden Unschärfen, die solchen Schätzungen (und Erhebungen) nun einmal eigen sind, stabilisiert sich die Tendenz des erheblichen Zuwachses des on-line-Marktes. Dieser Markt ist – bei einem nur geringfügigen zentraleuropäischen Anteil – nun eindeutig von anglo-amerikanischen Datenbasen-Angeboten dominiert.
Ein internationaler Vergleich des identischen Berichtszeitraumes verdeutlicht, daß auch international (geschätzt) ein kräftiger Zuwachs zu verzeichnen ist; und daß Europa als Wirtschafts- und Marktregion etwa im Vergleich zu den U.S.A. ein Zwerg geblieben ist. Ob dieser Unterschied in einem höher entwickelten Informationsbewußtsein der U.S.-Amerikaner erklärt werden kann, oder allein durch den Erfahrungsvorsprung in der Verfügbarkeit der Systeme, kann hier nicht entschieden werden.

Land/Region	Jahr 1984	1987
Japan	312	589
Europa	454	896
U.S.A.	3.445	6.672

Abb. 26: Vergleich der Weltumsätze mit online-Information nach Ländern/Regionen 1984 und 1987 in Mio. $ (Lit. 16.)

A 2.5.4 Rückwirkungen der Strukturveränderungen auf die Informationsarbeit

Die in den vergangenen Abschnitten dargelegten Entwicklungslinien haben vielleicht deutlich gemacht, was sich faktisch oder einigermaßen stabil voraussagbar ändern wird. Über die Triebkräfte, die diese Entwicklung nun angeregt, beschleunigt in eine besondere Richtung gedrängt haben, oder bestimmte Richtungen nun verhindert haben, ist an dieser Stelle nichts ausgesagt. Dies wird im Kapitel über Informationspolitik geschehen, in dem sich, weitaus differenzierter als dies in diesem Zusammenhang möglich ist, mit den Maßnahmen der staatlichen Förderungspolitik seit den 60ger Jahren beschäftigt wird (Lit. 16.; Lit. 17.; Lit. 18.; Lit. 75.; Lit. 85.; Lit. 64.; Lit. 33.; Lit. 53.; Lit. 83.).

An dieser Stelle sollen – auf der Grundlage der hier aufgezeigten Entwicklungen – die Befürchtungen und realistische Zukunftsprojektionen über die Entwicklung des IuD-Bereiches noch einmal kurz zusammengefaßt werden. Dies besonders in der Absicht, um deutlich zu machen, welchen Anforderungen die qualifizierte Informationsarbeit künftig ausgesetzt sein wird.

Dies macht strategische und zukunftsgerichtete Überlegungen zur Qualifikation notwendig (Lit. 31.; Lit. 63.; Lit. 96.; Lit. 118.; Lit. 112.).

So sind in den letzten Jahren viele Befürchtungen laut geworden, die besagen, daß der „klassische" Bereich Bibliothek und IuD überflüssig werde. Dieser Tendenz könne nur entgegengewirkt werden, wenn der institutionelle Kernbereich seine enge Orientierung auf das wissenschaftlich-technische Klientel erweitere und neue Benutzerkreise erschließe.

Andererseits bieten die IuK-Technologien ein breiter werdendes Betätigungsfeld (im Sinne der vielen Verständnisse von dem, was Informationsmanagement bedeuten könnte). Dies erfordert jedoch ein breiteres Verständnis der innerorganisationellen Informationsflüsse (und deren Inhalte), sowie ein stärkeres technisches Verständnis für diese Technologien.

Im folgenden werden die wesentlichen (angenommenen) Entwicklungen, die das Tätigkeitsfeld IuD berühren können, kurz zusammengefaßt:

Allgemeine Entwicklungen

- Benutzerfreundliche Abfragesysteme erlauben mehr Endbenutzern den direkten Zugang.
- Entwicklungen elektronischer Publikationsformen mit andersgearteten Anforderungen an Darstellung und Strukturierung der Inhalte schaffen neue Angebote (Markt).
- Stärkere Nachfrage nach Daten/Fakten und Volltexten (keine Referenzen).
- Stärkere Nachfrage nach bewerteten, aggregierten problemspezifischen Informationen („value-added" Informationsangebote Lit. 133.).
- Aufbau von Fakten- und Dateninformationssystemen, die speziellen Bedürfnissen entsprechen.
- Innerbetriebliche Integration verschiedener Informations-Technologien mit der Wirkung, bislang getrennte Informationsflüsse in einem System zusammenzubinden (IuD-Stelle, Bibliothek, Textverarbeitung, Bürokommunikation, Numerische Datenverarbeitung).

- Integration und zusammenwachsen der verschiedenen elektronischen Medien zur Informationsbereitstellung und zur Kommunikation (BTX, Information-Retrieval, elektronische Nachrichtenvermittlung, etc.).
- Zunehmende Zahl von Tätigkeitsfeldern mit Anteilen von Arbeiten der Informationsverwaltung, -strukturierung, -recherche.

Einzelne Entwicklungstrends
- Indexieren, Referieren (Abstracts) wird längerfristig durch automatische Volltextanalyse und Autoren-Referate ersetzt werden.
- Bedarf an geschulten on-line-Rechercheuren wird mit der Entwicklung benutzerfreundlicher Dialogsysteme künftig zurückgehen.
- Derzeit tätige On-line-Fachkräfte (in Kombination mit Fachanteil) werden ihre Kenntnisse in die Entwicklung von Expertensystemen einbringen und sich auf Arbeiten im Bereich Knowledge-Engineering (Suchhilfen, Wörterbuch, begriffliche Repräsentationen) zurückziehen.
- Wachsender Bedarf an Fach- und Informationsspezialisten, die die Problemanalyse des Endbenutzers analysieren und informationell umsetzen und beschaffen (Broker).
- Informationsvermittler/-Manager wird an Bedeutung gewinnen, wenn er/sie Fachwissen hat.
- Neue Berufsfelder: Online-vermitteltes Telematic Publishing, Technische Dokumentation, Produktinformation, (DBMS) Datenadministration, Informationsmanagement, Informationsberatung, Informationsbroker.

Literatur

01. Abel, B.: Problemorientiertes Informationsverhalten. Individuelle und organisatorische Gestaltungsbedingungen innovativer Entscheidungssituationen. Darmstadt: Toechte-Mittler 1977. 231 S.
02. Allen, T. J.: Organizational aspects of information flow in technology. In: ASLIB-Proc. vol. 20, 1968. S. 433–453.
03. Augstin, S.: Versagt die marktwirtschaftliche Koordinierung- der Wettbewerb im IuD-Bereich?
In: Nachrichten für Dokumentation. Vol. 29, 1978. S. 61–67.
04. Barlen, S.: Der Stand der Dokumentation in Deutschland 1961. In: Nachrichten für Dokumentation, 13, 1962. S. 30–36.
05. Bernhardt, U.: Bestandaufnahme der in der Bundesrepublik Deutschlands existierenden Stellen mit Informationsvermittlungs- und – beratungsfunktion. Karlsruhe: BMFT 1980. 149 S.
06. Bernhardt, U.; Jungjohann, K.: Bestandsaufnahme von Stellen mit Informationsvermittlungs- und -beratungsfunktion. In: Nachrichten für Dokumentation, 31, 1980. S. 155–159.
07. Beyer, W.: Informationsvermittlung in der Bundesrepublik Deutschland. Frankfurt: IDD Verl. 1982. 70 S.
08. Bick, W.; Müller, P. W.: Informationssysteme und Informationsverhalten. Karlsruhe: BMFT Aug. 1978. 389 S.
09. Bonitz, M.: Wissenschaftliche Forschung und wissenschaftliche Information. Berlin: Akademie Verl. 1979. 199 S.

10. Borrois, J.: Aufbruch in die Informatisierung. Sindelfingen: expert Verl. 1986. 154 S.
11. Buder, M.: Das Verhältnis von Dokumentation und Normung von 1927 bis 1945 in nationaler und internationaler Hinsicht. Berlin: Beuth 1976. 144 S.
12. Buder, M. et al: FIABID TAGEBUCH. Arbeitsverrichtungen in Spezailbibliotheken und Informations- und Dokumentationsstellen . . . Berlin: Freie Universität Berlin 1977. 116 S.
13. Buder, M.; Skalski, D.; Wersig, G.; Dopheide, R.; Neveling, U.; Seeger, T.; Windel, G.: Bibliothek, Information und Dokumentation als gegenwärtiger und künftiger Berufs- und Tätigkeitsbereich. Karlsruhe: BMFT 1980. 393 S.
14. Bullinger, H. J.; Niemeier, J.; Schäfer, M.: Aufbauorganisation des Informationsmangements. In: Nachrichten für Dokumentation. Vol. 38, 1987. S. 193 – 199.
15. Bundesministerium für Forschung und Technologie (BMFT). Bundesbericht Forschung 1979/1980. Bonn: BMFT 1980. S. 44
16. Bundesministerium für Forschung und Technologie (BMFT). Fachinformationsprogramm 1985 – 1988 der Bundesregierung. Bonn: BMFT 1985. 127 S.
17. Bundesministerium für Forschung und Technologie (BMFT). Leistungsplan-Fachinformation. Bonn: BMFT 1982. 77 S.
18. Bundesministerium für Forschung und Technologie (BMFT). Programm der Bundesregierung zur Förderung der Information und Dokumentation 1974 – 1977. Bonn: BMFT 1974. 147 S.
19. Bundesrechnungshof. Gutachten über die Fachinformation in der Bundesrepublik Deutschland. Bonn: 1983. 105 S.
20. Business-Week (Zsch). Leitartikel über Wirtschaftsdatenbanken. In: Business-Week, 1986 v. 25. 08. 1986. S. 48 – 53.
21. Butzek, E.; Windel, G.: Zum Verhältnis von Staat und IuD in der Bundesrepublik Deutschland. In: Buder, M. u. G. Windel (Hrsg): Zum Verhältnis von Staat, Wissenschaft zu IuD. München: Verl. Dokumentation 1978. S. 65 – 136.
22. Cawkell, A. E. (Ed): Handbook of Information Technology and Office Systems. Amsterdam: North Holland 1986. 996 S.
23. Ciganik, M.: Die Informationsfonds in Wissenschaft, Technik und Ökonomie. 2. Aufl. Berlin: Verl. Die Wirtschaft 1973. 624 S.
24. Crane, D.: Invisible Colleges. Diffusion of knowledge in scientific communities. Chicago, London: Univers. of Chicago Press 1972. 264 S.
25. Crawford, S.: Communication centrality and performance. In: ASIS-Proceedings. Vol. 7. Washington/D.C.: ASIS 1970. S. 45 – 48.
26. Crawford, S.: Informal communication among scientists in sleep-research. In.: Journal of ASIS. Vol. 22, 1971. S. 301 – 310
27. Debons, A. (Ed): Information Science. Search for Identity. New York: Dekker 1974. 491 S.
28. Deutsche Gesellschaft für Dokumentation (DGD). Sektion Informationswissenschaft. Zitatenanalyse und verwandte Verfahren. Vorträge anl. der 32. Jahrestagung der DGD. Bielefeld: idis 1979. 192 S.
29. Deutsche Gesellschaft für Medizinische Dokumentation, Informatik und Statistik. (GMDS). Scientometrie und Bibliometrie in Planung und Forschung. Vorträge anl. des 20-jährigen Bestehens des idis. Bielefeld: idis 1976. 234 S.
30. Diebold, S. A.: Arbeiten wir morgen zuhause? Chancen und Risiken der Telearbeit. In: Diebold Management Report, 1986, No 5. S. 7 – 12.
31. Diebold, S. A.: Schlechte Zeiten für Dokumentare? In: Diebold Management Report, 1983, No 6. S. 18 – 19.
32. Dobrov, G. M.: Das Potential der Wissenschaft. Berlin: Akademie-Verl. 1971. 157 S.

33. Donth, H. H.: Das Programm der Bundesregierung zur Förderung von IuD. In: Gutenberg- Jahrbuch, 56, 1981. S. 21 – 45.
34. Dreyfus, H. L.: Die Grenzen künstlicher Intelligenz. Frankfurt/M.: Athenäum 1985. 373 S.
35. Dörner, D.: Problemlösen als Informationsverarbeitung. Stuttgart: Kohlhammer 1976. 151 S.
36. Duyvis, F. Donker: Die Entstehung des Wortes Dokumentation im Namen der FID. In: FRANK 1978. S. 99 – 102.
37. Dyer, H.; Brookes, A.: A Directory of Library and Information Retrieval Software for Microcomputers. 2nd Edition. Aldershot/Hants: Gower 1986 S. 145 S.
38. Endres-Niggemeyer, B. (Hrsg): Neue Informations- und Kommunikationstechnik. München: Saur 1984. 175 S.
39. Engelbert, H.: Der Informationsbedarf in der Wissenschaft. Leipzig: Bibliograph. Institut 1976. 150 S.
40. Eppelsheimer, H. W.: Bibliotheken und Dokumentation. In: FRANK 1978. S. 416 – 429.
41. Foskett, D. J.: Pathways for communication. Books and libraries in the Information age. London: Bingley 1984. 140 S.
42. Frahn, S. (Red): Verzeichnis deutscher Informations- und Dokumentationsstellen. 4. Ausgabe. München: Saur 1982. 586 S.
43. Frank, P. R.: Von der systematischen Bibliographie zur Dokumentation. Darmstadt: Wiss. Buchgesellschaft 1978. 556 S.
44. Freier, W.; Schmidt, H. D.: Information und Entscheidung. In: Zeitschrift für Psychologie. Bd. 180/1981, 1973. S. 341 – 366.
45. Frenzel, U.; Blüm, A.: Approximate Quantitative Forecast of the Needs in Information Science Specialists . . . in 1985. Frankfurt: Batelle 1976. 65 S.
46. Frenzel, U.; Schubert, I.: Vom Büroboten zum Inhouse-Netz. 2. Aufl. Eschborn: RKW 1986. 132 S.
47. Garvey, W. D.; Griffith, B. C.: Scientific communication. Its role and conduct of research and creation of knowledge. In: Griffith, B. C. (Hrsg): Key papers in information science. White Plains, N. Y.: Knowledge Ind. 1980. S. 38 – 51.
48. Garvey, W. D.; Lin, N.; Nelson, C. E.: Some Comparisions of Communication Activities in the Physical and Social Sciences. In: Nelson, C. E. (Ed); Pollok, D. K. (Ed) Communication among Scientists and Engineers. Lexington/Mass Heath Lexington 1970. S. 61 – 84.
49. Gaus, W.: Dokumentations- und Ordnungslehre. Heidelberg: Springer 1983. 504 S.
50. Gebhardt, F.: Dokumentationssysteme. Heidelberg: Springer 1981. 331 S.
51. Gensch, F.; Otremba, G. et al: Telekommunikation in Hessen. Bd. 1 – 2. Frankfurt: GID 1986. 187 S. u. Anh.
52. Güntsch, F. R.: Informationstechnik und Gesellschaft. In: IBM-Nachrichten, No 256, 1982. S. 51 – 58.
53. Güntsch, F. R.: Zur Fortschreibung des IuD-Programms aus der Sicht des BMFT. In: Deutscher Dokumentartag 1979. München: Saur 1980. S. 273 – 294.
54. Goebel, J. W.; Schadt, D.; Schwuchow, W.: Zum Verhältnis von Staat und Privatwirtschaft im Bereich der Fachinformation. Frankfurt: IDD Verl. 1985. 39 S.
55. Goody, J.; Watt, I.; Gough, K.: Entstehung und Folgen der Schriftkultur. Frankfurt/M.: Suhrkamp 1986. 161 S.
56. Grossman, H.: Die Fachzeitschriften. In: Der Journalist, 1974. S. 68.
57. Halloran, J. D.: Information and communication. In: ASLIB-Proceedings, Vol. 31, 1979. S. 21 – 28.
58. Hansen, C. W.: Introduction to Science Information Work. London: ASLIB 1973. 189 S.

59. Helm, B.; Adler, G.; Schöpflin, U.: Der Bedarf an Informationswissenschaftlern und Dokumentaren. Karlsruhe: BMFT 1978. 63 S.
60. Hennings, R. D.; Munter, H.: Artificial Intellegence. 1. Expertensysteme. Berlin: Mathware Verl. 1985. 351 S.
61. Hennings, R. D.: Neue Aufzeichnungs-, Wiedergabe- und Einzelverarbeitungstechnologien. In: Wersig G. (Hrsg) 1983 S. 31 – 117.
62. Höglund, L.; Persson, O.: Information use within applied technical field. Umea: Univers. Umea 1976. 28 S.
63. Hofer, P.; Wolff, H.; Franzen, D.; Glazer, R.; Kertesz, J.: Informations- und Kommunikationstechnologien für die wissenschaftliche Informationsversorgung in den 80ger Jahren. Karlsruhe: BMFT 1982. 182 S.
64. Institut für Systemtechnik und Innovationsforschung (ISI). Informationsbrief zum Modellversuch Informationsvermittlung. No 1/87. Karlsruhe: ISI 1987. 20 S.
65. Jungjohann, K.: Strukturdaten potentieller Benutzer der Fachinformationssysteme. Karlsruhe: BMFT 1980. 184 S.
66. Kemp, D. A.: The Nature of Knowledge. London: Bingley 1976. 199 S.
67. King, D. W.; Palmour, V. E.: User Behaviour. In: Changing Patterns in Information Retrieval. Washington/DC: ASIS 1974. S. 23 ff.
68. King, D. W. Statistical Indicators of Scientific and Technical Communication. 1960 – 1980. Vol. 1. Summary Report. Rockville/Md: King Reasearch 1981. 99 S.
69. Klaus, H. G.: Fachinformation und Informationstechnologie in den Vereinigten Staaten. Frankfurt: IDD Verl. 1986. 60 S.
70. Klaus, H. G.: Informationspolitik und Informationsmarkt in den Vereinigten Staaten. Frankfurt: IDD Verl. 1985. 110 S.
71. Klaus, H. G.; Wattenberg, U.: Elektronisches Publizieren in den Vereinigten Staaten und Japan. Frankfurt: IDD verl. 1986. 72 S.
72. Knoche, M.; Seufert, W.: Prognosen der Kommunikations-Infrastruktur in den Ländern der EG. In: Media Perspektiven, 1987, No 2. S. 111 – 129.
73. Korfhage, R. R.: Informal Communication of Scientific Information In: Journal of ASIS. Vol. 24, 1974. S. 25 – 33.
74. Kroll, H.: Informationsvermittlung in der Industrie. Eschborn: RKW 1985. 135 S.
75. Kuhlen, R.: Die Verwissenschaftlichung von Information . . . In: Buder, W (Hrsg): Forschungs- und Technologiepolitik in der Bundesrepublik Deutschland. Köln. Westdeutscher Verl. 1986. S. 264 – 291.
76. Kuhn, T. S. Die Struktur wissenschaftlicher Revolution. Frankfurt: Suhrkamp 1973. 342 S.
77. Kunz, W.; Rittel, H.: Die Informationswissenschaften. Heidelberg/Berkeley 1969. 176 S.
78. Kunz, W.: Wissen und Information. In: Informationswissenschaft. Dokumentation eines Kolloquiums am 7. Juli 1978. Konstanz: Universität Konstanz 1978. S. 33 – 52.
79. Laisiepen, K.; Lutterbeck, E.; Meyer-Uhlenried, K. H. (Hrsg): Grundlagen der praktischen Information und Dokumentation. 2. Aufl. München: Saur 1980. 826 S.
80. Lambert, J.: Scientific and technical journals. London: Bingley 1985. 191 S.
81. Löcher, W.; Schuhmacher, F.: Einführung in die Praxis der elektronischen Recherche. Düsseldorf: Verl. Wirtschaft und Finanzen 1985. 310 S.
82. Leach, E.: Kultur und Kommunikation. Frankfurt/M.: Suhrkamp 1978. 128 S.
83. Lechmann, H.: Leitsätze für eine nationale Dokumentations- und Informationspolitik im Bereich der Wissenschaft und Technik. In: Nachrichten für Dokumentation, 18, 1967. S. 16 – 19.
84. Lenk, K.: Fachinformationsversorgung im Zeichen des technischen Wandels. In: Nachrichten für Dokumentation, 33, 1982. S. 3 – 8.

85. Lenk, K.: IuD als öffentliche Aufgabe. In: Schwuchow, W. (Hrsg): Ökonomische Aspekte der Fachinformation. München: Saur 1981. S. 37–54.
86. Lutterbeck, E. (Hrsg): Dokumentation und Information. Auf dem Weg ins Informationszeitalter. Frankfurt: Umschau Verl. 1971. 322 S.
87. Lutterbeck, E.: Von „Systemherren", „Verwaltern" und anderen Computergefahren. In: Aus Politik und Zeitgeschichte. B 51/77 v. 24. Dez. 1977.
88. Mayer, R. A.M.: Medienumwelt im Wandel. München: Deutsches Jugendinstitut 1984. 141 S.
89. Merton, R. K.: The Matthew-Effect in Science. In: Science, Vol. 159, 1968. S. 56–63.
90. Michajlov, A. I.; Cernyi, A. I.; Giljarevskij, R. S.: Informatik. Bd. 1–2. Berlin: Staatsverl. d. DDR 1970.
91. Müller, M.: Benutzerverhalten beim Einsatz automatisierter betrieblicher Informationssysteme. München: Oldenbourg 1986. 328 S.
92. Modellversuch: Neue Berufsbilder. Information in organisationellen Umgebungen. Zwischenbericht 01. 07. 85–31. 12. 86. Konstanz: Univ. Konstanz 1987. ca. 80 S.
93. Neveling, U.; Wersig, G. (Red): Terminologie der Information und Dokumentation. München: Verl. Dokumentation 1975. 307 S.
94. Nora, N. S.; Mink, A.: Die Informatisierung der Gesellschaft. Frankfurt: Campus Verl. 1979. 278 S.
95. Otlet, P.: Die Dokumentation. In: FRANK 1987. S. 353–362.
96. Otremba, G.: Tätigkeitsfelder des Informationsmanagement. In: Nachrichten für Dokumentation, 38, 1987. S. 201–203.
97. Pichler, H. R.: Online Recherchen für Chemiker. Weinheim: Verl. Chemie 1986. 257 S.
98. Pieper, A.: Produktivkraft Information. Köln: Grewen 1986. 115 S.
99. Pietsch, E.: 25 Jahre DGD. In: Nachrichten für Dokumentation. Vol. 24, 1973. S. 145–152.
100. Rahlenbeck, E.: Fallstudien zu Entwicklung bedarfsgerechter und benutzernaher Informationsbereitstellung für Journalisten. Karlsruhe: BMFT 1981. 172 S.
101. Rauch, W. D.: Informatisierung des Büro. In: Wersig, G. (Hrsg.) 1983. S. 163–179.
102. Rowley, J. E.: Organizing Knowledge. An Introduction to Information Retrieval. Aldershot/Hants: Gower 1987. 454 S.
103. Salton, G.; McGill, M.: Information Retrieval. Grundlegendes für Informationswissenschaftler. Hamburg: McGraw-Hill 1987. 461 S.
104. Schiller, H. I.: Die Verteilung des Wissens: Information im Zeitalter der großen Konzerne. Frankfurt: Campus Verl. 1984. 222 S.
105. Schmidt-Reindl, K. M: Strategisches Informationsmanagement. In: Nachrichten für Dokumentation. Vol. 37, 1986. S. 104–107.
106. Schmitz-Esser, W.: Der Computer in den Archiven der Massenmedien. Darmstadt: ifra 1986. 462 S.
107. Schneider, H. J.: Lexikon der Informatik und Datenverarbeitung. 2. Aufl. München: Oldenburg 1986. 734 S.
108. Schnupp, P.; Leibrandt, U.: Expertensysteme. Heidelberg: Springer 1986. 140 S.
109. Schober, H. W.; Wersig, G.: Informations- und Dokumentationswissenschaft. In: Nachrichten für Dokumentation, 19, 1968. S. 116–124.
110. Schürmeyer, W.: Aufgaben und Methoden der Dokumentation. In: FRANK 1978. S. 385–397.
111. Schulte-Hillen, H.; Wietersheim, B. von: IuD-online Datenbankbenutzung in der Bundesrepublik Deutschland. München: Saur 1984. 146 S.
112. Seeger, T.: Changes in the Occupation and Profession of Information-work. In: Social Science Information Studies, 3, 1983. S. 199–208.

113. Seeger, T.: Dehumanisierung der Arbeitswelt? In: Wersig, G. (Hrsg.) 1983. S. 218 – 239.
114. Seeger, T.: Grundfragen der Prognostik im Tätigkeitsfeld Information und Dokumentation. In: Seeger, T.; Schoepflin, U. (Hrsg): FIABID-Workshop 22. – 24. 11. 1976. Frankfurt, Berlin: IDW 1977. S.78 – 106.
115. Seeger, T.: Problems of forecasting educational needs in information and documentation. In: Seeger, T.; Wersig, G. (Hrsg): Common features of Training of information specialists. Frankfurt/M.: DGD 1977. S. 5 – 24.
116. Seeger, T.; Strauch, D.: Aufgaben und Möglichkeiten von Informationsunternehmen. In: Nachrichten für Dokumentation. Vol. 30, 1979. S. 5 – 10.
117. Seeger, T.; Strauch, D.: Bildschirmtext- ein Medium für die Information und Dokumentation. In: Deutscher Dokumentartag 1980. München: Saur 1981. S. 155 – 165.
118. Seeger, T.; Wersig, G.: The Communicative Revolution = Technology Integration . . . In: Brown, K. R. (Ed): The Challenge of Information Technology. The Hague: FID 1983. S. 151 – 161.
119. Simon, H. R.: Die Bundesrepublik Deutschland als Datenbank- und Produzentenland. In: Umschau, 1986, No 12. S. 622 – 628.
120. Simon, H. R.: Fortbildung On-line 1986. In: Info On-Line Benutzergruppe. Vol. 2, 1987. S. 36 – 40.
121. Sklair, L.: Organized Knowledge. London: Paladin Books 1976. 284 S.
122. Solla Price D. J. de: Little Science, Big Science. Frankfurt: Suhrkamp 1974. 126 S.
123. Steinbuch, K.: Information und Kommunikation. In: Technik und Gesellschaft: Innovation durch Information. Stuttgart: IBM 1982. S. 59 – 67.
124. Steinmüller, W.: Die zweite industrielle Revolution hat eben begonnen. In: Kursbuch. Vol. 66, 1981. S. 152 – 188.
125. Steinmüller, W.: Informationstechnologie und Informationsrecht, Teil 1 – 4. In: Nachrichten für Dokumentation. Vol. 32 – 33, 1981 – 1982. S. 66 – 77, 190 – 199, 235 – 245, 19 – 28.
126. Steinmüller, W.: Soziale Auswirkungen und Gestaltungen der Informationstechnologie. In: Informationstechnik und Liberalität. Symposion V. Stuttgart: G. Fischer 1980. S. 87 – 128.
127. Stevenson, M. B: Information and the academic community. In: ASLIB-Proc. Vol. 32, 1980. S. 78 – 81.
128. Stibic, V.: The information manager – his role, functions, profile and education. In: Nachrichten für Dokumentation. Vol. 37, 1986. S. 259 – 264.
129. Strauch, D.: Neue kabelgebundene Technologien und Dienstleistungen. In: Wersig, G. (Hrsg.) 1983. S. 118 – 139.
130. Strauch, D.: Zur Rolle von IuD innerhalb der Wissenschaftsentwicklung. In: Buder, M. u. G. Windel (Hrsg): Zum Verhältnis von Staat, Wissenschaft zu Information und Dokumentation. München: Verl. Dokumentation 1978. S. 13 – 27.
131. Szyperski, N.: Bürosysteme der Zukunft. In: Technik und Gesellschaft: Innovation durch Information. Stuttgart: IBM 1982. S. 115 – 122.
132. Taylor, R. S.: Value-added processes in the information life cycle. Journal of ASIS. Vol. 33, 1982. S. 341 – 346.
133. Tylor, R. S.: Value-Added Processes in Information Systems. Norwood, N. J.: Ablex Publ. 1986. 257 S.
134. Turley, R.: Understanding the Structure of Scientific and Technical Literature. München: Saur 1980. (In Komm.) 173 S.
135. Umstetter, W.; Rehm, M.: Einführung in die Literaturdokumentation und Informationsvermittlung. Medizin, Biologie, Chemie, Physik. München: Saur 1981. 208 S.
136. Vogel, E.: Informationsmanagement und informationswissenschaftliche Ausbildung. T. 1 – 2. In: Nachrichten für Dokumentation. Vol. 37, 1986. S. 79 – 85 und 151 – 159.

137. Vogel, E.: Informationsmanagement und informationswissenschaftliche Ausbildung. Konstanz: Uni Konstanz 1985. 123 S.
138. Weingart P.; Winterhager, M.: Die Vermessung der Forschung. Frankfurt: Campus 1984. 263 S.
139. Weingart, P.: Wissensproduktion und soziale Struktur. Frankfurt a.M.: Suhrkamp 1976.
140. Wersig, G. (Hrsg): Informatisierung und Gesellschaft. München: Saur 1983. 300 S.
141. Wersig, G.: Information – Kommunikation – Dokumentation. 2. Aufl. München: Saur 1974. 356 S.
142. Wersig, G.: Informationssysteme und die menschliche Komponente. In: Technik und Gesellschaft: Innovation durch Information. Stuttgart: IBM 1982. S. 85–91.
143. Wersig, G.: Informatisierung und kommunikative Revolution. In: Wersig, G. (Hrsg.) 1983. S. 10–30.
144. Wiener, N.: Kybernetik. Düsseldorf: Econ 1963. 345 S.
145. Wissenschaftsrat. Stellungnahme zur Gesellschaft für Information und Dokumentation (GID). Berlin Nov. 1984. 83 S.
146. Yovits, M. C.; Foulk, C. R.; Rose, L. L.: Information flow and analysis. Part 1–2. In: Journal of ASIS. Vol. 32, 1981. S. 187–202 u. 203–210.
147. Zaltman, G.: A Note on an International Invisible College for Information Exchange. In: Journal of ASIS. Vol. 24, 1974. S. 113–118.

B Informationsmethoden und -verfahren

B 1 Einleitung und Überblick

In diesem Hauptkapitel werden sowohl die intellektuellen als auch die technikgestützten Methoden und Verfahren der Informationsarbeit im weiteren Sinne vorgestellt. Als Leitlinie für die Aneinanderreihung der einzelnen Kapitel fungiert hierbei die immer noch schlüssige Abfolge der Bearbeitungsschritte im Dokumentationsprozess (vgl. Kap. A 1).
Dabei werden systembezogene Verbindungen zu anderen Komponenten der Informationsarbeit (z.B. Publizieren, Übersetzen, Transformieren) ebenso abgehandelt wie die Verwendung IuD-spezifischer Methoden und Verfahren in neueren Systemumgebungen (wie etwa Bürokommunikation oder Bildschirmtext).
Nirgendwo sonst wird die Notwendigkeit von eineindeutigen und präzisen (bis in kleinste Details gehenden) Anweisungen so deutlich wie bei der formalen Analyse und Erfassung von dokumentarischen Daten, in oft riesigen Datenspeichern, die teilweise über 10 Mio. Dokumentarische Bezugseinheiten gespeichert haben *(B 2: Uta Krischker: Formale Analyse (Erfassung) von Dokumenten).*
Die Methoden der Inhaltserschließung: *Referieren/Abstracting (Kap. B 3: Rainer Kuhlen)* und *Indexieren, Klassieren und Extrahieren (B 4: Gerhard Knorz)* sind durch die Entwicklungen automatischer (d.h. EDV-gestützter) Verfahren nicht mehr die ausschließliche Domäne menschlicher Abstraktionsleistungen.
Margarete Burkart stellt anschließend *(B 5: Dokumentationssprachen)* die Instrumente der Inhaltserschließung: Klassifikation und Thesaurus dar, die Grundlage für Indexieren und Klassieren bilden.
Neue Formen der Wissensrepräsentation (B 6: Ulrich Reimer), die in den Bereich der Künstlichen Intelligenz hineinreichen, bilden in dem Ablauf den letzten Punkt im Erschließungsbereich.
Den Input-Bereich schließt dann der Beitrag *B 7 (Wolfrudolf Laux: Speicherung)* mit der Darstellung von Speicherverfahren. Nicht behandelt werden in diesem Zusammenhang reprografische Verfahren, denen im Hauptkapitel Informationstechnik ein eigener Beitrag (E 5) gewidmet ist.
Der Beitrag von *Wolfgang Ratzek (B 8: Zugangsverfahren)* bildet die ,,Brücke" sowohl zu anderen System-Konfigurationen als auch zu der Abfrage-Seite von Informations-Systemen. Hier sind Reichweiten, Barrieren und Ansätze zur Verbesserung der Informationsarbeit aus Benutzer- bzw. Anwendersicht zusammengefaßt.
Verbesserung im Zugang (aus Benutzersicht gesehen) zu Wissensquellen sind in der Weiterentwicklung der Methodik der *Expertensysteme* zu erwarten *(B 9: Ralf-Dirk Hennings)*, ebenso wie Methoden der maschinellen Übersetzung *(B 10: Harald H. Zimmermann: Linguistisch-technische Aspekte der maschinellen Übersetzung)* den Zugang zu Wissensquellen erleichtern werden.
Mit den Kapiteln *B 11: Knud Böhle: Elektronisches Publizieren, B 12: Wolfgang Hilbig: Elektronische Textverarbeitung* und *B 13: Achim Oßwald: Electronic Do-*

cument Delivery werden Verfahren und Methoden vorgestellt, wie der Output von Wissensquellen in Kriterien von Zeit, Kosten und ästhetischer Güte optimaler gestaltet werden kann. Diese Verfahren und Vorgehensweisen sind in der Lage, den Zugang zu Wissensquellen zu erleichtern und zu beschleunigen.

Die Kapitel *B 14: Joachim Kind: „Bürokommunikation“* und *B 15: Dietmar Strauch: „Bildschirmtext“* geben Zeugnis von neuen Formen von Informationssystemen, in denen sich die bis dahin abgehandelten Methoden und Verfahren (Formalerfassung, Inhaltserschließung und -darstellung, sowie Speicherung und Zugang) in veränderter System-Umgebung wiederfinden.

Die Informationsdienstleistungen, die diese Informationssysteme erzeugen bzw. die unter Anwendung der beschriebenen Methoden und Verfahren erstellt werden, sind im anschließenden Hauptkapitel C dargelegt.

B 2 Formale Analyse (Erfassung) von Dokumenten

Uta Krischker

Die formale Analyse von Dokumenten ist komplex und vielschichtig. Um sie beschreiben zu können, muß sie unter verschiedenen Gesichtspunkten betrachtet werden. Zu untersuchen ist, welchen Zweck die formale Analyse erfüllen soll, wem sie nützt und wer sie durchführt, welche Methoden zur Verfügung stehen, welche technischen Hilfsmittel eingesetzt werden können bzw. welche Verfahren es beim Einsatz von Datenverarbeitungsanlagen gibt.

B 2.1 Zweck der formalen Analyse

Die formale Analyse von Dokumenten ist seit alters her eine der Hauptaufgaben der Bibliotheken und Archive, in neuerer Zeit auch der Dokumentationsstellen. Die gesammelten und ausgewerteten Dokumente müssen identifizierbar und wieder auffindbar sein. Die formale Analyse bietet die Möglichkeit, die formalen Charakteristika von Dokumenten zu beschreiben. Damit können die Dokumente unter mehreren, aber immer den formal gleichen Such- und Ordnungsmerkmalen in Katalogen, Datenbanken, Bibliographien o.ä. nachgewiesen werden. Hierzu werden nach festgelegten Regeln die verschiedenen formalen Charakteristika zu „Auswertungselementen" zusammengefaßt, die jeweils eine sinnvoll nicht weiter zu unterteilende Klasse zusammengehöriger Charakteristika bilden (z.B. ist ein Datum, bestehend aus Tag, Monat, Jahr nicht weiter zu unterteilen und bildet deshalb ein Auswertungselement). Alle bei der formalen Analyse ermittelten Auswertungselemente für die Beschreibung eines Dokumentes werden in festgelegter Form und Reihenfolge niedergeschrieben. Aus der vollständigen Menge von Auswertungselementen wird nur ein bestimmter Teil als Ordnungs- oder Suchmerkmale ausgewählt. Das Ergebnis der formalen Analyse wird gemeinhin „Titelaufnahme" oder „Fundstelle" oder „Zitat" genannt.

B 2.2 Dokumenttypen und ihre Auswertungselemente

Die Angaben zu den Auswertungselementen werden möglichst der Vorlage selbst entnommen. Diese Vorlage kann jedoch zu ganz unterschiedlichen Dokumenttypen gehören, z.B. zu
- Druckschriften,
- audiovisuellen Dokumenten,
- Bilddokumenten,
- dreidimensionalen Dokumenten (z.B. ein Globus, ein Denkmal),
- Filmdokumenten,
- maschinenlesbaren Dokumenten für die Datenverarbeitung,
- Handschriften,
- Tondokumenten

oder auch zu Kombinationen mehrerer Dokumenttypen (z.B. ein Sprachlehrbuch mit Tonbandkassette).

Jeder Dokumenttyp hat eigene Merkmale, die sich aus

- der Publikationsform,
- der Materialart des Datenträgers und der äußeren Erscheinungsform
- sowie auch aus Zweck und Anliegen seines Erscheinens

ergeben. Es gibt allerdings auch Auswertungselemente, die eine gleichartige Funktion bei allen Dokumenttypen erfüllen, z.B. das Entstehungsjahr oder der Name des für das Zustandekommen eines Dokumentes Verantwortlichen.

Aus der Vorlage ergeben sich, je nach Dokumenttyp, charakteristische Angaben, die für die formale Analyse besonders wichtig sind. Beispielsweise werden bei Druckschriften die Haupttitelseite oder andere Teile des Dokumentes mit Angaben zur ,,Titelei" wie Rückentitel, Rückseite der Haupttitelseite, letzte Seite der Druckschrift oder auch Vorwort, Nachwort und sogar Textteile für die Analyse der formal beschreibenden Merkmale herangezogen. Bei Bedarf kann auch auf Quellen außerhalb der Vorlage wie z.B. Bibliographien oder Verlagsprospekte zurückgegriffen werden, um fehlende Angaben zu ergänzen.

Bei allen anderen Dokumenttypen wird entsprechend verfahren. Bei Schallplatten können beispielsweise die formalen Merkmale der Plattenhülle oder dem Etikett entnommen werden. Bei Bilddokumenten werden die Maße, Herkunft, Entstehungsjahr usw. erfaßt und bei audiovisuellen Dokumenten werden die Angaben der Beschriftung einer Filmrolle und dem Vorspann oder Nachspann entnommen und durch technische Angaben (z.B. Beschreibung der Materialart, der Bearbeitungsstufe von kinematographischen Materialien, der Angabe von Schäden, der Aufzeichnungs- und Übertragungsart) ergänzt.

Die oben angeführten Dokumenttypen können weiter unterteilt werden, meist ist der Anlaß oder Zweck, zu dem ein Dokument hergestellt wird, für die weitere Unterteilung bestimmend. Auch diese Dokumenttypen haben oft zusätzliche Charakteristika, die bei der formalen Analyse berücksichtigt werden müssen. Beim Dokumenttyp ,,Druckschriften" können z.B. viele weitere Unterteilungen unterschieden werden (Lit. 21., hier DIN 31, 631 Teil 4), dazu zählen Dokumenttypen wie ,,Dissertation", ,,Patentschrift", ,,technische Norm" oder ,,Gesetzentwurf". Beim Dokumenttyp ,,audiovisuelle Dokumente" können z.B. Unterteilungen wie ,,Life-Sendung" oder ,,Magazin-Sendung", ,,Unterrichtsfilm" oder ,,Spielfilm" unterschieden werden.

Zu Auswertungselementen, die in fast allen Dokumenttypen vorkommen, kommt also eine Fülle an speziellen Charakteristika hinzu. Aufgabe der formalen Analyse ist es deshalb auch, Regeln zu entwickeln, die festlegen,

- welche Auswertungselemente eine gleichartige Funktion bei allen Dokumenttypen erfüllen (z.B. ,,Verfasser" bei Druckschriften und ,,Maler" bei einem Bilddokument),
- welche speziellen Auswertungselemente bei bestimmten Dokumenttypen zu berücksichtigen sind (z.B. ,,Konferenzort" bei Konferenzschriften oder ,,Offenlegungsdatum" bei Patentschriften),
- in welcher Form (Ansetzungsform, Vorlageform, normierte Form) die Angaben zum Auswertungselement aus dem Dokument erfaßt werden sollen

- und: in welcher einheitlichen Reihenfolge die Auswertungselemente aller Dokumenttypen zu erfassen sind.

B 2.3 Die Rolle der Regelwerke

Einheitliche Regeln für die formale Analyse von Dokumenten werden in sogenannten ,,Regelwerken/Instruktionen/Anweisungen'' zur Verfügung gestellt. Ihre Zahl ist unübersehbar. Einige haben jedoch eine hervorragende Rolle übernommen, indem sie entweder eine internationale, eine mehrere Staaten umfassende, nationale oder regionale Geltung gewonnen haben.
Einen internationalen Geltungsbereich hat z.B. die Reihe der International Standard Bibliographic Description(s) (ISBD),

- ISBD (G) allgemeines Rahmenwerk
- ISBD (M) für Monographien
- ISBD (S) für Serien, Periodika
- ISBD (NBM) für audiovisuelle Materialien
- ISBD (CM) für kartographisches Material
- ISBD (PM) für Noten
- ISBD (A) für ältere Bücher und Rara
- ISBD (CP) für Aufsätze o.ä. aus Zeitschriften und Büchern.

Auch die im Rahmen des UNISIST-Programms der UNESCO herausgegebenen Regelwerke für die formale Erfassung beim Einsatz von Datenverarbeitung haben einen internationalen Geltungsbereich (Lit. 04.; Lit. 37.; Lit. 38.)
Einen mehrere Staaten umfassenden Geltungsbereich haben die Anglo-American Cataloguing Rules (Lit. 01.). Dieses Regelwerk findet u.a. in den USA, in Kanada und dem Vereinigten Königreich Anwendung.
Von nationaler Geltung sind z.B. folgende Regelwerke:

- Frankreich: Guide pratique du catalogueur (Lit. 05.)
- Schweiz: Katalogisierungsregeln (Lit. 07.)
- BR Deutschland: Regeln für die alphabetische Katalogisierung RAK (Lit. 30. – Lit. 35.).

Letztere sind für unseren Sprachraum von besonderer Bedeutung. Die RAK verwenden im beschreibenden Teil einer Titelaufnahme die ISBD (Lit. 02.) als Grundlage. Zur RAK gibt es – ähnlich wie bei der ISBD – mehrere Ergänzungsteile für bestimmte Aufgabenbereiche oder auf bestimmte Dokumenttypen bezogen, z.B.:

- RAK (Grundwerk)
- KRAK Kurzfassung der Regeln für die alphabetische Katalogisierung
- RAK-Anwendung in der Deutschen Bibliothek
- RAK-WB für wissenschaftliche Bibliotheken
- RAK-ÖB für öffentliche Bibliotheken
- RAK-AV für audiovisuelle Materialien, Mikromaterialien und Spiele
- RAK-UW für unselbständig erschienene Werke
- RAK-Karten für kartographische Materialien
- RAK-Musik für Musikalien und Musiktonträger
- RAK-PB für Parlaments- und Behördenbibliotheken

(weitere Teile sollen folgen, eine Einführung bietet Lit. 06.).

Die „Regeln für die alphabetische Katalogisierung – RAK“ ersetzen seit 1966 in zunehmendem Maße die 1899 eingeführten „Instruktionen für die alphabetischen Kataloge der preußischen Bibliotheken (PI)“ und beeinflußten die formale Analyse im Dokumentationswesen. Hierzu wird in den folgenden Abschnitten eine Übersicht gegeben.
Für Zwecke der Dokumentation erschien 1932 ein Regelwerk von nationaler Geltung, die Norm DIN 1505 „Titelangaben von Schrifttum“. In kompakter, einfacher Form führte sie Regeln auf für ausführliche und gekürzte Titelaufnahmen und zwar hauptsächlich für Dokumente wie Bücher, Patentschriften, Normen und Aufsätze aus Zeitschriften oder Sammelwerken. Nach Erscheinen der RAK wollten die Vertreter des Bibliotheks- und Dokumentationswesens im zuständigen Normenausschuß des DIN Deutsches Institut für Normung die formale Erfassung in Bibliotheken und Dokumentationsstellen auf eine gemeinsame Grundlage stellen. Deshalb wurde DIN 1505 revidiert und in allen wichtigen Punkten an RAK angeglichen.
Auch zu DIN 1505 gibt es mehrere Teile, von denen einige noch in Vorbereitung oder geplant sind (Lit. 10.). Die Regeln dieser Norm werden durch eine Beispielsammlung (Lit. 11.) erläutert.
Alle Sonderfälle zu regeln ist nicht möglich. Der Versuch es so weit wie möglich zu tun, führt zu einer Fülle von Regeln in dem Gesamtregelwerk. Wegen der Auslegbarkeit einzelner Regeln, wegen des Mangels an Eindeutigkeit und Einheitlichkeit werden Titelaufnahmen desselben Dokuments durch mehrere Bibliotheken immer Unterschiede aufweisen.
Einen vereinheitlichenden Effekt hat der beginnende Datenaustausch mit Hilfe von Austauschformaten oder Datenbanken (Lit. 08.; Lit. 36.; Lit. 03.; Lit. 26.) oder der in der BR Deutschland 1974 eingeführte Cataloguing in Publication-Dienst (CIP). Für diesen Dienst liefern die Verlage noch vor Erscheinen des Dokumentes die entsprechenden Daten an die Deutsche Bibliothek. Diese fertigt eine Titelaufnahme an, die als „CIP-Kurztitelaufnahme“ im Dokument selbst veröffentlicht wird.

B 2.4 Die Reihenfolge der Auswertungselemente

Die Regelwerke sehen eine feste Reihenfolge der Auswertungselemente vor. Zur leichteren Handhabung und aus Gründen der Übersichtlichkeit werden mit zusammengehörigen Auswertungselementen Gruppen gebildet und sowohl die Reihenfolge der Gruppen als auch der Auswertungselemente innerhalb jeder Gruppe festgelegt. Diese Reihenfolge ist unabhängig von der Reihenfolge in den vielfältig gestalteten Vorlagen (z.B. auf den Titelblättern von Büchern), jedoch ganz entscheidend abhängig von dem Informationsmedium, in dem eine Titelaufnahme gespeichert werden soll. Unter „Informationsmedium“ wird in diesem Zusammenhang sowohl ein Bibliothekskatalog als auch eine Kartei, eine Bibliographie, Literaturangaben zu einem Werk, ein Verlagsprospekt oder eine Datenbank verstanden. In „Grundtitelaufnahmen“ (oder Einheitsaufnahmen) von Schrifttum werden z.B. die einzelnen Gruppen von Auswertungselemeneten wie folgt angeordnet:

- Sachtitel- und Verfasserangaben
  (mit dem Sachtitel, Parallelsachtitel (= weiterer Sachtitel in einer anderen Sprache) und Zusätzen zum Sachtitel sowie Angaben zu den persönlichen und körperschaftlichen Urhebern)
- Ausgabebezeichnung
  (mit Angabe der Auflage)
- Erscheinungsvermerk
  (mit dem Erscheinungsort, Verlag oder Drucker, Erscheinungsjahr)
- Kollationsvermerk
  (mit der Umfangsangabe, Illustrationsangabe, Formatangabe)
- Gesamttitelangabe
  (mit Titel der Schriftenreihe und Bandzählung)
- Ergänzende Angaben
  (mit zusätzlichen Angaben zu den einzelnen Gruppen der Titelaufnahme)
- ISBN, Einbandart, Preisangabe.

Diese Gruppen von Auswertungselementen werden entweder jeweils auf einer neuen Zeile begonnen oder fortlaufend hintereinander geschrieben und dabei durch festgelegte Deskriptionszeichen oder unterschiedliche Drucktypen voneinander abgesetzt. Zur Unterscheidung von normalen Interpunktionszeichen werden die Deskriptionszeichen von Leerzeichen (Spatien) begrenzt, z.B. xxx / yyy.
Für die Reihenfolge der Auswertungselemente in Bibliothekskatalogen und Karteien vgl. Abschnitt B 2.5.
In Bibliographien, Literaturangaben und Prospekten werden zur Verkürzung der Titelaufnahme oft einzelne Auswertungselemente oder auch Gruppen von Auswertungselementen fortgelassen wie z.B. Parallelsachtitel, ergänzende Angaben, Verlag. Auch werden vielfach die Verfasserangaben zuerst aufgeführt.
In Datenbanken werden die einzelnen formalen Beschreibungselemente mit Feldkennungen oder Steuerzeichen versehen, sodaß ihre Bedeutung für die weitere Verarbeitung und Interpretation durch ein Programm und einen Rechner eindeutig ist. Die Reihenfolge ist hierbei im Prinzip beliebig, lediglich bei der Ausgabe auf einem Bildschirm oder einem Ausdruck, ist eine Standardreihenfolge vorzusehen, die derjenigen der herkömmlichen Informationsmedien gleichen kann.

B 2.5 Arten von Eintragungen in Katalogen oder Karteien

In alphabetische Verzeichnisse, Kataloge und Karteien können die Grundtitelaufnahmen (= Einheitsaufnahmen) anhand mehrerer Auswertungselemente, die damit eine Ordnungs- und Suchfunktion übernehmen, aufgenommen/abgestellt werden. In die Reihenfolge der Angaben in der Einheitsaufnahme wird dafür eine Ordnungszeile mit dem jeweiligen Ordnungs- bzw. Suchmerkmal eingefügt. Dabei entstehen folgende Arten von Eintragungen:
– Haupteintragungen – Nebeneintragungen – Verweisungen.
Für Haupt- und Nebeneintragungen werden dieselben Titelaufnahmen benutzt (= Einheitsaufnahme). Zum Bestandteil dieser Einheitsaufnahmen werden auch Hinweise auf Ordnungsmerkmale, unter denen Nebeneintragungen zu finden sind.

B 2.5.1 Haupteintragungen

Die Haupteintragung ist der vollständigste Nachweis eines Dokumentes, in ihr werden auch Nachträge und Ergänzungen (z.B. bei Periodika, Serien) vorgenommen. Die Haupteintragung erhält eine Ordnungszeile mit einem Ordnungselement nur dann, wenn sie nicht unter dem Sachtitel eingeordnet werden soll.

Beispiel für eine Haupteintragung (aus Beispielsammlung zu DIN 1505)

Lohberg, Rolf:
Was denkt sich ein Elektronengehirn? : e. verständl. Einführung in d. Arbeitsweise d. Elektronenrechner / Rolf Lohberg; Theo Lutz. – Stuttgart: Franckh, 1963. – 190 S.: 86 Ill. u. graph. Darst.

NE: Lutz, Theo: Was denkt sich. . .

Es wird unterschieden zwischen:
- Haupteintragungen unter dem ersten Verfasser (bei Schriften von ein bis drei Verfassern);
- Haupteintragungen unter einem Sachtitel (bei Schriften ohne oder mit mehr als drei Verfassern, oder solchen, die mehrere Werke unter einem übergeordneten Sachtitel enthalten);
- Haupteintragungen unter dem ersten körperschaftlichen Urheber (bei Schriften, die ein oder mehrere körperschaftliche Urheber als Bestandteil des Sachtitels enthalten, oder die zu einem unspezifischen Sachtitel zu ergänzen sind).

B 2.5.2 Nebeneintragungen

Nebeneintragungen sind zusätzliche Nachweise eines Dokumentes. Sie besitzen immer eine Ordnungszeile mit einem zusätzlichen Ordnungsmerkmal, z.B. werden bei einem Dokument mit mehreren Verfassern, Nebeneintragungen für jeden Verfasser angelegt.

Beispiel für eine Nebeneintragung (aus Beispielsammlung zu DIN 1505)

Lutz, Theo: Was denkt sich. . .

Lohberg, Rolf:
Was denkt sich ein Elektronengehirn? e. verständl. Einführung in d. Arbeitsweise d. Elektronenrechner / Rolf Lohberg; Theo Lutz. – Stuttgart: Franckh, 1963. – 190 S. : 86 Ill. u. graph. Darst.

NE: Lutz, Theo: Was denkt sich. . .

Es wird unterschieden zwischen:
- Nebeneintragungen unter dem zweiten und dritten Verfasser (bei Schriften mit mehr als einem Verfasser);
- Nebeneintragungen unter sonstigen beteiligten Personen wie Herausgeber, Bearbeiter, Übersetzer u.ä.
- Nebeneintragungen unter gefeierten Personen
(bei Festschriften);

- Nebeneintragungen unter körperschaftlichen Urhebern
  (bei Schriften mit mehr als einem körperschaftlichen Urheber, deren Haupteintragung unter dem ersten körperschaftlichen Urheber angelegt wird, oder bei Schriften mit der Haupteintragung unter dem Sachtitel);
- Nebeneintragungen unter Sachtiteln
  (bei Schriften, deren Verfasser nicht auf der Haupttitelseite stehen, oder deren Haupteintragung unter einem körperschaftlichen Urheber angelegt wird);
- Nebeneintragungen unter weiteren Titeln
  (bei Schriften mit mehreren Werken, die entweder auf der Haupttitelseite genannt sind, oder die eine eigene Titelseite im Innern der Schrift haben);
- Nebeneintragungen unter abweichenden Titeln
  (bei Schriften mit Parallel-, Neben-, oder Originaltiteln, deren Haupteintragung unter dem Sachtitel angelegt wird);
- Nebeneintragungen unter dem Gesamttitel
  (bei Stücktitelaufnahmen für einzelne Bände von Schriftenreihen).

B 2.5.3 Verweisungen

Durch Verweisungen werden weitere Suchhilfen geboten, die entweder unabhängig von einer konkreten Titelaufnahme, z.B. bei unterschiedlichen Schreibweisen, auf die für den Katalog als Suchmerkmal gültige Schreibweise hinweisen oder die abhängig von einer Titelaufnahme Nebeneintragungen ersetzen. In letzterem Fall besteht das Ziel, auf das verwiesen wird, aus denAngaben, die für die Einordnung der Haupteintragung maßgeblich sind.

Beispiele für Verweisungen:

- Deutsche Gesellschaft für Sozialforschung
  später s. Deutsche Gesellschaft für Sozialwissenschaft
- Verhandlungen. . .
  s. auch unter der herausgebenden Körperschaft
- Müller, Fritz: Neuer Aufbruch
  s. Herold, Wilhelm: Neuer Aufbruch

B 2.6 Darstellung formaler Angaben

In den Regelwerken wird festgelegt, wie die konkreten Einträge zu einem Auswertungselement dargestellt werden sollen. Es wird dabei zwischen Vorlageformen, Ansetzungsformen und Formatierungen oder Normierungen von Daten unterschieden:

B 2.6.1 Vorlageform

Vorlageformen werden in Informationsmedien benutzt, die besonderes Gewicht auf eine möglichst originalgetreue Wiedergabe bestimmter Auswertungselemente der Vorlage legen. Diese Tradition ist vor allem in Bibliothekskatalogen sichtbar. Hier werden Vorlageformen insbesondere bei der Wiedergabe der Gruppe der Auswertungselemente „Sachtitel, Zusätze zum Sachtitel, Verfasserangabe" benutzt. Alle auf der Haupttitelseite genannten Auswertungselemente zu dieser Gruppe werden in der vorliegenden Form einschließlich einleitender oder verbindender Wendungen, die z.B. den Sachtitel mit der Verfasserangabe verbinden, übernommen.

Beispiel (aus Beispielsammlung zu DIN 1505):

Der Arbeitsunfall / von Werner Gunkel u. Horst Jegust (bis zur 3. Aufl.); in d. 4. völlig neubearb. Aufl. fortges. von Horst Jegust.

An diesem Beispiel wird auch deutlich, daß die Übernahme der Vorlageform nicht deckungsgleich, sondern ebenfalls nach bestimmten Regeln erfolgt:
- die Reihenfolge der Angaben wird vereinheitlicht, z.B. folgt die Verfasserangabe der Sachtitelangabe, auch wenn dies auf dem Titelblatt umgekehrt der Fall ist,
- Abkürzungen werden außerhalb der Sachtitel für bibliographisch-technische Bezeichnungen vorgenommen,
- Deskriptionszeichen werden zwischen die einzelnen Bestandteile der Titelaufnahme eingefügt,

weiterhin ist möglich:
- die Angaben durch weitere Auswertungselemente aus anderen Teilen der Vorlage (z.B. Rückseite des Haupttitelblattes) zu ergänzen,
- einzelne Angaben aus vorlagenfremden, anderen Quellen in eckigen Klammern der Vorlageform hinzuzufügen,
- nichtlateinische Schriftarten zu transliterieren.

Dieses Verfahren bedingt wiederum eine Fülle von Einzelregelungen, durch deren Anwendung versucht wird, die Vielfalt der Veröffentlichungsformen einerseits abzubilden und andererseits zu vereinheitlichen. In den meisten Dokumentationssystemen, vor allem solchen, die maschinengestützt sind, wird deshalb auf die Reproduktion der Vorlageform verzichtet.

B 2.6.2 Ansetzungsform

Ansetzungsformen müssen für alle Auswertungselemente gebildet werden, die eine Ordnungs- oder Suchfunktion übernehmen. Dies sind vor allem Sachtitel, Namen von Personen und Körperschaften sowie Gesamttitel (z.B. Titel einer Zeitschrift oder Serie).
Als Ansetzungsformen können vor allem bei Sachtiteln oder Gesamttiteln die Vorlageformen gelten, auch wenn dadurch unterschiedliche Schreibweisen innerhalb eines Informationsmediums auftreten. Durch Verweisungen sollte auf diese Schreibweisen hingewiesen werden.

Beispiel: Bulletino s. auch Bollettino

Es ist allerdings auch vorgesehen, unterschiedliche Schreibweisen – unabhängig von der Vorlage – zu vereinheitlichen. Dies geschieht im allgemeinen bei Zahlen, die in ausgeschriebener Form übernommen werden und bei Abkürzungen, die ohne Spatien oder Abkürzungspunkte zwischen den einzelnen abgekürzten Wörtern angesetzt werden.

Beispiel:	**Vorlageform**	**Ansetzungsform**
	O8/15	Null acht fünfzehn
	U.N.E.S.C.O	UNESCO

Darüber hinaus gibt es für die Ansetzung von Sachtiteln Regeln über die Schriftart, typographische und orthographische Besonderheiten, Schreibweisen von Symbolen, Personen- und Körperschaftsnamen als Bestandteile des Sachtitels, einleitenden Wendungen u.ä.
Weiterhin wird die Ansetzung solcher Sachtitel, die aus mehr als einer Ordnungsgruppe bestehen, geregelt. Eine Ordnungsgruppe bei Sachtiteln enthält im allgemeinen den für die Einordnung gültigen Sachtitel. Bei Sachtiteln zu einem Gesamtwerk mit Unterreihen, Abteilungen oder fortlaufenden Beilagen, können eigene Titelaufnahmen für die einzelnen Gliederungseinheiten gebildet werden. Jede dieser Gliederungseinheiten von hierarchisch gegliederten Gesamtwerken bildet eine weitere Ordnungsgruppe.
Zur Ansetzung der Namen von Personen gibt es eine Fülle von Regeln, die sich danach richten, aus welchem Sprachkreis ein Personenname stammt (Lit. 09.). Im allgemeinen wird jedoch der Familienname – wahlweise mit oder ohne Präfixen wie ,,von", ,,du" – an erster Stelle erfaßt, gefolgt von Vornamen, die ggf. durch ein Komma von Familiennamen abgetrennt werden (bei chinesischen Namen kann z.B. das Komma entfallen, weil die gebräuchliche chinesische Namenfolge (ohne Kommata) dieser Schreibweise entspricht).

Beispiel:	**Vorlageform:**	**Ansetzungsform:**
	Wernher von Braun	*Von Braun, Wernher*
	Daphne du Maurier	*Du Maurier, Daphne*
	Pieter 't Hoen	*Hoen, Pieter 't*
	Henry McArthur	*MacArthur, Henry*
	Mao Tse Tung	*Mao Tse Tung*
	Fürst Otto von Bismarck	*Bismarck, Otto Fürst von*
		oder
		Bismarck, Otto von
	Joao dos Santos	*Santos, Joao dos*

Personennamen sollen innerhalb eines Informationsmediums immer gleich angesetzt werden. Entweder werden abgekürzte Namensbestandteile (z.B. Vornamen) möglichst ergänzt (hierzu können evtl. Nachschlagewerke herangezogen werden), oder es werden generell nur die Initialen der Vornamen erfaßt.
Gleiche Namen verschiedener Personen können durch Hinzufügung von Zusätzen wie Lebensdaten, Berufsbezeichnungen, ,,junior", oder, im Parlament sehr häufig, durch Ortsnamen unterschieden werden.
Die Ansetzung von Körperschaftsnamen ist ebenfalls eingehend geregelt. Körperschaften werden im allgemeinen unter ihrem vollen offiziellen Namen angesetzt. Bei untergeordneten Körperschaften ist u.a. zu beachten: Eine untergeordnete Körperschaft kann selbständig angesetzt werden, wenn dadurch eine ausreichende

Identifizierung möglich ist. Sie muß aber nach der Bezeichnung der übergeordneten Institution angesetzt werden, wenn eine Identifizierung nur im Zusammenhang mit der übergeordneten Körperschaft möglich ist, vor allem dann, wenn eine eindeutige Unterordnung nur durch allgemeine Bezeichnungen wie „Abteilung", „Zweigstelle", „Sparte" zum Ausdruck gebracht ist.

Beispiele:	**Vorlageform:**	**Ansetzungsform**
	Referat Frauenpolitik der Sozialdemokratischen Partei Deutschlands	*Sozialdemokratische Partei Deutschlands / Referat Frauenpolitik*
	Arbeitsgemeinschaft Kavalier der Straße im Deutschen Verkehrssicherheitsrat	*Deutscher Verkehrssicherheitsrat / Arbeitsgemeinschaft Kavalier der Straße*
	aber:	
	Herder-Institut der Karl-Marx-Universität Leipzig	*Herder-Institut <Leipzig>*

Universitäten, Technische Hochschulen u.ä. werden einheitlich mit diesen allgemeinen Bezeichnungen unter Hinzufügung des Ortssitzes angesetzt. Der Ortssitz oder die Region wird einem Körperschaftsnamen immer dann hinzugefügt, wenn sie im Namen der Körperschaft nicht bereits vorkommen.

Beispiel: Mainzer Volksbank
aber Institute of Research <London>

Weiterhin gibt es Ansetzungsregeln für Gebietskörperschaften, d.h. Staaten, Gliedstaaten, Gemeinden sowie regionale Verwaltungseinheiten und deren Dienststellen und Behörden. Gebietskörperschaften werden im allgemeinen unter ihrer geographischen Bezeichnung oder der gebräuchlichen Kurzbezeichnung angesetzt.

Beispiele:	**Offizielle Form:**	**Ansetzungsform:**
	Kongeriget Danmark	*Danmark*
	Sojuz Sovetskich Socialisticeskich Respublik	*SSSR*
	Republic of South Africa	*South Africa*
	Kanton Graubünden	*Graubünden*
	Landkreis Bad Dürckheim	*Dürckheim <Landkreis>*
	Bad Reichenhall	*Reichenhall*
	Aix-en-Provence	*Aix-en-Provence*
	Polizeidirektion Bonn	*Nordrhein-Westfalen/ Polizeidirektion <Bonn>*
	Landtag Nordrhein-Westfalen	*Nordrhein-Westfalen/ Landtag*

B 2.6.3 Formatierung und Normierung von Daten

Insbesondere in DV-gestützten Systemen werden die Daten zur formalen Beschreibung von Dokumenten häufig formatiert bzw. normiert. In den Regelwerken werden hierzu verschiedene Anweisungen gegeben, z.B. werden Abkürzungen festgelegt und vorgeschrieben; die Zeichenlänge einer Angabe wird begrenzt (z.B. soll ein Datum immer 10 Zeichen lang sein und in der Form 1987 – 12 – 01 angegeben werden); Codierungen anstelle von Einträgen im Volltext werden vor allem für den Datenaustausch festgelegt (Lit. 17. – Lit. 24.) (s.a. Abschnitt B 2. 9.2).

B 2.7 Besonderheiten der formalen Analyse bei Einsatz von Datenverarbeitung

Voraussetzung für den Einsatz von Datenverarbeitung ist eine formale Datenstruktur, die alle im Dokumentationsprozeß auftretenden Auswertungselemente für die maschinelle Weiterverarbeitung identifizierbar macht.
Während bisher lediglich über die formale Erfassung vorhandener, insbesondere bibliographischer, Daten von dokumentarischen Bezugseinheiten, referiert wurde, erweitert sich der Aufgabenbereich der formalen Analyse unter Einsatz von Datenverarbeitung erheblich. An neuen Arbeitsschritten kommen deshalb hinzu:

- Erhebung aller Auswertungselemente für die Beschreibung der zu dokumentierenden Einheiten. Auch inhaltsbeschreibende Auswertungselemente wie Schlüsselwörter, Abstract, Klassifikationsangaben u.ä. müssen mit berücksichtigt werden (s. Abschnitt B 2.8)
- Zuordnung der Auswertungselemente zu Kategorien. Dabei müssen sowohl der Zweck des Informationssystems, der sich auf die Funktion jeder einzelnen Kategorie auswirkt, als auch die Art der zu erwartenden Daten bedacht werden (s. Abschnitt B 2.9)
- Charakterisierung der Kategorien durch Zuweisung ihrer Funktion im Informationssystem (s. Abschnitt B 2.9).

Die Erledigung aller o.a. Arbeitsschritte ist Voraussetzung für den sinnvollen Einsatz von Datenverarbeitung. Nur eine gründliche formale Analyse der zu dokumentierenden Objekte liefert die erforderlichen Angaben für die Anforderungen an ein Informationssystem, für seine Planung, seine Programmierung und seinen Aufbau.

B 2.8 Erhebung und Kategorisierung von Auswertungselementen

Die oben kurz skizzierten Regeln für die formale Analyse von dokumentarischen Bezugseinheiten sind sowohl in manuellen als auch in maschinellen Informationssystemen von grundlegender Bedeutung. Aus ihnen lassen sich alle Auswertungselemente, die im Dokumentationsprozeß zur Beschreibung und zum Wiederfinden dokumentarischer Bezugseinheiten notwendig sind, ableiten sowie die Art und Weise, in der formale Angaben erfaßt, formatiert und umgesetzt werden sollen. Weiterhin kann die Reihenfolge der Auswertungselemente und ihre Ordnung in einem Gesamtsystem abgeleitet werden.
Entweder stützt sich ein Informationssystem auf ein bereits vorhandenes Regelwerk oder entwickelt seine Regeln neu. Im Dokumentationsprozeß werden alle erforderlichen Auswertungselemente anhand des Regelwerks zusammengestellt und, um diese datenverarbeitungsgerecht zu kennzeichnen, Datenkategorien zugewiesen.
Eine Datenkategorie kann mehrere Auswertungselemente enthalten, wenn diese in-

haltlich eng zusammengehören. Dieser Punkt ist besonders kritisch, da eine zu feine Aufteilung von Auswertungselementen auf Kategorien ebenso hinderlich sein kann wie das zu grobe ununterschiedene Zusammenfassen mehrerer Auswertungselemente in einer einzigen Kategorie.

Meist ist das Ziel und der Zweck eines Informationssystems bestimmend für den Feinheitsgrad, in dem seine Auswertungselemente einzeln oder zu mehreren zusammengefaßt den Kategorien zugeteilt werden. Beispielsweise sollte ein Personenname, der aus den Auswertungselementen „Nachname, Vorname" besteht, als Einheit einer einzigen Kategorie zugeordnet werden, da die einzelnen Bestandteile für sich allein nicht sinnvoll verwendbar sind. Dagegen sollten Auswertungselmente wie „Gesamttitel" und „Zählung zum Gesamttitel" zwei verschiedenen Kategorien zugeordnet werden, da die Zählung auch für weitere Verarbeitungszwecke (Sortierung, Suche, Auflistung) von Bedeutung sein kann.

Jede Datenkategorie erhält eine Feldkennung, durch die sie in einem Datenverarbeitunssystem identifizierbar wird, sowie eine Benennung und eine Definition über den inhaltlichen Umfang der zugeordneten Auswertungselemente (Beispiel s. Abschnitt B 2.10.1).

Jahrelang wurden Auswertungselemente nach systeminternen Bedürfnissen Kategorien zugeordnet und diese zu „Datenerfassungsschemata" zusammengestellt. Bedingt durch die unterschiedlichen Aufgabenstellungen der Institutionen wurden Kategorien gebildet, die entweder nur ein Auswertungselement oder mehrere in unterschiedlichen Kombinationen enthielten. Auch wenn damit die gleichen Dokumenttypen beschrieben und erfaßt werden sollten, zeigt ein Vergleich der verschiedenen Datenerfassungsschemata deutlich, daß durch den unterschiedlichen Begriffsumfang einer Kategorie, in der mehrere Auswertungselemente ununterschieden zusammengefaßt sind, ein Datenaustausch zwischen den einzelnen Systemen erschwert oder nur unter Verlust einer spezifischen Identifizierbarkeit der einzelnen Auswertungselemente möglich ist.

Geht man jedoch davon aus, daß DV-gestützte Informationssysteme den Datenaustausch mit allen Möglichkeiten wie

- Abspeicherung fremder Dokumentationseinheiten im eigenen System,
- on-line-Abfragen,
- Ausleihe und Beschaffung von Dokumenten

eröffnen, so ist auf jeden Fall die feinste logisch sinnvolle Aufgliederung der Auswertungselemente allen anderen Einteilungen vorzuziehen, weil sie Systemunabhängigkeit herstellt.

Dieser Zusammenhang wurde bereits Anfang 1970 erkannt und in der Normungsarbeit des Normenausschusses für Bibliothekswesen und Dokumentation im DIN berücksichtigt. Ziel von Normung in diesem Bereich ist es, nicht-systemgebundene Kategorienkataloge für verschiedene Aufgaben aufzustellen. Aus ihnen können individuelle Datenerfassungsschemata abgeleitet werden, deren Kategorien dann aber einen verbindlichen und definierten Begriffsumfang haben und somit zumindest auf einer logisch-inhaltlichen Ebene reibungslos ausgetauscht oder auch gegenseitig online abgefragt werden können. Um den unterschiedlichen Anforderungen an die Detailliertheit eines Datenerfassungsschemas Rechnung zu tragen, wurden Methoden entwickelt, die es gestatten, entweder den hierarchisch gegliederten Kategorien-

katalog bis zur untersten, feinsten Stufe anzuwenden, oder sich auf einer höheren, gröberen Stufe zu bewegen. Dabei muß stets die Identifizierbarkeit des einzelnen Auswertungslementes erhalten bleiben.
Bei der Aufstellung systemunabhängiger Kategorienkataloge hat sich folgende Struktur bewährt, sie enthält in hierarchischer Folge:

- **Kategoriensätze:**
  Sie enthalten Kategorien und Kategoriengruppen, die aufgrund ihrer Funktion im Dokumentationsprozeß zusammengehören, z.B.
  - Angaben zur Person
  - Angaben zur Körperschaft
  - Sachtitel
  - Veröffentlichungsvermerk
  - Angaben zur übergeordneten Einheit
- **Kategoriengruppen:**
  Sie enthalten Kategorien, die begrifflich und sachlich zusammengehören,
  - Abmessungen
    mit den Kategorien:
    - Länge
    - Breite
    - Durchmesser oder
  - Gesamttitel
    mit den Kategorien:
    - Gesamttitel eines begrenzten Werkes
    - Gesamttitel mehrbändiger begrenzter Werke
    - Serientitel
    - Gesamttitel zeitschriftenartiger Reihen
    - Zeitschriftentitel
    - Zeitungstitel usw.
- **Kategorien:**
  Sie umfassen ein oder mehrere zueinander gehörende Auswertungselemente, deren weitere Aufteilung auf mehrere Kategorien nicht mehr sinnvoll wäre, z.B. besteht ein Datum aus den Auswertungselementen „Jahr, Monat Tag“, diese gehören gemeinsam zu einer Kategorie „Datum“.
  Eine Kategorie bildet die unterste Gliederungseinheit, sie wird für die maschinelle Weiterverarbeitung durch eine eindeutige Feldkennung gekennzeichnet. Bei der formalen Erfassung werden einer Kategorie die zugehörigen Einträge (Daten) zugeordnet.
- **Spezifikation der Kategorie:**
  Sie kennzeichnet den Inhalt einer Kategorie näher und stellt eine hierarchische Alternative vor. Entweder benutzt ein System eine Kategorie mit Spezifikation oder nur die allgemeinere Kategorie, z.B.
  Kategorie = Angaben über die Schrift des Dokuments
  Spezifikationen = – Schrift des Haupttextes
  – Schrift der Zusammenfassung

Bisher sind, erarbeitet von Normenausschuß für Bibliothekswesen und Dokumentation im DIN, genormte Kategorienkataloge für die Beschreibung von Dokumenten, Institutionen und Projekten erschienen. (Lit. 17. – Lit. 24.)
Auch in der internationalen Normung beschäftigt man sich in zunehmendem Maße mit der Zusammenstellung von „Data Element Directories". Bisher erschienen, erarbeitet von TC 46 (Documentation) in der ISO – International Organization for Standardization – Normen mit Kategorien für den Leihverkehr zwischen Bibliotheken und die Erwerbung von Dokumenten, sowie ein Directory für die Beschreibung von Bibliotheken, Archiven, Informations- und Dokumentationsstellen und ihren Datenbasen zur Erstellung entsprechender Nachschlagewerke. Ein Directory mit Kategorien, die für den Information-Retrieval-Prozeß benötigt werden, ist in Vorbereitung (Lit. 27. – Lit. 29.).

B 2.9 Kategorienkataloge und Datenerfassungsschemata

Genormte Kategorienkataloge bieten eine gute Ausgangsposition für die Erstellung eigener, systeminterner Kategorienkataloge. Anhand ihrer feinen Gliederung kann jeder Anwender die für seine Aufgabenstellung passenden Kategorien zu seinem systeminternen Kategorienkatalog zusammenstellen.
Systeminterne Kategorienkataloge verzeichnen alle in einem Informationssystem verwendeten Kategorien mit ihren Feldkennungen, Benennungen und Definitionen. Daraus werden systeminterne Datenerfassungsschemata entwickelt, die im allgemeinen die Kategorien nur zu bestimmten Dokumenttypen oder Gruppen von Dokumenttypen enthalten. Die Aufteilung der Kategorien auf mehrere Erfassungsschemata empfiehlt sich immer dann, wenn sich ein beträchtlicher Teil der Kategorien nur für die Erfassung bestimmter Dokumenttypen eignet, z.B. für Tonträger oder Landkarten oder Zeitschriftenaufsätze.
Im Kategorienkatalog oder Datenerfassungsschema wird jeder Kategorie zusätzlich zu ihrer Benennung und der systeminternen Feldkennung eine genaue Beschreibung ihrer Eigenschaften, die in den folgenden Abschnitten behandelt werden, hinzugefügt.

B 2.9.1 Fakultative und obligatorische Kategorien

Die Charakterisierung einer Kategorie muß die Aussage enthalten, ob sie in einer Dokumentationseinheit immer vorhanden sein muß (= obligatorisch ist) oder ob sie ggf. fehlen kann (= fakultativ ist).
Aufgrund dieser Eigenschaft kann eine automatische Plausibilitätsprüfung durchgeführt werden, die prüft, ob eine obligatorische Kategorie tatsächlich vorhanden ist.

B 2.9.2 Normierte Einträge zu einer Kategorie

Einzelne Kategorien können dafür vorgesehen sein, ausschließlich normierte Einträge oder Einträge aus einer festgelegten Code-Liste zu enthalten. Diese Einträge lassen sich ebenfalls über eine maschinelle Plausibilitätsprüfung prüfen. Hierfür werden die möglichen Einträge in Vergleichstabellen abgespeichert und über das Programm mit den aktuellen Daten verglichen.
In den Normen (Lit. 17. – Lit. 24.; Lit. 27. – Lit. 29.) sind Codes für bestimmte Einträge vorgesehen, die dort vor allem für den Datenaustausch wegen ihrer Sprachunabhängigkeit und Kürze entwickelt wurden.

B 2.9.3 Mehrfache Einträge zu einer Kategorie einer Dokumentationseinheit

In der Beschreibung der Eigenschaften einer Kategorie muß berücksichtigt werden, ob sie jeweils nur einen Eintrag oder mehrere Einträge enthalten darf (z.B. mehrere Verfasser, mehrere Verlagsorte). Die Kennzeichnung wiederholter Einträge ist zu regeln. Immer dann, wenn Kategorien mit anderen verkettet sind, weil sie allein einen Sachverhalt nicht vollständig wiedergeben können und hierzu Wiederholungen von Einträgen auftreten, muß sowohl die Zuordnung der Kategorie zu ihrer Verkettung als auch die Kennzeichnung eines einzelnen Eintrags eindeutig sein.

Beispiel:

- Möglichkeiten der Erfassung mehrerer Einträge zu einer nicht verketteten Kategorie:
  a) Wiederholung der Feldkennung bei jedem Eintrag:
  pn Müller, Fritz
  pn Schmitz, Helmut
  b) Verwendung von Trennzeichen (hier: ;):
  pn Müller, Fritz; Schmitz, Helmut
- Möglichkeiten der Erfassung mehrerer Einträge zu verketteten Kategorien:
  a) Wiederholung der Feldkennungen und Kennzeichen der Verkettung durch Index (= gleichlautende laufende Nummer für jede Verkettung)
  Beispiel: Zu einer Institution sollen zwei Adressen erfaßt werden:
  st1 Bismarckstr. 16 (1. Adresse)
  or1 1000 Berlin 33
  st2 Königstr. 10 (2. Adresse)
  st2 5000 Köln 1
  b) Wiederholung der Feldkennung und Kennzeichnung der Verkettung durch feste Reihenfolge (ggf. durch Verwendung von Auslassungszeichen, hier: *)
  st Bismarckstr. 16 (1. Adresse)
  pf Postfach 33 10 75
  or Berlin 33
  st Königstr. 10 (2. Adresse)
  pf *
  or 5000 Köln 1

Die Möglichkeiten für die Kennzeichnung der Wiederholungen von Einträgen, Kategorien und Verkettungen von Kategorien werden in der Norm DIN 31 631 Teil 4 (Lit. 22.) geregelt.

B 2.9.4 Suchbare Kategorien in einem Information-Retrieval-System

Einträge zu Kategorien können Texte oder Suchmerkmale zum Inhalt haben. Diese Eigenschaft muß in der Beschreibung der Kategorie aufgeführt werden. Suchbare Kategorien werden in einem Retrievalsystem invertierten Suchregistern oder Tabellen zugeordnet, die auf die maschineninternen Adressen der zugehörigen Dokumentationseinheiten verweisen können.
Wenn eine Datenbank einer breiteren Öffentlichkeit über einen Datenbank-Host zugänglich gemacht wird, werden sowohl die systeminternen Feldkennungen als auch die Suchregister der normierten Datenbankstruktur des Host angepaßt. Dies geschieht umso reibungsloser, je enger sich das systeminterne Datenerfassungsschema an einen genormten Kategorienkatalog anlehnt.

B 2.9.5 Kategorien für die Ausgabe

Üblicherweise bestimmen entsprechende Programmvorgaben in einem System die Kategorien, deren Einträge als Ergebnis einer Suche ausgegeben / ausgedruckt / auf dem Bildschirm gezeigt werden. Können diese Kategorien nicht eindeutig formuliert werden, oder werden die Daten an ein anderes System übergeben bzw. ausgetauscht, muß die Kennzeichnung der auszugebenden Kategorien explizit erfolgen. Die Ausgabe von Dokumentationseinheiten in einem Retrieval-Dialog oder von Teilen, z.B. nur Verfasser, Titel und Veröffentlichungsvermerk, kann vom Benutzer über Ausgabe-Kommandos individuell gesteuert werden.
Aufgrund der Vorgaben in dem Austauschformat DIN 1506 (Lit. 16.), ist ein 9stelliger Indikator vorgesehen, der die Verarbeitung der Daten steuern soll. In dem in Vorbereitung befindlichen Teil 3 von DIN 31 631 werden die 3., 4. und 5. Indikatorstelle mit Kennungen für die Ausdrucksteuerung genormt. Hierdurch kann z.B. auch gekennzkeichnet werden, mit welcher Kategorie eine Haupt- oder Nebeneintragung erzeugt werden soll.

B 2.9.6 Ordnungsfunktion einer Kategorie

Bei der Ausgabe von Dokumentationseinheiten können einer oder mehreren Kategorien bestimmte Ordnungsfunktionen ggf. mit hierarchischen Ordnungsstufen zugewiesen werden. In einem System geschieht dies üblicherweise durch entsprechende Programmvorgaben.
Die Ordnung von Dokumentationseinheiten in einem Retrieval-Dialog kann dagegen vom Benutzer über Sortier-Kommandos individuell gesteuert werden.

B 2.9.7 Datenaustausch

Als Programmvorgabe werden alle Kategorien zusammengestellt, die für einen Datenaustausch vorgesehen sind. Programme können auch die Umsetzung der system-

internen Datenstruktur in ein Austauschformat regeln. Solange es keinen international genormten Datenaustausch gibt, werden Daten bisher nur innerhalb fester Interessengruppen über einheitliche Austauschformate wie MAB (Lit. 08.) oder UNIMARC (Lit. 36.) ausgetauscht. Es handelt sich dabei jeweils um „geschlossene" Systeme, die nur untereinander einen Datenaustausch zulassen. Deshalb hat sich auch die UNESCO im Rahmen ihres General Information Programme und UNISIST um die Herausgabe eines „Common Communication Format (CCF)" für bibliographische Daten bemüht (Lit. 03.). Im CCF wird ein Minimal-Set von Kategorien für die Beschreibung von Monographien und Serien angeboten, die einigen wichtigen Datenformaten oder Titelaufnahme-Regelwerken gemeinsam sind. Für den Datenaustausch wird dabei auf das Austauschformat in der internationalen Norm ISO 2709 (Lit. 26.) Bezug genommen.
Immerhin ist bereits für die Bereiche „Leihverkehr zwischen Bibliotheken" und „Erwerbung" ein internationaler Normentwurf (Lit. 27.; Lit. 28.). vorhanden. In diesen Normentwürfen wird u.a. festgelegt, welche Typen von messages (Nachrichten) in einem Kommunikationssystem vorkommen können und welche Kategorien zu diesen message-Typen gehören.

Im Beispiel „Leihverkehr" kann es sich um folgende message-Typen handeln:

- Leihanfrage
- Antwort auf die Leihanfrage
- Absendevermerk: Nachricht, daß das gewünschte Dokument abgesendet wurde
- Hinweis auf anderen Leihgeber
- Verzögerungshinweis: Nachricht, daß das gewünschte Dokument erst zu einem späteren Termin verfügbar ist
- Bedingungen: Nachricht, unter welchen Bedingungen ein Dokument ausgeliehen werden kann
- Aufforderung zur Wiederholung einer Leihanfrage zu einem späteren Zeitpunkt
- Verlängerung der Leihfrist: Nachfrage, ob Leihfrist verlängert werden kann
- Antwort zur Verlängerung der Leihfrist
- Hinweis, daß Leihfrist überschritten wurde
- Nachricht, daß das Dokument beim Ausleiher angekommen ist
- Rücksendevermerk: Nachricht, daß das Dokument zurückgesendet wurde
- Hinweis, daß es sich um eine wiederholte Leihanfrage handelt
- Löschung einer Leihanfrage
- Nachricht, daß das ausgeliehene Dokument verlorengegangen oder zerstört ist
- Angaben zum Ersatz eines verlorengegangenen Dokuments
- Anfrage zum Stand einer Ausleihe
- Antwort zum Stand einer Ausleihe
- Reservierung eines Dokuments für eine spätere Ausleihe
- Antwort auf die Reservierung eines Dokuments für eine spätere Ausleihe
- Anfrage zu Kopierkosten
- Angabe der Kopierkosten
- Nachricht über Ankunft des geliehenen Dokuments beim Entleiher

Bei der Erwerbung von Dokumenten werden folgende message-Typen unterschieden:

- Erwerbungsvorschlag
- Bestellung zur Ansicht
- Mitteilung der Verkaufsbedingungen

- feste Bestellung
- Anfrage über den Stand der Bestellung
- Antwort auf die Anfrage über den Stand der Bestellung
- Information des Benutzers/Leser, der den Erwerbungsvorschlag eingereicht hat, über Ankunft des Dokumentes
- Anfrage über zusätzliche Informationen, z.B. Verfügbarkeit, Periodizität einer Veröffentlichung, letzte Ausgabe einer Serie
- Antwort mit zusätzlichen Informationen
- Antrag auf Streichung der Bestellung
- Antwort, ob Bestellung gestrichen ist
- Antrag auf Rückgabe eines ausgelieferten Dokuments
- Antwort auf Antrag auf Rückgabe eines ausgelieferten Dokuments
- Antwort auf Kreditantrag
- Anfrage auf Zusendung eines Depositar-Exemplars an eine Nationalbibliothek
- Antwort auf Zusendung eines Depositar-Exemplars
- Bestätigung des Eingangs eines Depositar-Exemplars
- Antrag auf Schenkung eines Dokuments
- Antwort auf Antrag auf Schenkung eines Dokuments
- Zusendung der Rechnung
- Mahnung
- Antwort auf Mahnung
- Rechnung der Transportkosten
- Erneuerung einer Subskription
- Antwort auf Erneuerung einer Subskription

Jedem message-Typ müssen bestimmte Kategorien des Kategorienkataloges zugeordnet werden. Die Beschreibung der Funktion der Kategorien muß also auch diese Eigenschaft berücksichtigen.

B 2.9.8 Regeln für die Gestaltung der Einträge zu Kategorien

Hiermit schließt sich der Kreis zu den in den Abschnitten B 2.3 bis B 2.6 beschriebenen Regeln für die formale Erfassung. Diese Regeln lassen sich sinngemäß auf die Gestaltung von Einträgen zu Kategorien anwenden. Darüberhinaus werden in den Normen (Lit. 17.-Lit. 24.; Lit. 25.; Lit. 27.-Lit. 29.) Codes für Einträge zu einigen Kategorien festgelegt, die insbesondere beim Datenaustausch statt der Einträge im Volltext verwendet werden können (s.a. Abschnitt B 2.9.7 und Beispiel in Abschnitt B 2.10.3). Für DV-gestützte Systeme muß zusätzlich die maximal zulässige Zeichenlänge und der Wertebereich (= numerisch/alphabetisch/alphanumerisch) eines Eintrags zu einer Kategorie festgelegt werden.

B 2.10 Beispiel eines systeminternen Kategorienkatalogs,
daraus abgeleiteter Datenerfassungsschemata und der zugehörigen Regeln für die Gestaltung der Einträge

Zur Erläuterung der o.a. Prinzipien soll als einfaches Beispiel ein Informationssystem dienen, das Normen und Zeitschriftenaufsätze dokumentiert und diese in einer Datenbank für online-Abfragen zur Verfügung stellt, jedoch keinen Zettelkatalog führt (hierdurch entfallen z.B. Kennzeichnungen für Haupt- und Nebeneintragungen). Die Zusammenstellung der Kategorien wird in Anlehnung an die Norm DIN 31 631 Teil 2 (Lit. 18.) vorgenommen.

B 2.10.1 Systeminterner Kategorienkatalog für Normen und Zeitschriftenaufsätze

Feld-kennung	**Kategorie**	**Bedeutung**
id	*Identifikationsnummer*	Die Identifikationsnummer kennzeichnet eine Dokumentationseinheit innerhalb des Systems eindeutig und unverwechselbar
si	*Signatur*	Standort des Originaldokuments
ad	*Datum der Aufnahme*	Datum der Eingabe/Aufnahme einer Dokumentationseinheit in das System
vd	*Datum der Veränderung*	Datum der Verbesserung/Änderung einer Dokumentationseinheit
do	*Dokumenttyp*	Dokumenttypen kennzeichnen eine Menge von Dokumenten, die durch Kriterien der formalen Beschreibung sowie durch den Anlaß und/oder Zweck ihres Entstehens von anderen unterschieden werden und die auf gleichartigen Datenträgern fixiert sind
pn	*Personenname in Ansetzungsform*	Name der für das Zustandekommen der dokumentarischen Bezugseinheit verantwortlichen Person
kn	*Körperschaftsname in Ansetzungsform*	Name der für das Zustandekommen der dokumentarischen Bezugseinheit verantwortlichen Körperschaft
js	*Juristischer Sitz der Körperschaft*	Angabe des Ortes, wo die Körperschaft ihren offiziellen Sitz hat
ht	*Hauptsachtitel in Vorlageform*	Hauptsachtitel ist die erste oder hervorgehobene Benennung einer dokumentarischen Bezugseinheit
pt	*Parallelsachtitel in Vorlageform*	Parallelsachtitel sind Fassungen des Hauptsachtitels in einer anderen Sprache und/oder Schrift
ab	*Ausgabebezeichnung in Vorlageform*	Ausgabenvermerk, in dem sachliche Aussagen über Abweichungen/Veränderungen eines wiederholten Publikationsvorgangs enthalten sind und/oder in dem Angaben über die Anzahl der Publikationsvorgänge eines Dokuments gemacht werden

(Fortsetzung)

Feld-kennung	Kategorie	Bedeutung
vo	*Verlagsort*	Sitz des Verlags
ve	*Verlag*	Angabe der juristischen Person, die für die Veröffentlichung und Verbreitung eines Dokuments verantwortlich ist
er	*Erscheinungsdatum*	Zeitangabe, die den Zeitpunkt bzw. den zeitlichen Rahmen der Veröffentlichung eines Dokuments benennt
um	*Umfangsangabe*	Angaben zur Blatt-, Spalten- bzw. Seitenzählung
zt	*Zeitschriftentitel in Kurzform*	Ein Zeitschriftentitel ist der Titel einer Veröffentlichung von unbegrenzter Periodizität, deren einzelne Teile bibliographisch unselbständig sind und keinen eigenen Stücktitel aufweisen
jg	*Jahrgangszählung in Ansetzungsform*	Eine Jahrgangszählung ist die laufende Nummer oder Jahreszahl, die mehreren Teilen einer fortlaufenden Publikation innerhalb eines Zeitraums gemeinsam ist
hz	*Heftzählung in Ansetzungsform*	Eine Heftzählung ist eine Angabe über die laufende Nummer einer Zeitschrift oder einer Zeitung meist innerhalb eines Jahrgangs
bg	*Beigabenvermerk*	Ein Beigabenvermerk ist ein Kollationsvermerk, der eine (meist numerische) Angabe über in einer dokumentarischen Bezugseinheit enthaltene Darstellungsformen, die nicht fortlaufender Text sind, enthält
tn	*Technische Normnummer*	Eine technische Normnummer ist ein an ein System gebundenes Identifizierungskennzeichen für technische Normen
gs	*Schlüsselwörter; gebundene Schlagwörter*	Schlüsselwörter sind Elemente von Dokumentationssprachen auf der Basis natürlich-sprachlicher Benennungen, deren Art durch das spezifische Dokumentationssystem bestimmt wird. Ein gebundenes Schlagwort ist ein Schlüsselwort, das einer verbindlichen Liste von Benennungen entstammt
kr	*Kurzreferat*	Ein Kurzreferat ist die nicht wertende Angabe des für Informations- und Dokumentationszwecke wesentlichen Inhalts einer dokumentarischen Bezugseinheit, die das Ziel hat, dem Benutzer die Beurteilung der Relevanz des Dokuments zu erleichtern

B 2.10.2 Datenerfassungsschemata für Normen und Zeitschriftenaufsätze

Die für die formale und inhaltliche Beschreibung von Normen einerseits und Zeitschriftenaufsätzen andererseits erforderlichen Kategorien werden auf der Grundlage des systeminternen Kategorienkatalogs (s. Abschnitt B 2.10.1) zu zwei verschiedenen Datenerfassungsschemata zusammengestellt. Programme zur Plausibilitätsprüfung beziehen sich meistens auf die Kategorien eines Datenerfassungsschemas und deren inhaltlich-logische Zusammenhänge. Beispielsweise kann durch die Angabe des Dokumenttyps „Norm" oder „Aufsatz" automatisch geprüft werden, ob zunächst die zu prüfende Dokumentationseinheit tatsächlich nur die zum Dokumenttyp gehörenden Katgorien und dann außerdem, ob sie alle oblitgatorischen Kategorien enthält.
In der Beschreibung des Datenerfassungsschemas sind alle für die maschinelle Weiterverarbeitung notwendigen Eigenschaften einer Kategorie anzugeben (s.a. Abschnitt B 2.9). Die folgenden Beispiele sollen dies verdeutlichen.
Für die Anwendung eines Datenerfassungsschemas in der Praxis werden im allgemeinen vorgedruckte Formulare (sog. Auswertungsbogen) oder entsprechend gestaltete Bildschirmmasken vorgesehen, die alle Kategorien mit ihren Feldkennungen und zulässigen Feldlängen enthalten.

Datenerfassungsschema für Normen

Feld-kennung	**Kategorie**	**obligatorisch /fakultativ** (o/f)	**wiederholbar /Trenner** (w/T)	**Suchmerkmal Text** (S/T)
id	*Identifikationsnummer*	o		S
si	*Signatur*	f		S
ad	*Datum der Aufnahme*	o		S
vd	*Datum der Veränderung*	f		S
do	*Dokumenttyp*	o		S
kn	*Körperschaftsname in Ansetzungsform*	o		S
js	*Juristischer Sitz der Körperschaft*	o		S
ht	*Hauptsachtitel in Vorlageform*	o		T
pt	*Parallelsachtitel in Vorlageform*	f		T
ab	*Ausgabebezeichnung in Vorlageform*	f		T
vo	*Verlagsort*	o	w = 3 mal T = ;	T
ve	*Verlag*	o		T
er	*Erscheinungsdatum*	o		S
um	*Umfangsangabe*	o		T
bg	*Beigabenvermerk*	f	w = 10 mal T = ;	S
tn	*Technische Normnummer*	o		S
gs	*Schlüsselwörter; gebundene Schlagwörter*	o	w = 10 mal T = ;	S
kr	*Kurzreferat*	o		T

Datenerfassungsschema für Zeitschriftenaufsätze

Feld-kennung	Kategorie	obligatorisch /fakultativ (o/f)	wiederholbar /Trenner (w/T)	Suchmerkmal /Text (S/T)
id	*Identifikationsnummer*	o		S
si	*Signatur*	f		S
ad	*Datum der Aufnahme*	o		S
vd	*Datum der Veränderung*	f		S
do	*Dokumenttyp*	o		S
pn	*Personenname in Ansetzungsform*	f	w = 3 mal T = ;	S
kn	*Körperschaftsname in Ansetzungsform*	f	w = 3 mal T = ;	S
js	*Juristischer Sitz der Körperschaft*	f		S
ht	*Hauptsachtitel in Vorlageform*	o		T
pt	*Parallelsachtitel in Vorlageform*	f		T
er	*Erscheinungsdatum*	o		S
um	*Umfangsangabe*	o		T
zt	*Zeitschriftentitel in Kurzform*	o		S
jg	*Jahrgangszählung in Ansetzungsform*	f		S
hz	*Heftzählung in Ansetzungsform*	f	w = 2 mal T = -	S
bg	*Beigabenvermerk*	f	w = 10 mal T = ;	S
gs	*Schlüsselwörter; gebundene Schlagwörter*	o	w = 10 mal T = ;	S
kr	*Kurzreferat*	o		T

B 2.10.3 Regelwerk zum systeminternen Kategorienkatalog

Zusätzlich zur Beschreibung der Bedeutung und der Eigenschaften einer Kategorie müssen alle für die Gestaltung der Einträge zu beachtenden Regeln angegeben werden. In dem Regelwerk können auch genormte Einträge zu einigen Kategorien vorgesehen werden, die über ein Plausibilitätsprüfungsprogramm abgeprüft werden können.

Beispiel:

Kategorie „id“: Identifikationsnummer
Die Identifikationsnummer wird von System automatisch vergeben, sie ist 10 Stellen lang.
Kategorie „si“: Signatur
Die Signatur besteht aus 10 alphanumerischen Zeichen.
Kategorie „ad“: Datum der Aufnahme
Das Aufnahmedatum wird für Zwecke des Information-Retrieval formatiert erfaßt:
Jahr (zweistellig) Monat (zweistellig) Tag (einstellig)
Beispiel: 871201

Kategorie „vd": Datum der Veränderung
Das Datum wird für Zwecke des Information-Retrieval formatiert erfaßt:
Jahr (zweistellig) Monat (zweistellig) Tag (einstellig)
Beispiel: 871201

Kategorie „do": Dokumenttyp
Es sind folgende Codes für die Dokumenttypen vorgesehen:
N = Norm
A = Zeitschriftenaufsatz

Kategorie „pn": Personenname in Ansetzungsform
Die Ansetzung des Personennamens erfolgt gemäß DIN 1505 (Lit. 10.). Ein Personenname darf 80 Zeichen lang sein.

Kategorie „kn": Körperschaftsname in Ansetzungsform
Die Ansetzung des Körperschaftsnamens erfolgt gemäß RAK (Lit. 31.). Ein Körperschaftsname darf 200 Zeichen lang sein.

Kategorie „js": Juristischer Sitz der Körperschaft
Die Ortsbezeichnung wird in der vorliegenden Form erfaßt, sie kann bis zu 60 Zeichen lang sein.

Kategorie „ht": Hauptsachtitel in Vorlageform
Der Hauptsachtitel wird in der vorliegenden Form erfaßt. Er kann 400 Zeichen lang sein.

Kategorie „pt": Parallelsachtitel in Vorlageform
Parallelsachtitel werden in der vorliegenden Form erfaßt. Sie können 400 Zeichen lang sein.

Kategorie „ab": Ausgabebezeichnung in Vorlageform
Die Ausgabebezeichnung (z.B. „Entwurf") wird in der vorliegenden Form erfaßt. Sie kann 60 Zeichen lang sein.

Kategorie „vo": Verlagsort
Verlagsorte werden in der vorliegenden Form erfaßt, mehrere Orte werden durch „; Spatium" voneinander getrennt. Der Eintrag kann 80 Zeichen lang sein.

Kategorie „ve": Verlag
Der Verlag wird gem. DIN 1505 (Lit. 10.) erfaßt. Er kann 30 Zeichen lang sein.

Kategorie „er": Erscheinungsdatum
Das Erscheinungsdatum wird für Zwecke des Information-Retrieval formatiert erfaßt:
Jahr (vierstellig)-Monat (zweistellig) -Tag (zweistellig)
Beispiel: 1987-12-01

Kategorie „um": Umfangsangabe
Die Zählungseinheiten werden wie folgt abgekürzt:
Seiten = S.
Spalten = Sp.
Blätter = Bl.
Erstreckungen (von-bis) werden mit Bindestrich dargestellt.
Aufzählungen werden durch Kommata getrennt.
Der Eintrag kann 40 Zeichen lang sein.

Kategorie „zt": Zeitschriftentitel in Kurzform
Zur Kürzung des Zeitschriftentitel wird DIN 1502 Beiblatt 1 „Kürzungen der Titel von Zeitschriften und ähnlichen Veröffentlichungen; Abkürzungen von Wörtern aus Sprachen mit lateinischen und kyrillischen Schriftzeichen" vom Dezember 1975 verwendet.
Der Eintrag kann 100 Zeichen lang sein.

Kategorie „jg": Jahrgangszählung in Ansetzungsform
Die Jahrgangszählung wird in arabischen Ziffern angegeben. Einleitende Worte wie „Vol.", „Jg." o.ä. entfallen.
Der Eintrag kann 10 Zeichen lang sein.

Kategorie „hz": Heftzählung in Ansetzungsform
Die Heftzählung wird in arabischen Ziffern angegeben. Mehrere zusammengefaßte Hefte (von-bis) werden mit Bindestrich dargestellt. Einleitende Worte wie „H." entfallen. Beilagen oder Supplemente werden im Anschluß an die Heftnummer in Klammern angeführt.
Der Eintrag kann 10 Zeichen lang sein.

Kategorie „bg": Beigabenvermerk
Es werden Anzahl und Art der Beigaben erfaßt, folgende Abkürzungen sind dabei zulässig:
Abbildung = Abb.
Diagramm = Diagr.
Graphische Darstellung = Graph. Darst.
Illustration = Ill.
Karte = Karte(n)
Literaturangabe = Lit.
Register = Reg.
Der Eintrag kann 15 Zeichen lang sein. Mehrere Einträge werden durch „; Spatium" voneinander getrennt.

Kategorie „tn": Technische Normnummer
Der Normnummer wird immer die Abkürzung des Normeninstituts vorangestellt, z.B. DIN 1505, ISO 1423.
Der Eintrag kann 30 Zeichen lang sein.

Kategorie „gs": Schlüsselwörter; gebundene Schlagwörter
Es sind nur Schlagwörter aus der Schlagwortliste xyz zugelassen. Mehrere Schlagwörter werden durch „; Spatium" voneinander getrennt. Ein Schlagwort kann 120 Zeichen lang sein.

Kategorie „kr": Kurzreferat
Das Kurzreferat darf bis zu 700 Zeichen lang sein.

Der Wertebereich der Kategorien id, ad, vd, jg, hz ist numerisch, in den übrigen Kategorien alphanumerisch.

B 2.10.4 Beispiel für Einträge zu den Kategorien der Datenerfassungsschemata für Normen und Zeitschriftenaufsätze

Formale und inhaltliche Beschreibung einer Norm

id 8700038571
si DIN 31631 T2/85
ad 871201
do N
kn DIN Deutsches Institut für Normung / Normenausschuß Bibliotheks- und Dokumentationswesen (NABD)
js Berlin
ht Kategorienkatalog für Dokumente. Systematischer Teil
pt Data element catalogue for bibliographic data; systematic part
vo Berlin
ve Beuth

er 1985-05
um 116 S.
bg 1 Reg.; 35 Lit.
tn DIN 31631 Teil 2
gs Kategorienkatalog; formale Erfassung; Datenaustausch; Dokumenttyp
kr Systematische Zusammenstellung von Kategorien für die formale Erfassung und inhaltliche Erschließung von Dokumenttypen aller Art. Zu jeder Kategorie werden Erläuterungen, Definitionen, genormte Einträge und Feldkennungen für den Datenaustausch angegeben.

Formale und inhaltliche Beschreibung eines Zeitschriftenaufsatzes

id 87309100293
si NFD1987-05
ad 871201
do A
pn Heske, Dieter; Walla, Wolfgang
ht Landesinformationssystem Baden-Württemberg (LIS)
er 1987-10
um S. 299–303
zt Nachr. f. Dok.
jg 38
hz 5
bg 2 Abb.
gs Landesinformationssystem; Planungsinformationssystem; Datenbank; Statistikdatenbank; Baden-Württemberg; Sprachbarriere; BTX
kr Informationsvermittlung aus unterschiedlichen Datenbanken wie die Parlamentsdokumentation des Landtags Baden-Württemberg, die Dokumentation der Veröffentlichungen des Statistischen Landesamtes und deren Struktur- und Regionaldatenbank. Konzept zur Integration der Datenbanken in einem Landesinformationssystem.

Literatur

01. Anglo-American cataloguing rules / prep. by the American Library Association, Ed. by Michael Gorman & Paul W. Winkler. – 2.ed – London: The Library Association, 1978. – XVII, 620 S.
02. An annotated bibliography of the international standard bibliographic description / Internat. Fed. of Library Assoc. and Institutions. Compiled by the IFLA Internat. Office for UBC. – London: Internat. Office for UBC, 1977. – (The IFLA International Office for UBC occasional papers 2)
03. CCF: The Common Communication Format / 2nd ed. by Peter Simmons and Alan Hopkinson. – Paris: General Information programme and UNISIST. UNESCO, 1988. – III, 196 S. (PGI-88/WS/2)
04. Dierickx, Harold: Reference manual for machine-readable bibliographic descriptions. – second rev. ed. – Paris: UNESCO, 1981. – V, 341 S.
05. Guide pratique du catalogueur: repertoire alphabetique pour le catalogage des monographies / par M. Pelletier avec la collab. de. . . . – Paris, 1977. – 396 S.
06. Haller, Klaus: Titelaufnahme nach RAK / in Zus.arb. mit Mechthild Bonse, Ursula Gailer, Rupert Hacker, Hans Pobst und Rainer Schöller; Hrsg. v. d. Generaldirektion der Bayerischen Staatlichen Bibliotheken. – 3. durchges. Auflage. – München: Saur, 1979. – X, 251 S.

07. Katalogisierungsregeln / Vereinigung Schweizerischer Bibliothekare. – Dt. Fassung. – Bern, 1977 – 1979. -- Losebl.-Ausg.
08. MAB 1: Maschinelles Austauschformat für Bibliotheken, Version 1/ Zusammenstellung: Ernst Kohl; Deutsche Forschungsgemeinschaft, Bibliotheksausschuß, Unterausschuß für Datenverarbeitung. – Berlin: Deutsches Bibliotheksinstitut, 1980. – Losebl.-Ausg.
09. Names of Persons: National usages for entry in catalogues. – 3rd ed. – London: IFLA International Office for UBC, 1977. – X, 193 S.
10. Norm DIN 1505 Teil 1 Vornorm Mai 1984. Titelangaben von Dokumenten; Titelaufnahme von Schrifttum
11. Norm DIN 1505 Teil 1 Vornorm Mai 1984. Titelaufnahme von Schrifttum; Beispielsammlung zur DIN 1505 Teil 1
12. Norm DIN 1505 Beiblatt 1 Entwurf März 1978. Titelangaben von Schrifttum; Abkürzungen
13. Norm DIN 1505 Teil 2 Jan. 1984. Titelangaben von Dokumenten; Zitierregeln
14. Norm DIN 1505 Teil 3 Entwurf April 1988. Titelangaben von Dokumenten; Verzeichnisse zitierter Dokumente (Literaturverzeichnisse)
15. Norm DIN 1505 Teil 4 in Vorbereitung. Titelangaben von Dokumenten. Titelaufnahme von av-Materialien
16. Norm DIN 1506 März 1978. Format für den Austausch von bibliographischen Daten.
17. Norm DIN 31 631 Teil 1 Jan. 1984. Kategorienkatalog für Dokumente. Begriffe und Gestaltung
18. Norm DIN 31 631 Teil 2 Mai 1985. Kategorienkatalog für Dokumente. Systematischer Teil
19. Norm DIN 31 631 Teil 2 Beiblatt 1 Mai 1985. Kategorienkatalog für Dokumente. Alphabetisches Register zum systematischen Teil
20. Norm DIN 31 631 Teil 3 in Vorbereitung. Kategorienkatalog für Dokumente. Indikator zur Verarbeitungssteuerung von Kategorien
21. Norm DIN 31 631 Teil 4 Mai 1987. Kategorienkatalog für Dokumente. Codes für Einträge zu Datenkategorien
22. Norm DIN 31 631 Teil 5 Sept. 1988. Kategorienkatalog für Dokumente. Behandlung von Datenkategorien mit einem Eintrag oder mehreren Einträgen in Datenformaten
23. Norm DIN 31 631 Teil 6 Sept. 1988. Kategorienkatalog für Dokumente. Beschreibung von Institutionen. Systematischer Teil
24. Norm DIN 31 631 Teil 7 Okt. 1989. Kategorienkatalog für Dokumente. Beschreibung von Projekten. Systematischer Teil
25. Norm ISO 2146 Second edition 1988-07-01. Documentation – Directories of libraries, archives, information and documentation centres and their data bases
26. Norm ISO 2709 Second edition 1981-10-01. Documentation – Format for bibliographic information interchange on magnetic tape
27. Norm ISO 8459/1 1988-07-01. Documentation – Bibliographic data elements in manual and machine systems. Bibliographic data element directory – part 1: Interloan applications
28. Norm ISO/DIS 8459/2 1987. Documentation – Bibliographic data elements in manual and machine systems. Bibliographic data element directory – part 2: Acquisitions applications
29. Norm ISO 8459/3 in Vorbereitung. Documentation – bibliographic data elements in manual and machine systems. Bibliographic data element directory – part 3: Information retrieval
30. RAK-Anwendung in der Deutschen Bibliothek/ Hrsg.: Dt. Bibliothek. – 2. Aufl. – München: Saur, 1980. – Losebl.-Ausg.

31. Regeln für die alphabetische Katalogisierung: RAK/ red. Bearb.: Irmgard Bouvier. – Autoris. Ausg. – Wiesbaden: Reichert, 1980 – XL, 418 S.
   Bd. 1. Regeln für wissenschaftliche Bibliotheken: RAK-WB. – 1983. – XXXI, 374 S.
   Bd. 2. Regeln für öffentliche Bibliotheken: RAK-ÖB. – 1986. – XXXII, 433 S.
   Bd. 4. Sonderregeln für kartographische Materialien: RAK-Karten. – 1987. – XII, 66 S.
   Bd. 5. Regeln für die Ansetzung von Körperschaftsnamen: RAK-Körperschaften. – 1988. – XIII, 169 S.
32. Regeln für die alphabetische Katalogisierung. Sonderregeln für audiovisuelle Materialien, Mikromaterialien und Spiele. – Vorabdruck. – Berlin: Dt. Bibliotheksinstitut, 1985. – 55 S.
33. Regeln für die alphabetische Katalogisierung. Sonderregeln für Musikalien und Musiktonträger: RAK-Musik. – Vorabdruck. – Berlin: Dt. Bibliotheksinstitut, 1983. – 98 S.
34. Regeln für die alphabetische Katalogisierung. Sonderregeln für unselbständig erschienene Werke: RAK-UW/ Einf., red. Bearb. u. Anl.: Hans Popst. – Entwurf. – Berlin: Dt. Bibliotheksinstitut, 1986. – XII, 50 S.
35. Regeln für die alphabetische Katalogisierung in Parlaments- und Behördenbibliotheken: RAK-PB; RAK-Anwendungsregeln unter Berücksichtigung d. RSWK/Hrsg.: Bibliothek d. Dt. Bundestages. – 1. Ausg., Stand: 23. 5. 1985. – Bonn, 1985. – XXIIX, 225 S. (Arbeitshefte/Arbeitsgemeinschaft der Parlaments- und Behördenbibliotheken; 35)
36. UNIMARC: Universal MARC format. – 2nd ed. rev. – London: IFLA International Office for UBC, 1980. – XI, 131 S.
37. UNISIST Reference manual: Draft extension for standards. – London: UNIBID, 1979. (UNIBID/ST/79/01)
38. UNISIST Reference manual for machine-readable bibliographic descriptions: Fields for information relating to translations. – London: UNIBID, 1979. (UNIBID/AC/79/09: Annex 2).

B 3 Abstracts – Abstracting – Intellektuelle und maschinelle Verfahren

Rainer Kuhlen

B 3.1 Grundbegriffe

B 3.1.1 Abstracts

Was ein **Abstract** (im folgenden *synonym mit Referat* gebraucht) ist, legt das *American National Standards* Institute in einer Weise fest, die sicherlich von den meisten Fachleuten akzeptiert werden kann: „An abstract is defined as an abbreviated, accurate representation of the contents of a document" (Lit. 03., S. 19); fast genauso die deutsche Norm DIN 1426 (Lit. 25.): „Das Kurzreferat gibt kurz und klar den Inhalt des Dokuments wieder". Abstracts gehören zum wissenschaftlichen Alltag. Weitgehend allen Publikationen, zumindest in den naturwissenschaftlichen, technischen, informationsbezogenen oder medizinischen Bereichen, gehen Abstracts voran, „preferably prepared by its author(s) for publication with it" (Lit. 03., S. 19). Es gibt wohl keinen Wissenschaftler, der nicht irgendwann einmal ein Abstract geschrieben hätte. Gehört das Erstellen von Abstracts dann überhaupt zur dokumentarischen bzw. informationswissenschaftlichen Methodenlehre, wenn es jeder kann? Was macht den informationellen Mehrwert aus, der durch Expertenreferate gegenüber Laienreferaten erzeugt wird? Dies ist nicht zu leicht zu beantworten, zumal geeignete Bewertungsverfahren fehlen, die Qualität von Abstracts vergleichend „objektiv" zu messen. Abstracts werden in erheblichem Umfang von Informationsspezialisten erstellt, oft unter der Annahme, daß Autoren selber dafür weniger geeignet sind. Vergegenwärtigen wir uns, was wir über Abstracts und Abstracting wissen.

Ein besonders gelungenes Abstract ist zuweilen klarer als der Ursprungstext selber, darf aber nicht mehr Information als dieser enthalten: „Good abstracts are highly structured, concise, and coherent, and are the result of a thorough analysis of the content of the abstracted materials. Abstract my be more readable than the basis documents, but because of size constraints they rarely equal and never surpass the information content of the basic document" (Lit. 19., S. 3). Dies ist verständlich, denn ein „Abstract" ist zunächst nichts anderes als ein Ergebnis des Vorgangs einer Abstraktion. Ohne uns zu sehr in die philosophischen Hintergründe der Abstraktion zu verlieren, besteht diese doch „in der Vernachlässigung von bestimmten Vorstellungs- bzw. Begriffsinhalten, von welchen zugunsten anderer Teilinhalte abgesehen, „abstrahiert" wird. Sie ist stets verbunden mit einer Fixierung von (interessierenden) Merkmalen durch die aktive Aufmerksamkeit, die unter einem bestimmten pragmatischen Gesichtspunkt als „wesentlich" für einen vorgestellten bzw. für einen unter einen Begriff fallenden Gegenstand (oder eine Mehrheit von Gegenständen) betrachtet werden" (Lit. 02.). Abstracts reduzieren weniger Begriffsinhalte, sondern Texte bezüglich ihres proportionalen Gehaltes. Borko/Bernier haben dies sogar quantifiziert; sie schätzen den Reduktionsfaktor auf 1:10 bis 1:12 (Lit. 12., S. 5). Wir wollen für das Folgende aus dieser Eingangsdiskussion zweierlei festhalten:

a) Die Reduktion (die Abstraktion) kann nicht objektiv sein; wäre sie es, dann müßte es im Durchschnitt einen etwa zehnprozentigen Bedeutungskern in Texten (nehmen wir diese einmal als primäre Referenz von Abstracts) geben, der in 90 % Redundanz eingebettet wäre. Das aber ist nicht sehr plausibel. Wenn man Abstracts schreibt, selektiert man. Der Philosoph oben erwähnte den „pragmatischen Gesichtspunkt", der die Abstraktion bzw. die Selektion steuert. Dokumentare würden vom Benutzerinteresse sprechen. Diese Forderung nach einem pragmatischen Primat (vgl. Lit. 61.) bei der Erstellung von Abstracts ist allerdings bislang kaum einlösbar. Abstracts sind in der Regel vorfabrizierte, d.h. auf ein Fachgebiet und auf einen weitgehend anonymen Benutzer hin erstellte Abstraktionen. Ein Gegenbeispiel findet sich bei Borko/Bernier (Lit. 12., S. 18 ff.), in dem einem Text drei verschiedene „special-purpose" Abstracts, aus medizinischer, biologischer und chemischer Sicht, zugeteilt wurden; aber dies ist eher eine Ausnahme und löst auch nicht das Anonymitätsproblem (vgl. allerdings den Typ des „slanted abstracts", s. Abschnitt B 3. 2.2). Erst die heutigen Diskussionen um das „dynamische Buch" (vgl. Lit. 101.), Hypertexte (vgl. Lit. 17.), multimediale Datenbanken (vgl. Lit. 13.), Wissensbanken (Lit. 65.; Lit. 67.) oder um pragmatisch gesteuerte Verfahren der automatischen Abstract-Generierung (Lit. 89.; Lit. 64.) lassen eine aktivere Mitwirkung von Benutzern als möglich erscheinen. Trotz der bisherigen Beschränkungen wollen wir daher einen pragmatischen Primat an die Erstellung von Abstracts, zumindest als Programm, formulieren.

b) Durch die unter a) angedeuteten, heute möglichen „Abstraktionsleistungen" wird ersichtlich, daß das einmalige, in der Regel vertextete Abstract keine quasi naturgegebene Form der informationellen Abstraktion sein muß. DIN 1426 bleibt bei den Texten und unterscheidet zwischen Inhaltsverzeichnis, Auszug, Zusammenfassung, Annotation, Kurzreferat (Abstract), Sammelreferat, Rezension bzw. Sammelrezension und Literaturbericht, während Borko/Bernier ihrer Phantasie freieren Spielraum lassen. Sie schlagen als „document surrogates" vor: „abridgement, annotation, aphorism, axiom, brief, code, command, compendium, conclusion, databook, epitome, excerpt, extract, maxim, precept, précis, resumé, review, selection, summary, summation, synopsis, and terse conclusion" (Lit. 12., S. 5). Für diese Variabilität ist möglicherweise der neutralere, auch für multimediale Formen offene Begriff des Kondensierens bzw. des Kondensats geeignet, und wir wollen am Schluß dieses Beitrags ein Konzept des kaskadierten Kondensierens vorstellen (vgl. Lit. 59.; Lit. 64.), mit dem im automatischen Prozeß der Anspruch des pragmatischen Primats, konkreter die Flexibilisierung und Individualisierung von Information, annäherungsweise eingelöst werden kann. Neue Formen von Abstracts bzw. Kondensaten sollten sich flexibel an variable Benutzerbedürfnisse anpassen können.

Bleiben wir aber zunächst noch bei den klassischen Abstracts. Was sind ihre wesentlichen Vorteile? Ihre Beliebtheit erklärt sich wohl dadurch, daß sie in ihrer Indikations- bzw. Referenzleistung, nämlich auf einschlägige Originaltexte hinzuführen und dabei die nicht-einschlägigen zu diskriminieren, anderen Referenzformen, z.B. Titeln von Dokumenten, eindeutig überlegen sind (vgl. Lit. 84.). *Abb. 1* beschreibt diese Leistungen als referentielle Textakte. Abstracts, wie auch die anderen Formen, haben per se in gewissem Umfang pragmatische Eigenschaften, sie fordern zum Handeln auf, entweder die Originaltexte zu ignorieren oder sie genauer zur Kenntnis zu nehmen („Abstracts assist readers in deciding whether they should consult the full text of the material that is abstracted"; Lit. 19., S. 4). Die Funktion von Abstracts erlischt, wenn Leser anfangen, sich mit dem Originaltext auseinanderzusetzen.

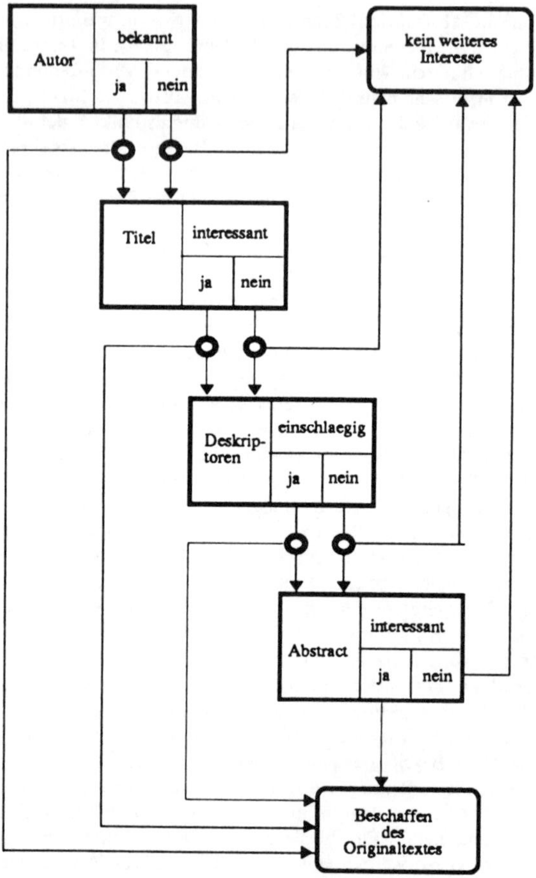

Abb. 1: Referentielle Textakte

Wir halten die Referenzfunktion für die wesentliche Eigenschaft von Abstracts. Zu einer Zeit, in der die Primärproduktion von Texten immer noch stark ansteigt und zunehmend mehr Volltexte in maschinellen Speichern aufbewahrt werden, in denen man nicht so leicht „browsen" kann, sind dokumentarische Verfahren, die den Zugang zur Primärinformation offenhalten, sehr wichtig. Borko/Bernier (Lit. 12., S. 6 ff) führen insgesamt die folgenden Vorteile an:

a) Abstracts ersparen Lesezeit. Borko/Bernier erwähnen erneut den durchschnittlichen Faktor von 1:10 Einsparung.

b) Abstracts erlauben ein besseres Assimilieren und Integrieren des Gelesenen in die eigenen Wissensbestände, weil die Originaltexte zu umfänglich sind: ,,for putting words to work, condensations may be better vehicles than originals" (Lit. 12., S. 7).

c) Abstracts gestatten besser als andere Formen, z.B. Titel, die Selektion von relevanten Originaltexten (dies ist identisch mit der oben angeführten Referenzfunktion).

d) Abstracts sind ein nützliches Hilfsmittel, Sprachbarrieren zu senken. Da viele der internationalen Referateorgane bzw. Datenbasen in englischer Sprache produziert werden, reichen einfache Englischkenntnisse aus, um zumindest (im Sinne der Referenzfunktion) die relevanten von den irrelevanten Originaltexten zu trennen und gegebenenfalls die ersteren übersetzen zu lassen. Abstracts (darin vergleichbar Titeln) mit ihren in der Regel reduzierten syntaktischen Formen und beschränkten terminologischen Variationen sind auch schon bei dem heutigen Stand der Technik auf akzeptablem Niveau automatisch übersetzbar (vgl. die Beispiele in der zweiten Auflage (1980) dieses Handbuchs, Kap. M 14.5 Maschinelle Übersetzung, S. 536-539).

e) Abstracts verbessern die *Indexing*-Qualität, sicherlich aber die Geschwindigkeit des Indexierens (Lit. 12.; Faktor 2:4), falls – was in der Dokumentationspraxis häufig der Fall ist – nicht mehr auf den Originaltext zurückgegriffen wird. In der Informationswissenschaft wird daher verschiedentlich das Erstellen von Abstracts als fundamentaler angesehen; in den meisten Gesamtdarstellungen wird zuerst das Abstracting beschrieben (z.B. Lit. 86. 2. Aufl.). Auch automatische Verfahren des Indexing stützen sich häufig eher auf die Abstracts als auf die Volltexte ab (vgl. Lit. 69.). Dies ist zwar zunächst historisch bedingt (geringe Verfügbarkeit von maschinenverarbeitbaren Volltexten bis in die siebziger Jahre), ist aber auch systematisch, z.B. aus Konsistenz-/Kohärenz-Gründen erklärbar, bzw. negativ aus dem Fehlen geeigneter Volltextverfahren (vgl. Lit. 58.; Lit. 52.).

f) Abstracts erleichtern die Erstellung von Übersichtsartikeln (*reviews, state-of-the-art-reports*) und Bibliographien.

B 3.1.2 Abstracting

Abstracting (im folgenden synonym mit *Referieren* benutzt) ist ohne Zweifel im Bewußtsein derjenigen, die sich professionell und praktisch damit beschäftigen, eher eine Kunst als ein regelgeleiteter Routineprozeß. Nicht umsonst nennt Edward T. Cremmins, mit der Erfahrung einiger tausend produzierter Abstracts im Hintergrund, sein ISI-Buch *The art of abstracting*: ,,The art of abstracting demands the application of extensive reading, thinking, writing, and editing skills" (Lit. 19., S. 3). Vermutlich ist die Zubilligung von ,,Kunst" etwas übertrieben (im englischen ist 'art' ja auch eher die Kunst des Handwerklichen), wenn man sich die Millionen in der Regel unter Zeitdruck produzierten Abstracts in den großen Referateorganen bzw. entsprechenden *Online*-Versionen anschaut: *Chemical Abstracts* mit zur Zeit ca. 11 Mio Dokumentationseinheiten (DE) und mit einem Zuwachs von ca. 450.000 DE/Jahr; *Biological Abstracts* mit ca. 7,5 Mio DE bzw. 250.000/Jahr Zuwachs. Auf jeden Fall – so die einhellige Meinung – setzt der Vorgang des Abstracting in hohem Maße Kompetenz im Fachgebiet der zu referierenden Texte voraus. Abstracts ,,can only be made by persons fully aware of . . . research problems, and, if possible, should be made by scientists and engineers" (Lit. 50., S. 18).
Der Ausdruck ,Kunst' wird wohl auch deshalb gerne gebraucht, um die Skepsis bezüglich einer Automatisierbarkeit des Vorgangs des Referierens auszudrücken. Die-

se Skepsis spiegelt sich in der Stellungnahme eines Dokumentars wider, der anläßlich einer Erhebung von Abstract-Regeln seine Meinung zum automatischen Abstracting darlegte (vgl. Lit. 62., S. 134): Zur Analyse von ,,technisch/wissenschaftlichen Texten gehört Sachverstand, Berufserfahrung und Kenntnis vom Benutzerbedarf . . . Der mechanische . . . Prozeß kann die Texte immer nur in einer Ebene auswerten, die dem Wert wissenschaftlicher Arbeit oder Industrieerfahrung nicht gerecht wird. Hier ist der Einsatz des Rechners nach unserer Auffassung einmal tatsächlich so gefährlich, wie er in polemischen Darstellungen so oft beschrieben wird''. Der mechanische Prozeß wird der Kunst gegenüber gestellt. Wir wollen uns im dritten Teil dieser Darstellung mit vergangenen, aber vor allem mit gegenwärtigen Verfahren des automatischen Abstracting beschäftigen. Nicht zuletzt die Forschungsansätze der Künstlichen Intelligenz (KI) scheinen den Schluß zu erlauben, daß der mechanische Prozeß vielleicht nicht mehr so mechanisch sein muß, sondern auf Verfahren beruhen kann, die der oben angeführten intuitiven Beschreibung des Dokumentars gar nicht so fernstehen: Dem Sachverstand wird durch leistungsstarke Wissensbasen mit Fakten und Regeln Rechnung getragen; Kenntnisse vom Benutzerbedarf können in entsprechende Benutzermodelle oder durch Auswertung von Anfrageinformationen eingebracht werden. Berufserfahrung kann ein Rechner natürlich nicht erwerben, aber man kann ihm Lernstrategien, z.B. Verfahren der Analogiebildung und des induktiven und deduktiven Schließens, beibringen, mit der er so etwas wie ,,Erfahrung'' gewinnen kann (vgl. Lit. 65.).
Wie dem auch sei, ob Kunst oder Mechanik, Abstracting, sei es intellektuell oder automatisch, wird nur dann Gegenstand dokumentarischer oder informationswissenschaftlicher Ausbildung sein können, wenn Aussagen darüber gemacht werden können, wie Abstracts von Dokumentaren oder Rechnern angefertigt werden können (vgl. Abschnitt B 3.2.3). Daß über dieses z.B. in Regeln bzw. Handlungsanweisungen formulierte Wissen hinaus noch etwas als menschliche Leistung hinzukommen kann, was man dann eben als Kunst oder Begabung bezeichnet, sei unbestritten. Besonders Cremmins stellt darauf ab, daß Abstracting nicht bloß eine Kopier- und *Extracting*-Funktion ist, sondern in hohem Maße eine produktive intellektuelle Funktion ist: ,,Abstractors must have a good grasp of and be able to apply the principles of analytical reading, logical thinking, informative writing, and concise editing'' (Lit. 19., S. 13). Die Abhängigkeit von der individuellen intellektuellen Leistung bringt natürlich auch Probleme mit sich. Schon in frühen Studien (z.B. Lit. 81.; Lit. 77.) hat man eine geringe Konsistenz zwischen verschiedenen Abstractern bei der Selektion von Sätzen aus Texten für Abstracts festgestellt, allerdings eine gewisse Präferenz für sogenannte *topic*-Sätze (vgl. Abschnitt B 3.3.3). Ähnliche Ergebnisse liegen aus dem *Indexing*-Bereich vor, so daß die etwas makabre These naheliegt, daß automatische Verfahren (des Abstracting oder Indexing) möglicherweise schlechtere Leistungen als entsprechende intellektuelle erbringen, dafür aber verläßlicher, da konsistenter, sind.
Zu der Frage der Kunst des Abstracting gehört sicherlich auch die Qualifikation des Abstracters. Die Qualität des Abstracts hängt von der Vertrautheit des Referierers mit der Sprache des Originaldokuments, aber entscheidender wohl von seinem Wissen über den Gegenstandsbereich ab. Untersuchungen haben nach Mathis/Rush (Lit. 77.) ergeben, daß Experten dazu neigen, zu wenig Information aus Texten

herauszuholen, Laien dagegen nur unzureichend zwischen wichtigen und bekannten Daten unterscheiden können. Am besten scheint eine mittlere Qualifikation zwischen den Extremen ,,of expertise and passing knowledge" (Lit. 77., S. 111) zu sein. Vielleicht ist es leichter, Experten das Referieren als Referierern Expertenwissen beizubringen. Entsprechend auch die Einstellungspraxis von Dokumentationszentren und Abstract-Diensten – ob berechtigt oder nicht –, zuerst auf die Fachqualifikation und dann erst auf die informationsmethodische und literarische Qualifikation zu achten.

B 3.2 Entwicklung und Stand des Abstracting

B 3.2.1 Historische Entwicklung

Historisch gesehen ist das Entstehen von Kondensierungsverfahren, zu denen prominent das Referieren zählt, Ausdruck der Notwendigkeit, die seit der Ausdifferenzierung der Bürgerlichen Gesellschaft in allen Fachgebieten ständig ansteigende Produktion von Texten überschaubar zu halten (vgl. Lit. 63.; auch für das Folgende). Den Überblick müssen sowohl diejenigen behalten, die an der Produktion neuen Wissens arbeiten (Wissenschaftler) und dabei nicht mehr die Zeit haben, alles zu lesen, sondern nur noch das Relevante, als auch diejenigen, die Wissen anwenden und dabei nicht riskieren wollen, daß ihnen Wesentliches entgeht (z.B. Techniker, Journalisten, Politiker, Verwaltungsfachleute, Manager).
Nach allgemein anerkannter Meinung (vgl. Lit. 12.; Lit. 77.; Lit. 88.) leiten sich verstärkte Anstrengungen, wissenschaftliche Untersuchungen in einen organisierten Zustand zu bringen, aus dem 17. Jahrhundert ab. Als wesentlicher Einschnitt wird Bacons Vorschlag zur Gründung eines ,,college of research" angesehen. Der Gründung der ,,Royal Society of London" (1665) folgten viele weitere europäische Gesellschaften. Die ersten ,,Proceedings" (,,The Philosophical Transactions") als Überblicksleistungen erschienen schon im Gründungsjahr der ,,Royal society". Zu Beginn des 19. Jahrhunderts (1821) ist mit der Publikation der ,,Jahresberichte über die Fortschritte der physischen Wissenschaften" durch Berzelius eine neue Systematisierungsform gefunden. Auch schon im 18. Jahrhundert gab es ähnliche Anstrengungen, z.B. das ,,Berlinische Jahrbuch für die Pharmacie und die damit verbundenen Wissenschaften", das bis 1840 erschien. Dies waren allerdings Jahrbücher bzw. *State-of-the-Art*-Berichte.
Der erhöhte Bedarf nach kontinuierlicher Information in einem Fachgebiet findet seinen Niederschlag in den Abstracts des ,,Pharmaceutischen Centralblattes" (1830). Danach steigt die Zahl der Referateorgane kontinuierlich an. Bis in die Mitte des 20. Jahrhunderts sind Referateorgane die beliebteste und vorherrschende Form der Referenzinformation (Lit. 04.). Die Schätzungen über die Anzahl der regelmäßig produzierten Referateorgane schwanken so beträchtlich, daß genaue Angaben schwierig auszumachen sind. Gaus legt sich auf eine Zahl von 3 500 Referatezeitschriften zum Zeitpunkt 1983 fest (Lit. 39.); dazu kommen sicherlich noch eine Vielzahl an organisationsinternen Referateblättern. Vickery/Vickery Lit. 96., S. 305) führen allein für das Jahr 1979 für Großbritannien 339 Indexing- und Abstracting-Dienste mit insgesamt 157 Verlegern an.

B 3.2.2 Typen von Abstracts

DIN 1426 (Oktober 1988) (Lit. 25., S. 2) stellt Abstracts in den allgemeinen Kontext der Inhaltsangaben als ,,verkürzte Darstellung[en] des Inhalts [von] Dokument[en]" und unterscheidet, wie schon erwähnt, zwischen:

a) Inhaltsverzeichnis
b) Auszug
c) Zusammenfassung
d) Annotation
e) Kurzreferat (Abstract)
f) Sammelreferat
g) Rezension und Sammelrezension
h) Literaturbericht

In diesem Zusammenhang sind vor allem die Formen b, c, d, e einschlägig, so daß deren Beschreibungen nach DIN 1426 hier wiedergegeben werden sollen:

Auszug
Ein Auszug ist die verkürzte Wiedergabe eines Dokuments durch ausgewählte, repräsentative Teile. Hierbei können auch Teile ausgewählt werden, die im Originaldokument nicht direkt aufeinander folgen (Sätze, Abschnitte, bei Filmen: Schnittfolgen).

Zusammenfassung
Eine Zusammenfassung ist die Darstellung der wesentlichen Ergebnisse und Schlußfolgerungen eines Dokuments oder von Teilen eines Dokuments und steht meist am Ende des Textes, den sie im allgemeinen zu ihrem Verständnis voraussetzt. Dadurch unterscheidet sie sich vom ,,Kurzreferat"; die Benennungen ,,Zusammenfassung" und ,,Kurzreferat" sollten daher nicht synonym benutzt werden.

Annotation
Die Annotation ist eine möglichst kurze allgemeine Charakterisierung eines Dokuments. Sie ist bestimmt durch folgende Merkmale:
a) Sie ist möglichst redundanzfrei, d.h., sie enthält keine Angaben, die aus dem Titel eines Dokuments oder in Verbindung mit dem Titel erschlossen werden können.
b) Sie dient dem weiteren Verständnis des Titels eines Dokuments unabhängig von bestimmten Benutzerbedürfnissen und soll den Hauptgegenstand des Dokuments verdeutlichen.
c) Sie ist rein deskriptiv, braucht nicht aus vollständigen Sätzen zu bestehen und darf nur Angaben enthalten, die aus dem Dokument erschlossen werden können.

Kurzreferat (Abstract)
Das Kurzreferat gibt kurz und klar den Inhalt des Dokuments wieder. Das Kurzreferat soll informativ ohne Interpretation und Wertung (Ausnahme siehe kritisches Referat) und auch ohne die Originalvorlage verständlich sein. Der Sachtitel soll nicht wiederholt, vielmehr, wenn nötig, ergänzt oder erläutert werden. Es müssen nicht alle Inhaltskomponenten des Dokuments dargestellt, sondern es können diejenigen ausgewählt werden, die von besonderer Bedeutung sind.

Da das Abstract hier im Vordergrund steht, wollen wir seine Hauptformen und später seine Merkmale (Abschnitt 2.3) weiter diskutieren.
Bezüglich des Verfassers wird allgemein zwischen Autoren- und Fremdreferaten unterschieden. Cremmins (Lit. 19., S. 5) nennt die letzteren Access-Abstracts, die, in der Regel von Informationsspezialisten geschrieben, einen besseren Einstieg in

Publikationsdienste bzw. Online-Datenbanken ermöglichen. Autorenreferate sind nach Rowley Lit. 86., 2. Aufl.) zu den ,,homotopic abstracts" zu rechnen, welche dadurch charakterisiert sind, daß sie zur gleichen Zeit wie die Originaltexte publiziert werden. Daher sind ,,homotopic abstracts" meistens Autorenreferate. DIN 1426 legt besonderen Wert darauf, daß ein Autorenreferat deutlich als solches zu kennzeichnen sei. Die Mehrheit der Fachleute ist skeptisch bezüglich des Informationswertes von Autoren-Abstracts (vgl. auch Lit. 12., S. 13), auch wegen der rechtlich schwierigen Situation bei der Übernahme von Autorenreferaten in Referateorgane bzw. Online-Banken. Allerdings spricht der Zeitvorteil (,,homotopic") zugunsten der Autorenreferate.

Nach dem inhaltlichem Bezug wird unterschieden nach
- informativen Referaten
- indikativen Referaten
- informativ-indikativen Referaten als Zwischenform.

DIN 1426: ,,Das informative Kurzreferat gibt so viel Information wieder, wie Typ und Stil des Dokuments zulassen. Es gibt insbesondere Auskunft über das behandelte Gebiet, Zielsetzungen, Hypothesen, Methoden, Ergebnisse und Schlußfolgerungen der im Originaldokument enthaltenen Überlegungen und Darstellungen, einschließlich der Fakten und Daten.
Das indikative Referat gibt lediglich an, wovon ein Dokument handelt. Es weist den Leser auf die im Dokument behandelten Sachverhalte hin und deutet die Art der Behandlung an, aber gibt nicht konkrete Resultate der im Dokument enthaltenen Überlegungen oder dargestellten Untersuchungen wieder.
Das informativ-indikative Referat ist eine Mischform, die den Benutzer über ausgewählte Sachverhalte informiert und andere Sachverhalte nur erwähnt.
Im Normalfall soll informativ referiert werden. In begründeten Fällen, z.B. bei längeren Texten, wie Übersichtsdarstellungen, Literaturberichten und vollständigen Monographien, kann ein indikatives Referat verwendet werden. Für das informativ-indikative Referat soll man sich insbesondere dann entscheiden, wenn Beschränkungen bezüglich der Länge des Kurzreferats oder Typ und Stil des Dokuments ein informatives Referat nicht möglich machen. Dabei können Sachverhalte exemplarisch oder nach spezifischen Benutzerbedürfnissen oder wegen ihres Neuigkeitswertes herausgehoben werden".

Beispiele für diese drei Typen von Kurzreferaten sind in der Norm auf S. 6 angeführt. Wir wollen hier ein Borko/Bernier (Lit. 12.) entnommenes Beispiel für ein modulares Abstract anführen *(Abb. 2)*, da in ihm die wesentlichen Formen (auch der Typ des kritischen Referats) zusammengeführt worden sind.

Wir haben eingangs erwähnt, daß Abstracts in der Regel mit Blick auf einen anonymen Benutzerkreis hin produziert werden. Eine Ausnahme stellen die sogenannten ,,slanted abstracts" dar, die meistens für betriebsinterne Zwecke auf einen genau definierten Benutzerkreis hin erstellt werden. Dabei ist das Abstraktionskriterium das Benutzerprofil der Zielgruppe (vergleichbar damit der SDI-Dienstleistung). Solche Abstracts müssen also keine Zusammenfassungen von Texten sein, sondern filtern die Texte gezielt nach bestimmten Informationen. Ähnliche Ansätze sind auch in der Yale-Schule der KI beim automatischen Textverstehen und -zusammenfassen verwendet worden (vgl. Lit. 22.), bei denen Texte ,,überflogen" (,,skimming") werden und eine detailliertere Analyse von Textpassagen erst dann unternommen wird, wenn es Hinweise dafür gibt, daß sie für vorabdefinierte Interessen relevant sein

Ablation of fiberglass-reinforced phenolic resin. R. E. Rosensweig and N. Beecher. *American Institute of Aeronautics and Astronautics Journal* 1, 1802–9 (1963). –

Annotation:
A model is developed for charring and melting a composite material with glassy ablation combined with char-layer-molten-glass reactions.

Indicative:
Variables in ablation of a fiberglass-phenolic-resin composite include glass ablation and plastic pyrolysis, flow of melt, mass loss, reaction-heat absorption, mass injection, and coupling between pressure and chemical reaction. Mathematical development and approximations are discussed. Parametric examinations are made.

Informative:
Melting and pyrolysis and other chemical reactions are considered in this theory of ablation of phenolic-resin-fiberglass composite. In this theory, reaction occurs in a surface film in which carbon from pyrolysis of the resin reacts with the glass. For IRBM reentry, there is little temperature drop in the reaction zone, usually less than 1 % and 6 % maximum. Depth of the reaction zone was one-thousandth that of the thermal thickness. The unreacting runoff in the melt was 40–80 % and was a function of the possible reaction-enthalpy level. More than 99 % of the material reaching the reaction zone was affected. At 1400–2000°C the reaction assumed was: $SiO_2 + 3\ C = SiC + 2\ CO$. Up to a 25 % increase in the ablation rate appeared only at lower reaction rates. Changing reaction enthalpy three times changed the reaction rate less than 10 %. The value calculated according to this theory for peak reentry ablation rate was 38 % below the experimental value.

Critical:
This theory of ablation of carbon-contaminated glass extends the work of Bethe and Adams (Cr. Avco-Everett Research Laboratory, Research Report No. 38, Nov. 1985) on glasses. Experimental ablation was 38 % greater than that calculated by this theory. Thorough error analysis was not included. Spalding (Aero Quarterly 237–74 (Aug. 1961)) and Scala (General Electric Co. MSVD, report R59SD401 (July 1959); ARS Journal 917–24) have treated similar problems.

Abb. 2: Modulares Abstract (Quelle: Figure 1.4 aus Lit. 12., S. 17)

könnten. Rowley rückt diese ,,slanted abstracts" in die Nähe von ,,mission-oriented abstracts" (,,an abstract which is prepared for a mission-oriented abstracting service, or an abstracting service that has been charged to cater for the application of a specific branch of knowledge"; Lit. 86., 2. Aufl., S. 16) oder von ,,findings-oriented abstracts", bei denen nicht spezielle Gruppeninteressen als Filter dienen, sondern das Interesse an Forschungsergebnissen. Weitere Formen sind leicht vorstellbar. In eher populären Fachzeitschriften kommen auf Titelseiten oder bei Inhaltsverzeichnissen häufiger sogenannte ,,highlight abstracts" (vgl. Lit. 86., S. 17) zum Einsatz, die in Ergänzung zum Titel von Beiträgen oder zu systematischen Stichwörtern mit einigen ,,highlights" aus den Artikeln das Interesse der Leser erwecken sollen. Dabei wird auf eine Zusammenfassung des gesamten Originalbeitrags in der Regel aber kein Wert gelegt.
Zur Vervollständigung sei noch auf das Strukturreferat hingewiesen, das allerdings in der Praxis trotz seines hohen Informationswertes bislang sehr wenig zum Einsatz

kommt, da die Erstellung im intellektuellen Prozeß aufwendig ist. Das Strukturreferat, auch Positionsreferat, ist „einheitlich nach vorgegebenen Kategorien in einer meist vorgebenen Reihenfolge gegliedert. Beispiele solcher Kategorien sind: Zielsetzung, Gegenstand, Verfahren und Methode, Ergebnis, Anwendung, Zeitraum, geographischer Raum" (DIN 1426). Die einzelnen Kategorien können, falls das Originaldokument dies erlaubt, mit Texten, aber auch mit Deskriptoren oder anderen informationellen Einheiten gefüllt werden. Nützlich ist diese Form sowohl aus Sicht des Herstellers des Abstracts (vorgegebene Kontrollstruktur) als auch des Rezipienten (erleichtert die Orientierung). *Abb. 3* zeigt ein weitgehend formal gehaltenes Strukturreferat, wie es z.B. für die Beschreibung von *Proceedings*-Beiträgen verwendet werden könnte. Wie man am Eintrag 'Vortragender' erkennt, können die Strukturen auf weiteren Ebenen ausdifferenziert werden. Die lineare Darstellung stößt allerdings dann bald auf Grenzen.

VORTRAG	
Thema	Graphische und textuelle Erzeugung flexibler Kondensate aus Textwissensstrukturen. Die Systemleistung von TWRM-TOPOGRAPHIC als Prototyp eines neuartigen Informationssystems
Anlass	Deutscher Dokumentartag
Zeit	29.9.1988
Ort	Aachen
Vortragender	Name : Rainer Kuhlen
	Institution : Universitaet Konstanz, Fachgruppe Informationswissenschaft
	Adresse : D-7750 Konstanz, Postfach 5560
	Qualifikation : Hochschullehrer
Zielgruppe	Dokumentare, Informationswissenschaftler, KI-ler, Informatiker, Linguisten, Datenbasisproduzenten, Datenbankanbieter
Veroeffentlichung	vermutlich in den Proceedings des Dokumentartags
Honorar	nicht vorgesehen

Abb. 3: Strukturreferat für Beiträge zu einem Proceedings-Band

Die Form von Strukturreferaten erinnert an Strukturen, wie sie aus der Wissensrepräsentationstechnik bei *Frame*-Sprachen oder Skripts üblich sind (vgl. Kapitel B6). Eine prinzipielle Erweiterung des Strukturreferates ist dann möglich, wenn bei einer Organisation von Kondensierungsstrukturen als Hypertexte (vgl. Lit. 17.) die Einträge in Tiefe und Umfang variabel und multimedial gestaltet werden können. Aber damit löst sich prinzipiell die textuell-diskursive Struktur von Referaten/Kondensaten auf (wie auch schon in *Abb. 3* angedeutet). Dieser Fall ist in der Norm 1426 noch nicht vorgesehen (vgl. Abschnitt B 3.1).
Zum Abschluß der Typendiskussion sei noch daran erinnert, daß Textzusammenfassungen nicht naturgegeben textueller Art sein müssen (vgl. auch Abschnitt B 3.3). In der Geschichte des *Information Retrieval* ist verschiedentlich mit graphischen Darstellungs- und Ausgabeformen experimentiert worden (Lit. 44.; Lit. 63.). Vor allem angesichts der referentiellen oder indikativen Funktion des Retrieval (also auf die einschlägigen Texte zu verweisen) spricht einiges dafür, neben Texten auch Graphiken einzusetzen. Auch empirisch gestützte Ergebnisse (vgl. Lit. 55.) legen nahe, daß strukturierte graphische Darstellungen den Verständnisprozeß fördern können.
Wir weisen hier nur auf zwei Stationen in der Entwicklung hin, deren Möglichkeiten wegen des fortgeschrittenen Technologiestandes erst heute voll ausgeschöpft werden können. Schon in den frühen Arbeiten von Doyle (Lit. 27.; Lit. 27.) wurde versucht, Wissen in Assoziationsnetzen/-karten graphisch darzustellen, wobei die dermaßen kondensierte Darstellung gleich auf ganze Bibliotheken abzielen sollte. Die ,,Wissens''netze sollten entsprechend dem damaligen Stand der statistischen Linguistik nach Assoziationsmaßen auf der Basis von Kookkurrenzen berechnet werden, wobei die Intensität einer relationalen Beziehung durch Entfernung der Knoten bzw. durch gewichtete und unterschiedlich graphisch gestaltete Kanten dargestellt wurde. Dienten die Netze zunächst beim Retrieval der Orientierung über den Beständen, also der Unterstützung der Frageformulierung, wobei auch hierfür einfache Stilmittel, wie unterschiedliche Fonts für die Konzepte darstellenden Knoten, benutzt wurden, so sollten sie auch zu diagrammatischen Repräsentationen individueller Dokumente (Lit. 27., S. 385) oder in einer Endstufe zu kondensierten Darstellungen ganzer Bibliotheken führen. Mehr Linguistik wurde von Strong (Lit. 91.) im Kontext des ADAM-Projektes der Ohio State University (s. Abschnitt B 3.3) eingebracht, wobei sowohl eine vollständige Syntaxanalyse zum Einsatz kam als auch semantische Relationen auf der Basis der Fillmore'sche Kasusgrammatik, angereichert durch semantische Merkmale, verwendet und graphisch dargestellt wurden. Hierbei wurden als Stilmittel vor allem unterschiedliche Kantentypen verwendet. Allerdings beruhen die bei Strong (Lit. 91.) angeführten graphischen Surrogate der Texte (vgl. *Abb. 4*) zwar wohl auf algorithmischen Verfahren, sind aber graphisch nicht automatisch generiert (vgl. auch Lit. 93.).

Appendix: "Larry's Trip to Tragedy"

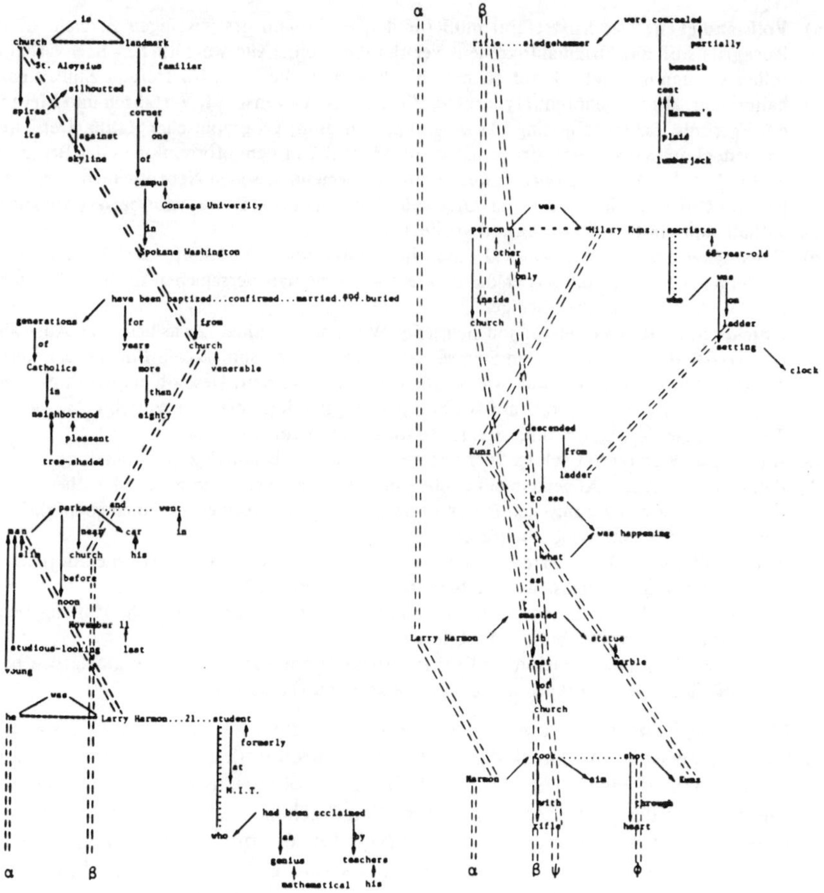

Abb. 4: Beispiel für ein graphisches Text-Kondensat (Quelle: Lit. 91., Anhang)

B 3.2.3 Merkmale von Abstracts und Regeln zu ihrer Erstellung

Die allgemeinen Merkmale von Referaten sind in der Fachliteratur weitgehend unbestritten, auch wenn Einigkeit darüber besteht, daß sie nur annäherungsweise zu realisieren sind (z.B. Konflikte zwischen Vollständigkeit und Kürze). Die Ausprägungen dieser allgemeinen Merkmale variieren natürlich je nach Abstract-Typ (vgl. Abschnitt B 3.2.2), so daß die Norm zur Vermeidung von Mißverständnissen vorschlägt, die Bezeichnung ,,Referat" nur in Komposita und Zusammensetzungen zu benutzen (z.B. indikatives Referat). Wir folgen auch hier der Formulierung der Norm:

a) **Vollständigkeit.** Das Kurzreferat muß für den Fachmann des jeweiligen Bereichs ohne Rückgriff auf das Originaldokument verständlich sein. Alle wesentlichen Sachverhalte sollen – auch im Hinblick auf die maschinelle Recherche – im Kurzreferat explizit enthalten sein. Hierzu gehören: Hypothese, Zielsetzung, Gegenstand, Verfahren und Methode, Ergebnis, Schlußfolgerung, Anwendung, Zeitraum, geographischer Raum. Der Titel soll jedoch im Kurzreferat nicht wiederholt werden. Um Fehlinformationen der Benutzer und Ballast bei der maschinellen Recherche zu vermeiden, sollen Nebenthemen nur dann berücksichtigt werden, wenn das Originaldokument ausreichend informative Aussagen enthält und ein besonderer Grund vorliegt.
b) **Genauigkeit.** Das Kurzreferat soll genau die Inhalte und die Meinung der Originalarbeit wiedergeben, d.h. es soll weder die Akzente des Originals verschieben noch im Original nicht enthaltene Angaben bringen.
c) **Objektivität.** Das Kurzreferat soll sich jeder Wertung enthalten. Zwar bedeuten Auswahl und Darstellung der referierten Sachverhalte immer einen subjektiven Einfluß des Referenten, doch soll dieser soweit wie möglich reduziert werden. Deshalb empfiehlt es sich, den Aufbau des Kurzreferats am Aufbau des Originaldokuments auszurichten sowie die Terminologie des Autors und direkte Zitate zu übernehmen.
d) **Kürze.** Das Kurzreferat soll so kurz wie möglich sein. Überflüssige Redewendungen sind daher zu vermeiden. Allgemein bekannte Abkürzungen sowie – in einigen Fachbereichen – der Einsatz von graphischen Hilfsmitteln (z.B. Strukturformeln) können ebenfalls zur Kürzung der Inhaltsangabe beitragen.
e) **Verständlichkeit.** Das Kurzreferat soll verständlich sein. Dies ist zu erreichen durch:
   - Verwendung möglichst weit verbreiteter Fachausdrücke
   - Verwendung national oder international eingeführter Nomenklaturen, Maßangaben, Formelzeichen, Symbole und Abkürzungen
   - Vermeidung ungebräuchlicher Fachausdrücke (Vom Verfasser der Originalarbeit neu eingeführte Ausdrücke sollen erwähnt und erläutert werden).

DIN 1426 regt ausdrücklich an, im konkreten Fall eigene Regelwerke zu erstellen, die je nach Verwendungszweck die Merkmalsbeschreibungen eindeutig machen sollen. DIN 1426 ist also nicht als unmittelbare Handlungsanweisung zu verstehen, sondern bedarf der jeweiligen Anpassung. Entsprechend viele Regelwerke mit zum Teil detaillierten Anweisungen liegen vor (vgl. Lit. 62. mit einem Verzeichnis von Regelwerken, die in der Dokumentationspraxis zum Einsatz kommen). In der angelsächsischen Welt wird ISO 214 (Lit. 51.) häufiger direkt als Regelwerk verwendet. Nach Rowley Lit. 86., 2. Aufl., S. 30 f. sollten Verfasser von eigenen neuen Regelwerken auf die folgenden Merkpunkte achten:

(a) instructions on the way in which abstracts are to be presented, e.g. typing, paper, layout, spacing
(b) style and length of abstracts
(c) language of the abstract and the treatment of foreign-language materials
(d) abstracting procedures (how to go about the preparation of abstracts)
(e) special approaches to abstracting for various types of material
(f) form of bibliographic reference or citation
(g) lists of standard abbreviations, including those of journal titles and standard forms of quoting chemical nomenclature and mathematical expressions

(h) introduction to the abstracting service and an explanation of the nature and use of abstracts
(i) indexing instructions, especially if the abstractor and indexer are one and the same person. These instructions may include index terms and classified headings or notation
(j) sample forms for completing and submitting abstracts, including instructions for conformity with computer processing
(k) examples of abstracts in various fields of interest to the abstracting organization
(l) the criteria to be used in selecting items for abstracting, e.g. subject, form, source
(m) transliteration and the practices to be adopted when citing items in languages with non-Roman alphabets
(n) proofreading procedures and marks.

Daß Regelwerke manchmal ganz knapp gehalten werden können, wird bei Borko/Bernier (Lit.12., S. 47) belegt (*Abb. 5*).

DDC Rules for Preparing Abstracts
Outline

In brief:

1. Always an informative abstract if possible
2. 200 – 250 words
3. Same technical terminology as in report
4. Contents
   a. Objectives or purpose of investigation
   b. Methods of investigation
   c. Results of investigation
   d. Validity of results
   e. Conclusions
   f. Applications
5. Numerals for numbers when possible
6. Phrases for clauses, words for phrases when possible
7. No unconventional or rare symbols or characters (. . .)
8. No uncommon abbreviations
9. No equations, footnotes, preliminaries
10. No descriptive cataloging data
11. Security Classification
12. Dissemination controls, if any
13. Review it.

Abb. 5: Regelwerk für die Erstellung von Abstracts (Quelle: Lit. 12., S. 47)

In Form von Handlungsanweisungen faßt Cremmins (Lit. 19., S. 10) seine langen Erfahrungen (und die des ANSI) bei der Herstellung von Abstracts wie folgt zusammen:

- Prepare an abstract that access services can reproduce with little or no change, copyright permitting.
- State the purpose, methods, results, and conclusions presented in the original document, either in that order or with initial emphasis on results and conclusions.
- Make the abstract as informative as the nature of the document will permit, so that readers may decide, quickly and accurately, whether they need to read the entire document.

- Unless otherwise instructed, use fewer than 250 words for most papers and portions of monographs and fewer than 100 words for notes and short communications. For long reports and theses, do not exceed 500 words.
- Avoid including background information or citing the work of others in the abstract, unless the study is a replication of their work.
- Do not include information in the abstract that is not contained in the textual material being abstracted.
- Verify that all quantitative information or qualitative information used in the abstract agrees with the information contained in the full text of the document.
- Use standard English and precise technical terms, and follow conventional grammar and punctuation rules.
- Give expanded versions of lesser known abbreviations and acronyms, and verbalize symbols that may be unfamilar to readers of the abstract.
- Omit needless words, phrases, and sentences.

Regelwerke betonen meistens lediglich die formalen Eigenschaften von Abstracts (z.B. Umfang, Syntaxmuster). Man kann ihnen kaum entnehmen, woraus denn der eigentliche intelligente Prozeß (die Kunst) besteht, der zu einem guten Abstract führt. Wir haben schon auf die vier Prinzipien Cremmins des analytischen Lesens, des logischen Denkens, des informierenden Schreibens und des konsistenten Editierens hingewiesen, die er detailliert ausführt (vgl. auch Lit. 20.). In *Abb. 6* sind die wesentlichen Einsichten zusammengefaßt:

Stages:	*Techniques:*	*Results:*
1. Focusing on the basic features of the materials to be abstracted	Classifying the form and content of the materials	Determination of the type of abstract to be written, the relative length, and the degree of difficulty
2. Identifying relevant information (sometimes done simultaneously with Stage 1)	(a) Searching for cue or function words and phrases, structural headings and subheadings, and topic sentences; (b) expanding the search based on the results of (a)	Identification of a representative amount of relevant information for extraction
3. Extracting, organizing, and reducing the relevant information	Organizing and writing the extracted relevant information into an abstract, using a standard format	Preparation of a concise, unified, but unedited abstract
4. Refining the relevant information	Editing or review of the abstract by the originator or editorial or technical reviewers	Completion of a good informative or indicative abstract

Abb. 6: Stufen im menschlichen Abstracting-Prozeß (Quelle: Lit. 19., S. 17)

Erst in letzter Zeit ist man darauf aufmerksam geworden (vgl. Lit. 33.; Lit. 34.), daß für den Prozeß der Erstellung von Abstracts sowohl die Ergebnisse der eher praktisch bzw. deskriptiv ausgerichteten Schreib- und Leseforschung (Lit. 01.; Lit. 35.; Lit. 46.; Lit. 05.; Lit. 78.) und der theoretischen Textlinguistik (vor allem Kintsch/van Dijk Lit. 56.) für das Abstracting einschlägig sind. Es muß allerdings noch näher untersucht werden, inwieweit Aussagen über die allgemeine Produktion von Texten auf den Spezialfall der Produktion von informierenden Texten, der beim Abstracting gegeben ist, angewendet werden können. Es scheint jedoch sinnvoll zu sein, die bislang überwiegende Beachtung der Fachkompetenz von Abstractern durch stärkere Berücksichtigung der kognitiven und sprachlichen Momente des Texterstellungsprozesses und seiner Rahmenbedingungen (z.B. Benutzung von technischen Hilfsmitteln, integrierte Autorenarbeitsplätze, informationelle Absicherung durch Zugriff auf externe Ressourcen, Kontakte mit Autoren und Distributoren) zu ergänzen. Das Schreiben von Abstracts ist eine hochwertige kognitive und sprachliche Leistung und sollte in seinem Umfeld entsprechend dem Stand des technisch und methodisch Möglichen unterstützt werden. Aus der Textlinguistik scheint vor allem das von Kintsch/van Dijk 1983 (Lit. 56.) vorgelegte Modell zum Verstehen und Zusammenfassen von Texten für das Abstracting produktiv zu sein. Texte werden in diesem Modell aus einer allgemeinen semantischen Struktur (macrostructure) abgeleitet:

„The result of the comprehension process is a well-organized text base in the memory of the reader. For every reader, the macrostructure may be different, depending on goals and strategies of comprehension. The reduction process is performed by macrostrategies. They cooperate with other supporting strategies of text comprehension. At each level of reduction, they produce a coherent text, consisting of macropropositions. The derived text is shorter and more abstract and may – at a certain point of reduction – correspond to an informative abstract" (Lit. 34.).

Eine explizit informationswissenschaftliche Theorie des Abstracting bzw. der „Aboutness" hat unter dem Einfluß der Prager Textlinguistik (vor allem unter Verwendung der textuellen Progressionsmuster von Danes (Lit. 21.)) Hutchins (Lit. 48.) vorgelegt (vgl. auch die Ausführungen zur Textlinguistik mit Blick auf automatisches Generieren und Kondensieren in Abschnitt B 3.3).

Im weiteren Sinne zu den Regeln des Abstracting gehören auch Kriterien, nach denen Originaldokumente zum Zwecke des Abstracting ausgewählt werden (Abstract-Würdigkeit). Rowley (Lit. 86., 2. Aufl. S. 22 f) hat die folgenden Punkte (a – g) zusammengestellt:

(a) pertinent to the interests of clients
(b) novel contributions to a given field of endeavour
(c) final reports, or other reports well supported by sound methodology and convincing evidence
(d) those which convey information that is likely to be difficult to access, such as foreign documents or internal reports and memoranda and other documents with a limited circulation
(e) significant advances and reviews
(f) those which contain information located in sources known to be reliable, such as the information in professional and technical journals with an established reputation
(g) sources, in particular journals or reports issued by a specific organization, for which the abstracting agency has undertaken to give comprehensive coverage.

B 3.2.4 Abstracting und Online-Banken

Interessanterweise hat das Aufkommen der *Online*-Informationsbanken die informationsmethodische Beschäftigung mit Referaten nicht eingeschränkt. Zwar mag es sein, daß *Online*-Informationsbanken das sukzessive Ende von Referateorganen in ihrer gedruckten Form bedeuten können, der angesprochene referentielle Informationswert von Abstracts beim Überfliegen von Retrievalergebnissen scheint den Nutzern von Informationssystemen jedoch nach wie vor hoch zu sein. Entsprechend wird auch heute noch viel methodische Energie beim Formulieren von Regeln zum Referateerstellen aufgebracht. Viele Regeln aus der Dokumentationspraxis sind erst neueren Datums (vgl. Lit. 60.). Zunehmend wird bei diesen Regeln der Tatsache Rechnung getragen (auch in der neuen Version von DIN 1426 von 10/88), daß Abstracts beim *Online-Retrieval* zum Einsatz kommen.
In diesem Zusammenhang sind die Empfehlungen einschlägig, die Fidel (Lit. 36.) aufgrund einer Untersuchung an 57 Datenbasen zusammengestellt hat (*Abb. 7*). Diese 57 Datenbasen waren eine Teilmenge aus insgesamt 123 Datenbasen, die alle im Online-Betrieb recherchierbare Abstracts enthielten. Lediglich bei diesen 57 Datenbasen enthielten die Abstracts-Richtlinien der dafür zuständigen 36 Datenbasenproduzenten ausdrückliche Freitext-Anweisungen, die darauf abzielen, den Informationswert von im Freitext-Retrieval invertierten Dateien möglichst hoch zu halten (vgl. auch Lit. 97.), vor allem durch die Verwendung von Begriffen aus einem kontrollierten Vokabular für das Formulieren von Referatetexten.
Die fortschreitende Automatisierung von Informationssystemen ist laufend Anlaß, den Wert von klassischen dokumentarischen Techniken neu zu bedenken. In mittlerer Perspektive scheinen dabei die Produkte des automatischen Textkondensierens noch keine realistische Konkurrenz zum intellektuell erstellten Referat zu sein. Eine solche Konkurrenz sind aber offenbar für viele Datenbankanbieter des internationalen Informationsmarktes die Verfahren des Freitextretrievals, die wegen der fortfallenden Kosten der intellektuellen Arbeit attraktiv zu sein scheinen. Beruht die dafür erforderliche Invertierung der Textwörter auf den Referatetexten, so ergibt sich eine beim Retrieval zuweilen nützliche Koalition zweier Verfahren. Beruht sie auf den Volltexten selber, so entsteht eine in der Regel zuungunsten der Abstracts ausgehende Konkurrenzsituation. Volltextdatenbanken sollen – so die Annahme der Anbieter – die Diskriminierungs- und Referenzleistung von Abstracts übernehmen und sie dadurch sogar übertreffen, daß die Referenz dann tatsächlich zu den vollen Texten führt. Volltextdatenbanken werden nicht zuletzt auch durch den zunehmenden Einsatz von CD-ROM (Volltextdaten mit entsprechender Retrievalsoftware auf optischen Speichern) attraktiv (vgl. Lit. 46 a). Obgleich man sich in der Forschung einig ist (vgl. Lit. 75.; Lit. 53.; Lit. 10.; Lit. 61.; Lit. 94.; Lit. 79.), daß durch eine bloße Volltextinvertierung keine zufriedenstellenden Retrievalergebnisse zu erzielen sind, mag die Einschätzung und das Verhalten der Datenbankanbieter verständlich sein: fehlen doch nach wie vor entsprechende einsatzbereite Verfahren der Wissensrepräsentation von Volltexten oder der flexiblen automatischen Textkondensation.
Die intellektuelle Arbeit der Inhaltserschließung, hier bezogen auf das Referieren, erweist sich nach wie vor als Engpaß des *Information Retrieval*. Offenbar besteht

THE CONTENT OF ABSTRACTS

General statements

Use ‚important' concepts and terms (e.g. those which will enhance free-text retrieval, those for which a document gives enough information, or key words).

Index terms

Co-ordinate concepts used in abstracts with assigned descriptors.

(a) Assign concepts in abstracts that are identical to descriptors.

(b) Assign concepts in abstracts that complement descriptors (e.g. relevant terms that are missed in descriptor indexing and in titles, terms that are more specific than descriptors, or a particular type of term that is important to the subject area, such as geographic names).

(c) Assign concepts in abstracts that both complement and are identical to descriptors.

Enhance indexing independent of any index language used.

Check lists

Follow a list of retrieval-related elements that should be included in abstracts.

Forms of check lists:

(a) Categories that should be included in abstracts (e.g. materials, properties and processes) and the conditions under which they should be included (e.g. only when they are discussed elaborately, or whenever mentioned).

(b) Specific and particular guidelines (e.g. ‚whenever dealing with a new product, mention the company name').

THE LANGUAGE OF ABSTRACTS

Use of author language

Use author language.

Do not use author language.

(a) Use standardised and concrete terms specific to a subject area.

Use both author language and synonyms.

Relationship to index language used

Co-ordinate terms in abstracts with descriptors.

Complement descriptors with terms in abstracts (e.g. use synonyms or more specific terms).

Use specific and well-accepted terms for particular categories (such as materials, processes and products).

Practices to avoid

Do not use the negative (e.g. use *sick* instead of *not healthy*).

Do not list terms which have a common last word as a series (such as 'upper, middle, and working class').

Word forms

Follow local language practices (e.g., change American spelling for British databases).

Always spell out terms in certain categories (such as processes, materials, products).

When a term and a descriptor are the same, record the term in the form used by the descriptor.

Express terms both in their abbreviated form and in their complete form.

Abb. 7: Empfehlungen zur Erstellung von Abstracts mit Blick auf ihren Einsatz in Online-Banken (Quelle: Lit. 36., S. 15)

hier ein tatsächlicher Bedarf nach automatisierten Verfahren. Wir wollen daher im nächsten Abschnitt auf den Stand des automatischen Abstracting bzw. des automatischen Textkondensierens ausführlicher eingehen, in dem Bewußtsein, daß diese Verfahren zur Zeit noch nicht derart robust sind, daß sie in der realen Dokumentationspraxis sehr bald zum Einsatz kommen könnten. Jedoch sind die Konzepte so weit entwickelt und die experimentellen Arbeiten so weit vorwärts getrieben (vgl. Lit. 40.; Lit. 44.; Lit. 64.), daß sich die Fachleute in der Dokumentationspraxis eine Meinung über die Leistungsmöglichkeit dieser Verfahren bilden und entsprechende Maßnahmen für einen sinnvollen Transfer des Wissens in die Praxis einleiten können. Die Zeit scheint reif zu sein für größere Entwicklungsprojekte des automatischen Textkondensierens, das – in Ergänzung zu den Arbeiten im Umfeld der KI – im weiteren Kontext des Information Retrieval eingebettet bleibt.

B 3.3 Automatische Verfahren des Abstracting

Nicht unumstritten in der Literatur ist die These von Mathis/Rush: „Before any attempt is made to automate the process of abstracting, it is important to understand how humans produce abstracts" (Lit. 77., S. 113), da weder die Äquivalenz in der Leistung eine Identität der dafür verwendeten Methoden/Algorithmen notwendig bedingt (dies wird in der KI unter dem Gesichtspunkt der kognitiven Plausibilität von Verfahren diskutiert) noch es als gegeben angenommen werden kann, daß die menschliche Leistung beim Referieren dergestalt befriedigend ist, daß sie für maschinelle Verfahren als Vorbild und Anregung dienen müßte (vgl. Lit. 60.). Wir haben auf pragmatische Defizite, Starrheit in der Präsentationsform und auf Inter-Abstracter-Inkonsistenzen hingewiesen, so daß man argumentieren kann: „such emulation would lead simply to a faster rate of production of consistently poor abstracts" (Lit. 77., S. 117). Wir folgern daraus, daß es nicht viel Sinn macht, menschliche und maschinelle Abstracting-Leistungen zu vergleichen. Der Wert des maschinellen Abstracting besteht vermutlich nicht in der Nachahmung menschlicher Leistung, sondern im Angebot neuer, flexibler Formen des Textkondensierens und des Reagierenkönnens auf variable Bedürfnisse. Dies war allerdings außerhalb der Reichweite der frühen, weitgehend auf statistischen Verfahren beruhenden Ansätze. (Für eine Darstellung dieser frühen Verfahren vgl. Lit. 102.; Lit. 77.; ein Gesamtüberblick bei Lit. 40. und Lit. 63.).
Techniken des automatischen Abstracting waren bis Ende der siebziger Jahre weitgehend Extracting-Verfahren. Borko/Bernier stellten 1975 (Lit. 12., S. 14) in ihrer Untersuchung zum computer-gestützten Abstracting fest, „that the computer may select representative sentences, but it does not yet prepare abstracts – merely extracts". Seit dem ersten Experiment mit dem Luhn-Algorithmus (Lit. 68.) konzentrieren sich die Verfahren darauf, relevante Sätze im Gesamttext aufgrund vorgegebener Kriterien erkennen und in eine Rangfolge bringen zu können und in einer Sequenz auszugeben. Aus historischen Gründen sei das mit dem Luhn-Algorithmus erste automatisch produzierte Abstract angeführt (*Abb. 8*):

Exhibit I
Source: The Scientific American. Vol. 196, No. 2, 86 – 94, February, 1957
Title: Messengers of the Nervous System
Author: Amodeo S. Marrazzi

Editor's Sub-heading: The internal communication of the body is mediated by chemicals as well as by nerve impulses. Study of their interaction has developed important leads to the understanding and therapy of mental illness.

Auto-Abstract
It seems reasonable to credit the single-celled organisms also with a system of chemical communication by diffusion of stimulating substances through the cell, and these correspond to the chemical messengers (e.g. hormones) that carry stimuli from cell to cell in the more complex organisms. (7.0)
Finally, in the vertebrate animals there are special glands (e.g., the adrenals) for producing chemical messengers, and the nervous and chemical communication systems are intertwined: for instance, release of adrenalin by the adrenal gland is subject to control both by nerve impulses and by chemicals brought to the gland by the blood. (6.4)
The experiments clearly demonstrated that acetylcholine (and related substances) and adrenalin (and its realtives) exert opposing actions which maintain a balanced regulation of the transmission of nerve impulses. (6.3)
It is reasonable to suppose that the tranquilizing drugs counteract the inhibitory effect of excessive adrenalin or serotonin or some related inhibitor in the human nervous system. (7.3)

Abb. 8: Erstes automatisch produziertes Abstract (Extrakt) (Quelle: Lit. 68.)

Als Kriterien für die Erkennung von relevanten Sätzen können z.B. dienen:
- Konzentration von Wörtern (laufende Textwörter, Grundformen, Stammformen) mit hoher absoluter oder relativer Häufigkeit (wobei die Wörter in der Regel mit einfachen morphologischen Verfahren der Reduktion auf Stamm- oder Grundformen normalisiert werden)
- Konzentration von ,,sprachlichen Einheiten" mit bestimmten syntaktischen Merkmalen (Wortklassenzugehörigkeit, bevorzugt Substantive; Grundmuster von Nominalphrasen, z.B. Nominalgruppen mit angehängten Präpositionalphrasen (NP(art n) PP (präp NP))
- Konzentration von ,,sprachlichen Einheiten", die mit Einträgen in einer Positiv-Wortliste oder auch mit Titelwörtern übereinstimmen.

Berücksichtigt werden können dabei auch die Position des Vorkommens relevanter Sätze. Als relevant werden häufig sogenannte *topic*-Sätze angesehen, also Sätze, die bevorzugt am Anfang oder am Ende einer größeren textuellen Einheit (Absatz, Abschnitt, Kapitel) vorkommen. Die zugrundeliegende Hypothese für die *topic*-Sätze-Präferenz ist, daß am Anfang einer größeren textuellen Einheit das Thema bzw. Unterthema angesprochen wird und am Ende eben dieser Einheit eine Zusammenfassung stehen sollte.
Der erste Schritt solcher *Extracting*-Verfahren besteht also aus dem Identifizieren von potentiell relevanten Sätzen. Der zweite Schritt besteht aus der Gewichtung der Abstract-Kandidaten-Sätze. Auch hier kann die volle Bandbreite statistischer Assoziations- und Clustering-Verfahren zum Einsatz kommen. In wieweit sie kognitiv plausibel sind, ist umstritten; sie sind jedoch hervorragend geeignet, durch Einstel-

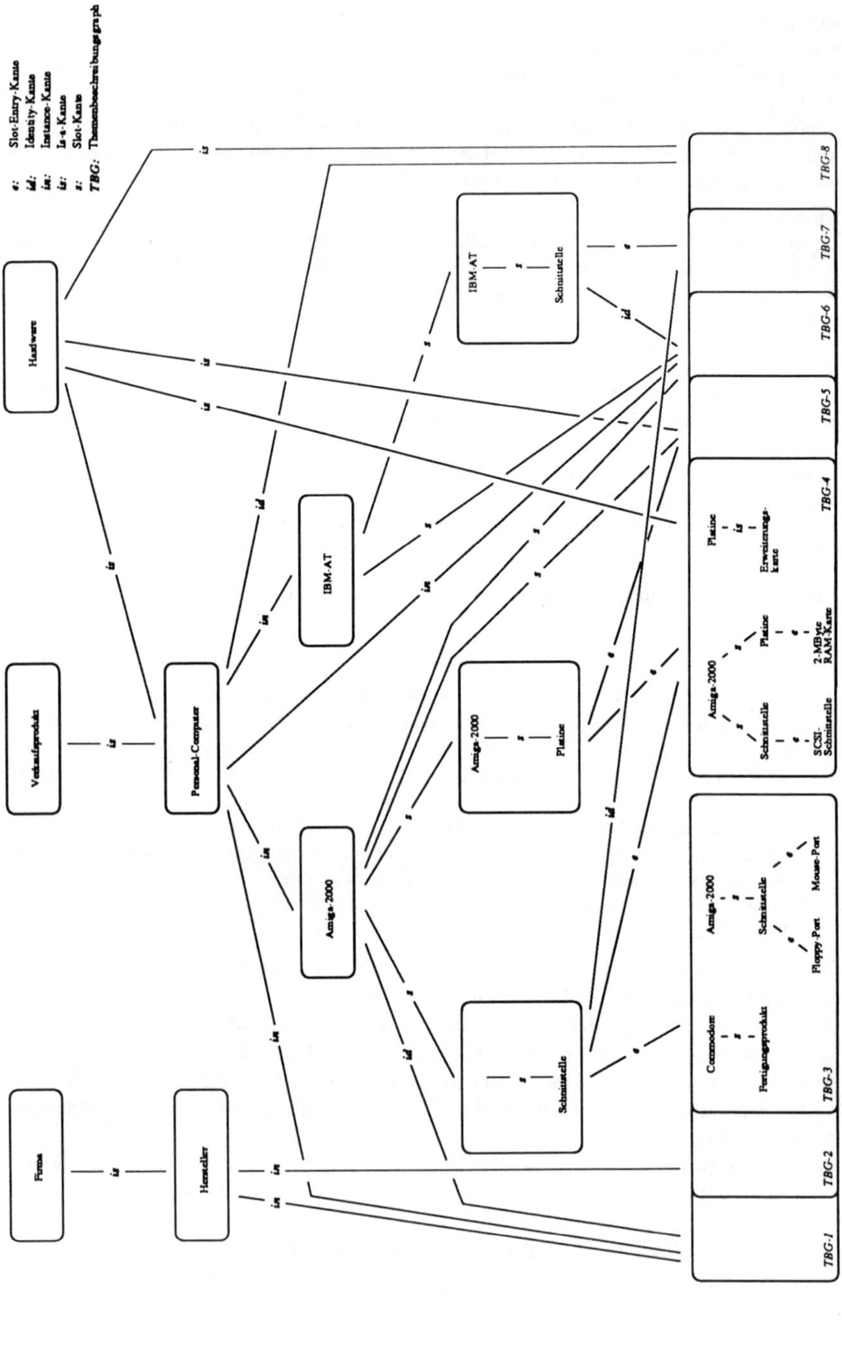

Abb. 9: Textgraph (Lit. 44.)

len verschiedener cut-off-Werte unterschiedlich lange Abstracts zu produzieren. Die relevantesten Sätze werden dann in der Reihenfolge ihres Vorkommens im Originaltext ausgegeben.

Einen repräsentativen Überblick über diese statistischen und oberflächenlinguistischen Ansätze des automatischen Abstracting gewinnt man durch die verschiedenen Darstellungen des an der *Ohio State University* von verschiedenen Autoren (z.B. Mathis, Rush, Salvador, Zamora, später auch Strong) in den siebziger Jahren entwickelten ADAM-Systems. Hier sind auch zum ersten Mal (weitgehend auf strukturalistischen Grammatiken beruhende) textsyntaktische Experimente (Lit. 76.) aufgrund der Einsicht durchgeführt worden, daß eine Auflistung extrahierter Sätze aus Lesbarkeitsgründen zumindest einer kohäsiven Aufbesserung bedarf. Abstracts sind eben auch Texte, deren Sätze nicht unverbunden sind, sondern intersententiell verknüpft werden müssen, z.B. durch Koreferenzen oder Konjunktionen (Beispiele für automatisch produzierte Abstracts des ADAM-Systems bei Cremmins (Lit. 19.)). Wir können hier nicht die vollständige Geschichte des automatischen Abstracting nachzeichnen (vgl. Lit. 63.), wollen jedoch
a) darauf hinweisen, daß parallel mit dem Interesse der KI an Textzusammenfassungen als Modell zur Simulation intelligenter Leistungen (z.B. DeJong (Lit. 22.); Hobbs (Lit. 47.); Lehnert/Black/Reiser (Lit. 66.); Cook/Lehnert/McDonald (Lit. 18.) sich ein Paradigmenwechsel vollzogen hat und
b) diesen Paradigmenwechsel exemplarisch an einem aktuell entwickelten Prototypen (TOPIC/TWRM-TOPOGRAPHIC) darstellen.
In der KI ist unumstritten, daß hochwertige Leistungen der Analyse von natürlicher Sprache nicht nur durch sprachimmanente Verfahren der Grammatik und Semantik zu erreichen sind, sondern zusätzlich durch Wissen um den in dem jeweiligen Sprachfragment angesprochenen Kontext (in der KI spricht man von Weltwissen; in der Informationspraxis von Fachinformation). Dies angewendet auf Verfahren des automatischen Abstracting bedeutet, daß das Erstellen von Abstracts sich nicht nur auf die Texte selber beziehen kann, sondern Weltwissen heranziehen muß – weniger, um zusätzliches Wissen in den Abstracts unterzubringen (was ja nach der Abstract-Theorie untersagt ist, s. oben), sondern um das in den Texten niedergelegte Wissen überhaupt erst einmal durch Rechner identifizieren zu können. Dies macht den Paradigmenwechsel aus: Nicht länger sind Grundlage des Abstracting die als relevant extrahierten Sätze von Texten, sondern mit Hilfe von Weltwissen erkannte Textwissensstrukturen. Abstracts werden nicht mehr aus Texten direkt abgeleitet, sondern aus Wissensstrukturen generiert (vgl. Lit. 37.; Lit. 73.; Lit. 92.; Lit. 71.; die Beiträge in Lit. 54.; vor allem Lit. 85.; und Lit. 74.; Lit. 89.; Lit. 64.). Dabei überwiegen zur Zeit konzeptorientierte *Frame*-Modelle (vgl. Kapitel B6 in diesem Handbuch).

Exemplarisch wollen wir im folgenden Systemkomponenten und den Leistungsstand des Systems TOPIC/TWRM-TOPOGRAPHIC vorstellen (ausführlicher: Lit. 44.), da an ihm die Möglichkeiten heutiger pragmatisch konzipierter und flexibler Textkondensierungssysteme dargestellt werden können. Verarbeitet werden dort Texte der VDI-Volltextdatenbank aus dem Fachgebiet der Informationstech-

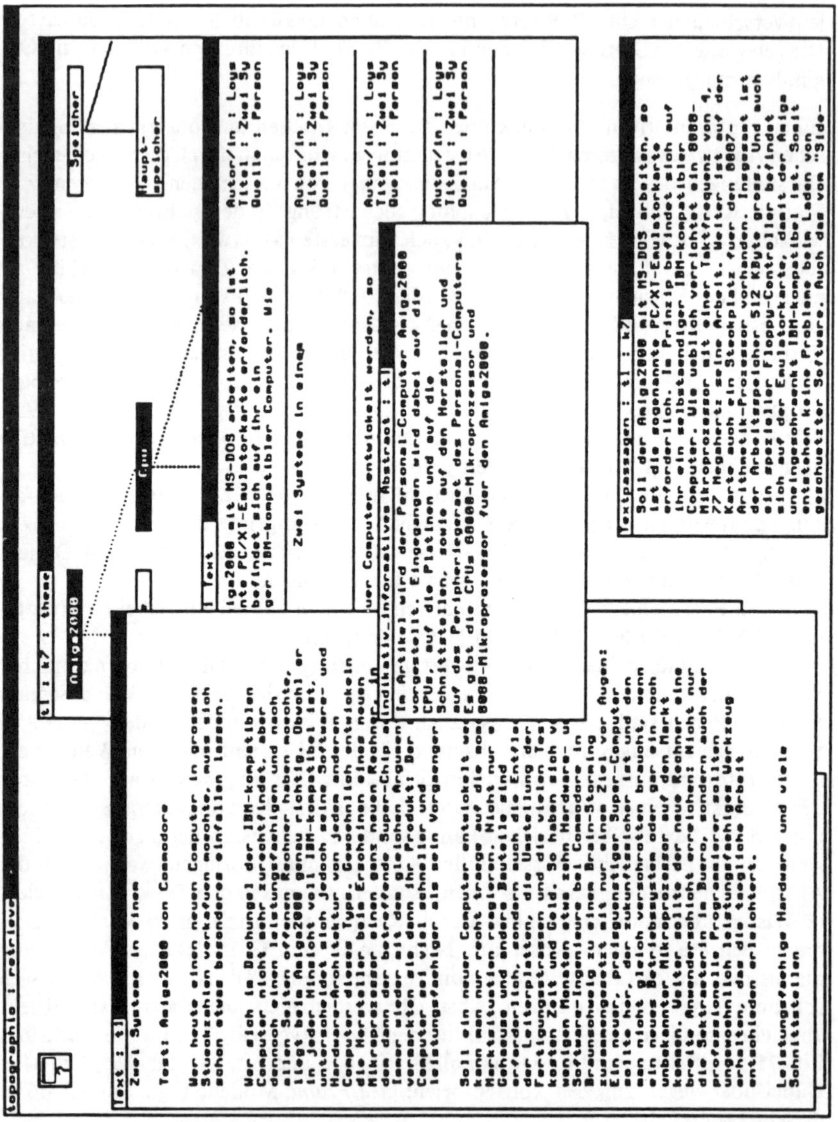

Abb. 10: Systemleistungen von TWRM-TOPOGRAPHIC (Lit. 44.)

nologien. Das System hat also Weltwissen über den angegebenen Domänenbereich und kann nur nach dem Aufbau einer Wissensbasis aus einem anderen Bereich auf andere Fachgebiete angewendet werden.
Auf die Prinzipien der Textanalyse des TOPIC-Systems gehen wir hier nur insoweit ein, als es zum Verständnis der Outputleistung von TWRM-TOPOGRAPHIC notwendig ist (vgl. Lit. 43.; Lit. 83.). Die Textanalyse, basierend auf einem Frame-Modell (Lit. 82.) und einem Wortexperten-Parser (Lit. 41.), überführt die im Text als zentral identifizierten sprachlichen Einheiten in die Wissensrepräsentationsstruktur des Frame-Modells. Als Ergebnis von TOPIC wird ein konzeptueller Textgraph bereitgestellt *(Abb. 9)*, welcher die Basis für die weitere Verarbeitung in TWRM-TOPOGRAPHIC darstellt. Textgraphen sind als hierarchische Netze aufgebaut und repräsentieren die Textthemen eines Ausgangstextes auf verschiedenen Abstraktionsniveaus. Die unterste Ebene eines Textgraphen besteht aus sogenannten Basis-Textkonstituenten. Eine Basis-Textkonstituente spiegelt die kleinste thematisch zusammengehörige Texteinheit wider, graphisch realisiert in Form eines hierarchischen Netzes (vgl. *Abb. 9*). Wir nennen Basis-Textkonstituenten deshalb auch Themenbeschreibungsgraphen (TBS). In einer gewissen Vereinfachung kann man unter einer Basis-Textkonstituente die semantische Darstellung eines Textabschnitts, z.B. eines Absatzes, verstehen.

Ein Textgraph ist somit ein Beispiel für eine Textwissensstruktur, aus der bei einem wissensbasierten Ansatz Kondensate abgeleitet werden. TWRM-TOPOGRAPHIC bietet dem Benutzer auf der Basis dieser durch TOPIC bereitgestellten Analyseergebnisse beim Retrieval flexible Outputmöglichkeiten an. Für diese Outputleistung haben wir den Begriff des kaskadierten Kondensierens geprägt (vgl. Lit. 59.), durch das über verschiedene Stufen, angefangen von relativ generischen Konzepten der Wissensbasis bis hin zu den konkreten Ausgangstexten, Welt-, aber vor allem Textwissen präsentiert werden kann. Dabei ist versucht worden, weitgehend mit graphischen Strukturen zu arbeiten. Der Generator von TWRM-TOPOGRAPHIC erzeugt also auf der Basis der Information der Textgraphen graphische Objekte als Ausprägungen informationeller Objekte. Informationelle Objekte werden in den unterschiedlichen Phasen einer Retrievalsitzung als graphische Objekte nach einer Benutzeranfrage realisiert. *Abb. 10* gibt einen Überblick über einige mögliche Systemleistungen während einer Retrievalsitzung.

In *Abb. 10* erkennt man oben rechts eine auf die Frageformulierung passende Textkonstituente in graphischer, darunter in textueller Form. Der Benutzer kann in den als relevant ermittelten Textkonstituenten ,,browsen'', wobei für diese wegen der Möglichkeiten von gewichteten Frageformulierungen ein *Ranking* nach Bedeutung bzw. Einschlägigkeit möglich ist. Ebenfalls sind auf dieser Ebene bilbiographische Informationen erhältlich (angedeutet in der Gesamtübersicht in *Abb. 10*). Wenn sich eine Textkonstituente als besonders einschlägig erweist, so kann die entsprechende Textpassage in ihrer originalen textuellen Gestalt angeschaut werden (im unteren rechten Fenster von *Abb. 10*). Kommen im betreffenden Textabschnitt Graphiken vor, so können diese in ,,gescannter'' Form ebenfalls abgerufen werden. Häufen sich die relevanten Textpassagen in einem Text, so wird dies sicherlich als Indikator für einen besonders einschlägigen Text interpretiert. Da das System auf

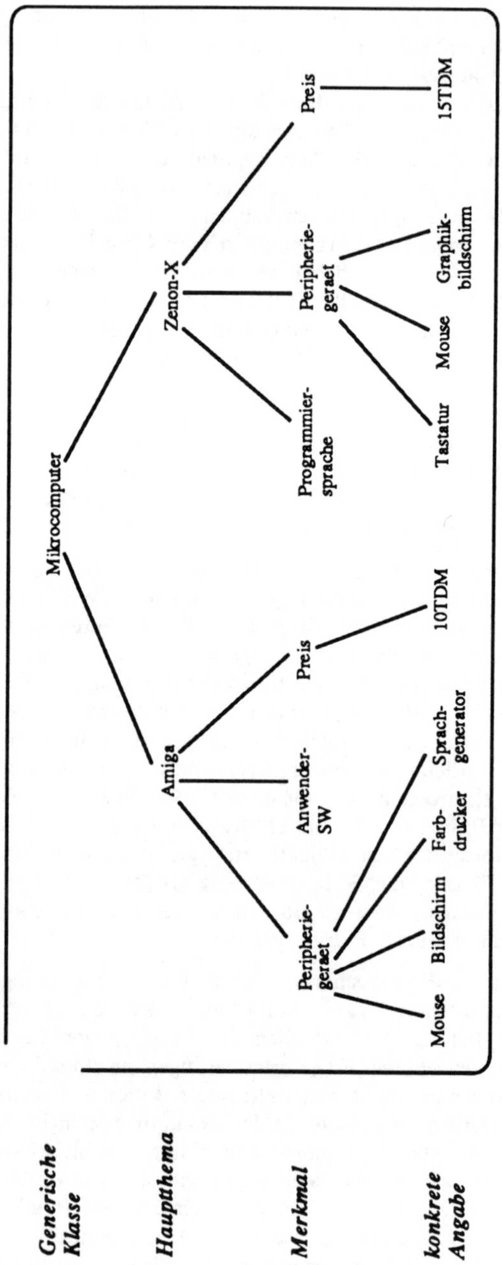

Abb. 11: Klassifiziertes Textfragment (Lit. 44.)

die Volltexte zurückgreifen kann (bei einem realistischen Einsatz sollte ein Kondensierungssystem auf einer Volltextdatenbank aufsetzen), kann der Benutzer in den Volltexten der als relevant ermittelten Textkonstituenten blättern, wobei die Passagen, die als Basis der als relevant erkannten Textkonstituenten fungiert haben, invertiert dargestellt werden können.
Wir sehen also, daß sich die Kondensierungsleistung in eine Vielzahl möglicher Ausgabeangebote ausdifferenziert. Zusätzlich ist eine klassische Abstract-Ausgabe möglich. In der Mitte von *Abb.* 10 erkennt man noch ein Fenster mit dem Titel „indikativ-informatives Abstract". Diese Abstracts sind nicht vorfabriziert abgespeichert, sondern werden im Augenblick des *Retrieval* aufgrund der speziellen Frageformulierung aus den Textwissensstrukturen „in time" generiert. Die Generierung beruht auf einem Modell, das gleichermaßen Ergebnisse der Textlinguistik (thematische Progressionsmuster, Diskursstrategien) und der Wissensrepräsentationstechnik berücksichtigt.

Ausgangspunkt des Generierens ist eine aktuelle individuelle Benutzerfrage, die auf die Textwissensbasis abgebildet wird. Aus der Menge der für die Frage als relevant identifizierten Basis-Konstituenten (die untere Ebene eines Textgraphen), die zu einem Text gehören, werden zunächst die zentralen Textthemen (die Hauptthemen, im *Frame*-Modell die Instanz-Frames), deren generische Klassen (im Frame-Modell die Prototype-Frames) und ihre Merkmale (im Frame-Modell die *Slots*) nebst ihren Ausprägungen (im Frame-Modell die Slot-Einträge) bestimmt. *Abb. 11* zeigt ein solchermaßen klassifiziertes Textgraphenfragment, das als einschlägig für eine Benutzeranfrage identifiziert wurde.
Dieses Textgraphenfragment wird nun auf ein mögliches Textgenerierungsmuster hin überprüft. Diese Muster gehen davon aus, daß Texte, vor allem in fachsprachlichen Umgebungen, häufig entsprechend ihrer Art der Themenentwicklung strukturiert werden. Entsprechend können auch Abstracts strukturiert werden. In dem folgenden Beispiel ist das Muster „vergleichende Gegenüberstellung mehrerer verwandter Hauptthemen" als adäquat für die Konstituente aus *Abb. 11* erkannt worden, da Aussagen zu zwei Hauptthemen auf dem gleichen hierarchischen Niveau (zu „Amiga" und „Zenon-X") gemacht werden. Zur Generierung wird dann noch eine Diskursstrategie benötigt. Diese besteht aus Regeln (z.B. „Nenne die Hauptthemen des Textes und deren gemeinsame generische Klasse!" oder „Nenne die Merkmale, die allen Hauptthemen gemeinsam sind!"), mit denen die Produktion eines realen Textes entsprechend dem Muster gesteuert werden kann. Da aus dem Textgraphenfragment kein vollkommen natürlichsprachiges Abstract generiert werden kann (das in *Abb. 11* dargestellte Textwissen ist syntaktisch nicht differenziert genug strukturiert), kommen standardisierte Syntaxmuster, sogenannte „Templates" zum Einsatz. Templates bestehen aus vorgegebenen Syntaxfragmenten mit Variablen, in welche die durch die Textanalyse ermittelten aktuellen Werte eingesetzt werden. Beides zusammen – standardisiertes Fragment und aktuelle Werte – ergeben dann einen (quasi-) natürlichsprachigen Satz. Die oben angegebene erste Regel der hier relevanten Diskursstrategie kann in einer *Template*-Struktur wie folgt dargestellt werden:

Der Artikel handelt über (ART) (GENERISCHE KLASSE) (HAUPTTHEMEN).

Entsprechend müssen die Platzhalter im *Template*, die hier durch Großbuchstaben gekennzeichneten Variablen, mit den aktuellen Werten aus dem Textgraphenfragment gefüllt und noch morphologisch und oberflächen-syntaktisch angepaßt werden. Der erste Satz eines zu generierendes Abstracts kann wie folgt generiert werden:

Der Artikel handelt über die Mikrocomputer [GENERISCHE KLASSE] Amiga [HAUPTTHEMA-1] und Zenon-X [HAUPTTHEMA-2].

Unter Anwendung sämtlicher Regeln der hier einschlägigen Diskursstrategie bzw. der ihnen zugeordneten Templates kann das folgende vollständige Abstract aus dem Teilgraph von *Abb. 11* generiert werden (die aktuellen Werte aus *Abb. 11* sind hervorgehoben):

(1) Der Artikel handelt über die *Mikrocomputer Amiga* und *Zenon-X*. (2) Die *Peripheriegeräte* und die *Preise der Mikrocomputer* werden vergleichend gegenübergestellt. (3) Für den *Amiga* gibt es die *Peripheriegeräte Mouse, Bildschirm, Farbdrucker* und *Sprachengenerator*; für den *Zenon-X Tastatur, Mouse* und *Graphik-Bildschirm*. (4) Der *Amiga* kostet *10.000,- DM*, während der *Zenon-X 15.000,- DM* kostet. (5) Außerdem wird auf die *Anwendersoftware* des *Amiga* und die *Programmiersprache* des *Zenon-X* eingegangen.

Wollte ein Benutzer anstelle des informativen Referats ein indikatives anschauen, dann würde die Generierung auf der unteren Ebene entfallen, d.h. es blieben die Sätze bzw. *Templates* ausgespart, in denen die Variablen mit konkreten Angaben (aktuelle Slot-Einträge) gefüllt werden. Aus dem obigen Beispiel-Abstract blieben die Sätze 3 und 4 unberücksichtigt. Automatisch produzierte Abstracts als „in time"-Reaktionen auf konkrete Benutzeranfragen lösen auf besonders plastische Weise die Forderung nach Flexibilisierung und Individualisierung von Information ein. Wir sind aber im Sinne des Prinzips des kaskadierten Kondensierens der Ansicht, daß gegenwärtige Kondensierungssysteme nicht auf klassische textuelle Produkte beschränkt bleiben müssen, sondern variable Optionen bereitstellen sollten, um Wissen aus Texten in Formen aufzubereiten und zu präsentieren, die unterschiedlichen Rezeptions- und Informationsverarbeitungsgewohnheiten von unterschiedlichen Benutzern entgegenkommen können. Bislang liegt zu wenig empirisch gesichertes Wissen darüber vor, unter welchen Bedingungen welche mediale Form oder welche Aggregationsstufe für welchen Benutzer angemessen ist.
Trotz zum Teil eindrucksvoller Ergebnisse der gegenwärtigen Forschung zur Textgenerierung und zum automatischen Kondensieren sind die automatischen Verfahren in mittlerer Perspektive noch nicht robust genug, um den Bedarf nach Referenzprodukten in gedruckten oder elektronischen Informationsdienstleistungen abdecken zu können. Dagegen sprechen vor allem die Quantitätsanforderungen der Informationspraxis und die nach wie vor bestehenden Barrieren zur *automatischen Akquisition von Wissen*, auf die wissensbasierte Verfahren angewiesen sind. Die Richtung

ist aber eindeutig vorgezeichnet, und wichtiger als die bloße Automatisierung scheint uns die damit möglich werdende Flexibilisierung und Individualisierung von Information zu sein, die immer wieder in den Theorien des Abstracting „angemahnt" worden sind.

Literatur

01. Adler, M. J. / van Doren, C. (1972): How to read a book: the classic guide to intelligent reading. New York: Simon and Schuster, Inc. –
02. Acham, K. (1971): Artikel „Abstraktion IV". In: J. Ritter (Hg.): Historisches Wörterbuch der Philosophie, Bd. 1 A – C. Basel/Stuttgart: Schwabe & Co, Spalten 59 – 63. –
03. ANSI (1979): American National Standards Institute, Inc. American National Standard for Writing Abstracts. ANSI Z39.14 – 1979. New York: American National Standards Institute, Inc. –
04. Baker, D. B. / Horiszny, J. W. / Metanomski, W. V. (1980): History of abstracting at chemical abstracts. Journal of Chemical Information and Computer Sciences 20, 4, 193 – 201. –
05. Beaugrande, R. de (1984): Text production. Toward a science of composition. Norwood, NJ: Ablex. –
06. Beghtol, C. (1986): Bibliographical classification theory and text linguistics: aboutness analysis. Intertextuality and the cognitive act of classifying documents. Journal of Documentation 42, 2, 84 – 113. –
07. Bely, N. / Borillo, A. / Siot-Decauville, N. / Virbel, J. (1970): Procédures d'analyse sémantique appliquées à la documentation scientifique. Paris: Gauthier-Villars. –
08. Bernier, C. L. (1985[1968]): Abstracts and abstracting. In: Dym (1985), 423 – 444. –
09. Berzon, V. E. / Brailovskii, A. B. (1979): The classification of connectors and conversational systems for automatic abstracting. Automatic Documentation and Mathematical Linguistics 13, 6, 32 – 40.
10. Blair, D. C. / Maron, M. E. (1985): An evaluation of retrieval effectiveness for a full-text document-retrieval system. Communications of the ACM 28, 3, 289 – 299. –
11. Borko, H. / Chatman, S. (1963): Criteria for acceptable abstracts: a survey of abstracters' instructions. American Documentation 14, 2, 149 – 160. –
12. Borko, H. / Bernier, C. L. (1975): Abstracting concepts and methods. New York/London: Academic Press, Inc. –
13. Christodoulakis, S. / Ho, F./ Theodoridou, M. (1986): The multimedia object presentation manager of MINOS: a symmetric approach. SIGMOD Record 15, 2, 295 – 310. –
14. Cleveland, D. B. / Cleveland, A. D. (1983): Introduction to indexing and abstracting. Littleton: Libraries Unlimited. –
15. Climenson, W. D. / Hardwick, N. H. / Jacobson, S. N. (1961): Automatic syntax analysis in machine indexing and abstracting. American Documentation 12, 3, 178 – 183. –
16. Collison, R. L. (1971): Abstracts and abstracting services. Santa Barbara, CA: A.B.C.-Clio, Inc. (ISA 72 – 1627). –
17. Conklin, J: (1987): Hypertext: a survey and introduction. IEEE Computer 20, 9, 178 – 241. –
18. Cook, M. E. / Lehnert, W. G. / McDonald, D. D. (1984): Conveying implicit content in narrative summaries. In: COLING 84: Proceedings of the 10th International Conference on Computational Linguistics & 22nd Annual Meeting of the Association for Computational Linguistics. Stanford Univ., CA, July 2 – 6: ACL, 5 – 7. –
19. Cremmins, E. T. (1982): The art of abstracting. Philadelphia, PA: ISI Press. –

20. Cremmins, E. T. / Trachtman, M. (1981): Writing good quality human and machine abstracts using the three r's of reading, rules, and relationships. In: L. F. Lunin et al. (eds): The Information Community. Proceedings of the 44th ASIS Annual Meeting, Washington, October 25 – 30, 1981. White Plains, NY: Knowledge Industry Publ., 157 – 159. –
21. Danes, F. (1974): Functional sentence perspective and the organization of the text. In: F. Danes (ed): Papers on Functional Sentence Perspective. Prague: Academia, 106 – 128. –
22. DeJong, G. F. (1979): Skimming stories in real time: an experiment in integrated understanding. Yale Univ. (Ph.D.Diss.). –
23. Dijk, T. A. van (1979): Recalling and summarizing complex discourse. In: W. Burghardt, K. Hölker (eds): Text Processing: Papers in Text Analysis and Text Description. Berlin etc.: de Gruyter, 49 – 118 [= Research in Text Theory 3]. –
24. Dijk, T. A. van (1980): Macrostructures: an interdisciplinary study of global structures in discourse, interaction, and cognition. Hillsdale/NJ: Erlbaum. –
25. DIN 1426 (1988): Inhaltsangaben von Dokumenten. Kurzreferate, Literaturberichte. Deutsche Norm. Normenausschuß Bibliotheks- und Dokumentationswesen (NABD) im DIN Deutsches Institut für Normung e. V. Berlin: Beuth Verlag. –
26. Doyle, L. B. (1961): Semantic road maps for literature searchers. Journal of the ACM 4, 553 – 578. –
27. Doyle, L. B. (1962): Indexing and abstracting by association. American Documentation 4, 378 – 390. –
28. Dym, E. D. (ed.) (1985): Subject and information analysis. New York etc.: Dekker. –
29. Earl, L. L. (1970): Experiments in automatic extracting and indexing. Information Storage and Retrieval 6, 4, 313 – 334. –
30. Edmundson, H. P. (1969): New methods in automatic extracting. Journal of the ACM 16, 2, 264 – 285. –
31. Edmundson, H. P./Wyllis, R. E. (1961): Automatic abstracting and indexing – survey and recommendations. Communications of the ACM 4, 226 – 234. –
32. Endres-Niggemeyer, B. (1985): Referierregeln und Referate – Abstracting als regelgesteuerter Textverarbeitungsprozeß. Nachrichten für Dokumentation 36, 1, 38 – 50. –
33. Endres-Niggemeyer, B. (1988a): Informationsorientiertes Schreiben oder die Produktion von textuell dargestelltem Wissen. LDV-Forum 5, 4, 21 – 37. –
34. Endres-Niggemeyer, B. (1988b): Modelling content analysis as a task-oriented writing process. Proceedings „Writing – an international workshop". Padova, 1. – 2. Dez. –
35. Faigley, L. / Cherry, R. D. / Jollife, D. A. / Skinner, A. M. (1985): Assessing writer's knowledge and processes of composing. Norwood, NJ: Ablex. –
36. Fidel, R. (1986): Writing abstracts for free-text searching Journal of Documentation 42, 1, 11 – 21. –
37. Fum, D./Guida, G./Tasso, C. (1986): Forward and backward reasoning in automatic abstracting. In: J. Horecky (ed.): COLING-82: Proceedings of the 9th International Conferenz on Computational Linguistics, Prague, 1982. Prague: Akademia, 83 – 88. –
38. Fum, D. / Guida, G. / Tasso, C. (1985): Evaluating importance: a step towards text summarization. In: IJCAI – 85: Proceedings of the 9th International Joint Conference on Artificial Intelligence. Los Angeles, CA, USA, August 18 – 23, 1985. Los Altos, CA: Kaufmann, 840 – 844. –
39. Gaus, W. (1983): Referate. Lektion 6 von: Dokumentations- und Ordnungslehre. Berlin etc.: Springer-Verlag, 43 – 47. –
40. Hahn, U. (1986): Methoden der Volltextverarbeitung in Informationssystemen. Ein State-of-the-Art-Bericht. In: Kuhlen (1986), 195 – 216. –
41. Hahn, U. (1987): Lexikalisch verteiltes Text-Parsing; Eine objektorientierte Spezifikation eines Wortexpertensystems auf der Grundlage des Aktorenmodells. Universität Konstanz, Informationswissenschaft [Dissertation]. –

42. Hahn, U. / Reimer, U. (1986a): TOPIC essentials. In: COLING-86: Proceedings of the 11th International Conference on Computational Linguistics. Bonn, FRG, August 25 – 29, 1986, 497 – 503. –
43. Hahn, U./Reimer, U. (1986b): Semantic parsing and summarizing of technical texts in the TOPIC system. In: Kuhlen (1986), 153 – 193. –
44. Hammwöhner, R. / Kuhlen, R. / Sonnenberger, G. / Thiel, U. (1988): TWRM-TOPOGRAPHIC. Ein wissensbasiertes System zur situationsgerechten Aufbereitung und Präsentation von Textinformation in graphischen Retrievaldialogen. Universität Konstanz, Informationswissenschaft. Bericht TOPOGRAPHIC-12/88, (gekürzt erschienen in: Informatik. Forschung und Entwicklung, 4, 1989, 2, 89 – 107). –
45. Harbeck, R. / Lutterbeck, E. 1986: Inhaltsangaben in der Dokumentation. Nachrichten für Dokumentation 19, 2, 15 – 18. –
46. Hayes, J. R. / Flower, L. S. (1980): Writing as problem solving. Visible Language 14, 4, 388 – 399. –
46a Helgerson, L. W. (1986): CD-ROM search and retrieval software: the requirements and realities. Library Hi Tech 4, 4, 69 – 77. –
47. Hobbs, J.R. (1982): Towards an understanding of coherence in discourse. In: W. G. Lehnert / M. H. Ringle (eds): Strategies for natural language processing. Hillsdale, NJ etc.: Erlbaum, 223 – 243. –
48. Hutchins, W. J. (1977): On the problem of 'aboutness' in document analysis. Journal of Informatics, 1, 1, 17 – 35. –
49. Hutchins, W. J. (1987): Summarization: some problems and methods. In: Jones, K. P. (ed.): Informatics 9, Proc. of a Conference. . . King's College Cambridge, March 26 – 27, 1987, London: Aslib, 151 – 173. –
50. IRRD (1982): Working rules. International Road Research Documentation (IRRD), Chap. IV.2: Preparation of abstracts. January, 18 – 20. –
51. ISO 214 (1976): International Organisation for Standardisation: Documentation: Abstracts for publication and documentation. Genf: ISO. –
52. Jonak, Z. (1984): Automatic indexing of full texts. Information and Management 20, 5/6, 619 – 627. –
53. Karlgren, H./Walker, D. E. (1983): The polytext system: a new design for a text retrieval system. In: F. Kiefer (ed.): Questions and Answers. Dordrecht etc., 273 – 294 [= Linguistic Calculation 1]. –
54. Kempen, G. (ed.) (1987): Natural language generation. New results in artificial intelligence, psychology and linguistics. Dordrecht: Nijhoff. –
55. Kennedy, A. (1983): On looking into space. In: Rayner, K. (ed.): Eye movement in reading perceptual and language processing. New York etc, 237 – 250. –
56. Kintsch, W. / van Dijk, T. A. (1983): Strategies of discourse comprehension. Orlando, FLA: Academic Press. –
57. Koblitz, J. (1972): Referieren von Informationsquellen. Lehrbrief. Berlin: Institut für Bibliothekswissenschaft und wissenschaftliche Information. –
58. Kuhlen, R. (1983). Volltextanalyse zum Zwecke des Abstracting. In: Deutsche Gesellschaft für Dokumentation (DGD) (ed.): Deutscher Dokumentartag 1982: Fachinformation im Zeitalter der Informationsindustrie. 27. – 30. 9. 1982, Lübeck-Travemünde. München etc.: Saur KG, 300 – 312. –
59. Kuhlen, R. (1984): A knowledge-based text analysis system for the graphically supported production of cascaded text condensates. Universität Konstanz, Informationswissenschaft, Bericht TOPIC-10/84. –
60. Kuhlen, R. (1984/1986): Some similarities and differences between intellectual and machine text understanding for the purpose of abstracting. In: H. J. Dietschmann (ed.): Representation and exchange of knowledge as a basis of information processes. Proceedings

von IRFIS5 Heidelberg 5.–7. Sept. 1983. Amsterdam u.a., North-Holland, 87–109 [auch in Kuhlen 1986, 133–151]. –

61. Kuhlen, R. (1985): Verarbeitung von Daten, Repräsentation von Wissen, Erarbeitung von Information. Primat der Pragmatik bei informationeller Sprachverarbeitung. In: B. Endres-Niggemeyer, J. Krause (eds): Sprachverarbeitung in Information und Dokumentation. Proceedings der Jahrestagung der Gesellschaft für Linguistische Datenverarbeitung (GLDV) in Kooperation mit der Fachgruppe 3 „Natürlichsprachliche Systeme" im FA 1.2 der Gesellschaft für Informatik (GI). Hannover, 5.–7. März, 1985. Berlin etc.: Springer, 1–22 (= Informatik Fachbericht 114; Subreihe KI). –
62. Kuhlen, R.(1986): Informationslinguistik. Theoretische, experimentelle, curriculare und prognostische Aspekte einer informationswissenschaftlichen Teildisziplin. Tübingen: Niemeyer. –
63. Kuhlen, R. (1989a): Information Retrieval: Verfahren des Abstracting. In: Bátori, I. S. / Lenders, W. / Putschke (eds.): Computational linguistics. An international handbook on computer oriented language research and applications. Berlin etc.: de Gruyter. –
64. Kuhlen, R. (1989b): Graphische und textuelle Erzeugung informationeller Objekte als ein Beitrag zur Flexibilisierung und Individualisierung von Information [eingereicht für: Nachrichten für Dokumentation]. –
65. Kuhlen, R. / Reimer, U. / Sonnenberger, G. (1988): Automatischer Aufbau von Wissensbanken durch Wissensakquisition aus Texten. Universität Konstanz, Informationswissenschaft, Bericht 4/88. –
66. Lehnert, W. G. / Black, J. B. / Reiser, B. J. (1981): Summarizing narratives. In: IJCAI-81: Proceedings of the 7th International Joint Conference on Artificial Intelligence. Vancouver, Canada. August 24–28, 1981, Vol 1. Menlo Park, CA: AAAI, 184–189. –
67. Lenat, D. / Prakash, M. / Shepherd, M. (1986): CYC: Using common knowledge to overcome brittleness and knowledge acquisition bottlenecks. The AI Magazin, 65–85. –
68. Luhn, H. P. (1958): The automatic creation of literature abstracts. IBM Journal April, 159–163. –
69. Lustig, G., (ed.), (1986): Automatische Indexierung zwischen Forschung und Anwendung. Hildesheim etc.: Olms (= Sprache und Computer 5). –
70. McGirr, C. J. (1978): Guidelines for abstracting. Technical Communication 2, 2–5, –
71. McKeown, K. R. (1986): Language generation. Applications, issues, and approaches. In: Proceedings of the IEEE 74, 7, 961–968. –
72. Maizell, R. E. / Smith, J. F / Singer, T. E. R. (1971): Abstracting scientific and technical literature. New York: Wiley-Interscience (ISA 72–2147). –
73. Mann, W. C. (1984): Discourse structures for text generation. In: COLING-84: Proceedings of the 10th International Conference on Computational Linguistics. Stanford, CA, 367–375. –
74. Mann, W. C. / Thompson, S. A. (1987): Rhetorical structure theory: description and construction of text structures. In: Kempen (1987), 85–96. –
75. Maron, M. E. (1982): Problems with full-text searching. In: Office Automation Conference, April 5–7. Moscone Center, San Francisco, 379–384. –
76. Mathis, B. (1972): Techniques for the evaluation and improvement of computer-produced abstracts. OSU-CISRC-TR-79-15. The Computer and Information Science Research Center, The Ohio State University, Columbus. –
77. Mathis, B. A. / Rush, J. E. (1985[1975]): Abstracting. The nature and definition of abstracting. In: Dym (1985), 445–484. –
78. Molitor, S. (1984): Kognitive Prozesse beim Schreiben. DIF: (Deutsches Institut für Fernstudien). Tübingen: Universität Tübingen, Forschungsbericht 31. –
79. PADOK (1986): PADOK: Test und Vergleich von Texterschließungssystemen für das

Deutsche Patent- und Fachinformationssystem. Endbericht. 1.1.1985 – 31.3.1986. Regensburg: Univ. Regensburg, Linguistische Informationswissenschaft. –
80. Pfeiffer-Jäger, G. (1980): Referat und Referieren: Linguistische Beiträge zu ihrer Applikation in der Information und Dokumentation. Germanistische Linguistik 1/2, 1 – 180. –
81. Rath, G. J. / Resnick, A. / Savage, T.R. (1961): The formation of abstracts by the selection of sentences. Part I: Sentence selection by men and machines. American Documentation 12, 139 – 141. –
82. Reimer, U. (1987): FRM: Ein Frame-Repräsentationsmodell und die formale Beschreibung seiner empirischen Semantik. Universität Konstanz, Informationswissenschaft [Dissertation]. –
83. Reimer, U. / Hahn, U. (1988): Text condensation as knowledge base abstraction. In: Proceedings of the 4th IEEE Conference on Artificial Intelligence Applications, San Diego, CA. Washington, D. C. Comp. Soc. of the IEEE, 338 – 344. –
84. Resnick, A. (1961): Relative Effectiveness of document titles and abstracts for determining relevance of dokuments. Science 134 (3484), 1004 – 1005.
85. Rösner, D. (1987): The automated news agency: SEMTEX a text generator for German. In: Kempen (1987), 133 – 148. –
86. Rowley, J. (1988; 1982): Abstracting and indexing. London: Clive Bingley. –
87. Schwartz, C. / Eisenmann, L. M. (1986): Subject analysis. In: M. E. Williams (ed.): Annual Review of Information Science and Technology (ARIST) 21, 37 – 61. –
88. Skolnik, H. (1979): Historical development of abstracting. Journal of Chemical Information and Computer Science 19, 4, 215 – 218. –
89. Sonnenberger, G. (1988) Flexible Generierung von natürlichsprachigen Abstracts aus Textrepräsentationsstrukturen. In: Wiener Workshop ,,Wissensbasierte Sprachverarbeitung''. 4. Österreichische Artificial Intelligence Tagung, Wien 29. – 31. August 1988. Berlin etc.: Springer, 72 – 82 (= Informatik Fachberichte 176; Subreihe KI). –
90. Stibic, V. (1985): Printed versus displayed information. In: Nachrichten für Dokumentation 36, 4/5, 172 – 178. –
91. Strong, S. M. (1974): An algorithm for generating structural surrogates of English text. Journal of the ASIS 1, 10 – 24. –
92. Tait, J. I. (1985): Generating summaries using a script-based language analyzer. Cambridge: Acorn Computers. –
93. Taylor, S. L. / Krulee, K. (1977): Experiments with an automatic abstracting system. Proceedings of the ASIS. Vol. 14. White Plains, NY: Knowledge Industry Publ. –
94. Tenopir, C. (1985): Full-Text databases. In: M. E. Williams (ed.): Annual Review of Information Science and Technology (ARIST) 20, 215 – 246. –
95. Travis, I. L.; Fidel, R. (1982): Subject analysis. In: M. E. Williams (ed.): Annual Review of Information Science and Technology (ARIST) 17, 123 – 157. –
96. Vickery, B. C./Vickery, A. (1987): Information science in theory and practice. London etc.: Butterworths. –
97. Wagers, R. (1983): Effective searching in database abstracts. Online 7, 5, 60 – 77. –
98. Weil, B. H./Zarember, I./Owen, H. (1963): Technical-abstracting fundamentals II. Writing principles and practices. Journal of Documentation 3, 2, 125 – 132. –
99. Wellisch, H. H. (1980): Indexing and abstracting. An international bibliography. Santa Barbara, CA: ABC-Clio. –
100. Wellisch, H. H. (1984): Indexing and abstracting: an international bibliography. Teil 2 (für den Zeitraum 1977 – 1981). Santa Barbara, CA: ABC-Clio. –
101. Weyer, S. A. (1982): The design of a dynamic book for information search. International Journal of Man-Machine Studies 17, 87 – 107. –
102. Wyllis, R. E. (1967): Extracting and abstracting by computer. In: Borko, H. (ed.): Automated Language Processing. New York etc., 127 – 179. –

B 4 Indexieren, Klassieren, Extrahieren

Gerhard Knorz

B 4.1 Einleitung

Konventionelle Textkondensierung, wie sie Kurzreferat (und Titel) darstellen, können nur mittelbar einen inhaltsorientierten Zugriff auf Dokumente ermöglichen. Ein unmittelbarer Zugriff auf den Inhalt eines Dokumentes über ein entsprechendes Retrievalsystem (im weitesten Sinne) soll dagegen durch Indexieren und Klassieren angelegt werden.
Die *Abb. 1* einer Dokumentationseinheit aus der Datenbasis PHYS illustriert den Gegenstandsbereich dieses Kapitels.

AN	87(17):81072 PHYS
TI	Oxygen content of superconducting Ba2YCu 306.5 + x.
AU	Hauck, J.; Bickmann, K.; Zucht, F. (Inst. für Festkörperforschung, Kernforschungsanlage Juelich (Germany, F. R.))
SO	Z. Phys., b. (Jul 1987) v. 67(3) p. 299 – 302 ISSN 0722-3277; CODEN ZP880
CY	GERMANY, FEDERAL REPUBLIC OF
DT	Journal
TC	Experimental
LA	English
AB	Single-phase non-stoichiometrie Ba2YCu306.5 + x with $-0.248< =x< =0.300$ can be obtained by annealing prereacted samples at 0.01-1 bar oxygen parial pressure. Samples with $X= -0.248$ are semiconducting, samples at $0.239< =x< = 0.300$ are metallic with Tc increasing from 92.2 to 94.0 K for annealing in 0.02-1 bar 02. (orig.)
CC	★7470; 7410; 8140
CT	★BARIUM OXIDES; ★ YTTRIUM OXIDES; ★COPPER OXIDES; QUATERNARY COMPOUNDS; CUPRATES; STOICHIOMETRY; ANNEALTING; ELECTRIC CONDUCTIVITY; ★SUPERCONDUCTIVITY; TRANSITION 'TEMPERATURE; LOW TEMPERATURE; X-RAY DIFFRACTION; THERMAL GRAVIMETRIE ANALYSIS; TEMPERATURE DEPENDENCE; QUANTITY RATIO
ET	Ba★Cu★O★Y; Ba sy 4; sy 4; Cu sy 4; O sy 4; Y sy 4; Ba2YCu306.5 + x; Ba cp; cp; Y cp; Cu cp; O cp; 02

Abb. 1: Eine Dokumentationseinheit aus der Datenbasis PHYS

Es interessieren hier nicht die formalen Kategorien AN, AU, SO, CY, DT, und LA (siehe dazu Kapitel B 2), sondern zunächst die Kategorien CC und CT:

CC: Jedes Dokument wird in einige wenige Klassen (hier: durchschnittlich in 2 bis 3) eingeordnet, die durch eine Klassifikationsnotation bezeichnet werden. Grundlage ist ein 3-stufiges monohierarchisches Klassifikationssystem, bestehend aus der ersten, der zweiten und den beide folgenden Dezimalen. Insgesamt stehen über 500 verschiedene Klassen zur Verfügung.

CT: Jedem Dokument werden nach den für die Datenbasis zuständigen Indexierungsregeln (hier) durchschnittlich ca. 12 Deskriptoren aus einem Thesaurus mit über 20.000 Begriffen zugeordnet.

Das CT-Feld ist demnach das Ergebnis des Indexierens, bei dem Index-Termini einer dokumentarischen Bezugseinheit nach einem vorgegebenem Indexierungsverfahren zugeordnet werden (Lit. 14.).
Das CC-Feld ist das Ergebnis des Klassierens, bei dem Elemente (hier: Dokumente) Klassen (hier: benannt durch Klassifikationsnotationen) zugeordnet werden (Lit. 14.).
Drei Eigenschaften des hier gezeigten CT-Feldes sind für das weitere bemerkenswert:

- Die Index-Termini, die Deskriptoren, entstammen aus einem kontrollierten, verbindlichen Vokabular (siehe das zu das Kapitel über Thesauri). Sie müssen im Text des Dokumentes nicht notwendigerweise explizit vorkommen („Additonsmethode").
- Die zugeteilten Deskriptoren stehen offensichtlich völlig gleichrangig und ohne gegenseitige Bezüge nebeneinander (gleichordnende Indexierung). Tatsächlich ist es hier jedoch so, daß (hier nicht sichtbar) einige Deskriptoren als sogenannte „Main Headings" ausgezeichnet sind, denen jeweils noch ein anderer Deskriptor als „Qualifier" zugeordnet ist. Diese reduzierte und in der Form komplexere Indexierung hat jedoch nur für ein zusätzlich gedrucktes Register Bedeutung.
- Die Deskriptoren werden in einem 2-stufigen Prozess zugeteilt: Ein Programm (das AIR-System; siehe dazu Lit. 12.) analysiert Titel und Abstract und ermittelt auf der Grundlage eines umfangreichen Regel-Wörterbuchs die potentiell relevanten Deskriptoren. Ein Indexer kontrolliert die automatisch erzeugte Indexierung anhand des Orginaldokumentes und modifiziert sie gegebenenfalls. Ziel dieses *maschinell gestützten Vorgehens* ist in erster Linie die Verbesserung der Qualität gegenüber rein automatischer oder manueller Bearbeitung (siehe dazu Lit. 13.)

Als Ergebnis einer speziellen Art automatischer Indexierung kann das ET-Feld aufgefaßt werden: Es enthält die im Titel oder Abstract vorkommenden Formeln in einer standardisierten und damit besser recherchierbaren Form. Im Gegensatz zum CT-Feld entstammen die Index-Termini direkt aus dem Text („Extraktionsmethode"), und die zugeteilten Ausdrücke haben auch eine syntaktische Struktur.
Der Treatment-Code im CT-Feld ordnet die Arbeit in die Klasse der experimentellen, theoretischen oder sonstigen Dokumente ein.
Die Tatsache, daß alle sinntragenden Textwörter im Titel (TI) und in der Kurzfassung (AB) recherchierbar sind, kann ebenfalls als eine vom Verfahren her triviale, wenngleich zweifellos effektive Art von „automatischer Indexierung" aufgefaßt werden.
Die für dieses Kapitel B 4 einschlägigen Normen sind die 3 Teile der DIN 31623 (Lit. 06.), auf die sich Terminologie und Darstellung im folgenden abstützen. Auf eine Zitierung im einzelnen wurde verzichtet, allerdings auch auf eine vollständige Abdeckung der in der Norm dargestellten Inhalte. Stattdessen wird den Möglichkeiten (und Grenzen) automatischer Indexierungsverfahren größerer Raum gegeben. Die zusätzliche Lektüre der Norm DIN 32623 wird dem Leser daher sehr empfohlen. Darüber hinaus soll auf folgende Literatur hingewiesen werden (gerade auch im Hinblick auf das eher konventionelle Indexieren): (Lit. 18.; Lit. 03.; Lit. 11.; Lit. 08.). Weitere Zitate folgen im Text.

B 4.2 Indexieren ist zweckbestimmt

Indexieren ist stets nur Mittel zum Zweck (im folgenden soll, wo Mißverständnisse ausgeschlossen sind, „Indexieren" auch „Klassieren" und „Extrahieren" subsumieren). Dies hat u.a. zur Folge, daß eine Definition von „guter Indexierung" notwendigerweise unbefriedigend bleiben muß, solange nicht der aktuelle Zweck genau spezifiziert ist: Indexierung für ein Retrieval (etwa Patent-, Produkt- oder Forschungsrecherche), für ein gedrucktes Register oder für sonstige Spezialauswertungen (z.B. die Erstellung spezieller Reports, wie etwa über den aktuellen Stand eines komplexen Vorhabens).

Für die Auswahl und Ausgestaltung des anzuwendenden Indexierungsverfahren sind die (Retrieval-)Operationen in Rechnung zu stellen, die auf dem Indexierungsergebnis ausgeführt werden sollen (bzw. können):

- gezieltes Auffinden eines Dokumentes aufgrund *eines* zugeteilten Indexterms (gegebenenfalls weiteres lineares Suchen in der „Nähe" der vermuteten Fundstelle).
- Kombination verschiedener zugeteilter Indextermini während der Recherche mit Hilfe aussagenlogischer Operatoren und/oder einer Gewichtung.
- Möglichkeit der Einbeziehung von syntagmatischen (Roles und Links) oder paradigmatischen (Taxonomie im Begriffssystem) Relationen zwischen Suchbegriffen während der Recherche.
- Möglichkeiten zur Trunkierung, Anwendung von Kontextoperatoren oder spezieller Suchtechniken wie der phonetischen Recherche bei der Suche im Indexierungsergebnis.
- Möglichkeit, die Suche in verschiedenen Arten von Indexierungsergebnissen miteinander zu kombinieren.

Wird heute für eine Online-Datenbank indexiert, kann davon ausgegangen werden, daß jede Art angebotener Inhaltserschließung unter Nutzung aller üblichen Retrievaloperationen bei der Recherche in Kombination genutzt wird. Es gibt (noch) PC-Systeme, speziell für den Bibliotheksbereich, die diesen Leistungsumfang nicht bieten; Karteikartensysteme und gedruckte Register sind in ihren Möglichkeiten grundsätzlich sehr beschränkt.

Entscheidend für Auslegung eines Indexierungsverfahrens sind die Anforderungen, die an das aufzubauende Informationssystem gestellt werden:

- Welchen Stellenwert hat die Aktualität der nachgewiesenen Dokumente?
- Gibt es a priori Präferenzen hinsichtlich Precision (Toleranz gegenüber Ballast) oder Recall (Toleranz gegenüber unvollständigen Suchergebnissen)?
- Gibt es spezielle Problemklassen für die Formulierung von Suchfragen? Beispielsweise Schulen-abhängige Begriffsysteme (wie etwa u.a. in der Politikwissenschaft), sehr präzise definierte Sachverhalte (die auch entsprechend präzise selektiert werden sollen) wie u.a. in der Kernphysik oder der Chemie), oder aber unscharf definierte Zielinformation (wie etwa bei der Recherche nach Namen, die nur lautsprachlich bekannt sind)

B 4.3 Indexieren ist von Randbedingungen abhängig

Wichtige Gesichtspunkte bei der Auswahl eines Indexierungsverfahrens liefern *Eigenschaften der zugrundeliegenden* (bzw. der zu erwartenden) *Dokumentenmenge:*

- die Größe und vor allem die inhaltliche Heterogenität der Sammlung: Sie bestimmt wesentlich die Trennschärfe, mit der bei der Indexierung gearbeitet werden muß.
- Heterogenität bezüglich der Sprache: mehrsprachige Sammlungen machen Inhaltserschließung (beginnend mit Titelübersetzung und Referieren) unumgänglich
- die Art der Darstellung der interessierenden Sachverhalte: sprachlich (s.u.), in 1- oder 2-dimensionalen Formeldarstellungen (z.B. in der Chemie), in Tabellen (in empirischen Wissenschaften), in Graphiken (z.B. in einer Konstruktionsdatenbank), in Bildern (z.B. in Pressedatenbanken) oder (häufig) in Mischformen. In der Regel muß man sich bei nichtsprachlicher Vorlage mit sprachlich codierter Inhaltserschließung behelfen: z.B. Beschreibung eines Bildes durch Schlagwörter.
- der Stellenwert, den Probleme sprachlicher Benennung in dem vorgegebenen Textmaterial haben: Homonymie, Polysemie, Wortformen-Varianten (z.T. sprachabhängig), Formulierungsvarianten, Abkürzungen (speziell: ad-hoc-Abkürzungen!), implizite Darstellungen, verschleiernde Darstellungen (wie z.T. etwa im Patentbereich), besonders standpunktabhängige Beschreibungen (z.B. in den Sozialwissenschaften)
- die Selbständigkeit des einzelnen Dokumentes: Bürodokumente beispielsweise sind häufig durch vielfältigen Bezug auf andere Dokumente gekennzeichnet.

Weiterhin ist nach den *verfügbaren Ressourcen* zu fragen:

- Sind qualifizierte Indexierer(innen) vorhanden? Soll bei akzeptabler Qualität ein hoher Durchsatz erreicht werden, so muß die personelle Fluktuation niedrig gehalten werden. Inwieweit kann bei Einsatz maschineller Verfahren der anfallende Pflegeaufwand geleistet werden?
- Inwieweit ist eine manuelle Indexierung vom Zeitaufwand und der organisatorischen Einbettung her überhaupt möglich?
- Inwieweit ist maschinelle Unterstützung (für Wörterbuchzugriff, Eingabe, Ergebniskontrolle, Vorbereitung der Indexierung) verfügbar?
- Welche Werkzeuge (Thesauri, Klassifikationssysteme, Wortlisten) sind vorhanden?
- Welche Teile des Dokumentes sind zur Indexierung aktuell verfügbar? Automatische Indexierungsverfahren müssen sich in der Regel mit Titel und Abstract als Ausgangsbasis begnügen.

Die neben allen fachlichen Aspekten entscheidende Frage nach dem insgesamt akzeptiertem Aufwand für Inhaltserschließung schließt den Kreis: Inhaltserschließung ist Mittel zum Zweck, und wenn der resultierenden Informationsdienstleistung geringe Bedeutung zugemessen wird, kann beim Input nur entsprechend knapp kalkuliert werden.

B 4.4 Entwurfsentscheidungen bei der Auslegung eines Indexierungsverfahrens

Welches sind nun die methodischen Freiheitsgrade, mit denen auf unterschiedliche Zweckbestimmungen und Ausgangsvoraussetzungen reagiert werden kann?

(1) Prä- und Postkoordination

Der Benutzer heutiger Literaturdatenbanken versucht, seine Suchfrage als Kombination einzelner Indextermini auszudrücken. Damit setzt er den komplexen Suchbegriff zum Retrievalzeitpunkt aus einfacheren zusammen: Post-Koordination. Die Alternative ist, die einzelnen Index-Termini bereits zum Indexierungszeitpunkt zu komplexen Themenbeschreibungen zusammenzusetzen: Prä-Koordination. Sind solche Themenbeschreibungen bereits im Vokabular verankert (als Komposita oder Nominalgruppen), so spricht man von Prä-Kombination.

- Ein Beispiel präkombinierter Systeme ist die monohierarchische Klassifikation, die in allen Fällen, in denen ein einheitlicher Einteilungsgesichtspunkt gefunden werden kann, durch ihre einfache und effiziente Struktur besticht. Die zugeteilten Klassifikationsnotationen lassen sich in eine lineare Ordnung bringen (Anwendung: Bücheraufstellung!) und ein gedrucktes Klassifikationssystem ist die einzige technische Zugangsvoraussetzung. Wenn ein Weltausschnitt jedoch, was die Regel ist, tatsächlich vielschichtiger ist, dann wirken sich die Unbeweglichkeit und die praktisch nicht vermeidbaren inneren Widersprüche eines solchen Systems negativ aus.
- Bei Facettenklassifikationen handelt es sich um präkoordinierte Systeme. Ein ganz anderes Beispiel sind komplexe Nominalgruppen zur Darstellung der in Dokumenten behandelten Themen. Der Weg von einer Suchfrage zu einer zugeteilten Nominalgruppe kann aber wegen der größeren Flexibilität und des größeren Variantenreichtums natürlicher Sprache nicht ganz so einfach sein wie der zu einer zugeteilten Klassifikationsnotation.

Das Prinzip der Postkoordination wurde in den frühen 50'er Jahren als Reaktion auf die zu dieser Zeit gebräuchlichen Klassifikationssysteme und deren grundsätzlichen Beschränkungen vom Mortimer Taube eingeführt. Er entwickelte für Forschungsberichte der US ASTIA ein System von elementaren Basisbegriffen („Uniterms"), von denen einem Dokument etwa 10–20 zugeordnet wurden. Für Speicherung und spätere Postkoordination war eine spezielles Karteikartensystem notwendig. Daß der Rechner das geeignete Instrument für die Anwendung und Weiterentwicklung dieses Ansatzes war, liegt auf der Hand. Die Nachteile des puristischen Uniterm-Verfahrens sind ebenfalls leicht einzusehen: Eine auf elementaren Basiskonzepten beruhende Indexierung ohne zusätzliche syntaktische Ausdrucksmittel muß notwendigerweise bei steigender Dokumentenanzahl eine unzumutbare Zahl von Fehl-Koordinationen provozieren. {Maschine, Übersetzung, Text} läßt völlig offen, ob es sich um „maschinelle Übersetzung von Texten" oder um „Übersetzung von Texten über Maschinen" handelt.

(2) Art der Indexierungssprache

Wenn, wie z.B. bei Registern, eine primär manuelle Suche stattfindet, können Nominalgruppen, Titel oder auch Kurzfassungen durchaus als Indexierungsergebnisse mit natürlichsprachigem Vokabular und natürlicher Syntax angesehen werden. Wird dagegen maschinell recherchiert, wird also das Indexierungsergebnis von einem formalen System manipuliert und „interpretiert", so ist es zweckmäßiger (bzw. realistischer), das Ergebnis des Indexierens als einen Ausdruck einer formalen Sprache zu betrachten, der aus lexikalischen Einheiten zusammengesetzt ist und eine (künstliche) Syntax besitzt.

Beim *Vokabular* einer Indexierungssprache ist ein kontrolliertes, verbindliches von einem offenen, freien Vokabular zu unterscheiden. Ein kontrolliertes Vokabular, wie es etwa die Notationen eines Klassifikatonssystems oder die Deskriptoren eines Thesaurus darstellen, vermeidet viele Probleme offener Systeme, die sich etwa der in den Dokumenten vorkommenden Fachbegriffe bedienen: die Form der Benennung und die systembezogene Bedeutung kann grundsätzlich soweit erforderlich festgelegt werden (vgl. dazu das Kap. B 5). Andererseits muß jedes Mehr an Kontrolle (beispielsweise in Form einer Relationierung von Deskriptoren) mit z.T. enormen Aufwand für Erstellung und Pflege bezahlt werden. Die Analyse von Indexierungsfehlern zeigt, daß bei Verwendung umfangreicher Thesauri auch der erfahrene und spezialisierte Indexierer ohne Nachschlagen in keinem Falle auskommt. Die Nachteile aus fachlicher Sicht zeigen sich, wenn zur Indexierung eines Sachverhalts keine adäquaten Deskriptoren zur Verfügung stehen: Dies geschieht schon deshalb zwangsläufig, weil die fachliche Entwicklung eines Gebietes auch dem aktuellsten (verbindlichen) Vokabular (mindestens) einen Schritt voraus ist. Es empfiehlt sich daher, neben verbindlichem Vokabular auch freies Vokabular ergänzend zuzulassen. Die Formulierung der freien Indextermini sollte sich an die vorgefundene Formulierung im Text anlehnen sowie prägnant, reproduzierbar und eindeutig sein. In DIN 31623, Abs. 3.3.2 und 4 sind detaillierte Richtlinien für die Begriffs- und Benennungsanalyse bei der Formulierung freier Deskriptoren angegeben.

Die *Syntax* (zur Darstellung syntagmatischer Beziehungen) ist bei den meisten Indexierungssprachen sehr schwach ausgeprägt. Der Einsatz syntaktischer Sprachmittel dient primär der präziseren Darstellung von Themen und damit (beim Retrieval) der Reduzierung von Ballast. Er erfordert ein tieferes Verständnis des Dokumentinhalts und eine besondere Sorgfalt, wenn ein in sich konsistentes Indexierungsergebnis erreicht werden soll, das den erhöhten Aufwand rechtfertigt. Die Erfahrungen mit syntaktischer Indexierung sind recht uneinheitlich.

Bei der „gleichordnenden Indexierung" (coordinate indexing) fehlt jede Art von (syntagmatischen) Beziehungen zwischen Deskriptoren: Die Indexierung besteht aus einer *Menge* (im mathematischen Sinn) von gleichberechtigten Indextermini.

Ist ein Text im „Freitext" unter Verwendung von Kontextoperatoren recherchierbar, ist also jedes bedeutungstragende Wort ein suchbares Stichwort, so besteht die Indexierung aus einer *Reihe* von Index-Termini: die Nachbarschaftsbeziehungen der einzelnen Wörter bleiben erhalten und können bei der Suche berücksichtigt werden.

Eine andere Art von Reihung liegt vor, wenn Index-Termini nach „Wichtigkeit" geordnet sind. Vor allem automatische Indexierungsverfahren ordnen Deskriptoren oft Gewichte zu, was man ebenfalls als ein syntaktisches Ausdruckmittel deuten kann:

Indexierung, Linguistische Verfahren, Evaluierung

oder:

Indexierung (1.00), Linguistische Verfahren (0.8), Evaluierung (0.4)

Genauso wie man in der natürlichen Sprache über die Neubildung zusammengesetzter Wörter (Präkombination) hinaus komplexe Begriffe als Teilsätze konstruieren kann, so können mehrere Index-Termini durch syntaktische Mittel zusammengesetzt werden, um den gemeinten Begriff präziser zu benennen:

{Bedarf, Technik, Information} als gleichordnende Indexierung läßt offen, ob es um Informationen über den Bedarf an Technik oder aber um Bedarf an Informationstechnik geht. Mit einer Klammerstruktur, die die Abhängigkeitsstruktur nachzeichnet, läßt sich das Gemeinte klarlegen:

(Information ← (Bedarf ← Technik))
(Bedarf ← (Technik ← Information))

Diese Art der Darstellung gibt an, welcher Begriff durch welchen anderen Begriff spezifiziert wird. Sie geht bereits über solche einfache Varianten hinaus, mit denen mittels sogenannter „links" (Kopplungsindikatoren) markiert wird, welche Index-Termini inhaltlich zusammengehören:

(manuell, natürlichsprachlich, Indexierung)
(automatisch, Grundformenreduktion, Evaluierung)

In der Regel sind die so abgegrenzten Deskriptor-Teilmengen nicht disjunkt.
Das (technische) Zusammenfassen und Abgrenzen verschiedener Teilmengen von Indexierungsergebnissen kann auf unterschiedliche Weise erfolgen. Etwa, indem mehrere separate Indexierungsfelder angelegt werden, oder aber indem bei jedem Deskriptor über eine Nummer vermerkt wird, zu welchem Deskriptorsatz er gehört. Es soll hier auf solche Details nicht eingegangen werden. Siehe dazu DIN 31623, Teil 3, Abs. 7.3.
Andererseits reicht die obige Darstellung einer Abhängigkeitsstruktur für die Präzisierung von Fällen wie „Lösung in Wasser" vs. „Lösung mit Wasser" nicht aus. Die natürliche Sprache, deren Syntax hier mit Präpositionen arbeitet, stellt das Problem der nahezu unerschöpflichen Formulierungsvarianten mit der Schwierigkeit, die Übereinstimmug bzw. semantische Nähe verschiedener Formulierungen formal bestimmen zu lassen (wässrige Lösung, in Wasser gelöste X, eine mit Wasser hergestellte Lösung, wird zunächst unter Verwendung von Wasser gelöst, wird in Alkohol oder in Wasser vorsichtig gelöst, eine Lösung für Wasser oder vergleichbare Flüssigkeiten ist nicht bekannt, . . .).
Speziell bei Registerindexierungen bietet es sich oft an, Paare von Index-Termini zu bilden, wobei der eine Term (Qualifier) den anderen (Main Heading) präzisiert.
Wenn einige (wenige) Index-Termini nahezu mit jedem anderen kombiniert werden können, empfiehlt es sich, diese aus dem Vokabular herauszunehmen und stattdessen syntaktisch (als Rollenindikator) zu repräsentieren.

Beispiel: **Italien (E):** Ausfuhr nach Italien
Italien (I): Einfuhr von Italien
Berillium (T): Berillium als Target in einer Reaktion
Berillium (O): Berillium als Reaktionsergebnis

Es ist offensichtlich, daß das Problem einer präzisen Benennung von Begriffen z.T. sowohl auf syntaktischem wie lexikalischem Niveau gelöst werden kann. In einem System, das aus diesem Grund immer komplexere Index-Termini in sein Vokabular aufnimmt, wird die Auswahl der „richtigen" Index-Termini (und damit sowohl Indexierung als auch das Retrieval) immer schwieriger.
Die *Indexierungsregeln* sind Bestandteil der Indexierungssprache. Sie sind ein wichtiges Instrument, die Indexierung für das Retrieval effektiv zu machen. Zu den allgemeinen Indexierungsregeln gehört, daß von mehreren konkurrierenden Index-Termini stets der am meisten spezifische auszuwählen ist und daß Deskriptoren nur für solche Themen zugeteilt werden, die im Dokument tatsächlich behandelt (nicht nur berührt) werden.
Spezielle Indexierungsregeln müssen sich am systemspezifischen Bedarf ausrichten und legen fest, in welcher Weise Klassen von Sachverhalte durch Index-Termini auszudrücken sind.

Beispiel: – Deskriptoren in der Rolle als Werkzeug sollen nicht indexiert werden
– Firmennamen stets indexieren

Geregelt werden die Behandlung spezieller Phänomene (Zahlenangaben, Formeln, Namen), der Gebrauch von Werkzeugen, die Verwendung und Bildung freier Deskriptoren, Annahmen über den Informationsbedarf der Benutzer und organisatorische Maßnahmen zur Qualitätssicherung.
Ziel ist es, die Konsistenz der Indexierung und damit die Vorhersehbarkeit und den Gebrauchswert bei der Benutzung zu erhöhen.

(3) Art der Zuordnung:
Die Index-Termini können dem zu indexierenden Text entnommen sein (Stichwörter, geliefert von einem Extraktionsverfahren) oder frei zugeteilt sein (Schlagwörter, Deskriptoren, Klassifikationsnotationen, geliefert von einem additiven Verfahren).
Läßt man dasselbe Dokument testweise parallel indexieren (vgl. Abschnitt B 4.6), so ist Konsistenz zwischen konkurrierenden Extraktionsverfahren offensichtlich leichter sicherzustellen als zwischen Additionsverfahren. Dies wird (oft auch in Zusammenhang mit maschineller Indexierung) mißverständlicherweise als Qualitätsargument vorgebracht. Zwar ist es richtig, daß schlechte Konsistenz sich negativ beim Retrieval auswirken muß. Gute Konsistenz wirkt sich aber nur dann positiv auf das Retrieval aus, wenn damit gemeint ist, daß ähnliche Sachverhalte in verschiedenen Dokumenten konsistent indexiert sind. Ob die systembedingte gute Konsistenz bei Extraktionsverfahren dieses Ziel erreicht, oder aber wegen der Anlehnung an den Sprachgebrauch der verschiedenen Autoren eher verfehlt, kann nicht allgemein entschieden werden. Als die einfachere Methode hat das Extrahieren in jedem Fall den Vorteil der schnellen Bearbeitung für aktuelle Informationsdienste.

(4) Prozessor
Wenngleich automatische Indexierungsverfahren manuelles Indexieren imitieren können und im Prinzip jedes automatische Indexierungsverfahren auch manuell durchgeführt werden kann, handelt es sich doch bei der Entscheidung zwischen manuellem oder automatischem Indexieren um eine Grundsatzentscheidung. Ein manuelles Indexieren lohnt sich für Retrievalzwecke nur dann, wenn nach der Additionsmethode gearbeitet wird oder aber eine syntaktische Indexierung benötigt wird. Ohne ein Verständnis des Dokumentinhaltes, ohne ein Erkennen der für das Retrieval wesentlichen Begriffe kann auf (aufwendiges) manuelles Arbeiten zugunsten einfacher maschineller Verfahren in jedem Falle verzichtet werden. Die Tätigkeit des Indexierens mit dem (abschließenden) Aussuchen bzw. Formulieren passender Deskriptoren gleichzusetzen, wäre unzulässig verkürzt gesehen.
Von maschinell unterstütztem Indexierung spricht man, wenn ein automatisches Verfahren Index-Termini vorschlägt, die in einer manuellen Nachbearbeitung noch bestätigt werden müssen.

(5) Grundlage des Indexierens
Für (maschinelle) Extraktionsverfahren stehen in der Regel Titel und Kurzfassung bzw. speziell ausgewählte Dokumentkategorien als textuelle Basis zur Verfügung. Zukünftig werden vermehrt auch Volltexte bearbeitet werden.
Manuelle Indexierung arbeitet zumeist mit dem Anspruch, die Orginalarbeit das

Grundlage heranzuziehen. Dies kann in der Routinesituation kaum ein vollständiges Lesen der Arbeit bedeuten, wohl aber ein zielgerichtetes Suchen nach relevanten Informationen im Dokument, speziell in Autoren-Kurzfassung, Einleitung, Schluß, in und unter Abbildungen und Tabellen. In jedem Fall macht die Orginalarbeit das Indexieren unabhängig(er) von der Qualität der Kurzfassung.

(6) Werkzeuge
Die Werkzeuge, die zur Verfügung stehen, erstellt werden müssen, und/oder zu pflegen sind, sind für die Auswahl eines Indexierungsverfahrens ein entscheidender Faktor. Die Werkzeuge manueller Indexierung sind Thesaurus, Klassifikationssysteme und Indexierungsregeln. Automatische Verfahren arbeiten mit Regelwerken (zum Beispiel zur Wortformennormierung), mit Morphemwörterbüchern, mit Wortlisten oder mit komplexeren Wissensdarstellungen (siehe dazu das Kapitel über neue Formen der Wissensrepräsentation). Der Pflegeaufwand von Regeln ist (in diesem Kontext) geringer einzuschätzen als der von Listen, Wörterbüchern oder Wissensbasen, soweit diese den Wortschatz vollständig abdecken sollen.

B 4.5 Extraktionsmethoden

Die im Prinzip einfachsten Indexierungsverfahren entnehmen die Index-Termini direkt dem Text.

(1) Manuelle Stichwortindexierung
Manuelle Stichwortextraktion wird in Zukunft kaum eine Rolle mehr spielen. Sie kann leicht während der Texterfassung als zusätzliche Markierung von Textwörtern etwa zur Aufnahme in ein Register mit erledigt werden (angeboten als Option eines Textverarbeitungssystems) und enthält, im Gegensatz zu gängigen maschinellen Alternativen, eine tatsächliche dokumentbezogene Relevanzentscheidung. Ein für den Dokumentinhalt nebensächliches oder gar irreführendes Wort wird man in keinem Fall indexieren.

(2) Freitext-Verfahren
Das Aufkommen von billigen Massenspeichern schuf eine historisch völlig neue Situation in der Dokumentation: Die Reduktion auf Wesentliches wurde teurer als das Anbieten aller Textwörter als Suchbegriffe. Da die Invertierung aller im Text vorkommenden Wortformen (ausgenommen das kleine Inventar an Funktionswörtern und banalen Wörtern) völlig unabhängig von der Art der (Text-)Dokumente und deren Sprache ist und auch keine manuelle Pflege erfordert, handelt es sich hier aus der Sicht von Datenbankproduzenten um die ideale Erschließungsmethode. Der Freitext in Zusammenhang mit Booleschem Retrieval ist auch dann die Basistechnik, wenn weitere Formen der Inhaltserschließung integriert sind (z.B. läßt sich im CT-Feld mit Trunkierung und mit Abstandoperatoren recherchieren).

(3) Linguistische wortorientierte Verfahren
Die Tatsache, daß das Freitext-Retrieval keine wirkliche Inhaltserschließung anbietet, sondern den Erschließungsaufwand eigentlich nur auf den Suchenden verlagert, hat die Entwicklung von maschinellen Verfahren herausgefordert, die die sprachli-

chen Probleme der Freitextrecherche mit linguistisch motiviertem Handwerkszeug angehen. Auf der Wortebene handelt es sich hier speziell um Probleme der Wortformenvarianten und der Wortbildung (Komposita). Typischerweise werden zunächst anhand einer Negativliste die häufigen nicht-bedeutungstragenden Wörter von der weiteren Verarbeitung ausgeschlossen. Solche Listen enthalten ca. 100 bis 200 Wortformen wie z.B. (siehe dazu den letzen Satz) *werden, zunächst, anhand, einer, die, von, der* und ersparen in bis zu 50 % aller laufenden Wortformen (Token) weiteren Verarbeitungsaufwand. Folgende weitere Analysestrategien stehen zur Auswahl:

– *einfache Verfahren* untersuchen die Wortendung und ersetzen unter bestimmten Bedingungen die flektierte Endung durch eine Standardendung. Basis des Verfahrens sind String-Ersetzungsregeln der folgenden Art:

  ,,es'' → ,, ''
  ,,s'' → ,,'' /außer vor ,,a''
  mit der Wirkung: ,,rooms'' → ,,room''
  ,,glas'' → ,,glas''
  ,,glasses'' → ,,glas''

  Diese Regeln werden nach einer vorgegebenen Abarbeitungsvorschrift (iterativ, oder ,,von längeren Regeln zu den kürzeren Regeln'', genannt ,,longest Match'') angewandt. Im Englischen reichen solche einfachen Verfahren für viele Zwecke bereits aus. Der Vorteil des Verfahrens liegt in der Effizienz und dem geringen Pflegeaufwand.

– Bei *Verfahren mit Wortformen-Wörterbüchern* wird jede Wortform aus dem Text im Wörterbuch gesucht, wobei die zu indexierende standardisierte Form als Teil des Wörterbucheintrags angegeben ist. Die korrekte Behandlung von Umlautungen und unregelmäßigen Formen ist ohne Zusatzaufwand möglich:

  Umlautungen → Umlautung
  Wörter → Wort
  gesucht → suchen

  Besonders wichtig bei Sprachen wie dem Deutschen ist eine Behandlung der *Komposita*, die sich wörterbuchabhängig ebenfalls recht einfach realisieren läßt:

  Wörterbucheintrags → Wörterbucheintrag, Wort, Buch,
  Wörterbuch, Eintrag

  Der Anbieter eines solchen wörterbuchabhängigen Verfahrens wird ein Basiswörterbuch zur Verfügung stellen, das durch den Anwender um die fachsprachlichen Ausdrücke zu erweitern ist. Listen mit unbekannten Wortformen, die bei der laufenden Verarbeitung zusammengestellt werden können, unterstützen die Wörterbuchpflege. Es gibt Systeme dieser Art, die sich in laufenden Anwendungen praktisch bewährt haben (siehe z.B. Lit. 10., Kap. 2).

– Der Umfang eines Wörterbuches kann in der Größenordnung Faktor 10 reduziert werden, wenn nicht Wörter, sondern die *Wortbausteine*, die *Morpheme*, gespeichert werden. Zusammen mit einem Regelwerk, das die zulässigen Kombinationen der Morpheme beschreibt, ergibt sich ein erheblich flexibleres Analyseinstrument von Wortformen:

Mit den Einträgen
trag (. . .), e (. . .), en (. . .), ein (. . .), wort (. . .), buch (. . .), er (. . .)
lassen sich reduzieren:
tragen → tragen, Einträge → Eintrag,
Wörter → Wort,
Wörterbücher → Wörterbuch + Wort + Buch
(Die Auslassungszeichen (. . .) sollen hier andeuten, daß zu jedem Morphem zusätzliche Information gespeichert ist.)

Die Beschreibung eines solchen Verfahrens findet sich in Lit. 22., S. 157–216.
– Neben den bisher angesprochenen kontextunabhängigen Verfahren existieren auch *kontextsensitive*, die auch die links und rechts neben der betrachteten Wortform stehenden Wörter zur Wortartenbestimmung mit einbeziehen.

Im Kontext ,,Die Höhe der Wogen wurde . . . ''
ist ,,Wogen'' auf ,,Woge'' zu reduzieren,
im Kontext ,,Wogen sie vor dem Versuch noch . . .''
dagegen auf ,,wiegen''

Einfache kontextsensitive Verfahren betrachten nur direkte Wortnachbarschaften und berücksichtigen die Wahrscheinlichkeiten, mit der eine Wortart auf eine andere folgen kann. Die sicheren ,,Stützpunkte'' dieses Vorgehens bilden die Funktionswörter. Aufwendigere Verfahren arbeiten mit einer partiellen oder vollständigen syntaktischen Analyse (vgl. z.B. Lit. 24.).

(4) Kollektions- und retrievalorientierte Verfahren

Ein vollständig anderer Weg wird (mit guten Argumenten, s.u.) von der Information Retrieval-Forschung der letzten 20 Jahre vorgeschlagen (siehe dazu Lit.21.; Lit. 16.). Nicht Retrievalsysteme mit logischen Verknüpfungsoperationen stehen hier im Mittelpunkt des Interesses, sondern Systeme, die Fragerepräsentationen und Dokumentrepräsentationen in Form gewichteter Index-Termini miteinander vergleichen und als Antwort eine Dokumentreihenfolge liefern. Sortierkriterium ist die vom System geschätzte Wahrscheinlichkeit bzw. Plausibilität von Relevanz auf eine gestellte Frage. Da das Retrievalverfahren nicht von manueller Suchstrategie abhängt, sondern fest vorgegeben ist, besteht die Aufgabe darin, die Parameter des Verfahrens (Gewichtungen, Rechenvorschriften) zu optimieren.
Ausgangspunkt der Überlegungen ist der einfache Vergleich der sowohl in Frage als auch im Dokument vorkommenden Index-Termini (ermittelt etwa durch ein einfaches Extraktonsverfahren). Es ist allerdings naheliegend, daß die so ermittelte ,,Trefferzahl'' kein besonders guter Indikator für Dokument-Relevanz ist, wenn ein Treffer etwa mit ,,Wörterbuch'' genau soviel zählt wie ein Treffer mit ,,Information''. Eine Lösungsmöglichkeit besteht darin, das Vokabular sorgfältig(er) auszuwählen. Es wurden daraufhin wortstatistische Modelle entwickelt, die die Eignung eines Terms, Dokumente zu charakterisieren, entscheidbar machen (diese Modelle gehen stets davon aus, daß eine Dokumenten-Kollektion fest vorgegeben ist). Die differenziertere Lösung besteht darin, die Index-Termini geeignet zu gewichten. Eine besonders einfache und gleichzeitig effektive Formel bestimmt das Gewicht g_t eines Index-Terms t zu:

$$g_t = \frac{\textit{Häufigkeit, mit der t im Dokument vorkommt}}{\textit{Anzahl der Dokumente, in denen t vorkommt}}$$

Das Gewicht eines Dokumentes in Bezug auf eine Frage, bestehend aus Index-Termini t_1, t_2, . . . t_n, errechnet sich dann als Summe der Gewichte g_{ti} von den jeweils im Dokument gefundenen Terms t_i. Solche Gewichtungsformeln sollen Dokumente, die der Frage „ähnlich“ sind, hoch bewerten.

Indem man darüber hinaus Ähnlichkeiten zwischen Dokumenten oder auch zwischen Index-Termini berechnet und einbezieht, kann man als Suchergebnis auch solche Dokumente erhalten, in denen keiner der Suchfragen-Terms vorkommt. Man bezeichnet Modelle, die vom „Ähnlichkeitsbegriff“ ausgehen, oft als „Vektormodelle“ (s. *Abb.2*), weil sie sich Frage und Dokumente als Punkte in einem vieldimensionalen Raum vorstellen (Jedem Index-Terminus ist eine Koordinate zugeordnet). Ähnlichkeit bedeutet dann „räumliche“ Nähe der Punkte.

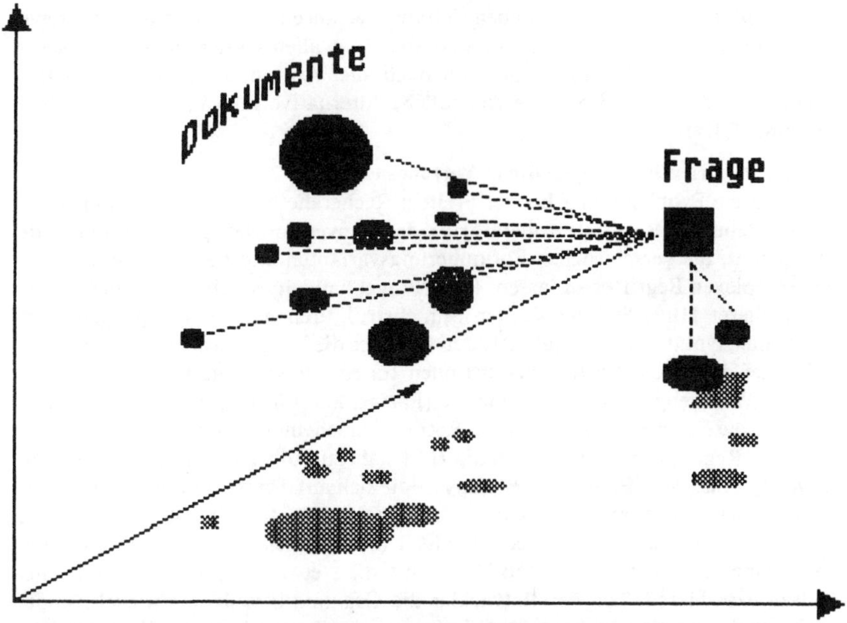

Abb. 2: 3-dimensionale Illustration eines Vektorraum-Modells. Die Dokumente werden in bezug auf ihre räumliche Nähe zur Frage bewertet. Tatsächlich müßte der Vektorraum soviele Dimensionen besitzen, wie es Index-Terms gibt.

Dieses heuristische Modell bietet viele Ansatzpunkte für differenzierte Ausgestaltungen. Die Plausibilität einer Formel ist jedoch weder notwendige noch hinreichende Bedingung für ihre Wirkung beim Retrieval. Nur das Experiment kann hier

entscheiden. Dies gilt selbstverständlich auch für alle anderen Verfahren von Inhaltserschließung und Retrieval.
Ein alternativer Ansatz der Retrievalforschung ist wahrscheinlichkeitsorientiert: Relevanz eines Dokumentes ist ein Ereignis, das es auf der Basis der verfügbaren Information über das Vorkommen und die Verteilung der Index-Termini abzuschätzen gilt. Dieser Ansatz hat sich insbesondere bei sogenannten „Relevanz Feedback" bewährt, bei dem die Index-Termini Gewichte bekommen, die von deren Verteilung auf relevante und nicht-relevante Dokumente abhängen. Solche Verteilungen können (in Ansätzen) automatisch ermittelt werden, wenn der Benutzer die in einem ersten Suchschritt erhaltenen Dokumente auf Relevanz beurteilt. Da es sich hier aber eindeutig um eine Retrievaltechnik handelt, soll hier nur auf die oben angegebene Literatur verwiesen werden.
Mittlerweile wurden verschiedene Ansätze entwickelt, das „konventionelle" Boolesche Retrieval und ein auf Gewichtung beruhendes Retrieval miteinander verträglich zu machen. Der Benutzer kann über einen Systemparameter stufenlos den Übergang von einer zur anderen Retrievalvariante umregeln.
In der Dokumentationspraxis haben sich die Verfahren des Information Retrieval bislang nicht etablieren können. Sie sind aber nach allen vorliegenden empirischen Bewertungen zumindest in einem Teilbereich aller Anwendungen eine ernsthafte, effiziente, effektive und benutzerfreundliche Alternative zur gängigen Praxis (vgl. Abschn. B 4.7).

(5) Syntaxorientierte linguistische Verfahren
Lingustische Problemfelder bei der Freitext-Recherche beschränken sich nicht auf die Wortebene. Der Kontextoperator ist das konventionelle (postkoordinierende) Instrument, die verschiedenen Formulierungsvarianten und Paraphrasierungen eines komplexen Begriffes zu fassen. In der Regel handelt es sich bei den in Fachtexten in dieser Hinsicht interessanten Sprachstrukturen um Nominalgruppen. Mit Hilfe einer syntaktischen Analyse lassen sich hier die in der Sprache realisierten Beziehungen zwischen Wörtern herausfinden für die Indexierung verwenden.
Auf die Werkzeuge einer Syntaxanalyse (Parser) kann hier nicht eingegangen werden. Für die Zwecke des Information Retrieval erscheint eine Analyse vollständiger Sätze im Regelfall unnötig aufwendig (Mit nahezu vollständiger Analyse arbeitet CTX, vgl. Lit. 24.). Eine partelle Analyse, die sich auf Teilstrukturen in Texten (etwa auf Formeln, Nominalstrukturen, Zahlenangaben mit Einheiten) beschränkt, reicht dann völlig aus. Das System DETECT (Lit.17.) beispielsweise arbeitet mit einer Grammatik für nominale Ausdrücke, um diese etwa in Volltexten zu erkennen und zu extrahieren. (Da der Entwickler die Grammatik selbst entwickelt, könne auch beliebige andere syntaktische Strukturen aus Texten herausgefiltert werden.) Man könnte dann etwa mit einem neu einzuführenden Kontextoperator „samephrase" suchen. Einen Schritt weiter geht ein Verfahren wie COPSY (Lit. 22.), das versucht, die Abhängigkeitsstruktur („Dependenzstruktur") nominaler Ausdrücke zu erkennen und abzuspeichern (s. *Abb. 3*): beispielsweise haben die Wörter Technik, Information und Bedarf in den Phrasen

(a) Information über den Technikbedarf
(b) Information über den Bedarf an Technik

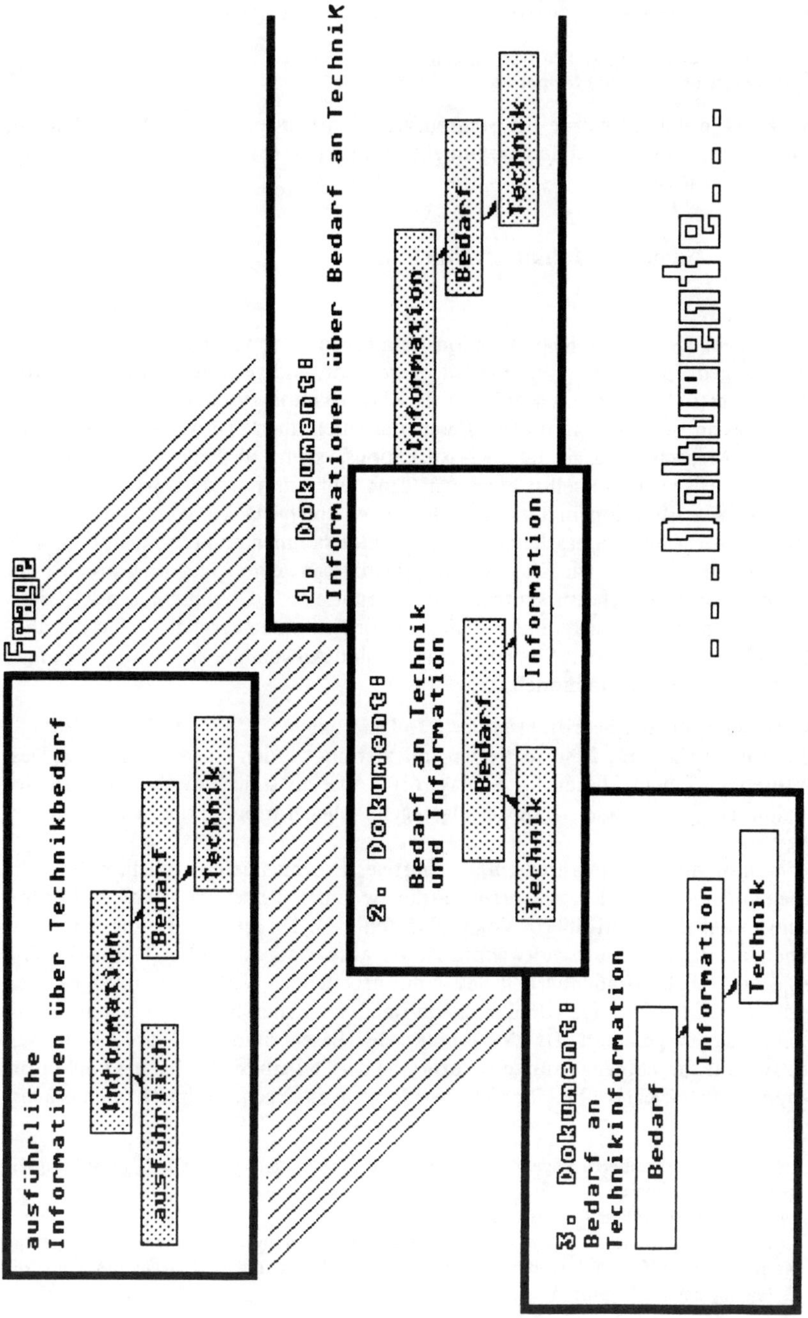

Abb. 3: Suche mit Dependenzstrukturen. Die Dokumente werden nach dem Grad der strukturellen Übereinstimmung zwischen Textformulierung und Formulierung in der Fragestellung geordnet.

untereinander dieselben „Spezifikationsrelationen". Anders jedoch in

(c) Bedarf an Informationen über Technik
(d) Bedarf an Technikinformation.

Eine Anfrage mit (d) würde bei Strukturvergleich feststellen, daß das Dokument mit (c) am besten paßt und daß Dokumente mit (a) und (b) eigentlich nicht adäquat sind.

B 4.6 Zuteilende Inhaltserschließung

(1) Klassieren
Sollen einem Dokument Klassifikationsnotationen oder sonstige Klassenbezeichnungen zugeordnet werden, so handelt es sich notwendigerweise um eine additive Indexierung (siehe dazu das Kapitel über Klassifikationssysteme B 5.2).
Automatische Verfahren in diesem Bereich arbeiten überlicherweise insofern ganz anders als Menschen, als sie das „Klassifikationssystem" als Ergebnis einer Datenanalyse (Clusteranalyse) selbst erzeugen (Eine sehr umfassende Darstellung automatischer Klassifikation in Lit. 15.). Sie fassen solche Dokumente, die sich nur wenig im Wortschatz unterscheiden, zu Klassen zusammen und erzeugen, indem sie auf höherem Niveau auch Klassen zusammenfassen, eine Klassenhierarchie. Oft wird jede Klasse durch ein synthetisches „gemitteltes" Dokument repräsentiert. Ein neues Dokument wird mit allen Klassenrepräsentanten verglichen und der ähnlichsten Klasse zugeordnet. Solche Verfahren sind Anwendungen des (bereits angesprochenen) Vektorraummodells.

(2) Gleichordnende begriffsorientierte Indexierung
Bei der manuellen begriffsorientierten Indexierung werden einem Dokument Deskriptoren aus einem Thesaurus, Schlagwörter oder als freie Indexierung auch Nominalphrasen zugeordnet. Indexierungsregeln sollen für eine konsistente Indexierung sorgen.
Wenn automatische Verfahren ein gleichartiges Ergebnis liefern sollen, müssen sie (neben anderem) über Regeln verfügen, die die in den Texten verwendeten Formulierungen auf das kontrollierte Vokabular abbilden. Da die Gewinnung eines ausreichenden Regelinventars notwendigerweise aufwendig ist und erst anschließend die grundsätzliche Brauchbarkeit des damit arbeitenden Verfahrens nachgewiesen werden kann, hat es lange von den ersten Laborversuchen bis hin zu ersten praktischen Einsätzen gedauert. Das Verfahren AIR (Beschreibung in Lit. 12.), das seit 1985 für eine maschinengestützte Indexierung der Datenbasis PHYS bei Fachinformationszentrum Karlsruhe eingesetzt wird, ist in dreifacher Hinsicht bemerkenswert:

- Es kann die verwendeten Regeln selbst aus bereits vorhandenen manuellen Indexierungsergebnissen extrahieren
- es ist in einem großen Retrievaltest evaluiert worden
- Es gehört zu den ersten eingesetzten Verfahren dieser Art mit dem am meisten ausgefeilten Konzept für die Verwendung der zugrundeliegenden Regeln und die Entscheidung über die Zuteilung der Deskriptoren.

Wo immer kontrolliertes Vokabular benutzt wird bzw. ein wörterbuchbasiertes Verfahren eingesetzt wird, muß eine z.T. aufwendige Systempflege einkalkuliert werden.

(3) Indexierungen mit syntaktischen Ausdrucksmitteln
Eine Indexierungssprache, die in einer Vielfalt von Anwendungen zur Registerindexierung eingesetzt wird, ist PRECIS ((Preserved Indexing System; Lit. 01.; Lit. 07.). Es handelt sich um ein präcoordinierendes System, dem man die Facettenklassifikatio als Hintergrund leicht ansieht.

Beispiel: Die Diagnose von Greif-Funktionsstörungen bei Industrierobotern durch Prüfprogramme

Indexierung: action term: Diagnose
objekt: Industrieroboter (part-of) Greifarm
(part-of) Funktionsstörung
technique: Prüfprogramm

Aus der Indexierung abgeleitete Registereinträge:

(1) INDUSTRIEROBOTER
Greifarm. Funktionsstörung. Diagnose. Prüfprogramm
(2) GREIFARM. Industrieroboter
Funktionsstörung. Diagnose. Prüfprogramm
(3) FUNKTIONSSTÖRUNG. Greifarm. Industrieroboter
Diagnose. Prüfprogramm
(4) DIAGNOSE. Funktionsstörung. Greifarm. Industrieroboter
Prüfprogramm
(5) PRÜFPROGRAMM. Diagnose. Funktionsstörung. Greifarm. Industrieroboter

Auch die präzise Speicherung chemischer Strukturformeln ist als eine syntaktische Indexierung aufzufassen. Da der zugrundeliegende Gegenstandsbereich diese Form der Wissensdarstellung selbst hervorgebracht hat, wird eine Schwierigkeit vermieden, die syntaktischen Indexierungen ansonsten anhaftet: Sie sind in Erstellung und Benutzung aufwendig und oft fehleranfällig.

B 4.7 Qualität von Indexierung

Wenn Indexierungsergebnisse verbindlich bewertet werden sollen, kann es keinen anderen Maßstab geben als die damit erreichbare Retrievalqualität. Die Tatsache, daß Retrievaltests einen enormen Aufwand verlangen und auch methodisch längst nicht abschließend geklärte Probleme aufwerfen, hat für viele grundlegende Fragen des Indexierens über lange Zeit hinweg spekulative Antworten auf der Basis lokaler Kriterien zugelassen (Diese Situation hat sich auch heute noch nicht endgültig geändert). Wenn die Indexierung einzelner Dokumente (etwa in einer Lehrsituation) beurteilt werden soll, stehen ohnehin nur Möglichkeiten ohne Retrievalbewertung zur Verfügung.

(1) Fehlerstatistiken und Konsistenzbewertungen
Wenn eine Indexierungsmethode so beschaffen ist, daß ein „ideales" Indexierungs-

ergebnis (im Sinne der Methode) verbindlich vorgegeben werden kann, kann die Abweichung von diesem vorgegebenen Standard in einer Fehlerstatistik erfaßt werden. Durch Klassifikation der Fehler kann die Bewertung differenziert und eine Fehlerbehebung unterstützt werden.

Beispiel:
Soll ein Indexierungsverfahren eine Grundformreduktion und Wortzerlegung durchführen, so werden die fehlerhaften Indexierungsergebnisse manuell ermittelt und ausgezählt (Beispiele aus Lit. 10.):

Einbaukochmulde → Einbau + Koch + Mulde
  1 Fehler: Koch statt Kochen
Antriebsachse → Antrieb + Sachse
  1 Fehler: Sachse statt Achse
Ein- und Ausgang → Ein, Ausgang
  1 Fehler: Ein statt Eingang

Die zusammenfassende Beurteilung könnte aussagen, daß in ca. 2 Prozent aller Fälle (Zerlegung, Grundformenbildung) Fehler auftreten. Ein solches Ergebnis wurde beispielsweise bei der Beurteilung zweier automatischer, wörterbuchabhängiger Indexierungsverfahren auf ca. 2000 deutschsprachigen Patentdokumenten (Titel und Kurzfassung) ermittelt (Lit. 10., Kap. 3).
Wenn ein Indexierungs-Standard nicht mit letzter Verbindlichkeit vorgegeben werden kann, sollte man nicht von Fehlern, sondern nur von Abweichungen sprechen. Diese Abweichungen werden ausgezählt und zu einer formalen Bewertung der Konsistenz mit dem Standard umgerechnet.

Sei **S** die Menge der einzelnen Elemente im Indexierungsergebnis des Standards (Deskriptoren, syntaktische Relationen, . . .),
I die Menge der Elemente im zu bewertenden Indexierungsergebnis.
Die Konsistenz **k** zwischen **S** und **I** berechnet sich üblicherweise wie folgt:

$$k = \frac{|\, S \textit{ schnitt } I \,|}{|\, S \textit{ vereinigt } I \,|}$$

Der Wert k schwankt zwischen K = 0 (keine Gemeinsamkeit) und K = 1 (vollständig identisch).

Konsistenzbewertungen sind vielfach als (vorläufige) Bewertung automatischer Indexierungsverfahren (mit manueller Indexierung als Standard) verwendet worden. Beispielsweise wird in Lit. 19. als Evaluierungsergebnis für ein automatisches Verfahren für eine präkoordinierende syntaktische Indexierung festgestellt, daß auf ausschließlich syntaktischer Basis eine Konsistenz von 0.75 mit manuell ermittelten Abhängigkeitsstrukturen in englischen Nominalgruppen erreicht wird. In Lit. 09. werden Indexierungstests beschrieben, bei denen eine automatische Indexierung auf englischsprachigen Dokumenten eine Konsistenz von 0.5 mit einer thesaurusbasierten manuellen Indexierung aufweist.
Das Konsistenzmaß ist symmetrisch bzgl. S und I und kann deshalb auch für den Vergleich zweier beliebiger (vergleichbarer) Indexierungsergebnisse von gleichen Dokumenten verwendet werden. Inter-Indexierkonsistenz sagt aus, wie konsistent verschiedene Indexierer arbeiten, Intra-Indexerkonsistenz mißt, wie konsistent ein Indexierer dassselbe Dokument zu verschiedenen Zeiten bearbeitet.

Schlechte Konsistenz läßt in jedem Falle auf Mängel der Dokumentationssprache und/oder der Bearbeitung schließen. Da auch aussagekräftige Konsistenztests für die Beurteilung von Informationssystemen aufwendig sind (und negative Aussagen geschäftsschädigend), existieren nur wenige verläßliche Testergebnisse. Inter-Indexerkonsistenz, abhängig von zahlreichen Parametern (insbesondere von der Dokumentationssprache und der Spezialisierung der Indexierer), kann realistischerweise zwischen 0.4 bis 0.6 angenommen werden. Gute Konsistenz ist allerdings keine hinreichende Bedingung für effektives Retrieval.

(2) Indexierungstiefe

Wenn Indexierung den Inhalt eines Dokumentes für das Retrieval erschließen soll, dann ist die Genauigkeit der Wiedergabe (mit den Mitteln der Dokumentationssprache) der verbindliche Maßstab. Dieses Bewertungskriterium der Indexierungstiefe ist allerdings nur schwer zu operationalisieren. Man betrachtet deshalb Indexierungstiefe als Kombination zweier unabhängiger Kriterien, die sich leichter fassen lassen: Indexierungsbreite und Indexierungsspezifität.

Indexierungsbreite ist das Ausmaß der Abdeckung des fachlichen Inhalts des Dokumentes. Üblicherweise wird als Indikator für die Indexierungsbreite die durchschnittliche Anzahl der vergebenen Index-Termini pro Dokument verwendet. Eine Steigerung der Indexierungsbreite läßt einen Zuwachs an Recall beim Retrieval erwarten (vgl. den folgenden Abschnitt (3)).

Eine hohe Indexierungstiefe liegt dann vor, wenn die vergebenen Index-Termini die Themen des Dokumentes sehr spezifisch treffen. Als Indikator für Indexierungstiefe werden üblicherweise die Dokumenthäufigkeit der der Termini herangezogen (Anzahl der Dokumente in der Datenbasis, die diesen Index-Terminus enthalten), die Anzahl der Lexeme einer komplexen Begriffsbenennung oder (wenn ein Thesaurus vorliegt) das generische Niveau des Deskriptors. Eine Steigerung der Indexierungstiefe läßt einen Zuwachs an Precision beim Retrieval erwarten (vgl. den folgenden Abschnitt)

(3) Retrievaltestbewertung

Eine Indexierung ist genau dann besser als eine andere, wenn die damit erzielten Retrievalergebnisse besser sind. Schon bei oberflächlicher Betrachtung werden die Schwierigkeiten sichtbar, vor der eine Umsetzung dieser einfachen Erkenntnis in konkrete Testergebnisse steht, wenn verschiedene Indexierungsverfahren vergleichend bewertet werden sollen:

- Retrievalergebnisse sind nicht nur von gewählten Indexierungsverfahren abhängig, sondern von einer Vielzahl anderer Parameter (Sprache, Fachgebiet, Größe und „Dichte" der Datenbasis, Art der Retrievalfragen, verfügbare Retrievaloperationen, Ausgestaltung der Benutzerschnittstelle, Status und Kompetenz des Rechercheurs, Art der Relevanzbeurteilung)
- Ein Retrievaltest muß, wenn er verallgemeinerungsfähige Aussagen liefern soll, möglichst viele Dokumente und repräsentative Fragen einbeziehen. Es ist dementsprechend aufwendig, konkurrierende Indexierungen zu erzeugen und die Rechercheergebnisse im einzelnen zu bewerten und auszuwerten.
- Nicht nur die Konzeption eines Retrievaltests (s.o.), sondern auch seine Auswertung wirft beachtliche methodische Probleme auf. Die Standardmaße der Bewertung von Retrievalantworten sind Precision und Recall (siehe *Abb.* 4). Wie diese Maße zu mitteln sind, wie

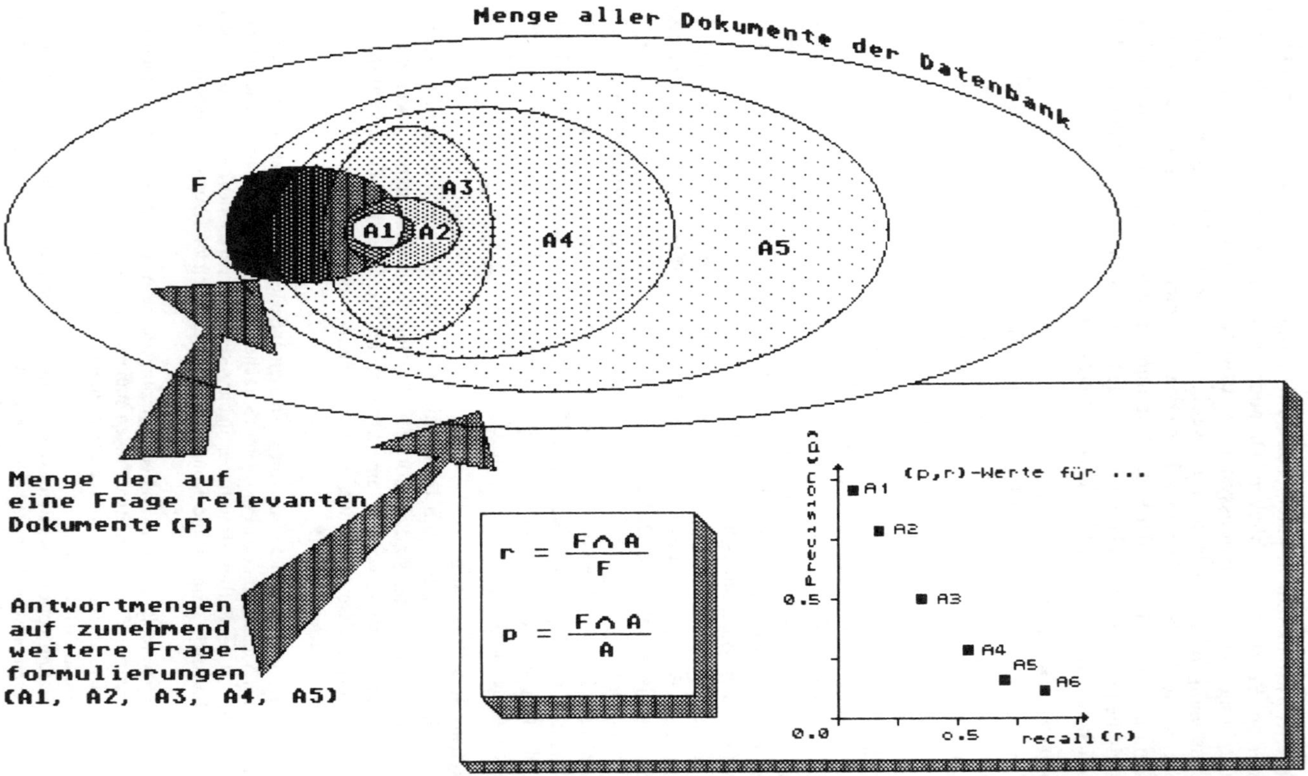

Abb. 4: Precision als Trefferquote, Recall als Vollständigkeitsmaß. Im (schematischen) Precision-Recall-Diagramm wird deutlich, wie der Ballast bei zunehmend vollständigeren Antwortmengen zunimmt.

man Antworten ohne bekannte relevante Dokumente behandelt, wie man Antworten vergleicht, bei denen ein Precision-Vorteil einem Recall-Vorteil gegenübersteht, wie man die gefundenen Qualitätsdifferenzen statistisch absichert, sind nur einige der Fragen, bei denen Ermessensentscheidungen gefordert sind.

Das Thema Retrievaltest kann hier nicht ausführlich behandelt werden (siehe dazu Lit. 10., Kap. 5; Lit. 21., Kap. 5; Lit. 12., Kap. 3; Lit. 02.; Lit. 23). Viele Ergebnisse von Tests haben eingeschränkte Aussagekraft, weil die Testgröße (Anzahl von Fragen und Dokumenten) zu beschränkt ist, weil zuviele Tests mit denselben Kollektionen durchgeführt wurden (und damit eine nicht-kontrollierte Optimierung auf die Kollektion eingetreten sein kann) oder weil spezielle Randbedingungen vorliegen. Es sollen hier nur einige grundsätzliche Aussagen über die Brauchbarkeit von Indexierungsverfahren zusammengestellt werden, wie sie aus den verfügbaren Testdaten abgeleitet werden können:

- Am Beispiel von deutschen Patent-Texten konnte gezeigt werden, daß linguistische Verfahren zur Wortformennormierung und Kompositazerlegung dem Freitextretrieval überlegen sind (Testgröße: 10.000 Dokumente, 300 Aufgaben; Lit. 10.)
- Eine automatische thesaurusbasierte (additive) Indexierung konnte in einem Retrievaltest mit 15.000 englichen Physikdokumenten und 300 Fragen Retrievalergebnisse erzielen, die trotz systemimmanenter Vorteile der manuellen Routineindexierung nur graduell ungünstiger, in Teilbereichen sogar günstiger waren als diese (Lit. 12.).
- Eine Reihe von Tests zum Vergleich zwischen manueller (thesaursbasierter) Indexierung und automatischer Indexierung (Freitextretrieval bzw. Termgewichtung) legen den Schluß nahe, daß diese automatische Indexierung ebenbürdig ist bzw. vermutlich sogar die besseren Retrievalergebnisse bringt (Lit. 20.). (Tests: 44.000 Dokumente, 40 Fragen, technisch-wissenschaftliche, englischsprachige Dokumente; siehe Lit. 04. 1.400 Dokumente, 221 Fragen, technisch-wissenschaftliche, englisch-sprachige Dokumente; siehe Lit. 05.).

Literatur:

01. Austin, D.: PRECIS: a manual of Concept analysis and subject indexing. 2. Aufl. London: British Library Division, 1984.
02. Bollmann, Peter: Untersuchung von Effektivitätsmaßnahmen für Dokument-Retrieval-Systeme. Diss. Berlin, 1977.
03. Cleveland, D. B.; Cleveland, A. D.: Introduction to Abstracting and Indexing. Littleton: Libraries unlimited, 1983.
04. Cleverdon, C. W.: A computer evaluation of searching by controlled language and natural language in an experimental NASA data base. Rep. ESA 1/432, European Space Agency, Frascati, Italy, July 1977.
05. Cleverdon, C. W.; Keen, E. M: Aslib Crainfield Research Project. Bd. 2, Test Results. Cranfield Institute of Technology. Cranfield 1966.
06. DIN 31623: Indexierung zur inhaltlichen Erschließung von Dokumenten. Teil 1: Begriffe, Grundlagen (Sept. 88, 5 S.); Teil 2: Gleichordnende Indexierung mit Deskriptoren (Sept. 88, 16 S.); Teil 3: Syntaktische Indexierung mit Deskriptoren (Sept. 88, 4 S.). Berlin: Beuth, 1988.
07. Dykstra, M.: PRECIS: a Primer. London: British Library Division, 1985.
08. Greiner, G.: Allgemeine Ordnungslehre, Frankfurt, 1978.

09. Knorz, G.: Automatisches Indexieren als Erkennen abstrakter Objekte. Linguistische Datenverarbeitung, Tübingen: Niemeyer, 1983. 243 S.
10. Krause, Jürgen. (Hg.): Inhaltserschließung von Massendaten. Linguistische Datenverarbeitung, Hildesheim: Olm, 1987. 248 S.
11. Lancaster, F. W.: Vocabulary control for information retrieval. 2. Aufl. Arlington: Information Resources Press, 1986.
12. Lustig, Gerhard (Hg.): Automatische Indexierung zwischen Forschung und Anwendung. Linguistische Datenverarbeitung. Hildesheim: Olms, 1986. 182 S.
13. Lück, W.: Erfahrungen mit dem automatischen Indexierungssystem AIR/PHYS. S. 340–352 in: Strohl-Goebel, H. (Hg.): Deutscher Dokumentartag 1987. München: Saur, 1988.
14. Neveling, Ulrich (Red.); Werdig, Gernot (Red.); KTS/DGD (Hrsg.): Terminologie der Information und Dokumentation. DGD-Schriftenreihe, München: Verlag Dokumentation, 1975. 307 S.
15. Panyr, Jiri: Automatische Klassifikation und Information Retrieval: Anwendung und Entwicklung komplexer Verfahren in Information-Retrieval-Systemen und ihre Evaluierung. (Sprache und Information, Bd. 12). Tübingen: Niemeyer, 1986, 416 S.
16. Van Rijsbergen, Keith: Information Retrieval. 2. Aufl., London: Butterworth, 1979.
17. Rostek, Lothar: Methoden des partiellen Parsing für das automatische Indexing – Syntaxgraphen zur Analyse von Sprachmustern. S. 251–282 in: Kuhlen, Rainer (Hrsg.): Datenbasen, Datenbanken, Netzwerke. Praxis des Information Retrieval. Bd. 1: Aufbau von Datenbasen. München et al.: Saur 1979.
18. Rowley, Jenipher: Abstracting and Indexing. 2. Aufl., London: Clive Bingley Limited, 1988. 181 S.
19. Ruge, Gerda: Strategien zur Entwicklung effizienter Analyseverfahren für die Massentextverarbeitung. In: LDV-Forum 5 (1988) H. 4: 3–11.
20. Salton, Gerard: Another Look at Automatic Text-Retrieval Systems. Communications of the ACM. 29 (1986) H. 7: 648–656.
21. Salton, Gerard; Mc.Gill, Michael J.: Information Retrieval – Grundlegendes für Informationswissenschaftler. (Deutsche Bearb: Wolfgang von Keitz). Hamburg: McGraw-Hill Company 1987. 465 S.
22. Schwarz, Christoph; Thurmaier, Gregor (Hrsg.): Informationslinguistische Texterschließung. Linguistische Datenverarbeitung, Hildesheim: Olms, 1986. 281 S.
23. Sparck Jones, Kareen.: Information Retrieval Experiments. London: Butterworths, 1981.
24. Zimmermann, Harald; Kroupa, Edith; Keil, G.: CTX – Ein Verfahren zur computergestützten Texterschließung. BMFT-Forschungsbericht D 83-006, 1983.

B 5 Dokumentationssprachen

Margarete Burkart

B 5.1 Einführung

Die dokumentarische Informationserschließung ist primär darauf ausgerichtet, Kommunikation oder ein Fließen von Information zu ermöglichen zwischen Partnern, die am selben Problem interessiert sind, aber nicht in einen direkten Kommunikationsprozeß miteinander treten können, bzw. einmal positiv erfolgte Informationsvermittlung so aufzuzeichnen, daß sie bei Bedarf reproduziert werden kann. Menschliche Kommunikation erfolgt wesentlich über Sprache, die aber eingebettet ist in eine Vielfalt anderer Äußerungs-/Wahrnehmungsmöglichkeiten nonverbaler Art, pragmatisches, situatives, kontextspezifisches Vorwissen. Trotz dieser günstigen Rahmenbedingungen kann es zu Miß- oder Nichtverstehen kommen. Bei der dokumentarischen Informationserschließung, die in der Kommunikation nicht direkt zwischen zwei Partnern, sondern über mehrere Stufen vermittelt erfolgt, vervielfachen sich auch die potentiellen Mißverständnisse und es bedarf besonderer Vorkehrungen, diese zu minimieren.

Zur Erfüllung dieser Aufgabe werden Dokumentationssprachen verwendet.

Die Dokumentationssprache „Klassifikation" basiert vorwiegend darauf, eine Konvention bezüglich einer inhaltlichen Strukturierung oder Rasterung zu erstellen. In dieses Raster werden Informationen eingebracht und können entnommen werden (Ordnungsfunktion).

Die Dokumentationssprache „Thesaurus" ist dagegen mehr darauf ausgerichtet, die verschiedenen Encodierungs- und Decodierungsmöglichkeiten, die die natürliche Sprache bereitstellt, für ihren Anwendungsbereich zu vereinheitlichen und vereindeutigen und so verbindliche Bezugseinheiten zu schaffen (Kommunikationsfunktion).

Unter Encodierung wird dabei die Transformation Objekt → Begriff → Bezeichnung verstanden. Decodierung umfaßt die umgekehrte Transformation Bezeichnung → Begriff → Objekt.

Der sprachliche Reichtum der natürlichen Sprache wird dabei bewußt beschnitten. Deshalb ist ein Thesaurus zwar eine natürlich-sprachlich basierte Sprache, da er Bezeichnungen der natürlichen Sprache verwendet, trotzdem aber wie die Klassifikation eine künstliche Sprache, weil die Auswahl und Bedeutung der Bezeichnungen systemspezifisch festgelegt sind und nicht den Bedeutungen in der natürlichen Sprache entsprechen müssen.

Wie „Klassifikation" wird auch die Bezeichnung „Thesaurus" nicht nur im Rahmen von Information und Dokumentation gebraucht.

Die griechisch/lateinische Grundbedeutung von Thesaurus ist „Schatz" oder „Schatzkammer" (vgl. das daraus abgeleitete Wort „Tresor").

- In übertragener Bedeutung wurde Thesaurus zuerst (seit dem Mittelalter) verwendet für wissenschaftliche Sammelwerke, insbesondere umfangreichere Wörterbücher oder „Wortschätze" bzw. enzyklopädische Kompilationen.

– In der Datenverarbeitung wurde Thesaurus im Sinne von ,,Wörterbuch, Wortschatz" aufgegriffen und meint dort meistens Wortlisten sinntragender bzw. inhaltserschließender Wörter, die durch Invertierung und Eliminierung von Stopwörtern oder auch durch Zuordnung von kontrollierten oder unkontrollierten Schlagwörtern gebildet sein können.

Beiden Anwendungsbereichen von Thesaurus ist gemeinsam, daß sie die Vielfalt auffächern wollen (zeigen, ,,was es alles gibt").

Im Rahmen von Information und Dokumentation wird Thesaurus quasi entgegengesetzt verwendet. Die Vielfalt der Bezeichnungen, die für einen Begriff existiert, soll zusammengefaßt werden zu einer Einheit, die als solche adressierbar ist.

Der Thesaurus hat also die Aufgabe, natürlich-sprachliche Vielfalt zu filtern oder zu kanalisieren. Dieser Gebrauch der Bezeichnung Thesaurus ist etwa seit Ende der 40er, Anfang der 50er Jahre im Bereich der Information und Dokumentation nachzuweisen (Mooers, Luhn), wobei die eigentliche Urheberschaft nicht endgültig geklärt ist (ausführlicher dazu vgl. Lit. 35.).

B 5.2 Klassifikation

B 5.2.1 Typologie und Anforderungen

Der Wunsch, Ordnung zu erfassen oder zu schaffen, mittels Ordnung Überblick zu erlangen, Sinn zu erkennen bzw. zu begreifen sowohl in der Form des abstrakten Verstehens als auch als konkretes ,,in den Griff bekommen" eines Problems, scheint zu den Grundbedürfnissen des Menschen zu gehören. Ein gewisser Drang zum Ordnen läßt sich bereits bei Adam konstatieren, wenn er den Tieren Namen gibt (vergl. Mose 2, 19). Nach Sokal (Lit. 21.) ist eine gewisse Fähigkeit zum Klassifizieren sogar bereits vor dem Menschen in der Evolution nachweisbar.

Unter den verschiedenen Formen von Ordnung meint Klassifikation, um die es hier geht, die Ordnung durch Klassenbildung. Entsprechend den Zielsetzungen, die der Mensch bei seinen Ordnungsbestrebungen verfolgt, wurden ,,Ordnung" und auch ,,Klassifikation" von Anfang an in verschiedenen Zusammenhängen und verschiedener Bedeutung gebraucht:

A Erkenntnis-/Wissensorientiert

A1 als Mittel zur Suche nach und Darstellung von Wahrheit, von der Natur der Dinge und ihren (wahren) Beziehungen (z.B. bei Aristoteles).

A2 um Wissenslücken aufzudecken und neues Wissen zu finden (z.B. Periodensystem der chemischen Elemente).

A 3 pädagogisch-didaktisch zur Wissensvermittlung (z.B. bei den Enzyklopädisten oder bei Stoffgliederungen).

B Pragmatisch/dokumentarisch orientiert

B 1 als Mittel zur Organisation des sortierten, geordneten Ablegens oder Aufbewahrens von Gegenständen (z.B. die Aufstellungssystematik einer Bibliothek).

B 2 als Mittel, das die Beschreibung der Inhalte von physisch oder auch nur virtuell vorhandenen Elementen und deren Reidentifikation bei einer späteren Suche ermöglicht. In diesem Sinn entspricht Klassifikation dem Konzept der Dokumentationssprache.

(Ausführlicher dazu s. Lit. 25.; Lit. 28.; bei Lit. 05. findet sich eine noch weiter differenzierende Typologie, die 8 Formen unterscheidet.)
Diese unterschiedlichen Orientierungen führen zu zumindest formal sehr ähnlichen Ergebnissen, weshalb einige Autoren (z.B. Lit. 07.) dem Unterschied zwischen den Typen **A** und **B** widersprechen. Tatsächlich laufen bei einer konkreten Klassifikation oft mehrere Intentionen zusammen. So spiegelt eine primär für dokumentarische Zwecke entwickelte Klassifikation, gewollt oder ungewollt, immer auch etwas von der Weltsicht (oder Sicht des Gegenstandsbereichs) ihrer Urheber wider. Obwohl Multifunktionalität als eine grundsätzlich positive Eigenschaft gerade auch für Klassifikation zu sehen ist, darf man nicht außer Acht lassen, daß – je mehr Aufgaben gleichzeitig erfüllt werden sollen – es um so schwieriger wird, eine Aufgabe wirklich gut zu lösen. Vor dem Hintergrund dieses Dilemmas wird hier der Weg der Beschränkung gewählt. Die nachfolgenden Ausführungen beziehen sich nur auf Klassifikation im Sinne von **B2**.
Neue Anforderungen an Klassifikation, etwa bei der Ausweitung dokumentarischer oder informationserschließender Tätigkeiten auf Bereiche außerhalb der Fachinformation oder die Umorientierung von der Literaturerschließung in Richtung Wissensrepräsentation, lassen eine stärkere Annäherung der verschiedenen Ansätze (**A** und **B**) notwendig erscheinen. Auch wenn es erste Denkansätze in diese Richtung gibt (Lit. 01.; Lit. 18.), muß sich das methodische Instrumentarium hier erst herausbilden bzw. konsolidieren. Die „klassische" Methodik des Bereichs **B2** kann hingegen als verhältnismäßig gefestigt angesehen werden und dürfte daher gerade für die mit den Problemen der täglichen Dokumentationspraxis konfrontierten Leser am ehesten als Einstieg in den Gegenstandsbereich geeignet sein.
Neben den verschiedenen Zielsetzungen von Klassifikation hat weiter zur Begriffsverwirrung beigetragen, daß im Terminus Klassifikation Prozeß und Produkt miteinander vermengt wurden. Es ist hier grundsätzlich zu unterscheiden zwischen

- dem Prozeß der Klassifikationserstellung, d.h. der Klassenbildung
- dem Klassifikationssystem, das als Produkt am Ende des Klassenbildungsprozesses vorliegt,
- dem Prozeß des Klassifizierens, d.h. dem Zuordnen von Elementen (z.B. Dokumentationseinheiten) zu Klassen eines Klassifikationssystems.

Klassifikation als Dokumentationssprache war lange Zeit dem Konkurrenzdruck mit den natürlich-sprachlich basierten Dokumentationssprachen ausgesetzt. Noch bis in die siebziger Jahre hinein wurden zu diesem Thema heftige Glaubenskriege ausgetragen. Inzwischen scheinen die Kriegsbeile weitgehend begraben zu sein. Eine 1980–1982 durchgeführte Untersuchung zur Nutzung von Klassifikationssystemen zeigte, daß inzwischen beide Typen erstaunlich oft gemeinsam eingesetzt werden (Lit. 04.). Neben dem bezüglich der Dienste, für die sie eingesetzt wurden, komplementären Einsatz der beiden Dokumentationssprachen, waren bereits damals Fälle nachweisbar, in denen die eine Sprache zur besseren Erschließung oder Handhabung der anderen benutzt wurde. Dieser Trend dürfte sich in der Zwischenzeit weiter fortgesetzt haben. Da auch die technischen Möglichkeiten zur Handhabung von Dokumentationssprachen verbessert und – insbesondere durch die starke Verbreitung von PC's – selbst für kleinere Anwender verfügbar sind (vergl. Lit. 19.), wer-

den sich in Zukunft möglicherweise Dokumentationssprachen herausbilden, die die Trennung künstlich- bzw. natürlichsprachlich basiert dadurch überwinden, daß sie Elemente von beiden benutzen und wahlweise der eine oder andere Typ im Vordergrund (bzw. an der Oberfläche) erscheinen kann.
Um diesen Tendenzen Rechnung zu tragen, werden im folgenden zuerst die wichtigsten Grundsätze und Grundelemente von Klassifikationssystemen beschrieben mit dem Ziel, dadurch eine Art Baukasten zur Verfügung zu stellen, aus dem das für den speziellen Einsatzfall am ehesten geeignete System zusammengesetzt werden kann. (Zur Begriffsdefinition der meisten dieser Baukastenelemente s. Lit. 23.).
Im Anschluß daran werden als prototypische Klassifikationssysteme die Internationale Dezimalklassifikation (DK) und die Facettenklassifikation (Colon Classification) näher beschrieben, da sich bei diesen Klassifikationssystemen eine sehr große Bandbreite des klassifikatorischen Instrumentariums in Anwendung zeigen läßt und diese Systeme – für den deutschsprachigen Raum insbesondere die DK – sehr wesentlich nicht nur die Entwicklung von Klassifikation geprägt, sondern die Geschichte der Information und Dokumentation mitbestimmt haben.

B 5.2.2 Strukturelemente und -eigenschaften von Klassifikationssystemen

Ein Klassifikationssystem entsteht durch den mehrfach nacheinander durchgeführten Prozeß der Klassenbildung oder Untergliederung. Bei der Bildung von Klassen wird Gleiches/Ähnliches zusammengefaßt. Um eine Klasse (= Menge von Elementen) in mehrere Unterklassen (= Untermengen) zerlegen zu können, muß pro Teilungsschritt ein zusätzliches unterscheidendes Merkmal herangezogen werden. So enthält jedes Element einer untergeordneten Klasse alle Merkmale der Elemente der übergeordneten Klasse plus ein weiteres Merkmal. Dieses System der stufenweisen Spezifizierung kann auch als Hierarchie bezeichnet werden.

B 5.2.2.1 Monohierarchie – Polyhierarchie

Von Monohierarchie wird gesprochen, wenn eine Klasse nur einer anderen Klasse untergeordnet werden darf. Im Falle von Polyhierarchie kann eine Klasse mehreren anderen Klassen untergeordnet werden.

Beispiel 1: Monohierarchie (Baumstruktur)

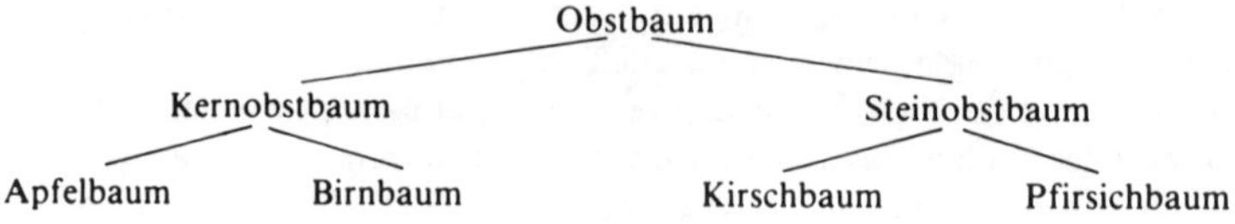

Beispiel 2: Polyhierarchie

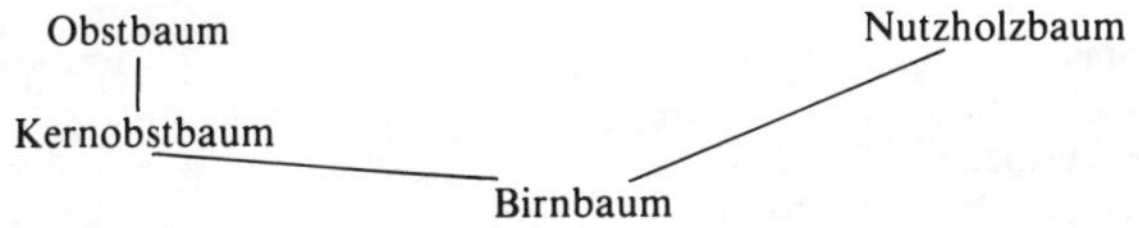

Beim Typ der hierarchischen Klassifikation ist Polyhierarchie praktisch nicht darstellbar. Eine Beschränkung auf rein monohierarchische Strukturen wird auch notwendig, wenn das Klassifikationssystem zur physischen Anordnung von Objekten verwendet werden soll, da ein Objekt nur an einer Stelle untergebracht werden kann. Um die real doch recht häufig auftretenden Fälle von Polyhierarchie auch in monohierarchischen Systemen zumindest ansatzweise darstellen zu können, muß zu Hilfskonstruktionen gegriffen werden, denen aber oft eine gewisse Umständlichkeit und Schwerfälligkeit anhaftet. Es handelt sich um

– das Einarbeiten von Verweisungen
– die Mehrfacheinordnung oder Duplizierung einer Klasse

Beispiel 3:	XA Obstbaum	YB Nutzholzbaum
	XA1 Kernobstbaum	YB1 Birnbaum
	XA11 Birnbaum	

In diesen Fällen ist ein alphabetisches Register zur Klassifikation besonders wichtig, um die alternativen Einbindungen der Klassen auffinden zu können.

– das mehrfache Wiederholen des gleichen Unterteilungsmerkmals ist dem Prinzip der Mehrfacheinordnung sehr ähnlich

Beispiel 4:	Apfelbaum	Birnbaum
	– Hochstämmiger Apfelb.	– Hochstämmiger Birnb.
	– Halbstämmiger Apfelb.	– Halbstämmiger Birnb.
	– Niederstämmiger Apfelb.	– Niederstämmiger Birnb.

Der häufige Gebrauch dieses Prinzips macht ein Klassifikationssystem umfangreich und schwerfällig. Andererseits können die wiederholten gleichartigen Untergliederungen einen positiven Effekt für die Merkbarkeit und Überschaubarkeit haben.

B 5.2.2.2 Monodimensionalität – Polydimensionalität

Eng gekoppelt mit der hierarchischen Struktur ist die Dimensionalität. Sie zielt auf die Anzahl der als ,,base de division (Unterteilungskriterien)" (Lit. 10.) herangezogenen Merkmale: Monodimensionalität erlaubt zur Untergliederung einer Klasse nur die Heranziehung eines einzigen Unterteilungsmerkmals, bei Polydimensionalität werden auf der gleichen hierarchischen Stufe mehrere Merkmale zur Untergliederung benutzt.

Beispiel 5: Polydimensionalität

Obstbaum
- Kernobstbaum
- Steinobstbaum
- Hochstämmiger Obstbaum
- Halbstämmiger Obstbaum
- Niederstämmiger Obstbaum

Zur Darstellung dieser Strukturen in monodimensionalen Systemen behilft man sich zum Teil mit einer Aufteilung der übergeordneten Klasse in mehrere Klassen entsprechend der verschiedenen Unterteilungsmerkmale.

Beispiele 6: Aufgelöste Polydimensionalität

Obstbaum
– nach Fruchtart
– – Steinobstbaum
– – Kernobstbaum
– nach Stammbildung
– – Hochstämmiger Obstbaum
– – Halbstämmiger Obstbaum
– – Niederstämmiger Obstbaum

Dadurch entsteht eine zusätzliche hierarchische Ebene, die zwar eine übersichtlichere, weil logischere Struktur schafft, aber auch die Komplexität erhöht und wegen ihrer Künstlichkeit nicht unproblematisch ist.
Solange Klassifikationssysteme vorwiegend manuell aufgebaut, geführt und benutzt wurden, war eine Beschränkung auf monohierarchische und monodimensionale Strukturen schon aus Gründen des Aufwands und der Handhabbarkeit meist unvermeidlich. Eine rechnergestützte Erstellung oder Benutzung von Klassifikationssystemen erlaubt einen größeren Spielraum. So können etwa die auch bei Expertensystemen angewendeten semantischen Netze als polyhierarchische/polydimensionale Klassifikationssysteme aufgepaßt werden.

B 5.2.2.3 Klassifikatorische Ketten und Reihen

Klassifikatorische Ketten und Reihen bilden das Koordinatensystem, auf dem das hierarchische und dimensionale Gefüge eines Klassifikationssystems abbildbar ist. Die klassifikatorische Kette entspricht dabei der Abszisse und umfaßt die hierarchischen Stufen des Systems. Die klassifikatorische Reihe (Ordinatenfunktion) faßt die Klassen, die gemeinsam einer Klasse untergeordnet sind, zusammen. Idealtypisch sollte ein Klassifikationssystem vollständig sein sowohl in der Kette, d.h. keine hierarchische Ebene überspringen, als auch in der Reihe, d.h. alle Merkmalsausprägungen eines Merkmals aufführen. Außerdem sollen nur disjunkte Klassen gebildet werden. In der dokumentarischen Praxis, die sich primär an Nützlichkeit und Praktikabilität orientieren muß, können diese Postulate jedoch nicht immer streng eingehalten werden.

Verschiebungen in der Kette ergeben sich, wenn eine Ebene übersprungen wird, z.B. weil hierfür kein Material anfällt, oder eine zusätzliche Stufe dazwischengeschoben werden muß (vgl. Beispiel 6). Verschiebungen in der Reihe entstehen, wenn mehr Merkmalsausprägungen vorhanden sind, als in der Struktur des Klassifikationssystems darstellbar sind (vgl. B 5.2.5) oder der Materialanfall zu den einzelnen Merkmalsausprägungen sehr unterschiedlich ist und daher nicht für jede Ausprägung eine eigene Klasse gerechtfertigt erscheint.
Der Umfang von klassifikatorischen Ketten und Reihen verhält sich zueinander umgekehrt proportional. Wie bei der Konstruktion eines Rechtecks mit fest vorgegebener Fläche eine größere Höhe geringere Breite erfordert, führt eine tiefere hierarchische Untergliederung zu kürzeren klassifikatorischen Reihen und vice versa. Weishaupt (Lit. 27.) gibt zur Berechnung eines Klassifikationssystems nach Anzahl der Ebenen, Anzahl der Klassen und Anzahl der Klassen pro Ebene verschiedene Formeln an, die jedoch nur für monohierarchische Systeme mit gleichbleibender Zahl der Klassen pro Ebene gelten.
Die in einem Klassifikationssystem real darstellbare Anzahl an Hierarchieebenen und Klassen pro Ebene ist abhängig von der Wahl des Notationssystems (s.u.). Ein Klassifikationssystem, das zu starr an den formalen logischen Unterteilungen ausgerichtet ist, wird eine gewisse Sperrigkeit in der Benutzung aufweisen. Bei einem Klassifikationssystem, das diese Prinzipien allzu unbekümmert mißachtet, liegt die Vermutung nahe, daß die klassifikatorische Struktur oder die zur Untergliederung herangezogenen Merkmale nicht für den Gegenstandsbereich adäquat gewählt wurden. Als Maxime könnte gelten: so korrekt wie möglich und so pragmatisch wie nötig.

B 5.2.3 Analytische und synthetische Klassifikation

Die oben angeführte Definition von Klassifikation als wiederholtem Untergliederungsprozeß bezieht sich zunächst nur auf den Typ der hierarchischen, analytischen Klassifikation, der – im europäischen Raum zumindest – lange Zeit vorherrschend war. In der analytischen Klassifikation wird deduktiv von oben nach unten bzw. vom Allgemeinen zum Speziellen untergliedert, wobei die klassifikatorischen Ketten entstehen, die häufig auch als Baumstruktur dargestellt werden (s.o. Beispiel 1). Die analytische Klassifikation ist im wesentlichen enumerativ, d.h. jeder Unterteilungsschritt wird bei der Darstellung des Klassifikationssystems aufgeführt. Zur Klassifizierung darf nur verwendet werden, was explizit im Klassifikationssystem aufgezählt ist, ,,vergessene" oder neue Sachverhalte können nicht oder nur unter einer übergeordneten Klasse klassifiziert werden. Um für alle Eventualitäten gefeit zu sein, wird in enumerativen Systemen häufig als Hilfskonstruktion eine Klasse ,,Sonstige ..." oder ,,Andere ..." eingeführt. Das führt zu folgenden Problemen:

- Der Bedeutungsumfang dieser Klasse ist nur in der Abgrenzung zu den übrigen Klassen der klassifikatorischen Reihe erkenntlich und kann außerhalb des Kontexts der Klassifikationstafeln nicht benutzt werden.
- Beim Klassifizieren wird diese Klasse häufig als bequeme Sammelschublade

mißbraucht, die sich zunehmend zur black box entwickelt. Spätestens dann, wenn ein Großteil des zu erschließenden Materials in solchen Klassen landet, empfiehlt es sich, das Untergliederungsprinzip des Klassifikationssystems neu zu überdenken.

Im Gegensatz zur analytischen geht die synthetische Klassifikation von den einzelnen Merkmalen oder Aspekten der Objekte aus, die im Klassifikationssystem zusammengestellt werden. Die synthetische Klassifikation ist kombinatorisch, d.h. die einzelnen Klassen werden durch Zusammenfügen der Merkmale der Objekte gebildet. Da dieser Vorgang mit dem Wahrnehmungsvorgang beim Facettenauge der Insekten vergleichbar ist, wurde dafür in Anlehnung an Ranganathan der Ausdruck facettierte oder Facetten-Klassifikation geprägt.

Beispiel 7: Facettenklassifikation Obstbäume

Facette A Fruchtart	Facette B Stammart	Facette C Erntezeit
A1 Apfel	B1 hochstämmig	C1 früh
A2 Birne	B2 halbstämmig	C2 mittel
A3 Kirsche	B3 niederstämmig	C3 spät
A4 Pfirsich		
A5 Pflaume		

Mit A1B3C1 würde dann ein niederstämmiger Frühapfelbaum klassifiziert.
Die Funktionsfähigkeit einer Facettenklassifikation hängt wesentlich von der geeigneten Auswahl der Merkmale ab, die zur Facettenbildung herangezogen werden. Die Facetten müssen disjunkt sein, innerhalb der Facette sollte monodimensional untergliedert werden. In den Klassifikationstafeln werden meist die wichtigsten Klassen enumerativ aufgelistet, daneben können aber aus den vorhandenen Merkmalen beliebig neue Kombinationen gebildet werden. Kombinatorische Schlüsselsysteme, die als Grenzfall der synthetischen Klassifikation aufzufassen sind, beschränken sich in der Regel darauf, nur die entsprechenden Merkmalsausprägungen aufzulisten.
In jedem Fall sind synthetische Klassifikationssysteme durch Regeln zu ergänzen, die festlegen, auf welche Weise die einzelnen Teile miteinander kombiniert werden dürfen. Wenn eine eindeutige und fixe Notation entstehen soll oder bei den verschiedenen Merkmalsarten zeichengleiche Notationsteile entstehen könnten, muß auch die Reihenfolge der Merkmale verbindlich vereinbart werden. Diese Vereinbarung wird auch als Facettenformel bezeichnet. Die Vorteile dieses Klassifikationstyps lassen sich eigentlich nur bei EDV-gestützten Systemen voll ausschöpfen, in denen durch Rotation der Notation alle Varianten einfach erzeugt werden können. Bei manueller Führung muß man sich zumeist auf eine Teilmenge der prinzipiell möglichen Rotationen beschränken. Beispiel 7 könnte durch weitere Facetten etwa für Blütezeit, Klima- oder Standortanforderungen ergänzt werden. Es ist jedoch zu berücksichtigen, daß mit steigender Zahl der Merkmale oder Facetten das System unübersichtlicher und fehleranfälliger wird. Rein synthetisch aufgebaute Klassifikationssysteme sind verhältnismäßig selten, häufiger ist die Mischform der analytisch-synthetischen Klassifikation, bei der eine grobe hierarchische Gliederung vorgenommen wird, innerhalb der Grobgruppen wird dann nach dem synthetischen Prinzip verfahren. Auch die Colon Classification (s.u.) ist diesem Typ zuzuordnen.

Durch die Verwendung von Modifikatoren oder die Kopplung von Klassen können auch in analytisch/hierarchisch konzipierten Systemen bis zu einem gewissen Grad facettierende/kombinatorische Elemente integriert werden. In Anlehnung an die DK (s.u.) werden Modifikatoren in hierarchischen Klassifikationssystemen meist als Anhängezahlen bezeichnet, da sie an die Grundnotation einer Klasse „angehängt" werden können. Zur Ausgliederung aus dem eigentlichen Klassifikationssystem und Festschreibung als Anhängezahlen eignen sich besonders Aspekte, die

- an vielen Stellen der Klassifikation relevant werden können
- selbst keine zu komplexen hierarchischen Beziehungen aufweisen und daher linear darstellbar sind.

(Typische Beispiele für Anhängezahlen s. Abschnitt B 5.3.1.1)
Werden mehrere Modifikatoren nebeneinander benutzt, muß – vergleichbar der Facettenformel – ihre Abfolge verbindlich geregelt werden.
Neben den Modifikatoren besteht die Möglichkeit, zur Wiedergabe eines Sachverhaltes mehrere Klassen miteinander zu koppeln, d.h. in Beziehung zu setzen. Zur Kopplung wird zwischen die Notationen der beiden Klassen ein Kopplungszeichen eingefügt. Durch unterschiedliche Zeichen können verschiedene Beziehungsarten differenziert werden.
Von ihrem Grundprinzip her werden Klassifikationssysteme auf der paradigmatischen Ebene wirksam. Paradigmatisch bedeutet in diesem Zusammenhang, daß die Elemente (hier die Klassen) fest vorgegeben sind und unverbunden nebeneinander stehen. Durch die Einbeziehung kombinatorischer Ansätze wird zusätzlich bis zu einem gewissen Grad eine Ausdrucksmöglichkeit auch auf der syntagmatischen Ebene, auf der Beziehungen zwischen Elementen ad hoc formuliert werden können, eröffnet.

B 5.2.4 Aufbau und Elemente der Klassen

Eine Aufgabe, die Klassifikation erfüllen soll, ist es, Gedächtnis einzusparen (Lit. 21.) und damit auch effizientere Kommunikation zu ermöglichen. Dieser Einsparungseffekt setzt bereits innerhalb der Klasse ein und wird erreicht, indem „zur Abkürzung" Wissenseinheiten abgeleitet werden (vgl. Lit. 08.) bzw. als gleich oder ähnlich Wahrgenommenes zusammengefaßt wird (Lit. 29.). Dieser Vorgang der Begriffsbildung (d.h. die Abstraktion vom Objekt zum Begriff) ist bereits ein klassifizierender Prozeß, da er auf dem Prinzip der Klassenbildung beruht. Um über Begriffe kommunizieren zu können, ist eine weitere Abstraktion nötig: der Begriff muß bezeichnet werden. Hinter jeder Klasse eines Klassifikationssystems verbirgt sich also bereits ein dreistufiger Abstraktionsprozeß: Objekt → Begriff → Bezeichnung.
Innerhalb von Klassifikationssystemen werden üblicherweise (nicht ausschließlich) zwei Bezeichnungsarten nebeneinander verwendet:

- die künstliche Bezeichnung in Form der Notation,
- die verbale Bezeichnung oder Benennung in Form der Klassenbeschreibung.

Ergänzend hinzutreten kann eine Klassenerläuterung oder -definition.
Ranganathan (vgl. Lit. 15.) behandelt Klassenbeschreibung und Notation als ge-

trennte Ebenen, da er andererseits Objekt und Begriff zusammenfaßt, kommt er ebenfalls zu einer dreistufigen Einteilung. Wenn im folgenden – auf der Bezeichnungsebene operierend – Notation und Klassenbeschreibung erläutert werden, sollte nicht vergessen werden, daß diese nur die Oberflächenrepresentationen der tieferliegenden Schichten von Begriff und Objekt sind.

B 5.2.4.1 Notation und Notationssystem

Spiegelbildlich zu Klasse und Klassifikationssystem ist zwischen der eine Klasse bezeichnenden und repräsentierenden Notation und dem Notationssystem, das neben den Notationen selbst auch die Regeln zum Aufbau der Notationen enthält, zu unterscheiden. Im Gegensatz zur natürlichsprachlichen Klassenbeschreibung, die den Bedeutungsumfang einer Klasse nur mehr oder weniger genau umschreibt, ist die künstlichsprachliche Notation und damit auch die Relation zwischen Notation und Klasse eindeutig. Von der Kapazität und Mächtigkeit des Notationssystems hängen die Ausdrucksmöglichkeiten der klassifikatorischen Ketten und Reihen ab. Bestimmende Faktoren sind dabei:

- Zeichenvorrat der Notation
- Unterteilungsmöglichkeiten der Notation pro Ebene.

(Eine ausführliche Behandlung der Notationsproblematik findet sich in Lit. 14.)

B 5.2.4.2 Zeichenvorrat

Notationen können gebildet werden aus Buchstaben, Ziffern und Sonderzeichen sowie Kombinationen dieser Zeichen. Bei den eigentlich notationslosen Klassifikationssystemen wird ein Teil der Notationsfunktionen von graphischen Elementen wie Einrückungen, Schrift- oder Druckart übernommen. Es können verschiedene Alphabete, die Unterscheidung zwischen Groß- und Kleinbuchstaben, arabische Ziffern und römische Zahlen im Rahmen von Notationssystemen verwendet werden. Bei EDV-geführten Systemen ist jedoch zu berücksichtigen daß nichtlateinische Alphabete in der Regel nicht dargestellt werden, römische Ziffern Sortierprobleme verursachen können.

Entsprechend der verwendeten Zeichen werden Alpha-Notationen (nur Buchstaben), Ziffernnotationen (nur Ziffern) und alphanumerische Notationen (Buchstaben und Ziffern) unterschieden. Sonderformen der Alpha- oder alphanumerischen Notation sind:

- die aussprechbare Notation, bei der versucht wird, nur sprechbare Zeichenkombinationen zuzulassen. Dadurch wird die Zahl der im Rahmen des Notationssystems bildbaren Notationen entscheidend reduziert. Der Bedarf, auf phonetischem Weg über Notationen zu kommunizieren, dürfte eher abnehmen, weshalb es fraglich ist, ob der erzielte Effekt die Einschränkungen lohnt.
- die mnemotechnische Notation, bei der der semantische Gehalt der Klasse in der Notation teilweise erkennbar bleiben soll. Dieser Notationstyp ist verhältnismäßig verbreitet im bibliothekarischen Bereich (vgl. Lit. 27.). Als Mittel zur ersten

Orientierung, z.B. in einer Aufstellungssystematik im Lesesaal, ist diese Methode recht sinnvoll. Für dokumentarische Einsatzfelder ist ihr Nutzen jedoch begrenzt, da auch hier die Notationsbasis (s.u.) stark reduziert wird und mit steigender Zahl der Notationen ihre Nachvollziehbarkeit und damit der mnemonische Effekt abnimmt.

Sonderzeichen in Notationen haben häufig syntaktische Funktion, teilweise werden sie auch nur als optische Gliederungshilfen benutzt, um eine bessere Lesbarkeit zu erreichen (z.B. der Punkt nach jeder 3. Stelle in den Notationen der DK).

B 5.2.5 Unterteilungsmöglichkeiten von Klassifikations- und Notationssystemen

Die Unterteilungsmöglichkeiten von Klassifikations- und Notationssystem werden hier gemeinsam dargestellt, da sie den gleichen Prinzipien folgen. Trotzdem ist zu beachten, daß das Unterteilungsprinzip von Klassifikationssystem und Notationssystem nicht grundsätzlich synchron laufen muß. Im Notationssystem kann, muß aber nicht, die hierarchische Struktur des Klassifikationssystems abgebildet werden.

Bei linearen Notationssystemen wird die hierarchische Struktur des Klassifikationssystems nicht wiedergegeben, sondern durch alle Klassen hindurchgezählt. Durch die Ergänzung eines Ebenenindikators kann auch bei linearen Systemen die hierarchische Stufung ausgedrückt werden. Als Ebenenindikatoren werden in der Regel Ziffern verwendet, die die Hierarchieebenen durchzählen.

Beispiel 8: Lineare Notation mit Ebenenanzeige

017-1 Obstbaum
018-2 Kernobstbaum
019-3 Apfelbaum
020-4 Hochstämmiger Apfelbaum
021-4 Halbstämmiger Apfelbaum
022-4 Niederstämmiger Apfelbaum
023-3 Birnbaum

Bei Systemen, in denen die Notation hierarchische Zusammenhänge ausdrücken soll, entspricht jedem Glied der klassifikatorischen Kette auf seiten des Notationssystems eine Position, die eine oder mehrere Stellen lang sein kann. Positionswechsel bedeutet also Wechsel der hierarchischen Ebene. Beispiel 3 (s.o.) zeigt eine solche Notation.

Bei einer festen Stellenzahl pro Position, ist die hierarchische Ebene an der Länge der Notation abzulesen. Damit sind die Unterteilungsmöglichkeiten pro Ebene ebenfalls beschränkt bei einer Ziffernnotation und einer Stelle z.B. auf maximal zehn Unterteilungen. Ist die Stellenzahl pro Ebene flexibel, sind auch die Unterteilungsmöglichkeiten nicht begrenzt, der Positionswechsel muß dann auf andere Art ausgedrückt werden:

- durch Zeichenwechsel (z.B. A17c5)
- durch Trennzeichen (z.B. 1.17.3.5)

- durch Trennzeichen (z.B. 1.17.3.5)
- durch Ebenenindikator (vgl. Beispiel 8)

Durch den Zeichenvorrat und die Anzahl der Stellen, die pro Position zugelassen sind, bestimmt sich die Notationsbasis, d.h. die Anzahl der Klassen, die pro Ebene/Position darstellbar sind. Um das hierarchische Gefüge eines Klassifikationssystems wiedergeben zu können, muß die Notationsbasis mindestens ebenso groß sein wie die pro Unterteilungsmerkmal zugelassenen Merkmalsausprägungen. Das lineare und das hierarchische Prinzip werden häufig gemischt: für die obersten Hierarchieebenen wird ein hierarchisches Notationssystem gewählt, ab einer gewissen Gliederungstiefe aber nur noch linear durchgezählt.

Nach den Unterteilungsmöglichkeiten bzw. der Notationsbasis sind zu unterscheiden:

- **Dichotomische oder binäre Klassifikation.** Pro Ebene sind nach dem Ja/Nein-Prinzip nur zwei Klassen zugelassen. Deshalb entstehen sehr lange klassifikatorische Ketten, die die Praktikabilität stark einschränken. Die Entsprechung im Notationssystem ist die binäre Notation. Sie kann analog zum Dualsystem mit den Zeichen 0 und 1 oder einem anderen Zeichenpaar operieren.
- **Dezimale Klassifikation.** Dieser Untergliederungstyp gehört – vor allem durch den prägenden Einfluß der DK – zu den am weitesten verbreiteten. Die dekadische Notationsbasis ergibt sich aus den Ziffern 0–9, die zur Notationsbildung benutzt werden. Pro Ebene wird eine Stelle beansprucht, sodaß die hierarchische Einordnung sofort erkennbar ist. Probleme ergeben sich häufig durch die Beschränkung auf nur zehn Unterteilungsmöglichkeiten, die vor allem auf der obersten Ebene oft nachteilig durchschlägt, da die gesamte Breite des Gegenstandsbereichs in diese zehn Klassen gepreßt werden muß.
- **Nonische Klassifikation.** Sie kann als Variante des dekadischen Typs aufgefaßt werden. Die neun Unterteilungsmöglichkeiten entstehen durch den Verzicht auf eine Ziffer des dekadischen Systems, in der Regel die Null. Diese wird dann teilweise mit syntaktischer Funktion benutzt (z.B. als Anhängezahl) oder zur Einleitung nachträglicher Systemerweiterungen (z.B. Sector device bei Ranganathan).
- **Polydezimale Klassifikation.** Mehr als zehn Untergliederungsmöglichkeiten können erreicht werden durch
  - Die Verwendung von Buchstaben statt Ziffern (26 Möglichkeiten nach deutschen Alphabet)
  - die Verwendung mehrerer Stellen pro Position. Zwei Stellen ergeben bei Ziffern 100, bei der Kombination von zwei Buchstaben bereits 676 Möglichkeiten.

B 5.2.6 Darstellungsmöglichkeiten für syntaktische Beziehungen

Als syntaktische Elemente müssen in erster Linie ausgedrückt werden:

- die Verbindung zwischen Grundnotation und Modifikatoren bzw. die Verknüpfung mehrerer Notationen. Als Ausdrucksmittel können benutzt werden:
  - Sonderzeichen als Kopplungselement oder Modifikator
  - Zeichenwechsel zwischen Grundnotation und Modifikator
  - feste Position für die syntaktischen Elemente innerhalb der Notation;
- die Abfolge bzw. der Neubeginn einer Facette innerhalb der Notation eines facettierenden Klassifikationssystems durch:
  - zwischengeschaltete Trennzeichen
  - feste Länge pro Facette.

B 5.2.7 Hospitalität und Flexibilität von Notationssystemen

Unter Hospitalität wird die Fähigkeit eines Notationssystem verstanden, nachträglich Erweiterungen aufzunehmen sowohl in den klassifikatorischen Ketten als auch den klassifikatorischen Reihen.

B 5.2.7.1 Hospitalität in der Kette

Relativ unproblematisch ist die Erweiterung der Kette nach unten, d.h. die Ausdifferenzierung, zumindest solange keine maximale Anzahl der Hierarchieebenen vereinbart ist. Mehr Schwierigkeiten bereitet das nachträgliche Zwischenschieben zusätzlicher Ebenen und das Einfügen neuer oberster Klassen. Hauptreservoir für Erweiterungen dieser Art sind Lücken, die beim Aufbau des Systems bewußt freigehalten wurden. Dieses Hilfsmittel wird nach einiger Zeit erschöpft sein, Ergänzungen treten vorwiegend da auf, wo kein Platz (mehr) vorhanden ist. Körner (Lit. 14.) schlägt in Anlehnung an Vickery vor, für die Notationsbildung auf keiner Ebene das erste Zeichen des gewählten Zeichenvorrates zu benutzen (also A oder 0). Danach können spätere Einschübe mit diesen Zeichen gebildet werden. So kann vor B AB eingeschoben werden, vor AB AAB usw. Nachteilig ist dabei, daß bei jedem Einschub die Notation um eine Stelle pro Position verlängert werden muß, eine feste Notationslänge also nicht eingehalten werden kann.

B 5.2.7.2 Hospitalität in der Reihe

Ungeachtet der Anzahl von Unterteilungsmöglichkeiten pro Ebene, die vom Notationssystem zur Verfügung gestellt werden, kann immer der Fall eintreten, daß diese Möglichkeiten erschöpft sind. Dann muß zur Einarbeitung der Sachverhalte auf eine der folgenden Methoden zurückgegriffen werden:
- Zusätzliche Verschachtelung durch Einbauen einer weiteren Hierarchieebene (ähnlich wie in Beispiel 6).
- Erweiterung der Notationsbasis z.B. Überwechseln von der dezimalen zur centesimalen Untergliederung durch Einfügen einer zusätzlichen Stelle oder Erweiterung des Zeichenvorrates. Das zieht oft auch eine strukturelle Änderung des Notationsaufbaues nach sich, z.B. Ergänzung eines Trennzeichens zwischen den Ebenen oder Ausweitung aller Notationen um eine Stelle in der betreffenden Position durch Auffüllen mit Null.
- Benutzung von zwei nebeneinander liegenden Klassen zur Untergliederung eines Sachverhaltes.

Beispiel 9: 345
3451
. . .
3459
3461
. . .

Die zweite Klasse (346 in diesem Beispiel) wird dabei meist nicht belegt. Für die Untergliederung 3461 ff ist die logische Unterordnung unter 345 nicht mehr erkennbar, sie kann nur noch in den Klassifikationstafeln mit typographischen Mitteln ausgedrückt werden. Bei nachträglichen Erweiterungen scheidet diese Methode ohnehin meist aus, da in der Regel 346 bereits mit anderem Inhalt belegt sein wird.

B 5.2.7.3 Flexibilität von Notationssystemen

Neben der Hospitalität gehört zur Flexibilität von Notationssystemen auch die Möglichkeit, Klassen nachträglich zu streichen. Streichungen auf den untersten Ebenen sind unproblematisch. Innerhalb einer Kette können Streichungen Schwierigkeiten bereiten: die der gestrichenen Klasse untergeordneten Klassen müßten eigentlich um eine Stufe angehoben werde, auf der oberen Ebene ist dafür aber meist nicht ausreichend Platz. Als Kompromisse stehen zur Wahl:

- Man akzeptiert logische Sprünge in der Notationsabfolge (z.B. die Existenz einer Klasse 351 obwohl es keine Klasse 35 gibt).
- Die zu streichende Klasse bleibt als „Platzhalter" erhalten und wird nur durch einen entsprechenden Hinweis für die Benutzung gesperrt.

Die Expansivität, d.h. die Fähigkeit, das Klassifikationssystem in unterschiedlichen Gliederungstiefen darzustellen und zu benutzen, ist ein weiteres Flexibilitätskriterium. Hierzu ist eine hierarchische Notationsstruktur oder zumindest eine Kennzeichnung der Ebenen erforderlich. Nach dem Prinzip der expansiven Klassifikation sind z.B. die verschiedenen Ausgaben der DK angelegt. Bei der Konzeption von Notationssystemen gilt es einen Konsens zwischen den im grunde gegenläufigen Forderungen nach möglichst kurzen, flexiblen Notationen einerseits und andererseits einer größtmöglichen Expressivität der Notation, d.h. der Vermittlung von möglichst viel semantischem und syntaktischem Gehalt, zu finden (vergl. Lit. 12.).

B 5.2.8 Klassenbeschreibung

Da in Klassifikationssystemen der Notation die Rolle des eindeutigen Bezugselementes zukommt, wird die verbale Beschreibung des Klasseninhaltes häufig stiefmütterlich behandelt. Oft treten an die Stelle eindeutiger und prägnanter Bezeichnungen eher vage Umschreibungen des Inhaltes. Teilweise ist es ja auch von Vorteil, wenn für (noch) nicht exakt benennbare Sachverhalte Klassen gebildet werden können. Solange das Klassifikationssystem in der Form gedruckt vorliegender Klassifikationstafeln benutzt wird, sind diese vagen Klassenbeschreibungen verhältnismäßig unproblematisch. Die mangelnde Exaktheit der Klassenbeschreibung kann meist durch den Kontext aufgefangen werden. Berücksichtigt man, daß in Zukunft Klassifikationssysteme verstärkt nicht nur EDV-gestützt erstellt und gepflegt werden, sondern auch als Zugriffsinstrumente in den Bereichen von On-line-Diensten und Telekommunikation eingesetzt werden, muß der dort fehlende Kontext durch

sorgfältig gewählte und auch kontextfrei verständliche Klassenbeschreibungen ersetzt werden.
Schwierigkeiten bereiten können besonders Klassenbeschreibungen, die
- nur komplementär verständlich sind, da sie anderweitig ausgegrenzte Restmengen enthalten.
- die Klassenbeschreibung(en) der übergeordneten Klasse(n) mit implizieren, ohne sie zu benennen.

Beispiel 10: Flurfördermittel
- ohne motorischen Antrieb
- mit motorischen Antrieb
- mit Elektromotor

- Klassenbeschreibungen in der Form von Aufzählungen, die nur beispielhaft, aber nicht vollständig sind.

Ansätze zu terminologisch exakteren Klassenbeschreibungen lassen sich weiter ausbauen, z.B. durch die vermehrte Integration von Synonymen zu den Klassenbeschreibungen, in Richtung auf ein eher thesaurusartiges Instrument. Erste Versuche dieser Art wurden bereits 1970 im THESAUROFACET (Lit. 24.) unternommen. Im Zusammenhang mit den verstärkten Konvergenztendenzen zwischen künstlich- und natürlich-sprachlich basierten Dokumentationssprachen sind ähnlich angelegte Entwicklungen für die Zunkunft vermehrt zu erwarten.

B 5.3 Prototypische Klassifikationssysteme

B 5.3.1 Die Internationale Dezimalklassifikation (DK)

Die von dem amerikanischen Bibliothekar Melvil Dewey 1876 entwickelte Dewey-Decimal-Classification (DDC) verwirklicht das dezimale Gliederungsprinzip in Reinform. Als Universalklassifikation zur Aufstellung von Buchbeständen in Volksbibliotheken konzipiert, ordnet die DDC das „gesamte menschliche Wissen" in zehn Hauptabteilungen von 0 – 9 an. Durch die fortgesetzte Unterteilung in Zehnerschritten ist das System nach unten unbegrenzt erweiterbar, das Notationsprinzip praktisch selbsterklärend und daher für weite Benutzerkreise einfach in der Handhabung. Eine differenzierte Erschließung von Dokumentinhalten sollte damit nicht bezweckt werden.
Dieser Schritt von der Aufstellungssystematik zum inhaltserschließenden Instrument geht auf die Initiative der Belgier Paul Otlet und Henri Lafontaine zurück, die die DDC mit dieser Zielsetzung ausbauten und so die Universelle Dezimalklassifikation (UDK oder DK) schufen. Sie erweiterten das System beträchtlich: aus den ca. 1000 Klassen bei Dewey waren in der 2. Auflage der DK 1927/33 bereits 70.000 Klassen geworden, die 2. deutsche Gesamtausgabe 1958 ff umfaßt mehr als 130.000 Klassen (Lit. 11.). Viel entscheidender als der quantitative Ausbau sind jedoch die strukturellen Änderungen. Das streng monohierarchische, enumerative System der DDC wird durch die Einführung kombinatorischer, syntaktischer Elemente flexibler, ausdrucksfähiger, aber auch komplizierter.

Das Gesamtgebäude der DK wird von drei verschiedenen Grundelementen gebildet:

- den in den Haupttafeln aufgeführten Klassen, die durch die DK-(Grund-)Zahlen repräsentiert werden. Sie stellen das hierarchische Fundament dar.
- den Anhängezahlen der Hilfstafeln, die eine DK-Zahl ergänzen können und in das hierarchische Grundsystem einen facettierenden Charakter einbringen.
- den Sonderzeichen, mit deren Hilfe zwei oder mehrere DK-Zahlen in Beziehung gesetzt werden können. Sie bilden das syntaktische Gefüge der DK.

Die DK-Haupttafeln umfassen die Hauptabteilungen:

0 Allgemeines
1 Philosophie
2 Religion, Theologie
3 Sozialwissenschaften, Recht, Verwaltung
4 (zur Zeit nicht belegt)
5 Mathematik, Naturwissenschaften
6 Angewandte Wissenschaften, Medizin, Technik
7 Kunst, Kunstgewerbe, Photographie, Musik, Spiel, Sport
8 Sprachwissenschaft, Philologie, Schöne Literatur, Literaturwissenschaft
9 Heimatkunde, Geographie, Biographien, Geschichte

Diese Hauptabteilungen werden bis hin zu sehr speziellen Sachverhalten untergliedert.

Beispiel 11 (nach Lit. 11.):

3 Sozialwissenschaften, Recht, Verwaltung
33 Volkswirtschaft
336 Finanzen. Bank- und Geldwesen
336.7 Geldwesen. Bankwesen. Börsenwesen
336.76 Börsenwesen. Geldmark. Kapitalmarkt
336.763 Wertpapiere. Effekten
336.763.3 Obligationen. Schuldverschreibungen
336.763.31 Allgemeines
336.763.311 Verzinsliche Schuldbriefe
336.763.311.1 Langfristig verzinsliche Schuldbriefe

Die Gliederung der Hauptabteilungen läßt eines der einschneidendsten Probleme der DK deutlich werden: die Einteilung der Gebiete orientiert sich im wesentlichen am Wissenschaftsbild des 19. Jahrhunderts. Naturwissenschaften und Technik, für die heute ein besonderer Gliederungsbedarf besteht, sind auf nur zwei Hauptabteilungen zusammengedrängt. Daher ist der Ausbaugrad der Hauptabteilungen auch sehr unterschiedlich. In der 2. deutschen Gesamtausgabe (Lit. 09.) sind fast 73.000 der insgesamt über 130.000 Klassen in der Hauptabteilung 6 untergebracht. Dadurch entstehen sehr lange und komplizierte Notationen.

B 5.3.1.1 Die facettierenden Elemente der DK

Die DK unterscheidet zwischen allgemeinen und besonderen Anhängezahlen. Die allgemeinen Anhängezahlen sind in den Hilfstafeln aufgeführt und können an alle

DK-Zahlen als Modifikatoren angehängt werden. Um sie von den DK-Grundzahlen eindeutig unterscheiden zu können, werden sie jeweils durch eine besondere Zeichenfolge eingeleitet. Als allgemeine Anhängezahlen werden Aspekte dargestellt, die bei fast allen Sachverhalten relevant sein können. Sie ähneln von daher den Fundamentalkategorien der Colon Classification (s.u.).
Im einzelnen gibt es allgemeine Anhängezahlen

- der Sprache, in der etwas vorliegt, eingeleitet durch =
- der Form, in der etwas vorliegt, eingeleitet durch **(0. . .)**
- des Ortes, zur Kennzeichnung der räumlichen Lage, eingeleitet durch (. . .)
- der Rassen und Völker, eingeleitet durch (= . . .)
- der Zeit, eingeleitet durch „. . .“
- des Gesichtspunktes, eingeleitet durch **.00**
- der Person, eingeleitet durch **–05**

Außerdem können Eigennamen oder Abkürzungen zur weiteren Spezifikation direkt an eine DK-Zahl angehängt werden (z.B. 012Hölderlin für eine Hölderlin-Bibliographie).
Die besonderen Anhängezahlen werden mit .0 oder – eingeleitet. Sie sind für spezielle Bereiche konzipiert und dürfen nur an den Stellen verwendet werden, an denen ihre Benutzung explizit erlaubt ist.
Ein weiteres facettierendes Prinzip der DK besteht in dem Verfahren der Parallelunterteilungen. Bestimmte Unterteilungen dürfen von einer Stelle an eine andere Stelle transferiert werden, allerdings nicht beliebig, sondern nur dort, wo dies in den Tafeln ausdrücklich angegeben ist. So bedeutet 377.1 = 371, daß die Klasse 377.1 analog zur Klasse 371 weiter unterteilt werden darf.

B 5.3.1.2 Die syntaktischen Elemente der DK

Als syntaktische Elemente verwendet die DK verschiedene Sonderzeichen, mit denen Beziehungen zwischen den Sachverhalten ausgedrückt werden können. Im einzelnen sind dies:

: Beziehungszeichen, das eine prinzipiell umkehrbare Beziehung zwischen den Sachverhalten anzeigt. Soll die Beziehung nicht umkehrbar sein, wird das Zeichen verdoppelt : :.

\+ Beiordnungszeichen, das verschiedene DK-Zahlen in aufzählender Weise miteinander verkettet. (Die Bedeutung von : und + werden nicht mehr von allen Anwendern klar differenziert, so daß teilweise nur eines der beiden Zeichen benutzt wird.)

/ Erstreckungszeichen, mit dem mehrere nebeneinanderstehende DK-Zahlen zusammengefaßt werden können.

’ Zusammenfassungszeichen, mit dessen Hilfe einzelne in der DK vorhandene Komponenten zu neuen Sachverhalten zusammengefügt werden können. Die Anwendung dieses Zeichens ist auf bestimmte Klassen beschränkt.

Auf diesen drei Grundelementen, aus deren Kombination eine unendliche Menge an DK-Zahlen abgeleitet werden kann, beruht die Flexibilität und Ausdrucksfähigkeit der DK. Allerdings ist damit auch ein hoher Grad an Kompliziertheit gegeben.

Für einen Sachverhalt lassen sich mehrere zutreffende DK-Zahlen ableiten, so daß eine gewisse Beliebigkeit entsteht. In den letzten Jahren wird von den Herausgebern der DK verstärkt versucht, diesem Nachteil entgegenzuwirken, beispielsweise durch eine bessere Erschließung der DK durch Register.

B 5.3.1.3 Weiterentwicklung und Pflege der DK

Bei einem so umfangreichen Klassifikationssystem, das international Gültigkeit beansprucht, ist die Weiterentwicklung und Pflege naturgemäß ein schwieriger Prozeß. Die FID (Fédération Internationale de Documentation), bei der die Rechte der DK liegen, organisiert die Revision der DK. Nachdem das sehr schwerfällige und zeitraubende Revisionsverfahren einen der Hauptkritikpunkte an der DK bildete, wurden – basierend auf einer Studie zum DK-Management – eine neue Organisationsstruktur beschlossen, die seit Anfang 1987 in Kraft ist. Von der FID wurde ein UDC Management Board berufen, das international besetzt ist und als oberstes Lenkungsgremium fungiert. Eines seiner Subkomites ist speziell für die Bearbeitung der Änderungsvorschläge zuständig. Diese Vorschläge können im Prinzip von jedem DK-Interessierten eingebracht werden, in der Regel stammen sie aus den nationalen oder fachlichen DK-Gremien. Die angenommenen Vorschläge werden als „P-Noten" veröffentlicht. Bis zu einer bestimmten Frist können Widersprüche, Änderungen oder Ablehnung zu den Vorschlägen eingereicht werden. Aufgrund dieser Stellungnahmen wird über die endgültige Einbringung des Vorschlags entschieden. Die positiv verabschiedeten Vorschläge werden in den „Extensions and corrections to the UDC" veröffentlicht. (Lit. 17.)

B 5.3.2 Colon Classification

Die 1933 von dem Inder S. R. Ranganathan publizierte Colon Classification verfolgte als erstes Klassifikationssystem einen durchgehend facettierenden Ansatz. Außerhalb Indiens hat die Colon Classification zwar kaum Anwender gefunden, aber als Prototyp einer neuen Form klassifikatorischen Denkens ist sie von beachtlichem Einfluß. Die Bezeichnung Colon Classification leitet sich vom Doppelpunkt (engl. colon) ab, der als Trennzeichen häufig verwendet wird. Das grundsätzlich Neue an Ranganathans Methode ist der Übergang von der enumerativen zur kombinierenden Klassifikation und damit die Möglichkeit, Polyhierarchie und Polydimensionalität abzubilden.
Bei diesem Typ von Klassifikationssystem wird nicht nach dem Schubladenprinzip ein Sachverhalt in ein vorgefertigtes Raster eingeordnet, sondern mit der Anlayse des Sachverhaltes begonnen und die dabei gefundenen Elemente (Ranganathan verwendet die Bezeichnung isolates) nach bestimmten Regeln wieder zusammengefügt. Ranganathan geht von fünf Fundamentalkategorien aus, die als Unterteilungsmerkmale auf sehr abstrakter Ebene betrachtet werden können. Er ordnet sie nach ihrer Konkretheit an, mit dem Konkretesten beginnend zum Abstrakten fortschreitend kommt er zu der unter der Kurzformel PMEST bekannten Reihenfolge:

P Personalität (Personality)
M Stofflichkeit, Materie (Matter)
E Energie, Dynamik (Energy)
S Raum (Space)
T Zeit (Time)

In etwas modifizierter Form taucht diese Einteilung auch in anderen Bereichen auf, etwa bei den bekannten journalistischen W's, zum Teil wird eine Parallele zu den bei der Konstruktion von Expertensystemen verwendeten Definitionsmechanismen gezogen (Lit. 22.). Diese Ähnlichkeit kann man als Indiz für die grundsätzliche Gültigkeit dieser Kategorien werten. Innerhalb des Klassifikationssystems werden diese Kategorien durch Facetten konkretisiert, die durch die Bildung von Subfacetten in sich einen hierarchischen Aufbau haben können. Aus diesen Facetten wird dann die Notation für einen Sachverhalt zusammengesetzt. Die Colon Classification benutzt für jede Kategorie ein spezielles Sonderzeichen als Indikator oder Trennzeichen:

, für Personalität
; für Stofflichkeit
: für Energie
. für Raum

Zur Zeit liegt die Colon Classification in der 7. Auflage vor, Revisionen erfolgen in größeren Abständen. (Eine ausführlichere Beschreibung s. Lit. 15., Lit. 26.)

B 5.3.3 DK und Colon Classification als Universal-Klassifikationen

Sowohl die Internationale Dezimalklassifikation als auch die Colon Classification erheben den Anspruch, als Universal-Klassifikationen die Gesamtheit des menschlichen Wissens darstellen zu können. Auch wenn wir heute zunehmend skeptisch geworden sind bezüglich der grundsätzlichen Einlösbarkeit dieses Anspruchs, bleibt doch ein fundamentales Bedürfnis nach Universalität zu konstatieren. Bei einer Umfrage zur DK-Nutzung wurde die Universalität als mit Abstand wichtigster Grund für den Einsatz genannt (Lit. 02.). Neben der Rolle als methodische Prototypen liegt daher in der Universalität, die ja ein Reservoir für alle Fälle darstellt, die Bedeutung dieser Klassifikationssysteme. Wenn noch Scibor (Lit. 20.) 1981 die Epoche der Universalklassifikation mit Ranganathan als letztem Vertreter als abgeschlossen betrachtete, so sind doch der neue Bedarf an und die neuen Aufgabenfelder für Klassifikation, die allseits postuliert werden (Lit. 06.; Lit. 16.; Lit. 18.; Lit. 28.), in weiten Teilen wieder auch auf die Universalismusproblematik hin ausgerichtet. Aus diesen neuen Anforderungen können sich möglicherweise Impulse auch für die „klassischen" Klassifikationssysteme ergeben.

B 5.4 Thesaurus

B 5.4.1 Funktion und Merkmale

Die neue Ausgabe der DIN 1463 (Lit. 32.) definiert den Thesaurus im informationswissenschaftlichen Sinne so:
„Ein Thesaurus im Bereich der Information und Dokumentation ist eine geordnete Zusammenstellung von Begriffen und ihren (vorwiegend natürlichsprachigen) Bezeichnungen, die in einem Dokumentationsgebiet zum Indexieren, Speichern und Wiederauffinden dient. Er ist durch folgende Merkmale gekennzeichnet:

a) Begriffe und Bezeichnungen werden eindeutig aufeinander bezogen („terminologische Kontrolle"), indem
   - Synonyme möglichst vollständig erfaßt werden,
   - Homonyme und Polyseme besonders gekennzeichnet werden,
   - für jeden Begriff eine Bezeichnung (Vorzugsbenennung, Begriffsnummer oder Notation) festgelegt wird, die den Begriff eindeutig vertritt,
b) Beziehungen zwischen Begriffen (repräsentiert durch ihre Bezeichnungen) werden dargestellt."

Diese Definition wäre zu ergänzen um

c) Der Thesaurus ist präskriptiv, indem er für seinen Geltungsbereich festlegt, welche begrifflichen Einheiten zur Verfügung gestellt werden und durch welche Bezeichnungen diese repräsentiert werden.

Im folgenden sollen die wichtigsten Elemente und Prinzipien von Thesauri und Thesaurusmethodik vorgestellt werden. Dies kann in diesem Rahmen nur auf eine sehr kursorische und allgemeine Art und Weise geschehen. Auf die Behandlung von Spezialproblemen oder besonderen Thesaurusformen (z.B. mehrsprachige Thesauri) kann hier nicht eingegangen werden, ebenso auf die erweiterten Anforderungen an Thesauri im Kontext von Wissensrepräsentation. Für eine intensivere Auseinandersetzung mit der Thematik wird die Lektüre von Wersig (Lit. 38.) empfohlen, auf den sich auch die folgenden Ausführungen in weiten Teilen stützen. Eine weitere grundsätzliche Einführung in diesen Bereich, allerdings eher ausgerichtet auf die Spezifika des englischen Sprachraums, findet sich bei Lancaster (Lit. 33.).

B 5.4.2 Thesaurusaufbau

Um von der natürlichen Sprache als Ausgangsmaterial zum kontrollierten Vokabular eines Thesaurus zu gelangen, müssen mehrere kontrollierende und definierende Prozesse durchlaufen werden:

B 5.4.2.1 Eingrenzung des Bezugsrahmens

Während die natürliche Sprache für grundsätzlich alle Themen, Situationen Vokabular zur Verfügung stellt, kann ein Thesaurus den Anforderungen bezüglich Eindeutigkeit, Verbindlichkeit und Übersichtlichkeit nur dann gerecht werden, wenn

Beispiel 12: Alphabetischer Thesaurusausdruck

```
 0.0058
Magnetband
VB   Magnetbandlaufwerk


 0.0045
Magnetbandgerät
BS   Magnetbandlaufwerk   NE7


 0.0046
Magnetbandkassette
NO   NE83
BF   Kassette
BF   MB-Kassette
OB   Datenträger
VB   Magnetbandkassettenlaufwerk


 0.0051
Magnetbandkassettengerät
BS   Magnetbandkassettenlaufwerk   NE7


 0.0050
Magnetbandkassettenlaufwerk
NO   NE7
BF   Magnetbandkassettengerät
BF   MB-Kassettengerät
OB   Datenausgabegrät
OB   Dateneingabegerät
OB   Datenspeichertechnik
VB   Magnetbandkassette


 0.0044
Magnetbandlaufwerk
NO   NE7
BF   Magnetbandgerät
OB   Bandgerät
OB   Datenausgabegerät
OB   Dateneingabegerät
OB   Datenspeichertechnik
VB   Magnetband


 0.0059
Magnetfeld
NO   WD2
OB   Magnetismus


 0.0060
Magnetismus
NO   WD2
BF   Barkhausen-Effekt
BF   Ferromagnetismus
```

```
Magnetismus (Forts.)
BF   Halleffekt
BF   Induktion
OB   Elektrodynamik
UB   Magnetfeld
BIK  Geophysik
     BFK  Erdmagnetismus
BIK  Optik
     BFK  Faraday-Effekt


 0.0070
Magnetkarte
NO   NE87
BF   Telefonkärtchen
OB   Datenträger
VB   Kartensystem


 0.0073
Magnetkartensystem
NO   EC5
OB   Kartensystem


 0.0074
Magnetkartentelefon
NO   GK72
BF   Makatel
OB   Kartentelefon


 0.0077
Magnetplatte
NO   NE82
OB   Datenspeicher
OB   Datenträger
VB   Magnetplattenlaufwerk
BIK  Datenspeicher
     BFK  Plattenspeicher


 0.0081
Magnetplattengerät
BS   Magnetplattenlaufwerk   NE7


 0.0079
Magnetplattenlaufwerk
NO   NE7
BF   Magnetplattengerät
OB   Datenausgabegerät
OB   Dateneingabegerät
OB   Datenspeichertechnik
VB   Magnetplatte
```

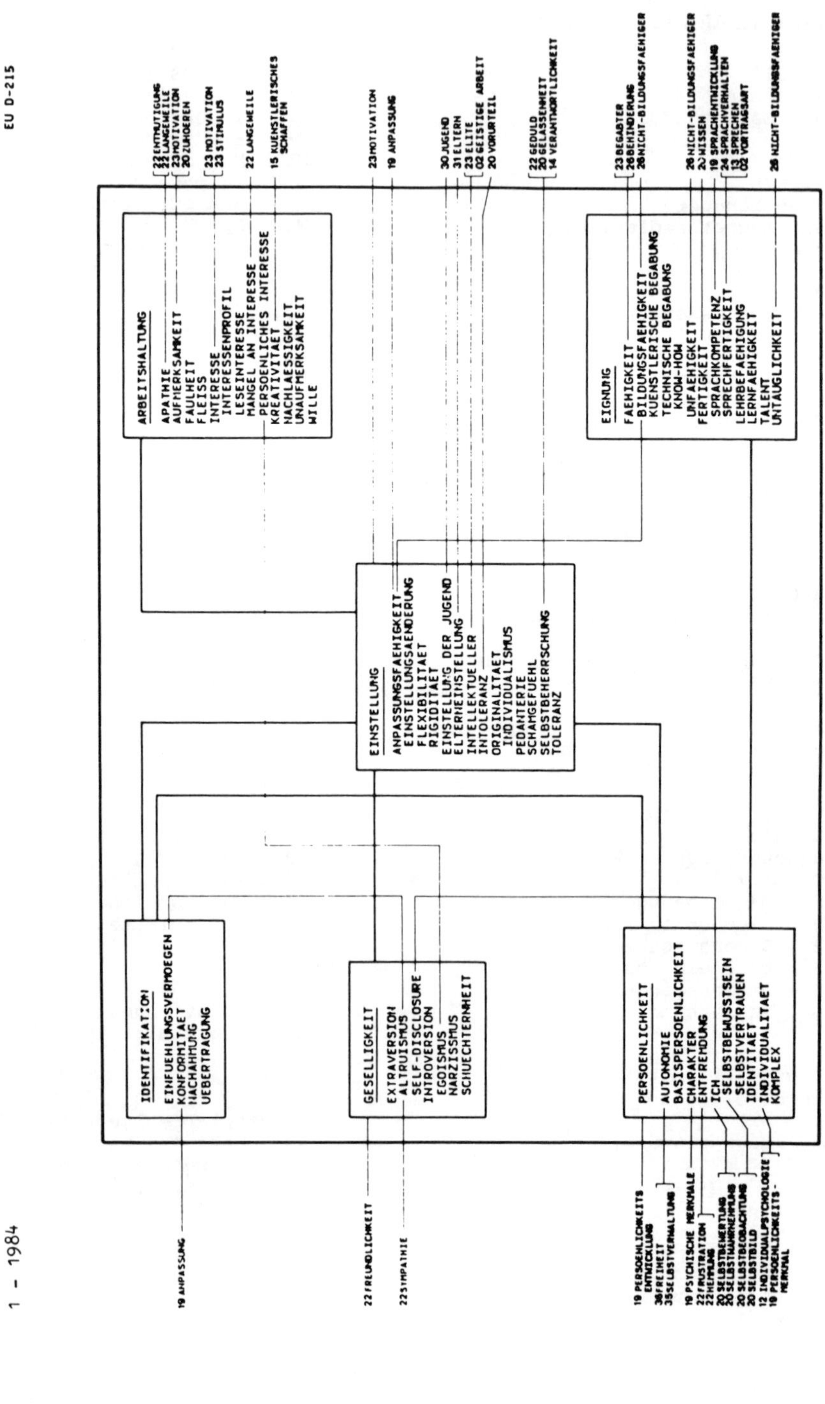

21 PERSOENLICHKEIT

Beispiel 13: Graphische Darstellung eines Thesaurus

der Kontext (universe of discourse), den er abdecken soll, klar umrissen ist. Ein universaler Thesaurus ist zwar zugegebenermaßen faszinierend, aber alle bisherigen Versuche dazu müssen als fehlgeschlagen oder nicht vollendet betrachtet werden.
Die folgenden Elemente des Bezugsrahmens sollten zu Beginn der Thesaurusarbeit abgesteckt werden:
- Gegenstandsbereich oder Thematik des Thesaurus (Schwerpunkte, Randgebiete)
- Spezifität des Thesaurus (Begriffe bis zu welcher Spezifität oder bis zu welchem Allgemeinheitsgrad sollen einbezogen werden)
- Sprachstil des Thesaurus (mehr wissenschaftlich orientiert oder auch für Nicht-Fachleute verständlich)
- Umfang des Thesaurus (Umfang des Vokabulars, Umfang der ausgewiesen Begriffsbeziehungen und Beziehungsarten).

Für diese Parameter können keine allgemeingültigen Angaben gemacht werden, vielmehr hängen sie vom Benutzerkreis, den zu erschließenden Dokumenten, der angestrebten Erschließungstiefe ab.
Wenn dieser Rahmen festgelegt ist, kann mit der eigentlichen Erarbeitung des Thesaurus begonnen werden.

B 5.4.2.2 Wortgutsammlung und Bezeichnungskontrolle

Entsprechend der aufgestellten Kriterien für Spezifität, Sprachstil und Umfang des Thesaurus sind die Quellen auszuwählen, denen Wortgut entnommen werden kann.

Geeignete Quellen können sein (nach DIN 1463):
a) potentielle Benutzer und Fachleute
b) international oder national verbindliche Fachwörterbücher und Normen
c) die aktuelle Fachliteratur
d) terminologische Abhandlungen oder Bezeichnungslisten
e) Existierende Therauri oder klassifikatorische Systeme
f) Nomenklaturen
g) Register zu Fachzeitschriften
h) Referatedienste
i) Lehrbücher, Handbücher und Standardwerke
k) Ergebnisse experimentellen Indexierens von Dokumenten.

Jeder Quellentyp bringt natürlich Vokabular unter seinem spezifischen Schwerpunkt ein. Deshalb ist es wichtig, neben Quellen, die die notwendigen Grundbegriffe eines Gebietes recht systematisch, aber eher traditionell, einbringen (z.B. b, d, e, f, i,), auch ausreichend Quellen zu berücksichtigen, die die aktuellen und zukunftsorientierten Bereiche vertreten (z.B. a, c und k).
Bei der Durchsicht der Quellen wird das Wortgut einer ersten Bezeichnungskontrolle unterworfen und über Aufnahme einer Bezeichnung in die Wortgutsammlung entschieden.
Es ist empfehlenswert, eine Grobklassifikation zu entwickeln, der die Bezeichnungen zugeordnet werden. Da eine größere Menge Vokabular kaum überblickt werden kann, sollen dadurch kleinere Einheiten von Vokabular für die weiteren

Bearbeitungsschritte entstehen. Die Klassifikation sollte so gewählt werden, daß die einzelnen Klassen voraussichtlich mit ca. 50–150 Bezeichnungen belegt werden. Das aus den Quellen selektierte Wortgut sollte nach einem einheitlichen Erfassungsschema erfaßt werden, das als Kategorien umfaßt:

- Bezeichnung
- Quelle(n)
- Zuordnung zur Grobklassifikation
- soweit in der Quelle vorhanden, die dort ausgewiesenen Begriffsbeziehungen

Weiter ergänzt werden kann das Schema durch zusätzliche Angaben wie Definitionen, Belegungshäufigkeit, Status (Deskriptor oder Nicht-Deskriptor) in der Quelle, Bearbeiterkommentare etc.

Außerdem können auch bereits bestimmte formale Anpassungen (z.B. Vereinheitlichung von Singular/Plural, Auflösung von Abkürzungen) vorgenommen werden. Dieses erfaßte und einer Bezeichnungskontrolle unterzogene Vokabular sollte alphabetisch und möglichst zusätzlich nach der Grobordnung sortiert werden. In dieser Form bildet das Vokabular die Grundlage für die Terminologische Kontrolle.

B 5.4.3 Terminologische Kontrolle

Die erstellte Wortgutsammlung erhält noch alle Mehrdeutigkeiten und Unschärfen der natürlichen Sprache. Durch die terminologische Kontrolle sollen die Mehrdeutigkeiten aufgelöst und die beziehungslos nebeneinander stehenden Bezeichnungen in das feste Raster der Äquivalenzklassen eingeordnet werden. Hierzu sind als Kontrolläufe notwendig:

- Synonymkontrolle
- Polysemkontrolle
- Zerlegungskontrolle.

In der Regel laufen diese Prozesse nicht nacheinander, sondern gemeinsam ab, da erst die nähere Analyse der Bezeichnungen zeigt, welche Kontrollen hier notwendig sind. Ein erster Schritt wird aber immer das Zusammenbringen von Gleichem oder Ähnlichem sein.

B 5.4.3.1 Synonymkontrolle

Synonymie erscheint in unterschiedlichen Abstufungen:

a) Vollständige Synonymie tritt in Reinform sehr selten auf, in der Regel handelt es sich dabei um Schreibweisenvarianten,

   z.B. Photographie – Fotografie
   Friseur – Frisör
   Otto-Motor – Ottomotor

   oder der Alternierung zwischen Kurzform und Vollform,

   z.B. UN – UNO – Vereinte Nationen.

b) In den meisten Fällen weisen die Synonyme zumindest unterschiedliche Konnotationen auf, gehören verschiedenen Sprachstilen an oder haben eine unterschiedliche räumliche oder zeitliche Verbreitung,

z.B. Pferd – Gaul
Myopie – Kurzsichtigkeit
Samstag – Sonnabend
Schüler – Pennäler

c) Der Bedeutungsunterschied ist so geringfügig, daß er kaum wahrgenommen werden oder beachtet wird, bzw. eine pars-pro-toto-Übertragung zwischen Ober- und Unterbegriff stattgefunden hat,

z.B. Schauspiel – Theaterstück
Rundfunk – Hörfunk

Diese Bezeichnungen werden auch in der natürlichen Sprache als synonym empfunden.
Im Rahmen eines Thesaurus werden darüber hinaus auch Bezeichnungen als Synonyme behandelt, die zwar unterschiedliche Bedeutung haben, diese Bedeutungsdifferenz ist aber unter dem Blickwinkel des Gegenstandsbereiches des Thesaurus so wenig relevant, daß beide Bezeichnungen zu einer Einheit (d.h. einer Äquivalenzklasse) zusammengefaßt werden sollen

z.B.
- unterschiedliche Spezifität
  Sprachwissenschaft – Linguistik
- Antonyme
  Härte – Weichheit
- zu spezieller Unterbegriff
  Weizen – Winterweizen
- Gleichsetzung von Verb und Substantiv bzw. Tätigkeit und Ergebnis oder Gegenstand
  Wohnen – Wohnung

Die Entscheidung, ob zwei Bezeichnungen als Quasisynonyme zu behandeln sind, ist daher immer nur thesaurusspezifisch zu treffen.
Mit der Zusammenfassung von Bezeichnungen in einer Äquivalenzklasse wird das Rastermaß bestimmt, nach dem die inhaltliche Erschließung der Dokumente erfolgt.

B 5.4.3.2 Polysemkontrolle

Dabei handelt es sich um den der Synonymkontrolle entgegengesetzten Vorgang: eine Bezeichnung weist unterschiedliche Bedeutungen auf, die auf mehrere Äquivalenzklassen aufgeteilt werden.
Sprachwissenschaftlich ist zu unterscheiden zwischen
- Homonymen, das sind verschiedene Bezeichnungen, die durch die sprachliche Entwicklung „zufällig“ zur gleichen Zeichenfolge geworden sind. In der Regel liegen ihre Bedeutungen weit auseinander. Homonymie kann nur auf lautlichen

Ebene vorliegen (Homophone: Lehre – Leere), nur auf der graphischen Ebene (Homographe: Tenor – Tenor) oder auf beiden Ebenen (Tau, Reif usw.).
- Polysemen, das sind Bezeichnungen, die ausgehend von einer Bedeutung, durch Übertragung, Analogie, geschichtliche oder regionale Auseinanderentwicklung zu unterschiedlichen Bedeutungen geführt haben (z.B. Fuchs, Leitung), oder so allgemein sind, daß sie in ganz unterschiedlichen Kontexten verwendet werden (z.B. Verfahren, System).

Polysemie entsteht häufig auch durch umgangssprachliches Weglassen eines ursprünglich vorhandenen spezfizierenden Elements (z.B. Schirm für Regenschirm, Bildschirm usw.).

Im Thesaurus werden Homonyme und Polyseme jedoch gleich behandelt, weshalb eine eindeutige Zuordnung zu einem der beiden Typen nicht ausschlaggeben ist. Daher wird in der Regel einheitlich vom Polysemieproblem gesprochen und Homonymie mit darunter subsumiert.

Eine Behandlung der Polysemie wird erst dann notwendig, wenn innerhalb des Gegenstandsbereichs des Thesaurus beide bzw. alle Bedeutungen auftreten können. Ist dies der Fall, kann man so vorgehen:

a) nur ein Bedeutungsteil wird im Thesaurus beibehalten, die anderen werden explizit ausgeschlossen. Dies muß für die Benutzer in einer Hinweiskategorie genau erläutert werden (s. u.).
b) Die verschiedenen Bedeutungsteile werden jeweils durch Synonyme ersetzt,

   z.B. statt „Boxen" „Boxsport" und „Stereoboxen".

   Fehlt für einen Bedeutungsteil ein geeignetes Synonym, kann dafür auch die polyseme Bezeichnung erhalten werden, muß dann aber in ihrem Bedeutungsumfang erläutert werden.
c) Liegen keine geeigneten nicht polysemen Bezeichnungen vor, auf die man ausweichen kann, muß die polyseme Bezeichnung durch einen ergänzenden Zusatz (Qualifikator) in verschiedene Bezeichnungen aufgespalten werden. Als Qualifikator bietet sich entweder der Bereich an, in dem die Bedeutung auftritt, oder ein formales Zeichen. Im letzteren Fall muß die Bedeutung allerdings in einer Erläuterung dargestellt werden,

   z.B. Morphologie (Biologie)
   Morphologie (Sprachwissenschaft)
   oder Morphologie 1
   Morphologie 2

Während im Synonymfall jede Bezeichnung auf genau eine Äquivalenzklasse verweist, ist dies im Polysemfall nicht mehr gegeben.

B 5.4.3.3 Zerlegungskontrolle

Theoretisch besteht die Möglichkeit, bis hinunter zur spezifischsten begrifflichen Einheit, alles in den Thesaurus zu integrieren – gerade eine Sprache mit einer starken Tendenz zur Kompositabildung (Donaudampfschiffahrtsgesellschaftskapitän !) verführt dazu.

Dies würde jedoch zumindest zwei Nachteile mit sich bringen:
- Der Thesaurus wird sehr umfangreich und damit sehr unübersichtlich
- Zu den einzelnen Äquivalenzklassen können keine oder nur sehr wenige Dokumente nachgewiesen werden.

Die Gegenpostion wurde bei dem als Thesaurusvorläufer geltenden UNITERM-Verfahren (von Mortimer Taube 1950 entwickelt) vertreten. Dort versuchte man, alle Komposita zu vermeiden und nur Wörter zu verwenden, die nicht weiter in Bedeutungsbestandteile zerlegbar sind; diese Einheiten nannte man Uniterms. Zur Wiedergabe eines Sachverhaltes wurden dann die entsprechenden Uniterms miteinander verkettet (Postkoordination). Nachteil dabei ist, neben oft sehr künstlichen Wortbildungen, eine große Unschärfe beim Retrieval, da aus den Uniterms ganz verschiedene Kombinationen gebildet werden können, im Nachhinein ist jedoch nicht mehr rekonstruierbar, welche der möglichen Kombinationen in einem konkreten Dokument gegeben war. So kann z.B. Baum + Stamm für Baumstamm ebenso wie für Stammbaum stehen.

Die Thesaurusmethode versucht daher, eine mittlere Position zwischen der völligen Postkoordination des UNITERM-Verfahrens und einer extremen Präkombination zu finden. Wann zerlegt werden, wann präkombiniert werden soll, ist daher in den einzelnen Thesauri systemspezifisch zu entscheiden und muß bis zu einem gewissen Grad immer eine subjektive Entscheidung bleiben. Deshalb ist es besonders wichtig, dies im Thesaurus möglichst weitgehend nachvollziehbar zu verankern.

Bei der Zerlegung ist es wichtig zu beachten, daß die vorliegenden Bezeichnungen nur die Repräsentanten der Begriffe sind. Was eigentlich zu zerlegen ist, ist der Begriff in Begriffskomponenten, nicht das Wort in Wortteile.

Die **morphologische Zerlegung** bleibt auf der Wortebene und teilt ein zusammengesetztes Wort in seine Grundwörter auf. Im Thesaurus sollte diese Zerlegungsart nur dann angewendet werden, wenn die Kombination der zerlegten Bestandteile tatsächlich den Begriff des zusammengesetzten Wortes wiedergibt. Dies ist seltener der Fall, als es auf den ersten Blick scheinen mag.

Ein günstigeres Ergebnis liefert die **semantische Zerlegung**, die den von der Bezeichnung repräsentierten Begriff in seiner Begriffsteile zerlegt, diese Begriffsteile werden durch im Thesaurus vorhandene Bezeichnungen ausgedrückt. Es ist daher in den meisten Fällen wenig sinnvoll, einen Begriff zu zerlegen, wenn eigens für diese Zerlegung neue Deskriptoren in den Thesaurus eingeführt werden müßten.

Vorteil der Zerlegungen ist, daß – ohne die Anzahl der Äquivalenzklassen des Thesaurus zu erhöhen – eine Bereicherung des Zugriffsvokabulars erreicht wird. Die Probleme dieser Methode sollten allerdings nicht unterschätzt werden:
- Bei der „Rückübersetzung" der zerlegten Teile können falsche Kombinationen entstehen.
- Die mit den beiden Zerlegungsteilen indexierten Dokumente werden auch bei jeder Suche nach nur einem der Teile mitgefunden. Besonders bei morphologischen Zerlegungen wird dies als störend empfunden.
- Die Thesaurusstruktur wird dadurch komplizierter, Indexierer und Benutzer müssen das Zerlegungsprinzip beherrschen.

B 5.4.4 Äquivalenzklasse – Deskriptor

Durch die terminologische Kontrolle wurde die Sammlung von natürlichsprachlichen Bezeichnungen, die den Ausgangspunkt bildete, künstlich verändert:

- Durch die Synonymkontrolle wurden mehrere Bezeichnungen zu einer begrifflichen Einheit zusammengefaßt.
- Durch die Polysemkontrolle wurden Bezeichnungen, die mehrere begriffliche Einheiten beinhalten, entsprechend dieser Einheiten auf voneinander differenzierte Bezeichnungen aufgeteilt.
- Durch die Zerlegungskontrolle wurde versucht, ein für den Gegenstandsbereich des Thesaurus angemessenes Spezifitätslevel der begrifflichen Einheiten zu erreichen und zusätzliche sprachliche Einstiegsmöglichkeiten zu schaffen.

Die so entstandenen begrifflichen Einheiten werden als Äquivalenzklassen bezeichnet, da in ihnen alle für den Geltungsbereich des Thesaurus als in etwa gleich bewerteten Bezeichnungen zusammengefaßt sind. Sie bilden eine Art Schleuse, durch die alle Indexierungsergebnisse und Suchfragen hindurchgeführt werden.

Für die Behandlung und Darstellung der Äquivalenzklassen im Thesaurus bestehen folgende Möglichkeiten:

In einem **Thesaurus ohne Vorzugsbenennung** werden alle Elemente der Äquivalenzklasse gleichbehandelt und können unterschiedslos für Indexierung und Retrieval genutzt werden. Die Äquivalenzklasse wird in diesem Fall von einer Begriffsnummer repräsentiert, die das Bindeglied zwischen den verschiedenen Bezeichnungen bildet. Diese Darstellungsform hat als Vorzüge:

- bei Indexierung und Retrieval können alle Bezeichnungen direkt verwendet werden
- bei einigen Systemen ist es möglich, mit einer gewählten Bezeichnung wahlweise über die gesamte Äquivalenzklasse oder über nur genau diese Bezeichnung zu recherchieren.
- Änderungen innerhalb der Äquivalenzklasse können schnell und einfach vorgenommen werden.

Verloren geht jedoch bei Thesauri dieses Typs weitgehend der präskriptive, sprachnormierende Charakter. Außerdem kann der Bedeutungsumfang der Äquivalenzklasse, der sich ja aus der Summe der Bedeutungen ihrer Elemente zusammensetzt und von der natürlichsprachlichen Bedeutung wegentwickelt haben kann (s. u. Begriffliche Kontrolle), von den einzelnen Elementen mehr oder weniger gut repräsentiert werden, sodaß eine Fehlinterpretation der Bezeichnungen hier leichter gegeben sein kann.

Nach wie vor weiter verbreitet sind daher **Thesauri mit Vorzugsbenennung**. Dabei wird ein Klassenelement der Äquivalenzklasse als Vorzugsbenennung ausgewählt. Dieses ausgewählte Element wird als **Deskriptor** bezeichnet. Alle anderen Elemente haben den Status von Nicht-Deskriptoren oder Synonymen. Sie werden in den Thesaurus aufgenommen, bilden einen Bestandteil des Zugangsvokabulars, können aber selbst nicht zur Indexierung und Recherche verwendet werden, sondern verweisen auf den entsprechenden Deskriptor.

In diesem Fall sind an die zum Deskriptor gewählte Bezeichnung besondere Anforderungen zu stellen und bestimmte formale Kriterien zu erfüllen:

Der Deskriptor sollte
- seine Äquivalenzklasse möglichst umfassend, zweifelsfrei und genau darstellen,
- am Sprachgebrauch des Fachgebietes orientiert sein,
- einprägsam und möglichst unkompliziert sein.

Je besser diese Kriterien erfüllt werden, desto mehr selbsterklärend ist der Thesaurus und kann auf zusätzliche Erläuterungen wie Scope notes und Definitionen verzichten.

Im Gegensatz zum UNITERM-Verfahren können auch Komposita oder Syntagmen als Deskriptoren benutzt werden, es ist jedoch zu beachten, daß je komplizierter die Wortform, desto schlechter die Reproduzierbarkeit, d.h. das spontane korrekte Erinnern bei Indexierung und Retrieval, des Deskriptors.
Für den deutschen Sprachraum hat sich als präferierte Deskriptorenform das Substantiv im Singular durchgesetzt (englische Thesauri bevorzugen häufig den Plural). Daneben sind auch Adjektive und Verben als Deskriptoren möglich, sie sollten bei der Indexierung jedoch nur zusammen mit einem anderen (substantivischen) Deskriptor verwendet werden, da sie meist modifizierenden Charakter haben.
Auch bei Schreibweisenvarianten ist einheitlich zu verfahren (z.B. immer f oder immer ph, Transliteration nach einem Schema). Alle sprachlichen Varianten, die nicht durch eine grundsätzliche Regel ausgeschlossen sind, sollten als Nicht-Deskriptoren in den Thesaurus einbezogen werden.
Eine einheitliche Regelung innerhalb des Thesaurus ist auch erforderlich bezüglich der Einbeziehung von (Eigen-)Namen. Je nach Fachgebiet kann die Einbeziehung von Namen den Umfang des Thesaurus stark ausweiten. Besonders bei Personen- und Institutionennamen ist die Abgrenzung, welche Namen aufgenommen werden sollen und welche nicht, schwierig zu treffen und wird von den Benutzern dann vielfach als willkürlich empfunden.
Wenn Namen erfaßt werden, müssen sie ebenso einer terminologischen Kontrolle unterzogen werden wie Allgemeinbegriffe. Gerade bei Institutionsbezeichnungen erweist sich das Synonymproblem als besonders komplex.

Beispiel: Bundesminister des Innern
Der Bundesminister des Innern
Bundesinnenminister
Innenminister (Bundesrepublik Deutschland)
Bundesministerium des Innern
Bundesinnenministerium
Innenministerium
Wolfgang Schäuble
Innenminister Schäuble
usw.

Namen sollten innerhalb des Thesaurus als besondere Einheiten selektiert werden können, daneben können sie zusätzlich an den entsprechenden sachlichen Stellen eingebunden werden.

B 5.4.5 Begriffliche Kontrolle

Bei der terminologischen Kontrolle wurde bereits deutlich, daß innerhalb des Thesaurus eine Bedeutungsverlagerung auftreten kann zwischen einer Bezeichnung x der natürlichen Sprache und dem Deskriptor x eines Thesaurus. Häufig handelt es sich dabei sogar um einen mehrstufigen Prozeß.

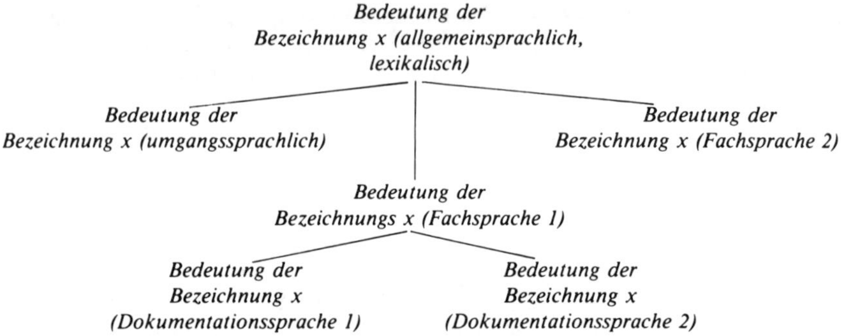

Diese Bedeutungsverschiebungen müssen im Thesaurus behandelt und die in seinem Bereich gültige Bedeutung muß explizit dargelegt werden.
Fachsprachliche Bedeutungen, die vom eigenen Gebiet weit entfernt sind, können zwar häufig von einer Behandlung ausgeschlossen werden. Umgangssprachliche Bedeutungen können zumindest die Präferenz einer Bezeichnung beeinflussen (z.B. bei positiv oder negativ belegten Konnotationen).Zumindest die Differenz zwischen Fachsprache und Dokumentationssprache muß aufgezeigt werden, wenn ein Begriff im Thesaurus eingegrenzt oder erweitert wurde. Zum Teil geschieht dies indirekt, indem alle zur Äquivalenzklasse gehörenden Bezeichnungen und alle mit diesem Begriff in Beziehungen gesetzten Begriffe angezeigt werden. Reicht dies nicht aus, muß die Bedeutungsveränderung in einem Erläuterungsfeld für den Begriffssatz erklärt werden.

B 5.4.5.1 Beziehungsgefüge des Thesaurus

Als Ergebnis der terminologischen Kontrolle erhält man eine Menge von Äquivalenzklassen, die zunächst noch jeweils für sich isoliert stehen. Bei der begrifflichen Kontrolle treten Beziehungen zwischen den Begriffen zu Tage. Diese Bezüge sind in einem weiteren Schritt zu einem umfassenden Beziehungsgefüge auszubauen, so daß ein semantisches Netz über den Gesamtbereich des Thesaurus entsteht. Dieses semantische Netz ist nicht zur Befriedigung eines sprachwissenschaftlichen Perfektionismus gedacht, sondern soll primär von einem Einstiegsbegriff ausgehend alternative, für den Sachverhalt möglicherweise zutreffendere Begriffe aufweisen und so zu besseren Ergebnissen bei Indexierung und Retrieval führen.
Beziehungen zwischen Begriffen können vielfältiger Natur sein, im Rahmen von

Thesauri beschränkt man sich meistens auf wenige Beziehungsarten. DIN 1463 (Lit. 32.) sieht folgende Beziehungsarten oder Relationen vor:
- Äquivalenzrelation
- Hierarchische Relation
- Assoziationsrelation.

Für die Darstellung der Relationen werden in den meisten Fällen Alphakürzel verwendet (DIN 1463 schlägt hier Standardkürzel vor), es ist aber auch möglich, Symbole oder graphische Mittel dafür zu verwenden. Alle Relationen eines Deskriptors bilden gemeinsam mit den ergänzenden Angaben den Deskriptorensatz.

B 5.4.5.2 Äquivalenzrelation

Die Äquivalenzrelation ist streng genommen keine Begriffsrelation, sondern eine innerbegriffliche Relation zwischen Bezeichnungen. Bei Thesauri mit Vorzugsbenennung grundsätzlich in der Form Nicht-Deskriptor → Deskriptor.Die Äquivalenzrelation sollte immer reziprok dargestellt werden, d.h. nicht nur vom Nicht-Deskriptor auf den Deskriptor verweisen, sondern zu jedem Deskripter alle Nicht-Deskriptoren aufweisen, um den vollen Bedeutungsumfang der Äquivalenzklasse darzustellen. Unter Verwendung der Standardkürzel ergeben sich als Einträge:

Sonnabend	**BS**	Samstag
Samstag	**BF**	Sonnabend

Dabei steht **BS** für „Benutze Synonym" und **BF** für „Benutzt für". Im obigen Beispiel verweist also das Synonym Sonnabend auf den Deskriptor Samstag.

Es ist auch möglich, für bestimmte Formen von Synonymen jeweils eigene Synonym-Kategorien und Kürzel festzulegen, z.B. für
- Abkürzungen
- fremdsprachige Synonyme
- Deskriptoren anderer Dokumentationssprachen
- Quasi-Synonyme
- Hinweis auf den Oberbegriff (s. u.), der für diese Bezeichnung verwendet werden soll.

Durch die Aufsplittung der Äquivalenzrelation ergibt sich eine komplexere, aufwendigere Thesaurusstruktur, andererseits sind Überarbeitungen des Thesaurus so oft einfacher und nützliche Nebenprodukte (z.B. Abkürzungsliste oder fremdsprachiges Register zum Thesaurus) können erzeugt werden.

Ein besonderer Fall von Äquivalenzrelation ergibt sich bei Polysemen. Von der polysemen Bezeichnung ausgehend muß nicht auf eine, sondern auf mehrere Vorzugsbenennungen verwiesen werden, die je nach Kontext alternativ zu benutzen sind:

Morphologie	**BS**	Morphologie (Biologie)
	oder	
	BS	Morphologie (Sprachwissenschaft)

Eine analoge Struktur ergibt sich auch, wenn ein allgemeiner Begriff durch einen spezifischeren Unterbegriff ersetzt werden soll. Dann kann statt dem Standardkürzel **BS** auch das exaktere **BSU** ,,Benutze spezifischen Unterbegriff" und reziprok **BFO** ,,Benutzt für Oberbegriff" verwendet werden (vgl. Lit. 38, s. 119),

z.B.	Naturwissenschaft	**BSU**	Biologie Chemie Physik
	Biologie	**BFO**	Naturwissenschaft

B 5.4.5.3 Hierarchische Relation

Durch die hierarchische Relation wird eine begriffliche Über-/Unterordnung ausgedrückt. Es können zwei Typen der hierarchischen Relation unterschieden werden.

a) Die **Generische Relation** (oder Abstraktionsrelation) wird von DIN 1463 definiert als ,,eine hierarchische Relation zwischen zwei Begriffen, von denen der untergeordnete Begriffe (Unterbegriff) alle Merkmale des übergeordneten Begriffs (Oberbegriff) besitzt und zusätzlich mindestens in ein weiteres spezifizierendes Merkmal".
Damit entspricht dieser Relationstyp ziemlich genau der Klassenbildung von Klassifikationssystemen. Das dort angeführte Beispiel läßt sich hier übertragen. Das Verfahren, die Unterordnung durch ein zusätzliches Merkmal zum Ausdruck zu bringen, d.h. die Blickrichtung von oben nach unten, ist jedoch problematisch, da jeder Begriff eine Fülle von Merkmalen aufweist. Das Herausgreifen eines Merkmals als Unterteilungskriterium muß immer mit einer gewissen Subjektivität behaftet sein. Angesichts der polyhierarchischen und polydimensionalen Möglichkeiten, die die Thesaurusstruktur bietet, ist dies eine vermeidbare Engführung.
Dem Thesaurusprinzip eher angemessen scheint die Blickrichtung von unten nach oben, bei dem ausgehend vom (merkmalsreicheren, komplexeren) Unterbegriff die (merkmalsärmeren, einfacheren) Oberbegriffe gesucht werden. Diese Methode mag zuerst weniger systematisch und vordergründig pragmatischer erscheinen als das Vorgehen über Merkmalsspezifikation, kann sich aber auf eine lange systematische wissenschaftliche Tradition berufen. So empfiehlt bereits Thomas von Aquin: ,,Aber weil die Wesen jener (einfachen) Substanzen für uns verborgener sind, daher muß man mit den Wesen der zusammengesetzten Substanzen beginnen, damit das Verfahren vom Leichteren her angemessener wird." (Lit. 36.).

b) Die **Partitive Relation** oder Bestandsrelation als ,,eine hierarchische Relation zwischen zwei Begriffen, von denen der übergeordnete (weitere) Begriff (Verbandsbegriff) einem Ganzen entspricht und der untergeordnete (engere) Begriff (Teilbegriff) einen der Bestandteile dieses Ganzen repräsentiert." (DIN 1463)

z.B. Baum
- Baumstamm
- Krone
- Wurzel

Die partitive Relation ist durch ihre Definition deutlich abgehoben von der generischen.
Die meisten Thesauri fassen beide Relationen in einer allgemeinen hierarchischen Beziehungsart zusammen, DIN 1463 schlägt hierfür vor:

Obstbaum	**UB** *(für Unterbegriff)*	Steinobstbaum
Steinobstbaum	**OB** *(für Oberbegriff)*	Obstbaum
Baum	**UB**	Baumstamm
Baumstamm	**OB**	Baum

Die Beziehung ist grundsätzlich reziprok zu gestalten. Eine getrennte Ausweisung der beiden Relationen kann jedoch durchaus vorteilhaft sein, zumindest in Bereichen, in denen partitive Untergliederungen ein gebräuchliches Denkmuster bilden. Bei einer Aufspaltung auf zwei Beziehungsarten sieht DIN 1463 für die generische Relation vor:

Obstbaum	**UA** *(für Unterbegriff/Abstraktionsrelation)*	Steinobstbaum
Steinobstbaum	**OA** *(für Oberbegriff/Abstraktionsrelation)*	Obstbaum
Baum	**TP** *(für Teilbegriff)*	Baumstamm
Baumstamm	**SP** *(für Verbandsbegriff)*	Baum

Die Entscheidung, ob die beiden Relationsarten gemeinsam oder getrennt dargestellt werden, ist thesaurus- bzw. fachspezifisch zu treffen. Es gibt Bereiche, die stark partitiv orientiert sind und daher eine Trennung nahelegen (z.B. Chemie), bei anderen Gebieten wirkt eine Trennung oft künstlich. Wichtig ist, daß die gewählte Darstellungsform dann auch im gesamten Thesaurus einheitlich durchgehalten wird.

B 5.4.5.4 Assoziationsrelation

,,Eine Assoziationsrelation ist eine zwischen Begriffen bzw. ihren Bezeichnungen als wichtig erscheinende Relation, die weder eindeutig hierarchischer Natur ist, noch als äquivalent angesehen werden kann.'' (DIN 1463) Bereits in dieser Definition, die letztlich nur aussagt, was nicht als Assoziationsrelation verstanden wird, kommt die Problematik dieser Relationsart zum Ausdruck. Häufig gerät sie zu einem Sammelbecken, in das alles hineingepackt wird, was im weiteren Sinne mit dem Ausgangsbegriff zu tun hat. Die Beziehungen, die hier verankert sein können, haben ganz unterschiedlichen Charakter (z.B. instrumental, kausal, temporal, Antonymie, Vorgänger-Nachfolger, Rohstoff-Erzeugnis) und oft entstehen lange Rei-

hen solcher „verwandter Begriffe". Dabei wird verkannt, daß es im Thesaurus nicht darum gehen kann, möglichst vollständig alle Zusammenhänge auszuweisen, in die ein Begriff gestellt sein kann, vielmehr ist der eigentliche Sinn dieser Relation zusätzlich zur hierarchischen Struktur Querbeziehungen zu anderen, für die Formulierung des Sachverhaltes möglicherweise geeigneten Deskriptoren anzubieten. In einigen Thesauri werden grundsätzlich alle auf der gleichen hierarchischen Ebene (vgl. klassifikatorische Reihe) angesiedelten Deskriptoren untereinander über die Verwandtschaftsbeziehung verknüpft. Dies kann zu einer gewissen Redundanz führen, da dieser Bezug ohnehin auch in einer hierarchischen Thesaurusdarstellung deutlich wird. Für die Benutzer hilfreicher ist meistens, gezielt eine überschaubare Anzahl alternativer Einstiegsmöglichkeiten außerhalb des hierarchischen Thesaurusgefüges anzubieten.
Zur Darstellung der Assoziationsrelation schlägt DIN 1463 das Kürzel VB (Verwandter Begriff) vor, das in beiden Richtungen verwendet wird:

Obst	**VB**	Obstbaum
Obstbaum	**VB**	Obst

Da die eigentliche Assoziationsbeziehung ungerichtet ist, wird in manchen Thesauri auf die Ausweisung der reziproken Beziehungen verzichtet. Das Beziehungsgefüge wird dadurch jedoch leicht unübersichtlich und besonders beim Updating können Probleme auftreten, so daß auch verwandte Begriffe immer reziprok dargestellt werden sollten.

B 5.4.5.5 Begriffskombination

Ein weiterer Relationstyp ergibt sich im Thesaurus, wenn von der Möglichkeit der Begriffskombination Gebrauch gemacht wird. Der zusammengesetzte Begriff, der im Thesaurus durch die Kombination von zwei Deskriptoren wiedergegeben werden soll, ist formal ein Nicht-Deskriptor. Er gehört jedoch nicht den Äquivalenzklassen der Deskriptoren an, durch die er kombiniert wird, vielmehr wäre seine Äquivalenzklasse eine Schnittmenge der beiden Äquivalenzklassen der Deskriptoren. Diese existiert im Thesaurus als solche a priori nicht, sondern wird erst bei der Benutzung einer Kombination gebildet. Deshalb ist es wichtig, die Begriffskombination von der Äquivalenzrelation getrennt zu halten. DIN 1463 schlägt dafür die Kürzel **BK** (Benutze Kombination) und **KB** (Kombinationsbegriff) vor. Die entsprechenden Einträge sehen dann so aus:

Geldbriefträger	**BK**	Briefzusteller + Geldzustellung
Briefzusteller	**KB**	Geldbriefträger
Geldzustellung	**KB**	Geldbriefträger

Dies ist der Mindeststandard an expliziter Darlegung, der auf jeden Fall eingehalten werden sollte.
Aufwendiger, aber exakter und daher zu präferieren, ist die von Wersig (Lit. 38., S. 118) vorgeschlagene Darstellungsform. Dabei wird der reziproke Eintrag in drei Teile zerlegt (für die beiden Kombinationselemente und für den zusammengesetzten

Begriff), so daß von jedem der drei Teile aus der vollständige Zusammenhang erkenntlich ist. (Bei der Kurzform des einteiligen reziproken Eintrags bleibt offen, welches das weiteres Kombinationselement ist. Dazu wäre ein weiteres Nachschlagen unter „Geldbriefträger" notwendig.) Der ausführlichere Kombinationseintrag sieht dann so aus:

Geldbriefträger	**BK**	Briefzusteller + Geldzustellung
Briefzusteller	**BIK**	Geldzustellung BFK Geldbriefträger
Geldzustellung	**BIK**	Briefzustellung BFK Geldbriefträger

Hier steht **BIK** für „Benutzt in Kombination" und **BFK** für „Benutzt für Kombination".
Da bei der Verwendung eines Deskriptors in mehreren Kombinationen der Bezug zwischen **BIK** und **BFK** verwirrend werden kann, sollten die Einträge entweder alternierend dargestellt oder mit Indikatoren versehen werden.

B 5.5 Darstellung des Thesaurus

Die verschiedenen Relationen und sonstige Angaben zur Äquivalenzklasse werden in einem gemeinsamen Satz zusammengefaßt. Da die meisten Thesauri mit Vorzugsbenennungen arbeiten, hat sich dafür die Bezeichnung Deskriptorensatz durchgesetzt. Sowohl für die Darstellung der einzelnen Elemente innerhalb eines Deskriptorensatzes als auch für die Gestaltung des Thesaurus insgesamt sind verschiedene Punkte zu berücksichtigen.

B 5.5.1 Darstellung innerhalb der Deskriptorensätze

Neben den vorstehend beschriebenen Elementen können noch weitere Angaben im Deskriptorensatz hinzutreten.
Für die Handhabung des Thesaurus, besonders beim Updating, ist es sinnvoll, jedem Deskriptorensatz eine eigene **Begriffsnummer** zuzuordnen. Bei maschinell erstellten Thesauri werden meistens Datensatznummern erzeugt, die hierfür verwendet werden können, wenn sichergestellt ist, daß diese bei Update-Läufen nicht automatisch geändert werden.
Außerdem ist es zumindest bei umfangreicheren Thesauri empfehlenswert, eine **Notation** zu verwenden und den Thesaurus klassifikatorisch zu erschließen. Dafür kommen primär Grobklassifikation oder facettierende Systeme in Frage. Über die Klassifikation ist es möglich, den Thesaurus bei Bedarf in kleinere Subthesauri zu portionieren, die dann besser überschaut werden können. Hier kann auch die Verknüpfung mit einem externen Klassifikationssystem erfolgen. Dadurch wird es möglich, von einem Erschließungsmittel auf das andere überzuwechseln und damit das Potential beider Systeme erhöht (vgl. a. Lit. 31.).
Einige Thesauri geben an Stelle einer Notation oder auch zusätzlich neben dem direkten Oberbegriff eines Deskriptors den obersten Begriff innerhalb der hierarchischen Kette an. Dafür wird das Kürzel TT (vom englischen Top Term) verwendet.

Obwohl dies eigentlich eine hierarchische Beziehung ist, wird sie nicht reziprok ausgewiesen, sondern hat nur erläuternden Charakter.
Ein **Einführungs- oder Änderungsdatum** ist für die Thesauruspflege hilfreich und kann vor allem bei retrospektiven Recherchen die Auswahl geeigneter Deskriptoren erleichtern.
In der **Scope note** oder Erläuterungskategorie werden Hinweise zum spezifischen Gebrauch eines Deskriptors festgehalten entsprechend der bei terminologischer und begrifflicher Kontrolle erfolgten Abweichungen, Einschränkungen oder Ausweitungen im Vergleich zum Sprachgebrauch in der natürlichen Sprache.
Während die Definitionen oder Festlegungen in der Scope note immer nur für den jeweiligen Thesaurus Gültigkeit haben, werden in der Definitionskategorie Begriffsdefinitionen angegeben, die für das Fachgebiet allgemeine Verbindlichkeit haben (etwa aus Normen, Lexika, Handbüchern, Terminologiesammlungen).
Weitgehend durchgesetzt hat sich etwa die folgende Reihenfolge der Angaben im Deskriptorensatz:

- Begriffsnummer ★
- Notation(en) ★
- Scope note
- Definition ★
- Synonyme
- Oberbegriffe
- Unterbegriffe
- Verwandte Begriffe
- Kombinationsbegriffe ★
- Einführungs- / Streichungsdatum ★

Gemäß den Gegebenheiten kann diese Reihenfolge modifiziert werden, die mit ★ gekennzeichneten Kategorien haben nur fakultativen Charakter. Für die Orientierung innerhalb der Begriffssätze ist es jedoch notwendig, eine verbindliche Abfolge der Angaben beizubehalten.
Normalerweise wird im Deskriptorensatz nur je eine Hierarchieebene nach oben und unten angezeigt. Es besteht aber auch die Möglichkeit, alle Ebenen aufzuführen, dann wird vergleichbar dem Ebenenindikator bei Notationssystemen (s. o.) das Beziehungskürzel um die Ebene ergänzt (OB-1, OB-2 usw.). Eine vollständige Einbeziehung der Hierarchieebenen ist allerdings nur zu empfehlen, wenn die Anzahl der Ebenen im Thesaurus beschränkt ist (z.B. max. nur 7 Ebenen).

B 5.5.2 Gesamtpräsentation des Thesaurus

Auch wenn heute die meisten Thesauri auf einem Rechner geführt werden, ist parallel dazu eine gedruckte Ausgabe des Thesaurus bereitzuhalten, weil eine Orientierung über größere Mengen an Einträgen hier leichter als am Bildschirm möglich ist.
Für die Anlage des gedruckten Thesaurus bieten sich alphabetische und/oder systematische Form an. Ist der Thesaurus nicht zu komplex oder umfangreich, kann auch eine graphische Darstellungsform gewählt werden.

09 z 2433

Buch- und Bibliothek

45 (1993) 5,

S. 424-437

Bittner, Ewald: CD Rom Datenbanken. Vom Angebot über die Benutzer-Einführung zur Ersterfahrung

UNESCO 38 ,60

/ Deutschland <Bundesrepublik>

/ Finanzwirtschaft 60

/ [illegible]informations- und Kommu

Weltinformat 60

/ Neue Weltinformations- und Kommu

Weltinformat / [illegible] Kommunikati

Unfair contract terms act / Grossbritan

/ AGB-Gesetz / Rechtsvergleich

Unfall 60

s.a. Arbeitsunfall 60

s.a. Verkehrsunfall 60

/ [illegible]verkehr

/ / Schiedsgerichtsbarkeit / USA

/ Medizinisches Gutachten 60

/ Privathaushalt 60

/ USA 60

Unfallflucht 60

Alphabetische und systematische Ausgaben sind komplementär; wenn der Aufwand einer Ausgabe in beiden Formen nicht geleistet werden kann, sollte zumindest ein Register in der nicht gewählten Form angelegt werden.
Die systematische Thesaurusausgabe kann nach der Grobklassifikation oder facettierenden Klassifikation erfolgen und innerhalb der Klassen dann wieder alphabetisch geordnet werden.
In einer vollständig hierarchischen Thesaurusausgabe wird die gesamte hierarchische Struktur des Thesaurus bei der Anordnung nachvollzogen. Polyhierarchien können hierbei zu Problemen bei der Darstellung führen, da immer nur eine hierarchische Kette sukzessive nach unten verfolgt werden kann. In diesem Fall sind für die an einer Stelle nicht direkt weiterverfolgten Ketten zumindest Verweisungen anzubringen.
Außerdem führen die Polyhierarchien dazu, daß Deskriptorensätze entsprechend ihrer polyhierarchischen Einbindung mehrfach erscheinen, wodurch der Umfang des gedruckten Thesaurus stark erweitert werden kann.
Die eleganteste Lösung für eine systematische Anordnung ist sicher die graphische (Diagramme oder Beziehungsgraphen). Das zweidimensionale Medium Papier beschränkt allerdings die Möglichkeiten, so daß sehr komplexe Strukturen kaum übersichtlich dargeboten werden können.
Der Thesauruszugriff am Rechner erfolgt in der Regel mehr punktuell, so daß alphabetische und systematische Darstellung nicht so stark ins Gewicht fallen. Auch hier sollte aber auf jeden Fall neben dem alphabetischen Zugriff, der dann auch Truncationmöglichkeiten umfaßt, ein systematischer Einstieg angeboten werden. Gerade für den systematischen Thesauruszugriff könnten in der Zukunft rechnergestützte Systeme mit Graphikkomponenten mehr Komfort bieten, da dort (z.B. durch Fenstertechniken, Verschieben) ein Navigieren über den Bildschirm-/Seitenrand hinaus möglich ist.

B 5.6 Thesauruspflege

Daß das einzig Beständige der Wandel ist, gilt gerade auch für Thesauri. Im Gegensatz zur natürlichen Sprache, wo Sprachwandel allein durch Sprachbenutzung mehr oder weniger unbemerkt geschieht, muß im Thesaurus jeder Wandel explizit initiiert und in die Thesaurusstruktur eingepaßt werden. Um im Thesaurus rechtzeitig die erforderlichen Änderungen einbringen zu können, ist zuerst genaues Beobachten nötig und zwar

- Beobachtung der Entwicklung der Forschungsschwerpunkte des Faches
- Beobachtung der fachsprachlichen Entwicklung
- Beobachtung des Indexierungsverhaltens
- Beobachtung der Indexierungsergebnisse
- Beobachtung des Benutzerverhaltens
- Beobachtung der Rechercheergebnisse.

Eine grundlegende Thesaurusrevision sollte in regelmäßigen Abständen durchgeführt werden. In dem Intervall zwischen den Revisionen kann mit einem Kandidatenvokabular gearbeitet werden, d.h. fehlendes Wortgut kann mit einem provisorischen Status eingebracht werden, eine endgültige Einbindung in den Thesaurus bzw. eine Eliminierung muß bei der nächsten Revision erfolgen. Damit das Kandidatenvokabular seinen Zweck erfüllen kann und nicht nur eine ad-hoc-Lösung eines Indexierungsproblems bleibt, muß das Kandidatenvokabular der gesamten Sprachgemeinschaft (Indexierern und Benutzern) des Thesaurus bekannt gemacht werden.

Dafür eignen sich Listen oder bei on-line zugänglichen Thesauri spezielle Hinweise beim Systemstart. Daneben sollten die Kandidaten wenigstens ansatzweise mit vorhandenen Deskriptoren verknüpft werden, da nur so die Notwendigkeit des Deskriptorvorschlages im Gesamtkontext beurteilt werden kann.

Bei der Revision ist neben der letztlichen Entscheidung über das Kandidatenvokabular das gesamte Wortgut zu überprüfen:

- Deskriptoren und Nicht-Deskriptoren, die nicht oder fast nicht benutzt wurden, sollten gelöscht werden.
- Deskriptoren, die sehr häufig bei Indexierung und Retrieval verwendet wurden, sollten durch mehr Vokabular im Umfeld entlastet werden (zusätzliche Unterbegriffe, verwandte Begriffe) bzw. durch eine Einschränkung des Bedeutungsumfangs spezifiziert werden.
- Fehlende Deskriptoren sind zu ergänzen.
- Veraltetes oder nicht benutztes Zugangsvokabular (Nicht-Deskriptoren) ist zu entfernen.
- Fehlendes Zugangsvokabular ist zu ergänzen.
- Fehlende Relationen sind zu ergänzen.
- Überhierarchisierungen und zu extensive Assoziationsrelationen sollten entfernt werden.

Hierbei ist zu berücksichtigen, daß jede Veränderung nicht nur auf der sprachlichen Ebene erfolgt (etwa einer Textkorrektur vergleichbar), sondern einen Eingriff in das begriffliche Gefüge darstellt. Deshalb sollte beachtet werden:

- Jede Löschung eines Deskriptors entspricht dem Herausschneiden eines Knotens aus einem Netz. Danach müssen die losen Enden neu verbunden werden.
- Jede Einfügung erfordert einen Umbau der hierarchischen Verkettung.
- Alle Änderungen müssen reziprok ausgeführt werden.
- Wenn bereits Dokumente mit dem zu löschenden und zu ändernden Deskriptor indexiert wurden, sollte der Sachverhalt neu indexiert werden. Wo dieser Aufwand nicht geleistet werden kann, sollte im Deskriptorensatz zumindest das Änderungsdatum angegeben werden. Gelöschte Deskriptoren müssen ohne Neuindexierung für die Suche trotzdem vorrätig gehalten werden.

Eine Thesauruserstellung und -überarbeitung auf manuellem Wege ist ein mühsames und zeitaufwendiges Unterfangen, es empfiehlt sich daher ein EDV-gestütztes Arbeiten.

Die meisten der größeren on-line-Datenbanksysteme verfügen über eine Thesauruskomponente. Diese ist in der Regel am Retrieval orientiert, während für den Aufbau und die Pflege des Thesaurus weniger Komfort zur Verfügung steht. Einige Systeme ermöglichen die automatische Generierung eines Suchindex aus Texten und bezeichnen dies als Thesaurus oder automatischen Thesaurus; es handelt sich dabei jedoch nicht um ein kontrolliertes Vokabular.

Als vergleichsweise komfortabel und kostengünstig hat sich eine Auslagerung des Thesaurusaufbaus und der Thesauruspflege auf PC's erwiesen. Softwarepakete wie PROTERM (Lit. 30.) oder INDEX (Lit. 34) bieten die Möglichkeit, den Thesaurus losgelöst vom Informationssystem und dessen Beschränkungen zu bearbeiten und das Arbeitsergebnis dann in das Informationssystem einzuspielen bzw. auch Druckausgaben des Thesaurus zu erstellen. Die wichtigsten Vorteile sind:
- automatische Erzeugung der reziproken Einträge
- Verhinderung von Doubletten
- Verhinderung logischer / struktureller Fehler (Plausibilitätskontrollen)
- direkte Ausführung einer Korrektur in allen betroffenen Deskriptorensätzen.

Literatur

zum Abschnitt Klassifikation

01. Belkin, Nicolas J.; Seeger, Thomas; Wersig, Gernot: Distributed expert problem treatment as a model for information system analysis and design. In: J. Inf. Sci. 5 (1983), S. 153-167.
02. Burkart, Margarete; Wersig, Gernot: Die Nutzung der DK in der Bundesrepublik Deutschland und Österreich. Berlin 1982, 148 S. (PROGRIS PKS 3/82).
03. Burkart-Sabsoub, Margarete; Wersig, Gernot: Klassifikationssysteme in Information und Dokumentation in der Bundesrepublik Deutschland. Synopse und analytische Beschreibung. Berlin 1982, Teil I 173 S., Teil II 447 S. (PROGRIS PKS 9/82).
04. Burkart-Sabsoub, Margarete; Wersig, Gernot: Kombinatorischer Einsatz von Dokumentationssprachen. Berlin 1982, 23 S. (PPOGRIS PKS 7/82).
05. Dahlberg, Ingetraut: Grundlagen universaler Wissensordnung. Pullach 1974, XVIII, 366 S. (DGD-Schriftenreihe Bd.3).
06. Dahlberg, Ingetraut: Wissensorganisation und Wissensrepräsentation. In: Mitt. d. Ges. f. Bibliothekswesen u. Dokum. d. Landbaues H. 40(1986), S. 55-63.
07. Dangelmayr, Siegfried: Methode und System. Wissenschaftsklassifikation bei Bacon, Hobbes und Locke. Meisenheim a. Glan 1974, 137 S. (Monographien zur philosophischen Forschung 118).
08. DIN 32 705. Klassifikationssysteme. Erstellung und Weiterentwicklung von Klassifikationssystemen. Berlin Jan. 1987, 12 S.
09. DK. Dezimalklassifikation. 2. dt. Gesamtausg. Hrsg. DIN Deutsches Institut für Normung. Berlin, Köln 1958- (FID 297).
10. Dobrowolski, Zygmunt: Étude sur la construction des systèmes des classification. Paris, Warschau 1964, XV, 302 S.
11. Fill, Karl: Einführung in das Wesen der Dezimalklassifikation. Berlin u.a. 1969, 102 S. (FID 437).
12. Gutachten zur Frage einer Einheitsklassifikation für die Bibliotheken der Bundesrepublik Deutschland. Vorgel. v. e. Studiengruppe d. Dt. Bibliothekskonf. Berlin 1972, 152 S. (Bibliotheksdienst Beih. 78/79).
13. International Classification and Indexing Bibliography. ICIB.
Vol 1: Classification systems and thesauri 1950-1982. Frankfurt 1982,143 S. (FID 610).
Vol 2: Reference tools and conferences in classification and indexing. Comp. and ed. by I. Dahlberg. Frankfurt 1984, 140 S.
Vol 3: Classification and indexing systems. Theory - structure - methodology 1950-1982. Comp. and ed. by I. Dahlberg. Frankfurt 1985, 211 S.

14. Körner, Horst G.: Notationssysteme für Dokumentationssprachen und Klassifikationen. München 1980, 135 S. (BMFT-FB-ID 80 – 013).
15. Kumar, K.: Theory of Classification. New Delhi 3. Aufl. 1985.
16. Meder, N.: Artificial intelligence as a tool of classification or: the network of language games as a cognitive paradigm. In: Int. Class. 12(1985)3, S. 128 – 132.
17. Meink, Peter: Änderungen der Organisationsform nationaler und internationaler DK-Gremien. In: DK-Mitt. 30(1986)6, S. 19 – 22.
18. Panyr, Jiri: Vom Wissen zur Information: Notwendigkeit der Kooperation der Fachleute aus dem Bereich der Information-Retrieval-Systeme und der Systeme mit formaler Intelligenz. Vortr. auf dem Dt. Dokumentartag 1987, Bad Dürkheim 23.-
19. PROTERM. PROGRIS-Thesaurus-Software. Version 2. Benutzerhandbuch. Berlin 1987, III, 97 S.
20. Scibor, E.: Universal Classification systems at the start of the Eighties. In: Int. Forum Inf. Docum. 6(1981)1, S. 22 – 23.
21. Sokal, Robert R.: Classification: purposes, principles, progress, prospects. In: Science Vol. 185(1974), No 4157, S. 1115 – 1123.
22. Stiles, William G.: Ranganathan, cognition and expert systems. In: Canadian J. of Inf. Sci. Vol 10(1985), S. 16 – 24.
23. Terminologie der Information und Dokumentation. Red. Ulrich Neveling u. Gernot Wersig. München 1975, IX, 307 S. (DGD-Schriftenreihe Bd 4).
24. Thesaurofacet: A thesaurus and faceted classification for engineering and related subjects. Comp. J. Aitchinson et al. Leicester 1970.
25. Totok, Wilhelm: Wissensordnung und Ordnungswissen zwischen Renaissance und Aufklärung. In: Studien z. Klass. 9(1980), S. 197 – 218.
26. Vickery, B. C.: Facettenklassifikation. München-Pullach 1969, 72 S.
27. Weishaupt, Karin: Sacherschließung in Bibliotheken und Bibliographien. I. Klassifikatorische Sacherschließung. Frankfurt/M. 1985, VII, 175 S.
28. Wersig, Gernot: Die empirische Untersuchung der Nutzung von Klassifikationssystemen in Information und Dokumentation in der Bundesrepublik Deutschland. Berlin 1981, 15 S. (PROGRIS PKS 1/81).
29. Wersig, Gernot: Information - Kommunikation - Dokumentation. München 2. Aufl. 1975, 351 S.

zum Abschnitt Thesaurus

30. Burkart, Margarete: PROTERM - Ein Softwarepaket für Aufbau, Pflege, Handling von Thesauri und anderen Wortgutsammlungen. In: NfD 1988 (4), S. 249
31. Burkart-Sabsoub, Margarete.; Wersig, G.: Kombinatorischer Einsatz von Dokumentationssprachen. Berlin 1982, 23 S (PROGRIS PKS 7/82)
32. DIN 1463 Teil 1: Erstellung und Weiterentwicklung von Thesauri. Einsprachige Thesauri Berlin 1988, 12 S.
33. Lancaster, F.W.: Vocabulary Control for Information Retrieval. 2.ed. Arlington, Vir., 1986, 270 S.
34. Lukas, Ernst: INDEX - Ein Programm zur Erstellung von Wörterbüchern und Dokumentationssprachen auf Personal-Computern. In NFD 1988 (4), S. 253.
35. Roberts, Norman: Historical Studies in Documentation. The pre-history of the information retrieval thesaurus. In: Journal of Documentation 40, 1984, 4, S.271 – 285
36. Thomas von Aquin: De ente et essentia. Das Seiende und das Wesen. Stuttart: Reclam. 2. Aufl. 1987, S. 9
37. Viet, Jean; Slype, Georges van: EUDISED. Mehrsprachiger Thesaurus zur Informationserschließung im Bildungsbereich. Deutsche Ausgabe, Neuaufl., Berlin u.a. 1984, 300 S.
38. Wersig, Gernot: Thesaurus-Leitfaden. 2. erg. Aufl. München u.a., 1985, 394 S.

B 6 Neue Formen der Wissensrepräsentation

Ulrich Reimer

Aufgabe dieses Kapitel ist es, die Grundzüge der wichtigsten Wissensrepräsentationsformate vorzustellen und ihre Anwendbarkeit auf die Probleme des Dokumentationswesens aufzuzeigen. Zum Zwecke der Motivation und einer besseren Anbindung der vorgestellten Formate an traditionelle Verfahren wird eine Unterscheidung von Referenz- und Datendokumentation vorgenommen (vgl. auch Lit. 85.). Die Aufgabe der **Referenzdokumentation** ist die Erstellung von Referenzbeschreibungen für Text-, Bild- und Tondokumente. Während dort somit Hinweise auf (in Dokumenten enthaltenes) Wissen bereitgestellt werden, ist im Rahmen der **Datendokumentation** dieses Wissen selber zu repräsentieren (vgl. auch die Unterscheidung von indikativen und informativen Referaten: Lit. 81.). Der Übergang zwischen den beiden Gebieten ist fließend, so daß Mischformen möglich sind.
Das vorliegende Kapitel gliedert sich in drei Hauptabschnitte. Zunächst werden für den Fall der Referenzdokumentation kurz die traditionellen Dokumentationsverfahren vorgestellt. Es werden die Grenzen ihrer Einsatzmöglichkeiten aufgezeigt und der Bedarf nach mächtigeren Ansätzen hergeleitet, die dazu beitragen, der ständig wachsenden Informationsflut Herr zu werden, indem eine möglichst tiefgehende Inhaltsbeschreibung unterstützt wird. Solche Repräsentationsformate werden anschließend diskutiert und an Beispielen ihre Anwendung illustriert. Im zweiten Hauptabschnitt des Kapitels werden dann weitere Wissenrepräsentationsansätze, die speziell für die Datendokumentation heranzuziehen sind, behandelt. Sie erweitern die Darstellungsmächtigkeit der bisher dort zum Einsatz gekommenen Datei- und Datenbanksysteme. Der dritte und letzte Abschnitt rundet die Gesamtdarstellung ab und behandelt qualitative Aspekte von Wissen, wie Unvollständigkeit, Unsicherheit und Widersprüchlichkeit.
Einige der im Text zitierten Aufsätze sind recht spezieller Natur, weil entsprechende Übersichtsartikel kaum existieren. Leser(innen), denen diese Artikel zu sehr ins Detail gehen, seien auf die in Abschnitt B 6.4 erwähnten Werke verwiesen. [Anm. 01]

B 6.1 Repräsentationsformate für die Referenzdokumentation: Thematische Dokumentrepräsentation

B 6.1.1 Traditionelle Verfahren

Zu den traditionellen Verfahren der inhaltlichen Erschließung von Dokumenten gehören die Klassifikationsverfahren (vgl. Lit. 39.). Die **Dezimalklassifikation** ist präkoordinierend und gibt alle für eine Inhaltsbeschreibung verwendbaren Schlagwörter vor. Diese sind in einer Hierarchie immer spezieller werdender Begriffe angeordnet. Die dabei zum Tragen kommende Spezialisierungsbeziehung ist allerdings nicht einheitlichen Typs (z.B. sind die Begriffe *Flüsse* sowie *Ufer und Böschungen* und *Entstehung von Wasserläufen* dem Begriff *Binnengewässer*

(627.1) untergeordnet, vgl. Lit. 39.). Die gravierendsten Nachteile der Dezimalklassifikation sind ihre (für eine manuelle Ablage konzipierte) monohierarchische Ordnung, die eine in manchen Sachgebieten auftretende polyhierarchische Begriffsordnung nur unzureichend wiedergeben kann, sowie ihre geringe Aktualität für sich schnell entwickelnde Sachgebiete. Ferner kann der oben angesprochenen Forderung nach einer möglichst exakten Dokumentbeschreibung nicht durch ein noch so detailliertes, vorgegebenes Klassifikationssystem Rechnung getragen werden, da der Variationsreichtum möglicher Dokumentinhalte viel zu groß ist.
Die **Facettenklassifikation** ist postkoordinierend und gibt Begriffskategorien vor, die nach bestimmten Regeln (z.B. unter Berücksichtigung einer Rangfolge zwischen verschiedenen Facettentypen) zur Kennzeichnung eines Dokumentinhalts zusammengesetzt werden (z.B. *Instrument: Glas: Herstellung* für *Die Herstellung von Glasinstrumenten;* vgl. Lit. 39.). Der wesentliche Nachteil der Facettenklassifikation besteht in der weitgehenden Ignorierung der Art der Beziehung zwischen den Einzelbegriffen (lediglich die Benennung des Facettentyps macht hierzu gewisse Angaben). So kann in dem einfachen Beispiel

Industrieroboter : Herstellung
P E

sowohl die Herstellung *von* Industrierobotern als auch die Herstellung *mit* Industrierobotern gemeint sein. Sofern ist mit Hilfe der Facettenklassifikation kaum eine detaillierte Inhaltsbeschreibung zu realisieren.
Ähnliche Kritik trifft auch die Verwendung von *Schlagwörtern* zur Dokumentbeschreibung. Zwar besteht zur Auflösung von Mehrdeutigkeiten die Möglichkeit, einzelne Schlagwörter um Rollenangaben (roles) zu ergänzen sowie durch Satzbildung (linking, vgl. Lit. 40.) oder durch Verwendung von Indexzahlen (Lit. 31.) die Zusammengehörigkeit von Schlagwörtern deutlich zu machen, eine Angabe zur Art der Beziehung zwischen den Schlagwörtern ist damit jedoch ebenfalls nicht möglich. Beispielsweise können die folgenden beiden, jeweils durch Satzbildung aus zwei Schlagwörtern zusammengesetzten Schlagwortgruppen für denselben Sachverhalt der Herstellung mit Industrierobotern stehen:

(Herstellung, Industrieroboter) für *Herstellung mit Hilfe von Industrierobotern*
(Industrieroboter, Herstellung) für *Industrieroboter für die Herstellung*

Die erste Schlagwortgruppe kann aber auch die Bedeutung *Herstellung von Industrierobotern* haben. Es zeigt sich, daß die Mehrdeutigkeit einer Schlagwortgruppe nicht nur die Precision senkt, sondern auch ein schlechterer Recall dadurch bedingt ist, daß derselbe Sachverhalt verschieden dargestellt sein kann (in obigem Beispiel durch die Vertauschung der Schlagwörter). Bei einer Verwendung von Indexzahlen wären sogar alle drei Inhaltsbeschreibungen durch den einen Ausdruck *Herstellung (1), Industrieroboter (1)* dargestellt.
Die Verwendung eines **Thesaurus** (Lit. 80.) erlaubt eine terminologische Kontrolle und stellt semantische Relationen zwischen Deskriptoren zur Verfügung. Diese Relationen sind jedoch rein begriffsorientiert und damit völlig unabhängig von dokumentspezifischen Beziehungen zwischen Schlagwörtern. Die Thesaurus-Relationen unterstützen lediglich eine kontrollierte Vergabe von Schlagwörtern, treten aber sel-

ber nicht als Teil einer Inhaltsbeschreibung in Erscheinung und können so ebenfalls nicht zu einer detaillierten Inhaltsbeschreibung beitragen.
Zusammenfassend läßt sich also feststellen, daß die bisherigen Verfahren zur inhaltlichen Dokumenterschließung unzureichend sind, da sie nicht in der Lage sind, über eine rein syntaktische Gruppierung von Schlagwörtern hinaus dokumentspezifische Beziehungen zwischen Schlagwörtern zu erfassen und in eine Inhaltsbeschreibung aufzunehmen. Daraus resultiert eine geringere Precision beim Retrieval. Darüber hinaus kann trotz Verwendung kontrollierten Vokabulars ein und derselbe Sachverhalt verschieden dargestellt sein (ohne daß die Darstellungen ineinander überführbar wären), falls beispielsweise eine Gruppierung zusammengehöriger Schlagwörter mittels Satzbildung oder Indexzahlen vorgenommen wird. Dies geht zu Lasten des Recall. Abhilfe bringt hier nur eine rigorose Verbesserung der Darstellungsmächtigkeit der benutzten Dokumentationssprache. Da durch die dann steigende Komplexität einer Dokumentbeschreibung der Indexierungsvorgang kaum noch intellektuell durchgeführt werden kann, erscheint nur ein integrierter Ansatz sinnvoll: Mit der Entwicklung neuer Dokumentationssprachen sind gleichzeitig die Indexierungssysteme bereitzustellen, die für ein Dokument automatisch seine Inhaltsbeschreibung erarbeiten. Zugehörige Retrievalsysteme müssen in der Lage sein, die differenzierteren Repräsentationen nutzbar zu machen. Retrievalanfragen sollten aufgrund der dann reicheren Dokumentationssprache sehr viel detaillierter sein können, wodurch der Abgleich zwischen dem Inhalt einer Anfrage und dem Dokumentbestand zwar aufwendiger, aber wesentlich exakter wird.

B 6.1.2 Formate für tiefergehende Repräsentationen: Konzepte, Eigenschaften, semantische Beziehungen

Im folgenden sollen für die Verbesserung der Darstellungsmächtigkeit einer Dokumentationssprache benötigte Repräsentationsformate eingehender betrachtet werden. Es wird dabei in diesem Abschnitt die Einschränkung auf den Fall der thematischen Repräsentation von Dokumenten vorgenommen; weitergehende Ansätze werden in Abschnitt B 6.2 behandelt.
Für eine thematische Dokumentrepräsentation sind folgende Typen von Wissen zu erfassen:

1. Grundlegend ist die Darstellung von **Konzepten**, die z.B. für Personen, Gegenstände, Zustände oder Ereignisse stehen (sie entsprechen den Schlagwörtern in der Dokumentationsterminologie). Die Repräsentation von Konzepten geschieht in einem ersten Ansatz durch einfaches Vermerken des Konzeptnamens sowie eventueller Synonyme und Schreibvarianten.
2. Im Unterschied zu bisherigen Dokumentationssprachen müssen die für ein Dokument spezifischen thematisch relevanten **semantischen Beziehungen** zwischen den Konzepten darstellbar sein. Diese können beispielsweise temporaler (*die während des Besuchs stattfindende Demonstration*), kausaler (*die durch das Schiffsunglück bewirkte Ölverschmutzung*), räumlicher (*das in Hamburg stattfindende Treffen*) oder partitiver [Anm. 02] (*die Arbeitszeitverkürzung als Teil des Tarifabkommens*) Art sein. Neben diesen sehr generellen Beziehungen ist ei-

ne prinzipiell unbeschränkte Zahl spezieller Beziehungen zu erfassen, wie beispielsweise die Lieferungsbeziehung zwischen einem Händler und einem Produkt (*das vom Händler XYZ gelieferte Produkt*), die Beziehung zwischen einem Hersteller und einem Produkt (*das von der Firma ABC hergestellte Produkt*) oder die Beziehung zwischen einem Gut und einem Transportmittel (*der Transport der Chemikalie per Bahn*).

3. Eine thematische Beschreibung kann sich auch auf **Eigenschaften** eines Konzepts beziehen (z.B. *der Weltmarktpreis von Nickel*). Die tatsächlichen Eigenschaften eines Konzepts, über die in einem Dokument eine Aussage gemacht wird, sind für eine thematische Charakterisierung nicht primär relevant, sondern es interessiert lediglich, welche Arten von Eigenschaften eines Konzepts Gegenstand eines Dokuments sind. Statt von Arten von Eigenschaften wollen wir im folgenden von **Eigenschaftsklassen** reden und damit eine Menge gleichartiger Eigenschaften meinen, wie z.B. Farbe, Gewicht oder Weltmarktpreis. Wie weiter unten ausgeführt wird, sind Eigenschaften von Konzepten jedoch dann zu erfassen, wenn sie zu deren Identifikation notwendig sind (z.B. der Besuch des russischen Generalsekretärs). An dieser Stelle verwischt die klare Trennung zwischen reiner Referenz- und reiner Datendokumentation, und der Übergang zwischen beiden wird fließend.

Ein für die Erfassung der oben aufgeführten Wissenstypen geeignetes Repräsentationsformat ist das **semantische Netz(werk)** (Lit. 77.; Lit. 01; Kap. C 3), im Datenbankbereich ist ein vergleichbarer Repräsentationsansatz als Entity-Relationship-Modell bekannt (Lit. 15.). Ein semantisches Netz (vgl. *Abb. 1*) besteht aus Knoten, die für Konzepte stehen, und Kanten zwischen den Knoten, die semantische Beziehungen zwischen den Konzepten darstellen. Ein Knoten kann auch eine Eigenschaftsklasse bezeichnen, die mittels einer speziellen Kante (in *Abb. 1 hat-Eigenschaftsklasse*) einem für ein Konzept stehenden Knoten zugeordnet ist. Knoten und Kanten sind mit Bezeichnern versehen, die ihrer Identifikation dienen [Anm. 03].

Besuch	—— Gleichzeitigkeit ——	Demonstration	: *die während des Besuchs stattfindende Demonstration*
Nickel	—— hat-Eigenschaftsklasse ——▶	Weltmarktpreis	: *der Weltmarktpreis von Nickel*

Abb. 1: Zwei einfache Beispiele für ein semantisches Netz und jeweils zugehörige natürlichsprachliche Darstellungen

Die in den Netzdarstellungen in *Abb. 1* verwendeten Konzepte entsprechen direkt denen in der jeweils zugehörigen natürlichsprachlichen Darstellungsform. Um eine möglichst große Flexibilität der Repräsentation zu gewinnen, die eine entsprechende Flexibilität von Retrievalanfragen ermöglicht, sind zusätzlich Ober- und Unterbegriffe von Konzepten zu berücksichtigen (neben einer Erfassung von Synonymen und Schreibvarianten, auf die nicht näher eingegangen wird). *Abb. 2* zeigt eine **Ober-/Unterbegriffsbeziehung** vom *Typ is-a*, die die Menge aller Staatsbesuchskonzepte mit der umfassenderen Menge, die Konzepte des Typs *Besuch* im allgemeinen enthält, relationiert. Man spricht hier von der Spezialisierung der Konzeptklasse *Besuch* auf die Konzeptklasse *Staatsbesuch*. Eine zweite Variante der Ober-/Unterbegriffsbeziehung betrifft die Zuordnung individueller Konzepte zu einer Konzeptklasse und wird hier mit *inst* bezeichnet [Anm. 04] (vgl. ebenfalls *Abb. 2*). Die Darstellung individueller Konzepte ist mit bisherigen Dokumentationssprachen nicht möglich, da diese rein begriffsorientiert sind.

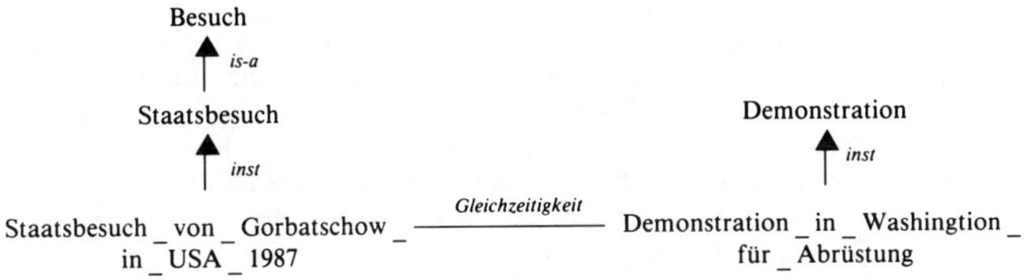

Abb. 2: Spezialisierung von Konzeptklassen und Zuordnung eines individuellen Konzepts zu einer Konzeptklasse.

Die Verwendung von Konzeptnamen wie *Staatsbesuch* _ von _ Gorbatschow _ in _ USA _ 1987 in *Abb. 2* ist ein Indikator für ein Repräsentationsdefizit. Die in den Namen hineingenommenen Angaben zur näheren Identifizierung des Konzepts betreffen lediglich den Konzeptbezeichner und sind nicht struktureller Teil der Repräsentation. Daraus folgt insbesondere, daß diese Angaben nicht abrufbar sind und in einer Retrievalanfrage nicht Bezug darauf genommen werden kann, z.B. würde eine Anfrage zu Dokumenten über Staatsbesuche russischer Generalsekretäre in USA in den 80er Jahren die Repräsentation in Abb. 2 nicht als relevant erkennen. Die Verwendung des weiter oben unter Punkt 3. schon eingeführten Konstrukts einer Eigenschaftsklasse bringt hier Abhilfe. Obwohl dieses Konstrukt mit den Mitteln des Netzformats, also mit Hilfe von Knoten und Kanten beschreibbar wäre (siehe *Abb. 1*), wollen wir im folgenden eine üblichere, jedoch gleich mächtige [Anm. 05] Darstellung wählen, die den Vorteil besitzt, anschaulicher zu sein. Ein Knoten eines semantischen Netzes wird im folgenden nicht länger als aus einem einfachen Namen bestehend betrachtet, sondern als eine aus *Eigenschaftsklassen zusammengesetzte Struktur*. Für jede Eigenschaftsklasse ist festgelegt, welche Eigenschaften sie umfaßt; für ein gegebenes Konzept [Anm. 06] zutreffende Eigenschaften sind als tatsächliche Eigenschaften den entsprechenden Eigenschaftsklassen zugeordnet. Das Konzept *Staatsbesuch* _ von _ Gorbatschow _ in _ USA _ 1987 könnte dann wie in *Abb. 3* dargestellt werden (sein Name spielt jetzt keine bedeutungstragende Rolle mehr, sondern dient lediglich einer eindeutigen Identifizierung innerhalb der Wissensbasis). Der Name des in *Abb. 3* dargestellten Konzepts lautet *Staatsbesuch-1*, welches die Eigenschaftsklassen *Besucher, besuchtes Land* und *Zeit* besitzt, mit den jeweils zugehörigen tatsächlichen Eigenschaften *Gorbatschow, USA* und *1987*.

Staatsbesuch-1	Besucher	besuchtes Land	Zeit
	erlaubte Eigenschaften: Staatsoberhäupter	*erlaubte Eigenschaften:* Länder	*erlaubte Eigenschaften:* Jahreszahl
	tatsächliche Eigenschaften: Gorbatschow	*tatsächliche Eigenschaften:* USA	*tatsächliche Eigenschaften:* 1987

Abb. 3: Strukturierte Darstellung von Eigenschaftsklassen und Eigenschaften

Es wurde weiter oben unter Punkt 3. ausgeführt, daß in einem Dokument dargestellte Konzepteigenschaften nicht primär Gegenstand einer thematischen Beschreibung dieses Dokuments sind. Trotzdem finden sie immer dann Eingang in eine thematische Beschreibung, wenn sie zur Identifizierung eines Konzepts benötigt werden, wie dies für das in *Abb. 3* dargestellte Konzept der Fall wäre.
Unter Eigenschaften haben wir bisher ganz allgemein Angaben zu einem Konzept verstanden. Bei näherer Betrachtung wird jedoch deutlich, daß das Konstrukt von Eigenschaftsklassen in zwei Typen zerfällt. So dürfte einmal in der in *Abb. 3* gegebenen Repräsentation die Besucherangabe *Gorbatschow* selber wieder von so zentralem Interesse sein, daß sie als ein eigenständiges Konzept zu repräsentieren ist, um dazu wiederum Eigenschaften darstellen zu können (vgl. *Abb. 4*; [Anm. 07]). Dagegen würde die in der Darstellung von *Abb. 3* auftretende Jahreszahl 1987 nicht als ein Konzept repräsentiert werden. Es wird also anhand von *Abb. 4* deutlich, daß manche Eigenschaftsklassen Konzepte umfassen (wie die Eigenschaftsklasse *Besucher* des Konzepts *Staatsbesuch-1*) – also vielmehr Konzeptklassen darstellen, die einer anderen Konzeptklasse (oder einem individuellen Konzept) zugeordnet sind. Solche Eigenschaftsklassen sollen im weiteren *non-terminale Eigenschaftsklassen* genannt werden. Ein zweiter Typ umfaßt Eigenschaften, die lediglich als Zeichenketten vorliegen und in ihrer Bedeutung somit nicht näher ausdifferenziert sind (z.B. die Eigenschaftsklasse *Zeit* des Konzepts *Staatsbesuchs-1* in *Abb. 4*). Solche Eigenschaftsklassen sowie die zugehörigen Eigenschaften werden wir als *terminal* bezeichnen. Wenn bestimmte Arten von Eigenschaften, wie z.B. ein Datum oder der Preis eines Produkts, i.a. als terminal repräsentiert werden, so ist dies nicht zwangsläufig der Fall. Beispielsweise kann in einer speziellen Anwendung der Preis für ein Produkt derart wichtig sein, daß dazu nähere Angaben dargestellt werden sollen (beispielsweise, ob es sich um einen Brutto- oder Nettopreis handelt, ob bestimmte Rabatte darin enthalten sind oder seit wann dieser Preis gültig ist).

Staatsbesuch-1	Besucher	besuchtes Land	Zeit
	Gorbatschow	USA	1987

Gorbatschow	Land	Geburtsjahr	Funktion
	Sowjetunion	1931	Generalsekretär

Abb. 4: Zuordnung von Konzepten zu Eigenschaftsklassen anderer Konzepte

Die Definition einer non-terminalen Eigenschaftsklasse für eine Konzeptklasse bedeutet die Relationierung zweier Konzeptklassen miteinander und realisiert damit eine semantische Beziehung zwischen beiden. Analog bedeutet die Zuordnung eines individuellen Konzepts zu einer non-terminalen Eigenschaftsklasse eines anderen individuellen Konzepts keine Eigenschaftsangabe, sondern ebenfalls die implizite Darstellung einer semantischen Beziehung zwischen den beiden beteiligten Konzepten (vgl. *Abb. 5* [Anm. 08]).

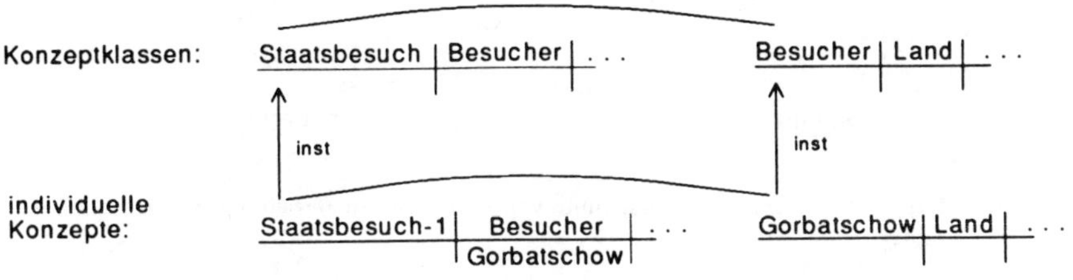

Abb. 5: Non-terminale Eigenschaftsklassen und die durch sie implizit gegebenen semantischen Beziehungen zwischen Konzeptklassen sowie zwischen individuellen Konzepten

Es lassen sich nun zwei Arten der Darstellung von Beziehungen zwischen Konzepten identifizieren: die explizite durch eine Relationskante und die implizite durch die Zuordnung von Eigenschaftsklassen bzw. durch den Eintrag in einer Eigenschaftsklasse. Der technische Unterschied zwischen beiden Varianten liegt darin, daß für die explizite Variante die Existenz einer Relationskante des entsprechenden Typs in der Repräsentationssprache notwendig ist, während die implizite Art der Relationierung innerhalb einer Repräsentation geschieht und keine speziellen Sprachkonstrukte in der Repräsentationssprache benötigt (vgl. *Abb. 6*). Die Einführung einer Relation in eine Repräsentationssprache und ihre Verwendung für die explizite Darstellung von semantischen Beziehungen hat außer der veränderten Struktur einer Repräsentation allein noch keinerlei Auswirkungen auf die repräsentierten Inhalte. Analog zu der oben schon für Konzeptrepräsentationen vorgenommenen Argumentation bedeutet die Tatsache, daß eine Relationskante einen Namen erhält (wie in *Abb. 6 ist-in-Besitz-von*) nicht, daß die Bedeutung der semantischen Beziehung, die durch sie ausgedrückt werden soll, näher erfaßt wird. Dieses müßte entweder zusätzlich als Bestandteil einer Repräsentation erfolgen (unter Verwendung von Inferenzregeln und Integritätsbedingungen, vgl. Abschnitt B 6.2.1) oder im Rahmen der Definition der betreffenden Relation als Teil einer Repräsentationssprache. Die Erfassung der Bedeutung einer semantischen Beziehung bietet einmal einen Vorteil in der Unterstützung der (korrekten) Erkennung von Beziehungen zwischen Konzepten in einem Dokument im Rahmen eines automatischen Indexierungsverfahrens [Anm. 09], da die Vielfalt potentieller Beziehungen und Zuordnungen eingeschränkt wird (z.B. kann eine räumliche Beziehung zwischen zwei Konzepten nur dann bestehen, wenn beide konkreter Natur sind). Ein zweiter Vorteil liegt darin, daß von explizit repräsentierten Beziehungen auf implizit gegebene geschlossen werden kann (ein einfaches Beispiel: wenn Ereignis A zeitlich auf B folgt und C nach B stattfindet, dann findet auch C nach A statt; vgl. Abschnitt B 6.2.1). Dies ist von zentraler Bedeutung für die Steigerung des Recall beim Retrieval.

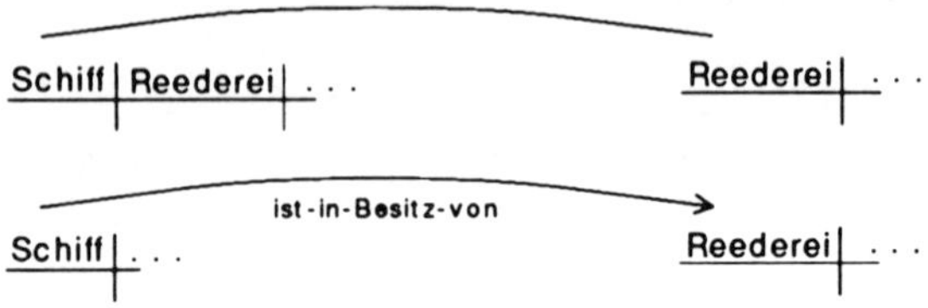

Abb. 6: Implizite und explizite Darstellung von semantischen Beziehungen zwischen Konzepten

Die Einführung und bedeutungsmäßige Ausgestaltung von semantischen Beziehungstypen bringt also erhebliche Vorteile mit sich. Da die Zahl der möglichen Beziehungen zwischen Konzepten jedoch viel zu groß ist, als daß alle in einer Repräsentationssprache vordefinierbar wären (oder eine Bedeutungsrepräsentation innerhalb der Repräsentation selber durchführbar wäre), wird man nur die wichtigsten Typen vorsehen und die Darstellung der übrigen Beziehungen innerhalb der jeweiligen Repräsentation durch Zuordnung von Konzepten zu non-terminalen Eigenschaftsklassen anderer Konzepte realisieren. Zur Illustration ist in *Abb. 7* die

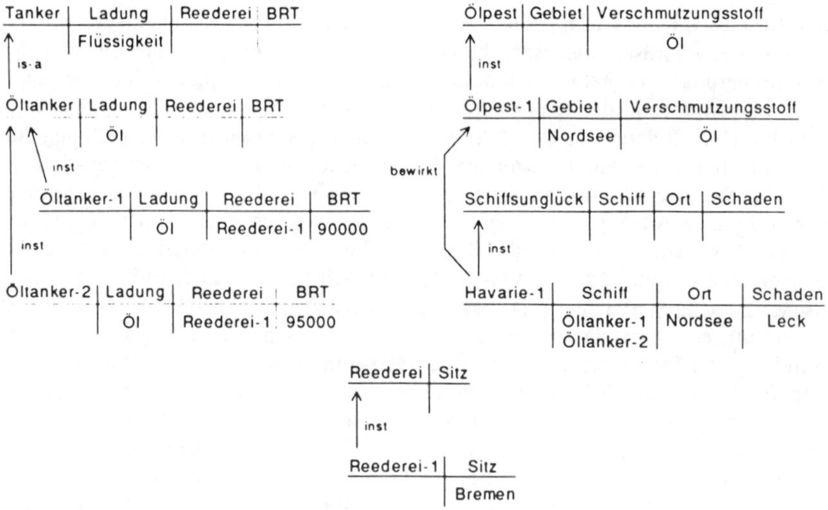

Abb. 7: Eine thematische Dokumentrepräsentation

thematische Repräsentation eines Dokuments gegeben, welches über eine Ölpest an der Nordseeküste handelt, die durch den Zusammenstoß zweier Öltanker derselben Reederei verursacht wurde [Anm. 10]. Die Relationskante *bewirkt* stellt dort eine Kausalbeziehung dar, während die Beziehung zwischen *Öltanker* und *Reederei* sowie die Beziehung zwischen der repräsentierten Havarie und den beteiligten Schiffen implizit über eine Eigenschaftszuordnung erfolgt.
Welche und wieviel Eigenschaftsklassen für ein Konzept zu repräsentieren sind, ist nicht absolut bestimmbar, sondern hängt davon ab, für welche Benutzergruppe und für welches Sachgebiet die (Dokument-)Repräsentation erstellt wird. So kann beispielsweise das Konzept *Schiff* als ein Transportmittel, als ein Produkt oder als ein Besitzgegenstand betrachtet werden. Entsprechend sind unterschiedliche Arten von Eigenschaften von Interesse.
Es kann der Fall auftreten, daß für eine semantische Beziehung Eigenschaften zu repräsentieren sind. So könnte für die in *Abb. 6* gegebene Beziehung *ist-in-Besitz-von* der Zeitpunkt des Erwerbs darzustellen sein. In einem solchen Fall ist eine semantische Beziehung als ein Konzept aufzufassen (vgl. die analoge Diskussion für Eigenschaften weiter oben und den Übergang von *Abb. 3* auf *Abb. 4*). Im Beispiel der Relation *ist-in-Besitz-von* umfaßt ihre Darstellung als Konzept drei Eigenschaftsklassen: zwei non-terminale für die beiden (jetzt implizit) in Beziehung zu setzenden Konzepte und eine terminale für den Erwerbszeitpunkt (siehe *Abb. 8*).

ist-in-Besitz-von	Eigentümer	Eigentum	Erwerbszeitpunkt
	Hansen Reederei	Öltanker-1	1. 3. 81

Abb. 8: Die semantische Beziehung *ist-in-Besitz-von* als Konzept

In der gleichen Weise, wie in *Abb. 8* eine semantische Beziehung zwischen zwei Konzepten dargestellt ist, können semantische Beziehungen zwischen mehreren Konzepten repräsentiert werden (vgl. *Abb. 9*). Werden semantische Beziehungen als Konzepte aufgefaßt, können zwischen ihnen selbstverständlich wiederum semantische Beziehungen dargestellt werden (vgl. *Abb. 10, Abb. 11*).

Lieferung-1	Lieferant	Empfänger	Ware
	Fa. Meier	Fa. Schulz	Motor-1

Abb. 9: Eine semantische Beziehung zwischen mehreren Konzepten

Lieferung-1	Lieferant	Empfänger	Ware	Datum
	Fa. Meier	Fa. Schulz	Motor-1	1. 1. 88

später-als ↑

Lieferung-1	Lieferant	Empfänger	Ware	Datum
	Fa. Meier	Fa. Schulz	Getriebe-1	1. 2. 88

Abb. 10: Semantische Beziehungen als Konzepte und eine Beziehung zwischen diesen Konzepten

später-als	früheres Ereignis					späteres Ereignis				
	Liefg.-1	Lieferant	Empfänger	Ware	Datum	Liefg.-1	Lieferant	Empfänger	Ware	Datum
		Fa. Meier	Fa. Schulz	Motor-1	1. 1. 88		Fa. Meier	Fa. Schulz	Getriebe-1	1. 1. 88

Abb. 11: Abb. 10 in der Konzept-Notation

In das gleiche Format wie eine Dokumentrepräsentation (vgl. *Abb. 7*) müssen auch Retrieval-Fragen überführt werden, bevor sie auf einem Dokumentbestand ausgewertet werden können [Anm. 11]. Die folgenden Beispiele für Retrieval-Fragen würden alle das in *Abb. 7* beschriebene Dokument auswählen, sind jedoch verschieden in ihrer Spezifität. Es wird jeweils zunächst eine natürlichsprachliche Frageformulierung gegeben und anschließend die zugehörige Frage-Repräsentation. Es ist zu betonen, daß Konzeptnamen in einer Frage-Repräsentation beim Abgleich mit einer Dokumentrepräsentation keine Rolle spielen (außer es wird direkt nach einem individuellen Konzept, das einen eingeführten Namen besitzt, gefragt). Entsprechend werden in den folgenden Frageformulierungen inhaltsleere Konzeptnamen (wie K-1, K-2) verwendet. Relevanzkriterium für einen Abgleich sind allein die Strukturen der in einer Retrieval-Frage verwendeten Konzepte [Anm. 12]. Die Referenz auf Namen von Konzeptklassen ist allerdings für die Umsetzung einer natürlichsprachlichen Frageformulierung in eine Fragerepräsentation notwendig, um von den in der Frageformulierung verwendeten Begriffen zu den Konzeptstrukturen der zugehörigen Fragerepräsentationen zu gelangen (in den folgenden Beispielen gilt dies für die Konzeptklassen *Schiffsunglück, Ölpest* und *Öltanker*).

- „Dokumente über Tankerunglücke in der Nordsee"

K-1	Schiff	Ort	Schaden
	Tanker	Nordsee	

Das die Frage-Repräsentation ausmachende Konzept paßt strukturmäßig auf das Konzept *Havarie-1* in der Dokument-Repräsentation von *Abb. 7* (die Ober/Unterbegriffsbeziehung zwischen *Tanker* und *Öltanker-1* bzw. *Öltanker-2* wird dabei entsprechend berücksichtigt), so daß das zugehörige Dokument als relevant bestimmt wird.

- „Dokumente über eine Ölpest, die durch ein Schiffsunglück verursacht wurde"

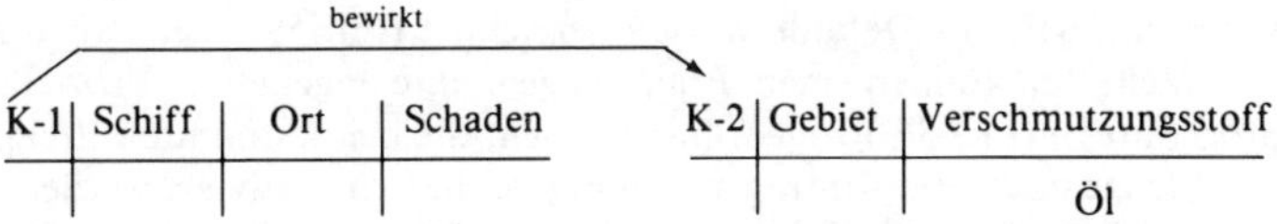

Die beiden Konzepte dieser Frage-Repräsentation passen nebst der Relationskante zwischen ihnen auf die Konzepte *Havarie-1* und *Ölpest-1* in *Abb. 7*.

- „Dokumente, über eine Ölpest, die durch ein Unglück zweier Öltanker derselben Reederei verursacht wurde"

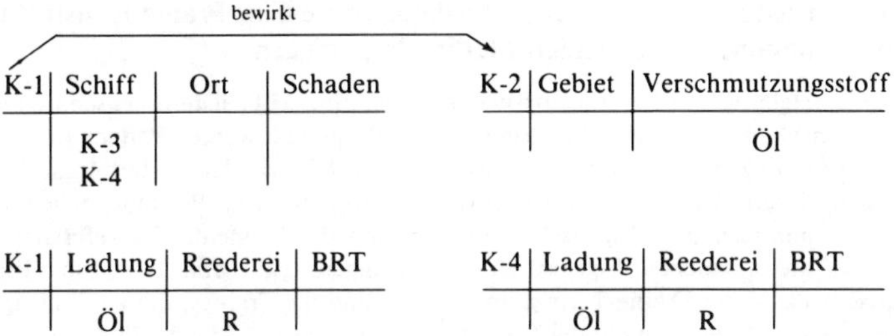

Das Auftauchen desselben Konzeptnamens in der Eigenschaftsklasse *Reederei* von K-3 und K-4 verlangt, daß in einer Dokumentrepräsentation die Konzepte, die mit K-3 und K-4 zusammenpassen, dort jeweils dasselbe Konzept aufweisen. So paßt K-1 auf *Havarie-1*, K-2 auf *Ölpest-1*, K-3 auf *Öltanker-1*, K-4 auf *Öltanker-2* und *R* schließlich auf *Reederei-1*. Auch diese Frage-Repräsentation bestimmt das in *Abb. 7* dargestellte Dokument als relevant.

Das oben eingeführte Konstrukt strukturierter Knoten eines semantischen Netzes, die sich aus Eigenschaftsklassen und zugeordneten Eigenschaften zusammensetzen, wird häufig als Frame-Konstrukt bezeichnet. Der Begriff eines **Frames** ist aus dem Schema-Begriff der Gestaltpsychologie (Lit. 02., Lit. 52.) entstanden und hat über die Kognitionspsychologie (Lit. 51., Lit. 04., Lit. 35.) Einzug in das Gebiet der Künstlichen Intelligenz genommen (Lit. 45.). Der dem Frame-Begriff zugrundeliegende Gedanke besagt, daß alles Wissen, welches zur Lösung eines Problems (bzw. zur Durchführung einer Kognitionsleistung im weiteren Sinne) benötigt wird, zusammenhängend repräsentiert ist. Die Erkennung der Relevanz des in einem Frame dargestellten Wissens und seine Anwendung erfolgt in einer Art Musterabgleich zwischen der Frame-Struktur und der Struktur der Problembeschreibung nach dem gleichen Grundprinzip, wie oben der Abgleich einer Frage-Repräsentation mit einer Dokumentrepräsentation beschrieben wurde (vgl. mit dem Begriff des ‚Matching' in Lit. 45.). Weiterhin zeichnet sich ein Frame dadurch aus, daß er stereotypisches oder prototypisches Wissen (vgl. Lit. 54., Lit. 64.) darstellt, d.h. nicht nur in jedem Fall relevantes und zutreffendes Wissen erfaßt, sondern auch solches Wissen, das

lediglich bestimmten Erwartungshaltungen entspricht. Wissen dieser Art (wie z.B. daß Vögel fliegen können) trifft normalerweise zu, kann aber in einzelnen Fällen auch falsch sein und wird als Default-Wissen bezeichnet (Lit. 59.; siehe auch Abschnitt B 3.2). Weiterhin können einem Frame sogenannte angeheftete Prozeduren (‚attached procedures') (Lit. 86.) zugeordnet werden, die bei bestimmten Ereignissen, z.B. der Abfrage oder dem Eintragen von Eigenschaften, aktiviert werden: Im Falle der Abfrage einer Eigenschaft könnte diese mittels einer angehefteten Prozedur durch Berechnung bestimmt werden, während im Falle eines neuen Eigenschaftseintrags dessen Zulässigkeit geprüft werden könnte.
Der Frame-Begriff besaß ursprünglich also eine recht spezifische (wenn auch nicht exakt gefaßte) Bedeutung. Seine Verwendung ist im Laufe der Zeit allgemeiner geworden und impliziert nicht notwendigerweise alle der oben erwähnten Charakteristika. Es hat sich jedoch eingebürgert, nur dann von einem Frame-Konstrukt zu reden, wenn mindestens die folgenden Merkmale vorliegen:

a) Es wird die Darstellung von Eigenschaftsklassen unterstützt. Für jede Eigenschaftsklasse ist festgelegt, welche Konzepteigenschaften durch sie dargestellt werden können (in der Eigenschaftsklasse *Farbe* sind das z.B. nur Farbangaben). Dies erfolgt für terminale Eigenschaftsklassen durch Aufzählung oder durch die Angabe von Wertebereichen (vgl. *Abb. 12*). Für non-terminale Eigenschaftsklassen sind die Elemente der referenzierten Konzeptklasse die möglichen Eigenschaftsausprägungen (vgl. *Abb. 12*). Eine Eigenschaftsklasse heißt in der Frame-Terminologie **Slot**. Sind die Frames, die als Einträge in einem Slot auftreten können, nicht der Konzeptklasse zugeordnet, die durch den zum Slot namensgleichen Frame beschrieben ist, dann gibt der betreffende Slot eine **Rolle** an, die ein durch einen Slot-Eintrag dort angegebenes Konzept annimmt. In *Abb. 12* sind dies die Slots *Absender* und *Empfänger* im Gegensatz zum Slot *Ware*, der keine Rolle spezifiziert. Nach *Abb. 12* nimmt in einem bestimmten Liefererereignis also eine bestimmte Firma die Rolle eines Absenders an.

Lieferung	Absender	Empfänger	Ware	Datum
	erlaubte Eigenschaften: *Konzeptklasse* Firma	*erlaubte Eigenschaften:* *Konzeptklasse* Firma *Konzeptklasse* Privatperson	*erlaubte Eigenschaften:* *Konzeptklasse* Ware	*erlaubte Eigenschaften:* *Zeichenkette für* Datumsangabe

Abb. 12: Festlegung erlaubter Eigenschaften für terminale und non-terminale Eigenschaftsklassen

b) Es besteht die Möglichkeit, die Menge der für ein Konzept in Betracht kommenden Eigenschaften durch zusätzliche Bedingungen weiter einzuschränken. Ein Beispiel: „Ein Schiff, das unter der Flagge des Landes X fährt, gehört einer Reederei, die ihren Sitz in einer Stadt dieses Landes hat".
Graphisch läßt sich das folgendermaßen illustrieren:

<table>
<tr><th>Schiff</th><th>Ladung</th><th>Flagge</th><th colspan="3">Reederei</th></tr>
<tr><td rowspan="3"></td><td rowspan="3"></td><td rowspan="3">X</td><td rowspan="3">Reederei-1</td><td colspan="2">Sitz</td></tr>
<tr><td>Stadt-1</td><td>Land</td></tr>
<tr><td></td><td>X</td></tr>
</table>

Zur Formulierung solcher Bedingungen sind geeignete Formalismen bereitzustellen, z.B. basierend auf Prädikatenlogik erster Stufe; in vielen Frame-Sprachen erfolgt die Realisierung solcher Einschränkungen mit Hilfe der schon erwähnten ‚attached procedures').

c) Tatsächliche Eigenschaften eines Konzepts werden durch Einträge in den betreffenden Slots dargestellt.

Eine Frame-Repräsentationssprache [Anm. 13] unterstützt neben dem Frame-Konstrukt zusätzlich mindestens die folgenden Repräsentationskonstrukte:

a) Es können Ober-/Unterbegriffsbeziehungen dargestellt werden (Lit. 08.). Dabei wird unterschieden zwischen der Spezialisierung von Konzeptklassen, entsprechend der schon eingeführten Beziehung *is-a* (wie die Spezialisierung der Konzeptklasse *Schiff* zu *Frachtschiff* in *Abb. 13*), und der Zuordnung individueller Konzepte zu einer Konzeptklasse, wie dies durch die Beziehung *inst* erfolgt (z.B. die Zurordnung von *Fridolin* zur Konzeptklasse *Öltanker* in *Abb. 14*).

b) Besteht eine Ober-/Unterbegriffsbeziehung zwischen zwei Konzepten, resultiert eine **Vererbung** von Eigenschaften und Eigenschaftsklassen vom Oberbegriff zum Unterbegriff. Im Falle der Spezialisierung von Konzeptklassen können die vererbten Eigenschaftsklassen beim Unterbegriff in spezialisierter Form auftreten (in *Abb. 13* die Spezialisierung des Slots *Passagiere* im Frame *Personenbeförderungsmittel* zu *Schulkinder* im Frame *Schulbus*), und/oder es kann der Unterbegriff über zusätzliche Eigenschaftsklassen verfügen. In einer stringenten Interpretation der Konzeptspezialisierung muß der Unterbegriff strukturell in jedem Fall spezifischer sein. Gleiches gilt für die Vererbung von Eigenschaften. Auch sie werden vom Unterbegriff (eventuell in spezialisierter Form: siehe in *Abb. 13* die Spezialisierung des Slot-Eintrags *Flüssigkeit* im Frame *Tanker* zu *Öl* im Frame *Öltanker*) übernommen, und/oder es kann der Unterbegriff über zusätzliche Eigenschaften verfügen (vgl. *Abb. 13*). Es sei darauf hingewiesen, daß in *Abb. 13* der Slot *Ladung* bei der Spezia-

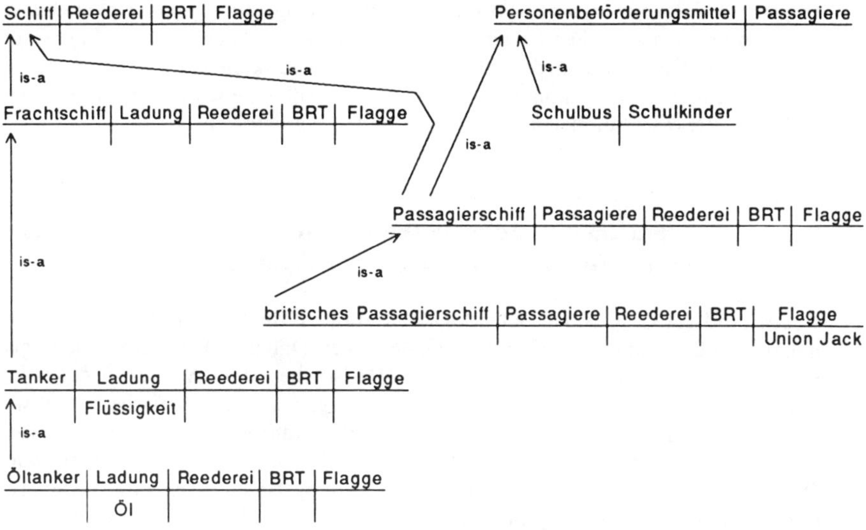

Abb. 13: Vererbung bei der Spezialisierung von Konzeptklassen

lisierung vom Frame *Frachtschiff* zum Frame *Öltankes* deshalb nicht spezialisiert wird (wie der Slot *Passagiere* auf den Slot *Schulkinder*), damit die durch ihn gegebene Rollenangabe (s.o.) erhalten bleibt. Dafür wird eine Spezialisierung durch Hinzufügen bzw. durch Spezialisieren eines Slot-Eintrags vorgenommen.

Bei der Zuordnung eines individuellen Konzepts zu einer Konzeptklasse (vgl. *Abb. 14*) werden alle Eigenschaftsklassen unverändert übernommen und der Unterbegriff besitzt keine weiteren Eigenschaftsklassen. In der Konzeptklassenbeschreibung schon festgelegte Eigenschaften werden ebenfalls übernommen – eventuell in spezialisierter Form (in *Abb. 14* die Spezialisierung des Eintrags *deutsche Reederei* zu *Hermann & Co.*). Es kommen i.a. weitere Eigenschaften beim Unterbegriff hinzu.

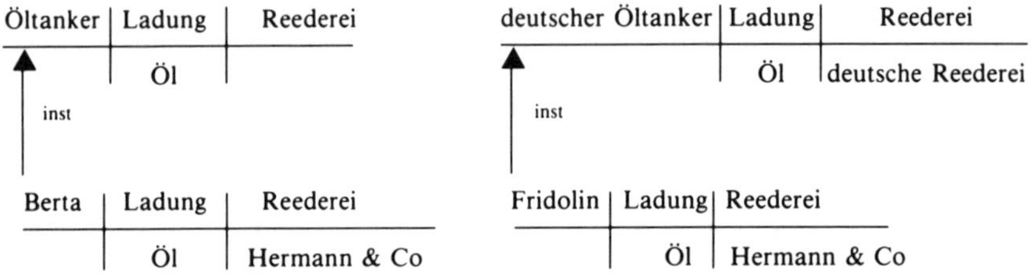

Abb. 14: Vererbung bei der Zuordnung eines individuellen Konzepts zu einer Konzeptklasse

Obwohl Ausgangspunkt der in diesem Abschnitt geführten Diskussion die Belange der Referenzdokumentation waren, sind die vorgestellten Repräsentationsformate natürlich universell einsetzbar (wie auch die zunehmend allgemeiner gewordene Diskussion in diesem Abschnitt erkennen läßt) und sind insbesondere auch für die im folgenden Abschnitt abgehandelten Anforderungen der Datendokumentation relevant. Da die wesentlichen Formate zur Repräsentation von Konzepten, Eigenschaften und semantischen Beziehungen mit dem vorliegenden Abschnitt abgehandelt sind, beschränkt sich der Abschnitt zur Datendokumentation auf weitergehende Ansätze zur Erfassung regelhafter Zusammenhänge sowie auf spezielle Ansätze zur Repräsentation von Ereignissen und Ereignisfolgen.

B 6.2 Repräsentationsformate speziell für die Datendokumentation: Regelhafte Zusammenhänge und Ereignisse

Gegenstand des Gebiets der Datendokumentation ist die Darstellung von Sachverhalten im allgemeinen. In öffentlich zugänglichen Datenbanken werden beispielsweise Werkstoffeigenschaften, Patente, DIN-Normen und Wirtschaftsdaten erfaßt. Innerbetriebliche Datenbanken speichern organisationsspezifische Daten, wie Personal- und Produktionsdaten oder – weniger traditionell – Wissen über organisationelle Abläufe, über Zuständigkeiten von Abteilungen und Mitarbeitern oder Organisationspolitik widerspiegelnde Entscheidungsfindungsverfahren. Der für Organisationen ständig steigende Informationsbedarf verlangt nach Informationssystemen, deren Funktionalität nur durch eine stärker ausgebaute Wissensrepräsen-

tationskomponente gewährleistet werden kann. Konventionelle Datei- und Datenbanksysteme genügen diesen Anforderungen nicht, da sie nur Repräsentationskonstrukte recht einfacher Struktur anbieten. So werden frame-artige Strukturen (vgl. Abschnitt B 6.1.2) nur unzureichend unterstützt, und es bestehen keine oder nur sehr eingeschränkte Möglichkeiten zur Repräsentation von regelhaften Zusammenhängen oder von Ereignissen. Dieses sind aber recht häufig auftretende Wissenstypen und werden deshalb den Schwerpunkt der Darstellung in den folgenden Abschnitten bilden.
Gegenstand von Abschnitt B 6.2.1 wird zunächst die Repräsentation regelhafter Zusammenhänge sein, während Abschnitt B 6.2.2 die Darstellung von Ereignissen und Ereignisfolgen zum Thema hat.

B 6.2.1 Regelhafte Zusammenhänge: Automatisches Schlußfolgern

B 6.2.1.1 Inferenzregeln

Die Berücksichtigung regelhafter Zusammenhänge nimmt einen wichtigen Stellenwert in der Repräsentation von Wissen ein. Einem Beispiel für regelhaftes Wissen sind wir schon in Abschnitt B 6.1 mit der Vererbung im Rahmen der Konzeptspezialisierung begegnet. Sie läßt sich folgendermaßen formulieren:

> **Wenn** die Konzeptklasse k über die Eigenschaftsklasse e verfügt, **dann** verfügt auch eine aus k durch Spezialisierung hervorgehende Konzeptklasse über e.

Eine Aussage solcher Art wird **Inferenzregel** genannt [Anm. 14]. Sie weist das Grundmuster

> **wenn** A **dann** B (aus A folgt B)

auf, wobei A *Vorbedingung* und B *Folgerung* heißt. Eine solche Inferenzregel sagt aus, daß Faktum B in dem Faktum A enthalten ist. Durch Anwendung einer Inferenzregel wird es möglich, Wissen, das implizit in dem in einer Wissensbasis vorliegenden Wissen enthalten ist, explizit verfügbar zu machen. Um die praktische Bedeutung von Inferenzregeln zu verdeutlichen, sollen im folgenden zwei Beispiele betrachtet werden.
In einer Datenbank seien u.a. folgende Fakten abgelegt:

- Wagen 123 ist unterwegs nach Köln; sein Entladen wird dort am 3. 2. um 12.00 beendet sein.
- Wagen 123 startet die nächste Fahrt am 4. 2. um 6.00 von Köln aus.
- Eine Fahrt von Köln nach Frankfurt dauert 2.5 Stunden.
- Eine Fahrt von Frankfurt nach Köln dauert 2.5 Stunden.

Eine Anfrage nach denjenigen Wagen, die für einen Transport von Köln nach Frankfurt am 3. 2. eingesetzt werden können, ist unter direkter Verwendung dieser Fakten nicht beantwortbar. Es sind jedoch alle benötigten Angaben vorhanden, um Wagen 123 als Antwort zu bestimmen. Dies wird allerdings erst durch Hinzunahme folgender Regeln möglich:

wenn Wagen W1 unterwegs ist nach O1 und sein Entladen dort zur Zeit Z1 beendet ist, **dann** befindet sich Wagen W1 zur Zeit Z1 in O1 und ist frei zur Zeit Z1
wenn Wagen W2 zur Zeit Z2 sich in O2 befindet und W2 zur Zeit Z2 frei ist und W2 die nächste Fahrt zur Zeit Z3 von O3 aus startet und die Fahrt von O2 nach O4 und von O4 nach O3 nicht länger als Z3 – Z2 dauert, **dann** kann Wagen W2 für einen Transport von O2 nach O4 ab dem Zeitpunkt Z2 verwendet werden

Mit Hilfe der ersten Regel können aus der gegebenen Datenbank folgende zusätzliche Fakten abgeleitet werden

- Wagen 123 befindet sich am 3. 2. um 12.00 Uhr in Köln.
- Wagen 123 ist am 3. 2. um 12.00 frei.

Aus diesen beiden Fakten und den übrigen Fakten kann unter Vewendung der zweiten Regel folgendes hergeleitet werden:

- Wagen 123 kann für einen Transport von Köln nach Frankfurt am 3. 2. ab 12.00 verwendet werden.

Die oben erwähnte Datenbankanfrage kann nach Durchführung dieser Ableitungsschritte mit ,,Wagen 123" beantwortet werden.
Ein Problem für Material- und Werkstoffdatenbanken besteht darin, daß die abgespeicherten Werte häufig nur für bestimmte Randbedingungen gültig sind. So bezieht sich die Angabe eines Siedepunktes beispielsweise auf einen bestimmten Druck. Eine Datenbankanfrage, die den Siedepunkt eines Stoffes bei einem gegebenen Druck erfragt, muß folglich scheitern, wenn für diesen Druck nicht direkt der entsprechende Wert gespeichert ist. Es kann jedoch für viele Stoffe der Siedepunkt in Abhängigkeit vom Druck nach einer Formel berechnet werden. Damit ist trotz expliziter Speicherung nur eines Wertepaares das Wissen über Siedepunkte auch bei anderen Drücken implizit in der Datenbank enthalten. Durch die Aufnahme der entsprechenden Formel in die Datenbank kann dieses implizit enthaltene Wissen verfügbar gemacht werden. Regelhafte Zusammenhänge können im einfachen Fall also auch durch Berechnungsanweisungen gegeben sein.
Die Darstellung und Berücksichtigung von Inferenzregeln ist in existierenden Datenbanksystemen nur in eingeschränkter Weise mittels Benutzersichten und Integritätsbedingungen (vgl. Abschnitt B 6.2.1.2) möglich (vgl. Lit. 24.; beachte jedoch die Neuentwicklung Postgres: Lit. 76.). Der Schlußfolgerungsmechanismus ist stark eingeschränkt, da die Herleitung von Wissen unter Verwendung einer *Kette* von Inferenzregeln nicht unterstützt wird. Zur Herleitung aller aus einer gegebenen Menge von Fakten und Inferenzregeln folgenden Fakten wird eine automatische Beweiskomponente benötigt, die oft auch Inferenzmaschine genannt wird [Anm. 15].
Regelhafte Zusammenhänge werden häufig auch durch **Produktionsregeln** repräsentiert [Anm. 16]. Eine Produktionsregel besitzt die Grundstruktur

wenn A **führe** *aus* B

Obwohl auf den ersten Blick einer Inferenzregel recht ähnlich, besteht ein fundamentaler Unterschied darin, daß die Folgerung einer Produktionsregel nicht ein Faktum ist, sondern aus einer durchzuführenden Aktion besteht. Eine Produktionsregel ist somit ein Berechnungskonstrukt. Während Inferenzregeln implizit schon vorhandenes Wissen explizit und damit verfügbar machen, bewirkt die Anwendung einer Produktionsregel eine Veränderung in der Wissensbasis. Diese Veränderung kann beliebiger Art sein und könnte beispielsweise sogar die Bedingung, die zu ihrer Ausführung geführt hat, durch Löschen entsprechender Fakten aufheben. Eine Inferenzregel

wenn A **dann** B

kann jedoch als eine Produktionsregel

wenn A **führe aus** füge der Wissensbasis B hinzu

dargestellt werden.

B 6.2.1.2 Integritätsbedingungen

Neben Inferenzregeln, die der Herleitung implizit vorhandenen Wissens dienen, stellen einschränkende Bedingungen, im folgenden **Integritätsbedingungen** genannt, eine zweite Klasse regelhafter Zusammenhänge dar. Zu erfassende Einschränkungen können verschiedener Natur sein. Sie können z.B. per Gesetz gegeben sein, eine gesellschaftliche Norm darstellen, organisationspolitischer Art sein oder einfach eine natürliche Gesetzmäßigkeit ausdrücken. Integritätsbedingungen können als logische Formeln gegeben oder auch durch Programmcode realisiert sein, wie das mit den in vielen frame-artigen Repräsentationssprachen vorgesehenen angehefteten Prozeduren der Fall ist (siehe B 6.1 und vgl. Lit. 86.). Zu bevorzugen ist aber eine logik-basierte Form der Darstellung, weil Integritätsbedingungen dann zusammen mit den in Abschnitt B 6.2.1.1 eingeführten Inferenzregeln für ein automatisches Schlußfolgern herangezogen werden können. Bevor dieser Aspekt näher beleuchtet wird, sollen einige Beispiele für einschränkende Bedingungen zusammen mit einer zugehörigen Formulierung in Logik gegeben werden [Anm. 17].

- *Gesetzliche Vorschrift:*
  Einen Führerschein der Klasse 3 darf nur besitzen, wer mindestens 18 Jahre alt ist.

  $$\forall_p \in Personen : besitzt\_f\ddot{u}hrerschein3\ (p) \Rightarrow alter\ (p) \geq 18$$

- *Organisationsinterne Regelung:*
  Ein nicht-leitender Mitarbeiter besitzt keine Entscheidungsbefugnis bzgl. Dienstreisegenehmigungen.

  $$\forall_p \in Nichtleitender\text{-}Mitarbeiter: \forall_d \in Dienstreiseantrag : \neg\ Entscheidungsbefugnis\ (p, d)$$

- *Gesellschaftliche Norm:*
  Eine Person kann höchstens mit einer anderen Person verheiratet sein.

  $$\forall_p \in Personen : \forall_{p'} \in Personen : (verheiratet\ (p, p') \Rightarrow \neg\exists\ p''\ Personen : (p'\ \Sigma\ p''\ \wedge\ verheiratet\ (p, p'')))$$

- *Natürliche Gesetzmäßigkeit:*
  Jedes Kind hat eine leibliche Mutter und einen leiblichen Vater.

  $$\forall_p \in Kinder : (\exists\ p' \in Personen: ist\_mutter\ (p', p) \wedge \exists\ p'' \in Personen: ist\_vater\ (p'', p))$$

Integritätsbedingungen werden herangezogen, um unzulässige Aktionen, z.B. das Abspeichern unzulässiger Fakten, zu unterbinden. So darf unter Bezug auf obige Integritätsbedingungen für eine Person, die noch nicht 18 Jahre alt ist, nicht als Faktum in eine Datenbank aufgenommen werden, daß sie einen Führerschein der Klasse 3 besitzt. Neben dieser primären Blockierungsfunktion können Integritätsbedingungen ebenso wie die in Abschnitt B 6.2.1.1 besprochenen Inferenzregeln zum Schlußfolgern benutzt werden – z.T. entspricht ihre äußere Form ja unmittelbar der von Inferenzregeln (a ⇒ b, bzw. wenn a, dann b). Beispielsweise kann aus der Tatsache, daß eine Person einen Führerschein der Klasse 3 besitzt, geschlossen werden, daß sie mindestens 18 Jahre alt ist. Aus der Tatsache, daß ein Mitarbeiter eine nicht-leitende Funktion besitzt, folgt, daß er (oder sie) einen Dienstreiseantrag nicht genehmigt haben kann.

Der Unterschied zwischen Inferenzregeln und Integritätsbedingungen ist folglich ein pragmatischer, d.h. betrifft ihre Verwendung. Integritätsbedingungen dienen in erster Linie der Unterbindung von Aktionen, während Inferenzregeln in erster Linie Wissen herleiten. Beide können jedoch gleichermaßen für einen Schlußfolgerungsprozeß herangezogen werden.

Die in diesem Abschnitt betrachtete Basierung von Integritätsbedingungen auf Formulierungen in klassischer Logik ist erweiterbar um die Berücksichtigung modaler Aspekte. Dafür existieren spezielle Logiken, die die Notwendigkeit, die Möglichkeit oder das Gebotensein einer Bedingung zum Ausdruck bringen können (siehe Lit. 78., (Kap. 2), Lit. 33., Lit. 34., Lit. 87.).

B 6.2.2 Ereignisse und Ereignisfolgen

Für die Repräsentation sich verändernder Situationen werden Konstrukte zur Darstellung von Ereignissen benötigt. Ein Ereignis ist eine derart einem Zeitintervall zuzuordnende Zustandsänderung, daß vor dem Zeitintervall der alte Zustand und nach dem Zeitintervall der neue Zustand besteht. Das zugehörige Zeitintervall kann nicht beliebig in immer kleinere Zeitintervalle unterteilt werden, ohne diese Bedingung zu verletzen. Analog zur Unterscheidung zwischen individuellen Konzepten und Konzeptklassen, die weiter oben in diesem Kapitel eingeführt wurde, sind neben tatsächlichen Ereignissen auch mögliche Ereignisse (bzw. Ereignisfolgen) darzustellen. Dazu muß insbesondere die Berücksichtigung von Vorbedingungen für das Eintreten eines Ereignisses zugelassen werden, womit gleichzeitig auch die Verkettung von Ereignissen zu Ereignisfolgen unterstützt wird. Das in Abschnitt B 6.2.1.1 schon eingeführte Konstrukt einer Produktionsregel erfüllt diese Forderung (vgl. Anm. 16): ist der Bedingungsteil einer Produktionsregel erfüllt, werden die im Aktionsteil der Regel aufgeführten Aktionen in der Reihenfolge ihrer Angabe ausgeführt. Produktionsregeln sind damit zwar primär ein Konstrukt zur Programmierung, unabhängig von einer tatsächlichen Ausführung kann einer Produktionsregel jedoch abgelesen werden, unter welchen Voraussetzungen welche Aktionen stattfinden. Damit können sie auch der Repräsentation möglicher Ereignisfolgen dienen. Die Ordnung der Einzelereignisse in der Ereignisfolge wird einmal durch entsprechende Ausgestaltung der Vorbedingungen in den verschiedenen Produktionsregeln erreicht, zum anderen durch die Reihenfolge der Aktionen im Aktionsteil einer Produktionsregel. Keinen Einfluß auf die Ausführungsreihenfolge besitzt i.a. die Reihenfolge der Notierung der Produktionsregeln in der Wissensbasis. Prinzipiell sind immer alle diejenigen Regeln als ausführbar anzusehen, deren Vorbedingung erfüllt ist (Vorgehensweisen zur Auswahl einer von mehreren ausführbaren Produktionsregeln sind in Lit. 42. beschrieben). Ein Beispiel für die Beschreibung einer möglichen Ereignisfolge durch Produktionsregeln ist in *Abb. 15* gegeben.

---

wenn noch kein Startversuch unternommen **führe aus**
  nimm Gang heraus
  stecke Zündschlüssel in Zündschloß
  drehe Zündschlüssel bis zum Anschlag
  gib etwas Gas

wenn Wagen beim ersten Versuch nicht anspringt **führe aus**
  warte 30 Sekunden
  drehe Zündschlüssel bis zum Anschlag
  gib etwas Gas

wenn Wagen beim zweiten Versuch nicht anspringt **führe aus**
  prüfe, ob genug Benzin im Tank ist

wenn nicht genug Benzin im Tank ist **führe aus**
  fülle Benzin nach
  nimm Gang heraus
  stecke Zündschlüssel in Zündschloß
  drehe Zündschlüssel bis zum Anschlag
  gib etwas Gas

wenn Wagen nicht anspringt und genug Benzin im Tank ist **führe aus**
  rufe Werkstatt an

Abb. 15: Beschreibung einer möglichen, problemlösenden Ereignisfolge durch Produktionsregeln

Zur Repräsentation stereotypischer Ereignisfolgen wurde das Konstrukt eines Scripts entworfen (Lit. 61. (Kap. 7.2.4), Lit. 68.). Ein **Script** ist eine frame-artige Struktur (vgl. Abschnitt B 6.1.2), die spezielle, vordefinierte Kompenenten (in der Frame-Terminologie: Slots) besitzt:

- *Eingangsbedingungen*, die erfüllt sein müssen, damit die durch den Script repräsentierten Ereignisse stattfinden können
- Der *Ergebniszustand*, der eintritt, wenn die durch den Script beschriebenen Ereignisse stattgefunden haben
- *Konzepte*, die an den beschriebenen Ereignissen teilhaben
- *Varianten* der durch den Script dargestellten generischen Ereignisfolge
- die *Ereignisse* in entsprechender Reihenfolge

Die in einem Script zusammengefaßten Ereignisse können jeweils selber wieder Ereignisfolgen bilden und sind dann ebenfalls durch Scripts repräsentiert, oder sie sind atomar und durch einen speziellen, ‚conceptual dependency' genannten Formalismus beschrieben, auf den hier jedoch nicht näher eingegangen wird (vgl. Lit. 66., Lit. 67., Lit. 61. (Kap. 7.2.2)). Durch Hinzufügen geeigneter Vorbedingungen können in einem Script alternative Ereignisfolgen beschrieben werden. Einen beispielhaften Script zeigt *Abb. 16* (eine Repräsentation der in diesem Script zusammengefaßten Ereignisse ist nicht gegeben). Einige von ihnen sind atomar, während andere wiederum durch Scripts beschrieben sind. Die Entscheidung, welche Ereignisse atomar und welche als Scripts zu repräsentieren sind, hängt von ihrem Komplexitätsgrad und von den Anforderungen der Anwendung ab, für die der Script vorgesehen ist.

Script Buchausleihe

Eingangbedingungen:
Bibliothek hat geöffnet, der Ausleiher hat Leseausweis bei sich

Ergebniszustand:
Ausleiher hat Buch bei sich

Konzepte:
Bibliothek, Bibliotheksbesucher, Buch, Katalog, Leseausweis

Varianten:
Präsenzbibliothek: Ein Buch kann nicht aus der Bibliothek entfernt werden; entsprechend gilt ein unterschiedlicher Ergebniszustand: Ausleiher hat Buch (oder Ausschnitte davon) gelesen oder das Buch (oder Ausschnitte davon) kopiert

Ergebnisfolge:
1. Betrete Bibliothek
2. **Script** Standort und Ausleihvermerk im Katalog nachsehen
3. **wenn** Buch als ausgeliehen vermerkt **führe aus**
   Script Buch vormerken
   Schritt 7 ausführen
4. Standort des Buches aufsuchen
5. **wenn** Buch nicht am Standort und es gibt weitere Exemplare des Buches anderen Standorts **führe aus**
   alternativen Standort aufsuchen
   Schritt 5 wiederholen
6. **wenn** Buch am aktuellen Standort vorhanden **führe aus**
   Buch entnehmen
   Script Buch verbuchen lassen
7. Bibliothek verlassen

Abb. 16: Ein Script

Ein Vorteil der Verwendung von Scripts anstelle von Produktionsregeln liegt darin, daß die Darstellung der Ausführungsreihenfolge durch die Angabe einer expliziten Ordnung vereinfacht wird. Ein zweiter, wesentlicher Vorteil ist die Möglichkeit, einzelne Ereignisse wiederum durch Scripts zu beschreiben, wodurch eine Repräsentation wesentlich strukturierter, überschaubarer und einfacher zu erstellen und

zu modifizieren ist. Ein Nachteil, den Produktionsregeln und Scripts gleichermaßen aufweisen, ist die fehlende Möglichkeit, potentiell parallel ablaufende Teilereignisfolgen darzustellen. Ein Formalismus, der dieses erlaubt, wird im folgenden vorgestellt. Es wird dabei der für das Gebiet der traditionellen Dokumentation charakteristische Anwendungsbereich vollends verlassen. Da aber beispielsweise die Darstellung typischer, organisationsinterner Entscheidungsabläufe zur Erfassung organisationellen Wissens und damit prinzipiell zu einer innerbetrieblichen Dokumentation im weiteren Sinne gehört, sind dafür geeignete Ansätze diesem Kapitel durchaus als zugehörig zu betrachten.
Eine bevorzugt im Gebiet der Büromodellierung verwendete Klasse von Formaten zur Repräsentation von Ereignisfolgen sind graph-basiert. Die gerichteten Kanten eines Graphen dienen der Darstellung zeitlicher Abfolgen von Ereignissen, die jeweils zu den durch die Knoten beschriebenen Zustände führen. Es sind hier eine Reihe verschiedener Ansätze zu unterscheiden (vgl. Lit. 62., Lit. 23.). Zur Verdeutlichung der Grundideen soll stellvertretend auf den Ansatz von Zisman (Lit. 91.) näher eingegangen werden. Es werden dort Ereignisfolgen durch Produktionsregeln beschrieben, die in ein Petri-Netz (vgl. Lit. 57.), welches eine Kontrollstruktur realisiert, eingebettet sind. Ein **Petri-Netz** besteht aus Knoten, die über gerichtete Kanten miteinander verbunden sind. Ein Knoten ist entweder eine *Stelle* (für einen Zustand) oder eine *Transition* (für einen Zustandsübergang). Die Stellen, die zu einer Transition hinführen, heißen *Vorstellen*, während die von einer Transition aus erreichbaren Stellen *Nachstellen* genannt werden. Eine Stelle kann *Marken* enthalten. Befindet sich in allen Vorstellen einer Transition eine Marke, ist sie aktiv und kann schalten. Dabei wird eine Marke von jeder Vorstelle entfernt und eine Marke jeder Nachstelle hinzugefügt. Das bedeutet, daß bei Vorliegen der durch die Vorstellen repräsentierten Ausgangssituation die durch die Nachstellen repräsentierten Folgezustände [Anm. 18] erreicht werden. *Abb. 17* zeigt ein einfaches Petri-Netz (aus Lit. 44.). Marken sind durch schwarze Punkte dargestellt, Kreise stehen für Stellen und Balken für Transitionen. In dem dargestellten Zustand kann die Transition t1 schalten, gefolgt von t2 und t3. Erst nachdem t2 und t3 geschaltet haben, sind t4 und t5 aktiv. Von diesen beiden kann nur eine schalten, nicht aber beide, da sich nur eine Marke in den Vorstellen befindet. Schaltet t4 oder t5, befindet sich das Netz wieder in seinem ursprünglichen Zustand.

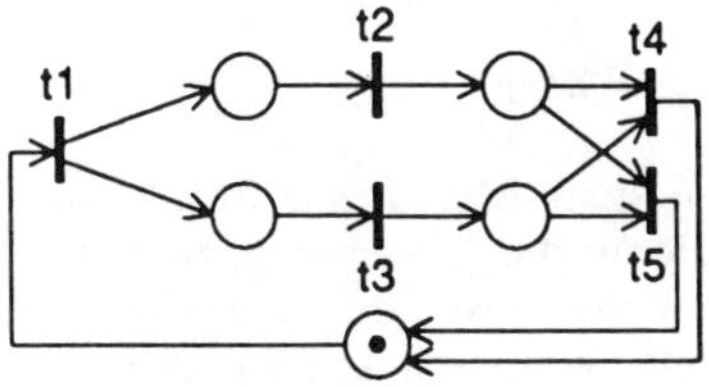

Abb. 17: Ein einfaches Petri-Netz (nach Lit. 44. bzw. Lit. 90.)

In der von Zisman (Lit. 90.) vorgeschlagen Erweiterung von Petri-Netzen werden den Transitionen (eine oder mehrere) Produktionsregeln zugeordnet. Für alle akti-

ven Transitionen werden die zugehörigen Produktionsregeln auf Ausführbarkeit geprüft. Ist eine Produktionsregel ausführbar, werden die durch sie festgelegten Aktionen durchgeführt, und die zugeordnete Transition schaltet. Der Vorteil dieses Ansatzes besteht darin, daß die Reihenfolge der Überprüfung der Ausführbarkeit von Produktionsregeln durch die Struktur eines Petri-Netzes festgelegt wird. Die Abfolge von und die Interaktion zwischen Regeln kann somit auf recht elegante Weise festgelegt und kontrolliert werden.
Das wichtigste Merkmal des Ansatzes von Zisman besteht darin, daß Ereignisfolgen unterschiedlichen Agenten zugeordnet werden können. Jeder Agent wird durch ein eigenes, um Produktionsregeln erweitertes Petri-Netz beschrieben. Jedes dieser Netze kann von jedem seiner Transitionsknoten aus andere Netze aktivieren (deren Abarbeitung an einem ausgezeichneten Startknoten beginnt) und kann in seiner Abarbeitung auf die Ausführung eines anderen Netzes warten. Das Aktivieren eines anderen Agenten geschieht als Teil einer Produktionsregel-Aktion, während das Warten auf einen Agenten durch eine entsprechende Vorbedingung einer Produktionsregel realisiert ist. Die Untergliederung einer zu repräsentierenden Ereignisfolge in verschiedenen Agenten zugeordnete Teilfolgen trägt zusätzlich zu einer besseren Handhabbarkeit und größeren Übersicht der Repräsentation bei. Vor allem wird dadurch die Möglichkeit eröffnet, parallel ablaufende und asynchron miteinander verkoppelte Ereignisfolgen zu repräsentieren. Ein Beispiel dazu ist in *Abb. 18* gegeben.
Eine weitere, hier nur zu erwähnende Klasse von Formalismen zur Repräsentation von Ereignissen bilden temporale Logiken (vgl. Lit. 78. (Kap. 6), Lit. 72., Lit. 60.). Sie erweitern Prädikatenlogik erster Ordnung und erlauben ein formales Schlußfolgern unter Berücksichtigung zeitlicher Aspekte.

B 6.3 Qualitative Aspekte von Wissen

Neben der in den vorangegangenen Abschnitten vorgenommenen Unterscheidung verschiedener Typen von Wissen lassen sich qualitative Aspekte bestimmen, die für jede Wissensart gleichermaßen relevant sind (eine ausführliche Behandlung ist in Lit. 17.) zu finden, worauf sich die hier gegebene Darstellung weitgehend stützt).

B 6.3.1 Unvollständiges Wissen

Jede Wissensrepräsentation ist ein Abbild eines Realitätsausschnitts und erfaßt immer nur solche Aspekte, die für die Anwendung, zu deren Realisierung sie erstellt wurde, von Relevanz sind. Folglich ist jede Wissensbasis zwangsläufig unvollständig. Über diese prinzipielle Unvollständigkeit hinaus kann aber auch das für eine Anwendung relevante Wissen unvollständig sein. Dies kann beispielsweise seinen Grund darin haben, daß Wissen (noch) nicht verfügbar ist oder daß durch eine Schlußfolgerung hergeleitetes Wissen nur einige der benötigten Fakten zur Verfügung stellt. Wird beispielsweise auf die Existenz eines Liefervorgangs für bestimmte Waren geschlossen, ohne aber Angaben zu Empfänger und Lieferant machen zu

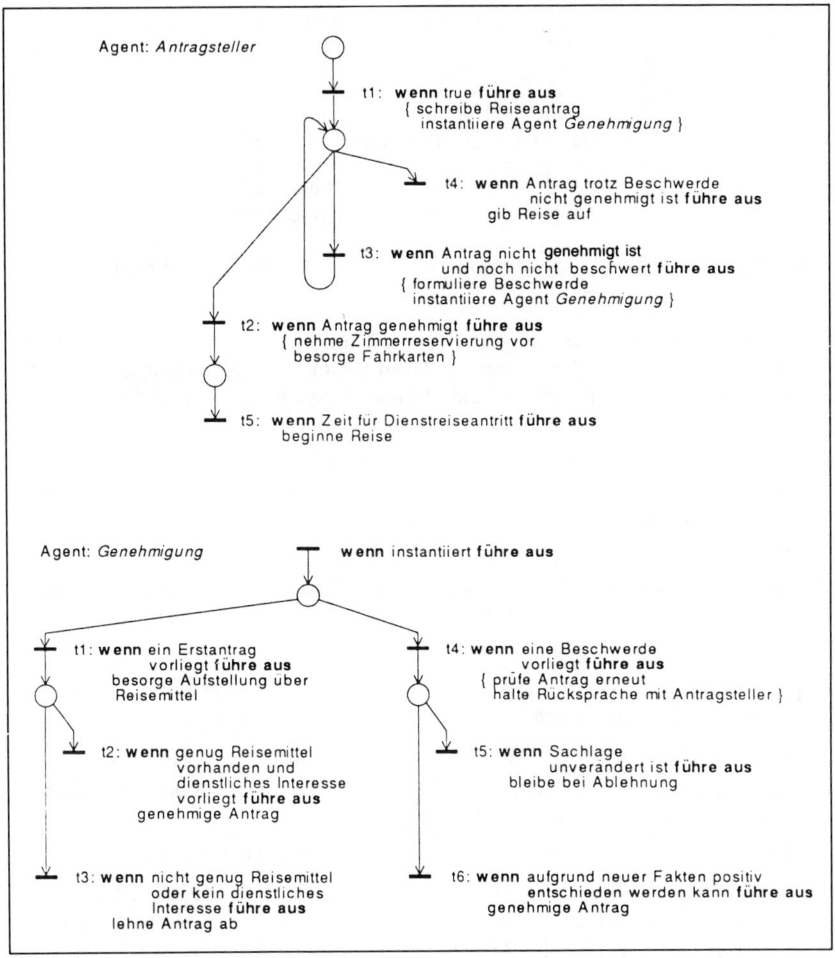

Abb. 18: Zwei Agenten als ein erweitertes Petri-Netz nach dem Ansatz von Zisman (Lit. 90.)

können, ist das Wissen über diesen Liefervorgang unvollständig. Die davon betroffenen Eigenschaftsklassen der Konzeptrepräsentation sind leer (vgl. *Abb. 19* [Anm. 19]). Ist in einem anderen Fall lediglich die Konzeptklassenzugehörigkeit eines individuellen Konzepts bekannt, aber keine seiner Eigenschaften, wird stellvertretend die Konzeptklasse zur Repräsentation herangezogen. Ein Beispiel hierfür ist ebenfalls in *Abb. 19* gegeben, wo die Konzeptklassen *Speicherplatte* und *Magnetband* für die gelieferten, nicht näher bekannten Speicherplatten und Bänder stehen.

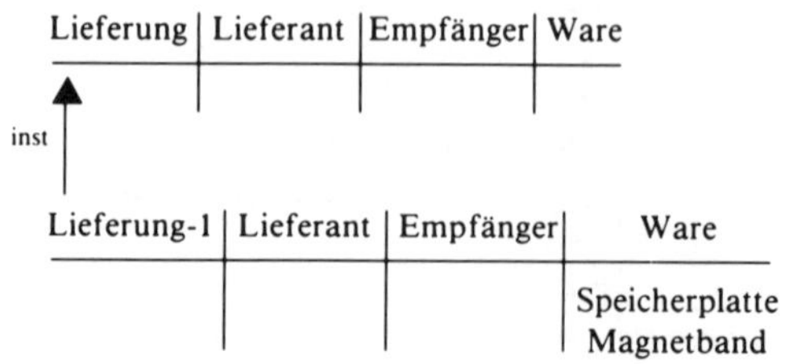

Abb. 19: Die Darstellung eines Konzepts, über das nur unvollständiges Wissen vorliegt

Neben den oben diskutierten Spezialfällen benötigt die Darstellung unvollständigen Wissens im allgemeinen Fall spezielle Ausdrucksmittel, die typischerweise, aber nicht zwangsläufig, logik-basiert sind. Einige Beispiele seien gegeben (vgl. auch Lit. 41.):

- Für ein nicht näher identifizierbares Konzept sind lediglich einige seiner Eigenschaften bekannt (im Gegensatz zu dem in *Abb. 19* dargestellten Fall ist auch die Konzeptklassenzugehörigkeit unbekannt):

  $\exists k : (rot\ (k) \wedge gewicht\ (k) > 10kg)$

- Ein Konzept gehört zu einer von mehreren gegebenen Konzeptklassen, aber es ist nicht bekannt, zu welcher von ihnen ('V' bedeutet „oder"):

  schülerin (*Maria*) V *studentin* (*Maria*)

- Es ist bekannt, daß für einige Individuen einer Konzeptklasse eine bestimmte Aussage gilt, aber es ist unbestimmt, welche Individuen dies sind:

  $\exists k \in Studenten : ist\_berufstätig\ (k)$

- Eine Aussage macht eine qualitative Angabe, die nicht auf einen exakten, quantitativen Wert zurückgeführt werden kann [Anm. 20]:

  Hans ist alt. Die meisten Bäume sind geschädigt. Das Medikament wirkt sehr schnell.

Die bisher diskutierten Beispiele behandeln Fälle, in denen über ein gegebenes Konzept unvollständiges Wissen vorliegt. Eine gänzlich anders geartete Situation ist gegeben, wenn über ein (für die Anwendung relevantes) Konzept überhaupt keine Aussage in einer Wissensbasis gemacht ist, d.h. noch nicht einmal seine Existenz festgestellt wird. In einem solchen Fall würde fälschlicherweise von einer unzutreffenden Vollständigkeit des Wissens ausgegangen werden [Anm. 21]. Zur Unterbindung fehlerhafter Schlußfolgerungen, die auf einer falschen Vollständigkeitsannahme basieren, müssen in eine Wissensbasis Angaben über ihren Vollständigkeitsgrad aufgenommen werden. Für die Darstellung solchen Selbstwissens wurden eine Reihe spezieller Formalismen entwickelt (Lit. 41., Lit. 46.). Das folgende Beispiel illustriert das prinzipielle Vorgehen:

Beispiel
In einer Wissensbasis ist nur für Hans und Jutta repräsentiert, daß sie Studenten sind:
student (Hans)
studentin (Jutta)

Eine Anfrage an diese Wissensbasis, ob Karl Student ist, würde unter der Annahme ihrer Vollständigkeit negativ beantwortet werden. Existiert jedoch nicht für alle Studenten eine Angabe in der Wissensbasis, könnte diese Antwort falsch sein. Verhindert wird ein solcher Fehlschluß, indem in die Repräsentation aufgenommen wird, daß die Wissensbasis nicht alle Studenten erfaßt. In dem Formalismus von Levesque (Lit. 41.) geschieht dies unter Verwendung eines Modaloperators *K* mit der Bedeutung „es ist bekannt daß" (*Ka* ist dann zu lesen als „es ist bekannt, daß *a* gilt"):

$$\exists p: (student\ (p) \wedge \neg\ K\ student\ (p))$$

B 6.3.2 Widersprüchliches Wissen

In großen Wissensbasen tritt oft das Problem auf, daß das in ihnen enthaltene Wissen widersprüchlich ist. Typische Gründe hierfür sind:

- Es treten Ausnahmen von als universell spezifizierten Regularitäten auf. Es gelte beispielsweise die Regel:
  wenn ein Mitarbeiter den Führerschein der Klasse 3 besitzt,
  dann kann er eine Warenauslieferung per PKW übernehmen.
  Ist für einen Mitarbeiter mit einem Führerschein der Klasse 3 repräsentiert, daß er keine Auslieferung vornehmen kann, z.B. weil er ein Gipsbein hat, steht dies im Widerspruch zu der aus obiger Regel ableitbaren Aussage. Für die adäquate Behandlung solcher widersprüchlichen Konstellationen wurden spezielle Formalismen entwickelt. Sie weichen entweder den Status einer Aussage auf, so daß sie nicht mehr als universell gilt, sondern nur noch als typischerweise zutreffend interpretiert wird (Lit. 12., Lit. 59.), oder lassen explizit die Repräsentation von Ausnahmen zu (Lit. 06.). Annahmen, die unter Verwendung einer Inferenzregel getroffen wurden, müssen beim Bekanntwerden einer Ausnahme zurückgenommen werden. Gleiches gilt für Aussagen, die in weiteren Schlußfolgerungsschritten aus diesen als nicht zutreffend erkannten Annahmen hergeleitet wurden. Ein System, welches dieses leistet, heißt Begründungsverwaltungssystem (‚truth maintenance system' (Lit. 12., Lit. 20.).
- Verschiedene Wissensquellen bringen sich (partiell) widersprechendes Wissen in eine Wissensbasis ein. So könnte folgende Situation gegeben sein:
  Wissensquelle 1: Die Sonne dreht sich um die Erde.
  Wissensquelle 2: Die Erde dreht sich um die Sonne.
  Aufgelöst werden solche Situationen, indem die Wissensbasis in sogenannte Kontexte unterteilt wird (Lit. 30.), so daß verschiedene Sichten (‚beliefs') durch Zuordnung zu unterschiedlichen Kontexten voneinander getrennt repräsentiert werden. Jede Sicht ist für sich betrachtet widerspruchsfrei (Lit. 32., Lit. 07., Lit. 36.).
- Die aus dem Inhalt einer Wissensbasis nicht ableitbare Existenz verschiedener (Zeit-, Ausstattungs-, Entwicklungs-) Versionen von Konzepten (ein Fall von unvollständigem Wissen!) führt zu widersprüchlichen Darstellungen, wenn sich ausschließende Eigenschaften verschiedener Versionen fälschlicherweise *einem* Konzept zugeordnet werden; beispielsweise kann ein Rechnertyp in verschiede-

nen Ausstattungsstufen eine unterschiedliche Zentraleinheit besitzen. Durch die Berücksichtigung von Versionen (vgl. Lit. 84.) und ihre Behandlung als unterschiedliche Konzepte (mit gemeinsamer Basis) entsteht dagegen kein Widerspruch.

Ist die Ursache für einen Widerspruch nicht bestimmbar und er deshalb nicht aufzuheben [Anm. 22], muß er hingenommen werden, bis seine Auflösung vielleicht später möglich wird. Ein alternatives Vorgehen besteht darin, nur die als am wahrscheinlichsten zutreffende Aussage zu repräsentieren und zu vermerken, daß sie als nicht gesichert zu betrachten ist (vgl. nächsten Abschnitt). Stellt sie sich später als korrekt heraus, wird sie als gesichert gekennzeichnet, anderenfalls wird eine entsprechende Korrektur vorgenommen.
Die besondere Problematik widersprüchlichen Wissens liegt darin, daß eine auf logischer Deduktion basierende Schlußfolgerungskomponente einer Wissensbasis, die widersprüchliches Wissen enthält, beliebige Schlüsse ziehen kann [Anm. 23]. Das bedeutet, daß sie funktionsunfähig ist, solange ein Widerspruch besteht. Es existieren jedoch spezielle, vierwertige Logiken, für die Inkonsistenz ein möglicher Wahrheitswert ist, und die bei Vorliegen eines Widerspruchs ein Schlußfolgern noch ermöglichen (Lit. 75.).

B 6.3.3 Unsicheres Wissen

Nicht alles in einer Wissensbasis dargestellte Wissen muß als gesichert gelten. In Abhängigkeit vom Vertrauensgrad, den eine Wissensquelle besitzt, kann das von ihr stammende Wissen mit einem entsprechenden Unsicherheitsfaktor versehen sein. Manchmal ist sogar der Diskursbereich selber durch die Existenz nicht exakter Aussagen charakterisiert, so daß Aussagen zu erfassen sind, die lediglich wahrscheinlich oder nur möglich sind (siehe z.B. Lit. 73., Lit. 22., Lit. 53.). Das ist beispielsweise bei der Repräsentation von Wissen für medizinische Diagnosesysteme der Fall (aus Lit. 43.):

wenn der Organismus gram-negativ ist.
 und der Organismus stäbchenförmig ist
 und der Organismus anaerob ist
dann besteht eine leichte Evidenz (0.6), daß der Organismus bakteroid ist

Prinzipiell wird Wissen unterschiedlichen Sicherheitsgrades mit Hilfe einer Abbildung s dargestellt, die jeder Aussage derart eine Zahl zuordnet, daß wenn die Korrektheit einer Aussage a mit größerer Sicherheit angenommen werden kann, als das für eine Aussage a' der Fall ist, $s(a) \geq s(a')$ gilt (Lit. 88., Lit. 48.). Die beiden Hauptprobleme, die in diesem Zusammenhang auftreten, betreffen die Kriterien, nach denen einer Aussage ein konkreter Zahlenwert zuzuordnen ist, sowie das Vorgehen, nach dem ein solcher Wert geändert wird, wenn neue Evidenzen für oder gegen das Zutreffen der Aussage vorliegen. Die Formalismen, die hierfür entwickelt wurden, basieren weitgehend auf der Wahrscheinlichkeitstheorie (Lit. 19., Lit. 21., Lit. 65., Lit. 83., Lit. 89.). Um die Berechnungskomplexität innerhalb realistischer Grenzen zu halten, wird jedoch die (i.a. nicht zutreffende) Annahme gemacht, daß die Zutreffwahrscheinlichkeiten der einzelnen Aussagen (also ihr Sicherheitsgrad) voneinander unabhängig sind. Die ohne diese Annahme benötigten bedingten Wahrscheinlichkeiten wären darüber hinaus ohnehin nicht bestimmbar (für eine vollständig auf Wahrscheinlichkeitstheorie basierende Betrachtung siehe jedoch Lit. 14.).

B 6.4 Ausblick

Die Aufgabe dieses Kapitels bestand darin, einen Einblick in Wissensrepräsentationsformate und ihre Anwendbarkeit für verschiedene Repräsentationsprobleme zu vermitteln. Es konnten in dem gegebenen Rahmen lediglich die Grundprinzipien der wichtigsten Repräsentationsansätze behandelt werden, die angegebenen Literaturhinweise bieten jedoch einen Ausgangspunkt für eine vertiefende Beschäftigung mit einzelnen Themenbereichen. Als ein Lehrbuch zur Wissensrepräsentation kann auf Lit. 56. verwiesen werden, daß sich primär mit semantischen Netzen und Frames beschäftigt, aber auch einen Überblick über das gesamte Gebiet gibt. Für ein Lehrbuch, das sich rein formalen Logiken widmet, siehe Lit. 63.. Empfohlen werden können auch die entsprechenden Kapitel der Lehrbücher zum Gesamtgebiet der Künstlichen Intelligenz (Lit. 61., Lit. 01., Lit. 50., Lit. 69., Lit. 70.) sowie der von Brachman und Levesque herausgegebene Band (Lit. 09.), der die wichtigsten Aufsätze zur Wissensrepräsentation enthält und auch eine umfangreiche, annotierte Bibliographie umfaßt. Einschlägige Aufsätze finden sich ebenfalls in Lit. 03., Lit. 25. und Lit. 13.. Eine Übersicht geben auch Lit. 47. und Lit. 82..

Das Gebiet der Wissensrepräsentation ist – ebenso wie das Gesamtgebiet der Künstlichen Intelligenz, dem es weitgehend zuzuordnen ist – insgesamt noch stark unterentwickelt, was bei seiner kurzen Geschichte nicht verwunderlich ist. Die momentanen Hauptdefizite liegen einmal in einem immer noch relativ geringen Grad an Formalisierung (mit Ausnahme des Gebiets des automatischen Schlußfolgerns) – obwohl sich in dieser Hinsicht in den letzten Jahren sehr viel getan hat –, betreffen die Untauglichkeit der bisherigen Ansätze für eine Darstellung detaillierten, in die Tiefe gehenden Wissens (‚deep modelling‘) sowie liegen in dem fast gänzlichen Fehlen einer Methodenlehre, die Anleitung geben könnte, welche Formate aufgrund welcher Kriterien für ein gegebenes Repräsentationsproblem geeignet sind und wie eine Repräsentation innerhalb eines Formate für einen gegebenen Anwendungsfall konkret aufzubauen ist, d.h. welche Konzepte vorzusehen sind, wie detailliert diese zu beschreiben sind und welche Konstrukte eines Repräsentationsformate für die Darstellung der einzelnen Sachverhalte jeweils am besten geeignet sind und warum. Das Gebiet der Wissensrepräsentation bedarf folglich noch einiges an Entwicklung.

Anmerkungen

[01] Zum Thema Künstliche Intelligenz und Expertensysteme siehe auch Kap. B 9 „Expertensysteme als neue Zugangssysteme zur Fachinformation" in diesem Band.

[02] Diese Relation taucht in manchen Thesauri als Bestandsrelation auf, ist aber, wie oben schon erläutert wurde, nicht für eine Dokumentbeschreibung einsetzbar, sondern dient lediglich der terminologischen Kontrolle, wie die anderen Thesaurusrelationen auch.

[03] Man beachte, daß die Beziehung *hat-Eigenschaftsklasse* durch eine gerichtete Kante dargestellt ist, während die Beziehung *Gleichzeitigkeit* symmetrisch ist und entsprechend durch eine ungerichtete Kante illustriert wird.

[04] Die Ober-/Unterbegriffsbeziehung is-a entspricht der Teilmengenbeziehung zwischen Konzeptklassen, während die Beziehung inst der Zugehörigkeit eines Elements zu einer Menge gleichkommt.

[05] Es ist zu unterscheiden zwischen der Mächtigkeit eines Repräsentationsformats und seiner Natürlichkeit in bezug auf ein gegebenes Repräsentationsproblem. Der hier behandelte Ansatz eines sematischen Netzes kann beispielsweise vollständig im Format eines logik-basierten Formalismus dargestellt werden (z.B. Lit. 18.), und umgekehrt kann ein Netzwerk-Formalismus derart angereichtert werden, daß er die Mächtigkeit von Prädikatenlogik erster Stufe besitzt (Lit. 71.). In bezug auf Anschaulichkeit sowie Eignung für ein automatisches Schlußfolgern (vgl. Abschnitt B 6.2.1) unterscheiden sie sich jedoch erheblich.

[06] Der Begriff eines Konzepts wird im folgenden generisch sowohl für den Begriff Konzeptklasse als auch für den Begriff eines individuellen Konzepts verwendet.

[07] Im Unterschied zu *Abb. 3* sind dort nur noch die tatsächlichen Eigenschaften dargestellt.

[08] Es muß der Name einer non-terminalen Eigenschaftsklasse nicht identisch mit dem Namen einer Konzeptklasse sein, sondern es kommt lediglich darauf an, daß die Menge der Konzepte, die als tatsächliche Eigenschaften auftreten können, einer existierenden Konzeptklasse entspricht. Unter Berücksichtigung dieser Tatsache könnte in *Abb. 5* der Name der Konzeptklasse *Besucher* in *Staatsoberhaupt* geändert werden, ohne daß die Darstellung dadurch falsch werden würde.

[09] Es wird hier der Begriff des Indexierens gebraucht, obwohl im Rahmen dieses Kapitels damit eine umfassendere Funktionalität bezeichnet wird als dies in der traditionellen Bedeutung der Fall ist, nämlich jegliche Zuordnung einer thematischen Repräsentation zu einem Dokument.

[10] Da für die thematische Repräsentation die Namen der beteiligten Tanker und der Reederei nicht relevant sind, wurden Kunstnamen für sie gewählt (eine Repräsentation, die die tatsächlichen Namen aufweist, wäre natürlich ebenfalls adäquat, jedoch detaillierter als hier notwendig).

[11] Es kann nicht davon ausgegangen werden, daß ein Benutzer eine Anfrage unmittelbar im zugrundeliegenden Repräsentationsformat formuliert, da dieses i.a. viel zuviel an Vorwissen verlangt und die Fehleranfälligkeit zu groß wäre. Es ist deshalb eher eine natürlichsprachliche (Lit. 79., Lit. 11.) oder graphische Form (Lit. 38.) der Frageformulierung geeignet, möglicherweise auch eine Kombination von beiden.

[12] In einer Repräsentation sollte der verschiedenen Bedeutung zweier Konzeptklassen dadurch Rechnung getragen sein, daß sie unterschiedlicher Struktur sind. Die meisten Repräsentationssprachen verbieten allerdings nicht, daß es zwei verschiedene Konzeptklassen gleicher Struktur gibt (siehe jedoch Lit. 55.).

[13] Gegenstand der Diskussion in diesem Kapitel sind *Repräsentationskonstrukte* als Klassen formaler Strukturen, für die bestimmte Eigenschaften definiert werden. Wie diese im konkreten Fall einer Wissensrepräsentation zu notieren sind, ist für diese Diskussion

belanglos. Sprachelemente zur Formulierung von Wissensrepräsentationen werden durch eine *Repräsentationssprache* zur Verfügung gestellt. Eine für die Zwecke der Dokumentation eingesetzte Repräsentationssprache könnte man unter Verwendung konventioneller Terminologie Dokumentationssprache nennen (allerdings eine neuerer Generation; zum Begriff einer Dokumentationssprache siehe auch Lit. 40.).
Die bekanntesten Frame-Repräsentationssprachen sind beschrieben in Lit. 05., Lit. 27., Lit. 74., Lit. 10., Lit. 26. Ein semantisch ausdifferenziertes und formal spezifiziertes Frame-Modell ist das in Lit. 55. beschriebene FRM.

[14] In der Terminologie mathematischer Logik sind hier zwei Dinge zu unterscheiden. Eine Regel der Art *wenn A, dann B* (*aus A folgt B;* $A \Rightarrow B$) heißt in der Logik **Implikation** und stellt eine Aussage dar, der ein Wahrheitswert zugeordnet ist. Zu einem gegebenen Zeitpunkt kann von A auf B jedoch nur dann geschlossen werden, falls die Bedingung A auch tatsächlich erfüllt ist. Ein Schlußfolgerungsmuster solcher Art, nämlich *A ist erfüllt, und aus A folgt B, also gilt B,* heißt in der Logik **Inferenzregel**. Im Gebiet der Wissensrepräsentation wird diese Unterscheidung nicht immer explizit vorgenommen und häufig schon die Implikation als Inferenzregel bezeichnet.

[15] Es ist im allgemeinen Fall (im mathematischen Sinne) nicht entscheidbar, ob eine Aussage aus einer Menge gegebener Aussagen herleitbar ist. Es können zwar herleitbare Aussagen immer hergeleitet werden, aber es kann die Nicht-Herleitbarkeit i.a. nicht erkannt werden, so daß zu einem gegebenen Zeitpunkt in einem Schlußfolgerungsprozeß nicht bestimmt werden kann, ob die zu beweisende Behauptung in den nachfolgenden Schlußfolgerungsschritten noch hergeleitet wird oder ob dies nicht der Fall ist, weil die Behauptung falsch ist. Aus diesem Grunde und auch aus Effizienzgründen sind die automatischen Beweiser in ihrer Abdeckung auf geeignete Teilklassen eingeschränkt. Bei adäquater Berücksichtigung der von einem Beweiser gemachten Einschränkungen ist die Funktionalität darauf basierender Systeme jedoch nicht prinzipiell eingeschränkt.

[16] Empfehlenswerte Einführungen sind Lit. 49. (Kap. 4), Lit. 01. (Kap. C 4), Lit. 50. (Kap. 1), Lit. 16., Lit. 29., Lit. 37.

[17] Wenn auch an dieser Stelle keine Einführung in Logik gegeben werden kann, so soll doch zumindest erläutert werden, wie die im folgenden benutzten Symbole zu lesen sind:
$\forall_e \in E : p(e)$ – für alle *e* aus der Menge *E* gilt *p*(*e*)
$\exists e \in E : p(e)$ – es gibt ein *e* aus der Menge *E*, für das *p*(*e*) gilt
$a \Rightarrow b$ – aus *a* folgt *b* (oder: wenn *a*, dann *b*)
$\neg$ bedeutet Negation, $\wedge$ bedeutet eine Und-Verknüpfung, während $\vee$ für eine Oder Verknüpfung steht.

[18] Da mehr als ein Folgezustand zugelassen ist, besteht die Möglichkeit zur Beschreibung paralleler Ereignisfolgen.

[19] Es wird hier vorausgesetzt, daß jede für ein Konzept vorgesehene Eigenschaftsklasse für dieses Konzept relevant ist. Das mag selbstverständlich erscheinen, ist es aber nicht. Gilt diese Voraussetzung nicht, muß unterschieden werden zwischen Eigenschaften, die relevant und unbekannt sind, sowie solchen, die nicht angegeben sind, weil sie irrelevant für das Konzept sind.

[20] Eine Verbindung zu quantitativen Werten kann hergestellt werden mit Hilfe eines Maßes, welches den Grad an Zugehörigkeit eines quantitativen Wertes zu einem qualitativen Wert festlegt, z.B. wie zutreffend die Aussage „Hans ist alt" für ein Alter von 60 und für ein Alter von 80 ist; vgl. Lit. 90.

[21] Die i.a. zugrundeliegende Annahme, daß in einer Wissensbasis nicht enthaltene oder nicht ableitbare Aussagen nicht gültig sind, heißt ‚closed world assumption' (vgl. Lit. 58.).

[22] Ein Widerspruch kann auch auf der Basis einer rein formalen Betrachtung durch geeignetes Entfernen von Aussagen aus einer Wissensbasis aufgelöst werden (vgl. Lit. 28.,

Lit. 20.), doch geht dabei u.U. (aufgrund der rein formalen Vorgehensweise) relvantes Wissen verloren.

[23] Aus dem Widerspruch $a \wedge \neg a$ kann eine beliebige Behauptung b mittels Konstruktion der immer gültigen Aussage $(a \wedge \neg a) \Rightarrow b$ (da die widersprüchliche Prämisse nicht erfüllbar ist) aufgebaut werden: Da aufgrund des Widerspruchs sowohl a als auch $\neg a$ gilt, wird jedoch die Prämisse von einem automatischen Beweiser als erfüllt angesehen und b als gegeben angenommen.

Literatur

01. Barr, A./Feigenbaum, E.A. (eds): The Handbook of Artificial Intelligence, Vol. 1. Los Altos: William Kaufmann, 1981.
02. Bartlett, F.C.: Remembering: a Study in Experimental and Social Psychology. Cambridge: Cambridge University Press, 1932.
03. Bobrow, D.G./Collins, A. (eds): Representation and Understanding. New York: Academic Press, 1975.
04. Bobrow, D.G./Norman, D.A.: Some Principles of Memory Schemata. In: D.G. Bobrow, A. Collins (eds): Representation and Understanding. New York: Academic Press, 1975 pp. 131 – 149.
05. Bobrow, D.G./Winograd, T.: An Overview of KRL, a Knowledge Representation Language. In: Cognitive Science, Vol. 1, No. 1, 1977, pp. 3 – 46.
06. Borgida, A.: Language Features for Flexible Handling of Exceptions in Information Systems. In: ACM Transactions on Database Systems, Vol. 10, No. 4, 1985, pp. 565 – 603.
07. Borgida, A./Imielinski, T.: Decision Making in Committees – A Framework for Dealing with Inconsistency and Non-Monotonicity. In: Proc. Workshop on Non-Monotonic Reasoning, 1984, New Paltz, pp. 21 – 32.
08. Brachman, R.J.: What IS-A Is and Isn't: An Analysis of Taxonomic Links in Semantic Networks. In: IEEE Computer, Vol. 16, No. 10, 1983, pp. 30 – 36.
09. Brachman, R.J./Levesque, H.J. (eds): Readings in Knowledge Representation. Los Altos, Cal.: Morgan Kaufmann, 1985.
10. Brachman, R.J./Schmolze, J.G.: An Overview of the KL-ONE Knowledge Representation System. In: Cognitive Science, Vol. 9, No. 2, 1985, pp. 171 – 216.
11. Brajnik, G./Guida, G./Tasso, C.: An Expert Interface for Effictive Man-Machine Interaction. In: L. Bolc, M. Jarke (eds): Cooperative Interfaces to Information Systems. Berlin: Springer-Verlag, 1986, pp. 259 – 308.
12. Brewka, G.: Nichtmonotone Logiken – Ein kurzer Überblick. In: KI 1989, Heft 2, pp. 5 – 12.
13. Cercone, N./McCalla, G. (eds): The Knowledge Frontier. Essays in the Representation of Knowledge. New York: Springer-Verlag, 1987.
14. Cheeseman, P.: In Defense of Probability. In: Proc. Int. Joint Conf. on Artificial Intelligence, 1985 pp. 1002 – 1009.
15. Chen, P.P.: The Entity-Relationship Model – Towards a Unified View of Data. In: ACM Transactions on Database Systems. Vol. 1, No. 1, 1976, pp. 9 – 36.
16. Davis, R./King. J.: An Overview of Production Systems. In: E.W. Elcock, D. Michie (eds): Machine Intelligence. Vol. 8. Chichester: Ellis Horwood, 1977, pp. 300 – 332.
17. Delgrande, J.P./Mylopoulos, J.: Knowledge Representation: Features of Knowledge. In: W. Bibel, Ph. Jorrand (eds): Fundamentals of Artificial Intelligence. Berlin: Springer-Verlag, 1986, pp. 3 – 36.

18. Deliyanni, A./Kowalski, R.A.: Logic and Semantic Networks. In: Communications of the ACM, Vol. 22, No. 3, 1979, pp. 184 – 192.
19. Dempster, A.P.: A Generalization of Bayesian Inference. In: Journal of the Royal Statistical Society, Vol. 30, 1968, pp. 205 – 247.
20. Dressler, O./Freitag, H.: Truth Maintenance Systeme. In: KI 1989, Heft 2, pp. 13 – 19.
21. Dubois, D./Prade, H.: Combination and Propagation of Uncertainty with Belief Functions – A Reexamination. In: Proc. Int. Joint Conf. on Artificial Intelligence, 1985, pp. 111 – 113.
22. Duda, R.O./Hart, P.E./Nilsson, N.J./Sutherland, G.L.: Semantic Network Representations in Rule-Based Inference Systems. In: D.A. Waterman, F. Hayes-Roth (eds): Pattern-Directed Inference Systems. New York: Academic Press, 1978, pp. 203 – 221.
23. Ellis, C.A./ Nutt, G.J.: Office Information Systems and Computer Science. In: ACM Computing Surveys, Vol. 12, No. 1, 1980, pp. 27 – 60.
24. Eswaran, K.P.: Aspects of a Trigger Subsystem in an Integrated Database System. In: Proc. 2nd Int. Conf. on Software Engineering, 1976, pp. 243 – 250.
25. Findler, N.V. (ed): Associative Networks. Representation and Use of Knowledge by Computers. New York: Academic Press, 1979.
26. Fox, M.S./Wright, J.M./Adam, D.: Experiences with SRL: An Analysis of Frame-Based Knowledge Representations. In: L. Kerschberg (ed): Expert Database Systems. Proceedings from the First International Workshop. Menlo Park: Benjamin/Cummings, 1986, pp. 161 – 172.
27. Goldstein, I.P./Roberts, R.B.: Nudge, a Knowledge-Based Scheduling Program. In: Proc. Int. Joint Conf. on Artificial Intelligence, 1977, pp. 257 – 263.
28. Gumb, M.A./Gumb, R.D.: Logical Techniques for Pinpointing Inconsistencies in the Knowledge Base. In: Proc. 41st Annual Conf. of the American Society for Information Science, 1978, pp. 150 – 151.
29. Hayes-Roth, F.: Rule-Based Systems. In: Communications of the ACM, Vol. 28, No. 9, 1985, pp. 921 – 932.
30. Hendrix, G.G.: Encoding Knowledge in Partitioned Networks. In: N.V. Findler (ed): Associative Networks. Representation and Use of Knowledge by Computers. New York: Academic Press, 1979, pp. 51 – 92.
31. Henrichs, N.: Dokumentenspezifische Kennzeichnung von Deskriptorenbeziehungen. Funktion und Bedeutung. In: Deutscher Dokumentartag 1974, Bd. 1. München: K.G. Saur, 1975, pp. 343 – 353.
32. Hintikka, J.: Knowledge and Belief. An Introduction to the Logic of the Two Notions. Ithaca, N.Y.: Cornell University Press, 1962.
33. Hughes, G.E./Cresswell, M.J.: An Introduction to Modal Logic. London: Methuen and Co., 1972.
34. Kalinowski, G.: Einführung in die Normenlogik. Frankfurt: Athenäum, 1973.
35. Kintsch, W.: The Representation of Meaning in Memory. Hillsdale: Lawrence Erlbaum, 1974.
36. Konolige, K.: A Deduction Model of Belief. London: Pitman, 1986.
37. Krickhahn, R./Radig, B.: Die Wissenspräsentationssprache OPS5. Braunschweig: Vieweg, 1987.
38. Kuhlen, R./Hammwöhner, R./Sonnenberger, G./Thiel, U.: TWRM-TOPOGRAPHIC. Ein wissensbasiertes System zur situationsgerechten Aufbereitung und Präsentation von Textinformation in graphischen Retrievaldialogen. In: Informatik Forschung und Entwicklung, Band 4, 1989, pp. 89 – 107.
39. Laisiepen, K.: Klassifikation. In: K. Laisiepen, E. Lutterbeck, K.-H. Meyer-Uhlenried (eds): Grundlagen der praktischen Information und Dokumentation. München: K.G. Saur, 1980, pp. 299 – 350.

40. Lang, F.H.: Inhaltserschließung. In: K. Laisiepen, E. Lutterbeck, K.-H. Meyer-Uhlenried (eds): Grundlagen der praktischen Information und Dokumentation. München: K.G. Saur, 1980, pp. 246 – 298.
41. Levesque, H.J.: The Logic of Incomplete Knowledge Bases. In: M.L. Brodie, J. Mylopoulos, J.W. Schmidt (eds): On Conceptual Modelling. New York: Springer-Verlag, 1984, pp. 165 – 189.
42. McDermott, J./Forgy, C.: Production System Conflict Resolution Strategies. In: D.A. Waterman, F. Hayes-Roth (eds): Pattern-Directed Inference Systems. New York: Academic Press, 1978, pp. 177 – 199.
43. Melle, W. van: the Structure of the Mycin System. In: B.G. Buchanan, E.H. Shortliffe (eds): Rule-Based Expert Systems: The Mycin Experiments of the Stanford Heuristic Programming Project. Reading, Mass.: Addison-Wesley, 1984, pp. 67 – 77.
44. Miller, R.E.: A Comparison of Some Theoretical Models of Parallel Computation. In: IEEE Transactions on Computers, Vol. C-22, 1973, pp. 710 – 717.
45. Minsky, M.: A Framework for Representation Knowledge. In: P.H. Winston (ed): The Psychology of Computer Vision. New York: McGraw-Hill, 1975, pp. 211 – 277.
46. Moore, R.C.: Semantical Considerations on Nonmonotonic Logic. In: Proc. Int. Joint Conf. on Artificial Intelligence, 1983, pp. 272 – 279.
47. Mylopoulos, J./Levesque, H.J.: An Overview of Knowledge Representation. In: M.L. Brodie, J. Mylopoulos, J.W. Schmidt (eds): On Conceptual Modelling. New York: Springer-Verlag, 1984, pp. 3 – 17.
48. Negoita, C.V.: Expert Systems and Fuzzy Systems. Menlo Park: Benjamin/Cummings, 1985.
49. Niemann, H./Bunke, H.: Künstliche Intelligenz in Bild- und Sprachanalyse. Stuttgart: Teubner, 1987.
50. Nilsson, N.J.: Principles of Artificial Intelligence. Palo Alto: Tioga, 1980.
51. Norman, D.A.: Memory, Knowledge and the Answering of Questions. In: R.L. Solso (ed): Contemporary Issues in Cognitive Psychology: The Loyola Symposium. V.H. Winston & Sons, 1973, pp. 135 – 165.
52. Piaget, J.: Psychologie der Intelligenz. Zürich: Rascher, 1947.
53. Puppe, F.: Diagnostisches Problemlösen mit Expertensystemen. Berlin: Springer-Verlag, 1987.
54. Putnam, H.: Mind, Language and Reality. Cambridge: Cambridge University Press, 1975.
55. Reimer, U.: FRM: Ein Frame-Repräsentationsmodell und seine formale Semantik. Zur Integration von Datenbank- und Wissensrepräsentationsansätzen. Berlin: Springer-Verlag, 1989.
56. Reimes, U.: Einführung in die Wissensrepräsentation. Netzartige und strukturierte Repräsentationsformate und ihre Anwendung. Stuttgart: B.G. Teubner, 1990.
57. Reisig, W.: Petrinetze. Eine Einführung. Berlin: Springer-Verlag, 1982.
58. Reiter, R.: On Closed World Data Bases. In: H. Gallaire, J. Minker (eds): Logic and Data Bases. New York: Plenum Press, 1978, pp. 55 – 76.
59. Reiter, R.: A Logic for Default Reasoning. In: Artificial Intelligence, Vol. 13, 1980, pp. 81 – 132.
60. Rescher, N./ Urquhart, A.: Temporal Logic. Wien: Springer-Verlag, 1971.
61. Rich, E.: Artificial Intelligence. New York: McGraw-Hill, 1983.
62. Richter, G.: Netzmodelle für die Bürokommunikation. Teil 1 und Teil 2. In: Informatik-Spektrum, Band 6, Heft 4, 1983, pp. 210 – 220 sowie Band 7, Heft 1, 1984, pp. 28 – 40.
63. Richter, M.M.: Prinzipien der Künstlichen Intelligenz. Stuttgart: B.G. Teubner, 1989.
64. Rosch, E.: Cognitive Representations of Semantic Categories. In: Journal of Experimental Psychology: General, Vol. 104, 1975, pp. 192 – 233.

65. Shafer, G.: A Mathematical Theory of Evidence. Princeton: Princeton University Press, 1976.
66. Schank, R.C.: Conceptual Information Processing. Amsterdam: North-Holland, 1975.
67. Schank, R.C.: Computer, elementare Aktionen und linguistische Theorien. In: P. Eisenberg (ed): Semantik und Künstliche Intelligenz. Beiträge zur automatischen Sprachverarbeitung II. Berlin: Walter de Gruyter, 1977, pp. 113–141.
68. Schank, R.C./Abelson, R.P.: Scripts, Plans, Goals and Understanding. Hillsdale: Lawrence Erlbaum, 1977.
69. Shapiro, S.C. (ed): Encyclopedia of Artificial Intelligence. New York: John Wiley, 1987.
70. Schefe, P.: Künstliche Intelligenz – Überblick und Grundlagen. Mannheim: BI Wissenschaftsverlag, 1986.
71. Schubert, L.K.: Extending the Expressive Power of Semantic Networks. In: Artificial Intelligence, Vol. 7, 1976, pp. 163–198.
72. Shoham, Y.: Temporal Logics in AI: Semantical and Ontological Considerations. In: Artificial Intelligence, Vol. 33, No. 1, 1987, pp. 89–104.
73. Shortliffe, E.H.: Computer-Based Medical Consultations: Mycin. New York: Elsevier, 1976.
74. Sridharan, N.S.: Artificial Intelligence. Representing Knowledge in AIMDS. In: Informatica e Diritto, Florenz, IT 7, 1981, pp. 201–221.
75. Stickel, M.E.: Fuzzy Four-Valued Logic for Inconsistency and Uncertainty. In: Proc. 8th Int. Symposium on Multiple-Valued Logic, 1978, pp. 91–94.
76. Stonebraker, M./Hanson, E./Hong, C.-H.: The Design of the Postgres Rules System. In: Proc. Third Int. Conf. on Data Engineering, 1987, pp. 365–374.
77. Trost, H.: Wissensrepräsentation in der AI am Beispiel Semantischer Netze. In: J. Retti u.a. (eds): Artificial Intelligence – Eine Einführung. Stuttgart: B.G. Teubner, 1984, pp. 47–72.
78. Turner, R.: Logics for Artificial Intelligence. Chichester: Ellis Horwood, 1984.
79. Walker, D.E.: The Organization and Use of Information: Contributions of Information Science, Computational Linguistics and Artificial Intelligence. In: Journal of the American Society for Information Science, Vol. 32, No. 5, 1981, pp. 347–363.
80. Wersig, G.: Gleichordnende Indexierung (Coordinate Indexing). In: K. Laisiepen, E. Lutterbeck, K.-H. Meyer-Uhlenried (eds): Grundlagen der praktischen Information und Dokumentation, München: K.G. Saur, 1980, pp. 351–417.
81. Weßner, B.: Inhaltsangaben zur Kurzorientierung. In: K. Laisiepen, E. Lutterbeck, K.-H. Meyer-Uhlenried (eds): Grundlagen der praktischen Information und Dokumentation, München: K.G. Saur, 1980, pp. 418–425.
82. Wettler, M.: Wissensrepräsentation: Typen und Modelle. In: I.S. Batori, W. Lenders, W. Puschke (eds): Computational Linguistics. Ein internationales Handbuch zur computerunterstützten Sprachforschung und ihrer Anwendung. Berlin: W. de Gruyter (erscheint 1989).
83. Whalen, T./Schott, B.: Issues in Fuzzy Production Systems. In: International Journal of Man-Machine Studies, Vol. 19, No. 1, 1983, pp. 57–71.
84. Wilkes, W.: Versionsunterstützung in Datenbanken. In: Informatik Spektrum, Band 12, Heft 3, 1989, pp. 166–169.
85. Windel, G.: Was ist Information und Dokumentation. In: K. Laisiepen, E. Lutterbeck, K.-H. Meyer-Uhlenried (eds): Grundlagen der praktischen Information und Dokumentation. München: K.G. Saur, 1980, pp. 1–77.
86. Winograd, T.: Frame Representations and the Declarative/Procedural Controversy. In: D.G. Bobrow, A. Collins (eds): Representation and Understanding. New York: Academic Press, 1975, pp. 185–210.

87. Wright, G.H. von: Handlung, Norm und Intention. Untersuchungen zur deontischen Logik, Berlin: W. de Gruyter, 1977.
88. Zadeh, L.A.: PRUF – a Meaning Representation Language for Natural Languages. In: International Journal of Man-Machine Studies, Vol. 10, 1978, pp. 395–460.
89. Zadeh, L.A.: A Theory of Approximate Reasoning. In: J.E. Hayes, D. Michie, L.I. Mikulich (eds): Machine Intelligence, Vol. 9, Chichester: Ellis Horwood, 1979, pp. 149–194.
90. Zadeh, L.A.: A Computational Approach to Fuzzy Quantifiers in Natural Languages. In: N.J. Cercone (ed): Computational Linguistics. Oxford: Pergamon Press, 1983, pp. 149–184.
91. Zisman, M.D.: Use of Production Systems for Modeling Asynchronous, Concurrent Processes. In: D.A. Waterman, F. Hayes-Roth (eds): Pattern-Directed Inference Systems. New York: Academic Press, 1978, pp. 53–68.

B 7 Speicherung

Wolfrudolf Laux

Die gezielte Bereitstellung von Informationen setzt voraus, daß sie, nachdem sie in irgendeiner Form erzeugt, ermittelt oder beschafft worden sind, gespeichert werden. Diese Speicherung muß so erfolgen, daß ein Wiederauffinden der Informationen jederzeit und unter spezifischen Aspekten möglich ist. Neben einer Ordnung der Informationen werden dazu Medien benötigt, die eine befristete oder unbefristete Speicherung von Informationen zulassen.
Hierzu dienen die klassischen Karteien, die in den fünfziger Jahren für Dokumentationszwecke weiterentwickelten Lochkartenverfahren sowie die elektronischen Speicher wie Magnetbänder, Magnetkarten, Disketten.
Angesichts des Einzugs der elektronischen Datenverarbeitung in Bibliotheken und Dokumentationsstellen haben die Lochkartenverfahren an Bedeutung verloren. Sie sollen hier aber Erwähnung finden, weil in vielen Arbeitsbereichen finanzielle, personelle und organisatorische Probleme noch einem EDV-Einsatz entgegenstehen oder Umfang und Benutzungshäufigkeit von Datensammlungen nicht so stark sind, daß größere Investitionen von vornherein sinnvoll erscheinen. Karteien- und Lochkartensysteme können neben der Speicherung von Informationen gleicherweise für die Vorbereitung eines EDV-Einsatzes, bei der Entwicklung der dafür notwendigen Ordnungssysteme und Thesauren dienen, sowie zur Speicherung von in ihrem Umfang oder in ihrer Benutzungshäufigkeit von vornherein begrenzten Datensammlungen. Nicht zu vergessen sei die Bedeutung dieser einfachen Systeme in Bereichen, in denen Grundvoraussetzungen des EDV-Einsatzes wie Stromversorgung, Telefonnetze, Fachpersonal usw. fehlen.

B 7.1 Steilkartei

Die Steilkartei, wie sie z.B. in Form manueller Bibliothekskataloge noch heute weit verbreitet ist, ist fast immer der Ausgangspunkt sich entwickelnder Informations- und Dokumentationssysteme. Sie bleibt als Hilfskartei oder durch Nutzung ihrer Grundprinzipien nie ganz verzichtbar.
Ihr Vorteil, bei systematischer oder alphabetischer Aufstellung (weniger bei numerischer Aufstellung) ein unbegrenztes Zusortieren weiterer Karten zu ermöglichen, wird von dem Nachteil begrenzt, die Karte als Stellvertreter eines Dokumentes nur unter einem einzigen Sachverhalt bzw. Ordnungsmerkmal abstellen bzw. wieder auffinden zu können. Eine Mehrfachabstellung setzt eine Vervielfältigung der Karteikarte für ein Dokument voraus, wodurch die Gesamtkartei jedoch schnell zu arbeitsaufwendigem Umfang anwächst. Die Suche nach kombinierten Sachverhalten ist in Steilkarteien, wenn überhaupt, nur mühsam und zeitaufwendig möglich und setzt Erfahrungen in der Suchstrategie von mit der Kartei eng vertrauten Personen voraus.
Grundsätzlich erfolgt eine Suche nach einer in der Stellkartei gespeicherten Infor-

mation über den Aufstellungsort der einzelnen Karteikarte. Die Kennzeichnung zusätzlicher Sachverhalte auf einer Karteikarte bzw. in einer Kartei ist nur begrenzt möglich. Unterschiedliche Kartenfarben sind beim Aufblick auf die Kartei schwer erkennbar. Kartenreiter in unterschiedlicher Form und Farbe sind in ihrer Zahl begrenzt durch die Breite der Karteikarte und pflegen beim Einstellen bzw. Herausnehmen von Karten zu wandern. Sie stellen außerdem Anforderungen an die Kartenstärke, die dem Wunsch nach räumlich nicht allzu umfangreichen Karteien zuwiderläuft. Ungeachtet dieser Probleme und weiterer, die sich z.B. aus unterschiedlichen Kartenformaten und dem relativ hohen Aufwand bei ihrer Vervielfältigung ergeben, sind Karteikarten bzw. die Steilkartei nach wie vor ein tägliches Arbeitsmittel.

Der Wunsch, in Steilkarteien einen Zugang zu verschiedenen, auch kombinierten Sachverhalten zu ermöglichen unter Vermeidung der Vervielfältigung und Mehrfachabstellung von Karteikarten, führte zur Entwicklung der Lochkarten (Handlochkarten).

B 7.2 Lochkarten

Unter Handlochkarten verstehen wir Speichermedien, die mit der Hand oder mit einfachen technischen Hilfsmitteln (Bohrer, Lochzange, Kerbzange) bearbeitet werden. Sie lassen sich in drei Karteisysteme unterteilen:

1. Rand-(Kerb-)lochkarten
2. Schlitzloch-(Flächenloch-)karten
3. Sichtlochkarten

Daneben stehen die Maschinenlochkarten und die Lochstreifen, die insbesondere als Eingabemedien für EDV-Anlagen genutzt werden (s. Abschnitt B 7.3.1 und B 7.3.2).

B 7.2.1 Randlochkarten

Eine Randlochkarte verfügt an allen vier Rändern über eine oder zwei vorgestanzte Lochreihen (einreihige, zweireihige Randlochkarte) *(Abb. 1)*. Durch einen Buchstaben- und/oder Zahlenaufdruck ist jede einzelne Lochstelle auf der Karte eindeutig bezeichnet. Mit Hilfe einer Kerbzange kann die Lochstelle zum Kartenrand hin geöffnet (gekerbt) und dadurch markiert werden. Jeder Lochstelle, deren Anzahl durch die Kartengröße begrenzt ist, kann ein Sachverhalt zugeordnet werden.

Zum Zwecke der Informationsspeicherung wird die Randlochkarte wie eine normale Karteikarte beschriftet. Der verfügbare Platz innerhalb der Randlochungen auf der Karte kann auch zur Aufnahme eines Referates, einer Abbildung usw. genutzt werden.

Die auf das Dokument zutreffenden Sachverhalte werden dann am Rand der Karte an den entsprechenden Lochstellen gekerbt bzw. abgelocht. Bei der Suche nach Dokumenten zu einem bestimmten Sachverhalt oder zu einer Kombination von Sach-

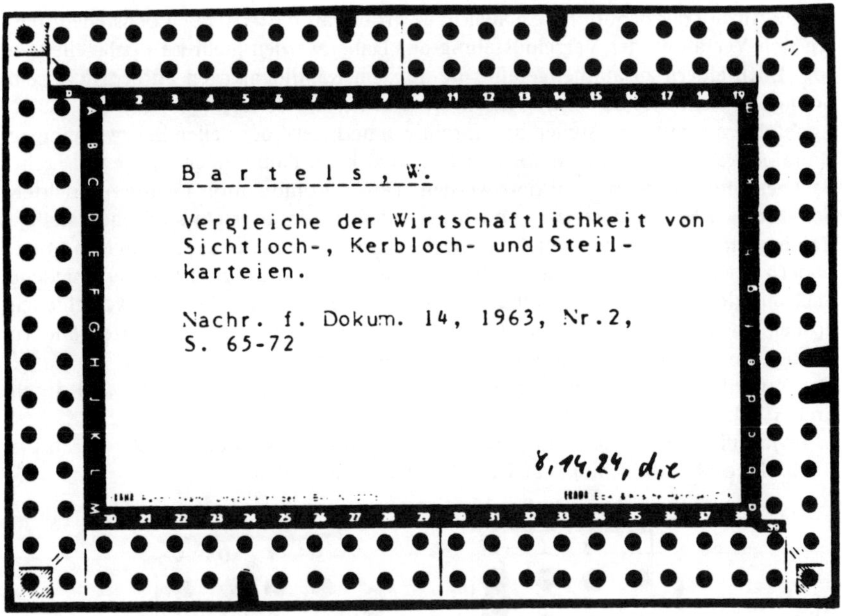

Abb. 1: Randlochkarte

verhalten werden eine oder mehrere Suchnadeln in der geschlossen aufgestellten Kartei in die entsprechenden Lochstellen eingeführt. Nach Anheben des von den Suchnadeln erreichten Kartenpakets und ggf. leichtem Rütteln fallen die an der betreffenden Stelle zum Rand hin geöffneten Karten, die die gesuchten Sachverhalte repräsentieren, aus dem Kartenstoß heraus.

Bei Anordnung der gesuchten Sachverhalte an verschiedenen Seiten der Randlochkarte muß der Suchvorgang ggf. wiederholt werden. Es empfiehlt sich, häufig gesuchte Sachverhalte am oberen Kartenrand zu plazieren.

Bei einer Recherche muß stets die gesamte Kartei, die deshalb nicht allzu umfangreich sein sollte, durchsucht werden. Dieser Nachteil wird aufgewogen durch den relativ schnellen Suchvorgang, der durch technische Hilfsmittel (Suchgabel, Rüttelgeräte) noch erleichtert werden kann, und dadurch, daß die Kartei grundsätzlich unsortiert aufgestellt werden kann, so daß das Einstellen benutzter oder neuer Karten ohne Sortieraufwand erfolgen kann.

Voraussetzung dieses Verfahrens, das auch Direktzuordnung genannt wird (jede Lochstelle entspricht einem Sachverhalt), ist die Festlegung der durch die Anzahl der Lochstellen begrenzten Zahl von Sachverhalten.

Die Begrenzung der Zahl der Sachverhalte (je nach Kartentyp zwischen 60 und 100) bei dem Verfahren der Direktzuordnung wird aufgewogen durch die Möglichkeit, beliebig viele der festgelegten Sachverhalte auf den Karten zu markieren und auch wieder abzurufen.

Ist die Anzahl der benötigten Sachverhalte größer als die Zahl der Lochstellen, bieten sich Verfahren der Verschlüsselung an. Dabei werden mehrere Lochstellen zu sog. Lochfeldern zusammengefaßt, die auf den Randlochkarten aufgedruckt sein können. Die Lochfelder ermöglichen die Markierung der Zahlen 0 bis 9 in einem Lochfeld von fünf Lochstellen bei einreihigen und vier Lochstellen bei zweireihigen Randlochkarten. Auf einem solchen Lochfeld kann damit einer von jeweils zehn Sachverhalten eindeutig markiert werden. Durch Kombination mehrerer Lochfelder (Einer, 10er, 100er usw.) können nach dem Dezimalsystem auch mehrstellige Zahlen markiert werden, so daß z.B. bei zweireihigen Randlochkarten in drei Lochfeldern à vier Lochstellen die Zahlen 000 bis 999, also bis zu 1 000 verschiedene Sachverhalte, markiert werden können. Durch geeignete Kombination verschieden großer Lochfelder und entsprechender Anordnung auf den vier Kartenrändern können im Prinzip tausende von Sachverhalten markiert werden.
Der Vorteil dieses erweiterten Fassungsvermögens der Randlochkarte wird durch drei Aspekte eingeschränkt:
1. In jedem Lochfeld bzw. in jeder Lochfeldgruppe kann nur eine der durch die Lochfeldkombination möglichen Zahlen markiert werden.

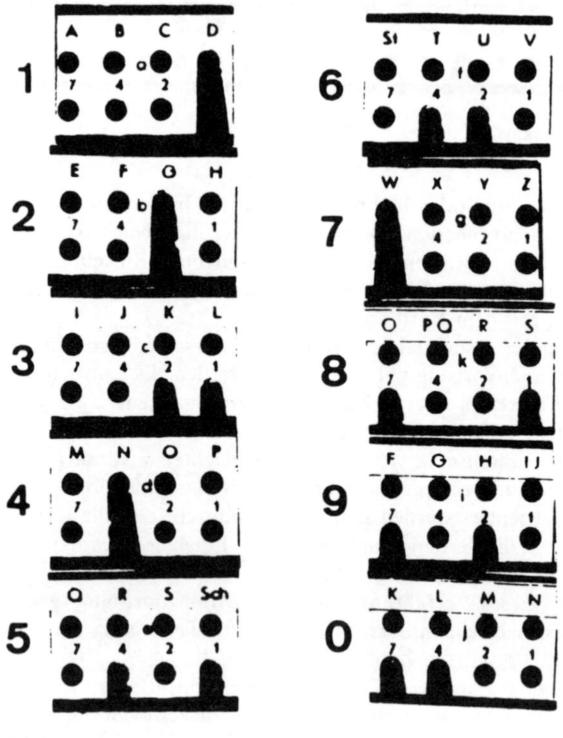

Abb. 2: 1-2-4-7-Schlüssel

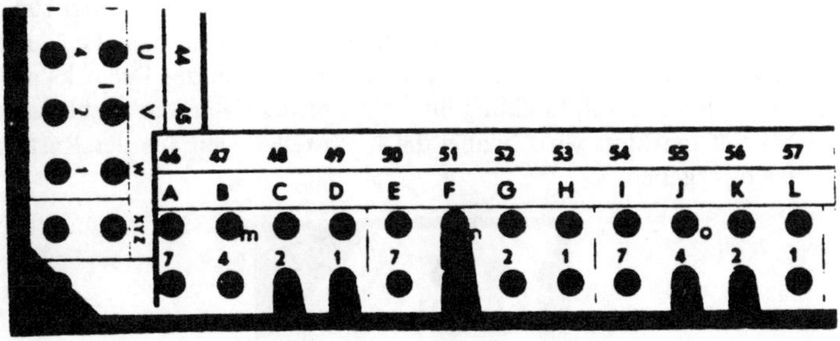

Abb. 3: Lochfelder mit 1-2-4-7-Schlüssel, markiert „346"

So kann z.B. in einer Kombination aus drei Lochfeldern nur eine dreistellige Zahl (= 1 von 1 000 Sachverhalten) markiert werden. Bei Ablochung von mehreren dreistelligen Zahlen in der gleichen Lochfeldgruppe kommt es zu Überlagerungen und damit zu Ballast in so großem Umfange, daß das System insgesamt in Frage gestellt wird. Die Anwendung der Verschlüsselung setzt deshalb voraus, daß die Sachverhalte so strukturiert werden, daß je nach Bedarf kleinere und/oder größere Sachverhaltsgruppen, möglicherweise gemischt mit Direktzuordnungen, auf der Karte untergebracht werden.

2. Vor Einrichtung der Kartei muß ein wohldurchdachtes Schlüsselsystem erstellt sein, wofür ein gewisser intellektueller Aufwand und eine gewisse Voraussicht der Aufgaben, die die Kartei zu erfüllen hat, bzw. der Form der Benutzung, die zu erwarten ist, nötig sind.

3. Das Verfahren der Verschlüsselung erzwingt u.U. auch eine größere technische Ausrüstung, da in jedem Lochfeld möglicherweise mit zwei Nadeln, also bei kombinierten Fragestellungen mit zahlreichen Nadeln gleichzeitig gesucht werden muß. Rüttelgeräte und Suchhilfen, bei denen die gesuchten Zahlenschlüssel durch entsprechendes Stecken der Suchnadeln vorbereitet werden können, sind hier kaum entbehrlich.

Für ein- und mehrlochreihige Randlochkarten sind unterschiedliche Schlüssel entwickelt worden, aber auch der Erfindungsgabe der Anwender, was die Schlüssel selbst oder deren Kombination betrifft, sind kaum Grenzen gesetzt. Sie können in der einschlägigen Literatur nachgelesen werden, so daß hier beispielhaft nur der sog. 1-2-4-7-Schlüssel für zweireihige Randlochkarten und ein Dreiecksschlüssel für das Alphabet erläutert werden sollen. Beim 1-2-4-7-Schlüssel *(Abb. 2)* werden vier Lochstellen mit den Nummer 1, 2, 4 und 7 gekennzeichnet. Zur Markierung einer dieser Zahlen wird die betreffende Lochstelle tief gelocht. Wird eine der übrigen Zahlen (3, 5, 6, 8, 9, 0) benötigt, erfolgt die flache Lochung bei 2 durch Summierung leicht zu merkenden Lochstellen. 3 = 1 + 2, 5 = 1 + 4, 6 = 2 + 4, 8 = 7 + 1, 9 = 2 + 7, wobei nur die Stelle 0 (4 + 7) sich diesem Summierungsprinzip entzieht. Die Zahl 346 kann in drei Lochfeldern *(Abb. 3)*, marktiert werden. Bei der Suche nach dem mit der Zahl 346 belegten Sachverhalt muß gleichzeitig mit 2 + 1 + 2 = 5 Suchnadeln gesucht werden.

Dreiecksschlüssel *(Abb. 4)* zur Wiedergabe des Alphabets, aber auch für entsprechende Zahlen, basieren gleicherweise auf einer Kombination von Tief- und Flachlochungen, wobei üblicherweise von den in den Rhomben des Dreiecks aufgeführten Zeichen das linke durch Lochung links tief, rechts flach, das rechte durch links flach, rechts tief markiert wird, wobei die Lochstellen sich aus der Rasterung des Dreiecks leicht ergeben.

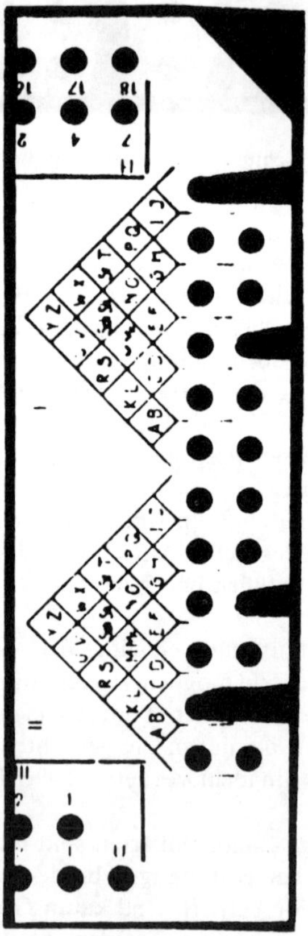

Abb. 4: Dreiecksschlüssel für Alphabet, markiert ,,M" und ,,T"

Sortierschlüssel erlauben mit einer Folge von ,,Such"vorgängen eine (nicht allzu große) Kartei in eine alphabetische oder numerische Reihenfolge zu bringen.
Da bei jeder Suchfrage die Gesamtkartei durchsucht werden muß, die Anzahl der an die Kartei stellbaren Fragen also von der Dauer eines Suchganges abhängt, kann sich die Aufstellung der Kartei in sachlich eindeutig unterscheidbare Teilkarteien kleineren Umfangs, die dann jeweils schneller zu durchsuchen sind, lohnen.
Die Randlochkarten herstellenden Firmen verfügen im allgemeinen über eine grö-

ßere Anzahl von praktikablen Vordrucken, jedoch können bei einer gewissen Mindestabnahme auch Spezialvordrucke nach den Wünschen der Besteller hergestellt werden.

B 7.2.2 Schlitzlochkarten

Die Schlitzlochkartei (und Flächenlochkartei) entspricht in ihren Grundprinzipien der oben geschilderten Randlochkartei. Die Karte ist ein Stellvertreter des Dokumentes, jedoch ist nicht nur der Kartenrand, sondern ein erheblicher Teil der Kartenfläche mit vorgestanzten Lochungen versehen *(Abb. 5)*. Die Sachverhalte werden aber nicht durch Öffnung von Lochstellen zum Kartenrand hin markiert, sondern durch Verbinden von zwei oder mehr Lochungen in Längsrichtung auf der Karte.

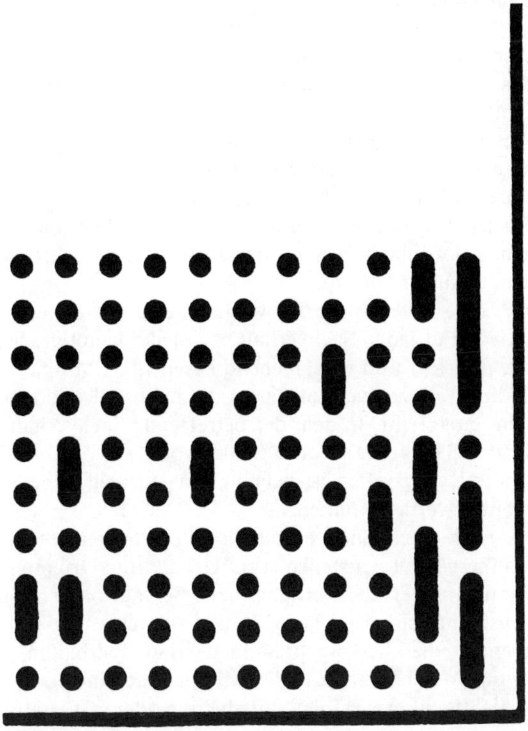

Abb. 5: Schlitzlochkarte, gelocht (Ausschnitt)

Bei der Suche, die je nach Fragestellung mit zahlreichen Nadeln gleichzeitig erfolgt, werden die Karten zunächst nicht aus dem Karteikasten herausgenommen, sondern in einem größeren Gerät belassen, aus dem die für eine Suchfrage relevanten Karten nicht herausfallen, sondern nur um die Höhe des Zwischenraumes zweier Lochstel-

len aus der Gesamtkartei herausrutschen. Erst nach Arretieren der Gesamtkartei und dem Herausnehmen der Suchnadeln können die gesuchten Karten entnommen werden. Da bereits bei leichtem Verkannten, z.B. bei der Suche nach Merkmalen, die nur auf einer Kartenseite markiert sind, dieser Vorgang nicht oder nicht gut funktioniert, muß bei der Festlegung der Sachverhalte auf die Lochfelder bzw. bei der Anlage des Schlüssels dafür auf eine gleichmäßige, evtl. gesplittete Verteilung der Sachverhalts-Schlüsselzahlen über die ganze Karte geachtet werden.
Wegen dieser Schwierigkeiten sowie der nötigen umfangreicheren technischen Hilfsmittel sollte der Einsatz einer Schlitzlochkartei auf Spezialfälle beschränkt werden, in denen ein besonders großes Lochstellenangebot benötigt wird, wie z.B. bei der Ablochung langer Dezimalzahlen.

B 7.2.3 Sichtlochkarten

Die Sichtlochkartei weicht von den bisher genannten und damit auch den vertrauten Formen eines Karteisystems nicht unerheblich ab. Es ist wichtig, sich klarzumachen, daß die Sichtlochkarte nicht ein Stellvertreter des Dokumentes ist, sondern eines Sachverhaltes und die Anzahl der Sichtlochkarten in einer Sichtlochkartei durch die Anzahl der benötigten Sachverhalte gegeben wird.
Die Sichtlochkarte ist mit einem Raster bedruckt, das je nach Kartengröße zwischen 100 und 10.000 Lochstellen bildet, die durch entsprechende Zahlenangaben an den Seiten wie in einem Koordinatensystem oder auch in den Lochstellen einzeln eindeutig gekennzeichnet sind *(Abb. 6)*.
Für die Anlage z.B. einer Literaturkartei werden die zu bearbeitenden Dokumente fortlaufend numeriert. Für jeden Sachverhalt bzw. jedes benötigte Schlagwort wird eine Sichtlochkarte angelegt und entsprechend beschriftet. Mit einem Bohrer wird auf der Sichtlochkarte (= Sachverhaltskarte) die Lochstelle gelocht, deren Nummer dem Dokument entspricht, in dem der betreffende Sachverhalt angesprochen wird. Die Anzahl der Sachverhalte oder Schlagworte sowohl pro Dokument als auch für das gesamte Karteisystem ist beliebig, da jederzeit neue Sichtlochkarten in die Kartei eingefügt werden können.
Für eine Recherche nach einem Sachverhalt wird die betreffende Sichtlochkarte gezogen und die Nummern der Lochstellen ermittelt, die zum Originaldokument führen. Bei der Suche nach einer Sachverhalts- bzw. Schlagwortkombination werden die entsprechenden Sichtlochkarten gezogen und übereinander gelegt. Die Nummern von Dokumenten, die alle gesuchten Sachverhalte enthalten, sind durch die durchgehende Lochung leicht sichtbar (deshalb Sichtlochkarte).
Das Abstellen der Sichtlochkarte erfolgt alphabetisch oder systematisch, wofür eine Schrägbeschriftung und gestaffelte Aufstellung in Spezialkarteikästen nützlich ist. Da Dokumente, z.B. Zeitschriftenartikel in gebundenen Bänden, häufig nicht nach laufender Nummer abgelegt bzw. wiedergefunden werden können, muß oft eine Zwischenkartei geführt werden, die nach numerus currens abgestellt, den Standort des Originaldokumentes und/oder die bibliographischen Angaben usw. enthält. Hierfür kann eine einfache Steilkartei oder auch eine Kladde, die hinter der fortlaufenden Nummer die benötigte Information zum Dokument enthält, dienlich sein.

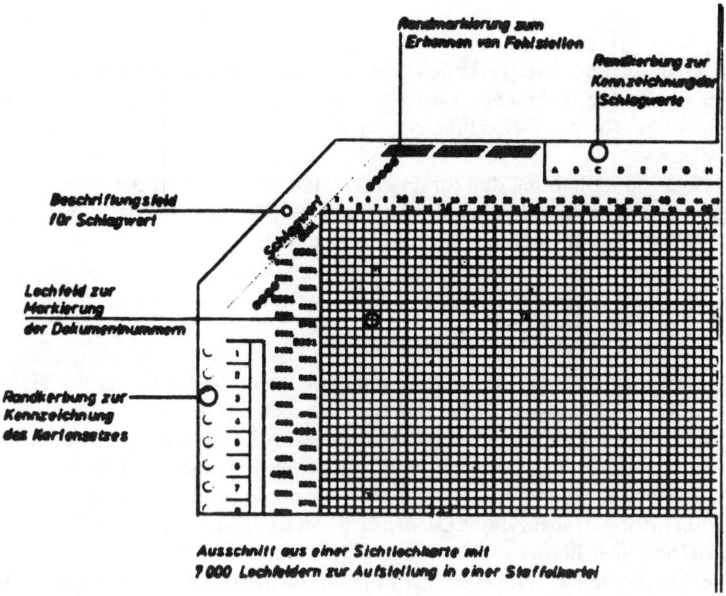

Abb. 6: Sichtlochkarte (Ausschnitt)

Das Führen einer zusätzlichen Kartei oder Kladde ist einer der Nachteile der Sichtlochkartei. Ein anderer, daß nach der Bearbeitung von mehr Dokumenten als die Sichtlochkartei Lochstellen besitzt, jeweils weitere komplette Sichtlochkartensätze angelegt werden müssen. Der zu erwartende Umfang an zu bearbeitenden Dokumenten insgesamt oder in gewissen Zeiträumen (Jahre) sollte deshalb bei der Wahl der Kartengröße bzw. Lochstellenzahl berücksichtigt werden. Bei Verwendung mehrerer Kartensätze müssen diese eindeutig, z.B. durch Randlochung, voneinander zu unterscheiden sein.

Ein erheblicher Vorteil der Kartei besteht in ihrer Variabilität. Terminologische Änderungen von Sachverhalten bzw. Schlagworten können durch einfache Beschriftungsänderungen vorgenommen werden. Neue Sachverhalte können jederzeit eingeführt oder Sichtlochkarten von nicht mehr benötigten Sachverhalten zur Entlastung der Kartei eliminiert werden. Auch das Zusammenfassen von Schlagworten durch Überlochen oder (ein wenig mühsamer) die Aufteilung eines Schlagwortes ist durch Anlage von zwei oder mehr Karten möglich.

Die Anzahl der zu verwendenden Sichtlochkarten kann gering gehalten werden, wenn die Möglichkeiten der Begriffskombination genutzt werden.

Durch Abzählen der Lochungen kann mit wenig Aufwand ein Überblick über die Häufigkeit der verwendeten Schlagworte oder Schlagwortkombinationen gewonnen werden, was z.B. für Thesaurus-Entwicklungen oder statistische Zwecke nützlich sein kann.

Die Notwendigkeit, eine numerisch geordnete Zwischenkartei zu verwenden, erweist sich als Vorteil, wenn zu bereits bestehenden Karteien zusätzlich Sichtlochkarten, d.h. ein Zugang unter verschiedenen Sachverhaltsgesichtspunkten, eingerichtet werden sollen. Die bestehende Kartei braucht dann nur fortlaufend numeriert zu werden, wobei für die Weiterführung der Kartei das gleiche Verfahren verwendet werden kann.
Die einfache Handhabung der vorgestellten Handkarteien und der im allgemeinen geringe technische und finanzielle Aufwand machen sie für vielfältige Zwecke, nicht zuletzt auch im privaten Bereich, verwendbar.

B 7.3 EDV-Speicher

Der Einsatz der EDV für Information und Dokumentation wird u.a. im Hauptkapitel E ausführlich dargestellt, so daß hier lediglich auf die Speichermedien abgestellt wird, die im Rahmen des EDV-Einsatzes von Bedeutung sind. Dabei geht es sowohl um Medien zur geeigneten und rationellen Eingabe von Informationen in EDV-Anlagen, als auch um Dauerspeicher zur mittel- und langfristigen Bereithaltung von Informationen. Im EDV-Bereich unterscheidet man zwischen internen und externen Speichern.
Interne Speicher (auch Hauptspeicher genannt) dienen der Aufnahme der Programme, nach denen die EDV-Anlage arbeitet, sowie der Daten, die während eines Arbeitsvorganges dort verarbeitet werden müssen. Im allgemeinen bestehen die Arbeitsspeicher aus Magnetkernen, die in Gruppen angeordnet sind und durch Veränderung ihrer magnetischen Ausrichtung Informationen speichern bzw. wieder abgeben können, oder aus Halbleitern.
Zur Entlastung der internen Speicher werden z.B. nicht kontinuierlich benötigte Programme, insbesondere aber nicht unmittelbar zu verarbeitende Daten, auf externen Speichern bereitgehalten.
Gleichzeitig dienen externe Speicher zur Eingabe anderweitig erfaßter Informationen in die EDV-Anlage. Insoweit können neben den wichtigsten externen Speichern, wie Magnetbändern und Magnetplatten, auch Maschinenlochkarten und Lochstreifen zu den externen Speichern gerechnet werden.

B 7.3.1 Maschinenlochkarten

Die im Prinzip von Hollerith um 1890 in den USA entwickelte Karte war in der Anfangsphase der EDV-Entwicklung das wichtigste Speichermedium.
Die am häufigsten verwendete Karte enthielt 960 Lochfelder, die in 80 Reihen zu je 12 Feldern (Zeilen) angeordnet waren *(Abb. 7)*. Mit entsprechenden Geräten (Kartenlocher) konnten in die Lochfelder Löcher gestanzt werden, die von Kartenlesern identifiziert und gezählt werden konnten. Mit bis zu drei Lochungen je Zeile konnten die Buchstaben des Alphabets, die Ziffern 0–9 und Sonderzeichen so kodiert werden, daß die Lochkarte z.B. als fortlaufende Schriftzeile mit 80 Buchstaben oder Zeichen gelesen werden konnte.

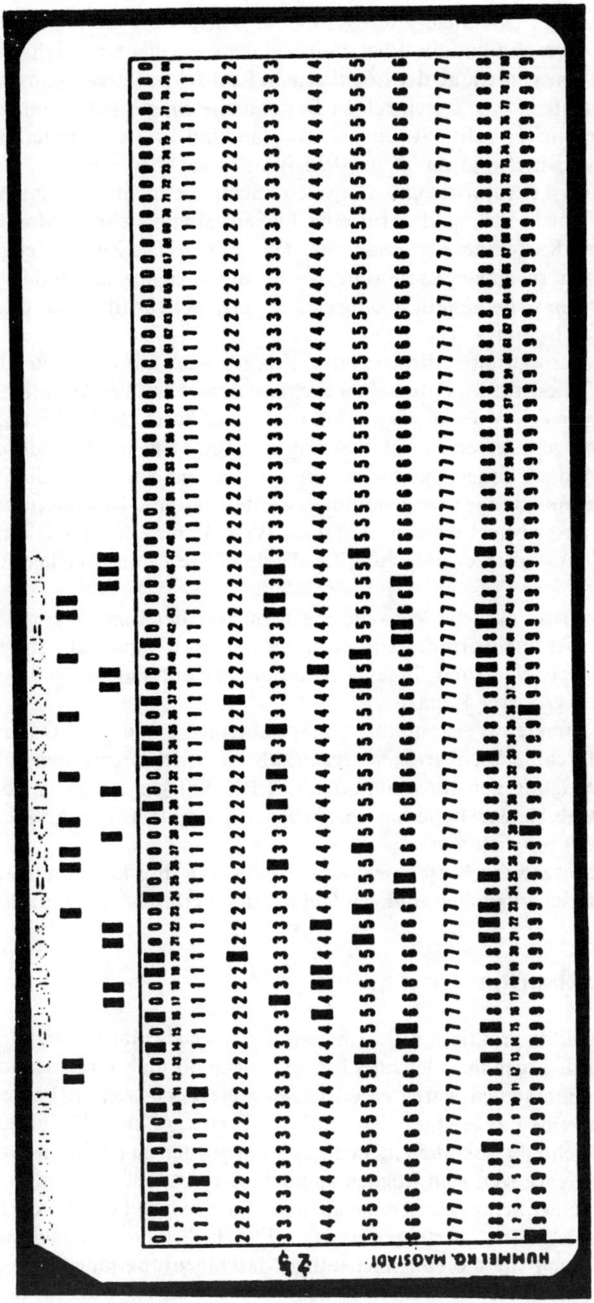

Abb. 7: Maschinenlochkarte

Zur Verwendung in Dokumentationssystemen, z.B. für die Aufnahme von bibliographischen Daten und um die Wiederauffindung spezieller Sachverhalte sicherzustellen, wurde eine Einteilung der Lochkarte in Lochfelder vorgenommen, in denen spezifische Angaben, z.B. die einzelnen Bestandteile einer bibliographischen Titelaufnahme wie Autor, Jahr, Seitenzahl usw. an eindeutig definierten Stellen der Lochkarte gespeichert und damit im Prinzip auch suchbar wurden.
Insbesondere für Literaturdokumentationen reichte die mögliche Zahl von 80 Zeichen pro Karte nicht aus, so daß für eine Titelaufnahme mehrere Maschinenlochkarten zu einem Kartensatz verbunden werden mußten. Die Zusammengehörigkeit mehrerer Karten zu einem Kartensatz wurde durch kennzeichnende Lochungen bzw. Kodierungen sichergestellt, wodurch aber auch der für Informationen nutzbare Raum eingeschränkt wurde.
Mit Schreiblochern konnten die kodierten Zeichen auch auf die Karte geschrieben werden, so daß diese die Funktion einer Steilkarteikarte erfüllen konnte. Sortiermaschinen erlaubten das Ablegen der Karten nach einer durch die Kodierung vorgegebenen Reihenfolge in einer für EDV-Anlagen langsamen, in Hinblick auf Handkarteisysteme jedoch hohen Geschwindigkeit. Aufgrund der Sortierfähigkeit konnten auch Kartenmischungen vorgenommen werden und mit Tabelliermaschinen die Karteninhalte ausgedruckt werden. Auf diese Weise konnte die Herstellung von Registern oder Literaturverzeichnissen in für die damalige Zeit rationeller Weise realisiert werden.
Eine nur kurzfristig aktuelle Verwendungsform war der Einsatz von Maschinenlochkarten als Sichtlochkarten, wenn auch nur mit einer Kapazität von 960 Feldern sowie die Weiterentwicklung dieses Verfahrens zur automatischen Lochung von Sichtlochkarten größerer Kapazität.
Neben dieser direkten Verwendung als Speichermedium in der Dokumentation dienten die Maschinenlochkarten weiterhin als eines der wichtigsten Zugangsmedien zur Übertragung von Informationen in EDV-Anlagen mit einer höheren Geschwindigkeit, als sie durch die handbetriebenen Kartenlocher (Schreibmaschinengeschwindigkeit) möglich war.
Erhebliche Nachteile der Maschinenlochkarten waren ihre Empfindlichkeit gegen mechanische Beschädigungen und die Gefahr des Verlustes von Einzelkarten.

B 7.3.2 Lochstreifen

Nicht so flexibel, da praktisch nicht sortierfähig, aber als Eingabemedium in EDV-Anlagen nützlich wegen ihrer leichten Einführung in normale Organisationsabläufe in Dokumentationsstellen waren eine Zeit lang die Lochstreifen (Papierlochstreifen). Sie hatten eine Länge von 350 m und eine Breite zwischen 17,5 und 25,4 mm. Mit Hilfe von Schreibmaschinen, denen mit Sondertasten zu bedienende zusätzliche technische Einrichtungen zum Lochen angeschlossen waren, konnten im normalen Arbeitsbetrieb einer Schreibmaschinenaufnahme Texte beliebiger Länge und Struktur auf die Lochstreifen übertragen werden. Für Buchstaben, Zahlen und Sonderzeichen, aber auch für die entsprechenden Maschinenfunktionen wie Groß- und Kleinschreibung, Wagenrückläufe, Zeileneinschübe usw., wurden Kodierungen

quer zur Laufrichtung in 5–8 Spuren (Kanälen) in die Papierlochstreifen eingelocht.
Eine zusätzliche Transportlochung diente der Bewegung des Lochstreifens durch Zahnräder. In einem Lochstreifen von 350 m Länge konnten so bis zu 120.000 Zeichen gespeichert werden. Mit Lochstreifenlesern konnten die Lochungen abgetastet und die Kodierungen rückübersetzt werden und z.B. von einer angeschlossenen Schreibmaschine mit höherer als normaler Schreibgeschwindigkeit wieder ausgedruckt werden. Durch Ausstattung der Lochstreifenschreibmaschinen mit mehreren Lochern oder Lesern konnten Informationen auch von einem Lochstreifen auf einen anderen übertragen werden und z.B. wiederkehrende Informationen automatisch in den Lochstreifen eingespielt oder gesondert zu speichernde Sachverhalte (z.B. Deskriptoren) parallel auf Lochstreifen abgespeichert werden.
Auf diese Weise konnten die Lochstreifen z.B. zur Herstellung von Registern eingesetzt werden.
Ihr Nachteil war, erfaßte Daten nicht sortieren zu können, es sei denn, einzelne Datenfelder wurden durch Zerschneiden des Lochstreifens, manuelles Sortieren und Aneinanderkleben bzw. Einlesen in eine gewünschte Reihenfolge gebracht.
Der Hauptanwendungsbereich der Lochstreifen war die Übertragung von Informationen in EDV-Anlagen, da die Lochstreifen mit Geschwindigkeiten von bis zu 200 Zeichen pro Sekunde optisch gelesen werden konnten.

B 7.3.3 Magnetband

Eines der wichtigsten Speichermedien, auch für Information und Dokumentation, ist das Magnetband. Es ist ein Kunststoffband mit einer Länge von 730 m (Standardband) und einer Breite von 12,7 mm. In Magnetbandgeräten werden auf der magnetisierbaren Beschichtung mit einem Schreiblesekopf in 7 oder 9 parallel zum Band laufenden Spuren Daten als magnetisierte Punkte quer zur Laufrichtung aufgebracht. Wie beim Papierlochstreifen können Texte beliebiger Länge gespeichert werden, wobei je nach technischer Ausstattung die Datendichte zwischen 800 und 6.250 bpi (bit per inch) wechseln kann. Die Aufbringung der Daten auf das Magnetband erfolgt diskontinuierlich in Datenblöcken unterschiedlicher Länge, die durch Blocklücken voneinander getrennt werden. Das Beschreiben und das Lesen der Magnetbänder erfolgt mit einer Geschwindigkeit von mehreren Metern je Sekunde. Allerdings können die Magnetbänder (vorwärts und rückwärts) nur fortlaufend (seriell) gelesen werden, während ein Zugriff zu einzelnen Daten außerhalb der Reihenfolge, in der sie aufgebracht sind, nicht möglich ist. Die Schreib-Lese-Geschwindigkeit kann bis zu 1,2 Millionen Zeichen pro Sekunde betragen. Magnetbänder eignen sich insbesondere als Datenträger für die Datenerfassung, die Aufbewahrung von Daten und den Datenaustausch. Sie lassen sich einfach aufbewahren und transportieren.
In Magnetbanddiensten können umfangreiche Datensammlungen bzw. Datenbasen auf Magnetbändern in aufbereiteter Form Benutzern bzw. Datenbankbetreibern zur Verfügung gestellt werden, so daß eine dezentrale Nutzung der Informationen ohne Datenfernübertragung möglich wird.

B 7.3.4 Magnetkassette

Die Magnetkassette entspricht der allgemein bekannten Tonbandkassette und wird vergleichbar dem Magnetband, wenn auch mit einfacherer Technik und langsamerem Arbeitstempo (bit-serielle Anordnung der Daten), eingesetzt. Die Kapazität beträgt bis zu 350.000 byte. Die Magnetbandkassetten sind besonders preiswert, leicht handhabbar und für kleinere EDV-Systeme bewährt.

B 7.3.5 Magnetplatte

Die Magnetplatte ist eine beidseitig mit magnetisierbarer Beschichtung versehene Metallplatte, die in gleicher Weise wie Magnetbänder beschriftet werden kann. Jedoch erlaubt sie einen Zugriff zu einzelnen Daten in beliebiger Reihenfolge. Die in Spuren angeordneten Daten können beim Umlauf der Platte mit Hilfe eines Schreiblesekamms aufgebracht bzw. gelesen werden. Bei einer Umlaufgeschwindigkeit von mehreren tausend Umdrehungen je Minute erfolgt ein Zugriff zu einzelnen Daten in der Größenordnung von wenigen Millisekunden. Sie werden deshalb auch als Direktzugriffsspeicher bezeichnet.
Magnetplatten können als Festplatten in eine EDV-Anlage eingebaut sein. Sie können aber auch als Wechselplatten beliebig austauschbar, transportierbar und gesondert aufzubewahren sein. Die Speicherkapazität kann durch Anordnung als Plattenstapel bis zu mehreren Gigabyte (1 GB = 1073741824 bytes) gesteigert werden. Entgegen dem nur in einer Richtung zu bearbeitenden Magnetband kann es bei der Magnetplatte zu einer Überschreibung von vorhandenen Daten kommen, sofern nicht Verfahren der Datensicherung eingesetzt werden.
Die auf Magnetplatte gespeicherten Daten können, wie auch bei anderen Magnetspeichern, auf einem Terminal angezeigt oder mit Hilfe eines Druckers ausgedruckt werden.

B 7.3.6 Magnettrommel

Die Magnettrommel ist ein heute nicht mehr häufig verwendeter Magnetspeicher, der aus einer walzenförmigen, mit magnetisierbarer Oberfläche versehenen Metalltrommel besteht. Durch Rotation der Trommel können ringförmige Spuren mit Schreibleseköpfen beschrieben und wieder gelesen werden, wobei die schnelle Zugriffszeit von 5 – 10 Millisekunden der besondere Vorteil der Magnettrommel ist. Im übrigen entspricht ihre Technik der einer Magnetplatte.

B 7.3.7 Diskette

Die Diskette, auch Floppy-Disk genannt, entspricht in ihrem Aufbau im wesentlichen einer Magnetplatte, jedoch ist sie von kleinerem Format (Standard-Diskette: ∅ 203,2 mm mit 77 Spuren). Sie erlaubt ebenso einen Direktzugriff wie die Magnetplatte, zeichnet sich aber durch ihre Kleinheit und Leichtigkeit und dadurch leichtere Handhabbarkeit (Postversand!) aus, so daß sie sich als Datenerfassungs-

und Datenaustauschmedium, insbesondere bei kleineren Datenverarbeitungsanlagen, weitgehend durchgesetzt hat. Die Zugriffszeit zu Disketten liegt zwischen 150 und 350 Millisekunden, die Kapazität bei etwa 1 Megabyte (1 MB = 1048576 byte). Diskettenlaufwerke sind heute nicht nur bei Personalcomputern, sondern auch bei besser ausgestatteten Schreibmaschinen im Gebrauch.

B 7.3.8 Compact Disk/CD-ROM

Die in der Unterhaltungselektronik weitgehend bekanntgewordene Compact Disk (CD-Platte) hat in Form der CD-ROM (Compact Disk – Read Only Memory) erhebliche Bedeutung auch im Informations- und Dokumentationsbereich gewonnen. Ihre Vorteile liegen einmal in der optischen Speicherung von Informationen mit Hilfe der Lasertechnik und der dadurch möglichen erheblichen Erhöhung der Speicherkapazität von etwa 600 MB pro Platte.
Wie der Name sagt, kann die CD-ROM vom Endbenutzer lediglich gelesen werden. Dieser Nutzungsmöglichkeit geht ein umfangreicher Verarbeitungsprozeß voraus, bei dem eine vorhandene Datenbasis in ein Format umgesetzt wird, das für die Aufnahme auf eine CD-ROM geeignet ist (Premastering). Aus diesen Daten wird mit Hilfe der Lasertechnik eine Master-Platte erstellt, von der dann Kopien in beliebiger Zahl gezogen werden können, die dem Benutzer zur Verfügung gestellt werden. Die CD-ROM in ihrer gegenwärtigen Entwicklungsstufe eignet sich also für die Bereitstellung umfangreicher Datenbasen in einer leicht handhabbaren und praktisch störungsunanfälligen Form, da die auf den CD-ROM enthaltenen Daten vom Endbenutzer nicht verändert werden können. Die leichte Benutzbarkeit und das hohe Speichervermögen lassen die CD-ROM auch zur Bereithaltung umfangreicher Datensammlungen, wie Nachschlagewerke, Kataloge, Lexika und dergleichen dienen. CD-ROM-Lesegeräte können auf einfache Art und Weise selbst an kleine Personalcomputer angeschlossen werden. Problematisch ist, daß eine Ergänzung oder Aktualisierung auf CD-ROM vorliegender Datenbasen nur mit dem bereits genannten umfangreichen technischen Vorgang, d.h. durch Austausch der veralteten mit einer neuen CD-ROM, möglich ist. Eine kostengünstige Lösung dieses Problems wird sich nur bei hohen Auflagen der zu erstellenden Platten, d.h. bei sehr breiter Benutzung entsprechender Datenbasen, erreichen lassen.

Literatur

01. Arbeitshilfen für Spezialbibliotheken. Bd. 3: Information und Dokumentation (IuD). Berlin, Deutsches Bibliotheksinstitut 1986, 256 S. (dbi-Materialien 61)
02. Bartels, W.: Sichtlochkarten – Kerblochkarten, Vorteile und Grenzen beider Methoden bei der Karteibefragung, dargestellt am Beispiel einer Pflanzenschutz-Literaturkartei. In: Nachr. f. Dokum. 12 (1961) H. 3, S. 137–146.
03. Bartels, W.: Vergleiche der Wirtschaftlichkeit von Sichtloch-, Kerbloch- und Steilkarteien. In: Nachr. f. Dokum. 14 (1963) H. 2, S. 65–72.
04. Schulze, Hans Herbert: Das rororo computerlexikon, 3. Aufl. Reinbek b. Hamburg, Rowohlt Taschenbuch Verlag 1987.·410 S.
05. Trumpf, H.-J.: Die Lochkartenfibel. Hannover, EKAHA Edler & Krische 1975. 65 S.

B 8 Zugangsverfahren

Wolfgang Ratzek

B 8.1 Integrationsproblem

Die rasante Entwicklung auf dem Gebiet der Informations- und Kommunikationstechnologie (IuK) hat uns in den letzten Jahrzehnten eine Vielzahl von technischen Hilfsmitteln, mehr oder weniger gewollt, an die Hand gegeben, die es zu integrieren und zu bewerten gilt. Online-Datenbanken (auch Informationsbanken genannt), Bildschirmtext, CD-ROM, Expertensysteme, Mikrofiches können hier nur die Problematik andeuten. Für die Beschäftigten im Informationswesen (Informationsvermittler/-produzenten), aber auch für die Benutzer von Informationsdienstleistungen stellt sich nun die Frage, wie all diese Hilfsmittel genutzt und in einem IuK-Netzwerk integriert werden können. Das Ergebnis dieser Überlegung bringt eine Vielzahl neuer Publikationsformen hervor, die in Form von Dokumenten und anderen Daten-/Informationsträgern an Bedeutung gewinnen, da sie gegenüber Büchern und Zeitschriftenaufsätzen einen höheren Aktualitätswert besitzen, z.B. Kongreßschriften, Forschungsberichte (Reports), Patentschriften, Prospekte, Gutachten, sowie Publikationen auf Mikrofilm/-fiche, CD-ROM, Bildplatte. Ohne Zweifel können die Inhalte dieser Dokumente u.a. für Wissenschaftler, Mitglieder von Bürgerinitiativen, Geschäftsleute, Politiker von Bedeutung sein. Die Beschaffung dieser Publikationen bereitet jedoch zunehmend Schwierigkeiten, da diese kaum im offiziellen Verlagsprogramm vertreten sein dürften. Darüber hinaus kommt der harmonischen Einpassung neuer Publikationsformen in einem (EDV-gestützten) Medienverbund große Bedeutung zu. Gerade hier gewinnt die Arbeit der im Informationswesen Beschäftigten ein förderungswürdiges Profil, das sich – stark verkürzt – durch das Erfassen, Ordnen und Erschließen von Dokumenten aller Art sowie deren Nachweis formt. In diesem Zusammenhang könnten die öffentlichen Bibliotheken eine neue bedeutende Rolle spielen, die über den Bildungsauftrag hinausgeht, was hier nur generalisierend mit ,,Handlungsgrundlagen" angedeutet werden kann. (Lit. 03., S. 1–4; Lit. 08., S. 255–257; Lit. 11., S. 53–54; Lit. 12., S. 28–32 u. S. 34–39)

B 8.2 Zugangsprämissen

Nun wäre es denkbar, daß Benutzer daran interessiert sein könnten, ein eigenes IuK-Netzwerk aufzubauen, dessen Zentrale z.B. der Schreibtisch am Arbeitsplatz oder das ,,stille Kämmerlein" ist; dann gilt es, mindestens sechs Prämissen zu beachten:

- Es müssen räumliche Distanzen (vom Benutzer zu den informationsvermittelnden Stellen) überbrückt werden, d.h. Anwesenheit vor Ort, entweder persönlich oder durch Vermittlungstechnologie, wie sie bei Online-Datenbanken Voraussetzung ist (Telefon, Akustikkoppler/Modem, Computer, Kommunikationsprogramm);

- Der physische Zugang zum Informationspotential muß sichergestellt werden, z.B. durch Verträge (Paßwort, Benutzer-/Leseausweis), die u.a. die Nutzungsmodalitäten festlegen und in der Regel verhindern, das der Benutzer „vor verschlossenen Türen“ steht;
- Der monetäre Zugang soll andeuten, daß es ein „freies Gut“ Information nicht gibt, sondern Information immer ein knappes Gut darstellt, das einen (subjektiven) Wert besitzt. So entsteht der Eindruck, daß z.B. Bibliotheken billig – da die Nutzung auf den ersten Blick ohne (direkte) Kosten verbunden ist – Online-Dienste i.d.R. teuer sind, da u.a. für Anschlußzeiten, Datennetze Gebühren zu entrichten sind (vertrauensbildende Maßnahmen müssen vom Wert der Informationsdienstleistung überzeugen, d.h. Benutzer müssen vorher das Gefühl eines Mangels haben, nachher das Gefühl, diesen kompensiert zu haben).
- Der intellektuelle Zugang zum Informationspotential ist insofern von Bedeutung, als hier die Benutzer – und ganz besonders die relativ unerfahrenen – eine mehr oder weniger vage Vorstellungen von den konkreten Produkten der informationsvermittelnden Stellen verinnerlicht haben; so weiß praktisch jeder, was ein Buch oder eine Zeitschrift ist. Anders verhält es sich dagegen bei Bezeichnungen wie Current-awareness-Dienste, Intermediary, Profildienste, State-of-the-Art-Report, Current content, Front-End-System, Gateway („Was bringt mir ein Current-awareness-Dienst?“).
- Der direkte Zugriff (Zugang) auf bestimmte Dokumente muß möglich sein, d.h. ein Online-Dienst ist nur dann sinnvoll, wenn die entsprechende Retrievalsprache mehr oder weniger gut beherrscht wird; hier finden – unter gewissen Vorbehalten – Schulungsmaßnahmen und/oder Vermittler ihre Berechtigung.
- Der nutzenorientierte Zugang deutet an „daß das Suchergebnis in einen sinnvollen Zusammenhang mit dem intendierten Endprodukt (z.B. Vortrag, Dissertation, Reiseplanung) gebracht werden muß, „kiloweise“ bibliographischer Angaben nutzen hier wenig, wenn nicht verstanden wird, wie aus Daten Informationen generiert werden; deshalb ist der Haefnersche Computer-Führerschein eine sehr suspekt erscheinende Angelegenheit, suggeriert er doch einen Königsweg zum Erfolg, wo Algorithmen statt Kreativität gefragt sind.

B 8.3 Zugangsproblematik

Vor diesem Hintergrund können wir uns von der These leiten lassen, daß für Benutzer der Zugang zum Informationspotential entscheidend davon abhängt, inwiefern sie in der Lage sind, die Kriterien für die Speicherung zu rekonstruieren und diese in eine Suchstrategie umsetzen können. Oder anders gewendet: Der Sucherfolg hängt in starkem Maße davon ab, inwieweit die speichernde Stelle über ein realitätsnahes Benutzermodell verfügt und der Benutzer ein Modell der speichernden Stelle verinnerlicht hat. Bei der Breite des heutigen Informationsangebots ist es besonders für Benutzer mit wenig Erfahrung im Umgang mit informationsvermittelnden Stellen fast unmöglich geworden, das gesamte Angebot zu überblicken und entsprechend einzuschätzen. Unter Berücksichtigung des Zeit- und Kostenfaktors wäre die Einbeziehung eines professionellen Informationsvermittlers (Information Broker; Intermediary; Information Consultant) durchaus anzuraten, die gegen Entgelt ein mehr oder weniger befriedigendes Ergebnis vorlegen.

B 8.3.1 Benutzer

Benutzer werden bei der Inanspruchnahme von Dienstleistungen der informationsvermittelnden Stellen (z.B. Archive, Bibliotheken, Online-Datenbanken) von mehr oder weniger konkret formulierbaren Informationsbedürfnissen geleitet. Da Informationstätigkeit jedoch in letzter Konsequenz immer dem Benutzer dient, muß bei den im Informationswesen Tätigen auch eine irgendwie geartete Vorstellung von Benutzerbedürfnissen existieren, eine sehr schwierige Angelegenheit (Lit. 08., S. 229; Lit. 10., S. 162–163). So kann es 'den' Benutzer im Grunde genommen gar nicht geben. Viele Einrichtungen des Informationswesens können schon aus finanziellen Gründen nicht auf einzelne Benutzer eingehen und werden auch nur auf Benutzergruppen konzipiert. Informationstätigkeit anderer (IuD-)Institutionen kann sich dagegen – in begrenztem Umfange – den individuellen Informationsbedürfnissen von Benutzern widmen. Grenzen sind allerdings dort gesetzt, wo ein Benutzer von den Mitarbeitern einer Stadtbibliothek die Zusammenstellung einer Bibliographie zu einem Forschungsthema (z.B. laseroptische Speicher) erwartet. Hier wären die Mitarbeiter der Technologiezentren oder Fachinformationszentren (FIZen) bessere Ansprechpartner. (Zum Thema Benutzerforschung vgl. Kap. F 8.)

B 8.3.2 „Learning by doing"

Um die Zugangsproblematik zu Informationseinrichtungen näher zu umreißen, lohnt es sich, immer einen kurzen Blick auf die altehrwürdige Bibliothek zu werfen und hierbei ganz besonders auf das Regal, das wir als Ausgangspunkt unserer Überlegungen wählen. Das Regal als Aufbewahrungsort von Dokumenten wird hier – in einem nicht-abwertenden Sinne – als naiver Zugang zum Informationspotential gesehen. Von hier aus ist der Weg zum manuell erstellten Katalog und Registern nicht mehr weit, wobei dann auch zugleich eine erste Abstraktionsstufe erreicht wird. In der Folge ergeben sich durch das Vordringen neuer Informations- und Kommunikationstechnologien die Möglichkeit, Kataloge, Bibliographien und andere Hilfsmittel EDV-gestützt anzubieten; damit wäre ein möglicher, nachvollziehbarer Übergang zu Online-Datenbanken aufgezeigt.
Bibliotheken bieten eine Vielzahl von Möglichkeiten, um Benutzer zu führen, um ihnen den Weg zu weisen. Das Repertoire reicht hier von Piktogrammen (bildliches Zeichen festgelegter, verständlicher Bedeutung), die möglicherweise auch zum „Stöbern" (Browsing) anregen, über themenspezifische Listen, die über die entsprechende Signaturen auf einen bestimmten Teil des Bestandes hinweisen oder gar einen groben Überblick über die Themenbereiche liefern, bis hin zu – selbstverständlich am Eingang präsentierten – Wegweisern, die in Form von Gebäudeplänen zu den Abteilungen und Standorten (z.B. in verschiedenen Farben) eine Orientierung ermöglichen (Lit. 13., S. 428).
Das Regal kann wegen seiner (leichten) Überschaubarkeit als das am häufigsten benutzte Hilfsmittel zur Informationswiedergewinnung betrachtet werden. Unterstützenden Führung und eine sinnvolle Regalanordnung spielen für die Lokalisierung von Dokumenten (Bücher, Zeitschriften, Filmstreifen, Poster, Schallplatten etc.)

eine wichtige Rolle. Nachteilig wirkt sich dagegen aus, daß Unikate eben nur an einer Stelle im Regal eingeordnet werden können, was besonders bei interdisziplinären Themen Probleme bereiten kann. Die Möglichkeit, das Dokument formal und inhaltlich direkt zu prüfen, ist ein Vorteil, den Kataloge nicht bieten können. Für kleine Sammlungen bietet sich zum Wiederauffinden die direkte Dokumentenanordnung an, wie z.B. in Buchhandlungen, kleinen Spezialsammlungen, kleinen öffentlichen Bibliotheken üblich. Hier verleitet die ,,Überschaubarkeit" der Sammlung, das Dokument entweder direkt zu lokalisiern oder durch Browsing interessante Entdeckungen zu machen; ein eventuell vorhandener Katalog oder Index würde (ohnehin) nur in Ausnahmefällen benutzt. Große Sammlungen, z.B. eine Staatsbibliothek, lassen sich – wenn überhaupt – unter extrem hohem Zeitaufwand durch Browsing erschließen, mitunter genügt es den Benutzern, eine bestimmte Unterabteilung, z.B. Nordische Philologie, zu erschließen, was dann durch Browsing geschehen kann (Lit. 13., S. 419–420). In der Universitätsbibliothek der Freien Universität Berlin werden die Bücher nach dem Numerus-currens-Verfahren in die Regale eingeordnet, so daß es ein Leichtes ist, die Neueingänge unter Kontrolle zu halten, während Werke von einem Autor oder spezielle Themenbereiche über mehrere Etagen verteilt sind und nur über die Kataloge zusammenzuführen (bibliographic copling) sind.

B 8.3.3 Vom Regal zum Katalog

Dokumentsammlungen, die so umfangreich sind, daß sie nicht mehr über das Browsing erschlossen werden können, benötigen Kataloge und Indizes. Die wichtigste Funktion eines Bibliothekskatalogs ist darin zu sehen, daß der Benutzer in die Lage versetzt werden soll, ein Dokument zu finden, von dem er den Titel oder Autor kennt. Ferner muß ein Katalog nachweisen, was in der Bibliothek von einem bestimmten Verfasser und welche Dokumenten von einem bestimmten Autor die Bibliothek besitzt. Der Weg von Dokument/Regal zum Katalog/Index ist ein entscheidendes Ereignis, da sich hier der Benutzer von der physischen Präsenz der Dokumenten auf eine abstrakte Betrachtung einläßt, die dann über die Kataloge bis hin zur Nutzung von Online-Datenbanken führen kann und sollte. Bei diesem Übergang – vom Konkreten zum Abstrakten – benötigen Benutzer Hilfestellungen, die selbstverständlich auch für den erfahrenen Benutzer, dann vielleicht auf einem anderen Niveau, angeboten werden sollte. EDV-gestützte Suchsysteme haben hierfür in der Regel die ,,help"-Funktion. Auf dieser Ebene wird es dann für die Benutzer sinnvoll, über Ordnung und Systematik nachzudenken (Lit. 13., S. 429).

B 8.4 Speicher

Die Zugangsproblematik besteht u.a. darin, ein Suchverfahren zu finden, das den gezielten Zugriff auf die im Speicher abgelegten Dokumentarischen Bezugseinheiten (DBE), die Originale oder die Dokumentationseinheiten (DE), die reduzierten Abbilder von DBEs, ermöglicht. Daß die Speicher von den verschiedenen informa-

tionsanbietenden Institutionen auch verschieden angelegt sind, könnte als Leitthese dienen. Auf einer Makroebene sind hier zuerst gedruckte Dienste und Online-Dienste (inkl. Offline-Dienste), die vielleicht auch als Bildschirmdienste bezeichnet werden könnten, die durch Btx, Videotext ergänzt werden.
Eine Analyse des Prozesses der inhaltlichen Erschließung von Dokumenten hätte zumindest drei Teilkomplexe zu berücksichtigen, die durch menschliche Aktivitäten initiiert werden. Für die speichernde Stelle stellt sich das Problem so dar: Der Dokumentar als Bearbeiter der Dokumente schaltet sich vermittelnd zwischen den Urheber von Dokumenten und den Dokumenten nachfragenden Benutzer ein. Der Dokumentar muß somit für die Indexierung den Inhalt des Dokumentes verstehen und gleichzeitig den nicht selten unscharf formulierten Anfragen der Benutzer im Einklang mit den Dokumenten bringen. Der Verstehensprozeß wird dadurch erschwert, weil alle am Kommunikationsprozeß beteiligten Partner sich einer natürlichen Sprache bedienen, die u.a. uneindeutig ist, also auch Mißverständnisse (durch Konnotation) hervorrufen kann (Lit. 15., S. 14). Eine erfolgreiche Suche in einem Dokumentationssystem hängt auch immer von der Mächtigkeit der systemspezifischen Dokumentationssprache ab, die sowohl der Inhaltserschließung als auch der Formulierung von Suchfragen dient (Lit. 10., S. 248).
Hier wäre dann der Ort, um näher auf eine Ordnung, Systematik oder Klassifikation einzugehen, die den gezielten Zugang zum Speicher und den darin abgelegten DE/BDE erleichtert.

B 8.5 Ordnung

Gezieltes Wiederfinden bedarf einer gewissen Ordnung (Zufall und Chaos; „dissipative Struktur") wird hier eher als Impulsgeber für Ordnung denn als Ordnungskriterium gesehen). In der Bibliothek spiegelt sich diese Ordnung in den Katalogtypen wider, die eine Systematik repräsentieren. Durch eine gewisse Ordnung ergibt sich eine gewisse Struktur, die dann wiederum für die Informationswiedergewinnung (Retrieval) von außerordentlicher Bedeutung ist.
Das Ordnungssystem bestimmt in einem ganz entscheidenden Maße den Aufbau und Nutzen des „Dokumentenspeichers", der die physikalische Schnittstelle zwischen Benutzer und informationsvermittelnder Einrichtung bildet. Der Zugang zum Dokumentenspeicher wird über Dokumentationssprachen ermöglicht, wobei die Technik des Indexierens bzw. Klassifizierens den mehr intellektuellen Zugang definiert. Es leuchtet ein, daß physikalische und intellektuelle Systeme einander beeinflußen (Lit. 10., S. 326).

B 8.5.1 Systematik

Die Vielfalt von Welt kann nur annäherungsweise, also immer unvollständig, erfaßt werden, was auch in den IuK-systemen zum Ausdruck kommt – spätestens dann, wenn sich Informationsanbieter und/oder Benutzer frustriert über Nachfrage bzw. Angebot zeigen. Dennoch wäre es falsch, das gesamte Informationswesen

abzulehnen. Die Benutzer täten jedoch gut daran, skeptischer im Umgang mit informationsvermittelnden Stellen zu sein, die Problemlösungen in Fließfertigung unter dem Motto „Wir lösen Probleme!" versprechen. Wenn die Einlösung des Versprechens allein auf Exploitation von Online-Datenbanken beruht, dann kann es nicht verwundern, daß die Benutzer ausbleiben. Diese überkommene Philosophie einer Informationsvermittlung verrät einen kohärenztheoretischen Ansatz (logische Konsistenz), der ein geschlossenes, starres System offenbart. Nicht die Akzeptanz derartiger informationsvermittelnder Stellen sollte gefördert werden, sondern die Bewährung der offerierten Dienstleistungen.
Wie wir aus der Lehre vom Zusammenwirken (Synergetik) und der Theorie der dissipativen Strukturen ableiten können, ist Chaos als ein dynamischer Prozeß zu sehen, der durchaus zu Ordnungsstrukturen führen kann, die jedoch einem steten Wandel unterworfen sind. Mit anderen Worten: Ordnung durch Fluktuation. Vor diesem Hintergrund entspricht eine systematisierte Ordnung, wobei dann auch immer eine gewisse starre, inflexible Komponente mitschwingt, schon eher dem traditionellen Denken des Menschen. Wandel ist somit nur schwerlich durchzusetzen („wir haben das doch immer so gemacht!"). Konflikte gehören somit zum Alltag. Auf eine gängige Formel gebracht: Innovation ja, aber nicht bei uns!
Eine Systematik oder Klassifikation muß bereits vor Beginn der Dokumentenaufnahme vorliegen. Systematiken sollten flexibel angelegt sein, so daß bereits „vollendete" Systematiken den Anforderungen des Fortschritts standhalten können. Das heißt dann auch, daß die systematische Erschließung des menschlichen Wissens eben die Perspektive eines Menschen voraussetzt, dessen Blickwinkel die Ordnungsstrukturen bestimmen, so wird z.B. ein Philosoph oder Ägyptologe anders an diese Aufgabe herangehen als ein Informationswissenschaftler oder Informatiker. Selbst die Herangehensweise von Informationswissenschaftlern unterscheidet sich von denen der Informatiker. Während die große Chance für Informationswissenschaftler darin liegt, daß sie das gesamte Informationsspektrum für ihre Informationstätigkeit nutzen, z.B. Bibliotheken, Online-Dienste, Museen, Messen und Austellungen, nutzen Informatiker (Computerwissenschaftler) im Informationswesen digitalisierte Informationsdienste (z.B. Datenbanken, Expertensystemen, CD-ROM, Btx) eben nur einen Ausschnitt des Informationspotentials. Eine verstärkte informationswissenschaftliche Öffentlichkeitsarbeit, die dann auch fächerübergreifend sein muß, wäre wünschenswert.
In einer Systematik wird der Versuch unternommen, ähnliche oder gleiche Sachverhalte oder Objekte in Klassen zusammenzufügen. Dieses Vorhaben kann jedoch nur dann mehr oder weniger erfolgreich sein, wenn bereits Vorstellungen von möglichen Klassen („Schubladen") existieren, was nichts anderes bedeutet, als daß es auf die Perspektive ankommt. Somit haben Systematiken auch immer eine subjektive Basis, die durch Auswahl und Einteilung aufgespannt wird (Lit. 10., S. 303–304).
So könnte eine Systematik als der Versuch verstanden werden, mit einem technischen (d.h. konstruierten) System eine Einteilung von Wissensgebieten anzubieten, in dem die Zusammenhänge von einer Makroebene (Disziplinen) bis hin zu einer beliebig fein strukturierten Mikroebene (spezielle Begriffe) gegliedert wird. Die hieraus resultierenden Systemgruppen oder Systemstellen („Schubladen") werden in

der Regel durch eine Folge von Buchstaben und/oder Ziffern bezeichnet. Eine so bezeichnete Buchstaben/Ziffern-Folge wird Notation genannt, während die Begriffe die Klassifikation ausmachen. Hier wird dann auch deutlich, daß ein Unterschied zwischen Notationssystem und Klassifikationsystem existiert, der jedoch nicht immer auseinandergehalten wird. Da die Begriffe der Klassifikation in einem Abhängigkeitsverhältnis stehen, wird diese Systematik „hierarchische Klassifikation" genannt. Des weiteren sollte erwähnt werden, daß nicht das Notationssystem die Ordnung schafft, sondern das Klassifikationssystem (Lit. 10., S. 303 – 304, S. 309 – 310; Lit. 08., S. 123 – 125; Lit. 16., S. 16). Eine derart formale Sprache (Notation) hat den Vorteil, daß nunmehr auch problematische Benennungen, wie sie z.B. in Statistiken, chemischen Formeln vorkommen, elegant bearbeitet werden können. Die unterschiedliche Länge und nicht eindeutige Benennungen können durch ein Notationssystem umgangen werden, was außerdem für den Aufbau eines EDV-gestütztes System förderlich ist. Die Zuteilung von Nummern für Deskriptoren eines Thesaurus-Systems ist ein weiteres konkretes Beispiel für den Einsatz von Notationssystemen. Damit kann das Problem der Synonymie und Polysemie (Homonyme) angegangen werden, so erhalten z.B. Polyseme dieselbe Notation, was besonders beim EDV-gestützten Retrieval einige Vorteile bietet, da beim Indexieren und Recherchieren nunmehr die Vorzugsbenennungen verwendet werden (Lit. 10., S. 310).
Dokumente mit interdisziplinärer Thematik müssen dementsprechend auch z.B. im Systematischen Katalog zwei- oder mehrmalig verzeichnet sein, was eben durch die Vergabe von entsprechenden Notationen symbolisiert wird. Während das Buch im Regal steht, also einen fest fixierten Standort besitzt, ist der symbolische Zugang über den systematischen Katalog flexibler gestaltet. Die Problematik der Systematisierung des Weltwissens wird bereits dadurch deutlich, daß bisher keine allgemeingültige und akzeptierte Systematik existiert. Neben eigenen („selbstgestrickten") Systemen existieren auch einige prominente Systematiken, z.B.

- die international verbreitete Dezimalklassifikation (DK), die das menschliche Wissen in zehn Hauptgruppen einteilt und diese jeweils als Ausgangspunkt für eine Feingliederung wählt;
- die Allgemeine Systematik für Öffentliche Bibliotheken (ASB), die in der Bundesrepublik von Öffentlichen Bibliotheken verwendet wird, geht im Gegensatz zur DK von 22 Hauptgruppen aus, die mit Großbuchstaben gekennzeichent werden;
- die Facettenklassifikation beruht auf dem „Prinzip der perspektivischen Ordnung" (Lutterbeck), das durch die Aufgabe der Monohierarchie zu Gunsten einer „freien" Kombination von Einzelbausteinen zu einem geeigneten Begriffskomplex (Facetten) charakterisiert ist (Lit 08., S. 123 – 125, 128 – 129; Lit. 10., S. 339 – 341).

B 8.5.2 Indexieren

Das Verfahren des Indexieren läuft im Prinzip darauf hinaus, daß jeder als sinnvoll erachteten, inhaltlichen Einheit eines Dokuments Bezeichnungen zugeordnet werden, diese können z.B. Stichwörter, Schlagwörter, Notationen im Rahmen eines Klassifikationssystems, Deskriptoren eines Thesaurus sein. Bei der Anlage der Suchstrategie verknüpft der Benutzer eine Reihe von Bezeichnungen, die dann auf

die Begriffe in den entsprechenden Dokumenten verweisen (Lit. 10., S. 427). Diese Verknüpfung ist jedoch nicht unproblematisch, da objektiv nicht angebbar ist, bis zu welchem Grad bei der Prä-Koordination (die Vorher-Verknüpfung), also bei der Inhaltserschließung durch den Dokumentar, die Zerlegung von Komposita in sinntragende Begriffe sinnvoll ist, da bei der Post-Koordination (die Nachher-Verknüpfung), also im Suchprozeß durch den Benutzer, auch irreführenden Begriffe möglich sind. Hier hat sich eine Synthese aus Präkoordination und Präkombination („Komposita" einer Dokumentationssprache) hilfreich erwiesen. Letztere Vorgehensweise erlaubt die Benutzung von Komposita und/oder Phrasen (Lit. 10., S. 264–265; 416–417; Lit. 15., S. 56).
Mit PRECIS (Preserved Context Index System) ist z.B. ein EDV-gestütztes, intellektuelles – aber kein automatisches – Indexierungssysteme verfügbar, das die Integration moderner IuK-Technologien fördert. Das für die englische Sprache ausgelegte System, das nicht für die Online-Recherche eingesetzt wird, ist inzwischen auch für das Deutsche abgesichert. Es handelt sich somit um ein Indexierungswerkzeug, das zur Erleichterung der Arbeit von Indexierern beiträgt, da sie z.B. immer noch für Inhaltsanalyse, Erfassung der sinntragenden Komponenten des Dokumentes und Formulierung der PRECIS-Stränge (eine Art Schlagwortkette), Bestimmung der Termini, unter denen Einträge erfolgen sollen, die Verantwortung tragen. PRECIS verfolgt den neuen Ansatz der linguistischen Grundlage vom Typ präkoordinierende alphabetische Sachklassifikation mit Mehrfachzugriff auf die im Dokuments gespeicherten Inhalte. Präkoordination ist hier jedoch nicht mit der Starrheit einer Standardzitierung zu sehen, wie sie bei der traditionellen Schlagwortmethode verbunden ist. Neue Termini können jederzeit aufgrund eines „offenen Vokabulars" aufgenommen werden, wobei gleichzeitig ein EDV-gestützter Thesaurus zur Vokabularkontrolle empirisch aufgebaut wird. Seit mehr als zehn Jahren wird PRECIS genutzt und entwickelt sich in zunehmenden Maße als eine methodische Grundlage zur Vereinheitlichung der Sachkatalogisierung (Lit. 01., S. 264, 266–267; Lit. 02., S. 333–334; Lit. 09., S. 305).

B 8.6 Register

Ein Register ist ein auf einen Datenträger, z.B. Papier, Mikrofilm o.ä. fixierte Anzahl von Bezeichnungen, die unter anderen Gesichtspunkten geordnet sind als die dazugehörige Sammlung. Mit diesem Hilfsmittel wird die Möglichkeit eines anderen Zugangs zur Sammlung eröffnet, ohne die Sammlung selber umzustrukturieren. Obwohl eine gewisse Ähnlichkeit mit z.B. einem Inhaltsverzeichnis festzustellen ist, ist die Konzeption eines Register jedoch anders. Während ein Inhaltsverzeichnis eine extrem reduzierte inhaltliche Darstellung einer zugehörigen Aufzeichnung ist, z.B. eines Buches, die dem gleichen Ablaufschema folgt wie das Dokument, verweist ein Register auf die Fundstelle. Ein Register ist immer als ein abhängiges Dokument zu einer Aufzeichnung aufzufassen (Lit. 10., S. 427–428; Lit. 15., S. 177).
Die Erschließung eines Dokuments mittels Register bietet für die Benutzer einige Vorteile, da hierdurch relevante Sachverhalte relativ schnell und unkompliziert er-

schlossen werden können. Somit können – je nach Bedarf – entsprechende Register angelegt werden, z.B. Personenregister, Sachregister, Register chemischer Verbindungen (Lit. 10., S. 179–181). Weitere Beispiele:

* Das Alphabetische Schlagwortregisters ist ein wichtiges Hilfsmittel zur Erschließung des Systematischen Katalogs, da darin zu jedem Schlagwort die passende Notation des Systematischen Katalogs verzeichnet ist. Mit Hilfe des Schlagwortregister läßt sich die Systemstelle orten, an der die gewünschte Literatur registriert ist (Lit. 08., S. 124).

* Das Zitierungsregister präsentiert gegenüber konventionellen Hilfsmitteln ein interessantes Informationsmittel zur Datensuche, da hier nicht formale oder inhaltliche Merkmale der Dokumente im Vordergrund stehen. Der Science Citation Index (SCI), der Social Science Citation Index (SSCI) und der Arts and Humatities Citation Index (alle vom Institut for Scientific Information/USA erarbeitet), die sowohl in gedruckter Version wie auch als Online-Version verfügbar sind, geben u.a. Auskunft darüber, wer wen in welchem Aufsatz zitiert hat. Damit ist dann auch schon der Grundgedanke eines Zitierungsregister angedeutet: Die Stellung einer wissenschaftlichen Arbeit wird u.a. auch dadurch demonstriert, in dem sie in anderen Arbeiten zitiert wird. Es liegt der Schluß nahe, daß ein Dokument, das ein anderes zitiert, auch in einem inhaltlichen Zusammenhang mit diesem steht (Lit. 10., S. 182–183; Lit. 13., S. 331–336). Gegenseitiges Zitieren erzeugt jedoch eine künstliche Popularität. Ferner ist auch denkbar, daß relevante Arbeiten nicht wahrgenommen werden, weil eine Integration eine „Störung" des wissenschaftlichen Alltags bedeuteten könnte. In den sog. „Orchideenfächern", in denen nur wenige Wissenschaftler über ein oder zwei Publikationsorgane herrschen, stellen die publizierten und zitierten Arbeiten nicht immer den propagierten Fortschritt dar.

B 8.7 Benutzeroberfläche

Wenn man sich mit benutzerfreundlichen IuK-Systemen beschäftigt, kann und darf es nicht ausbleiben, ein sinnvolles Design für die Benutzeroberfläche dieser Systeme zu entwickeln, damit eine leichte und effektive Kommunikation möglich wird, d.h. konkret: eine Schnittstelle (Interface) zwischen Mensch und technischem System derart zu definieren, daß das technische System dem Menschen untergeordnet ist und nicht umgekehrt. Der zunehmende Einsatz von EDV-gestützten IuK-Systemen in z.B. öffentlichen Bibliotheken erfordert nicht nur technisches Know-how, sondern ein Feingefühl dafür, daß durch bessere Technik noch lange kein besserer Service für die Benutzer (Leser) entsteht. („Wenn die Computer ausfallen, hat die Ausleihe Pause"). Somit kommt sowohl der Hardware- wie der Software-Ergonomie (z.B. Dialogsprachen) eine bedeutende Rolle zu.
Eine Dialogsprache sollte so nah wie möglich an die natürliche Sprache angelegt sein, da sie entscheidend dazu beiträgt, ob ein System in Stunden, in Tagen oder erst durch einen Lehrgang genutzt werden kann. Das Angebot an entsprechenden Lehrgängen und Seminaren ist reichhaltig und teuer, so daß der Eindruck entstehen könnte, daß hier zusätzliche Einnahmequellen erschlossen werden. Wenn dann schon von Benutzeroberfläche die Rede ist, dann sollte auch die Benutzerführung nicht zu kurz kommen, die dem Benutzer zeigt, welche Optionen für das weitere Vorgehen offenstehen. Hierbei sollte nicht außer acht gelassen werden, daß vielleicht die Mehrzahl der Benutzer nicht in die Sparte „Profis" gehören; dies gilt

selbstverständlich auch für die Autoren von Benutzerführern und Datenbanken-Handbüchern (Lit. 03.; Lit. 06., S. 26, 29; Lit. 05., S.134; Lit. 11.).

B 8.8 Benutzerführung

Während die Benutzerführung in Bibliotheken bereits zu Beginn dieses Abschnitts angesprochen wurde, sollen an dieser Stelle mit „Bildschirmmaske" „Menü", „Front-End-Software", „Benutzerschulung" und „CBT" fünf Verfahren der Benutzerführung (z.T. auch etwas ausführlicher) angesprochen werden, die im EDV-Bereich von Bedeutung sind:

- Eine Bildschirmmaske (oft nur „Maske" genannt) ist ein auf dem Bildschirm dargestelltes Formular, in das Daten eingetragen werden können.
- Ein Menü präsentiert ein Set von Auswahlmöglichkeiten/Optionen, die durch Betätigung der entsprechenden Taste, z.B. eine Anzahl von Operationen, Instruktionen, Funktionen auslösen, um Benutzer auf eine andere Ebene zu setzen, auf der weitere Optionen angeboten werden. Mit Hilfe der Menütechnik lassen sich benutzerfreundliche, benutzerführende und selbsterklärende Programme aufbauen, die im Dialogbetrieb arbeiten.
- Unter „Front-End-Software" ist eine Terminal-Software-Emulation (d.h. Nachbildung von z.B. Funktionen) zur Unterstützung von Online-Datenbanken-Recherchen, z.B. Offline-Vorbereitung von Suchprofilen, automatisches Log-on.
- Mit der Benutzerschulung wurde ein Weg eingeschlagen, der, einmal abgesehen von Kursen, die nicht immer ihr Geld wert sind, eine Methode entwickelt, die eine systematische und intensive Einführung in die Benutzung eines konkreten IuK-Systems vermittelt, z.B. einer bestimmten Datenbank, einer bestimmten Bibliothek oder eine prinzipielle Einführung in die Online-Recherche. Nicht selten wird bei der Vermittlung der Inhalte das breite Spektrum audiovisueller Medien (z.B. Video, Dias und Tonband, Bildplatte) eingesetzt.
- Mit CBT (Comupter Based Training) wird der Einsatz von EDV-gestützten (Lehr-) Programmen (i. w. S.) signalisiert, die Benutzer mit Hilfe eines Mikrocomputers abrufen können. Mit CBT können Benutzer interaktiv den Umgang mit den verfügbaren Informationsmitteln wie Bibliographien, Kataloge, Nachschlagewerke simulieren. Angesichts der Euphorie, die durch das von Weizenbaum entwickelte ELIZA-Programm ausgelöst wurde, ist eine gewisse Skepsis angebracht. Lernprogramme im Informationswesen sollten immer nur als ein Mittel zur Vorabinformation oder zum Abbau von Schwellenängsten eingesetzt werden („erst 'mal gucken, was die so machen!"). Benutzerfreundlichkeit sollte nicht mit Konditionierung im Sinne von Pawlow und Skinner verwechselt werden.

B 8.9 Retrieval

Überall dort, wo Dokumente physisch abgelegt (gespeichert) werden, sollte man sich auch rechtzeitig über deren Wiederauffinden Gedanken machen. Es nutzt nichts, wenn das betreffende Dokument per Zufall wieder auftaucht, sondern der Zugriff auf das Dokument sollte „jederzeit" möglich sein. Handelt es sich um eine geschlossene Sammlung, ist die Frage nach einem hilfreichen Ordnungsprinzip nicht so akut, da z.B. der Bibliothekar, der i.d.R. ausreichend mit den organisatorischen Gegebenheiten vertraut ist, als Intermediary (Mittler) zwischen Benutzer und Speicher i.d.R. keine Probleme mit der Lokalisation von Dokumenten hat. Allgemein zugängliche Sammlungen stellen dagegen ein Problem dar, da von den Benutzern erwartet wird, daß sie das Dokument selbst lokalisieren. Hier muß das Ordnungsprinzip so gestaltet sein, daß es selbsterklärend ist, was eigentlich nur bedeuten kann, daß es auf die Art und Weise abgestimmt ist, wie Benutzer Dokumente suchen. So wäre z.B. zu berücksichtigen, daß möglicherweise Dias sachbezogen (Berlin-Dias) und Periodika titelbezogen (Nachrichten für Dokumentation) bestellt werden. Somit werden Sachtitel bzw. Notation zu Ordnungskriterien der entsprechenden Dokumente. Eine plausible, transparente Ordnung ist nicht nur für die Ortung der spezifischen Dokumente wichtig, sondern soll nach Möglichkeit auch das „browsing" des Benutzers unterstützen, dabei können gemeinsame Merkmale der Dokumente, wie z.B. Verfasser, Titel, Erscheinungsjahr, durchaus hilfreich sein (Lit. 13., S. 419)

Unter Information Retrieval (IR) wird ein EDV-gestütztes Verfahren verstanden, das aufgrund von Algorithmen das gezielte Suchen und Auffinden von Informationen in einem EDV-Speicher während eines Datenverarbeitungsprozesses unterstützt. IR-Strategien können nach fast allen erdenklichen Suchkriterien aufgebaut werden, so z.B. nach Titel, Autor, Zeitraum, Kurzreferat (Abstract), Dokumententext (Volltext). Mit Online- und Offline-Systemen sind zwei verschieden operierende IR-System verfügbar: Bei den nicht-dialogfähigen Offline-Systemen vollzieht sich der Suchlauf, der aufgrund einer Suchfrage initiiert wurde, ohne Eingriffsmöglichkeiten von seiten des Benutzers. Eine flexiblere Handhabung wird durch Online-Systeme erzielt. Diese dialogfähigen Systeme ermöglichen einen modifizierten Direktzugriff auf bestimmte Elemente der durchsuchten Datei, d.h. ein Rechercheergebnis kann unmittelbar direkt verfeinert werden (Lit. 08., S. 256; Lit. 10., S. 188 – 189).

Seit etwa zehn Jahren werden IR-Systeme für Spezialbibliotheken und anderen Informationseinheiten entwickelt, die die Vorteile der EDV u.a. für das Indexieren, für Current-awareness-Dienste (Bulletin, Selective Dissemination of Information (SDI)) ausnutzen. Viele der seinerzeit eingesetzten IR-Systeme waren lediglich als Rationalisierungsinstrument für manuelle Techniken konzipiert, z.B. Katalogisierung. Gleichzeitig boten IR-Systeme eine gewisse Kontrolle über größere Informationsmengen, als sie bei manuell-mechanischen Systemen möglich war, die ein Sieben und die Weiterleitung des Ergebnisses an die Benutzer ermöglichte, und das relativ kostengünstig. Der bedeutendste Vorteil dieser Systeme ist darin zu sehen, daß einmal gespeicherte Daten (Input) durch Kopieren, Kombinieren oder Neuanordnen für eine Reihe von spezialisierten Produkten genutzt werden können. Der Schluß liegt nahe, Software-Pakete zu entwickeln, die den Aufbau von z.B. Online-Katalogen ermöglichten (Lit. 13., S. 381 – 382).

Es lassen sich die unterschiedlichsten Anlässe aufzählen, die den sinnvollen Einsatz von Online-Datenbanken rechtfertigen:

* Jemand möchte wissen, was von einem bestimmten Autor oder zu einem bestimmten Thema veröffentlicht wurde.
* Ein Vollständigkeits-Vergleich oder eine Ergänzung der in Bibliotheken recherchierten Literatur durch eine entsprechend ausgerichtete (z.B. deutschsprachige Länder) Online-Recherche.
* Unternehmer könnten Firmenauskünfte einholen, Markt- und Patenrecherchen in Auf-

trag geben, die zum Ausloten von Absatzchancen innovativer Produkte, Verfahren und Dienstleistungen nützlich sein könnten.

Um ein befriedigendes Rechercheergebnis zu erzielen, bedarf es jedoch einer sorgfältigen Vorbereitung der Suchstrategie. Nicht selten ist der Laie oder der sporadische Benutzer von Online-Datenbanken mit dem Angebot überfordert. Hier kommen dann die informationsvermittelnden Instanzen in das Spiel, z.B. Fachinformationszentren, Information Broker. Besondere Beachtung für einen allgemeinen Zugang zu öffentlich zugänglichen Informationspotential sollten hier – wie bereits erwähnt – die öffentlichen Bibliotheken erhalten (Lit. 03.; Lit. 11.).
Für den Benutzer von Relevanz ist die Bedieneroberfläche einer Datenbank, die durch ein Datenbankmanagementsystem (DBMS) definiert ist, das mittels programmierter Verfahren den Aufbau und die Pflege von Datenbanken sowie den inhaltlichen Zugriff auf Datenbanken unterstützt. Von besonderer Bedeutung sind hier die Datenbeschreibungssprache und die Datenmanipulationsprache (Lit. 04., S. 312).
Heute ist ein breites, expandierendes Spektrum von Online-Datenbanken verfügbar (weltweit etwa 4.000). Nicht selten haben Datenbanken ein gedrucktes Äquivalent. Es lassen sich zwei Typen von Datenbanken unterscheiden: Die bibliographischen Datenbanken und die nicht-bibliographischen Datenbanken (Lit. 13., S. 373).

* Bibliographische Datenbanken ermöglichen die Suche nach Verweisen auf Dokumente, z.B. Zeitschriftenartikel, Konferenzberichte, Bücher, Dissertationen, Patente. Z.B. INFO-DATA, die Datenbank für Informationswissenschaft und -praxis, die nach Auflösung der GID wahrscheinlich beim FIZ Technik aufgelegt wird (Lit. 07., S. 8).
* Nichtbibliographische Datenbanken liefern
  - Fakten, z.B. BIFOS, die (Fakten-)Datenbank des Bundesminsterium für Jugend. Familie, Frauen und Gesellschaft (BMJFFG) in Kooperation mit DIMDI (Deutsches Institut für medizinische Dokumentation und Information) zur Drogenproblematik (Lit. 07, S. 8), und
  - Volltexte, z.B. GENIOS-Wirtschaftsdatenbanken, die u.a. das Handelsblatt oder die Wirtschaftswoche online verfügbar halten.

Selbst wenn ähnliche Themengebiete abgedeckt werden, so wird es kaum zwei identische Datenbanken geben. Gerade deshalb ist die vergleichende Evaluierung des Leistungsspektrum von Datenbanken von immenser Bedeutung. Der Informationsvermittler, oder besser: der Information Consultant, findet hier seine Basis für vertrauensbildende Maßnahmen gegenüber seinen Auftraggebern. Die ideale Datenbank gibt es nicht, auch nicht die Datenbank, die für alle Benutzer ein maßgeschneidertes Informationspaket schnürt. Realistischer ist da schon, daß mehrere Datenbanken konsultiert werden.
Eine Vereinheitlichung von Kommandosprachen wäre z.B. eine benutzerfreundliche Maßnahme. Da Hosts mit verschiedener Retrieval-Software arbeiten, ist die Wahrscheinlichkeit groß, daß auch verschiedenen Kommandosprache eingesetzt werden, die von den Benutzern beherrscht werden müssen. Haben dann auch noch Kommandos bei den jeweiligen Hosts andere Bedeutungen, ist die Verwirrung perfekt (Lit. 13., S. 373). Ob Standardisierungsbemühungen auf breiter Front erfolgreich sein werden, sei dahingestellt, da Hosts auch mit Schulungsseminaren Umsatz erzielen können.

Mit der EURONET Common Command Language (CCL) ist ein erster Schritt getan. Einige Datenbankenproduzenten und Hosts haben die CCL akzeptiert. Die CCL basiert auf einem von Negus ausgearbeitetem Set von vierzehn Kommandos, das in jeder Online-Kommandosprache enthalten sein sollte. Diese Kommandos sind:

* CONNECT (Log-on-Prozedur);
* BASE (Auswahl der Datenbasis);
* FIND (Suchen von Zielinformationen);
* DISPLAY (Ausgabe von Suchbegriffen);
* RELATE (Ausgabe logisch verwandter Begriffe);
* SHOW (Ausgabe von Zielinformationen);
* PRINT (Druckauftrag);
* FORMAT (Ausgabe Formatspezifikationen);
* DELETE (Löschen von Profiltabellen oder -einträgen);
* SAVE (Sichern von Profiltabellen);
* OWN (Benutzung eines systemspezifischen Kommandos, falls System auf ein CCL-Kommando reagiert);
* STOP (Beendigung des Dialogs);
* MORE (Fortsetzen der Ausgabe);
* HELP (Anforderung von Dialogunterstützung) (Lit. 13., S. 372).

Darüber hinaus bietet die CCL weitere normierte Such- und Anzeigenkommandos, die für eine Retrievalsprache unerläßlich sind, z.B. AU = Author, TI = Titel, AB = Abstract etc. Weitere Zugriffsmöglichkeiten, die durch Retrievalsprachen abgedeckt werden, sind: SO (Quelle) = Zeitschrift, Monographie usw.), LA = Sprache, CT = Thesaurus, SH/FT = Schlagwort/Stichwort (Lit. 14., S. 18). Unter bestimmten Voraussetzungen könnten Mailboxen und Bildschirmtext (Btx) als Ergänzung des Online-Datenbanken-Spektrums gesehen werden.

* Mailboxen sind elektronische Speicher („Briefkästen"), in denen z.B. Texte von den Teilnehmern abgelegt und gelesen werden können (Lit. 06., S. 153). Bei der entsprechenden Hardware- und Software-Ausstattung (z.B. Dbase II oder III, Oracle) könnte ohne weiteres ein elektronischer Informationsdienst („Datenbank") aufgebaut werden oder gar ein Übergang („gateway") zu Datenbanken im herkömmlichen Sinne geschaffen werden.
* Bildschirmtext (Btx) ist seit Juni 1984 ein bundesweiter, interaktiver Kommunikationsdienst der Deutschen Bundespost, der über das öffentliche Fernsprechnetz angeboten wird. Btx-Teilnehmer können sowohl auf zentrale Informationsbanken wie auf externe Rechner zugreifen. Dem Aufbau entsprechend wäre Btx gut geeignet, um z.B. Bibliothekskataloge anzuwählen (Lit. 13., S. 78, 80; Lit. 06., S. 36). Neuerdings ist das Telefonbuch der Deutschen Bundespost mit über 26 Millionen Telefonnummern abrufbar. Ebenso scheint mit der Zulassung von „Hot Line Telefonsex" jedes Mittel recht, um die Btx-Teilnehmerzahlen zumindest in die Nähe der Prognosen zu steigern. Problematisch sind auch die geschlossenen Benutzergruppen (closed user groups), die in einem öffentlich zugänglichen Informationsdienst ein Privileg auf Kosten der Allgemeinheit erhalten, nämlich ein Btx-Subsystem aufzubauen und die Teilnehmer selbst zu bestimmen.

B 8.10 Persönliches IuK-Netzwerk

Während eine mehr oder weniger gelungene Formulierung des Informationsbedürfnisses ins Vorfeld der Informationsbeschaffung gehört, wo dann Informationseinrichtungen konsultiert werden, stellt sich nach Erhalt der georderten Informationen die Frage, wie diese nun in den hierfür vorbereiteten Prozeß sinnvoll eingefügt werden können. Mit zunehmender Routine bleibt auch ein Nachdenken in Richtung Integration von unterschiedlichen Publikationsformen zum Zwecke der Mehrfachnutzung nicht aus. Da die Ressource „Information" nicht als Einweg-Gut betrachtet wird, bedarf es deshalb einer Speicherorganisation. Diese Einsicht führt dann auch sogleich zu den manuelle Methoden, die heute bereits zum klassischen Methodenrepertoire des Informationswesens zählen. Der vertiefte Einblick des Benutzers in diese Methoden erleichtert dann auch sogleich die Kommunikation zwischen Informationsproduzenten und -verteilern – im Grunde genommen ist aus dem Benutzer selbst ein Informationsproduzent geworden. Somit wäre das Handwerkzeug des Informationswesen nicht nur geeignet, um entsprechende Instanzen aufzubauen, sondern auch ein vorzügliches Rüstzeug für Leute, die mit Information umzugehen haben, z.B. Journalisten, Studenten, Berater, Politiker. Wie bereits angedeutet, bewegen wir uns keineswegs auf der naturwissenschaftlich-technischen Ebene der Computerwissenschaft (Informatik), sondern auf der kulturwissenschaftlichen Ebene der Informationswissenschaft als Grundlage eines ganzheitlichen Informationsmanagements, in dem nicht die reine Verfügbarkeit von Information zählt, sondern auf die Optionen und deren Konsequenzen zur Gestaltung von Welt abzielt. Zwischen den informationsvermittelnden Stellen und den Benutzern, die sich der Weiterveredelung von Information, besser noch: Daten, widmen, besteht ein enger Zusammenhang.

Ein geplanter Messe-/Museumsbesuch, oder die Teilnahme an Konferenzen sowie das Browsing, oder ganz einfach ein Gespräch mit Freunden oder Kollegen, kann mitunter mehr bewirken, als meterlange Computerausdrucke mit Referenzen auf Dokumente, die in aller Welt verstreut sind, die zwar über Fernleihe und Telefax (Fernkopieren) verfügbar gemacht werden können, aber dabei sollte der Zeit- und Kostenfaktor nicht unterschätzt werden. Information ist eben nicht kostenlos verfügbar, sie ist kein freies, sondern ein knappes Gut. Dieses Faktum gilt es dann auch sowohl bei den Stellen des Informationswesens als bei den Benutzer in Erinnerung zu rufen, indem der Nutzenaspekt deutlicher hervorgehoben wird.

Eine ergebnislose Suche sollte nicht immer als ein Versagen einer Suchstrategie oder mangelnde Kompetenz des Suchenden interpretiert werden. Die berühmte Lücke oder Nische muß ja schließlich erst einmal entdeckt werden, um z.B. einen neuen Informationsdienst aufzubauen.

Literatur

01. Beck, Helmut: PRECIS – eine computergestützte verbale Sacherschließungsmethode auf linguistischer Grundlage (1. Teil). In: Zentralblatt für Bibliothekswesen 100 (1986) H. 6, S. 264 – 267.
02. Beck, Helmut: PRECIS – eine computergestützte verbale Sacherschließungsmethode auf linguistischer Grundlage (2. Teil). In: Zentralblatt für Bibliothekswesen 100 (1986) H. 8, S. 333 – 339.
03. Capurro, Rafael: Informationsethos und Informationsethik – Gedanken zum verantwortungsvollen Handeln im Bereich der Fachinformation. In: Nachr. f. Dokum. 39 (1988) H. 1, S. 1 – 4.
04. Dworatschek, Sebastian: Grundlagen der Datenverarbeitung. 7., aktual. Aufl. Berlin, New York: de Gruyter 1986. 607 S. (De-Gruyter-Lehrbuch).
05. Ellis, Clarance A.; Naffah, Najah: Design of Office Information Systems. Berlin u.a.: Springer 1987. 248. S. (Surveys in Computer Science).
06. Fellbaum, Klaus; Hartlep, Rainer: Lexikon der Telekommunikation. 2., überarb. Aufl. Berlin, Offenbach: VDE 1984. 321. S.
07. Gokl, Reinhold: Neues von Hosts & Datenbanken. In: OLBG-Info (Nachrichtenblatt der deutschen Online-Benutzergruppe in der DGD) 3 (1988) H. 1, S. 7 – 16.
08. Hacker, Rupert: Bibliothekarisches Grundwissen. 4. neubear. Aufl. München usw.: Saur 1983. 340 S. (Uni-Taschenbücher; 148)
09. Hancock, Micheline: Subject Searching Behaviour at the Library Catalogue and the Shelves: Implications for Online Interactive Catalogue. In: Journal of Documentation 43 (1987) No 4, s. 303 – 321.
10. Laisiepen, Klaus; Lutterbeck, Ernst; Meyer-Uhlenried, Karl-Heinrich (Hrsg.): Grundlagen der praktischen Information und Dokumentation. Eine Einführung. 2., völlig neu bearb. Aufl. München u.a.: Saur 1980. 826 S. (DGD-Schriftenreihe Bd. 1).
11. Ratzek, Wolfgang: Die neue Rolle der Bibliotheken. Wirtschaftsinformationen und öffentliche Bibliotheken in den nordischen Ländern. In: Nachr. f. Dokum. 39 (1988) H. 1, S. 53 – 54.
12. Ratzek, Wolfgang: Technik und Anwendung optischer Speicher. Den Daten eine Bleibe geben. In: Cogito 4 (1988) H. 1, S. 28 – 32 u. 34 – 39.
13. Rowley, Jennifer E.: Organising Knowledge. An Introduction to Information Retrieval. Aldershot: Gower 1987. 454 S.
14. Scharna, Dieter; Skalski, Detlef: Online-Recherchen im Bibliographier- und Signierdienst wissenschaftlicher Bibliotheken. Darstellung von Methodik und Einsatzmöglichkeiten. 2., erg. Aufl. Berlin: Verlag A. Spitz: 1986. 120 S.
15. Wersig, Gernot: Thesaurus Leitfaden. Eine Einführung in das Thesaurus-Prinzip in Theorie und Praxis. 2., erg. Aufl. München u.a.: Saur 1985. 394. S. (DGD-Schriftenreihe Bd. 8).

B 9 Expertensysteme als neue Zugangssysteme zur Fachinformation

Ralf-Dirk Hennings

B 9.1 Einleitung

Auch für den Informations- und Dokumentationsbereich kündigt sich zur Bereitstellung von Fachinformation eine neue Art von Software an: die sog. wissensbasierten Systeme oder Expertensysteme. Allerdings wird es in diesem Kontext weniger darum gehen, derartige Systeme zu entwickeln oder weiter zu vervollständigen: im Mittelpunkt steht der Einsatz von Expertensystemen und speziellen sog. Shells. Letztere müssen allerdings noch mit Wissen „angefüllt" werden, wozu dieses intellektuell vorstrukturiert sein sollte, um es in den diversen Repräsentationsschemata abspeichern zu können. Ist einmal ein System relativ vollständig entwickelt, erlaubt es nicht nur einfache Such- oder Retrievaloperationen nach „explizit" abgespeicherten Daten wie beim klassischen Information Storage & Retrieval (abgekürzt IS&R), sondern ermöglicht die Arbeit mit wesentlich komplexerem „Wissen" unter Bereitstellung von Erklärungs- und Dialogkomponenten. Besondere Bedeutung hat die Möglichkeit, „neues" oder „implizites" Wissen aus vorhandenem Wissen mit Hilfe logischer Schlußverfahren abzuleiten. Selbstverständlich sollten Expertensysteme nicht nur quantitativ bzgl. der Wissensmenge wie IS&R-Systemen, sondern auch qualitativ bezüglich der Wissensorganisation erweiterbar sein.
These des Autors ist, daß der heutige Indexierer von Datenbeständen morgen der **Informations- oder Wissensingenieur** im Zusammenhang mit Expertensystemen sein kann.

B 9.2 Von datenorientierten Storage & Retrieval Systemen zu wissensbasierten Expertensystemen

Zur besseren Illustration der Möglichkeiten, die sich mit den Expertensystemen ankündigen, wählen wir als Ausgangspunkt der Betrachtungen die klassischen Information Storage & Retrieval Systeme (abgekürzt IS&RS). Unter diesem Begriff sollen hier alle Formen von Datenbank- und (Management-) Informationssystemen subsumiert werden, weil er beide Seiten, d.h. das Suchen (Retrieval) als auch das Speichern (Storage) derartiger Systeme, anspricht.
Technische Grundprinzipien von IS&R-Systemen, welche sich in den implementierten Indexierungs- und Suchsystemen wiederfinden, sind:

- Orientierung auf Daten und fest oder variabel formatierte Datenstrukturen, wie sie von den klassischen Programmiersprachen zur Verfügung gestellt werden,
- Speicherung der Datenstrukturen (Rekords) auf den klassischen Speichermedien der Datenverarbeitung und
- Zugriff auf einzelne Felder dieser Rekords mit Hilfe mehr oder minder schneller Suchalgorithmen.

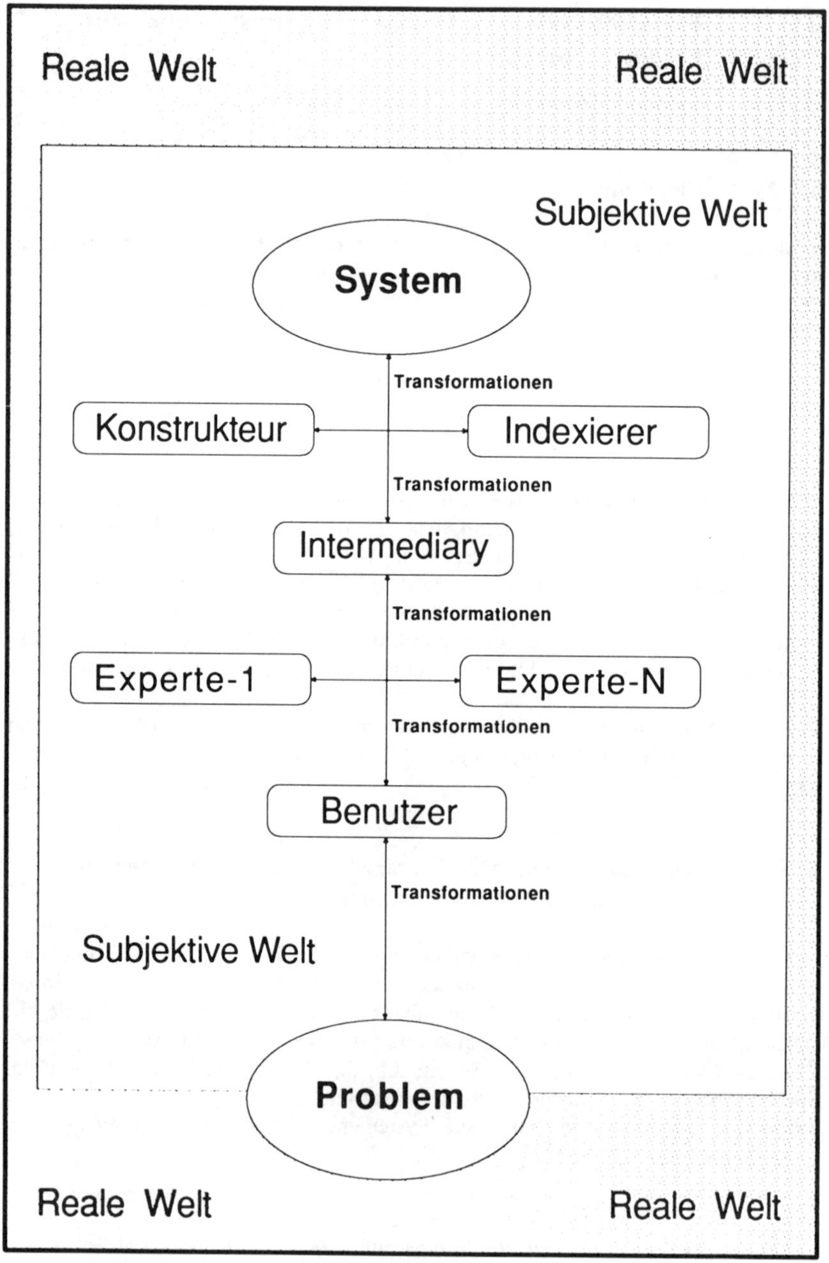

Abb. 1: Transformationen bei klassischen IS&R-Systemen

In der Entwicklungsgeschichte von Information Storage & Retrieval Systemen gab es einen starken Innovationsschub, als begriffen wurde, daß Zahlen mit Textelementen (Worten, Zeichenketten) etwas Gemeinsames haben: nämlich die Eigenschaften von „Symbolketten" mit allgemein definierten Operationen: neben den klassischen für die Arithmetik z.B. solche für Zeichen- und Zeichenkettenvergleiche, Verschiebungen und Transfers, sowie effiziente Speicherverfahren.
Diese Überlegungen haben Allen Newell & Herbert A. Simon sehr eindrucksvoll in ihrer Turing Award Lecture mit dem Thema „Computer Science as Empirical Inquiry: Symbols and Search" entwickelt. (Siehe Lit. 03.)

Die Effizienz und Akzeptanz von (großen) Information Storage & Retrieval Systemen war/ist jedoch aus mehreren Gründen nicht so, wie dies zunächst erwartet wurde.
Hauptgrund dafür ist die Beschränktheit der Zugriffsmöglichkeiten für Nutzer. Da mehrere Transformationen der Inhalte notwendig sind (vgl. *Abb. 1*), bis diese abgespeichert werden können, sind auch umfangreiche Kenntnisse und Erfahrungen mit der Hardware und dem Betriebssystem sowie der Abfragesprache, den Regeln der Boole'schen Algebra und den retrievalfähigen Begriffen notwendig. Wegen dieses inhärenten Aufwandes ist häufig der Primär-Interessent gar nicht in der Lage, seine Informationen selber zu suchen: er muß dies mit Hilfe von Informationsvermittlern, d.h. Spezialisten für Gerätebenutzung, Abfragesprache und den jeweiligen Datenbestand tun.
Aus diesem Grund sind in der Vergangenheit viele „kleine" Systeme zum Teil für sehr komplexe Datenstrukturen aber häufig nur wenig Datensätze entwickelt worden, weil sie für Einzelnutzer noch genügend überschaubar waren/sind bzw. spezielle Anwendungen unterstützten. Kleine Systeme sind auch oft Einzelimplementierungen mit guten Möglichkeiten zum Durchgriff auf höhere Programmiersprachen, um partielle Zusätze selber programmieren zu können.
Andererseits wurden aber auch einige „große" Systeme für sehr viele Datensätzen, jedoch nur wenig komplexe Strukturierungsmöglichkeiten der Daten aufgebaut, ohne die Akzeptanzschwelle von Benutzern zu überschreiten, und damit deren Nutzung insgesamt in Frage zu stellen. (Diese Zusammenhänge wurden sehr gut im Kontext der Entwicklung und Diskussion um Einsatzmöglichkeiten der Abfragesprachen GRIPS/DIRS vs. STAIRS bzw. einer Common Command Language, CCL, dokumentiert.)
Dazu kommen noch eine Reihe von weiteren systemimmanenten Eigenschaften der klassischen Information Storage & Retrieval Systeme:

(1) Beschränkungen der zu nutzenden Daten-/Rekordstrukturen. Diese müssen zu Entwicklungsbeginn festgelegt werden, wobei sich drei sehr bekannte Grundmodelle herausbildeten für
   - hierarchische Datenstrukturen,
   - netzwerkartige Datenstrukturen und
   - relationale Datenstrukturen.

   Letzteres bietet die allgemeinsten Möglichkeiten, erfordert aber den höchsten Aufwand. Grundsätzlich gilt für alle Modelle, daß Vergrößerungen/Erweiterungen der gespeicherten Datenstrukturen häufig nicht flexibel erfolgen können und Neustrukturierungen sich nur mit allergrößtem Aufwand abwickeln lassen: ein Aufwand, der ab einer bestimmten Größenordnung der Datenbestände nicht mehr zu leisten ist.

(2) Beschränkungen der Zugriffsoperationen. Sofern diese auf Boole'scher Logik basieren, müssen die Suchfragen im wesentlichen mit logischem UND, ODER, NICHT formuliert werden. Ergänzungen wie etwa EXCLUSIV-ODER, SAME oder NEAR sowie alle Formen der Trunkierung (Truncation) und Maskierung bieten zusätzlichen Komfort. Jedoch lassen sich nur Begriffe suchen, die vorhanden sind, was häufig zu sehr großen und ungenauen, oder aber zu kleinen und wenig ergiebigen Antworten des Systems führt. Diese als Recall-/Precision-Problematik bezeichnete Schwierigkeit haben auch andere Verfahren, die nicht auf Boole'scher Logik basieren, sondern z.B. mit sog. Ähnlichkeitsmaßen operieren, nicht überwinden können.

(3) Eine nicht zu vernachlässigende Beschränkung liegt schließlich in der fast ausschließlich auf Erfassung nach einmal festgelegtem Schema. Diese Starrheit bei der ständigen Ergänzung und Fortschreibung der Datenbestände wurde durch Unterscheidung von festen und freien Deskriptoren etwas aufgefangen. Jedoch lassen sich die zugrundelegenden Schemata der Datenstrukturen/Rekords (wie unter (1) schon erwähnt) eben häufig nicht veränderten Bedürfnissen anpassen, so daß dann derartige Systeme im allgemeinen leichter durch neue ersetzt werden, was viele heterogene Datenbestände schafft.

(4) Beschränkungen entstanden und entstehen weiterhin durch die genutzten „klassischen" Implementierungssprachen, wie etwa COBOL, PL/1 etc. Diese bieten zwar eine Reihe von sehr geeigneten Funktionen für die Implementierung von Information Storage & Retrieval-Systemen, jedoch nur wenige der Möglichkeiten, wie sie etwa LISP oder PROLOG sowie die auf ihnen basierenden komplexen Spracherweiterungen für Expertensysteme bieten. Auch grafische Erweiterungen sind hierbei im allgemeinen nicht verfügbar.

Nach Erläuterung einer Reihe von technischen Beschränkungen der klassischen Information Storage & Retrieval Systeme bleibt nun die Frage, was wissensbasierte Systeme sind, und welche neuen Möglichkeiten sie bieten.

In erster Näherung besteht ein **Expertensystem oder wissensbasiertes System** aus
(1) einer Wissensbasis und
(2) einem sog. **Inferenzmechanismus**.

Erstere enthält das Wissen in einer beliebigen Repräsentationsform auf die noch im nächsten Abschnitt eingegangen wird. Bei letzterem handelt es sich um Hard- und Software, mit der auf der Wissensbasis operiert werden kann.

Grafisch läßt sich ein Expertensystem und seine Einbettung wie in *Abb. 2* darstellen. Erkennbar ist ein Benutzerinterface, mit dessen Hilfe der Benutzer dem System das Problem „schildern" kann und Erklärung und Beratung erfolgen. Andererseits muß es auch eine Programmierumgebung geben, über die das gesamte System implementiert wurde und ständig mit neuem Wissen versorgt werden kann. Hierbei sollten sowohl Ingenieure des Fachgebietes als auch Spezialisten, die die Umsetzung in das System beherrschen (Wissensingenieure), beteiligt sein.

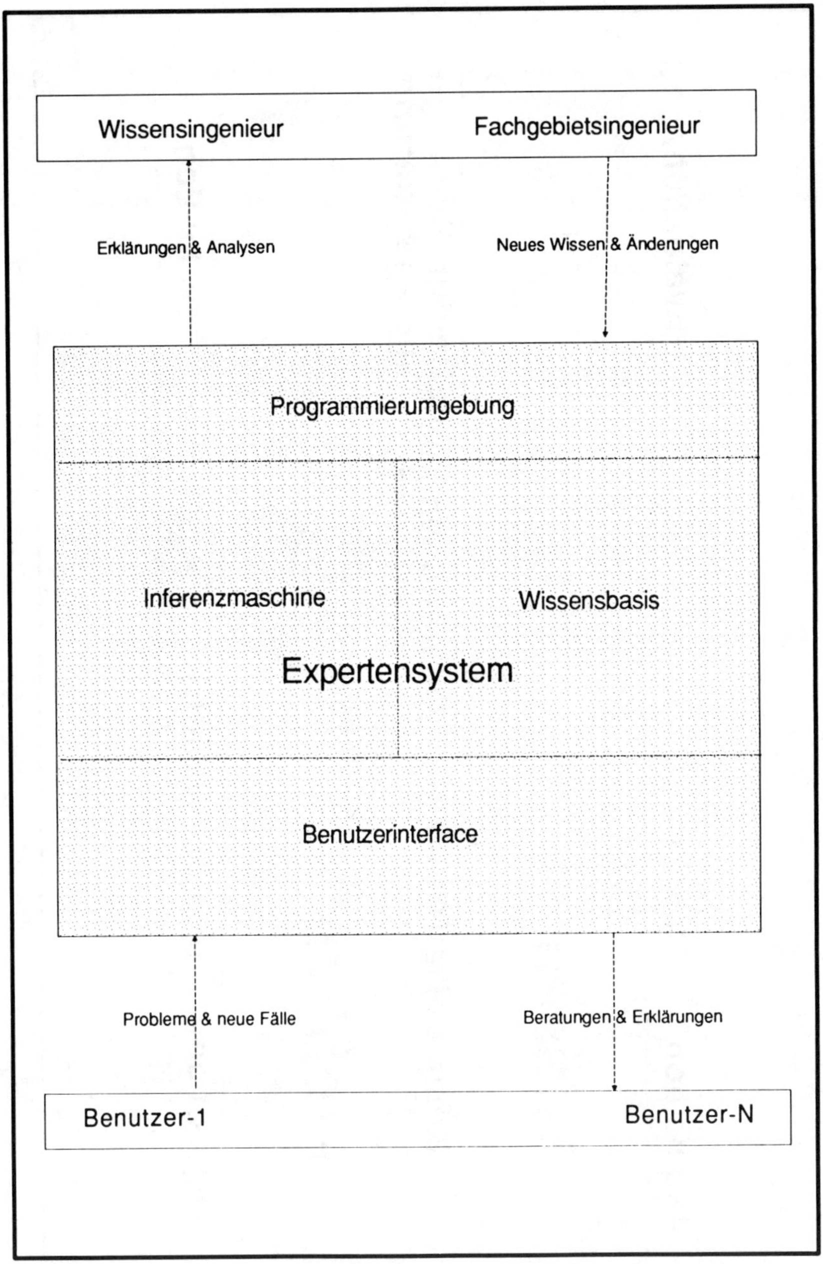

Abb. 2: Module eines Expertensystems

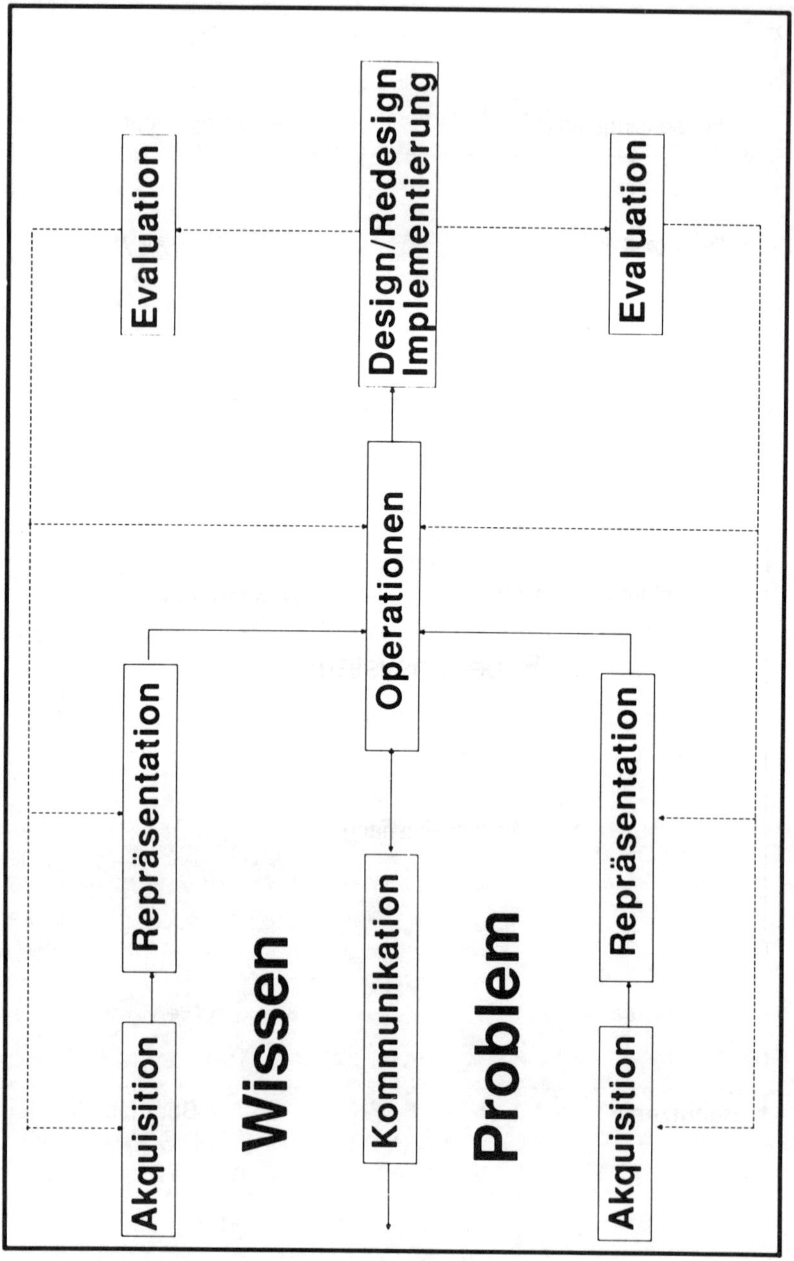

Abb. 3: Wissens- und Problemkreislauf eines Expertensystems

B 9.3 Kreislauf von Daten/Wissen und Fragen/Problemen

Die Funktionsweise von Expertensystemen soll mit Hilfe eines Kreislaufes beschrieben werden, welcher sich im übrigen auch für IS&R-Systeme anwenden läßt. Allerdings sind dann die Begriffe „Wissen" und „Problem" gegen „Daten" und „Fragen" auszutauschen.
Die verschiedenen Funktionen können in diesem Modell unter den fünf Themenkomplexen

- Repräsentation von Wissen und Problemen
- Operation auf Wissensrepräsentationen
- Akquisition von Wissen sowie
- Design/Implementierung von und
- Kommunikation mit Systemen

vertieft werden. Ihre Zuordnung ergibt sich aus der Grafik (*Abb. 3*), der eine duale Sichtweise des gesamten Komplexes zugrundeliegt. Analog zu der oben beschriebenen Unterscheidung von Storage und Retrieval, der sich jeweils (System-) Daten und (Benutzer-) Fragen zuordnen lassen, kann auch bei Expertensystemen der Bereich „Wissen" vom Bereich „Probleme", die mit ersterem gelöst werden sollen, getrennt werden. Entsprechend sind die Komplexe komplementär zu untersuchen, was hier allerdings nur partiell geleistet werden kann. Zum Beispiel werden die Module Evaluation und Re-Design hier nicht weiter behandelt. (Lit. 11.)

B 9.3.1 Speicherung: Repräsentation von Wissen

Unter der Bezeichnung *Repräsentation von Wissen* werden die Hilfsmittel und Komponenten zusammengefaßt, die anstelle der realen externen Wissenskonglomerate („Chunks of Knowledge") genutzt werden können, da sie dieses in interne Strukturen mit Objekten, Ereignissen und anderen Einheiten abbilden, die sich geeignet in modernen Computern speichern lassen. Dies ist letztlich die Voraussetzung, wenn es gelingen soll, Teilbereiche einer eben nicht immer in festen Rekordstrukturen abbildbaren Realität zu erfassen.
Um welche verschiedenen Arten von Wissen es sich ohne Anspruch auf Vollständigkeit handeln kann, soll *Abb. 4* andeuten. Hierbei wird das Wissen in verschiedene Kategorien aufgeteilt.
Zum **exakten Wissen** sollen etwa Objekte, Ereignisse, Relationen, Fakten, Regeln, Prozesse aber auch genau beschreibbare Situationen bzw. begrifflich Festlegungen gehören. Anzumerken ist, daß es sich hierbei nicht nur ausschließlich um Reales handeln muß. Auch Irreales kann erfaßt werden, sofern die Beziehungen (Relationen) zwischen den Komponenten diesem Rechnung tragen. Beispielsweise lassen sich bei Objekten unabhängig von der Eigenschaft „einzeln" oder „zusammengesetzt" unterscheiden: konkrete Objekte (etwa Schaltkreise, Personen etc.), abstrakte Objekte (Zahlen), fiktionale Objekte (Asterix und Obelix).

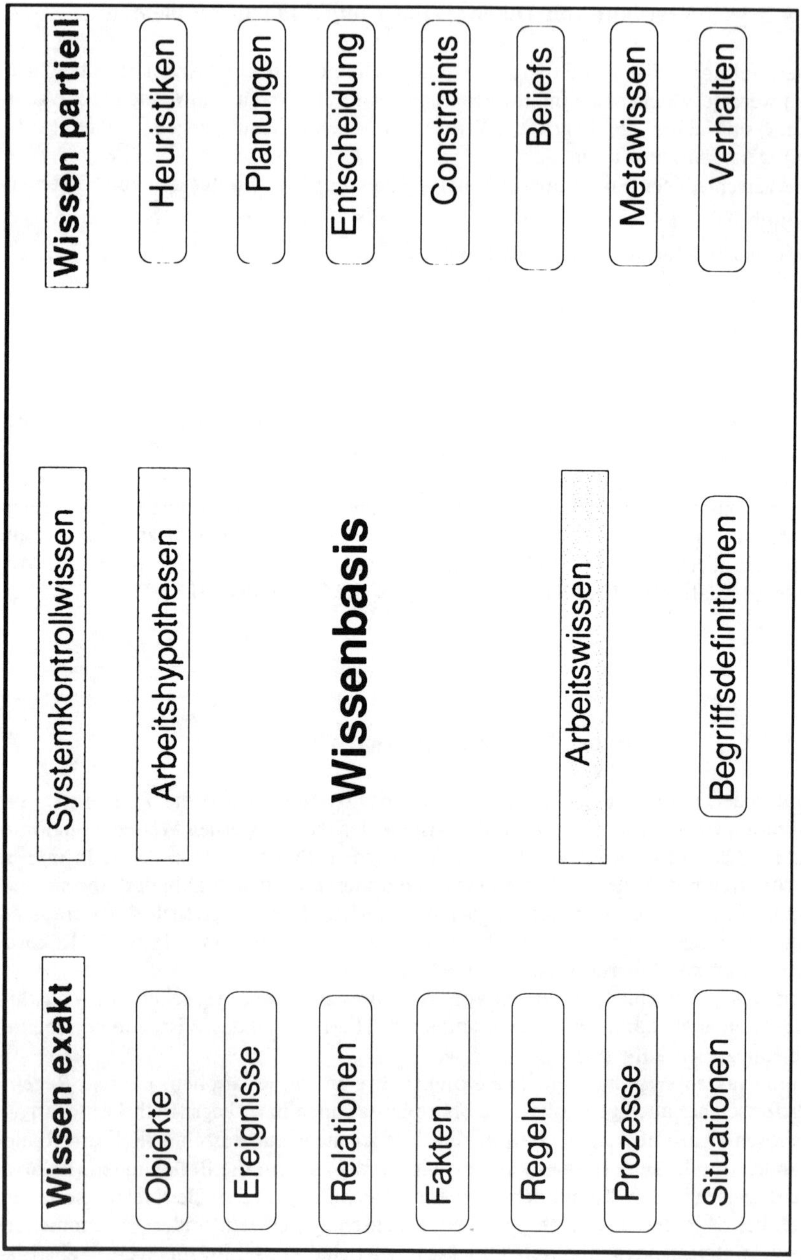

Abb. 4: Verschiedene Arten von Wissen

Der Kategorie **partielles** (vages), d.h. ungenaues, unvollständiges, unsicheres **Wissen** ordnen wir hingegen zu: heuristisches Wissen, d.h. „Daumenregeln", Planungswissen, d.h. Wissen zu Planungen, Kenntnisse zu Entscheidungen mit Beschränkungen/Randbedingungen („Constraints"), sowie „Beliefs", d.h. Ansichten und Meinungen (die durchaus widersprüchlich sein können), Metawissen, d.h. Wissen über Wissen, aber auch Wissen über partiell beschreibbares Verhalten.
Von diesen beiden Kategorien läßt sich weiterhin das sog. **Arbeitswissen** unterscheiden, also eine Untermenge aus dem exakten und partiellen Wissen, sowie das, was man gerne beweisen möchte, d.h. Hypothesen etc.
Schließlich gibt es noch **Wissen über das gesamte System** und dessen Zusammenhalt.

Diesen verschiedenen Arten von Wissen, die in der Wissensbasis zusammengefaßt werden können, müssen nun allerdings noch geeignete **Repräsentationsformen** zugeordnet werden.
Repräsentationen für **exaktes Wissen** sind zum Beispiel

- Merkmalsvektoren,
- Regeln,
- Frames,
- Semantische Netze und
- Logische Ausdrücke,

die in der angegebenen Literatur näher erläutert werden (siehe etwa Lit. 01., Lit. 02., Lit. 04., Lit. 07.).
Während es inzwischen sehr ausgereifte Techniken zur Darstellung von exaktem Wissen gibt, sind auch schon eine Reihe von durchaus erfolgreichen Ansätzen erkennbar, mit den oben aufgeführten Arten von **nicht-exaktem oder partiellem Wissen** umzugehen. Genannt werden können u.a.

- Konfidenzwerte oder Evidenzwerte
- Fuzzy Logik.

Nachteilig sind bei diesen Ansätzen neben den konzeptionellen Schwierigkeiten die erheblich größere Speicherplatzanforderungen und Rechenzeitaufwendungen.

B 9.3.2 Suchen und Ableiten: Operationen auf Wissen

Repräsentation von Wissen ist jedoch nur eine Seite der Problematik des Umganges mit Realität in diesem Zusammenhang. Die andere Seite, d.h. die möglichen **Operationen auf diesen Wissensrepräsentationen**, ist mindestens genau so wichtig, da sonst die mächtigen Repräsentationsmittel keine Auswirkungen auf die Leistungsfähigkeit der Systeme haben.
Die klassischen Information Storage & Retrieval Systeme nutzten bzw. nutzen fast ausschließlich Suchverfahren, in denen zum Beispiel mit Hilfe logischer Operationen das Vorhandensein/Nichtvorhandensein von Begriffen in den jeweiligen Datensätzen abgeprüft wird.
Bei Verfahren, die Ähnlichkeitsmaße verwenden, wird die Menge von Wissen auf Vektoren innerhalb sog. Zustandsräume abgebildet sowie mit gleichem Verfahren die Suchfrage transformiert. Mit Hilfe geeigneter Vergleichsverfahren zwischen den

Vektoren sowie bestimmter Maßzahlen können dann die bezüglich der Suchfrage „ähnlichsten" Dokumente herausgefunden werden.
Expertensystemen nutzen zwar auch die klassische Suche, wichtiger sind allerdings Operationen auf Wissen, die als **Inferenz** bezeichnet werden und letztlich auf logischen Schlußverfahren basieren. Dadurch kann in bestimmten Grenzen logisches Argumentieren/Begründen, d.h. sog. **Reasoning**, nachgebildet werden.
Die meisten der derzeit bekannten Verfahren basieren auf Elementen der Aussagen- und Prädikatenlogik sowie den dort entwickelten Definitionen und Gesetzmäßigkeiten.
Logisches (deduktives) Schließen besteht darin, aus einer oder mehreren gegebenen Aussagen (Prämissen) durch Anwendung von Schlußregeln eine weitere Aussage (Konklusion) zu generieren. Hierzu werden die bekannten aussagenlogischen Schlußregeln, die sich auch auf die Prädikatenlogik übertragen lassen, verwendet. Probleme gibt es allerdings, wenn die Wissensbasis nicht vollständig, nicht konsistent oder nicht widerspruchsfrei ist, was in der Realität häufig der Fall sein kann.

Logische Schlußverfahren lassen sich in den jeweiligen Repräsentationsformen auch auf partielles Wissen (Heuristiken, Metawissen, Planungswissen, Beliefs, Constraints etc.) anwenden, obwohl dies schwieriger ist, weil parallel zu dem logischen Instrumentarium z.B. statistische Verfahren bereitgehalten und angewendet werden müssen.
Neben dieser Art von Operationen bieten Expertensysteme noch **Erklärungskomponenten**, die Fragen nach dem Wie, Warum, Was usw. im Kontext bestimmter Inferenzen beantworten können. Andererseits läßt sich hier auch die **Dialogkomponente** für die Benutzer des Systems einbetten. Da allerdings der Zweck derartiger Module einsichtig ist, die Funktionsweise allerdings kompliziert, soll auf weitere Details hier verzichtet werden.

B 9.3.3 Eingabe/Erfassen: Akquisition von Wissen

Eine weitere wichtige Frage im Zusammenhang mit Expertensystemen betrifft die Akquisition von Wissen. Hierunter werden Aktivitäten zusammengefaßt, wie etwa:

- Erschließung und Beschaffung von Wissensquellen
- Erfassung von Wissen in geeigneten Repräsentationsformen
- Update/Maintenance des erfaßten Wissens
- Transformation des Wissens in andere Repräsentationsformen
- Automatisches Ergänzen des Wissens (Lernfähigkeit).

Die Erschließung und Beschaffung von Wissensquellen erfolgt häufig schon im intellektuellen Vorfeld beim Entwurf und Bau von Expertensystemen, wobei die Wissens- und Fachingenieure hier eng zusammenarbeiten müssen. Wenn dann die Repräsentationsschemata festgelegt sind, kann die konkrete Akquisition von Wissen beginnen. Diese muß im direkten Zusammenhang mit dem Update von schon erfaßtem Wissen und ständigen Konsistenzprüfungen in der gesamten Wissensbasis erfolgen. Letzteres ist besonders wichtig, da sich bei Widersprüchen die oben erläuterten Schlußregeln nicht anwenden lassen.

In diesem Zusammenhang gehört auch die Problematik, daß die Wissensbasen bisher häufig monoton fortgeschrieben wurden. Wenn sich aber die aus altem Wissen abgeleiteten Schlußfolgerungen bei neuen Erkenntnissen als falsch herausstellen, werden Korrekturen an den Altbeständen notwendig, was Menschen gut leisten können, in großen Wissensbeständen allerdings enorme Buchhaltungsfunktion erfordert.
Systeme, die diese Fähigkeit haben, werden als nicht-monoton bezeichnet. Die Entwicklung derartiger Systeme ist allerdings noch nicht sehr weit gediehen, da umfangreiche theoretische und praktische Ergänzungen die Voraussetzung sind.
Als zunehmend wichtig haben sich weiterhin Module zur Transformation von Wissen aus einer Repräsentationsform in andere erweisen. Da die einzelnen Formen jeweils Vor- und Nachteile haben, kann eine Transformation u.U. einen Komplexitätsgewinn erbringen. Expertensysteme werden dann als hybrid bezeichnet, wenn sie unterschiedliche Möglichkeiten anbieten.
Maschinelles Lernen ist schließlich der Oberbegriff aller Aktivitäten, lernfähige Expertensysteme zu entwerfen. Da es sich hierbei um sehr komplexe Vorgänge handelt, die noch nicht einmal in der Psychologie als gelöst betrachtet werden können, sind die derzeitigen Erkenntnisse noch als wenig relevant einzustufen. Häufig werden Systeme schon dann als ,,lernend'' bezeichnet, wenn sie nicht mehr als einen komfortablen Editor zur Erfassung von Wissen haben, der automatische Konsistenzüberprüfungen durchführen kann. Dies reicht aber wohl bei weitem noch nicht aus, lassen sich doch zumindest fünf unterschiedliche Lernformen erkennen:

- Lernen durch Erinnerung oder Auswendiglernen
- Lernen durch Hörensagen/Beratung/Anweisung
- Lernen durch Beispiele
- Lernen durch Analogiebildung
- Lernen durch Beobachtung.

Systeme, die zur induktiven Inferenzbildung in der Lage sind, also aus speziellen Beispielen allgemeine Gesetzmäßigkeiten herleiten können, sind ansatzweise in Sicht (etwa beim System RuleMaster von Radian). Allerdings besteht die Fähigkeit zur Induktion (vom Speziellen zum Allgemeinen) lediglich in der Möglichkeit, Beispiele mit ihren Deskriptoren spaltenweise bestimmten Variablen zuzuordnen, aus denen dann automatisch ein konsistenter Regelsatz erzeugt werden kann.

B 9.3.4 Implementierung: Design von Expertensystemen

Der vorletzte hier betrachtete Komplex betrifft Fragen des Entwurfs und der Implementierung von Expertensystemen. Wie man aus Abbildung 2 zur Grundstruktur von derartigen Systemen erkennen kann, setzt es sich aus diversen Modulen zusammen. Wichtigstes Merkmal ist die Trennung von Wissensbasis, Inferenzmechanismus, Benutzerinterface sowie Programmierumgebung. Dies ermöglicht die Nutzung der gleichen Systeme mit verschiedenen Wissensbasen. Man spricht deshalb auch von Expertensystem-Shells (,,Schalen'')
Als Implementierungssprachen haben zwei Programmiersprachen besondere Bedeutung LISP und PROLOG.

Während LISP schon Ende der 50er Jahr von John McCarthy ,,erfunden" wurde, begann die Entwicklung von PROLOG erst Anfang der 70er Jahre durch A. Colmerauer u.a. in Marsaille.
LISP ist eine sehr variable höhere Programmiersprache, bei der es keinen Unterschied zwischen Daten und Programmen gibt und deren Hauptstruktur Listen sind. Dadurch eignet sie sich gut für die Speicherung variabler Sachverhalte, die auch beliebig zur Laufzeit der Programme generiert werden können.
Während LISP formal auf dem sog. *Lambda-Kalkül* basiert, ist PROLOG eine Implementierung von Teilen der Prädikatenlogik der ersten Stufe, der sog. *Horn-Klausel Logik*. Diese ermöglicht es, nach Eingabe von Fakten und Regeln sofort Schlußfolgerungen zu ziehen, da die oben beschriebenen Inferenzmechanismen direkt zur Verfügung stehen. Andererseits lassen sich nicht alle Sachverhalte so einfach in PROLOG-Fakten und -Regeln überführen. Deshalb wird derzeit mit großen Anstrengungen an der Integration von PROLOG-Funktionen in LISP-Systemen und umgekehrt gearbeitet. (Einfache Erklärungen zu PROLOG siehe Lit. 15., zu LISP siehe Lit. 11.).
Wie oben angedeutet, gibt es eine Reihe von sehr geeigneten Repräsentationsmechanismen für Wissen. Hierfür wurden auch spezielle Sprachen entwickelt und teilweise in LISP implementiert. Alle haben spezielle Ausrichtungen, die wir hier nicht erläutern können.
Neben dem normalen Ansatz höherer Programmiersprachen, der als Prozedurorientierung bezeichnet wird, sind erwähnenswert Sprachen mit Orientierung auf Regeln, Frames, Netze, Objekte und wie schon oben ausgeführt Logik.
Auf Programmierumgebungen mit derartigen Möglichkeiten bauen dann wiederum Implementierungen von Expertensystem-Shells auf, die den Benutzer von viel Programmierungsarbeit entlasten und häufig eine Reihe von Tools bereitstellen, mit denen die Arbeit mit bzw. an derartigen Systemen so sehr erleichtert wird, daß auch Nicht-Programmierer damit umgehen können. Genannt werden können etwa die folgenden großen kommerziell verfügbaren Systeme:
- OPS 5
- KEE
- ART
- S. 1 und M. 1
- Knowledge Craft
- RuleMaster
- Nexpert
- Twaice.
- Personal Consultant Plus.

Neben diesen gibt es eine Reihe von kleineren Systemen auch schon für Personal Computer. (Siehe Lit. 05., Lit. 07., Lit. 09., Lit. 10., Lit. 13, Lit. 14., Lit. 16.)

B 9.3.5 Kommunikation mit Expertensystemen

Für Anwender von Expertensystemen und Shells stellt sich die Frage nach den Möglichkeiten bei der Ein- und Ausgabe, die stark mit der verwendeten Hard- und Software zusammenhängt. Komfortable Expertensysteme bieten zum Beispiel Grafik

mit Windows und Menüs, die sich mit Maus oder Joystick bedienen lassen. Diese Möglichkeiten erleichtern nicht nur die Arbeit bei der Entwicklung sondern besonders den Umgang mit Expertensystemen erheblich.
Auf diese Weise lassen sich Visualisierungen nutzen, etwa bezüglich der Wissenstruktur oder von Ableitungszusammenhängen. Zusätzlich können Windows bei entsprechend hoher Auflösung der Bildschirme auch zum Einblenden von Grafiken, Bildern oder Filmen verwendet werden, was zur Illustration bestimmter mit dem vorhandenen Wissen abgeleiteter Sachverhalte dienen kann. Allerdings sind noch nicht für alle Anwendungen entsprechend ausgerichtete Systeme verfügbar.

B 9.4 Anwendungen und Implikationen

B 9.4.1 Typologie von Expertensystemen

Derzeitig verfügbare Expertensysteme lassen sich mit Bezug zu unterschiedlichen funktionalen Elementen folgenden, allerdings nicht disjunktiven, Aufgaben zuordnen:

- Interpretation
- Design und Konstruktion
- Planung, Vorhersage und Beratung
- Diagnose, Fehleranalyse und -behebung
- Überwachung und Kontrolle
- Computerunterstützte Lernsysteme
- Programmierumgebung und Werkzeug zur Systementwicklung

Bei den folgenden Erläuterungen werden keine Systeme namentlich erwähnt. Eine historische Zuordnung einer Auswahl sowie weitere Details finden sich etwa in Lit. 08., Lit. 07., Lit. 11., Lit. 12., Lit. 13., Lit. 16..
Systeme für retrospektive **Interpretation** werden für die Analyse von Daten benutzt, um deren (symbolische) Bedeutung zu erfassen, d.h. um Situations- oder Systemzustandsbeschreibungen von Beobachtbarem herzuleiten.
Systeme für **Design und Konstruktion** sollen Konfigurationen von Objekten entsprechend bestimmter Randbedingungen entwerfen. Hierzu lassen sich Methoden und Verfahren des computerunterstützten Entwerfens (Computer Aided Design, CAD) nutzen. Diese haben sich schon lange bewährt, arbeiten im allgemeinen aber auf eindeutigen und vollständigen Algorithmen.
Planungssysteme sind Spezialisierungen von Systemen für das Design, die allerdings anstelle von Objekten mit Aktionen befaßt sind. Planungssysteme benutzen Verhaltensmodelle von Agenten, um die Auswirkungen der jeweiligen Aktivitäten derselben abzuleiten, d.h. ein Programm von Aktionen vorzubereiten, mit dem sich bestimmte Ziele erreichen lassen.
Systeme für die **Vorhersage** sollen wahrscheinliche Konsequenzen aus gegebenen Situationen ableiten, d.h. den Verlauf der Zukunft basierend auf Modellen von Ereignissen der Vergangenheit und der Gegenwart vorhersagen. Charakteristisch für Vorhersagesysteme ist die Nutzung von dynamischen parametrischen Modellen, die potentielle Sachverhalte aus den gegebenen Situationen ableiten.

Beratungssysteme müssen eine starke Interpretationskomponente haben, um die Probleme des Ratsuchenden zu verstehen. Dies muß die Transformation in das Bereichswissen des Experten einschließen. Die Lösung des Problems erfordert dann einerseits fakten- und regelartiges Wissen, andererseits aber auch heuristisches Herangehen, wobei der „Standort" des Klienten nicht unwichtig ist (Beliefs). Hier erweist sich Planungs- und Vorhersagekapazität als vorteilhaft, um die potentiellen Lösungen zu generieren, mitzuteilen und zu erläutern.

Systeme für die **Diagnose** werden zum Fehlerfinden in (technischen) Systemen oder für die Bestimmung von Krankheiten bei Menschen benutzt. Hierfür benötigen sie die schon erwähnten Fähigkeiten der Interpretation, Planung und der Vorhersage. Charakteristisch für Systeme dieser Kategorie ist die Fähigkeit, beobachtete Verhaltensunregelmäßigkeiten den verursachenden Gründen zuzuordnen, wobei entweder Tabellen mit Korrelationen von Verhaltensmustern und den entsprechenden Diagnosen oder Wissen über das jeweilige Systemkonzept und mögliche Fehlerfälle die Grundlage bilden.

Systeme des Typs **Fehleranalyse und -behebung** gehören ebenfalls zur Gruppe der Diagnosesysteme. Fehleranalyse und -behebung umfaßt auch „Therapievorschläge" für die fehlerhaften Funktionen, wozu Planungs-, Entwurfs- und Vorhersagefähigkeiten wichtig sind.

Überwachungssysteme müssen Signale interpretieren und Alarme auslösen, wenn ein Eingriff durch Menschen notwendig scheint. Daher ist ein Monitor-System auch ein partielles Diagnosesystem, welches allerdings unter Realzeit-Bedingungen, also nicht retrospektiv, arbeiten muß. Etwas allgemeiner ausgedrückt bedeutet Monitoring oder Überwachung, daß ein Systemverhalten generell im Hinblick auf Anzeichen möglicher Verletztheit/Defekte, die im allgemeinen mit bestimmten Fehlern in Plänen korrespondieren, überwacht wird.

Kontrollsysteme werden von Überwachungssystemen unterschieden, weil sie häufig für eine gesamte Systemsteuerung eingesetzt werden. Wenn also Situationen wiederholt interpretiert, zukünftiges Verhalten vorhergesagt, Probleme diagnostiziert, Pläne ausgeführt und überwacht werden müssen, dann sprechen wir von Kontrollsystemen.

Systeme für **computerunterstütztes** Lernen müssen Fähigkeiten der Diagnose und Fehleranalyse in bezug auf menschliche Benutzer haben, wobei

- Hypothesen über Wissen und Verhalten entwickelt,
- geeignete Hilfsmittel bestimmt,
- tutorielle Interaktionen abgewickelt werden müssen.

In diese Kategorie fallen auch die älteren computerunterstützte Unterrichtssysteme (CUU), obwohl sie damals nicht als Expertensysteme bezeichnet wurden.

Für die **Entwicklung von Expertensystemen** haben sich, wie oben ausgeführt, bestimmte Programmiersprachen als sehr geeignet erwiesen. Trotzdem ist die Implementierung von Expertensystemen mit sehr großem Aufwand verbunden.
Wissensbasen und Inferenzmechanismen lassen sich sehr gut unabhängig von einander betrachten. Darum kam man schon bald auf die Idee, verschiedene Wissensbasen mit ein und demselben Inferenzmechanismus zu benutzen.

So entstanden aus der Entwicklung spezieller Expertensysteme wissensbereichsunabhängige Kernsysteme (Shells), d.h. Expertensysteme wurden zum Einsatzgebiet für Expertensysteme. Zusätzlich wurden häufig benutzerfreundliche Umgebungen und Hilfsmittel (Tools) entwickelt, z.B. für die Phase des Wissenserwerbs, da dieser Vorgang sich als sehr fehleranfällig und zeitaufwendig erwiesen hat.
In der folgenden kleinen Zusammenstellung (*Abb. 5*) werden einige Entwicklungslinien von Shells und Tools dargestellt (siehe auch Lit. 05., Lit. 06., Lit. 07.).

System		Tool/Shell
DENDRAL	→	META-DENDRAL
HEARSAY I+II	→	HEARSAY III
MYCIN	→	TEIRESIAS
MYCIN	→	EMYCIN
EMYCIN	→	KS-300
EMYCIN	→	PERSONAL CONSULTANT
KS-300	→	S. 1, M. 1
PROSPECTOR	→	KAS
CASNET	→	EXPERT
UNITS	→	LOOPS, KEE

Abb. 5: Wissensbereichsunabhängige Systeme und Werkzeuge

Weiterhin ist die Entwicklung spezieller Hardware zu erwähnen, d.h. Computer für LISP UND PROLOG. Sie bieten eine sehr schnelle Arbeitsgeschwindigkeit, die sonst nur von sehr großen Allzweck-Maschinen erreicht wird.

B 9.4.2 Ausblick für den IuD-Bereich

Expertensysteme unterscheiden sich erheblich von klassischen Information Storage & Retrieval-Systemen, u.a. wegen:
- Orientierung auf Wissen und die grundeliegenden Wissensstrukturen: dadurch werden wesentlich allgemeinere Fälle als bei IS&RS abgedeckt, und zum Beispiel auch vages, ungenaues, unvollständiges, unsicheres heuristisches und anderes Wissen nutzbar gemacht;
- Darstellung nicht nur von Wissenstrukturen, sondern auch von Problem-Strukturen des Benutzers. Hierzu sind ausgefeilte Erklärungs- und Dialogkomponenten für Benutzer und Benutzergruppen im System integriert;
- Nutzung nicht nur von explizit gespeichertem Wissen (wie bei IS&RS), sondern auch implizit vorhandenem Wissen. Letzteres wird mit Hilfe von logischen Schlußverfahren (Reasoning) verfügbar gemacht, wobei Verfahren der mathematischen Logik eingesetzt werden;
- Automatische Erweiterbarkeit der genutzten Wissensstrukturen zu beliebigen Zeitpunkten sowie Möglichkeit zur Umstellung auf andere Darstellungsformen, wodurch partiell Lernfähigkeit des Systems implementiert ist;

- Nutzung fortgeschrittener Software und Softwaretechnologien einschließlich benutzerfreundlicher Systemoberflächen mit, Windows, Menüs, Grafik, Bildern, Filmen.

Inzwischen gibt es schon eine ganze Reihe von Systemen, von denen allerdings die meisten in einer wissenschaftlichen Umgebung entstanden sind. Der Übergang zur Kommerzialisierung findet derzeit sehr vehement statt. Deutlicher Indikator ist das beinahe monatliche Neuerscheinung von Expertensystemen und auch Expertensystem-Shells auf dem Software-Markt.

Gerade letztere haben das Entwicklungstempo entscheidend beschleunigt, da hier die Hauptarbeit beim Akquirieren des Wissens liegt, was allerdings auch keine einfache Aufgabe ist. Eine größere Anzahl von Systemen ist auch schon für die Personal Computer verfügbar.

Abschließend läßt sich festhalten, daß mit Expertensystemen und besonders den Shells die Entwicklung von neuartiger Software gelang, mit der auch im Bereich der Information und Dokumentation/Fachinformation gearbeitet werden kann. Neben dem Einsatz bei der Bild- und Filmdokumentation könnten spezielle Expertensysteme als Vorsatz beim Zugriff auf herkömmliche Information Storage & Retrieval-Systeme fungieren. Dadurch wäre eine direkte Benutzung der klassischen Systeme durch Endbenutzer möglich, weil diese dann von den oben beschriebenen Schwierigkeiten im Zugang und der Nutzung weitestgehend befreit werden könnten. Sicherlich lassen sich nicht alle Probleme beim Zugang zu (Fach-)Information auf diese Weise lösen, aber eine zusätzliche Hilfe kann geboten werden. Allerdings wird der Einsatz von Expertensystemen auch einen neuartigen Typ von Dokumentar erforderlich machen: den Informations- oder Wissensingenieur.

Literatur

Allgemein zur Künstlichen Intelligenz:

01. Barr, Avron; Feigenbaum, Edward A.: The Handbook of Artificial Intelligence. Volume 1 + 2. Los Altos, California: William Kaufmann Inc., 1981, 1982. 409 + 428 S.
Erster und zweiter Sammelband zu allen Gebieten der Künstlichen Intelligenz, sehr guter Einstieg bei Interesse an Grundlagen, allerdings keine konsistente Gesamtdarstellung.

02. Cohen, Paul R.; Feigenbaum, Edward A.: The Handbook of Artificial Intelligence. Volume 3. Los Altos, California: William Kaufmann Inc., 1982. 640 S.
Dritter Sammelband zu allen Gebieten der Künstlichen Intelligenz, sehr guter Einstieg bei Interesse an Grundlagen, allerdings keine konsistente Gesamtdarstellung.

03. Newell, Allen; Simon, Herbert A.: Computer Science as Empirical Inquiry: Symbols and Search. ACM Turing Award Lecture 1975: In: Communication of the ACM, March 1976. S. 113–126.
Nachdruck in: Haugeland, John (Ed.): Mind Design – Philosophy, Psychology, Artificial Intelligence. Bradford Books Publ., MIT Press, Cambridge, Massachusetts, 1981. 368 S.
Richtungsweisende Arbeit zu Programmier-Paradigmen.

04. Rich, Elaine: Artificial Intelligence. 3. Aufl. Singapur: McGraw-Hill Book Co., 1983. 436 S. (International Student Edition)
Sehr gute Monografie zum Gesamtgebiet der Künstlichen Intelligenz, inzwischen auch in Deutsch erhältlich.

Speziell zu Expertensystemen und -Shells:

05. Brownston, Lee; Farrel, Robert; Kant, Elaine; Martin, Nancy: Programming Expert Systems in OPS5. Reading: Addison – Wesley Publ. Co., 1985. 471 S.
    Beschreibung eines der ersten erfolgreich kommerziell verfügbaren regelbasierten Expertensystemen: OPS5
06. Buchanan, Bruce G.; Shortliffe, Edward H.: Rule – based Expert Systems. Reading: Addison-Wesley Publ. Co., 1984. 650 S.
    Beschreibung eines der ersten im wissenschaftlichen Kontext entwickelten Systeme: MYCIN (Stanford Heuristic Programming Project).
07. Harmon, Paul; King, David: Expertensysteme in der Praxis. München-Wien: Oldenbourg Verlag, 1986. 315 S.
    Übersetzung des amerikanischen Buches: Expert Systems – Artificial Intelligence in Business (aus dem Jahr 1985). Sehr übersichtliche und plastische Darstellung des gesamten Komplexes, ausgehend von grundlegenden Konzepten und Techniken, über Sprachen, Werkzeuge und Systeme sowie deren Entwicklung mit Ausführung über den zu erwartenden Markt.
08. Hayes-Roth, Frederick; Waterman, Donald A.; Lenat, Douglas (Eds.): Building Expert Systems. Reading: Addison-Wesley, 1983. 400 S.
    Der „Klassiker" unter den Büchern über Expertensysteme, welches den Stand der Entwicklung 1983 wiedergibt. Hat noch etwas den Charakter eines Sammelbandes.
09. Hennings, Ralf-Dirk: Expertensysteme für industrielle Nutzung. In: Nachrichten für Dokumentation 36 (1985) Heft 4/5, S. 179 – 189.
10. Hennings, Ralf-Dirk: Künstliche Intelligenz und Expertensysteme. In: LOG-IN 7 (1987) Heft 1., S. 10 – 18.
11. Hennings, Ralf-Dirk; Munter, Heinz: Expertensysteme. Berlin: MathWare-Verlag, 1985. 352 S. Nachdruck J.F. Lehmanns, Berlin 1988.
    Grundlagen, Entwicklungen, Anwendungen, Trends und Konsequenzen von Expertensystemen aus dem Blickwinkel von 1985. Das Buch richtet sich auch an Nicht-Ingenieure, d.h. Sozial-Wirtschafts-, Informationswissenschaftler, Psychologen sowie innovative Laien. Noch erhältlich bei: Freie Universität Berlin, Arbeitsbereich Informationswissenschaft, Malteser Straße 76 – 100, L 625, D – 1000 Berlin 46.
12. Jackson, Peter: Introduction to Expert Systems. Reading: Addison Wesley, 1986. 246 S.
    Kompakte Einführung mit konsistenter Beschreibung diverser Systeme.
13. Klahr, Philip; Waterman Donald A.: Expert Systems – Techniques, Tools, and Applications. Reading: Addison Wesley, 1986. 441 S.
    Beschreibung diverser Systeme aus dem Blickwinkel der RAND-Corporation.
14. Savory, Stuart E. (Ed.): Künstliche Intelligenz und Expertensysteme., München-Wien: Oldenbourg-Verlag, 1985. 248 S.
    Sammelband im Kontext der Entwicklung der Expertensystem Shell Twaice der Firma Nixdorf AG. mit starker Orientierung auf die Sprache PROLOG.
15. Schnupp, Peter; Leibrandt, Ute: Expertensysteme, nicht nur für Informatiker. Berlin: Springer Verlag, 1986. 140 S.
    Einführendes Buch für den Nicht-Fachmann. Sehr einfach geschrieben, dabei nicht oberflächlich.
16. Waterman, Donald A.: Guide to Expertsystems. Reading: Addison Wesley Publ. Co.: 1985. 419 S.
    Beschreibung diverser Systeme durch einen Spezialisten.

B 10 Linguistisch-technische Aspekte der maschinellen Übersetzung

Harald H. Zimmermann

B 10.1 Einleitung

Betrachtet man die technische Entwicklung in der Informationsindustrie, kommt man nicht umhin festzustellen, daß der Computer in nahezu jeden Bereich menschlicher Tätigkeiten Einzug hält. Auf dem Gebiet der Wort- oder Textverarbeitung wird die Mensch-Maschine-Kommunikation – auf PC-Ebene oder an Workstations anstelle von Schreibmaschinen – der Standard der nahen Zukunft sein, d.h. vom Ende der achtziger Jahre an.

Auf der anderen Seite wird es wegen der Komplexität der natürlichen Sprachen nicht gelingen, das Problem der maschinellen Übersetzung natürlicher Sprache im allgemeinen – ganz zu schweigen von der Erkennung und Übersetzung gesprochener Sprache – im Sinne einer FAHQT (**f**ully **a**utomatic **h**igh-**q**uality **t**ranslation, d.h. einer vollautomatischen hochqualitativen Übersetzung) zu lösen. So gibt es also *Grenzen* (mehr oder weniger beim wissenschaftlichen Herangehen an das Problem) und Möglichkeiten der Einbindung technischer Einrichtungen in den Prozeß der (intellektuellen) Übersetzung oder gar des Textverstehens durch Maschinen.

Ziel dieses Beitrags ist es, die Möglichkeiten (Stand Okt. 1989) des *praktischen Einsatzes* des Computers im Bereich der maschinellen und maschinengestützen Übersetzung zu erkunden. Wenn es auch einigermaßen verlockend wäre, *grundlegende* Fragen der Übersetzbarkeit von Texten (und des Textverstehens) zu behandeln, so wird doch das Gewicht auf der technischen Übersetzung liegen, d.h. auf der Übersetzung technischer und gemeinsprachlicher Texte.

B 10.2 Systematische Aspekte

Selbst wenn es von einigem Interesse ist, wie maschinelle Übersetzung möglich gemacht wird, so spielen doch die linguistischen Aspekte (insb. die Grammatikmodelle und die möglichen bzw. benutzten Strategien) eine untergeordnete Rolle. Man darf also annehmen, daß es eine Art „black box" gibt, in die ein Text bzw. Wörter einer natürlichen Sprache eingegeben werden und aus der mit oder ohne menschliche Unterstützung eine oder alternative Übersetzungen herauskommen. Die Übersetzung kann aus Sicht des Benutzers gut, brauchbar oder schlecht sein.

Bezogen auf den Nutzen und die Nutzung der maschinellen oder maschinengestützten Übersetzung lassen sich hauptsächlich zwei Benutzergruppen unterscheiden:

(1) der sogenannte *Endnutzer*, d.h. ein Experte, der sich über einen Artikel informieren möchte, der in einer ihm mehr oder weniger unbekannten natürlichen Sprache verfaßt ist; eine Person, die einem Freund/einer Freundin einen Brief in einer fremden Sprache schreiben möchte;. . .und

(2) ein professioneller Benutzer, insb. ein *Übersetzer*, der den Computer bei seiner Arbeit als Werkzeug benutzen möchte.

Unter diesem Aspekt kann man Projekte und Grundlagenforschung zur maschinellen Übersetzung und zum Sprachverstehen außer acht lassen und sich auf praktische Werkzeuge bzw. Systeme konzentrieren.
Zu Beginn ist es wichtig, zwischen den beiden Hauptstrategien zu unterscheiden: maschineller Übersetzung (**MT**) und maschinengestützter Übersetzung (**CAT**).

- Ein maschinelles Übersetzungssystem (MT-System: Machine Translation) liegt nur dann vor, wenn der Übersetzungsprozeß – ausgehend von einem maschinenlesbaren Quelltext – ohne menschliche Hilfe abläuft und zu einem Zieltext führt, dessen Qualität für Informationszwecke mindestens „gut genug" ist.
- Ein maschinengestütztes Übersetzungssystem (CAT-System: Computer Aided Translation) liegt dann vor, wenn der Mensch eingreifen muß, damit eine „gute" Übersetzung des Quelltextes (sei er maschinenlesbar oder nicht) erreicht wird.

Es ist offensichtlich, daß ein MT-System zusätzlich als *Komponente* eines CAT-Systems eingesetzt werden kann: ein Text kann vor Beginn der MT „angepaßt" werden („pre-editing"), oder der von der Maschine übersetzte Text kann von Übersetzern post-ediert werden, damit eine höhere Qualität erzielt wird.
Es sind bereits zahlreiche MT- und CAT-Systeme auf dem Markt, die von ihren Entwicklern jeweils als das „richtige praktische Werkzeug" dargestellt werden, und es fällt schwer, ohne präzise Kriterien eine Entscheidung zu treffen.
Da es beim Einsatz von MT-Systemen wesentlich auf den Umfang der Computerwörterbücher ankommt, spielt in beiden Alternativen die Erweiterung dieser Wörterbücher (Wörterbuch-Updating) eine wichtige Rolle:

- ein Konzept sieht vor, daß – besonders im Falle sehr umfangreicher Wörterbucheinträge – der Benutzer, z.B. der Übersetzer, *nicht* selbst am Updating mitwirkt (vgl. z.B. das SYSTRAN-Konzept), so daß die Systemverwaltung Spezialisten für die Verbesserung der Lexikondaten einsetzen muß.
- der andere Weg besteht darin, es dem professionellen Benutzer zu überlassen, das Systemwörterbuch zu ergänzen oder Spezialvokabulare aufzunehmen (wie es das LOGOS-Konzept vorsieht).

Es gibt weitere Systemmerkmale, die im Entscheidungsprozeß eine wichtige Rolle spielen: die Verfügbarkeit von Sprachpaaren; die Möglichkeit, besondere Texttypen (z.B. Sitzungsprotokolle, Briefe,. . .) zu verarbeiten etc.

B 10.3 Bewertungskriterien

B 10.3.1 Qualität

Obwohl man normalerweise das System als „black box" ansehen kann (oder muß), gibt es doch Unterschiede in der Qualität der „reinen" maschinellen Übersetzungsergebnisse („Rohübersetzung"). Es ist nicht leicht, ein genaues Maß anzugeben, aber es soll hier auf einige wichtige Kriterien hingewiesen werden (zu den Einzelheiten vgl. das Konzept von Van Slype (Lit. 04.) und die Beschreibung der beiden SYSTRAN-Evaluationen von Van Slype (Lit. 03.)).

Die Hauptkriterien dabei sind:

(1) Verläßlichkeit und Wiedergabetreue, d.h.: in welchem Maße (schlecht, ausreichend, gut) sind Inhalt/Bedeutung des Originals wiedergegeben.
(2) Verständlichkeit und Lesbarkeit, d.h.: in welchem Maße ist der Benutzer in der Lage, den übersetzten Text zu lesen und zu verstehen.

Dies sieht einfach genug aus, aber die Probleme stecken im Detail: So produziert ein MT-System in syntaktischer und stilistischer Hinsicht normalerweise schlechtere Übersetzungen, als es der Mensch vermag, wohingegen die Übersetzung des Systems auf lexikalischer Ebene, insb. in bezug auf die Erkennung der korrekten Fachbegriffe, sogar präziser und konsistenter sein kann als eine intellektuelle Übersetzung.

B 10.3.2 Anwendungsumgebung

MT oder CAT müssen in einer konkreten Anwendung im Rahmen der Einbettung in eine technische Umgebung gesehen werden. So hängt eine Entscheidung normalerweise nicht nur von der Qualität ab, sondern auch von der Möglichkeit der Integration in ein komplexes Text- oder Wortverarbeitungssystem. In dieser Hinsicht müssen die folgenden Gesichtspunkte beachtet werden:

B 10.3.2.1 Integration in (Literatur- oder Text-) Datenbanken

Heute sind Datenbanken – technisch gesehen – weltweit über Paketvermittlungsnetze und sogar Satellitenkommunikation zugänglich. Dadurch wird die Überwindung von Sprachbarrieren, z.B. der zwischen Englisch und Japanisch, aber auch und gerade auf dem *multilingualen europäischen Markt*, ein äußerst erstrebenswertes Ziel. Experimentelle Bemühungen, MT-Systeme in Informationsprozesse einzubinden, werden in Japan unternommen: als Beispiel mag die INSPEC-Datenbank dienen, die im Original in Englisch vorliegt und auf die über japanische Deskriptoren zugegriffen werden kann. Die Deskriptoren und später die (englischen) Titel werden während des Dialogs ins Japanische übersetzt (vgl. Lit. 02.). Auf ähnliche Art und Weise wird ein anderes MT-System im Batch-Betrieb (mit Postedition) für die deutsch-englische Übersetzung von Titeln aus deutschen Datenbanken eingesetzt (vgl. Lit. 05.).
Es ist offensichtlich, daß die Titel und Abstracts auch von Übersetzern übersetzt werden könnten. Es gibt jedoch Argumente, die für MT und CAT sprechen: Die zu übersetzenden Texte liegen maschinenlesbar vor, so daß eine ideale Grundlage für den Einsatz von Computern existiert; das Fachgebiet der Titel/Texte ist normalerweise „physikalisch" markiert, so daß eine Klassifikation oder sogar Thesaurusfunktionen insbesondere für den lexikalischen Transfer (Vereindeutigung von Begriffen) benutzt werden können; das verwendete Vokabular muß äußerst präzise und konsistent sein, was mit Hilfe des Computers erreicht werden kann.

B 10.3.2.2 Automatische Indexierung

Die Indexierung von (Voll-)Texten kann ein wichtiger Nebeneffekt der Verwendung von MT oder CAT sein. Für den lexikalischen Transfer müssen Wortformen in Grundformen überführt werden; Wortzusammensetzungen und -ableitungen müssen erkannt werden; Wortklasseninformationen, Beziehungen zwischen Begriffen werden für die Vereindeutigung benutzt. So können MT-Qutput bzw. Zwischenergebnisse für die Dokumentarchivierung und das Information Retrieval verwendet werden.

B 10.3.2.3 Text- und Wortverarbeitung

Ohne Zweifel spielt die Textverarbeitung in jeder Übersetzungsumgebung eine bedeutende Rolle. Sogar ,,normale" Übersetzer gehen mehr und mehr zur Textverarabeitung auf PC über, und es ist nur ein kleiner Schritt bis zur Integration von (eigenen) Glossaren oder Wortlisten, die über sogenannte ,,Windows" auf dem Bildschirm sichtbar gemacht werden, anstelle der Benutzung von Karteikästen. Natürlich werden auch andere Funktionen wie Rechtschreib-, Grammatik- oder Stilhilfen in zunehmendem Maße in solche Prozesse integriert.
Der ,,Quelltext" liegt als Ergebnis einer Textverarbeitung maschinenlesbar vor. Das MT- oder CAT-System muß jedoch auf die verschiedenen Textverarbeitungssysteme angepaßt werden (Wang OIS ist beispielsweise mit LOGOS und SYSTRAN kombinierbar, WordPerfect mit SYSTRAN). Wenn solche Werkzeuge verfügbar sind, kann zudem die *Postedition* von MT-Ergebnissen durch besondere Editoren unterstützt werden.
Ein Problem ist in diesem Zusammenhang die Verbindung solcher Werkzeuge mit lokal verfügbaren MT-Systemen (vgl. z.B. LOGOS) oder die Verbindung mit einem zentralen Übersetzungsdienst (vgl. z.B. das Konzept des SYSTRAN-Einsatzes in der Europäischen Gemeinschaft oder auch die Nutzung des MINITEL-Systems in Frankreich für maschinelle Übersetzung mit SYSTRAN).
Zweifellos wird der Einsatz von MT und CAT insbesondere in Kombination mit Textverarbeitung und Online-Zugang zunehmen. Die Frage ist im Augenblick noch, ob die existierenden Werkzeuge (was die Qualität anbelangt) mächtig genug sind, um vom Benutzer angenommen zu werden. Besonders die Ergebnisse der MT-Experimente der Fa. Gachot S. A. über MINITEL und über den PC-Zugang mit SYSTRAN werden hier einen wichtigen Beitrag leisten.

B 10.3.2.4 Elektronisches Publizieren

Zu übersetzende Texte (insb. technische Texte wie *Wartungsanleitungen* und *Handbücher*) werden immer öfter mit Hilfe des elektronischen Publizierens (auch: Desktop Publishing) aufbereitet – incl. Abbildungen, Zeichnungen und Tabellen. Firmen, die Aufträge an Übersetzer in ihrer Firma oder nach außerhalb vergeben, wollen sich eine Aufbereitung (oder das Setzen) fertiger Übersetzungen ersparen, zumal wenn in mehr als eine Sprache übersetzt wird.

So müssen große Anstrengungen unternommen werden (vielleicht auf beiden Seiten: von den Herstellern von Desktop-Publishing-Systemen und den Entwicklern von MT- oder CAT-Software), um die Übersetzungshilfen so zu integrieren, daß die Dokumentstruktur nicht zerstört oder auch nur verändert wird. Natürlich gibt es Probleme bei der Zeilen-, Absatz- oder Seitenabstimmung (wegen der unterschiedlichen Längen von Original- und übersetzten Texten), und auch die Umstellung von Phrasen/Wörtern infolge unterschiedlicher Wortstellung in den einzelnen Sprachen wirft das Problem der korrekten Einfügung typographischer Zeichen (Fettdruck, Unterstreichungen etc.) in den Zieltext auf. Wenn diese „technischen" Aspekte des Übersetzungsprozesses nicht dem Übersetzer/Posteditor überlassen werden sollen, muß eine hochstandardisierte Textbeschreibung in das Electronic Publishing integriert werden. Des stellt eine große Herausforderung an die existierenden und die kommenden MT- und CAT-Systeme dar. (Siehe Kap. B 11 und B 12)

B 10.3.3 Benutzerfreundlichkeit

Was die professionellen Übersetzerarbeitsplätze anbelangt, so spielt die *Benutzerfreundlichkeit* auf jeder Ebene der MT und der CAT eine große Rolle. Nicht wünschenswert wäre es, wenn die Benutzung von MT oder CAT dazu führte, daß der Mensch nur noch „Sklavenarbeit" leistet und Tag für Tag die trivialen Fehler im Maschinenoutput korrigiert. Diese Gefahr besteht derzeit, da die verfügbaren Systeme nicht sehr flexibel und anpassungsfähig sind.
Zukünftige Entwicklungen in MT und CAT müssen sich daher darauf konzentrieren, dem Nutzer mehr und direktere Feedback-Möglichkeiten zu geben. Das manchmal in Datenbanksystemen benutzte „Privatdateikonzept", nach dem sich ein Benutzer in einer Datenbank einen „privaten Bereich" anlegen kann, könnte als Beispiel dienen: zumindest auf Wörterbuchebene müßte dem Benutzer die Möglichkeit gegeben werden, – auf der Grundlage existierender Daten – „eigene" Wörterbücher (physikalisch oder logisch) zu kreieren.
Nebenbei gesagt können beide Seiten – der Hersteller des Datenbanksystems und der Nutzer – von einem solchen Konzept profitieren: das Fachvokabular des Systems wird erweitert und der Benutzer hat selbst Einfluß auf die Auswahl der Übersetzungen (aber auch große Verantwortung).
Was für das Lexikon richtig ist, gilt auch für die strukturellen Komponenten (z.B. den Einfluß auf die Satzlänge, stilistische Komponenten etc.). Bestehende Systeme müssen flexibler werden und künftige sollten solche Komponenten von Anfang an einbeziehen.

B 10.3.4 Kosten und Nutzen

Wie überall in der Wirtschaft wird eine Entscheidung für oder gegen Werkzeuge wie MT oder CAT nach Kosten/Nutzen-Analysen getroffen. Im vorliegenden Fall spielen nicht allein die reinen Kosten eine Rolle, denn „Zeit ist Geld" und eine Übersetzung sofort zu bekommen ist einen hohen Preis wert. Letzten Endes jedoch

wird die Entscheidung aus wirtschaftlichen Gründen gefällt, wobei soziale und menschliche Gründe mitspielen werden.
Da (wenigstens dem Autor) keine ausreichenden Daten über die Entwicklungskosten von MT- und CAT-Systemen vorliegen, soll das Augenmerk im folgenden den Kosten und Nutzen auf Seiten des Benutzers gelten.
Es scheint im Augenblick so zu sein, daß die Übersetzungsleistung eines Übersetzers (in Seiten pro Tag gemessen) durch Interaktion mit dem Computer und/oder Postediting beträchtlich erhöht werden kann. Wenn man annimmt, daß z.B. die Pflege und technische Unterhaltung eines Systems wie SYSTRAN incl. Computer-Hardware rund 300.000 $ im Jahr kostet und daß im Jahr 300.000 Seiten technisch gesehen übersetzt werden können, sind die Kosten der Rohübersetzung – die Wörterbuchpflege und die Vor- und Nachbereitung der MT-Ergebnisse nicht eingeschlossen – fast zu vernachlässigen (1 $ pro Seite). Die Kosten des gesamten Prozesses (Übersetzung mit Mensch-Maschine-Interaktion) hängen von der gewünschten Qualität ab. Für eine „goodenough", d.h. eine *informative* Übersetzung (z.B. von Arbeitspapieren), ist eine sogenannte schnelle Postedition (rapid postediting) ausreichend, bei der ein Übersetzer ca. 20 Seiten pro Tag produziert (anstelle von 6 – 8 Seiten ohne MT).
Um eine der professionellen intellektuellen Übersetzung vergleichbare hohe Qualität zu erreichen, muß mehr Zeit für die Nachkorrektur angesetzt werden. Es scheint jedoch, als beginne sich der Einsatz vom MT oder CAT in dem Sinne zu rechnen, daß – wenn das Vokabular des MT-Systems an die Bedürfnisse des Benutzers angepaßt ist – die Kosten der Übersetzung deutlich unter denen der intellektuellen Übersetzung liegen, selbst wenn man berücksichtigt, daß die Verwendung von Textverarbeitungssystemen im intellektuellen Übersetzungsprozeß bereits ca. 20 % Zeit spart.

B 10.4 Prinzipielle linguistische und strategische Probleme

Die Frage der Morphologie (d.h. die Probleme der Flexion, Ableitung und Wortzusammensetzung) kann in der MT als gelöst gelten, zumindest für praktische Zwecke in einer Anwendungsumgebung, auch wenn die Übersetzung korrekt zerlegter, abgeleiteter oder zusammengesetzter Wörter nicht immer automatisiert werden kann. Dies ist nicht der Fall für Lösungen auf syntaktischer oder semantischer Ebene. Selbst wenn man annimmt, daß ein Problem wie die Vereindeutigung syntaktischer Homographen wie *plays* in *he plays* und *the plays* durch strenge und voll formalisierte Analysesysteme gelöst werden kann, führt doch die Komplexität der Strukturen der natürlichen Sprache zu einer Explosion der Rechenzeit, wenn man versucht, jede mögliche (Teil-) Struktur zu berücksichtigen und zu verarbeiten. Daher versuchen die kommerziellen Systeme, den Prozeß der Identifikation (oder Disambiguierung) durch besondere deterministische oder probabilistische Regeln abzukürzen. Im Ergebnis laufen sie 10.000 oder 1.000 mal schneller als vollkommen linguistisch orientierte Systeme, aber ihre Ergebnisse erreichen evtl. nicht die gleiche Qualitätsstufe.
Heute spielt Computerrechenzeit zwar nicht mehr die gleiche Rolle wie noch vor ei-

nigen Jahren, aber in der maschinellen Übersetzung ist sie bis heute nicht vollkommen zu vernachlässigen. Das gleiche gilt für die Lösung der Probleme der Homonymie, d.h. im Bereich der Semantik. Einerseits bestehen Beschränkungen bei der Verarbeitung der *Text*struktur (im Vergleich zur *Satz*struktur).
In den meisten Fällen ist die Operationsbasis eines MT-Systems die Satzumgebung, d.h. daß Informationen oder Lösungen aus vorangegangenen Sätzen verloren sind und so gut wie nichts über die Textebene bekannt ist. Dies führt zu vielen Fehlern, insbesondere bei der pronominalen Referenz, aber auch bei der Artikelinsertion und der Vereindeutigung von Homonymen. Die existierenden Systeme gehen das Problem der semantischen Mehrdeutigkeiten mit Hilfe semantischer Codes an (die auf einer allgemeineren Ebene auch bei der Vereindeutigung syntaktischer Strukturen eine Rolle spielen), insbesondere mit Fachgebietsmarkierungen, die zur Auswahl des ,,richtigen" Worts (oder der Wortfolge) in Abhängigkeit von den vom Benutzer vergebenen Fachgebietsparametern verwendet werden. Sie versuchen auch, dieses Problem durch Identifizierung von Wortsequenzen oder Redewendungen im Wörterbuch zu lösen (vgl. z.B. *es regnet Bindfäden*: diese Wendung kann nicht analysiert werden. Sie muß im Lexikon durch *it rains cats and dogs* ersetzt werden).
Seit Chomsky hat der systematische strukturell-semantische Zugang zur Sprachanalyse, zum Sprachverstehen und zur Übersetzung Fortschritte gemacht. So gibt es im Forschungsbereich verschiedene moderne formalisierte Grammatiktypen und Parser. Insbesondere in Japan (vgl. z.B. das MU-System) und Europa (vgl. z.B. die Anstrengungen der Europäischen Gemeinschaft und ihrer Mitgliedstaaten mit dem Europäischen Übersetzungssystem EUROTRA) wird die MT-Forschung vorangetrieben. Es scheint jedoch, als brauche man mehr als eine computerlinguistische Entwicklung: Linguisten, Computerfachleute, Informatiker und Benutzer müssen in Großprojekten zusammenarbeiten, um das Ziel der praktischen Einsetzbarkeit zu erreichen.

B 10.5 Beispiele

Um einen Eindruck vom Entwicklungsstand der sogenannten ,,produktiven" (nicht unbedingt kommerziellen) Systeme zu vermitteln und um die Anwendbarkeit der genannten Kriterien aufzuzeigen, werden zwei Systeme beschrieben: die MT-Systeme SYSTRAN und SUSY/STS.

B 10.5.1 SYSTRAN

SYSTRAN (die Rechte liegen bei der Fa. Gachot S. A., Soisy, Frankreich) hat – in seiner neuesten Version 3.7 – die folgenden Merkmale:

- Übersetzung von Volltexten. Selbst wenn die Strukturen nicht stimmen oder Wörter falsch geschrieben sind oder nicht im Computerlexikon gefunden werden, wird eine Übersetzung produziert.
- Die Übersetzungsgeschwindigkeit beträgt (in Abhängigkeit von der Rechnerkapazität) bis zu 350.000 Wörter in der Stunde. Damit ist es das schnellste System auf dem Markt.

- Das System ist sprachenpaarorientiert. Übersetzungen können für die Sprachenpaare Englisch ⇒ Französisch, Englisch ⇒ Italienisch, Französisch ⇒ Englisch, Russisch ⇒ Englisch (US-Airforce), Englisch ⇒ Japanisch (SYSTRAN Japan), Englisch ⇒ Arabisch erzeugt werden; entwickelt werden u.a. Englisch ⇒ Deutsch, Französisch ⇒ Deutsch, Deutsch ⇒ Englisch und Deutsch ⇒ Französisch. Die Qualität hängt einerseits von der Verfügbarkeit (fachgebietsorientierter) Lexika ab. Bei der Europäischen Gemeinschaft sind große Anstrengungen unternommen worden, um die SYSTRAN-Wörterbücher zu entwickeln. Für die englisch-französische Übersetzung steht jetzt ein Wörterbuch mit 150.000 Einträgen zur Verfügung. Die gleiche Qualität kann für die Übersetzung Deutsch ⇒ Französisch, die sich noch in der Anlaufphase befindet, nicht erzielt werden.
- Der Einsatz von SYSTRAN erfordert technische Spezialisten (und Systemverwalter). So können nur Firmen, die sich solche Spezialisten leisten können (wie die EG oder die US-Airforce), eine SYSTRAN-Version auf ihrem eigenen Computer halten (wenn es ein IBM- oder IBM-kompatibler Mainframe ist). Es gibt jedoch eine interessante Alternative: das System ist über Telekommunikationsnetzwerke zu nutzen, z.B. über Paketvermittlung (in Deutschland: vom PC aus via DATEX-P) oder – als sehr futuristische Variante – über BTX. In Frankreich ist eine BTX-Anwendung (die die französische BTX-Version namens TELETEL in Verbindung mit einem Telefon über einen Monitor (MINITEL) benutzt) bereits verfügbar (und wird sogar von Schülern genutzt).
- Die SYSTRAN-Wörterbuchpflege muß bis jetzt von Systemexperten vorgenommen werden. Das Hauptproblem liegt nicht in der Kodierung selbst (die sehr komplex ist, aber mittels einer benutzerfreundlichen Schnittstelle bewältigt werden kann und wird), sondern in der Konsistenz der Lexikondatenbank. Die Wörterbücher enthalten Fachgebietscodes, aber diese Komponente muß weiterentwickelt werden, um eine flexiblere Nutzer- und Nutzungsorientierung zu erfahren.
- SYSTRAN ist wenig portabel. Das bedeutet: die Sprache ist IBM-Assembler, auch wenn die linguistischen Regeln normalerweise in einer besonderen Makrosprache geschrieben sind. Das System selbst benötigt – wie oben erwähnt – einen (IBM- oder Siemens- oder Amdahl-) Mainframecomputer oder Computer gleicher Größe. Eine Softwareumstellung (evtl. auf UNIX) ist allerdings geplant.
- Die Qualität der (Roh-) Übersetzung schwankt, und zwar je nach Sprachenpaar und Lexikonumfang. Für Englisch ⇒ Französisch können etwa die folgenden Prozentzahlen genannt werden: Morphologische Erkennung: etwa 100 %; syntaktische Strukturen: etwa 90 %; semantische Disambiguierung: zwischen 80 und 90 %, in Abhängigkeit von den sogenannten „limited semantics"-Regeln.
- SYSTRAN kann mit verschiedenen Textverarbeitungsumgebungen kombiniert werden. Eine davon ist Wang OIS (die bei der EG eingesetzt wird); es können aber auch (IBM-kompatible) PCs mit Editoren wie WordPerfect oder MS-WORD verwendet werden. Es gibt Anwendungen, bei denen mit Beleglesern WordPerfect-Textdateien erstellt werden, die an ein SYSTRAN-Servicezentrum (z.B. Gachot S. A. in Soisy bei Paris) geschickt werden. Man erhält dann den übersetzten Text über Postleitung und ein Softwaretool zurück, das die Postedition des Textes über einen geteilten Bildschirm erlaubt (mit dem Original in dem einen Fenster und der Übersetzung im anderen).
- Die Nutzung des Übersetzungssystems selbst ist batch-orientiert. Während des Übersetzungsprozesses selbst gibt es keine Möglichkeit der Interaktion (trotz der Tatsache, daß der Systemadministrator in einem Zwischenschritt Übersetzungen für unbekannte Wörter einfügen kann). Andererseits behandelt der Benutzer das System als „black box"; er benötigt keinerlei Kenntnis des Systems.
- Es gibt keine genauen Informationen über die Entwicklungskosten des Systems. Schätzungen bewegen sich zwischen 20 und 50 Millionen Dollar. Die EG-Version allein kostete bislang etwa 4 bis 6 Millionen Dollar. Die laufenden Kosten für die Unterhaltung einer

Komplett-Version (mit mehreren Sprachen, inkl. Hardware, ohne Lizenzgebühren) belaufen sich meiner Meinung nach auf 300.000 Dollar im Jahr. Wenn also (bei der EG) etwa 300.000 Seiten im Jahr übersetzt werden können, betragen die Systemkosten 1 $ pro Seite (Textverarbeitung, Postedition und Computerrechenzeit nicht eingeschlossen). Die Übersetzungskosten bei Benutzung des französischen MINITEL-Systems (BTX) liegen bei 0,10 $ pro „Fenster" (das sind bis zu 10 Zeilen). In dieser Version ist die automatische (Roh-) Übersetzung innerhalb von 20 – 30 Sekunden verfügbar. Auf dem deutschen Markt wird die Übersetzung mit SYSTRAN z.Z. mit 0.09 DM/Wort (Standardpreis) angeboten.
- Dies alles läßt den Schluß zu, daß SYSTRAN endbenutzerorientiert ist, d.h. daß sein Markt in erster Linie die „Informationsgesellschaft" ist, die keine 100%ige Qualität benötigt, sondern eine Übersetzung, die ausreicht, um einen Text in einer dem Benutzer fremden oder so gut wie fremden Sprache zu verstehen. Es besteht jedoch kein Zweifel daran, das SYSTRAN auch gute Chancen hat, in einer professionellen Übersetzungsumgebung als superschnelles Werkzeug und als eine Alternative im Bereich der computergestützten Übersetzung eingesetzt zu werden.

B 10.5.2 SUSY/STS

Das MT-System SUSY wurde im Rahmen eines großen Forschungsprojekts zur Computerlinguistik an der Universität des Saarlandes in Saarbrücken entwickelt und wird nun im Saarbrücker Translationsservice STS zur Übersetzung von Datenbanktexten (Titel/Abstracts) als Produktionssystem benutzt. Dieser Service wurde am Institut der Gesellschaft zur Förderung der Angewandten Informationsforschung (IAI) an der Universität des Saarlandes eingerichtet. Hauptmerkmale von SUSY-STS sind:

- Übersetzung von Volltexten (auf Satzebene) ist möglich. In dieser speziellen Anwendungsumgebung liegt der Schwerpunkt jedoch auf der Übersetzung von Titeln und Abstracts.
- Wie SYSTRAN ist SUSY-STS ein robustes „All-Round"-System: Ein Text wird übersetzt, auch wenn er unbekannte Wörter enthält. In solchen Fällen bleibt das Originalwort im Zieltext stehen.
- SUSY-STS ist ein „multilinguales" MT-System. Nur die Transferkomponente (die eigentliche „Verbindung" zwischen zwei Sprachen) ist zweisprachig, während Analyse und Synthese unabhängig von der jeweiligen Ziel- bzw. Quellsprache ablaufen. SUSY-STS-Anwendungen sind möglich für Deutsch ⇒ Englisch (wird in STS-Verfahren praktisch genützt), Englisch ⇒ Deutsch und Russisch ⇒ Deutsch, ansatzweise auch für Französisch ⇒ Deutsch, Deutsch ⇒ Französisch und Esperanto ⇒ Deutsch. Vor allem wird Deutsch-Englisch übersetzt, wobei ein deutsches Analysewörterbuch mit 150.000 Einträgen, ein Lexikon mit deutschen Komposita (150.000 Einträge) und ein deutsch-englisches Übersetzungslexikon mit 300.000 Einträgen zur Verfügung stehen.
- Wie SYSTRAN muß auch SUSY-STS von gut eingearbeiteten Fachkräften bedient werden. Daher wurde ein Übersetzungsservicekonzept entwickelt. Übersetzungen werden nur im Übersetzungszentrum am IAI in Saarbrücken erstellt. Die Auftraggeber schicken ihre Daten per Magnetband oder Diskette ans IAI und erhalten die übersetzten Daten auf dem gleichen Wege zurück. Hauptanwendung ist, wie erwähnt, die Übersetzung deutscher Titel aus Datenbanken ins Englische. Die zweisprachige Terminologie wird während der Verarbeitung der Daten für die verschiedenen Fachgebiete aufbereitet. Auftraggeber sind u.a.: Das Informationszentrum RAUM und BAU, wo die zweisprachige Datenbank ICONDA produziert wird; das Deutsche Patentamt, dessen deutsches Stich- und Schlagwortverzeichnis übersetzt wurde; das Deutsche Informationszentrum für Technische Re-

geln, für das die Titel deutscher Industrienormen ins Englische übersetzt werden, die anschließend in die entsprechende Datenbank eingebracht werden; das Informationszentrum Sozialwissenschaften, für das die Titel einer Literaturdatenbank übersetzt werden. Alles in allem sind vom STS bis heute 200.000 Titel übersetzt worden.

- Das System ist unter UNIX verfügbar (und in diesem Sinne auch portabel). Die Programmiersprache ist FORTRAN, einige Routinen sind in C geschrieben. Eine andere Version läuft unter BS2000 auf Siemensrechnern.
- Die Qualtität der maschinellen (Roh-) Übersetzung Deutsch ⇒ Englisch ist zufriedenstellend: etwa 99 % der Wörter der Quelltexte werden morphologisch erkannt; was die Erkennung der syntaktischen Strukturen und die semantische Disambiguierung anbelangt, so liegen keine zuverlässigen Statistiken vor. Die Einbeziehung von Fachgebietscodes ist in Entwicklung.
- Der Service setzt in der Regel menschliche Posteditoren ein, um eine hohe Übersetzungsqualität zu erzielen. Als erster Schritt im Übersetzungsprozeß erfolgt die Identifizierung und Korrektur fehlerhafter Wörter mit Hilfe einer Rechtsschreibhilfe. Dann werden unbekannte Wörter (hauptsächlich im Übersetzungswörterbuch) identifiziert und kodiert. Im nächsten Schritt wird der Text maschinell übersetzt und durch die Übersetzer (Posteditoren) am Bildschirm nachredigiert. Nach einer Nachprüfungsphase werden die Daten auf Band oder Diskette zurückgeschickt. Es kann ein automatisches Indexierungssystem integriert werden, d.h. der Analysebaustein von SUSY-STS wird benutzt, um aus den Textwörtern Grundformen zu ermitteln und Komposita oder Ableitungen in ihre Bestandteile zu zerlegen. Dem Posteditor werden neben dem Text noch Wortalternativen angeboten, die er „per Knopfdruck" in den Zieltext einfügen kann.
- Wie SYSTRAN ist SUSY-STS batchorientiert. Die Wörterbuchpflege ist jedoch dialogorientiert, so daß ein entsprechend geschulter Benutzer neue Wörter in die entsprechenden Lexika eintragen kann. Die Postedition erfolgt separat auf PC oder per Terminal direkt mit dem Hostrechner, einer Nixdorf TARGON/35.
- Die Entwicklungskosten des SUSY-Systems betrugen etwa 5 Millionen Dollar (ohne die Grundlagenforschung an der Universität des Saarlandes). Die Anpassung an die Erfordernisse des STS kostete etwa 200.000 Dollar. Die Systemkosten betragen pro Jahr etwa 150.000 Dollar incl. des Bedienungspersonals (ohne die Übersetzer). Der Service arbeitet kostendeckend, wenn im Jahr etwa 4 Millionen Wörter (à 0,12 Dollar) übersetzt werden. STS wird z.Z. mit Fördermitteln des Bundesministers für Forschung und Technologie (BMFT) getestet.
- Zusammenfassend läßt sich sagen, daß SUSY-STS ein spezialisiertes CAT-System ist. Seine Geschwindigkeit (5.000 laufende Wörter pro Stunde CPU-Zeit) ist mit der von SYSTRAN nicht zu vergleichen, und eine Erweiterung um weitere Sprachpaare ist derzeit nicht vorgesehen. Es ist jedoch offensichtlich, daß MT-Systeme bei Ausnutzung ihrer Fähigkeiten und nach Anpassung an besondere Bedürfnisse in der Zukunft eine gute Rolle spielen werden.

Im Rahmen dieses Artikels können ähnliche Beschreibungen anderer existierender Systeme nicht gegeben werden. Zu nennen wären vor allem METAL (Siemens), LOGOS und GAT-Systeme wie ALPS oder TERMEX. Dazu wären auch eine gewisse Vertrautheit mit der Nutzung und gute Kenntnisse der konzeptuellen Ebene erforderlich. Ziel sollte es sein, einige konkrete *Beispiele* zu präsentieren, um einen ersten Eindruck von der Komplexität der Materie zu vermitteln. So erscheint es zu einfach, MT nur aus sprachlicher Sicht zu betrachten (in dem Sinne, daß die Qualität der MT mit der der Humanübersetzung vergleichbar oder nicht vergleichbar sei) oder auf der anderen Seite MT als rein technisches Softwarewerkzeug zu behandeln: Fortschritte sind nur dann zu erzielen, wenn die Grenzen und Möglichkeiten der MT in konkreten Anwendungsumgebungen berücksichtigt werden.

B 10.6 Ausblick

Schaut man in eine ferne Zukunft, so scheint sicher zu sein, daß sich die professionelle Übersetzung im Normalfall der MT bedienen wird. Dies wird mehr oder weniger von den „geeigneten" Sprachenpaaren abhängen, von der Vollständigkeit der Maschinenwörterbücher, von der „richtigen" technischen Systemumgebung und nicht zuletzt auch von den Kosten der Systemnutzung.
Daneben werden auch CAT-Systeme als Vokabel- und Terminologiehilfen – in Textverarbeitungssysteme integriert oder an sie angeschlossen – eine wichtige Rolle spielen, insbesondere als Unterstützung bei der Erstellung eines fremdsprachigen Textes durch den Autor selbst oder um einen über Telekommunikation (TELETEX) übermittelten Text zu verstehen. Im Büro wird CAT hauptsächlich mit bilingualen Wörterbüchern auf CD-ROM oder Festplatte als Stil- oder Grammatikhilfe benutzt werden.
Im Gegensatz zu Ansichten wie z.B. der von Hutchins (Lit. 01., S. 331–334) sehe ich nicht die Notwendigkeit eines besonderen *Übersetzerarbeitsplatzes*, aber es wird besondere Übersetzungshilfe-*Funktionen* geben, die – in leistungsfähige Autoren-Arbeitsplätze integriert – die Nutzung von Fortschritten im Bereich von Computerlexika und -thesauri möglich machen.
Was wird im Hinblick auf technische Übersetzungen mit dem professionellen Übersetzer geschehen? Man kann MT-Systeme als besondere „Expertensysteme" ansehen, wobei angemerkt werden muß, daß sie so gut wie nie die Qualität guter spezialisierter Übersetzer erreichen werden. Um jedoch solche Übersetzungs-Expertensysteme zu entwickeln, zu verbessern und zu unterhalten, werden „Sprachtechnologen" (linguistic knowledge engineers) gebraucht, die in der Lage sind, mit diesen Systemen umzugehen. Was die Komplexität der natürlichen Sprache angeht, wo wird es zur Zusammenarbeit zwischen System und Übersetzer kommen. Und es besteht die gute Chance, daß – falls Übersetzungen billiger und schneller werden – die Nachfrage nach ihnen steigt und letzten Endes die Übersetzer – unter veränderten Bedingungen – nach wie vor eine wichtige Rolle spielen werden.

Literatur

01. Hutchins, W. J.: Machine Translation: Past, Present, Future. Chichester 1986.
02. Nagao, M. et al.: An English-Japanese Machine Translation System of the Titles of Scientific and Engineering Papers. In: COLING 1982, Amsterdam 1982.
03. Van Slype, G.: Deuxième évaluation du système des traduction automatique SYSTRAN anglais-francais de la Commission des Communautés Européennes. Bruxelles 1979.
04. Van Slype, G.: Conception d'une méthodologie générale d'évaluation de la traduction automatique. Multilingua 1–4, 1982, S. 221–237.
05. Zimmermann, H. H., Kroupa, E., Luckhardt, H.-D.: STS – Das Saarbrücker Übersetzungssystem. Veröffentlichungen der Fachrichtung Informationswissenschaft. Saarbrücken: Universität des Saarlandes 1987.

B 11 Elektronisches Publizieren

Knud Böhle

B 11.1 Was bedeutet „Elektronisches Publizieren"?

Erst Ende der siebziger, Anfang der achtziger Jahre ist „das Publizieren" von Primärinformationen von der Entwicklung der „elektronischen" **I**nformations – und **K**ommunikationstechnologie (**IKT**) erreicht worden (zu den Anfängen der Diskussion in der Bundesrepublik vgl. (Lit. 53.; Lit. 60.). Ein Dokumentar oder Informationsvermittler wird dies an der Zunahme von Volltexten (Zeitungen, Zeitschriften, Handbüchern, Enzyklopädien, Newsletter) im Datenbankangebot nationaler und internationaler Hosts, etwa bei GENIOS, MEAD, DIALOG oder NewsNet, ablesen können (s. Lit. 67.).
Betrachtet man die Verlage als Sachverwalter und Vermittler von Primärinformationen, „das Publizieren" als Herzstück verlegerischer Aktivitäten, dann bedeutet „Elektronisches **P**ublizieren" (im weiteren verwenden wir das Kürzel **EP**), daß Verlage Primärinformationen – Texte und ggf. Grafik – in zentralen Datenbanken speichern und über Telekommunikationsnetze einer Öffentlichkeit anbieten.
Mit dieser ursprünglichen Bedeutung beginnt die Karriere eines Begriffs, der sich in der Folgezeit zunehmend ausweitet – aus guten Gründen, aber auch einfach durch inflationären, unreflektierten Gebrauch. Legt man den spezifischen Begriff zugrunde, der erst in dem Moment entsteht, als Verleger wahrnehmen, daß sie das Potential der IKT für ihre Zwecke nutzen können, versteht man rückblickend, daß die Online-Datenbanken mit Sekundärinformationen, die es ja schon seit zehn Jahren gab, noch nicht als EP aufgefaßt wurden. Es läßt sich hinzufügen, daß selbst eine Volltextdatenbank wie die Rechtsdatenbank LEXIS, die es schon seit 1973 gab, den Begriff EP noch nicht hervorlockte, weil sie nicht von einem Verlag, sondern von einem Seiteneinsteiger aus der Papierindustrie, MEAD Corporation, angeboten wurde. Selbst die ersten Versuche zu „elektronischen Zeitschriften" wurden nicht als EP, sondern elementarer als elektronischer Informationsaustausch begriffen (vgl. Lit. 70.; Lit. 32.). Wenn Publizieren nun darin besteht, Informationen öffentlich anzubieten, dann haben wir es auch in den genannten Fällen schon mit EP zu tun.
Von Vertretern aus dem Verlagsbereich wird angeführt, daß Publizieren (= Verlegen) mehr beinhalte, als nur Informationen anzubieten. Es wird auf die verlegerische Selektionsfunktion hingewiesen, die bewußte Zusammenstellung von Informationen für bestimmte Adressaten (packaging) und die inhaltsbezogene Qualitätssteigerung, etwa durch das Lektorat. Publizieren wird so als Vermittlung und Verbreitung von veredelten (value-added) Informationen angesehen. Damit ist allerdings weder entschieden, daß nur Verlage diese Funktionen wahrnehmen können, noch daß sie es in jedem Fall tun (vgl. zur Diskussion: Lit. 17.; Lit. 28.; Lit. 14.; Lit. 30.). Die Funktionen sind folglich nicht geeignet, verlegerisches und nicht-verlegerisches EP zu differenzieren.
Die Verlagsfunktionen lassen sich allgemeiner dem Kriterium Gebrauchswert zu-

rechnen. Die Gebrauchswertorientierung (vgl. Lit. 39.) steht gegen die zu abstrakte Vorstellung von der Information (als solcher) als Ware. Information ist als Angebot zu gestalten, so daß sich ein möglichst hoher Gebrauchswert daraus ergibt. Der Gebrauchswert elektronischer Angebote hängt – außer von der inhaltlichen Qualität – auch ganz wesentlich von der Präsentation ab. Die Präsentationsform ist entscheidend für die Rezeption der Informationen. So ist es wichtig, dem Nutzer durch verständliche und wirkungsvolle Suchverfahren (Retrievalsoftware + Benutzungsoberfläche) zu helfen, das Wissenswerte im Wißbaren zu finden. Für die Informationsaufnahme sind darüberhinaus aber auch Qualitäten entscheidend, die von den Druckmedien bekannt sind, wie gute Lesbarkeit von Texten, Unterstützung von Texten durch Abbildungen und Grafiken, freie Bewegungsmöglichkeiten im Text (Blättern, Aufschlagen u.a.).

B 11.2 Elektronisches Publizieren und technische Entwicklungen

Eine tatsächliche Differenzierung des EP hat sich infolge technischer Entwicklungen ergeben. Die ursprüngliche Variante des EP unterstellt, daß Informationen zentral (maschinenlesbar) gespeichert und so vorgehalten werden, daß sie mit geeigneten Endgeräten über Telekommunikationsnetze abrufbar sind. Im neueren Fall werden Informationen und Speichermedien – ähnlich wie bei Druckerzeugnissen auch – zunächst vervielfältigt (z.B. durch Kopieren oder Pressen), dann als physische Produkte vertrieben und stehen schließlich lokal (dezentral) als Datenbanken zur Verfügung. Zur ersten Variante gehören die sog. Online-Datenbanken, aber auch die Videotex-Dienste (Bildschirmtext und Videotext in der Bundesrepublik), zur zweiten die Disketten (in verschiedenen Formaten), Magnetbänder und optische Speichermedien wie Bildplatte, CD-ROM oder WORM.
Die beiden Formen lassen sich ggfs. auch kombinieren (sog. Hybridsysteme), etwa Bildplatte und Bildschirmtext oder Online-Datenbank und CD-ROM. Die vom Druck her bekannten Präsentationsformen Text und Grafik lassen sich mit Bewegtbildern und Ton zu multimedialen Angeboten (engl. multimedia documents) integrieren. Die Kombinations- und Nutzungsmöglichkeiten lassen sich noch vervielfachen, wenn man – „intelligente" Endgeräte (Mikrocomputer u.a.) unterstellt – die Angebote durch spezielle Software anreichert.
Das Domesday Projekt (vgl. Lit. 68.) ist ein nennenswertes Beispiel. Für die Aufzeichnung von Informationen werden Bildplatten (LV ROM Laservision – Read Only Memory) verwendet. Bislang wurden zwei solcher Platten mit Inhalt gefüllt. Eine, die sog. „National Disk", enthält z.B. eine Stunde Tonfilm über die wichtigsten Ereignisse in Großbritannien zwischen 1980 und 1986, Texte, die speziell für das Projekt geschrieben wurden und solche, die aus Veröffentlichungen stammen. Dazu kommt umfangreiches statistisches Material von den verschiedensten Stellen, dessen Präsentationsform über Software im Mikrocomputer gesteuert wird. Eine Statistik läßt sich z.B. in einem Histogramm oder einem Kuchendiagramm darstellen, der Maßstab kann verändert werden u.ä.
Wie die Multimedia-Angebote die Präsentation über die Darstellung von Text hinausführen, so führen Hypertextsysteme über die sequentielle Rezeption hinaus zu

interaktivem Umgang mit in semantischen Netzwerken organisierten Wissensportionen, und wissensbasierte Systeme versprechen neue Verfahren der individualisierten Wissensgewinnung. Die drei Stränge führen zu Datenbanken neuen Typs, die man sich auch noch breitbandig vernetzt vorstellen darf (vgl. Lit. 49.; Lit. 08.; Lit. 75.; Lit. 31.; Lit. 72.; Lit. 69.). Das alles ist noch im Labor- oder Experimentierstadium, und was sich davon durchsetzen und was an neuen Entwicklungen dazutreten wird, wird sich zeigen. Sicher aber ist, daß sich das Bild der technischen Realisierungen von EP damit weiter ausdifferenzieren wird; kurzum: Von der technischen Seite her ist EP offen.

B 11.3 Elektronisches Publizieren als integrierter Publikationsprozeß

,,Das Publizieren" kann neben dem Akt des Veröffentlichens auch den gesamten Publikationsprozeß meinen, was eine entsprechende Erweiterung für das EP impliziert. Der Prozeß soll hier zunächst in vereinfachter Form für das ,,konventionelle" Publizieren durchgespielt werden.

Betrachtet man den gesamten arbeitsteiligen Prozeß, so steht das Publizieren am Ende des Produktionsprozesses von Informationen, setzt da ein, wo Inhalte formuliert und aufgezeichnet werden, um sie zu veröffentlichen. Das gemeinsame Interesse, etwas veröffentlichen zu wollen, bringt Autoren und Verlage zusammen. Der Verlag übt ggfs. seine bereits angesprochene Selektionsfunktion aus. Nachdem ein Manuskript diesen Filter passiert hat, können noch inhaltliche, stilistische und orthographische Nachbesserungen vorgenommen werden. Parallel setzt bereits die Satzvorbereitung ein, der erste Schritt der technischen Herstellung der Publikation. Der Verlagshersteller versieht das Manuskript mit Satzauszeichnungen (Hervorhebungen, Abstände, Schriftarten etc.), die ähnlich wie Korrekturzeichen dazu dienen, um dem Satzbetrieb mitzuteilen, was er mit dem Manuskript zu tun hat: die Korrekturen bei der Neuerfassung des Manuskripts auszuführen und die Satzauszeichnungen in Satzbefehle für den Satzrechner umzusetzen. Danach durchläuft der gesetzte Text noch einige Korrekturschleifen, in die Verlag, Autor und Satzbetrieb einbezogen sind, bis schließlich der Autor sein Imprimatur gibt und der Text in den Druck gehen kann. In diesem technischen Produktionsprozeß werden die Informationen aufbereitet und in eine marktgerechte Präsentationsform gebracht. Schließlich fällt dem Verlag noch die Aufgabe zu, die Publikation im Markt zu verbreiten. Nach der Auslieferung gelangen die Informationen dann über Vermittlungsinstanzen wie Buchhandel und Bibliothek an den Konsumenten, den Leser. Wenn es sich um den Bereich Fachinformation handelt, kann sich die Handlungskette dadurch schließen, daß der Nutzer als Informationsproduzent wiederum den Publikationsprozeß eröffnet.

An diesem Modell knüpft die Vorstellung vom EP als elektronisch integrierter Publikationskette an, in der alle Etappen – vom Autor bis zum Nutzer – mit Unterstützung von IKT durchlaufen werden. In dieser Vorstellung bilden Produktionsprozeß und Distribution eine Einheit. Das EP hat jetzt zwei Seiten, eine produktionsorientierte und eine lieferformorientierte (vgl. zu der Unterscheidung Lit. 40.). In der Perspektive integrierter Publikationssysteme taucht die Vorstellung von ,,pa-

pierlosen" Informationssystemen (Lit. 42.) wieder auf. Auch heute stellt diese Aussicht noch eine Utopie (positiv oder negativ) dar, entspricht ihr wenig in der Realität. Realistischer kann man von einer Differenzierung des gesellschaftlichen Publikationssystems sprechen, wobei die Mehrzahl der elektronischen Angebote heute noch Parallelpublikationen sind, die oftmals aus dem elektronisch gestützten Produktionsprozeß von Druckerzeugnissen quasi abgezweigt werden.
Es wird von Verlagen erkannt, daß EP nicht die Substitution des „herkömmlichen" Publizierens bedeutet, sondern in dreifacher Hinsicht von Nutzen sein könnte: als

1) Rationalisierungsstrategie auf der Produktionsseite,
2) Diversifizierungsstrategie auf der Angebotsseite (Mehrfachverwertung) und
3) Mittel gegen bestehende Probleme mit gedruckten Publikationen („Kopierunwesen", kleine Auflagen, Lagerhaltung, sinkende Bibliotheksetats).

Der dreifache Nutzen läßt sich auf drei evidente Aspekte der elektronisch integrierten Publikationskette beziehen:

1) Es findet kein Medienwechsel (Medienbruch) mehr zwischen Papier und elektronischer Form statt.
2) Der Anfang des technischen Produktionsprozesses wird zum Autor hin verlagert, bzw. bereits der Autor in die technische Produktion einbezogen.
3) Publizieren wird in doppeltem Sinne „database publishing':

   a) produktionsorientiert, insofern der Verlag „seine" Informationen (verschiedenster Autoren) in einer Datenbank organisiert, um sie als elektronischen Stehsatz für spätere – auch überarbeitete – Auflagen verwenden zu können; um aus der Masse der Daten, die bei einem Verlag zusammenkommen, durch Auswahl und Zusammenstellung neue Publikationen zu generieren (Sammelbände, Auswahlbände etc), um ein Dokument erst dann auf Papier auszugegeben, nachdem es angefordert wurde (Printing on Demand);
   b) lieferformorientiert, insofern der Verlag „seine" Informationen in elektronischer Form öffentlich anbietet, sei es für den Online-Zugriff auf verlagseigene Rechner respektive internationale Hosts oder sei es in Form lokaler Datenbanken (z.B. CD-ROM oder Disketten). Zum lieferformorientierten EP vgl. auch das Kapitel B 13 über Electronic Document Delivery.

Es sei im Zusammenhang mit dem Konzept der Mehrfachverwertung darauf hingewiesen, daß häufiger die produktionsorientierten Vorteile den Aufbau einer Verlagsdatenbank motivieren, als die Aussichten elektronischer Diversifizierung. Andererseits ist eine Verlagsdatenbank eine gute Voraussetzung, um im geeigneten Moment in das (lieferformorientierte) EP einzusteigen.
Es sei auch angemerkt, daß die Mehrfachverwertung – die Idee, etwas mehrfach verkaufen zu können, ohne nennenswerte neue Kosten – nicht unbedingt eine verlegerische Leistung darstellt; die läßt sich eher dort ausmachen, wo Verlage die IKT dazu nutzten, bislang (aus technischen Gründen) unveröffentlichte Materialien zu publizieren oder sie sich auf ganz neue Angebots- und Nutzungsformen (z.B. bildschirmorientierte Angebote wie „elektronisches Buch" oder interaktive Zeitschriften) einlassen.

B 11.4 Das Prinzip eines geräte- und anwendungsunabhängigen Formats

Was in dem Idealbild der elektronisch gestützten Publikationskette als Möglichkeit angelegt ist, ergibt sich nicht von selbst, sondern wird punktuell erprobt und eingeführt. EP steckt noch in den Anfängen, befindet sich im Projektstadium. In den Projekten – gefördert oder nicht – werden aus den Versprechungen des EP erst einmal Probleme, für die Lösungsmuster gefunden werden müssen, die vielleicht selbst wieder problematisch sind. Die Projekte konzentrieren sich auf drei Problembereiche:

1) auf Texterstellung, Dokumentenaustausch und -weiterverarbeitung,
2) auf Datenbankaufbau und „Document Delivery" sowie
3) physische Ausgabeformen aus der Datenbasis.

Die Prämisse der Integration legt nahe, daß die Texterfassung bereits so vorgenommen wird, daß sie auch für den Datenbankaufbau geeignet ist und der Datenbankaufbau müßte so erfolgen, daß aus der Datenbank ggfs. direkt geliefert werden kann, aber auch verschiedene physische Ausgabeformen erzeugt werden können. In diesem Problemfeld gibt es viele Wege, aber auch so etwas wie den Königsweg, der über ein geräte- und anwendungsunabhängiges (= neutrales) Format führt. Das Format, das als Standard – und das heißt mit dem Ziel allgemeiner Anerkennung – zu definieren ist, soll

1) den Dokumentenaustausch zwischen verschiedenen Systemen erlauben (z.B. zwischen einem PC-Textverarbeitungssystem und einem Satzsystem)
2) offen sein für verschiedene Wege der Weiterverarbeitung, sprich für verschiedene Anwendungen (Ausgabe auf Papier, Datenbankaufbau, CD-ROM u.a.).

Mit der Zunahme „elektronischer Manuskripte" (vgl. quantiativ für die Bundesrepublik die Ergebnisse einer repräsentativen Autorenbefragung in Lit. 56.) entsteht nicht nur prinzipiell die Möglichkeit, die maschinenlesbaren Daten des Autors für die Weiterverarbeitung in Verlag und Satzbetrieb zu übernehmen, sondern auch Bedarf, die Übernahme zu regulieren. Denn je weniger Datenkonvertierungen und Nacharbeiten mit den „elektronischen Manuskripten" verbunden sind, umso wahrscheinlicher werden Kosten- und Zeitersparnisse bei der Herstellung der Publikation.

Von daher wurden Anstrengungen unternommen, das Übergabeformat (allgemeiner: Austauschformat) für „elektronische Manuskripte" zu standardisieren. Die American Association of Publishers begann 1983 mit der Entwicklung eines solchen Standard (vgl. Lit. 01.; Lit. 02.; Lit. 45.; Lit. 19.). Inzwischen haben andere Länder, darunter Großbritannien (vgl. Lit. 65.; Lit. 66.) und die Bundesrepublik nachgezogen.

Der Börsenverein des Deutschen Buchhandels ließ gemeinsam mit dem Bundesverband Druck einen Standard erarbeiten, der unter dem Namen strukTEXT veröffentlicht wurde und demnächst als DIN-Norm verabschiedet werden soll (vgl. Lit. 10.; Lit. 18.; Lit. 61.). Die Entwicklungen sind im Zusammenhang mit der Entwicklung der **SGML** (**S**tandard **G**eneralized **M**arkup **L**anguage, ISO 8879) zu sehen. Die SGML definiert praktisch das Meta-Regelwerk, aus dem konkretere Richtlinien, in unserem Fall für den Publikationsbereich, abgeleitet werden können (vgl. Lit. 34.; Lit. 63.; Lit. 29.; Lit. 05.).

Es sind vor allem zwei Prinzipien (logische Auszeichnung und Beschränkung auf einen allgemein anerkannten Zeichenvorrat), die in ein solches Format bzw. die korresponierenden Richtlinien, wie z.B. strukTEXT, einfließen.
Ein Text wird als Einheit von Inhalt und Struktur aufgefaßt. Die Struktur eines Textes findet üblicherweise in der Gestaltung ihren Ausdruck (Abstände, Einrückungen, Kursivstellungen, Schriftwechsel etc.). In einem elektronischen Manuskript erscheinen diese Gestaltungsanweisungen als Steuerbefehle. Ihre Gültigkeit haben sie nur in bezug auf das Textverarbeitungssystem und Ausgabegerät am Ort der Manuskripterstellung, sie sind geräteabhängig. Für andere Systeme machen diese Steuerzeichen keinen Sinn, weil sie sie nicht mehr als Gestaltinformationen interpretieren können.
Man sucht nun (erstes Prinzip) dieser Geräteabhängigkeit zu entkommen, indem die Struktur eines Textes abstrakter, als logische Struktur, aufgefaßt wird; d.h. ein Text wird als strukturiertes Ensemble von Dokumentelementen aufgefaßt, die identifiziert und beschrieben werden können: aus einer Kapitelüberschrift, die zuvor als zentriert, fett, in der Schrift Helvetica und der Schriftgröße 16 Punkt sichtbar war, wird nun z.B. das logische Element „Kapiteltitel", dessen Anfang mit *<kapt>* und dessen Ende mit *</kapt>* markiert wird; man sagt, der Text wird logisch ausgezeichnet.
Zur besseren Vorstellung mag der Anfang dieses Beitrags – nach strukTEXT ausgezeichnet – als Beispiel dienen:

<bei>	Anfang des Beitrags
<beit>Elektronisches Publizieren	Anfang Beitragstitel
</beit>	Ende Beitragstitel
<abs>	Absatzanfang
<ha>Knud Böhle	Hervorhebung Typ a
</ha>	Ende Hervorhebung Typ a
</abs>	Absatzende
<abst>Was bedeutet	Anfang Absatztitel
&Anfdt; Elektronisches Publizieren?&Abfdt;	Codierung von An- und Abführungsstrichen
</abst>	Ende Absatztitel
<abs>	Absatzanfang
</abs>	Absatzende
</bei>	Ende des Beitrages

Die logische Auszeichnung ist das Mittel, Strukturinformationen geräteunabhängig als Text im Text auszudrücken. Auch der Anspruch der Anwendungsunabhängigkeit wird über die Auszeichnungen eingelöst. Denkt man an Satz als eine Anwendung, so werden aus den Auszeichnungen später Satzbefehle generiert, denkt man an den Aufbau von Datenbanken, so können die Auszeichnungen als Feldbegrenzer interpretiert werden.
Damit ein Dokumentenaustausch von jedem System zu jedem anderen System möglich wird und jedes System die gleichen Möglichkeiten hat, einen Inhalt zu beschreiben, wird ein beschränkter standardisierter Zeichenvorrat empfohlen. Mit diesem Zeichenvorrat werden sowohl der Inhalt als auch die Auszeichnungen beschrieben. Zeichen, die nicht in dem Zeichenvorrat vorkommen, werden codiert,

d.h. durch spezifische Zeichenkombinationen ersetzt. In unserem Beispiel sind die deutschen An- und Abführungszeichen auf diese Weise codiert.
Die logische Textauszeichnung nach einheitlichen Richtlinien ist ohne Zweifel prinzipiell von großem Wert, (wenngleich ihre Akzeptanz in der Verlagswelt gegenüber anderen eingespielten Verfahren der Datenübernahme nur langsam steigt):

- Die Fremddatenübernahme aus verschiedenen Systemen bedarf keiner speziellen Konvertierungen mehr.
- Das Datenmaterial kann leichter für unterschiedliche Ausgabegeräte und -medien aufbereitet werden. Das New Oxford English Dictionary Project (vgl. Lit. 03.) kann hier als Musterbeispiel gelten. Spezielle Software für die strukturierte Erfassung der Einträge des OED, eine Datenbank im neutralen Format (eigene SGML-Anwendung) und Mehrfachverwertung der Daten für verschiedene Angebote (Teilauszüge aus dem Werk z.B.) auf verschiedenen Medien (Papier, CD-ROM) charakterisieren dieses Projekt.
- Die Zusammenführung größerer Bestände, noch über die eines einzelnen Verlegers hinaus, wird erleichtert. In Großbritannien und den USA gibt es Projekte, in denen das versucht wurde. Die Anlage der Projekte ist recht unterschiedlich. Hier sollen uns nur die Ziele der Projekte, nicht ihre tatsächlich wesentlich bescheideneren Resultate interessieren. Im Knowledge Warehouse Projekt (vgl. Lit. 73.; Lit. 74.) wurde mit einer Verlegerdatenbank experimentiert, über die die maschinenlesbaren Daten (i.d.R. Satzbänder) von Verlagen erschlossen und zur Mehrfachverwertung angefordert werden können. Die British Library war an demselben Projekt beteiligt, weil darin ein Ansatz gesehen wurde, ein nationales elektronisches Archiv aufzubauen bzw. die Frage des Pflichtexemplars bei elektronischen Publikationen anzugehen.
  In den USA ist es das OCLC (Online Computer Library Center), das in seinem EIDOS Projekt (Electronic Information Delivery Online System) maschinenlesbare Materialien (Text und Graphik) verschiedener Verlage sammelte, um sie (über Bibliotheken vermittelt) einem breiten Publikum online anzubieten (vgl. Lit. 36.; Lit. 37.).
- Die Unabhängigkeit des Datenbestandes von bestimmten Geräten kann auf Dauer gesichert werden. Das ist angesichts der sich schnell verändernden Hard- und Software ein wichtiges Argument für das neutrale Format.

Für die bundesdeutsche Entwicklung ist besonders das von der EG im Rahmen ihres DOCDEL-Programms geförderte Projekte P 14 ,,Elektronisches Publizieren technisch-wissenschaftlicher Texte'', ein wichtiger Kristallisationspunkt für Erfahrungen mit dem integrierten Publikationsprozeß und speziell dem ,,neutralen'' Format gewesen (vgl. Lit. 25.). Dieses Projekt beschränkte sich aber nicht auf die Erprobung verschiedener Wege zum neutralen Format. Es ging auch darum, Text-Bild-Datenbanken aufzubauen und eine Workstation für den Zugriff auf diese Text-Bild-Informationen zu konfigurieren.
So vorteilhaft die strukturierte Texterfassung ist, stellt sie doch den Autor vor völlig neue Probleme. Die Zumutbarkeit, das gewünschte neutrale Format zu erstellen, hängt wesentlich von der Leichtigkeit ab, mit der es fehlerfrei erzeugt werden kann. Das ist nicht zuletzt eine Frage verbesserter Softwareunterstützung. Die meisten heute verbreiteten Texterfassungssysteme unterstützen diese Form der Texterfassung nicht direkt, wenngleich Textbausteine, Funktionstastenbelegung und Suche- und Ersetzefunktionen das leidige Problem des fehleranfälligen und aufwendigen Eintippens von Auszeichnungen etwas vermindern können.
Inzwischen kommen sog. syntaxgesteuerte Struktureditioren auch für PCs auf den

Markt, die die Richtlinie quasi ,,kennenlernen" können und aufgrund dessen die Auszeichnungsarbeit effizient unterstützen. Ihr derzeitiges Einsatzzentrum ist jedoch noch nicht der traditionelle Bereich Autor-Verlag, sondern eher der Inhousebereich (vgl. zu den Änderungen für Autoren und die Autor-Verlagsbeziehung Lit. 09.; Lit. 06.; Lit. 64.; Lit. 13.; zu neueren Entwicklungen im Bereich der Texterfassung und der Computerunterstützung des Schreibprozesses Lit. 11.; Lit. 47.; Lit. 48.; Lit. 23.; Lit. 33.; Lit. 43.; vgl. auch Kapitel B 12).

Ein Standard wie die SGML, bzw. ein ,,Ableger" wie strukTEXT, hat den Sinn, Text in unformatierter Form (ohne Gestaltungsanweisungen) zu übermitteln. An dieser Stelle ist darauf hinzuweisen, daß damit nicht alle Fragen des Elektronischen Publizierens beantwortet werden können. Ein Standard wie strukTEXT legt nicht fest, wie bestimmte Textelemente, speziell Vektor- oder Rastergrafiken, in verbindlicher Form beschrieben werden können. Es wird ebensowenig festgelegt, wie die formatierte Form aussehen soll. Beide Gesichtspunkte können u.U. – das hängt von der Anwendung ab – auch als Mangel empfunden werden. Für diese Bereiche sind dann andere internationale Normen bedeutsam. Die **O**ffice **D**ocument **A**rchitecture (**ODA**; Lit. 35.) ist beispielsweise eine Dokumentarchitektur, die sowohl eine Layoutstruktur von Dokumenten als auch eine (mit der SGML kompatible) logische Struktur beschreiben kann und in der Lage ist, verschiedene Datenformate zu integrieren (vgl. zur Diskussion und zum Vergleich von ODA und SGML Lit. 59.; Lit. 57.). In der Praxis kommen für die formatierte, aber geräteunabhängige Aufbereitung von Daten auch Seitenbeschreibungssprachen (wie PostScript oder der dvi-file von TEX) in Betracht (vgl. Lit. 4.), wie überhaupt die Standards, die das sog. Desktop Publishing hervorbringt, von nicht zu unterschätzender Bedeutung für das EP werden können. Diese Aspekte werden wichtig, wenn es um den Aufbau von Text und Bild integrierenden Datenbanken geht und um Lieferformen aus dieser Datenbank (vgl. Lit. 56.).

B 11.5 Elektronisches Publizieren als sozio-technische Konfiguration

EP ist mehr als eine reine Verfahrensänderung (so rubriziert im Fachinformationsprogramm, vgl. Lit. 21.). So wie ,,herkömmliches" Publizieren ein ganz bestimmtes Zusammenwirken verschiedener Akteure, mit je eigenen Funktionen und Qualifikationen, voraussetzt, die die Kommunikation über das Medium Papier ermöglichen, so erzeugt EP seine eigene sozio-technische Konfiguration (Lit. 20.), die sich aus den Spezifika elektronischer Kommunikation und Informationsverarbeitung ergibt: EP ein Spiel (auch) mit neuen Spielern und veränderten Regeln.

Als neuer Spieler betritt die informationstechnische Industrie das Feld des Publizierens (diesen Aspekt betonen Lit. 26.; Lit. 44.), das ehrwürdige Mittelfeld der Buchhändler und Bibliothekare läuft Gefahr umspielt oder sogar des Feldes verwiesen zu werden, selbst gerade eingewechselte Spieler wie Informationsvermittlungsstellen sehen ihren Stammplatz bedroht, wenn der sich andeutende Trend, Volltexte für den Endnutzer zuzuschneiden, sich verstärken sollte. Manche glauben, auf die Verlage als ,,gatekeeper" verzichten zu können. Die Spielregeln verändern sich aber auch für Autoren und Nutzer, die man allerdings nicht auswechseln kann. Das beginnt mit Veränderungen des Schreibprozesses am Computer und setzt sich mit der Übernahme von Aufgaben im Produktionsprozeß fort. Der Leser, der unter der Hand bereits zum Nutzer geworden ist, muß ein gänzlich neues Informationsverhalten entwickeln. Wo früher dicke Wälzer mit „Daumentechnik" durchsucht wurden, muß nun die boolsche Logik weiterhelfen, statt sich in großen Bibliothekssälen zurechtzufinden, muß nun im symbolischen Raum elektronischer Speicher „navigiert" werden. Die Analogie zum Spiel soll hier abgebrochen werden. Die Veränderungen, die sog. Technikfolgen, die das EP impliziert, sind bereits Gegenstand von Stellungnahmen und Studien geworden (vgl. Lit. 50.; Lit. 52.; Lit. 24.; Lit. 15. und die Berichte eines abgeschlossenen Forschungsprojekts zum EP Lit. 55.; und Lit. 56 a.). Es stellt sich auch allgemein die Frage, wie sich das Publizieren unter geänderten technischen Voraussetzungen auf die Zugänglichkeit und Verfügbarkeit (ggfs. als Barriere) von Publikationen auswirkt (vgl. Lit. 51.). Das Elektronische Publizieren hat selbstverständlich auch rechtliche Konsequenzen, angefangen bei Copyright-Fragen bis zu der Frage, ob eine Publikation erschienen ist, wenn sie in einer Datenbank vorgehalten wird (vgl. zu diesem Fragenkomplex Lit. 27.; Lit. 58.).

B 11.6 Elektronisches Publizieren und Fachkommunikation

Der Wandel im Muster gesellschaftlicher Kommunikation stellt sich nochmals anders dar, wenn man „das Publizieren" funktional auf Fachinformation (vgl. zum Begriff Lit. 12.) bezieht. In dem Kontext ist Publizieren eine Form der Fachkommunikation, die als öffentlich und vermittelt bestimmt worden ist. Ihre Funktion ist aber nicht nur der Informationsaustausch, sondern auch Reputation zu verleihen und indirekt den wissenschaftlichen Forschungsprozeß zu steuern.
Vom Standpunkt der Fachkommunikation aus, d.h. zunächst mal aus der Sicht der Nutzer, sind mit EP Erwartungen verknüpft, generell schneller und zielgenauer an die benötigten relevanten Informationen zu kommen, d.h. im EP wird ein neues Mittel gegen das alte Problem der „Informationsflut" gesehen. Andere Erwartungen zielen auf die spezifischen Nutzungsvorteile elektronischer Angebote, deren wesentliche erhöhte Interaktivität beim (medialen) Informationsaustausch und direkte Weiterverarbeitung der Informationen sind.
Mailboxen, Computer-Konferenzsysteme und Forschungsnetze (z.B. Deutsches Forschungsnetz) sind neue technische Mittel für den Informationsaustausch. Sie sind zugleich aber auch Ansatzpunkte der Selbstorganisation des Wissenschaftsbetriebs im Bereich des stärker formalisierten Informationsaustausches, fungieren also zu einem gewissen Grade als funktionales Äquivalent zum Publizieren. Elektronische Zeitschriften oder Bulletin Boards sind Beispiele für diesen Trend (vgl. im Überblick Lit. 24; kritisch zu frühen Ansätzen Lit. 22). Einerseits ist zu erwarten, daß solche Formen, wenn sie wirklich als Äquivalent zum Publizieren gelten wollen, Funktionen der Qualitätskontrolle, Mechanismen der Reputationsverteilung und allgemein anerkannte Zugangswege werden einrichten müssen. Vielleicht entsteht hier aber auch ein elektronisches Pendant zur „grauen Literatur", die einerseits zwar den Publikationsprozeß entlastet, andererseits aber auch den Zugang der Öffenlichkeit zu den Informationen erschwert.

B 11.7 Elektronisches Publizieren und das Prinzip der Öffentlichkeit

Nachdem EP in immer weiter werdenden Kreisen beschrieben wurde, soll nochmals betont werden, daß ein Konzept von Publizieren ohne Bezug auf ein Publikum, eine Öffentlichkeit, Nonsens ist. Eine Definition des EP, die das Publizieren ernst nimmt (vgl. Lit. 52.; Lit. 55.), muß an dem Prinzip der Öffentlichkeit, d.h. dem prinzipiell allgemeinen und ungehinderten Zugang zu und Austausch von Informationen festhalten.

Darin ist das Prinzip des zeitpunktunabhängigen Gebrauchs enthalten, d.h. die Zugangsmöglichkeit zu Informationen muß auf Dauer gestellt werden; dieser Funktion kamen bislang Bibliotheken, Dokumentationsstellen und Archive nach. Im Prinzip der Öffentlichkeit ist auch angelegt, daß die Vermittlungsformen und Übermittlungsformen sozial anerkannt sein müssen. Das gilt sowohl für die erwartete spezifische Vermittlungsleistung, die bislang institutionell von Verlagen, Buchhandel, Bibliotheken u.a. erbracht wurde, als auch für die Übermittlungsart, die konventionell an physische Transportmittel gebunden war.

Neben einer Vielzahl unterschiedlichster Definitionen zum EP (vgl. systematisierend Lit. 55.; Lit. 16.) haben sich noch eine Reihe verwandter Begriffe ausgebreitet, in denen der Bezug auf Veröffentlichen nicht zwingend und der Bezug auf elektronische Dokumente die Ausnahme ist. Häufig fällt im Zusammenhang von computergestützter Dokumenterstellung das Akronym **CAP** (**C**omputer **A**ided **P**ublishing). Mit Blick auf die technische Konfiguration, die dabei zum Einsatz kommt, lassen sich noch **DTP** (**D**esk**t**op **P**ublishing), das Dokumenterstellung mit Personal-Computern im Auge hat und Workstation Publishing sinnvoll unterscheiden. **CEP** (**C**orporate **E**lectronic **P**ublishing) verweist auf den Einsatz neuer technischer Verfahren der Dokumenterstellung in Firmen und Organisationen. **ETP** (**E**lectronic **T**echnical **P**ublishing) ist wiederum eine Teilaktivität des CEP, die den Bereich der Technischen Dokumentation, angefangen bei Software- über Hardwaredokumentation bis zur Dokumentation von Flugzeugen, Panzern etc., umfaßt. Es handelt sich um Firmeninformationen, die mit anderen Firmenprodukten verkauft werden – nicht um Veröffentlichungen.

B 11.8 Entwicklungen, die sich auf das Elektronische Publizieren auswirken

Die Dynamik des EP ist allerdings keine Frage des Publikationswesens allein. Folgende Trends außerhalb des EP sind in Rechnung zu stellen:

1) Auf der Ebene der infrastrukturellen Voraussetzungen sind der Ausbau der Kommunikationsnetze (vgl. Lit. 41.), die ansteigende Verwendung von Personal Computern für Dokumenterstellung und Kommunikation, die zunehmende „computer literacy" und die Standardisierung von Schnittstellen und Anwendungen wesentlich.
2) Neben den Voraussetzungen, die mit der allgemeinen „Computerisierung" und „Vernetzung" der Gesellschaft zusammenhängen, spielen Entwicklungen in der Unterhaltungselektronik und bei den elektronischen Massenmedien noch eine wichtige Rolle, da hier für einen Massenmarkt „Medien" entwickelt werden, an die sich das EP anhängen kann. Das

Paradebeispiel für diesen Zusammenhang ist die CD-ROM, die als Speichermedium für das EP in Frage kommt, nachdem sie als Audio-CD, im Grunde dieselbe Technik, einen Massenmarkt erreicht hat.

3) Publikationen gehen letztlich immer auf unmittelbare Produzenten von Informationen, Autoren, zurück; in zunehmenden Maße werden jedoch in Firmen, Ämtern und anderen Organisationen Informationen in Datenbanken gesammelt und organisiert. Das können z.B. Pressedatenbanken oder -archive, Firmendatenbanken, Kataloge von Bibliotheken und Sammlungen statistischen Materials sein. Auch diese Datenbanken können prinzipiell öffentlich gemacht werden und gehören damit zum EP. Daß EP „database publishing" ist, erhält hier eine dritte Bedeutung, die zunehmend wichtiger werden wird.

4) Dem „database publishing" in diesem Sinne gehen Veränderungen in der Dokumenterstellung voraus. Im Pressebereich hängen sie mit der Einführung elektronischer Redaktionssysteme zusammen (vgl. Lit. 71.), in Firmen und Organisationen mit der Einführung elektronischer Bürokommunikationssysteme, weiter noch mit der Vernetzung von z.B. Wissenschaftlerarbeitsplätzen untereinander und mit Abteilungen wie der Hausdruckerei oder der für Technische Dokumentation in einem LAN (Local Area Network).

5) Im Inhouse-Bereich (oft transnationaler Konzerte) stehen technische Probleme an wie die Integration unterschiedlicher Hard- und Softwareausstattungen, die Integration unterschiedlicher Textelemente wie Grafiken, Formeln, Tabellen und Abbildungen in Dokumenten auf höchstem Anspruchsniveau, Probleme wie die Aktualisierung und die damit verbundene Versionskontrolle von Datenbeständen u.a., so daß hier unter der Rationalität eines Betriebs Lösungen entwickelt werden, die später für den – natürlicherweise heterogenen – Publikationssektor Vorbildcharakter haben können.

6) Das Archivieren von Dokumenten auf dem Datenträger Papier ist durch die bei der industriellen Herstellung des Papiers verwendeten Säuren und Bleichmittel, die seine Haltbarkeit befristen, bedroht. Das Archivieren des Datenträgers Papier ist aber auch problematisch geworden, weil die Papierberge (z.B. bei den Patentämtern) die räumlichen und baulichen (baustatischen) Gegebenheiten sprengen. Aus Konservierungs- und Platzgründen wird deshalb intensiv über alternative elektronische Archivmedien nachgedacht. Elektronische Archive aber beinhalten auch die Möglichkeit elektronischer Dokumentlieferung und lassen den Schluß zu, in Zukunft bereits bei der Erstellung der Dokumente elektronische Formen zu wählen.

7) Die Unterscheidung von produktionsorientiertem vs. lieferformorientierten Einsatz der IKT wird in dem Maße an Bedeutung verlieren, in dem die maschinenlesbaren Formate der Produktion auch schon die Lieferformate sind. Ein Beispiel liefern die DTP-Systeme, deren intendierter Zweck die Erstellung von Druckerzeugnissen ist und war. Bei genauerer Betrachtung stellt sich heraus, daß gerade hier neue Ansätze des EP angelegt sind. DTP-Dokumente können zunächst als Dokumente aufgefaßt werden, die verschiedene Datenformate integrieren (Texte, Abbildungen, Vektorgrafiken). Nimmt man nicht das Einzeldokument, sondern eine Vielzahl von Dokumenten zum Ausgangspunkt, enthält DTP einen Ansatzpunkt für Text/Bild-Datenbanken. DTP-Systeme verfügen zudem über Speicherformate für Ausgabegeräte (Drucker, Bildschirme, Belichter u.a.), die sich für die Übermittlung in Netzwerken eignen, die Datenbank kann also Ausgangspunkt für elektronische Dokumentlieferung werden. Und schließlich wurde mit der DTP-Systemen eigenen interaktiven Gestaltung von Textseiten an graphischen Bildschirmen (Schriften am Bildschirm ähneln echten Druckschriften etc.) ein Prinzip eingeführt, das, wenn man an elektronisch gelieferte Dokumente denkt, einen Ansatzpunkt bietet, Dokumente am Bildschirm besser lesen zu können.

B 11.9 Weitere Orientierungshilfen

Einschlägige Informationen finden sich in einigen Datenbanken bzw. den korrespondierenden Referatediensten LISA (Library and Information Science Abstracts der British Library Association) und ISA (Information Science Abstracts der IFI/Plenum Data Company), EPA (Electronic Publishing Abstracts der PIRA und des IEPRC) und INSPEC (hrsg. v. der Institution of Electronical Engineers). INFO-DATA sowie FOGRA (Datenbank der Deutschen Forschungsgesellschaft für Druck- und Reproduktionstechnik) sind für den deutschsprachigen Raum an erster Stelle zu nennen.

Als Foren der Diskussion fungieren verschiedene Zeitschriften: Electronic Publishing-Origination, Dissemination and Design; The Electronic Library; Monitor; Electronic Publishing Business; EP Journal und The Seybold Report on Publishing Systems. Für die deutsche Diskussion ist das Börsenblatt des deutschen Buchhandels wichtig. Daß sich in Zeitschriften für die Online-Szene, für das graphische Gewerbe, für Informatik, in Computermagazinen und in informationswissenschaftlichen Zeitschriften relevante Beiträge finden, versteht sich fast von selbst.

Da das EP sich doch noch weitgehend im Stadium der Projekte befindet, ist es sinnvoll, sich einen Zugang zum EP über diese Projekte zu verschaffen. Das DOCDEL-Programm der KEG ist ein zentraler Ort solcher Projekte gewesen (vgl. Lit. 46.; Lit. 62.; die Aktivitäten des **IEPRC** (**I**nternational **E**lectronic **P**ublishing **R**esearch **C**enter), das Projekte und Konferenzen durchführt, lohnen es verfolgt zu werden. In der Bundesrepublik wird sich das 1987 gegründete Forschungsinstitut für Integrierte Publikations- und Informationssysteme der **GMD** (**G**esellschaft für **M**athematik und **D**atenverarbeitung) in Darmstadt mit Fragen und Projekten zum EP beschäftigen (Lit. 54.); auf die Ende 1988 zum Abschluß gekommenen „Begleit- und Wirkungsuntersuchungen zum EP", einem vom BMFT geförderten Projekt, wurde bereits verwiesen (Lit. 55.; Lit. 56.; Lit. 56 a.).

Für einen Blick über die Grenzen sei für die USA und Japan auf den Bericht von Klaus und Wattenberg (Lit. 38). hingewiesen; für Großbritannien auf einen Bericht von Böhle und Gabel-Becker (Lit. 07.).

Literatur

01. Association of American Publishers: Standard for Electronic Manuscript Preparation and Markup. Washington, D.C.: Association of American Publishers 1986.

02. Associaton of American Publishers: Reference Manual on Electronic Manuscript Preparation and Markup. Washington, D.C.: Association of American Publishers 1986.

03. Benbow, Tim; Hodgkin, Adam: Publishing Dictionaries on CR-ROM. In: OPTICA '87. The International Meeting for Optical Publishing and Storage. Amsterdam, 14 – 16 April 1987. Oxford, New Jersey: Learned Information 1987, S. 233 – 239.

04. Blumenfeld, Matthias: Satzsprachen zur Wahl – Welche setzt sich durch?. Chip (Beilage) (1987) 9, S. 16 – 18

05. Böhle, Knud: Markup '86: Markstein auf dem Weg zum Elektronischen Publizieren? In: Nachrichten für Dokumentation 38 (1987) 1, 39 – 44

06. Böhle, Knud; Riehm, Ulrich: Elektronisches Publizieren und Desktop Publishing – Va-

riationen für Schreibende und Publizierende. In: Paul, M. (Hrsg.): GI – 17. Jahrestagung. München 1987. Proceedings. Berlin, Heidelberg: Springer 1987, 252 – 267.
07. Böhle, Knud; Gabel-Becker, Ingrid: Elektronisches Publizieren in Großbritannien – Ergebnisse einer Studienreise. Frankfurt/Main: IDD 1988.
08. Boyd, Alan: The impact of compact disc on DTP. In: Electronic Publishing. Compact Disk and Corporate Publishing. Proceedings of the conference held in London, October 1986. London New York: Online Publication, S. 103 – 111.
09. Buckingham, Michael C. S.: At The Coalface: Author-Typesetter-Publisher Links. In: Mastroddi, Franco (Hrsg.): Proceedings of the Symposium held in Luxembourg, 5 – 7 November 1986. London: Kogan Page 1987, S. 143 – 154.
10. Bundesverband Druck, Börsenverein des Deutschen Buchhandels (Hrsg.): Autorensprache strukTEXT. Standard zur strukturierten Texterstellung für Autoren, Verlage und Druckereien. Entwurf. Wiesbaden: Bundesverband Druck E.V. 1986.
11. Burkhart, H.; Nievergelt, J.: Structure-Oriented Editors. In: Wossidlo. P. R. (Hrsg.): Textverarbeitung und Informatik: Fachtagung der Gesellschaft für Informatik. Berlin. Heidelberg New York: Springer Verlag 1980, S. 164 – 181.
12. Capurro, Rafael: Hermeneutik der Fachinformation. Freiburg (Breisgau), München: Alber 1986.
13. Coombs, James H.; Renear, Allen H.; DeRose, Steven J.: Markup Systems and the Future of Scholarly Text Processing. In: Communications of the ACM 30 (1987) Nr. 11, S. 933 – 947.
14. Coser, Lewis A.; Kadushin, Ch.; Powell, W.: Books. The Culture and Commerce of Publishing. New York: Basic Books 1982.
15. Die Auswirkung elektronischer Technologie: Eine gemeinsame Erklärung der europäischen Bibliothekare und Verleger. In: Bibliotheksdienst 18 (1984) H. 10, S. 997 – 1001.
16. Dijkhuis, Willem; Electronic publishing – a taxonomy of definitions. In: Corporate and Commercial Publishing. Proceedings of the international conference held in London. Pinner, UK: Online Publications 1985, S. 169 – 181.
17. Ehlers, Hans-Jürgen: Is Electronic Publishing still Publishing? In: Computer Compacts 4 (1986), Nr. 6, S. 202 – 203.
18. Ehlers, Hans-Jürgen: Deutsche Druckindustrie stellt Regelwerk „strukTEXT" vor. In: Offsetpraxis 28 (1986) Nr. 9, S. 26 – 27.
19. Electronic Publishing Business. Special Issue devoted to the Association of American Publishers' Electronic Manuscript Standard. 4 (1986) Nr. 8.
20. Elias, Norbert: Was ist Soziologie? München: Juventa 1971.
21. Fachinformationsprogramm 1985 – 88 der Bundesregierung. Bonn 1985.
22. Freeman, David T.: The False Start of the Electronic Journal: A Look at Human Factors and Automation. In: Chen, Ching-Chih (Hrsg.): ASIS '87. Proceedings of the 50th ASIS Annual Meeting. Boston Mass. October 4 – 8, 1987. Medford NJ: Learned Information 1987. S. 79 – 82.
23. Furuta, Richard; Scofield, Jeffrey; Shaw, Alan: Document Formatting Systems: Survey, Concepts, and Issues. In: Computing Surveys 14 61982) Nr. 3, S. 417 – 472.
24. Gabel-Becker, Ingrid; Loeben, Manfred: Auswirkungen Elektronischen Publizierens im technisch-wissenschaftlichen Bereich. Eine Problemskizze. In: Gesellschaft für Information und Dokumentation (GID), Frankfurt a.M. (Hrsg.): Jahresbericht 1985 Frankfurt: 1986, S. 52 – 72.
25. Gewecke, Wolfgang: Electronic Publishing of Technical and Scientific Texts. An Integrated Electronic Publishing and Delivery System. In: Lehmann, K. D.; H. Strohl-Goebel: The Application of Micro-computers in Information, Documentation and Libraries. Proceedings of the Second International Conference, Baden-Baden, FRG, 17 – 21 March 1986. Amsterdam: North-Holland 1987. S. 277 – 284.

26. Gibbins, Patrick: Electronic Publishing. The future convergence of many disciplines. In: Journal of Information Science 8 (1984) Nr. 3, S. 123 – 129.
27. Goebel, Jürgen W.; Hackemann, Martin; Scheller, Jürgen: Rechtsfragen des Elektronisches Publizierens. Ausgewählte Beiträge zum Recht des Elektronischen Publizierens. 2. Auflage. Frankfurt: IDD 1986.
28. Götze, Heinz: Verlegen ist mehr als Vermarkten. Offener Brief an den Präsidenten des Bundesverfassungsgerichts Prof. Dr. W. Zeidler. In: Börsenblatt 43 (1987) H. 79, S. 2656 – 2657.
29. Goldfarb, Charles F: The Standard Generalized Markup Language. Basic concepts. In: Krückenberg, F.; Schindler, S.; Spaniol, V. (Hrsg.): Offene Multifunktionale Büroarbeitsplätze und Bildschirmtext. Proceedings. Berlin, Heidelberg, New York: Springer Verlag 1985, S. 132 – 140.
30. Goodstein, David H.: Electronic publishing. In: Concise Encyclopedia of Science & Technology (McGraw-Hill CD-ROM Science and Technical Reference Set). New York: McGraw-Hill 1987.
31. Harter, S. P.: On-line encyclopedias. In: Kent, A. (Hrsg.): Encyclopedia of library and information science. Vol. 38, Supplement 3. New York: Dekker 1985. S. 312 – 324.
32. Hiltz, Starr Roxanne; Turoff, Murray: The Network Nation. Human Communication via Computer. Reading, Mass.: Addision-Wesley 1978.
33. Hjerppe, Roland: Electronic Publishing. Writing Machines and Machine Writing. In: Annual Review of Information Science and Technology 21 (1986), S. 123 – 166.
34. International Organisation for Standardization (ISO): ISO 8879. Information processing. Text and Office systems. Standard Generalized Markup Language (SGML). International Organisation for Standardization 1986.
35. International Organisation for Standardization (ISO): ISO/DIS 8613/1 – 6. Information Processing – Text and Office Systems – Office Document Architecture (ODA) and Interchange Format. International Organisation for Standardization 1986.
36. Kilgour, Frederick G.: Beyond bibliography. London: The Britisch Library 1985.
37. Kilgour, Frederick G.: An Essential Information Delivery System. In: Chen, Ching-Chih (Hrsg.): ASIS '87. Proceedings of the 50th ASIS Annual Meeting. Boston Mass. October 4 – 8, 1987. Medford NJ: Learned Information 1987. S. 134 – 137.
38. Klaus, Hans G.; Wattenberg, Ulrich: Elektronisches Publizieren in den Vereinigten Staaten und Japan. Ein kurzer Überblick über aktuelle Entwicklungen Frankfurt/Main: IDD 1986.
39. Köhler, Doris; Nake, Frieder; Schelhowe-Heyl, Heidi; Voet, Ludwig: Orientierung an Gebrauchswerten. Zur Gestaltung von Informationstechnik am Beispiel der Herstellung von Dokumenten. In: Schröder, Klaus Theodor (Hrsg.): Arbeit und Informationstechnik. Proceedings der GI Fachtagung, Karlsruhe, Juli 1986. Berlin, Heidelberg, New York: Springer Verlag 1986, S. 177 – 186.
40. Krüger, Manfred: Zu den Rechenwerken beim herkömmlichen und elektronischen Publizieren. Schlußfolgerungen aus Gesprächen in deutschen Verlagen. Frankfurt am Main: IDD 1986.
41. Kubicek, Herbert; Arno: MIKROPOLIS. Mit Computernetzen in die „Informationsgesellschaft". Pläne der Deutschen Bundespost, wirtschaftliche Hinderungsgründe, Soziale Beherrschbarkeit, Technische Details. 2. Auflage. Hamburg: VSA 1986.
42. Lancaster, Frederick W.: Towards Paperless Information Systems. New York: Academic Press 1978.
43. Lefrere, Paul: Text Processing. In: O'Shea, Tim; Eisenstadt, Marc (Hrsg.): Artificial Intelligence. Tools. Techniques, and Applications. New York: Harper & Row 1984, S. 400 – 422.

44. Look, Hugh E. (Hrsg.): Electronic Publishing. A Snapshot of the Early 1980s. Abingdon: Learned Information 1983.
45. Martin, Sperling J.: Electronic Document Interchange and the AAP Electronic Manuscript Project. In: Library Hi Tech 4 (1986) Nr. 3, S. 31 – 42.
46. Mastroddi, Franco (Hrsg.): Electronic Publishing: The New Way to Communicate. Proceedings of the Symposium Held in Luxembourg, 5 – 7 November 1986. London: Kogan Page 1987.
47. Meyrowitz, Norman; van Dam, Andries: Interactive Editing Systems: Part I. In: Computing Surveys 14 (1982) Nr. 3, S. 321 – 352.
48. Meyrowitz, Norman; van Dam, Andries: Interactive Editing Systems: Part II. In: Computing Surveys 14 (1982) Nr. 3, S. 353 – 415.
49. Nelson, Theodor H: Replacing the printed word: A complete literary system. In: Information Processing 80. Amsterdam: North-Holland 1980, S. 1013 – 1023.
50. Oakeshott, Priscilla: The impact of New Technology on the Publication Chain. Wetherby, West Yorkshire: British Library, British National Bibliography Research Fund Report 11, 1983.
51. Oakeshott, Priscilla; White, Brenda: The Impact of New Technology on the Availability of Publications. Report to the International Federation of Library Assodiations and Institutions. Wetherby, West Yorkshire: British Library, British National Bibliography Research Fund 1984.
52. OAL (Office of Arts und Libraries): The Impact of Electronic Publishing. In: Electronic Publishing Review 3 (1983) Nr. 4, S. 281 – 302.
53. Otten, Klaus: Wissenschaftliche und technische Informationsvermittlung: Neue Perspektiven für Verlagswesen und Buchhandel. In: Börsenblatt für den Deutschen Buchhandel (redaktionelle Beilage) 35 (1979) Nr. 36.
54. o.V.: Vom Verlagswesen der Zukunft bis zu Expertensystemen für Dienstleistungen: Neue Schwerpunkte der Arbeit der GMD. In: Der GMD-Spiegel 1987 H. 1, S. 6 – 8.
55. Riehm, Ulrich; Böhle, Knud; Wingert, Bernd; Gabel-Becker, Ingrid; Loeben, Manfred: Begleit- und Wirkungsuntersuchungen zum Elektronischen Publizieren. Ergebnisse aus Phase I. Karlsruhe: KfK-Primärbericht 1986.
56. Riehm, Ulrich; Böhle, Knud; Gabel-Becker, Ingrid; Loeben, Manfred; Wingert, Bernd: Elektronisches Publizieren erfahren und befragen – vom Schreiber zum Nutzer. Zwischenbericht zur Phase II. Karlsruhe: KfK-Primärbericht 1988.
56a Riehm, Ulrich; Böhle, Knud; Gabel-Becker, Ingrid; Loeben, Manfred; Wingert, Bernd: Endnutzer und Volltextdatenbanken. Empirische Untersuchungen zur Nutzung von Volltextdatenbanken in den Fachwelten Medizin, Recht und Wirtschaft. Karlsruhe: KfK 4586, 1989.
57. Scheller, Angela: Dokumenten-Standards: Stand und Wertung. In: Paul. M. (Hrsg.): GI – 17. Jahrestagung. München 1987. Proceedings. Berlin, Heidelberg: Springer 1987, S. 369 – 381.
58. Scheller, Jürgen: Elektronisches Publizieren – Von juristischem Interesse? In: Computer und Recht 3 (1987) H. 1, S. 13 – 19.
59. Schindler, Siegram; Bormann, Ute; Bormann, C.: Standardized Document Architecture: Office Document Architecture vs. SGML. In: International Conference: Text and Image Processing, Würzburg 1987. Proceedings. Leatherhead: Pira 1987, paper 2.
60. Seidel, Manfred: Datenbanken – mehr Chancen als Gefahren für moderne Fachverlage. Auf dem Weg zum elektronischen Publizieren? In: Börsenblatt 36 (1980) 30.5, S. 1395 – 1529.
61. Seidel, Manfred: strukTEXT: Aufklärung vonnöten. Börsenblatt 43 (1987) 48, S. 1634 – 1635.

62. Slype, George van; Page, John; Halm, Johan von: Evaluation of Experiments in Electronic Document Delivery and Electronic Publishing. Final Report. Brüssel: Commission of the European Communities 1987.
63. Smith, Joan M.: SGML Update II. In: SGML User' Group Bulletin 1 (1986) H. 2, S. 89 – 90.
64. Smith, Joan M.: The Implications of SGML for the Preparation of Scientific Publications. In: Computer Journal 29 (1986) 3, S. 193 – 200.
65. Smith, Joan M.: The Standard Generalized Markeup Language (SGML): Guidelines for Editors and Publishers. Boston Spa, Wetherby, W. Yorkshire, UK: British Library Publication 1987.
66. Smith, Joan M.: The Standard Generalized Markup Language (SGML): Guidelines for Authors. Boston Spa, Wetherby, W. Yorkshire, UK: British Library Publication 1987.
67. Tenopir, Carol: Full-Text Databases. In: Annual Review of Information Science and Technology 19 (1984), S. 215 – 246.
68. Tibbetts, M.: The BBC Domesday Project. In: Mastroddi, Franco (Hrsg.): Electronic Publishing: The New Way to Communicate. Proceedings of the Symposium Held in Luxembourg, 5 – 7 November 1986. London: Kogan Page 1987, S. 155 – 160.
69. Tuck, William R.; Kirstein, Peter T.: Research into the Electronic Document. July 1985. London: BLRDD Report No. 5864.
70. Turoff, Murray; Hiltz, Star Roxanne: The Electronic Journal: A Progress Report. In: Journal of the American Society for Information Science 33 (1982) Nr. 4, S. 195 – 202.
71. Weischenberg, Siegfried; Herrig, Peter: Handbuch des Bildschirmjournalismus. Elektronische Redationssysteme. München: Verlag Ölschläger 1985.
72. Weyer, Stephen A.; Borning, Alan H.: A Prototype Electronic Encyclopedia. ACM Transactions on Office Information Systems, 3 (1985) 1, 63 – 88.
73. Williamson, Robin: Publishers databases: co-operative electronic publishing. In: Corporate and Commercial Publishing. Proceedings of the international conference held in London. Pinner, UK: Online Publications 1985, S. 183 – 190.
74. Williamson, Robin: The Knowledge Warehouse. In: Journal of Information Science 13 (1987) Nr. 4, S. 253 – 257.
75. Yankelovich, Nicole; Meyerowitz, Norman; Dam, Andries van A.: Reading and Writing the Electronic Book. In: Computer 18 (1985) Nr. 10, S. 15 – 30.

B 12 Elektronische Textverarbeitung, Editoren

Wolfgang Hilbig

B 12.1 Übersicht

Zu den wichtigen Werkzeugen zur technischen Bearbeitung von Dokumenten gehören seit Ende der siebziger Jahre zweifellos EDV-Systeme, seit Mitte der achtziger Jahre vor allem in Gestalt der Personal-Computer (PC's) oder Geräte der mittleren Datentechnik.
Eine zentrale Rolle spielt dabei eine Klasse von EDV-Programmen, die als Editoren bezeichnet werden und die – bei weitester Fassung der Definition – gestatten, digitale, in EDV-Anlagen oder auf externen elektronischen Trägern gespeicherte Daten gezielt zu verändern.
Wichtig sind dabei in diesem Abschnitt vor allem die Texteditoren, d.h. Programme zur interaktiven Erfassung und Bearbeitung von Textmaterial. Zur Elektronischen Textverarbeitung gehören heute aber auch weitere Klassen von Editoren, die andere Datentypen bearbeiten oder benachbarte Aufgabenbereiche abdecken:

- Programme zur Erfassung, Prüfung und Bearbeitung logisch strukturierter Texte,
- Editoren für graphische Darstellungen in Raster- oder Vektorformat,
- Formatierer, d.h. Programme zur Dokumentaufbereitung als typographischer Satz,
- Programme zur interaktiven Dokumentgestaltung mit typographischer Darstellung am Bildschirm,
- Programme zur Bearbeitung numerischer und textlicher Daten im Bürobereich.

Dabei finden sich jedoch kaum Programme, die allein einer dieser Klassen zuzuordnen sind; die Regel bilden Mischformen, z.B. Editoren mit Formatierungskomponenten oder Editoren für Text und Strichzeichnungen. Die Vielzahl der heute verfügbaren Editoren spiegelt ihren weiten Einsatzbereich, aber auch ihre – gemessen an der Enwicklung der elektronischen Datenverarbeitung – lange Historie wieder.
Schon früh hatten Programmierer sogenannte Batch-Editoren entwickelt, Programme, die Korrekturen an Quellprogrammen auf externen Speichern im Stapelbetrieb ermöglichten und das mühsame Hantieren mit Lochkarten und Lochstreifen ersetzten.
Mit der Einführung von EDV-Anlagen im Mehrbenutzerbetrieb begann am Ende der sechziger Jahre die Ära der interaktiven Bearbeitung von Texten über Datensichtgeräte. Die Textbearbeitung ,,unter Sichtkontrolle" war erheblich weniger fehleranfällig als der Stapelbetrieb, und die zunehmende Rechnerleistung ermöglichte einen erweiterten Funktionsumfang der Editoren über die Textkorrektur hinaus. War im Stapelbetrieb eine Korrektur ganzer Zeilen, adressiert über eine Zeilennummer, möglich, verließen spätere interaktive Editoren das Zeilenformat mit festen Längen und die Adressierung konnte kontext-gesteuert erfolgen, d.h. durch Aufsuchen bestimmter Zeichenfolgen.
Die Unterstützung von Sichtgeräten mit ,,Seitenmodus", d.h. mit der Möglichkeit, die Schreibposition mit einer Markierung (engl. Cursor) über den ganzen Bild-

schirm bewegen zu können, machte die mühsame Positionierung per Kommando überflüssig. Die Entwicklung gipfelte in der zweiten Hälfte der siebziger Jahre im STAR-Editor der Firma Xerox, der eine völlig neue Benutzeroberfläche, die gewünschte Darstellung von typographisch gestaltetem Text und Strichbild und eine Dokumentverwaltung demonstrierte. Eine ganze Generation von Programmen, von der Macintosh-Oberfläche über MS-Windows bis hin zum Ventura-Publisher, setzt unmittelbar auf diesen Arbeiten auf. Parallel zum Vordringen von PC's und Workstations sehen wir seit Anfang der achtziger Jahre die Entwicklung von schnellen hochauflösenden Bildschirmen, Rasterdruckern und Scannern, die weitere intergrierte Softwaresysteme für die gesamte Palette der Dokumentbearbeitung – Erfassung und Bearbeitung von Text und Bild, Formatierung und geräteunabhängige Ausgabe – möglich gemacht haben.
Im folgenden werden, nach einer Einführung in Datentypen und Dokumentstrukturen, zunächst die „klassischen" Texteditoren ausführlich besprochen. Es schließen sich Abschnitte über DTP- und WYSIWYG-Systeme sowie Satzformatierer an. Abschließend wird versucht, praktische Empfehlungen zur Auswahl von Geräten und Programmen für die Textverarbeitung zu geben.

B 12.2 Datentypen, Dokumentstrukturen

Die hier besprochenen Editoren operieren auf drei grundsätzlich verschiedenen Typen von Daten:

B 12.2.1 Zeichencodierte Daten

Dies ist die übliche und vertraute Form, Texte in Rechnern zu speichern und zu bearbeiten. Dabei meint „zeichencodiert" daß jedes Zeichen des Textes durch eine (im allgemeinen) 8 Bit lange Binärzahl (ein Byte) dargestellt, d.h. codiert ist. International übliche Zusammenstellung von Zuordnungen Binärzahl ⟷ Zeichen (sog. Codetabellen) sind z.B. der EBCDI- und ASCII-Code.
Da mit einer 8 Bit langen Binärzahl nur 256 verschiedene Zeichen darstellbar sind und in der Regel ein größerer Zeichenvorrat benötigt wird (fremde Alphabete, mathematische Sonderzeichen usw.), existieren einige Verfahren zur Erweiterung der standardisierten Grundzeichensätze. Eine übliche Methode ist die der Vorschaltzeichen. Dazu wird ein selten benötigtes Zeichen des Grundvorrats ausgewählt und mit jeweils einem nachfolgenden anderen Zeichen gepaart. Diesem Zeichenpaar wird dann eine neue Zeichenbedeutung zugeordnet (Beispiel: #a = α). Das erste Zeichen, also das Vorschaltzeichen, hat dabei eine Funktion, die mit der Versaltaste der Schreibmaschine vergleichbar ist. Anzumerken ist, daß die Zeichenpaare von den üblichen Bildschirmen (mit festen Zeichengeneratoren) nicht in ihrer neuen Bedeutung, sondern eben nur als zwei Zeichen dargestellt werden können. Einige der neueren Geräte lassen eine Erweiterung des direkt darstellbaren Zeichensatzes zu, bei den WYSIWYG-Systemen ist dies (per Definition) der Standard.

B 12.2.2 Graphische Darstellungen im Rastermodus

Die einfachste Form, Bilder im Rechner zu speichern, ist das Rasterbild: Die Bildvorlage wird durch einen sog. Scanner abgetastet, in Bildpunkte (Pixel) zerlegt und als binärer Schwärzungs- bzw. Farbwert pro Bildpunkt gespeichert. Im einfachsten Fall, d.h. bei Schwarz/Weiß-Bildern, wird dazu pro Bildpunkt nur ein Bit benötigt, bei Halbtonbildern muß man im allgemeinen 6 Bit (= 64 Graustufen) investieren, bei Farbbildern kann der Speicherbedarf auf mehrmals 8 Bit pro Bildpunkt steigen. Entscheidend für die Wiedergabequalität so gespeicherter Bilder ist die Feinheit der Abtastung, d.h. wieviele Bildpunkte (oder Linien) pro cm oder inch horizontal und vertikal entstehen. Die Qualität von Fotokopierern wird bei etwa 300 Bildpunkten pro inch (auch **dpi** = **d**ots **p**er **i**nch), also etwa 12 Bildpunkten pro mm erreicht. Dies entspricht auch der Faksimileübertragung besserer Auflösung (Stufe G3), wie sie heute bei vielen Fax-Geräten üblich ist. Druckqualität wird bei 600 dpi (ca. 24 Punkte/mm) erreicht, Lichtsetzmaschinen arbeiten bei 1.200 dpi, d.h. etwa 48 Punkte/mm.
Der große Speicherbedarf dieser Art der Bilddarstellung (eine A4-Seite benötigt in Schwarz/Weiß-Darstellung bei 12 Punkten/mm, d.h. 300 dpi, 210x297x12x12 = 8 981 280 Bit = 1 122 660 Byte) führt zu Verfahren, die Daten im Rechner zu komprimieren. Man nimmt damit aber den Nachteil in Kauf, das Bild vor und nach der Nutzung ,,Aus-" bzw. ,,Einpacken" zu müssen, eine bei diesen Datenmengen zeitaufwendige Prozedur.

B 12.2.3 Strichzeichnungen im Vektormodus

Jede Strichzeichnung läßt sich als eine Ansammlung von Strichen und Kurvenstücken verschiedener Stärke, Richtung bzw. Krümmung, etwas verallgemeinernd also als Vektoren, interpretieren. Diese Einzelteile lassen sich bezüglich des Speicherplatzes sehr kompakt beschreiben: ein gerades Linienstück hat einen Anfangspunkt, einen Endpunkt und eine Stärke. Ähnlich können Kurvenstücke durch Parameter von Kegelschnitten oder Folgen kurzer gerader Linienstücke (Polygonzüge) angenähert werden. Diese Art der Darstellung von Strichzeichnungen ist bereits seit vielen Jahren im Bereich der technischen Entwicklung und Dokumentation als **CAD**-Verfahren (**C**omputer-**A**ided **D**esign) bekannt. Vektordarstellungen haben nicht nur den Vorteil, besonders platzsparend zu sein, sie lassen sich auch – im Gegensatz zu Rasterdaten – leicht vergrößern, verkleinern oder rotieren. Vektoren sind im allgemeinen nicht direkt auf den heute üblichen Bildschirmen darstellbar, sie werden bei Übertragung aus dem Speicher zum Bildschirm in Rasterdaten umgerechnet, d.h. es wird durch sog. **RIP**'s (**R**aster **I**mage **P**rozessoren) ein Rasterbild erzeugt.
Die vorstehend beschriebenen Datentypen erfordern zur Bearbeitung im Rechner und durch die Peripheriegeräte grundsätzlich verschiedene programmtechnische Verfahren. Auch ist die dazu notwendige Rechnerleistung unterschiedlich: Sie nimmt von Text- über Vektor- zu Rasterdaten drastisch zu. Analog verläuft die Zunahme des Speicherbedarfs. Ebenso unterschiedlich wie die Datentypen ist die Art

der Darstellung von Dokumenten im Rechner. Historisch am ältesten und noch immer üblich ist es, Texte in der durch die Erfassung gegebenen zeilenweisen Struktur zu übernehmen und diese Zeilen in Datensätzen fester oder variabler Länge unterzubringen.
So gespeicherte Dokumente sind nicht ohne weiteres in andere Darstellungsformen zu überführen, denn die einzelnen formal unterscheidbaren Teile eines Dokuments (wie Überschrift, Absatzanfang- u. Ende, Aufzählung, Unterschrift usw.) sind nicht mehr ohne weiteres erkennbar. Viele Editoren lassen deshalb Steuerzeichen zu, die Überschriften, Absätze, Schriftartwechsel usw. markieren, mitgespeichert werden und zur Umformatierung des Dokuments (z.B. auf eine andere Zeilenlänge) verwendet werden können. Bei Verallgemeinerung solcher Überlegungen kommt man zu dem Begriff der Dokumentarchitektur, d.h. der Beschreibung eines Dokuments durch hierarchisch gegliederte Gruppen von Informationen. So kann man das Dokument beschrieben ansehen durch seine logische Struktur, seine Layoutstruktur und seinen Inhalt. Der Inhalt kann aus Text und Bildinformationen in der oben beschriebenen Art bestehen, jeweils mit eigener Struktur, Codierung oder Darstellung. Die Layoutstruktur beschreibt die typographischen Eigenschaften des Dokuments, z.B. in welcher Schriftart und Schriftgröße es gesetzt wird, die Breite der Textspalten, ihre Anordnung auf der Seite, wie Absätze dargestellt und wie Fußnoten und Kolumnentitel positioniert sind. Die logische Struktur macht Angaben über die Teile des Dokuments, wie Kapitel, Überschriften, Absätze oder Fußnoten. Sie kann aber auch eine logische Ebene tiefer ansetzen und, z.B. bei einem Zeitschriftenartikel, Objekte wie Namen, Titel, Orte, Jahr, Abstrakt usw. festlegen.
Jedes Objekt innerhalb einer Struktur kann Eigenschaften haben, sog. Attribute, die je nach Typ in verschiedenen Dimensionen gemessen werden und für das gesamte Objekt gelten. So kann einem Absatz in der Layoutstruktur die Schriftart und Schriftgröße als Attribut zugeordnet sein, einer Überschrift in der logischen Struktur das Attribut ,,obligatorisch" und die Position am Beginn eines Kapitels.
Dokumentstrukturen finden in diesem Abschnitt Erwähnung, weil sie die notwendige Grundlage zum Verständnis moderner Dokumenteditoren bilden und Anlaß für die Entwicklung von Standards, wie **ODA** (**O**ffice **D**ocument **A**rchitecture, ECMA 101, ISO 8613) und **SGML** (**S**tandard **G**eneralized **M**arkup **L**anguage, ISO 8879) waren, die wiederum unverzichtbare Grundlagen für den Austauch von elektronisch bearbeitbaren Dokumenten bilden.

B 12.3 Texteditoren

Texteditoren bilden die Hauptmenge der im Bürobereich und bei privater Nutzung eingesetzten Software. Im folgenden wird kein bestimmter der ungefähr ein Dutzend allgemein bekannten und verbreiteten (und keiner der vielen hundert sonstigen) Editoren beschrieben, sondern gleichsam ein Prototyp.
Er ist auf üblichen PC's ablauffähig, benötigt ca. 256 KByte Hauptspeicher, zwei Diskettenlaufwerke und, da er nur mit dem Zeichen des Standard-Bildschirms auskommt, keine Graphik-karte. Er druckt über einfache Typenrad- oder Nadel-

drucker aus und hat rudimentäre Formatierfunktionen. Er verfügt, wie alle interaktiven EDV-Programme, über eine **Benutzeroberfläche.**
Sie vermittelt die Kommunikation zwischen dem Benutzer und dem Editor und bestimmt damit die Art und Weise, wie er seine Wünsche an den Editor übermitteln kann: durch Eingabe von Kommandos über die Tastatur, durch Ankreuzen in Anweisungsmenüs auf dem Bildschirm oder durch Positionieren einer blinkenden Markierung (Cursor) auf dem Bildschirm mit speziellen Tasten oder einer sog. Maus, einem Gerät, dessen Rollbewegung über eine Fläche in Bewegungen der Markierung umgesetzt werden.
Die Benutzeroberfläche ist sozusagen das Gesicht des Editors und legt auch das Layout des Bildschirms zur Darstellung der Meldungen des Programms und der Texte selbst fest. In den modernen Editoren können z.B. in mehreren Bereichen des Bildschirms neben- und untereinander (sog. Fenstern) gleichzeitig Meldungen, Menüs oder Texte aus mehreren Dateien gezeigt werden.

Die einfachste Kommunikation mit dem Editor betrifft **organisatorische Grundfunktionen.**
Dazu gehören die Möglichkeit, Dateien, d.h. bestimmte Mengen von Daten auf dem externen Speicher, neu oder wiederzueröffnen, mit einem Namen zu versehen oder diesen zu ändern, sie zu schließen, d.h. bis auf weiteres aus der Nutzung zu nehmen, zu kopieren und zu löschen. Die Namen aller auf einem externen Speicher (z.B. einer Diskette oder einer Festplatte) befindlichen Dateien lassen sich auflisten, wobei neben dem Namen auch z.B. das Erzeugungsdatum oder das Datum der letzten Änderung und die Dateigröße ausgegeben werden.
Zu den organisatorischen Anweisungen gehören u.a. auch die Festlegung von Grundparametern, wie Anzahl der auf dem Bildschirm nutzbaren Zeilen, Zeilenbreite, Tabulatorpositionen oder ob mit automatischer Silbentrennung am Zeilenende gearbeitet werden soll. Auch die Änderung von Code-Zeichen-Zuordnungen, die Zusammenstellung von Zeichen oder Funktionengruppen zum Abruf über nur eine Taste oder ein Kürzel und die Erweiterung des darstellbaren Zeichensatzes kann eine – wenn auch seltene – Grundfunktion sein.

Die Korrektur, Ergänzung oder Löschung von Textdaten setzt voraus, daß die gewünschte Position in den Daten aufgesucht werden kann. Dazu dient die **Positionierung**.
Im einfachsten Fall wird in den Texten vor- und rückwärts geblättert bzw. um eine angebbare Anzahl von Zeilen vor- oder rückpositioniert. Arbeitet der Editor mit einer Zeilen- oder Satznummer, kann meist ein direktes Ansteuern der Zeile durch Eingabe dieser Zahl erfolgen. Anfang und Ende der Datei sind ebenfalls direkt von jeder Position aus zu erreichen. Die meisten Editoren gestatten, die Daten zur Positionierung auf bestimmte Wörter bzw. Zeichenfolgen abzusuchen. Dabei ist es häufig zulässig, Zeichen im Suchmuster indirekt, d.h. mit unbekannten Zeichen, anzugeben. So liefert z.B. das Suchen auf das Muster *('ABC'), '1' alle Textstellen mit der Zeichenfolge 'A 1', 'B 1' oder 'C 1' oder das Muster 'b&&t&&' alle Wörter, die mit dem zeichen 'b' beginnen und an beliebiger Stelle danach ein 't' aufweisen (z.B. bitte, Boot, bereithalten usw.). Die Suche kann meist mit einer Anweisung zum Ersetzen der angegebenen Zeichenfolge gekoppelt werden. So sind

globale Änderungen über einen längeren Text hinweg mit einer einzigen Anweisung möglich, z.B. ändert '1987' = '1988' im gesamten Text die Jahreszahl 1987 in 1988.

Der Positionierung, d.h. dem Auffinden der zu verändernden Textstelle, folgt die gezielte **Korrektur**.
Hier sind die elementaren Funktionen das Einfügen, Eliminieren und Überschreiben von Zeichen an der Schreibmarkenposition. Alternativ kann Anfangs- und Endpunkt eines Textstücks markiert und nachfolgend bestimmt werden, ob der so markierte Text zu löschen oder an eine noch anzugebende Position unter Löschung am ursprünglichen Ort umgesetzt oder umkopiert werden soll. Viele Editoren haben auch die nützliche Eigenschaft, bei Korrekturen wahlweise den Zeilenfall der aktuellen und der nachfolgenden Zeilen bis zum nächsten Absatz neu zu gestalten, wenn durch Einfügen oder Eliminieren von Text die gerade bearbeitete Zeile zu lang oder zu kurz wird. Erwartet werden kann von neueren Editoren, daß sie gestatten, zwei oder mehr Dateien gleichzeitig im Zugriff zu halten, so daß z.B. das Umkopieren von Textteilen auch quer über Dokumente hinweg möglich wird.

Wenige Editoren verzichten heute auf die Funktion, Dokumente seitenweise aufzubereiten, sie können also **Formatieren**.
Darunter ist nicht nur eine Umformatierung auf angebbare Zeilenlänge und die Verteilung des Textes auf Seiten mit wählbarer Höhe, d.h. Zeilenzahl, zu verstehen, sondern auch Silbentrennung, Auftreiben von Zeilen zu Blocksatz, Auswerten von Absatzmarkierungen und Erzeugen von Leerzeilen bzw. Einzügen am Absatzanfang, Rechts-, Links- oder Mittestellen von Überschriften, Erzeugen von Kolumnentiteln und eine automatische Paginierung zu verstehen. Selten können zur Gestaltung des Dokuments verschiedene Schriften herangezogen werden, man muß sich für die Auszeichnung von Texten auf Unterstreichung oder eine Art von Fettdruck (Doppelanschlag, ggf. mit leicht verschobener Anschlagsposition) beschränken.
Die bei Schreibmaschinen schon gängige Eigenschaft, mit Proportionalschriften, d.h. Schriften mit unterschiedlichen Zeichenbreiten, zu arbeiten, findet sich bei den üblichen Texteditoren bislang fast nie. Sie würde die technisch aufwendige Darstellung von Schriften im sog. Grafikmodus ohne festen Zeichengenerator und mit einer über Software zu verwaltenden Schriftbibliothek voraussetzen – Funktionen, die aus Kostengründen immer noch den DTP-Systemen oder den interaktiven Satzsystemen vorbehalten bleiben.

Es bleibt schließlich bei den Grundfunktionen von Texteditoren die Ausgabefunktionen zu beschreiben, das **Drucken**.
Eine weitgehende Standardisierung sowohl der Zeichensätze als auch der Schnittstellen (d.h. der Kommunikation zwischen Rechner und Drucker auf technischer Ebene) läßt zu, den Ausdruck von Texten mit einer Vielzahl qualitativ, von der Geschwindigkeit her und preislich unterschiedlichen Druckern vorzunehmen. Aus der Sicht des Editors sollte möglich sein, verschiedene Drucker wahlweise (ohne den Editor zu beenden) anzusprechen, das Drucken parallel zur Bearbeitung anderer Texte vorzunehmen und bei formatierten Dokumenten einzelne Seiten oder Seitengruppen ausgeben zu können.

Die Konkurrenzsituation zwischen den vielen Softwarehäusern, die Editoren entwickeln und vertreiben, hat zu einer Fülle von Funktionserweiterungen bei modernen Editoren geführt – teils nützlich, teils aber auch erkennbar überflüssig. Betrachten wir also abschließend in diesem Abschnitt die **Sonderfunktionen**.

Zu den zweifellos nützlichen Funktionen gehört die Silbentrennung, allerdings nur, wenn sie nach einem nicht zu einfachen und auf die deutsche Sprache zugeschnittenen Algorithmus erfolgt, Ausnahmelisten zuläßt und bei Änderung des Zeilenfalls (z.B. durch Korrektur) automatisch nachgeführt wird. Müssen häufig komplizierte Folgen von Kommandos gegeben werden, oder können gleiche Sonderzeichenfolgen, Wörter bzw. Textstücke immer wieder verwendet werden, ist eine sog. Makrofunktion zweckmäßig. Sie gestattet, beliebige Kommandos und Texte in einer Bibliothek abzuspeichern und unter einem Namen wieder aufzurufen. Eine Variante davon sind sog. Textbausteine, mit denen z.B. Briefe oder Verträge aus vorformulierten Textstücken, in die zum Zeitpunkt der Nutzung nur gezielt aktuelle Werte, wie Namen oder Daten einzusetzen sind, zusammengebaut werden. Zumindest teilweise in den kommerziellen Anwendungsbereich gehören die Adreßverwaltung mit Ausdruck von Adreßaufklebern und die Fähigkeit, Serienbriefe durch Einsetzen von Anrede, Namen und Adressen einen festen Brieftext zu erstellen.

Bei der Formatierung längerer Dokumente lassen manche Editoren den Auszug eines Inhaltsverzeichnisses und eines Stichwortregisters aus im Text geeignet markierten Wörtern zu. Da allerdings die nachfolgende Sortierung der Stichwörter in der Regel zu wünschen übrig läßt (Umlaute und ß, Behandlung von Sonderzeichen und Zahlen) und eine Unterscheidung nach Haupt- und Unterstichworten sowie die Behandlung von verschiedenartigen Verweisen nicht vorgesehen ist, sind solche Stichwortregister in der Regel kaum brauchbar. Von ähnlich zweifelhaftem Nutzen sind die sog. Rechtschreibhilfen, die Wörter als möglicherweise fehlerhaft anzeigen, wenn sie nicht in einer Wortliste vorhanden sind. Die mit den Programmen gelieferten Wortlisten sind selten umfangreich genug, es macht erhebliche Mühe, sie selbst angemessen zu erweitern und schließlich kann ein Wort richtig geschrieben, aber trotzdem im Kontext unsinnig sein.
Eine Reihe von Editoren spezialisiert sich auf die Behandlung von Dokumenten naturwissenschaftlich-mathematischen Inhalts. Sie weisen Funktionen zum einfachen Erfassen und Manipulieren von mathematischen und chemischen Formeln auf und unterstützen die Gestaltung von Tabellen. Damit liegen sie auf der Grenze zu den DTP- und WYSIWYG-Systemen (Erläuterungen dazu später), die darüber hinaus die Behandlung von Strich- und Rastergraphik ermöglichen, eine für die Gestaltung wissenschaftlicher Dokumente unverzichtbare Fähigkeit.
Die Standardisierung von Verfahren zur logischen Textgliederung bzw. Dokumentbeschreibung (SGML, ODA) hat den Bedarf für Editoren geweckt, die solche Normen anwenden bzw. unterstützen. So sind seit kurzem SGML-Editoren verfügbar, die gestatten, Texte mit SGML-Auszeichnung zu korrigieren. Dabei geschieht die Korrektur für den Benutzer jedoch nicht auf den Originaldaten (mit den unübersichtlichen SGML-typischen Anfangs- und Endemarkierungen), sondern auf einer aus der SGML-Struktur abgeleiteten formatierten Ersatzdarstellung.

Der Editor überwacht während der Korrektur die Einhaltung der als Parameter hinterlegten SGML-Struktur und weist auf Fehler hin; der integrierte Formatierer läßt die Nutzung der SGML-Struktur zur quasitypographischen Aufbereitung der Texte vor dem Drucken zu. Ähnliche Editoren für nach ODA-Norm gestaltete Dokumente sind noch nicht allgemein verfügbar, da die Norm erheblich anspruchsvoller und auch für die Benutzer im nichtkommerziellen Bereich nicht attraktiv ist.

B 12.4 DTP- und WYSIWYG-Systeme

Der Wunsch, zur Publikation bestimmte Dokumente mit Texteditoren nicht nur im Schreibmaschinen-Modus zu bearbeiten, sondern ihr späteres typographisches Erscheinungsbild festlegen und begutachten zu können, hat parallel zur technischen Entwicklung zu Software geführt, die in vollständiger Ausprägung gestattet, auf Bildschirmen die typographisch gestalteten Seiten eines Dokuments so editieren zu können, wie es mit den üblichen Editoren in einfachen Textdarstellungen (dem 25 Zeilen/80 Spalten-Format und äquidistanter Schrift) bislang möglich war. In diesem Bereich der fortgeschrittenen und technisch erheblich aufwendigeren Textverarbeitung gehören Programme des sog. **D**esk **T**op **P**ublishing (**DTP**) und die **WYSIWYG**-Syteme, die ihren einprägsamen aber häßlichen Namen, von der englischen Floskel ‚**W**hat **y**ou **s**ee **i**s **w**hat **y**ou **g**et' abgeleitet haben. Damit soll ausgedrückt werden, daß sie Texte auf dem Bildschirm genau so darstellen, wie sie später gedruckt werden – insbesondere mit allen typographischen Merkmalen: In gewünschter Schriftart, Schriftgröße und Zeilenabstand, mit horizontalen und vertikalen Linien, ggf. in mehreren Spalten seitenweise umbrochen und einschließlich der Strich- und Halbtonbilder.

Die Unterschiede zwischen beiden Systemen sind nicht auf den ersten Blick erkennbar, wesentliches Unterscheidungskriterium ist aber die nur bei WYSIWYG-Systemen ausgeprägte Eigenschaft, in der typographischen Darstellung am Bildschirm direkt unbeschränkt korrigieren zu können. Beiden Verfahren liegen deutlich verschiedene interne Dokumentdarstellungen und Arbeitsweisen zugrunde. DTP-Systeme können grob als Batch-Formatierer mit typographischer Ausgabe am Bildschirm klassifiziert werden, sie operieren also auf Daten, versehen mit den aus der klassischen Satzwelt bekannten, nur sequentiell bearbeitbaren Satzmakros.

WYSIWYG-Systeme organisieren die Daten notwendigerweise in Dokumentstrukturen (Kapitel, Überschrift, Absatz usw.) und jedes bearbeitbare Objekt (Textstück, Strichzeichnungen, Rasterbild) führt intern seine wesentlichen Eigenschaften lokal mit. Erzwungen wird dies u.a. durch die interaktive Bearbeitbarkeit: so muß z.B. ein Wort aus einem halbfett gesetzten Absatz seine Schriftart ,,mitnehmen", wenn es bei der Korrektur in eine Normalschriftumgebung versetzt wird.

Das direkte Arbeiten in den typographisch dargestellten und in der Regel sogar seitenweise umbrochenen Text- und Bilddaten erfordert eine hohe Rechnerleistung, große und schnelle Arbeits- bzw. Bildschirmspeicher und sog. Rasterimageprozessoren (RIP's), die Schriftdaten überführen können. Dies sind technische Voraussetzungen, wie sie bislang noch nicht von PC's, sondern nur von den bis zu zehnmal teuereren sog. Workstations geboten werden.

Die vielfältigen typographischen Möglichkeiten der DTP- und WYSIWYG-Syteme haben notwendigerweise eine parallele Weiterentwicklung der Fähigkeiten von Wiedergabegeräten, also primär Rasterdrucker, nach sich gezogen. Um die Schnittstellen zu den Druckern kompatibel zu halten, hatte schon seit einigen Jahren die Entwicklung sog. Seiten- oder Dokumentsbeschreibungssprachen eingesetzt, die eine vom Drucker unabhängige Formulierung der Gestaltung der zu druckenden Text- und Bilddaten als Seiten eines Dokuments gestatten. Erst 1988 scheint sich entschieden zu haben, daß sich die Sprache POSTSCRIPT der Fa. ADOBE als Quasistandard gegen andere Entwürfe (z.B. INTERPRESS von XEROX) durchsetzen wird.
Was unterscheidet nun auf der anderen Seite Texteditoren der oberen Leistungsklasse von DTP-Systemen?
Etwas vergröbernd kann man sagen: Texteditoren liefern als Endergebnis ein Typoskript hervorragender Qualität. DTP-Systeme erzeugen als Endprodukt einen Ausdruck, der (fast) wie professioneller Satz aussieht – wenn ein geeigneter Drucker zur Verfügung steht. DTP-Systeme erzeugen im Gegensatz zu Texteditoren Darstellungen mit:

- mehreren, nicht äquidistanten, also typographischen Schriften in verschiedenen Größen und Schnitten
- variablen Zeilen/Spaltenraster, also z.B. Leerzeilen beliebiger Höhe und Spalten beliebiger Breite
- horizontalen und vertikalen Linien verschiedener Dicke
- Strichbildern (zuweilen auch mit dem DTP-System konstruiert, meist aus anderen Programmen importierbar) und Rasterbildern (noch bescheidener Auflösung, z.B. 300 dpi).
- Seitenumbruch, auch mehrspaltig einschließlich Erzeugung von Kolumnentiteln und Paginierung.

Die globale typographische Gestaltung des jeweiligen Dokuments wird dem DTP-System ähnlich wie bei Texteditoren als Parameter mitgeteilt: sie legen z.B. Grundschriftart und -größe, Seitenhöhe und -breite, Anzahl, Breite, Höhe und Position von Textkolumnen und Kolumnentitel, Länge, Stärke und Richtung von Linien sowie den Stand der Seitenziffer fest.
Lokale typographische Effekte, wie Schriftartwechsel oder Absatz, müssen durch geeignete Steuercodes im laufenden Text mitgeteilt werden. Da DTP-Programme im Kern Batch-Verarbeiter sind, verfügen sie in der Regel kaum über eigentliche Textbearbeitungsfunktionen. Sie gehen davon aus, daß der zu setzende Text vorher mit einem Texteditor erfaßt und korrigiert wurde. Es ist zu erwarten, daß mit immer leistungsfähigerer Hardware die Grenzen zwischen Texteditoren, DTP-Programmen und WYSIWYG-System allmählich unschärfer werden. Bislang sind Leistungsspektrum und Einsatzbereiche noch deutlich getrennt:

- Texteditoren für die Datenerfassung und Erstellung qualitativ hochwertiger Typoskripte
- DTP-Programme zur Weiterverarbeitung solcher Texte zu typographisch gestalteten Dokumenten bei mittleren Qualitätsanforderungen und geringen Auflagen (Geschäftsberichte, Bedienungsanleitungen, Werbematerial)
- WYSIWYG-Systeme bei anspruchsvollen Satzobjekten mit höherem Tabellen- und Graphikanteil, häufigen oder umfangreichen Korrekturen (auch durch viele Autoren gleichzeitig) und dem Wunsch zur Standardisierung von Dokumentaufbau und Gestaltung (umfangreiche technische Dokumentation, Loseblattwerke, semiprofessionelle Satzarbeiten).

B 12.5 Satzprogramme (Satz-Formatierer)

Etwas am Rande des Themas dieses Abschnitts liegen die Satzprogramme, eine Klasse von textarbeitenden EDV-Programmen, die bis vor wenigen Jahren nur im professionellen Satzgewerbe eingesetzt wurden. Es sind Batch-Programme, die Textdaten so aufbereiten, daß sie auf Lichtsetzmaschinen als Hochqualitätssatz belichtet, d.h. auf Fotopapier oder Film übertragen werden können. Die Filme werden dann im Offsetdruck weiterverarbeitet.

Daß Programme dieses Zuschnitts inzwischen auch im privaten oder semiprofessionellen Bereich eingesetzt werden, haben wir Donald E. Knuth, einem bekannten amerikanischen Informationswissenschaftler, zu verdanken, der Ende der siebziger Jahre – wie es die Legende wissen will, aus Ärger über das, was Setzer aus seinen Manuskripten machten – ein Satzprogramm mit dem Namen TEX entwickelte. Da das Programm in der auch für kleinere Rechner verfügbaren problemorientierten Programmiersprache PASCAL geschrieben war, für US$ 50,– jedermann zur Verfügung stand und sich vor allem für mathematisch-technischen Satz eignete, gab es bald, vor allem im Hochschulbereich, eine Vielzahl von Anwendern. Heute stehen Versionen von TEX auf PC's mit einfachen Befehlsoberflächen allgemein zur Verfügung.

Satzprogramme wie TEX lassen sich mit DTP-Programmen vergleichen: Eingabedaten sind Texte, in die an allen Positionen, wo sich das beabsichtigte typographische Erscheinungsbild des Textes ändert, sog. Satzbefehle eingefügt sind. Dies sind in der Regel Makroaufrufe für das bearbeitende Satzprogramm, sie stehen als Kurzaufrufe für längere z.T. komplizierte Anweisungen in der Sprache des Satzprogramms und steuern z.B. Satzbreite, Schriftart, Schriftgröße, Textausrichtung, Einzüge oder die Höhe von Leerzeilen. Im Gegensatz zu DTP-Programmen sehen Satzprogramme bislang selten eine Darstellung des Satzes am Bildschirm vor und sie haben keine einfache, auf die Nutzung durch Laien zugeschnittene Sprachoberfläche; auch gehen ihre typographisch-gestalterischen Möglichkeiten unter fast allen Aspekten weit über die DTP-Welt hinaus.

TEX und verwandte Programme werden heute primär genutzt, um bei Publikationen geringerer Auflage die Satzkosten dadurch niedrig zu halten, daß der Autor dem Verlag statt eines Typoskripts die z.B. auf einer entsprechenden Installation an seiner Hochschule mit TEX gesetzten und über einen Rasterdrucker ausgegeben, typographisch gestalteten und praktisch druckreifen Vorlagen zur Verfügung stellt. Einer weiteren Verbreitung solcher Programme wird ihre komplizierte Bedienung und die weitere Ausbreitung von DTP- und WYSIWYG-Systemen im Wege stehen.

B 12.6 Auswahl von Geräten und Programmen

Dieser Abschnitt wird mit dem Versuch beendet, Ratschläge für die Auswahl von Hard- und Software für die Textbearbeitung zu geben – keine leichte Aufgabe angesichts der extrem raschen technischen Entwicklung. Ausgangspunkt der Betrachtung sind zwei Aspekte des Problems: Für welche Arbeiten soll die Installation eingesetzt werden und wie hoch ist der verfügbare Geldbetrag.

Entsprechend sollen drei Szenarien der Nutzung als Prototypen gelten:

* Der private Arbeitsplatz bzw. eine Tätigkeit im beruflichen Bereich, die am Arbeitsplatz von Textverarbeitungstechnik unterstützt werden kann.
* Texterfassung und Erstellung von Druckvorlagen im gewerblichen Bereich.
* Die Erstellung von Druckvorlagen in Setzereien oder industriellen Großbetrieben.

Der **private Arbeitsplatz** wird, bei einem Preisbereich von DM 3.000,– bis 4.000,– (Stand 1988 für diesen und alle nachfolgenden Preise) für die Hardware, einen PC des XT-Typs aus dem schon fast unübersehbaren Angebot der IBM-kompatiblen Geräte mit dem Betriebssystem MS-DOS haben. Er ist mit einem einfarbigen (monochromen) Bildschirm mittlerer Auflösung (640x300 Bildpunkte), zwei 5 1/4-Zoll Diskettenlaufwerken (oder einem Diskettenlaufwerk und einer 20 MByte-Festplatte) und 640 KByte Hauptspeicher ausgestattet, hinzu kommt ein Gerät zur Positionierung der Schreibmarke, eine sog. Maus und zur Ausgabe ein einfacher Typenrad- oder Nadeldrucker. Auf einem solchen PC können bereits die meisten Texteditoren sinnvoll eingesetzt werden – neben weiterer nützlicher Software, wie z.B. Datenbanksysteme. Für einen Editor der mittleren Leistungsklasse kommen dann zu den oben genannten Hardwarekosten ca. DM 800,– hinzu. Ohne Anspruch auf Vollständigkeit seien in *Abb. 1* eine Reihe von Editoren mit Einsatzschwerpunkten und Preis genannt.

Da der Preisbereich für die Software zwischen DM 200,– und DM 3.200,– liegt, lohnt es sich, genau zu prüfen, ob die Funktionen der teuereren Versionen wirklich benötigt werden. Worauf ist vor allem zu achten?

- Läuft die Software auf dem PC? Diese triviale Prüfung ist leider wegen der Vielzahl der Hardwarehersteller und Betriebssystemvarianten immer noch nicht überflüssig.
- Werden alle Zeichen, die am Bildschirm sichtbar sind, auch ausgedruckt? Stimmen die Funktionsaufrufe an den Drucker (z.B. Schriftwechsel, Blatteinzug)?
- Hat der Editor eine ansprechende und übersichtliche Bedienungsoberfläche? Dabei sei daran erinnert, daß die Maus- oder Menüsteuerung für den Anfang sehr angenehm – da leicht erlernbar – ist, bei längerer routinierter Benutzung aber störend langsam und umständlich werden kann und dann ein Kommandodialog vorgezogen wird.
- Ist der Editor (weitgehend) fehlerfrei und wie verhält er sich im Störungsfall? Werden regelmäßg die bearbeiteten Daten automatisch auf den externen Speicher zurückgeschrieben, so daß z.B. bei Netzausfall nicht die gesamte Arbeit der letzten Stunden verloren ist?
- Ist das Benutzerhandbuch verständlich und ausführlich?
- Erzeugt der Editor Daten, die von anderen Programmen auf dem PC oder von anderen EDV-Anlagen weiterverarbeitet werden können? Hier hat schon mancher Autor eine Enttäuschung erleben müssen, wenn der Verlag von seinem Vorschlag, statt eines Typoskripts eine Diskette zur Satzverarbeitung zu übernehmen, keinen begeisterten Gebrauch gemacht hat. Es muß, sollte eine Weitergabe von Daten zu diesem Zweck geplant sein (und dies gilt teilweise auch bei Nachverarbeitung durch DTP-Programme), zumindest darauf geachtet werden, daß typographische Steuerzeichen z.B. für Absatzanwahl, Unterstreichungen, Einrückungen usw. noch in den Ausgabedaten vorhanden sind und nicht bei der Druckaufbereitung oder Formatierung ausgewertet und eliminiert wurden.
- Ist die Funktionalität ausreichend, d.h. können Texte von der Art, wie sie mit dem Editor bearbeitet werden sollen, auch einfach behandelt und in ansprechender Darstellung (auf Bildschirm oder Drucker) wiedergegeben werden? Wenige Editoren unterstützen z.B. wirksam die Behandlung von mathematischen Formeln oder Tabellen.

Textverarbeitungs-programm	Besonders geeignet für Viel-schreiber	Sachbe-arbeiter	Manager	Layouter	Preis* (in DM)
Agtext 3.4	+ + +	+	–	– –	513
Comfotex 1.0	+ +	+	–	+ + +	1.476
Easywriter II, 3.0	+ +	+ +	–	– –	1.200
Enable 2.0	+	+ + +	+	–	2.503
Euroscript 3.0	+ + +	+ +	–	–	1.425
Framework II, 1.1	+	+ +	+ + +	– –	2.451
Manuscript 1.1	+	+ + +	+	+	1.195
MS-Word 4.0	+ + +	+ + +	+	–	1.699
Pegasus II, 2.1	+ +	+ +	–	– –	1.490
Samna Word IV Plus 1.0	+	+ + +	+	–	2.223
Smart 3.1	+ +	+ + +	+ +	– –	3.174
Toptex 3.5	+ +	+ +	–	–	198
Volkswriter 3, 1.0	+ +	+ +	–	– –	799
Witchpen mal 5	+	+ +	–	–	600
Wordperfect 4.2	+ + +	+ +	–	+	1.297
Wordstar 4.0 Extra	+ + +	+ + +	+	+ +	1.698

Bewertung: + + + ganz besonders gut geeignet — – weniger geeignet
+ + gut geeignet — – – nicht geeignet
+ noch geeignet

* ohne Gewähr, Stand Juni 1988

Abb. 1: Editoren mit Einsatzschwerpunkten und Preisen (nach: PC-Welt, H 6, 1988, S. 44).

- Werden Funktionen unterstützt, die für die geplante Nutzung irrelevant und vielleicht für den hohen Preis mitverantwortlich sind? Viele Editoren sind für Nutzer im Bürobereich konzipiert, sie legen also Wert z.B. auf Rechenfunktionen, Auswertung von tabellarisch dargestellten Daten, Kalkulationshilfen, Adreßverwaltung und Serienbriefdruck. Ein Autor wird von diesen Routinen kaum Gebrauch machen.
- Wird das Softwarehaus, das diesen Editor entwickelt hat, morgen noch am Markt sein? Obwohl diese Frage nie sicher beantwortet werden kann, lohnt es sich zu beachten, daß auch PC-Software weiterentwickelt, also neuen Geräten und Betriebssystemversionen angepaßt werden muß.

In jedem Fall lohnt es sich, vor dem Kauf Hard- und Software selbst zu testen, sei es bei einem erfahrenen Nutzer oder beim Händler. Auch ein Blick in die Betriebs- bzw. Bedienungshandbücher gibt oft mehr Hinweise als Anzeigen oder Verkaufsgespräche und nützlich ist es sicher, im Vorfeld des Kaufs Testberichte in einschlägigen Fachzeitschriften zu studieren – und zu vergleichen.

Für den **gewerblichen Bereich** ist häufig weniger die Erfassung und Korrektur von Textmaterial interessant, als deren Weiterverarbeitung zu Berichten, Werbeunterlagen oder Demonstrationsmaterial. Dies ist die Domäne der DTP-Systeme, deren Programme für die obere Preisklasse des PC-Angebots konzipiert sind, d.h. für Geräte des AT-Typs bzw. die neueren 32-Bit-Rechner. Eine Erweiterung des PC's um eine Steckkarte für Graphikdarstellung und der Ersatz des normalen Bildschirms durch einen einfarbigen, hochauflösenden Schirm mit ca. 1.200 Bildpunkten in Längsrichten ist obligat, der Arbeitsspeicher sollte zumindest auf 1 MByte ausgelegt sein. Neben dem Diskettenlaufwerk ist, vor allem bei Graphikanwendungen, eine Festplatte mit einem Volumen bei 70 MByte vorzusehen. Die Peripherie besteht neben der Maus aus einem POSTSCRIPT-fähigen Rasterdrucker (Auflösung 300x300 dpi oder höher) und, falls notwendig, einem entsprechend auflösenden Scanner. Bei dieser Ausstattung liegt der Preis für die gesamte Installation bei ca. DM 45.000,–.
Das Softwareangebot ist für DTP noch lange nicht so umfangreich wie bei den Editoren – was unschwer mit der bisher kürzeren Entwicklungszeit und der geringen Größe des potentiellen Marktsegments erklärbar ist. Zur Zeit sind in Deutschland die Programme PageMaker (Fa. Aldus, Preis ca. DM 2.150,–) und der Ventura Publisher (Fa. Xerox, Preis ca. DM 2.980,–) gut eingeführt. Beim Softwarekauf gelten für DTP-Programme die gleichen Grundregeln wie für die Texteditoren – es kommt nur die Frage hinzu, ob der Benutzer dem Programm gewachsen ist. Die Vielfalt der typographischen Möglichkeiten und die vergleichsweise abstrakte Form der Beschreibung typographischer Gegebenheiten macht die Nutzung von DTP-Programmen nicht zu einer Aufgabe, die nebenbei und gelegentlich erledigt werden kann, Grundkenntnisse auf dem Satzbereich sind überdies nützlich bis notwendig.

Anschließend seien noch die WYSIWYG-Systeme als **professionelle Anwendungen** erwähnt, die für Setzereien und vergleichbare Abteilungen der Großindustrie entwickelt wurden. Hier ist schon die Hardware von anderer Größenordnung: Rechner, die der mittleren Datentechnik zuzurechnen sind (auch wenn sie kaum größer als ein PC sind und Arbeitsplatzrechner oder Workstations heißen), ein Betriebssystem aus der UNIX-Familie, Netzwerkfähigkeit, schnelle Hauptspeicher von mindestens 4 MByte, spezielle Prozessoren für die Bildschirmdarstellung (RIP's, Raster Image Prozessoren) und hochauflösende Ganzseitenbildschirme mit ca. 1.600 Bildpunkten vertikal bei A4-Höhe. Ohne weitere Peripherie liegen Geräte dieser Art bereits bei einem Preis oberhalb DM 40.000,–, Scanner und Drucker können durchaus jeweils noch einmal den gleichen Betrag kosten. Nach oben ist bezüglich des Preises kaum eine Grenze – wenn höhere Geschwindigkeit, höhere Auflösung und Farbfähigkeit angestrebt wird.

Kennzeichnend für diese Programme, wie sie z.B. von den Firmen Imagen, Interleaf, Mentor Graphics und Xyvision vertrieben werden, ist ihre Geschwindigkeit, ihre weite Palette typographischer Möglichkeiten, die integrierte Bearbeitung von Strich- und Rasterbildern und die Fähigkeit, große Dokumente seitenweise umbrochen bearbeiten – und dies von vielen Autoren praktisch gleichzeitig – zu können. Bei der Herstellung von Installations- und Wartungshandbüchern für große Geräte oder Anlagen greifen Hersteller schon seit Jahren auf solche Werkzeuge zurück – Kosten für Hardware spielen hier eine untergeordnete Rolle. Solche Anwendungen und Vorarbeiten im Bereich der Bürosysteme haben die Entwicklung dieser Systeme in den letzten Jahren finanziert und vorangetrieben. Ihrer allgemeinen Nutzung steht nur noch der Gerätepreis entgegen.

Literatur

01. *zu Editoren*:
Eine lange, zusammenfassende und durchaus noch aktuelle Darstellung findet sich in:
Meyrowitz, Norman; van Dam, Andries: Interactive Editing Systems I und II, Computing Surveys (ACM), Vol. 14, Nr. 3, S. 321–415 (1982).

02. *zu DTP-System, Formatierer, WYSIWYG-Systemen*:
Eine gute Übersicht, auch zu TEX und POSTSCRIPT, unter dem Generalthema ‚Electronic Publishing' gibt:
Informationstechnik, Vol. 28, Heft 6, S. 329–404 (1986).

03. *zu Normen*:
SGML-Standard Generalized Markup Language, ISO 8879 (1986).
ODA = Office Document Architecture. ECMA 101, ISO 8613 (1986).

B 13 Electronic Document Delivery

Achim Oßwald

B 13.1 Das Problem der Dokumentbeschaffung

Der Ausgangspunkt des Wunsches war alltäglich: Die Existenz eines Dokuments war bekannt, bibliographische Angaben lagen vor, allein: Die Beschaffung (einer Kopie) des Dokumentes würde Geduld, Mühen und Kosten verursachen, die schwer abzuschätzen waren. Eine Erfolgsgarantie konnte nicht gegeben werden.
Was lag näher, als sich ein optimiertes Verfahren auszudenken. Die Möglichkeiten der Telekommunikation boten – zumindest für bestimmte Dokumentarten – Hoffnung auf rasche Überwindung des Raumes. Per Telekopierer oder Datenfernverarbeitung, via Leitung oder gar Satellit. „Electronic Document Delivery", die Elektronische Dokumentübermittlung sollte die Problemlösung sein.

B 13.2 Rückblick auf die Entwicklung einer Idee

All jene, die auf Inhalte von Publikationen zugreifen müssen, kennen dieses Ausgangsproblem. Seine Konsequenzen erfuhren in den 70er Jahren verstärkt Beachtung. Mit Blick auf die Entwicklungs- und Leistungsfähigkeit westlicher Volkswirtschaften wurde eine Rationalisierung der wissenschaftlich-technischen Kommunikation als unabdingbar erachtet. Die Beschleunigung der Dokumentlieferverfahren wurde hierbei als wesentlich mit einbezogen.
Die Kommission der Europäischen Gemeinschaft sowie die EG-Generaldirektion für wissenschaftlich-technische Information und Informationsmanagement nahmen sich in Europa des Problems an. Die 1979 in Auftrag gegebene Analyse „Problems of Document Delivery for the EURONET User" (Lit. 07.) verwies auf den Ansatz einer strukturellen Neukonzeption der Dokumentlieferverfahren. Euronet DIANE (**D**irect **I**nformation **A**ccess **N**etwork for **E**urope), das seit 1971 aufgebaute, öffentlich zugängliche Datenübertragungsnetzwerk mit Datenbankdiensten, wurde dabei als technische Voraussetzung mit einbezogen.
Der konzeptionell nächste Schritt erfolgte in einer Studie zu „Document Digitalisation and Teletransmission". Der Auftrag war wie folgt umrissen:

> „ARTEMIS (**A**utomatic **R**etrieval of **T**ext from **E**urope's **M**ultinational **I**nformation **S**ervice, d. Verf.) would be a speedy, comprehensive and economic document delivery service, accepting requests in the form of bibliographic references and fulfilling them by teletransmission from data bases of digitalised documents." (Lit. 09.)

Mit ARTEMIS sollten die Euronet-Nutzer nach dem bibliographischen Nachweis aus einer Datenbank nun auch das Dokument selbst über Nacht per Telekommunikation an ihr Terminal geschickt bekommen. Damit nahm man ein entscheidendes Defizit der gängigen Verfahrenskette zur Dokumentbeschaffung in Angriff. Schwächstes Glied dieser Kette war (und ist noch immer) die zeitliche Verzögerung bei der Dokumentübermittlung. Ohne die Anbindung von Verfahren der beschleu-

nigten Dokumentübermittlung sind online-Recherchen in bibliographischen Datenbanken eben nur optimierte Suchverfahren. Allerdings bewegte man sich mit ARTEMIS auf der Ebene von Wunschvorstellungen, deren Realisierung von zahlreichen technischen und ökonomischen Unwägbarkeiten eingeschränkt wurde.
Beispielhaft für derartige Probleme ist der Verlauf des Projektes ADONIS (kein Akronym, auch wenn die kursierende Auflösung ,,**A**rticle **D**elivery **O**ver **N**etwork **I**nformation **S**ystems'' Sinn ergibt; vgl. Lit. 11.) in seiner ersten Phase. Europäische Zeitschriftenverlage aus dem wissenschaftlichen, technischen und medizinischen Bereich hatten sich zu diesem – mittlerweile erfolgreicheren (s.u.) – Projekt zusammengeschlossen. Der Plan, einen privatwirtschaftlichen Dokumentlieferdienst für Publikationen aus dem Angebot dieser Verlage einzurichten, scheiterte im ersten Anlauf an technischen und wirtschaftlichen Problemen (Lit. 11. und Lit. 4.).
,,A Study of the relationship between user needs und technology options'' (Lit. 06.) war zusätzlich notwendig, um einen gangbaren Weg für eine nutzerfreundliche und wirtschaftliche Konzeption zu finden. Zu ihr gehört neben der Einbeziehung bestehender Verfahren der Dokumentlieferung vor allem auch die Berücksichtigung unterschiedlicher Dokumentarten sowie differenzierter Bedarfssituationen.

B 13.3 Electronic Document Delivery – Eine begriffliche Orientierung

Die pragmatische Begriffsübernahme ,,**E**lectronic **D**ocument **D**elivery'' (**EDD**) verweist aus deutschsprachiger Sicht auf den Vorgang der elektronischen Dokumentbereitstellung und -lieferung. Der hierzu übergeordnete Begriff ,,Übermittlung'' benennt nicht nur die Anpassung an neue technologische Gegebenheiten, sondern auch den ursprünglichen, physischen Vorgang der Lieferung von Dokumenten.
EDD meint somit einen Sachverhalt, dessen Kern die *elektronische* Bereitstellung eines anderswo verfügbaren Dokumentinhaltes ist. Hierzu gehören neben der Bestellung und der Übermittlung auch das Ausgangsmedium und die Speicherungsform des übermittelten Dokumentes. *EDD ist somit eine Kette von Verfahrensschritten*. Einzelne Glieder dieser Kette können dabei entsprechend den technischen Gegebenheiten und dem Nutzerbedürfnis variiert bzw. in einer Übergangsphase auch nicht-elektronisch ausgestaltet werden.
Der Begriff ,,Dokument'' zielt im vorliegenden Zusammenhang kaum noch auf das klassisch-juristische Schriftstück mit Beweischarakter. Stattdessen ist die Bezeichnung ,,Text-Bild-Grafik-Daten-Menge'' angebracht. Von ihr wird angenommen, daß sie auf ein Original-Dokument rückführbar ist. Ein solches ,,Dokument'' ist mit bibliographischen Kategorien beschreibbar. Seine Verfügbarkeit ist öffentlich. Hierin unterscheidet es sich von Bürodokumenten. Dennoch ist deutlich hervorzuheben, daß die technischen Verfahren der Dokumentübermittlung in beiden Aufgabenbereichen prinzipiell ähnlich sind.

B 13.4 Verfahren der Dokumentbeschaffung

In Dokument-Bedarfssituationen prägen die folgenden Fragestellungen die Auswahl eines bestimmten Verfahrens zur Dokumentbeschaffung:

a) Wie kann das Dokumentbedürfnis artikuliert werden?
b) Wo ist das Dokument verfügbar?
c) In welcher Form liegt es dort vor?
d) Unter welchen technischen und wirtschaftlichen Bedingungen kann das Dokument bezogen werden?
e) In welcher Form wird das Dokument dem Besteller zur Verfügung gestellt?

Mangels aktueller wissenschaftlicher Analysen des situations- und nutzerspezifisch differenzierten Bedarfs an elektronisch übermittelten Dokumenten lautet die gegenwärtige, übergreifende Fragestellung (noch) nicht
„In welchen Bedarfssituationen wird welcher elektronische Dokumentübermittlungsdienst genutzt?", sondern
„Welche elektronischen Verfahren können unter welchen technischen und wirtschaftlichen Bedingungen angeboten werden, um Dokumente zu beschaffen?"
Aus dem Spektrum der Möglichkeiten soll eine beispielhafte EDD-Verfahrenskette abgeleitet werden. Die Anwendungsvorteile und -konsequenzen dieser Möglichkeiten werden zuvor aufgezeigt. Sie bilden zugleich Kriterien, die in die situations- und nutzerspezifische Bewertung der Verfahrensschritte eingebracht werden sollten (vgl. z.B. Lit.10.).
Zur vergleichenden Orientierung werden auch konventionelle Verfahrensschritte zur Dokumentbeschaffung dargestellt (vgl. a. Lit. 08.).

B 13.4.1 Bestellung

B 13.4.1.1 Dokumentauswahl und Besteller-Identifikation

Um aus der Vielzahl möglicher Dokumente genau das Gewünschte zu erhalten, ist eine möglichst korrekte bibliographische Beschreibung notwendig. Deren Reduzierung auf eine Dokumentnummer, die ISBN (International Standard Book Number) oder eine Datenbank-spezifische Zugriffsnummer, die z.B. beim sogenannten *online-ordering* (s.u.) eingetragen wird. bedeutet eine optimale Verkürzung des Auswahlvorgangs.
Während durch die prinzipielle Nutzer-Offenheit konventioneller Verfahren Adressangaben bei jeder einzelnen Bestellung unabdingbar sind, ist die Nutzung von elektronischen Diensten, z.B. in Form von online-ordering, dem dialoggeführten elektronischen Bestellverfahren, meist durch einen vorher abgeschlossenen Nutzungsvertrag mit einem Datenbankanbieter vereinfacht. Die Adressangaben des Bestellers sind dann (als Voreinstellung für die Bestellung) schon hinterlegt. Es entfällt die wiederholte, arbeits- und zeitintensive Angabe dieser Daten. Das elektronische Bestellverfahren kann deshalb bis zur bloßen Übernahme von durch online-Recherche gewonnenen Dokumenthinweisen verkürzt werden.

Fast alle Datenbankanbieter bieten für einen Großteil der bei ihnen nachgewiesenen Dokumente online-Bestellung und (E)DD-Dienste an. Die Bestellverfahren unterscheiden sich in vielen Details. Genaue Verfahrensbeschreibungen sind vom jeweiligen Host erhältlich (vgl. z.B. Lit. 02.). Die Dienste können auch ohne Nutzungsvertrag (wenn auch umständlich) in Anspruch genommen werden.

B 13.4.1.2 Übermittlung

Zur Übermittlung einer Bestellung an den (E) DD-Service-Anbieter bzw. Lieferanten stehen die folgenden Verfahren zur Auswahl:

a) Versand der (formularerfaßten) Bestelldaten,
b) fernmündliche Übermittlung ohne Fomular,
c) Übertragung der Bestelldaten per Telekopierer,
d) Übertragung der Bestelldaten per Datenfernübertragung (DFÜ), z.B. Telex,
e) online-ordering (nach einer Datenbankrecherche).

Die vollelektronischen Verfahren d) und e) haben im Gegensatz zu a) – c) vor allem den Vorteil, daß zur elektronischen Weiterverarbeitung keine weitere Umwandlung der versandten (binär codierten) Daten beim Empfänger erfolgen muß. Dies ist die Basis für ein (voll)-automatisiertes Bearbeitungsverfahren.
Hervorstechendes Merkmal der elektronischen Bestellung ist somit die schnelle Übermittlung sowie die Vereinfachung der Bestellabwicklung für Besteller und Empfänger. Voraussetzung hierfür ist (meist) jedoch die vertragliche Vorbereitung sowie eine als unabdingbar und damit selbstverständlich unterstellte technische Grundausstattung (vgl. auch ,,Kosten").

B 13.4.2 Lokalisierung

Je genauer die bei der Bestellung mitgegebenen Angaben zur lokalen Verfügbarkeit sind desto besser. Die Ermittlung dieser Daten geschieht normalerweise manuell. Mit Hilfe elektronischer Standortnachweissysteme, z.B. der Zeitschriftendatenbank (ZDB), der online-Version des Verbundkatalogs (VK) maschinenlesbarer Katalogdaten deutscher Bibliotheken (beide angeboten vom Deutschen Bibliotheksinstitut; auch als Mikrofiche verfügbar; Lit. 03.) oder der online-Version des BLDSC-Book-Catalogue (Britisch Library Document Supply Centre) beim Host BLAISE-LINE werden solche Angaben leichter erreichbar. Damit ist prinzipiell die Vorausssetzung gegeben, daß personal- und zeitintensive Arbeiten für den Standortnachweis bei der Bestellabwicklung an Bedeutung verlieren.
Beim online-ordering kann davon ausgegangen werden, daß das Dokument mit hoher Wahrscheinlichkeit verfügbar ist. Entweder besteht eine zentrale, nationale Sammelstelle, in der Dokumente – in welcher Form auch immer – bereitgehalten werden (z.B. BLDSC in Boston Spa, UK), oder Hosts als Anbieter bibliographischer Daten haben (E)DD-Service-Verträge mit entsprechenden Spezialbibliotheken (z.B. TIB Hannover; Staatsbibliothek Preußischer Kulturbesitz, Berlin;

Zentralbibliothek der Medizin, Köln oder Zentralbibliothek der Wirtschaftswissenschaften, Kiel). In beiden Fällen obliegt die Lokalisierung dem Anbieter dieser Dienstleistung. Der Besteller beeinflußt allenfalls die Dringlichkeit und Lieferart (über seine Bereitschaft zur Übernahme entsprechender Gebühren bzw. Kosten).

B 13.4.3 Speicherungsform des Dokuments

Die möglichen Speicherungsformen eines Dokumentes im Überblick:

a) gedruckt auf Papier,
b) photographiert auf Film/Fiche als Mikroform des Originals,
c) zeichenweise codiert auf elektronischem Datenträger oder
d) gescannt auf elektronischem Datenträger.

Traditionell liegen die bestellten Dokumente auf Papier vor. Aus Platzproblemen entwickelte man photographische Mikroformen, deren Wiedergabe an spezielle Geräte gebunden bleibt.
Mit Einführung der EDV ergab sich eine weitere Miniaturisierung, aber auch qualitativ völlig geänderte Speicherungsform, da der Dokumentinhalt codiert abgespeichert wird. Die zeichenweise Codierung von Texten bedeutet z.B. den Verlust der Original-Darstellungsform, da das Seiten-Layout des Originals nur bedingt wiedergegeben werden kann. Mit der gescannten Speicherung von Originalen entfällt dieses Problem. Allerdings sind die Suchmöglichkeiten reduziert, da üblicherweise suchbare Zeichen oder Zeichenketten (Wörter) in Einzelpunkte aufgelöst werden. Der Zugriff muß daher über zusätzliche Indizes erschlossen werden. Zudem ist das bei diesem Verfahren anfallende Datenvolumen um den Faktor 15 – 20 höher als bei zeichencodierter Speicherungsform (Lit. 05.). Prinzipiell bieten die elektronische Speicherungsformen den Vorteil eines sehr gezielten, raschen und langfristig auch automatisierbaren Zugriffs. Dieser Beschleunigungs- und Rationalisierungseffekt ist besonders für hochaktuelle Veröffentlichungen – auch wirtschaftlich – interessant.

B 13.4.4 Übermittlungsbedingungen

B 14.4.4.1 Technische Verfahren

Im Überblick die prinzipiell möglichen Verfahren:

a) (Express)-Briefpost-Versand des Originals, einer Photokopie, einer Mikroform oder des elektronischen Datenträgers,
b) Telekopie oder
c) Datenfernübertragung.

Zentrale elektronische Anwendung ist die Datenfernübertragung von binär codierten oder gescannten Dokumenten. Diese Übertragungsform auf der Basis internationaler Normen (Protokolle der **I**nternational **S**tandard **O**rganisation, ISO) und

Datennetze bietet langfristige Perspektiven. Die geplante Erhöhung der Datenübertragungsrate über Kabel bzw. geostationäre Satelliten wird diese Dokumentübermittlung entscheidend beschleunigen und verbilligen. Das Projekt APOLLO der ESA (**E**uropean **S**pace **A**gency) gibt für die Übermittlung via Satellit vielversprechende Hinweise. Voraussetzung für den Erfolg der elektronischen Verfahren bleiben jedoch die Bemühungen zur Standardisierung der Übertragungsprotokolle.
Ergänzend bietet schon seit Jahren das Telekopieren (Faksimile-Verfahren) eine akzeptable Möglichkeit der schnellen Übermittlung von Dokumenten in Originalform. Einen entscheidenden Qualitätsfortschritt bringen hier die Geräte, deren digitale Übermittlung eine elektronische Weiterverarbeitung von Dokumenten zuläßt (Geräte-Gruppe III und IV gemäß CCITT-Empfehlung, **C**omite **C**onsultatif **I**nternational **T**elegraphique et **T**elephonique). Auch das umgekehrte Verfahren, die Übermittlung ursprünglich binär codierter oder gescannter Dokumente an Fernkopiergeräte ist möglich. Die Speicherungsform des Dokumentes ist damit prinzipiell kein Hindernis für elektronische Dokumentübermittlung.
Wegen der finanziellen und technischen Voraussetzungen wird die verstärkte Dokumentdistribution über CD-ROM (**C**ompact **D**isc-**R**ead **O**nly **M**emory) und verfahrensverwandte Datenträger die Übermittlungsdauer besonders zu zentralen Verteilstellen verkürzen (vgl. ADONIS).
Solange jedoch die (Express)-Briefpost hohe Zuverlässigkeit und relativ schnelle Übermittlung gewährleistet, werden auch weiterhin die weitaus meisten, über einen (E)DD-Service bestellten Dokumente auf diesem Wege zum Besteller gelangen.

B 13.4.4.2 Geschwindigkeit

Ein wesentlicher Vorteil der elektronischen Verfahren ist ihre konkurrenzlose Schnelligkeit – gerade im Vergleich mit traditionellen Verfahren zur Dokumentlieferung.
Dazu trägt entscheidend die innerhalb von Sekunden bis Minuten abgewickelte Übermittlung von Bestell- oder Dokumentdaten bei. Aber auch im Umfeld der Bearbeitung von Bestellung, Lokalisierung und Bereitstellung wird die Dauer der Auftragsabwicklung durch elektronische Übermittlung und Verfügbarkeit der Bearbeitungsdaten ganz beträchtlich vermindert.
Bei der eigentlichen Dokumentübermittlung ist der Faktor Geschwindigkeit selbst bei geringen Übermittlungsraten noch immer so überzeugend, daß Schnelligkeit zum Hauptcharakteristikum der elektronischen Übermittlung wurde (und dabei den Blick auf die synergetischen Möglichkeiten der elektronischen Weiterverarbeitung von Dokumenten oft versperrt).

B 13.4.4.3 Kosten

Die Spanne anfallender Kosten bei elektronischer Dokumentübermittlung ist sehr weit zu ziehen. Diese Kosten sind grob zu gliedern in:

a) **verbrauchsunabhängige Kosten**
   aa) Kosten für den Kauf und/oder die Miete von Geräten, Installationskosten und laufende Servicekosten
   ab) Netzanschlußkosten für Telefon und/oder Datenfernübertragungseinrichtungen
   ac) Kosten für Personal, Ausbildung und Räume etc.
b) **verbrauchsabhängige Kosten**
   ba) effektive Übermittlungskosten bei Bestellung und Übermittlung/Empfang des Dokuments
   bb) dokumentbezogene Kosten (Bezugspauschale, Copyright-Kosten)
   bc) Kosten für Verbrauchsmaterial und andere Betriebskosten.

Auch wenn durch anderweitige Nutzung der tatsächliche Kostenanteil unter a) anteilsmäßig gering ausfällt, bleibt die Gesamtinvestition dennoch ein beachtlicher Faktor, der die Einführung elektronischer Verfahren oft behindert.
Als zentrale, objektbezogene Vergleichsgröße werden zumeist die dokumentbezogenen Kosten unter bb) wahrgenommen. Sie sind mit DM 6,– bis circa DM 30,– (genaue Kosten und Lieferbedingungen vorher beim Anbieter erfragen) weitaus höher als die gängige Fernleih-Gebühr im Deutschen Leihverkehr von DM 1,–. Ein solch oberflächlicher Vergleich berücksichtigt jedoch nicht die spezifische Dienstleistung von EDD. Sie beinhaltet für den Nutzer u.a.:

- individuelle ad-hoc-Bearbeitung der Bestellung,
- hohe Liefersicherheit,
- schnelle, elektronische Bereitstellung,
- spezifische Nutzungsoptionen für das übermittelte Dokument

Der eigentliche Anwendernutzen ist schließlich situationsspezifisch individuell zu bewerten. Seine finanzielle Berechenbarkeit verweist auf eine grundsätzliche Frage der Informationsökonomie (vgl. Kap. F 6 in Band 2).

B 13.4.5 Verfügbarkeitsformen

Direkt abhängig von der Übermittlungsform sind die Formen, in denen die Dokumente später beim Nutzer vorliegen. Die Nutzungsmöglichkeiten von gedruckten Originalen oder papiernen Kopien von Dokumenten ist hinlänglich bekannt. Anders hingegen die von elektronisch verfügbaren Dokumenten. Solange Übermittlung per Datenübertragung noch selten bleibt, werden sich Anwendungen zur Weiternutzung dieser Dokumente auf EDV-Basis nur begrenzt durchsetzen. Gerade hierin ist jedoch zukünftig eine wesentliche Perspektive zu sehen.
So bietet die Übernahme von Textpassagen, Skizzen oder Bildern in hauseigene Dokumente Ansätze zu einer Effektivierung von Informationstransferprozessen sowie dem Einsatz von value-added-services, die bislang bedauerlicherweise zu wenig wahrgenommen werden. Damit einhergehen kann dann auch eine, den neuen Nutzungsmöglichkeiten angepaßte Behandlung des Copyright-Problems.
Der Einsatz von CD-ROM und verfahrensverwandten Datenträgern ergänzt diese Möglichkeiten schon jetzt. Allerdings schränken die dabei anfallenden Kosten den potentiellen Direktnutzerkreis deutlich ein. Für die Endnutzer wird durch CD-ROM

die Dokumentbereitstellung zwar beschleunigt, die Verfügbarkeitsform wird aber in erster Linie „gedruckt" bleiben (z.B. im Projekt APOLLO).

B 13.4.6 Im Überblick: Prototypische EDD-Verfahrensketten

EDD-Verfahrensketten könnten – auf der Basis der Darstellung in den vorangegangenen Abschnitten – demnach wie folgt aussehen:

Variante 1: Nach einer Datenbank-Recherche bestellt der Nutzer per online-ordering bei einer Spezialbibliothek einen Zeitschriftenaufsatz, der dort gescannt auf einem elektronischen Datenträger vorliegt. Das Dokument wird ihm als Datei via DFÜ übermittelt und an seinem lokalen Arbeitsplatz im Textverarbeitungssystem zur Verfügung gestellt.

Variante 2: Ein Nutzer wird durch die Lektüre einer Fachzeitschrift auf einen Aufsatz hingewiesen, dessen bibliographische Beschreibung durch die Bestellnummer eines EDD-Service-Anbieters ergänzt wird. Er bestellt das Dokument dort fernmündlich und erhält es als Telekopie. Abhängig von seiner technischen Ausstattung kann er die eingegangene Kopie auch als Textdatei aufbereiten.

Selbstverständlich werden weitere Verfahrensvarianten angeboten und genutzt. Dabei wird aus Kostengründen zumeist auf einzelne elektronische Verfahrensschritte verzichtet (z.B. statt Telekopie Versand des Dokumentes mit der „Gelben" Post).

B 13.5 EDD-Dienstleistungen – Ein Markt in Wartestellung?

Die Hoffnungen aus den 70er Jahren auf eine rasche Entwicklung umfangreicher und kostengünstiger EDD-Dienstleistungen gingen bislang nur teilweise in Erfüllung. Der Grund: Man hatte vor allem das Ziel, die wünschenswerte Serviceleistung gesehen, ohne die finanziellen und technischen Voraussetzungen sowohl der Anbieter als auch der Anwender zu beachten.
Schließt man die in der Zwischenzeit gewonnenen Erfahrungen mit ein, so sollte das *Ziel* ein *fachlich vollständiger EDD-Service* sein, der *jederzeit, schnell* und *kostengünstig* genutzt werden kann. Vorleistungen hierfür lohnen sich aus der Sicht eines Anbieters allerdings nur, wenn ein umfangreiches Nachfragepotential besteht, das durch bisherige Dokument-Beschaffungsmöglichkeiten nur unzureichend bedient wurde. Der EDD-Service sollte mindestens dieses unbefriedigte Nachfrage-Potential erreichen. Die Interessenten müssen in hinreichendem Maße über finanzielle Mittel verfügen, um die besondere Serviceleistung honorieren zu können. Für den Erfolg des Service ist aber auch der Durchdringungsgrad mit kommunikationstechnologischer Grundausstattung bei den potentiellen Nachfragern wesentlich. EDD wäre dann eine Erweiterung der Nutzung solcher Ausstattung – u.U. eine sehr wichtige.
In einem derartigen Rahmen ökonomischer Bedingungen werden mittelfristig allerdings nur Wissensgebiete für EDD-Dienste attraktiv sein, in denen die schnelle und aktuelle Umsetzung von Wissen in Information u.a. auch wirtschaftliche Ziele verfolgt. Nur in diesem Rahmen kann vorerst der in den Anfängen der EDD-

Forschung kaum berücksichtigte finanzielle und technische Aufwand für ein erfolgreiches Angebot geleistet werden.
Pionierleistung auf diesem Gebiet wird im Projekt ADONIS erbracht. Durch die Übernahme des aktuellen Inhaltes von 218 wissenschaftlichen Zeitschriften aus dem Bereich Medizin und Biologie auf CD-ROM wird ein EDD-Service aufgebaut, der von zentralen Bibliotheken – in der Bundesrepublik die Universitätsbibliothek und TIB Hannover und die Zentralbibliothek der Medizin, Köln – genutzt wird. In der zweijährigen Testphase (1987 – 1989) wollen die das Projekt mit EG-Unterstützung tragenden zehn internationalen Verlage sowie die angeschlossenen Zentralbibliotheken die Frage beantworten, inwieweit eine schnelle, elektronische Bereitstellung von Dokumenten tatsächlich unter wirtschaftlichen Bedingungen möglich ist (Lit. 11. und Lit. 04.).
Mit den hier gewonnenen Erfahrungen können dann auch Anwendungsbereiche erschlossen werden, bei denen die direkte wirtschaftliche Verwertbarkeit von Wissen nur unzureichend gegeben ist. Das Nachfragepotential dieser Bereiche ist sicher nur sehr schwer einzuschätzen. Allerdings ist wahrscheinlich, daß zumindest Teile einer EDD-Kette in Anspruch genommen werden.

Insgesamt ist mittelfristig aufgrund der bisherigen Erfahrungen und den genannten Rahmenbedingungen zu erwarten, daß *vollständige* EDD-Dienstleistungen von der Masse der Anwender eher selten genutzt werden.
Aus finanziellen Gründen stellen aus der EDD-Verfahrenskette nur die Glieder „Bestellung" und „Lokalisierung" eine Alternative zu Teilen des traditionellen Fernleih-Verfahrens dar. Sie allein erzielen schon einen beachtlichen Beschleunigungseffekt, der auch für universitäre Nutzerkreise attraktiv und erschwinglich sein dürfte. Solche neue Nutzerkreise zu erschließen bedeutet, diese langfristig auch für EDD gewinnen zu können. Dies wird nur möglich sein, wenn das Serviceangebot in Leistung und Preis weiter differenziert werden wird. Außerdem müßten sich die Anbieter von (E)DD-Dienstleistungen dem Kreis der (Noch)-Nicht-Datenbank-Nutzer zuwenden. Durch zentrale Servicestellen, z.B. bei großen Bibliotheken, könnte ein beachtliches Kundenpotential erschlossen werden. Da den ohnehin personell schlecht ausgestatteten Bibliotheken kaum an einer derartigen Erweiterung ihres Dienstleistungsangebotes gelegen sein wird, bietet sich hier eine Chance für private Anbieter.

B 13.6 Zusammenfassung

Electronic Document Delivery ist heute keine Wunschvorstellung mehr, sondern ein konkretes Angebot für spezielle Nutzerbedürfnisse. Die Durchgängigkeit der elektronischen Kette aus Verfahrensschritten zur EDD bietet neben den ursprünglichen Zielen der Beschleunigung und Erleichterung des Verfahrens vor allem den Vorteil der elektronischen Weiterbearbeitung übermittelter Dokumente. Diese Nutzungsoption wird in ihrem vollen Umfang bislang noch zu wenig erkannt, geschweige denn genutzt. Sie birgt aber eine wesentliche Innovationschance bei der Dokumentnutzung, deren synergetische Dimensionen sehr hoch einzuschätzen sind.

Wesentlicher Grund für die geringe Nutzung von EDD-Dienstleistungen bleiben sicher auch mittelfristig die anfallenden Kosten. Sie sollten mit wachsender Nutzungsfrequenz sinken. Unabhängig davon bleibt es jedoch eine wichtige Aufgabe des Marketings für diese Informationsdienstleistungen gedanklich hierauf nur wenig vorbereitete potentielle Nachfrager mit dem Umstand vertraut zu machen, daß bislang fast gebührenfreie Dienstleistungen nun auch Geld kosten (können). Dies wird allerdings nur in einem Gesamtprozeß möglich sein, dessen Kern durch das Verständnis von der *Information als Ware* und ihrer *Beschaffung als Dienstleistung* geprägt ist.

Literatur

01. APOLLO Working Group: The APOLLO concept. Electronic Document Delivery by Satellite. ESA Scientific & Technical Publications Branch. Noordwijk 1983 (esa SP-1048, EUR 8589 EN).
02. Braun, Traute; Tölle, Volker: Document-Ordering über die Online-ZDB jetzt bei 4 Bibliotheken möglich. In: Bibliotheksdienst 21 (1987), H. 11, S. 1123–1128.
03. Braun, Traute; Tölle, Volker: Verbundkatalog maschinenlesbarer Katalogdaten deutscher Bibliotheken (VK) online. In: Bibliotheksdienst 21 (1987) H. 10, S. 1015–1018.
04. Campbell, Robert M.; Stern, Barrie T.: ADONIS – A New Approach to Document Delivery. In: Microcomputers for Information Management 4 (1987), H. 2, S. 87–107.
05. Diebold Deutschland GmbH (Hrsg.): Wälle gegen die Informationsflut. Moderne Massenspeicher bieten wachsenden Informationskomfort. In: Diebold Management Report H. 8, 1985, S. 1–5.
06. Gates, Yuri; Thompson, Marjorie; IEPRC (Hrsg.): Electronic Document Delivery, A study of the relationship between user needs and technology options, IEPRC International Electronic Publishing Research Centre, Leatherhead, United Kingdom, 1982.
07. Gillespie, Paul; Katzenberger, Paul; Franklin Insitute GmbH Munich (Hrsg.): Problems of Document Delivery for the EURONET User, Technical Report, Prepared for the Commission of the European Communities, Directorate General for Scientific and Technical Information and Information Management, München: Saur 1979.
08. Martyn, John; Singleton, Alan: Electronic Document Delivery VIII. Final report on Docolsys, Document identification, ordering and location systems. Commission of the European Communities. Oxford and New Jersey 1985. 172 S. (EUR 9187).
09. Norman, Adrian; Little, Arthur D.: Electronic Document Delivery, The ARTEMIS concept for document digitalisation and teletransmission. Commission of the European Communities. Oxford and New Jersey: Learned Information 1981, S. 1 (EUR 7110).
10. Slype, Georges van; Page, John; Halm, Johan van: Evaluation of experiments in Electronic Document Delivery and Electronic Publishing. Final Report. Commission of the European Communities. Brüssel 1987. 178 S. (EUR 11208).
11. Tehnzen, Jobst: Von der Bibliothek zur Discothek? ADONIS nimmt den zweiten Anlauf. In: ABI-Technik 7 (1987), H. 2, S. 171–178.

B 14 Bürokommunikation

Joachim Kind

B 14.1 Einführung

Unter Bürokommunikation wird die Gesamtheit aller Bürovorgänge und der sie unterstützenden Bürotechnologien verstanden. Zur Bürokommunikation gehören danach neben den rein kommunikativen Tätigkeiten (Besprechungen, Telefonieren) auch Tätigkeiten wie Lesen, Schreiben, Ablegen, Wiederfinden und Organisieren. Der Fülle dieser Tätigkeiten steht ein entsprechendes Angebot von Bürogeräten und Bürosystemen zur technischen Unterstützung gegenüber.
Ausgangspunkt für die Entwicklung von Bürotechnologien ist die stark angestiegene Zahl von Beschäftigten im Bürobereich und die damit verbundenen sprunghaft angestiegenen Personalkosten *(Abb. 1)*.

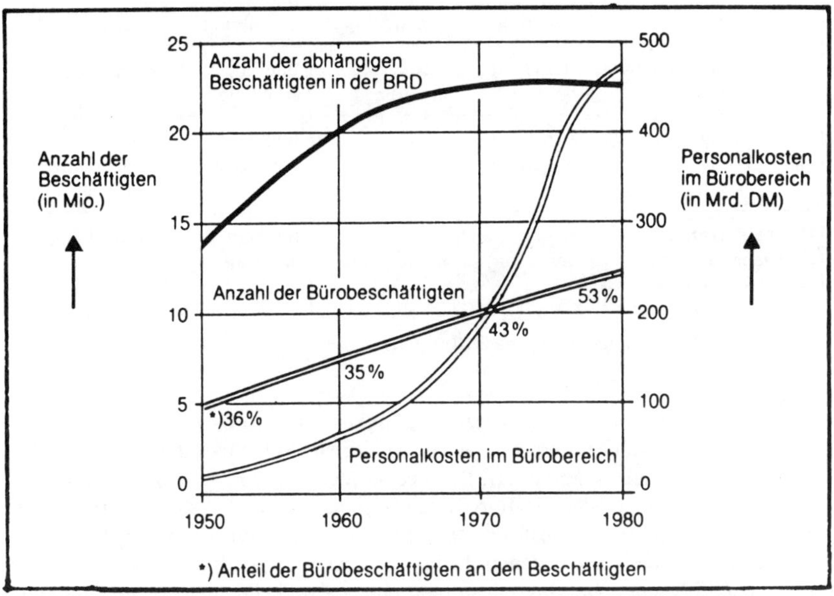

Abb. 1: Beschäftigte im Bürobereich und Personalkosten (Lit. 06.)

Mit der Zunahme der Beschäftigten im Bürobereich nahm der Bedarf an und die Produktion von Informationen in den Verwaltungen der Industrie und der öffentlichen Hand zu. Wie bei den extern erzeugten Informationen kann man bei den internen Informationen von einer „Informationsflut von Bürodokumenten" sprechen. Die Investitionen in komplexe Bürotechnik blieben lange Zeit hinter den Investitionen im Produktionsbereich zurück. Dies hat sich in den vergangenen Jahren in dem

Maße geändert, wie Information als Produktionsfaktor an Bedeutung gewann. Büroarbeit wurde als Informationsarbeit erkannt, bei der Informationen

- ○ erzeugt und bearbeitet,
- ○ abgelegt, gesucht und
- ○ weitergeleitet werden.

Informationen treten als Daten, Texte, Bilder, Sprache oder deren Mischformen auf. In *Abb. 2* sind die verschiedenen Informationsphasen und Informationsformen in einer Informationsfeldermatrix dargestellt.

Informationsformen / Informationsphasen	Daten	Text	Bild	Sprache
Generierung/ Erstellung	Daten-generierung	Text-generierung	Bild-generierung	Sprach-generierung
Bearbeitung/ Verarbeitung	Datenver-arbeitung	Textver-arbeitung	Bildver-arbeitung	Sprachver-arbeitung
Speicherung/ Retrieval	Daten-speicherung/ Retrieval	Text-speicherung/ Retrieval	Bild-speicherung/ Retrieval	Sprach-speicherung/ Retrieval
Kommunikation (Abgabe/Übermitt-lung/Aufnahme)	Datenkom-munikation	Textkom-munikation	Bildkom-munikation	Sprachkom-munikation

Abb. 2: Informationsfeldermatrix nach (Lit. 04.)

Jede Zeile der Matrix stellt eine spezielle Tätigkeit im Büro dar, die durch entsprechende Technologien unterstützt wird. (Beispiel: Sprachkommunikation wird durch Telefonanlagen unterstützt). Bürotechnologie wird entweder als Einzelplatzgerät (Stand – alone) oder als Bürosystem organisiert. Bürosysteme unterstützen mit unterschiedlichen Modulen (Textverarbeitung, Kommunikation, Ablage/Wiederfinden usw.) die verschiedenen Tätigkeiten einer Vielzahl von Arbeitsplätzen. In den nachfolgenden Abschnitten soll auf einige Tätigkeiten und die sie unterstützenden Technologien näher eingegangen werden, die für IuD und insbesondere für die Informationsvermittlung von Bedeutung sind. Da die elektronische Texterstellung und Textbe- und -verarbeitung in Kap. B 12 behandelt wird, werden nachfolgend erörtert:

- ○ Elektronische Ablage und Suche von Bürodokumenten,
- ○ Elektronische Textkommunikation von Bürodokumenten,
- ○ Elektronische Erstellung von Bürographiken (Business Graphic) und
- ○ Elektronische Bildkommunikation.

Im übrigen wird auf die sehr umfangreiche Literatur zum Thema Bürokommunikation verwiesen (Zur kontinuierlichen Information siehe z.B. Lit. 12. und Lit. 13.).

B 14.2 Elektronische Ablage und Suche (Filing/Retrieval)

B 14.2.1 Allgemeines

Während der Erstellung, Bearbeitung und Kommunikation von Büroinformationen von Anwendern und Herstellern entsprechender Bürotechnologien großes Interesse entgegengebracht wird, werden Ablage und Wiederfinden nur nebenbei behandelt. Dies ist umso erstaunlicher, als die Hauptschwachstellen in der Büroarbeit ihre Ursache in einem mangelhaften Filing/Retrieval haben:
In einer Untersuchung bei amerikanischen Führungs- und Fachkräften wurden als Probleme in der Büroarbeit u.a. genannt:

- Beschaffung schwer zugänglicher Informationen,
- Verminderung von Informationsredundanzen,
- Unterstützung des personellen Informationsmanagements und
- Reduzierung irrelevanter Informationen. (Lit. 02.)

In einer zweiten, davon unabhängig durchgeführten Untersuchung bei Unterstützungskräften wurden u.a. folgende Probleme bei der Büroarbeit genannt:

- Beschaffung schwer zugänglicher Informationen,
- benötigtes Verzeichnis nicht auf dem neuesten Stand,
- Unterlagen nicht gefunden und
- viel Zeit für das Suchen von Unterlagen aufgewendet. (Lit. 01.)

Eine ausführliche Darstellung von Filing/Retrieval ist aus IuD-Sicht aus zwei weiteren Gründen wichtig:

- Die erprobte IuD-Methodik kann mit Vorteil verwendet werden und
- Filing/Retrieval ist für die Informationsvermittlung ein geeignetes Mittel, externe Informationen in die innerbetriebliche Informationsbasis zu integrieren.

Die bei konventionellen Ablagen bekannten Schwachstellen sind:

- Mehrfachablagen des gleichen Dokuments an verschiedenen Orten;
- Fehlende Standards bei der Ablage;
- Zeitaufwendiger Zugriff auf abgelegte Dokumente führt zu Verzögerungen bei der Aufgabenbearbeitung;
- Unvollständige Informationsbasis führt zu schlecht fundierten Entscheidungen.

Die obengenannten Schwachstellen werden durch eine elektronische Ablage nur dann beseitigt, wenn bei deren Aufbau die folgenden Aspekte berücksichtigt werden:

- IuD-spezifischer Aspekt (u.a. Auswahl der zu speichernden Dokumente, Festlegung von Standards bei der Erfassung, Art der formalen Kategorien);
- Organisatorischer Aspekt (u.a. Durchführung von Ist-Analysen, Anpassung an vorhandene Organisationsstruktur, Zugriffsberechtigung und Verantwortlichkeiten für den Aufbau und die Pflege der elektronischen Ablage;

- Technologischer Aspekt (u.a. Auswahl der geeigneten Hard- und Software, dediziertes Ablagesystem oder Modul eines Bürosystems, Auswahl der Peripheriegeräte).

B 14.2.2 IuD-spezifischer Aspekt

Ähnlich wie beim Dokumentationsprozess in der Literaturdokumentation kann man bei Bürodokumenten von einem Dokumentationsprozess sprechen. Die einzelnen Stufen werden in *Abb. 3* erläutert:

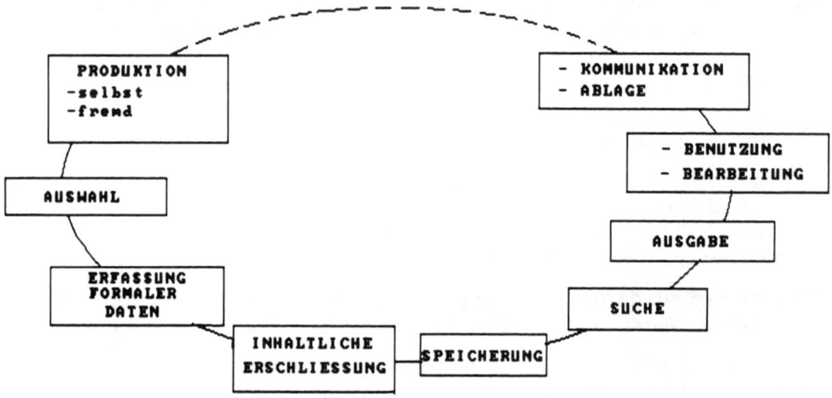

Abb. 3: Dokumentationsprozess bei Bürodokumenten

a. Produktion von Bürodokumenten
Textdokumente werden mit EDV/Textverarbeitung im Unternehmen erstellt und liegen damit in codierter Form (z.B. ASCII) für die Weiterverarbeitung und die Abspeicherung vor. Daneben werden Dokumente in nichtcodierter Form im Unternehmen erzeugt (z.B. handschriftliche Notizen), die vor einer Übernahme in eine elektronische Ablage in codierte Informationen umgewandelt werden müssen.
Von außen ins Unternehmen hereinkommende Textdokumente liegen meistens in nichtcodierter Form vor (z.B. Briefe) und müssen mit Belegleser oder Scanner mit Lesesoftware in codierte Information umgewandelt werden.

b. Auswahl von Bürodokumenten
Für die Auswahl der abzuspeichernden Dokumente müssen Standards erstellt werden. Ein Teil der im Unternehmen erzeugten oder fremdbezogenen Dokumente benötigt keine weitere Bearbeitung bzw. wird bei keiner späteren Bürotätigkeit verwendet. Solche Dokumente mit Tageswert (z.B. Notizen über Terminverschiebungen, Wurfsendungen, Kopien zur Kenntnisnahme) müssen nicht aufgehoben werden.
Dokumente mit Prüfwert (z.B. Mahnungen, Bewerbungsunterlagen) werden nach einer innerbetrieblich festzulegenden Zeitspanne vernichtet.

Dokumente mit Gesetzes- oder Dauerwert (z.B. Handelsbücher, Patente, Bilanzen, Inventarverzeichnisse) müssen entsprechend den gesetzlichen Vorschriften aufbewahrt werden.

c. Erfassung formaler Daten von Bürodokumenten

Die formalen Angaben von Bürodokumenten (z.B. Absender, Empfänger, Erstellungsdatum, Empfangsdatum) müssen unter Berücksichtigung vorhandener Standards (z.B. ODA) erfaßt werden, um in einem späteren Retrieval wieder auffindbar zu sein. Unterschiedliche Bürodokumentklassen haben unterschiedliche formale Angaben.

Um Dokumente, die zu einem Vorgang gehören, in einem späteren Retrieval wieder zusammenführen zu können, müssen entsprechende Vorgangsmerkmale bei der Erfassung vorgesehen werden.

d. Inhaltliche Erschließung von Bürodokumenten

Die inhaltliche Erschließung kann manuell durch die Vergabe freier oder gebundener Schlagworte erfolgen.

Bei der maschinellen Indexierung werden Stichworte aus dem gesamten Dokument oder Teilen des Dokuments unter Berücksichtigung von Stopworten und Häufigkeitsverteilungen gewonnen.

e. Speichern und Suchen von Bürodokumenten

Bürodokumente ,,normalen" Umfangs werden vollständig elektronisch abgelegt, insbesondere wenn sie bereits in codierter Form vorliegen. In den anderen Fällen wird ein ,,Stellvertreter" des Bürodokuments erzeugt und dieser abgelegt. In dem Stellvertreter wird ein Verweis auf den Standort des Originaldokuments vorgesehen.

Die Suche in der elektronischen Ablage erfolgt nach formalen Angaben, nach Inhalten, nach Vorgangsmerkmalen und deren Kombinationen. Für die Verknüpfung der Suchmerkmale verwenden die entsprechenden Retrievalprogramme Boolsche Operatoren und Abstandsoperatoren. Maskierung von Suchmerkmalen ist ebenso möglich.

Weiterführende Retrievalprogramme zur Verbesserung des Retrievalergebnisses unter Verwendung komfortabler Methoden der Textanalyse werden in den auf dem Markt angebotenen Bürosystemen kaum angeboten.

B 14.2.3 Technologischer Aspekt

Bei der Realisierung einer elektronischen Ablage ist zu unterscheiden zwischen dedizierten Ablage- und Retrievalsystemen und dem Ablage- und Retrievalmodul als Bestandteil eines integrierten Bürosystems.

a. Dedizierte Ablage- und Retrievalsysteme

Die dedizierten Ablage- und Retrievalsysteme werden als Mehrplatzsysteme realisiert oder stehen als Einzelplatzsysteme dem Benutzer zur Verfügung. Stellvertretend werden die Basiskomponenten eines Einzelplatzsystems nachfolgend genannt:

- Prozessor 80286/386;
- Magnetplatten (20 – 100 MB);
- WORM-Platten (z.B. 5 1/4 Zoll mit 100 – 500 MB);
- WORM-Drive;
- Bildschirm und Drucker im ASCII-PC Standard;

Als optionale Hardwarekomponenten werden typischerweise vorgesehen:

- Blattleser;
- Scanner ggf. mit Lesesoftware;
- Laserdrucker;
- Hochauflösender Bildschirm;
- Juke-Box für 5 1/4 WORM-Platten.

Als Software-Komponenten steht u.a. eine Textretrievalsoftware für die Recherche der gespeicherten Dokumente zur Verfügung. Die Kennzeichen solcher Retrievalsoftware sind u.a.:

- Freitextsuche
- Boolsche Operatoren und Abstandsoperatoren
- Maskierung und Feldqualifizierung.

b. Ablage- und Retrievalmodul als Bestandteil eines integrierten Bürosystems
Integrierte Bürosysteme unterstützen als dezentrale Mehrplatzsysteme mit den verschiedenen Modulen (Textverarbeitung, Business Graphik, Kommunikation, Ablage und Wiederfinden usw.) die Tätigkeiten an den verschiedenen Arbeitsplatztypen. Bei der Realisierung des Ablagemoduls beschränkt sich ein Teil der Anbieter auf eine elektronische Nachbildung der konventionellen Ablagestruktur. Andere Hersteller gehen davon aus, daß insbesondere für Führungs- und Fachkräften anspruchsvollere Ablage- und Retrievalfunktionen bereitgestellt werden müssen. Bei diesen Bürosystemen ist dann eine Suche nach inhaltlichen und formalen Angaben möglich. Die inhaltskennzeichnenden Schlagwörter werden in der Regel zusätzlich manuell vergeben, einige Systeme erlauben eine Freitextindexierung unter Beachtung einer frei definierbaren Stopwortliste.
Die Verknüpfung der Schlagwörter untereinander oder mit den formalen Angaben erfolgt über Boolsche Operatoren (und, oder, nicht) und Abstandsoperatoren. Endmaskierung ist in Büromodulen ebenfalls realisiert.
Eine vergleichende Untersuchung der Ablagemodule, wie sie in den auf dem Markt angebotenen Bürosystemen realisiert sind, findet sich in (Lit. 05.).

B 14.2.4 Organisatorischer Aspekt

Entsprechend den Organisationsstrukturen haben sich Ablagestrukturen in unterschiedlichen Ebenen des Unternehmens herausgebildet:

- Persönliche Ablage;
- Abteilungsablage;
- Bereichsablage und
- Unternehmensablage.

Elektronische Ablage- und Retrievalsysteme müssen sich den vorhandenen Organisationsstrukturen anpassen. Die Einführung solcher Systeme sollte in folgenden Stufen erfolgen:

- Ist-Analyse;
- Systemkonzeption;
- Systemtechnische Implementierung und
- Organisatorische Implementierung.

Die Einführung sollte in Schritten (Pilotprojekt!) und unter Einbeziehung der Betroffenen bei der Planung und Realisierung erfolgen. Eine intensive Schulung und Betreuung während der Pilotphase sind unverzichtbare Voraussetzungen für die Akzeptanz eines elektronischen Ablage- und Retrievalsystems.

B 14.2.5 Bedeutung der elektronischen Ablage für die Informationsvermittlung

Extern recherchierte Informationen können – nach entsprechender Textbearbeitung – in eine interne elektronische Ablage übernommen werden. Dort können sie mit intern erzeugten Informationen gemischt und/oder verglichen werden. Die elektronische Ablage kann damit – unter Ausschöpfung der externen Kommunikationkanäle – zu einer umfassenden Informationsbasis ausgebaut werden. Die hier gespeicherten Informationen können von den Mitarbeitern elektronisch abgerufen und kommuniziert werden. Eine so verstandenen elektronische Ablage stellt die für ein wirkungsvolles Informatiosmanagement benötigte Informationsbasis dar. Mit den gespeicherten Informationen sind die für die Problemlösungen notwendigen internen und externen Informationen vom Arbeitsplatz abrufbereit und stehen für eine integrierte Vorgangsbearbeitung zur Verfügung.

B 14.3 Elektronische Textkommunikation von Bürodokumenten

B 14.3.1 Allgemeines

Mit der Zunahme der im Büro erstellten Textdokumente wuchs der Wunsch, diese schnell kommunizieren zu können. Das gut ausgebaute Telekommunikationsnetz in der Bundesrepublik machte die Einführung neuer elektronischer Textkommunikationsdienste wie Bildschirmtext, Videotext, Telefax und Teletex möglich. Auf den Teletexdienst soll nachfolgend näher eingegangen werden.

Den Anstoß für den Aufbau des Teletexdienstes gab die Entwicklung elektronischer Speicherschreibmaschinen, die die Durchführung von Textbearbeitungsfunktionen an den im Speicher abgelegten Texten ermöglichte. Für eine elektronische Kommunikation dieser Texte mußte an der Speicherschreibmaschine ein Kommunikationsteil vorgesehen werden. Damit sind die wesentlichen Kennzeichen einer Bürofernschreibmaschine (Teletexendgerät) – auch in Abgrenzung zum Telexgerät – bereits benennbar:

- Das Teletexgerät verfügt über den vollen Zeichensatz einer Büroschreibmaschine. Es erlaubt die komfortable Erstellung und Editierung von Texten und deren elektronische Kommunikation
- Das Teletexgerät soll dezentral am Büroarbeitsplatz aufgestellt sein
- Das Teletexgerät übermittelt die Textinformationen mit einer Geschwindigkeit von 2.400 bit/Sec (1 normal beschriebene DIN A4-Seite wird in 10 sec übermittelt).

Das Teletexendgerät ist als eine kommunikationsfähige Büroschreibmaschine mit Textspeicher zu verstehen.

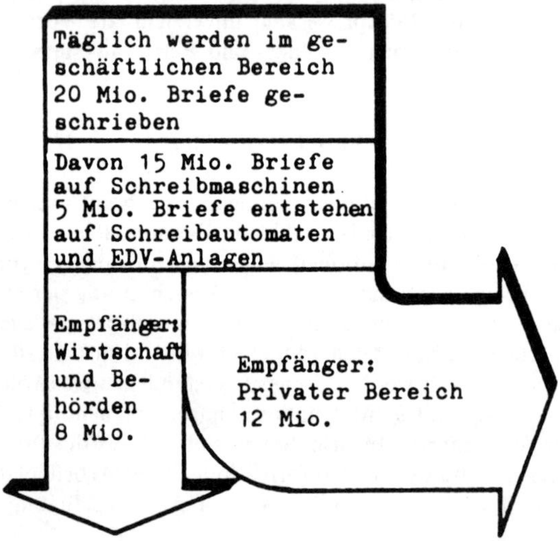

Abb. 4: Anteil der geschäftlichen Korrespondenz, der für Teletex geeignet ist (nach KtK-Bericht 1976)

Bei ihrer Bedarfsabschätzung für den Teletexdienst ging die KtK davon aus, daß von den täglich 20 Millionen Geschäftsbriefen (1976) in der Bundesrepublik 8 Millionen an nichtprivate Empfänger gehen (s. *Abb. 4*). Damit wären 40 % der täglichen geschäftlichen Korrespondenz über Teletex elektronisch mit einem Teletexgerät kommunizierbar (s. *Abb. 4*).

B 14.3.2 Aufbau eines Teletexgerätes

Der grundsätzliche Aufbau eines Teletexgeräts ist *Abb. 5* zu entnehmen. Die Funktionen der Bestandteile A – E sind in *Abb. 5* näher beschrieben.

A) **Bildschirm** und Zeilendisplay können vorhanden sein und dienen der Erleichterung der Texterstellung/-bearbeitung. Sie können auch zur Überwachung des Kommunikationsvorgangs dienen.

B) Ein **Drucker** ist bei jedem Teletex-Terminal vorhanden; er dient der lokalen Textausgabe und kann alle Schriftzeichen von Ländern mit lateinischer Sprache auf DIN A4 hoch und quer ausdrucken.

C) Eine **Tastatur** ist bei jedem Teletex-Terminal vorhanden; sie dient der lokalen Texterstellung und -bearbeitung sowie der Steuerung der Kommunikationsfunktionen.

D) Die **Anzeigevorrichtungen** zeigen an, ob z.B. Nachrichten im Speicher eingegangen sind, der Speicher nahezu voll ist, eilige Nachrichten oder Mängel vorhanden sind, Papier fehlt, etc.

E) **Speichereinheiten** sind bei jedem Teletex-Terminal vorhanden: Lokalspeicher unterstützen die lokale Texterstellung und -bearbeitung, Sende/Empfangsspeicher die Textübermittlung im automatischen Speicher-zu-Speicher-Verkehr.

Abb. 5: Aufbau eines Teletexgeräts (Lit. 07.)

B 14.3.3 Lokal- und Kommunikationsseite bei Teletex-Endgeräten

Ein Teletexendgerät weist neben den vielfältigen Möglichkeiten der Textbe- und -verarbeitung die Kommunikationsmöglichkeit als zusätzliche Funktion auf. Die Teletexgeräte müssen also eine ungestörte lokale Texterstellung ermöglichen bei gleichzeitigem Aussenden oder Empfangen anderer Textdokumente. Diese Textdokumente müssen automatisch vom Sendespeicher des einen Teletexteilnehmers zum Empfangsspeicher des anderen Teilnehmers und umgekehrt geschickt werden. Die

Merkmale der Lokal- und Kommunikationsseite eines Teletexgeräts sind in *Abb. 6* aufgeführt.

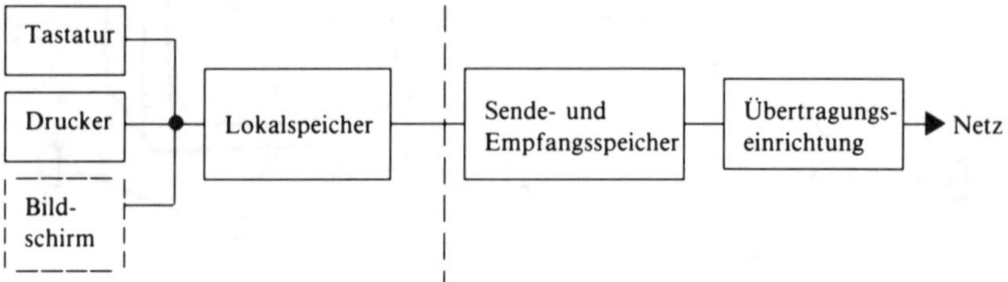

Merkmale der Lokalseite:

- Ungestörter Lokalbetrieb bei ankommenden Nachrichten
- Voller Zeichenvorrat von Büroschreibmaschinen
- Verwendung von büroüblichen Papierformaten (A4 und A4 L)
- Gebrauch der Tastatur bei Texterstellung und -positionierung wie bei normalen Büroschreibmaschinen
- Normale Editier- und Korrekturfunktionen
- Ausbau bis zu großen Textverarbeitungsanlagen möglich

Merkmale der Kommunikationsseite:

- Automatischer Speicher-zu-Speicher-Verkehr
- Inhalt, Format und Layout der empfangenen Nachricht ist mit der des Senders identisch
- Empfang und Darstellung aller Schriftzeichen von Ländern mit lateinischer Sprache
- Übertragungsgeschwindigkeit von 2.400 bit/s, d.h. eine normal beschriebene Seite wird in weniger als 10 Sekungen übermittelt
- Weltweite Kompatibilität mit allen Teletexendgeräten verschiedener Hersteller auf der Basis internationaler Standardisierung

Abb. 6: Lokal- und Kommunikationsseite eines Teletexgeräts

B 14.3.4 Teletex- und Telexdienst

Mit der Einführung des Teletexdienstes sollten deren Teilnehmer Kommunikationsmöglichkeit mit weltweit ca. 1.5 Millionen Telexteilnehmer haben (in der BRD: ca. 160.000). Bei der Realisierung dieser für die Verbreitung von Teletex sicherlich wichtigen Forderung mußten die Unterschiede und Gemeinsamkeiten der beiden Dienste klar definiert werden. Die wichtigsten Unterschiede betreffen

- den Zeichenvorrat (Telex: nur kleine Buchstaben, eingeschränkter Zeichenvorrat; Teletex: voller Zeichenvorrat der Büroschreibmaschine mit Groß- und Kleinschreibung),
- die Übertragungsgeschwindigkeit (Teletex 20 – 30 mal schneller als Telex),
- die Codierung (Telex: 5-Bit-Code, Teletex: 8-bit-Code) und
- das Papierformat (Telex: schmaler als DIN A4 und Endlospapier Teletex: DIN A4, seitenorientiert).

Als Gemeinsamkeiten beider Dienste sind zu nennen:

- digitale Übermittlung von Texten in beiden Diensten und
- die Menge der Telexzeichen ist eine Untermenge der Teletexzeichen.

Der Übergang von einem Netz in das andere wird durch Telex-Teletex-Umsetzer (TTU) vollzogen, die die Umsetzung der Codes, Übertragungsprotokolle und Übertragungsgeschwindigkeiten durchführen.

B 14.3.5 Teletexdienst im Bereich der Informationsvermittlung

Aufgabe der Informationsvermittlung ist die schnelle Suche von relevanten Informationen und deren prompte und zielgerichtete Weiterleitung an den/die Benutzer. Da bei diesen Informationen Textdokumente eine große Rolle spielen, ist nach der elektronischen Suche und deren benutzergerechten Aufbereitung mit einem Textprogramm die elektronische Weiterleitung der konsequente Schritt einer elektronischen Informationsvermittlung ohne Medienbrüche. Die Vermeidung von Medienbrüchen bedeutet Zeitersparnis – in der Informationsvermittlung bei vielen Fragestellungen ein entscheidendes Argument.
Die elektronische Kommunikation von Textdokumenten mit Teletex (oder auch mit Electronic Mail) wird ein selbstverständlicher Bestandteil einer wirklich effizienten und benutzernahen Informationsvermittlung werden.

B 14.4 Elektronische Erstellung von Bürographiken

B 14.4.1 Allgemeines

In vielen Bürobereichen fallen neben Texten vor allen Dingen Zahlen und Daten an. Abteilungen mit hohem Datenaufkommen sind:

- Finanz- und Rechnungswesen,
- Verkaufsabteilung,
- Personalabteilung,
- Produktionsabteilung und
- Marketing- und Marktforschungsabteilung.

Eine anschauliche Darstellung der anfallenden Datenmengen ist für die benötigte Informationstransparenz erforderlich. Visualisierte Daten in Form von Graphiken erleichtern und beschleunigen Entscheidungen und machen ,,Zahlenwälder" vom Computerausdrucken überflüssig.
Mit Graphiken an Stelle von Zahlentabellen gelingt den Unternehmen eine überzeugendere Außendarstellung bei den Kunden.
Waren noch vor einigen Jahren leistungsfähige Graphiksoftwarepakete nur auf Großrechnern verfügbar, so gehört heute ein leistungsfähiges Business-Graphic-Programm zum Standard von Stand-alone-Geräten im Bürobereich oder von Bürosystemen.

B 14.4.2 Merkmale von Business-Graphik-Programmen

Merkmale der heute verwendeten Graphikpakete im Bürobereich sind u.a.:

- Erstellung zweidimensionaler Graphiken
- Graphikgrundformen:
  - Kurve
  - Kreis und
  - Tortendiagramm mit einer Vielzahl von Ausformungen
- Erstellung freier Graphiken mit Baustein-Elementen
- Benutzerfreundliche Pull-Down-Menus
- Einbindung von Texten und Beschriftungen
- Auswahl von Schraffuren und Farben
- Durchführung von statistischen Berechnungen mit anschließender Graphikdarstellung

In *Abb. 7* sind beispielhaft je ein Torten- und Balkendiagramm aufgezeichnet. Die Graphik wurde auf einem Personal Computer mit der Graphiksoftware MS CHART erzeugt.

B 14.4.3 Einsatz von Business-Graphik in der Informationsvermittlung

Online-Datenbanken mit textlich-numerischen oder rein numerischen Informationen spielen in der Informationsvermittlung von Wirtschaftsinformationen eine entscheidende Rolle. Die Zahl und die Nutzung dieser Datenbanken steigen ständig an. Mit Graphikprogrammen werden die recherierten Daten transparent gemacht und führen zu einer größeren Akzeptanz beim Benutzer.
Die erzeugten Graphiken können in vorhandene Text eingebunden werden, so daß mit der elektronischen Suche, der Textbearbeitung und der Textkommunikation die Erstellung von Graphiken mit entsprechenden Programmen ein weiterer Schritt zu einer qualitativ hochstehende Informationsvermittlung sein kann.

B 14.5 Elektronische Bildkommunikation

B 14.5.1 Allgemeines

Neben dem elektronischen Textkommunikationsdienst Teletex hatte die KtK u.a. einen neuen Dienst zur elektronischen Übertragung von Festbildern vorgeschlagen. Der neue Kommunikationsdienst mit Namen Fernkopieren oder Telefax – von der Deutschen Bundespost am 01. 01. 1979 eingeführt – soll die konventionellen Übertragungsmittel von Bildern und Skizzen (u.a. Briefpost, Bote) ersetzen. Schon in den 20er und 30er Jahren hatte man die Faksimile-Übertragung für spezialisierte Anwendungen eingesetzt. Da die Geräte der verschiedenen Hersteller, sog. Gruppe 1-Geräte, nicht miteinander kommunizieren konnten, beschränkte sich der Einsatz auf wenige Spezialanwendungen.
Der nächste Schritt zu einer stärkeren Verbreitung von Telefaxgeräten erfolgte 1979 mit der Einführung von Standards für die sog. Gruppe 2-Geräte. Die Übertra-

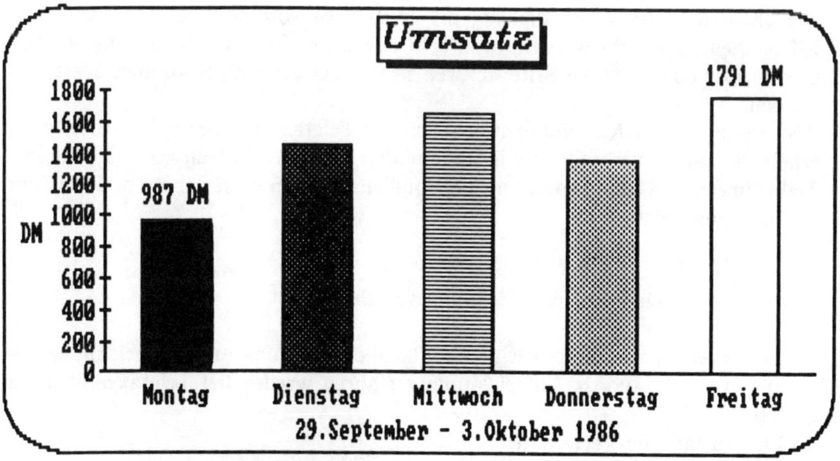

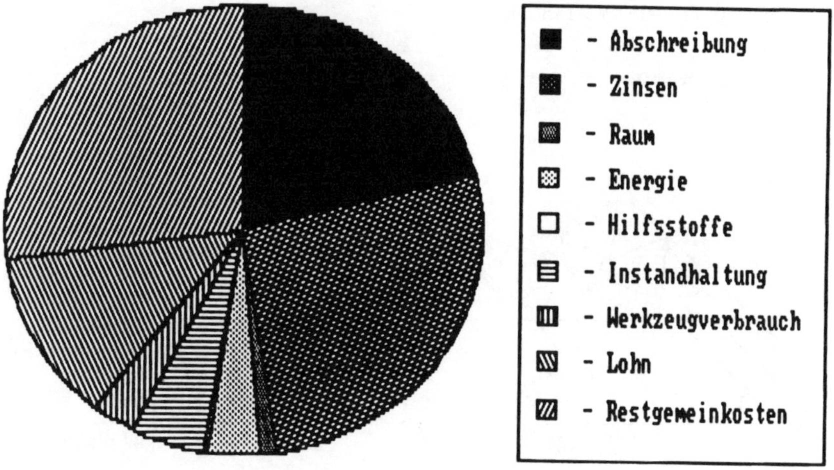

Abb. 7: Business-Graphik: Balken- und Tortendiagramm

gungsdauer bei diesen Geräten betrug drei Minuten für eine DIN A4-Seite mit Text und Graphiken. Die potentiellen Nutzer empfanden dieser Übertragungsdauer immer noch als wenig attraktiv; außerdem war die Bedienung der Gruppe 2-Geräte immer noch zu umständlich. Die seit 1983 auf dem Markt angebotenen Gruppe 3-Geräte haben diese Mängel nicht mehr. Mit diesen Geräten kann eine DIN A4-Seite in 15 bis 30 Sekungen an jeden Telefaxteilnehmer in der Welt übertragen werden, der ebenfalls ein Gruppe 3-Gerät hat.
Der größere Komfort der Gruppe 3-Geräte macht sich auch in der Zahl der installierten Telefaxgeräte bemerkbar. Mitte 1987 waren von den insgesamt 53.000 Telefaxanschlüssen ca. 80 % Gruppe 3-Geräte.

Die Übertragungsgeschwindigkeit von Festbildern wird mit der Einführung des ISDN-Dienstes erhöht werden. Man geht davon aus, daß die dann fälligen Gruppe 4-Geräte eine DIN A4-Seite weltweit in weniger als zehn Sekunden übertragen werden.
Als internationaler Kommunikationsdienst ist Telefax in anderen Industriestaaten erheblich stärker verbreitet als in der Bundesrepublik. Mit weltweit 3.5 Millionen Teilnehmern ist Telefax nach dem Telefondienst der am weitesten verbreitete Kommunikationsdienst.

B 14.5.2 Abtast- und Aufzeichnungsverfahren

In den neuen Fernkopierern wird die Flachbettabtastung und -aufzeichnung verwendet (s. *Abb. 8*). Als Aufzeichnungsverfahren werden bei Telefaxgeräten eingesetzt:
- Elektrostatische Verfahren,
- Thermische Verfahren und
- Thermo-Transfer-Verfahren.

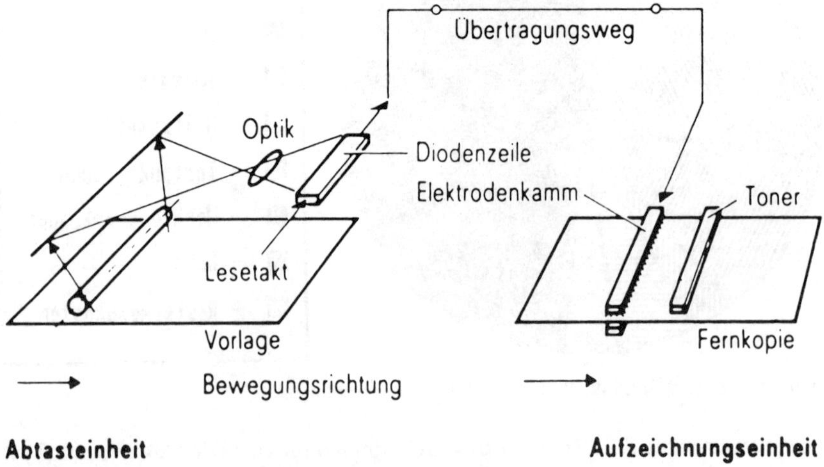

Abb. 8: Prinzip der Flachbettabtastung und -aufzeichnung bei Fernkopierern (Lit. 03.)

Beim Thermo-Transfer-Verfahren und dem zukünftig ggf. eingesetzten Laserdruckverfahren erfolgt die Aufzeichnung auf „Normalpapier". Daneben liefert das Thermo-Transfer-Verfahren besonders gute Kopien.

B 14.5.3 Bedeutung des Telefaxdienstes für die Informationsvermittlung

Die weltweit starke Verbreitung von Telefaxgeräten und deren merkliche Zunahme in der Bundesrepublik machen den Telefaxdienst zu dem geeigneten Telekommunikationsdienst für bereits vorhandener Text- und Bilddokumente. Eine schnelle Übermittlung von recherierten und textlich und graphisch aufbereiteten Informationen ist ebenso sinnvoll wie die prompte Übermittlung von Kopien von Originalbeiträgen aus Fachzeitschriften, von Patentdokumenten und Gebrauchsmustern.

B 14.6 Zusammenfassung

Bürokommunikation und Information und Dokumentation sind zu lange als voneinander unabhängige Bereiche betrachtet worden. Die obigen Ausführungen zeigen, daß IuD und Informationsvermittlung die Instrumente der Bürokommunikation mit Vorteil verwenden können.
Auf der anderen Seite wird Bürokommunikation nur dann gelingen, wenn die für den IuD-Bereich entwickelten Methoden der formalen und inhaltlichen Behandlung von Informationen neben dem technologischen und organisatorischen Aspekt berücksichtigt werden.

Literatur

01. Beckurts, Karl-Heinz; Reichwald, Ralf: Kooperation im Management mit integrierter Bürotechnik. München: CW-Publikationen 1984, Seite 111, 166 S.
02. Culnan, M.; Bair, J.: Human Communication Needs and Organizational Productivity: The Potential Impact of Office Automation. In: Journal of the American Society of Information Science 34 (1983) H. 3, S. 218 – 224.
03. Fellbaum, Klaus; Hartleb, Rainer; Möll, Gerhard; Puhze, Udo; Rüggeberg, Rolf: Elektronische Textkommunikation. Berlin: VDE-Verlag 1983. S. 334.
04. Karcher, Harald: Büro der Zukunft. Baden-Baden: FBO-Verlag 1982. 422 S.
05. Schmidt, Rüdiger de; Hormuth, Gabriele: Elektronisches Archiv in der Bürokommunikation. Marktstudie. CeBK Gesellschaft für Bürokommunikation mbH. Frankfurt, August 1987, 88 S.
06. Siemens-Studie 1982. Produktionssteigerung im Büro. S. 6.

Weiterführende Literatur:

07. Afheldt, Heik; Martin, Horst-Edgar; Schrape, Klaus (Hrsg.): Neue Techniken der Bürokommunikation. Landsberg: Verlag Moderne Industrie 1986. 261 S.
08. Diebold Deutschland GmbH (Hrsg.): Entsorgungsprobleme. Moderne Dokumentations- und Archivierungssysteme erfordern sorgfältige Vorbereitung. Diebold Management Report 11 (1986) S. 1 – 7.
09. Heilmann, Heidi; Bischoff, Rainer; Katzsch, Rolf M.; Nielinger, Horst; Scherff, Jürgen (Hrsg.): Document Retrieval. Handbuch der Modernen Datenverarbeitung. 24. Jg., 3, 1987, 124 S.

10. Lippold, Heiko; Hett, Heinz-Martin: Marktstudie – Retrievalsoftware für die elektronische Dokumentenverwaltung BIFOA. Betriebswirtschaftliches Institut für Organisation und Automation an der Universität Köln. 1988.
11. Niemeier, Joachim: Aktenordner oder elektronischer Ablagesysteme: die Datenverwaltung im Büro der Zukunft. ONLINE '86, 9. Europäische Kongreßmesse für Technische Kommunikation 05. – 08. 02.1986, Hamburg, S.4P1 – 4P13.

Relevante deutschsprachige Fachzeitschriften:

12. Mikrodok. Zeitschrift für Informations-Handling. Baden-Baden: FBO-Verlag.
(Erscheinungsweise: Sechsmal jährlich)
13. Office Management. Information/Organisation/Kommunikation. Baden-Baden: FBO-Verlag.
(Erscheinungsweise: Monatlich)

(In beiden Fachzeitschriften wird regelmäßig über neue Entwicklungen und Produkte der führenden Hersteller im Bereich Bürokommunikation berichtet; außerdem wird auf neue Büchererscheinungen verwiesen.)

B 15 Bildschirmtext

Dietmar Strauch

B 15.1 Interactive Videotex – Entwicklung und Standards

Der Telekommunikationsdienst Bildschirmtext (**Btx**) – wie er als Fernmeldedienst der Deutschen Bundespost bezeichnet wird – gehört zur Klasse der interaktiven Zweiweg-Kommunikationssysteme (Sammelbezeichnung: Interactive Videotex); diese im allgemeinen öffentlich zugänglichen Dienste zielen auf ein breites Spektrum von Informations- und Datenverarbeitungsmöglichkeiten und können sowohl für den Broker von Spezialinformationen als auch für den Privathaushalt von Interesse sein.
Anfang der siebziger Jahre hatte Sam Fedida – ein Entwickler des British Post Office – die einfache, aber geniale Idee, das normale Fernsehgerät zu einem Telekommunikationsterminal umzufunktionieren, indem er die Telefonleitung als Datenübertragungsverbindung wählte.
Diese Idee wurde von inzwischen mehr als 50 Postverwaltungen aufgegriffen und in Videotex-Systeme umgesetzt. Vor allem in den europäischen Industriestaaten und in Japan, zu geringerem Maße auch in Nordamerika wurden Systeme erprobt und in den Regelbetrieb überführt. In der Bundesrepublik Deutschland gab 1975 die **KtK** – (Kommission für den Ausbau des technischen Kommunikationswesens) eine entsprechende Empfehlung ab, die dann von der Deutschen Bundespost als Netzträger auf der Basis eines Staatsvertrages zwischen den Bundesländern und der Bundesregierung realisiert wurde: Ab 1977 zunächst in einem technischen Versuch Bildschirmtext, 1980– 1983 in Feldversuchen und schließlich ab Herbst 1983 im Regelbetrieb.
Das Gesicht von Btx hat sich im Laufe der Jahre mehrmals gewandelt: Wollte man ursprünglich in erster Linie den Privathaushalt und den Verbraucher als Informationsnutzer gewinnen, stellten sich bald der geschäftliche Sektor und der „semiprofessionelle" Bereich als eigentlich interessante Zielgruppen heraus. Die Gebührenpolitik der Bundespost spielte dabei sicher eine bestimmende Rolle, denn Btx ist im Vergleich zu anderen Telekommunikationsdiensten deutlich preisgünstiger.
Endgültig kam aber der Durchbruch für die professionelle Nutzung, als ab 1980 auch privat betriebene Datenverarbeitungssysteme als sogenannte Externe Rechner in Btx integriert wurden. Mit diesem Rechnerverbund wurde ein offenes System geschaffen, indem jeder mit jedem kommunizieren kann, ohne Rücksicht auf die eingesetzten Hard- und Software-Systeme. Die Standardisierung der Kommunikationsprotokolle in Btx erlaubt die Verbindung von Rechnern unterschiedlicher Hersteller und die Einbindung von Datenbanken der verschiedensten Anbieter.
Eine besondere Rolle bei der internationalen Harmonisierung von Interactive Videotex spielen die unterschiedlichen Darstellungsstandards. Der erste Standard wurde 1975 in Großbritannien unter dem Namen Viewdata (später auch mitunter **PRESTEL**-Standard genannt) eingeführt; charakteristisch für ihn ist die Block- oder Mosaikgraphik, die in vielen Videotex-Diensten zunächst eingesetzt wurde –

so auch bei Btx (und bei dem Videotext-Dienst, eine in der Austastlücke des Fernsehsignals gesendete Einweg-Variante, auch als Broadcast Videotex bezeichnet.)
In Frankreich wurde 1977 unter der Bezeichnung **TÉLÉTEL** ebenfalls ein Alphamosaik-Standard eingeführt, der sich aber von Viewdata unterscheidet und wegen des großen Erfolges dieses Dienstes in Frankreich auf mehreren Millionen Endgeräten implementiert ist.
Ab 1983 hat die Conferences of European Posts and Telecommunication Administrations (**CEPT**) einen Standard verabscheidet, der die Darstellungsmöglichkeiten von Viewdata und Télétel vereinigte, aber zusätzlich wiederum eine Reihe von weiteren Verbesserungen bietet. So können alle Zeichen der meisten europäischen Sprachen, frei definierbare Farben und Grafiken editiert werden, alphageometrische und alphafotografische Übertragungsverfahren werden unterstützt.
Dieser sogenannte CEPT-Standard ist nun Basis des bundesdeutschen Btx, allerdings ohne volle Kompatibilität zu den britischen bzw. französischen Diensten. In den neunziger Jahren hofft man auf eine europaweite Harmonisierung.

	PRESTEL	CEPT
1. Auflösung/Bildpunkte pro Matrix	6 x 10	12 x 10
2. Zeichenzahl pro Seite	960	960
3. Verfügbare Zeilenzahl	24	20/24
4. Verfügbare Zeichensätze		
national	x	–
ISO-Norm mit 320 Zeichen	–	x
5. Darstellungsattribute:		
serielle Kodierung	x	x
parallele Kodierung	–	x
6. Farbpalette/Anzahl Farben	8	4096
Farben je Seite	8	32
Bildschirm-Gesamteinfärbung	–	x
7. Bewegungsmodi	1	5
Blinkmodi	1	3
Auf- und Abwärtsrollen	–	x
Dynamischer Seitenaufbau	–	x
8. Grafische Zeichen:		
Block-Grafik	x	x
Linien-Grafik	–	x
Schrägflächen-Grafik	–	x
Frei definierbare Zeichen	–	x

Abb. 1: Vergleich der Darstellungsleistung von Btx im PRESTEL- und im CEPT-Standard

B 15.2 Technische Grundlagen

Die technischen Komponenten des Btx-Systems bestehen aus Zentrale(n), Netz und Endgeräten unterschiedlicher Ausprägung.

In den Btx-Zentralen werden Informationen gespeichert, die von den Anbietern eingegeben worden sind; ferner stellt die Zentrale bei Bedarf oder Wunsch eine Verbindung zu einem Externen Rechner her. Für Btx existiert ein hierarchisches System von Zentralen: In der sogenannten Leitzentrale sind alle Original-Daten abgespeichert, hier erfolgen ferner zentral notwendige Arbeiten wie z.B. die Gebührenabrechnung. Regional verteilte Btx-Vermittlungsstellen mit Datenbank- und Teilnehmerrechnern übernehmen den eigentlichen Dialog mit dem Btx-Teilnehmer und halten die vor Ort benötigten Informationen bereit.
Der Zugang von Teilnehmern und Anbietern zu den Btx-Vermittlungsstellen erfolgt über das öffentliche Fernsprechnetz zum Nahtarif. Zusätzlich werden andere Datennetze – insbesondere das **Datex-P**-Netz – für den Anschluß von Externen Rechnern an die Btx-Zentralen genutzt.

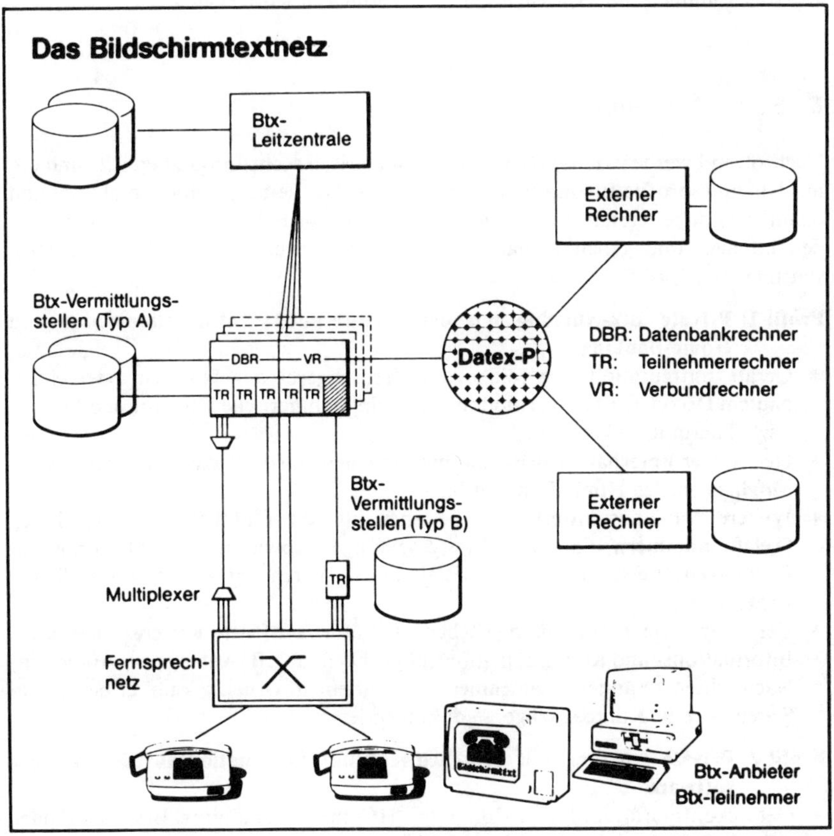

Abb. 2: Das Bildschirmtext-Netz

Die Verbindung zwischen Endgerät und Fernsprechleitung übernimmt ein **Modem** (**Mo**dulator/**Dem**odulator). Der Modem wandelt die Datensignale in Töne um, so daß sie über die Telefonleitung übertragen werden können. Gleichzeitig stellt er beim Einschalten des Endgerätes automatisch (in anderen Varianten auch manuell) die Verbindung zur Btx-Zentrale her; dorthin übermittelt er die Anschlußkennung als Grundlage für die Teilnehmeridentifizierung und die Gebührenabrechnung.
Btx-Endgeräte existieren für die unterschiedlichsten Bedürfnisse und Einsatzgebiete. Alle gemeinsam haben einen Decoder, der die empfangenen Datensignale interpretiert, speichert und daraus die entsprechende Btx-Seite auf dem Bildschirm erzeugt. Im Decoder sind die Darstellungseigenschaften nach dem verwendeten Videotext-Standard festgelegt. Normalerweise sind die Decoder hardwaremäßig als Mikrochips realisiert, für besondere Anwendungen können sie auch in Form von Software in das Gerät geladen werden.
Die einzelnen Geräte-Konfigurationen für Endplätze werden im folgenden Abschnitt zusammen mit typischen Nutzungsformen beschrieben.

B 15.3 Nutzungsprofile

Nachfolgend werden szenarioartig und exemplarisch sechs Einsatzbereiche und damit Nutzungsprofile für Btx beschrieben. Diese Profile beschreiben qualitativ und quantitativ differierende Aufgabenstellungen, die mit Hilfe von Btx bewältigt werden können, und geben Anhaltspunkte für die jeweils notwendige Geräteausstattung.

Profil 1: Private Btx-Nutzung mit dem Schwerpunkt Informationsabruf und Home-Banking

* Gerätekonfiguration: Btx-fähiges Farbfernsehgerät mit externem oder eingebautem Decoder, Btx-Anschlußbox, ggf. alphanumerische Tastatur und Matrix- bzw. Thermodrucker
* Der Nutzer unterhält sein Bankkonto bei einem Institut, das ihm über Btx die Möglichkeit des Home-Banking bietet.
* Weitere Nutzungsschwerpunkte bestehen im Abruf aktueller Informationen (Telefonnummern, Fahrplan, Pressemeldungen) sowie der Durchführung von Buchungen (Reisen z.B.) und Bestellungen (Waren aus einem Versandhaus, Broschüren)
* Der Kauf einer alphanumerischen Tastatur eröffnet weitere interaktive Informations- und Kommunikationsmöglichkeiten, z.B. Anfrage bei Anbietern, Nachrichten an andere Teilnehmer usw. Mit einem Drucker kann er bestimmte Seiten – z.B. Kontoauszüge – dokumentieren.

Profil 2: Private Nutzung mit dem Schwerpunkt Informationsabruf und Telesoftware

* Gerätekonfiguration: Home Computer (HC) mit Farbmonitor, Btx-Modul oder Beistell-Decoder, Drucker, Floppy-Disk
* Mit dem Home Computer besitzt der Benutzer bereits eine Alphatastatur, die

er für den Abruf von Informationen und die Versendung von Mitteilungen einsetzt.

* Neben den oben genannten Nutzungsmöglichkeiten können mit Hilfe des Ladens von Telesoftware weitere Aktivitäten wie Textverarbeitung, Spiele oder Adreßverwaltung durchgeführt werden. Telesoftware-Angebote werden speziell für HC-bzw. PC-Besitzer in Btx bereitgehalten.
* Durch entsprechende Software für den HC ist auch die Erstellung einfacher Btx-Seiten oder eigener Telesoftware durchführbar.

Profil 3: Gewerbliche Nutzung am Beispiel Verwaltung einer Kundendatei für Außendienstmitarbeiter

* Gerätekonfiguration: Personal Computer (PC) mit Btx-Adapter und Decoder-Karte, Anwendungssoftware z.B. für Rundschreiben, Mailbox u.ä.
* Der gewerbliche Nutzer ist Versicherungsvertreter im Außendienst mit großem Kundenstamm. Seine Versicherungsgesellschaft ist Btx-Anbieter und hat ihre zentrale Datenbank angeschlossen.
* Der Benutzer benötigt Btx für die Verwaltung seiner Kundendatei sowie die Korrespondenz mit Kunden und seiner Gesellschaft. Änderungen von Verträgen kann er direkt in die Datenbank eingeben.
* Die Daten seines Kundesstamms kann er von der Datenbank in seinen PC laden und individuell bearbeiten. Außerdem kann er die in einer geschlossenen Benutzergruppe zugänglichen Informationen seiner Gesellschaft abrufen.
* Empfang, Speicherung und Versand von Mitteilungen werden durch den PC unterstützt; der Zahlungsverkehr mit seiner Bank wird ebenfalls über Btx abgewickelt.

Profil 4: Btx-Anbieter mit dem Schwerpunkt Aktualisierung und Pflege von Programmen

* Gerätekonfiguration: Editierterminal mit Bildschirm, Tastatur, Drucker, Kassettenrecorder bzw. Floppy-Disk; alternativ und komfortabler: PC mit Editiersoftware und Anwendungsoftware
* Der Anbieter unterhält ein mittleres Btx-Programm von einigen hundert Seiten, monatlich sind überwiegend Texte zu aktualisieren. Grafiken und kompliziertere Strukturänderungen werden selten editiert, hierfür wird gelegentlich eine Agentur eingeschaltet. Über Antwortseiten eingehende Bestellungen von Broschüren müssen intern an die Versandstelle weitergeleitet werden, Anfragen werden direkt über Btx beantwortet.
* Kleinere Textänderungen werden online direkt über den Dialogeditor des Btx-Systems eingegeben. Größere Seitenänderungen werden offline erstellt, intern gespeichert und dann manuell in den Dialogeditor eingespielt.

Profil 5: Btx-Agentur mit dem Schwerpunkt Erstellung von Programmen und Grafiken

* Gerätekonfiguration: Nur PC-gestützte Editiersysteme kommen in Frage, z.B. PC mit Festplatte und umfangreicher Editier- und Verwaltungssoftware, Software-Unterstützung bei der Grafikeditierung, evtl. auch weitere Peripherie wie Scanner, Grafiktableau, Maus. Drucker für alle CEPT-Zeichen, schnelles Modem (1.200 bzw. 2.400 Baud).

* Die Agentur erstellt komplette Btx-Programme, editiert Grafiken und verwaltet Programme für ihre Kunden mit Hilfe eines PC.
* Die vorhandene Software bietet neben komfortablen Editiermöglichkeiten auch Optimierungsfunktionen sowie Unterstützung bei Routineaufgaben wie Drukken oder Mailbox-Auslesen. Bulk-Update muß gewährleistet sein.

Profil 6: Anbieter mit eigener EDV-Anlage und Btx-Inhouse-System

* Der Anbieter – z.B. ein Großhändler oder eine Versicherung – will seinen Geschäftspartnern den Zugriff auf die hausinterne DV-Anlage geben und außerdem das System als Inhouse-Rechner für interne Verwaltungsarbeiten nutzen.
* Btx-Inhouse-Systeme werden als private Btx-Zentralen für innerbetriebliche Anwendungen eingesetzt. Sie können als Btx-Vorrechner für bereits vorhandene DV-Anlagen verwendet werden und – angeschlossen an das öffentliche Btx-Netz – über eine Datex-P-Schnittstelle als Externe Rechner den Zugriff auf Informationen oder Datenverarbeitungskapazitäten ermöglichen.
* Inhouse-Systeme bieten zusätzliche Funktionen, wie z.B. Anschluß von Btx-Terminals über Standleitung höherer Datenübertragungsraten mit entsprechend schnellerem Dialog oder zusätzliche Routinen wie Textverarbeitung und alphanumerische Suche.
* Kriterien für die Auswahl eines geeigneten Inhouse-Systems sind die maximale Anzahl möglicher Terminals-Anschlüsse, die Speichergröße, die Kompatibilität zum öffentlichen Netz sowie die Umsetzungsprogramme zu bereits existierenden DV-Anwendungen.

B 15.4 Mediale Charakteristika

Btx ist weniger seiner Technik wegen als Medium auch für Informationssysteme beachtenswert, sondern weil es zwei Eigenschaften der bisherigen Datenfernverarbeitung (z.B. online-Datenbanken) und der Verteilsysteme (z.B. Fernsehen) miteinander kombiniert: Btx ist sowohl interaktiv als auch selbsterklärend.
Die Interaktivität wird durch den „Rückkanal" vom Teilnehmer zur Zentrale gewährleistet und erlaubt die Strukturierung des Dialoges durch den Benutzer. Darüber hinaus ist jeder Btx-Anschluß potentiell eine multifunktional einsetzbare Dateneingabestation.
Daß Btx weitgehend selbsterklärend ist, verdankt es der bis auf ein Minimum reduzierten Steuerbefehle und Dialoganweisungen, die in der Grundversion lediglich aus den Ziffern bestehen. Damit fällt Btx zwar hinter den Standard komplexer Datenbanken zurück, kommt aber dafür ohne umfangreiche Manuals und Benutzerschulungen aus. Der potentielle Benutzerkreis wird in einem bisher nicht gekannten Ausmaß erweitert, auch der „DV-Laie" erlernt der Umgang mit diesem System in sehr kurzer Zeit.
Dazu kommen weitere Charakteristika, die bei der Einsatzplanung dieses Mediums berücksichtigt werden müssen:

- **Ubiquität:** Hohe räumliche und zeitliche Verfügbarkeit; theoretisch von jedem Telefonanschluß aus und rund um die Uhr ist Btx erreichbar.

- **Aktualität:** In Realzeit können Änderungen editiert werden; räumlich disperse Zielgruppen können schnell erreicht werden.
- **Kapazität und Komplexität:** Mengenmäßig sehr große Informationskontingente und funktionsmäßig sehr unterschiedliche Kommunikationsformen können über ein System angeboten werden.
- **Ausbaufähigkeit und Integrativität:** Der Anschluß einer Vielzahl peripherer Speicher- und Verarbeitungsgeräte (Bildplatte, Drucker usw.) erlaubt den Ausbau für spezifische Einsatzzwecke. Die Integration von Btx in die EDV-Logistik erlaubt die Kombination mit anderen Kommunikationsformen wie Datenverarbeitung oder Bürofernschreiben.

Bei der Konzeption des Btx-Einsatzes müssen nun anwenderspezifisch diese einzelnen Charakteristika bewertet, gewichtet und in eine Strategie umgesetzt werden. Für den einen Anwendungsfall wird die Aktualität von besonderer Bedeutung sein, für den anderen vielleicht die räumliche Verfügbarkeit oder die Dialogmöglichkeiten.
Der Gesamtprozeß der Btx-Systemerstellung und -pflege läßt sich etwa mit den folgenden Arbeitsschritten umreißen:

- Inhaltliche Konzeption mit Zielgruppenanalyse/-bestimmung
- Auswahl der Informations- und Dienstkomplexe
- Festlegung der Dienstelemente und der Zielinformationen (also Abrufinformationen, Interaktionsmöglichkeiten, Einbindung externer Datenbanken, Bildung von geschlossenen Benutzergruppen)
- Gestaltung von Text- und Grafikseiten, Layout
- Strukturierung, Benutzerführung, ggfls. Software-Entwicklung
- Editieren (offline/online) incl. Einbindung in die Suchhilfen des Gesamtsystems
- Dokumentation
- Datenpflege, Updating
- Auswertungen im laufenden Betrieb, z.B. Seitenabrufstatistik
- Begleitende Maßnahmen extern orientiert: Marketing, PR; intern orientiert: Schulung von Mitarbeitern, organisatorische Anpassungen.

Der Umfang eines Btx-Angebotes, der Aktualisierungsgrad und die Komplexität haben entscheidenden Einfluß auf den Editier- und Update-Aufwand und determinieren die Auswahl der erforderlichen Hard- und Software, die Ansprüche an die Benutzeroberfläche, die Entscheidung für offline- oder online-Editieren; sie bestimmen ferner die Qualität und den Aufwand für die Dokumentation sowie das Auswertungsinstrumentarium.

B 15.5 Strukturierung von Btx-Systemen und Dialogmethoden

Btx ist in zweierlei Weise selektiv: Zum einen aus der Sicht des Informationsanbieters in der steuerbaren Zielgruppenorientierung, zum anderen aus Sicht des Benutzers in den angebotenen Suchstrukturen. Im allgemeinen wird das Angebot eines Anbieters verschiedene Informationskomplexe enthalten. Der Nutzwert hängt nun entscheidend davon ab, ob der Benutzer in der Lage ist, das Gewünschte auf möglichst kurzem Wege zu finden, und zwar auch noch dann zu finden, wenn er anderen Suchkriterien folgt, als dieses dem Anbieter vielleicht vorschwebt.

Eine der schwierigsten Herausforderungen – insbesondere bei umfangreichen Seitenkontingenten – ist in der Entwicklung der Suchstruktur und in der Benutzerführung zu sehen. Die Schwierigkeit liegt darin, die auf einzelne kleine Segmente – nämlich die Btx-Seiten – verteilten Informationen so miteinander zu verbinden, daß sie unterschiedlichen Benutzeranforderungen gerecht werden.
Zu diesem Zweck werden verschiedene Zugriffmethoden eingesetzt, wobei grundsätzlich gilt:

* Die Zielinformationen sind auf Btx-Seiten in der Zentrale gespeichert, d.h. sie sind präfabriziert. Abgesehen vom Aufruf einer Seite und der Übermittlung wird keine weitere Rechnerleistung benötigt, um sie auf dem Endgerät darzustellen (zum Sonderfall Externer Rechner siehe unten).
* Bestandteil einer Btx-Seite ist neben dem Inhalt und der Benutzerführung eine Adresse – die Btx-Seitennummer.
* Die Selektion einer Seite erfolgt im Normalfall über ein selbsterklärendes Führungssystem, wobei der Benutzer als Befehle im wesentlichen auf die Ziffern und die beiden Btx-spezifischen Sonderzeichen * und # beschränkt ist. Die Wahl einer Ziffer bewirkt bei entsprechender Programmierung eine Verknüpfung, d.h. die Adreßverkettung von zwei beliebigen Btx-Seiten.

B 15.5.1 Menu- und Suchbaumtechnik

Die erste Möglichkeit zur Strukturierung besteht in der Anwendung der Menu- oder Suchbaum-Technik, bei der die Informationsblöcke in einer strengen Baumstruktur organisiert sind. Beispiel für eine derartige Strukturierung wäre etwa in einem geographischen Suchbaum die Auswahl auf der ersten Ebene nach Erdteilen (Europa, Amerika, Afrika usw.), auf der zweiten Ebene nach Einheiten (Westeuropa, Osteuropa), auf der dritten schließlich nach Staaten und weiter bis zur Zielinformation. Es läßt sich unschwer feststellen, daß hier sowohl für die interne Strukturierung als auch die Benutzerführung klassifikatorische Prinzipien verwendet werden. Jede der Auswahlseiten entspricht einer klassifikatorischen Ebene und stellt gleichzeitig das „Menu" dar, aus dem der Benutzer seine Auswahl vornehmen kann. Die Bildung der begrifflichen Hierarchien ist zugleich Abbild des „Suchbaumes".
Das Bild des Suchbaumes suggeriert eine hierarchische Struktur, die in bestimmten Fällen (wie im obigen Beispiel) durchaus vorkommt, aber nicht zwangsläufig sein muß. Zumindest in gewissen Grenzen ist es möglich, auch polyhierarchische Beziehungen abzubilden und damit gewissermaßen mehrere Suchbäume „übereinanderzulegen".
Man kann ferner durch sogenannte zirkuläre Menus eine verbesserte Dialogführung erreichen: Hierbei werden auch Sprünge zwischen den Informationsblöcken zugelassen. Der Benutzer wird über Schleifen oder zirkuläre Maschen geführt. Suchprozesse können dadurch abgekürzt und vor allem in gewisser Weise adaptiv gestaltet werden.

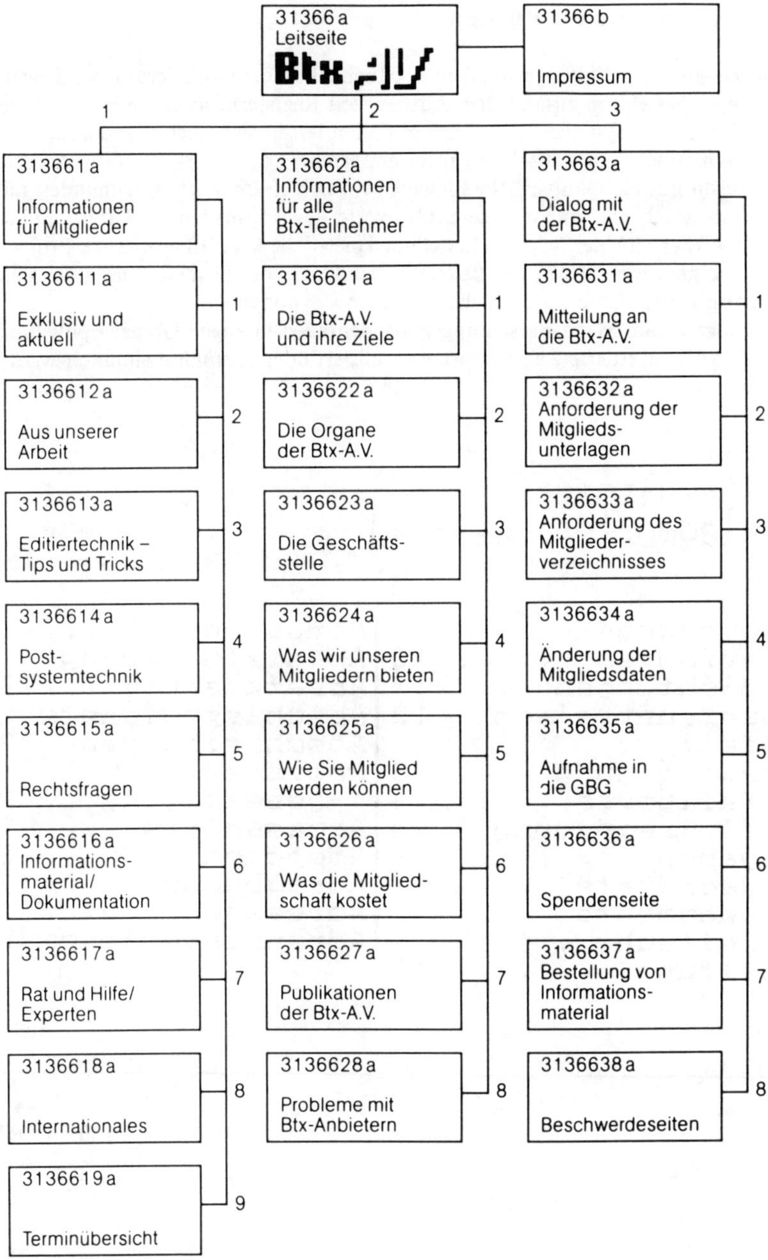

Abb. 3: Beispiel für einen Btx-Suchbaum

B 15.5.2 Aufbau von Registern

Eine weitere – vielfältig verwendete – Möglichkeit der Optimierung des Zugriffsvorganges besteht im zusätzlichen Aufbau von Registern, insbesondere alphabetischer Schlagwortsysteme. In geeigneten Fällen lassen sich auch numerische, chronologische oder systematische Register einsetzen.
Da eine direkte alphanumerische Eingabe bei Btx nicht möglich ist (zumindest nicht auf Anbieterebene), müssen die Schlagworte gewissermaßen in Ziffern „umcodiert" werden. Bei der Register-Erstellung spielen die klassifikatorischen Probleme eine untergeordnete Rolle, von Bedeutung sind hier vor allem die Fragen der Vokabularkontrolle, also etwa die Behandlung von Synonymen.
Über sogenannte Matrixdarstellungen können auch in engen Grenzen polydimensionale oder facettierte Zugriffsformen realisiert oder zumindest simuliert werden.

Bildschirmtext

Schlagwörter Aa - Ad

Abbuchungs-verfahren	10	Abrüstung	19
Abdichtungen	11	Absatzförderung	20
Abenteuerreisen	12	Absatzmärkte ...	21
Abfall-beseitigung	13	Abschleppdienste	22
Abfallbörse	14	Abschreibungen	23
Abflußreinigung	15	Abwasser, -beseitigung ..	24
Abgaben	16	Accessoires	25
Abgeordnete	17	Adoption	26
Abonnements (Zeitschr., Zeitung).......	18	Adreßbücher	27
		Adressen	28
		Adressenverlage	29

99 ← → #

103100a

Abb. 4: Ausdruck einer Btx-Registerseite

B 15.5.3 Nummernsysteme

Ein Sonderfall ist in der Verwendung von Nummernsystemen zu sehen: Die Btx-Seitennummern – im Prinzip willkürlich vergeben – lassen sich so beim Editieren wählen, daß sie wie Kennzahlen verwendbar sind. Aus Sicht des Informationsanbieters wird damit die Notation einer Klassifikation zum Hilfsmittel bei der Systemstrukturierung. Aus Sicht des Benutzers kann über das Nummernsystem jede Btx-Seite auch direkt angewählt werden. Man kann also – wie beim herkömmlichen Einsatz von Klassifikationen – dem Benutzer eine entsprechende Tafel an die Hand geben und ihn die gewünschten Informationen direkt anwählen lassen. Nach diesem Prinzip arbeiten auch die externen, gedruckten Verzeichnisse, die von Verlagen angeboten werden (Vorteil: Verkürzung des Dialoges durch Umgehung vieler Menu-Seiten; Nachteil: System ist nicht mehr selbsterklärend).

B 15.5.4 Rechnergestützte Dialoge mit zentraler Intelligenz

Rechnergestützte Dialoge – z.B. durch Externe Rechner in Btx – bieten insbesondere bei alphanumerischen Eingabeverfahren die Möglichkeit zu echten adaptiven Suchprozessen. Diese Dialoge können zwar auch mit Menu-Technik arbeiten, sind aber nicht mehr so eng wie der statische Btx an einem speziellen Datenbankmodell orientiert. Die primitivste Dialogform – von vielen Online-Datenbanken her bekannt – besteht in postkoordinierten Frageformulierungen, die nach den Methoden der formalen Logik (z.B. Boolesche Algebra) abgearbeitet werden.
Da diese Dialogformen nicht mehr dem Postulat der Selbsterklärungsfähigkeit entsprechen, schalten moderne Verfahren der eigentlichen Datenbankabfrage Verarbeitungsschritte vor, die zunächst eine Übersetzung des vom Benutzer gestellten Problems in die Struktur der Datenbank leisten. Softwaretechnisch gesprochen handelt es sich hierbei um zusätzliche Elemente, wie eine Benutzerführungsschicht und eine Anwendungszwischenschicht, die zwischen Anfrage und Datenbank eingefügt werden. Das beginnt bei relativ trivialen Elementen wie beispielsweise Erkennung und Tolerierung von Tippfehlern, führt über die Einbeziehung von Sprachroutinen – mit der Möglichkeit zu Stichwortanalysen oder Herstellung von Relationen – bis hin zu adaptiven Dialogen, bei denen temporäre Exkurse zur Einholung von Spezialwissen oder Lösung von Teilproblemen ermöglicht werden.

B 15.5.5 Rechnergestützte Dialoge mit dezentraler Intelligenz

Eine Alternative zu den zentral unterstützten Systemen stellen „intelligente" Endgeräte wie etwa Personal Computer dar, bei denen Daten in bestimmten Intervallen aus der Btx-Zentrale ausgelesen (Downloading), vor Ort gespeichert werden und mit benutzereigener Software für das Retrieval zur Verfügung stehen. Verfügt man über diese Möglichkeit, kann man auch zusätzliche Speicherperipherie anschließen und einen integrierten Dialog mit Btx-Informationen und Daten aus dezentralen Speichern (z.B. Bildplatte, CD-ROM) durchführen.

Literatur:

01. Bildschirmtext-Anbieter-Vereinigung: Bildschirmtext komplett. Gezielte Nutzung im Kommunikationsverbund. Berlin 1988. 64 S.
02. Deutsche Bundespost: So benutzen Sie Bildschirmtext. Bedienungsanleitung für den Bildschirmtext der Deutschen Bundespost. 1987. 32 S.
03. Eisenbeis, Manfred; Henrich, Andreas; Marschall, Michael: Programm MOSAIK 2, Handbuch für die Gestaltung von Bildschirmtext. Nürnberg: Müller 1985. 239 S.
04. Lazak, Dieter: Bildschirmtext – Technische Leistung und wirtschaftliche Anwendung neuer Kommunikationstechnik. München: CW-Publikationen 1984. 648 S.
05. Meyer, V. W.; Breinlinger, H. und Gusbeth, H.: Bildschirmtext und seine Anwendung. Loseblattsammlung. Percha: R. S. Schulz 1985 ff
06. Progris GmbH (Hrsg.): Progris Bildschirmtext Report. Btx-Systeme für professionellen Einsatz. Berlin: Progris 1986. 258 S.
07. Strauch, Dietmar; Vowe, Gerhard (Hrsg.): Bildschirmtext – Facetten eines neuen Mediums. München: Oldenbourg 1980. 216 S.

Zeitschriften:

08. Bildschirmtext Aktuell. ISSN 0724-1828. 9. Jahrgang 1988. Ulm: Neue Mediengesellschaft (Newsletter wöchentlich)
09. Btx Praxis – Fachzeitschrift für Bildschirmtext-Anwender. ISSN 0723-7618. Ulm: Neue Mediengesellschaft (monatlich)

Verzeichnisse:

10. ABC Bildschirmtext. Das Anbieter- und Schlagwörterverzeichnis. Frankfurt am Main: Deutsche Postreklame (jährlich)
11. BTX. Amtliches Verzeichnis der Bildschirmtextteilnehmer. Bonn: Deutsche Bundespost (jährlich)
12. Btx adress. Nürnberg: Müller (jährlich)

C Informationsdienste

C 1 Einleitung und Überblick

Im Hauptkapitel B waren Methoden und Verfahren beschrieben worden, mit denen Wissen – auf Datenträgern fixiert, formal und inhaltlich strukturiert, in Speichermedien und durch Zugangswege organisiert – für diejenigen, die Informationen benötigen, verfügbar gemacht wird.
Darüber hinaus ist Sinn und Zweck professioneller Informationstätigkeit die Informationsversorgung. Dafür sind die bereits vorgestellten Methoden Voraussetzung und das eigentliche Mittel die Informationsdienste und -dienstleistungen. Ihnen ist dieses Hauptkapitel C gewidmet.
Informationsdienste können unter verschiedenen Aspekten betrachtet werden, so z.B. nach ihrer physikalischen Form, ihren Inhalten, Themen, Funktionen, Anwendungszielen. Von einer theoretischen Typologie der Dienste wird hier abgesehen. Die folgende Gliederung ist Ergebnis eines zunächst produktorientierten Ansatzes, der es erlaubt, die unterschiedlichen Aspekte professioneller Erstellung, Nutzung und Anwendung von Informationsdiensten zu verdeutlichen und anhand verschiedener Beispiele die Vielfalt der Dienste und ihrer Auskunfts- und Anwendungsmöglichkeiten zu veranschaulichen.
Die *„klassischen IuD-Dienste“* werden insbesondere anhand der gedruckten Diensteformen (Produkte) vorgestellt *(C 2: Marlies Ockenfeld)*. Dies geschieht einerseits unter dem Aspekt der Verwendungsziele, andererseits der Dienstetypen, deren Besonderheiten exemplarisch beschrieben werden. Außerdem werden Kriterien für die Herstellung und Qualität von Informationsdiensten genannt.
Auch das Kapital *„Online-Dienste“ (C 3: Joachim Kind)* enthält viele Beispiele, in diesem Falle der elektronischen Informationsprodukte. Ziel dieses Beitrages ist es jedoch vor allem, die Verfahren und Techniken darzustellen, die zur Nutzung von Datenbanken notwendig sind. Er enthält neben einem Überblick über das Datenbankangebot u.a. Hinweise auf die technischen Voraussetzungen (Ausstattung) sowie Beschreibungen der Retrievalfunktionen und Hilfsmittel bei der Recherche.
Datenspezifische Informationsdienste werden am Beispiel *„Statistische Information“ (C 4: Josef L. Staud)* vorgestellt. Dieses Kapitel umfaßt die methodischen und verfahrenstechnischen Besonderheiten der Fakteninformation von der intellektuellen wie auch automatischen Datengenerierung bis zum Retrieval bei Statistischen Datenbanken.
Der technische Aspekt der Informationsdienste (damit auch der Begriff Informationsdienst als informationstechnischer) steht im Mittelpunkt des Kapitels *„Neue Diensteformen“ (D 5: Dietmar Strauch)*. Durch die Entwicklung technisch neuer Speichermedien entstehen Informationsprodukte, die veränderte Maßstäbe an Kapazität, Aktualität und Komfort bei der Informationsbeschaffung stellen. Mit den Anwendungen neuer Telekommunikationsdienste erweitern sich auch die Möglichkeiten der Daten- und Informationsver- resp. übermittlung. Die Integration dieser

,,neuen'' Dienstformen ermöglicht es zudem, bei gleichem Inputaufwand mehrere Formen des Outputs zu organisieren und damit aus einem Datenspeicher verschiedenartige (auch technisch) Informationsdienste zu generieren.

,,Funktionale Dienste'' ist Thema des letzten Beitrages *(C 6: Ralph Schmidt),* der sich mit integrierten, informationsbezogenen Diensten und Dienstleisungen unter den Aspekten Informationsauftrag, -beschaffung, -aufbereitung sowie Umsetzung und Anwendung von Information beschäftigt. Es werden Bedarfs- und Akzeptanzstrukturen für Dienste unterschiedlicher Qualitätsstufen untersucht, Strategien des Informationsmarketing und Umfeldeinflüsse angesprochen und schließlich auch Qualitätskriterien für moderne, anwendungsgerechte Informationsvermittlungstätigkeit und professionellen Wissenstransfer formuliert.

Weitere Informationsdienste und -dienstleistungen werden auch im anschließenden Hauptkapitel D ,,Informationssysteme'' genannt, dort insbesondere unter dem Aspekt ihrer fachlichen und institutionellen Einbindung.

C 2 Klassische Informationsdienste

Marlies Ockenfeld

C 2.1 Zielsetzung von Fachinformationsdiensten

C 2.1.1 Die traditionellen IuD-Dienste

Dokumentationen und Fachinformationsdienste haben eine Reihe von wichtigen Funktionen beim Prozeß der Wissensvermittlung und Wissensgewinnung. Wesentlich sind die drei folgenden, die auch bereits sehr früh die eigentlichen Triebfedern für die Erstellung von Dokumentationsdiensten waren:

Zum ersten sollen Fachinformationsdienste zu einem Thema, einer Fragestellung, einem Sachverhalt umfassende Information ermöglichen. Sie leisten eine thematische Zusammenschau von einzelnen Angaben, Meinungen, Ergebnissen usw., die aus einer großen Anzahl verstreut vorhandener Quellen zusammengetragen werden. Dadurch können sie jeden, der auf der Suche nach Informationen ist, gleich gut bedienen, unabhängig davon, ob er einfachen Zugang zu einer großen Bibliothek hat oder nicht. So gesehen sind sie auch ein Mittel, um Informationsprivilegien auszugleichen und den Zugang zum gesamten öffentlich verfügbaren Wissen tatsächlich praktisch zu eröffnen.

Fachinformationsdienste ermöglichen außerdem Interessenten, die in der Regel andere Zeitschriften oder Informationsquellen benutzen, den Zugang zu Informationen, an denen sie interessiert sind. Sie machen sie aufmerksam auf Quellen, an die sie vielleicht bisher nicht gedacht haben. Außerdem leisten sie einen Beitrag zum Abbau von Informationsbarrieren, indem sie auch Informationsquellen, die in weniger geläufigen Sprachen abgefaßt sind, auswerten und die wesentlichen Aussagen in einer vertrauten Sprache wiedergeben.

Und drittens haben Fachinformationsdienste auch eine Archivfunktion, indem sie nämlich den Wissensstand zu einem gegebenen Thema oder Sachverhalt zu einem bestimmten Zeitpunkt festhalten, dokumentieren. Solche Dokumentationen werden an Bedeutung in den kommenden Jahren eher zu- als abnehmen, denn die Zunahme an elektronisch ausgetauschten Daten und die Schnelligkeit, mit der Wissen umgeschlagen wird, machen es in hohem Maße erforderlich, den Stand der Dinge zu einem gegebenen Zeitpunkt regelmäßig dingfest zu machen und in einer nicht veränderbaren Form sozusagen als historischen Beleg zu speichern.

Beachtung verdient hier am Rande auch die Tatsache, daß durch das systematische Sammeln von Veröffentlichungen zur Auswertung häufig auch ein Beitrag zur Literaturversorgung geleistet wird.

Fachinformationsdienste lassen sich wie fast alle Dinge unter erdenklich vielen verschiedenen Gesichtspunkten betrachten und einteilen, z. B. nach ihrer Funktion, nach ihrem Herstellungsprozeß, nach ihrem Inhalt, nach ihrem Aufbau oder nach ihrer äußeren Erscheinungsform. Hier wurde aus pragmatisch-historischen Gründen der zuletzt genannte Aspekt gewählt, so daß dieses Kapitel von „Gedruckten Diensten“ handelt.

Im Hinterkopf sollten die Leser dieses Kapitels jedoch immer behalten, daß ein bestimmter gedruckter Dienst selbstverständlich immer nur *ein* ausgewähltes Produkt aus einer Vielzahl von möglichen Fachinformationsdiensten ist, die alle aus ein und demselben Informationsspeicher, aus ein und derselben Datenbasis, erstellt werden könnten. Sie haben zwar aufgrund ihrer Eigenschaft, gedruckt, d. h. in papiergebundener Form, vorzuliegen, ganz bestimmte Vor- und Nachteile gegenüber anderen, die z.B. als CD-ROM oder als online abfragbare Informationsbank angeboten werden (vgl. Kap. C 3 und C 4), doch unterscheiden sie sich von deren Produktion im Grunde oft nur unwesentlich.
Leider ist die Gestaltung vieler gedruckter Fachinformationsdienste sehr leseunfreundlich. Häufig sind die Schriftgrößen sehr klein, die Druckvorlage entstammt gelegentlich direkt Schnelldruckern, deren Zeichenvorräte nur über Großbuchstaben und den amerikanischen Zeichensatz verfügen, und der Zeilenabstand ist oft genug zu gering. Allerdings scheint der Einsatz von Textverarbeitungssystemen und von Laserdruckern mit einem größeren Vorrat an Schriften hier allmählich Verbesserungen zu bringen.

C 2.1.2 Die „neuen" Dienste

Literatur- und Forschungsdokumentationen sind, im Unterschied zu vielen anderen Dokumentationsarten, personalintensive und kostenaufwendige Unternehmen, die in hohem Maße aus Mitteln der öffentlichen Hände direkt oder indirekt subventioniert werden müssen, weil sie sich nur in Ausnahmefällen durch den Verkauf der erstellten Datenbasen oder Druckerzeugnisse finanzieren lassen. Information und Dokumentation wurde daher von den öffentlichen Förderern und den von ihnen getragenen Dokumentationsstellen lange nur unter dem ihnen vertrauten Blickwinkel der Literaturdokumentation gesehen. Erst mit Beginn der Planung von Fachinformationssystemen gegen Mitte der 70er Jahre begann die allen Informationsvermittlern selbstverständliche Erkenntnis, daß es neben der Literaturdokumentation eine Vielzahl anderer Dokumentationsarten gibt, auch im öffentlichen Bereich allmählich Allgemeingut zu werden. Zu diesen anderen Dokumentationsarten zählen u.a. die Dokumentation von Terminen, Ereignissen, Personen, Institutionen, Bauwerken, Vorhaben, Produkten, Software, numerischen Daten und Kenngrößen sowie technischen Regeln. Der Bezeichnungswandel weg von IuD hin zur Fachinformation markiert damit einen Begriffswandel, den die öffentlichen mit IuD befaßten Stellen vollzogen haben.
Naturgemäß rückten mit den eine Zeitlang als „neue" Dienste bezeichneten Dokumentationsdiensten auch ihre traditionellen Produzenten, privatwirtschaftliche Verlage, Verbände, Firmen und Redaktionsbüros bis hin zu Nachrichtenagenturen in den Blickpunkt. Diese Produzenten, vor allem die Verlage, haben inzwischen in vielen Fällen die Bezeichnungen Fachinformation und Datenbanken für ihre Verzeichnisse, Loseblattsammlungen und Nachschlagewerke übernommen.

C 2.1.3 Aspekte zur Typisierung der Dienste

Noch vor einigen Jahren war es aufgrund des eingeschränkten IuD-Begriffs und des Standes der Technik recht problemlos möglich, Typologien von Informationsdiensten aufzustellen, die eine einigermaßen eindeutige Charakterisierung der einzelnen Typen und eine eindeutige Zuordnung zu einem bestimmten Diensttyp ermöglichten. Heute fallen solche klaren Trennungen zunehmend schwerer, weil aus einer einzigen Informationsbasis ein ganzes Kontinuum von Informationsdiensten erzeugt werden kann. Dies ist möglich geworden, weil die Informationseinheiten meistens in elektronischer Form gespeichert sind und auch die Kunden zunehmend über komfortable und vielseitige Programmpakete verfügen, mit deren Hilfe sie fast beliebige Zusammenstellungen und Auswahlen aus einer oder mehreren Datenbanken erzeugen können. Diese Informationspakete lassen sich dann entweder in Form von lesefreundlich gestalteten Ausdrucken (Textverarbeitung, Desktop Publishing) oder elektronisch (electronic mail, Mailbox) weiterverteilen oder -verarbeiten.
Trotz dieser fließenden Übergänge sollen einige kennzeichnende Eigenschaften der wichtigsten Arten von Diensten an Beispielen aufgezeigt werden.
Es lassen sich die Dienste z.B. danach einteilen, ob sie

- auf eine eigene Initiative des einzelnen Informationskunden zurückgehen, also angefordert werden,
- von Informationslieferanten für Gruppen potentieller Kunden bereitgestellt werden oder
- aktiv von Informationsvermittlungsinstanzen aufgrund eines allgemeinen Interessenprofils des Kunden angeboten werden.

Zur ersten Gruppe gehören einmalige oder wiederkehrende Recherchen in gedruckten oder elektronischen Informationsspeichern nach einem vom Informationskunden geäußerten Thema oder Sachverhalt. Zur zweiten Gruppe gehören die meisten Nachschlagewerke, Verzeichnisse, Datensammlungen und Literaturnachweisdienste in gedruckter oder elektronischer Form oder Standardprofildienste. Zur dritten Gruppe schließlich zählen Signalinformationen, mit denen Informationsvermittler ihre Kunden auf Neuigkeiten aufmerksam machen, von denen sie annehmen, daß dafür ein Interesse besteht.
Ein anderes Einteilungsmerkmal, nach der Zweckbestimmung der Dienste, führt zu folgender, nicht überschneidungsfreier, Gruppierung in Dienste, die

- laufend einen allgemeinen Überblick ermöglichen und regelmäßig erstellt werden (z.B. Referatedienste, laufende Bibliographien, Forschungsdokumentationen, Datenbanken);
- der Beantwortung einer bestimmten Problemstellung oder Frage dienen und ggf. auch speziell dazu erstellt werden (z.B. Recherchen);
- gezielt eingesetzt werden, um aktiv zu informieren (z.B. Signalinformationen die auf herkömmlichen Kommunikationswegen oder über elektronische Kanäle ihre Empfänger erreichen); und schließlich solche, die
- laufend Hinweise zu einem bestimmten eingeschränkten Themenfeld oder einer bestimmten Fragestellung liefern (z.B. Profildienste).

Im Grunde ist jedoch keine generelle Aussage über die Eignung einzelner Formen von Informationsdiensten für die Erfüllung unterschiedlicher Informationswünsche möglich. Vielmehr muß im Einzelfall fachgebiets- und themenspezifisch, aber auch unter Berücksichtigung von Vorlieben und Abneigungen des Benutzers, zeitlichen Restriktionen oder Kostenbeschränkungen, der bestmögliche Informationsweg gefunden werden.

C 2.2 Arten von gedruckten Fachinformationsdiensten

Die wesentlichen Arten gedruckter Dienste werden im folgenden nach der Funktion, die sie im Prozeß der Wissensvermittlung und der Dokumentation einnehmen, gruppiert. Dabei werden sie primär nach zunehmender Dichte und Benutzerorientierung der vermittelten Angaben geordnet. Deutlich werden sollen die unterschiedlichen Grundsätze, nach denen sie erstellt werden, und die verschiedenen Informationszwecke, denen sie dienen. An Beispielen wird ihre Vielfalt deutlich gemacht. Die eingehende Beschreibung einzelner fachspezifischer Dienste und ihrer Bedeutung innerhalb der fachlichen Informationssysteme folgt in Hauptkapitel D.

C 2.2.1 Current Contents

Current Contents bezeichnet einen recht einfachen, aber nichts desto weniger wirkungsvollen Dienst von hoher Akzeptanz, der ohne große Erklärungen von jedem auf Anhieb benutzt werden kann. Contents steht für Inhaltsverzeichnisse und Current Contents geben regelmäßig die Inhaltsverzeichnisse von Fachzeitschriften wieder.

Dies kann so aussehen, daß die Inhaltsverzeichnisse auf photomechanischem Wege, als Foto-Offset, hintereinander abgedruckt werden oder so, daß die Angaben aus den Inhaltsverzeichnissen noch einmal abgeschrieben und dabei formal vereinheitlicht werden, so daß z.B. Autorennamen, Titel und Seitenzahlen immer gleichartig angeordnet sind, und nicht wie bei den verschiedenen Zeitschriften in den unterschiedlichsten Anordnungen auftreten.

Der bedeutendste derartige Dienst sind die Current Contents^{R} des Institute for Scientific Information^{R} (ISI^{R}) in Philadelphia. Sie erscheinen wöchentlich in sieben verschiedenen Serien, die älteste, Life Sciences, gibt es seit 1958, die jüngste, Arts & Humanities, seit 1979. Jede Serie berücksichtigt etwa 1 000 Zeitschriften. Vor allem im wissenschaftlichen Bereich, in Universitäten, Forschungseinrichtungen und in forschungsintensiven Industriezweigen werden sie viel genutzt. Sie erlauben eine rasche, laufende Information über neue Veröffentlichungen in einer Vielzahl von einschlägigen Fachzeitschriften, die ein Wissenschaftler in der Regel sonst nicht alle in seiner Einrichtung zur Verfügung hat. Je aussagekräftiger der Titel eines Beitrages ist, um so besser läßt sich natürlich eine Entscheidung über die Relevanz des Beitrages fällen. Renommierte Fachzeitschriften achten auf solche präzisen Formulierungen des Titels. Oft läßt sich für den Fachmann auch aus der Kombination Autor und Titel leicht ermessen, ob der Beitrag wichtig für ihn sein könnte oder nicht.

Current Contents-Dienste werden gelegentlich auch von Bibliotheken für ihre Kunden angefertigt. Außerdem gibt es zunehmend Fachzeitschriften, die die Inhaltsver-

zeichnisse verwandter Periodika regelmäßig abdrucken und so ihren Lesern einen zusätzlichen Service bieten.
Hat der Leser einen Titel entdeckt, der ihn interessiert, so muß er sich den entsprechenden Beitrag auf den üblichen Wegen, auf denen er seine Fachliteraturwünsche befriedigt, besorgen. Im Falle der Current Contents[R] von ISI[R] besteht zusätzlich die Möglichkeit, den Dienst „The Genuine Article" in Anspruch zu nehmen. Auf speziellen Bestellkarten kann man jeden angezeigten Beitrag in Philadelphia bestellen und bekommt ihn dann in Form von aus dem Originalheft herausgerissenen Seiten zugeschickt.

C 2.2.2 Titellisten

Titellisten sind ebenso wie die Current Contents sehr einfache Dienste, die lediglich die bibliographischen Angaben von Beiträgen aus periodischen Publikationen verzeichnen. Dabei fassen sie in ihrem Hauptteil die Beiträge jedoch nicht nach Zeitschriftenheften zusammen, sondern benutzen die Titel der Beiträge zur Ordnung. Um einschlägige Arbeiten finden zu können, verfügen diese Dienste neben einem Autorenregister über eine weitere besondere Form von Registern. Sie entstehen, indem die Titel alphabetisch nach den in ihnen vorkommenden sinntragenden Wörtern angeordnet werden. Satztechnisch geht man dabei so vor, daß jedes der sinntragenden Wörter – in der Regel alle Nomen – einmal in der Mitte der Zeile steht und der übrige Text des Titels dann quasi um dieses Wort herum permutiert wird. Man kann sich das so vorstellen, daß der Titel zu einem Kreis gebogen wird und man sich von diesen Kreisen soviele Exemplare herstellt, wie der Titel sinntragende Wörter enthält. Nun trennt man jeden der Kreise jeweils links vor einem solchen Wort auf und ordnet die so entstandenen Wortfolgen, die permutierten Titel, alphabetisch untereinander. Die dabei entstehenden Wortfolgen werden automatisch auf die Zeilenlänge gekürzt, sodaß von langen Titeln naturgemäß nur jeweils kleine Stücke übrig bleiben. Dieses Verfahren, das dank der elektronischen Datenverarbeitung mühelos angewendet werden kann, nennt man KWIC (Key Word In Context). Die durch die alphabetische Ordnung entstandene Auflistung wird als KWIC-Index bezeichnet. Selbstverständlich steht und fällt der Nutzen eines solchen Registers mit der Aussagekraft und Genauigkeit der Titel. Hat man im KWIC-Index ein Reizwort gefunden, das auch im Zusammenhang des Titels den Verdacht nahelegt, es könnte sich um eine wichtige Arbeit handeln, so kann man im bibliographischen Verzeichnis die kompletten bibliographischen Daten des Beitrages ermitteln und sich die Literatur wie gewohnt beschaffen.
Eine bekannte Titelliste sind die Chemical Titles[R], die seit 1961 erscheint und die weltweit erste Zeitschrift war, die vollautomatisch von einem Computer erstellt wurde. *Abb. 1* zeigt beispielhaft die Eintragungen in den drei Registern der Chemical Titles[R]

Keyword in Context Index

viduct du+ Occurrence of 2-	5A and RNA degradation in the chick o	BICHAW-0027-3246
zation behavior of Metglass	2826A by isochronal and isothermal ann	AMETAR-0036-0795
surface properties of Metglas	2826A by laser irradiation.= +of the	ZPCFAX-0157-0145
modynamic response to SR	42128A in normal and sodium-depleted	JCPCDT-0010-099S
ylation sites in early region	1A proteins of adenovirus type 5 by ami	JBCHA3-0263-6375
tor copper compounds of the	$A^{I}B^{III}C_2^{VI}$ type.= +cies in semiconduc	IVNMAW-0024-0567
lized carriers and excitons in	$A^{II}B^{VI}$ piezoelectric solid solutions.=	IANFAY-0052-0691
n spectra of vanadium-doped	$A^{II}B^{VI}$ semiconductor.= +he absorptio	PSSBBD-0146-0613
defects in	$A^{II}B^{VI}$.= Heat of formation of point	IVNMAW-0024-0563
dus isotherms of the systems	A^{III}-B^{III}-C^{V}.= +the liquidus and soli	JCRGAE-0088-0429
ombination in doped p-type	$A^{III}B^{V}$ compounds.= +rband Auger rec	IANFAY-0052-0738
Approximate energy of the	$^{1}A_u(\pi^{*}n)$ electronic state of s-tetrazine	JMOSA3-0129-0140
zeeman effect electrothermal	AAS.= +mium in blood and urine by	IJEAA3-0033-0013

Author Index

Aab A	THBRAA-0049-0581
Aagren J	AMETAR-0036-0883
Aakesson T	ZPCFD2-0038-0015
Aalberse RC	MOIMD5-0025-0345
Aardsma GE	NIMAER-A267-0486
Aaron JJ	ACACAM-0205-0273
	POLMAG-0029-0929
Aaronson HI	AMETAR-0036-1129
	AMETAR-0036-1141
	AMETAR-0036-1155
Aarts VM	JOIPDF-0006-0079
Aas B	NUPABL-A480-0530
Aastedt B	FEBLAL-0231-0202
Abachi S	PYLBAJ-0205-0111
Abad JA	JORCAI-0345-0233
Abadia A	PHPLAI-0072-0713
Abreu MC	ZPCFD2-0038-0129
Abealan G	MICJAN-0037-0212
Abuirjeie MA	
	TLNTA2-0035-0242
Abuladze NK	
	JGVIAY-0069-0969
Abumrad NN	
	JOCRAM-0426-0370
Abusteit EO	JOCRAM-0438-0359
Abu-al-Ainen S	
	KHFID9-0007-0492
Abu-Nasif MA	
	AIPTAK-0292-0182
Abu-Orabi ST	
	BMMBES-0039-0140
Accominotti M	
Aggerbeck LP	
	JBCHA3-0263-6249
Agius L	BIJOAK-0252-0023
Agmon N	BICHAW-0027-3507
Agnivtseva TG	
	PLMSAI-88 04-058
Agosto G	ENDOAO-0122-2054
Agrawal DK	LIFSAK-0042-2241
Agrawal P	BIBIAU-0031-0770
Agrawal R	PSSBBD-0146-0097
Agren H	JPQCAK-87-12-09C
Agrinskaya NV	
	PSSBBD-0146-161K
Agterberg M	FMLED7-0050-0295
Aguilar J	JOBAAY-0170-2159
Aguilar MI	JOCRAM-0426-0315

Bibliography

ABCHA6 Agric. Biol. Chem., 52, No. 4 (1988)

0895 Watanabe R, Ogasawara N, Tanaka H, Uchiyama T
Effects of fungal lytic enzymes and non-ionic detergents on the actions of some fungicides against Pyricularia oryzae.= 895-901

0903 Kawakami H, Hiratsuka M, Dosako S
Effects of iron-saturated lactoferrin on iron absorption.= 903-8

0909 Yonehara T, Tani Y
ATP production by a methanol yeast, Candida boidinii (Kloeckera sp.) No. 2201: effects of sorbitol treatment and zinc on cell structure as to ATP production.= 909-14

Abb. 1: Eintragungen in den drei Registern der Chemical Titles[R]

C 2.2.3 Bibliographien, bibliographische Verzeichnisse

Eine traditionsreiche Form der Literaturauskunftsmittel und in gewisser Weise die Wiege der Dokumentation sind Bibliographien. Sie verzeichnen grundsätzlich die Titel von Veröffentlichungen und ermöglichen damit einen Überblick über das von

ihnen erfaßte Schrifttum. Bibliographien lassen sich nach vielen verschiedenen Grundsätzen und für viele verschiedene Zwecke erstellen. Je nachdem, ob sie selbständige oder unselbständige, im Buchhandel erhältliche oder graue Literatur verzeichnen, ob sie sich auf bestimmte Literaturgattungen beschränken, kann man sie verschiedenen Gruppen bibliographischer Nachschlagewerke zuordnen.
Teilt man sie danach ein, wie ausführlich die Auskunft ist, die sie zu den einzelnen verzeichneten Veröffentlichungen bieten, so lassen sich

- einfache Bibliographien, die sich auf die reinen bibliographischen Angaben beschränken, und
- annotierte Bibliographien, die bei den einzelnen Eintragungen zusätzliche Hinweise geben, unterscheiden. Diese Hinweise können zum Beispiel Empfehlungen über die Eignung der betreffenden Arbeit für bestimmte Lesergruppen (Lesetips) oder zusätzliche inhaltskennzeichnende Sachwörter sein.

Eine andere Einteilung unterscheidet Bibliographien, die

- alphabetisch nach dem Namen der Verfasser oder Herausgeber geordnet sind, und solche, die die verzeichneten Arbeiten
- systematisch ordnen und so in ihrem Hauptteil eine sachliche Zuordnung zu bestimmten Themenkreisen treffen.

Ergänzt werden solche Bibliographien zweckmäßigerweise durch Register, wobei bei alphabetisch geordneten Hauptteilen Sachregister und bei systematisch geordneten Hauptteilen alphabetische Autorenregister angebracht sind.
Hinsichtlich des Inhalts der Bibliographien lassen sich z.B. folgende Einteilungen treffen:

- Bibliographien, die das Schrifttum einzelner Länder verzeichnen. Hierzu zählen beispielsweise die Nationalbibliographien oder Landesbibliographien, wie die Hessische Bibliographie.
- Bibliographien, die einzelne Sprachräume abdecken, wie beispielsweise das Répertoire des Thèses de doctorat soutenues devant les universités de langue française, in dem Dissertationen von etwa 140 französischsprachigen Universitäten in 29 Ländern der Welt verzeichnet werden.
- Bibliographien, die sich auf einzelne Publikationsgattungen spezialisieren. Hierzu gehören zum Beispiel der Bibliographic Guide to Conference Publications, der Konferenzbeiträge verzeichnet, die Patentblätter, die über angemeldete und erteilte Patente berichten, oder der world translations index, ein bibliographisches Verzeichnis von Übersetzungen wissenschaftlich-technischer Veröffentlichungen, die in weniger geläufigen Sprachen erschienen sind.
- Bibliographien, die die Veröffentlichungen einzelner Institutionen, beispielsweise einer Universität, eines Unternehmens oder einer internationalen Organisation (UNESCO etc.) verzeichnen.
- Personalbibliographien, die das Werk einzelner Personen verzeichnen.
- Buchhandelsbibliographien, die das in einem Land im Buchhandel erhältliche Schrifttum nachweisen, wie zum Beispiel das Verzeichnis lieferbarer Bücher, das inzwischen auch in elektronischer Form verfügbar ist.

Die Aktualität von Bibliographien hängt unter anderem davon ab, ob jeweils die Veröffentlichungen eines bestimmten Zeitabschnitts in einem Band zusammengefaßt werden sollen, oder ob sich die Berichtszeiträume in den einzelnen Bänden

überschneiden und jeweils nur die bis zum Stichtag erfaßte Literatur aufgenommen wird.
Eine umfassende Übersicht über allgemeine und fachbezogene bibliographische Verzeichnisse bietet das zweibändige Handbuch der bibliographischen Nachschlagewerke (Lit. 06.).
Zugangslisten von Bibliotheken können als bibliographische Zusammenstellungen ebenfalls nützlich für die laufende Information über neue Veröffentlichungen sein. Besonders wertvoll sind solche Zugangslisten, wenn sie von einer Spezialbibliothek oder im Rahmen eines Sondersammelgebiets herausgegeben werden, weil man dann davon ausgehen kann, daß die für das Sammelgebiet einschlägigen Veröffentlichungen umfassend beschafft und nachgewiesen werden. Ein Beispiel sind die Zugangslisten für das Sondersammelgebiet Pharmazie in Braunschweig.

C 2.2.4 Zitierindex

Einen besonderen Zugang zu einschlägigen Veröffentlichungen bieten Zitierindexe. Der erste und bekannteste ist der seit 1961 erscheinende Science Citation Index^{R} (SCI^{R}) des Institute for Scientific Information^{R} (ISI^{R}). Ergänzend dazu erscheinen ebenfalls beim ISI^{R} seit 1969 der Social Sciences Citation Index^{R} und seit 1977 der Arts & Humanities Citation Index^{R}. Ausgangspunkt für diese Dienste ist die Überlegung, daß wissenschaftliche Autoren in der Regel diejenigen Arbeiten zitieren, deren Gedanken oder Ergebnisse sie verwenden, weiterentwickeln oder falsifizieren. Der SCI^{R} verzeichnet paarweise solche wissenschaftlichen Beiträge und die in ihnen zitierten Arbeiten. Er macht so Beziehungen zwischen einer dem Leser bereits bekannten Veröffentlichung und neueren Arbeiten, in denen diese Veröffentlichung zitiert worden ist, nachschlagbar. So ist es möglich, ausgehend von einer bekannten Veröffentlichung neuere Arbeiten ausfindig zu machen, die thematisch verwandt sind, und ein Zitatennetz zu knüpfen, durch das auch Wissenschaftlergruppen, die sich mit gleichartigen Themenstellungen befassen, erkannt werden können.
Der Aufbau der drei genannten Dienste ist weitgehend einheitlich. Es gibt jeweils drei Hauptteile, den Citation Index, den Source Index und den Permuterm^{R} Subject Index. Der Citation Index verzeichnet die zitierten Arbeiten und gibt an, wo und von wem sie zitiert wurden. Eine Altersbeschränkung für die aufgenommenen zitierten Arbeiten gibt es grundsätzlich nicht. Der Source Index enthält die vollständigen bibliographischen Angaben aller im Citation Index vorkommenden Werke alphabetisch nach Autoren oder Herausgebern geordnet. Im alphabetisch nach Stichwörtern geordneten Permuterm^{R} Subject Index werden Paare von jeweils zwei sinntragenden Wörtern des Titels oder Untertitels gebildet. Dabei werden in der alphabetischen Folge jeweils die Hauptstichwörter (Primary Terms) aufgeführt und die anderen Stichwörter als Co-Terms beigeordnet, wobei einige Wörter, wie z.B. Methode, sinnvollerweise nur als Nebenstichwort vorkommen können.
Unterschiede gibt es bei den drei Zitierindexen bezüglich der weiteren Suchhilfen und Verzeichnisse. Gemeinsam ist ihnen jedoch ein Corporate Index. Dies ist ein sehr hilfreiches Verzeichnis, weil es die Veröffentlichungen nach der Institutsan-

schrift des ersten genannten Autors erschließt. Der Corporate Index ist in eine geographische Auflistung und eine Auflistung nach Organisationen unterteilt. Mit seiner Hilfe ist es möglich, Veröffentlichungen etwa aus einer bestimmten Universität oder einem bestimmten Forschungszentrum ausfindig zu machen.
Selbstverständlich sind die genannten Zitierindexe auch als Datenbanken verfügbar, was die ständige Benutzung um ein Vielfaches erleichtert, denn Schriftgröße, Anordnung der Einträge und Layout der gedruckten Werke stellen leider sehr hohe Anforderungen an die Konzentrationsfähigkeit und Geduld des Lesers.

C 2.2.5 Kataloge und Verzeichnisse

Sammlungen von Daten und Fakten werden in der Regel in Form von Katalogen oder Verzeichnissen zugänglich gemacht. Wenngleich je nach der Art der Sammlungen spezielle und unterschiedliche Anordnungen und Darstellungsweisen gewählt werden, so sind doch die Grundsätze, nach denen sie aufgebaut werden, weitgehend einheitlich. Die folgende Auswahl beschränkt sich auf einige für alle Fachgebiete gleichermaßen wichtige Beispiele. Spezielle Datensammlungen für die Wirtschaft (Wirtschaftsstatistiken, Bilanzen usw.) werden in Kap. C 4 und D 10 behandelt, auf weitere im Rahmen des Hauptkapitels D hingewiesen.

C 2.2.5.1 Hersteller und Produkte

Angaben über Firmen als Anbieter oder Hersteller bestimmter Produkte, Anlagen oder Dienstleistungen finden sich von jeher in einer Vielzahl gedruckter Verzeichnisse. Sie sind in den letzten Jahren zunehmend in den Blickpunkt der IuD-Fachwelt gerückt, weil sie nun auch in elektronischer Form angeboten werden, und zwar als Datenbank, online oder über Btx, oder als CD-ROM. Zu ihnen gehören die Gelben Seiten (Yellow Pages) mit recht knappen Informationen ebenso wie die durch Register erschlossenen Lieferantenverzeichnisse und Einkaufsführer (z.B. ,,Wer liefert was?", BDI – Made in Germany) oder Messe-Kataloge. Ein Beispiel für einen solchen auf einem Ausstellungskatalog fußenden Dienst ist DETEQ Dechema Environmental Technology Equipment Databank mit Angaben über etwa 550 Hersteller von Anlagen und technischen Ausrüstungen für den Umweltschutz. Auch Datenbankführer gehören zur Gruppe der Produktverzeichnisse. *Abb. 2* zeigt einen Eintrag aus dem Hauptteil des Directory of Online Databases.

C 2.2.5.2 Firmen

Den Datenbasen über Hersteller und Dienstleistungsunternehmen mit ihren Produkten und Angeboten verwandt, sind Dokumentationsdienste und Datenbasen, die Angaben über Firmen als Teilnehmer am Wirtschaftsleben enthalten. Ein Beispiel für solche Dienste ist das von der Commerzbank herausgegebene ,,wer gehört zu wem", ein Nachschlagewerk über die wirtschaftlichen Verflechtungen, das in-

---

ERIC[R] **(Educational Resources Information Center)**
Type: Reference (Bibliographic)
Subject: Education & Training; Library & Information Science
Producer: U.S. Department of Education, Office of Educational Research and Improvement (OERI)
Online Service: BRS; BRS After Dark; BRS/Colleague; DIALOG Information Services. Inc. (File 1); Knowledge Index; ORBIT Search Service; University of Tsukuba
Conditions: Access through University of Tsukuba limited to affiliates of the University of Japan
Content: Contains citations, with abstracts, to both the journal and report literature in the field of education and education-related areas. Journal literature corresponds to Current Index to Journals in Education (CIJE). Report literature corresponds to Resources in Education (RIE). Subjects covered include career, adult, vocational, technical, and teacher education; education of the handicapped, disadvantaged, and the figted; early childhood education; junior colleges and higher education; reading and communication skills; languages and linguistics; education management; counseling and personnel services; information resources; urban education; rural education and small schools; science, mathematics and environment; social studies and social sciences; and tests, measurement, and evaluation.
Language: English
Coverage: Primarily U.S.
Time Span: RIE, 1966 to date; CIJE, 1969 to date.
Updating: About 1200 RIE and 1400 CIJE records a month

Abb. 2: Eintragung im Haupttitel des Directory of Online Databases, Vol. 10, No. 1 (Lit. 02.)

zwischen auch als Datenbank verfügbar ist. Zu nennen sind hier aber auch die Faktendatenbanken über Firmen, z.B. von Creditreform, GBI, Hoppenstedt oder Ecodata, in denen für jedes der verzeichneten Unternehmen neben sämtlichen für die Kommunikation mit dem Unternehmen erforderlichen postalischen Angaben zahlreiche wirtschaftliche Kenngrößen und Angaben über die Geschäftstätigkeit gespeichert sind. *Abb. 3* zeigt eine Eintragung aus dem Handbuch der Großunternehmen 1989.
Häufig können die Anschriften der für bestimmte Zwecke nach ausgewählten Merkmalen selektierten Firmen direkt auf Adressaufklebern ausgedruckt geliefert werden. Dies ist zum Beispiel für Direktwerbungen ein nützlicher Dienst.

C 2.2.5.3 Förderungsprogramme und Ausschreibungen

Die Übersicht über die zahlreichen Förderungsprogramme der EG, des Bundes und der Länder wird heute durch verschiedene Informationsdienste erleichtert. Sie stehen überwiegend als Datenbanken zur Verfügung; Profildienste und Auftragsrecherchen sind jedoch selbstverständlich möglich, zumal die Interessenten häufig kleinere und mittlere Unternehmen sind, die noch nicht über eigene Erfahrung mit elektronischen Informationsdiensten verfügen. In der Regel werden neben der Be-

Buchhändler-Vereinigung GmbH
Großer Hirschgraben 17–21. Postf. 10 04 42,
6000 Frankfurt 1
T: (069) 13 06-0 – TGR: Börsenblatt –
TX: 413 573 buch v d
Telefax: (069) 1 30 62 01
Btx * 20479 #
Branchen-Nr.: 7080
Bk: Deutsche Bk
Gr: 1947
Geschf: W. Robert Müller
Prod: Börsenblatt für den Deutschen Buchhandel (Frankfurter Ausgabe), Deutsche Bibliographie, Frankfurt, Buch Journal, sowie Adreßbücher, Nachschlagewerke, Fachliteratur und Werbemittel für den Buchhandel
Export: Europa und Übersee
Besch. 1987: ca. 150
Firmen-Nr.: 317 228 930 89/2

Abb. 3: Eintragung im Handbuch der Großunternehmen 1989 (Lit. 04.)

zeichnung der Förderungsmaßnahme die zur Antragstellung berechtigten Gruppen, Antragsfristen, Förderungsdauer, Förderungsquoten und die Stelle, an die der Antrag zu richten ist, genannt. Ein Beispiel ist FINUM von der Gesellschaft für Umwelttechnologie (G.U.T.) in Freiburg mit Angaben über Förderungsprogramme des Bundes und einiger Bundesländer im Umweltsektor.
Auch die immense Zahl der täglich neu bekanntgemachten Ausschreibungen ist in vielen verschiedenen Quellen verstreut. Wegen der häufig kurzen Fristsetzung für eine Angebotsabgabe ist es mittels gedruckter Nachweisdienste kaum möglich, den Informationsbedarf angemessen zu befriedigen. Deshalb spielen in diesem Bereich in erster Linie elektronische Verzeichnisse, z.B. TED Tenders Electronic Daily der Kommission der Europäischen Gemeinschaften, eine Rolle.

C 2.2.5.4 Audiovisuelle Materialien

Landesbildstellen und Fernsehanstalten erstellen regelmäßig Verzeichnisse ihrer verfügbaren Filme, Videoaufzeichnungen und Tonträger. Angegeben werden neben dem Titel des Werkes, seinem Autor oder Urheber, Regisseur, Dirigent, Sprecher u.ä. in der Regel die Abspieldauer und technische Daten zu dem Trägermedium. Filme und Videoaufzeichnungen werden auch von vielen Firmen zu Informations-, Lehr- und Werbezwecken erstellt und häufig in eigenen Verzeichnissen aufgelistet (vgl. Kap. D 5).

C 2.2.5.5 Forschungsvorhaben

Zu den traditionellen Dokumentationsdiensten zählen Verzeichnisse über vor allem im öffentlichen Bereich durchgeführte oder mit öffentlichen Mitteln geförderte laufende Forschungsvorhaben. Durch sie soll, schon bevor konkrete Ergebnisse erarbeitet wurden und Berichte oder andere Veröffentlichungen vorliegen, die Kommunikation zwischen Wissenschaftlern und Praktikern, die auf verwandten Gebieten arbeiten, erleichtert werden. Angegeben werden in der Regel die Anschrift der forschenden Stelle, Namen der beteiligten Personen, die Laufzeit des Vorhabens und eine kurze inhaltliche Beschreibung des Projekts und seiner Zielsetzung. *Abb. 4* zeigt beispielhaft eine Eintragung aus dem Verzeichnis Forschungs- und Entwicklungsprojekte in Informationswissenschaft und -praxis.

---

*396	PD840371
1. Forsch.Stelle	Universität Erlangen-Nürnberg, Institut für mathematische Maschinen und Datenverarbeitung
Adresse	Martensstraße 3, D – 8520 Erlangen
Telefon	(0 91 31) 85 77 74
Bearbeiter	Niemann, H., Prof. Dr.-Ing., Projektleiter
Finanz.Stelle	Bundesministerium für Forschung und Technologie (BMFT)
Projektdauer	01/80 – 06/85
Stand am 1. 5. 84	laufend
Projektmittel	**Semantisch-pragmatische Programmbausteine für ein Frage-Antwort-System mit kontinuierlicher Spracheingabe und Sprachausgabe**
Beschreibung	Das Vorhaben soll zu den Bemühungen beitragen, mit Rechnern in natürlicher, kontinuierlich gesprochener Sprache zu kommunizieren. Um Rechner zu befähigen, solche Sprache zu verstehen, ist es erforderlich, ihnen neben Bedeutung und Verwendung von Wörtern auch Wissen zu vermitteln: – über den Anwendungsbereich, in dem sie operieren, – über allgemeine Sachverhalte in der Welt (wie etwa räumliche und zeitliche Verhältnisse), – über Strategien zum Führen natürlicher Dialoge. Im Rahmen des Vorhabens sollen Hilfsmittel entwickelt werden, die es gestatten, solches Wissen formal darzustellen, inhaltlich abzugrenzen und auf dem Computer zu implementieren. Diese Hilfsmittel sollen, prototypisch für andere Anwendungen, in einer automatischen Intercity-Zugauskunft eingesetzt werden.
Schlagwörter	Verarbeitung Gesprochener Sprache * Frage-Antwort-System * Prototyp * Verkehrswesen

---

Abb. 4: Eintragung im Verzeichnis Forschungs- und Entwicklungsprojekte in Informationswissenschaft und -praxis. Ausgabe 8 (Lit. 03.)

C 2.2.6 Referatedienste und Register

C 2.2.6.1 Referatedienste

Referatedienste sind Hinweis- und Nachweisdienste über selbständige und – im Unterschied zu Bibliothekskatalogen und vielen Bibliographien – vor allem unselbständige Veröffentlichungen. Sie sollen das Lesen von Originalveröffentlichungen nicht ersetzen, sondern dienen vielmehr zur Information über die Originalveröffentlichungen, und dies im wesentlichen zu zwei Zwecken.
Zum einen sollen sie helfen, die Frage zu beantworten, ob ein bestimmter Sachverhalt oder ein bestimmtes Thema in der Literatur bereits behandelt worden ist, welche einschlägigen Patentschriften es z.B. gibt oder ob eine bestimmte chemische Verbindung bereits in der Literatur beschrieben wurde. Zum anderen sollen sie dem Leser einschlägige Primärdokumente nachweisen und soviel Information darüber vermitteln, daß die Entscheidung getroffen werden kann, ob sich die Beschaffung und eingehende Beschäftigung mit dem Originaldokument lohnt. Die Mehrzahl der Referatedienste ist fachlich ausgerichtet. Ebenso wie bei den bereits erwähnten Bibliographien gibt es jedoch auch hier quellenspezifische Dienste, die über ausgewählte Arten von Veröffentlichungen informieren. Hierzu gehören Patentinformationsdienste, z.B. der World Patent Index von Derwent sowie die Dissertation Abstracts International als Referatedienst über Dissertationen.

C 2.2.6.2 Register und Suchhilfen

Referatedienste weisen ebenso wie Bibliographien große Mengen von Veröffentlichungen nach. Die Referate sind in der Regel im Hauptteil des Dienstes sachlich geordnet. Um gezielt nach diesen in Sachgruppen geordneten Referaten suchen zu können, gibt es verschiedene Register. Sie ermöglichen es primär, die im Hauptteil eines Fachinformationsdienstes verzeichneten Einträge nach einer Reihe verschiedener Suchkriterien ausfindig machen zu können. Während einige Arten von Registern unabhängig vom jeweiligen Fachgebiet sind, z.B. Autorenregister, Ortsregister, Sachregister, Namenregister, Institutionenregister, gibt es auch ganz spezifische Arten von Registern für ganz bestimmte Arten von Informationen, z.B. Patentnummernregister oder Summenformelregister.
Register sind jedoch nicht nur Hilfsmittel zur zeitsparenden und zielgenauen Benutzung der Dienste, sondern sie stellen in einigen Fällen auch eigenständige Informationsquellen dar, wie das untenstehende Beispiel zeigen wird.
Ergänzt werden die Register oft durch weitere Suchhilfen. Üblich sind zum Beispiel Verzeichnisse der verwendeten Abkürzungen für Sprachangaben, Publikationsarten und Zeitschriftentitel, der Ländercodes sowie Listen der laufend beobachteten oder ausgewerteten periodischen Veröffentlichungen. In einigen Fällen werden in einem gesonderten Anhang auch Anschriften von Organisationen und Institutionen, die zu den referierten Arbeiten in engem Bezug stehen, aufgeführt (z.B. Patentämter, Herausgeber, Bibliotheken, die die nachgewiesene Literatur besitzen).

Durch den Einsatz der elektronischen Datenverarbeitung bei der Herstellung der Dienste ist es erheblich einfacher geworden, beliebig viele und tief aufgeschlüsselte Register für einen gedruckten Dienst zu erstellen.
Ein besonders tief gegliedertes und umfassendes System von Registern zeichnet die Chemical Abstracts^R, den führenden Referatedienst der Chemie, aus. Da sich an ihm besonders gut und anschaulich zeigen läßt, wie Register den Zugang zu einschlägigen Publikationen eröffnen können und welche gewissenhafte und kontinuierliche Auswertung andererseits erforderlich ist, um eine wertvolle Informationsbasis schaffen zu können, soll ihm hier ein breiterer Raum gewidmet werden.

C 2.2.6.3 Das Beispiel Chemical Abstracts^R

Zwar ist das Informationssystem des Chemical Abstracts Service^R in seiner Gesamtkonzeption und Transparenz leider nicht beispielgebend für andere Referatedienste, doch lassen sich die typischen Eigenschaften des Referatedienstes im engeren Sinn sowie seiner einzelnen Register und ihr Zusammenwirken an diesem Beispiel gut erläutern.
Der CAS^R hat das Gesamtgebiet der Chemie, über das er referiert, in 80 Sachgebietsgruppen (Sections) eingeteilt, von denen jede einzelne im sog. Subject Coverage Manual genau eingegrenzt und ausführlich beschrieben wird.
Innerhalb der einzelnen Sektionen ist die Reihenfolge der Referate zunächst nach der Art der Publikationen, auf die sie sich beziehen, bestimmt. Hierbei werden sieben Gruppen von Originalarbeiten unterschieden, beginnend mit Zeitschriftenartikeln und endend mit Patentschriften. Dissertationen sowie neue Bücher und audiovisuelle Materialien bilden ebenfalls eigene Gruppen. Innerhalb einer Publikationsart werden die Referate den verschiedenen Untersektionen zugeordnet.
In jedem der wöchentlich erscheinenden Referatehefte sind drei Heftregister enthalten,

- das Stichwortregister (Keyword Index),
- das Patentregister (Patent Index) und
- das Autorenregister (Author Index),

deren Einträge aus dem Referat abgeleitet sind. Sie unterscheiden sich damit qualitativ und quantitativ von den im Halbjahresrhythmus erscheinenden Bandregistern (Volume Index). Diese Bandregister fußen auf der Originalliteratur. Ihre Einträge werden nach dem bis ins einzelne ausgearbeiteten umfassenden Regelwerk des CAS^R und einem normierten Wortschatz (controlled vocabulary) erarbeitet. Sie bieten daher für die Recherche eine größere Zuverlässigkeit. Alle fünf bis zehn Jahre werden die Bandregister zu einem Sammelregister (Collective Index) vereint.
Den Schlüssel zu den Bandregistern stellt ein regelmäßig fortgeschriebener gesonderter Registerführer, der Index Guide, dar. Er ermöglicht es u.a., Querverbindungen zwischen Trivialnamen, Handelsnamen, Akronymen, Synonymen und Sachverhaltsbezeichnungen mit den im jeweiligen Zeitraum von CAS^R benutzten Bezeichnungen herzustellen und so zweifelsfrei diejenigen systematischen CA-Verbindungsnamen oder diejenige Sachverhaltsbezeichnung zu finden, die in den zugehörigen Bandregistern verwendet werden.

Sechs einzelne Halbjahresregister bilden zusammen das Bandregister,
- das Allgemeine Sachregister (General Subject Index),
- das Verbindungsregister (Chemical Substance Index),
- das Register der Summenformeln (Formula Index),
- das Verzeichnis der Ringsysteme (Index of Ring Systems),
- das Autorenregister (Author Index) und
- das Patentregister (Patent Index).

Weitere Hilfe auf dem Weg zur Primärinformation bietet der CAS Source Index (CASSI^{R}). Dies ist ein Verzeichnis aller für den CAS^{R} sowie einige weiteren Informationsdienste (Beilstein u.a.) ausgewerteten Publikationen mit Hinweisen auf Bibliotheken in 28 Ländern, in denen die betreffende Veröffentlichung vorhanden ist. Ferner sind sämtliche Verlage und Vertriebsstellen, deren Publikationen von CAS^{R} berücksichtigt werden, mit ihren vollständigen Anschriften aufgeführt.
Weitere Informationsinstrumente des CAS^{R} sind das Registry Handbook mit den beiden Teilen Number Section und Common Names sowie das Ring Systems Handbook. Dieser Teil des CAS^{R}-Informationssystems ist auch deshalb bedeutsam, weil er – ähnlich wie die Patentregister – die künstliche Trennung zwischen bibliographischen und Fakteninformationsdiensten ad absurdum führt, die in vielen Fachgebieten über lange Zeit eine aus Benutzersicht notwendige gemeinsame Behandlung behindert hat.
Das Registry Handbook verzeichnet alle bisher vergebenen CAS^{R}-Registry-Nummern und nennt in seinem Nummernverzeichnis den zugehörigen systematischen CA^{R}-Registernamen. Im Namensregister werden zusätzlich auch die halbsystematischen Namen, die die Autoren in der Originalarbeit verwenden, sowie Handels- und Trivialnamen verzeichnet und der zugehörigen Registry-Number zugeordnet. Zur Vorbereitung einer online-Recherche ist dies ein äußerst nützliches Hilfsmittel.

Das Handbuch der Ringsysteme enthält alle bekannten Grundstrukturen von ringförmigen und käfigartigen chemischen Verbindungen. Es besteht aus den drei Teilen
- Verzeichnis der Ringsysteme,
- Register und
- Ergänzungsbände.

Es erlaubt, nicht zuletzt dank der Wiedergabe von Abbildungen der Strukturformeln, den systematischen CA^{R}-Registernamen zu ermitteln, bevor eine Suche in den gedruckten oder elektronischen Diensten durchgeführt wird.

C 2.2.7 Verdichtete höherwertige Dienste

Um die bisher genannten Fachinformationsdienste erstellen zu können, sind in der Regel allenfalls inhaltliche Erschließungsarbeiten zu leisten, die sich auf die einzelnen auszuwertenden Arbeiten beziehen. Sie wurden früher zur Unterscheidung von der Primärliteratur gelegentlich unter der Bezeichnung *Sekundärliteratur* zusammengefaßt. Es gibt jedoch darüberhinaus noch eine dritte Verdichtungsstufe der in der Primärliteratur niedergelegten Erkenntnisse und Meinungen, die zur sogenannten Tertiärliteratur führt. Hierunter lassen sich folgende Informationsdienste und Werke zusammenfassen:

Fortschrittsberichte, Literaturberichte, Reviews: Sie beschreiben den Stand der Technik in einem bestimmten Fachgebiet und werden in der Regel von anerkannten Wissenschaftlern oder Fachleuten des betreffenden Gebietes auf der Grundlage der im Berichtszeitraum erschienenen Literatur erstellt. Damit bieten sie einen zwar subjektiv gefärbten, aber kritisch ausgewählten und von einem Fachmann vertretenen Überblick über den veröffentlichten Forschungsstand und die Entwicklungslinien in einem bestimmten, meist eng begrenzten Gebiet. Einige Übersichtsberichte erscheinen jährlich, was sich in Titeln wie „Annual review of ..." äußert.
Solche Berichte werden häufig auch von Dokumentationszentren in Ländern der Dritten Welt und in Schwellenländern erstellt, um den einheimischen Forschungseinrichtungen und der einheimischen Industrie den Zugang zum Weltwissen in bestimmten für die eigene Wirtschaftsentwicklung wichtigen Gebieten zu eröffnen. Hierzulande kann man deutsch- oder englischsprachigen Übersichtsberichten über Entwicklungen im ostasiatischen Raum eine ähnliche Rolle zusprechen.
Fortschrittsberichte sind aber auch für bestimmte Zielgruppen, wie etwa mittelständische Betriebe, die praxisorientierte Zusammenstellungen brauchen, bedeutsam.

Handbücher: Sie unterziehen die ausgewertete Literatur einer kritisch bewertenden fachlichen Prüfung und treffen im Unterschied zu den meisten Sekundärinformationsdiensten, die die Literatur vollständig verzeichnen wollen, eine Auswahl der wichtigsten Schlüsselveröffentlichungen. Nach strengen formalen Regeln werden die aus der Literatur extrahierten Daten und Sachverhalte in einer sprachlich sehr konzentrierten Form verzeichnet. Beispiele sind das Gmelin Handbuch der Anorganischen Chemie, Beilsteins Handbuch der Organischen Chemie und Landolt-Börnstein mit Zahlenwerten und Funktionen aus Physik, Chemie, Astronomie Geophysik und Technik.
Erstellt werden solche Handbücher ebenso wie die genannten Fortschrittsberichte in der Regel von Wissenschaftlern der entsprechenden Fachgebiete. Daß es sich um wissenschaftliche Arbeit handelt, wird besonders deutlich, wenn man den Bereich der Geisteswissenschaften betrachtet, wo die wissenschaftliche Aufarbeitung eines Themas häufig in ein den naturwissenschaftlich-technischen Handbüchern vergleichbares Werk mündet.

Enzyklopädien: Sie versuchen das gesamte Wissen alphabetisch nach Stichworten und Namen geordnet, so vollständig und komprimiert wie möglich allgemein zugänglich und verständlich darzubieten. Bekanntestes Beispiel ist die 1768 gegründete umfangreiche Encyclopaedia Britannica, die in der aktuellen Auflage 32 Bände umfaßt. Sie ist unterteilt in die Micropaedia und die Macropaedia. Die Micropaedia enthält kürzere Eintragungen zu Personen und Sachverhalten, die Macropaedia ausführlichere, aber präzise und konzentriert geschriebene Beiträge zu allen wichtigen Themen in einer festgelegten sachlichen Ordnung.

C 2.2.8 Gedruckte Dienste aus Datenbanken

C 2.2.8.1 Profildienste

Datenbasen in gedruckter oder elektronischer Form decken zumeist umfangreichere Fachgebiete ab. Wer fortlaufend nur auf einem bestimmten Teilgebiet oder zu einer eng umgrenzten Fragestellung informiert werden möchte, kann dies mit Hilfe eines Profildienstes erreichen; unterschieden werden Standardprofildienste und individuelle Profildienste.
Standardprofildienste werden in der Regel direkt von den Produzenten der Informationsbasen erstellt, indem regelmäßig themenbezogene Auszüge aus einer oder mehreren Informationsbanken zusammengestellt und als eigenständige Druckerzeugnisse vertrieben werden.

Beispiele sind die CA-Selects^R des Chemical Abstracts Service^R, die es zu fast zweihundert verschiedenen Themen gibt, der sozialwissenschaftliche Fachinformationsdienst SOFID des IZ Sozialwissenschaften zu über 30 Themenbereichen oder die FIZ-Technik-Informationsdienste für etwa 150 Fachthemen.

Individuelle Profildienste sind auf die persönlichen Interessenprofile einzelner Informationskunden zugeschnitten. Werden sie aus Datenbanken erstellt, so erfolgt der Profillauf, d.h. der maschinelle Vergleich der gespeicherten Suchfrage mit den neu in die Datenbank eingespeisten Einträgen, gewöhnlich immer dann, wenn die Datenbank fortgeschrieben wird, wenn also die neuen Einträge eingefügt werden. Der Rhythmus, mit dem der Profildienst erstellt wird, entspricht dann der Fortschreibungsfrequenz der Informationsbank. Profildienste können selbstverständlich auch aus manuell geführten Speichern erstellt werden.

C 2.2.8.2 Standardrecherchen

Den Profildiensten verwandt sind Standardrecherchen. Sie werden von Informationsvermittlungseinrichtungen vorsorglich durchgeführt, wenn aufgrund aktueller Ereignisse und Entwicklungen oder aufgrund der Berufserfahrung angenommen werden kann, daß bestimmte Fragestellungen von vielen Kunden an sie herangetragen werden, oder daß für das Recherchethema Interesse geweckt werden könnte. Solche Recherchen, in die meistens mehrere Informationsbanken einbezogen werden, sind häufig als Druckerzeugnisse erhältlich. Beispiele hierfür sind die IRB-Literaturauslesen, für die Literatur-, Bauobjekt- und Forschungsprojektdatenbanken des Informationszentrums Raum und Bau (IRB) durchsucht werden, oder die FIZ-Technik-Literaturübersichten, die durch die Auswertung der Datenbanken ZDE, DOMA, MEDITEC und BEFO zu aktuellen Themen der Technik entstehen. Es ist jedoch auch möglich, Standardrecherchen seitens der Informationsvermittler beim Host für den Abruf durch Datenbankkunden vorzubereiten. In diesen Fällen kann dann entweder mit einer kurzen Befehlsfolge die vorbereitete Recherche abgerufen werden oder es kann die Suchfrageformulierung aufgerufen, nach eigenen Wünschen modifiziert und anschließend für das Retrieval benutzt werden. Beispiele sind die Standardrecherchen von DIMDI beim Bekanntwerden von Nebenwirkungen bestimmter Wirkstoffe oder beim Auftreten von Seuchen usw.

C 2.3 Herstellung und Qualität von Fachinformationsdiensten

Voraussetzung für den Nachweis von Daten, Fakten, Sachverhalten oder bibliographischen Hinweisen in Informationsdiensten ist, daß diese Angaben zuvor ermittelt worden sind. Dies kann auf unterschiedlichen Wegen erfolgen, die Auswirkungen auf die erreichbare Qualität der Dienste haben. Wichtige Merkmale zur Beurteilung von Informationsdiensten hinsichtlich ihrer Eignung für die Beantwortung bestimmter Fragen sind

- Vollständigkeit,
- Zuverlässigkeit,
- Aktualität und
- Sprache.

Literaturnachweisdienste beruhen zumeist auf der Auswertung einer festgesetzten Menge an periodischen Veröffentlichungen, die regelmäßig bezogen und deren Beiträge dann lückenlos oder in Auswahl erfaßt werden. Auswahlkriterium ist dabei die ‣ Dokumentationswürdigkeit.

Für den Benutzer eines Informationsdienstes ist es wichtig, beurteilen zu können, wie vollständig die für seine Fragestellung einschlägigen Angaben in dem betreffenden Dienst berücksichtigt sind, damit er entscheiden kann, welche weiteren Informationsquellen und -dienste ggf. zusätzlich herangezogen werden müssen. Da die Erstellung von Nachweisdiensten und Verzeichnissen über Institutionen, Personen, Produkte, Veranstaltungen, Forschungsvorhaben und andere Fakten mit sehr unterschiedlichen Methoden erfolgen kann, die wiederum bedeutende Auswirkungen auf die Qualität der Dienste haben können, sollten diese dem Benutzer des betreffenden Dienstes bekannt sein, damit er abschätzen kann, ob der Dienst zur erschöpfenden Beantwortung seiner Frage ausreichen kann oder nicht.

Insbesondere Vollständigkeit und Zuverlässigkeit der nachgewiesenen Angaben hängen in starkem Maße davon ab, wie sorgfältig, sachkundig und verantwortungsbewußt bei der Erhebung von Daten und ihrer Beurteilung im Sinne einer Plausibilitätsprüfung vorgegangen wird. Wesentlich ist auch, daß diese Kriterien, Grundsätze oder Verfahrensweisen dem Benutzer gegenüber offengelegt werden, damit er genau weiß, wie er die Informationsmenge in Bezug auf seine persönlichen Anforderungen beurteilen muß.

Zur Ermittlung der in den Datenbasen zu verzeichnenden Angaben werden im wesentlichen folgende beiden Methoden einzeln oder kombiniert eingesetzt:

- Erhebungen mittels Fragebogen oder formlos (schriftlich, telefonisch, per Telefax oder elektronischer Post) und
- Auswertungen von Quellen (Firmenschriften, Anzeigen, Zeitungsartikel, Programme, andere Veröffentlichungen).

Beides kann zu bestimmten Stichtagen, in größeren Zeitabständen oder fortlaufend erfolgen. Je nach dem Charakter des Dienstes, seiner angestrebten Aktualität und Vollständigkeit sowie der durchschnittlichen Lebensdauer der verzeichneten Angaben ist eine Entscheidung über die geeignetste Vorgehensweise zu fällen. Um bei Erhebungen auch auf neue, bisher nicht berücksichtigte Adressaten aufmerksam zu werden, wird gelegentlich danach gefragt, welche anderen ähnliche, verwandte oder konkurrierende Produkte, Einrichtungen, Veranstaltungen, Vorhaben etc. dem Adressaten bekannt sind.

Vollständigkeit und Zuverlässigkeit

Eine empfindliche Schwachstelle solcher durch Erhebungen zustandegekommenen Verzeichnisse ist jedoch, daß sie ihre Aufnahmekriterien häufig entweder gar nicht offenlegen oder sich z.B. allzu leicht mit dem schlichten Hinweis darauf begnügen, wieviele der ursprünglich in die Erhebung einbezogenen Stellen geantwortet haben. Der Benutzer hat hier keine vernünftige Grundlage, um z.B. beurteilen zu können, ob für ihn wichtige oder weniger wichtige Stellen nicht geantwortet haben und daher nicht einbezogen sind.

Auch werden häufig keine Fehlanzeigen verzeichnet, so daß dem Benutzer nicht klar wird, ob eine ihn interessierende Stelle *nicht* geantwortet hat oder ob sie mitgeteilt hat, daß sie die entsprechenden Veranstaltungen nicht mehr durchgeführt, die erhobenen Produkte nicht mehr herstellt usw.

Um die Preise ihrer Verzeichnisse für die Käufer auf einem vertretbaren Niveau halten zu können, beteiligen Produzenten die verzeichneten Personen oder Einrichtungen und Firmen gelegentlich an den Kosten für die Erstellung ihrer Verzeichnisse. Da die Kosten für die Eintragung im Vergleich mit herkömmlichen Werbemaßnahmen in der Regel gering sind, nehmen viele dieses Angebot wahr. Trotzdem führt eine solche Aufnahmebedingung natürlich dazu, daß eine Auswahl besonderer, aus Benutzersicht gelegentlich willkürlicher, Art getroffen wird, nämlich die Auswahl derjenigen, die bereit sind, für ihre Eintragung z.B. im ,,Who is who'' zu bezahlen. Gefordert werden muß von seriösen Dokumentationsdiensten zumindest, daß sie in ihren Benutzungshinweisen solche Einschränkungen deutlich herausstellen.

Je größer der Bereich ist, der von einem Verzeichnis abgedeckt werden soll – fachlich, zeitlich oder geographisch – umso lückenhafter und unzuverlässiger wird es tendenziell sein müssen. Gerade postalische Angaben (Telefon, Telefax, Postanschrift) und die Namen von Ansprechpartnern unterliegen bekanntermaßen häufigen Änderungen.

Aktualität

Allgemein kann man davon ausgehen, daß gedruckte und gebundene Verzeichnisse schon allein aufgrund ihres zeitaufwendigeren Herstellungs- und Vertriebsprozesses weniger zeitnah sind, als etwa die reinen entsprechenden elektronischen Dienste (Online-Datenbanken, CD-ROM, Btx-Dienste) oder Profildienste aus Datenbanken. Im Unterschied zu den meisten Literaturnachweis- und Referatediensten, die gewöhnlich mindestens einmal im Monat erscheinen, ist ihre Erscheinungsweise daher auch in der Regel auf einen mindestens jährlichen Rhythmus ausgelegt. Zwischendurch werden bei einigen Diensten Ergänzungen (Supplemente) in weniger aufwendiger Aufmachung erstellt. Durch die fortschreitende Entwicklung des computerunterstützten Publizierens und neuer Formen und Verfahren für maßgeschneiderte Informationsdienste könnte gerade in diesem Bereich der Verzeichnis-

se, Lexika, Enzyklopädien, eine stärkere Verschiebung hin zu aktuelleren und inhaltlich zuverlässigeren elektronischen Diensten oder davon abgeleiteten Profildiensten Platz greifen. Bereits jetzt läßt sich feststellen, daß diejenigen Informationsdienste, die auf einem ständig gepflegten und fortgeschriebenen elektronischen Speicher fußen, häufiger erscheinen können als diejenigen, deren Informationsbasis nicht auf dem laufenden gehalten wird, sondern für die jeweils nur zu bestimmten Stichtagen Erhebungen durchgeführt werden.
Die Erstellung eines verläßlichen Dienstes ist auf Dauer nur gewährleistet, wenn die mit seiner Produktion Befaßten in ständigem Kontakt mit den Stellen sind, deren Angaben verzeichnet werden.
Eine sinnvolle und für den Informationsvermittler oder Nutzer sehr günstige Kombination stellen Dienste dar, bei denen mit dem Kauf eines z.B. jährlich erscheinenden umfassenden Verzeichnisses die Möglichkeit geboten wird, die nach Redaktionsschluß neu aufgenommenen Eintragungen in die zugrundeliegende redaktionsinterne Informationsbank bei einem Auskunftsdienst der Redaktion abfragen zu können. Solche Dienste bieten z.B. die Duden-Redaktion oder das Beilstein-Institut, aber auch viele Herausgeber von Loseblatt-Sammlungen oder Zeitschriften.

Sprache
Die zunehmende Kommerzialisierung des Fachinformationsbereichs im Sinne einer Informationsindustrie, die für einen weltweiten Informationsmarkt produziert, hat in den letzten zehn Jahren zu einem schier unlösbaren Dilemma bei Produktion und Nutzung von gedruckten Informationsdiensten geführt oder es zumindest offenkundig werden lassen.
Zwei Zielsetzungen stehen miteinander im Konflikt. Einerseits ist die Geschäftspolitik der Hersteller von Fachinformationsdiensten darauf ausgerichtet, einen ausreichend großen Absatzmarkt bedienen zu können, um die hohen Produktionskosten durch Erlöse decken zu können. Andererseits wird angenommen, daß diese Dienste von großer Bedeutung für die einheimische Wirtschaft sind und nur Unternehmen, die eine gut funktionierende Informationslogistik haben und solche Fachinformationsangebote nutzen, im Wettbewerb bestehen können. Benutzt werden sie aber nur, wenn sie benutzerorientiert, am besten maßgeschneidert, sind, wenn ihr Inhalt problemlos gelesen und leicht erfaßt werden kann. Dies ist aber nur dann uneingeschränkt der Fall, wenn die Information in der Muttersprache vorliegt. Ein deutschsprachiger Dienst läßt sich jedoch auf dem Weltmarkt nicht in ausreichenden Stückzahlen absetzen und die potentiellen Kunden im deutschsprachigen Raum können oder wollen die Produktionskosten alleine über den Kaufpreis nicht aufbringen. Dies führt dazu, daß auch traditionsreiche deutsche Hersteller von Informationsdiensten zunehmend für den internationalen Absatzmarkt in englischer Sprache produzieren. Für viele deutschsprachigen Benutzer sind die Benutzungsschwellen dadurch zur Zeit praktisch unüberwindbar.

Ausblick
Es bleibt abzuwarten, ob automatische Übersetzungssysteme hier in absehbarer Zeit wirksame Hilfe leisten können. Möglicherweise haben gedruckte Dienste im Sinne von sprachgebundenen Diensten ihren Zenit längst überschritten und andere

eher sprachfreie oder sprachneutrale Formen der Wissensvermittlung werden in einigen Jahren den Fachinformationsbereich zu erobern beginnen. Zum gegenwärtigen Zeitpunkt böte sich ein Ausweg nur, wenn sich die Träger der Fachinformationspolitik eines anderen besännen und eine stärkere Nachfrageorientierung Platz greifen könnte. Informationsvermittlungseinrichtungen kommt dabei eine zentrale Rolle zu.
Heutzutage bilden die gedruckten Dienste immer noch eine unverzichtbare Grundlage für eine umfassende Informationsvermittlung (Lit. 05.), und dies nicht nur deshalb, weil es viele Informationen noch nicht in elektronischer Form gibt. Auch wer über Zugriffsmöglichkeiten auf elektronische Informationsdienste verfügt, sollte gelegentlich die zugehörigen gedruckten Dienste zur Hand nehmen, weil sie einen ungleich anschaulicheren Eindruck vom Aufbau des Informationsdienstes vermitteln. Das Herumstöbern und Blättern in einem gedruckten Dienst ist dann, wenn die Einträge einigermaßen lesefreundlich gestaltet sind, noch immer weitaus angenehmer als das ,,Browsing" in einer Datenbank. Die Stärke der in den folgenden Kapiteln beschriebenen elektronischen Dienste liegt in der Schnelligkeit bei der kombinierten Suche nach einer Vielzahl von Merkmalen oder beim gezielten Aufsuchen einer bestimmten Information aus einer großen Menge von Daten. Vieles ist jedoch noch nicht für jeden und an jedem Ort auf einfache, benutzergerechte und aufgabenbezogene Weise elektronisch verfügbar, sodaß die papiergebundenen Dienste nicht nur Tradition, sondern für die absehbare Zeit in der Informationsvermittlung auch noch eine Zukunft haben werden.

Literatur

01. Chemical Abstracts Service (Hrsg.): Information Tools from Chemical Abstracts Service^{R} 1989: Columbus, OH, USA: CAS 1988 (CAS 1283).
02. Cuadra (Hrsg.): Directory of Online Databases, Vol. 10, No. 1, January 1989. New York, NY, USA: Cuadra/Elsevier 1989.
03. Gesellschaft für Information und Dokumentation (Hrsg.): Forschungs- und Entwicklungsprojekte in Informationswissenschaft und -praxis. Ausgabe 8 (1984). München; New York; London; Paris: Saur 1984. 393 S. (Informationsdienste 3)
04. Hoppenstedt (Hrsg.): Handbuch der Großunternehmen 1989. 36. Ausgabe. Band 1. Darmstadt; Brüssel; Haarlem; Wien; Zürich: Hoppenstedt 1989.
05. Kaminsky, Rainer: Förderung moderner Informationsvermittlung. In: Nachr. f. Dokum. 40 (1989) H. 2, S. 83–86.
06. Totok, Wilhelm; Weitzel, Rolf: Handbuch der bibliographischen Nachschlagewerke. Herausgegeben von Hans J. Kernchen. 6. völlig neubearbeitete Auflage. Band 1. Allgemeine bibliographische Nachschlagewerke. Frankfurt am Main: Klostermann 1984. Band 2. Fachbibliographien und fachbezogene Nachschlagewerke. Frankfurt am Main: Klostermann 1985.

Weiterführende Literatur

07. Reinitzer, Sigrid; Gossler, Marcus: Nachschlagetechniken in der Wissenschaft. Eine praktische Anleitung zur Benutzung von Index- und Abstractswerken und deren Struktur. München; New York; London; Paris: Saur 1988. 230 S.
08. Schulz, Hedda: Von CA bis CAS ONLINE. Die Datensammlungen des Chemical Abstracts Service und deren Nutzung. Weinheim; Deerfield Beach, FL: VCH 1985. IX, 170 S.

C 3 Online-Dienste

Joachim Kind

C 3.1 Einführung

Online-Dienste sind ein Instrument zur Beschaffung extern erzeugter Informationen. Die Beschaffung externer Informationen ist für jedes Unternehmen in Zeiten rasanter technologischer, wirtschaftlicher und politischer Veränderungen sowohl auf der operativen wie auch der strategischen Ebene unerläßlich. Problemlösungen gelingen ohne Inanspruchnahme externer Informationen gar nicht oder nur unvollständig. Eine strategische Planung ohne laufende und umfassende Beobachtung und Auswertung der die Unternehmensumwelt beschreibenden Informationen ist nicht möglich.
Während jedoch intern erzeugte Informationen systematisch aufbereitet, verarbeitet und genutzt werden, wird die Beschaffung und Aufbereitung externer Informationen eher nebenher betrieben – mit oft verheerenden Folgen für einzelne Unternehmen und ganze Branchen. Heute formulierte Informationsmanagementkonzepte machen fast nie eine Aussage, wie externe Informationen systematisch beschafft, ausgewertet und für die speziellen Fragestellungen des Unternehmens aufbereitet werden sollen.
Nachfolgend wird berichtet, welche Hilfestellung Online-Dienste bei der Beschaffung extern erzeugter Informationen bieten. Es wird dargestellt, welche technischen, inhaltlichen und organisatorischen Voraussetzungen für die Nutzung von Online-Datenbanken vom Anwender erfüllt werden müssen und welchen Nutzen dieser aus Online-Datenbanken gewinnen kann.

C 3.2 Komponenten von Online-Diensten

Online-Dienste ermöglichen dem Benutzer den Zugriff auf externe Informationen in elektronischer Form. Zu einer Anfrage des Benutzers werden aus dem elektronischen Speicher die relevanten Informationen zielgenau und schnell herausgesucht und an den Anfragenden übertragen.
Die Leistungsfähigkeit von Online-Diensten wird im wesentlichen von der Ausgestaltung und dem Zusammenspiel der nachfolgenden Komponenten bestimmt:

1. Rechercheur
2. Endgerät
3. Modem
4. Telekommunikationsnetz
5. Host
6. Datenbasis
7. Datenbank (Online-Datenbank)

Abb. 1 macht den grundsätzlichen Ablauf der Nutzung von Online-Diensten deutlich:
Der Informationssuchende (Rechercheur) gibt über sein Endgerät seine Suchfrage ein. Diese wird über das Modem an das Telekommunikationsnetz übertragen und gelangt von dort zu dem Datenbankanbieter (Host). Dieser bietet Datenbanken verschiedenen Inhaltes an. Die Datenbanken werden vom Host mit Datenbankprogrammen aus Informationen aufgebaut, die er von Informationsproduzenten (Datenbasenproduzenten) bezieht. Der Host stellt für die Suche Retrievalprogramme zur Verfügung und führt die Abrechnung der Nutzungszeiten mit entsprechenden Abrechnungsprogrammen durch. Die Suchfrage wird in der (den) relevanten Datenbank(en) durchgeführt. Die gefundenen Informationen werden vom Host an den Rechercheur zurückgeschickt. Einzelheiten zu den 7 Komponenten werden nachfolgend erläutert.

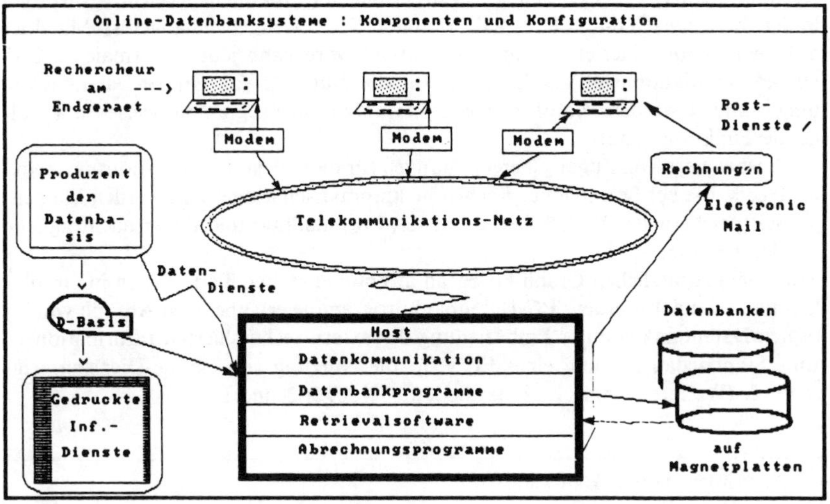

Abb. 1: Komponenten von Online-Diensten

C 3.2.1 Rechercheur

Als Rechercheur kommt der Informationsspezialist (Informationsvermittler, Information-Broker) oder der Endbenutzer in Frage. Der Spezialist kennt die unterschiedlichen Abfragesprachen der verschiedenen Datenbankanbieter sowie Aufbau und Inhalt der für eine Suchfrage relevanten Datenbanken.
Dank dieser Kenntnisse ist er in der Lage, komplexe Suchfragen, ggf. auch fachbereichsübergreifend, in verschiedenen Datenbanken zeit- und kostenoptimal zu recherchieren:
Nachdem sich der Informationsspezialist über die Suchfrage seines Kunden wirklich im klaren ist, wird er diese in zutreffende Suchworte umformen, sie untereinander verknüpfen und als Suchlogik in sein Endgerät eingeben.

Der – gelegentliche – Endbenutzer verfügt über diese Spezialkenntnisse nicht. Mit einer menügeführten Abfragesprache ist aber auch er in der Lage, zu einfacheren Suchfragen relevante Informationen in den Datenbanken zu finden. Für die Suche wird er vermutlich mehr Zeit (Geld) benötigen als der Informationsspezialist.

C 3.2.2 Endgerät

In den Anfangszeiten der Nutzung von Online-Diensten wurden einfache druckende oder mit einem Bildschirm ausgestattete Terminals als Endgeräte verwendet. Über die Tastatur des Terminals wurde die Suchfrage eingegeben, der Bildschirm bzw. die Druckeinheit des Terminals machten Anfrage und Antwort sichtbar. Eine Be- oder Verarbeitung der recherchierten Informationen war wegen der fehlenden Rechnerintelligenz nicht möglich. Diese einfachen („dummen") Terminals wurden in der Zwischenzeit durch Personal Computer (PCs) weitgehend abgelöst. Mit einer auf dem PC installierten Kommunikationssoftware kann jeder „normale" PC in ein kommunikationsfähiges Endgerät für die Nutzung von Online-Datenbanken umgewandelt werden. Komfortable Kommunikationsprogramme weisen u.a. folgende Funktionen auf:

- Abspeichern von Zugangsberechtigungen für die Telekommunikationsnetze und Hosts, die bei Beginn einer Recherche automatisch aufgerufen werden können;
- Mitspeichern der Rechercheergebnisse (downloading) und deren nachträgliche Bearbeitung.

Mit einem zusätzlichen Graphikprogramm können recherchierte Daten in Graphiken umgewandelt werden. PC-Datenbankprogramme erlauben den Aufbau von internen Datenbanken unter Einbeziehung der extern recherchierten Informationen. Eine Standardausstattung eines PC's für die Nutzung von Online-Diensten zeigt *Abb. 2*. (Weitere technische Einzelheiten s. Kap. E 3 und E 4.)

Standardausstattung Hardware:

- 80286 – Prozessor
- 512/640 KB – Hauptspeicher
- 20 MB Festplatte

Standardausstattung Software:

- Betriebssystem MS-DOS
- Kommunikationssoftware
- Textverarbeitungssoftware
- Graphiksoftware
- Datenbanksoftware

Abb. 2: Standardausstattung eines PC's für die Datenbanknutzung

C 3.2.3 Modem

Modem ist die Abkürzung für Modulator-Demodulator. Es handelt sich um ein Gerät für die Datenübertragung über das Fernsprechnetz. Die von dem PC als Endgerät abgegebenen digitalen Signale werden durch Modulation in analoge Hochfrequenzsignale umgesetzt. Diese analogen Signale können über die vorhandenen Fernsprechnetze übertragen werden. Umgekehrt werden ankommende Signale vom Modem in digitale Signale umgesetzt und können anschließend vom PC verarbeitet werden.
Für die Nutzung von Online-Diensten werden akustisch gekoppelte Modems (Akustikkoppler) oder galvanisch gekoppelte Modems eingesetzt. Mit Akustikkopplern können Informationen mit einer Geschwindigkeit zwischen 300 bit/sec und 2 400 bit/sec übertragen werden, mit galvanisch gekoppelten Modems sind Übertragungsgeschwindigkeiten bis zu 9 600 bit/sec möglich. (Weitere technische Einzelheiten s. Kap. E 7.)

C 3.2.4 Telekommunikationsnetz

Die modulierten Hochfrequenzsignale werden über das Telekommunikationsnetz zum Host übertragen. Bei dem Datexnetz (Data-Exchange-Netz) mit Leitungsvermittlung (DATEX-L) wird für die Dauer der Datenübertragung eine feste Verbindung zwischen zwei Datenendeinrichtungen aufgebaut. Bei dem Datexnetz mit Paketvermittlung (DATEX-P) werden die Informationen in „Datenpakete" aufgeteilt und mit „Datenpaketen" anderer Endeinrichtungen so geschaltet, daß eine möglichst gute Netzauslastung erreicht wird. Für den Dialogbetrieb und damit auch für die Nutzung von Online-Datenbanken wird bevorzugt das DATEX-P-Netz verwendet. (Weitere technische Einzelheiten s. Kap. E 7.)

C 3.2.5 Host (Datenbankanbieter)

Unternehmen und Institutionen, die dem Rechercheur Online-Datenbanken für die Suche anbieten, heißen Host's. Die recherchierfähige Online-Datenbank baut der Host mit entsprechenden Datenbankprogrammen aus den Informationen auf, die er von einem Informationsproduzenten (Datenbasisproduzenten) kauft (s. Abschnitt C 3.2.6 und C 3.2.7). In der Regel produziert der Host also die von ihm in Online-Datenbanken angebotenen Informationen nicht selbst, sondern kauft diese bei einem Informationsproduzenten. Informationsproduzent ist z.B. eine Dokumentationsstelle, die aus Primärveröffentlichungen Literaturhinweise erstellt. Informationsproduzent ist auch ein Zeitschriftenverlag, der die Artikel in vollem Text an einen Host verkauft. Oder ein Adressbuchverlag, der die Firmeninformationen seiner Handbücher an einen Host zum Aufbau einer Firmen-Datenbank abgibt. Der Rechercheur kann zwischen Host's mit sehr unterschiedlichem Datenbankangebot wählen; hierauf wird im folgenden Unterkapitel eingegangen.
Neben dem Aufbau der Datenbanken muß der Host die Retrievalsprache bereitstel-

len, die der Rechercheur für die eigentliche Recherche benötigt. Die Retrievalsprachen der verschiedenen Host's haben unterschiedliche Befehle. Auch hierauf wird nachfolgend eingegangen.

C 3.2.5.1 Das Datenbankangebot der Hosts

Weltweit wurden 1988 von mehr als 500 Hosts über 4 000 Online-Datenbanken angeboten. Einzelheiten über die jeweilige Datenbank kann man den Handbüchern (Lit. 02.) und (Lit. 08.) entnehmen. Neben dem anbietenden Host enthält jede Datenbankkurzbeschreibung Angaben über die abgedeckten Fachgebiete, den Umfang der Datenbank, Häufigkeit der Aktualisierung, geografische Abdeckung usw. Für eine erste Groborientierung ist eine Strukturierung der Hosts nach den abgedeckten Fachgebieten und der Art der angebotenen Datenbanken hilfreich.

C 3.2.5.1.1 Fachgebiete

Die Hosts können in zwei große Gruppen eingeteilt werden:
- Spezialisten für bestimmte Fachgebiete und
- ,,Supermärkte" für alle Fachgebiete.

Konzentriert sich die erste Gruppe der Host's darauf, zu einem bestimmten Fachgebiet (Wirtschaft, Technik, Physik, Chemie, Medizin usw.) ein möglichst vollständiges Datenbankangebot zu haben, versuchen die ,,Supermärkte" unter den Hosts breitbandig alle Fachgebiete – ggf. unter Verzicht auf Vollständigkeit bei jedem einzelnen Fachgebiet – online anzubieten. Beispiele von Hosts für beide Gruppen sind in *Abb. 3* aufgeführt.

Host's	Fachgebiete	Anzahl der Datenbanken
Spezialisten		
– FIZ Technik, Frankfurt	Technik	> 60
– DIMDI, Köln	Medizin,	> 60
	Biologie	> 60
– STN, Karlsruhe	Naturwissenschaften	
Supermärkte		
– DIALOG, Palo Alto	Alle	> 350

Abb. 3: Grobstrukturierung von Hosts nach Fachgebieten (Beispiele)

C 3.2.5.1.2 Datenbankarten

Bei der Suche nach externen Informationen kann der Rechercheur unter sehr unterschiedlichen Arten von Datenbanken auswählen. Findet er in der einen Datenbank ,,nur" Hinweise auf Primärveröffentlichungen, so kann er in einer zweiten Datenbank Export- und Importstatistiken abrufen. In einer dritten Datenbank kann er die genaue Anschrift einer Firma ermitteln, um sich anschließend in einer weiteren Datenbank alle Artikel aus Wirtschaftszeitungen über diese Firma in vollem Text ausgeben zu lassen. Schließlich informieren ihn weitere Datenbanken über die augenblickliche Finanz- und Kurssituation der Firma. Die verschiedenen Datenbankarten lassen sich in einer für den Rechercheur übersichtlichen Weise strukturieren (s. *Abb. 4* und Lit. 01.).

Zu unterscheiden sind die beiden Hauptgruppen:

a. Datenbanken mit Textinformationen (Textdatenbanken)

b. Datenbanken mit numerischen Informationen (Faktendatenbanken).

a. Textdatenbanken

In **Referenzdatenbanken** findet der Rechercheur nicht die eigentliche Information sondern ,,nur" einen Hinweis auf die Originalinformation. Als eine Art von Referenzdatenbank verweist die *bibliographische Datenbank* mit Kurzfassungen (Literaturhinweisen) auf veröffentlichte Primärveröffentlichungen. Jeder Literaturhinweis enthält neben den bibliographischen Angaben eine kurze Inhaltsbeschreibung der Primärveröffentlichung (Zeitschriftenaufsatz, Forschungsbericht, Konferenzbericht u.a.) und inhaltskennzeichnende Deskriptoren. Deskriptoren werden aus einem kontrolliertem Wortmaterial (Thesaurus) entnommen. In einem Thesaurus sind die zugelassenen Deskriptoren mit ihren Begriffsbeziehungen verzeichnet.

Die zu einem Literaturhinweis gehörenden Angaben sind in Kategorien (Felder) strukturiert. In *Abb. 5* ist ein Literaturhinweis mit seinen Kategorien beispielhaft abgebildet. An Hand solcher Literaturhinweise als Ergebnis einer Recherche kann der Benutzer entscheiden, ob er die Originalveröffentlichung beschaffen will.

Datenbanken mit Textinformationen (Textdatenbanken)	Datenbanken mit numerischen Informationen (Faktendatenbanken)
– Referenzdatenbanken	
– Bibliographische Datenbanken	– Statistische Datenbanken
– Andere Referenzdatenbanken	– Integrierte Datenbanken
– Volltextdatenbanken	– Börsendatenbanken (Real-Time-Datenbanken)

Abb. 4: Datenbankarten – Grobstrukturierung (s. auch Lit. 01.)

Datenbank	DB	ZDEE, FIZ Technik Frankfurt: ZDE, Copyright FIZ Technik.
Zugriffsnummer	AN	E80080215024.
Hauptschlagwörter	MJ	PASCAL; Software-Entwicklung.
Alle Dokumenttitel (Superlabel für OT + GT + ET)	TI	Pascal and its suitability to microprocessor software development. Pascal und seine Eignung fuer die Entwicklung von Mikroprozessor-Software.
Sprache des Originaldokuments	LG	EN English.
Abstract	AB	In der Arbeit werden einleitend die Gruende genannt, die zur Entwicklung hoeherer Programmiersprachen gefuehrt haben, und erlaeutert, was unter einem strukturierten Programm zu verstehen ist. Im Folgenden stellt der Autor die Programmiersprache Pascal vor, beschreibt ihre Datentypen und Kontrollbefehle und stellt die zur Verfuegung stehenden Operationen in einer Liste zusammen. Weiter wird die Verwendung von Pascal in speziellen Mikroprozessoren behandelt und die Aufteilung von Pascal-Programmen in einen Programm- und einen Datenteil erklaert. Ein Beipiel fuer ein Pascal-Programm schliesst sich an. Abschliessend geht der Autor auf Pascal-Compiler und Interpretierer-Versionen ein und beschreibt den erreichten Stand der Standardisierung. TIB-Eingang:7.80.
Verfasser	AU	Pfleger-D.
Institution	IN	Motorola Incorporation, Phoenix, USA.
Quelle	SO	Proc of the 6th Arizona technical sympos on microprocessor applications in the 80's, March 12-14, 1980, Tempe, Arizona, USA, (1980), S:85-90, 6S/11B/8Q.
Standort des Originaldokuments	AV	TIB-RN7874(6).
Eingabedatum (Jahr, Monat)	ED	8008.
Veröffentlichungsjahr	YR	1980.
Dokumentart	PT	C Conference.
Übergeordneter Titel	TP	Proc of the 6th Arizona technical sympos on microprocessor applications in the 80's, March 12-14, 1980, Tempe, Arizona, USA.
Klassifikation	CC	HMP Programmiersprachen. 1QPB Programmiersprachen.
Thesaurusbegriffe und freie Begriffe	MN	PASCAL; PROGRAMMENTWICKLUNG; MIKRORECHNER; STRUKTURIERTE-PROGRAMMIERUNG; PROGRAMMBEFEHL; DATENSTRUKTUR; ANWENDUNG; COMPILER; INTERPRETIERER; STANDARDISIERUNG.

Abb. 5: Nachweis aus einer Literaturdatenbank
(Beispiel aus: ZDE-Datenbank, Host: FIZ-Technik)

Die für die Beschaffung notwendigen Angaben (wie Autor, Titel, Name der Zeitschrift, Heftnummer, Seitenzahl) kann er ebenfalls dem Literaturhinweis entnehmen. Bibliographische Datenbanken sind als älteste Datenbankart schon seit langem im Angebot der Host's. Als Vorteil sind der geringe Speicherplatz und die – entsprechende Qualität vorausgesetzt – gute inhaltliche Erschließung zu nennen. Nachteilig bei bibliographischen Datenbanken sind deren häufig nicht befriedigende Aktualität und der Zeitbedarf für die Beschaffung der Originalliteratur. Je nach Host und angebotener Datenbank muß der Rechercheur von einem Zeitverzug von ein bis vier Monate ausgehen, der insbesondere durch den Zeitaufwand für die inhaltliche Erschließung (Erstellung der Inhaltsangabe und Vergabe der Schlagworte) bedingt ist. Für die Beschaffung der Originalliteratur muß der Benutzer noch einmal mit ein bis zwei Wochen Zeitverzug rechnen. Aus den geschilderten Vor- und Nachteilen folgt, daß bibliographische Datenbanken immer dann geeignet sind, wenn externe Informationen aus bibliographischen Quellen ohne besonderen Zeitdruck gesucht werden.
Andere Referenzdatenbanken verweisen u.a. auf
- Projekte,
- Experten,
- Patente,
- Veranstaltungen,
- Firmen.

Die Hinweise der verschiedenen Referenzdatenbanken enthalten sie kennzeichnende, spezifische Kategorien.
In *Projektdatenbanken* (Beispiel s. *Abb. 6*) sind dies u.a.:
- Projektanfang und ggf. Projektende
- Auftraggeber
- Projektnehmer
- Kosten des Projekts
- Projektleiter
- Projektmitarbeiter
- Projektname.

```
ECHO: -ENREP /COPYRIGHT ECHO
ND    : 00020890
CYC   : 280       NFP  : 020890
SY    : 1982    EY  : 1985
AU    : BOSSEL, H., PROF.DR.-ING.
RO    : GESAMTHOCHSCHULE KASSEL, FACHBEREICH 17 MATHEMATIK, INTERDISZIPLINAERE
        ARBEITSGRUPPE MATHEMATISIERUNG
OT    : 'SAURER REGEN' - ERSTELLUNG DER TEILMODELLE ZUR UNTERSUCHUNG DER
        SCHAEDIGUNG VON WALDOEKOSYSTEMEN DURCH 'SAUREN REGEN'
TI    : 'ACID RAIN'- CREATION OF PARTIAL MODELS FOR THE INVESTIGATION OF DAMAGE
        TO FOREST ECOSYSTEMS THROUGH 'ACID RAIN'
AB    : ZUR MATHEMATISCHEN MODELLIERUNG UND COMPUTERSIMULATION DER SCHAEDIGUNG
        VON WALDOEKOSYSTEMEN DURCH SAURE NIEDERSCHLAEGE WERDEN 4 TEILMODELLE
        ERSTELLT: A. BODENCHEMIE: VERAENDERUNG DES MINERALBODENS UNTER DEM
        EINFLUSS SAURER NIEDERSCHLAEGE. B. STICKSTOFFMINERALISIERUNG:
        AMMONIFIKATION UND NITRIFIKATION BEI NATUERLICHER UND KUENSTLICHER
        VERSAUERUNG. C. BODENWASSERHAUSHALT: STEUERUNG DES PH-WERTES UEBER DEN
        WASSERHAUSHALT DES BODENS. D. SYSTEM 'BAUM': FUNKTIONSWEISE DES BAUMES
        UNTER SCHADSTOFFBELASTUNG. DIE TEILMODELLE WERDEN ZU EINEM GESAMTMODELL
        VERKOPPELT, DAS DIE LAENGERFRISTIGE ENTWICKLUNGSDYNAMIK VON
        WALDOEKOSYSTEMEN UNTER DEM EINFLUSS DES 'SAUREN REGENS' BESCHREIBEN
        SOLL. DAS GESAMTMODELL SOLL ES GESTATTEN, INSBESONDERE DIE
        LAENGERFRISTIGE DYNAMIK DER PH-WERT-VERAENDERUNGEN, DER AKKUMULATION
        VON SCHADSTOFFEN UND DES MOEGLICHEN PLOETZLICHEN 'UMKIPPENS' VON
        WALDOEKOSYSTEMEN ZU UNTERSUCHEN. DAS MODELL LAESST DIE MOEGLICHKEIT
        OFFEN, NEUE ERKENNTNISSE ODER HYPOTHESEN MIT EINZUBEZIEHEN UND IHRE
        KONSEQUENZEN FUER DIE SYSTEMENTWICKLUNG ZU ERMITTELN. ES SOLL EINEN
        BEITRAG LEISTEN ZUR BESCHREIBUNG UND ERKLAERUNG DER GEGENWAERTIGEN
        SITUATION UM DIE BEDROHUNG DER WALDOEKOSYSTEME DURCH DEN 'SAUREN
        REGEN'.
CT    : BEWERTUNG UND ANALYSE; OEKOLOGIE; SAEUREABLAGERUNG; WASSERSTOFF;
        MINERALIEN; BODENKUNDE; STICKSTOFF; NITRATE; NITRIERUNG; BODENFEUCHTE;
        BODENKUNDE; SCHADSTOFFCHEMIE SCHADSTOFFZUSAMMENSETZUNG; SIMULATION;
        WALD

ADDR  : HEINRICH-PLETT-STR. 40
        KASSEL* , HESSEN , D-3500 , GERMANY, FEDERAL REPUBLIC OF
TEL   : (0561) 8040
```

Abb. 6: Nachweis aus einer Projektdatenbank
(Beispiel aus: ENREP, Host: ECHO, Luxemburg)

In Patentdatenbanken sind Hinweise auf Schutzrechtsschriften enthalten. Der Rechercheur kann z.B. feststellen, ob es zu einem von ihm geplanten Produkt oder Verfahren schon Patent- oder Gebrauchsmusteranmeldungen gibt. Er kann die Entwicklungslinien eines Konkurrenzunternehmens an Hand der getätigten Patentanmeldungen verfolgen und er kann versuchen, Gegenmaterial zu einer störenden Anmeldung zu recherchieren.

```
      Datenbankschluessel     DE-Patentblatt Datum und Woche
AN    159908159 PATDPA;       ED   841004; EW  8440
      (21) Aktenzeichen       Datum der letzten Veraenderung
SN    DE3152498.2;            UP   841004; UW   8440
TI    (541) Bezeichnung der Erfindung/Titel
      (C2)(A1) Zierblende fuer die aussenseitige Verkleidung der Raeder
      eines Kraftfahrzeuges
IN    (72) Erfinder (aktueller Stand und vorheriger)
INC   Burckhardt, Manfred 'Dr.-Ing.' (DE 7050 Waiblingen)
      Schulte, Herbert 'Dipl.-Ing.' (*DE 7057 Leutenbach)
PA    (71/73) Anmelder/Inhaber (gegenwaertiger und vorheriger)
PAC   Daimler-Benz AG (*DE 7000 Stuttgart)
PAT   Patent-Anmelder/Inhaber-Typ
      Juristische Person
SO    Quellenangabe
      Patentblatt 103 (1983) Heft 22, DE A1 Offenlegungs-Schrift, 1.
      Veroeff.; Zeichnungsseiten 1; Textseiten 9; Blattzahl 6;
      Filmlochkarten 2
      Patentblatt 104 (1984) Heft 40, DE C2 Patent-Schrift, 2. Veroeff.
NTE   Ausgewaehlte Rechtsstandsdaten
NTA   810520: ADP  (22) DE Patent-Anmelde-Datum
      810520: FRLD (60) Erste Bezugs-Anmeldung
      810520: ADIV (62) Teil aus: 3120021
NTR   830601: AO   (43) Offenlegung der DE Anmeldung
      841004: PG   (45) DE Patent-Erteilung
      841004: SRP  (56) Such-Erg. d. Pruef-Verf. gem. Paragr. 44
LA    (25) Sprache der Ursprungsanmeldung
      German
PIT   (12) Patent-Information Schrift-Typ
      PS Patent-Schrift, 2. Veroeff., Einspr.-Frist 3 Mon.
PI    (10) Patent Information
      DE 3152498      C2 841004 OPP
AI    (20/86) Anmelde - Information
      DE 81-3152498 A  810520
RLI   (60) Zusatz- und Teilunsrelationen
      DE 81-3120021 A  810520 BDIV F
      DE 81-3152498 A  810520 ADIV
PRAI  (30) Prioritaets-Information
      DE 81-3152498 A  810520 IA    F     (35) Inlands-Anmeldung
FI    (40/87) Familien-Information
      DE 3120021      A1 821209 AO        (43) DE Offenlegung
      DE 3152498      C2 841004 PG        (45) DE Patent-Erteilung
RE    (561) Referierte Patent- und Nicht-Patentliteratur (Par.43/44 Patg)
REP   DE 2750426      A           SRP
IC    (51) Int.Cl.-Haupt- und Nebenklasse
ICM   (4I2) B60B007-00                    (510) IPC Hauptklasse
ICS   (4I2) B60B019-10                    (512) IPC Nebenklasse
      (4I2) B60T005-00                    (512) IPC Nebenklasse
AB    (571) Abstract
      (C2) Eine Zierblende fuer die aussenseitige Verkleidung der Raeder
      eines Kraftfahrzeuges wird zusaetzlich zu in der Felgennaehe
      angeordneten Ventilationsoeffnungen im achsnahen Bereich mit
      Luftansaugoeffnungen versehen, von denen aus die von aussen
      angesaugte Luft ueber innenseitig liegende, radiale Schaufeln
      radial nach aussen gefoerdert wird, um zusaetzliche Kuehlung zu
      erreichen.
PST   (551) Passat - Terms
      ACHSNAH; ANORDNEN; ANSAUGEN; ANSAUGOEFFNUNG; AUSSENSEITIG; BEREICH;
      ERREICHEN; FELGE; FELGENNAEHE; FOERDERN; INNENSEITIG;
      KRAFTFAHRZEUG; KUEHLEN; KUEHLUNG; LIEGEN; LUFT; LUFTANSAUGEN;
      LUFTANSAUGOEFFNUNG; LUFTANSAUGUNG; NAEHE; OEFFNEN; OEFFNUNG; RAD;
      RADIAL; SCHAUFEL; SCHAUFELN; VENTILATION; VENTILATIONSOEFFNUNG;
      VERKLEIDUNG; VERSEHEN; ZIERBLENDE; ZUSAETZLICH
FA    Verfuegbarkeit der Informationen
      INC; PAC; AB; RL; ICS; REP
```

Abb. 7: Nachweis aus einer Patentdatenbank
(Beispiel aus: PATDPA, Host: STN, Karlsruhe)

Aus *Abb. 7* gehen die wichtigsten Kategorien eines Hinweises einer *Patentdatenbank* hervor wie z.B.:
- Anmelder
- Erfinder
- Name der Erfindung
- Anmeldedatum
- Offenlegungsdatum
- Patentdatum
- Patentnummer.

In *Firmendatenbanken* sind in textlich-numerischer Form wichtige Angaben zu der jeweiligen Firma enthalten. Der Detaillierungsgrad reicht von der Nennung der „einfachen" Angaben wie Anschrift, Telefonnummer, Zahl der Angestellten und Umsatz bis hin zu komplexen Kategorien wie Produktcode, Umsatzentwicklung, Vorstands- und Aufsichtsratsmitglieder, Zweigniederlassungen und Beteiligungen.

```
Fachverlag Schiele & Schoen GmbH
Markgrafenstr. 11
1000 Berlin 61
Deutschland

Telephon:  (030) 2 51 60 29
Telex: 181 470
Telegrammadresse: schieleschoen berlin
Telekopie-System: Fax (030) 7 42 50 21

Firmennummer :          315726976

Hauptbranche :          7080 Verlag von Buechern, wissenschaftlichen und
                             Fachzeitschriften
Weitere Branchen :      7081 Verlag von Zeitungen sowie unterhaltende
                             Zeitschriften und Broschueren

SIC Code :              2721; 2731

Geschaeftstaetigkeit:
    Gesch.-Taet: Herausgabe von Fachbuechern und -zeitschriften
Rechtsform:             Gesellschaft mit beschraenkter Haftung - GmbH
Gruendungsjahr:         1946
Beschaeftigte:          25 (1987);23 (1986);23 (1985)
Umsatz:                 Deutsche Mark 4,4 Mio (1986)
Kapital:                Stamm-Kap: Deutsche Mark 0,5 Mio

Bankverbindungen:
    Berliner Bk
     Berlin
Verbandszugehoer.:
    VDZ Verb Deutscher Zeitschriftenverleger, Bonn
     Boersenverein des Dt Buchhandels, Frankfurt (Main)

Leitung:
    Geschaeftsfuehrer:   Schoen, Peter  Berlin

Aktionaer:
    Gessellschafter:  Schoen, Peter
    Gessellschafter:  Schoen, Lisbeth
```

Abb. 8: Nachweis aus einer Firmendatenbank
(Beispiel aus: Hoppenstedt-Datenbank, Host: DIALOG)

In *Abb. 8* und *Abb. 9* sind zwei Firmenhinweise abgebildet, die durch folgende wesentliche Kategorien beschrieben sind:
- Firmenname
- Vollständige Anschrift
- Vollständige Telefon-, Telefax- und Teletexnummern
- Beschreibung der Geschäftstätigkeit
- Produktbeschreibung und Produktcode
- Umsatz
- Beschäftigtenzahl
- Namen von Vorstands- und Aufsichtsratsmitgliedern
- Zweigniederlassungen und Tochtergesellschaften.

```
-- Datenbank                      DB BCON, FIZ Technik Frankfurt: BUERO-CONTACT, (C)1988/05 COMPUNICATION.
-- Zugriffsnummer                 AN 201766.
AS Firmenname                     IN SEV Software-Entwicklung und Vertrieb GmbH.
AS Postfach/Straße                PS Postfach 5927
                                     Karl-Geusen-Strasse 173.
AS Land, PLZ, Ort                 RE 4000 Duesseldorf 1.
-- Postleitzahl (vierstellig)     PL 4000.
-- Telekommunikative Angaben      TL Telefon:   (0211) 2103107+124.
                                     Telex:    8587798 noel d.
PN Produktbeschreibung            PE Computervertrieb:
                                     - Mainframesysteme.
                                     - Microsysteme/Personal Computer/Home-Computer.
                                     - Siemens.
                                     Softwarevertrieb:.
                                     Drucker-/Plotter-Vertrieb:
                                     - Fujitsu.
                                     - Hewlett Packard.
                                     - Itoh.
                                     - Matrixdrucker.
                                     - NEC.
                                     - Plotter.
                                     - Siemens.
                                     - Typenraddrucker.
                                     Bildschirmvertrieb:
                                     - Ampex.
                                     - Monobildschirm.
                                     Text-/Schreibsystem-Vertrieb:
                                     - Textsysteme.
                                     Dienstleistungen, Diverses:
                                     - EDV-Moebel.
                                     - EDV-Zubehoer.
                                     - Leasing-Systeme.
PN Industriegruppen               IC Art des Unternehmens:
                                     - Grosshandel.
                                     - Einzelhandel.
                                     - Import.
                                     - Service/Wartung.
                                     - Softwarehaus.
                                     - Systemhaus.
                                     - EDV-Beratung.
MM Management                     MM Geschäftsführung:.
FI Status                         ST Status des Unternehmens:
                                     - Hauptsitz.
                                     - Verwaltung.
                                     - Verkaufsbuero.
                                     - Servicestuetzpunkt.
                                     - Zentrallager.
FI Gründungsjahr                  YR Gegruendet: 1987.
FI Kapital                        CA Kapital: 200.000 DM.
FI Verbandsmitgliedschaft         MS Branchen-Verband:.
```

Abb. 9: Nachweis aus einer Firmendatenbank
(Beispiel aus: BCON, Host: FIZ-Technik)

Datenbanken mit Firmenhinweisen gehören zu der meist genutzten Datenbankart überhaupt. Folgende Fragestellungen kann der Rechercheur u.a. mit ihnen lösen:

- Welche Firmen stellen ein bestimmtes Produkt her?
- Welche Firmen mit einem vorgegebenen Umsatz und einer vorgegebenen Beschäftigtenzahl sind in einer bestimmten Region tätig?
- Welche Person ist in welchen Firmen in Managementfunktionen tätig?
- Welches sind die Hauptkonkurrenten in einem bestimmten Produktbereich und wie lauten deren wichtigste Firmenangaben?

Volltextdatenbanken als zweite Gruppe von Textdatenbanken enthalten den ungekürzten Text der Originalveröffentlichung. So stehen Artikel aus Fachzeitschrifen, Tages- und Wochenzeitungen in Volltextdatenbanken ebenso für die Recherche zur Verfügung wie die Nachrichten der großen Presseagenturen (z.B. DPA, AP). Die Erstellung einer Inhaltsangabe entfällt, Schlagworte stehen in manchen dieser Voll-

```
(mit gekürztem Feld TX)

Datenbank                  DB  VDIN, FIZ Technik Frankfurt: VDIN, Copyright VDI-Verlag GmbH.
Zugriffsnummer             AN  198702800205.
Erscheinungsjahr           YR  1987.
Heft-Nummer                NO  028.
Erscheinungsdatum          PD  870710.
Seite                      PA  002.
Autoren-Code               AC  01.
Alle Titel (RT + HT + UT)  TI  Satelliten uebertragen die Druckvorlagen nach Europa.
                               Redigiert in Tokio, gedruckt in den Niederlanden.
                               Europaeische Ausgabe japanischer Wirtschaftszeitung erscheint
                               vor dem Original - Von M. Grotelueschen.
Abstract, Einleitung       AB  VDI-N, Heerlen, 10.7.87 - Die Nihon Keizai Shimbun, eine der
                               auflagenstaerksten Wirtschaftszeitungen, wird seit dem 1. Juli
                               auch in Heerlen gedruckt. Die Druckvorlagen des taeglich in
                               japanischer Sprache erscheinenden Blattes kommen per Satelliten
                               von Tokio ueber amerikanische Zwischenstationen in die
                               Niederlande. Durch die Zeitverschiebung kann die europaeische
                               Ausgabe eher als die japanische ausgeliefert werden.
Textfeld(er)               TX  Jetzt haben die vielen japanischen Geschaeftsleute, die in
                               Westeuropa leben und von denen es 25000 geben soll, noch
                               schneller weltweite und besonders japanische
                               Wirtschaftsinformationen zur Hand. Denn Nihon Keizai Shimbun,
                               die mit einer Auflage von 2,5 Millionen weitverbreitetste
                               taegliche Wirtschaftszeitung, wird seit Monatsanfang im
                               niederlaendischen Heerlen unweit von Aachen gedruckt. Zuvor
                               musste die europaeische Ausgabe des Blattes, das sich weder
                               inhaltlich noch in den Schriftzeichen von der japanischen
                               unterscheidet, auf dem zeitraubenden Luftweg von Tokio, wo der
                               Verlag Nihon Keizai Shimbun Inc. seinen Sitz und die wichtigste
                               Druckerei hat, in die Zentren Europas eingeflogen werden.
                               .....
                               Die in der Tokioter Zentrale hergestellten Druckvorlagen tastet
                               ein Scanner ab und setzt sie in digitale Signale um, die ein
                               ueber dem Pazifischen Ozean positionierter Nachrichtensatellit
                               Intelsat nach Los Angeles an der amerikanischen Westkueste
                               uebertraegt. Dort betreibt Nikkeis Vertragspartner Dow Jones &
                               Company Inc., die die Telekommunikationseinrichtungen zur
                               Verfuegung stellt, eine eigene Druckerei. Von der Westkueste
                               gehen die Daten mit einem weiteren Satelliten ueber den
                               Kontinent nach New York, von wo sie ein zweiter Intelsat nach
                               Rotterdam uebermittelt. Den letzten Weg legen die imaginaeren
                               Vorlagen ueber niederlaendische Postleitungen nach Heerlen
                               zurueck, wo sie in der Druckerei des "Limburger Tageblattes" zu
                               Papier gebracht werden.
                               Von hier aus transportieren Lastwagen die 5500 Zeitungsexemplare
                               zum Flughafen Bruessel, und von dort aus nehmen sie den Luftweg
                               nach europaeischen Laendern sowie dem Mittleren Osten und
                               Afrika.
                               .....
```

Abb. 10: Information aus einer Volltextdatenbank
(Beispiel aus: VDI-Nachrichten-DB, Host: FIZ-Technik)

textdaten für die Recherche zur Verfügung (bei DPA z.B. automatisch erzeugte Schlagworte). Die Kosten für den Input sind geringer als bei bibliographischen Datenbanken. Die Aktualität von Volltextdatenbanken liegt in der Größenordnung weniger Stunden. Der Zeitaufwand für die Bestellung der Originalliteratur entfällt bei Volltextdatenbanken. Diesen Vorteilen steht die häufig schlechtere Ausbeute von relevanten Informationen gegenüber, die aus den fehlenden Deskriptoren resultiert. Die Datenbanknutzungskosten können ggf. zunehmen, wenn verstärkt vollständige Texte übertragen werden. In *Abb. 10* und *11* sind zwei Beispiele von deutschsprachigen Volltextdatenbanken abgebildet.

Zi-Nr.: 4, DOK-Nr.: 11479, Seite-Nr.: 1

bas079 4 vm 358 vvvvb dpa 083

Frankreich/Satellit
* ausl wiss
(Zusammenfassung)
Zwilling des Pannen-TV-Sat-1 erfolgreich ins All gebracht = Kourou (dpa) – Der erste direktstrahlende französische Fernsehsatellit TDF-1 ist am frühen Freitag morgen an der Spitze einer Ariane-2-Rakete in den Weltraum befördert worden. Die Rakete hob planmäßig um 0317 MEZ vom europäischen Raumfahrtzentrum in Kourou in Französisch-Guayana ab und setzte ihre Fracht knapp 20 Minuten später auf der vorgesehenen Erdumlaufbahn ab. Der Satellit entfaltete zur großen Erleichterung der Verantwortlichen beide Sonnenpaddel und strebte seinem endgültigen Standort in 36 000 Kilometer Höhe entgegen.
Vor knapp einem Jahr war die deutsche TV-Sat-1 Mission – ein Zwilling des französischen TDF-1 – fehlgeschlagen, weil sich ein Sonnenpaddel aus bislang ungeklärten Gründen nicht entfaltet hatte. der TV-Sat 1 konnte deshalb wegen unzureichender Stromversorgung nicht in Betrieb genommen werden. Wenn beim Zwilling TDF-1 weiterhin alles klar geht, soll er noch vor Ende des Jahres

Fortsetzung J/N, Anweisung,

Zi-Nr.: 4, DOK-Nr.: 11479, Seite-Nr.: 2

betriebsbereit sein. Seine Sendungen könnten dann mit einer kleinen Parabolantenne von rund 400 Millionen Fernsehzuschauern zwischen Portugal und dem Ural sowie in Nordafrika empfangen werden.
Allerdings ist bislang ungeklärt, wer über die fünf Kanäle des Satelliten welche Programme ausstrahlen wird. Die französische Regierung konnte bislang nur auf das Interesse mehrerer „seriöser" Kunden hinweisen. Genannt wurden unter anderen private Fernsehsender, wie das französische „Erste", TF-1, La Cinq und Canal plus, weiterhin der geplante, auf Europa zielende Kulturkanal „La Sept" und die Deutsche Bundespost.
Die nahezu baugleichen Satelliten TV-Sat-1 und TDF-1, deren gemeinsame Entwicklung von Deutschen und Franzosen vor neun Jahren beschlossen worden war, gilt wegen seiner hohen Sendeleistung und der dadurch bedingten, vergleichsweise geringen Zahl von Kanälen als technisch überholt. Der Präsident der europäischen Satellitenorganisation Eutelsat, Andrea Caruso, meinte kürzlich lapidar, der mit vier Jahren Verspätung ins All beförderte TDF-1 sei „das Ergebnis einer positiven wissenschaftlichen Forschung, die in der Lage ist zu zeigen, was man nicht tun soll". TV-Sat-1 und TDF-1 werden mit ihrer neuen Fernsehnorm D2-Mac als Zwischenetappe auf dem Weg zum hochauflösbaren Fernsehen der Zukunft angesehen.

Abb. 11: Information aus einer Volltextdatenbank
(Beispiel aus: DPA-Datenbank, Host: DPA)

b. Faktendatenbanken

Die in Faktendatenbanken gespeicherten Daten können unterschiedliche Fachgebiete betreffen:
Neben physikalischen und chemischen Daten sind technische Daten von Produkten gespeichert. Neben statistischen Daten aus dem Wirtschaftsbereich (Import – und Exportzahlen, Produktionsstatistiken und Branchenstatistiken) können Finanzdaten aus dem Wertpapierbereich recherchiert werden.

```
A R E M O S  II version 1.20 (11:15:88)
(c) Copyright 1987 WEF Basel A.G.
WHARTON Econometric Forecasting Associates

Existing working file reopened

⇒
> set freq m;
⇒
> set per 87:1 to 88:12;
⇒
> open eurs;
File is Info. conjoncturelle rapide (CRONOS/EUROSAT) Created on 24 SEP 85 Last up-
dated on 21 NOV 88
⇒
> index s??9430400;
Number of objects found 16

⇒
> print ,,Verbraucherpreisindex" BRD, USA, Japan;
```

Verbraucherpreisindex

	BRD	USA	Japan
1987			
JAN	120.60	134,96	114,10
FEB	120.70	135.45	114.10
MAR	120.70	136.06	114.60
APR	121.00	136.78	115.60
MAY	121.10	137.27	115.90
JUN	121.30	137.75	115.70
JUL	121.30	138.12	115.10
AUG	121.20	138.85	115.20
SEP	120.90	139.58	116.20
OCT	121.10	139.94	116.20
NOV	121.10	140.06	115.60
DEC	121.30	140.06	115.50

Abb. 12: Statistische Datenbank, Anfrage und Ergebnisse
(Beispiel aus: CHRONOS/EUROSTAT, Host: WEFRA)

Im Gegensatz zu den vorher beschriebenen Textdatenbanken liegt der Schwerpunkt bei der Nutzung von *statistischen Datenbanken* nicht auf der eigentlichen Recherche. Diese ist in der Regel einfach durch Eingabe vorher aus entsprechenden Handbüchern ermittelter Nummerncodes und Klassifikationen durchzuführen. Hauptgegenstand der Arbeit mit statistischen Datenbanken ist vielmehr die benutzerspezifische Aufbereitung der recherchierten Statistiken. Dazu verwendet der Rechercheur entweder Statistikprogramme, die auf dem Host zur Verfügung stehen, oder er setzt nach dem Downloaden der Statistiken auf seinen PC geeigente Anwenderprogramme ein.
Ein Beispiel für die Eingabe eines Nummerncodes (in *Abb. 12* ist dies der Befehl 'index s??9430400') und die damit gefundenen Statistiken zeigt *Abb. 12.*
In *Abb. 13* ist eine einfache Analyse der gefundenen Statistiken gezeigt.

```
⇒
> analyze BRD, USA, Japan;

BRD
MONTHLY Data for 45 periods from JAN 1985 to SEP 1988
Mean       121,15            Standard deviation            0.69
Maximum    122.60 in SEP 1988
Minimum    119.90 in NOV 1986

USA
MONTHLY Data for 45 periods from JAN 1985 to SEP 1988
Mean       135.60            Standard deviation            4.75
Maximum    145.40 in SEP 1988
Minimum    128.07 in JAN 1985

Japan
MONTHLY Data for 45 periods from JAN 1985 to SEP 1988
Mean       115.16            Standard deviation            0.74
Maximum    116.90 in SEP 1988
Minimum    113.20 in FEB 1985
```

Abb. 13: Statistische Datenbank, Analyse der Daten
(Beispiel aus: CHRONOS/EUROSTAT, Host: WEFRA)

In den *integrierten Datenbanken* sind die statistischen Informationen häufig in textlichen Informationen eingebettet. Diese Datenbanken erlauben eine Recherche wie in „normalen" Textdatenbanken, gleichzeitig können mit besonderen Suchbefehlen die Statistiken gesondert herausgesucht und anschließend aufbereitet werden. Insbesondere bei Fragen aus dem Bereich Wirtschaft werden integrierte Datenbanken mit großem Vorteil eingesetzt, da eine vollständige Beantwortung der Fragen häufig sowohl die qualitatven Textinformationen als auch die quantitativen statistischen Informationen verlangt.
Ein Beispiel für den Inhalt einer integrierten Datenbank zeigt *Abb. 14.*

3/5/4
02052913
Autokonjunktur hat Gipfel überschritten

Frankfurter Allgemeine October 14, 1988 p. 14
Language: German

W Germany: New family car registrations in 1988 will be 2.75 mil units, according to the Ifo institute for economic research. The figure will be 2.6 mil units in 1989, compared with the record level of 2.92 mil units in 1987. In 1987, 4.37 mil family cars were prodoced in W Germany, Ifo predicts 4.3 mil units in 1988 and 4.1 mil in 1989. Some 10 years ago, production was 3.9 mil units. In 1987, exports fell by 2.7 % to 2.45 mil units. There was a considerable decline in deliveries to N America.

PRODUCT: *Automobiles (3711100)
EVENT: *Sales & Consumption (65)
Country: *West Germany (4WGE)

Abb. 14: Integrierte Datenbank
(Beispiel aus: PROMPT, Host: DIALOG)

In *Börsendatenbanken* werden die Kurse von Aktien und anderen Wertpapieren im Echtzeitbetrieb (Real – Time – Betrieb) dem Benutzer angezeigt. Nutzer von Börsendatenbanken bekommen laufend die aktuellen Börsenkursen von den wichtigsten Börsenplätzen der Welt auf ihren Bildschirm gespielt und können damit hochaktuelle Entscheidungen über Kauf oder Verkauf von Wertpapieren fällen.

C 3.2.5.2 Retrievalsprachen der Hosts

Für die Suche in Online-Datenbanken muß der Host Retrievalprogramme bereitstellen. Der Rechercheur benutzt für seine Suche einen Satz von Kommandos, die als Retrievalsprache bezeichnet werden. An dieser Stelle sei betont, daß Retrievalsprachen nichts mit Programmiersprachen zu tun haben. Für das Erlernen von Retrievalsprachen sind keine Programmierkenntnisse notwendig. Trotz Bemühungen einiger europäischer Hosts gibt es bisher keine allgemein verbindliche Retrievalsprache, sodaß der Rechercheur mehrere Retrievalsprachen beherrschen muß. Gerade aber deswegen ist die Vorgehensweise beim Erlernen einer Retrievalsprache wichtig:
Auszugehen ist von den Funktionen, die der Rechercheur für eine Recherche benötigt. Unter Funktionen sind die verschiedenen ,,Schritte" zu verstehen, die der Rechercheur nach Auswahl des geeigneten Host's für eine erfolgreiche Recherche durchführen muß. Dazu gehören:

- Die Auswahl der richtigen Datenbank: Der Nutzer muß an Hand von Datenbankbeschreibungen entscheiden, in welcher bzw. welchen der vom Host angebotenen Datenbanken er die Recherche durchführen will (s. auch Abschnitt C 3.3).

- Das „Blättern in Wörterbüchern" (s. auch Abschnitt C 3.2.7): vor der eigentlichen Suche ist es sinnvoll, in den Wörterbüchern (vergleichbar mit Registern eines Buches) der Datenbank zu „blättern", um das Vorkommen eines bestimmten Suchwortes und dessen Häufigkeit festzustellen.
- Die eigentliche Suche: Hier erfolgt die Verknüpfung der Suchworte mit Operatoren entsprechend der ursprünglichen Fragestellung. Als Operatoren stehen dem Rechercheur in allen Retrievalsprachen die Boolschen Operatoren UND, ODER und NICHT zur Verfügung. Werden Informationen zum Thema „Sonnenheizung von Wohnhäusern" benötigt, könnte eine erste Suchformulierung lauten:

  Suche SONNENHEIZUNG UND WOHNHAUS.

  Damit qualifizieren sich nur die Informationen, bei denen sowohl das Wort SONNENHEIZUNG als auch das Wort WOHNHAUS vorkommt. Ist die Zahl der gefundenen Informationen zu gering, wird der Rechercheur z.B. das Synonym SOLARHEIZUNG mit in die Recherche einbeziehen. Die Suchformulierung lautet dann:

  Suche (SONNENHEIZUNG ODER SOLARHEIZUNG) UND WOHNHAUS.

  Sollen in dem Rechercheergebnis z.B. keine Informationen aus Büchern enthalten sein, so kann man diese durch Verwendung des NOT-Operators ausschließen. (Auf die Verwendung dieser und anderer Operatoren wird in Abschnitt C 3.3 an Hand eines Beispiels eingegangen).
- Die Anzeige der gefundenen Informationen: Nach der Suche können die gefundenen Informationen in unterschiedlichen Formaten auf dem Bildschirm angezeigt bzw. ausgedruckt werden.
- Die Beendigung der Recherche: Bei Beendigung des Online-Dialogs werden dem Benutzer von den meisten Host's die Anschlußzeiten und ungefähren Online-Kosten bekanntgegeben.

Neben diesen Grundfunktionen werden u.a. folgende Zusatzfunktionen in Recherchen benötigt:
- Abspeichern durchgeführter Suchformulierungen
- Prozessieren von gespeicherten Suchformulierungen in einer anderen Datenbank desselben Host's
- Sortieren gefundener Informationen.

In *Abb. 15* sind für drei verschiedene Retrievalsprachen die Kommandos für die Grundfunktionen dargestellt. Die Unterschiedlichkeit der Kommandos bei den drei Sprachen ist augenfällig: Das Kommando für die Auswahl der Datenbank heißt in der Retrievalsprache DIALOG „BEGIN", in der Retrievalsprache GRIPS „BASE" und bei DSO „. . CHANGE". Umgekehrt steht das Kommando „DISPLAY" bei GRIPS für die Funktion „Blättern in Wörterbüchern", während bei DIALOG mit dem gleichen Kommando gefundene Informationen online angezeigt werden.

Für die Suche nach Informationen muß bei DIALOG das Kommando „SELECT" verwendet werden, bei DSO wird mit dem Kommando „. . SEARCH" gesucht, wenn man sich nicht im Suchmodus befindet. Für die Online-Anzeige gibt es in den drei Retrievalsprachen die Kommandos „TYPE oder DISPLAY", „SHOW" und

Funktion	Kommandos bei DIALOG	GRIPS	DSO
Auswahl einer Datenbank	BEGIN	BASE	. . CHANGE
Blättern in Wörterbüchern	EXPAND	DISPLAY	. . ROOT
Suchen	SELECT	FIND	. . SEARCH
Online-Anzeige	TYPE DISPLAY	SHOW	. . PRINT
Beendigung des Online-Dialogs	LOGOFF	STOP	. . OFF

Abb. 15: Funktionen und Kommandos bei drei Retrievalsprachen

„. . PRINT". Und auch für die Beendigung der Recherche müssen drei verschiedene Kommandos benutzt werden.
Weiterführende Kommandos werden in Abschnitt C 3.3 bei der genauen Besprechung einer Beispielrecherche für eine Retrievalsprache im Detail erläutert.

C 3.2.6 Datenbasis

Unter Datenbasis ist die noch nicht recherchierfähige Sammlung von Informationen zu verstehen, die von einem Datenbasisproduzenten erstellt wird. Die Datenbasis besteht aus Literaturhinweisen oder aus Firmenhinweisen, aus Volltexten oder aus Hinweisen auf Projekte, Patente, Experten usw. Der Produzent der Datenbasis verkauft seine Informationen an den Host, der mit entsprechenden Datenbankprogrammen suchfähige Online-Datenbanken daraus aufbaut. In einigen Fällen ist der Host auch gleichzeitig Produzent einer oder mehrerer Datenbasen. Der Datenbasisproduzent liefert in kontinuierlichen Abständen neue Informationen an den Host, der damit die Online-Datenbank fortschreibt.

C 3.2.7 Online-Datenbank

Eine Online-Datenbank besteht aus mehreren Dateien. Für das Beispiel einer bibliographischen Datenbank sind in *Abb. 16* die verschiedenen Dateien dargestellt (s. auch Lit. 01.).
In der Dokumentdatei sind die eigentlichen Informationen – hier also die Literaturhinweise – gespeichert. Neben der Dokumentdatei sind in jeder Datenbank sog. Wörterbuchdateien (auch abgekürzte Wörterbücher genannt) vorhanden. Die Wörterbücher werden mit dem Aufbau der Dokumentdatei aus dieser erstellt. Dazu

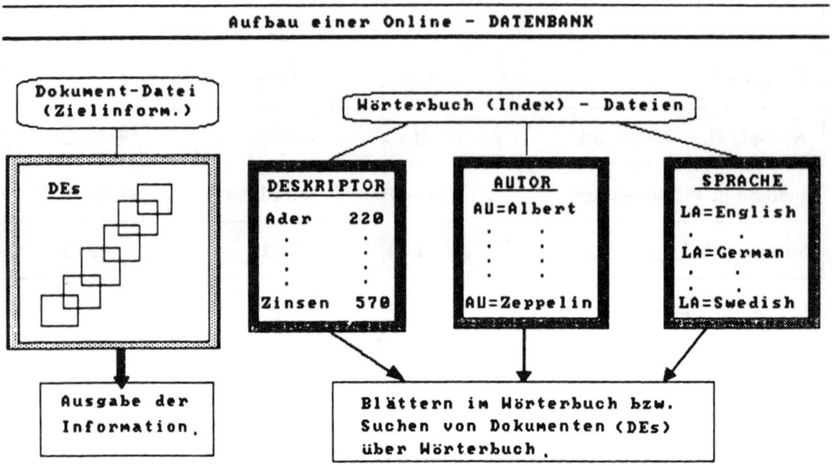

Abb. 16: Dokumentdatei und Wörterbuchdateien (s. auch Lit. 01.)

Kategoriename		Inhalt
Langform	Kurzform	
Nr. des Literaturhinweises	NR	0001
Titel	TI	Sonnenenergienutzung in Wohnhäusern
Inhaltsangabe (Abstract)	AB	Mit Sonnenenergienutzung können die Energiekosten erheblich gesenkt werden.
Autor	AU	Kuller, M.
Erscheinungsjahr	PY	1988
Quelle	SO	Zeitschrift für Energieeinsparung Heft 4, S. 1 – 5
Deskriptoren	DE	Sonnenenergie, Kosten, Energieeinsparung
Nr. des Literaturhinweises	NR	0002
Titel	TI	Bedeutung alternativer Energien
Inhaltsangabe	AB	Alternative Energien wie Sonnenenergie, Windenergie und Biowärme stehen in jüngster Zeit wieder im Mittelpunkt energiepolitischer Diskussionen.
Autor	AU	Knauf, R.
Erscheinungsjahr	PY	1987
Quelle	SO	Energiepolitische Zeitschrift Heft 6, S. 13 – 16
Deskriptoren	DE	Sonnenenergie, Windenergie, Energieeinsparung, Biowärme

Abb. 17: Literaturnachweis aus einer Datenbank (fiktives Beispiel)

werden die Inhalte der Kategorien der Literaturhinweise (Wörter, Zahlen) (s. *Abb. 5*) in einem Wörterbuch oder mehreren Wörterbüchern in alphabetischer oder chronologischer Reihenfolge sortiert aufgeführt. Zu jedem Eintrag der Wörterbücher wird angegeben, in wievielen Literaturhinweisen das betreffende Wort oder die betreffende Zahl vorkommt. Füllworte wie ,,der, die, das, ein, bei, auf" usw. werden als sogenannte Stopworte nicht in die Wörterbücher aufgenommen. Für das fiktive Beispiel einer Datenbank mit zwei Literaturhinweisen (s. *Abb. 17*) sind das Wörterbuch der Deskriptoren, das Wörterbuch der Autoren und das Wörterbuch des Erscheinungsjahres in *Abb. 18* dargestellt.
Als inhaltskennzeichnende Wörter stehen für die Suche auch die Wörter aus den Titeln und den Inhaltsangaben zur Verfügung. Diese Wörter werden auch als Freitextworte bezeichnet. Sie entstammen im Gegensatz zu den Deskriptoren keinem kontrollierten Wortmaterial, sondern werden ohne Kontrolle und ohne intellektuelle Bearbeitung aus den Freitextkategorien (Titel, Inhaltsangabe) unter Berücksichtigung vorher definierter Stopworte in ein entsprechendes Hauptwörterbuch (Basis Index) übernommen. Für die Dokumentdatei aus *Abb. 17* ist der zugehörige Basic Index in *Abb. 19* angegeben. Die angenommene Stopwortliste umfaßt folgende Wörter:

in, mit, können, die, erheblich, werden, wie, und, wieder, im.

Alle Einträge aus den Wörterbüchern können in einer Suchformulierung mit Operatoren untereinander verknüpft werden. Durch einen entsprechenden Vorsatz (Präfix) wird in der Suchformulierung angegeben, aus welchem Wörterbuch der betreffende Suchbegriff stammt. Die Suche nach Hinweisen, die den Deskriptor Son-

Wörterbuch der Deskriptoren (DE)	
Wort	Zahl d. Hinweise
Biowärme	1
Energieeinsparung	2
Kosten	2
Sonnenenergie	2
Windenergie	1

Wörterbuch des Erscheinungsjahres (PY)	
Jahr	Zahl d. Hinweise
1987	1
1988	1

Wörterbuch der Autoren (AU)	
Name	Zahl d. Hinweise
Knauf, R.	1
Kuller, M.	1

Abb. 18: Wörterbücher für die Dokumentdatei einer Literaturdatenbank (entsprechend Beispiel Abbildung 17)

nenenergie haben und vom Auto M. Knauf stammen hat folgende Suchformulierung zur Folge:

Suche CT-Sonnenenergie UND AU = Knauf, R..

Alle Hinweise vom Autor M. Kuller aus dem Jahre 1988 findet man mit der Suchformulierung:

Suche AU = Kuller, M. und PY = 1988.

Will man nach den Freitextworten Biowärme oder Energiekosten suchen, so lautet die Suchformulierung (ein Präfix ist in diesem Fall nicht notwendig):

Suche Biowärme ODER Energiekosten.

In komplizierten Suchformulierungen können auch mehrere Operatoren mehrere Suchworte miteinander verknüpfen, wie nachfolgendes Beispiel zeigt:

Suche (Biowärme ODER CT = Sonnenenergie) UND (Au = Knauf, R. ODER AU = Kuller, M.).

Basic Index	
Wort	Zahl d. Hinweise
alternative	1
altrnativer	1
Bedeutung	1
Biowärme	1
Diskussionen	1
Energiekosten	1
Energien	1
energiepolitischer	1
gesenkt	1
jüngster	1
Mittelpunkt	1
Sonnenenergie	1
Sonnenenergiekosten	1
Sonnenenergienutzung	1
stehen	1
Windenergie	1
Wohnhäusern	1
Zeit	1

Abb. 19: Freitextwörter für den Basic-Index für die Dokumentdatei einer Literaturdatenbank (entsprechend Beispiel Abbildung 17)

Der Host ist dafür verantwortlich, wie für eine bestimmte Datenbasis die Dokumentdatei aufgebaut und welche Wörterbücher angelegt werden. Wenn eine Datenbasis vom Datenbasisproduzenten an mehrere Hosts verkauft wird, können bei den verschiedenen Hosts gegebenenfalls ganz unterschiedlich strukturierte Datenbanken entstehen.

C 3.3 Durchführung einer Recherche

C 3.3.1 Verstehen des Recherchethemas

Der Informationsvermittler, der im Auftrage Dritter Recherchen in Online-Datenbanken durchführt, muß das Recherchethema seines Auftraggebers in vollem Umfang verstanden haben. Der Endbenutzer, der für eine eigene Problemstellung Informationen in Online-Datenbanken suchen will, muß sich vor der Recherche über seine Problemstellung wirklich im klaren sein.
Nachfolgende Merkpunkte muß der Informationsvermittler vor Durchführung der Recherche mit seinem Auftraggeber schriftlich, telefonisch oder mündlich klären, wenn die Rechercheergebnisse von Nutzen sein sollen. Diese Merkpunkte kann aber auch der gelegentliche Endbenutzer zur Klärung seiner Problemstellung benutzen.

C 3.3.1.1 Präzisierung der Fragestellung

In vielen Fällen wird der Auftraggeber seine Suchfrage zu breit und zu wenig genau formulieren. Häufig wird er ein breites Generalthema nennen, was er durch den Zusatz ,,insbesondere . . . " ggf. eingeengt haben will. Dann wiederum fallen ihm nur Schlagworte ein, die er dem Informationsvermittler ohne den Kontext nennt. Der Informationsvermittler soll in einem Gespräch mit dem Auftraggeber die eigentliche Fragestellung herausarbeiten, die dann in zusammenhängendem Text schriftlich fixiert werden soll. Die Suchfrage muß für den Informationsvermittler so klar sein, daß es keine Interpretationsmöglichkeiten für ihn gibt. Deutsche oder englische Fachbegriffe können die Suchfrage ergänzen.

C 3.3.1.2 Nennung der Problemstellung

Kennt der Informationsvermittler das Problem, für das die Informationen benötigt werden, kann er sehr viel zielgerichteter die geeignete(n) Datenbank(en) auswählen und die einzelnen Rechercheschritte durchführen. Folgende Fragen sollte er seinem Auftraggeber u.a. stellen:
- Handelt es sich um ein wissenschaftliches Problem oder ist ein Problem aus der Praxis zu lösen?
- Sind beschreibende Informationen (z.B. Aufsätze in einer Zeitschrift oder Kapitel in einem Buch) ausreichend oder werden konkrete Zahlenangaben wie Statistiken oder Produktkennzahlen benötigt?
- Betrifft die Problemstellung ein spezielles Fachgebiet oder kann von einem Querschnittsgebiet gesprochen werden?

C 3.3.1.3 Nennung relevanter Informationen

Der Informationsvermittler kann sich schneller in eine neue Fragestellung einarbeiten und das Recherchethema besser verstehen, wenn ihm der Auftraggeber bereits bekannte relevante Informationen mitteilt. Dies können Aufsätze sein, die sich mit dem Recherchethema beschäftigen oder Autoren, die zu dem Thema bereits etwas veröffentlicht haben. Aber auch die Nennung einer Firma, die in dem Bereich des Recherchethemas forscht und entwickelt, kann ebenso von Nutzen sein wie die Nennung einer Patentschrift, in der eine relevante Erfindung beschrieben wird.

C 3.3.1.4 Formale Eingrenzung der Suchanfrage

Neben der inhaltlichen Eingrenzung der Suchanfrage muß der Auftraggeber nach formalen Kriterien gefragt werden, mit der eine Eingrenzung möglich ist. Bei der Suche nach Literaturinformationen kann ggf. auf bestimmte Sprachen (nur deutschsprachig), auf bestimmte Quellen (keine Bücher) und auf einen bestimmten Zeitraum (nicht älter als 3 Jahre) eingeschränkt werden.
Bei der Suche nach Patentinformationen sind ggf. nur bestimmte Anmelder oder bestimmte Anmelde- oder Prioritätsdaten zu berücksichtigen.
Werden Firmenhinweise gesucht, so bietet sich häufig eine Einschränkung auf bestimmte Regionen und bestimmte Firmengrößen an, ausgedrückt durch Beschäftigtenzahl oder Umsatzgröße.
Schließlich ist auch die Vorgabe eines bestimmten Kostenrahmens und eines Lieferzeitpunkts für den Rechercheur eine wichtige Information für die Durchführung der Suche.
Ein Rechercheformular mit den angesprochenen Merkpunkten zeigt *Abb. 20.*

C 3.3.2 Auswahl der geeigneten Datenbank(en)

Ist das Thema entsprechend den obigen Merkpunkten definiert, müssen vom Informationsvermittler die geeignete(n) Datenbank(en) ausgewählt werden. Geeignet bedeutet insbesondere, daß das betreffende Fachgebiet abgedeckt ist, daß die geeigneten Informationen (Patentinformationen, Projektinformationen usw.) in den ausgewählten Datenbanken recherchiert werden können, und daß diese Informationen in der benötigten Form (Text, Zahlen) vorhanden sind. Eine Reihe von konventionellen und elektronischen Hilfsmitteln unterstützen den Rechercheur bei der Datenbankauswahl.

C 3.3.2.1 Konventionelle Hilfsmittel für die Datenbankauswahl

(a) Datenbankführer

Als Standardwerke enthalten die in (Lit. 02.) und (Lit. 08.) genannten Datenbankführer Kurzbeschreibungen von Datenbanken für die Bereiche Naturwissenschaft, Technik und Patente beschrieben. Die Datenbankführer enthalten einen Hauptteil mit den eigentlichen Kurzbeschreibungen der Datenbanken und einen umfangrei-

Absender(Auftraggeber):

Name:

Abt.:

Tel.:

Auftr.-Nr.:

Fachinformationszentrum Technik e.V.
-Informationsvermittlung-
Postfach 60 05 47

6000 Frankfurt 60

fiz technik

Auftrag
Literatur-Recherche

Gemäß der FIZ-Technik-Preisliste bestellen wir hiermit eine Recherche zum Thema:

Gesichtspunkte oder Stichwörter, die das Thema präzisieren:

Bereits bekannte Veröffentlichungen oder Autoren:

Sprache der Originalliteratur:	zu berücksichtigender Zeitraum:
0 nur deutsch	0 die letzten 5 Jahre
0 deutsch und englisch	0 die letzten 10 Jahre
0 überwiegend englisch	0 ab 19..
0 keine Einschränkung	0 von 19.. bis 19..

Ort, Datum

Unterschrift

Abb. 20: Rechercheformular

chen Registerteil, über den bestimmte Datenbankbeschreibungen auffindbar sind. Die wichtigsten Merkmale der Datenbankbeschreibungen sind (s. auch *Abb. 21*):

- Sachgebiete, die in der Datenbank abgedeckt sind
- Art der Informationen (Literaturinformationen, Firmeninformationen, Patentinformationen usw.)
- Datenbasisproduzent
- Berücksichtigte Quellen
- Umfang
- Häufigkeit der Fortschreibung
- Sprache
- Anbietender Host bzw. anbietende Hosts.

(b) Datenbankkataloge der Hosts

Einzelne Hosts bieten von ihren Datenbanken ebenfalls Kurzbeschreibungen in Form von Datenbankkatalogen an, die der Host-Nutzer kostenlos zur Verfügung gestellt bekommt. Diese Kurzbeschreibungen enthalten auch Angaben über die Online-Kosten der jeweiligen Datenbank (s. Abschnitt C 3.4)

(c) Bluesheets

Zu jeder angebotenen Datenbank wird von dem Host eine ausführliche Datenbankbeschreibung erstellt, die der Nutzer des Host's kostenlos erhält. Im Rahmen eines Abonnements wird der Nutzer auch über die neuen Datenbanken des Host's ausführlich informiert. Die Bluesheets (blaue Seiten, benannt nach den auf blauem Papier gedruckten Datenbankbeschreibungen des Host's DIALOG) umfassen in der Regel 2 – 4 DIN A4-Seiten, und beinhalten alle für eine Recherche wichtigen Einzelheiten der betreffenden Datenbank. Ohne das genaue Studium des jeweiligen Bluesheets ist eine effiziente Suche in der betreffenden Datenbank nicht möglich. Der Aufbau der Bluesheets ist für alle Hosts ähnlich:
Die 1. Seite enthält eine Beschreibung der in der Datenbank enthaltenen Informationen und die von dieser abgedeckten Fachgebiete. Außerdem ist angegeben, welche Quellen bei dem Aufbau der Datenbank berücksichtigt werden, wie oft die Datenbank fortgeschrieben wird, welchen Umfang die Datenbank hat und wer der Datenbasisproduzent ist (s. *Abb. 22*). Auf den nachfolgenden Seiten des Bluesheet sind u.a. die folgenden, für die Recherche überaus wichtigen Details enthalten:

- Beispiel einer Dokumentationseinheit (z.B. Literaturhinweis, Firmenhinweis, Volltextdokument) mit der Nennung der Felder und deren Inhalte;
- Nennung von Wörterbüchern, die in dieser Datenbank für das Blättern und Suchen zur Verfügung stehen;
- mögliche Ausgabeformate, die der Rechercheur für die Online-Ausgabe verwenden kann (s. *Abb. 23*).

C 3.3.2.2 Elektronische Hilfsmittel für die Datenbankauswahl

Die in Datenbankführern enthaltenen Datenbankbeschreibungen sind in elektronischer Form als Datenbank der Datenbanken auf verschiedenen Hosts zugriffsbe-

Pharmaceutical PROSPECTS

BASIC INFORMATION
Name: Pharmaceutical PROSPECTS
Producer: Healthcare Forecasting Inc.
Frequency of database update: annually
Time span covered by database: 1960 to 1995
Approx. size 12/83: 140 forecasts to 1995
Corresponding print products: Pharmaceutical PROSPECTS
Language of database: English
Geographic coverage: USA
Sources of data: the Trend Impact Analysis forecasting technique, and other sources such as evaluations and interviews
Established policy for lease or license: yes
Processed for online searching by: GEISCO
Special features: Data manipulation capabilities include the ability to modify forecast assumptions. Both table and graphic displays are available.

SUBJECT MATTER AND SCOPE
Pharmaceutical PROSPECTS contains forecast data on the pharmaceutical industry covering: industry characteristics; pharmaceutical sales, distribution, and retailing; and national health and demographic data. It is particularly useful for pharmaceutical companies doing strategic planning and market research.

Philadelphia Daily News

BASIC INFORMATION
Name: Philadelphia Daily News
Producer: Philadelphia Newspapers, Inc. (PNI)
Frequency of database update: daily
Time span covered by database: January 1980 to present
Approx. size 12/84: 165,000 records
Approx. annual growth: 35,000
Corresponding print products: Philadelphia Daily News
Language of database: English
Processed for online searching by: VU/TEXT

SUBJECT MATTER AND SCOPE
This file contains the full text of news items and feature stories from The Philadelphia Daily News. The Daily News is a general-circulation newspaper, providing strong local as well as national and international coverage. It is the nation's 3rd largest evening newspaper, with approximate circulation of 295,000. The Daily News database is searchable using Boolean logic and free-search techniques. Every word is indexed. In addition, the text is broken into eight fields that include date, headline, text and keywords. Documents can be retrieved in reverse chronological order, by most frequent occurrences of search terms or in chronological order.

INDEXING/CODING/CLASSIFICATION
The following are usually added to each record:
Controlled words or phrases

DATA ELEMENTS
The following data elements are usually present:
Item accession number, unique id
Author(s)
Author address (location and/or affiliation)
Corporate author(s)
Corporate address (location and/or affiliation)
Title of item
Title of source item (journal, proc., etc.)
Page(s), inclusive or total
Date (pub. date, patent date)
Publisher
Refs. cited by source item: total no.
Abstract, summary
Language (of item)
Indication of type of item (article, monograph, etc.)
Treatment code (review, theory, etc.)
Price

Philosopher's Index Database

BASIC INFORMATION
Name: Philosopher's Index Database
Acronym/Short name: Philosopher's Index
Producer: Philosophy Documentation Center
Frequency of database update: quarterly
Time span covered by database: 1940 to present
Approx. no. items in database 12/84: 112,000
Avg. no. items added per year: 6,000
Corresponding print products: The Philosopher's Index (database contains same no. of references)
Language of database: English
Processed for online searching by: DIALOG
Processed for batch searching by: producer

SUBJECT MATTER AND SCOPE
Philosopher's Index covers American philosophy journals and books from 1940 to present and international philosophy journals from 1967 to present.

The database is composed of: 75% journal articles; 25% monographs, proceedings, theses; 300 total journal titles are reviewed for input; 150 journal titles have all articles entered. Source materials are published in English, French, German, Italian, Spanish, and other languages.

INDEXING/CODING/CLASSIFICATION
The following are usually added to each record:
Controlled words or phrases

DATA ELEMENTS
The following data elements are usually present:
Item accession number, unique id
Author(s)
Title of item
Title of source item (journal, proc., etc.)
Bibliographic ref. (volume, ref.)
Page(s), inclusive or total
Date (pub. date, patent date)
Abstract, summary
Language (of item)
Indication of type of item (article, monograph, etc.)

Abb. 21: Auszug aus einem Datenbankführer (aus Lit. 08.)

BLISS Betriebswirtschaft	Die Datenbank liefert bibliographische Hinweise auf die deutesche und internationale Fachliteratur der Betriebswirtschaft. Ab 1984 enthalten die meisten Dokumente ein Abstract in deutscher oder englischer Sprache, überwiegend in deutscher Sprache.	
Inhalt	• Betriebswirtschaftliche Grundlagen • Führung, Organisation und Planung • Personal und Arbeit • Rechnungswesen und Controlling • Finanzwirtschaft und Investition • Materialwirtschaft und Logistik • Produktionswirtschaft • Marketing und Handel • Wirtschaftsrecht • Information und EDV • Steuern • Wirtschaftszweige, Unternehmen und Produkte • Quantitative Verfahren • Dienstleistung, Verwaltung und Büro • Banken und Versicherungen	
Quellen	Fachzeitschriften (76 %) Bücher (16 %)	Konferenzberichte (6 %) Dissertationen (2 %)
Datenbestand	Zeitraum: Aktualisierung: Gesamtbestand (08/1987): Jährlicher Zuwachs:	1975 bis heute monatlich 87 000 Dokumente 8 500 Dokumente
Hersteller der Datenbasis	GBI Gesellschaft für betriebswirtschaftliche Information mbH Pariser Str. 42 D – 8000 München 80	Telefon (089) 4 48 28 04
Suchhilfen	• Thesaurus BLISS, Deutsch/Englisch • Zeitschriftenliste BLISS	

Abb. 22: Beispiel eines Bluesheet, 1. Seite (aus Lit. 04.)

reit. So bietet der Host DIALOG eine „database of databases" an, in der die Datenbankbeschreibungen aus (Lit. 08.) aufliegen. Vom Host ECHO werden die in der EG verfügbaren Datenbanken in der Datenbank DIANEGUIDE nachgewiesen.

Verschiedene Hosts bieten einen elektronischen Gesamtindex aller Indexe der angebotenen Datenbanken an. Hiermit kann der Rechercheur feststellen, wieviel Informationen in den Datenbanken zu einer bestimmten Suchformulierung vorhanden sind. Wie ein solcher elektronischer Gesamtindex arbeitet, ist in (Lit. 03.) angegeben.

AUSGABEFORMAT FÜR ONLINE- UND OFFLINE-PRINTS

Feld:	DB	AN	OT	TI	LG	AB	AU	IN	SO	YR	PT	MN	DE
Format: ALL	●	●		●	●	●	●	●	●	●	●	●	
FREE	●	●		●	●					●	●	●	
BIBL	●	●	●				●	●	●				
STD	●	●		●	●	●	●	●	●				
USER	●	●	●				●	●	●				

SPEZIALFUNKTIONEN

Kommando	Funktion	Bemerkung
. . SDI	Monatlicher Suchlauf	möglich
. . ORDER	Volltext-Bestellungen	möglich

IM LIMIT-MODUS ANSPRECHBARE FELDER

Feld	Eingabe	Beispiel
LG Sprachencode	2 alphanumerische Zeichen	DE
YR Veröffentlichungsjahr	4 numerische Zeichen	1985
PT Dokumentart	1 alphanumerisches Zeichen	J

SPRACHE (Feld LG)

Code	Langform
DE	German
EN	English
FR	French
IT	Italian

DOKUMENTART (Feld PT)

Code	Langform
B	Book
C	Conference
D	Dissertation
J	Journal

Abb. 23: Beispiel eines Bluesheet, Folgeseite (aus Lit. 04.)

C 3.3.3 Umsetzen der Suchanfrage in Suchformulierungen

Wenn der Inhalt der Suchanfrage klar ist und die geeignete(n) Datenbank(en) vom Rechercheur ausgesucht worden (ist) sind, erfolgt die Abbildung der Suchanfrage in Suchwörter und deren Verknüpfung durch Operatoren. Der erste Schritt dahin ist das Herausarbeiten der Aspekte der Suchanfrage. Jeder Aspekt wird anschließend durch eine Reihe von Synonymen abgebildet, die untereinander durch logisches ODER verknüpft werden. Anschließend werden die Aspekte durch UND verbunden. Diese grundsätzliche Vorgehensweise wird nachfolgend an einem konkreten Beispiel erläutert.

Gesucht werden Informationen zum Thema „Auswirkungen von Gewaltdarstellungen im Fernsehen auf Kinder".
In dieser Anfrage sind folgende drei *Aspekte* enthalten:
- Gewalt
- Kinder und
- Fernsehen.

Jeder Aspekt wird für den ersten Suchschritt durch passende Synonyme oder Quasisynonyme dargestellt. Diese zu einem Aspekt gehörenden Worte werden untereinander durch ein logisches ODER verknüpft. Für das vorliegenden Beispiel ergibt sich z.B.:

Aspekt Gewalt:	Suchworte: Gewalt, Verbrechen, Kriminalität ODER-Verknüpfung: Gewalt ODER Verbrechen ODER Kriminalität
Aspekt Kinder:	Suchworte: Kind, Kinder, Kindheit, Kleinkinder ODER-Verknüpfung: Kind ODER Kinder ODER Kindheit ODER Kleinkinder
Aspekt Fernsehen:	Suchworte: Fernsehen, TV, Fernsehsendung, Fernsehprogramm ODER-Verknüpfung: Fernsehen ODER TV ODER Fernsehsendung ODER Fernsehprogramm

Die drei Aspekte bzw. die sie abbildenden ODER – Verknüpfungen werden untereinander durch UND – Operatoren verbunden:

(Gewalt ODER Verbrechen ODER Kriminalität)
UND
(Kind ODER Kinder ODER Kindheit ODER Kleinkinder)
UND
(Fernsehen ODER TV ODER Fernsehsendung ODER Fernsehprogramm)

Mit dieser ersten Suchformulierung wird die Recherche begonnen. Ist die Zahl der mit dieser Suchlogik gefundenen Hinweise zu gering, kann man zu den Suchworten der jeweiligen Aspekte weitere Synonyme aus den Freitext- oder Deskriptorenkategorien hinzufügen. Diese zusätzlichen Worte erhält man durch Blättern in den Wörterbuchdateien oder durch Übernahme aus relevanten Hinweisen.

Beispiel: Zum Aspekt *Kinder* wurden die Suchworte Jugendliche, Junge und Mädchen aus relevanten Hinweisen nach dem ersten Suchschritt gefunden.
Zum Aspekt *Gewalt* wurde das Suchwort Jugendkriminalität aus relevanten Hinweisen nach dem ersten Suchschritt gefunden.

Die erweiterten ODER-Verknüpfungen lauten jetzt:

Aspekt Gewalt:	Gewalt ODER Verbrechen ODER Kriminalität ODER Jugendkriminalität
Aspekt Kinder:	Kind ODER Kinder ODER Kindheit ODER Kleinkinder ODER Jugendliche ODER Junge ODER Mädchen

Die veränderte Suchformulierung ist damit: Gewalt ODER Verbrechen ODER Kriminalität ODER Jugendkriminalität

U N D

Kind ODER Kinder ODER Kindheit ODER Kleinkinder ODER Jugendliche ODER Junge ODER Mädchen

U N D

Fernsehen ODER TV ODER Fernsehsendung ODER Fernsehprogramm

Mit dieser erweiterten Suchformulierung wird die Datenbank erneut durchsucht. Je nach Suchergebnis ist eine nochmalige Veränderung der Suchformulierung notwendig. Durch einen derartigen ,,Dialog" mit der Datenbank kann der Rechercheur das in den Wörterbüchern der Datenbank aufbereitete Wortmaterial vorteilhaft für eine Verbesserung des Suchergebnisses nutzen. Ist ein Thesaurus der Online-Datenbank hinterlegt, kann der Rechercheur die zugehörigen verwandten Begriffe automatisch in die Suchfrage übernehmen. Steht für die Suche nur das unkontrollierte Wortmaterial aus den Freitextfeldern zur Verfügung (Abstract, Titel usw.), müssen die verschiedenen möglichen Wortformen (Singular, Plural, Synonyme usw.) gesondert berücksichtigt werden. Die Möglichkeit der Maskierung (Truncation) am Wortanfang, in der Wortmitte oder am Wortende ist ein wichtiges Hilfsmittel, um die Verschiedenartigkeit der Schreibweise inhaltsgleicher Wörter zu berücksichtigen. Eine Suchformulierung ,,suche auto$" ($ = Truncation-Zeichen) findet alle Hinweise, in denen Worte mit dem Wortstamm auto vorkommen. Die Suche ,,suche wom$n" findet Hinweise, in denen z.B. die Wörter woman oder women vorkommen.

Bei der Verwendung von Freitextworten werden neben den Boolschen Operatoren UND, ODER, NICHT vorteilhafterweise sogenannte Abstandsoperatoren verwendet. Mit diesen Operatoren kann der Rechercheur das Vorkommen zweier Worte in einem bestimmten Abstand in den gesuchten Informationen vorgeben. Sollen in einer Volltextdatenbank alle Informationen zum Thema ,,Einsparung von Energie" gesucht werden, so findet der Rechner mit der Formulierung ,,suche Einsparung (1w) Energie" alle Informationen, bei denen Einsparung ein Wort vor Energie steht. Mit dem Abstandsoperator wird nicht nur das Vorkommen der beiden Wörter ,,Energieeinsparung", ,,Energie" in der Information verlangt, wie es bei dem ,,normalen" Boolschen UND der Fall ist. Die beiden Wörter müssen zusätzlich in einem bestimmten Abstand zueinander stehen, in dem Beispiel 1 Wort (1w) voneinander getrennt. Dadurch werden Hinweise unterdrückt, die die Wörter nicht in der sinntragenden Reihenfolge enthalten. Bei den verschiedenen Hosts sind die Abstandsoperatoren mit unterschiedlichen Symbolen und in unterschiedlichem Benutzerkomfort verwirklicht. Der Rechercheur sollte deswegen in den Handbüchern das Kapitel Retrievalsprache mit besonderer Sorgfalt studieren (s. z.B. Lit. 03. und Lit. 04.).

C 3.3.4 Ausgabe von Zielinformationen

Die aus Datenbanken recherchierten Zielinformationen (Literaturhinweise, Volltexte, Firmenhinweise usw.) kann sich der Rechercheur online auf dem PC anzeigen lassen, mitspeichern und nach Beendigung der Recherche mit seinem Drucker ausdrucken. Es ist außerdem möglich, die Rechercheergebnisse offline beim Host ausdrucken und sich per Post zuschicken zu lassen. Das Ausgabeformat der Zielinformationen kann der Benutzer bei allen Retrievalsprachen in bestimmten Grenzen selbst bestimmen. Bei der Definition des Ausgabeformats muß sich der Rechercheur über drei Fragen klar sein:

1. Auf welches Suchergebnis soll sich das Ausgabekommando beziehen?
2. Welche Kategorien der Zielinformationen sollen ausgegeben werden?
3. Welche Zielinformationen des Suchergebnisses sollen ausgegeben werden?

Die drei Fragen werden an einem konkreten Recherchebeispiel erläutert:

```
f all tourismus$
1.00 HITS : 11
?
f all fremdenverkehr$
2.00 HITS : 20
?
f ct = fremdenverkehr
3.00 HITS : 140
?
f all naherholung$
4.00 HITS : 20
?
f 1 or 2 or 3 or 4
5.00 HITS : 158
?
f 5 and all waldsterb$
6.00 HITS : 3
?
```

Abb. 24: Suchformulierung zum Recherche-Beispiel ,,Auswirkungen des Waldsterbens auf Tourismus und Fremdenverkehr'' (ENREP-Datenbank, Host: ECHO)

Es sollen aus der Datenbank ENREP (Host ECHO) Projekthinweise zum Thema ,,Auswirkungen des Waldsterbens auf Tourismus und Fremdenverkehr'' gefunden werden. Nach Einwählen in den Host ECHO und Auswahl der Datenbank ENREP werden die beiden Aspekte der Suchfrage durch passende Suchworte abgebildet und die Suche durchgeführt (s. *Abb. 24*). Das Suchergebnis kann sich der Rechercheur unter Beachtung der obigen drei Fragen in unterschiedlicher Weise anzeigen lassen:

Zu 1.: Im Verlauf der Online-Recherche erhält jede Suchformulierung eine Nummer (Satznummer, Statement-Number), die der Rechercheur im weiteren Verlauf der Recherche und für die Präzisierung der Online-Ausgabe verwendet: das erste Ausgabekommando SHOW S = 3 bezieht sich auf die Suchformulierung mit der Satznummer **S3** (s. *Abb. 25*).

Zu 2.: Der Rechercheur legt fest, welche Kategorien einer Zielinformation ausgegeben werden sollen. In *Abb. 26* werden zur Suchformulierung mit der Satznummer **S5** die Titel- und Autorenkategorien ausgegeben.

Zu 3.: Der Rechercheur legt fest, welcher Hinweis zu einer vorher festgelegten Suchnummer in dem vorher definierten Format ausgegeben werden soll. In *Abb. 27* sind dies die Zielinformationen 1 und 2 der Suchformulierung **S6**, die mit Titel und Autor ausgegeben werden. Dies sind zugleich zu der oben gestellten Suchfrage passende Projekthinweise.

show s = 3	
ND	: 139110/02
CYC	208 NFP : 139110
SY	: 010978 STA : PLANNED
AU	: JACOBSEN, N. KINGO; JENSEN, ARNE
RO	: GEOBRAFISK INSTITUT
OT	: GEOGRAFISK-OEKOLOGISKE STUDIER OVER SKALLINGEN
TI	: ECOLOGICAL STUDIES OF SKALLINGEN
AB	: ECOLOGICAL STUDIES OF SKALLINGEN. CLIMATE, SEDIMENTS, SOILS AND BIOLOGY. A TOTAL SURVEY OF A DYNAMICAL OFFSHORE BAR COMPRISING THE DUNES, SALT MARSCHES AND TIDAL FLAT COMMUNITIES. TEH WEARING EFFECT OF GRAZING AND TURISTS ARE DEALT WITH ESPECIALLY
SC	: LOKALKLIMA, SEDIMENTER, JORDBUND OG BIOLOGI SAMT HYDROGRAFISKE STUDIER AF TIDSVANDSOMRAADET
CT	: LITORALUMGEBUNG + OEKOSYSTEME DER GEMAESSIGTEN ZONEN; HYDROGRAPHIE; UEBERSCHWEMMUNGSGEBIET; DUENENLANDSCHAFT; KUESTENGEBIET; LANDSCHAFTSBELASTUNG + GRUENLAND; FREMDENVERKEHR; KLIMA; SEDIMENT; BIOLOGIE; BODENBESCHAFFENHEIT
ADDR	: 68, HARALDSGADE DK-2100 KOEBENHAVN OE, DANMARK
TEL	: (01) 293088
CY	: POLAR ECOREGIONS; TEMPERATE ECOREGIONS; ATMOSPHERE; HYDROSPHERE; LITHOSPHERE; GEOSPHERE; WESTERN EUROPE; ARCTIC AREAS; DENMARK; GREENLAND

Abb. 25: Ausgabe-Befehl (SHOW) für die Suchformulierung **S3**
(Beispiel aus der Datenbank ENREP, Host: ECHO)

```
show s=5;f=ot;ti;au
5.00/000001 ECHO: -ENREP/COPYRIGHT ECHO
OT          : GEOGRAFISK-OEKOLOGISKE STUDIER OVER SKALLINGEN
TI          : ECOLOGICAL STUDIES OF SKALLINGEN
AU          : JACOBSEN, N. KINGO; JENSEN, ARNE

5.00/000002
TI          : BUILDING SENSITIVITY IN IRELAND'S LANDSCAPES.
AU          : GEOGHENAN, P. CORRIGAN, D. BYRNE, E. MULCAHY, S.

5.00/000003
OT          : BIRMINGHAM JEWELLERY INDUSTRY AND JEWELLERY
              QUARTER DEVELOPMENT STUDY
AU          : WICKSTEED, W; SMITH, MS B M D

5.00/000004
OT          : TOURISM AND REGIONAL DEVELOPMENT
AU          : HARTLEY, PROF K
```

Abb. 26: Ausgabe von Titel und Autor zur Suchformulierung **S5**
(Beispiel aus der Datenbank ENREP, Host: ECHO)

C 3.3.5 Speichern von Suchformulierungen

Einmal durchgeführte Suchformulierungen können mit einem Befehl auf dem Host unter einem Namen gespeichert werden. Anschließend können diese Suchformulierungen z.B. in einer anderen Datenbank desselben Host's prozessiert werden, ohne daß noch einmal die Suchformulierungen neu eingegeben werden müssen. Mit den gespeicherten Suchformulierungen (auch Profiltabelle genannt) können auch nach einer Fortschreibung der Datenbank die passenden, neu hinzugekommenen Zielinformationen „automatisch" herausgesucht werden. In einer Datenbank kann der Rechercheur demnach auf Anfrage nach rückwärtigen Zielinformationen suchen, er kann seinen Kunden gleichzeitig über ein ganz bestimmtes Themengebiet mit dem neuen Material durch einen Abonnementsdienst informieren. Dieser laufende Informationsdienst wird als individueller Profildienst oder SDI-Dienst bezeichnet (SDI = Selective Dissemination of Information).
Die für die Speicherung von Suchformulierungen bereitgestellten Befehle lauten für den Host DIALOG:

- SAVE „Name": Suchformulierungen werden dauerhaft unter einem Namen gesichert, der vom Rechercheur oder von DIALOG vergeben wird. Die Suchformulierungen bleiben so lange gespeichert, bis sie vom Rechercheur gelöscht werden.
  SAVE TEMP: Die Suchformulierungen werden nach 7 Tagen „automatisch" vom Host gelöscht.
  SAVE SDI: „Name" Die Suchformulierungen werden auf Dauer gespeichert. Bei jeder Datenbankfortschreibung werden automatisch die zutreffenden Zielinformationen herausgesucht, beim Host ausgedruckt und dem Rechercheur als SDI-Dienst zugeschickt.

```
show s=6;f=ot;ti;au;ab;r=1 to 2
6.00/000001 ECHO: -ENREP/COPYRIGHT ECHO
OT   : AUSWIRKUNG DES WALDSTERBNES AUF DIE WALDERHOLUNG
TI   : EFFECTS OF FOREST DIE-BACK ON FOREST REGENERATION
AU   : AMMER, U., PROF. DR.
AB   : REPRAESENTATIVES ERFASSEN DES BESUCHER-VERHALTENS IN AUS-
       GEWAEHLTEN WALDSCHADENSGEBIETEN UND ABLEITEN DER AUS-
       WIRKUNGEN AUF DEN OERTLICHEN/REGIONALEN DIENSTLEI-
       STUNGSBEREICH.

6.00/000002 ECHO: -ENREP/COPYRIGHT ECHO
OT   : AUSWIRKUNGEN DES WALDSTERBENS AUF SIEDLUNG, INFRASTRUK-
       TUR UND FREMDENVERKEHR IM BAYERISCHEN ALPENRAUM
TI   : EFFECTS OF THE FOREST DIEBACK ON SETTLEMENT INFRASTRUCTU-
       RE AND TOURISME IN THE BAVARIAN ALPS

AU   : PLOCHMANN, R., PROF. DR.
AB   : DEM FORSCHUNGSVORHABEN LIEGEN FOLGENDE ZIELSETZUNGEN
       ZUGRUNDE: 1.) SCHUTZTECHNISCHER BEREICH: ENTWICKLUNG VON
       SCHADENSVERLAUFSPROGNOSEN FUER DEN BAYERISCHEN ALPEN-
       RAUM ANHAND VON EXPERTENURTEILEN. MATHEMATISCH-
       LOGISCHE VERKNUEPFUNG VON EINFLUSSFAKTOREN, WELCHE DIE
       VERJUENGUNG DER GESCHAEDIGTEN WALDBESTAENDE BEEIN-
       TRAECHTIGEN. ABSCHAETZUNG DER ZU ERWARTENDEN FOLGEVE-
       GETATION UND BEURTEILUNG DER SCHUTZFAEHIGKEIT. ERARBEI-
       TUNG VON EREIGNISPROGNOSEN AUF DER BASIS DETAILLIERTER GE-
       LAENDEAUFNAHMEN. ERSTELLUNG VON PROGNOSEN UEBER MOEG-
       LICHE SCHAEDEN BZW. ABLEITUNG VON MASSNAHMEN ZUR
       KOMPENSATION DER DURCH FORTSCHREITEN DES WALDSTERBENS
       BEDINGTEN VERMINDERUNG DER SCHUTZLEISTUNG. QUANTITA-
       TIV-MONETAERE BEWERTUNG DER AUSWIRKUNGEN. 2.) FREMDEN-
       VERKEHR: BESTIMMUNG DER AUSLASTUNGSGRENZWERTE DES FREM-
       DENVERKEHRSANGEBOTES EINES FREMDENVERKEHRSORTES.
```

Abb. 27: Ausgabe von Zielinformation 1 und 2 zur Suchformulierung **S6** (Beispiel aus der Datenbank ENREP, Host: ECHO)

C 3.3.6 Downloaden von Recherche-Ergebnissen

Die in Online-Datenbanken recherchierten Zielinformationen können auf dem PC gespeichert und mit entsprechenden Anwenderprogrammen aufbereitet werden. Neben einer textlichen und ggf. graphischen Aufbereitung ist insbesondere die Übernahme der Zielinformationen in eine interne Datenbank eine besonders wichtige Anwendung. Hiermit können firmeninterne Datenbanken aufgebaut, die externe und interne Informationen enthalten. Für die Marketingabteilung kann das interne Markt-Know-How durch externe Marktinformationen ergänzt und mit entsprechenden Textretrievalprogrammen zugriffsbereit gehalten werden. Für Direkt-Werbeaktionen können Firmenhinweise aus externen Datenbanken recherchiert werden und in eine interne Adress-Datenbank übernommen werden. Es gibt eine Fülle von Retrievalprogrammen und Datenbankprogrammen (z.B. auf relationaler Basis) für die Verwaltung externer Informationen auf dem Arbeitsplatzrechner.

C 3.4 Kosten von Online-Recherchen

Als Investitionskosten für die Nutzung von Online-Datenbanken treten auf:
- Personal Compuer (Richtpreis in 1988: DM 5 000, –)
- Modem (Richtpreis für einen Akustikkoppler mit 300 Bit/sec in 1988: DM 200, –)
- Kommunikationssoftware (Richtpreis in 1988: DM 1.000, –)

Als laufende Kosten sind zu nennen:
- Telekommunikationskosten
  (Da Online-Verbindungen überwiegend über das DATEX-P-Netz abgewickelt werden, sind die Kosten sehr stark abhängig von der Zahl der übertragenen „Datenpakete". Eine grobe Abschätzung für die Telekommunikationskosten ist in (Lit. 05.) enthalten).
- Online-Nutzungskosten
  (Die Datenbankkosten werden von sehr vielen Host's nach der Anschlußzeit berechnet. Typische Werte für eine Anschlußstunde an eine Datenbank liegen je nach Datenbanktyp zwischen DM 100, – und DM 350, –).
- Kosten pro angezeigte bzw. ausgedruckte Zierlinformation (Pro Zielinformation, die online angezeigt oder offline gedruckt wird, muß der Benutzer bei den gängigen Datenbanken zwischen DM 0,50 und DM 2,50 bezahlen).

Eine erste Abschätzung über die Durchschnittskosten einer Online-Recherche ist (Lit. 05.) zu entnehmen.

C 3.5 Perspektiven der Online-Dienste

Die Nutzung von Online-Datenbanken hat in der Bundesrepublik in den vergangenen Jahren erheblich zugenommen. Diese generelle Entwicklung wird auch in der Zukunft anhalten, wobei Wirtschaftsdatenbanken besonders starke Zuwachsraten haben werden. Die absolute Zahl der Nutzer von Online-Datenbanken wird in der Bundesrepublik in dem Maße zunehmen, wie nachfolgende Forderungen erfüllt werden:

1. Die Prozeduren von der Beantragung bis zum Erhalt des Datex-P-Paßwortes und der Online-Berechtigung durch die Host's sollten noch weiter vereinfacht werden.
2. Die Datenbankbeschreibungen sollten stärker den Nutzen für den Anwender darstellen.
3. Der Aufbau neuer Datenbanken sollte stärker an den Bedürfnissen des Marktes orientiert sein. Die Einführung neuer Datenbanken sollte durch die bekannten Marketingmaßnahmen vorbereitet und begleitet werden.

4. Die Beschaffung externer Informationen muß von den Unternehmen als eine Maßnahme für die Zukunftssicherung des Unternehmens erkannt und mit entsprechender Priorität versehen werden. In diesem Rahmen hat dann auch die Nutzung von Online-Diensten einen wichtigen Platz sowohl im operativen wie auch im strategischen Informationsbeschaffungsprozess.

Literatur

01. Claassen, Walter; Ehrmann, Dietmar; Müller, Wolfgang; Venker, Karl: Fachwissen Datenbanken. Die Information als Produktionsfaktor. 1. Aufl. Essen: Klaes 1986. 238 S.
02. Cuadra Associates Inc. (Hrsg.): Directory of Online Databases. Vol. 6, Nr. 3, Cuadra Associates Inc., Santa Monica, CA, USA, 1987.
03. Dialog Information Services Inc. (Hrsg.): Searching DIALOG. The Complete Guide. Dialog Information Services Inc., Palo Alto, CA, USA 1987.
04. FIZ-Technik (Hrsg.): FIZ-Technik. Online-Service Nutzerhandbuch. Frankfurt a.M.: Fachinformationszentrum Technik e.V. 1987.
05. Löcher, Werner; Schumacher, Frank: Die Nutzung von Datenbanken. Eine Einführung in die Praxis der elektronischen Recherche. 1. Aufl. Düsseldorf: Verl. Wirtschaft und Finanzen 198. 314 S.
06. Schulte-Hillen, Jürgen; Wietersheim, Beatrix von: Handbuch der Datenbanken für Naturwissenschaften und Technik. 1. Aufl., Düsseldorf: VDI-Verlag 1986.
07. Schulte-Hillen, Jürgen; Wietersheim, Beatrix von: Patentdatenbankführer: der direkte Draht zu allen Patentdatenbanken weltweit. 1. Aufl. Düsseldorf: VDI-Verlag 1984.
08. Williams, Martha E.: Computer Readable Databases. A Directory and Data Sourcebook. Bd. 1: Science, Technology, Medicine. Bd. 2: Business, Law, Humanities, Social Sciences. Amsterdam, New York, Oxford: North Holland 1985.

Als weitere Literatur, auch für Einsteiger, wird empfohlen:

09. Ching-chi Chen: Online Bibliographic Searching. A learning Manual. Neal-Schuman Publishers Inc., New York, USA 1984. 227 S.
10. Claassen, Walter; Cornelius, P.; Ehrmann, Dietmar; Fischer, Bernhard; Pichler, Helmut; Schwendler, Erhard; Tanghe, Patrick: Fachwissen Online-Recherche: Suchstrategien in Online-Datenbanken. 1. Aufl. Essen: Klaes 1988. 346 S.
11. Hoover, Ryan E.: Executive's Guide to Online-Information Services. Knowledge Industry Publications. White Plains, NY, USA, 1984. 296 S.
12. Palmer, Roger C.: Online Reference and Information Retrieval. Libraries Unlimited Inc., Littleton, Colorado, USA, 1983. 149 S.

Als **Zeitschriften** für das Gebiet der Online-Datenbanken sind für die Bundesrepublik Deutschland zu nennen:

13. Cogito – Neue Wege zum Wissen der Welt. Zeitschrift für die Nutzung elektronischer Medien. Darmstadt: Verlag Hoppenstedt.
14. Nachrichten für Dokumentation. Hrsg. von der Deutschen Gesellschaft für Dokumentation e.V. Weinheim: VCH-Verl.Ges.
15. OLBG.Info. Nachrichtenblatt der deutschen Online-Benutzergruppen in der DGD, Frankfurt a.M.
16. Password. Praxisberater für elektronische Informationsbeschaffung. Düsseldorf: Verl. Handelsblatt.

C 4 Statistische Information

Josef L. Staud

C 4.1 Einleitung

Eine der ältesten Informationsarten, die systematisch gesammelt und dokumentiert werden, sind statistische Informationen. Sie spielen, aufbauend auf dem Zahlbegriff, eine zentrale Rolle beim Versuch des Menschen, seine Umwelt zu erfassen und zu modellieren. Wichtigster ,,Erzeuger" dieser Information sind staatliche Einrichtungen, da es für die Durchführung der notwendigen umfassenden Erhebungen in der Regel staatlicher Machtbefugnisse bedarf. Zu nennen sind vor allem die statistischen Ämter auf nationaler und internationaler Ebene (UN, OECD, EG, u.a.). Doch auch hier gibt es Ausnahmen. So erheben viele Forschungsprojekte in allen Bereichen eigene Daten, z.B. zu sozialwissenschaftlichen und ökonomischen Fragestellungen. Weitere Ausnahmen stellen Marktforschungsinstitute, Unternehmensberatungen und andere Organisationen dar, die ,,ihre" Daten, aus was für Gründen auch immer, nicht in den amtlichen Statistiken finden und die deshalb selbst erheben. Insgesamt aber machen diese Erhebungen nur einen Bruchteil des statistischen Datenmaterials aus. Die meisten, die neben den ,,amtlichen Erhebern" noch statistische Daten ,,produzieren", tun dies auf der Basis der amtlichen Statistik. Sie tragen Daten der statistischen Ämter zusammen (z.B. aus verschiedenen Ländern), führen unter Umständen (falls notwendig und möglich) eine Homogenisierung (Angleichung unterschiedlich definierter Daten) durch und bieten dann diese Information an. In wohl kaum einem anderen Bereich der Informationserfassung und -veredelung wird auf so vielfältige (und oft kaum noch durchschaubare) Weise zusammengepackt, aggregiert (verdichtet!), disaggregiert, verarbeitet, usw.. Es ist deshalb bei allen statistischen Informationen von großer Bedeutung, die ,,wahren" Quellen zu ergründen und darauf aufbauend die Qualität der Daten einzuschätzen.

Auch wenn es oft getan wird, sollte doch statistische Information nicht mit numerischer gleichgesetzt werden. Zu statistischer Information gehören zentral und an erster Stelle qualitative Merkmale (vgl. die Erläuterung hierzu in Kap. D 10). Sie schaffen mit ihrem kategorialen Charakter die entsprechende Ordnung in den betrachteten Objekten und sind Grundlage aller Informationsverdichtungen.
In erster Linie werden statistische Informationen erhoben, weil die (numerischen) Ausprägungen quantitativer Merkmale spezifische Eigenschaften der Objekte erfassen, die mit keinem anderen Informationstyp erfaßt werden können. Insofern gehören zumindest die numerischen statistischen Informationen, neben der natürlichen Sprache, zum Grundinstrumentarium menschlicher Weltwahrnehmung. Darüberhinaus gewinnt dieser Informationstyp aber noch weitergehende Bedeutung, weil er, in entsprechender Form, die statistische Verarbeitung ermöglicht. Diese erlaubt nicht nur die Gewinnung neuer Information und die Informationsverdichtung, sondern auch die Modellierung bestimmter Aspekte von Weltausschnitten mit den durch den Informationstyp begründeten Möglichkeiten der Modellrechnung (aller Art, z.B. der Prognoserechnung).

Die wichtigste Form der Veröffentlichung statistischer Information ist immer noch die gedruckte Tabelle. Sie erscheint v.a. in den Veröffentlichungen der Statistischen Ämter. Die in Tabellenform gebrachte statistische Information ist nichts anderes als eine bestimmte Auswahl (von vielen möglichen) aus dem gesamten Datenmaterial (dem Merkmalsraum, vgl. unten). Sie stellt eine Auswahl dar in bezug auf die erhobenen Merkmale, die Verdichtung (Aggregation), die berechneten Werte, usw. und gibt damit ein eingeschränktes Bild der Daten und der Objekte. Trotzdem war diese Darstellungsform bis zum Aufkommen der EDV die einzig mögliche, wollte man nicht in einem Berg von Daten die Übersicht verlieren. Statistische Ämter waren dann bei den ersten, die nach dem zweiten Weltkrieg die entstehende leistungsfähige EDV nutzten, die von dem neuen Medium der Informationsabspeicherung und -verwaltung Gebrauch machten. Für die Nutzer statistischer Information ergaben sich dadurch aber noch kaum Unterschiede zur bisherigen Darstellungsform. Diese wurden erst mit dem Aufkommen öffentlicher statistischer Datenbanken wirksam, in denen zwar nicht die Rohdaten, aber doch die aufbereitete statistische Information als Datenbank mit umfassenden Zugriffsmöglichkeiten zur Verfügung gestellt wurde. Auch wenn noch viele Mängel zu verzeichnen sind, z.B. durch eine zu hohe Aggregierung, bedeutet dies doch einen wirklichen Fortschritt. Das „online-Angebot" erlaubt nicht nur, wie bei anderen Informationstypen (Text, Strukturformel, Graphik, usw.) den schnelleren und umfassenderen (durch die Kombinationsmöglichkeiten) Zugriff, sondern es erlaubt Daten zu erheben, die vorher nicht zur Verfügung standen, indem sich der Benutzer eigene Tabellen zusammengestellt. Gemeint sind dabei nicht Datenbanken mit statistischen Daten, die nur die „alten" Tabellen rechnergestützt veröffentlichen, sondern solche, die einen wirklichen Zugriff auf den zugrundeliegenden Merkmalsraum erlauben.

Im Gegensatz zu andern Informationstypen spielt bei statistischer Information aus den genannten Gründen die Weiterverarbeitung eine große Rolle. Statistische Informationen werden in der Regel nicht nur einfach aus dem jeweiligen Speicher (gedruckt oder rechnergestützt) wiedergewonnen, sondern danach auf vielfältige Weise verarbeitet (beispielhaft: Aggregation, Änderung der Periodizität bei Zeitreihen, Berechnung statistischer Kennziffern, Eingabe in ein ökonometrisches Modell mit anschließenden Berechnungen). Bis zum Aufkommen der öffentlichen Datenbanken blieben für den Benutzer die beiden Prozesse Informationsgewinnung und -verarbeitung strikt getrennt (auf die Zwischenform der Auswertung von Magnetbändern, die der Benutzer von den Statistischen Ämtern erhielt, soll hier nicht eingegangen werden): der Erhebung des Datenmaterials aus den gedruckten Veröffentlichungen folgte die Eingabe in das eigene Statistikpaket und die Auswertung damit. Mit den öffentlichen Datenbanken änderte sich dies, weil der Online-Zugriff es möglich machte, die Zugriffssoftware mit Komponenten zur statistischen Auswertung zu ergänzen und damit die beiden Prozesse zu verbinden.

C 4.2 Grundlagen: Merkmal, Merkmalsraum, Zeitreihen

C 4.2.1 Merkmale

Bei statistischer Information spielen Merkmale verschiedener Skalenniveaus eine unterschiedliche Rolle. Qualitative Merkmale dienen in erster Linie der Strukturierung des betrachteten Weltausschnitts: der Festlegung der zu erfassenden Objekte, d.h. der Abgrenzung sowie der Gruppierung, z.B. zum Zwecke der Aggregation. Ähnlich werden Rangmerkmale genutzt, während quantitative Merkmale in der Regel nicht zur Gruppierung dienen, sondern Informationen über die Objekte erfassen, die in einen Zahlenraum abgebildet werden können. Die damit mögliche Anwendung von Rechenregeln erlaubt dann auch für eine Gruppe von Objekten (Aggregate) diese Merkmale neu zu berechnen. Dieser Unterschied zwischen qualitativen Merkmalen und Rangmerkmalen auf der einen und quantitativen Merkmalen auf der anderen Seite führt auch zu einer unterschiedlichen Funktion beim Retrieval. Während erstere eher der Auswahl von Objekten dienen, werden zweitere eher als Ausgabeinformation genutzt. Ein Beispiel soll dies erläutern.

Die folgende (fiktive) Rohdatentabelle erfaßt neben den qualitativen Merkmalen „Branche" und „Land" auch einige quantitative, die natürlich als Ausprägungen numerische Werte haben. Qualitative Merkmale haben nicht-numerische Ausprägungen, auch wenn sehr oft in Untersuchungen die Ausprägungen numerisch verkodet werden („weiblich = 1, männlich = 2").

Unternehmen mit wichtigen Kenndaten

<table>
<tr><th></th><th>Branche</th><th>Land</th><th>Umsatz</th><th>Beschäftigte</th><th>......</th></tr>
<tr><td>Unternehmen 1
Unternehmen 2
Unternehmen 3
Unternehmen 4
....</td><td colspan="4">Einträge: zu jedem Unternehmen und für jedes Merkmal die zugehörigen Ausprägungen.
(Rohdatentabelle)</td><td></td></tr>
</table>

In einer solchen Rohdatentabelle ist der beschriebene Unterschied noch kaum erkennbar. Hier werden auch die quantitativen Merkmale, unter Ausnutzung ihrer rangbildenden Eigenschaft, für das Retrieval eingesetzt („Unternehmen mit einem Umsatz größer 1 Million und mit mehr als 100 Beschäftigten", usw.) Deutlich wird die unterschiedliche Funktion der beiden Merkmalstypen in der folgenden Tabelle. Man stelle sich vor, die Unternehmen seien nach Bran-

Umsatz und Beschäftigtenzahl nach Branchen und Ländern

<table>
<tr><th></th><th></th><th>Land 1</th><th>Land 2</th><th>Land 3 ....</th></tr>
<tr><td rowspan="2">Branche 1</td><td>Umsatz</td><td></td><td></td><td></td></tr>
<tr><td>Beschäftigte</td><td colspan="3" rowspan="4">mögliche Einträge: für jede zusammengefaßte Gruppe von Unternehmen der neuberechnete Umsatz (z.B. Durchschnitt) und die neubestimmte Beschäftigtenzahl (z.B. die Summe)
(Tabelle mit aggregierten Werten)</td></tr>
<tr><td rowspan="2">Branche 2</td><td>Umsatz</td></tr>
<tr><td>Beschäftigte</td></tr>
<tr><td rowspan="2">Branche 3</td><td>Umsatz</td></tr>
<tr><td>Beschäftigte</td><td></td><td></td><td></td></tr>
<tr><td>..........</td><td></td><td></td><td></td><td></td></tr>
</table>

chen und Ländern aggregiert, so daß die zu Land x und Branche y gehörenden Unternehmen jeweils zusammengefaßt sind (Aggregation, siehe unten). Die Zusammenfassung muß mit qualitativen Merkmalen erfolgen (oder mit in Klassen gepreßten und damit,,kategorial" gemachten quantitativen). Für die dann neu entstehenden Klassen werden die quantitativen neu berechnet.

Für das Retrieval hat dies die Konsequenz, daß (typischerweise) nach den qualitativen Merkmalen die Suchmenge identifiziert wird und die Ausprägungen der quantitativen Merkmale ausgegeben werden.
Eine andere Form der Darstellung statistischer Information spielt zwar in der Statistik eine zentrale Rolle, nicht aber (derzeit) in Statistischen Datenbanken. Das folgende Beispiel zeigt eine solche Häufigkeitstabelle mit den beiden qualitativen Merkmalen Branchen- und Landzugehörigkeit. Sie sollen sich auf Unternehmen beziehen. Hier könnte eine Tabelle mit einer Häufigkeitsauszählung so aussehen:

Verteilung von Unternehmen nach Branchen und Ländern

	Land 1	Land 2	Land 3	.....
Branche 1 Branche 2 Branche 3	mögliche Einträge: in jedem Kreuzungspunkt die *Zahl der Unternehmen* die zur jeweiligen Branche und zum jeweiligen Land gehören. (Häufigkeitsverteilung)			

Diese Tabellen sind Grundlage zahlreicher Verfahren der deskriptiven und schließenden Statistik. Sie können sich auch nur auf qualitative Merkmale beziehen. In diesem Fall stellt die sog. non-parametrische Statistik die entsprechenden ,,schließenden" Verfahren zur Verfügung. Wie schon erwähnt, spielt diese Datenform derzeit noch keine Rolle in Statistischen Datenbanken. Diese sind entweder ganz auf Zeitreihen ausgerichtet oder auf aggregierte Merkmalsräume (vgl. unten). Zusätzlich gilt, daß die Abfragesprachen, die sich nicht auf Zeitreihen beziehen, keine Möglichkeit der statistischen Auswertung anbieten (vgl. z.B. COMEXT unter AREMOS).

C 4.2.2 Merkmalsräume

Wie oben in den Beispielen schon angedeutet, werden meist in bezug auf die ausgewählten Objekte nicht nur einzelne Attribute erhoben, sondern mehrere. Die Motivation für das Bild des Markmals*raumes* oder mehrdimensionalen Merkmals liegt darin, daß jedem Objekt genau ein n-Tupel (bestehend aus je einer Ausprägung eines jeden Merkmals) zugeordnet werden kann. Ein Merkmalsraum wird insbesondere dann erhoben, wenn die erhobenen Daten statistisch analysiert werden sollen. Im Gegensatz zur Rohdatentabelle wird bei der Vorstellung eines Merkmalsraumes eine Sichtweise eingenommen, bei der durch alle möglichen Kombinationen der Merkmalsausprägungen aller Merkmale (dem kartesischen Produkt) ein Raum aufgespannt wird, in dem jeder Punkt einer Ausprägungskombination des kartesischen

Produkts der Ausprägungen entspricht. Jedem solchen Punkt werden nun genau die Objekte zugeordnet, die eine entsprechende Wertekombination besitzen. In „echten" Merkmalsräumen entstehen dann die bekannten Punktschwärme, die Spiegelbild der Verteilungs- und Zusammenhangsmaße der Statistik sind. In vielen anderen Bereichen der Wirtschaftsinformationen sind diese Daten, v.a. weil Schlüssel aufgenommen wurden, in einer gleichförmigeren Struktur.

C 4.2.3 Aggregierte Daten

Aggregation wurde kurz schon oben tabellarisch dargestellt. Wegen der großen Bedeutung des Aggregationsprozesses und weil die meisten öffentlich angebotenen statistischen Daten aggregiert sind, wird hier vertieft darauf eingegangen. Dies soll anhand eines Beispiels (mit fiktiven Daten) geschehen. In einer Befragung der Statistischen Ämter seien zum Handel von Unternehmen u.a. folgende Merkmale erhoben worden (gegenüber realen Erhebungen stark vereinfacht):

- Ort des verkaufenden Unternehmens
- Wert des Vertragsabschlusses
- Gehandeltes Produkt
- Ort des kaufenden Unternehmens
- Zeitpunkt des Vertragsabschlusses

Diese Merkmale und die anderen erhobenen beziehen sich auf einzelne Unternehmen. Jedes kann für jede beliebige Gruppe von Unternehmen oder für Einzelunternehmen bestimmt werden.
Die Aggregation führt nun zu einer Informationsverdichtung. Dabei werden z.B. alle Vertragsabschlüsse gleichzeitig nach Kauf-/Verkauf, Ländern und Produktklassen zusammengefaßt. So entstehen z.B. aus den vielen einzelnen Abschlüssen in der BR-Deutschland Werte wie „Ausfuhren im März 1985 mit Chemieprodukten nach Frankreich" und „Einfuhren aus Großbritannien mit Automobilen im Juni 1985".

Allgemein gilt: wird nach den Merkmalen M_i (i = 1, . . . , n) aggregiert und hat M_i genau n_i Merkmalsausprägungen (bzw. wird mit n_i Ausprägungsgruppen gearbeitet), dann entstehen $n_1{*}n_2{*}n_3{*}\ ...\ {*}n_n$ Teilmengen, die durch das jeweilige n-tupel gekennzeichnet sind.
Angenommen, M_1, M_2, M_3 liegen mit drei, zwei und vier Ausprägungen vor:
M_1 mit (m_{11}, m_{12}, m_{13})
M_2 mit $(m_{21}, m_{22}, m_{23}, m_{24}, m_{25})$
M_3 mit $(m_{31}, m_{32}, m_{33}, m_{34})$
M_1 und M_3 seien qualitativ, M_2 quantitativ. Die Aggregation soll nun so erfolgen, daß Objekte mit folgenden Ausprägungen zusammengefaßt werden:
Objekte mit $M_1 = m_{11}$ oder $M_1 = m_{13}$ gegen $M_1 = m_{12}$
Objekte mit $M_3 = m_{31}$ oder $M_3 = m_{32}$ gegen $M_3 = m_{33}$ oder $M_3 = m_{34}$
Die Rohdatenmatrix sei:

	M_1	M_2	M_3
Objekt 1	m_{11}	m_{22}	m_{31}
Objekt 2	m_{12}	m_{21}	m_{34}
Objekt 3	m_{12}	m_{21}	m_{32}
Objekt 4	m_{11}	m_{23}	m_{32}
Objekt 5	m_{13}	m_{25}	m_{33}
Objekt 6	m_{13}	m_{24}	m_{34}
Objekt 7	m_{13}	m_{22}	m_{31}
Objekt 8	m_{12}	m_{21}	m_{34}
Objekt 9	m_{12}	m_{24}	m_{32}
Objekt 10	m_{12}	m_{22}	m_{33}
Objekt 11	m_{12}	m_{21}	m_{31}

M_3 ▶ qualitativ, zur Bildung der Aggregate
M_2 ▶ quantitativ, wird neu berechnet
M_1 ▶ qualitativ, zur Bildung der Aggregate

Damit ergibt sich folgende Einordnung der Objekte (die Ausprägungen sind bereits gruppiert gemäß der gewünschten Aggregation):

	M_3 mit m_{31}	m_{32}	m_{33}	m_{34}
M_1 mit				
m_{11}	01	04	02	
m_{13}	07		05	06
m_{12}	03 011	09	010	08

Bezeichnet man die neuen Ausprägungen mit $m_{11n(eu)}$ und $m_{12n(eu)}$, bzw. mit $m_{31n(eu)}$ und $m_{32n(eu)}$, kann als Ergebnis der Aggregation folgende Matrix angegeben werden:

	M_3 mit m_{31n}	m_{32n}
M_1 mit		
m_{11n}	Klasse 1	Klasse 2
m_{12n}	Klasse 3	Klasse 4

In Klasse 1 sind die ehemaligen Objekte 1, 4 und 7 zusammengefaßt. Z.B. so, daß aus den zugehörigen Ausprägungswerten m_{22}, m_{23}, m_{22} (vgl. Rohdaten) die Summe gebildet wird. Dann würde gelten: Klasse 1 hat den neuen Wert $m_{22} + m_{23} + m_{22}$.

In Klasse 2 sind die ehemaligen Objekte 2, 5 und 6 zusammengefaßt. Klasse 2 hätte dann den Wert (wieder bei Summenbildung angenommen) $m_{21} + m_{25} + m_{22}$.
In Klasse 3 sind die ehemaligen Objekte 3, 9 und 11. Als Wert ergibt sich $m_{21} + m_{24} + m_{21}$.
In Klasse 4 sind die ehemaligen Objekte 8 und 10. Als Wert ergibt sich $m_{21} + m_{22}$.
In den realen statistischen Datenbanken liegen natürlich eine größere Zahl von Aggregationsmerkmalen vor, auch werden meist mehrere quantitative Merkmale neu berechnet (vgl. *Abb. 1* für ein Beispiel).
Bei diesen Erhebungen gehen dann auch viele Informationen verloren, z.B. von Merkmalen, die nicht in den Aggregationsprozeß einbezogen wurden.

C 4.2.4 Zeitreihen

Eine wichtige Form verarbeiteter Informmationen, basierend auf Merkmalsräumen, sind Zeitreihen. Ihre Besonderheit ist, daß in ihrem Merkmalsraum ein Merkmal aus den Beobachtungszeitpunkten besteht. Dieses Merkmal „Zeit" spielt eine zentrale Rolle, weil i.d.R. nach ihm die Ausgabe erfolgt. Die Merkmalsausprägungen eines anderen Merkmals (bzw. anderer Merkmale) werden in bezug auf die Zeitpunkte ausgegeben. Das Merkmal Zeit spielt dann die Rolle eines Auswahlmerkmals.

Abb. 1: Zum Zeitreihenbegriff

- In Zeitreihen erfaßte Daten beruhen auf Merkmalen. Es müssen mindestens zwei vorliegen, eines muß aus Zeitpunkten bestehen.
- Die Zeitpunkte betreffen meist die Entstehung oder die Erhebung der Daten.
- Die Zeitpunkte sind meist äquidistant, d.h. die Abstände zwischen den Zeitpunkten sind gleich groß.
- Zeitreihen in öffentlichen Datenbanken sind meist kontinuierlich, d.h. ihre Daten fallen ständig an. Diskret heißt eine Zeitreihen, wenn die Beobachtungen nur zu bestimmten Zeitpunkten erfolgen.
- Zeitreihen in öffentlichen Datenbanken sind meist deterministisch, d.h. ihr Verlauf kann mit entsprechenden Verfahren exakt vorhergesagt werden. Stochastisch heißt eine Zeitreihe, wenn dies nur teilweise möglich ist.
- Zeitreihen in öffentlichen Datenbanken beruhen in der Regel auf aggregierten Daten

Beispiel: die Zeitreihen der Datenbank CRONOS-FRIC können mittels eines numerischen Codes, der auf vier Merkmalen beruht, identifiziert werden.
Diese vier Merkmale sind:
- Meldeland (Land, das der EG Daten meldet)
- Ziel des Handels (Ein- oder Ausfuhr)
- Produktgruppe (Gesamthandel oder eine bestimmte Warengruppe)
- Partnerland (Handelspartner der EG)

Alle Merkmale sind aggregiert. Neu berechnet wurden für die Aggregate:
- Wert (oder Quantität) des Warenflusses.

Mit Hilfe des numerischen Codes (der einem Punkt des Merkmalsraums entspricht) ist es auch möglich, den einzelnen Reihen auf einfache Weise weitere Informationen (Bezeichnungen, evtl. Verarbeitung, usw.) zuzuordnen.

In einer anderen, etwas engeren Sichtweise wird das in einer Zeitreihe niedergelegte Datenmaterial als zweidimensionales Merkmal aufgefaßt. Die Zeit spielt die Rolle der unabhängigen Variablen V, die sich verändernde Größe im Zeitverlauf wird zur abhängigen Variablen Y. Natürlich kann der Merkmalsraum auch so angelegt sein, daß neben den Zeitpunkten nur ein beobachtetes Merkmal vorliegt oder daß nur eines „gesehen wird". Darauf beruht die Definition von Leiner: „Eine Zeitreihe ist formal gesehen eine nach dem Zeitindex (für den man meist das Symbol t verwendet) geordnete Menge von Beobachtungen x_t einer genau definierten Variablen X_t, ..." (Lit. 10., S. 5.3). Daneben finden sich in der Literatur auch etwas unscharfe Definitionen, so z.B. in (Lit. 03., S. 5.15). Hier wird eine Zeitreihe als „eine Sammlung von Daten, die in zeitlicher Folge beobachtet wurden", bezeichnet.

Die im Rahmen von öffentlichen Datenbanken zur Verfügung gestellten Zeitreihen bestehen im Regelfall aus aggregierten Werten. Ausnahmen stellen Angaben in Firmendatenbanken dar, wo oftmals Informationen über einzelne Manager (Gehalt, usw.) zu mehreren Zeitpunkten angegeben werden.

In *Abb. 2* wird zusammenfassend der Weg von einem Merkmalsraum mit Rohdaten zu den wichtigsten in öffentlichen Datenbanken vorkommenden verarbeiteten Formen dargestellt. Ausgangspunkt sind immer Rohdaten, die auf einer Erhebung beruhen. Sie verändern sich durch Aufbereitung, Homogenisierung, usw., bleiben aber in einer Form entsprechend der Rohdatentabelle. Danach erfolgen die beschriebenen Verarbeitungsschritte. Die Daten werden entweder nur aggregiert oder aggregiert und nach der Zeit geordnet. Andere Formen werden derzeit als Statistische Datenbanken noch nicht angeboten.

C 4.3 Statistische Datenbanken

Es überrascht angesichts der großen Bedeutung statistischer Information nicht, daß dieser Informationstyp auch in zahlreichen öffentliche Datenbanken angeboten wird, mit folgender Besonderheit: Statistische Datenbanken verwalten immer und nur Merkmalsräume: als Rohdaten, als aggregierte Daten ohne Zeitreihencharakter, als Zeitreihen auf der Basis der Rohdaten oder als Zeitreihen auf der Basis aggregierter Werte. Die eigentlichen statistischen Informationen sind (so gut wie nie) vermischt mit anderen Informationstypen wie sonstigen Fakten, Texten, Graphiken usw.. Dabei dominieren zur Zeit zwei Typen: zum einen aggregierte Werte mit Zeitreihencharakter („Zeitreihendatenbanken") und zum anderen solche ohne expliziten Zeitreihencharakter (wenn auch oftmals mit einem Merkmal „Zeitpunkt"). *Das* Beispiel für letztgenannten Typ ist die Datenbank COMEXT von EUROSTAT (Statistisches Amt der Europäischen Gemeinschaft).
Die Datenstruktur statistischer Datenbanken ähnelt auf den ersten Blick der konventioneller Datenbanken (darunter werden im weiteren immer relationale Datenbanken verstanden). Sie besteht aus Merkmalen (Attributen), die eine Klasse von Entities beschreiben, allerdings angeordnet in nur einer „Relation". Erst bei näherem Hinsehen fallen weitere Unterschiede auf: es fehlen i.d.R. Schlüssel, alle „Attribute" bestehen aus Merkmalen im meßtheoretischen Sinn: endliche bzw. genau beschreibbare Menge von Merkmalsausprägungen, deren Konfrontation mit den

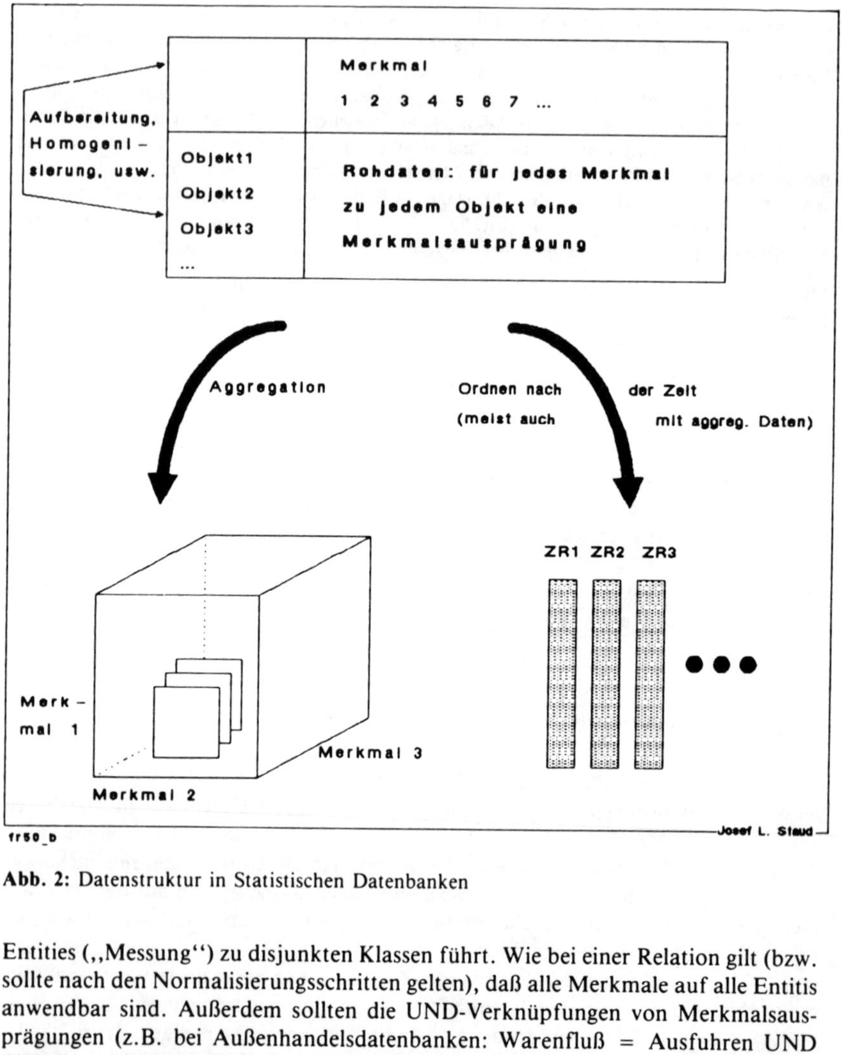

Abb. 2: Datenstruktur in Statistischen Datenbanken

Entities („Messung") zu disjunkten Klassen führt. Wie bei einer Relation gilt (bzw. sollte nach den Normalisierungsschritten gelten), daß alle Merkmale auf alle Entitis anwendbar sind. Außerdem sollten die UND-Verknüpfungen von Merkmalsausprägungen (z.B. bei Außenhandelsdatenbanken: Warenfluß = Ausfuhren UND Einheit = DM UND Land = USA usw.) zu nicht-leeren Schnittmengen führen.

Der Grund für die Einrichtung einer solchen Datenstruktur ist der Wunsch, statistische Verfahren auf die Daten anzuwenden. Ein solcher „Merkmalsraum" ist die Grundlage der Anwendung der meisten Verfahren der parametrischen und nonparametrischen Statistik.
Der in der Literatur zu Datenbanksystemen auftretende gleiche Begriff („statistical database") bezieht sich auf denselben Informationstyp, allerdings im Bereich personenbezogener Informationen und mit einer echten Datenbankstruktur (mehrere Objektklassen, usw.). Der Begriff „statistisch" meint dort, daß diese Daten „allein statistischen Zwecken dienen dürfen und keine Rückschlüsse auf Merkmale von Einzelpersonen zulassen sollen" (Lit. 01., S. 152).

Er ist abgeleitet vom Begriff der ,,statistischen Information" im Sinne der statistischen Ämter (vgl. z.B. Lit. 09., Lit. 02., Lit. 04.) und die dort angegebenen Verweise). Der hier gewählte Begriff steht auch im Einklang mit dem der Statistischen Informationssysteme. So werden die von den statistischen Ämtern (der Bundesrepublik Deutschland) für ihre Datenbestände erstellten computergestützten Informationssysteme genannt (vgl. z.B. Lit. 24. und Lit. 25., Lit. 05). Während es insoweit keine Schwierigkeiten gibt und die Begriffswahl eher vertraut anmutet, trifft dies für die im Information Retrieval gebräuchlichen Typisierungen nicht zu. Hier ist mit der gängigen Typisierung (vgl. z.B. Lit. 22.) eine Trennung dieses Datenbanktyps von den übrigen Faktendatenbanken nicht möglich. Auch die (knappe) Literatur zu Faktendatenbanken (bzw. nicht-bibliographischen Datenbanken) gibt hier keine Hinweise (vgl. Lit. 07., Lit. 08., Lit. 11., Lit. 23., Lit. 06.).

Kurzname	Name und Inhalt
AMP1	Volkswirtschaftliche Gesamtrechnungen – Konten der institutionellen Sektoren und öffentlichen Verwaltungen
BIF1	
BISE	Produktion und Außenhandel für industrielle Erzeugnisse
COSA	Land- und forstwirtschaftliche Gesamtrechnung
EUROSTATUS	Hauptkonjunkturindikatoren
FINA	Jährliche Finanzdaten
FISH	Fischereistatistik
FRIA	Außenhandel der Europäischen Gemeinschaften (Jahresdaten)
FRIC	Außenhandel der Europäischen Gemeinschaften
FRIM	Besteht nicht mehr
GBOP	Zahlungsbilanzen, global (Global Balance of Payment)
ICG	Konjunkturelle und allgemeinstatistische Information
INDE	Jahreserhebung über die Tätigkeit der Industrie
ISTI	Konjunkturindikatoren der Industrie
PACO	Existiert nicht mehr; Daten jetzt in COSA und PRAG
PRAG	Agrarpreise und Agrarpreisindizes in absoluten Werten
SEC1	Volkwirtschatliche Gesamtrechnung – Gesamtgrößen
SEC2	Volkswirtschaftliche Gesamtrechnung – Waren- und Dienstleistungsaktionen (Daten für wirtschaftliche Analyse)
SIDR	Eisen- und Stahlindustrie
SIPS	Europäisches System der integrierten Sozialschutzstatistik
SOCI	Sozialstatistiken
Zahlungsbilanzen	
ZCA1	Außenhandel der AKP-Staaten und der Länder des südlichen Mittelmeeres
ZCN2	Umbenannt in SEC2
ZEN1	Energiestatistik
ZPA1	Landwirtschaftliche Erzeugnisse
ZPVD	Makroökonomische Indikatoren der Entwicklungsländer
ZRD1	Forschung und Entwicklung

Abbildung 3
Die CRONOS-Datenbanken der EG – Namen und Inhalt

Quelle: Lit. 26. (Eigene Erhebung nach den Datenbankbeschreibungen von EUROSTAT)

Name	Anzahl insges.[1]	primär[2]	davon[3] (in Prozent der Gesamtzahl) m	vj	hj	j	Akt.[4]
AMP1	38.589	26.942	0	0	0	100	6/89
BIF1	7.377	5.063	25	52	1	21	6/89
BISE	93.799	79.240	0	46	0	54	6/89
COSA	45.467	16.896	0	0	0	100	6/89
EUROSTATUS[5]	627	0	84	11	0	5	5/87
FINA	23.540	8.395	0	0	0	100	6/89
FISH	90.672	88.738	1	0	0	99	6/89
FRIA	421	417	0	0	0	100	6/89
FRIC	298.367	282.903	41	22	0	37	6/89
GBOP	18.986	10.015	0	49	0	51	6/89
ICG	72.596	32.512	40	43	0	17	6/89
INDE	94.702	94.058	0	0	0	100	6/89
ISTI	12.412	4.853	42	30	0	28	6/89
PRAG	28.760	19.870	43	0	0	57	6/89
SEC1	13.680	8.708	0	0	0	100	6/89
SEC2	9.946	9.250	0	0	0	100	6/89
SIDR	24.536	15.111	15	43	0	42	6/89
SIPS	k.A.	–	–	–	–	–	–
SOCI	39.233	29.813	8	0	58	34	6/89
Zahlungsbilanzen[6]	80.881	47.178	0	12	–	88	4/86
ZCA1	93.114	92.867	0	0	0	100	6/89
ZEN1	49.123	40.996	12	0	0	88	6/89
ZPA1	62.242	51.449	6	13	0	81	6/89
ZPVD	108.691	106.142	0	0	0	100	6/89
ZRD1	24.788	10.224	–	–	–	–	6/89
Summe	1.441.526	1.081.820					

Anmerkungen:

(1) Gesamtzahl der primären und abgeleiteten Reihen. (2) Zahl der primären Reihen. (3) m: monatlich, vj: vierteljährlich, hj: halbjährlich, j: jährlich. (4) Monat und Jahr der Datenbeschreibung bzw. des von EUROSTAT erstellten Datenbankauszugs. (5) Zahlenangaben nach den Unterlagen zur Datenbank ICG. EUROSTATUS ist eine Teilmenge der ICG. (6) Diese Datenbank ist zusammengestellt aus Beständen der Datenbanken GBOP, ZBP1 und ICG zum Thema „Zahlungsbilanzen".

Ich danke dem Statistischen Amt der Europäischen Gemeinschaft (EUROSTAT) für die Erstellung eines Datenbankauszugs, der die Aktualisierung dieser Tabelle ermöglichte.

Abbildung 4
Die CRONOS-Datenbanken der EG – Zahl der Zeitreihen

Quelle: Lit. 26. (Eigene Erhebung nach Unterlagen von EUROSTAT)

Datenbanken dieses Typs sind z.B. die CRONOS-Datenbanken der EG mit Zeitreihen zu einem breiten Spektrum v.a. wirtschaftlicher Themen, die COMEXT-Datenbank mit Daten zum Außenhandel (COMmerce EXTerieur), die mit einer unverfälschten Merkmalsstruktur ebenfalls vom statistischen Amt der EG (EUROSTAT) erstellt wird. Die gleiche Struktur besitzen die CHELEM-Datenbanken von GSI-ECO (französischer Host).

Der Datenbankkomplex CRONOS der Europäischen Gemeinschaft besteht zur Zeit aus 25 Datenbanken (vgl. *Abb. 3* und *4*). Alle haben die Form von Zeitreihen aggregierter Werte. Die Periodizität liegt zwischen monatlich und jährlich. Die Zahl einzelner Zeitreihen in den Datenbanken schwankt zwischen 421 (FRIA) und knapp 300.000 (FRIC). Insgesamt liegen rund 1,5 Millionen Zeitreihen vor.
Daten der EG beziehen sich meist auf die Länder der EG und deren Partnerländer. So geben die Außenhandelsdaten in CRONOS-FRIC, wie *Abb. 5* zeigt, den Handel der EG-Länder (Meldeländer) mit der Welt, nicht aber den zwischen den nicht zur EG gehörenden „Partnerländern" an. Diese EG-Zentriertheit ist natürlich da nicht gültig, wo sich die Datenbank ausdrücklich auf andere Länder bezieht (z.B. die AKP-Staaten).

Abb. 5: Geographischer Bezug der EG-Daten (am Beispiel CRONOS-FRIC)

	EG (Meldeländer)	Nicht-EG-Länder (Partnerländer)
EG	erfaßt Intra-Handel der EG	erfaßt: Handel der EG mit den Nicht-EG-Ländern
Nicht-EG-Länder	erfaßt: Handel der NICHT-EG-Länder mit der EG	nicht erfaßt: Handelsbeziehungen der Nicht-EG-Länder untereinander

Anmerkung: Die Gruppe der Meldeländer wird in letzter Zeit erweitert um weitere von entsprechender Bedeutung, z.B. um die USA, Kanada und Japan bezüglich des Außenhandels.

Der Aufbau dieser Datenbanken kann so gedacht werden, daß die einzelnen Zeitreihen, nebeneinander in einer Datei stehend, über einen Kode (vgl. Abschnitt 4.5) abrufbar sind. Einen anderen Aufbau haben die Datenbanken COMEXT (von EUROSTAT) und CHELEM (von GSI-ECO). Ihre Struktur ist nicht zeitreihenorientiert. Der Merkmalsraum ist noch klar erkennbar, sie haben den Charakter von Querschnittsdaten. Die zur Verfügung stehenden Merkmale sind im Fall der Datenbank COMEXT:
- Meldeland (-länder) der EG
- Partnerland (-länder) der EG
- Handelsfluß (Aus- oder Einfuhren oder beides)
- Produktgruppe
- Art der statistischen Erhebung

- Art der Mengenangabe (in Werten oder Quantitäten)
- Zeitpunkt des Handelsflusses

(vgl. zur genaueren Information die entsprechenden Benutzerhilfen der Datenbankanbieter). Die Merkmale weisen eine unterschiedliche Zahl von Merkmalsausprägungen auf. Meldeländer sind es 10 bzw. 9, Partnerländer über 200. Alle sind verkodet, so daß Codepläne vorliegen müssen. Der Codeplan für die Meldeländer heißt hier „Annex 1: Country Codes" und stammt vom Produzenten der Datenbank (EUROSTAT). Ein weiterer Ländercode liegt für die Partnerländer vor. Es ist die Geonomenklatur der EG, veröffentlicht vom Statistischen Amt der Europäischen Gemeinschaft (Europäische Gemeinschaften – Kommission, Geonomenklatur 1981, Luxembourg: Office des publications officielles des Communautés Europeennes, 1981).
Zur Auswahl der Produktgruppen liegen mehrere Nomenklaturen vor (NIMEXE, SITC) mit jeweils mehreren Tausend Einträgen. Das „Warenverzeichnis für die Statistik des Außenhandels der Gemeinschaft und des Handels zwischen Mitgliedsstaaten (NIMEXE)" liegt als Veröffentlichung der EG in gedruckter Form vor. Es ist mehrstufig und erreicht auf der untersten Ebene eine hohe Feingliedrigkeit.
Die Retrievalsysteme (z.B. MISTRAL von EURIS oder AREMOS (-COMEXT) von CISI-Wharton) erlauben zu jedem der Merkmale die Angabe einer Merkmalsausprägung oder auch mehrerer. Gemäß dieser Anforderung werden entsprechend viele Matrizen herausgegeben, die in den Spalten die Meldeländer und in der Kopfzeile die Partnerländer aufweisen (oder umgekehrt). Sozusagen als Extremfall, wenn die Matrix nur aus einem Feld besteht und mehrere Zeitpunkte erhoben werden, entsteht auch hier eine Zeitreihe. Typischerweise ergeben sich hier somit als Ergebnis einer Recherche Matrizen mit Handelsflüssen zwischen Melde- und Partnerländern zu einem Zeitpunkt. Allgemein gilt: jede Recherche führt zu einer Matrix gleicher oder (im Regelfall) niedriger Dimensionalität als die Datenbankmatrix, wobei Matrizen mit mehr als zwei Dimensionen als wiederholte 2-dimensionale Matrizen ausgegeben werden. Ist z.B. zu Frankreich und Deutschland als Meldeländer sowie USA und Japan als Partnerländer der Handel nicht nur in einer sondern in 5 Produktgruppen gefordert, werden 5 Tabellen ausgegeben. Zur geographischen Abdeckung gilt das für die CRONOS-Datenbanken gesagte.
In CHELEM-CIN liegen die Merkmale Einfuhrzonen mit „32 zones importations", Ausfuhrzonen mit ebensovielen „zones exportations" und Wirtschaftszweige („71 branches produits") vor. Daneben selbstverständlich noch die Zeitpunkte. Für jede Kombination von Merkmalsausprägungen dieser Merkmale wird der entsprechende Handelsfluß in Millionen US-Dollar (zu laufenden Preisen) bereitgehalten.

Es handelt sich bei diesen Datenbanken somit um klare Merkmalsräume mit verarbeiteten (aggregierten) Daten. Datensätze lassen sich hier ohne weiteres nicht mehr angeben und tauchen auch in den Materialien der Hosts und Produzenten nicht auf. Die angemessene Form der Darstellung des logischen Datenmodells ist die hier gezeigte. Trotzdem läßt sich natürlich eine andere, tabellenartige Darstellung denken, indem die Ausprägungen aller Merkmale in beliebiger Anordnung miteinander kombiniert werden und jede Kombination als Ausprägung eines neuen Merkmals aufgefaßt wird.

C 4.4 Quasi-Statistische Datenbanken

Eine einfache Form der Verwaltung von Merkmalsräumen in öffentlichen Datenbanken besteht darin, einzelne Tabellen aus dem Merkmalsraum in Datensätzen zu erfassen und anzubieten. Zu erkennen sind solche Datenbanken daran, daß nicht ein beliebiger Zugriff auf die Daten, sondern nur ein Abruf der Tabellen möglich ist. Eventuell besteht noch die Möglichkeit, bei der Ausgabe der Datensätze verschiedene Periodizitäten, Zeiträume, usw. anzuwählen. Dies bedeutet dann aber nicht ein Umorganisieren der Zeitreihen, sondern lediglich eine Auswahlmöglickeit unter verschiedenen, bereits vom Datenbankanbieter berechneten Datensätzen. Diese Datenbanken sollen Quasi-Statistische Datenbanken genannt werden. Die Ursache für diese Form der Abspeicherung liegt in der Unterschiedlichkeit und unterschiedlichen Komplexität von Verwaltungssystemen und Retrievalsprachen (man vergleiche nur die zwei jeweils typischen Retrievalsprachen DIALOG und AREMOS) für datensatzorientierte Daten und Merkmalsräumen. In Quasi-Statistischen Datenbanken wird die komplexe Struktur des Merkmalsraums in eine einfache Datensatzstruktur abgebildet. Damit ist es dann möglich, Retrievalsprachen, die eigentlich für bibliographische Datenbanken entwickelt wurden, auch auf diesen Informationstyp anzuwenden.

Dieses Angebot ähnelt sehr dem gedruckten in Statistischen Jahrbüchern, usw.. Als Beispiel sei auf die Datenbank PREDICASTS TIME SERIES verwiesen (vgl. *Abb. 5* für eine Liste der Felder). Die hier erfaßten Zeitreihen betreffen Produktion, Verbrauch, Außenhandel, u.s.w. für Produkte und Branchen. Sie umfassen nicht nur historische Daten, sondern auch Prognosen (für 1985, 1990 und 1995).

Ein weiterer Nachteil dieser Art des Angebots (neben dem eingeschränkten Zugriff) ist, daß mit diesen Daten nicht gerechnet werden kann. Dies liegt nicht allein an der Erfassung in einem Datensatz, sondern auch daran, daß die hier verwendeten Retrievalsprachen (für datensatzorientierte Datenbanken) keine Komponenten für rechnerische Operationen vorsehen.

Der Aufbau von Datensätzen dieser Datenbanken ist immer so, daß die im Mittelpunkt stehende Zeitreihe durch verschiedene andere Informationen beschrieben wird. Zentral ist bei der hier gewählten Datenbank der MEASUREMENT NAME, der das Ergebnis der Verarbei-

Abb. 6: Felder in einem Datendatz der Datenbank PREDICASTS TIME SERIES

Feldname	Informationstyp
JO (Source Publication):	qualitatives Merkmal
EN (Event Name):	qualitatives Merkmal/Nomenklatur
MN (Measurement Name):	qualitatives Merkmal (Bezeichnung der auf der Basis der Aggregation neu berechneten Werte)
PN (Product Name):	qualitatives Merkmal/Nomenklatur
YR (Year of Data):	Zeitpunkte der Zeitreihe (Rangmerkmal)
GR (Growth Rate):	quantitatives Merkmal
PC (Product Code):	qualitatives Merkmal/Nomenklatur
EC (Event Code):	qualitatives Merkmal (verkodet)/Nomenklatur
MC (Measurement Code):	qualitatives Merkmal

Quelle: Unterlagen von Predicasts (in den Daten der Anbieter liegen zum Teil abweichende Feldbezeichnungen vor).

tung der Rohdaten und der damit zusammenhängenden Neuberechnung von Werten direkt angibt. Abweichend von Datensätzen anderer Datenbanktypen ist, daß hier auch berechnete Werte (Prognosewerte und Wachstumsrate) mitangegeben werden (zumindest intern müssen diese Datenbanken also auch in numerischer Form vorliegen). Sie stellen insofern eine Besonderheit dar, daß sie sich zwar auf den Informationsträger beziehen, aber aus den übrigen quantitativen Merkmalen berechnet (abgeleitet) sind.

C 4.5 Retrieval

C 4.5.1 Retrieval Statistischer Information

Auf das Retrieval dieses Informationstyps wurde schon mehrfach kurz eingegangen. Hier soll nun eine zusammenfassende Darstellung erfolgen.

Das Retrieval von Informationen aus Merkmalsräumen geschieht im ersten Schritt durch Angabe der Merkmalsausprägungen, welche die gewünschte Auswahl klassifizieren. Seien M_1, M_2, M_3 Merkmale mit den Ausprägungen m_{1i} ($i = 1, \ldots, n_1$), m_{2j} ($j = 1, \ldots, n_2$), m_{3k} ($k = 1, \ldots, n_3$) (es gilt: $0 < n_1, n_2, n_3$). Dann werden z.B. durch $m_{15}/m_{22}/m_{34}$ die Elemente angesprochen, die gleichzeitig die angegebenen Eigenschaften besitzen. Dies entspricht einer mehrfachen Anwendung des logischen UND:
$M_1 = m_{15}$ UND $M_2 = m_{22}$ UND $M_3 = m_{34}$.
Den logischen ODER entspricht, wenn mehrere Merkmalsausprägungen eines Merkmals zugelassen werden, z.B. $m_{11}, m_{14}/m_{22}, m_{23}, m_{25}/m_{31}$. Dem entspricht
($M_1 = m_{11}$ ODER $M_1 = m_{14}$) UND ($M_2 = m_{22}$ ODER $M_2 = m_{23}$ ODER $M_2 = m_{25}$) UND ($M_3 = m_{31}$).
Werden Vergleichsgruppen gewünscht, wie in der Statistik üblich (noch nicht aber in öffentlichen Statistischen Datenbanken), erfolgt die Angabe mehrerer Gruppen von Merkmalsausprägungen. Dies könnte z.B. so dargestellt werden (die Ausprägungen der einzelnen Merkmale werden jetzt durch Doppelstriche getrennt):
$m_{11}/m_{24}/m_{31}//m_{12}/m_{21}/m_{33}$.
Während bei einem Merkmalsraum auf der Basis von Rohdaten grundsätzlich jedes Merkmal zur Auswahl und zur Ausgabe geeignet ist, müssen bei aggregierten Daten die Merkmale getrennt betrachtet werden. Die Trennung wird in der Regel schon von den Statistischen Ämtern vollzogen, und zwar in doppelter Hinsicht: in bezug auf die Aggregationsmerkmale (= Auswahlmerkmale) und in bezug auf die Merkmale, welche für die Aggregate berechnet werden. Nach obigem ersten Schritt sind gewisse Objekte der Grundgesamtheit ausgewählt. Dies ist nun aber in der Regel nicht Selbstzweck, sondern es erfolgt, weil über die identifizierten Objekte weitere Informationen erhoben werden sollen. Im Rahmen eines Merkmalsraums sind dies wieder Merkmalsinformationen, im Kontext der statistischen Analyse *abhängige* Variablen genannt. Z.B. könnten für die erste obige Auswahl die Merkmale M4, M5, M6 als Ausgabemerkmale angefordert werden. Insgesamt ergäbe sich dann:
- ausgewählte Objekte $M_1 = m_{15}$ UND $M_2 = m_{23}$ UND $M_3 = m_{34}$
- dafür angeforderte Ausgabemerkmale; M_4, M_5, M_6

Oftmals werden die Ausprägungen der Ausgabemerkmale noch gruppiert, d.h. es werden Ausprägungen zusammengefaßt. Z.B. von M_4 die ersten zwei gegen die nächsten drei. Dies könnte so dargestellt werden: M_4 ($m_{41}, m_{42}/m_{43}, m_{44}, m_{45}$). Dies ist dann möglich und sinnvoll, wenn nicht eine Datentabelle (ähnlich der Rohdatentabelle) sondern eine Häufigkeitsauszählung (vgl. Abschnitt C 4.2.1) angefordert wird.

Das Ergebnis des Retrievals in einem Merkmalsraum sind Einzelwerte, Vektoren

oder Matrizen beliebiger Dimension. In weiteren Schritten müssen diese für die tabellarische oder grafische Ausgabe mit Texten versehen werden. Zum Teil kann dies automatisch geschehen, mit Hilfe der (im Regelfall) abgespeicherten Bezeichnungen für Objektklassen, Merkmale und Merkmalsausprägungen. Zum Teil wird dies durch den Benutzer erfolgen (Überschriften, Fußnoten, usw.).
In der Regel liegen derzeit noch in öffentlichen Datenbanken nur Merkmalsräume auf der Basis aggregierter Werte vor, obwohl sie natürlich auf Rohdaten beruhen und diese auch abgespeichert sind.

C 4.5.2 Retrievalsysteme für Statistische Datenbanken

Während im letzten Abschnitt sozusagen idealtypisch und in starker Anlehnung an die Vorgänge in Statistikpaketen der Retrievalprozeß beschrieben wurde, soll hier auf die tatsächlich vorliegenden Retrievalsysteme eingegangen werden. Dazu gehören, um nur einige zu nennen, MAGIC von I.P. Sharp (Reuters), EPS von DRI, DC-Time von Datacentralen und AREMOS von WEFA.

Für alle diese Retrievalsystemen gelten einige Einschränkungen, die einerseits schmerzlich sind wegen der damit verlorenen Möglichkeiten, die aber andererseits die Komplexität soweit reduzieren, daß diese Sprachen ohne allzugroßen Aufwand erlernt werden können. Die wichtigste Einschränkung ist die völlige Konzentration auf Zeitreihen. Die Retrievalbefehle, der sonstige Befehlssatz, die rechnerischen und statistischen Operatoren, alle Elemente der Sprache sind auf Zeitreihen aggregierter Werte ausgerichtet. Eine Befehlsfoge A = B∗C bedeutet dann daß zwei Zeitreihen B und C elementweise multipliziert werden und daß daraus die neue Zeitreihe A entsteht. Andere Formen statistischer Information können nur eingeschränkt, über spezielle Modi (NOTIMESERIES bei MAGIC, Aufruf COMEXT bei AREMOS), verwaltet werden.
Wie in mehreren Arbeiten des Verfassers dargestellt (vgl. Lit. 12., Lit. 13., Lit. 15., Lit. 18.), erfüllen die vorliegenden Retrievalsysteme folgende Hauptaufgaben in bezug auf Zeitreihen:
- Retrieval
- rechnerische Verarbeitung
- tabellarische Darstellung
- statistische Verarbeitung
- graphische Darstellung recherchierter (bzw. verarbeiteter) Information.

Das Retrieval erfolgt in all diesen Datenbanken über eine beschränkte Zahl von Merkmalen. Als Beispiel sei hier der Zugriff auf Zeitreihen in der Datenbank CRONOS-FRIC (eine Datenbank zum Außenhandel der EG-Länder) dargestellt. Die Merkmale, in den CRONOS-Datenbanken Unterkodes genannt, sind hier „Meldeland", „Handelsströme, Einheit und Periodizität", „Waren und Warenklassen", „Partnerländer und Zusammenfassungen von Ländern". Jeder Unterkode hat bestimmte Ausprägungen. Für das Retrieval werden nun Ausprägungen festgelegt, die zusammen eine Zeitreihe identifizieren. In dem hier gewählten Beispiel (vgl. *Abb. 7.* wurde 12, 7, 169, 001 aus der jeweiligen Ausprägungsliste gewählt. Damit entsteht der Kode 127169001, der die „Ausfuhren der BR-Deutschland nach Frankreich/Insgesamt" und damit eine einzelne Zeitreihe identifiziert. Dies entspricht, wie in der Abbildung rechts unten angedeutet, einer UND-Verknüpfung der Merkmalsausprägungen.

Die Recherche in einer solchen Datenbank beginnt somit (heute noch) in der Regel mit dem Nachschlagen in einem Code-Plan, dem Verzeichnis der Unterkodes, ihrer Ausprägungen und ihrer Definition.

Abb. 7: Retrieval in Statistischen Datenbanken – Zugriff auf Zeitreihen (am Beispiel der Datenbank CRONOS-FRIC)

Unterkode I: Meldeländer
02: Eur-10
12: *BR-Deutschland* → 12
14: Frankreich
.
.
.

Unterkode II: Handelsströme, Einheit und Periodizität
.
.
.
6: Einfuhren, Werte, monatlich
7: *Ausfuhren, Werte, monatlich* → 7
.
.
.

Unterkode III: Waren und Warenklassen
169: *Insgesamt* → 169
.
.
.
150: Nahrungsmittel, lebende Tiere
151: Getränke und Tabak (SITC)
.
.
.

Unterkode IV: Partnerländer (einschließlich Aggregate)
999: Welt
908: Intra-EG
909: Extra-EG
.
.
001: *Frankreich* → 001
002: Belgien – Luxemburg
003: Niederlande
004: BR-Deutschland
.

→ = 127169001, d.h: Ausfuhren der BR-Deutschland nach Frankreich, alle Warengruppen

Äquivalente Formulierung mit den logischen Operatoren in der üblichen Notation:
Meldeland = 12 UND Handelsfluß = 7 UND Warenklasse = 169 UND Partnerland = 001

Alle diese Sprachen erlauben, die Zeitreihen rechnerisch zu verarbeiten, wobei die berechnete Reihe natürlich nicht in die (öffentliche) Datenbank kommt, sondern erstmals lediglich im benutzereigenen Arbeitspeicher festgehalten wird. Darüber hinaus ist es meist grundsätzlich möglich, Zeitreihen aus der Datenbank in Variablen zu spielen. Damit werden sie quasi in den Arbeitsspeicher kopiert und stehen unter dem Variablennamen zur Verfügung. Dies hat nicht nur den Vorteil, daß sie dann unter dem (kürzeren, einprägsamen) Variablennamen zur Verfügung stehen, sondern es verkürzt auch die Zugriffszeit, da dann die Reihe nicht mehr vom peripheren Speicher geholt werden muß, sondern bereits im Arbeitspeicher steht. Am weitesten in der Vereinfachung der Syntax der Rechenvorgänge ist AREMOS, wo tatsächlich nur, wie oben angedeutet, der entsprechende algebraische Ausdruck eingegeben werden muß, lediglich der Befehl REIHE ist voranzustellen. Also z.B. REIHE A = (100/B) * C, um die prozentualen Anteile der einzelnen Zeitreihenwerte von C an B zu berechnen.

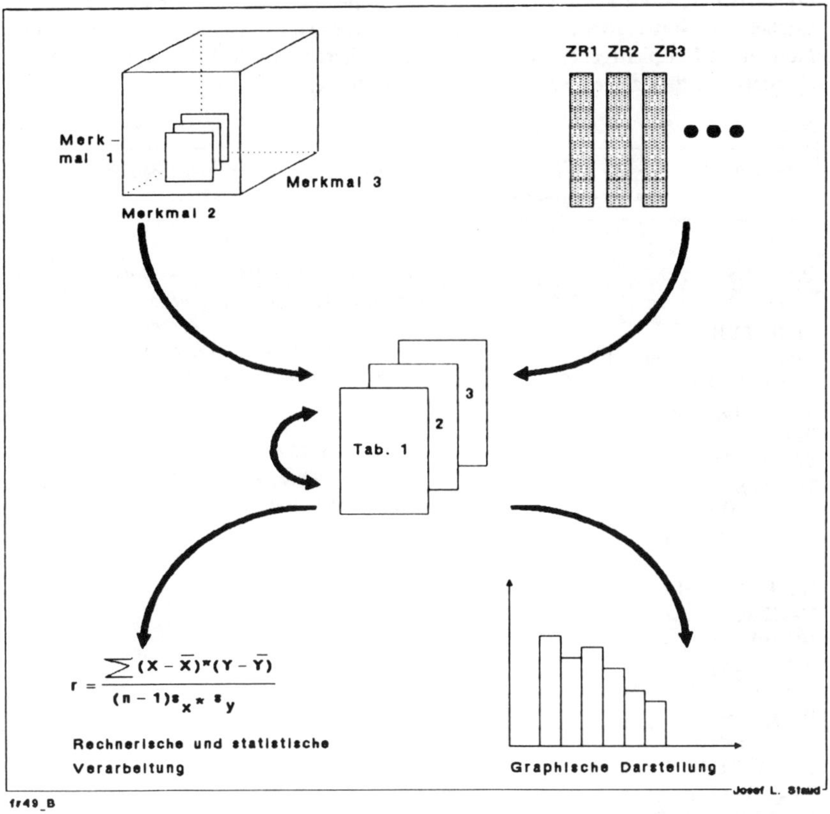

Abb. 8: Retrievalprozeß in Statistischen Datenbanken

Die Ergebnisse einer Recherche in statistischen Datenbanken werden in der Regel in tabellarischer Form ausgegeben. Die rechteckige „flache Tabelle („flat table") mit jeweils einer Dimension über die Spalten und Zeilen ist, wenn auch mit Variationen, die Grundform der Darstellung dieses Informationstyps. Tabellen höherer Dimension werden dabei einfach in solche flachen Tabellen aufgelöst. *Abb. 8* versucht dies grafisch zu veranschaulichen, wobei hier auf die zwei (zur Zeit) dominierenden Formen, Merkmalsräume und Zeitreihen, bezug genommen wird.
Die Gestaltung der Tabelle erfolgt in der Regel so, daß neben den Pflichtparametern (den auszugebenden Zeitreihen) noch ein Vielzahl weiterer Parameter angegeben werden können. Z.B. zur Gesamtüberschrift, zu den Spaltenüberschriften, zur Spaltenbreite, zur Anzahl Dezimalstellen, usw.

Neben der rechnerischen Verarbeitung erfolgt oftmals auch eine statistische. Die Systeme bieten dafür mehr oder weniger große Ausschnitte aus der Zeitreihenstatistik an. Dies reicht von einfachen Korrelations- und Regressionsrechnungen bis zu ökonometrischen Modellen unterschiedlicher Komplexität. Einige Systeme erlauben zusätzlich die Nutzung externer Statistikpakete über eine entsprechende Schnittstelle. Nun einige Beispielsrecherchen. Zerst eine Recherche mit MAGIC von I. P. Sharp (Reuters). Die einzelnen Schritte sind in der Recherche erläutert.

Anmerkung: *Für alle Recherchen gilt: Benutzereingaben sind unterstrichen, Kommentare kursiv gesetzt.*

<u>OPTIONS</u>

Mit dem Befehl OPTIONS wird die Einstellung zentraler Systemparameter angezeigt. TIMESERIES bedeutet „Zeitreihenmodus". Mit NOTIMESERIES könnte ein Modus für Querschnittstabellen aufgerufen werden.

TIMESERIES
TIMEFRAME: NOT SET
FISCALSTART 1
SCALE 1000000
BLIND
YEAREND

YEAREND (Gegenstück NOYEAREND) legt fest, ob Jahresendwerte am Schluß einer Tabelle ausgegeben werden (bei einer Periodizität höher als jährlich).

TOTALS
AUTOCALC
NOAUTOLABEL
STAMP
NOHIGHLIGHT
NOZERO
NOAPL
NORESULT
NOSYNCH
WIDTH 80
COLUMNS 0
COLWIDTH 0
DECIMALS 2
LABELWIDTH 0
PAGEDEPTH 0 66

NOYEAREND	*Mit NOYEAREND wird die Ausgabe der Jahresendwerte unterdrückt. Festlegung der Periodizität und der Zeitspanne*
QUARTERLY DATED 1 83 TO 4 83	
TITLE ,DER AUSSENHANDEL DER BR-DEUTSCHLAND‘	*Vergabe des Titel*
3 TITLE ,(ZU LAUFENDEN PREISEN)‘	
LABEL ,ABSOLUTE WERTE*AUSFUHREN: ,EINFUHREN‘	*Benennung der Spalten*
LABEL ,BERECHNETE WERTE*SALDO, VERHAELT‘	*(siehe unten)*
1 2 PUT BUNDESBAND ,DA0019, DA0041‘	*Kopieren zweier Reihen in den Arbeitsspeicher*
3 PUT (ITEM 1) MINUS (ITEM 2)	*Rechnen*
4 PUT (100 TIMES ITEM 1) DIVIDED BY (ITEM 2)	
,H‘ TABLE ITEM 1 THRU 4	*Befehl zur Ausgabe von Zeitreihen*

DER AUSSENHANDEL DER BR-DEUTSCHLAND
(ZU LAUFENDEN PREISEN)

	ABSOLUTE WERTE		BERECHNETE WERTE	
	AUSFUHREN	EINFUHREN	SALDO	VERHAELT
1ST/83	129,700	117,500	12,200	110.38
2ND/83	131,000	119,700	11,300	109.44
3RD/83	129,300	121,800	7,500	106.16
4TH/83	136,500	128,200	8,300	106.47

Das Retrieval erfolgt bei dieser Sprache entweder im PUT-Befehl oder direkt bei der tabellarischen Ausgabe. Obige Recherche demonstriert natürlich nur einen Bruchteil der Leistungsfähigkeit der Retrievalsprache. Dasselbe gilt für die nachfolgende Recherche mit AREMOS. Umfassendere Beschreibungen finden sich in Lit. 18, Lit. 15.
In AREMOS gibt es eine sehr einfache Möglichkeit, Zeitreihen auf Variable zu spielen, die dann im Arbeitsbereich des Benutzers zur Verfügung stehen. Nach Eingabe des Befehls REIHE wird, in der üblichen „Zuweisungsnotation“ einem frei gewählen Variablennamen (Deutschland INSgesamt, im hier gewählten Beispiel) eine Zeitreihe zugeordnet.

Zeitreihen auf Variable spielen.
Befehl: REIHE

⇒
REIHE DINS = S122298105

Frequenz A _ JAEHRLICH fuer 11 Perioden von 1975 bis 1985

⇒
REIHE DKABEL = S122297105

Frequenz A _ JAEHRLICH fuer 11 Perioden von 1975 bis 1985

⇒
REIHE FINS = 142298105

Frequenz A _ JAEHRLICH fuer 11 Perioden von 1975 bis 1985

⇒
REIHE FKABEL = S142297105

Frequenz A _ JAEHRLICH fuer 11 Perionden von 1975 bis 1985

Die Ausgabe von Tabellen erfolgt hier mit dem Befehl ZEIGE. Für alle Befehle gilt: sie sind in mehreren Sprachen verfügbar (zur Zeit englisch, französisch, deutsch) und können entweder direkt („an einem Stück") im sogenannten Expertenmodus oder ein einem Abfragemodus („Konversationsmodus") eingegeben werden.

⇒
ZEIGE DINS, DKABEL, FINS, FKABEL

Einfache Tabelle ohne jegliche Ausgestaltung und im Befehlsmodus (Expertenmodus)

Frequenz fuer ZUSAMMEN:

	DINS	DKABEL	FINS	FKABEL
1975	663.69	55.39	340.39	79.89
1976	897.69	59.09	407.29	90.59
1977	880.09	48.09	432.29	89.89
1978	940.29	70.50	462.39	98.39
1979	1043.50	59.69	521.09	112.70
1980	1020.50	65.00	519.80	131.90
1981	984.00	57.90	527.70	134.40
1982	985.00	59.00	603.70	146.10
1983	1123.00	64.00	611.80	146.20
1984	1146.00	57.00	535.80	130.40
1985	1148.00	56.00	537.30	134.30

Durchführung einfacher Berechnungen
Befehl: REIHE
Neue Reihe: DPR (Prozentwert für BR-Deutschland).

⇒

REIHE DPR = (100/DINS)*DKABEL

Frequenz A _ JAEHRLICH fuer 11 Perioden von 1975 bis 1985

⇒

ZEIGE DPR;

	DPR
1975	8.35
1976	6.58
1977	5.46
1978	7.50
1979	5.72
1980	6.37
1981	5.88
1982	5.99
1983	5.70
1984	4.97
1985	4.88

Einfache Grafik
Befehl: PLOTTE

⇒

PLOTTE

Ueberschrift (in Apostrophen):
‚ALUMINIUMHERSTELLUNG'

Name der Zeitreihe(n):
DINS, FINS

Grafik-Zeichen

Weitere Zeitreihen plotten?

Text fuer die linke vertikale Achse (in Apostrophen):
‚TSD T'

Text fuer die Fussnote (in Apostrophen):

Legende unterdruecken?

N

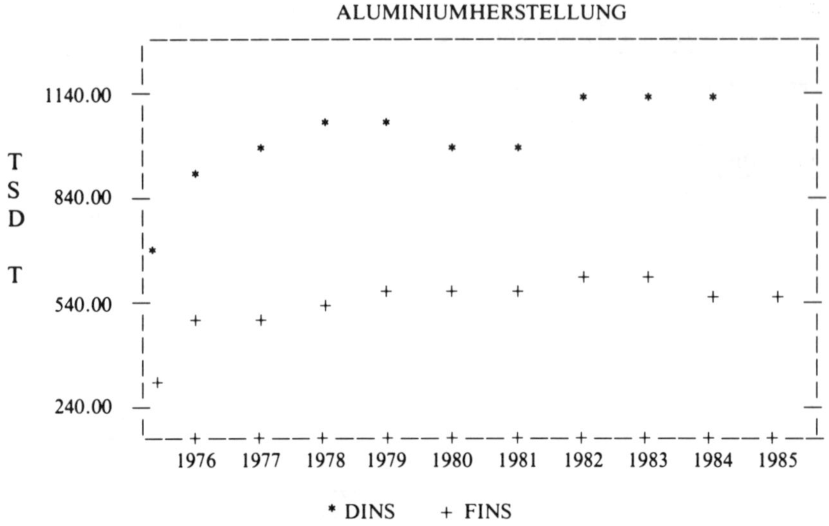

Neben dieser einfachen „Sternchengrafik", deren Einfachheit durch den Zeilenmodus erzwungen wird, in dem heute noch Retrieval im Regelfall erfolgt, gibt es bei all diesen Hosts ausgefeilte Geschäftsgraphik, die dann allerdings auf Plottern (beim Benutzer oder beim Host) ausgegeben werden muß.

In den letzten Jahren ist eine Tendenz zu beobachten, Teile der Arbeit mit statistischen Daten aus dem Großrechner des Datenbankanbieters heraus und in die Anlage des Benutzers zu verlagern. Dies geschieht auf unterschiedliche Weise. Einige Hosts empfehlen, die Zeitreihen in ein Multifunktionspaket runterzuladen und dort weiterzuverarbeiten. Andere bieten die Großrechnerabfragesprache auch in einer PC-Version an. Zusammen mit einer ebenfalls integrierten Datenfernübertragungskomponente kann dann, nach dem eigentlichen Retrieval im Großrechner, die Leitung zum Großrechner unterbrochen und lokal weitergearbeitet werden. Daneben wird natürlich weiterhin die klassische Lösung, Arbeit mit dem Großrechner, von allen Hosts angeboten. Somit können zur Retrievalsoftware folgende Varianten festgehalten werden:

- umfassende Software auf dem Hostrechner für Retrieval, Darstellung und Verarbeitung (befehlsgesteuert).
- umfassende Software, die (fast) identisch auf dem Hostrechner und dem eigenen Mikrocomputer zur Verfügung steht und die den Zugriff auf die Datenbanken, das Runterladen und die lokale Weiterverarbeitung erlaubt.
- Software zum Runterladen der Daten und zur Aufbereitung für die weitere Arbeit mit einem Statistik- oder Multifunktionspaket.

Die meisten der Retrievalsysteme für Statistische Datenbanken sind befehlsorientiert, weil die Abläufe bei der Arbeit mit statistischen Daten auf Grund ihrer „Unberechenbarkeit" nur schwer in Maskenvorgaben zu pressen sind. Dagegen lassen sich einzelne Aufgaben (eine feste Tabelle, Berechnung, usw.) problemlos maskenorientiert abarbeiten, was in einzelnen Sprachen auch erfolgt (z.B. in AREMOS).

C 4.6 Anbieter und Produzenten Statistischer Datenbanken

Angesichts der Besonderheit dieses Informationstyps ist es sicherlich nicht überraschend, daß die Anbieter und Produzenten dieser Datenbanken andere sind als die sonstigen Anbieter von öffentliche Datenbanken. Anbieter sind hier Firmen wie Data Resources, WEFA, I. P. Sharp (vor kurzem aufgekauft von Reuters), ADP, Datacentralen (um die wichtigsten zu nennen), die fast ausschließlich Statistische Datenbanken anbieten. Ihre Herkunft liegt meist im Bereich der EDV-Dienstleistung oder Unternehmensberatung, oftmals bestehen die Hosts hier aus einer Abteilung einer solchen Dienstleistungsfirma. Es dominieren eindeutig US-amerikanische und kanadische Anbieter. Deutsche Anbieter sind nicht im Markt vertreten. Die Produzenten dieser Informationen sind meist Statistische Ämter auf nationaler und internationaler Ebene sowie sonstige internationale zwischenstaatliche Organisationen. Nur solche Organisationen besitzen das Recht und die Mittel, solche Daten umfassend zu erheben. In geringem Umfang führen auch Privatfirmen und Forschungseinrichtungen Erhebungen durch, deren Daten in Statistische Datenbanken gelangen. Diese Erhebungen weisen aber meist nicht die Abdeckung und Kontinuität auf, die statistische Daten aufweisen sollten.

Oftmals treten Organisationen als Produzenten auf (in den Materialien zur Beschreibung der Datenbank), die tatsächlich „nur" bereits erhobene Daten auswerten. So einige internationale Organisationen (z.B. das Statistische Amt der EG, EUROSTAT) und Beratungsfirmen (z.B. Wharton). Erstgenannte erhalten Daten der nationalen Ämter und anderer nationaler und internationaler Quellen und erstellen daraus einen homogenen Datensatz, d.h. sie machen die nationalen Daten vergleichbar. Zweitgenannte sammeln, z.B. für ein ökonometrisches Modell, ebenfalls Daten aus verschiedenen Quellen und bereiten (für die Zwecke des Modells) einen homogenen Datensatz, der dann auch unabhängig vom Modell in einer Statistischen Datenbank angeboten werden kann. Für beide Fälle finden sich Beispiele in den Unterlagen von EUROSTAT und WEFA (Wharton). Produzent ist hier somit nicht gleich Produzent. Es liegt am Informationstyp, der problemlos Verarbeitung, Verdichtung, kurz: Veredelung zuläßt, daß hier oftmals die Organisation, die Fragebogen an die Unternehmen schickt, nicht identisch ist mit der, die als Produzent der Daten auftritt.

Die Homogenisierungsarbeit der internationalen Statistischen Ämter darf nicht unterschätzt werden. Sie ist aufwendig und von großer Bedeutung, v.a. für die Informationssuchenden, die internationale Vergleiche anstellen wollen. Die Angleichung verschiedener nationaler Daten (z.B. zu makroökonomischen Indikatoren) ist für den Einzelnen kaum machbar, da er in der Regel nicht über die desaggregierten Daten verfügt, die notwendig sind, um (zum Beispiel) Lohnangaben für Qualifikationsgruppen vergleichbar zu machen. Daneben exisitieren auch Daten, die (ohne eigene Erhebung) gar nicht vergleichbar gemacht werden können. Hier finden sich dann die unterschiedlichen Definitionen in den Beschreibungen der Datenbank. Beispiele für internationale Organisationen, die statistische Daten veröffentlichen, sind neben dem schon genannten Statistischen Amt der EG (EURSOTAT) in Luxemburg die OECD und die UN. Die beiden erstgenannten sind bereits mit zahlreichen Datenbanken im Informationsmarkt präsent, EUROSTAT mit dem CRONOS Datenbankkomplex und der umfassenden Außenhandelsdatenbank COMEXT und die OECD mit zahlreichen Datenbanken makroökonomischer Kennziffern der OECD-Länder (z.B. die MEI, Main Economic Indicators).

Die Homogenisierungsarbeit der Internationalen Organisationen hat natürlich auch Nachteile. Diese liegen v.a. darin, daß die Daten i.d.R. nicht mehr so tief gegliedert sind wie die der nationalen Ämter. Dies ergibt sich oft unmittelbar aus der Homogenisierung. Um die Daten vergleichbar zu machen, müssen die einzelnen nationalen Daten im gegenseitigen Vergleich so lange aggregiert werden, bis sie vergleichbar sind. Als Grundregel bei der Suche nach statistischen Informationen (online oder gedruckt) kann daher gelten: werden internationale vergleichende Daten benötigt, führt an den Daten der internationalen Organisationen kein Weg vorbei. Bleibt der Informationswunsch im ,,nationalen Rahmen'', sollten die tiefer gegliederten Daten der nationalen Ämter benutzt werden.

Literatur

01. Bastian, Michael (1982): Datenbanksysteme, Königstein/Ts. 1982.
02. Beck, Leland L. (1980): A Security Mechanism for Statistical Databases. In: ACM Transactions on Database Systems, Vol. 5, No. 3, September 1980, S. 316 – 338.
03. Chatfield, Christopher (1980): Analyse von Zeitreihen. Eine Einführung. Wien 1982.
04. Chin, Francis Y.; Ozsoyoglu, Gultekin (1981): Statistical Database Design. In: ACM Tranactions on Database Systems, Vol. 6, No. 1, March 1981, S. 113 – 139.
05. Christmann, A. (1979): Das Statistische Informationssystem – Thesen und Schlußfolgerungen. In: ÖVD 6/79, S. 8 – 10.
06. Cubillas, Mary M. (1981): Nonbibliographic Databases in a Corporate Health, Safety and Environment Organization. In: Special Libraries, Vol. 72, July 1981, S 243 – 248.
07. Fried, John B. (1975): On-Line Numeric Data Bases. In: Bulletin of the American society for Information Science, Vol. 1, Febr. 1975, S. 17 – 18.
08. Fried, john B.; Luedke, James A.; Rubin, Stephen A. (1977): Online Numeric Database Systems. In: Online 71, 1977, S. 70 – 72.
09. Kam, John B.; Ullman, Jeffrey D. (1977): A Model of Statistical Databases and Their Security. In: ACM Transactions on Database Systems, Vol. 2, No. 1, March 1977, S. 1 – 10.
10. Leiner, Bernd (1982): Einführung in die Zeitreihenanalyse. München, Wien 1982.
11. Luedke, James A. (1977): Numeric Data Bases On-Line. In: Online Review, 1, 1977, S. 207 – 215.
12. Staud, Josef L. (1984a): Statistische Verarbeitung von Informationen in Faktenretrievalsystemen. Am Beispiel der Zeitreihenstatistik in AREMOS. Universität Konstanz, Informationswissen- schaft, Bericht 1/84, März 1984.
13. Staud, Josef L. (1985a): Statistische Datenbanken: Beschreibung, Retrieval, Benutzerschnittstelle. in: Deutsche Gesellschaft für Dokumentation, ,,Deutscher Dokumentartag 1984, Perspektiven der Fachinformation. Programme – Praxis – Prognosen' (bearbeitet von Hilde Strohl-Goebel), München u.a. 1985, S. 362 – 402.
14. Staud, Josef L. (1985b): On-Line Retrieval in Numeric Data Bases: Special Features and Examples. in: IATUL Proceedings Vol. 17, 1985, hrsg. von Nancy Fjällbrant, Göteborg (Schweden) 1985, S. 197 – 228.
15. Staud, Josef L. (1985c): Retrieval in statistischen Datenbanken. Besonderheiten, Beispiele, Vergleich mehrerer Retrievalsprachen. in: Deutsche Gesellschaft für Dokumentation, 7. Frühjahrstagung der Online-Benutzergruppe der DGD, Frank- furt 1985, S. 164 – 225.
16. Staud, Josef L. (1985d): Factual-Type Online Databases for Humanities and Social Sciences: A Survey. Vertrag bei der ICDBHSS/85 Conference in Grinne 11/Iowa (USA),

22.–24. Juni 1985, erscheint im Tagungsband (auch erschienen als Bericht 12/85 der Informationswissenschaft der Universität Konstanz).
17. Staud, Josef L. (1985d): Typen von Wirtschaftsdatenbanken und Retrievalprozeß. Univeristät Konstanz, Informationswissenschaft, November 1985, Bericht 14/85 (Vertrag beim Deutschen Dokumentartag 1985. Erscheint auch im Berichtsband)
18. Staud, Josef L. (1985e): Retrieval in statistischen Datenbanken. Hauptaufgaben, Vergleich, Ausblick. in: Nachrichten für Dokumentation 36, 1985, Nr. 6, S. 243–254.
19. Staud, Josef L. (1986a): Die Welt der öffentlichen Datenbanken. Modellierung, Datenstruktur, und Retrievalprozeß. Nachrichten für Dokumentation, 37, 1986, Nr. 3, S. 139–150.
20. Staud, Josef L. (1986b): The universe of Online Databases. Reality and Model(s). Universität Konstanz, Bericht 4/86, July 1986 (Erscheint in überarbeiteter Form im Journal of Information Science).
21. Staud, Josef L. (1986c): „Online Wirtschaftsdatenbanken 1986. Mit einem Verzeichnis von Datenbanken, Anbietern und Produzenten./Online Business Databases 1986. With a Directory of Databases, Hosts and Producers. BILINGUAL – ZWEISPRACHIG." Verlag Peter Lang, Frankfurt, Bern, New York 1986.
22. Wanger, Judith; Landau, Ruth N. (1980): Nonbibliographic On-line Data Base Services. in: Journal of the American Society for Information Science, Mai 1980, S. 171–180.
23. Wisdom, J. C.; Houghton, B. (1980): Nicht-bibliographische Datenbanken – Eine Untersuchung der Anwendungsmöglichkeiten im Bereich der Betriebs- und Volkswirtschaft. In: Erstes deutsches Online Informationstreffen, Köln, 5.–8. Mai 1980 (Learned Information).
24. Zindler, Hans-Joachin (1979): Statistische Informationssysteme – Versuch einer Definition, Göttingen 1979.
25. Zindler, Hans-Joachim (1980): Statistiken besser erschließen. Das Statistische Informationssystem im Statistischen Bundesamt. In: data report 15 (1980), Heft 4, S. 14–18.

Weiterführende Literatur:

26. Staud, Josef L: Öffentliche Datenbanken – Typen, Themen, Theoretische Grundlagen. (in Vorbereitung).

C 5 Neue Diensteformen

Dietmar Strauch

C 5.1 Entwicklungstendenzen

Eine Vielzahl neuer Informations- und Kommunikationstechnologien befindet sich in den Industriestaaten in der Erprobungs- und Einführungsphase. In der Wissenschaftlichen und politischen Diskussion wird diesem äußerst dynamischem Prozeß eine beträchtliche kulturhistorische Bedeutung beigemessen: Von einer neuen *industriellen Revolution* oder der beginnenden *Informations- und Kommunikationsgesellschaft* wird – je nach Standpunkt – mit positiver Erwartung oder warnendem Unterton gesprochen. Tatsache ist, daß sich technische Innovationen schneller und überraschender durchsetzen, als wir dies bisher gewohnt waren. Prognosen für Informationstechniken und entsprechende Dienstleistungen sind oft bei ihrer Publikation schon von der realen Entwicklung überholt.

Strukturmerkmal der zu beobachtenden Entwickungstendenzen ist die *Integration* von bisher isolierten Prozessen und Tätigkeitsbereichen – dies gilt für die technische Entwicklung selbst, aber auch für die wirtschaftlichen und die Nutzungsaspekte.
Bisher getrennte Technikbereiche vernetzen zunehmend zu einer Einheit, die als *Telematik* charakterisiert werden kann. Einbezogen in diesen Vorgang sind vor allem

* Herkömmliche technische Kommunikationsmittel wie die Reprographieverfahren, das Telefon oder das Korrespondenzwesen
* Datenverarbeitung und Computerindustrie mit der Entwicklung von Hardware und Software
* Textverarbeitung von der Schreibmaschine über den Kopierer bis zum automatisierten Archiv
* Nachrichtentechnik mit Verfahren und Hilfsmitteln für die Gestaltung von Netzen, Funk- und Satellitentechnik
* und schließlich die Elektronikindustrie mit der Herstellung von Bildschirm- und sonstigen Endgeräten.

Auf der Herstellerseite hat dies zur Folge, daß bisher separierte Märkte der Elektroindustrie, der Datenverarbeitung oder der Fernmeldegeräte-Industrie gegenseitig geöffnet werden und zu einem gemeinsamen Komplex verschmelzen; Unternehmen aus diesen Sektoren entwickeln sich zunehmend zu Mischkonzernen, die Hardware, Software und Kommunikationsschnittstellen – aber auch Dienstleistungen und Informationsinhalte – anbieten und vermarkten.
Dieser Integrationsprozeß findet seine Entsprechung auf der Benutzerseite insofern, als ursprünglich für eine ganz bestimmte Funktion konzipierte Geräte und Einrichtungen nun mehrere Funktionen gleichzeitig wahrnehmen können: der Fernsehempfänger fungiert auch als Datensichtgerät, die Schreibmaschine als Datenkommunikationsgerät oder die Musik-Schallplatte als Datenspeicher.
Katalysatoren dieses Integrationsvorganges sind die einzelnen Basisinnovationen, z.B. in der Computertechnologie der Mikroprozessor, bei den Speichermedien die

Laser-Technik oder in der Nachrichtentechnik die Digitalisierung in Verbindung mit optischen Übertragungsverfahren. An den Schnittstellen dieser einzelnen Bereiche bilden sich neue Formen technischer Kommunikationsmittel heraus, die je nach Blickwinkel als *Neue Dienste* oder *Neue Medien* bezeichnet werden. Als Beispiel sei hier auf die Familie der Videotext-Systeme verwiesen, die zum einen in der Form als interaktive, kabelgebundene Systeme (Btx) auf einer Kombination von Computer, Telefonnetz und Terminal basieren, aber auch als drahtlose Verteildienste (Videotext) als Ergänzung zum Fernsehsystem realisiert sind (näheres zu dieser Thematik vgl. Kap. B 15).

Die gegenseitige Abhängigkeit und gleichzeitig die Ergänzungsfunktion von Datenverarbeitungs- und Speichertechnologien auf der einen Seite sowie der Übermittlungs- und Kommunikationssysteme auf der anderen Seite führt im Bereich der Informationsprodukte ebenfalls zu *neuen elektronischen Diensteformen*.

Diese Diensteformen lassen sich unter drei Gesichtspunkten beschreiben:

* Informationsprodukte werden auf leistungsfähigen *Speichermedien* (insbesondere optischer Art) angeboten und für die dezentrale Verarbeitung vertrieben. Sie stellen damit eine Alternative und Ergänzung zu online-Diensten dar.
* Daneben werden – zumindest für bestimmte Einsatzzwecke – neben Daten und Text auch andere *Repräsentationsformen* wie Grafik, Bild, Ton, Film mit Hilfe entsprechender Speicher in Informationsprodukte einbezogen.
* Durch Kombination konventioneller, dezentraler und zentraler, telekommunikativer Verfahren und Dienste entstehen neuartige *integrierte Dienste*.

Man kann diese beiden Aspekte – eigenständige Neue Dienste und integrierte Dienste – auch als Entwicklungsprozeß interpretieren. Wenn man einmal von drei Generationen der Informations- und Kommunikationstechnologien ausgeht, ergibt sich etwa folgendes Bild:

* Die *erste Generation* mit zentralen EDV-Großanlagen, Verteilnetzen bzw. schmalbandigen Telekommunikationsformen ist in den letzten zwanzig Jahren nahezu flächen- und bedarfsdeckend durchgesetzt worden.
* Die *zweite Generation* – in der wir uns in den 80er Jahren befinden – wurde ermöglicht durch Innovationen im Bereich der integrierten Schaltkreise und Mikroprozessoren, die zu einer drastischen Verbilligung von DV-Anlagen führten und mit dem Personal Computer zunehmend dezentrale und autonome Informationsverarbeitung ermöglichen. Zusammen mit der Verfügbarkeit leistungsfähiger Speicher und dem Ausbau der Telekommunikationsformen wurde die integrierte Text-, Faksimile- und Datenverarbeitung erreicht.
* Die *dritte Generation* schließlich wird in den 90er Jahren die vollständige Integration auf der Basis einer einheitlichen digitalen Übertragungs- und Vermittlungstechnik bringen. Allerdings sind auf diesem Gebiet noch eine Reihe von Arbeiten zu leisten – insbesondere bei der optischen Signalübertragung, der Entwicklung von Chip-Speichern und der Bildschirmtechnik.

C 5.2 Disketten-Dienste

Großrechner und Personal Computer benutzen die *Magnetspeichertechnik* zur vorübergehenden und permanenten Speicherung von Daten und Programmen. Dabei werden in Konkurrenz oder Kombination nebeneinander eingesetzt:

* Magnetplatten (Festplattenspeicher)
* Magnetbänder
* Disketten (Floppy Disks).

Wegen ihres geringen Preises, der inzwischen recht hohen Speicherkapazität (bei sogenannten HDFD-High Density Flexy Disk-Disketten im Bereich von mehreren Megabyte) und nicht zuletzt der problemlosenVersandmöglichkeit eignen sich Disketten für den Einsatz vor allem in dezentralen PC-Systemen. Neben ihrem eigentlichen und ursprünglichen Verwendungszweck – nämlich zur Speicherung und Einspielung von Programmen in Datenverarbeitungsanlagen – werden sie zunehmend auch für den Vertrieb von *Offline-Datenbanken* verwendet.

Insbesondere für Bibliographien, Faktensammlungen oder auch andere periodische Informationsdienste eignen sich Disketten unter bestimmten Voraussetzungen:

* Die Abnehmer und Benutzer verfügen über einen PC mit Festplatte und laden sich ausgewählte Datensätze von den Disketten in ihren eigenen Speicher. Auf diese Art können betriebsinterne oder arbeitsplatzspezifische Datensammlungen ständig erweitert und somit up to date gehalten werden.
* Die angebotenen Daten werden in bestimmten Zeitintervallen geliefert. Es kann sich dabei um Standard-Dienste handeln oder auch um individuelle Profildienste, die nach den speziellen Wünschen des Abnehmers jeweils zusammengestellt werden. Hierbei macht sich günstig bemerkbar, daß die Beschreibung von Disketten nicht sonderlich aufwendig ist und auch in kleinen Stückzahlen zu wirtschaftlichen Bedingungen zu rechtfertigen ist.

Als besonderer Vorteil dieser Distributionsart ist aus Sicht des Benutzers die Unabhängigkeit von online-Hosts anzusehen. Er kann beliebig intensiv und häufig in den Datenbeständen recherchieren, ohne daß Datenübertragungskosten anfallen; ferner kann er die Inhalte im Hinblick auf seine speziellen Bedürfnisse selektieren, umformen oder ergänzen.

Als gewisser Nachteil – zumindest aus Sicht des Anbieters – muß in Kauf genommen werden, daß sich Disketten verhältnismäßig leicht kopieren und vervielfältigen lassen. Insofern bleibt die Kontrolle über die vertriebenen Datenbestände – ähnlich wie bei Datenverarbeitungsprogrammen – ein Problem. Unter anderem aus diesem Grund werden Datenbestände zunehmend auf sogenannten ROM-Speichern (Read Only Memory; vgl. unten) angeboten, die nur noch mit sehr hohem Aufwand dupliziert werden können. Allerdings rentiert sich diese Alternative erst ab höheren Auflagen; für einen kleineren Kreis von Informationsabnehmern wird daher die Diskette auch künftig noch von beträchtlicher Bedeutung bleiben.

C 5.3 Optische Speichermedien

Eine wachsende Bedeutung bei externen Speichermedien nehmen elektro-optische Verfahren ein. Während die Magnetspeicher (Platten, Disketten, Bänder) durch Verbesserung der Aufzeichnungstechniken zwar noch geringe Qualitäts- und Quantitätszuwächse erwarten lassen, sind im Bereich der optischen Speicher ganz neue Dimensionen zur Massendatenspeicherung erreicht bzw. zu erwarten. Die verfügbaren optischen Medien haben gemeinsam, daß sie

* auf der Halbleiter-Lasertechnologie basieren,
* direkten Datenzugriff erlauben,
* sehr hohe Speicherdichten mit hoher Speicherkapazität verbinden,
* als Datenträger schnell und leicht ausgetauscht und transportiert werden können.

Ähnlich wie die CD-Platte (Compact Disk) im Bereich der Unterhaltungselektronik die herkömmliche Schallplatte substituiert, gewinnen die nachfolgend beschriebenen Varianten bei der Durchführung und Unterstützung informationsverarbeitender Prozesse an Bedeutung. Wenn auch die Terminologie nicht einheitlich verwendet wird und damit etwas verwirrend ist, kann man im wesentlichen drei Systeme unterscheiden:

* Bildplatten-Systeme (auch Videoplatte, Laser-Bildplatte oder Video Disk genannt)
* Kompaktplatten-Systeme (CD-ROM für Compact Disk Read Only Memory)
* Datenplatten-Systeme (DOR für Digital Optical Recording bzw. DRAW für Direct Read After Write).

Die Abgrenzung zwischen den einzelnen Typen ist mitunter fließend und von Hersteller zu Hersteller unterschiedlich. Langfristig werden hier noch weitere Mischformen auftreten; erste Produkte dieser Art sind die sogenannte CD-I (für CD-Interactive) sowie die CD-Video, die vor allem für den Massenmarkt konzipiert sind und hier nicht näher behandelt werden.

C 5.3.1 Bildplatten-Anwendungen

Die unter verschiedenen Produktnamen auf dem Markt vorhandenen *Laser-Bildplatten* sind *analoge* ROM-Speichermedien, die vor allem für die Archivierung und Wiedergabe von Video- oder AV-Informationen (Standbild, Bewegtbild, HiFi-Ton) eingesetzt werden; sie sind gewissermaßen als Ergänzung und Erweiterung von Video-Band-Anwendungen anzusehen. Die AV-Informationen werden als analoge Signale in Form kleiner Vertiefungen – sogenannter Pits – durch einen Laser in die fotoempfindliche Schicht einer Bildplatte eingeschrieben. Jede Seite einer Bildplatte hat bis zu 54.000 Rillen und kann damit eine entsprechende Zahl von Einzelbildern speichern; das entspricht etwa 36 Minuten Filmabspielzeit (insbesondere für den Einsatzbereich Unterhaltungselektronik existiert eine Variante mit 60 Minuten Spielzeit pro Seite; diese Plattenart ist aber für Informationssysteme weniger geeignet, da kein bildgenauer Zugriff auf die Informationen möglich ist). Bildplatten werden irreversibel beschrieben. Die Inhalte können also vom Anwender nicht verändert und aktualisiert werden, so daß sich dieses Medium als read-only-Speicher auf Anwendungsbereiche mit halbwegs stabilen AV-Inhalten beschränken muß. Beim Abspiel- und Lesevorgang auf einem Bildplattenspieler tastet ein Laserstrahl die Bildspuren ab, jedes Einzelbild kann mit einer mittleren Zugriffszeit von etwa 1 Sekunde in beliebiger Reihenfolge adressiert und auf einem Monitor dargestellt werden. Die Adressierung eines Bildes bzw. eines Kapitels erfolgt über die Eingabe der entsprechenden Bild- oder Kapitelnummer; weitere Funktionen sind u.a. vorwärts oder rückwärts gerichtetes Anzeigen von Bildern und Bewegtbildsequenzen, Zeitraffer, Zeitlupe, schnelles Scannen, Abspielen in Kombination mit oder ohne Ton.

Anwendungen von derartigen Bildplatten für Retrievalsysteme sind unterschiedlich realisert. Im einfachsten Fall – z.B. für ein Bildarchiv – wird dem Benutzer ein Katalog mit den entsprechenden Themen und den dazugehörigen Bildnummern an die Hand gegeben. Durch Eingabe über eine Tastatur können die Zielbilder ohne Rechnerunterstützung ausgewählt werden.

Durch einen mit dem Bildplattenspieler gekoppelten Rechner kann darüber hinaus eine inhaltsbezogene Recherche des Bildmaterials in Verbindung mit einer intelligenten Dialogsteuerung erreicht werden. Insbesondere für Lehrprogramme oder AV-gestützte Informationssysteme eignen sich diese rechnergesteuerten *interaktiven Bildplattensysteme*.

Bei *Ausbildungs- und Lehrprogrammen* sowie *Informationsprogrammen* mit Hilfe interaktiver Bildplatten werden Verarbeitungsprogramme eingesetzt, die mit Methoden des computerunterstützten Unterrichts bestimmte Lehrinhalte didaktisch aufbereitet haben. An bestimmten Stellen des Dialoges – z.B. über Menuseiten oder an Verzweigungspunkten – können AV-Informationen ausgegeben werden. Die Besonderheit komplexer Programme besteht darin, daß in einem Medien-Mix sowohl Text- als auch AV-Informationen miteinander überlagert werden können. Auf diese Art ist es auch möglich, die stabilen Bildplatten-Informationen durch aktuelle Informationen z.B. von einer Diskette oder aus einer Datenbank zu ergänzen.

Bei *Retrievalsystemen* im Medienverbund mit Bildplatten werden die vom Benutzer gewünschten Bilder oder Filme mit Hilfe eines Rechnerprogramms aufgrund von Suchfragen und Mengenoperationen konstruiert. Dazu müssen die Bilder inhaltlich indexiert sein; die Deskriptoren sind in einer separaten Datenbank abgelegt und z.B. für Boolesche Anfragen oder die Registersuche zugänglich.

An Anwendungsschwerpunkten für interaktive Bildplattensysteme lassen sich nennen:

* **Informationssysteme in Selbstbedienung:** Stadtinformationen, Informationen in Ausstellungen oder Museen, Produktdarstellungen beim Verkauf
* Beratungsunterstützende Anwendungen: Berufsberatung, Touristikplanung, Energieberatung
* Verkaufsunterstützende Anwendungen: Autovermietung, Flugscheinverkauf (meist gekoppelt mit Buchungsrechnern und Kreditkartenlesegeräten)
* Ausbildungs- und Unterrichtssysteme: Selbstlern- und Übungsprogramme, „elektronisches Lehrbuch" in Verbindung mit Begleitmaterialien.

C 5.3.2 CD-ROM-Anwendungen

Im Unterschied zu der oben beschriebenen analogen Video-Bildplatte handelt es sich bei der CD-ROM um eine rein digitale Speicherplatte, die auf sehr kleinem Raum eine erstaunliche Speicherkapazität von ca. 600 MB bietet. Als read-only-Medium ist ihr Einsatzgebiet ebenfalls auf Anwendungen mit geringerem Akualisierungsgrad bezüglich der gespeicherten Daten wie z.B. Nachschlagewerke, Enzyklopädien, aber auch Datenbanken oder Bibliothekskataloge konzentriert. Die Informationsinhalte von CD-ROM-Platten sind meist Textdokumente. Einzelbilder und Grafiken lassen sich zwar auch abspeichern, allerdings ist wegen der digitalen Speicherung und der damit verbundenen Datenmenge (bei Farbbildern bis zu 2 MB) nur ein verhältnismäßig langsamer Zugriff auf die Zielinformationen möglich.
Der besondere Vorteil von CD-ROM-Datenbanken ist darin zu sehen, daß sie direkt am Arbeitsplatz oder im Inhouse-Betrieb als *Offline-Datenbanken* genutzt werden können. Recherchen können ohne Rücksicht auf Datenübertragungskosten und Host-Gebühren abgewickelt werden.
Die Technik der CD-ROM basiert auf dem gleichen Verfahren wie das für die Compact Disk (CD-Audio) verwendete, so daß bereits bestehende Produktionsanlagen für eine preisgünstige Herstellung und Vervielfältigung sorgen. Allerdings ist der Produktionsprozeß ähnlich kompliziert wie bei der Video-Bildplatte; erst ab Auflagen von einigen hundert bis tausend Exemplaren werden Einzelpreise erzielt, die z.B. mit Disketten vergleichbar sind.
Hauptverwendungsbereich der CD-ROM ist das *elektronische Publizieren* im weitesten Sinne. Verlage oder Datenbank-Produzenten lassen ihre Informationsprodukte auf CD-ROM-Platten pressen und verkaufen diese gemeinsam mit der entsprechenden Retrievalsoftware, ggfls. auch als Komplettsystem mit Laufwerk und PC. Inwieweit auf diesem Wege nennenswerte Konkurrenz für die etablierten online-Datenbanken entstehen könnte, läßt sich nicht präzise abschätzen; immerhin erwarten Prognosen eine Substitution in der Größenordnung von 10 %.
Wahrscheinlich sind es aber neue, spezialisierte Dienste mit Hilfe der CD-ROM, die einen neuen Markt schaffen könnten. Dies gilt für Universallexika, Patentinformationen, medizinische Daten, um nur einige Beispiele zu nennen. Ein interessanter Aspekt wird auch durch die Verknüpfung von Informationen mit graphischen Daten – z.B. Landkarten, Stadtpläne, technische Zeichnungen usw. – eröffnet.

C 5.3.3 Datenplatten-Anwendungen (DOR, DRAW, WORM)

Bei der Familie der Datenplattensysteme handelt es sich ebenfalls um digitale optische Speichermedien. Im Unterschied zu den ROM-Platten erfolgt aber hier die *Aufzeichnung, Speicherung und Wiedergabe* des Informationsmaterials durch ein einziges System. Damit bleiben die beschriebenen Platten zwar immer noch read-only-Speicher, sie ermöglichen aber durch die Bespielbarkeit eine größere Flexibilität. Die hier angewendete Technik wird als *DRAW* (Direct Read After Write) bezeichnet und charakterisiert den Vorgang des Beschreibens und Lesens durch den

Anwender selbst, während bei der CD-ROM und der Video-Bildplatte das Beschreiben bei einem Hersteller in einem Arbeitsgang erfolgen muß und die Inhalte nur über reine Abspielgeräte genutzt werden können.
Da das Bespielen von DRAW-Platten nicht in einem Arbeitsgang erfolgen muß, sondern je nach Anfall des Materials in beliebigen Zeitabständen erfolgen kann, werden diese Systeme dort eingesetzt, wo große Textmengen archiviert und im direkten Zugriff gehalten werden müssen.
Ein typischer Anwendungsfall sind Pressearchive, bei denen Zeitungsausschnitte mit Hilfe von Scannern als Faksimile auf Bildplatten gespeichert werden. Über ein integriertes oder auch separates Retrievalsystem können Recherchen an entsprechend indexiertem Material durchgeführt und die Zieladressen auf der Bildplatte angesprochen werden. In gewisser Weise können diese Systeme als Elektronische Nachfolger der Mikrofilmspeicherung angesehen werden.
DRAW-Systeme sind also für den Einsatz von Einzelanwendungen an einer zentralen Stelle gedacht; will man dagegen an vielen Abspielstellen die gleichen Inhalte zur Verfügung haben, wählt man den Einsatz von CD-ROM-Platten.
Man unterscheidet in diesem Bereich – je nach Hersteller – verschiedene Varianten. Die bekanntesten sind:

* Das *DOR-System* (Digital Optical Recording) bietet bei einem Plattendurchmesser von 30 cm eine Speicherkapazität von 1 Gigabyte pro Seite mit steigender Tendenz.
* Das *WORM-System* (Write Once Read Many Times) wird in unterschiedlichen Plattengrößen und mit entsprechend variablen Speicherkapazitäten angeboten.

Da die einzelnen Varianten – wenigstens bisher – nicht kompatibel sind, müssen spezielle Player oder Laufwerke für den Einsatz verwendet werden. In naher Zukunft sind allerdings sogenannte Omni-Player oder Multi-Laufwerke zu erwarten, die wiederum die Anwendungsmöglichkeiten erweitern werden. Bei der Entscheidung für ein DRAW-System ist nicht nur die entsprechende Plattenvariante von Bedeutung, sondern das komplette Peripheriesystem: Üblicherweise bestehen solche Systeme aus dem eigentlichen Laufwerk, einem Scanner zum Abtasten von Informationsvorlagen (oder auch anderen Input-Komponenten), einem hochauflösenden Bildschirm zum Lesen von Faksimile-Dokumenten, einem Hardcopy-Gerät (möglicherweise ein Telefax-Gerät für die weitere Verteilung der Zielinformationen) sowie einer Schnittstelle zu dem Datenbank- und Retrievalsystem.
Der endgültige Durchbruch für die optischen Speichersysteme wird erwartet, wenn auch löschbare und wiederbeschreibbare Bildplatten auf dem Markt erhältlich sein werden. Diese sogenannten *E-DRAW-Platten* (Erasable DRAW) werden mit Hochdruck von verschiedenen Herstellern entwickelt und könnten auch die heute üblichen Magnetplatten und -bänder in der Datenverarbeitung substituieren. Der technische Unterschied zu den ROM-Platten liegt darin, daß die Informationen nicht mehr in Form von Pits fest in die Platte gebrannt werden, sondern veränderbare magnetische Domänen (magnetic spots) vom Laser-Strahl reversibel polarisiert werden. Die Speicherdichte dieser Platten liegt um den Faktor 100 höher als bei herkömmlichen Magnetplatten.

C 5.4 Telekommunikation

C 5.4.1 Bestehende Telekommunikationsdienste

Während Bildschirmtext (vgl. Kap. B 15) und die zukunftsorientierten Konzepte wie ISDN und Breitbandkommunikation im Anschluß ausführlicher behandelt werden, soll an dieser Stelle ein kurzer Blick auf den sonstigen Telekommunikationsbereich geworfen werden, wie er sich Ende der 80er Jahre darstellt.
Die Nutzung von *Online-Diensten* – sei es über den „traditionellen" Weg oder neuere Formen wie beispielsweise Externe Rechner in Btx – erhält durch den Einsatz des Personal Computers (PC) neue Qualitäten. Auf den ersten Blick scheint die Substitution des Datenendgerätes durch einen mit einem Modem oder Akustikkoppler versehenen PC lediglich dem gleichen Zweck zu dienen – nämlich der Herstellung einer telekommunikativen Verbindung zu einem Host bzw. Datenbankanbieter. Da der PC aber im allgemeinen in Verbindung mit preisgünstiger und leistungsfähiger Speicherperipherie in den Unternehmen und Institutionen als *Inhouse-Datenbank* genutzt wird, ergeben sich aus seiner Zusatzfunktion als Terminal integrative Nutzungsansätze. War das Terminal in der Vergangenheit der *Endpunkt* einer technisch vermittelten Kommunikation, wird nun der PC zu einem *Bindeglied* zwischen externen Informationsangeboten und internem Informationssystem.
Eine Vielzahl von Software-Produkten für die Recherche-Vorbereitung, das Einlesen von Datenbeständen (downloading) sowie die interne Weiterverarbeitung stehen für den PC zur Verfügung. Damit werden die angebotenen Datenbanken zu einem „Rohstoff", der anwenderbezogen selektiert und für spezifische Zwecke weiterverarbeitet werden kann. In Verbindung mit weiteren Software-Bausteinen zur Textbearbeitung, zum Layout und Satz schließt sich der Kreis zu einem integrierten System der elektronischen Textpublikation.
In diesen Zusammenhang der telekommunikativen Dienste sind auch die sogenannten *Mailbox-Dienste* einzuordnen, die sowohl in Form Privater Service-Angebote als auch als öffentlich zugängliche Dienste existieren. Ähnlich wie bei Online-Diensten oder Btx steht auch hier ein Rechner im Zentrum des Mailbox-Dienstes, auf dem die Kommunikationspartner über die Telefonleitung oder auch andere Datenleitungen in sogenannten „elektronischen Briefkästen" Nachrichten hinterlassen können. Auf dem gleichen Wege können Nachrichten abgerufen werden; dabei ist es möglich, einzelne Benutzer oder auch Gruppen mit Informationen gezielt zu versorgen. Für Informationssysteme sind Mailboxen deswegen interessant, weil auf diesem Wege mit sehr geringem Aufwand auch der Zugriff auf Datenbanken realisiert wird; viele Online-Datenbanken – angefangen von Presseagenturen über das Deutsche Patentamt bis hin zur EG-Kommission – werden zusätzlich über Mailbox-Systeme angeboten. Da Mailbox-Dienste international standardisiert sind, sind sie auch problemlos weltweit verfügbar.
Die sonstigen Telekommunikationsdienste – also insbesondere **Teletex** als Weiterentwicklung des Fernschreibens und **Telefax** als Fernkopierdienst – zielen zunächst auf den Bereich der Büroautomatisierung. Sie ermöglichen eine Übertra-

gung von codierten Texten bzw. Faksimile-Darstellungen von Teilnehmer zu Teilnehmer, erfordern aber in der Regel spezielle Endgeräte. Eingesetzt werden können diese Dienste mittelfristig auch für die Distribution von Informationsprodukten, wenn nämlich im Zuge der weiteren Digitalisierung Kombinationen und Verbindungen dieser Dienste realisiert sein werden.
Mit Hilfe von sogenannten Message Handling Systems (MHS) – die in Ansätzen bereits auf dem Markt existieren, aber noch nicht umfassend standardisiert sind – lassen sich beliebige Konvertierungen von Daten, Texten, Grafiken, künftig auch Ton und Sprache, in andere Repräsentationsformen durchführen. So ist es bereits heute möglich, einen codierten Text beispielsweise mittels eines PC zu erstellen, ihn als Faksimile-Darstellung auszugeben und über den Telefax-Dienst zu versenden.

C 5.4.2 Zukünftige Telekommunikation: ISDN und Breitbanddienste

Die weitere Entwicklung der Telekommunikation wird von der Einführung leistungsfähiger Übertragungsnetze – zunehmend auf Glasfaser-Basis – geprägt sein. Stichwort sind *Digitalisierung, Integration und Übertragungskapazität.* Die Übertragungskapazität wird stufenweise gegenüber den heutigen Möglichkeiten im *ISDN-Netz* (Integrated Services Digital Network) auf 64 kbit/s und im *ISDN-B* (ISDN-Breitbandnetz) auf bis zu 140 MBit/s erhöht werden. Während das schmalbandige ISDN-Netz im Laufe der 90er Jahre flächendeckend für die Bundesrepublik Deutschland zur Verfügung stehen dürfte, wird das ISDN-B wohl erst gegen Ende des Jahrhunderts größere Bedeutung erlangen (das schließt allerdings nicht die Nutzung von Spezialanwendungen wie Bildübertragung oder Bildfernsprechen zu einem früheren Zeitpunkt aus).
Gleichfalls stufenweise wird die Integration der Dienste vorangetrieben. Beim ISDN erfolgt zunächst eine Integration der Übertragungstechnik, die Dienste bleiben aber in ihrer bisherigen Form erhalten; für den Benutzer wird dies die Folge haben, daß er nur noch einen Netzanschluß benötigt und zu besserer Qualität als bisher Telekommunikationsdienstleistungen in Anspruch nehmen kann.
Beim Breitband-ISDN dagegen sind weitergehende Integrationsvorgänge vorgesehen, die ein völlig neues Prinzip des „Dienstes“ zur Folge haben werden:
Bei Telekommunikationsdiensten bisheriger Art gilt das Prinzip des *dedizierten* Systems, d.h. für jede Kommunikationsart sind eigene Geräte, eigene Leitungen und Anschlüsse, ggf. auch eigene Netze notwendig. Dies gilt sowohl für die klassischen Fernmeldedienste wie Telefon und Telex, aber auch für die neueren Dienste wie Teletex, Btx oder Online-Datenbanken.
Die konsequente Standardisierung dieser spezialisierten Dienste führte zu einer Situation, die durch weitgehende Heterogenität geprägt ist. Heterogenität bezieht sich einmal auf die verwendete Hard- und Software: Jeder Dienst hat spezifische Endgeräte mit jeweils eigenen Bedienungselementen und Software-Tools. Selbst wenn sich bestimmte Geräte-Komponenten (wie Bildschirme) oder Peripherie-Geräte (wie Drucker) bei mehreren Diensten finden, sind diese nicht (immer) auch mehrfach nutzbar.
Heterogenität bezieht sich aber auch auf weitere Aspekte: Unterschiedliche spezia-

lisierte Arbeitsplätze in Betrieben und Institutionen – Fernschreibstelle, Datensichtgerät für Recherchen, Textbe- und -verarbeitung im Sekretariat usw. – verstärken die Tendenz zu isolierten Systemlösungen. In den Fällen, in denen EDV-Leistungen über den klassischen Terminalanschluß von einem Rechenzentrum bezogen werden, bildeten sich ausgesprochene Insellösungen heraus, die sich mehr und mehr als Kommunikationsbarrieren erwiesen.
Bei der Breitband-Kommunikation werden Integrationsansätze verstärkt angegangen. Allerdings wird als Ausgangspunkt nicht mehr der dedizierte Dienst gewählt, sondern die einzelnen Kommunikations- und Interaktionsformen. Als *Basis-Kommunikationsformen* gelten:

* **Datenkommunikation**, besonders unter dem Gesichtspunkt der verteilten Datenverarbeitung und dem schnellen Datenaustausch durch Rechnerkopplung sowie unter Einbeziehung traditioneller Dienste wie Datenfernverarbeitung usw.
* **Textkommunikation** sowohl in codierter Form unter Einbeziehung von Telex, Teletex, Btx als auch in faksimilierter Form unter Einbeziehung von Telefax und Textfax
* **Festbildkommunikation** an der Schnittstelle der Anwendungen Btx, Telefax und hochaufgelöste Bildübertragung
* **Ton- bzw. Sprachkommunikation**, vor allem in Form des Fernsprechens und der Audio-Ausgabe, perspektivisch auch Sprachein- und -ausgabe
* **Grafikdatenkommunikation** einschließlich dreidimensionaler und dynamischer Grafik
* **Bewegtbildkommunikation** unter Einbeziehung von TV- bzw. HDTV-Anwendungen.

Die einzelnen Kommunikationsformen lassen sich zu Anwendungen kombinieren, wobei die bereits existierenden schmalbandigen Kommunikationsdienste bzw. breitbandigen Verteildienste entweder in ihrer Funktionalität erhalten bleiben oder durch die im Breitband-Netz verfügbaren Möglichkeiten substituiert werden. Dabei lassen sich die folgenden Diensteklassen gliedern:

* Dialogdienste (Teilnehmer – Teilnehmer, Teilnehmer – Rechner, Rechner – Rechner)
* Speicherdienste
* Retrievaldienste
* Verteildienste
* Zugriffsdienste.

Damit nimmt der auf die Kommunikationsformen bezogene Integrationsansatz nicht mehr die einzelne Form (Bild, Text, Sprache usw.) zum Ausgangspunkt für die Definition eines Dienstes, sondern ein integriertes Dokument unter Einschluß unterschiedlicher Repräsentationsformen – ein *Multi-Media-Dokument*.
Auf die Dienstebene bezogen wird es für die Anwendungen Speichern und Retrieval einen *integrierten Dienst* geben, der die Aktionsmöglichkeiten umfaßt, die für die Be- und Verarbeitung von Multi-Media-Dokumenten relevant sind, also

* Editieren (Erfassen, Ändern)
* Speichern (dezentral und zentral)
* Abrufen
* Ausgeben (Anzeigen, Drucken, Übersenden).

C 5.5 Integrierte Informationsdienste

In den vorstehenden Abschnitten ist der Aspekt der Integration vorrangig im EDV- und nachrichtentechnischen Sinne verwendet worden. Bei Informationsdienstleistungen versteht man nun unter Integration aber auch die organisatorisch-methodischen Gesichtspunkte. Gemeint ist damit der Aufbau von möglichst umfassenden Speichern, die für verschiedene Zielgruppen, unterschiedliche Informationsdienste und -produkte genutzt werden können.
Der Idealtyp eines derartigen Informationssystems folgt etwa den folgenden Gestaltungsleitlinien:
* **Informationszugriff**: Konfigurierbarkeit des Informationszugriffs (zentral, dezentral, telekommunikativ usw.) in Abhängigkeit von Zielgruppen-Präferenzen und Verfügbarkeit technischer Infrastruktur
* **Input/Speicherung**: Bevorzugung von Direktinformationen gegenüber Referenzinformationen und Einbeziehung unterschiedlicher Präsentationsformen (Text, Grafik, Bild, Ton, Bewegtbild; einzeln oder gemischt) ggf. unter Rückgriff auf bereits in anderen Zusammenhängen publizierte Informationen
* **Output/Distribution**: Multimediale Umsetzung der Zielinformationen (Printout, Diskette, Datenträger, Softcopy usw.) und Distribution über telekommunikative und konventionelle Medien
* **Methodik**: Verwendung von Benutzeroberflächen, die für unterschiedliche Zielgruppen und Nutzerqualifikationen geeignet sind, vorzugsweise nach dem Prinzip der Selbsterklärungsfähigkeit. Verwendung spezieller Retrievalinstrumente, die den Anforderungen an die Kombination von Inhalten und Präsentationsformen entsprechen.

Das technische Konzept eines derartigen integrierten Informationssystems sollte so angelegt sein, daß mit der Weiterentwicklung der öffentlichen Telekommunikationsdienste eine stufenweise Erweiterung auf neue Leistungsmerkmale möglich wird. Ein modulares Konzept bietet ferner den Vorteil, bedarfs- und nachfrageorientierte Kurskorrekturen vornehmen zu können.
Nach derzeitigem Stand der technischen Möglichkeiten ist folgende Konfiguration denkbar:
- **Datenbank**: Die Ausgangsbasis bildet eine Online-Datenbank, die auf einem geeigneten Host oder Rechenzentrum aufgelegt ist bzw. über eine gateway zum Bildschirmtext-System verfügt. Diese Datenbank (Btx)-Lösung kann die Textdienste abwickeln und in gewissem Umfange auch Grafikinformationen zur Verfügung stellen.
- **AV-Speicher**: Für audiovisuelle Informationen wird eine Lösung mit Hilfe der Laser-Bildplatte vorgenommen. Filme, Ton-Dia-Shows, Fotos u. dgl. werden in Kombination mit Text oder Ton zu Informationseinheiten zusammengestellt und dezentral mit Hilfe einer PC-Steuerung und entsprechender Benutzeroberfläche für den Benutzer zugänglich gemacht. Diese Methode zur Darbietung von Informationen kann nach heutigem Stand der Technik zwar nicht oder nur mit hohem Aufwand telekommunikativ vermittelt werden, ist aber für Präsentationen im kleineren Maßstab (Ausstellungen, Seminare, Messen usw.) flexibel und mit geringem Installationsaufwand einsetzbar.

– **Dokumentspeicher**: Insbesondere für die Speicherung von Volltexten, Dokumenten, Tabellen, Grafiken usw. wird eine optische Speicherplatte (z.B. DOR, WORM) eingesetzt; die zu erfassenden Vorlagen werden mit Hilfe eines Scanners eingelesen und über ein Datenbanksystem retrievalfähig gemacht. Die Ausgabe erfolgt über einen hochauflösenden Bildschirm oder ein Rückvergrößerungsgerät im Faksimile-Modus. Diese Lösung ist immer dann zu präferieren, wenn bereits in anderem Zusammenhang publiziertes Material vorliegt; aus Aufwandsgründen dürfte eine gesonderte intellektuelle Aufbereitung, manuelle Umsetzung und Digitalisierung derartiger Dokumente – vermutlich auch langfristig – nur in Ausnahmefällen möglich sein.
Bei entsprechend hohem Informationsvolumen kann alternativ oder zusätzlich die CD-ROM-Platte als Datenträger eingesetzt werden. Wegen des verhältnismäßig aufwendigen Herstellungsverfahrens ist die CD-ROM allerdings erst bei höheren Auflagen rentabel. Die optischen Speicherplatten lassen sich zwar wie die CD-ROM-Platte ebenfalls nicht überschreiben, durch ihre hohe Speicherkapazität und die Möglichkeit der unmittelbaren Datenerfassung vor Ort können sie aber sehr aktuell gehalten werden.
– **Ausgabemedien**: Abgesehen von den an den Endgeräten vorhandenen Output-Formen (Softcopy und Printout, Speicherung auf Diskette/Platte), sollten für spezielle Einsatzzwecke leistungsfähige Ausgabegeräte zur Verfügung stehen; im einzelnen z.B. für Dokumentation und Weitergabe (Drucker, Laser-Drucker, Farbkopierer, Telefax), Datenträgeraustausch (Disketten-, Band-Überspieleinrichtungen, Schneide- und Mischanlagen) sowie für die Präsentation (Terminals zur Selbstbedienung, Projektionseinrichtungen).

Literatur

01. Inhouse-Kommunikation auf dem Weg zum ISDN. net special. Sondernummer März 1988.
02. Matner, Hans-Joachim: Mailbox ante portas! In: cogito (1988) Heft 2, S. 20–31.
03. Ratzek, Wolfgang: Den Daten eine Bleibe geben. Technik und Anwendungen optischer Speicher. In: cogito (1988) Heft 1, S. 28–39.
04. Strauch, Dietmar: Benutzeroberflächen für Informations- und Kommunikationsdienste in künftigen Breitband-Netzen. In: ntz, Bd. 40 (1987) Heft 7, S. 500–505.

C 6 Funktionale Dienste

Ralph Schmidt

Die zunehmende Differenzierung und Tecnisierung des Informations- und Dokumentationsbereiches in den letzten 20 Jahren hat die Entwicklung und Etablierung einer Vielzahl neuer Tätigkeiten, Dienste und Berufe in diesem Sektor begünstigt. Im Gegensatz zu den mediengebundenen Informationsdiensten handelt es sich bei Informationsdienstleistungen um Prozesse, die zur Befriedigung eines individuellen Informationsbedarfs den gegenseitigen interaktiven Kontakt von Anbieter und Nachfrager erfordern. Dabei wird in der Informationsdienstleistung die Nutzung von Informationsquellen und -medien mit der intellektuellen Informationsverarbeitung personengebundenen Wissens zu einem problembezogenen Ergebnis kombiniert. Als ‚funktionale Dienste' oder ‚Informationsdienstleistung' werden im weiteren alle Verrichtungen und Betätigungen bezeichnet, die von Informationsspezialisten zur Lösung von Informationsproblemen übernommen werden.

C 6.1 Funktionale Informationsdienste und Wissenstransfer

Mit zunehmender technischer Komplexität und struktureller Verflechtung der Informationsinfrastruktur in den industrialisierten Ländern wächst der Bedarf an spezialisierten Informationsexperten und -dienstleistungen. Fachleute, die sich in den vernetzten Strukturen und Inhalten der weltweit organisierten Fachinformationsbestände auskennen, die das technische und methodische Informationsinstrumentarium beherrschen und die zwischen den vielfältigen Informationsangeboten und den aktuellen wie potentiellen Informationsbedürfnissen beratend vermitteln können, erweisen sich bereits heute für die effiziente Informationsversorgung von Wissenschaft und Wirtschaft als unentbehrlich.
Noch in den siebziger Jahren orientierte sich das moderne IuD-Wesen im wesentlichen an den Informationsbedürfnissen in Wissenschaft und Technik. Dabei diente der Nachweis von Fachliteratur als Leistungsmaßstab für die von unterschiedlichen Institutionen aufgebauten fachspezifischen Datenbanken und Informationssysteme. In neuerer Zeit ist hingegen ein Trend zur Ent-Institutionalisierung von Informationsfunktionen zu beobachten (Lit. 07.), die nicht die Sammlung von Daten und die Pflege von Informationsbeständen ins Zentrum des Interesses stellen, sondern die vor allem zur Lösung von wissenschaftlichen, technischen oder wirtschaftlichen Problemen mit Methoden der Wissensvermittlung beitragen wollen.
Als nachfrage- und problembezogene Unterstützungs- und Beratungstätigkeit sind die funktionalen Informationsdienste ein Teil des umfassenden Wissenstransfers, der alle Formen von Informationen, Daten, Bewertungen und Prognosen in ein wirkungsorientiertes Beratungskonzept integriert. Wissenstransfer zielt darauf ab, die in wissenschaftlichen, technischen oder praktischen Erkenntnissen enthaltenen Informationen als Handlungswissen zwischen Produktions- und Anwendungsbereich zu transferieren und für weitergehende Problemlösungen nutzbar zu machen

(Lit. 23.). Dabei sind die bestehenden oder die neu entwickelten funktionalen Dienste insbesondere an den Schnittstellen zwischen Informationsbereichen mit unterschiedlichen Wissensstrukturen und Informationsstandards zu verorten (*Abb. 1*). Im Geflecht der vielfältigen gesellschaftlichen Informationsprozesse erweitern und verbessern die personenorientierten Vermittlungsinstanzen die Nutzungsmöglichkeiten der mediengebundenen Informationsdienste.

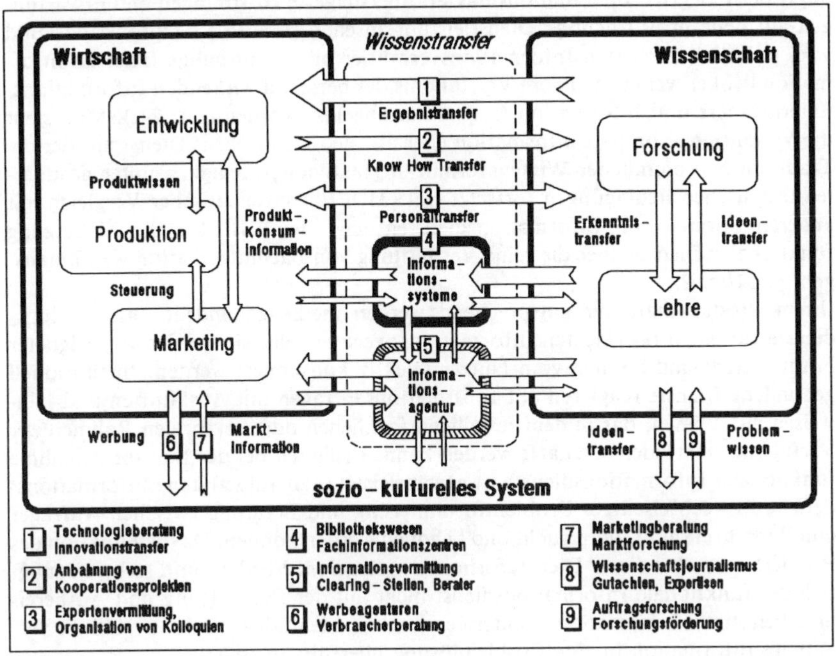

Abb. 1: Informationsdienstleistungen im Wissenstransfer

Während in der Anfangsphase vor allem die Speicherung und Vermittlung von wissenschaftlich-technischer Fachinformation Hauptziel aller IuD-Bemühungen war, geht man in den letzten Jahren verstärkt dazu über, den Wissenstransfer zwischen Hochschule, Forschung und Wirtschaft zu intensivieren. Die Fachinformationspolitik der achtziger Jahre ist maßgeblich von der Idee geprägt, die Innovationsfähigkeit, insbesondere der mittelständischen Wirtschaft, durch geeignete Maßnahmen zur Vermittlung von Fachinformation zu verbessern (Lit. 26.). Nur ein kleiner Teil aller Prozesse im Wissenstransfer stützt sich dabei auf die Hilfsmittel der klassischen Information und Dokumentation; von weitaus größerer Bedeutung ist in diesem Zusammenhang der Informationstransfer aufgrund ‚verkörperten Wissens' durch Personaltransfer, Beratungsleistungen oder Kooperationsprojekte. Es ist aus diesem Grund nicht einfach, in der Vielfalt vorhandener Wissenstransferprozesse die funktionalen Informationsdienste von den traditionellen Informations- und Auskunftsdienstleistungen abzugrenzen.

C 6.1.1 Der Begriff der Informationsdienstleistung

Die Terminologie zur Beschreibung funktionaler Dienste erfuhr in den letzten Jahren eine Reihe von Veränderungen. Nachdem der ursprünglich im Bibliotheksbereich verankerte Begriff der Informationsvermittlung auch im privatwirtschaftlichen Dienstleistungssektor Verbreitung fand, nährte bald darauf der aus den USA importierte Begriff ‚Informationsmakler' übersteigerte Hoffnungen und Erwartungen auf neue profitträchtige Dienstleistungsnischen (Lit. 15.). Heute ist das Bild vom technisch versierten Informationsvermittler oder vom online-fixierten Information Broker weitgehend vom Verständnis des beratend wirkenden Informationsunternehmers und Information Consultant abgelöst worden (Lit. 24.). Man sieht die Vermittlung von Fachinformation eher als ‚neo-klassischen' Dienst an, der die Tradition herkömmlicher Wissensvermittlungsaktivitäten lediglich unter geänderten technischen Bedingungen fortsetzt (Lit. 31.). Ein systematischer Vergleich mit anderen Formen von Informationsdiensten zeigt deutlich, daß die Zielsetzung funktionaler Dienste über die reine Vermittlung von Fachinformation weit hinausgeht (s. *Abb. 2*).
Ihrem Produktcharakter entsprechend werden mediengebundene Informationsdienste für einen festgelegten Informationszweck erstellt, sie werden in geeigneter Form verteilt und können vom Nutzer selektiv konsumiert werden. Institutionell gebundene Dienste reagieren auf Informationsanfragen mit Auskünften und Hinweisen auf Wissen, das in dem jeweiligen fachlichen oder sektoralen Rahmen zur Verfügung steht oder beschafft werden kann. Lediglich bei der Inanspruchnahme funktionaler Informationsdienste ist gewährleistet, daß aufgetretene Informationsdefizite in wechselseitiger Problemformulierung und Beratung zwischen Anfrager und Experte erkannt, untersucht und behoben werden können. Da die Funktion des Problemlösens bei dieser Diensteform in der Regel im Vordergrund steht, begnügt sich der funktionale Informationsdienst nicht mit der Beschaffung und Aufbereitung benötigter Information, sondern er sorgt im Idealfall auch dafür, daß die vermittelte Information in eine Problemlösung überführt wird.

Informationsdiensttypen / Merkmale	papiergebundene Dienste	ADV-gebundene Dienste	institutionell gebundene Dienste	Funktionale Dienste
Informationsbasis der Inf.dienste	Dokumentation	Entwicklung aus gedruckten Inf.dienste	Nutzung von traditionellen & ADV-Diensten	Nutzung aller anderen Informationsdienste
Inform.medien und -quellen	monomedial eine Quelle	monomedial viele Quellen	polymedial viele Quellen	multimedialm Hauptquellen
maßgebliche Wissensinstanz	formale Wissensbasis	technische Wissensbasis	Institutionenwissen	Expertenwissen
Informationsverarbeitung	standardisiert	modifizierend	qualifizierend	evaluierend

(Fortsetzung)

Informationsdiensttypen / Merkmale	papiergebundene Dienste	ADV-gebundene Dienste	institutionell gebundene Dienste	Funktionale Dienste
Schwerpunkt der Auswertung	reproduktiv	synthetisch	synoptisch	analytisch
Aufbereitung des Produkts	systematisch	selektiv	differenziert	komplex
Zugangsmodus zum Dienst	Recherche	Retrieval	Anfrage	Auftrag
Verfügbarkeit des Dienstes	ständig	tageszeitlich	in Dienstzeit	terminabhängig
Reaktionszeit des Dienstes	Stunden	Minuten	Tage	Wochen, Monate
Ergebnis des Dienstes	Referenzen Fakten	Nachweise Daten, Volltexte	Auskunft Hinweise	Beratung Problemlösung
Bedarfs-orientierung	passiv	reaktiv	flexibel	aktiv
Benutzer-orientierung	nutzer-unabhängig	nutzer-angepaßt	nutzer-bezogen	nutzer-orientiert
Steuerungs-möglichkeit	Suchstrategie	maschineller Dialog	Frageformulierung im Dialog	begleitender Problemdiskurs
Distribution des Dienstes	Verlagswesen Versand	Hostbetrieb ADV-Vertrieb	Telefonantwort Briefsendung	Gespräch Kooperation
Abrechnung in 10^xDM/ Leistung	Kauf, Abonnem. $10^2 - 10^3$ DM/L	(Host) Gebühren $10^1 - 10^3$ DM/L	Dienstgebühren $10^0 - 10^2$ DM/L	Aufwandskosten $10^3 - 10^5$ DM/L
Hauptziel des Dienstes	Sammlung	Suche	Hilfestellung	Wirkung

Abb. 2: Typologie der Informationsdienste

C 6.1.2 Funktionen der Informationsdienstleistung

In ihrer Grundfunktion dienen funktionale Informationsdienste der Vermittlung von fachlicher Information zwischen Informationsproduzenten, Informationsanbietern und den Endnutzern von Fachinformation (Lit. 05.). Darüber hinaus sind diesem Vermittlungsprozeß drei zusätzliche Funktionen zuzuweisen, die in einem engen gegenseitigen Wirkungsverbund stehen:

- fast immer soll die vermittelte Information zur Lösung konkreter Probleme beitragen, die ohne den Rückgriff auf Einrichtungen der Informationsinfrastruktur nicht zu lösen wären;
- Informationsvermittlung fördert sowohl horizontalen als auch vertikalen Informations-, Technologie- oder Wissenstransfer und trägt dadurch zur Entstehung innovativer Prozesse bei;
- Informationsvermittlung ist als Teil des fachlichen Kommunikationsprozesses zu sehen und übernimmt eine zentrale Brückenfunktion zwischen unterschiedlichen sozio-kulturellen Sektoren.

Träger dieser Funktionen sind eine Vielzahl informationsvermittelnder Betriebe (Lit. 34.) und Unternehmen, Institutionen oder Personen, die als professionalisierte Informationsagenturen ihre Dienste anbieten und auf Informationsnachfragen reagieren (Lit. 32.).
Da solche Informationsagenturen nicht an ein Institutionenverständnis klassischer Art gebunden sind und da sie auf ein breites Methodenarsenal der Informationsbeschaffung, -verarbeitung und -beratung zurückgreifen, können sich Informationsagenturen im Gegensatz zu anderen Diensteformen in hohem Maße aktiv verhalten. Sie reagieren reflexiv auf Interaktionsprozesse im Wissenstransfer, sie sammeln Erfahrungswissen im Rahmen einzelner Tätigkeiten, die sie für folgende Aufträge nutzen können, und sie stellen sich aktiv auf zukünftige Entwickungen und Anforderungen ihres speziellen Wirkungsfeldes ein.

C 6.2 Komponenten und Kriterien der Informationsdienstleistung

Als ein Bindeglied zwischen Informationsproduzenten und Informationsrezipienten schließen die funktionalen Dienste eine organisatorische Lücke zwischen Informationsangebot und Informationsnachfrage. Die einzelnen Komponenten des Vermittlungsprozesses werden je nach Art des zu befriedigenden Informationsbedürfnisses und der daraus resultierenden Informationsdienstleistung in unterschiedlicher Form, Intensität und Wirkung realisiert.

C 6.2.1 Informationsanfrage

Eine Informationsanfrage wird in der Regel durch ein subjektiv empfundenes Wissensdefizit bei dem Nutzer einer Informationsdienstleistung ausgelöst; es steht meist in Zusammenhang mit einem Problem, für dessen Lösung die Nutzung und Verwertung noch nicht bekannten Wissens erforderlich ist. Anders als bei Nachschubproblemen mit Ersatzteilen, Werkstoffen, Maschinen oder Rohprodukten, anders auch als bei Ermittlungsproblemen von Produktionszahlen, Meßwerten, verfahrenstechnischen Daten oder Börsenkursen ist bei echten Informationsproblemen nicht nur unbekannt, welchen Inhalt die gesuchte Information hat, sondern es ist auch oft nicht geklärt, welche Informationen benötigt werden. In den meisten Fällen kann das beim Informationsnachfrager aufgetretene Informationsdefizit nur recht vage und unpräzise benannt werden.

Dem Anbieter von Informationsdienstleistungen fällt deshalb bereits im Vorfeld der Problemformulierung die Aufgabe zu, nicht nur das Informationsproblem, sondern die Struktur des zugrundeliegenden Problems zu analysieren und auf die informationsbezogenen Komponenten abzubilden. Der Prozeß des gegenseitigen Erklärens und Verständlichmachens eines Informationsproblems ist äußerst vielschichtig und kann je nach Komplexität des Problems in mindestens elf verschiedene Phasen zerlegt werden. Jede dieser Phasen birgt für die Kommunikation zwischen Klient und Informationsberater eigene Hindernisse und wirkt sich so auf die Qualität des Dienstleistungsproduktes aus:

- Informationsbedürfnis des Klienten (was wird benötigt?);
- Informationsbedarf des Klienten (was wird als nötig empfunden?);
- Frageformulierung (was wird gefragt?);
- Frageinhalt (was war gemeint?);
- Interpretation des Beraters (was wird verstanden?);
- Operationalisierung des Informationsproblems (wo wird gesucht?);
- Codierung des Problems (wie wird gesucht?);
- Resultat einer Informationsrecherche (was wird ermittelt?);
- Form der Präsentation (was wird weitergegeben?);
- Interpretation des Klienten (was wird vom Ergebnis verstanden?);
- Transferprodukt (was hat das Ergebnis bewirkt?).

Allein die hier angedeutete Komplexität einer gemeinsamen Problemanalyse von Klient und Berater macht deutlich, daß die beispielhafte Durchführung von Anfrageinterviews oder die optimale Gestaltung von Anfrageformularen dem zugrundeliegenden Problem nicht gerecht wird. Den individuellen Informationsproblemen derjenigen, die sich ratsuchend an Informationsexperten wenden, muß mit individuellen Methoden der Problemanalyse und -interpretation begegnet werden. Daher ist es selbstverständlich, daß die besondere Beratungsfunktion des Informationsdienstleistenden ein spezielles Vertrauensverhältnis zwischen ihm und dem Klienten voraussetzt. Eine von Vertrauen geprägte Kooperation erscheint auch deshalb unerläßlich, weil in vielen Fällen die Erläuterung von Informationsproblemen der Offenlegung von Betriebs- oder Forschungsgeheimnissen gleichkommt. Die mangelnde Fähigkeit, potentielle Klienten von der Reputation und Seriosität der angebotenen Informationsdienstleistung überzeugen zu können, muß bei manchen gescheiterten Information Brokern als Grund dafür gesehen werden, daß Informationsaufträge aus der Industrie ausblieben.

C 6.2.2 Informationsbeschaffung

Die Vielfalt der elektronischen wie der konventionellen Informationsmöglichkeiten erfordert von einem qualifizierten Informationsberater ein breites Spektrum fachlichen und informationsmethodischen Wissens, um die gesamte Palette der zur Verfügung stehenden Informationsmöglichkeiten effektiv nutzen zu können. Neben die traditionellen Werkzeuge der Informationsbeschaffung wie bibliothekarische, dokumentarische und informelle Informationsquellen sind heute zunehmend neue Verfahren der elektronischen, computer-gestützten und technisch realisierten In-

formationsbereitstellung getreten (Lit. 27.). Die zahlreichen und sehr unterschiedlichen Zugangsverfahren zu konventionellen Wissensquellen und modernen Fachinformationsbeständen haben die Informationsbeschaffung in den letzten Jahrzehnten zwar nicht einfacher, wohl aber schneller und effizienter gemacht.
Zur Methodik der umfassenden Informationsrecherche, die als zentraler, wenn auch nicht als wichtigster Teil einer Informationsdienstleistung anzusehen ist, gehört die Kenntnis der Fachinformationsorganisation und des Informationszugangs ebenso wie die Fähigkeit, Informationsretrievalsysteme zu bedienen, effiziente Recherchestrategien zu entwickeln oder problemspezifische Informationen zu identifizieren und zu verarbeiten (Lit. 14.). Es muß jedoch berücksichtigt werden, daß die Informationsangebote und technischen Dienstleistungen, die heute von Datenbankproduzenten und -hosts bereitgestellt werden (Lit. 12.), in vielen Fällen nicht den eigentlichen Informationsbedürfnissen der Informationsberater und ihrer Klienten entsprechen. Die ausschließliche Informationsbeschaffung aus Datenbanken ist in der Regel nicht ergiebig genug, um komplexe Informationsprobleme lösen zu helfen.
Nach wie vor nimmt bei der Beschaffung von problemrelevanten Informationen die informelle Anfrage bei Experten, Institutionen und anderen Informationsagenturen für den Informationsberater einen wichtigen Stellenwert in seinem Recherchekalkül ein. Auch wenn sich die neuen Möglichkeiten der technischen Informationsbeschaffung als Instrument zur Qualifizierung und Rationalisierung des Informationszugangs gut eignen, so wird deren rein subsidiärer Charakter oft nicht ausreichend erkannt und berücksichtigt.

C 6.2.3 Informationsaufbereitung

Der Nachweis isolierter Daten, das Auffinden einzelner Fakten, die Recherche nach Referenzen auf Primärinformation oder die Beschaffung von Originaldokumenten reichen in der Regel nicht aus, um den Informationsbedarf anfragender Klienten befriedigen zu können. Je nach Art der Anfrage und Vorkenntnis des Klienten müssen recherchierte Daten zu anwendbaren und nützlichen Informationen komprimiert werden. Insbesondere beim Transfer wissenschaftlicher Ergebnisse und fachspezifischer Informationen in stärker anwendungsorientierte Bereiche kann die inhaltliche Verdichtung, die fachsprachliche Übersetzung und die wirkungsbezogene Aufbereitung von Rechercheergebnissen wesentlich zur Erfolgswirkung einer Informationsdienstleitung beitragen.
Der erforderliche Aufbereitungsgrad der Recherche für einen Klienten hängt dabei von mehreren Faktoren ab: die wissenschaftlichen oder fachlichen Vorkenntnisse des Klienten, sein Auffassungsvermögen und seine Rezeptionsbereitschaft, die Zielsetzung und der Verwendungszweck der Recherche sowie die inhaltliche Struktur des zugrundeliegenden Problems sollten bei der Präsentation und Gestaltung des Rechercheergebnisses ebenso berücksichtigt werden wie die ökonomischen Faktoren Arbeitsaufwand für die Dienstleistung, Verfügbarkeit von Informationsressourcen, zeitliche Rahmenbedingungen und Kosten-/Nutzenkalkulationen. Nach ihrem Komplexitätsgrad und nach ihrer Zielsetzung können funktionale Informa-

tionsdienste in drei unterschiedliche, aber nicht eindeutig voneinander abzugrenzende Kategorien unterteilt werden:

- Die **synthetische Informationsdienstleistung** stellt die aufgrund einer spezifischen Anfrage recherchierten Daten zu problemorientiert strukturierten Informationssammlungen zusammen. Das Rechercheergebnis ermöglicht dem Nutzer eine systematische Orientierung in dem recherchierten Fachgebiet; eine grundlegende Lösung spezieller Informationsprobleme kann mit einer synthetischen Recherche nicht erreicht, allenfalls vorbereitet werden. Zu den synthetischen datenbank-gestützten Informationsdienstleistungen ist das Information Brokerage oder die online-bezogene Informationsvermittlung zu rechnen. Im konventionellen Informationsbereich werden dokumentarische Auskunftsdienste, bibliothekarische Dienstleistungen oder fachlich bzw. sektoral gebundene Clearing-Stellen dazugezählt. Als neuere Entwicklung im Bereich synthetischer Informationsdienstleistungen ist die Entstehung sogenannter Mehrwert-Informationsdienste (value-added information services) zu beobachten, die mittels formaler und struktureller Transformation von recherchierter Fachinformation ein Informationsprodukt erstellen, das von einer größeren Zielgruppe unmittelbar als Informationsquelle genutzt werden kann. Als Beispiele für synthetische Mehrwert-Informationsdienste können fachjournalistisch aufbereitete Kurzinformationen aus Datenbanken, es können Softwareprodukte mit einem implementierten und regelmäßig aktualisierten Fachinformationsanteil oder auch thematisch selektierte und aktuell zusammengestellte Informationspakete aus Originaltexten, Statistiken, Graphiken und Literaturhinweisen aufgeführt werden.
- Die **synoptische Informationsdienstleistung** hat das Ziel, zu einem oft interdisziplinären Forschungsgebiet, zu einer fachübergreifenden Fragestellung oder zu einem spezifischen Verfahrensproblem eine aktuelle Wissensübersicht zu geben, die den anfragenden Wissenschaftler, Techniker oder Manager in die Lage versetzt, anhand einer fachlichen Positionsbestimmung eigene Arbeiten und Zielsetzungen besser dem gegebenen Stand des Wissens anpassen zu können. In Form von Literaturberichten, Fortschrittsberichten, Stand-der-Technik-Übersichten oder thematischen Sachstandsvergleichen (Lit. 17.) bieten komplexe Informationssynopsen ein Orientierungswissen an, mit dem Einzelfragen in einen umfassenderen Sach- und Sinnzusammenhang eingeordnet werden können. Prädestinierte Anwendungsgebiete für solche Informationsdienste sind beispielsweise der Bereich der Innovationsförderung oder das Technology Assessment (Lit. 08.)
- Die **analytische Informationsvermittlung** verdichtet recherchierte Daten zu Expertisen, thematischen Studien und wissenschaftlichen Anlaysen, die auf der Grundlage der Fakten- und Literaturlage neue Erkenntnisse und mögliche Problemlösungen formulieren (Lit. 01.); diese Form der Wissensaufbereitung und -verarbeitung gilt als wichtiges Element im Wissenstransfer und bereitet oft weitere beratungsbezogene Dienstleistungen vor.

C 6.2.4 Umsetzung und Anwendung

Die Übertragung von Forschungs- und Entwicklungsergebnissen in die Anwendungspraxis ist die eigentliche Funktion jener Informationsdienstleistungen, die in den Bereichen Technologie-, Innovations- und Wissenschaftstransfer zum Tragen kommen. Im Gegensatz zu funktionalen Diensten der selektiven Informationsverbreitung, deren Aufgabe mit der Erstellung eines individuell erarbeiteten Informationsergebnisses abgeschlossen ist, zeichnen sich Dienstleistungen im Informationstransfer dadurch aus, daß sie ihre Klienten bei der Umsetzung und Anwendung recherchierter Fachinformation beraten und unterstützen.
Die Übersetzung von Wissensstrukturen von einer Fachsprache in eine andere, die Überführung von Daten, Fakten und Informationen in praxisrelevantes Handlungswissen und die konkrete Hilfestellung zur Anwendung der ermittelten Kenntnisse müssen in diesem Fall als bestimmende Komponenten der beratungsorientierten Informationsdienstleistung gesehen werden (Lit. 10.). Solche Institutionen, die im hier vorgegebenen Zusammenhang als Dienstleistungsunternehmen im Informationstransfer bezeichnet werden, existieren allerdings schon verhältnismäßig lange. Unternehmensberatungen, Technologieberater, Mitarbeiter von Innovationsberatungsstellen, Management Consultants, aber auch Patentanwälte und Steuerberater können in diesem Sinne als Informationsdienstleistungsagenturen bezeichnet werden. Diese Beratungsinstanzen, die Problemlösungsprozesse von auftraggebenden Firmen und Institutionen begleiten, entwickeln und fördern, haben gegenüber einfachen Informationsvermittlern einen Erfahrungsvorsprung, wo und wie unternehmensrelevante Informationen beschafft werden können, und sie genießen aufgrund eines sehr engen Kooperationsverhältnisses das Vertrauen der ratsuchenden Unternehmen, für die sie arbeiten. Für die funktionalen Beratungsdienste ist demzufolge die nachhaltige Wirkung eines Informationstransfers weit wichtiger als das reine Ergebnis einer Informationsrecherche. Dennoch wird in der Technologie- und Innovationsberatung die systematische Informationsbeschaffung durch Online-Dienste zunehmend genutzt (Lit. 09.), um das bereits bestehende beratungs- und informationsbezogene Dienstleistungsangebot erweitern, rationalisieren und verbessern zu können.

C 6.3 Typen der Informationsdienstleistung

Aus drei Gründen erweist sich eine Systematisierung und Typisierung der funktionalen Informationdienste als schwierig:

- Da in einer modernen Dienstleistungsgesellschaft die meisten Dienstleistungsformen in der einen oder anderen Weise die Beschaffung, Verarbeitung und individuelle Verbreitung von Information beinhalten, ist es generell schwer, administrative, organisatorische oder strukturelle Dienstleistungen von den funktionalen Informationsdiensten abzugrenzen.
- Die Palette bestehender, sich entwickelnder oder noch zu etablierender Informationsdienstleistungen ist so umfangreich und reichhaltig, daß kaum geeignete

Klassifizierungsmerkmale für eine logische und sachbezogene Typisierung anzugeben sind.

- Zuletzt sind typische Informationsdienstleistungen in reiner Form nirgends zu finden, da Informationsunternehmen, die ihre Auftraggeber in Informationsangelegenheiten unterstützen, eine Vielzahl von sich durchdringenden funktionalen Diensten anbieten, um ihr Dienstleistungsspektrum für viele potentielle Zielgruppen attraktiv zu machen.

Als geeignetes Merkmal, mit dem funktionale Informationsdienste typisiert werden können, kann die Komplexität funktionaler Dienste herangezogen werden. Dabei bezieht sich dieses Merkmal sowohl auf die Komplexität der Probleme, mit deren Lösung das Unternehmen beauftragt wird, als auch auf die bereitszustellende Informationsverarbeitungskapazität der Dienstleistungsagentur und auf die Komplexität der erarbeiteten Auskunft oder Problemlösung.

In einem Merkmalsraum, der von den drei Dimensionen ‚Kompexität der Informationsleistung', ‚Nutzungsintensität von Informationsquellen und -medien' und ‚Bearbeitungszeit der Dienstleistung' aufgespannt wird, lassen sich verschiedene Typen funktionaler Informationsdienste in ein Verhältnis setzen (*Abb. 3*). Die beiden Pole des langgestreckten Clusters werden dabei von sehr gegensätzlichen funktionalen

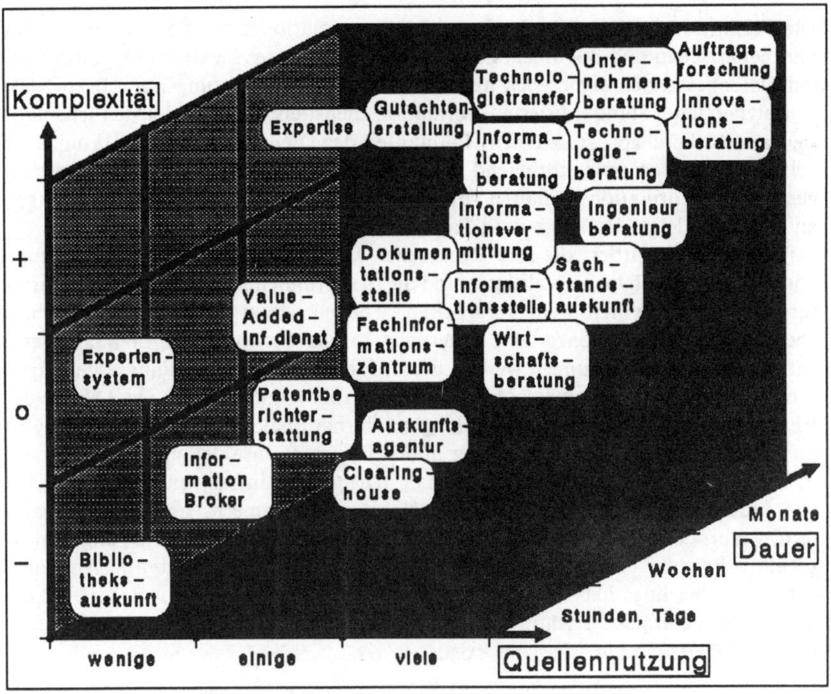

Abb. 3: Zur Typisierung funktionaler Informationsdienste

Diensten besetzt. Während sich die Auskunftstätigkeit in einer Bibliothek auf verhältnismäßig wenige Informationsquellen stützt und in der Regel rasch erfolgt, wird im Rahmen komplexer und langfristiger Forschungsaufträge eine sehr differenzierte und breite Wissensbasis zu Rate gezogen.

Da funktionale Dienste nach dem Grad ihrer Komplexität voneinander unterschieden werden können, sollen Beispiele für Dienstleistungstypen anhand der folgenden Einteilung beschrieben und mit zunehmender Komplexität dargestellt und verdeutlicht werden.

- standardisierte Informationsdienstleistungen, deren Erstellung einem weitgehend systematisierten Schema folgt;
- modifizierende Informationsdienstleistungen, die die aufgefundene Information strukturell den Nutzerwünschen anpaßt;
- qualifizierende Informationsdienstleistungen, die Entscheidungsprozesse des Nutzers informatorisch unterstützen können;
- evaluierende Informationsdienstleistungen, die dem Nutzer die Bewertung und problembezogene Transformation von Informationen abnehmen.

C 6.3.1 Standardisierte Informationsdienstleistung

Die Vermittlung von nicht veränderten Fachinformationen aus konventionellen bibliothekarischen und dokumentarischen Quellen oder aus elektronisch gespeicherten Datenbeständen eignet sich als eigenständige Dienstleistung nur für spezielle Einsatzbereiche. Standardisierte Informationsdienstleistungen, bei denen schematisierbare Rechercheprozesse einen Hauptanteil des Dienstes ausmachen, können in solchen Bereichen gewinnbringend genutzt werden, in denen ein wissenschaftlich geschultes Informationsverhalten vorherrscht und wo regelmäßig größere Mengen an standardisierter Referenz- und Fakteninformation benötigt werden.
Informationsvermittler, die ihre Recherchen fast ausschließlich mit der Nutzung von Online-Datenbanken realisieren und die die gefundenen Daten und Literaturreferenzen inhaltlich nicht weiterverarbeiten, arbeiten z.B. als fest angestellte Rechercheure bei größeren Konzernen, Unternehmen und Institutionen. Standardisierte Informationsdienstleistungen werden demzufolge in den Entwicklungsabteilungen großer Maschinenbaufirmen, in chemischen Hochschulinstituten, in Labors der Pharmaindustrie, in Marketingabteilungen internationaler Konzerne, bei der Bonitätsprüfung durch Bankinstitute oder in den Informationsabteilungen der Massenmedien genutzt. Auch bei wirtschaftsnah arbeitenden Infrastruktureinrichtungen wie Industrie- und Handelskammern, Handwerkskammern, Landesgewerbeämtern, Berufs- und Fachverbänden oder Technologiezentren können die angeschlossenen Mitglieder standardisierte Informationsvermittlungsdienste in Anspruch nehmen. Allerdings hat sich in den letzten Jahren gezeigt, daß ein Bedarf für die Vermittlung einfacher Fachinformationsdienste gerade bei kleinen und mittelständischen Firmen so gut wie nicht existiert.

C 6.3.2 Modifizierende Informationsdienstleistung

Als modifizierend können Informationsdienstleistungen bezeichnet werden, die recherchierte Informationen den Nutzerbedürfnissen entsprechend selektiv und strukturell verändern, ohne die Inhalte der Informationen wesentlich zu verarbeiten und zu transformieren. Rechercheergebnisse vorwiegend aus dem Online-Retrieval werden einer themenkritischen Auswahl unterzogen, die gefundene themenrelevante Literatur wird beschafft und das gesammelte Material zu einem strukturierten, aber nicht bewerteten Ergebnis zusammengestellt.
Diese Form der Informationsvermittlung findet sich vor allem bei selbständigen Information Brokern, die ihre Dienstleistungen bevorzugt potentiellen Nutzern aus Wirtschaft und Industrie anbieten. Einen Sonderfall stellen in diesem Zusammenhang Patentberichterstatter dar. Diese Berufsgruppe hat sich darauf spezialisiert, für Patentanwälte oder im Auftrag von Patentabteilungen größerer Unternehmen zum Teil in Patentdatenbanken, zum Teil in den Patentauslegestellen nach gewerblichen Schutzrechten zu suchen, die für Einspruchsverfahren oder für Markt- und Technologieanalysen verwendet werden können. Gerade in diesem Dienstleistungsbereich ist nicht nur das Geschick im Datenbankretrieval und in der Recherchemethodik, sondern auch die langjährige Erfahrung mit Ordnungssystemen und die Fähigkeit zu assoziativem Suchen von grundlegender Bedeutung für den Erfolg der Recherchetätigkeit.

C 6.3.3 Qualifizierende Informationsdienstleistung

Das Endergebnis eines qualifizierenden Informationsdienstes trägt wesentlich zur Vorbereitung und Begründung von informationsabhängigen Entscheidungen bei. Typische Produkte dieser Form funktionaler Dienste sind Expertisen, Dossiers, Fortschrittsberichte oder Übersichtsstudien, die die Resultate umfangreicher Informationsrecherchen systematisieren, zusammenfassen, gewichten und dem Wissensstand des Klienten entsprechend aufbereiten. Diese Dienstleistungen müssen sich inhaltlich und intellektuell intensiv mit den Fragestellungen des Klienten auseinandersetzen und können deshalb nicht standardisiert werden. Andererseits bewirkt das Ergebnis nicht unmittelbar eine konkrete Problemlösung, sondern befähigt den Auftraggeber und Nutzer der Informationsdienstleistung zu qualifizierten Entscheidungen und Argumentationen.
Um Informationsdossiers und Gutachten erstellen zu können, werden neben Online-Datenbanken und traditionellen Informationssystemen auch informelle Informationsquellen wie externes Expertenwissen, Auskünfte durch Fachverbände oder Anfragen bei anderen Informationsagenturen genutzt. Abnehmer für solche Informationsdienste sind große und mittlere Unternehmen, Marktforschungsinstitute, Unternehmensberatungen oder Behörden, die die zu einer Entscheidung notwendigen Daten und Informationen nicht selbst beschaffen können. Da die Bearbeitungszeit für qualifizierende Informationsdienste oft mit mehreren Wochen veranschlagt werden muß, kann für eine umfangreichere Markt- und Technikrecherche durchaus ein Preis von über 10.000 DM verlangt werden (Lit. 16.).

Qualifizierte Informationsdienste werden von selbständigen Informationsberatern, von Recherchebüros, von Beratungsfirmen, in besonderen Fällen aber auch von spezialisierten Forschungsinstituten, von anerkannten Fachgutachtern oder von Expertengremien übernommen. Besonders in angelsächsischen Ländern haben sich größere Informationsunternehmen etabliert, die im Rahmen ihrer Tätigkeit qualifizierende Literaturstudien, Auftragsanalysen oder Fortschrittsberichte erstellen (Lit. 21.). Weitaus stärker als in der BRD ist in Großbritannien und in den USA die Bereitschaft von Industrieunternehmen und Fachinstitutionen vorhanden, Angelegenheiten der Informationsbeschaffung, -verarbeitung und -analyse professionellen Informationsspezialisten zu übergeben.

C 6.3.4 Evaluierende Informationsdienstleistung

Informationsdienstleistungen, die dem Nutzer die problembezogene Bewertung und anwendungsorientierte Transformation von nachgefragten Informationen abnehmen, können als evaluierende funktionale Dienste bezeichnet werden. Die Bewertung von Daten und Fakten und damit die Überführung von Information in Anwendungswissen ist neben der Umsetzung dieses Wissens in Problemlösungen die Endstufe eines Verdichtungsprozesses, den hochqualifizierte Informationsagenturen im Rahmen ihrer Dienstleistungstätigkeit durchführen (*Abb. 4*). Informationsagenturen wirken dabei wie Filter, die aus den Informationsströmen, die auf sie wie auf ihre Klienten einwirken, die problemrelevanten Informationen recherchieren, selektieren und beschaffen, danach verdichten und in einer letzten Phase bewertend umsetzen. Evaluierende Informationsdienste nutzen die so transformierten Informationen als integrierten Bestandteil einer umfassenden Beratungstätigkeit.

Die Integration von Informationsrecherchen in komplexere Aufgabenbereiche der Beratung und Unterstützung hat sich bei privaten Dienstleistungsunternehmen als erfolgversprechendstes Modell der Informationsvermittlung erwiesen. Technische oder betriebswirtschaftliche Unternehmensberatungen, die für größere Betriebe oder für Unternehmen der mittelständischen Wirtschaft arbeiten, sind typische Vertreter dieses Informationsvermittlungsmodells. Die Nutzung von Informationsquellen und -medien geschieht hier in der Regel nur innerbetrieblich und oft kann der Endnutzer einer Informationsdienstleistung nicht erkennen, welche Informationen wie und wo zur Erstellung einer Beratungsleistung recherchiert worden sind (Lit. 11.).
Neben den klassischen Unternehmensberatungen, die immer häufiger auf die Möglichkeiten der Online-Recherche zurückgreifen, sind in den letzten Jahren zahlreiche Institutionen entstanden, die im Rahmen der Wirtschafts-, Innovations- und Technologieförderung beraten, Informationen vermitteln und kleine und mittlere Unternehmen unterstützen. Als Innovations-Beratungs-Stelle, als Technologieberatungsunternehmen oder als Technologie-Transfer-Agenturen bieten diese Stellen innovierenden mittelständischen Firmen, Erfindern mit Patentierungsabsicht, technologieorientierten Unternehmen oder modernisierenden Handwerksbetrieben eine

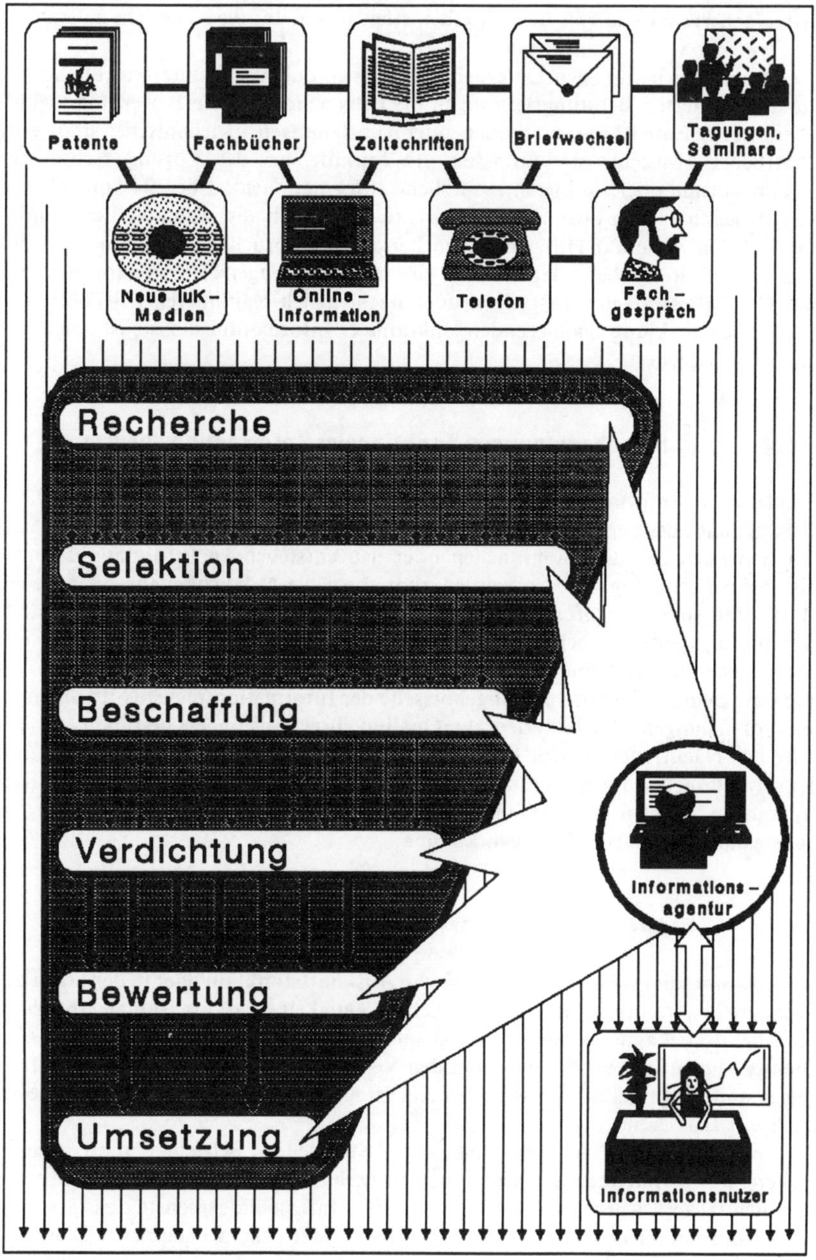

Abb. 4: Funktionale Informationsverarbeitung

weitgefächerte Palette von Beratungsdienstleistungen an, die sich nicht zuletzt auf den Transfer von Fachinformation stützen.
Die Motive der beratenden Unternehmen können dabei sehr unterschiedlich sein: Die angeforderten Beratungsleistungen erstrecken sich auf die Bewertung technischer Ideen, Entwicklungsvorhaben oder Umstellungen in technischer und wirtschaftlicher Hinsicht, sie umfassen die Mithilfe bei der Lösung technischer Detailprobleme oder sie bieten zusätzliche Informationen zu bereits konzipierten oder vorgeschlagenen Lösungswegen. Oft reicht es auch aus, wenn die Beratungsagenturen Hinweise auf Hilfestellungen bei der Inanspruchnahme öffentlicher Finanzierungshilfen geben oder wenn sie einmal eingeschlagene Problemlösungswege und Geschäftsstrategien bestätigen oder nachträglich legitimieren (Lit. 06.). Die Zukunftsentwicklung evaluierender funktionaler Informationsdienste ist damit auf lange Zeit gesichert.

C 6.4 Rahmenbedingungen funktionaler Informationsdienste

Probleme der Informationsakzeptanz, des Informationsmarketings, der Informationsqualität oder der Qualifilkationsanforderungen in Dienstleistungsberufen wirken sich auch auf die traditionellen oder neu entstehenden Informationsdienstleistungen nachhaltig aus. So werden zum einen die Möglichkeiten, einen neuen Markt für spezielle Informationsdienste zu entwickeln, oft stark überschätzt. Gleichzeitig werden manche der neuen Dienstleistungen ohne Rücksichtnahme auf tatsächliche Bedarfs- und Akzeptanzstrukturen entwickelt, angeboten und vermarktet. Demzufolge wird die Angebotsseite der Informationsdienste oft von anderen Vorstellungen und Kriterien zur Qualität ihrer Leistungen bestimmt, als die Seite der Nachfrager. Hinzu kommt, daß kommerzielle Informationsdienste mit dem traditionellen Informierungsverhalten von großen Nutzergruppen konkurrieren müssen, die über informelle Informationsnetzwerke ihren subjektiven Informationsbedarf durchaus befriedigen können.

C 6.4.1 Bedarfs- und Akzeptanzstrukturen

Als Beratungsdienstleistung, als klassische Auskunftsfunktion oder in der Form der Fachberichterstattung und gutachterlichen Tätigkeit sind funktionale Informationsdienste bekannt, werden benötigt und sind akzeptiert. Die Akzeptanz neuer Dienste, die auf die Vermittlung und den Verkauf von Online-Informationen festgelegt sind, stößt bei den potentiellen Nachfragern in Wirtschaft und Industrie jedoch auf Barrieren.
Die Nachfrage von kleinen und mittelständischen Betrieben nach online-recherchierten Datenbankinformationen ist deshalb noch sehr zurückhaltend, weil die Qualität und Aufbereitung standardisierter Informationsdienste den tatsächlichen Informationsbedürfnissen der Firmen meistens nicht entspricht. Dienstleistungsangebote zur Vermittlung von Online-Information – die eigentliche Domäne der Information Broker – unterschätzen die anwendungsferne Komplexität

wissenschaflich-technischer Fakten und Ergebnisse, sie ignorieren die informatorischen Rahmenbedingungen unternehmerischen Informationsverhaltens, und sie verkennen allzu oft den tatsächlichen Informationsbedarf von Klein- und Mittelbetrieben.
Nicht selten wird nämlich übersehen, daß die zur Zeit in online-abrufbaren Datenbanken repräsentierten Fachinformationsangebote kaum auf die Bedürfnisse von Nutzern aus der mittelständischen Wirtschaft oder aus dem Handwerksbereich zugeschnitten sind. Die in Datenbanken recherchierbaren Fachinformationen können lediglich den Rohstoff liefern, der durch intellektuelle Weiterbehandlung und problemorientierte Veredelung zu einem anwendbaren Informationsprodukt verarbeitet werden muß.
Deshalb wenden sich ratsuchende Unternehmen mit ihren Fragen und Problemen in der Regel nur an solche Beratungsagenturen, zu denen sich nach einer längeren Phase der gemeinsamen Problembewertung und Zusammenarbeit ein ausreichendes Vertrauensverhältnis aufbauen läßt (Lit. 19.). Etablierte Beratungsunternehmen mit einem soliden fachlichen Ruf, die auf eine umfangreiche Liste erfolgreich abgeschlossener Referenzprojekte verweisen können und die über ein professionelles Image verfügen, haben dabei die besten Voraussetzungen, den Informationstransfer aus Wissenschaft, Forschung und Entwicklung in den Praxisbereich der kleinen und mittleren Unternehmen zu realisieren.
Neue, modernistische Formen funktionaler Informationsdienste, die oft auf der Grundlage unrealistischer Einschätzungen zu Möglichkeiten und Grenzen der Vermarktbarkeit von standardisierten Online-Diensten entwickelt wurden, können aus eben diesen Gründen auf Dauer nicht rentabel betrieben werden. In letzter Zeit wurden manche Dienstleistungskonzepte zur Informationsvermittlung ohne eine vorhergehende Analyse allgemeiner Informationsprozesse und -bedürfnisse bei der potentiellen Klientel entwickelt. Dabei ist die Kenntnis individueller Informationsstrategien von Unternehmern, Managern, Laborleitern, Entwicklungsexperten, Ingenieuren oder Erfindern notwendige Voraussetzung für die Etablierung neuer und erfolgreicher Informationsdienstleistungen (Lit. 03.).
Das oft euphorisch propagierte Modell des spezialisierten Information Brokers, der den gewinnorientierten Absatz von Online-Recherchen an kleine und mittlere Unternehmen ins Zentrum seiner Geschäftsstrategie stellt, scheitert aus diesen Gründen an der unzureichenden Nachfrage. Auch das Konzept regionaler Informationsvermittlungsstellen, die gewissermaßen als Informationstankstellen für ratsuchende Firmen jederzeit zur Verfügung stehen (Lit. 28.), entspricht nicht im geringsten dem Informationsverhalten des Unternehmers und würde die bestehenden und gut ausgebauten Informationsbeziehungen zwischen kleinen und mittleren Unternehmen kaum ergänzen können.
Es kommt hinzu, daß Dienstleistungen, die ausschließlich die Vermittlung von Informationsrecherchen beinhalten, von den Abnehmern in der Regel als zu teuer eingestuft werden. Da Informationen von potentiellen Kunden selten als käufliches Produkt oder als merkantiles Gut akzeptiert, sondern eher als elementare Infrastrukturleistung aufgefaßt werden, ist die Bereitschaft, die Entstehungs-, Vermittlungs- und Mehrwertkosen für die damit verbundenen Dienstleistungen zu zahlen, sehr gering. Es empfiehlt sich daher, Informationsleistungen und deren Rechnungs-

stellung in umfassendere Beratungs- und Qualfizierungsleistungen einzubetten, deren Gegenwert sehr viel bereitwilliger von den Klienten erkannt und beglichen wird.

Der kaum adäquat darzustellende Wert der Ware Information ist auch Ursache dafür, daß viele Informationsangebote bei in Frage kommenden Zielgruppen nicht bekannt gemacht werden können. Strategien des Informationsmarketings und damit der Werbung für Informationsdienstleistungen könnten in diesem Fall bei richtiger Gestaltung und Anwendung womöglich zur Abhilfe dieses Problems beitragen. Es hat sich jedoch gezeigt, daß der Erfolg flankierender Maßnahmen zum Informationsmarketing, die den mengenmäßig rentablen Verkauf von Informationsrecherchen unterstützen sollen, im allgemeinen überschätzt wird. Bei der Kundenakquisition führen lediglich solche Marketingmaßnahmen zum Ziel, die den potentiellen Kunden direkt und persönlich erreichen und die geeignet sind, eine größere Klientel langfristig an das Informationsdienstleistungsunternehmen zu binden (Lit. 30.). Andererseits hat sich herausgestellt, daß der Verweis auf firmeninterne Möglichkeiten zur Beschaffung von Fachinformationen aus Datenbanken manchen beratungsorientierten Dienstleistungsunternehmen als imageförderndes Promotion-Argument dient. Solche Unternehmen suchen sich dadurch Wettbewerbsvorteile zu verschaffen, daß sie auf die Vorteile einer eigenen Informationsvermittlungsstelle hinweisen können.

C 6.4.2 Qualität funktionaler Informationsdienste

Eine nachhaltige Akzeptanz funktionaler Dienste, die die Vermittlung von Fachinformation zum Ziel haben, kann nur durch eine deutliche Verbesserung und damit durch eine stärkere Wertschätzung der Dienstleistungen bei den angestrebten Zielgruppen erreicht werden. Als Kriterien für die Qualität von Informationsdiensten werden in erster Linie Merkmale wie Problembezug der Leistung oder Rezipierbarkeit des Informationsprodukts und erst später die Eigenschaften Vollständigkeit und Aktualität genannt.
Der in Zukunft größer werdende Beratungs- und Unterstützungsbedarf in Informationsangelegenheiten aller Art zwingt Informationsagenturen dazu, die Angebotspalette für informationsbezogene Dienstleistungen noch stärker auszuweiten (Lit. 04.). Nur ein vielfältiges, differenziertes Spektrum informationsbezogener Fertigkeiten, Tätigkeiten und Funktionen kann die Marktchancen spezialisierter Informationsunternehmen nachhaltig sichern (s. *Abb. 5*).

Erst ein breit gefächertes Dienstleistungsangebot ermöglicht es dem beratenden Unternehmen, seinen Akquisitionsradius auszuweiten und als vielseitig kompetenter Informationsspezialist und -partner aufzutreten, der den ratsuchenden Klienten Informationsprobleme abnimmt, Problemlösungen ausarbeitet und qualifizierte Resultate präsentiert. Das Zusammenwirken vieler Dienstleistungskomponenten in einem Beratungsvorhaben befähigt den Auftragnehmer, flexibel auf Kundenwünsche einzugehen, und es garantiert dem Auftraggeber ein vollständiges und befrie-

Abstracting	Inhaltsanalyse
Auskunftserteilung	Katalogisierung
Auswahl von IuK-Geräten	Klassifikationserstellung
Beratungsdienstleistung	Literaturbeschaffung
Bibliographienerstellung	Literaturberichterstattung
Bibliographieren	Literaturrecherche
Bibliotheksorganisation	Literaturüberwachung
Datenbankaufbau	Mikroformdienste
Datenfernübermittlung	Online-Retrieval
Datensynopsen	Operations Research
Datenverwaltung	Patentrecherchen
Dokumentenlieferung	Problemstrukturierung
Dokumentationsabwicklung	Profildienste
Elektronische Post	Projektbegleitung
Entwicklungsleistungen	Projektmanagement
Expertenauskunft	Publikationsunterstützung
Faktenrecherchen	Redaktionelle Betreuung
Forschungsleistungen	Referaterstellung
Guachtenerstellung	Referral
Indexierung	Sachstandsauskunft
Information Management	Stand-der-Technik-Expertisen
Informationsauswertung	Statistische Auswertungen
Informationsbedarfsanalyse	Thesaurusentwicklung
Informationsorganisation	Training Informationspersonal
Informationsstrukturierung	Übersetzungsdienste
Informationssystementwicklung	Volltextbeschaffung
Informationsverdichtung	Vortragsvorbereitung

Abb. 5: Komponenten der Informationsdienstleitung

digendes Informationsergebnis. Zwei Schlußfolgerungen für den Grad der fachlichen Orientierung für funktionale Dienste lassen sich demnach ableiten:

- Fachliche Spezialisierung einer Informationsdienstleistung ist dort sinnvoll, wo in einem disziplinär, inhaltlich oder sektoral abgrenzbaren Bereich neue informationsbezogene Dienste die bestehenden Strukturen der Wissensvermittlung aufgreifen, ausweiten und verbessern.
- Methodische Spezialisierung mit nur grober fachlicher Festlegung ist jenen Informationsdienstleistungsunternehmen anzuraten, die sich im Milieu eines allgemein funktional orientierten Informations- und Innovationstransfers ansiedeln.

Die Fertigkeiten und Kenntnisse, die einen Informationsspezialisten für seinen Beruf qualifizieren, umfassen eine breite Skala methodischer, technischer, organisatorischer und sogar psychologischer Erfahrungen und Fähigkeiten (Lit. 20.). Neben dem grundlegenden methodischen Wissen zur Informationstechnik, zu Informationsquellen und zu Informationsstrukturen sind auch solche Eigenschaften vorauszusetzen, mit denen komplexe Problemsituationen erfaßt, analysiert und strukturiert werden können (Lit. 33.). Zusätzlich sollten Informationsberater und -vermittler vertrauensfördernde Beraterqualitäten vorweisen können, sie müssen als

Übersetzer zwischen unterschiedlichen Fachsprachen und Wissensstrukturen vermitteln, sie müssen als Wissensingenieure alle Spielarten der modernen Informations- und Kommunikationstechnik beherrschen, und sie müssen als Pfadfinder im Informationsdschungel die vielfältigen Wege, Kanäle und Quellen der Informationslandschaft kennen, mit deren Hilfe Fachwissen ermittelt werden kann (*Abb. 6*).

Abb. 6: Qualifikationen in Informationsberufen

In den angelsächsischen Ländern ist dieses weitreichende berufliche Selbstverständnis von Informationsspezialisten, die umfassend ausgebildet in unterschiedlichen Informationsdienstleistungsbereichen eingesetzt werden können, sehr deutlich ausgeprägt (Lit. 18.). Da die Qualität der funktionalen Informationsdienste maßgeblich von der Qualität und den Möglichkeiten einer guten Informationsausbildung bestimmt wird, ist in diesem Punkt ein erheblicher bundesdeutscher Nachholbedarf zu konstatieren.

C 6.5 Strukturen der Informationsdienstleistung

Die sich ändernden Bedingungen im Bereich der Informationsentstehung, -verteilung und -nutzung lassen erwarten, daß der Bedarf für funktionale Informationsdienste in den kommenden Jahren stark anwachsen wird. Während die integrierten Dienstleistungen, die ihre traditionellen Funktionen der Informationsvermittlung und -beratung allmählich den geänderten Bedarfsstrukturen anpassen und mit neuen Techniken weiterführen werden, eine maßgebliche Rolle im Gefüge der Informationsinfrastruktur einnehmen, werden viele modische Spielarten der online-fixierten Informationsvermittlung ein nur vorübergehendes Phänomen bleiben.
Die Abkehr von der ‚Online-Euphorie' und die Besinnung auf sinnvolle und funktionsfähige Modelle der Informationsvermittlung zeichnen sich als Perspektivenwechsel auch in Informationswirtschaft und -politik ab. Auf den zunehmenden Beratungsbedarf im Bereich der Informationstechnik, des Informationsretrievals, der Informationsbeschaffung und der Informationsnutzung reagiert die staatliche Förderung mit einem geänderten Maßnahmenkonzept. Nach einer Phase massiver Subventionierung von elektronisch gespeicherten Datenbeständen, scheint sich heute eine Politik zur intensiveren Unterstützung des intersektoralen Wissenstransfers und des Informationsdienstleistungssektors anzubahnen. So könnte der Modellversuch Informationsvermittlung mit der Förderung von Informationsvermittlungsstellen bei privaten Beratungsunternehmen, bei wirtschaftsnah arbeitenden Organisationen und bei wissenschaftlichen Instituten eine nachhaltige Entwicklung einleiten, die auf breiter Basis einer qualifizierenden Informationsberatung den Weg bereitet und die einen wirkungsbezogenen Informationstransfer in den Mittelpunkt ihrer Zielsetzung stellt.
Wenn in absehbarer Zeit durch eine Vereinfachung der Speicher- und Zugriffstechniken für elektronische Informationsbestände mehr und mehr Informationsnutzer Online-Fachinformation direkt abfragen (Lit. 25.), dann könnten online-geschulte Informationsvermittler und Information Broker überflüssig werden; für die effiziente Nutzung der gesamten verfügbaren Informationsressourcen bleiben beratende Informationsfachleute und Informationsdienstleistungsunternehmen jedoch auch weiterhin unentbehrlich.

Literatur

01. Anthonj, Rainer: Erfahrungen mit der Nutzung von Datenbanken. In: Claassen, Walter; Dietmar Ehrmann; Wolfgang Müller; Karl Venker: Fachwissen Datenbanken. Die Information als Produktionsfaktor. Essen: Klaes 1986. S. 203 – 216.
02. Allen, Kevin J.: Online information and the needs of intermediaries. In: Online information 88. 12th International Online Meeting London 6 – 8 December 1988. Proceedings Vol. 1. Oxford: Learned Information 1988, S. 161 – 169.

03. Becker, Jörg; Barbara Mettler-Meibom; Jost Matheisen; Ingeborg Sommer-Becker: Die Kenntnis der individuellen Informationsstrategie; Voraussetzung erfolgreicher Informationsvermittlung. In: Nachrichten für Dokumentation 31 (1980) H. 4./5, S. 265 – 168.
04. Bellomy, Fred O.: Die privatwirtschaftliche Informationsvermittlungsszene (information brokerage) in den USA. In: Nachrichten für Dokumentation 30 (1979) H. 1, S. 17 – 20.
05. Beyer, Wolfgang: Informationsvermittlung in der Bundesrepublik Deutschland. Ein Überblick. Frankfurt: IDD 1982. 68 S. (GID: Aktuelle Beiträge und Berichte der GID 12).
06. Bräunling, Gerhard: Datenbankrecherchen als Hilfsmittel bei der Innovationsberatung. In: Nachrichten für Dokumentation 33 (1982) H. 4/5, S. 152 – 157.
07. Buder, Marianne; Thomas Seeger; Gernot Wersig: Informationsindustrie: Information und Dokumentation. Oder es bleibt so, wie es immer war? Skizzen zur Tätigkeitsentwicklung und Konsequenzen für den Qualifikationsbereich. In: Das Inforum 4 (1982) H. 13, S. 10 – 11.
08. Coenen, Reinhard; Herbert Paschen: Information für Innovation und Technology Assessment. In: Kunz, Werner (Hrsg.): Informationswissenschaft. Stand, Entwicklung, Perspektiven. Förderung im IuD-Programm der Bundesregierung. Ergänzter und erweiterter Bericht der 1. Fachtagung Heidelberg, Juni 1976. München, Wien: Oldenbourg 1978. S. 140 – 149.
09. Donhauser, Rainer: Einsatz von Datenbanken bei der Innovationsberatung. Der Technologieberater als wichtige Schnittstelle bei der Informationsversorgung. In: ONLINE '84; 7. Europäische Kongreßmesse für technische Kommunikation. Berlin 14.-17.02.1984 – Kongreß I. Velbert: ONLINE 1984, S. 3E1 – 3E14.
10. Garvin, Andrew P.: Re-use and re-packaging of information: the information intermediary viewpoint. In: Information Services & Use (1983) H. 3, S. 7 – 9.
11. Graumann, Sabine: Management als Management von Informationen. In: Cogito 2 (1986) H. 4. S. 6 – 7.
12. Hennemann-Böckels, Brigitte: Umgang mit Datenbanken. Gespeichertes Wissen gezielt auswerten. Frankfurt: Frankfurter Allgemeine Zeitung 1984. 71 S.
13. Henrichs, Norbert: Informationsvermittlung durch Wissenschaftliche Bibliotheken. Ein Erfahrungsbericht im Rahmen eines DFG-Förderungsprogrammes. In: ABI-Technik 8 (1988) H. 2, S. 123 – 136.
14. Hübner, Wolfgang; Georg Schmoll: Informationsvermittlung und Informationsverbreitung. Leipzig: Bibl. Institut 1980. 192 S.
15. Informations-Makler. Unternehmenskonzept Nr. 114. In: Die Geschäftsidee (1985) H. 5, S. 27 – 52.
16. Kaminsky, Reiner: Erfahrungen eines privaten Informationsbrokers. In: Nachrichten für Dokumentation 34 (1983) H. 4/5, S. 195 – 200.
17. Koblitz, Josef: Bearbeitung und Verarbeitung von Fachinformationen. Leipzig: Bibl. Institut 1982. 304 S.
18. O'Leary, Mick: The information broker; a modern profile. In: Online 11 (1987) H. 4, S. 24 – 30.
19. Pieper, Antje: Produktionsfaktor Information. Köln: Institut der deutschen Wirtschaft 1986. 112 S. (Beiträge zur Gesellschafts- und Bildungspolitik 119).
20. Reichertz, Peter L.; Birgit Schwarz: Informationsvermittlung aus der Sicht des Informationsvermittlers. Eine Delphi-Studie als Begleituntersuchung zum Projekt DIMDINET. Hannover: Medizin. Hochschule Hannover 1981. 115 S. (BMFT-FB-ID 81 – 004).
21. Rodwell, Daphne: Information brokers – a future in the information market place? In: Information and Library Manager 6 (1987) H. 4, S. 87 – 107.
22. Schmidt, Ralph: Informationsvermittlung im Zeichen des Wissenstransfers – Thesen und Tendenzen im BMFT-Modellversuch. In: Deutsche Gesellschaft für Dokumentation – DGD: 10. Frühjahrstagung der Online-Benutzergruppe der DGD in Frankfurt am Main

von 3. bis 5. Mai 1988. Vorträge. Frankfurt: DGD 1988 (DGD-Schrift [OLBG-9] 1/88), S. 65 – 75.

23. Schmidt, Ralph: Informationssysteme und Datenbanken als Hilfsmittel des Wissenschaftstransfers. In: Schuster, Hermann J. (Hrsg.): Handbuch des Wissenschaftstransfers. Berlin: Springer 1990.
24. Seeger, Thomas; Dietmar Strauch: Aufgaben und Möglichkeiten von Informationsunternehmen. In: Nachrichten für Dokumentation 30 (1979) H. 1, S. 5 – 11.
25. Siitonen, Leena: Online searching: perspectives and research on end users. In: Kent, Allen (Ed.): Encyclopedia of library and information science. Vol. 41; Suppl. 6. New York, Basel: Marcel Dekker 1986. S. 257 – 376.
26. Streit, Manfred E.: Wissenstransfer Hochschule – Wirtschaft. Transfer-Information 3 (1986) H. 1, S. 62 – 68.
27. Strizich, Martha: Information consulting; the tools of the trade. In: Online 12 (1988) H. 3, S. 27 – 31.
28. Teschke, Lothar: Zur Systematisierung der Informationsvermittlung. In: Das Inforum 2 (1980) H. 5, S. 10.
29. Vogel, Horst: Wissenstransfer – Informationsberatung oder Rechercheverkauf. Ein Konzept der Informationsvermittlung. In: Deutsche Gesellschaft für Dokumentation – DGD: 10. Frühjahrstagung der Online-Benutzergruppe der DGD in Frankfurt am Main vom 3. bis 5. Mai 1988. Vorträge. Frankfurt: DGD 1988 (DGD-Schrift [OLBG-9] 1/88), S. 76 – 84.
30. Warnken, Kelly: The information brokers. How to start and operate your own fee-based service. New York, London: Bowker 1981. 184 S. (Information Management Series; 2).
31. Wersig, Gernot: Neue Dienstleistungen und Informationsvermittlung. Gedanken zum Methodischen in der Information und Dokumentation. In: Nachrichten für Dokumentation 31 (1980) H. 4/5, S. 169 – 171.
32. Wersig, Gernot: Information und Handeln; Orientierungsmuster zur Funktion der Informationstätigkeit für individuelle und gesellschaftliche Problembewältigung. Berlin: FU 1982. 238 S. (Informationswissenschaftliche Forschungsberichte aus der Freien Universität Berlin, FUB-IFB 7/82).
33. White, Martin S.: Profit from information. A guide to the establishment, operation and use of an information consultancy. London: André Deutsch 1981. 120 S.
34. Zelewski, Stephan: Der Informationsbroker. In: Die Betriebswirtschaft 47 (1987) H. 6, S. 745 – 748.

D Informationssysteme

D 1 Einleitung und Überblick

Unter Informationssystemen, wie sie hier im Hauptkapitel D beschrieben werden, sollen in erster Linie die organisatorischen Einheiten und strukturellen Zusammenhänge professioneller Informationstätigkeit verstanden werden.
Organisation, Struktur und Tätigkeiten von Informationsinstanzen hängen ab von den Quellen und Inhalten sowie dem Anwendungsspektrum der zu vermittelnden Information und von ihrer institutionellen Einbindung resp. Funktion. Darüber hinaus ist jede Informationseinrichtung geprägt durch ihre historische Entwicklung oder den Auftrag ihres Trägers, die technische Ausstattung, das Know how der Mitarbeiter sowie ihren Leistungsanspruch oder die Leistungsanforderungen der Informationssuchenden.
Die Gesamtheit der in der Praxis auftretenden Informationssysteme ließe sich nur in einer abstrakten Typologie wiederspiegeln. Darauf wird hier verzichtet und stattdessen versucht, anhand verschiedener Beispiele aus der Informationspraxis einen Überblick zu verschaffen. Hierbei gibt es Überschneidungen zum Hauptkapitel C, da die Informationsversorgung durch Informationsdienste und -dienstleistungen die Hauptfunktion der Informationssysteme ist. In besonderen fachlichen Zusammenhängen wird auch – ergänzend zu Hauptkapitel B – auf methodische und technische Aspekte hingewiesen werden. Schwerpunkte dieses Hauptkapitels bilden jedoch die Arbeitszusammenhänge, die Funktionen der Informationstätigkeit und -einrichtungen sowie exemplarisch fachliche und anwendungsspezifische (benutzungsorientierte) Besonderheiten.

Die in der ersten Hälfte des Hauptkapitels D beschriebenen Informationssysteme haben Dokumente als Informationsquellen zum Gegenstand.
Der Beitrag „*Bibliographische Systeme*“ *(D 2: Wolfrudolf Laux)* beschreibt die Arbeitsabläufe der klassischen Literaturdokumentation. Diese „Urform“ der (meist wissenschaftlich-technischen) IuD-Stelle weist deutlich Verbindungen zum (Spezial-)Bibliothekswesen auf. Die Tätigkeiten und Verfahren entsprechen, wie detailliert in Hauptkapitel B enthalten, dem traditionellen Dokumentationsprozeß (s. Kap. A 1).
Die Verbindung zum Archivwesen zeigt das Kapitel „*Schriftgutverwaltung und Archiv*“ (*D 3: Siegfried Büttner*), das insbesondere die Verfahren und Hilfsmittel der Akten- und Registraturorganisation beinhaltet.
Noch deutlicher wird die Rolle des Anwendungbereiches im Kapitel „*Pressedokumentation*“ *(D 4: Marianne Englert)*. Zunächst wird auch hier die Organisation der Dokumente – die Zeitung als Informationsquelle – in Zeitungsarchiven vorgestellt. Die Funktionen der Pressedokumentation und die verschiedenen Formen der Informationstätigkeit leiten sich dann jedoch weitgehend aus den Bedürfnissen der (hier journalistischen) Anwendung ab.
„*Audiovisuelle Materialien*“ als Datenträger sind Gegenstand des folgenden Beitrages *(D 5: Karl-Heinz Fischer)*. Es werden die verschiedenen Typen der Bild-, Film- und Tondokumente beschrieben, auf die Besonderheiten der Bild- und Tondokumentation hingewiesen und zahlreiche Institutionen genannt.

Mit der „*Objektdokumentation im Museum*" *(D 6: Christof Wolters)* wird ein weiterer Typ von Datenträger behandelt, der sowohl Informationsquelle als auch Objekt der Dokumentation ist.
Die beiden folgenden Kapitel gehören wieder zur wissenschaftlich-technischen Fachinformation. Die „*Patentdokumentation*" *(D 7: Alfred Wittman)* hat eine lange Tradition, in der sich international gültige Erschließungs- und Nachweissysteme herausgebildet haben. Die Patentklassifikation wird hier ebenso beschrieben wie die verschiedenen Arten von Patentdatenbanken und ihre Produzenten.
„*Technische Regeln*" *(D 8: Horst-Werner Marschall)* werden vom Deutschen Informationszentrum für Technische Regeln dokumentiert und als Informationsquellen nutzbar gemacht. Ihre Funktionen, Merkmale und Inhalte der Informationsdienste werden erläutert.

Der zweite Teil des Hauptkapitels D enthält Beispiele für Branchen- resp. Institutionenbezogene Informatiossysteme (was nicht ausschließt, daß auch hier Quellenspezifika berücksichtigt werden).
Der erste dieser Beiträge gibt einen allgemeinen Überblick über „*Fakteninformationssysteme*" *(D 9: Friedrich Mie)*. Er nennt die wichtigsten Unterschiede zur Literaturdokumentation, erläutert die Charakteristika der Datendokumentation und beschreibt Typen und Modelle entsprechender Datenbanksysteme.
Am Beispiel „*Wirtschaftsinformationen*" *(C 10: Josef L. Staud)* werden die Besonderheiten Datenspezifischen Informationssysteme ausführliche vorgestellt. Informationstypen und Datenbanktypen werden hier erklärt, ebenso die Aspekte des Retrieval. Eine detaillierte Auflistung verdeutlicht außerdem die thematische Vielfalt der Wirtschaftsdatenbanken.
Branchenspezifika werden auch im Kapitel „*Chemie-Informationssysteme*" *(D 11: Gesche Berger)* behandelt. Exemplarisch für den wissenschaftlich-technischen Bereich wird einerseits das Informationsangebot vorgestellt, andererseits die Kriterien chemiefachlicher Systeme erläutert, z.B. anhand der strukturellen Informationen.
Anhand der „*Mediendokumentation*" *(D 12: Michael Harms)* wird die inhaltliche und organisatorische Vielfalt von Informationseinrichtungen deutlich. Einerseits einer (fachunspezifischen) „Branche" zugehörig, fassen Informationsstellen im Rundfunk die einzelnen dokumentspezifischen Systeme (siehe D 4 und D 5) zusammen. Zu den archivischen Funktionen für AV-Materialien kommen die der innerbetrieblichen Informationsversorgung.
„*Innerbetriebliche Informationssysteme*" *(D 13: Hartmut Kroll)*, wie sie vor allem in Industrie und Wirtschaft anzufinden sind, werden im folgenden Kapitel beschrieben. Aufbau, Funktionen und Dienstleistungsangebot sowie organisatorische Einbindung sind hier Gegenstand der Betrachtung.
Arbeitsweise und Produkte privater Informationsanbieter werden im Kapitel „*Systeme der privaten Informationswirtschaft*" *(D 14: Karin Frese)* vorgestellt. Am Beispiel eines Verlages wird gezeigt, wie die Verfahren des elektronischen Publizierens (s. Kap. B 10) zu neuen Informationsprodukten insbesondere für die Wirtschaft führen.
Der Beitrag „*Öffentliches Informationssystem*" *(D 15: Karl A. Stroetmann)* gibt abschließend einen Überblick über die Gesamtheit öffentlich finanzierter resp. durch informationspolitische Maßnahmen initiierter Informationsangebote sowie die Struktur und Funktion von Fachinformationssvstemen.

D 2 Bibliographische (Literatur-) Informationssysteme

Wolfrudolf Laux

D 2.1 Einleitung

Unter dem Begriff „bibliographische Systeme" soll die Gesamtheit der Arbeitsvorgänge verstanden werden, die auf dem Wege von einer Quelle (Dokument) zur Bereitstellung von Informationen aus diesem Dokument bzw. dem dafür notwendigen Rückverweis auf dieses Dokument auftreten. Ziel der Arbeit ist es dabei, das in den Dokumenten fixierte Wissen zu ermitteln und verfügbar zu machen. Wenn dabei insbesondere an literarische Quellen (Bücher, Zeitschriften usw.) gedacht wird, handelt es sich um die „klassische" Form der Dokumentation, aus der sich die wesentlichsten Formen der Informationsmethodik entwickelt haben, wie sie auch in modernen (dokumentbezogenen) Informationssystemen vorkommen und wie sie auch auf andere Dokumentformen (Datenträger verschiedenster Art) anwendbar sind.

Je nach Aufgaben, Umfang und den verschiedenen Voraussetzungen, unter denen solche Arbeitsabläufe stattfinden, können unterschiedliche Methoden zur Anwendung kommen. Sie hängen nicht nur von der Form der Dokumente oder der Organisationsform der sie einsetzenden Einrichtung (zentrale oder dezentrale Organisationsformen), sondern auch von den Erwartungen ab, die potentielle Benutzer hinsichtlich Umfang, Qualität, Schnelligkeit, Verläßlichkeit usw. an ein solches System richten.

Im Rahmen solcher Arbeitsvorgänge werden auch Menschen mit unterschiedlichen Qualifikationen tätig, und es ist im Einzelfall abzuwägen, wie ein optimaler Einsatz sowohl eines gegebenen, als auch eines bereitzustellenden Personals gewährleistet werden kann und welche Dokumentationstechniken auch in Abhängigkeit davon einsetzbar sind.

Ein wichtiger Grundsatz für die Organisation eines solchen Arbeitsablaufes ist es, die einzelnen Arbeitsschritte möglichst aufeinander abzustimmen und eine Kontrolle des jeweiligen Leistungsstandes in einzelnen Abschnitten des Ablaufes ebenso wie des Bearbeitungszustandes einzelner Dokumente an möglichst vielen Stellen zu ermöglichen.

Obwohl ein solcher Arbeitsablauf als Einheit angesehen werden muß, ist es sinnvoll, seine Betrachtung in vier Bereiche aufzugliedern:

1. die Beschaffung der Dokumente
2. die Auswertung der Dokumente
3. die Speicherung von Dokumenten und Informationen
4. die aktive und passive Bereitstellung von Dokumenten und Informationen

Im folgenden soll versucht werden, einen solchen Arbeitsablauf zu skizzieren, ohne dabei methodische oder quellenspezifische Einzelheiten zu erörtern.

D 2.2 Beschaffung

Die Beschaffung von Dokumenten, unter denen hier insbesondere Literatur oder vergleichbare Datenträger verstanden werden, erfolgt mit dem Ziel, diese unmittelbar für die inhaltliche Auswertung bzw. für die spätere Nutzung vorliegen zu haben. Sie erfolgt im allgemeinen durch Kauf, durch Tausch oder durch Ausleihe. Der *Kauf* setzt das Vorhandensein eines entsprechenden Beschaffungsetats und Verbindungen zu Buchhandel und Verlagswesen voraus. Der *Tausch* setzt voraus, daß eine wertmäßig entsprechende Tauschgabe, z.B. eigene Zeitschrift, eine Bibliographie (z.B. als Ergebnis der Dokumentationsarbeit) etc. zur Verfügung steht, die für Tauschpartner, deren Adressen zu ermitteln sind, bereitgestellt werden kann. In beiden Fällen gehen die erhaltenen Dokumente in das Eigentum der beschaffenden Stelle über, was auch für die seltenere Möglichkeit der *Schenkung* zutrifft. Das Dokument steht bei Kauf, Tausch und Schenkung unbegrenzt zur Verfügung.
Für die *Ausleihe* müssen entsprechende Kontakte zur u.U. externen ausleihenden Stelle (Bibliothek), z.B. durch Zulassung zum Leihverkehr der Bibliotheken, gegeben sein oder entsprechende organisatorische Verbindungen zum Leihgeber bestehen. Die ausgeliehenen Dokumente stehen allerdings nur kurzfristig (zur Auswertung) und meistens relativ verpätet (nach Eigennutzung des Eigentümers) zur Verfügung und können später nur durch erneuten Ausleihvorgang genutzt werden, weshalb das Verfahren für Dokumentationssysteme weniger zu empfehlen ist. Auf jeden Fall sollten bei der Ausleihe alle mit dem Leihvorgang verbundenen Daten (Leihgeber, Standort, Signatur, Ausleihbeschränkungen etc.) vermerkt werden.
Für die Beschaffung unterschiedlicher Dokumentarten (Monographien, Zeitschriften, Konferenzberichte, Jahres- und Tätigkeitsberichte, Separatdrucke, Dissertationen usw.) sind unter Umständen sehr unterschiedliche Beschaffungswege und Methoden zu nutzen, über die im einzelnen in der Literatur nachgeschlagen werden kann. (Lit.01.)
Voraussetzung aller dieser Beschaffungsvorgänge ist die Kenntnis oder die Ermittlung der zu beschaffenden Dokumente. Dies kann auf vielfältige Weise geschehen, z.B. durch Durchsicht von Bibliothekskatalogen, durch Nutzung anderer Informationssysteme, durch kontinuierliche Beobachtung der Verlagsangebote, durch Beratung von Fachkollegen usw.. Hierzu wird vorteilhafterweise Personal mit Fachkenntnissen auf dem zu dokumentierenden Gebiet in Zusammenarbeit mit bibliothekarischem Fachpersonal herangezogen.
Ebenso empfiehlt sich die Verwendung bewährter bibliothekarischer Methoden für die Eingangskontrolle der beschafften Dokumente. Diese Kontrolle soll den vollständigen, kontinuierlichen und schnellen Eingang der Dokumente sicherzustellen, da nur so eine aktuelle Informationsgewinnung und -bereitstellung möglich ist. Sie soll aber auch möglichst weit in den Arbeitsablauf hineinwirken und z.B. die Formalbeschreibung (s.u.) und die spätere Bereithaltung der Dokumente organisatorisch vorbereiten. Für Leihgaben ist mit der Eingangskontrolle auch Sorge für eine sichere und zügige Rückgabe zu tragen. Für die durch Kauf, Tausch und Schenkung eingehenden, also verbleibenden, Dokumente bedient man sich zur Registrierung sinnvollerweise bewährter bibliothekarischer Katalogisierungs- und Erfassungsverfahren: Bibliothekskatalogen, Zeitschriftenverzeichnissen und anderer Re-

gistrierformen. Diese sollten allgemein bekannten Regeln entsprechen oder so einfach organisiert sein, daß auch an ihrer Erstellung nicht beteiligte Personen diese nutzen können.

D 2.3 Auswertung

Die Auswertung der eingegangenen Dokumente soll möglichst unverzüglich nach dem Eingang erfolgen, damit eine schnelle Information sichergestellt wird.
Die Literatur wird unter zwei Gesichtspunkten ausgewertet:

a) der formalen Beschreibung des Dokumentes in Hinblick auf seine Wiederauffindbarkeit in Bibliotheken oder Dokumentenspeichern. Hierfür sollten wiederum die bewährten bibliothekarischen Verfahren angewendet und bibliothekarisch/technisches Personal herangezogen werden.
b) der inhaltlichen Auswertung der Dokumente in Hinblick auf ihre Wiederauffindbarkeit unter sachlichen Gesichtspunkten. Diese Arbeit obliegt ausschließlich Personen mit Fachkenntnissen des zu bearbeitenden Gebietes, ggfs. Fachwissenschaftlern.

In der Praxis erfolgt zuerst die inhaltliche Bearbeitung, indem Fachwissenschaftler zunächst die Dokumente auf ihre Relevanz für das System überprüfen. Die ausgewählten Dokumente sind zu *klassifizieren* oder zu *deskribieren*. Das heißt, der Inhalt des Dokumentes ist durch Klassifikationsmerkmale oder Deskriptoren (Schlagworte) so wiederzugeben, daß das betreffende Dokument unter verschiedenen, ggfs. kombinierten, Sachverhalten wieder aufgefunden werden kann.
Für eine Klassifikation muß ein ausgefeiltes System vorliegen, das das betreffende Fachgebiet je nach seinen spezifischen Bedürfnissen abdeckt. Es empfiehlt sich dabei, (international) gebräuchliche Klassifikationen zu verwenden oder sich an solche möglichst weit anzulehnen.
Für die Deskribierung, die mit Schlagworten bzw. Deskriptoren (u.U. auch Stichworten!) erfolgen kann, sollte eine genormte Wortliste, am günstigsten jedoch ein Thesaurus, vorliegen, um eine unterschiedliche Beschreibung gleicher Sachverhalte (z.B. durch verschiedene Bearbeiter oder zu verschiedenen Zeitpunkten) vermeiden zu helfen. Bei geeigneter Deskriptorenwahl ist es möglich, Dokumente unter Aspekten wieder aufzufinden, die zum Zeitpunkt der Auswertung des Dokumentes nicht erkennbar waren (vgl. Kap. B 5).
Im allgemeinen wird man eine durch Klassifikationsmerkmale und/oder Schlagworte ergänzte Titelaufnahme vornehmen, in der, neben den Autoren des Dokumentes, der Sachtitel des Dokumentes und die bibliographischen Angaben enthalten sind.
Hinsichtlich des Sachtitels und der zu verwendenden Deskriptoren empfiehlt sich die Anwendung der gleichen Sprache, ggfs. durch zusätzliche entsprechende Übersetzungen, um eine Freitextsuche mit Hilfe der EDV in dem erfaßten Datenmaterial zu gewährleisten, die sowohl die vergebenen Deskriptoren als auch die im Sachtitel auftretenden Begriffe (Stichworte) berücksichtigt. Auch die bibliographischen Beschreibungselemente, wie Jahrgang, Zeitschriftentitel, Sprachangabe etc., sind für die spätere Recherche äußerst wichtige Komponenten.

Nach der inhaltsbezogenen Bearbeitung folgt die formale exakte Beschreibung des Dokumentes (vgl. Kap. B 2), möglichst nach bibliothekarischen Regeln. Auf sie ist größter Wert zu legen, da eine Informationsvermittlung sinnlos wird, wenn die betreffenden Dokumente wegen mangelhafter bibliographischer Angaben z.B. in Bibliotheken nicht wieder auffindbar sind.
Hierbei sind gelegentlich Kompromisse zwischen den oft komplizierten bibliothekarischen Regeln und vereinfachten Erfassungsregeln in Dokumentationsstellen zu machen. Vereinfachungen sollten jedoch nicht ohne bibliothekarischen fachlichen Rat zur Anwendung kommen.
Die erfaßten formalen sowie inhaltlichen Angaben sind sodann zu speichern, wozu verschiedene Formen von Speichern (vgl. Kap. B 7) angewendet werden können (Karteikarten, Handlochkarten, Magnetbänder, Disketten, Magnetplatten usw.). Das Speichern kann durch technisches Personal erfolgen, das mit den dafür entwickelten Regeln gut vertraut sein muß.
Mit diesem Vorgang werden das Dokument als Träger der Information einerseits und die Information andererseits voneinander getrennt und müssen für die Bereithaltung und Bereitstellung von Informationen und Dokumenten jeweils gesondert behandelt werden.
Die inhaltliche Beschreibung und die formale Beschreibung (Erfassung) sowie die Speicherung dieser Daten werden im allgemeinen als „Input" bezeichnet. Die Leistungsfähigkeit eines Informationssystems hängt entscheidend von der Exaktheit und der Vollständigkeit der durchzuführenden Arbeiten ab, d.h. von der Genauigkeit, mit der die Inhalte der Dokumente erkannt, beschrieben und/oder klassifiziert worden sind. Es empfiehlt sich, die Exaktheit sowohl der inhaltlichen Beschreibung als auch der formalen Beschreibung durch eingehende Korrekturmaßnahmen sicherzustellen. Für eine Reihe von formalen Prüfungen können Computerprogramme eingesetzt werden, mit denen die Nichteinhaltung von bestimmten Regeln überprüft werden kann. Solche automatischen Kontrollen können auch auf Klassifikationsmerkmale und Deskriptoren ausgedehnt werden, indem auf das Vorhandensein ausschließlich zugelassener Klassifikationsmerkmale und Deskriptoren bzw. deren richtige Schreibweise anhand vorgegebener Listen geprüft wird. Die falsche Vergabe von Klassifikationsmerkmalen und Deskriptoren oder die falsche Schreibweise z.B. von Autoren oder Wörtern in der Titelaufnahme sind nur intellektuell überprüfbar. Korrekturvorgänge sollten hierbei so organisiert werden, daß aufgenommene Titel jeweils von anderen Mitarbeitern korrekturgelesen werden bzw. eine fachliche Korrektur an zentraler Stelle mit dem Ziel einer einheitlichen Deskribierung bzw. Klassifizierung erfolgt.
Es empfiehlt sich, bei der Erfassung der Dokumente verschiedene Kontrollmerkmale anzugeben. So ist z.B. in Dokumentationsstellen mit einem größeren Personalbestand bei der Titelaufnahme durch Kurzzeichen festzuhalten, wer für die fachliche Auswertung und wer für die technische Titelaufnahme verantwortlich ist. Auf dem Dokument selbst sollte vermerkt werden, ob eine dokumentarische Bearbeitung erfolgt ist und neben der Registrierung der Dokumente beim Eingang sollte ihr Durchlauf bei der technischen Bearbeitung nochmals registriert werden, um sicherzustellen, daß die Dokumente lückenlos bearbeitet werden und um gegebenenfalls ein benötigtes Dokument während des Bearbeitungsvorgangs auffinden zu können.

Für jedes aufzunehmende Dokument wird im allgemeinen ein Begleitzettel oder Erfassungsformular erstellt, auf dem z.B. die Klassifikationsmerkmale und/oder Deskriptoren eingetragen werden. Der Begleitzettel muß Vermerke tragen, die eine eindeutige Zuordnung zum auszuwertenden Dokument ermöglichen. Auf dem Begleitzettel können auch technische Bearbeitungsvermerke eingetragen werden. Es empfiehlt sich, auch Bearbeitungsdaten, z.B. für die fachliche Auswertung, anzugeben, um sicherzustellen, daß die Weiterverarbeitung in einem angemessenen Zeitraum erfolgt. In manchen Dokumentationsstellen wird auf dem Begleitzettel die Titelaufnahme insgesamt vorweggenommen. Dies ist eine im allgemeinen vermeidbare Doppelarbeit. Im Prinzip können alle in einem Dokument enthaltenen Angaben und Daten direkt aus diesem in den Speicher übernommen werden, so daß der Begleitzettel nur Daten enthalten muß, die aus dem Dokument selbst nicht oder nicht eindeutig ersichtlich sind.

D 2.4 Speicherung von Dokumenten und Informationen

D 2.4.1 Dokumente

Dokumente, die im Besitz des Systembetreibers sind, müssen in geeigneter Weise bereitgehalten werden. Sie können nach den normalen bibliothekarischen Regeln in einer Bibliothek oder in einer entsprechenden Dokumentsammlung aufbewahrt werden. Hierfür stehen bewährte bibliothekarische Methoden zur Verfügung. Nach Möglichkeit sollte die Eingangsregistrierung der Dokumente bereits auf die spätere Aufbewahrung ausgerichtet sein.
Wichtig ist, daß die Dokumente so geordnet bleiben, daß sie unter unterschiedlichen Aspekten jederzeit wiederaufgefunden werden können. Wenn jedes Dokument eine in sich geschlossene Einheit bildet (nicht bei Zeitschriften und Serien!), kann z.B. eine Abstellung nach fortlaufendem Eingang (numerus currens) erfolgen, wobei eine Dokumentnummer die Verbindung zu den Informationen herstellt. Eine Aufstellung nach Autoren hat den Nachteil, daß sie Zweit- und Drittautoren benachteiligt. Eine Aufstellung unter sehr spezifischen sachlichen Gesichtspunkten empfiehlt sich ebenfalls wenig, weil eine diesbezügliche Suche leichter in der extrahierten Information vorgenommen werden kann.
Der Eingang des Dokuments in die Dokumentsammlung ist ebenso zu kontrollieren wie die korrekte Rückgabe ausgeliehener Dokumente.

D 2.4.2 Dokumentinhalte

Die im Dokument enthaltenen Informationen müssen in Speichern so bereitgehalten werden, daß sie auf beliebige, auch kombinierte, Fragestellungen hin wiedergefunden werden können bzw. die Beschreibungselemente wiedergefunden werden, die zu einem Auffinden des jeweiligen Dokumentes führen. Das bedeutet, daß in dem Informationsspeicher auch Sachverhalte (Standorte, Dokumentnummern etc.) enthalten sein müssen, die einen schnellen und präzisen Zugang zum Originaldokument, z.B. zwecks Ausleihe, Überprüfung, Herstellung von Kopien usw., erlauben. Die für die Bereithaltung eingesetzten Methoden hängen wesentlich von der Menge und dem Umfang der Informationen und der spezifischen Ansprüche an das System, wie z.B. Schnelligkeit des Wiederfindens, ab. Größere Datensammlungen werden heute kaum noch ohne EDV geführt. Als Datenbanken werden sie bei darauf spezialisierten Einrichtungen (Hosts) zugänglich gehalten. Zu ihrer Nutzung sind technische (z.B. Terminals) und administrative (z.B. Zugangsgenehmigungen) Voraussetzungen zu erfüllen. Kleinere Datensammlungen, z.B. in Karteien, haben den (psychologischen) Vorzug eines direkten Zuganges, z.B. zum Blättern und Suchen, stehen aber im Prinzip nur der diese Kartei besitzenden Einrichtung zur Verfügung.

D 2.5 Bereitstellung von Dokumenten und Informationen

D 2.5.1 Dokumente

Die Dokumente sollten Interessenten bei Bedarf zur Verfügung gestellt werden. Dafür sind gegebenenfalls rechtliche Voraussetzungen (Benutzungsordnung, Teilnahme am Leihverkehr der Bibliotheken) zu schaffen. Der Zugriff zu den gespeicherten Dokumenten kann verschiedene Gründe haben. Der wichtigste ist der, daß der Nutzer eines Informationssystems einen unmittelbaren Einblick in das Originaldokument nehmen oder dieses ausleihen möchte. Ein weiterer Grund wäre die Überprüfung von im Informationsspeicher vorhandenen Daten anhand des Originaldokumentes. Für die Bereitstellung der Dokumente bieten sich wiederum die bewährten bibliothekarischen Verfahren zur Ausleihe an, die möglichst durch bibliothekarisch ausgebildetes Personal praktiziert werden sollten. Bei der Dokumentbereitstellung der Ausleihe ist auf eine Registrierung des Benutzers zwecks korrekter Rückgabe zu achten. Da die Suche nach einem Originaldokument, z.B. im Leihverkehr der Bibliotheken, oft ein langwieriges Verfahren ist, ist es für ein Informationssystem von besonderem Nutzen, wenn es darauf verweisen kann, daß es bei Bedarf sämtliche Originaldokumente zu den nachgewiesenen Informationen selbst bereitstellen kann. (Lit. 02.)

D 2.5.2 Dokumentinhalte

Die aus den bearbeiteten Dokumenten erfaßten Sachverhalte, die in Form von Klassifikationsmerkmalen und/oder Deskriptoren vorliegen und/oder die sich aus sonstigen Angaben (Sachtitel, bibliographische Angaben, Beigabenvermerke usw.) ergeben, sind im Speicher so enthalten, daß auf beliebige, auch kombinierte Fragestellungen die entsprechenden Informationen aufgefunden werden können und auf das Originaldokument verwiesen wird. Wenn die erfaßten Informationen, also die Deskriptoren, die Sachtitelangaben, die bibliographischen Angaben, ggfs. ein mitgespeichertes Referat, einen großen Informationswert haben, kann der Benutzer unter Umständen auf die Einsicht in ein Originaldokument verzichten. Auf jeden Fall müssen die bereitgestellten Informationen für den Benutzer eine Selektion der

für ihn besonders wichtigen und benötigten Dokumentbeschreibungen ermöglichen. Dafür sollten die Nachweise auch eine ansprechende Druckform haben, die einen schnellen Überblick über die einzelnen Bestandteile (inhaltliche Angaben, formale Angaben) des Nachweises erlaubt.
Der Nachweis selbst erfolgt in Form einer Recherche im jeweiligen Speicher mit den jeweils dafür anzuwendenden Methoden.
Die Recherche kann von der die Datenbasis erstellenden Einrichtung durchgeführt werden für ihren eigenen Bedarf und für Dritte. Wenn die Datenbasis bei einem Datenbankbetreiber (Host) zur Benutzung aufliegt, kann auch eine Direktnutzung durch die Interessenten erfolgen. Dafür benötigen sie eine entsprechende Zulassung zur Datenbasis. Sowohl bei Direktbenutzern der Datenbasis als auch bei Informationsvermittlung durch die die Datenbasis erstellende Stelle oder andere Informationsvermittler müssen entsprechende rechtliche Voraussetzungen (Zulassungsberechtigung usw.) gegeben sein. Auch ist zu prüfen, ob für die Benutzung der Daten Entgelte zu entrichten sind, so daß eine Entgeltordnung zu erstellen ist. Diese muß eindeutig die Rechte und Pflichten der Vertragspartner, insbesondere die Leistungen klarlegen, die der Benutzer für ein bestimmtes Entgelt erwarten kann.
Das Ergebnis einer Recherche, z.B. aus einem EDV-Speicher, kann dem Benutzer unmittelbar zugeleitet werden. Häufig empfiehlt es sich jedoch, eine Kontrolle der ermittelten Daten vorzunehmen, sofern nicht schon beim Recherchevorgang die Relevanz der ermittelten Daten sichergestellt und unnötiger Ballast vermieden werden konnte. Bei Recherchen aus Handkarteien müssen für den Benutzer Kopien der ermittelten Nachweise erstellt werden. Niemals dürfen die originalen Informationsspeicher (Karteikarten usw.) Benutzern zur Verfügung gestellt werden, da sonst leicht unwiederbringliche und unüberprüfbare Verluste eintreten können.
Die genannten Informationsdienstleistungen werden auch als „passive" Dokumentation bezeichnet, da hier nur auf Anfrage von Benutzern, z.B. mit der Durchführung einer Recherche, reagiert wird. „Aktive" Dokumentation kann die Herausgabe von gedruckten Diensten (Bibliographien, Referateorgane, Karteidienste) sein, denen trotz zunehmender EDV-Datenbasen noch erhebliche Bedeutung zukommt.
Eine Zwischenstellung nehmen SDI-Dienste (Selected Dissemination of Information) ein, bei denen dem Anfragenden zu einem einmal definierten Thema mit EDV-Unterstützung regelmäßig Informationen zugeleitet werden.
Angesichts eines sich entwickelnden Informationsmarktes kann es für die Dokumentationsstelle von Wichtigkeit sein, für ihre Dienstleistungen zu werben. Dabei ist jedoch zu beachten, daß die Anwerbung von Nutzungsaufträgen der Arbeitskapazität der Einrichtung angemessen sein soll. Die beste Werbung für ein Informationssystem bleibt immer die schnelle und präzise Abwicklung eines Rechercheauftrages.

Literatur

01. Arbeitshilfen für Spezialbibliotheken. Band 1: Erwerbung. Berlin: Deutsches Bibliotheksinstitut 1983. (dbi-Materialien 25.)
02. Arbeitshilfen für Spezialbibliotheken. Band 2: Literaturversorgung (Benutzung). Berlin: Deutsches Bibliotheksinstitut 1984. (dbi-Materialien 38.)

D 3 Schriftgutverwaltung und Archiv

Siegfried Büttner

D 3.1 Methodische Grundlagen

Schriftgut und Schriftgutverwaltung bilden das zentrale Element des *innerbetrieblichen bzw. innerbehördlichen Informationssystems.* Sie sind Gegenstand einer besonderen Methodenlehre deshalb, weil die Schriftstücke und Inhalte, um die es hier geht, in besonderer Weise zweck- und zielorientiert betrachtet, bewertet, zugeordnet und gespeichert oder gelöscht bzw. vernichtet werden. Zur Erläuterung dieser Aussage seien einige Thesen an ein Beispiel geknüpft.
Wenn eine Stadtgemeinde unter lebhafter öffentlicher Aufmerksamkeit einen sehr kunstvollen Brunnen auf einem repräsentativen Platz durch einen berühmten Bildhauer anfertigen läßt, so interessiert den Kassen- und Rechnungsführer der Stadtverwaltung dennoch nur, ob der Auftrag korrekt erteilt, die Übereinstimmung der Ausführung mit dem Auftrag vom Kultur- oder Baudezernenten verantwortlich geprüft und ob Formalien der Rechnungsstellung bis hin zu Skonto- und Zahlungsfristenregelungen korrekt sind. Keinem anderen Zweck dienen die möglicherweise umfangreichen Nachweise über den Materialaufwand, die Ausführungsart, die mitwirkenden Werkstätten und dergleichen mehr, die er zu seinen Unterlagen nimmt. Denn:
(These 1) Schriftgutverwaltung ist eine willentlich eindimensionale, eng zweckrationale Form der Dokumentation.
Dementsprechend findet der Kassen- und Rechnungsführer im Bedarfsfall auch nicht das Kunstwerk oder den Künstler, sondern er sucht und findet einen Vormerkungs- und Ausgabeposten eines Haushalts- und Rechnungsjahres unter einem bestimmten Abschnitt des Etats und/oder einer nach Anfall vergebenen Nummer seiner Kontrollisten und Ausgabenachweise. Denn er denkt, ordnet und findet nur als Geldverwalter. Dies will sagen:
(These 2) Ein Grundelement jeder Ordnung von Schriftgut ist die Funktion oder Aufgabe, aus der sich Zweckbezogenheit und Zweckrationalität bestimmen.
Selbst die Privatperson trennt in natürlichem Instinkt Unterlagen zu behördlichen und geschäftlichen Angelegenheiten von rein privater Korrespondenz und verbindet damit nicht nur Ordnungs-, sondern auch Zweck- und Wertvorstellungen: Wertlose Geschäftspapiere, wie z.B. fast alle Werbeschriften, wandern direkt in den Papierkorb, Rechnungen und Quittungen dann, wenn mit Weiterungen nicht mehr gerechnet wird. Mancherlei Urkunden werden getrennt und (hoffentlich) sorgfältig lebenslang aufbewahrt. Aber selbst die rein privaten Briefe werden beim Zuordnen nach der Beantwortung – und eventuell einer Weile Aufbewahrung – bewertet, d.h. in den Papierkorb geworfen oder weiter aufbewahrt, je nach der Bedeutung im persönlichen Lebenskonzept. Für den Beamten im Beispiel ist solches Bewerten weniger komplex: Nach Rechnungslegung und Rechnungsprüfung sind seine Unterlagen zur Vernichtung frei. Findet die Prüfung nicht in jedem Einzelfall statt, sondern ist mit ihr nur als Möglichkeit zu rechnen, so tritt an die Stelle des wertver-

ändernden Ereignisses die Frist, während derer mit dem Ereignis zu rechnen ist, als Aufbewahrungsfrist.

(These 3) Schriftgut unterliegt einer ständigen Wertbeurteilung und einem größerenteils rational nachvollziehbaren Wertwandel, der in Ordnungs- und Organisationsmaßnahmen des Schriftgutverwaltens umgesetzt werden kann, d.h. in einen überwiegend rationalen (Informations-)Bewertungsprozeß.

Im Falle der weitgehend ausdifferenzierten öffentlichen Verwaltung endet dieser Bewertungsprozeß nach Ablauf der behördlichen Aufbewahrung bzw. Aufbewahrungsfrist beim staatlichen oder kommunalen Archiv mit einer Entscheidung über dauernde Aufbewahrung oder Vernichtung (archivische Bewertung). Darauf ist noch zurückzukommen. Den Beginn des Bewertungsprozesses markiert die täglich zu treffende Entscheidung, wer was wissen, erfahren und mitteilen muß, damit im Gesamtergebnis richtige Maßnahmen bzw. Entscheidungen herauskommen. Schriftgut und Schriftgutverwaltung bilden das meistbenutzte Instrumentarium dieses Informations- und Informationsbewertungsprozesses über und zwischen den aufbauorganisatorischen Einheiten der Behörden, Abteilungen und Referate, die von einander durch sachliche Zuständigkeit abgegrenzt sind. Diese sachliche Ausprägung aller Aufgabengliederung in der öffentlichen Verwaltung und die streng sachbezogene Einkleidung aller schriftlichen Äußerungen kann durchaus den Blick dafür verstellen, daß Schriftgut der Ausdruck und Schriftgutverwaltung die Umsetzung eines von Wertvorstellungen gesteuerten Informationsprozesses ist. Dennoch gilt auch:

(These 4) Schriftgutverwaltung ist – insbesondere in ihrer Ausprägung aus deutscher Verwaltungstradition – in besonderer (fast ideologischer) Weise sachbestimmt.

Der schriftliche Anteil sachlich gegliederter und sachzielbestimmter Entscheidungsprozesse wird in Sachakten umgesetzt. Die Doktrin der Sachaktenwelt findet sich formuliert in § 32 der Gemeinsamen Geschäftsordnung der Bundesministerien (und entsprechend in vielen anderen Geschäftsordnungen) unter der eher irreführenden Überschrift ,,Aktenvermerke''. Sie besagt, daß auch über nicht schriftlich mitgeteilte Sachverhalte Notizen (eben: Aktenvermerke) zu fertigen sind; denn ,,der Stand einer Sache muß jederzeit aus den Akten vollständig ersichtlich sein''.

D 3.2 Zentrale Begriffe

D 3.2.1 Sachakte

Eine Sachakte ist eine technische Zusammenfassung von Schriftstücken, in denen ein allgemeiner oder spezieller Sachverhalt angesprochen ist, mit dem eine Behörde bzw. eine Organisationseinheit befaßt ist.

Akten sind zu Recht zum Inbegriff jeden Verwaltungshandelns geworden; und fast immer sind Sachakten damit gemeint. Bereits die sprachliche Urform (acta = Verhandlungen) nimmt Bezug auf behördliche Entscheidungsprozesse. Parallel zur Ausdifferenzierung und sachlichen Spezialisierung von Justiz und Verwaltung vollzog sich die sachliche Abgrenzung der Akten und die Verfeinerung der Ordnungs-

technik von Sachakten, auch die Differenzierung und Vervielfältigung von Sachaktenbegriffen bis zu einer heute kaum noch überschaubaren, ungeregelt gewachsenen Begrifflichkeit. Die Sachakte soll das unmittelbare Abbild der Sachbearbeitung sein.
Im privatwirtschaftlichen Verwalten drückt sich die geringere Ausprägung der Sach-Ideologie und das Vorherrschen unverblümter Interessen in geringer entwickelter Sachaktenführung aus. Die dort vorherrschende Form der Korrespondentenakten (besser Korrespondentenserien; denn es handelt sich eben um eine formale, nicht aktionsbezogene Struktur) zeigt an, daß es auf widerspruchsfreie Sachargumentation in verschiedenen Situationen und gegenüber verschiedenen Partnern weniger ankommt, bzw. daß beides durch Personen verkörpert und gewährleistet, nicht aber durch Organisation gesichert wird. Konsistente, gesetzestreue und, insbesondere bei Ministerien, politikkonforme Verwaltungsführung wird in der Organisation der öffentlichen Verwaltung dagegen ganz überwiegend bewirkt durch sachliche Aufgabengliederung und fachliche Spezialisierung (wozu die Fachlaufbahnen im öffentlichen Dienst gehören) einerseits und Dienstwegeprinzip und weitgehende Schriftlichkeit andererseits. In der Organisation der Schriftlichkeit spielen Registraturen eine zentrale Rolle.

D 3.2.2 Registratur

Registratur ist heutzutage ein primär organisatorischer Begriff; als solcher bezeichnet er die organisatorische Zusammenfassung von Funktionen sowie dafür eingesetzten Personen und Sachmitteln des Schriftgutverwaltens. Der Begriff wird immer wieder in der einen oder anderen Richtung einseitig strapaziert, meist indem nur ein Sachmittel (wie z.B. der in Anspruch genommene Raum oder -besonders verbreitet – die Aufbewahrungsbehälter und -möbel) gemeint wird. Aber auch die verschiedenen Funktionen sind nicht immer vollständig im Bewußtsein.
In einer langen und facettenreichen Entwicklung meint der Begriff zunächst die Gesamtheit der behördlichen Register, da in den Anfängen des Verwaltens nur die jeweiligen Entscheidungen des Amts oder Gerichts (da war am Anfang kein Unterschied) „registriert" wurden. Mit zunehmender Entwicklung und sachlicher wie hierarchischer Ausdifferenzierung der Verwaltung entsteht das Bedürfnis, auch Sachverhalte näher zu präzisieren und Motive des Entscheidens festzuhalten. Zu den Registern und Protokollen (der Kollegialbehörden) treten die „acta". Die Gesamtheit des Schriftwerks wird zunächst noch durch den Schreiber, dann aber durch einen besonderen Verwalter, den Registrator, geordnet, kontrolliert und aufbewahrt. Und während der Anteil der Akten am behördlichen Schriftwerk seit dem 17./18. Jahrhundert rapide wächst, schrumpfen die Protokolle und *Register* auf den Begriff von Register, der in diesem Handbuch nunmehr Gegenstand einer eigenen, neuen Methodenlehre ist, dies insbesondere, nachdem die Kollegialbehörden zugunsten hierarchisch und sachlich stark gegliederter Bürokratie gewichen sind. Aus der Registraturpraxis schwindet der ursprünglich namengebende Begriff weitgehend: Das chronologische Register des gesamten Schriftwerkes heißt üblicherweise *(Geschäfts-) Tagebuch*, ein Register nach Ausstellungsdaten in Empfang

genommener Briefe Eingangsbuch; im übrigen existieren ,,Einsenderkarteien" oder ,,Namenskarteien" verschiedener Art, aber auch Schlag- und Stichwortverzeichnisse unter zum Teil befremdlichen Namen. Mit all diesen Hilfsmitteln verbindet sich allerdings noch die Vorstellung des *Registrierens*, was unter Behördenregistratoren vielfach die irrige Auffassung bewirkt, dies sei ihre einzige oder zumindest ihre Hauptaufgabe. Ein solches Selbstverständnis, das im übrigen meist noch sehr einseitig auf die formale Kontrolle des Schriftgutes abzielt, sollte eigentliche durch die organisatorische Entwicklung lange überholt sein. Denn schon um die Wende vom 19. zum 20. Jahrhundert war die Entwicklung der Sachaktenführung um einen entscheidenden Schritt weitergegangen, nämlich durch die planend sachsystematische Gliederung des gesamten Schriftgutkörpers, d.h. der Gesamtheit der vorhandenen und noch anzulegenden Sachakten einer Behörde durch einen Aktenplan, der als stoffliche Gliederung des Aufgabenbestandes zugleich den direkten sachsystematischen Rückgriff auf den Aktenbestand ermöglicht.
In den zwanziger Jahren wurde im Zusammenhang mit anderen Vereinfachungs- und Vereinheitlichungsbemühungen in der öffentlichen Verwaltung, die sich für die Reichsregierung und -verwaltung im Ergebnis der Gemeinsamen Geschäftsordnung der Reichsministerien (1926) darstellen, dieses Prinzip des sachsystematischen Zuordnens und Wiederfindens (parallel zum sachlichen Gliedern und Adressieren der behördlichen Aufgaben im Organisations- und Geschäftsverteilungsplan) so absolut gesetzt, daß es sinnvoll schien, den *Registrator*, dessen Funktionsbild undeutlich und in einseitiger Weise mit der Registerführung als Kontrollfunktion verknüpft worden war, allgemein wegfallen zu lassen und die Ordnungsfunktion dem Organisator mit der Aufstellung und Fortschreibung des Aktenplans, im übrigen aber dem Bearbeiter (Sachbearbeiter) zu überlassen, dessen Sachkunde und Interesse an übersichtlichen Akten von selbst zu gutem Ordnungsergebnis führen werde. Die anscheinend einzige Funktion des Registrators, den Lauf und Verbleib von Schriftstücken und Akten innerhalb der Behörde zu überwachen, sollte ersetzt werden durch die Inanspruchnahme der Eigenverantwortlichkeit des Bearbeiters und durch das objektive Steuerungsmittel des *Geschäftszeichens*, in das neben den Code für die aufbauorganisatorische Einheit (d.h. die zuständige Stelle) die Notation des *Aktenplans* als ,,sprechendes" *Aktenzeichen* zur Adressierung der zutreffenden Sachakte eingesetzt wurde. Auf diesem Wege wurde in weiten Bereichen der öffentlichen Verwaltung sinnvollerweise die Registratur als organisatorische Einheit von Funktionen, Personen und Sachmitteln aufgehoben. An ihre Stelle traten der Aktenplan, *Bearbeiterablagen* und der Gebrauch des Geschäftszeichens im Verkehr in und zwischen den Behörden, aber auch im Umgang mit Außenstehenden.

D 3.2.3 Geschäftszeichen

Das Geschäftszeichen ist ein mehrteiliger Code, der auf jedem Schriftstück – es werde hergestellt, ausgesandt oder in Empfang genommen – eingetragen wird. Die einzelnen Teile des Codes sind zuzuordnen der Aufbauorganisation der Behörde, der sachlichen Grundstruktur ihrer Akten (dem Aktenplan), einer bestimmten Sachakte und/oder evtl. einem einzelnen Schriftstück (sofern ein Schriftstücksregister geführt wird, aus dem die Registernummer entnommen werden kann). Zweck des Geschäftszeichens ist es, das Schriftstück – sei es als einzelnes oder als integrierter Teil einer Sachakte – im Geschäftsgang leicht identifizieren und kontrollieren zu können, vor allem aber seine Zuordnung zur treffenden Organisationseinheit und/oder Sachakte zu sichern. Dasselbe gilt für Antworten auf ausgegangene Schreiben, sofern diese auf den Code bezug nehmen.

Die meiste Akzeptanz und den größten Bekanntheitsgrad hat das Geschäftszeichen im Justizbereich. Einen Hinweis darauf gibt der erfolgreiche Serientitel „Aktenzeichen XY ungelöst" des ZDF. Auch bei Gerichten handelt es sich aber fast immer

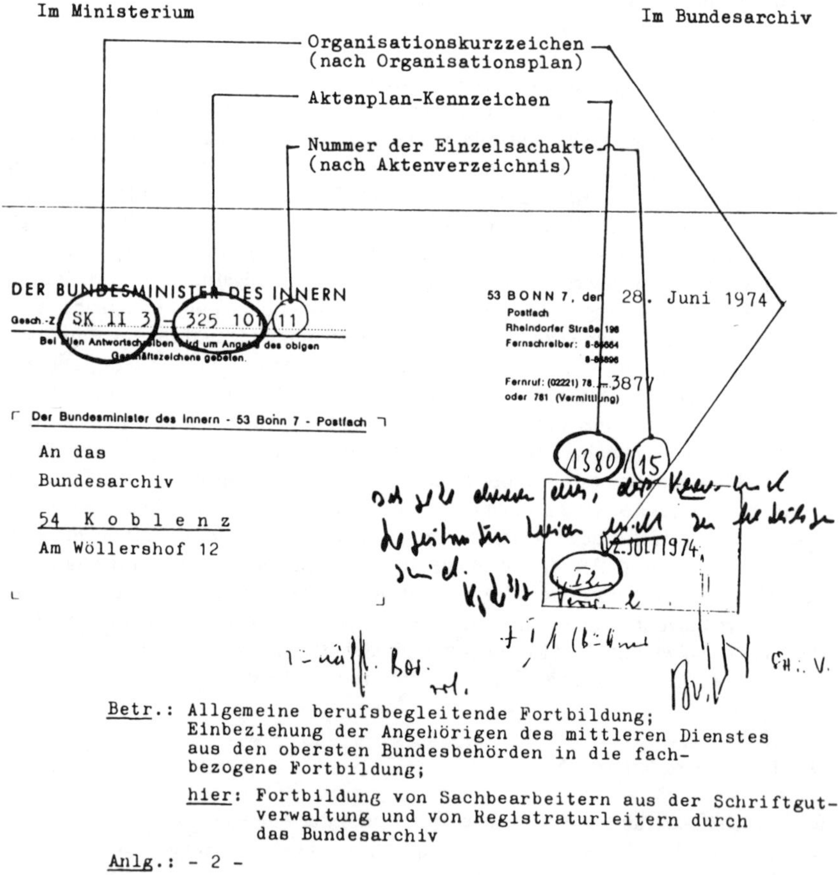

Abb. 1: Das Geschäftszeichen
Beispiel: Bundesministerium des Innern und Bundesarchiv

um einen mindestens zweiteiligen Code, dessen erster Teil die zuständige Geschäftsstelle bzw. den Rechtsbereich bezeichnet, indes das eingentliche Kennzeichen für die Akte (nur das sollte Aktenzeichen heißen) aus einer Registernummer besteht, die nach Anfall – meist jahrweise – vergeben wird. Da die Verfahrensakten der Gerichte jeweils einen in aller Regel klar abgegrenzten Fall betreffen, ist diese Form von Geschäftszeichen recht unproblematisch (aber auch wenig aussagekräftig; bekanntlich werden die Inhalte von Gerichtsverfahren und der zugehörigen Urteile aufwendig dokumentiert, eben weil eine Sachaktengliederung dafür nicht in Frage kommt). Wo das Geschäftszeichen das Element der Stoffgliederung der Akten und die Akte selbst in verschlüsselter Form mit angeben soll, ist seine Anwendung etwas komplizierter und seine Funktion gefährdeter. Denn der Sachaspekt, unter dem die Behörde oder Organisationseinheit zuständig ist, muß geprüft und evtl. entschieden werden, und er kann sich ändern.

Man stelle sich zum Beispiel den Bericht eines deutschen Botschafters über den politischen Umsturz in einem Land vor, aus dem wenig Nachrichten über die Presse zu uns gelangen. Das Schriftstück wird im Auswärtigen Amt sofort bei Eingang vervielfältigt; denn es sind mehrere Stellen, die unter verschiedenen Aspekten zu prüfen haben, ob und wie gegebenenfalls zu reagieren ist. Je nach Art und Zahl der mit oder in diesem Land laufenden Maßnahmen (z.B. des Kulturaustausches, der Projektförderung im humanitären, wissenschaftlichen, wirtschaftlichen oder sonstigen Bereich) wird es bereits Akten geben, zu denen sich die Berichtskopie als neues Schriftstück fügt und deren Geschäftszeichen es vor allem dann erhalten wird, wenn nun mit den Partnern dieser Maßnahmen, mit Museen, mit Verbänden oder Gesellschaften, mit Hochschulen, Firmen die jeweiligen Konsequenzen weiter abzustimmen sind. So stößt dieses eine Schriftstück an zahlreichen Stellen innerhalb und außerhalb des Auswärtigen Amtes Aktenvorgänge an und wird jeweils unter deren Geschäftszeichen weitergeführt. So erhalten Schriftstücke, die auf den ersten Blick sich nur als Kopie einunddesselben Berichtes darstellen, einen unterschiedlichen Kontext und ein dem entsprechendes Geschäftszeichen, übrigens auch einen unterschiedlichen Aussagewert.

D 3.3 Verfahrensweise und Hilfsmittel

In den Augen des Dokumentars muß es zunächst relativ sinnlos erscheinen, ein Schriftstück in mehreren Ausfertigungen mehrfach zuzuordnen, anstatt es nur einmal zu speichern und mehrdimensional zu erschließen. Diese Sichtweise wäre jedoch zu einseitig auf Sachinhalte und Sachaspekte gerichtet und würde die Bedeutung und Qualität des *Informationsbewertungsprozesses* wie auch dessen Dynamik verkennen. Zweckmäßige Verfahrensweisen und Hilfsmittel des Schriftgutverwaltens sind auf Zuwachs und Abgang, auf Zuordnung und Abtrennung sowie in gewissen Grenzen auf Umstrukturierung (z.B. durch Organisationsänderung) eingerichtet. Diese Dynamik von Entstehen, Bewerten und Auswerten, Umbewerten und Umstrukturieren auf der Ebene des Einzelschriftstücks in Registern nachzuhalten ist lange praktiziert, dann angesichts rapide wachsender Schriftgutpro-

duktionen noch in diesem Jahrhundert weiter versucht, seit den fünfziger Jahren aber durch die formale Kontrolle und inhaltliche Erschließung (nur noch) der *Einzelsachakte* ersetzt worden, wobei die formale Kontrolle mittels des Geschäftszeichens, die inhaltliche Erschließung aber im wesentlichen durch den Aktenplan und das *Aktenverzeichnis* erfolgt. Zwar gibt die maschinelle Datenverarbeitung nunmehr wieder die Möglichkeit, auch für große Massen von Einzelangaben einen Änderungsdienst zu betreiben; der Aufwand dafür steht aber in keinem Verhältnis zu der relativ geringen Mühe, die eine zweckmäßige Führung, Kontrolle und Erschließung von Einzelsachakten verursacht, vorausgesetzt, dies geschieht mit Verstand, nach gewissen gemeinsamen Grundsätzen und gleichbleibend zuverlässig. Verstand, Grundsätze und Zuverlässigkeit sind allerdings in der Organisationspraxis als Kalkulationsgrößen immer weniger beliebt. Darin liegt ein zentrales Problem der Schriftgutverwaltung, insbesondere soweit es um die Organisation sachlich vielfältiger Aufgaben und entsprechender *Sachaktenregistraturen* geht.
Die Verwaltung sachlich vielgegliederter Schriftgutkörper, ihres Zuwachses und Abgangs (durch kontinuierliches Aussondern) ist in der Tat die schwierigste, weil am wenigsten mit Meßzahlen und anderen harten Normen zu lösende, Organisationsaufgabe. Die organisatorischen Instrumente für die Lösung der Aufgabe sind

- der Aktenplan
- Ordnungsgrundsätze für Sachakten
- Aktenverzeichnis(se)
- das Geschäftszeichen
- sowie je nach besonderen Gegebenheiten verschiedene Kontrollhilfsmittel.

Das Regelwerk dazu ist in der Anweisung für die Schriftgutverwaltung *(Registraturanweisung)* enthalten, die ihrerseits Teil der *Geschäftsordnung* einer Behörde ist, die den gesamten Ablauf vom Eingang eines Schriftstückes über die Bearbeitung bis zur Absendung der Post behandelt.

Der **Aktenplan** ist eine aus den Sachaspekten der behördlichen Aufgaben und in Anlehnung an deren Struktur entwickelte Sachklassifikation mit dem Zweck, das Zuordnen und Wiederfinden (weniger von Schriftstücken als) von Sachakten auf einfache Weise (nämlich entsprechend dem sachlich systemtatisch geprägten Aufgabenverständnis der Mitarbeiter) dauerhaft zu gewährleisten sowie durch die Notation als wesentlichem Beitrag zum Geschäftszeichen alle Zuordnungs- und Kontrollfunktionen des Schriftgutverwaltens zu erleichtern.
Entsprechend der sachlich monohierarchischen Aufgabengliederung von Behörden gliedert der Aktenplan zu Recht ebenfalls sachsystematisch-monohierarchisch, allerdings mit einem erheblichen Einschlag von Pragmatismus und sei es auch nur aus Rücksicht darauf, daß die Notation möglichst einfach (d.h. in ihrer Struktur gleichmäßig) und – als „sprechendes“ Aktenzeichen – durchsichtig bleibt. Die in den Aktenplan aufgenommenen Sachaspekte (genannt *Betreffeinheiten*) sind stets nur zu verstehen als Aufhänger für die Akten, die aus den jeweiligen Maßnahmen oder Entscheidungen in bezug auf das Sachproblem oder einen Teilaspekt zu einem bestimmten Endzweck angelegt, geführt und geschlossen werden. Die Akten können deshalb auch ausgesondert (und dabei durchaus auch aus dem Aktenplan wieder ausgeklinkt) werden.

325

1 Bundesarchiv

10 Bundesarchiv im allgemeinen

100 Bundesarchiv im allgemeinen
101 Beteiligung in Personalangelegenheiten *)
102
103 Beteiligung in Haushaltsangelegenheiten
104
105 Beteiligung in Angelegenheiten der Unterbringung

11 Organisation des Bundesarchivs

110 Organisation des Bundesarchivs im allgemeinen
111 Militärarchiv
112 Film-, Bild- und Tonarchiv
113 Ostdokumentation
114
115 Außenstelle Frankfurt/Main
116 Zentralnachweisstelle Kornelimünster
117
118 Hauptarchiv (ehem. Preuß. Geheimes Staatsarchiv)

12 Zwischenarchiv

120 Zwischenarchiv

13

14

15 Übernahme, Verwaltung und Benutzung von Archivgut

150
151 Übernahme von Archivgut durch das Bundesarchiv
152
153 Verwaltung des Archivgutes beim Bundesarchiv
154
155
156 Benutzung von Archivalien des Bundesarchivs
157 Entgeltordnung

16 Schutz und Sicherung des Archivgutes

160 Schutz und Sicherung des Archivgutes beim Bundesarchiv im allgemeinen
161 Sicherungsverfilmung
162
163 Schutz des Archivgutes bei bewaffneten Konflikten

17

Abb. 2: Der Aktenplan (Ausschnitt)
Beispiel: Bundesministerim des Innern (Stand 1964)
(Aufgabe: Archivwesen; Bundesarchiv – Fachaufsicht)
*) Markierung bezogen auf Abb. 1.

Eine vollständige Theorie des Aktenplanes ist – nicht zuletzt wegen der zahlreichen pragmatischen Einschläge – relativ kompliziert; die praktischen Regeln für seine Gestaltung sind eher einfach:
Der Aktenplan einer Behörde oder eines Verwaltungszweiges soll alle Aufgaben benennen, also in einem einleitenden Text auch diejenigen, deren Schriftgut außerhalb der Sachgliederung nur nach einfachen Merkmalen zu reihen ist (wie z.B. die Personalakten nach Name oder Nummer), und soll im übrigen die Aufgaben sachsystematisch gegliedert darstellen. Dabei soll er sich streng an den jeweiligen Sachaspekt halten, um Mehrdeutigkeit zu vermeiden (also z.B. Planung nur als Sachproblem, nicht aber als Aufgabe bzw. Funktion ausweisen). Die Gliederung soll aufgabengerecht gewichtet sein und die Gliederungsnotwendigkeit des Schriftgutes berücksichtigen. Jede Betreffeinheit soll Raum bieten für eine überschaubare Menge aufzureihender Einzelsachakten (bei kontinuierlicher Aussonderung kann die Menge auch überschaubar gehalten werden). Die Gesamtstruktur des Aktenplanes soll Raum lassen für einen gewissen Aufgabenzuwachs bzw. eine Aufgabendifferenzierung (maximal ein Drittel der möglichen Positionen sollte in Reserve gehalten werden), aber auch eventueller Aufgabenwegfall ist mit zu bedenken. Als Dienstwerk sollte der Aktenplan möglichst einfach, handlich und übersichtlich sein und auch das gesamte übrige Regelwerk des Schriftgutverwaltens, d.h. die Registraturanweisung, insbesondere aber die speziellen Ordnungsgrundsätze für die Bildung und Abgrenzung von Sachakten, ihre Zuordnung zum Aktenplan und die Führung des Aktenverzeichnisses enthalten.
Für die tägliche Praxis des Umgangs mit dem Geschäftszeichen ist es besonders wichtig, daß die *Notation des Aktenplans* kurz, einfach zu schreiben, leicht durchschaubar, merkfähig und leicht aussprechbar ist. Einheitliche Länge und klare Abgrenzung zum Kennzeichen der Akte durch ein klares Sonderzeichen hilft Mißverständnisse vermeiden.

Die **Ordnungsgrundsätze** für das Bilden und Führen von **Sachakten** sind an sich von der Existenz des Aktenplans weitgehend unabhängig. Überschaubare Mengen von Sachakten (z.B. im ersten Jahr einer neugegründeten Organisationseinheit) können auch durchaus noch ohne Sachsystematik, in einer einfachen Liste festgehalten, nebeneinander bestehen. Entscheidend ist ein klarer Begriff vom Wesen der Einzelsachakte.
Die *Einzelsachakte* ist eine selbständige technische Zusammenfassung von Schriftstücken über einen Sachverhalt zur zweckmäßigen Bearbeitung. Zu ihr gehört ein individuelles Kennzeichen (in der Regel zusätzlich zum Kennzeichen der Betreffeinheit des Aktenplans) und eine Inhaltsangabe (Aktentitel), die den Gesamtinhalt von dem der Betreffeinheit dadurch abgrenzt, daß der bearbeitete Teilaspekt eingegrenzt und/oder die in Gang gesetzte Aktivität (Maßnahme, Funktion, Verrichtung) näher beschrieben wird. Wie die entsprechende Maßnahme und/oder das Objekt hat auch jede Einzelsachakte ein (mehr oder weniger absehbares) Ende. Die Zweckmäßigkeit des Bearbeitens als konstitutives Element der Abgrenzung der Einzelsachakte enthält keineswegs nur individuelle Aspekte, sondern auch generell organisatorische, beispielshalber den Zwang, mit Raum sparsam umzugehen, den Boten nicht mit zu dicken Aktenpaketen (einerseits) und die Registraturkräfte nicht

mit zu häufiger Bewegung zu kleinräumig gebildeter Aktenhefte (andererseits) zu belasten. Gute Verwaltungspraktiker beherrschen diese und andere Kriterien mit Augenmaß. Andere leiten aus theoretischen Überlegungen falsche Schlußfolgerungen ab.
Einige der Abgrenzungskriterien führen konsequenterweise zu Sonderformen von Sachakten, wie insbesondere der *Sammel(sach)akte*, die aus verschiedenen Aktivitäten zum gleichen Problem gespeist wird, weil (zunächst) für die Bildung je einer Einzelsachakte einfach nicht genug Schriftgut anfällt bzw. zu erwarten ist. Nach dem andersartigen Kriterium der unterschiedlichen Rückgriffshäufigkeit und/oder Lebensdauer oder zur Erhöhung der Übersichtlichkeit werden Teile einer Einzelsachakte (z.B. aus einem bestimmten besonderen Bearbeitungsschrift oder z.B. bestimmte Arten von Unterlagen) herausgenommen und als *Sonder(sach)akte* zur Einzelsachakte geführt, üblicherweise unter Benennungen wie Beiakte, Nebenakte o.ä.. Ein stets stark gewichteter Faktor der Sachaktenbildung ist (oder sollte zumindest sein) die Begrenzung der Lebens- bzw. *Aufbewahrungsdauer* einer Akte und die leichte *Aussonderung*.

Das **Aktenverzeichnis** ist ein von jeder aktenführenden Stelle (mehr dazu unten) sinnvollerweise zu führendes Verzeichnis der in der Gliederung des Aktenplanes tatsächlich angelegten Akten. Es enthält das individuelle Kennzeichen der Einzelsachakte (und evtl. das Zusatzzeichen der Sondersachakte) sowie insbesondere den „*Aktentitel*" und die Laufzeit (zunächst nur den Beginn). Wird das Aktenverzeichnis, was das Sinnvollste ist, nach dem Aktenplan gegliedert geführt und werden die der Betreffeinheit des Aktenplanes hinzugefügten Akten fortlaufend numeriert, so unterliegt im Laufe der Zeit auch das Aktenverzeichnis – wie die Akten selbst – der Aussonderung, wenn auch mit Verzögerung. Kann doch z.B. für eine längere Zeit auch noch die Archivsignatur einzelner ins Archiv übernommener Akten so evident gehalten werden. Jedenfalls bildet ein zweckmäßig geführtes Aktenverzeichnis die sinnvolle Verbindung zwischen dem prinzipiell statischen Ordnungsrahmen Aktenplan und dem naturgemäß dynamischen Schriftgutkörper. Es ist darüber hinaus ein gutes Hilfsmittel zur Kontrolle des Aktenbestandes und nicht zuletzt ein Instrument rascher Verständigung überall dort, wo Funktionen des Schriftgutverwaltens arbeitsteilig wahrgenommen werden, z.B. zwischen einem Bearbeiter und einem Registrator.

Je nach dem Grad aufbauorganisatorischer Trennung verschiedener Funktionen des Schriftgutverwaltens sind weitere Hilfsmittel, überwiegend zu Kontrollzwecken (z.B. zum Nachweis des Verbleibs eines eingegangenen Schriftstücks bis zur Vereinigung mit der Akte, zum Nachweis der Aktenherausgabe, zur Wahrung von Wiedervorlageterminen) und, nur in sehr begrenztem Umfang, zur zusätzlichen inhaltlichen Erschließung (Stich- und Schlagwortverzeichnis) nötig.
Alle genannten Hilfsmittel, vom Aktenplan über das Aktenverzeichnis bis zu den formalen Kontrollisten können nach heutigem Stand der Entwicklung grundsätzlich (wenn auch noch mit einigen praktischen Schwierigkeiten) IT-gestützt geführt werden. Auch liegt in massenhaft gleichförmigen Unterlagen und Akten *(Fallakten)* eine starke Tendenz zur Überführung in maschinenlesbare Form. Für die beschriebenen Einzelsachakten aber wird es noch lange bei der herkömmlichen Art der Ak-

1 3 8 0	Inhalt der Akten	Schriftgutverwaltung in obersten Bundesbehörden	
Ordnungs-Nr.	Betreff		
14	Auskunft an Riksarkivet Kopenhagen über Grundsätze der Aktenplangestaltung	1974.	vgl.
*) 15	Ausbildung von Schriftgutverwaltern im Rahmen der Bundesakademie für öffentliche Verwaltung	1974 – 1982 Heft 1 1983 – Heft 2	sh. auch Beilag vgl.Nr.20
16	Behandlung des Beschlusses des Haushaltausschusses des Bundestags vom 24.1.74 betr. Vereinheitlichung der Untersuchung der technischen fachneutralen Verwaltungsbereiche der Bundesregierung	1974.	Altregistratur
17	GGO.I Anweisungen für die Schriftgutverwaltung u.- Herstellung	1975.	
18	Erfahrungsaustausch der Sachbearbeiter für Schriftgutverwaltung der obersten Bundesbehörden	1976 –	
19	Richtlinien der Bundesregierung über Aufbewahrungsfristen von fachneutralen Schriftgut, insbesondere Fortschreibung des Fristenkatalogs	1976 –	
20	Beitrag Schriftgutverwaltung zu Fortbildungsveranstaltungen der BAKÖV	1976 –	vgl.Nr.15
-	Gutachten zum Einsatz technischer Hilfsmittel in der Schriftgutverwaltung des BMI	————	vgl.Az.1448/
21	Fortbildung von Schriftgutverwaltern des mittleren Dienstes im Bereich der Bundeswehrverwaltung	1976	
22	Einführung eines Reg- und Archivdienstes in der mittleren nichttechnischen Verwaltungslaufbahn	1974 – 1981	
23	Informationsunterlagen ü. d. (zwischen-) archivischen Aufg. f. Angeh. oberster Bundesbehörden	1983.	
24	Fortbildung auf dem Gebiet der Informationstechnik (Datenverarb.) und Burokommunikation	1984 – 1987 Heft 1 1988 – Heft 2	
25	Arbeitsgruppe Organisatorenprofil im BMI	1985.	
26	Neufestsetzung der Fristen für die Altabgaben des Bundeskanzleramtes an das Zwischenarchiv	1985.	

Abb. 3: Das Aktenverzeichnis
Beispiel: Bundesarchiv (Seite 2 von Betriffeinheit 1380)

*) Markierung bezogen auf Abb. 1;
aktenführende Stelle: Hauptdienststelle Koblenz (Zentralregistratur)

tenführung und deshalb auch bei den Grundfunktionen der beschriebenen Hilfsmittel bleiben. Allerdings sind die Grenzbereiche zur automatisierten Registerführung (anstelle von Fallakten) und zur Dokumentation (anstelle von Sondersachakten, die sich zu großen ,,Materialsammlungen" auswachsen, stets kritisch im Auge zu behalten.

D 3.4 Registraturorganisation

Es versteht sich nicht von selbst, wer für wen sinnvollerweise die Akten führt, aufbewahrt, nachweist und aussondert. Dies muß geprüft und entschieden werden, und zwar unter Umständen für jede dieser Funktionen besonders.
Die größtmögliche Anpassung der Führung von und des Rückgriffs auf Sachakten an den Prozeß der Sachbearbeitung und dessen Dynamik scheint erreichbar zu sein, wenn alle Entscheidungen des Schriftgutverwaltens dem Bearbeiter selbst überlassen bleiben. Doch tendiert eine so weitgehende Dezentralisierung in *,,Bearbeiterablagen" (Sachbearbeiterablagen)* – selbst unter der Voraussetzung eines strengen Regelwerks (von Aktenplan, Ordnungsregeln und Geschäftsgangsvorschriften), die so einfach perfekt auch nicht herzustellen ist – zu Unordnung und Störung des Geschäftsbetriebes, es sei denn, die zu leistende Ordnungsfunktion ist ausschließlich oder überwiegend auf die Anwendung formaler Kriterien (wie insbesondere bei Schriftstück- und Fallaktenserien) begrenzt. Sind dagegen beim Ordnen vielfältige Sachaspekte im Lichte der jeweiligen Arbeitsziele bzw. Aufgabenstellung zu prüfen, so liegt allein schon in der Entscheidung, was überhaupt zu den Akten zu nehmen ist, ein weiter Ermessungsspielraum (meist wird zu viel zu den Akten genommen). Aber auch in der Wahl des treffenden Sachaspektes aus dem Ordnungsrahmen Aktenplan in der Art und Weise, die Wertigkeit des Schriftgutes in differenzierte Sachaktenführung umzusetzen, und auch in der formalen und inhaltlichen Beschreibung der Sachakten im Aktenverzeichnis, stecken Methodenkenntnisse und -erfahrungen, die nicht beliebig multiplizierbar sind. Nicht jeder Bearbeiter bringt in gleicher Weise Neigung und Eignung für das Aktenwesen mit.
Der richtige Grad der Zentralisierung des Schriftgutverwaltens in Registraturen hängt von einer größeren Zahl unterschiedlich zu gewichtender Faktoren ab, wobei die Notwendigkeit geordneten Aussonderns meist ganz vergessen wird. Im allgemeinen tendieren alle Kontrollfunktionen zur Zentralisierung, die Ordnungsfunktionen dagegen zur bearbeiternahen Dezentralisierung. Aufbauorganisatorisch sind deshalb, wo das Ordnungsproblem von Gewicht ist, Mittellösungen bevorzugt. In den Ministerien des Bundes und der Länder herrschen deshalb überwiegend jeweils teilzentrale Registraturen im vollen Wortsinne vor; sie stehen jeweils unter zentraler Leitung. Eine organisatorisch und räumlich zentrale Registratur für einen großen Bereich ist sinnvoll nur als Kontroll- und Aufbewahrungsstelle für Fallaktenserien oder als Altaktenverwaltung. Im übrigen aber muß dem Gewicht des Ordnungsproblems die Qualifikation der Registrators entsprechen, was im BAT (zu den Vergütungsgruppen VIb – Nr. 38 und 40, Vc – Nr. 9 bis 13- und Vb – Nr. 25) relativ deutlich ausgedrückt ist. Doch muß der Registrator auch fähig sein zu sinnvoller

Kommunikation mit dem Bearbeiter über die jeweilige Ordnungsmaßnahme. In der ganz überwiegenden Zahl der Fälle vollzieht sich diese Verständigung übrigens sehr still über das Geschäftszeichen.
Zum Verständnis der Aktenstruktur trägt eine klare Auffassung von der *aktenführenden Stelle* bei: Zentrale oder teilzentrale Registraturen sind grundsätzlich in der Lage, eine Einzelsachakte für mehrere oder alle mitwirkenden Organisationseinheiten zu führen. Die Bearbeiter reichen in diesem Fall die Akte von Hand zu Hand weiter und tragen ihren jeweiligen Sachbeitrag bei. Dezentrale Aktenführung, insbesondere in Bearbeiterablagen, bedeutet dagegen, daß auch innerhalb einer Behörde die verschiedenen Organisationseinheiten sich Briefe schreiben und jede die ihren streng unter ihrem eigenen Sachaspekt zu ihren Akten nimmt. Dadurch wird die Schriftgutmenge zwar größer, aber sie wird nach Sachaspekten schärfer gegliedert und – was schwer wiegt – deutlicher bewertet. Bei richtiger Handhabung kann deshalb die insgesamt größere Zahl der Akten aufs Ganze gesehen kürzer aufbewahrt und einfacher ausgesondert werden. Die scharf aspektbezogene, Referats-„egoistische" *Aktenführung* hat sich in der Praxis auch dort weitgehend durchgesetzt, wo teilzentrale Registraturen bestehen. Diese führen die Akten für mehrere Referate nebeneinander.

D 3.5 Aussondern und Archivieren

Ein geregeltes Aussonderungsverfahren (neuerdings auf der Grundlage von Archivgesetzen) und der Übergang eines (kleinen) Teils des Behördenschriftgutes an zuständige *Archive* sind für die öffentliche Verwaltung besonders charakteristisch. Unterlagen, insbesondere Akten, die für Verwaltungszwecke entbehrlich geworden sind, sind dem Archiv anzubieten. Das Anbieten erfolgt zum Teil auf der Basis der Aktenverzeichnisse, zum Teil durch besondere *Aussonderungsverzeichnisse*. Die Archive bewerten das angebotene Schriftgut nach archivischen Kriterien. Diese sind zum Teil unmittelbar aus der Struktur der öffentlichen Aufgaben und des Schriftguts abgeleitet, zum Teil nehmen sie Wertvorstellungen aus der Entstehungszeit auf, im übrigen aber beruhen sie auf dem historisch-wissenschaftlichen Erkenntnisstand der Gegenwart. Für weite Bereiche öffentlicher Aufgaben können verallgemeinerte Bewertungsentscheidungen getroffen werden, die dann in Regelwerke („Aufbewahrungs- und Aussonderungsbestimmungen der . . . verwaltung") eingehen. Solche Regelwerke können nach den Funktionen, nach Klassen von Unterlagen (beides meist gemischt) oder, unter bestimmten Voraussetzungen, nach dem Aktenplan aufgebaut werden. In ihnen wird meist eine zweifache *Bewertung* dargestellt: diejenige unter Verwaltungszwecken, die sich in Aufbewahrungsfristen ausdrückt, und die *archivische* mit der Aussage: Vernichten oder (selten) ins Archiv zu überführen.
Eine Kombination von Funktionen des Schriftgutverwaltens mit solchen des Archivs stellen *Zwischenarchive* dar, in denen zentral für viele Behörden (z.B. die Bonner Ministerien im Bundesarchiv-Zwischenarchiv) Akten bis zum Ablauf der Aufbewahrungsfristen verwaltet werden, um dann nach *archivischer Bewertung* (im einzelnen oder entsprechend den Angaben eines Regelwerkes) vernichtet oder ins (End-)Archiv überführt zu werden.

Vorbereitung und Durchführung der Aussonderung erfordern stets den Einsatz von Registraturkräften. Das unmittelbare Aussondern aus Sachbearbeiterablagen in ein Archiv oder Zwischenarchiv hat noch nirgends befriedigend funktioniert.

D 3.6 Archive

Ein einigermaßen deutlicher Archivbegriff läßt sich am leichtesten für die öffentlichen Archive bilden, da der Archivbegriff ansonsten – nicht zuletzt in der Werbesprache zugunsten der neuen Technologien des Mikrofilms und der Datenverarbeitung – arg strapaziert ist.
Öffentliche Archive sind behördeneigene oder selbständige, auf Verwaltungsbereiche oder -bezirke bezogene, Institutionen zur dauernden Aufbewahrung der historisch wertvollen Überlieferung und zur Durchführung von deren öffentlicher Benutzung. Ihre Aufgabe der Erfassung und Übernahme, der Bewertung, der Aufbewahrung, der Ordnung und Erschließung, der Benutzungsdienste und Auswertung erstreckt sich keineswegs nur, aber doch der Menge nach überwiegend auf Behördenakten. Auch sonstige Überlieferungsformen wie Tonträger, Bild- und Filmmaterial und selbstverständlich auch maschinenlesbare Daten gehören dazu. Öffentliche Archive ergänzen die ihnen aus den Behörden zuwachsenden Bestände mehr oder weniger intensiv durch Erwerb und Sammlung privater Unterlagen und von Druckschriften.
Archivbestände werden archivisch nach den Gesetzen ihrer Entstehung weiterhin behandelt: Sie werden gebildet und abgegrenzt nach dem Grundsatz der Provenienz (der Behörde). Sie werden geordnet (gehalten), soweit tunlich, und erschlossen entsprechend ihrer ursprünglichen Struktur. Rückgriff und Benutzung erfordern dementsprechend genaue Kenntnisse der Verwaltungs- und Behördenentwicklung, der Aufgabenstruktur und des behördlichen Geschäftsganges. Mutatis mutandis gilt dies auch für Nicht-Akten-Bestände.
Nächst der Bewertung stellt die bedarfsgerechte *archivische Erschließung* die höchsten Ansprüche an die archivischen Fachkräfte, da die Bearbeitung angesichts des Umfangs der Bestände in äußerst rationeller Weise erfolgen muß. Die Bewältigung der Aufgabe ist (soweit überhaupt) nur möglich, weil der Archivar – in Umsetzung eines Prinzips der Schriftgutverwaltung – in Akteneinheiten und nicht in Schriftstücken denkt. Um dem Dokumentar eine Vorstellung zu geben, sei erwähnt, daß die Gesamtaktenproduktion von 16 Bundesministerien, die sich auf jährlich über 50.000 Aufbewahrungseinheiten, enthaltend ca. 75.000 Einzelsachakten und Sondersachakten, beläuft, mit etwa vier Mannjahren archivischer Fachkräfte jährlich gesichtet, bewertet und – zum (archivwürdigen) Teil – verzeichnet wird. Dabei müssen zu wesentlichen Teilen die vorgefundenen, in den Registraturen gebildeten Aktentitel als irreführend verworfen und ersetzt werden. Gegen 10.000 Titelaufnahmen müssen geleistet werden. Im übrigen sind die ministeriellen Überlieferungen zwar besonders wichtige, aber keineswegs alle Bestände, deren Bearbeitung einem Häuflein von Archivaren aufgegeben ist, das sich an Zahl kaum mit einer mittleren IuD-Einrichtung messen kann.

Die archivischen Titelaufnahmen werden entsprechend der Aufgabenstruktur der Behörden klassifiziert in bestandsbezogenen „Findbüchern" dargestellt. Indexierungstechniken können nur zusätzlich und in sehr begrenztem Umfang eingesetzt werden; weder ist die Arbeitskapazität dafür vorhanden, noch würde die Rückgriffshäufigkeit sie rechtfertigen.
Noch findet der Archivar im Behördenschriftgut eine Fülle formaler Merkmale in Gestalt von Registratur- und Geschäftsgangsvermerken und insbesondere des Geschäftszeichens, die rasche Orientierung und sicheres Urteil über Inhalt und Schicksal von Akten unterstützen. Insofern leisten Registraturen bzw. alle, die am Schriftgutverwalten beteiligt sind, unschätzbare Vorarbeit für das Archiv. Mit dem weiteren Umsichgreifen der Schematisierung behördlichen Schriftwerks durch IT könnten für die Archive ganz neuartige Probleme entstehen.

Literatur

01. Bibliographie zum Archivwesen. In: Der Archivar 1974 ff.
02. Brecht, A.: Die Geschäftsordnung der Reichsministerien. Berlin 1927.
03. Bundesministerium des Innern (Hrsg.): Gemeinsame Geschäfts-Ordnung der Bundesministerien. Stuttgart: Kohlhammer 1974 ff. (Loseblattsammlung).
04. Enders, G.: Archivverwaltungslehre. 3. Aufl. Berlin (DDR) 1968.
05. Franz, E.: Einführung in die Archivkunde. 4. Aufl., Darmstadt: Wissenschaftliche Buchgesellschaft 1984.
06. Präsident des Bundesrechnungshofes und Bundesminister des Innern (Hrsg.): Empfehlungen für die Schriftgutverwaltung. 2. Aufl. März 1989.
(zu beziehen durch: Bundesverwaltungsamt. Bundesstelle für Büroorganisation und Bürotechnik.)
07. Schatz, R.: Behördenschriftgut. Aktenbildung, Aktenverwaltung, Archivierung. Boppard: Boldt 1961. (Schriften des Bundesarchivs 8.)

Zeitschriften:

09. Der Archivar. Mitteilungsblatt für deutsches Archivwesen. Düsseldorf 1949 ff.
10. Archivum. Revue internationale Des Archives; publiée sous les auspices du Conseil International des Archives. Paris 1951 ff.
11. BBB-Informationen. Hrsg. vom Bundesverwaltungsamt – Bundesstelle für Büroorganisation und Bürotechnik, Köln.
(u.a. seit 1988: Beitragsfolge des Bundesarchivs über Schriftgutverwaltung.)

D 4 Pressedokumentation

Marianne Englert

D 4.1 Einleitung

Innerhalb der fachlichen Disziplinen von Information und Dokumentation nimmt die Pressedokumentation eine Sonderstellung ein. Ihre eigenständige Entwicklung begann bereits gut ein halbes Jahrhundert früher als die der naturwissenschaftlich-technischen Fachdokumentation und verlief später parallel zu dieser. Presse- und Redaktionsarchive gab es schon, als von „Dokumentation" im heute üblichen Sprachsinn noch nicht die Rede war. Schon die frühen Zeitungsbändesammlungen belegte man mit dem Namen Pressearchiv, und der Begriff verband sich danach lange ganz allgemein mit dem Zeitungsbändearchiv. Seit etwa der Mitte des vorigen Jahrhunderts bildeten sich dann auch Presseausschnittarchive heraus, verkürzt gleichfalls Pressearchiv genannt. Nun entsteht zwar in Redaktionsarchiven, die die Produkte des eigenen Verlages speichern, auch im engeren Sinn Archivgut, von der Arbeitsmethodik her gesehen ist jedoch die Tätigkeit in einem Pressearchiv eher eine dokumentarische. Daneben enthält sie auch bibliothekarische Elemente und in der Ebene des wissenschaftlichen Medienarchivars und -dokumentars noch eine ausgeprägte journalistische Facette.
Gleich dem das Archiv nutzenden Redakteur muß der wissenschaftlich qualifizierte Medienarchivar oder -dokumentar in einem Pressearchiv seine Themen fachlich beherrschen. Das Erfassen, Analysieren, Ordnen und Klassieren der Zeitungsartikel ist ohne fachliche Kompetenz nicht möglich. Auch bei der Weitergabe von Daten, Fakten und Ereignissammlungen, der Informationsvermittlung, wirkt der Pressedokumentar als Informationsspezialist. Er berät den Nutzer partnerschaftlich mit fachlicher Kompetenz, versteht dessen Informationsbedürfnisse einzuschätzen und nutzt nicht nur die Möglichkeiten der eigenen Dokumentationsstelle, sondern hat auch Mittlerfunktionen beim Abruf von Informationen aus anderen Informationsquellen. Das methodenspezifische Dokumentationswissen, das ihn dazu befähigt, kann zwar auch in Verbindung mit berufsbegleitenden Weiterbildungsmaßnahmen am Arbeitsplatz vermittelt werden, eine qualifizierte und qualifizierende Vorbereitung auf den Beruf über einen entsprechenden Studiengang kann jedoch den beruflichen Einstieg wesentlich erleichtern. Mitgebracht werden müssen das erforderliche Fachwissen und eine gute Allgemeinbildung. Während in kleineren Pressedokumentationsstellen neben der breiten Verfügbarkeit von allgemeinem Wissen vor allem Wendigkeit gefragt ist, muß sich der Pressedokumentar in größeren Dokumentationsstellen fachlich stärker spezialisieren.
Infolge ihrer eigenständigen Entwicklung blieben sich die Pressedokumentation und die Fachinformation lange ziemlich fremd, und erst seit etwa zehn Jahren kommt es zu einer allmählichen Annäherung. Auch die Informations- und Kommunikationswissenschaft nimmt erst seit kurzem von der Pressedokumentation inhaltlich ernsthaft Notiz. Ähnliches gilt für die Publizistik, in deren Einzugsbereich die Pressedokumentation gleichfalls liegt. So sind die Phänomene des Pressearchiv-

wesens wissenschaftstheoretisch noch kaum systematisiert und lassen sich in ihren Abläufen einstweilen nur beschreiben.

D 4.2 Entwicklung und Aufgaben der Pressedokumentation

Die Geschichte der Pressdokumentation setzt Mitte des vorigen Jahrhunderts mit dem Heraufkommen der Redaktionsarchive ein. Einige bedeutende Zeitungen, wie die „Frankfurter Zeitung", die „Neue Zürcher Zeitung", das „Hamburger Fremdenblatt", der Ullstein-Verlag in Berlin oder die „Kölner Zeitung", erkannten damals, daß sie mit einem eigenen Archiv ihre redaktionellen Leistungen verbessern, aber auch dem Leser schneller und gezielter Auskunft über die erschienenen Beiträge liefern konnten. Denn schon von Beginn an kam dem Redaktionsarchiv eine doppelte Aufgabe zu, die ihm bis heute geblieben ist: das Pressearchiv trägt dazu bei, den Informationsbedarf seiner eigenen Redaktionen(en) abzudecken, und es ist gleichzeitig eine der populärsten Anlaufstellen für Auskunftsuchende, über die die Öffentlichkeit verfügt. Der einfache Bürger, der vor dem Besuch einer Buchhandlung oder einer Bibliothek vielleicht zurückschreckt, erwartet von „seiner" Zeitung wie selbstverständlich Auskunft, Rat und Hilfe in vielen Lebenslagen. Damit ist das Redaktionsarchiv nicht nur ein „Bürgerinformationssystem" ersten Ranges, sondern zugleich ein wichtiges Instrument der von den Zeitungen traditionsgemäß intensiv gepflegten Leser-Blatt-Bindung. In jüngster Zeit kommt vielen Pressearchiven daneben noch eine dritte Aufgabe zu: Sie werden zu Teilnehmern des sich allmählich entwickelnden Informationsmarktes, auf dem sie ihre Dienstleistungen als professionelle Informationsvermittler anbieten. Insbesondere andere Informationsbroker lassen sich zunehmend von den Pressearchiven mit thematischen Zusammenstellungen von Material aus den jeweiligen Verlagsprodukten versorgen. Vor diesem Hintergrund sahen sich inzwischen manche Verlage veranlaßt, für die Dienstleistungen ihrer Pressearchive Entgeltforderungen zu stellen, zumal natürlich auch die Pressearchive gehalten sind, Kosten-Nutzen-Relationen Rechnung zu tragen. Pressearchive entwickeln sich so allmählich zum Profit-Center. Dort, wo mehrere Redaktionen auf das gleiche Archiv zugreifen, ist eine Leistungsverrechnung ohnedies unumgänglich. Gleichzeitig wächst aber auch der Zugriff professioneller Informationsbroker auf die Pressearchive. Das veranlaßt inzwischen manche Verlage, auch selbst Entgeltforderungen zu stellen, zumal das Pressearchiv in der Regel gehalten ist, auch Gesichtspunkten der Kosten-Nutzen-Relation Rechnung zu tragen.

Das breit aufgefächerte Spektrum sehr unterschiedlicher Anforderungen macht den eigentlichen Reiz der Tätigkeit in einem Pressearchiv aus, und der Pressedokumentar übt seine Tätigkeit im Spannungsfeld zwischen den verschiedenartigsten Informationsbedürfnissen aus, für deren Erfüllung er zuständig ist.

D 4.3 Typen von Pressearchiven und -dokumentationsstellen

Unterscheiden lassen sich insgesamt vier Formen von Pressearchiven und Pressedokumentationsstellen: Zeitungsbändearchive, Presseausschnittarchive, Registerarchive, Elektronische Datenbanken.
1) Die erste und älteste Form, das **Zeitungsbändearchiv**, begnügt sich mit der bibliothekarischen Titelaufnahme. Diese Form des Zeitungsarchivs ist insbesondere in Bibliotheken anzutreffen und bleibt hier aus den weiteren Betrachtungen heraus.
2) Das **Presseausschnittarchiv** ist die trotz einer wachsenden Zahl elektronischer Pressedatenbanken noch immer gebräuchlichste Form der Pressedokumentation. Presseauschnittarchive werden nicht nur von Verlagen und Rundfunkanstalten unterhalten, sie sind auch in vielen anderen Institutionen angesiedelt, so bei Ministerien, Parteien und Parlamenten, bei Industrie- und Handelskammern, Wirtschaftsverbänden und Unternehmen, vor allem Banken und Versicherungen, und nicht zuletzt auch bei wissenschaftlichen Einrichtungen wie dem HWWA (Institut für Wirtschaftsforschung, Hamburg), dem Kieler Institut für Weltwirtschaft, dem Herder-Institut in Marburg, dem Institut für Auslandskunde in Stuttgart, dem Institut für Zeitgeschichte in München und anderen wissenschaftlichen Institutionen. In allen diesen Pressearchiven und -dokumentationsstellen sind die spezielle Ausrichtung und der Bestandsaufbau bestimmt durch die Interessenlage des Auftraggebers.
3) Das **Registerarchiv:** In manchen Dokumentationsstellen bewahrt man die zu dokumentierenden Zeitungsartikel nicht selbst nach ihren Inhalten thematisch geordnet aus, sondern erschließt sie über Stellvertreter und Register. Man erfaßt die bibliografischen Angaben zu den einzelnen Beiträgen, ordnet diese statt der Ausschnitte und weist damit auf die Fundstellen hin, während sich der volle Text im Zeitungsband, auf dem Mikrofilm oder auch in einer chronologisch geordneten Auschnittsammlung befindet. Bei der Weitergabe der Information an die Redaktion erweist sich dieses Verfahren allerdings als schwerfällig: der Journalist, der auf das Material zugreifen will, sieht sich gezwungen, anhand der karteimäßig erfaßten Angaben in einer Vielzahl von Bänden oder in anderen Unterlagen nachzuschlagen, aus denen er sich die gesuchten Informationen herausziehen muß. Praktikabler ist das Verfahren bei der Informationsvermittlung an den außenstehenden Nutzer. Dieser kann, auch telephonisch, schnell und gezielt Auskunft erhalten, und, nachdem ihm Titel und Erscheinungsdaten mitgeteilt wurden, die Artikel anschließend in einer Bibliothek nachlesen.
Die längere Zeit als veraltet geltende Form der Informationsverarbeitung über Register erfährt unter dem Vorzeichen der Elektronik jetzt eine Renaissance. Unter den *elektronischen Pressedatenbanksystemen* gibt es *Hybridformen*, bei denen lediglich die Suchmerkmale elektronisch erfaßt und in einem Retrievalsystem geladen werden, während der Volltext, mit einer suchbaren Adresse versehen, auf dem Mikrofilm, dem Mikrofiche oder einer Optischen Speicherplatte abgespeichert und bei Bedarf rückkopiert wird. Die Pressedatenbank von Gruner + Jahr, bereits 1972 entstanden und in der zweiten Auflage der „Grundlagen der praktichen Information und Dokumentation" durch Winfried Schmitz-Esser ausführlich beschrieben, verkörpert diesen Typ der *Hybrid-Datenbank*.

4) **Die elektronischen Pressedatenbanken**, die in der Bundesrepublik, wenn auch mit deutlicher Zeitverzögerung gegenüber anderen Staaten, inzwischen neben den traditionellen Pressearchiven allmählich eingeführt werden, unterscheiden sich in ihrer Konzeption beträchtlich. GENIOS, 1985 ins Leben gerufen, ein Dienst der Verlagsgruppe Handelsblatt, stellt als öffentlicher Anbieter nicht nur das Handelsblatt und die Wirtschaftswoche, sondern auch andere Publikationen der Fach- und Wirtschaftspresse als typische Volltext-Datenbanken bereit, deren Kennzeichen die Suchmöglichkeiten im Freitext sind. Der Bonner General-Anzeiger bietet ein Beispiel dafür, wie sich mit einer für die Herstellung der Zeitung eingesetzten Redaktionselektronik auch Archivdaten verarbeiten lassen, die bei dieser Zeitung überwiegend aus lokalen und regionalen Informationen bestehen. Die Nachrichtendatenbank der Deutschen Presseagentur dpa, gleichfalls eine Volltext-Datenbank, arbeitet über das von Siemens entwickelte Programm PASSAT mit einem *kontrollierten Vokabular*. Das Munzinger-Archiv stellt seine politisch-statistischen Informationen über die Bertelsmann-Informationsdienste BIS Informationen als *Faktendatenbank* zur Verfügung. Die Datenbank Btx Südwest bietet über *Bildschirmtext* eine Reihe von Archivdiensten an. Weitere Formen der elektronischen Informationsvermittlung von Pressetexten, zum Beispiel über die CD-ROM, dürften in absehbarer Zeit zu erwarten sein.

D 4.4 Formen der Informationsverarbeitung

Fachinformation und Pressedokumentation unterscheiden sich in wesentlichen Elementen: Funktionell hat es die Pressedokumentation mit Informationen der unterschiedlichsten Herkunft und Verbreitung zu tun. Die Zahl der zu dokumentierenden Quellen ist unübersehbar, die Thematik der Berichterstattung universell. Die Tätigkeit in einem Pressearchiv muß meist unter hohem Zeitdruck verrichtet werden, und die Nutzerprofile sind differenzierter als bei jeder anderen Art der Informationsvermittlung. Sehr verschiedene Formen des Dokumentierens münden in die Pressedokumentation ein und bilden hier ein geschlossenes Ganzes: die *Ereignisdokumentation*, mit der Vorgänge in ihrem chronologischen Ablauf oft über Jahre hinweg belegt werden müssen, ist darunter die wichtigste. Sachthematisch chronologisch geführte oder auch – wie bei den Biografien oder dem Firmenarchiv – nach formalen Merkmalen erfaßte Sammlungen verbinden sich im Pressearchiv mit einer umfangreichen *Daten- und Faktendokumentation*, zu der noch Formen der bibliografischen Erfassung hinzutreten. Dabei sind die *wesentlichen Arbeitsabläufe* identisch mit denen der Fachinformation: die Informationsermittlung, die Informationserschließung und die Informationsvermittlung bilden auch in der Pressedokumentation Kernpunkte der Tätigkeit, folgen in ihren Abläufen aber den für die Pressedokumentation typischen Mustern.
Ist es Aufgabe der Fachinformation, die relevante Literatur zu *einem* Fachgebiet möglichst *umfassend* zu erfassen, hat es der Pressedokumentar mit viel widersprüchlicheren Anforderungen zu tun. Er muß definieren, *welche Themen* er eingehend behandelt, welche anderen er hingegen eher dilatorisch erfaßt. Dazu gehört der *Mut zur Lücke*. Notwendige Beschränkungen müssen offensiv begründet wer-

den können. Prozesse der *Bewertung* durchziehen die Pressedokumentation in allen ihren Phasen: bei der Festlegung der Quellen, beim Lektorieren, beim Aufbau des Ordnungssystems und bei der Informationsvermittlung muß definiert werden, von welchen Gesichtspunkten sich der Pressedokumentar bei seiner Tätigkeit leiten läßt. Ohne solche Festlegungen widerfährt ihm leicht, daß ihn die Materialfülle erdrückt, die Breite der Thematik erstickt und seine Informationsvermittlungstätigkeit sich ins Uferlose ausdehnt. In größeren Dokumentationsstellen ermöglicht es nur ein den Umfang der Arbeit genau definierender Kriterienkatalog dem einzelnen Mitarbeiter, genauer einzuschätzen, von welchen Gesichtspunkten sich die Gesamtheit aller Dokumentare in dieser Stelle bestimmen läßt, und nur dies befähigt ihn, bei seiner Informationsvermittlungstätigkeit Aussagen konkret zu formulieren.

D 4.5 Informationsermittlung

Woran orientieren sich Pressearchive, wenn sie die Quellen festlegen, die zur Auswertung herangezogen werden und bestimmen, wie dies geschehen soll? Kein Pressearchiv kann es sich erlauben, zu *allen* Themen und Wissensgebieten, die es zu betreuen hat, mit der *gleichen Erschließungstiefe* zu sammeln. Selbst ein großes Pressearchiv würde sich mit der Behauptung unglaubwürdig machen, es verfüge über die Fachkompetenz zur vertiefenden Behandlung aller wissenschaftlichen Disziplinen. Zu Themen und Sachverhalten der Naturwissenschaften, der Medizin oder der Technik wird gesammelt und bis zu einer Tiefe erschlossen, die fachlich noch beherrscht werden kann. Die in Tageszeitungen erscheinenden Berichte, insbesondere die der eigenen Zeitung(en), müssen adäquat nachgewiesen werden können, bei der Auswertung der Fachliteratur hört man dort auf, wo eine korrekte Zuordnung nicht mehr gewährleistet werden kann. Die fachliche Spezialisierung eines Fachinformationszentrums oder -sytems oder einer Fachbibliothek wird weder erreicht noch kann sie auch nur angestrebt werden.
Die Quellen, auf die man bei der Auswertung zugreift, basieren auf den Wünschen der Nutzer, von ihnen gewinnt man die Richtwerte für die Arbeitsorientierung. Dazu muß der Nutzerbedarf zuvor erforscht und analysiert werden: Wie setzt sich der Nutzerkreis zusammen, ist es nur die eigene Redaktion und das hauseigene Management oder sind auch außenstehende Nutzer zu versorgen? Wo liegen Schwerpunkte der Interessen in Politik, Wirtschaft, Kultur und Sport, welche engeren Fachgebiete müssen besonders berücksichtigt werden, über welche fachlichen Spezialisierungen verfügen die Informationssuchenden? Muß das Pressearchiv beim Sammeln sein Hauptaugenmerk der Weltpolitik zuwenden oder spielen regionale Probleme eine größere Rolle? In größeren Pressearchiven ist die ,,Leseliste", die täglich abzuarbeiten ist, meist umfangreich. Bis zu hundert Tages- und Wochenzeitungen und einige hundert andere Publikationsorgane, Fach-, aber auch Publikumszeitschriften, in bestimmten Fällen auch die Regenbogenpresse, werden erfaßt und ausgewertet, wobei sich unter den zu berücksichtigenden Zeitungen und Zeitschriften je nach der Ausrichtung der Dokumentationsstelle mehr oder weniger viele fremdsprachige befinden. Dazu treten dann noch Korrespondenzen und Informationsdienste, Reports, Geschäftsberichte und andere graue Literatur, Amts-

drucksachen, Sitzungsprotokolle, Monografien und manches andere mehr, das beim Sammeln gleichfalls berücksichtigt wird. In einer großen Pressedokumentationsstelle können am Tag bis zu dreitausend Dokumente anfallen, wobei allerdings Doppelablagen mit berücksichtigt sind. Das 1951 gegründete Pressearchiv der Frankfurter Allgemeinen Zeitung verfügt heute zum Beispiel über eine Sammlung von mehr als zwanzig Millionen Zeitungsausschnitten.
Die eigene Zeitung oder die eigenen Zeitungen, die eigenen Verlagsprodukte ganz allgemein werden bei der Auswertung fast immer besonders berücksichtigt, weil es zu den Aufgaben des Pressearchivs gehört, die im eigenen Blatt erschienenen Beiträge nachzuweisen. Manche Pressearchive begnügen sich ausschließlich damit, diese Aufgabe zu erfüllen. Die eigentliche Dokumentation beginnt allerdings erst dort, wo dieser enge Rahmen gesprengt wird. Pressedokumentationsstellen, die nicht in einem Tageszeitungsverlag angesiedelt sind und daher über keine eigene Zeitung verfügen, mit der sie bei der Auswertung die informationelle Kontinuität gewährleisten können, bestimmen meist eine Zeitung, die sie besonders schätzen, als ,,Basiszeitung''.

Wovon läßt sich der Auswertende bei seiner Tätigkeit leiten? Er trägt aus den ihm zur Verfügung stehenden Quellen *Daten und Fakten* zusammen, mit denen er die politischen, sozialen, wirtschaftlichen, kulturellen, wissenschaftlichen oder sportlichen Ereignisse belegt, sammelt *Berichte und Reportagen*, die ,,Farbe ins Bild bringen'', Vorgänge illustrieren und Stimmungen einfangen, und hält – meist – auch *Kommentare* fest. Bei alledem ist er gehalten, streng auf Neutralität zu achten. Eine einseitige Auswahl von Daten und Fakten führt den Nutzer zu falschen Beurteilungen. Erst recht gilt dies im Kommentarbereich. Wer sich beim Auswerten in dieser Hinsicht nicht streng kontrolliert, handelt gegen das Berufsethos. Es ist nicht die Aufgabe des Pressedokumentars, am *Prozeß der Meinungsbildung aktiv mitzuwirken*, sondern er muß über eine Vielzahl der verschiedenartigsten Informationen, die er zusammenträgt, dem Benutzer ermöglichen, sich selbst eine Meinung zu bilden. Je enger sich eine Pressedokumentationsstelle auf eine bestimmte Nutzergruppe einstellen kann, desto gezielter kann sie bei ihrer Sammeltätigkeit vorgehen. Wer hingegen vielen Auftraggebern zuarbeiten muß, muß seine Sammlungen breiter anlegen. Der Informationssuchende empfindet bei der Recherche die damit verbundene Redundanz dann gelegentlich als Belastung.

D 4.6 Informationserschließung

Der einzelne Zeitungsartikel verfügt nicht über den geringsten materiellen Wert. Dies unterscheidet die Pressedokumentation in einem wesentlichen Punkt von der Film- und Schalldokumentation, der sie sich im übrigen nahe verwandt fühlen kann, denn auch diese verarbeitet publizistisch relevanten Medienstoff (siehe Kap. D 5 und Kap. D 12). Lohnt es überhaupt, auf einen Gegenstand von solch geringem Wert einen erheblichen Erschließungsaufwand zu richten? Das ist eine ernstzunehmende Frage, der sich der Pressedokumentar immer wieder stellen muß. Sie zwingt ihn, über seine Arbeitsmethoden stets von neuem zu reflektieren. Was zählt, ist der *informationelle Wert* eines Zeitungsartikels, nur dieser rechtfertigt den

Erschließungsaufwand. Einer mosaikartigen Zusammenstellung vieler einzelner Meldungen kann ein erheblicher Aussagewert innewohnen.
Aber sind nicht inzwischen die Verfahren der automatischen Indexierung (vgl. Kap. B 4) so weit ausgereift, daß die intellektuelle Indexierung entbehrlich ist? Dies ist vor allem eine Frage des Anspruchs. Es gibt eine Reihe bekannter Pressedatenbanken auf dem internationalen Markt, die ausschließlich auf automatische Volltextinvertierung setzen. Auch eine Recherche in einer Volltext-Freitext-Datenbank führt zu Ergebnissen. Aber sind es immer die relevanten? Im Gegensatz zur Fachinformation hat die Pressedokumentation es *nicht mit einer normierten Fachsprache*, sondern mit der sehr farbigen und die Begriffe bewußt stets wechselnden *Sprache des Journalisten* zu tun. Zwar bleibt dabei die Diktion des Autors – anders als bei der Abfassung von Abstracts – unverändert erhalten, was auch von Vorteil sein kann, doch kann sich der Nutzer in einer solchen Datenbank bei der Recherche nicht auf eine gesicherte Fachterminologie stützen, die eine Freitext-Recherche wesentlich erleichtert, sondern muß sich der Sprachwelt des Autors anpassen. In einer solchen Datenbank kann der Recherchierende niemals sicher sein, ob er nicht mit der von ihm formulierten Frage an der für ihn eigentlich wichtigsten Information *vorbeisteuert*, denn Texte, die die Sachverhalte mit einem anderen als den vom Benutzer verwandten sprachlichen Ausdruck bezeichnen, werden nicht gefunden. Selbst bei einer sorgfältigen Vorbereitung der Suchstrategie und der Suchfragen führt die Suche in einem Volltext-Freitext-System ohne zusätzliche intellektuelle Indexierung immer wieder zu ungewollter Redundanz, und der Recherchierende muß sich vieles für ihn überflüssige anschauen, bis er auf die für ihn relevanten Ergebnisse stößt. Der intellektuelle Aufwand, der sonst auf die Erschließung verwandt wird, muß in einer solchen Volltext-Datenbank in die Recherche hineingenommen werden, und das bedeutet auch, daß dieser Aufwand dann betrieben werden muß, wenn dafür am wenigsten Zeit zur Verfügung steht, nämlich zur Zeit des Bedarfs. Dort also, wo die Ansprüche hoch sind, kann eine Recherche in einem Volltext-System mit Pressetexten nur zu ergänzenden Ergebnissen führen. Es bleibt abzuwarten, in welchem Maße wissensbasierte Systeme hier zu weiteren Verbesserungen und zu einem präziseren Recall führen werden.
Zu weit präziseren Ergebnissen führt die Suche in einer Volltextdatenbank, in der neben der automatischen Textinvertierung mit der Vergabe von *Codes und Schlüsselwörtern* auch ein gewisser intellektueller Aufwand betrieben wird. Hier ist der Nutzer allerdings – wie in bibliografischen Datenbanken auch – gehalten, sich bei einer Recherche des Apparats der Manuals zu bedienen, die er dazu stets zur Hand haben muß.
In einem *konventionell* betriebenen *Pressearchiv* wird die Leistungsfähigkeit des Archivs durch das *Ordnungssystem* entscheidend geprägt, das eine sichere Ablage und damit das Wiederauffindbarmachen des Gesuchten erst ermöglicht. Der die Ordnung gewährleistende, die Sortiervorgänge steuernde Systematische Katalog dient in der Regel zugleich auch als Standortkatalog, legt also auch die Stellordnung der Bestände fest. Das Ordnungssystem bestimmt weit mehr als die Mengen der angehäuften Dokumente den Rang eines konventionellen Pressearchivs. Wie bei vielen anderen Gegebenheiten in der Pressedokumentation ist auch die Konzeption der Systematischen Ordnung abhängig von den Nutzerbedürfnissen und muß

mit diesen korrespondieren. Auch läßt sich ein Ordnungssystem nicht ohne weiteres von der einen auf eine zweite Pressedokumentationsstelle übertragen, sondern muß zuvor auf deren speziellen Anforderungskatalog abgestimmt werden.
Da die Systematische Ordnung in einer relativ frühen Anlaufphase der Dokumentationstätigkeit definiert werden muß, zu einem Zeitpunkt also, zu dem das Nutzerspektrum noch nicht immer eindeutig festgelegt werden kann, gibt es gerade bei dieser für die weitere Arbeitsweise des Pressearchivs entscheidenden Festlegung besonders viele Fehlentscheidungen. Die relativ schwerfällige Materie, mit der es der Pressedokumentar zu tun hat, verhindert dann aber, daß ein Ordnungssystem später noch einmal grundlegend verändert wird, es sei denn, durch einen völligen Neuanfang. Diese Anpassungsschwierigkeiten stellen in der konventionellen Pressedokumentation eines der größten Probleme dar, wenn nicht von Beginn an die Weichen richtig gestellt wurden. Durch genaue Analyse lassen sich jedoch auch bei großen Informationsmengen Ordnungsysteme entwerfen, die allen Anforderungen eines konventionell geführten Pressearchivs genügen.

Alle in der Fachinformation bekannten *Ordnungsformen* können auch in der Pressedokumentation eingesetzt werden, wenn sie auf deren Bedürfnisse zugeschnitten werden. Im konventionellen Pressearchiv verwendet man jedoch am häufigsten hierarchisch strukturierte Ordnungssysteme. Klassifikationen, bei denen die Ordnungsbegriffe mit Notationen verbunden sind, eigenen sich besonders dazu, begriffliche Unschärfen zu überwinden, die sich stets verändernde Begriffswelt mit ihren die politischen, wirtschaftlichen, sozialen und kulturellen Vorgänge charakterisierenden Schlagworten sinnvoll zu integrieren und journalistisch relevante Sachverhalte sicher zuzuordnen. In der Pressedokumentation darf ein gutes Ordnungssystem nicht starr sein, sondern muß Veränderbarkeit vorprogrammiert haben. Ordnungssysteme, die nicht neuen Erfordernissen harmonisch angepaßt werden können, verlieren hier erstaunlich schnell ihre innere Logik. Eine einfache Grundstruktur erleichtert, besonders in größeren Anlagen, die Orientierung. Feinere Strukturen sollten nur dort angelegt werden, wo die Thematik dies erfordert, gröbere dann benutzt, wenn eine stärkere Differenzierung nicht angebracht erscheint. Der große Vorteil einer hierarchischen Ordnungsstruktur liegt darin, daß Mappen je nach dem Materialanfall geteilt oder auch wieder zusammengefügt werden können, ohne daß die Klassifikation jede Veränderung der Begriffswelt sprachlich sofort mitmachen müßte, wenn der Bezug zum Oberbegriff erhalten bleibt.
Dieser kann seine Rolle als „Auffangbecken" so lange spielen, bis der Materialumfang zu einer feineren Strukturierung zwingt, und die darin enthaltenen Unterbegriffe lassen sich bei entsprechender Definition sowohl vom Indexer als auch vom Nutzer intellektuell zutreffend erschließen. Zusätzliche Findhilfen können über alphabetisch geordnete Stich- und Schlagwörter gewonnen werden, die auf die Texte der Klassifikation und auf die Notationen hinweisen. Hierzu eignen sich relativ einfach zu handhabende *elektronische Programme*, die sich bereits auf einem PC installieren lassen, oder auch Karteikarten.
Erschließungsverfahren, die auf der natürlichen Sprache basieren und zu denen der Thesaurus (vgl. Kap. B 5) gehört, der in der Fachdokumentation für die Erschließung elektronisch gespeicherter Daten herangezogen wird, haben in Pressedatenbanken mit dem Problem zu kämpfen, daß der Sprachgebrauch der Presse weniger

festgelegt ist und sich stärker verändert als der wissenschaftlicher Fachdisziplinen. Daher veralten in der Pressedokumentation Systeme auf rein sprachlicher Basis sehr schnell. Wegen des hohen Aufwandes, der zu ihrer Pflege und Aktualisierung notwendig wäre, haben sie sich kaum durchsetzen können.
Daß die Pflege und Fortschreibung des gewählten Ordnungssystems ein Pressearchiv lebendig erhalten, wurde bereits gesagt. Wer das Ordnungssystem verändert, muß auch einschätzen können, welche Wirkungen er damit auslöst. In einer elektronischen Pressedatenbank trennen Veränderungen des Erschließungssystems den Gesamtbestand in Teilbestände, die bei der Recherche nicht mehr zusammenfassend abgefragt werden können. Im konventionell geführten Archiv ist eine nach rückwärts gewandte Anpassung von Suchbegriffen zwar möglich, aber mit viel Aufwand verbunden. Zu entscheiden, wann Anpassungen zwingend vorgenommen werden müssen, wann sie besser unterbleiben sollten, erfordert Kenntnisse und Fingerspitzengefühl. Veränderungen setzen sich mit ihren Wirkungen oft wellenförmig fort. Wer mit der Pflege des Ordnungssystems beauftragt ist, sollte besonders kundig und mit der Gesamtanlage der Dokumentationsstelle bestens vertraut sein. Wird jedoch versäumt, neue Vorgänge und Sachverhalte in der Systematik zu verankern, oder erlaubt das gewählte Ordnungssystem solche Anpassungen nicht, kann nicht mehr sicher zugeordnet werden, und die Bestände werden allmählich indifferent und damit letztlich unbrauchbar.

D 4.7 Informationsvermittlung

Die Fragen, die ein Pressearchiv erreichen, vermitteln in ihrer Gesamtheit ein Spektrum der vielschichtigen Informationsbedürfnisse unserer Zeit, und dabei artikulieren sich die unterschiedlichsten Anforderungen. Insbesondere die sozialen Bedingungen seines Lebens, sein soziales Umfeld, fragt der Leser in „seinem" Pressearchiv ab. Jedoch erreichen das Pressearchiv nicht nur allgemeine Anfragen aus dem engeren Leserkreis. Es sieht sich immer häufiger auch mit fachlich sehr speziellen Anforderungen aus einem immer breiter werdenden Benutzerpublikum konfrontiert und wächst so allmählich in die Rolle eines Kommunikationsberaters hinein. Selbst Journalisten, die ihr eigenes Redaktionsarchiv intensiv nützen, können nicht immer genau einschätzen, in welcher Weise diese Dokumentationsstelle in Anspruch genommen wird, da jeder Journalist nur seinen eigenen Bedarf kennt. Der gleiche Sachverhalt wird auch von den Mitgliedern der gleichen Redaktion nicht immer in der gleichen Weise abgefragt: der Leitartikler verlangt eine andere thematische Zusammenstellung als der Glossenschreiber, dieser benötigt das gleiche Thema in einer anderen Aufbereitung als der Journalist, der beauftragt ist, eine Hintergrunddokumentation zu verfassen, dieser wieder den gleichen Sachverhalt anders als der Lokalredakteur, der das Thema unter lokalen oder regionalen Aspekten behandelt. Bei so unterschiedlicher Inanspruchnahme obliegt es dem Pressedokumentar, seine Materialien so aufzubereiten, wie sie der einzelne Journalist für seine spezielle Arbeit braucht, und dabei alle verfügbaren Mittel auszuschöpfen. Werden zum Beispiel Querschnittsdokumentationen angefordert, wird sich der Dokumentar in der Regel bemühen, die Dokumentation der Vorgänge über seine Presseausschnittsammlung durch die Bereitstellung von Literatur, also von Monografien und von Aufsätzen aus Fachzeitschriften, zu ergänzen, die er aus der eigenen sowie über die örtlichen Bibliotheken oder über die Fernleihe beschafft. Direktbestellungen in den zentralen Fachbibliotheken mit postalischer Auslieferung, aber auch die Dokumentübertragung via Telefax ergänzen diese Möglichkeiten und gewinnen zunehmend an Bedeutung.

Die Art der Beanspruchung des Pressearchivs durch Journalisten weist nur schwer zu überbrückende Widersprüche auf: auf der einen Seite benötigt der Redakteur präzise Fakten und harte Daten. Aber er braucht das Archivmaterial auch dazu, sich einzulesen und sich bereits Bekanntes zu vergegenwärtigen. Solche ,,weichen" Daten sind eine Besonderheit der Pressedokumentation. Während der Informationssuchende in der Fachdokumentation in der Regel recht genau weiß, was er sucht, und seine Fragen entsprechend präzise formuliert, möchte der Journalist beim *Blättern* in den ,,Dossiers", wie die Mappen oft altmodisch noch genannt werden, Assoziationen beleben und Denkanstöße erhalten. Daß sich angesichts der elektronischen Datenverarbeitungsmethoden in der Pressedokumentation auch die konventionellen Verarbeitungsmethoden so lange weiter erhielten, beruht vor allem auf diesem Effekt. Am Bildschirm läßt sich nun einmal nicht so gut blättern. Auch kann, wenn zwischen dem Nutzer und dem Pressearchiv keine größeren Wege liegen und dieses à-jour ist, auf alle Unterlagen sofort zugegriffen werden, und da es in der Pressedokumentation auf den Faktor *Zeit* ankommt, spielt auch dieser Gesichtspunkt eine Rolle. Wer binnen einer halben Stunde eine Glosse schreiben soll, hat für zeitraubende Recherchen wenig Geduld, er braucht das Gewünschte binnen Minuten. In einer Tageszeitung oder einer Rundfunkanstalt sind zudem die allerneuesten Informationen häufiger gefragt als lange zurückliegende Ereignisse. Bereits am gleichen Tage müssen die Tagesneuigkeiten für den sofortigen Zugriff bereitstehen. Für ein elektronisches System ist dies noch immer eine hohe und kostspielige Anforderung.
Die Formen, in denen Anfragen entsprochen wird, lassen sich systematisieren: das Verifizieren von Fakten, Daten und anderen Angaben, das Dokumentieren von Vorgängen in ihrem chronologischen Ablauf, die Querschnittsdokumentation, die Sachantwort, das Zusammenstellen und Beschaffen von Literatur, sie alle gehören in dieses Spektrum.
Selbstverständlich beschafft der Pressedokumentar Informationen auch *aktiv*: er hält Kontakt zu vielen Institutionen, zu Parteien und Gewerkschaften, zu Firmen, zu Wirtschaftsverbänden und anderen Körperschaften, zu Hochschulen und den verschiedensten anderen wissenschaftlichen Einrichtungen, zu Gemeinden und zu Gebietskörperschaften, zu den Statistischen Ämtern, zu Archiven und Bibliotheken, um die Informationen zu beschaffen, die er nicht selbst sammeln kann. Je kleiner ein Pressearchiv ist und je geringer der Umfang seiner Sammeltätigkeit, desto stärker ist der Pressearchivar auf die *Beschaffung* angewiesen.

Das *Recherieren* in *elektronischen Datenbanken* gewinnt in der Pressedokumentation an Bedeutung. Hier erwachsenen dem Pressedokumentar neue, interessante Aufgaben, die ihm ermöglichen, den Journalisten seines Hauses Hilfestellung zu geben und die Informationsversorgung seiner Redaktion weiter zu verbessern. Mit

dem internationalen Online-Angebot und der Art seiner Nutzung sollte sich heute jeder Pressedokumentar vertraut machen. Die Stärken der elektronischen Datenbank liegen auf einem anderen Felde als die des konventionellen Pressearchivs, und es gilt, beides nutzbringend zu kombinieren. Amerikanische, englische, französische und in einem gewissem Umfang auch deutsche Hosts stellen heute bereits ein breites Spektrum an Informationen zur Verfügung, die das einzelne Pressearchiv in dieser Fülle nicht bereitstellen kann. In bestimmten Fällen kann eine Recherche in den großen internationalen Datenbanksystemen nicht nur zu besseren Ergebnissen führen als das eigene Sammeln, sie kann auch kostengünstiger sein. Wird naturwissenschaftliche, medizinische oder technische Literatur gesucht, ist das Datenbankangebot bereits sehr ergiebig. Wird in einer *Bibliografischen Datenbank* recherchiert, muß allerdings anschließend der Volltext beschafft werden, da sich Journalisten selten mit den bibliografischen Angaben oder den Abstractfassungen allein begnügen. Die Literaturbeschaffung aber braucht eine gewisse Zeit und ist nur bei längerfristigen Planungen möglich. Die schnelle Dokumentlieferung via Telefax oder Direktbestellungen verkürzt die Lieferzeit, ist aber vergleichsweise teuer. Vorteile bieten in diesem Punkt die Volltextdatenbanken. Sie eröffnen den unmittelbaren Zugang zu den Texten, wenn auch bisher noch überwiegend ohne die informativen Tabellen und Graphiken der Originalpublikationen.
Die Frage, ob der Journalist selbst recherchiert oder dies lieber einem Dokumentationsspezialisten überläßt, ist noch nicht ausdiskutiert. Die Schwierigkeiten einer elektronischen Recherche liegen weniger in den unterschiedlichen Retrievalsprachen, sondern vielmehr im unterschiedlichen Aufbau der einzelnen Datenbanken. Hier hilft auch die Menütechnik, die von immer mehr Hosts parallel zu dem „Expertenmodus" angeboten wird, um dem mit der Abfragetechnik weniger Vertrauten das Recherchieren zu erleichtern, nicht weiter. Das *qualifizierte Suchen* wird wohl trotz aller Softwareunterstützung noch für geraume Zeit dem Spezialisten vorbehalten bleiben, der es auch übernimmt, die jedem Paßwortinhaber kontinuierlich zufließenden gedruckten Informationen zu pflegen und bereitzuhalten. In einer Redaktion sollte diese Aufgabe dem fachkundigen und mit den Methoden des Suchens vertrauten Pressedokumentar zufallen. Damit sind jedoch auch Diskussionen über Fragen der Abgrenzung zwischen Journalist und Dokumentar, Statusfragen und Fragen der Verantwortlichkeit für recherchierte Informationen bereits erkennbar verbunden. Auf der anderen Seite wird der Umgang mit Datenbanken auch dem schreibenden Journalisten allmählich vertrauter werden, und viele Journalisten werden in absehbarer Zeit eine oder zwei Datenbanken, die über das engere Fachgebiet informieren, selbst nutzen. Darauf muß sich der Pressedokumentar einstellen.

Literatur

01. Arbeitsgemeinschaft für Kommunikationsforschung (AfK): Modellversuch zur Nutzung von Datenbanken durch Journalisten in der täglichen Praxis – Modellversuch Jour-Fiz-II. In: Presse- und Informationsamt der Bundesregierung (Hrsg.): Kommunikationspolitische und kommunikationswissenschaftliche Forschungsprojekte der Bundesregierung (1978–1985). Bonn 1986. S. 773–779.
02. Bohrmann, Hans; Englert, Marianne (Hrsg.): Handbuch der Pressearchive. München: Saur 1984.

03. Brüderlein, Paul: Aufbau und Aufgaben von Redaktionsarchiven politischer Tageszeitungen. In: Mantwill, Gerhard (Hrsg.): Medien und Archive. Pullach: Verlag Dokumentation 1974. S. 193 – 199.
04. Chao, Jennifer J.: Fünf Jahre elektronisches Archiv beim Boston Globe. In: Zeitungstechnik – die Monatszeitschrift der IFRA, Februar 1984, S. 4 – 8.
05. Computer-assisted newspaper archives. La documentation automatisée dans la presse. Rechnergesteuerte Zeitungsarchive. IFRA-Symposium über Rechnergesteuerte Zeitungsarchive, Paris 30. 11. – 01. 12. 1978. Symposium 5Y78. Darmstadt: INCA-FIEJ Research Ass. IFRA 1978. o. Pag.
06. Datenbanken. Informationsquelle und Produktalternative für Tageszeitungen. IFRA-Symposium, Genf 14./15. April. Symposium 3Y87. Darmstadt (unveröffentlichte Manuskripte) 1987.
07. Elektronische Zeitungsarchive, IFRA-Symposium, Darmstadt 3./4. April 1984. Darmstadt (unveröffentlichtt) 1984.
08. Englert, Marianne: Anforderungen an den Redaktionsarchivar. In: Mantwill, Gerhard (Hrsg.): Medien und Archive. Pullach: Verlag Dokumentation 1974. S. 44 – 49.
09. Englert, Marianne: Aufbau und Organisation eines Redaktionsarchivs am Beispiel des Zentralarchivs der Frankfurter Allgemeinen Zeitung. In: Der Archivar 31 (1978) Nr. 2, Sp. 203 – 212.
10. Englert, Marianne: Entscheidend ist der schnelle Zugriff. Das Zeitungsarchiv muß von allem etwas, aber nicht alles sammeln. In: Die Zeitung 9 (1981) H. 5, S. 3 und 6.
11. Englert, Marianne: Geschichte und Aufgabenstellung der Pressearchive. In: Bohrmann, Hans; Englert, Marianne (Hrsg.): Handbuch der Pressearchive. München: Saur 1984. S. 7 – 19.
12. Englert, Marianne: Pressearchive. In: Der Archivar 37 (1984) Nr. 3, Sp. 435 – 442.
13. Englert, Marianne: Das Berufsbild des Medienarchivars/-dokumentars. In: Martini, Bernd-Jürgen (Hrsg.): Journalisten-Jahrbuch '86. München: Ölschläger 1985. S. 48 – 50.
14. Englert, Marianne: Berufsbild ‚Pressearchivar'. Grundsätze und Veränderungen. In: Der Archivar 39 (1986) H. 3, Sp. 323 – 334.
15. Enichlmayr, C.: ‚Oberösterreichische Nachrichten' – ein Jahr Erfahrung mit eigener Presse-Volltextdatenbank. In: Fakten, Daten, Zitate 7 (1987) H. 2, S. 14 – 17.
16. Forbildungsprogramm für Medienarchivare/-dokumentare. Hg. von der Fachgruppe Presse-, Rundfunk- und Filmarchivare des VdA. Abgedruckt in: Elektronische Datenverarbeitung in Medienarchiven und Fachinformationssystemen. Protokoll der 38. Tagung der Fachgruppe Presse-, Rundfunk- und Filmarchive im Verein deutscher Archivare in Kassel 4. – 7. Mai 1981. München: Saur 1981. S. 145 – 190.
17. Galdon López, Gabriel: El Servicio de Documentación de Prensa: Funciones y métodos. Barcelona: editorial mitre 1986.
18. Galdón López, Gabriel: Perfil historico de la documentación en la prensa de información general (1845 – 1984). Pamplona: Ediciones Universidad de Navarra 1986.
19. Gasterich, F.-J.: Auswahl medienrelevanter Datenbanken und Hosts. In: Info 7 Jg. 1 (1986) H. 1, S. 12 – 16.
20. Gasterich, F.-J.: Online-Informationsvermittlung für Journalisten. In: Nachrichten für Dokumentation 37 (1986) H. 2, S. 93 – 103.
21. Grotzky, Johannes: Informationsverarbeitung zum Nutzen des Gesamtprogramms – Ein Plädoyer für Pressedokumentare in den Rundfunkanstalten. In: epd/Kirche und Rundfunk Nr. 59 vom 5. August 1978.
22. Grützke, Horst: Die Nutzung des wissenschaftlich-technischen Fortschritts für die journalistische Informationsrecherche. In: Theorie und Praxis des sozialistischen Journalismus 14 (1986) Nr. 4, S. 244 – 247.

23. Habel, Peter: Das Zentrale Dokumentationssystem des Bundespresseamtes. In: Internationale Pressedatenbanken. Berlin: GTF 1981. S. 11–22.
24. Hanke, Manfred; Weisser, Wilhelm: Der tägliche Zwiegesang. Institutspublizistik und pressearchivarische Quellen. In: Medienarchive in Gegenwart und Zukunft. München: Saur 1983. S. 45–62.
25. Hellack, Georg: Was ist informationspolitisch wichtig? Hinweise für die Auswertung von Periodika. In: Mantwill, Gerhard (Hrsg.): Medien und Archive. Pullach: Verlag Dokumentation 1974. S. 169–177.
26. Hermsdorff, Wolfgang: Die speziellen Arbeitsbedingungen von Redaktionsarchiven an Regionalzeitungen. Kassel 1978. Unveröffentlichtes Manuskript.
27. Hertwig, Jens A.: Presseinhalte in elektronischen Datenbanken. In: Höfig, Willi; Ubens Wilbert (Hrsg.): Zeitungen in Bibliotheken. Bericht über ein Stiefkind mit notwendigen Empfehlungen. Berlin: Deutsches Bibliotheksinstitut 1986. S. 243–253.
28. Höpfner, Richard: Pressedokumentation an Rundfunkanstalten. In: Fachgruppentagung der Presse-, Rundfunk- und Filmarchive. 31. Essen, 09. – 12. 05.1977. Ms 31, 11.
29. Koszyk, Kurt: Bestandserschließung zwischen Pressearchiven durch Informationsaustausch. In: Fachgruppentagung der Presse-, Rundfunk- und Filmarchivare. 34. Hamburg, 03. 10. 1978. Ms 34,1.
30. Leitfaden der Pressedokumentation. Erarbeitet von einer Arbeitsgruppe der Arbeitsgemeinschaft der Pressereferenten der Obersten Bundesbehörden mit Unterstützung durch Ulrich Neveling und Gernot Wersig. Bonn: Bundesminsterium des Innern 1980. 140 S.
31. Lommatzsch, Rainer: Pressedokumentation bei Krupp. In: Fachgruppentagung der Presse-, Rundfunk- und Filmarchive. 31. Essen, 09. – 12.05.1977. Ms 31, 12.
32. Mantwill, Gerhard (Hrsg.): Medien und Archive. Beiträge zur Rolle moderner Archive in Information und Dokumentation. Pullach: Verlag Dokumentation 1974.
33. Mantwill, Gerhard: Informationserfassung, Informationserschließung und Informationsvermittlung in einem Pressearchiv. In: Mantwill, Gerhard (Hrsg.): Medien und Archive. Pullach: Verlag Dokumentation 1974. S. 178–185.
34. Massenberg, Christian: Die Einrichtungen und Arbeitsweise des Redaktionsarchivs der „Nürnberger Nachrichten". In: Fachgruppe Presse-, Rundfunk- und Filmarchivare im Verein deutscher Archivare (Hrsg.): Presse-, Rundfunk- und Filmarchive, Mediendokumentation. München: Saur 1980. S. 121–126.
35. McFarland, Paul: Materialauswahl und -aufbereitung für die Zeitungsdatenbank. In: Zeitungstechnik – die Monatszeitschrift der IFRA (März 1985) S. 33–35.
36. Der Mediendokumentar/Medienarchivar. Eingangsvoraussetzungen und Tätigkeiten – Ein Beitrag zu einem einheitlichen Berufsbild. In: Nachrichten für Dokumentare 30 (1979) H. 4/5.
37. Der Medienarchivar/Mediendokumentar. Eingangsvoraussetzungen und Tätigkeiten. Ein Beitrag zu einem einheitlichen Berufsbild. In: Der Archivar 32 (1979) H. 2.
38. Medienarchivar/Medienarchivarin. Mediendokumentar/Mediendokumentarin. Ein Beitrag zum Berufsbild. In: Informationen für die Beratungs- und Vermittlungsdienste der Bundesanstalt für Arbeit – ibv –, Nr. 40/1980.
39. Meyer, Werner: Bitte die Antwort schon vor der Frage. Zukunftswünsche der Journalisten an ihr papierenes Gedächtnis. In: Mantwill, Gerhard (Hrsg.): Medien und Archive. Pullach: Verlag Dokumentation 1974. S. 202–207.
40. Muziol, Roman: Pressedokumentation. Wegweiser für die Arbeit in Pressearchiven. 3. erw. Aufl. Pullach, Berlin: Verlag Dokumentation 1971.
41. Nürnberger, Albrecht: Der Journalist als Sammler und Jäger. In: Martini, Bernd-Jürgen (Hrsg.): Journalisten-Jahrbuch '86. München: Ölschläger 1985. S. 43–47.
42. Presse-, Rundfunk- und Filmarchive – Mediendokumentation. Protokolle der Tagungen

der Fachgruppe Presse-, Rundfunk- und Filmarchivare im Verein deutscher Archivare. Zusammenstellung: Marianne Englert. München: Saur 1979 ff.

43. Pressearchiv – konventionell oder elektronisch? Protokoll eines Rundgesprächs auf der Frühjahrstagung 1986 der Fachgruppe Presse-, Rundfunk- und Filmarchivare in Mainz. In: Info 7 Jg. 1 (1986) H. 2, S. 61 – 73.
44. Roeingh, Friedrich: Aus dem Staub ans Licht. Redaktionsarchive im Lokalen. Eine Vollerhebung aus Nordrhein-Westfalen. Schriftliche Hausarbeit zur Erlangung des Grades eines Diplomjournalisten. Dortmund 1986 (unveröffentlicht): Bibliographie.
45. Schaper, Karl-H. G. F.: Dampfarchiv oder Datenbank. In: Journalist 36 (1985) Nr. 4, S. 43 – 46.
46. Schlüter, Hildegard: Pressearchiv und Dokumentation einer politischen Partei (DCU). In: Mantwill, Gerhard (Hrsg.): Medien und Archive. Pullach: Verlag Dokumentation 1974. S. 213 – 217.
47. Schmitz-Esser, Winfried: Elektronische Datenbanken für Presse- und Funk. Eine internationale Umschau. In: Fachgruppentagung der Presse-, Rundfunk- und Filmarchivare. 33. Marburg, 24. – 27. 04.1978. Ms 33,4.
48. Schmitz-Esser, Winfried: Der Konflikt zwischen Dokumentationssprache und natürlicher Sprache in Medien-Datenbanken. Eine Topografie und ein Katalog von Anforderungen an die Informationslinguistik. In: Medienarchive in Gegenwart und Zukunft. München: Saur 1983. S. 137 – 146.
49. Schmitz-Esser, Winfried: „Der Computer in den Archiven der Massenmedien“. Ein Handbuch. IFRA (INCA FIEJ Research Ass.) Darmstadt: Eigenverlag 1986.
50. Schuster, Michael: Das elektronische Archiv beim Bonner General-Anzeiger. Ein Technologie- und Erfahrungsbericht. In: Zeitungstechnik – die Monatszeitschrift der IFRA (Oktober 1984) S. 18 – 21.
51. Seeberg-Elverfeldt, Roland: Archiv- und Dokumentationswesen in der Publizistik (– 1970). In: Muziol, Roman: Pressedokumentation. Wegweiser für die Arbeit in Pressearchiven. 3. erw. Aufl. Pullach: Verlag Dokumentation 1971.
52. Spiegel – Gruner + Jahr. Ein Vergleich zweier Pressedokumentationssysteme. Red.: Thomas Seeger. Berlin: AG Pressedokumentation am Institut für Publizistik und Dokumentationswissenschaft der FU Berlin 1977. 26. Bl. Masch. schr. Ms.
53. Stoessel, F.: Der Einsatz von Personalcomputern im Pressearchiv des Süddeutschen Rundfunks in Stuttgart. In: Info 7 Jg. 2 (1987) H. 1, S. 27 – 29.
54. Ubbens, Wilbert: Presse-, Rundfunk-, Fernseh-, Filmarchive. Internationale Auswahlbibliographie 1971 – 1982 mit Schwerpunkt „Pressearchive“. In: Bohrmann, Hans; Englert, Marianne (Hrsg.): Handbuch der Pressearchivare, München: Saur 1984.

D 5 Audiovisuelle Materialien

Karl-Heinz Fischer

D 5.1 Einleitung

Einleitend muß man sagen, daß sich alle audiovisuellen Dokumente mit den üblichen Methoden der Information und Dokumentation beschreiben und erschließen lassen. Alle Schallaufzeichnungen – Geräusche ausgenommen – lassen sich in Zeichen (Buchstaben oder Noten) wiedergeben. Bilddokumente enthalten in der Regel zusätzliche textliche Informationen, durch die eine formale Erfassung zumindest erleichtert wird. Beispiele dafür sind der Vor- oder Nachspann bei Filmen und der Bildtext bei Fotos. Für die Erschließung des Bildinhaltes ist jedoch die Verbalisierung der visuellen Information unumgänglich, wobei die Regel gilt, daß man nur sieht, was man kennt. Für zwei Betrachter kann das gleiche Foto sowohl ,,rotes Auto" als auch ,,ABC-Sechszylinder 115 PS-Turbo-Diesel, Baujahr 1987" sein.

D 5.1.1 Terminologie und Typologie

Obwohl Fotografie, Film und Schallplatte ihr hundertjähriges Jubiläum schon hinter sich haben, ist ihre zusammenfassende Benennung als ,,audiovisuelle Materialien" ebenso neu wie unscharf. 1969 werden ,,audiovisuelle Materialien" lexikalisch faßbar, daneben bestehen Bezeichnungen wie AV-Materialien, AV-Medien, technische Medien, Unterrichtsmedien, Medien u.a. Im anglo-amerikanischen Sprachgebrauch wird zusätzlich gern (von Bibliothekaren und mit größerem Bedeutungsumfang) von ,,non-book-materials" (NBM) gesprochen. Was sollen nun ,,audiovisuelle Materialien" sein? Eine allseits befriedigende Definition ist noch nicht gefunden worden, ebensowenig wie eine schlüssige Klassifikation. Eine Trennung in ,,auditive", ,,visuelle" und ,,audiovisuelle" Materialien ordnet wenig sinnvoll Fotografie und Stummfilm in eine Klasse. Die Norm DIN 1505, Teil 4, bietet folgende Einteilung:

A Audiovisuelle Materialien
- Bildliche Darstellungen (= Fotos, Graphiken, Kunstblätter, Plakate. – Nicht erwähnt, aber dazugehörig: Stereofotos, Einzelbildfilme)
- Bildliche Darstellungen zur Projektion (= Dias, Arbeitstransparente)
- Bildplatten
- Filme (gemeint sind nur kinematographische Filme)
- Medienkombinationen
- Tonbildreihen (= Diareihen plus Tonträger)
- Tonträger (= Schallplatten, Compact Discs, Kompaktkassetten, Magnettonbänder)
- Videoaufzeichnungen (= Videokassetten, Videomagnetbänder)

B Audiovisuelle Materialien in Mikroform

Über die Logik dieser Aufteilung läßt sich streiten, da sich die Zuordnung nur nach der unterschiedlichen Behandlung bei der Katalogisierung richtet. Zu den audiovisuellen Materialien gehören auch die historischen Formen der Ton- und Bildaufzeichnung wie Magnettondraht, Magnettonfolie, Magnettonplatte, Magnetzylinder, Papiermusikrolle, Spieldosenplatte und -walze, sowie Tonwalzen. Dagegen sollten *nicht* zu den audiovisuellen Materialien gerechnet werden: Mikroformen von Druckwerken, Karten, Globen, Spiele, Modelle, Textplakate, Gemälde, technische Zeichnungen, Briefmarken und Siegel.

D 5.1.2 Technikbezogenheit

Audiovisuelle Materialien (wie auch die Mikroformen) haben ein gemeinsames Merkmal: Ihr sinnvoller Gebrauch erfordert technische Hilfsmittel für die Wiedergabe. Filme und Fotos erfordern den technischen Prozeß der Negativentwicklung. Deshalb benötigt der Medienarchivar bzw. -dokumentar gewisse technische Kenntnisse zur sachgerechten Beurteilung der Materialien wie zur einwandfreien Bedienung der Geräte. Auch für die Lagerung und die dauerhafte Erhaltung ist ein Minimum an physikalischem, chemischem und technischem Wissen erforderlich. Bei der Katalogisierung müssen die technischen Bedingungen der Reproduzierbarkeit erfaßt und dem zukünftigen Benutzer mitgeteilt werden.

D 5.2 Bildliche Darstellungen

Von allen Arten bildlicher Darstellungen sind Fotos die am weitesten verbreitete. In Deutschland haben 40 Millionen potentieller Bildproduzenten (= Besitzer von Fotoapparaten) 1988 ca. 3,1 Milliarden fotografische Aufnahmen gemacht. Auch für den dokumentationswürdigen Bruchteil dieser Fotos ist das Mengenproblem das größte Hindernis für eine den Druckschriften entsprechende Erfassung und Erschließung. Wenn man von den privaten Alben mit Familien- und Urlaubsfotos absieht, können die Fotos aufbewahrenden Stellen nach Aufgabenstellung und Arbeitsweise grob wie folgt unterschieden werden (wobei die Grenzen fließend sind): Bildagenturen – Bildarchive im eigentlichen Sinne – photohistorische Sammlungen – Privatsammlungen.

D 5.2.1 Institutionen

Bildagenturen sind in der Regel kommerziell betriebene, zum Teil aus früheren Redaktionsarchiven hervorgegangene Bildsammlungen, deren Zweck die Versorgung der Druck- und Funkmedien mit aktuellem und historischem Bildmaterial ist. Private Benutzer sind nur in Ausnahmefällen zugelassen. Typisches Beispiel für eine der großen Bildagenturen ist der Ullstein-Bilderdienst in Berlin mit einem Bestand von mehreren Millionen Fotos. Hervorgegangen aus dem Redaktionsarchiv des Verlages Ullstein um die Jahrhundertwende, begann Anfang der 50er Jahre die kommerzielle Nutzung und der Übergang zum Pressebildarchiv. Ähnlich verdankt das Bildarchiv des Süddeutschen Verlages in München einen großen Teil seines Bestandes dem 1958 erworbenen kompletten Bildarchiv des Verlages Scherl mit über zwei Millionen Fotos. Den mehr aktuellen Bedarf an Pressefotos decken die Nachrichtenagenturen wie dpa, UPI, Keystone u.a.

Bildarchive sind meistens Sondersammlungen im Rahmen staatlicher, kommunaler oder wissenschaftlicher Archive. Der Sammelauftrag ist nicht universell, sondern auf Gegenstand oder Region des ‚Mutterarchivs' bezogen. Die ältesten Bildarchive im eigentlichen Sinne sind die Porträtsammlungen großer Bibliotheken. Ein Beispiel für ein staatliches Archiv ist das Bildarchiv des Bundesarchivs in Koblenz. Es gliedert den Hauptteil des Bestandes in eine Biographische Sammlung (ca. 280.000 Nummern), eine Geographische Sammlung (ca. 270.000 Nummern) und eine (im wesentlichen nach historischen Epochen unterteilte) Sachthematische Sammlung (ca. 1.450.000 Nummern). Daneben bleiben geschlossene Komplexe nach dem Provenienzprinzip erhalten, wie z.B. die 2.200 Aufnahmen des Fotografen Dobbertin aus dem früheren Deutsch-Ostafrika der Jahre 1906 – 1915 und andere. Eine Einzelverzeichnung der Fotos findet angesichts dieser Mengen nicht statt.

Das Bildarchiv einer Gemeinde ist von J. Huck ausführlich beschrieben worden (s. Lit. 19.). Bildarchive kleineren Umfangs finden sich auch bei kirchlichen Archiven, Werksarchiven und wissenschaftlichen und anderen Institutionen.

In den **Photohistorischen Sammlungen** ist die Fotografie als solche selbst Sammlungsgegenstand. Sie sind entweder eigenständiges Fotomuseum wie das George Eastman House of Photography in Rochester, USA, 1949 durch die Firma Kodak als Gedenkstätte für ihren Gründer eingerichtet, oder Abteilungen anderer Kunstmuseen, wie zum Beispiel die Abteilung Photographie im Museum Ludwig in Köln. Der Aufbau begann 1977 mit dem Erwerb der „Sammlung Gruber", der 1978 der Nachlaß des Fotografen Chargesheimer folgte. Inzwischen besitzt das Museum über 5.000 Fotos und hat den Bestand in zwei mit wissenschaftlicher Gründlichkeit herausgegebenen Fotobänden erschlossen. Andere deutsche photohistorische Sammlungen sind die Abteilung Fotografie des Deutschen Museums in München (eröffnet 1965), das Photo- und Filmmuseum des Münchner Stadtmuseums (eröffnet 1963) und die fotografischen Sammlungen der Berlinischen Galerie in Berlin und des Museums Folkwang in Essen. Sammlungsgegenstand ist oft auch die fototechnische Ausrüstung, speziell Kameras.

Privatsammlungen sind oft von beträchtlichem Umfang und von großem Wert. Es ist ihr Schicksal, meist nach dem Tode des Sammlers in die erstgenannten Typen von Bildsammlungen überzugehen. Als Beispiele für viele sollen nur genannt werden das Multimediale Chaplin-Archiv von Staudinger in Frankfurt und die Sammlung von Jechow in Berlin, der ab 1937 über 120.000 Ansichtspostkarten gesammelt hat.

D 5.2.2 Arbeitsgänge im Bildarchiv

Die Arbeitsgänge im Bildarchiv sind abhängig vom jeweiligen Zweck des Archivs. Im Prinzip gehören dazu:

1. **Bildauswahl**. Entspricht das Bild dem Sammelauftrag? Ist es ähnlich oder besser schon vorhanden? Genügt die Aufnahmequalität? Ist es eventuell aus rechtlichen

Gründen nicht verwertbar? Diese Schritte entsprechen der Feststellung der Dokumentationswürdigkeit.

2. **Bildtext**. Prüfung des zum Bild gehörenden Bildtextes bzw. Formulierung eines geeigneten Textes. Prüfung der Authenzität des Bildes. Stimmen die angegebenen Personennamen, Aufnahmeorte und -daten?

3. **Technische und Verwaltungsangaben**. Name des Fotografen? Umstände der Aufnahme? Hinweise organisatorischer und technischer Art auf das Negativ, z.B. Schäden, rechtliche Einschränkungen, Inventarnummer.

4. **Klassifizieren**, sofern eine systematische Einordnung vorgenommen wird. Meist ist damit die Zuteilung einer Notation verbunden. Die Alternative dazu ist die Vergabe einer Standortsignatur und das Anlegen von Karteikarten, die alle Angaben zum Sachinhalt enthalten und auf den Standort verweisen. Die benutzten Klassifikationen sind meist selbstentwickelt und haben mit den üblichen Schwierigkeiten von Klassifikationen zu kämpfen (vgl. Kap. B 5). Eine spezielle Bildklassifikation, die internationale Geltung beansprucht, ist die 1973 in Holland entwickelte Klassifikation ICONCLASS (s. Lit. 40.), die sich stark auf die Motivbeschreibung konzentriert. Ein Beispiel dafür:

31 A	Menschlicher Körper
31 A 23	Positionen des menschlichen Körpers
31 A 23 7	Hängender Körper
31 A 23 71 1	An einem Arm aufgehängter Körper

Das Bildarchiv des Westdeutschen Rundfunks verwendet nur leicht merkbare Buchstabenkombinationen. Die Notation ,,I EIS UNTE KRUPP ESSEN 1987" ist aufzulösen in Industrie / Eisenindustrie / Unternehmen der Eisenindustrie / Firma Krupp / Essen 1987. Aus EDV-Gründen verwendet der Ullstein-Bilderdienst eine rein numerische Klassifikation.

Das Ordnungsprinzip bei Personenaufnahmen ist natürlich das Alphabet der Familiennamen, topographische Aufnahmen werden ebenfalls alphabetisch nach Land, Ort und Straße geordnet. Für Ereignisse bietet sich eine chronologische Ordnung an.Eine Kombination aller Methoden ist möglich und üblich.

5. **Katalogisierung**, entweder

a) durch Einstellen an der ,richtigen' Stelle gemäß der vergebenen Notation, wenn der in Karteikästen oder Hängemappen aufbewahrte Bildbestand gleichzeitig der Katalog ist, oder

b) durch Verzeichnen in schriftlich oder elektronisch geführten Hilfsmitteln, wenn die Fotos nach numeraus currens aufbewahrt werden.

Zweckmäßig ist das Herstellen von Querverbindungen durch Verweisungen. Publizierte Bestandskataloge von Bildarchiven gibt es in der Regel nicht. Rühmliche Ausnahme ist der ab 1976 vom Bildarchiv Foto Marburg und dem Rheinischen Bildarchiv gemeinsam herausgegebene ,,Marburger Index". (vgl. Lit.01.; Lit. 17.; Lit. 26.)

Ein Datenträger der Zukunft kann die Bildplatte sein, die bis zu 50.000 Einzelbilder speichern kann. So soll die fotografische Sammlung des George Eastman House auf Bildplatten aufgenommen werden. Ebenfalls Bildplatten als Datenträger verwendet das von der BBC geförderte multimediale ,,Domesday Project", das Texte, Statistiken, Karten, Fotos und Filmclips auf einer Platte vereinigt. Vom Institut für den Wissenschaftlichen Film in Göttingen ist das Projekt einer ,,Bilddatenbank Meteorologie " bekannt. Die noch hohen Kosten bei der Bildplattenherstellung lassen eine breitere Anwendung im Archivbereich in den nächsten Jahren kaum erwarten.

D 5.3 Filme

Wenn im folgenden von ,,Filmen" gesprochen wird, sollen darunter alle Arten ,bewegter Bilder' auf beliebigen Datenträgern verstanden werden, also Spielfilme, Dokumentaraufnahmen, Unterrichtsfilme, Videoclips, Fernsehproduktionen, private Videoaufnahmen u.a.m unabhängig von der Aufzeichnungsart (optisch, elektromagnetisch, oder opto-elektronisch).

D 5.3.1 Institutionen

Die Spielfilmproduzenten gingen in früheren Jahren relativ sorglos mit ihren Produkten um und noch 1931 beklagte Hans Cürlis, daß in keinem europäischen Land wirkliche Filmarchive bestünden. Nach einer UNESCO-Empfehlung von 1980 sollen diejenigen Filme aufbewahrt werden, ,,die wegen ihres erzieherischen, kulturellen, künstlerischen, wissenschaftlichen und historischen Wertes Teil des Kulturerbes eines Volkes sind." Wie sah und sieht es in Deutschland damit aus? 1935 wurde in Berlin ein ,,Reichsfilmarchiv" eingerichtet, das neben Filmen aus staatlicher oder kommunaler Produktion auch Spielfilme sammelte. Die Bestände, mehr als 15.000 Filme, wurden 1945 zum größten Teil von der Sowjetunion erbeutet und später der DDR übergeben. Sie bilden den Grundstock des 1955 errichteten ,,Staatlichen Filmarchivs der DDR", das 1987 schon über 60.000 Filmtitel in seinen Katalogen nachweisen konnte. Für die von der staatlichen Filmgesellschaft DEFA produzierten Filme besteht eine Abgabepflicht. In der Bundesrepublik Deutschland ist es aus verschiedenen Gründen nach 1945 nicht zu einem zentralen nationalen Filmarchiv gekommen, jedoch sind in Koblenz, Wiesbaden und Berlin umfangreiche Sammlungen entstanden. In Koblenz ist das Filmarchiv des Bundesarchivs, 1954 gegründet, technisch am besten ausgestattet. Sammelschwerpunkt sind dokumentarische Filmaufnahmen (Wochenschauen), die vom Bund oder Bundesbehörden produzierten Filme und schließlich diejenigen Spielfilme, die im Rahmen der kulturellen Filmförderung des Bundes ausgezeichnet oder bezuschußt worden sind. In Wiesbaden betreut das Deutsche Institut für Filmkunde den Filmbestand der Friedrich-Wilhelm-Murnau-Stiftung mit über 1.000 Spielfilmen aus der früher reichseigenen Filmproduktion (UFA, Tobis u.a.), zusammen mit anderen Beständen insgesamt über 5.000 in- und ausländische Spielfilme. In Berlin ist es die seit 1963 tätige, vom Land Berlin finanzierte, Stiftung Deutsche Kinemathek, die – aufbauend auf den privaten Sammlungen Lamprecht, Fidelius und Mamis – derzeit über 3.000 Spielfilme und ca. 3.000 Kurzfilme im Bestand hat. Die erwähnten drei Archive unterzeichneten 1978 ein Verwaltungsabkommen über den Aufbau

und die Unterhaltung eines Kinemathekverbundes, womit zwar nicht in idealer Weise, aber doch im Grundsätzlichen der Aufgabenstellung eines zentralen deutschen Filmarchivs für die Bundesrepublik entsprochen wurden. Wiesbaden und Berlin sind für den nichtgewerblichen Verleih von Spielfilmen zuständig – ein erster Verleihkatalog wurde 1986 vorgelegt –, Koblenz in gleicher Weise für Dokumentarfilme und für eigentlich archivische Aufgaben der Filmsicherung.
Über die nationalen Kinematheken des Auslands informiert alljährlich der von Cowie herausgegebene ,,International Film Guide" (s. Lit. 43).

D 5.3.2 Filmdokumentation

Die Dokumentierung der deutschen Filmproduktion beschränkt sich auf den Spielfilm und ist als Werk mühseligen Forschens von Einzelpersonen lückenhaft und nicht fehlerfrei. Gerhard Lamprecht hat mit Unterstützung der Deutschen Kinemathek ,,Deutsche Stummfilme 1903 – 1931" katalogisiert. Ähnlich dokumentiert Alfred Bauer im ,,Deutschen Spielfilmalmanach 1929 – 1955" den Tonfilmbereich. Verdient gemacht hat sich auch die Katholische Filmkommission für Deutschland durch die in mehrjährigen Abständen erschienenen Bände des ,,Handbuchs der Katholischen Filmkritik", jetzt kumuliert erschienen als ,,Lexikon des Internationalen Films", das die seit 1945 in der Bundesrepublik gelaufenen 21.000 in- und ausländischen Filme nachweist und auch kritische Inhaltsangaben liefert.
Der schlechte Stand der deutschen Filmdokumentation wird auch deutlich im Vergleich zum Ausland. Der ,,American Film Institute Catalog" weist in zwanzig gewichtigen Bänden ,Feature Films' von 1893 bis 1970, ,Short Films' von 1911 bis 1970 und ,Newsreels' von 1908 bis 1970 nach, soweit sie in den USA produziert worden sind. Erleichtert wird die amerikanische Filmdokumentation durch das Urheberrecht, weil sich die Filmproduzenten um eine Copyright-Eintragung bei der Library of Congress bemühen müssen. Vierteljährlich erscheint im Rahmen des ,,Library of Congress Catalogs" die Ausgabe ,,Films and other materials for projection". Die Hefte werden jährlich und in größeren Abständen kumuliert, so z.B. in ,,Motion Pictures 1912 – 1939" mit insgesamt 51.000 Filmtiteln. Auch in Großbritannien ist von Denis Gifford mit seinem ,,British Film Catalogue 1895 – 1985" mit Angaben zu 15.000 Filmen die britische Produktion an Spielfilmen hinreichend dokumentiert worden.
So wertvoll alle diese Publikationen für retrospektive Recherchen sind, sie genügen nicht den Ansprüchen an aktuelle Information. Die Lösung wird wahrscheinlich in Online-Datenbanken liegen, sobald die Nachfrage die Errichtung lohnt. Die Arbeitsstelle Filmgeschichte der Hochschule für Bildende Künste in Braunschweig plant mit ihrem Projekt KINECOM die Entwicklung eines Dokumentationssystems für filmwissenschaftliche Daten auf der Grundlage einer kooperativ errichteten dezentralen Datenbank, die auch auf Personalcomputern betrieben werden kann. Ebenfalls mit Hilfe der EDV will die Freiwillige Selbstkontrolle der Filmwirtschaft (FSK) das Projekt Filmdatenbank entwickeln, das einen Überblick über das gesamte Titelangebot im gewerblichen und nichtgewerblichen Film- und Videoverleih bringen soll, Trailer und Videoclips eingeschlossen. Den Teilbereich der Bildungs-

medien dokumentiert die Mediendatenbank des Instituts für Film und Bild in Wissenschaft und Unterricht in Grünwald bei München, aus der schon eine Vielzahl von speziellen Medienkatalogen für den AV-Einsatz im Bildungswesen hervorgegangen sind.

D 5.4 Tondokumente, Tondokumentation

Es gibt zwei Hauptquellen für die Entstehung von Schallaufzeichnungen: Schallplattenindustrie und Rundfunk. Die Firmen der Phono-Industrie produzieren allein in der Bundesrepublik Deutschland jährlich 6 – 7.000 Schallplatten mit rund 50.000 Titeln an Unterhaltungsmusik. Diese Titelflut wird erstaunlich gut und aktuell dokumentiert durch den vom Bundesverband der Phonographischen Wirtschaft initiierten ,,Gemeinschaftskatalog", der ab 1964 (bis 1972 unter dem Titel ,,Großer Deutscher Schallplattenkatalog) erscheint, aber nicht kumuliert wird, da er nur als Verkaufshilfe für den Handel dienen soll. Älter, dafür nur eine repräsentative Auswahl von Schallplatten verzeichnend, ist der seit 1952 erscheinende ,,Bielefelder Katalog", ursprünglich auf klassische Musik beschränkt, jetzt in die Ausgaben ,,Klassik" und ,,Jazz" geteilt. Der Gemeinschaftskatalog enthält ähnlich einem Kreuzkatalog in einem Alphabet Obertitel (= Plattentitel), Einzeltitel, Interpreten, Werke und Autoren. ,,Klassik" ist nach den Komponisten, ,,Jazz" nach Titeln und Interpreten geordnet. Alle Kataloge enthalten auch Register der Plattenetiketten.

Eine systematische Dokumentation der nationalen Musikproduktion gibt es in der Bundesrepublik Deutschland erst ab 1970, einmal durch die Gründung des Deutschen Musikarchivs in Berlin als Abteilung der Deutschen Bibliothek (wodurch die Arbeit der 1961 in Berlin gegründeten ,,Deutschen Musik-Phonothek" fortgeführt werden konnte), zum andern durch die Einbeziehung der Musikpublikationen (Tonträger und Noten) in die Pflichtstückablieferung nach dem Gesetz über die Deutsche Bibliothek vom 31. 03. 1969. Ergebnis der bibliographischen Tätigkeit des Deutschen Musikarchivs ist die seit 1974 vierteljährlich, später monatlich erscheinende ,,Deutsche Bibliographie – Musiktonträgerverzeichnis", in der außer der bundesdeutschen auch die gesamte deutschsprachige Produktion an Musik-Langspielplatten verzeichnet wird. (Die Wort-Langspielplatten dagegen werden von der Deutschen Bibliothek in Frankfurt gesammelt und katalogisiert). Der Archivbestand des Deutschen Musikarchivs umfaßte 1986 ca. 215.000 Tonträger. Es wird angestrebt, den Bestand um die Produktionen der Jahre 1945 bis 1970 zu ergänzen. Das ab 1981 installierte EDV-System wird im Hinblick auf Datenbankdienste zentrale Bedeutung für die Dokumentation deutscher Musikproduktionen gewinnen. Ein zentrales staatliches deutsches Schallarchiv als eigenständige Einrichtung, die auch den Nicht-Musikbereich umfaßt, gibt es nicht. Der Tonträgerbestand im Bundesarchiv ist vergleichsweise äußerst gering (1982: 4.000 Tonträger). Die Situation im Ausland ist sehr unterschiedlich. In Wien wurde schon 1899 das ,,Phonogrammarchiv der Österreichischen Akademie der Wissenschaften" als nationales Schallarchiv eingerichtet, in Rom entstand 1928 die ,,Discoteca di Stato", in Paris konstituierte sich 1938 die ,,Phonothéque Nationale". Relativ spät trat

London 1955 mit dem „British Institute of Recorded Sound" auf den Plan. Die größte Tonträgersammlung dürfte bei der Library of Congress bestehen, die seit 1927 mehrere 100.000 Tonträger gesammelt hat. Für die historische und ethnographische Forschung sind die Tonaufnahmen mit ‚oral history' der amerikanischen Universitäten von Bedeutung.

D 5.5 Rundfunkarchive

Die Rundfunkanstalten (s. auch Kap D 12) unterhalten in der Regel Archive für alle drei Medien – Film, Ton, und Bild –, wozu meist noch Archive für Noten, Sendemanuskripte und Presseausschnitte kommen. Oft ist organisatorisch die Bibliothek angegliedert. Hauptaufgabe dieser Archive ist die Bereitstellung von Materialien wie auch von Informationen für die Produktion von Hörfunk- und Fernsehsendungen. Dem gleichen Zweck diente ursprünglich die Archivierung der eigenen Produktionen. Der archivische Auftrag zur Bewahrung des regionalen und nationalen Kulturerbes im Sinne der UNESCO-Empfehlung ist erst in den letzten Jahren stärker als Verpflichtung empfunden worden. Bedingt durch die Forderung nach äußerster Aktualität ist die technische Ausstattung der Rundfunkarchive, ihr Organisationsgrad und damit verbunden die Aufgeschlossenheit gegenüber modernen Methoden der Dokumentation und dem Einsatz der EDV deutlich höher als in den klassischen Archiven. Eine Katalogisierung, die immer ‚a jour' sein muß, kann letztlich nicht auf EDV verzichten. Der Westdeutsche Rundfunk beispielsweise hat seine Fernsehproduktionen seit 1976 in EDV-gerechter Form dokumentiert, seit 1982 ist dort die Fernsehdatenbank RUDI (= Rundfunkdokumentations- und Informationssystem) im Einsatz. Mit RUDI können nicht nur die Archivbestände des WDR nachgewiesen werden, das System unterstützt auch die Arbeitsabläufe bei der Erschließung und der Archivverwaltung und liefert schließlich Informationen für die Planung und Realisierung von Programmen oder für journalistische Recherchen. RUDI ist ein Volltext-Recherchesystem mit maschineller Analyse der Abstracts durch das Programm PASSAT. Für das Retrieval wird GOLEM verwendet. Wenn auch die Hardware- und Software-Ausstattung der deutschen Rundfunkanstalten unterschiedlich ist, so wurde doch für die Katalogisierung ein einheitliches internes Regelwerk entwickelt, aufgeteilt in die Bereiche „Fernsehen", „Hörfunk Wort" und „Hörfunk Musik". Diese Regelwerke behandeln auch diejenigen Datenkategorien, die in den allgemeinen Mediographien nicht zu finden sind. Einige seien willkürlich genannt: Bei Fernsehsendungen des Erstsendedatum, Bearbeitungszustand der filmischen oder elektronischen Träger, Einschaltquote, Angaben über Rechte, Programmkennung, Zielgruppen, Optionen usw. Bei Hörfunksendungen Kostenstellennummer, Tonträgermarke, Signatur des Notenarchivs, Populartitel des Musikstückes, Textanfang usw.

Das Mengenproblem im Rundfunk (85-90 % der Produktion gelten substantiell als archivierungswürdig) mit dem Wunsch nach Kassation älterer Bestände stellt die Rundfunkarchive vor die Frage, was als Kulturerbe dauerhaft aufgehoben werden soll. In den „Richtlinien zur Feststellung der Archivwürdigkeit" sind inhaltsbezogene, ästhetische und medienpolitische Kriterien entwickelt worden. Möglich ist auch die Entlastung der Rundfunkarchive durch eine enge Kooperation mit staatlichen Archiven, die ältere Bestände im Rahmen eines Depositar-Vertrages übernehmen und archivisch betreuen können. Damit wäre auch eine Nutzung für die Wissenschaft und für eine interessierte Öffentlichkeit ermöglicht.

Eine Gemeinschaftseinrichtung mit zentralen Aufgaben der Archivierung und Dokumentation ist das „Deutsche Rundfunkarchiv" (DRA) in Frankfurt a. Main, 1952 als „Lautarchiv des Deutschen Rundfunks" gegründet. Es verfügt über einen Zentralkatalog zum Nachweis der in den Rundfunkarchiven vorhandenen Sendungen. Dokumentiert werden die Sendungen der Dritten Fernsehprogramme (ab 1964), Fernsehspiele (auch für Österreich, die DDR und die deutschsprachige Schweiz ab 1973, für den ARD-Bereich noch früher), Serien (ab 1973) sowie Magazinsendungen, Features und didaktische Sendungen. Eine weitere zentrale Dokumentationsaufgabe ist die „Zentrale Schallplattenkatalogisierung" (ZSK). Für die beteiligten Institutionen (ARD, ZDF, RIAS, SRG) werden Industrietonträger mit U-Musik katalogisiert. Die Datenbank umfaßte 1987 einen Bestand von rund 350.000 Musiktiteln (Jahreszugang 1987: 40.000 Titel). Wöchentlich wird ein Magnetband mit den neuen Titeln ausgeliefert. Mit der Musikdatenbank „PHONO" der Schweizer Rundfunkgesellschaft (SRG) wird kooperiert. Das Deutsche Rundfunkarchiv verfügt auch über eigene Archivbestände, so über 110.000 Tondokumente zur Musik- und Zeitgeschichte.
Schon vor der Computerzeit gab es gedruckte Bestandsverzeichnisse des Rundfunks. Die bei der Reichs-Rundfunk-Gesellschaft archivierten Tondokumente wurden als „Schallaufnahmen des Deutschen Rundfunks" in zwei umfangreichen Verzeichnissen für die Jahre 1929 – 1936 und 1936 – 1939 publiziert. Diese Kataloge enthalten politische und kulturelle Wortsendungen, Hörspiele, Musiksendungen, Sportberichte und den Geräuschfundus mit Angabe des Aufnahmedatums, des Aufnahmeortes und der Spieldauer auch einzelner Sequenzen. Diese Tradition gedruckter Kataloge wird vom Deutschen Rundfunkarchiv und von verschiedenen Rundfunkanstalten fortgesetzt.

Literatur

a) Allgemeines

01. Croghan, A.: A bibliographic system for non-book media. 2. Aufl. London: Coburgh Publ. 1979. 162 S.
02. Croghan, A.: On cataloguing. Non-book media and Anglo-American Cataloguing Rules. London: Coburgh Publ. 1982. 124 S.
03. Fleischer, Eugene; Goodman, Helen: Cataloguing audiovisual materials. A manual based on the AACR 2. New York, London: Neal-Schuman Publ. 1981. 388 S.
04. Fothergill, Richard; Butchart, Ian: Non-Book materials in libraries. A practical guide. 2. Aufl. München u.a.: Saur 1984. 308 S.
05. Frost, Carolyn O.: Cataloging nonbook materials. Problems in theory and practice. Littleton, Col.: Libraries Unlimit. 1983. 390 S.
06. Gasaway, L. N.: Audoivisual material and copyright in special libraries. In: Special Libraries 1983, H. 3, S. 222 – 239.

07. Krueger, W.: Audiovisuelle Materialien in wissenschaftlichen Bibliotheken. In: Zeitschrift f. Bibliothekswesen und Bibliographie. 1982 (Sonderheft), S. 205–215.
08. Lewis, Shirley; Macdonald, Janet: Nonbook materials. the organization of integrated collections. München: Saur 1986.
09. Matter, Rosemarie: Der „British Catalogue of Audiovisual Materials". In: Nachr. f. Dok. (1981) H. 2, S. 85–89.
10. Mihajlov, O. A., u.a.: Audio-visual archives in the USSR. In: UNESCO Journal of Information Sciences, 1982 April-Heft, S. 101–106.
11. Rogers, Jo Ann V.: Nonprint Cataloging for Multimedia Collections. A Guide based on AACR 2. Littleton, Col.: Libraries Unlimit. 1982. 191 S.

b) Bildarchive

12. Evans, Hilary: Picture Librarianship. New York u.a.: Saur, Bingley 1980. 136 S.
13. Ferry, Ferréol de: Archives photographiques et photographie dans les archives. In: La Gazette des Archives 1980 S. 240–259.
(Deutsch referiert in: Der Archivar 37 (1984) H. 2, Sp. 270–271).
14. Gilbert, K. D.: Picture indexing for local history materials. Monroe, N. Y.: Library Research Assoc. 1973. 36 S.
15. Harrison, Helen P. (Hrsg.): Picture Librarianship. London: Library Assoc. 1981
16. Heusinger, Lutz: Das Bildarchiv Foto Marburg und die Bilddokumentation zur Kunst und Kultur in Deutschland. In: Der Archivar 32 (1979) H. 1, Sp. 95–96.
17. Heusinger: Marburger Index. Gebrauchsanleitung. 2. Aufl. München u.a.: Saur 1985. 132 S.
18. Höhne, Hansjoachim: Agenturen für Nachrichtenfotos. In: Höhne, Hansjoachim: Report über Nachrichtenagenturen. 2. Aufl. Baden-Baden 1984, S. 209–212.
19. Huck, Jürgen: Das Bildarchiv einer Gemeinde, dargestellt am Beispiel der Stadt Porz. In: Der Archivar 26 (1973), H. 2, Sp. 283–296
20. Kebabian, Helen: Administration of historical photograph collections. In: Current Studies in Librarianship 1980 H. 1–2, S. 27 f.
21. Kerbs, Diethart: Ehrenkodex für den Umgang mit Fotografennachlässen und historischen Bildbeständen. In: Das Bildarchiv 1 (1987) H. 1, S. 29–30.
22. Klemig, Roland: Das Bildarchiv Preußischer Kulturbesitz. In: DGPh Intern 1979 H. 3, S. 27–29.
23. Klemig, Roland: Wie ordnet man 100.000 Bilder. Sachsystematik und Ordnungsprinzipien im Bildarchiv. In: Presse-, Rundfunk- und Filmarchive – Mediendokumentation 2. München u.a.: Saur 1980, S. 127–156.
24. Korn, Frederick: A classification schedule for photographs by process or apparatur. In: Special Libraries 1977 H. 4, S. 145–148.
25. Liening, Rudi: Die Porträtsammlung des Archivs der Hauptstadt der DDR, Berlin. In: Archivmitteilungen 1980 H. 4, S. 144–145.
26. Marburger Index. Bilddokumentation zur Kunst in Deutschland. Hrsg. Bildarchiv Foto Marburg und rheinisches Bildarchiv, Köln. (Microfiche-Edition) München u.a.: Saur 1977–1982 (Lfg. 1–20), 1983–1987 (Lfg. 21–30 sowie Text-Inventar und Register)
27. Naredi-Rainer, Paul: Das Rheinische Bildarchiv in Köln. In: Der Archivar 33 (1980) H. 4, Sp. 437–438.
28. Nicolas, Ilse: Ohne sie läuft garnichts. Ullsteins Text- und Bildarchiv. In: Freyburg, W. (Hrsg.): Hundert Jahre Ullstein. Frankfurt/Main: Ullstein 1977, Bd. 3, S. 171–192.
29. Novotny, A. (Hrsg.): Picture sources. 3. Aufl. New York, N. Y.: Special Libraries Assoc. 1975. 408 S.

30. Paravicini, Werner: Die Nationalbibliothek in Paris. München u.a.: Saur 1981. Hier: Departement des Estampes et de la Photographie, S. 87 – 97.
31. Ritzenthaler, Mary Lynn; Munoff, Gerald; Lomg, Margery: Archives and manuscripts. Administration of photographic collections. Chicago, Ill.: Society of American Archivists 1984. 174 S.
32. Romeyk, Horst: Bildliche Darstellungen. Archivarische Erschließung und quellenkritische Bewertung. Düsseldorf: Hauptstaatsarchiv 1975. 83 S.
33. Sachsse, Rolf: Öffentliche Fotosammlungen. In: Professional Camera 1981, H. 3, S. 112 – 114.
34. Sachsse, Rolf: Kölner Symposium der Photo-Sammlungen. In: DGPh Intern 1981 H. 1, S. 25 – 26.
35. Smith, G.: The Radio Times Hulton Picture Library. In: ARLIS Newsletter 1973, März-Heft, S. 28 – 29.
36. Staatliche Archivverwaltung der DDR (Hrsg.): Ordnungs- und Verzeichnungsgrundsätze für die staatlichen Archive der DDR. Ergänzung 3: Fotografische Reproduktionen (Filme). Potsdam: Selbstverl. 1972. 27 S.
37. Staubach, Horst W.: Photographische Bildsammlung des George Eastman House auf Bildplatten. In: DGPh Intern 1982 H. 3, S. 162 – 163.
38. Tansey, L. C.: Classification of research photographs and slides. In: Library Trends 1975 H. 3, S. 417 – 426.
39. Trumpp, Thomas: Zur Geschichte, Struktur und Nutzung der photographischen Überlieferung des Bundesarchivs. Bildarchiv, Bildsammlung oder Bildagentur? In: Der Archivar 36 (1983) H. 4, Sp. 365 – 380. (mit einer Liste der Bildbestände)
40. Waal, Henri van de: Iconclass. An iconographic classification system. Amsterdam: North Holland Publ. 1973.

c) Filmarchive

41. Barkhausen, Hans: Zur Geschichte des ehemaligen Reichsfilmarchivs. Gründung, Aufbau, Arbeitsweise. In: Der Archivar (1960) H. 1, Sp. 1 – 14.
42. Bucher, Peter: Filmbestände in den zentralen deutschen Archiven. In: Schmitt, Heiner (Bearb.): Verleihkopien von Dokumentarfilmen und Wochenschauen 1895 – 1945 im Filmarchiv. Bundesarchiv 1977, S. VI – XXII (Findbücher des Bundesarchivs. 8)
43. Cowie, Peter (Hrsg.): International Film Guide. London, New York: (Erscheint jährlich und enthält Anschriften und knappe Bestandsangaben von Filmarchiven, für die Ausgabe 1987 auf den Seiten 466 – 477)
44. Gartenberg, Jon: Film Cataloguing Manual. A Computer System. New York: Museum of Modern Art 1979. 206 S.
45. Gesek, Ludwig: 25 Jahre Österreichisches Filmarchiv. In: Filmkunst 1980, H. 88, S. 9
46. Harrison, Helen P.: Film Library Techniques. New York 1973. 277 S.
47. Kahlenberg, Friedrich: Die archivische Sicherung der deutschen Spielfilmüberlieferung. Zur Begründung eines Kinemathekverbundes am 8. 12. 1978. In: Der Archivar (1979) H. 1, Sp. 81 – 86.
48. Kahlenberg, Friedrich: Die Filmarchive im Zeitalter der elektronischen Medien und das Medium Film. In: Filmkunst 1980, H. 88, S. 1 – 8.
49. Kahlenberg, Friedrich: Zur Aufgabenstellung von Filmarchiven. In: Boberach, Heinz (Hrsg.), Booms, Hans (Hrsg.): Aus der Arbeit des Bundesarchivs. Boppard 1978, S. 142 – 165 (Schriften des Bundesarchivs. 25)
50. Kahlenberg, Friedrich: Die Erhaltung von Filmmaterialien als Kulturgut. Eine Empfehlung der UNESCO. In: Mitteilungen des Studienkreises Rundfunk und Geschichte (1981) H. 3, S. 148 – 152.

51. Klaue, Wolfgang; u.a.: Das Staatliche Filmarchiv der DDR. In: Archivmitteilungen 1979 H. 5, S. 198 – 200.
52. Kohte, Wolfgang: Über Bild- und Filmarchive. In: Der Archivar (1963), H. Sp. 189 – 198.
53. Kula, Sam (Bearb.): The archival appraising of moving images. A RAMP study with guideline. Paris: UNESCO 1983. 130 S.
54. Niggemeyer, Hannelise: Die Fernsehdatenbank des WDR. Elektronisch unterstützte Archivarbeit. In: Der Archivar (1982) H. 4, Sp. 477 – 479.
55. Oliver, Elizabeth (Hrsg.): Researcher's guide to British film and television collections. London: British Universities Film Council 1981. 174 S.
56. Palmer, Joseph W.: The British Film Institute. Resources, publications, services. In: Special Libraries 1977, H. 9, S. 313 – 319.
57. Perry Ted (Mitarb.): The Museum of Modern Art Department of Film. In: Quarterly Review of Film Studies 1979 H. 1, S. 103 – 106.
58. Schmitt, F.: Le service des archives du film du centre National de la Cinematographie. In: La Gazette des Archives 1980, S. 315 – 333.
59. Terveen, Friedrich: Filmarchivierung in Forschung und Lehre. In: Der Bär von Berlin, Bd 26 (1977), S. 99 – 112 und Bd 27 (1978), S. 139 – 146.
60. Thie, J. M.: Deutsche Filmarchive. In: Filmbeobachter – div. Teile 1981 –
61. Tjagunov, O. N.: Das Zentrale Staatsarchiv für Kino- und Foto-Dokumente der UdSSR. In: Archivmitteilungen 1979 H. 6, S. 216 – 220.
62. Waldmann, Werner: Das Deutsche Institut für Filmkunde. In: Film-Korrespondenz 1975 H. 8, S. 17 – 19.

d) Schallarchive

63. Adler, Wolfgang: EDP and the SFB. In: Phonographic Bulletin 1983 H. 35, S. 38 f.
64. Foyer, Anna Maria: Cataloging radio programs. In: Phonographic Bulletin 1983 H. 35, S. 48 – 51.
65. Gilles, Hans: RUDI, die Fernseharchiv-Datenbank des Westdeutschen Rundfunks. Methodik und Organisation der Fernsehproduktionen, Datenbankkonzeption, -design und -Software. In: Medienarchive in Gegenwart und Zukunft. München: Saur 1983, S. 221 – 234. (Presse-, Rundfunk- und Filmarchive – Mediendokumentation. 4)
66. Jones, Mark: Computer applications in BBC recording services. In: Phonographic Bulletin 1983 H. 35, S. 43 – 44.
67. Kahlenberg, Friedrich: Aufgaben und Probleme der archivischen Sicherung von Tonträgern. In: Mitteilungen des Studienkreises Rundfunk und Geschichte (1978) H. 4, S. 199 – 206.
68. Lance, David (Hrsg.): Sound archives. A guide to their establishment und development. Milton Keynes: IASA 1983. 218 S. (IASA Special Publications. 4)
69. Lanzke, Heinz: Zum gegenwärtigen Stand der internationalen Musikkatalogisierung. In: Forum Musikbibliothek (1984) H. 1, S. 7 – 13.
70. Lerch, Dieter: Die maschinelle Erfassung und Erschliessung von Musikdaten. Grundlagen, Probleme und ein Beispiel. In: Forum Musikbibliothek (1982) H. 2, S. 65 – 90.
71. Lerch, Dieter: Fremddatenbenutzung für die Katalogisierung von Singleschallplatten im Deutschen Musikarchiv. In: Forum Musikbibliothek (1984) H. 4, S. 188 – 189.
72. Lüke. Karl: EDP application in the sound archives. In: Phonographic Bulletin 1983 H. 35, S. 41 – 42.
73. Lüke, Karl: Katalogisierung von Musik-Tonträgern in einer Rundfunkanstalt. In: Forum Musikbibliothek (1981) H. 2, S. 69 – 78.
74. Malina, Peter; Hubert, Rainer: Die Katalogisierung von Tonträgern in Österreich. In: Das Schallarchiv (1978) H. 4, S. 26 – 48.

75. Scharlau, Ulf: EDV in Rundfunkschallarchiven. Möglichkeiten und Konsequenzen, dargestellt am Modell SEKAMOS des Süddeutschen Rundfunks. In: Elektronische Daten verarbeitung in Medienarchiven. München: Saur 1981, S. 111 – 120 (Presse-, Rundfunk- und Filmarchive, Mediendokumentation. 3)
76. Schneider, Klaus (Bearb.): Thesaurus zur Erschließung von Musik nach Anlaß, Zweck und Inhalt. Berlin: Deutsches Bibliotheksinstitut 1982. 132 S.
77. Smiraglia, Richard: Cataloging music. A manual for use with AACR 2. Lake Crystal, Minn.: Soldie Creek Press 1983. 155 S.
78. Soualle, Pierre: Le Centre de Documentation de la Musique contemporaine. In: Revue Internationale de Musique Francaise 1983 H. 12, S. 121 – 124.
79. Stoessel, Klaus: Computereinsatz in der Musikkatalogisierung im Deutschen Rundfunkarchiv. In: Fontes artis musicae 1980, H. 3 – 4, S. 178 – 183.

D 6 Objektdokumentation im Museum

Christof Wolters

D 6.1 Einleitung

Museen sind alles andere als Institutionen mit klar definierten Aufgaben. Hinter der zumeist gebrauchten Formulierung „sammeln, bewahren, vermitteln“ verbirgt sich neben einer fast unübersehbaren Zahl von Sammelgebieten eine große Zahl unterschiedlicher Konzepte und Ziele, die zudem selber Gegenstand der Entwicklung sind. Neue Sammelgebiete werden erschlossen, die Vermittlung durch Ausstellungen und durch vielerlei auf das breite Publikum zielende Aktivitäten nimmt an Bedeutung zu.

Eine Typologie von Museen nach Sammelgebieten ist üblich (z.B. Gemäldegalerie, Antikenmuseum etc.), im einzelnen aber etwa ebenso fragwürdig wie eine umfassende Typologie naturgeschichtlicher und menschlicher Produkte (Artefakte). Eine grobe Einteilung nach Wissenschaftsdisziplinen ist möglich (z.B. Kunstgeschichte, Archäologie, Kulturgeschichte. Technikgeschichte, Naturgeschichte), in der überwiegenden Zahl der Fälle handelt es sich aber fast immer um historisch gewachsene Mischungen aus mehreren Gebieten. Das gilt ganz besonders für Museen, deren Sammlungen sich auf bestimmte Orte oder Regionen konzentrieren.

Auch die Ziele dieser Museen sind unterschiedlich. Das Spektrum reicht hier von den an Forschungsinstitute angeschlossenen wissenschaftlichen Sammlungen (z.B. Senckenberg in Frankfurt am Main, Musikinstrumentenmuseum in Berlin, zahlreiche Universitätssammlungen) bis zu Häusern, die sich auf die Veranstaltung wechselnder Ausstellungen konzentrieren.

Die geradezu massenhaften Neugründungen von Museen in den letzten 20 Jahren und die immer noch wachsenden Besuchszahlen zeigen, daß sich das Museum gewandelt hat. Es ist in einem früher unvorstellbaren Maße ins Licht der Öffentlichkeit getreten. Man darf sich die Frage stellen, ob die innere Organisation der Museen mit dieser rasanten Entwicklung Schritt gehalten hat.

Im Rahmen dieses Buches interessieren uns die Museen nur unter dem Aspekt der Information und Dokumentation. Hierfür haben die Museen eine ganze Reihe spezifischer Formen entwickelt. „Informationsdienste“ im weitesten Sinne sind neben der ständigen Ausstellung (besonders: Auswahl, Anordnung und Beschriftung der Objekte) die zeitlich befristeten Sonderausstellungen, Führungen (mit einem in den letzten Jahren erheblich erweiterten Spektrum an museumspädagogischen Aktivitäten mit daraus hervorgegangenen Führungsblättern, didaktischen Zonen etc.), Publikationen (Bestandskataloge, Ausstellungskataloge etc.) sowie eine Menge an Einzelberatung (z.B. für Privatsammler) und wissenschaftlicher Korrespondenz.

Diese Informationsdienste basieren zu einem erheblichen Teil auf der hausinternen „Dokumentation“. Diese Dokumentation wird durch den Charakter der Sammelobjekte bestimmt, aus ihm ergeben sich die Unterschiede zu Archiven und Bibliotheken (Lit. 01.).

D 6.2 Organisatorische Abläufe im Museum

Hinter den für das Publikum sichtbaren und oft genug auch spektakulären Aktivitäten steckt eine Menge diskreter Arbeit an den Sammlungen. Man muß sich einmal vor Augen halten, daß die meisten Objekte nur für den Kenner und Liebhaber einen direkt einsehbaren Wert besitzen. Die meisten Objekte können zur Geschichte des Menschen und der Natur nur dann beitragen und sie auch nur dann veranschaulichen, wenn sie in mühevoller Kleinarbeit erschlossen und erklärt werden.
Die Praxis sieht da meist etwas anders aus. Der unschätzbar großen Zahl von Objekten in unseren Museen steht eine verschwindend kleine Zahl von Mitarbeitern gegenüber. Daraus erklärt sich, daß es im Museum im Gegensatz zu z.B. Bibliotheken nur selten eine klare Arbeitsteilung und damit Spezialisierung für bestimmte Arbeiten gibt. Nur in wenigen großen Museen kann sich ein Wissenschaftler auf sein Spezialgebiet konzentrieren, in den meisten Fällen wird er mehr oder weniger alle Arbeiten, die bei Verwaltung und Ausbau seines Hauses und der Sammlungen, Geldbeschaffung und Öffentlichkeitsarbeit entstehen, selber durchführen oder zumindest verantwortlich organsieren. Für „Wissenschaft" bleibt da oft nur wenig Zeit. Es ist daher nicht weiter verwunderlich, daß es auch im Bereich der Objektdokumentation im Museum noch kaum Ansätze zu einer Spezialisierung und Professionalisierung gibt.
Wissenschaftliche Dokumentation und Objektverwaltung gehören in der Bundesrepublik Deutschland nicht zur Fachausbildung an den Universitäten, entsprechende Kenntnisse werden gewöhnlich erst in der Berufspraxis erworben. Die an amerikanischen Museen übliche Position des „Registrar" gibt es in der Bundesrepublik Deutschland erst in wenigen Museen.
Dabei ist eine ordentliche Inventarisierung ein ziemlich komplizierter Vorgang. Sie beginnt zunächst mit einem Eintrag in das „Eingangsinventar" (ggf. mit Verweisen auf andere Akten und zumindest einer vorläufigen Inventarnummer, in diesem Inventar sollten auch Leihgaben und Stücke, die zur Begutachtung in das Museum gebracht werden, erfaßt werden). Der nächste Schritt ist dann die „wissenschaftliche Inventarisierung" in verschiedenen Formen (Bandkataloge, Karteikarten, ggf. Verzeichnisse und Register). Im Idealfalle entsteht hier der „lebende Katalog", in den auch wissenschaftliche Literatur und Korrespondenzen eingehen.
Es gibt keine nennenswerten deutschsprachigen Handbücher zur Inventarisierung im Museum. Wer sich hier näher informieren will, muß auf englischsprachige Werke zurückgreifen (Lit. 02.).

D 6.3 Welche Informationen werden gesammelt?

Wir lassen hier die Informationen, die zur Anschaffung eines Objekts führen, beiseite. Die eigentliche Objektdokumentation beginnt im Museum mit der „Inventarisierung". Grundlegend hierfür ist eine möglichst genaue „Bestimmung" („was ist das?") und „Beschreibung". Die meisten Objekte sind „Einzelstücke", die als solche verstanden und beschrieben werden wollen. Der oft gebrachte Vergleich mit der „formalen Erfassung" in den Bibliotheken trifft hier nicht zu. Die Objekte haben

weder Titelseiten noch Impressum. Von zentraler Bedeutung sind auch „Kontext-Informationen", man möchte wissen, woher ein Objekt kam, wer es benutzte, wozu es diente usw. Grundlage sind hier Grabungs- und Expeditionstagebücher, Korrespondenz mit dem Vorbesitzer und last not least quasi kriminalistische Recherchen. Zum Kontext gehören auch Hinweise auf andere Objekte (nicht unbedingt im Museum). Obwohl es sich in den meisten Fällen um Einzelstücke handelt, stammen sie doch aus größeren Zusammenhängen: ein Handwerkszeug aus einer Werkstatt, eine Skulptur von einem Altar usw. Ein Steinbeil ohne Informationen zum „Fundzusammenhang" ist bestenfalls als Briefbeschwerer zu benutzen, für die Geschichte bleibt es stumm.
Neben dieser Textinformation stehen Abbildungen, nicht nur des Objekts, sondern auch des Kontextes: Fotos, Zeichnungen, Karten und Pläne.
Alle diese Informationen sind natürlich nicht museumsspezifisch, Forschung und Liebhaberei sind nicht auf das Museum beschränkt. Man muß aber doch feststellen, daß das Museum in den meisten Fällen das erste Glied in der „Nahrungskette" der Objekt-Informationen ist und daß andere Aktivitäten meist auf dem im Museum ermittelten und gesammelten Wissen aufbauen.
Ein Teil dieser Informationen kann nach vorgegebenen Schemata strukturiert werden. Inventarbücher und Karteikarten mit vorgedruckten Einteilungen können eine grobe Ordnung in die Vielfalt bringen. Im Idealfall sind diese Karteien selber durch Register erschlossen bzw. durch eine Aufstellung (ggf. von Kopien) nach weiteren Gesichtspunkten (Fundort, Künstler, Verwendungszweck) geordnet. Diese Strukturen sind gewöhnlich der Ausgangspunkt für den Einsatz moderner Infomationstechniken. In den Erfassungsschemata des Computers finden wir die „Häuschen" unserer Karteikarten wieder.

D 6.4 Computereinsatz im Museum?

Man kann den Computereinsatz im Museum aus sachlichen Gründen befürworten oder ablehnen, wahrscheinlich ist, daß er sowieso kommt, daß der Computer angeschafft wird, weil es ihn gibt, wie der Fotoapparat oder das Auto. Die Erwartung, daß allein durch den Computereinsatz bisher nicht erledigte Arbeiten nun doch zustandekämen, ist sicherlich falsch. Obwohl genügend billige und gute Fotoapparate zur Verfügung stehen und die Kollegen sie auch trefflich zu bedienen verstehen, sind die meisten Museumsobjekte noch nicht fotografiert.

D 6.4.1 Computereinsatz wozu?

Die Diskussion um den Computer im Museum ist in der Bundesrepublik Deutschland oft noch von übertriebenen Erwartungen oder Befürchtungen gekennenzeichnet. Es ist meist nicht bekannt, daß sich erfolgreiche Anwendungen meist durch klare und relativ einfache Ziele auszeichnen. Diese kann man grob in zwei Gruppen einteilen:
- **Inhaltliche Erschließung der Bestände** (Lit. 03.) in sehr unterschiedlicher Erfas-

sungstiefe (Zahl bzw. Differenzierung der Aspekte). Extreme Positionen sind hier:

- ○ **Vollständiger Katalog**: alle Informationen zum Objekt
- ○ **Register** (Lit. 04.): Beschränkung auf wenige, für Suchfragen oder eine Sachgruppenordnung wichtige Aspekte

– **Verwaltung des Museums** (Lit. 05.) und **Kontrolle der Bestände** (Inventur, was ist wo im Museum?), Schriftverkehr, Haushalt, Organisation von Ausstellungen, Adressenverwaltung, Schreibarbeiten (Publikationsvorbereitung)

Allgemein läßt sich feststellen, daß in der Praxis die Rationalisierungsaspekte überwiegen. Die Vorstellungen, daß die Auseinandersetzung mit dem Computer der wissenschaftlichen Arbeit völlig neue Perspektiven eröffne, wird zwar gelegentlich leidenschaftlich diskutiert, es mangelt aber bisher an überzeugenden Beispielen.

D 6.4.2 Der Stand der Entwicklung

Es wäre Unsinn zu behaupten, daß sich alle Leute (oder wenigstens Spezialisten) in der Welt darüber einig wären, wie ein sinnvoller Computereinsatz im Museum geschehen sollte. Oberflächlich betrachtet gibt es etwa genau so viele unterschiedliche Systeme wie Anwendungen, die meisten ,,Systeme" sind gewachsen wie die Lilien auf dem Felde. Sie spiegeln zumeist die verarbeiteten Quellen, im einzelnen Museum spielen grundsätzlich Überlegungen zum System meist eine untergeordnete Rolle.

Bei etwas näherer Betrachtung findet man dann doch eine Menge von Gemeinsamkeiten: nicht alle diese Systeme sind in allen Punkten verschieden, die gleichen Probleme und zumindest ähnliche Lösungen tauchen immer wieder auf. Wir können hier eine ganz einfache Gleichung aufstellen: In Ländern, in denen sich eine hinreichend starke Institution um Forschung und Entwicklung in diesem Sektor kümmerte, erfassen viele Museen ihre Daten zumindest nach einem einheitlichen Kategorienschema. Beispiele sind England mit der ,,Museum Documentation Association (MDA) und Kanada mit dem ,,Canadian Heritage Information Network" (CHIN). In beiden Ländern gibt es damit eine solide Grundlage für eine weitergehende Zusammenarbeit.

Eine totale babylonische Sprachverwirrung herrscht dann allerdings bei der Frage, was man dann in diese Kategorien hineinschreibt, bei der Terminologie (Lit. 06.). Mit einer einzigen Ausnahme, dem bereits in den 60er-Jahren geplanten großen Kunstinventar in Frankreich (Inventaire Général des Monuments et Richesses Artistiques de la France), sind hier alle ,,pragmatisch" vorgegangen. Die Franzosen sind die einzigen, die die theoretisch unanfechtbare Reihenfolge ,,erst Sprachregelung, dann Datenerfassung" in die Praxis umgesetzt haben. Die in den 60er und 70er-Jahren mit großem Kostenaufwand erarbeiteten ,,beschreibenden Codes" haben eine solide Grundlage geschaffen, auf der heute weitergearbeitet wird.

Diese Sprachverwirrung und die aus ihr resultierenden Kompatibilitätsprobleme machen verständlich, warum die seit zwanzig Jahren immer wieder erhoffte und geforderte nationale oder gar internationale Zusammenarbeit nie zustande gekommen ist. Ohne gemeinsame Sprache gibt es keine Verständigung. Das CIDOC

(Comité International pour la Documentation) im ICOM (International Council of Museums) bemüht sich neuerdings in Zusammenarbeit mit der internationalen Organisation für Normung (ISO) um grundlegende Normen auf diesem Gebiet.
Die Hoffnung, daß sich beim Computereinsatz quasi von selbst eine Zusammenarbeit ergäbe, ist mittlerweile begraben. Die dabei gemachten Erfahrungen haben aber auch eine positive Seite: es gibt einen weitgehenden Konsens darüber, was man mit welcher Methode erreichen kann und was nicht. Das ganze komplizierte Geschäft läuft letztlich darauf hinaus, daß bestimmte, vom Computer erwartete Leistungen nur dann erbracht werden können, wenn die Daten vorher in eine entsprechende Form gebracht wurden. Art und Grad der Formalisierung bestimmen, was ein Computerprogramm dann mit diesen Daten machen kann.
Die Auseinandersetzung zu solchen Fragen entzündet sich zumeist an der Frage einer angemessenen Datenstruktur und damit an Vor- und Nachteilen verschiedener Datenbanksysteme. Es gibt Verfechter von ,,flachen" und ,,hierarchischen" Strukturen und natürlich auch Leute, die nur eine ,,relationale" Lösung sehen wollen. Die bei einer Wiedergabe historischer Daten nicht vermeidbaren Wiederholungen einzelner Felder oder ganzer Feldergruppen führen im Zusammenhang mit nur schwer zu erarbeitenden Begriffsdefinitionen (Beispiel: historische Geographie, was ist ,,Deutschland"?) hier zu oft noch nicht gelösten Problemen.
International läßt sich fast überall eine Hinwendung zum ,,Wortschatz" und seiner besseren Kontrolle feststellen. Der Streit um die beste Methode ist noch längst nicht entschieden, die meisten Projekte müssen ja versuchen, die schon erfaßten Daten mit möglichst wenig Aufwand in Ordnung zu bringen und so werden die bestehenden Unterschiede weitergetragen. Die meisten Projekte, die sich aktiv mit diesem Problem auseinandersetzen, haben mit dem Aufbau von ,,Thesauri" begonnen, einer Methode der Sprachregelung, die sich im Dokumentationsbereich bewährt hat und sogar national wie international zu durchaus praktikablen Normen (z.B. DIN 1463) geführt hat.
Im deutschen Sprachbereich hat die bisher verschwindend kleine Zahl von Projekten die Massenproduktion von unterschiedlich strukturierten und formulierten Daten verhindert, das notwendige Problembewußtsein ist daher noch kaum vorhanden. Ein vom Deutschen Museumsbund e.V. 1970 entwickeltes Schema zur ,,Allgemeinen Erfassung" (Lit. 07.) ist nie systematisch zur Anwendung gekommen. Auch bei uns hat dann doch jeder sein eigenes System entwickelt.

D 6.5 Warum gibt es konkurrierende Systeme?

Wir haben bereits festgestellt, daß Zusammenarbeit einer organisatorischen Grundlage bedarf. Eine zentrale Institution kann zumindest ,,unnötige" Unterschiede verhindern. Damit ist es aber nicht getan. Das Problem liegt nicht nur auf dieser Ebene.
Der Umstand, daß es konkurrierende Systeme gibt, ist letztlich nicht auf Dummheit oder Böswilligkeit ihrer Autoren zurückzuführen, sondern auf die traditionell verschiedene Anschauung der Objekte selbst in Nachbardisziplinen. Hier spiegeln sich die uns allen vertrauten Verständigungsschwierigkeiten zwischen (z.B.) dem Aus-

gräber prähistorischer Siedlungen, dem Rembrandtforscher und dem Volkskundler, der die Geschichte des ländlichen Handwerks erforscht. Verstärkt wird das durch die unterschiedlichen Aufgabenstellungen der Institutionen (Museum, Denkmalpflege, Universität, Fotoarchiv, Bibliothek).

Wer ein übergreifendes System sucht oder fordert, muß ein Gefühl dafür entwickeln, worauf Verständigungsschwierigkeiten beruhen und daß sie einen Sinn haben. Das soll an drei Beispielen veranschaulicht werden:

- **Archäologische Funde:** sie bestehen zumeist aus anonymen Fragmenten von einfachen, heute nicht mehr üblichen Gebrauchsgegenständen, aus Gebäuderesten, Besiedlungsspuren und dergleichen. Das Grundraster einer archäologischen Dokumentation ist daher zunächst der Fundort bzw. die Landkarte (historische oder moderne Ortsnamen sind dabei eher Orientierungshilfe) sowie die Erfassung der räumlichen Zusammenhänge, der Befund. Es folgen (in absteigender Wichtigkeit) die Charakterisierung des Fundzusammenhangs (z.B. Grab) und die typologische Zuordnung der Fundstücke. Die Individualität des einzelnen Objekts spielt kaum eine Rolle.
- **Kunstwerke**: in unserem Kunstverständnis handelt es sich grundsätzlich um Einzelstücke, originale Schöpfungen einiger weniger großer Meister. Das Grundraster einer kunsthistorischen Dokumentation ist also einerseits der Künstler (ggf. vertreten durch Notnamen oder stilistische Eingrenzungen wie „oberrheinisch um 1520"), andererseits das Dargestellte, die Ikonographie. Die Individualität des Kunstwerks steht im Vordergrund des Interesses.
- **Kulturgeschichtliche Sammlungen:** sie beziehen sich in der Mehrzahl auf unsere eigene Geschichte, im Unterschied zu den archäologischen Funden sind viele Objekte nicht anonym, ihre Interpretation beruht nicht nur auf dem Fundzusammenhang. Das Grundraster bei solchen Dokumentationen ist in fast allen Fällen der ursprüngliche Verwendungszweck (z.B. „Küferdechsel") bzw. Funktionszusammenhang (z.B. „Schusterwerkstatt"). Es ist überhaupt kein Zufall, daß die großen Systematisierungsvorhaben auf diesem Gebiet sowohl die Grabungsfunde als auch die Kunst praktisch ausklammern. Im Vordergrund steht die auch sprachlich richtige, ggf. regionale Benennung des Objekts.

Entsprechende unterschiedliche Gewichtungen gibt es natürlich in allen Sammelgebieten, naturgeschichtliche und technische Museen haben ebenfalls eigene Ideen zur Datenstruktur. Im Einzelnen wird das Bild noch viel bunter, wenn man sich auf die Ebene von „Teildisziplinen" und eng begrenzten Spezialsammlungen begibt.

Obwohl alle Disziplinen und Istitutionen im Prinzip die gleichen Kategorien benutzen (bei Artefakten z.B. letztlich: wer wann wo was zu welchem Zweck aus was gemacht hat), werden diese Daten bisher noch grundverschieden ermittelt, aufgeschrieben und verarbeitet.

Daraus hat sich eine lange Zeit sehr leidenschaftlich geführte Diskussion über Vor- und Nachteile verschiedener Datenbanksysteme ergeben. Es gibt Verfechter von „flachen" und „hierarchischen" Strukturen und natürlich auch Leute, die nur eine „relationale" Lösung sehen wollen. In den letzten Jahren sind (vor allem im angelsächsischen Bereich) eine ganze Reihe von museumsspezifischen Systemen entstanden, die flexibleren unter ihnen lassen dem Museum die Wahl zwischen verschiedenen Darstellungsformen.

D 6.6 Ausblick

Die immer wieder aufkommende Utopie einer totalen Verfügbarkeit von Informationen zu kulturhistorischen Objekten ist so weit von einer möglichen Realisierung entfernt, daß man eigentlich nicht mehr darüber zu reden braucht. Die bisher gemachten Erfahrungen sind zunächst eine Übung in Bescheidenheit. Dies gilt in ganz besonderem Maße für die Bundesrepublik Deutschland, die sich im internationalen Vergleich der Industrieländer nahezu als Schlußlicht bei den Bemühungen um die Einführung moderner Informationstechnologien im Kulturbereich darstellt.
Die Gründe hierfür sind nicht schwer zu ermitteln. Wie auf allen anderen Gebieten auch erfordert ein sinnvoller Computereinsatz erhebliche Investitionen in Forschung und Entwicklung. Das hier oft anzutreffende Vertrauen in die freie Wirtschaft hat sich im Kulturbereich noch nirgends bewährt. Die grundlegend notwendige Entwicklung einheitlicher Regelwerke ist auf kommerzieller Basis nicht zu verwirklichen. Ein Blick ins Ausland zeigt ganz klar, daß es hier ohne staatliche Hilfen nicht geht, z.B.:

- **USA**: Museen sind mit wenigen Ausnahmen privat und bedienen sich weitgehend ,,privatwirtschaftlicher'' Lösungen, z.B. der sogenannten ,,computerconsultants''. Diese Museen haben alle ihr eigenes System. Staatliche Museen wie die der Smithsonian Institution bauen eigene, z.T. sehr gut ausgestattete Abteilungen auf (Smithsonian ca. 100 Mitarbeiter).
- **Kanada: Canadian Heritage Information Network (CHIN)**, trotz föderativer Verfassung (auch dort ist Kultur ,,Ländersache'') eine Art Zentralinstitut, das den freiwilligen Teilnehmern an der zentralen Datenbank Beratung und erhebliche Serviceleistungen zur Verfügung stellt.
- **England: Museum Documentation Association (MDA)**, ein aus der ,,Information Retrieval Group of the Museums Association'' (IRGMA) hervorgegangener (allerdings staatlich unterstützter) privater Verein, der Museen bei Fragen der Dokumentation durch Entwicklung und Vertrieb konventioneller Karteikarten bzw. durch ein auf diesen aufbauendes Datenbanksystem (GOS bzw. MODES) unterstützt. Die Beratung findet u.a. durch Schulungskurse und reisende Mitarbeiter statt.
- **Frankreich: Inventaire Général des Monuments et Richesses Artistiques de la France (IGMRAF)** umfaßt Denkmalpflege und Museen. Das System profitiert von einer ungewöhnlich systematisch durchgeführten Vorbereitung (man denke an die zahlreichen, in den 60er und 70er Jahren durch Forschungsaufträge entwickelten ,,beschreibenden Codes'') und wird quasi generalstabsmäßig durchgeführt. Die Beratung einzelner Museen ist dabei Nebensache, die Dokumentation der Kulturgüter ist eine Aufgabe des Staates (Kultusministerium), Museen und Denkmalpflege sind gesetzlich zur Mitarbeit verpflichtet.

Abgesehen natürlich von den Privatmuseen in den U.S.A., haben diese Institutionen zwischen 15 und 100 Mitarbeiter, entsprechend ausgestattete Institutionen gibt es in der *Bundesrepublik Deutschland samt Berlin (West)* nicht. Das von seiner Aufgabenstellung her in Frage kommende *Institut für Museumskunde* (2 Mitarbeiter für diesen Bereich) konzentriert sich zur Zeit auf eine Zusammenarbeit mit den Bundesländern (regionale Museumsämter bzw. -verbände), d.h. auf die Ebene übergreifender bzw. ,,kompatibler'' Datenbanken und der für diese unabdingbaren Ordnungssysteme. Diese Arbeiten werden in Form zeitlich befristeter Projekte bzw. in einem 1985 dafür eingerichteten ,,Arbeitskreis'' durchgeführt.
Die bereits in Ansätzen erkennbare massenhafte Anschaffung von relativ billigen

kleinen Computern in deutschen Museen erfordert ein Überdenken des bisherigen, meist zögernden Vorgehens bei den nötigen Investitionen.
Ohne zusätzliche Anstrengungen werden sich notwendigerweise „amerikanische" Verhältnisse ergeben, d.h. es wird sich an der ja auch für konventionelle Dokumentationen geltenden babylonischen Sprachverwirrung wenig ändern, wir werden eine Vielzahl inkompatibler, mit hohen und immer wieder neu anfallenden Entwicklungskosten belasteter Systeme bekommen. Es steht zu hoffen, daß uns eine nachträgliche Reinigung eines solchen Augiasstalls erspart bleibt.
Ein Blick in andere Länder sollte sich aber nicht nur auf die technisch-dokumentarischen Probleme beschränken. Der Computereinsatz im Museum hat in diesen Ländern zunächst einmal zu einer weiteren Spezialisierung geführt. In größeren Museen der U.S.A. hat z.B. der EDV-kundige Registrar den Fachwissenschaftler auf dem Gebiet der Inventarisierung weitgehend ersetzt. Wir sollten aus solchen Entwicklungen lernen und z.B. eine verstärkte Entwicklung benutzerfreundlicherer Systeme betreiben.

Literatur

01. Lesenswert: Johannes Rogalla von Bieberstein, Archiv, Bibliothek und Museum als Dokumentationsbereiche. Einheit und gegenseitige Abgrenzung, in: Bibliothekspraxis Bd. 16, Pullach 1975.
02. Kurz und präzis (und nicht nur für kleine Museen): Daniel B. Reibel, Registration Methods for the Small Museum, American Association for State and Local History, Nashville 1978; vorwiegend aus der Sicht großer Museen: – Dorothy H. Dudley, Irma Bezold Wilkinson and Others. Museum Registration Methods. American Association of Museums, Washington 1979.
03. Hierzu gibt es bereits eine fast unübersehbare Menge von Literatur, einen guten Überlick gibt: Museum Documentation Systems: Developments and Applications, edited by Richard B. Light, D. Andrew Roberts and Jennifer D. Stewart, Butterworths 1986.
04. Der Begriff Register umfaßt hier sowohl das bei nur wenigen Aspekten auf Dauer sinnvolle alphabetische Register als auch eine Sachgruppenordnung. Grundlegende Pflichtlektüre sind die ebenso kurzen wie brillanten einleitenden Kapitel zu: Robert G. Chenhall, Nomenclature for Museum Cataloging, a System for Classifying Man-Made Objects, American Society for State and Local History, Nashville 1978 (Neuauflage: The Revised Nomenclature for Museum Cataloguing, Nashville, Tenn., AASLH, 1988) und Walter Trachsler, Systematik kulturhistorischer Sachgüter: eine Klassifikation nach Funktionsgruppen zum Gebrauch in Museen und Sammlungen, verfaßt im Auftrag des Verbandes der Museen der Schweiz, Bern und Stuttgart 1981. Neben diesen vergleichsweise umfassenden Werken gibt es eine große Zahl solcher Arbeiten für einzelne Sammelgebiete (Architektur, Malerei, Skulptur, Münzen, griechische Vasen etc.)
05. Guter Überblick in: Collections Management for Museums, Proceedings of an International Conference held in Cambridge, England 26 – 29 September 1987, edited by D. Andrew Roberts, Museum Documentation Association 1988.
06. Ein nahezu vollständiger Überblick über Fragen der Terminologie erscheint in Terminology for Museums, Proceedings of an International Conference held in Cambridge, England 21 – 24 September 1988, Museum Documentation Association 1989 (im Druck).
07. Publiziert in: Museumskunde, Heft 3/71, S. 121 – 161.

D 7 Patentdokumentation

Alfred Wittmann

Weltweit werden jährlich rund 500.000 Erfindungen und Verbesserungen bei einem oder mehreren Patentämtern angemeldet. Eine wesentliche Voraussetzung für die Erlangung des Patentschutzes ist es, daß der Erfinder oder Patentanmelder eine strengen Formvorschriften genügende Beschreibung seiner Erfindung einreicht. Diese wird von dem Patentamt als sogenanntes Patentdokument veröffentlicht. Patentdokumente sind ,,technische" Druckschriften und somit als solche mit anderen Publikationen technischen Inhalts vergleichbar. Die großen Patentämter, nämlich insbesondere das Japanische, das US-amerikanische, das Europäische und das Deutsche Patentamt, publizieren jährlich rund 900.000 Patentdokumente. Patentämter sind somit als Verleger großer Mengen technischer Fachliteratur zu betrachten. Sie stellen von ihren Patentdokumenten viele Exemplare her und verbreiten sie in aller Welt. Diese können von jedermann in technischen Bibliotheken, sogenannten Patentschriften-Auslegestellen und in den Auslegehallen der Patentämter eingesehen werden.

D 7.1 Arten und Aufbau von Patentdokumenten

Zu den Patentdokumenten zählt man die nach formeller Prüfung in der eingereichten Fassung veröffentlichten Patentanmeldungen (Offenlegungsschriften) und Patentdokumente, die sachlich, also gegenüber dem Stand der Technik geprüft sind (Patentschriften oder Auslegeschriften) und Gebrauchsmusterschriften, die man auch als kleine Patente bezeichnet. Die Patentämter der Comecon-Länder geben noch sogenannte Erfinderscheine heraus. Diese entsprechen in ihrem Aufbau und in ihrer äußeren Form den von westlichen Patentämtern herausgegebenen Patentdokumenten.

Die in den Patentdokumenten enthaltenen Informationen sind im wesentlichen einheitlich strukturiert. Man unterscheidet

a) die bibliographischen Daten,
b) die Zusammenfassung, gegebenenfalls ergänzt durch eine schematische Zeichnung,
c) die Beschreibung, meist in Verbindung mit mehreren schematischen Zeichnungen,
d) die Patentansprüche.

Zu den stets auf der ersten Seite (dem Deckblatt) des Patentdokuments abgedruckten bibliographischen Daten gehört die Nummer des Patentdokuments, die Bezeichnung der Erfindung, der Name und die Anschrift des Anmelders und des Erfinders sowie das technische Gebiet, zu dem die Erfindung gehört. Dieses wird durch Symbole der von dem jeweiligen Patentamt verwendeten Patentklassifikation bezeichnet. Die Zusammenfassung ist, falls vorhanden, ebenfalls auf der ersten Seite der Patentdokumente abgedruckt. Um den Benutzer fremdsprachiger

Patentdokumente das „Entziffern“ der bibliographischen Daten zu erleichtern, wurde ein Zahlencode entwickelt, der von den meisten Patentämtern angewandt wird. Die Zahl 72 dieses INID-Codes z.B. steht vor dem Namen des Erfinders (vgl. *Abb. 1*).

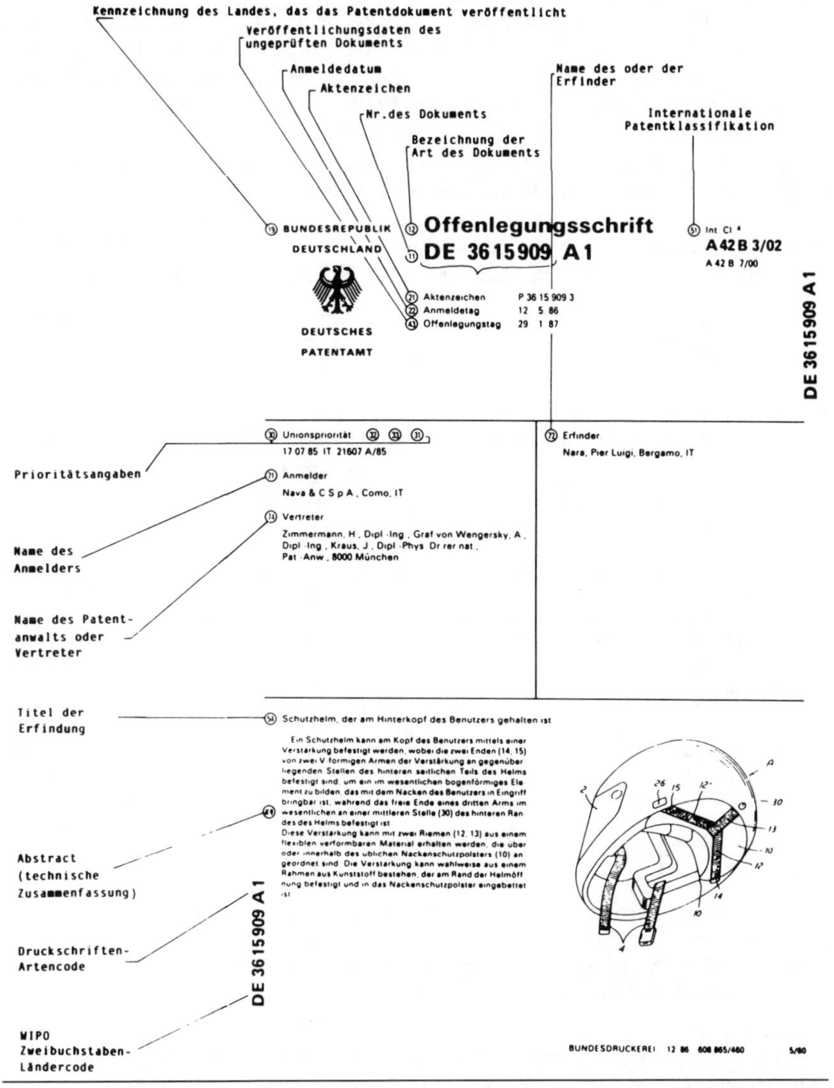

Abb. 1: Deckblatt einer Offenlegungsschrift mit bibliographischen Daten, Abstract (technischer Zusammenfassung) mit dazugehöriger Patentzeichnung und einer Erläuterung der auf dem Deckblatt abgedruckten INID-Codes (z.B. (11), (12) . . .)

Die Beschreibung selbst besteht aus mehreren Teilen. Sie enthält Ausführungen darüber, welche Aufgabe sich der Erfinder gestellt und welchen Lösungsweg er beschritten hat, sowie eine Erläuterung des ,,Standes der Technik", von dem die Erfindung ausgeht, und stellt heraus, welche Vorteile die Erfindung gegenüber dem Stand der Technik hat.
Die Beschreibung der Erfindung selbst muß so detailliert und genau beschrieben sein, daß sie der ,,Durchschnittsfachmann" nachvollziehen kann. Meist geschieht dies durch ,,Ausführungsbeispiele der Erfindung" anhand von mehreren Patentzeichnungen. Charakteristisch für die Beschreibung von Sachverhalten in den Patentdokumenten ist die Verflechtung der textuellen mit den graphischen Informationen. Dies geschieht dadurch, daß die wesentlichen Elemente in den Patentzeichnungen mit sogenannten Bezugszeichen (meist Zahlen) versehen sind, die im Text an den entsprechenden Stellen vorkommen. Diese Darstellungsweise ist den Lesern technischer Fachliteratur meist ungewohnt und viele lehnen sie als ,,Patentchinesisch" ab. Dennoch ist die Informationsdichte in Patentbeschreibungen sehr hoch.

	Anteile (%)					Menge (100 %)
Sprache / Jahr	Deutsch	Englisch	Französisch	Japanisch	Russisch	
1980	18		8	41		408.438
1981	16		8	42		404.402
1982	15	25	5	40	15	527.379
1983	15	25	5	43	12	521.848
1984	15	27	4	45	9	538.803
1985	15	27	4	44	10	546.487
1986	13	25	4	49	10	604.603
1987	13	26	3	50	9	639.329
1988	13	26	4	49	9	633.158
Summe	700.078	1.300.874	232.440	2 176.563	414.493	

Abb. 2: Anteile (%) der veröffentlichten Patentdokumente (Erstpublikationen) nach Sprachen (Quelle: INPADOC-Jahresstatistik)

Erläuterungen:
Die vom Europoäischen Patentamt herausgegebenen Patentdokumente enthalten 60 % Schriften in englischer Sprache, 30 % in deutscher und 10 % in französischer Sprache. Die der Prozentrechnung zugrundeliegenden Zahlen sind gerundet. In der Statistik sind die vom Japanischen und Deutschen Patentamt herausgegebenen Gebrauchsmuster-Schriften nicht berücksichtigt.

Die Patentansprüche umreißen den Schutzumfang des gewerblichen Schutzrechts. Je nachdem, ob es sich um eine veröffentlichte Patentanmeldung oder um ein geprüftes Patent handelt, repräsentieren die Patentansprüche ein vorläufiges oder ein endgültiges gewerbliches Schutzrecht.
Technisch wichtige Erfindungen werden in der Regel in mehreren Patenämtern angemeldet und erscheinen daher auch in verschiedenen Sprachen, z.B. in japanischer, deutscher, englischer und französischer Sprache. Die auf eine einzige Erfindung zurückgehenden Patentdokumente bezeichnet man als Patentfamilie. Es ist ohne weiteres möglich, z.B. zu einem in japanischer Sprache herausgegebenen Patentdokument ein in englischer Sprache abgefaßtes Patendokument zu ermitteln, wenn die Erfindung nicht nur in Japan, sondern z.B. auch in den USA oder in Großbritannien angemeldet und veröffentlicht wurde.
Unterteilt man die Patentdokumente nach Sprachen, so stellt man fest, daß nur ein Teil davon in einer „westlichen" Sprache, also insbesondere in englischer, deutscher oder französischer Sprache abgefaßt ist (vgl. *Abb. 2*). Längerfristig ist damit zu rechnen, daß sich mit der zunehmenden Industrialisierung von Ländern der Dritten Welt die Anzahl der in der Patentdokumentation vertretenen Sprachen noch weiter erhöht.
Ebenso wie die technische Fachliteratur nimmt die Anzahl der neu herausgegebenen Patentdokumente exponentiell zu (vgl. *Abb. 3*).

D 7.2 Patentklassifikation

Mit der Gründung der Patentämter – der Vorläufer des Deutschen Patentamts, das Kaiserliche Patentamt, nahm im Jahre 1877 seine Arbeit auf – wurden auch Ordnungssysteme geschaffen, mit deren Hilfe die eingereichten Erfindungen einem genau bezeichneten Sachverhalt und damit einer auf diesem Gebiet sachkundigen Prüfungsstelle zugewiesen werden konnten. Diese Ordnungssysteme bezeichnet man als Patentklassifikationen. Sie hatten zur Zeit der Gründung der Patentämter nur einige hundert Einteilungen. Etwa seit Mitte der 70iger Jahre verwenden die meisten Patentämter die Internationale Patentklassifikation (IPC), die rund 70.000 Unterteilungen aufweist. Die für den Schwerpunkt der Erfindung oder für deren wichtigste Bestandteile maßgebenden Klassifikationssymbole werden auf die Patentdokumente aufgedruckt und sind ein wesentliches Hilfsmittel für das Auffinden von Patentdokumenten auf einem bestimmten, eng umgrenzten technischen Gebiet.
Die IPC wird entsprechend dem sogenannten Straßburger Klassifikationsabkommen von 1971 in internationaler Zusammenarbeit regelmäßig überarbeitet und in fünfjährigem Abstand als Gesamtwerk von der Weltorganisation für Geistiges Eigentum (WIPO) neu herausgegeben. Die erste Fassung der Internationalen Patentklassifikation erschien am 1. September 1968; die fünfte Ausgabe gilt vom 1. Januar 1990 an. Damit das Klassifikationswerk in einem Patentamt verwendet werden kann, muß es auch in der von diesem verwendete Amtssprache abgefaßt sein. Das ist auch der Grund dafür, daß die IPC in mehrere Sprachen übersetzt wird. So gibt es neben den beiden „offiziellen" Fassungen in englischer und franzö-

Ausgabeland Jahr(e)	DE	JP	US	EP
1877 – 1899	109.190			
1900 – 1940	529.767			
1941 – 1950	65.723			
1951 – 1960	489.467			
1961 – 1970	558.163		585.228	
1971 – 1975	448.264		378.362	
1976 – 1980	331.608	778.700	312.486	20.314
1981 – 1985	265.548	1.077.727	229.085	145.444
1986 – 1988	114.901	588.000	1.825.000	129.419
Summe	2.984.631	2.444.427	3.330.161	295.177

Abb. 3: Anzahl der veröffentlichten Patentdokumente (Erstpublikationen) der vier größten Patentämter einschließlich Gebrauchsmusterschriften bei DE; ohne Gebrauchsmusterschriften bei JP; Anzahl der bis Ende 1988 publizierten US-Patentschriften insges. 4.701.681.
(Quellen: Statistiken des Deutschen Patentamtes (DPA) und INPADOC-Jahresstatistik)

Erläuterungen:
* = Japanische Patentschriften
** = Veröffentlichte japanische Patentanmeldungen
DE = Bundesrepublik Deutschland (Deutsches Patentamt)
JP = Japan
US = USA
EP = Europäisches Patentamt
Erstpublikationen = Veröffentlichte Patentanmeldungen oder Patentschriften, wenn ein Amt nur geprüfte Patentanmeldungen herausgibt (USA; bis 1968 auch DPA und andere Patentämter).

sischer Sprache auch eine Version in deutscher Sprache und in anderen Sprachen (Japanisch, Chinesisch, Russisch, Spanisch etc.). Die IPC ist somit auch als mehrsprachiger Thesaurus technischer Begriffe verwendbar.

Die IPC gehört zu den monohierarchischen Klassifikationssystemen, in denen die Sachverhalte vorkoordiniert sind. Die Bestimmung der Klassifikationselemente zu einer Erfindung erfolgt in der Regel durch die jeweils zuständigen Prüfer des Patentamts. Im englischen Sprachbereich nennt man diesen Vorgang „precoordinated Indexing“.

Die IPC hat vier Einteilungsebenen:
- Sektion (z.B. Sektion A; Täglicher Lebensbedarf)
- Klasse (z.B. A 01; Landwirtschaft, Forstwirtschaft, Tierzucht, Jagen, Fallenstellen, Fischfang)
- Unterklasse (z.B. A 01 B; Bodenbeareitung in Land- und Forstwirtschaft; Teile, Einzelheiten oder Zubehör von landwirtschaftlichen Maschinen oder Geräten allgemein)
- Hauptgruppen und Untergruppen (z.B. A 01 B 1/00; Handgeräte; A 01 B 1/16 Geräte zum Ausreißen von Unkraut.

Die Hauptgruppen (oder 00/Gruppen) sind weiter in Untergruppen aufgeteilt, wobei die Hierarchie innerhalb der Gruppen durch Punkte dargestellt ist. Die in den jeweils niedrigeren Hierarchiestufen einzuordnenden Sachverhalte müssen jeweils die ,,Bedingungen" der höheren Hierarchiestufen erfüllen, z.B.

Sektion	B	Arbeitsverfahren, Transportieren
Klasse	B 64	Luftfahrzeuge, Flugwesen, Raumfahrt
Unterklasse	B 64 C	Flugzeuge, Hubschrauber, Drehflügelflugzeuge
Hauptgruppe	B 64 C 25/00	Start- bzw. Landegestelle
1-Punktuntergruppe	B 64 C 25/02	. Fahrgestelle
2-Punktuntergruppe	25/08	. . Nicht fest angeordnet; z.B. abwerfbar
3-Punktuntergruppe	25/10	. . . Einfahrbar, ... o. dgl.
4-Punktuntergruppe	25/18	. . . . Betätigungsmittel
5-Punktuntergruppe	25/26	. . . . . Steuergung oder Verriegelung dafür
6-Punktuntergruppe	25/39	. . . . . . Notbetätigung

Innerhalb des Klassifikationssystems sind noch sogenannte Querverweise angeordnet, die darauf hinweisen, daß bestimmte Sachverhalte an einer anderen Stelle eingeordnet sind (z.B. A 01 B 1/00) Handgeräte (Kantenschneider für Rasen A 01 G 3/06).

Von genereller Bedeutung ist auch die Trennung von Funktion und Anwendung. Verfahren und Einrichtungen ,,zum Messen allgemein" werden in der Unterklasse G 01 B behandelt, während spezielle Meßverfahren wie z.B. das Maßnehmen in der ,,Bekleidungsklasse" untergebracht sind (A 41 H 1/00).

D 7.3 Ablageorientierte Patentdokumentation

Prüfende Patentämter, wie z.B. das Deutsche, das Europäische und das US-amerikanische Patentamt, verfügen über umfangreiche Sammlungen von Patentdokumenten und Fachliteratur, mit deren Hilfe sie feststellen, ob die angemeldeten Erfindungen gegenüber dem Stand der Technik patentfähig sind. Die Patentdokumentationen der Patentämter stehen mit gewissen Einschränkungen auch der Öffentlichkeit zur Verfügung. Es haben sich zwei Arten von Patentdokumentationen

herausgebildet, nämlich die nach Nummern geordnete und die nach technischen Gebieten geordnete, systematische Patentdokumentation.
Die nummernorientierte Sammlung von Patentdokumenten kann aus lose abgelegten einzelnen Exemplaren von Patentdokumenten, aus gebundenen Bänden oder aus Sammlungen von Mikroformen bestehen. Ihr Hauptzweck ist es, Rückvergrösserungen aufgrund eindeutiger bibliographischer Daten bereitzustellen, also z.B. des Ausgabelandes und der Publikationsnummer.
Die systematische Patentdokumentation verwendet ein monohierarchisches Patentklassifikationssystem, das für die Einordnung von Patentdokumenten besonders geeignet ist. Die bewährten ablageorientierten Patentdokumentationen der prüfenden Patentämter bestehen aus etwa 20 bis 25 Mio. Patentdokumenten und Auszügen aus der Fachliteratur, die meist lose in Mappen oder Kassetten abgelegt sind, von denen jeweils eine oder mehrere zu einem Einteilungselement der Patentklassifikation gehören. Die Recherche in dieser systematischen Dokumentation erfolgt dadurch, daß die Druckschriften einer oder mehrerer Mappen nacheinander durchgeblättert werden, wobei die Patentdokumente häufig so gefalzt sind, daß die wichtigste Patentzeichnung obenauf liegt. Diese „Bildrecherche" dient üblicherweise der Vorauswahl. Will sich der Recherchierende genauer informieren, so sucht er in dem Text der ihn interessierenden Patentdokumente die Bezugszeichen der graphischen Darstellungen auf, die auf den gesuchten Gegenstand hinweisen. Die Bezugszeichen sind fettgedruckt, so daß sich die entsprechenden Textstellen ohne Schwierigkeiten auffinden lassen. Ein wesentlicher Vorteil dieser systematischen Patentdokumentation besteht darin, daß sie aus vollständigen Druckschriften besteht. Dadurch entfällt die z.B. nach der Suche in einer Kartei anstehende Beschaffung der vollständigen Patentdokumente bzw. Literaturstellen. Ein weiterer großer Vorteil ist es, daß die systematische Patentdokumentation alle Gebiete der Technik umfaßt. Ein Nachteil der ablageorientierten Patentdokumentation besteht darin, daß sie sehr viel Platz benötigt – die systematische Patentdokumentation des Deutschen Patentamts enthielt am Ende des Jahres 1988 24,4 Mio. Patentdokumente, Referate und Auszüge aus der technischen Fachliteratur und benötigte etwa 3.000 qm Stellfläche. Außerdem ist es häufig erforderlich, daß an verschiedenen, räumlich weit entfernten Stellen der Dokumentation recherchiert werden muß.
Die Benutzung der systematischen Patentdokumentation wird durch eine Reihe von Hilfsmitteln erleichtert, wie z.B. durch ein umfangreiches Schlag- und Stichwörterverzeichnis und durch Register verschiedener Art.

D 7.4 Patentdatenbanken

Der einheitliche Aufbau der Patentdokumente hat es schon frühzeitig ermöglicht, diese EDV-gestützt zu produzieren, so daß insbesondere die bibliographischen Daten etwa seit dem Beginn der 70iger Jahre maschinenlesbar zur Verfügung stehen. Dies ist auch der Grund dafür, daß diese Daten zum Aufbau von Patentdatenbanken verwendet wurden. Gegenüber der klassischen, ablageorientierten systematischen Patentdokumentation haben diese Patentdatenbanken aber den großen Nachteil, daß zur Recherche nur ein Teil der vollständigen Patentdokumente zur

Verfügung steht und zum genauen Studium erforderliche vollständige Patentdokumente mit entsprechender zeitlicher Verzögerung aus den Bibliotheken bereitgestellt werden müssen. Man unterscheidet folgende Arten von Patentdatenbanken:

a) Patentregister, Patentrollen

Die meisten Patentämter sind durch das von ihnen verwaltete Patentgesetz verpflichtet, eine den Verfahrensstand der anhängigen Patentdokumente widerspiegelnde Patentrolle zu führen. Seit dem Beginn der 80iger Jahre stellen die größeren Patentämter ihre Patentrolle als sogenannte Display-Datenbank zur Verfügung. Das bedeutet, daß zum Aufruf des Verfahrensstandes einer Patentanmeldung deren Nummer oder Aktenzeichen bekannt sein muß. Eine Recherche durch logische Verknüpfung von einzelnen bibliographischen Daten ist in der Regel nicht möglich.

b) Patentdatenbanken mit bibliographischen Daten

Die bibliographischen Daten nahezu aller seit dem Jahre 1973 erschienenen Patentdokumente sind in einer von INPADOC (= Internationales Patentdokumentationszentrum, Wien) aufgelegten Datenbasis erfaßt und werden von mehreren Datenbankbetreibern recherchefähig angeboten. Diese Datenbank erlaubt vor allem die Ermittlung der sogenannten Patentfamilien, also aller auf ein und dieselbe Erfindung zurückgehender Patentdokumente. INPADOC gehört zu den größten Datenbasis-Herstellern auf dem Gebiet der Patentdokumentation.

c) Abstract-Patentdatenbanken

Diese enthalten neben den bibliographischen Daten auch die Zusammenfassungen oder Patentansprüche von Patentdokumenten. Hervorzuheben sind Patentdatenbanken mit US-amerikanischen Patentdokumenten ab 1970 (z.B. CLAIMS, PATSEARCH) sowie von Patentdokumenten, die englischsprachige Abstracts von Patentdokumenten enthalten, die nicht in englischer Sprache abgefaßt sind (z.B. DERWENT WPI), aber auch deutschsprachige Patentdatenbanken (PATDPA, PATO).

d) Fachspezifische Datenbanken

Neben den vorstehend genannten Patentdatenbanken, die über alle technischen Gebiete reichen, gibt es eine Vielzahl von Datenbanken, die auf bestimmte technische Gebiete beschränkt sind und sowohl Patentliteratur als auch Fachliteratur umfassen. Soweit sie Abstracts enthalten, sind diese in aller Regel von dem Datenbasishersteller angefertigt worden. Besonders gut ist der Fachbereich Chemie vertreten. Auf diesem Gebiet ist es auch möglich, sogenannte Substruktur-Recherchen nach chemischen Formeln durchzuführen.

e) Volltext-Patentdatenbanken

Von einem US-amerikanischen Datenbankbetreiber (MEAD DATA) wird die Patentdatenbank LEXPAT angeboten, die die vollständigen Texte der seit dem Jahre 1975 erschienenen US-amerikanischen Patentdokumente enthält. Es ist zu erwarten, daß in die Patentdatenbanken zunehmend größere Textanteile der Patentdokumente aufgenommen werden.

f) Graphik-Patentdatenbanken

Im Rahmen eines von der Kommission der Europäischen Gemeinschaften (KEG) und vom Bundesministerium für Forschung und Technologie (BMFT) geförderten Projekts ist eine Patentdatenbank mit der Bezeichnung PATGRAPH aufgelegt worden, die zum Zeitpunkt ihrer Eröffnung (September 1989) rund 50.000 Patentzeichnungen von Offenlegungsschriften des Deutschen Patentamts enthielt. Die Graphiken entstanden durch Digitalisierung der Patentzeichnungen und anschließender Vektorisierung. Jede Patentzeichnung benötigt einen Speicherplatz von 10 bis 70 KB. Dementsprechend aufwendig ist auch die Übertragung und Reproduktion der Zeichnungen, für die ein Laserdrucker benötigt wird.

D 7.5 Dienstleistungen auf dem Gebiet der Patentinformation

D 7.5.1 Von der öffentlichen Hand bereitgestellte Dienstleistungen

In der Bundesrepublik Deutschland ist es der Benutzer öffentlicher Bibliotheken gewohnt, deren Dienstleistungen kostenlos in Anspruch nehmen zu können. Dies gilt auch auf dem Gebiet der Patentinformation, soweit es sich um die Bereitstellung von druckschriftlichem Material und Mikroformen handelt (Patentdokumente, Fachzeitschriften und Bücher). Das Deutsche Patentamt hält sich an diese Regelung und stellt den Besuchern seiner Auslegehallen in München und Berlin kostenlos eine mehrere Millionen Patentdokumente umfassende, nach technischen Gesichtspunkten geordnete Sammlung von Patentdokumenten des Deutschen und anderer Patentämter kostenlos zum Recherchieren zur Verfügung. Auch die Beschaffung von Material aus dem Bibliotheksmagazin zur Einsicht oder zur Anfertigung von Rückvergrößerungen ist kostenlos; ebenfalls die Benutzung umfangreicher Register. Bezahlt werden muß jedoch u.a. für die Ermittlung von Patentfamilien sowie für die Benutzung von Datenbanken, bei denen das Bibliothekspersonal Hilfestellung leistet. Für die Herstellung von Kopien berechnet das Deutsche Patentamt DM 1,-- pro Seite; und ein beim Schriftenvertrieb des Deutschen Patentamts bestelltes Patentdokument kostet DM 6,65.
Die in den Auslegestellen des Bundesgebiets bereitgehaltenen Dienstleistungen sind zum Teil kostenpflichtig, obwohl deren Träger überwiegend Institutionen der Bundesländer sind.
Für die Durchführung von Auskünften zum Stand der Technik werden stets Gebühren verlangt. Das Deutsche Patentamt berechnet für eine Auskunft zum Stand der Technik DM 850,-- (entsprechend § 29 Abs. 3 des Patentgesetzes); ebenso berechnen die Patentschriften-Auslegestellen Gebühren, die meist dem zeitlichen Aufwand an Recherchezeit entsprechen. Für eine Auskunft aus der Patentrolle wird DM 1,-- berechnet, ebenso für eine Auskunft über Anmeldungen, bei denen der Anmelder Lizenzbereitschaft erklärt hat (Lizenzdienst RALF).

D 7.5.2 Privatwirtschaftlich angebotene Dienstleistungen

Recherchen zum Stand der Technik, Überwachungen der Schutzrechtslage, regelmäßige Einsicht in Patentakten usw. können bei Spezialfirmen und von Patentberichterstattern gegen entsprechende Kostenerstattung in Auftrag gegeben werden.

In diese Kategorie gehören auch die Innovations-Beratungsstellen, die insbesondere für mittelständische Betriebe arbeiten. SDI-Dienste, die auch unter der Bezeichnung Profildienste bekannt sind, werden insbesondere von Datenbankorganisationen bereitgestellt.

D 7.6 Elektronische Patentdokumentation

Obwohl die Ermittlung des Standes der Technik zunehmend durch Recherchen in Datenbanken vorgenommen wird, können diese die konventionelle Ablage-orientierte Patentdokumentation nicht ersetzen. Sie dienen jedenfalls in den prüfenden Patentämtern in aller Regel zur Ergänzung der Recherchen in der Papierdokumentation. Ein Ersatz der Papierdokumentation ist erst zu erwarten, wenn unmittelbar an die Datenbankrecherche auch die Beschaffung der vollständigen Patentdokumente möglich ist. Hierzu gibt es insbesondere im japanischen und US-amerikanischen Patentamt bereits konkrete Lösungsansätze. In den USA sehen die Planungen zu einem ,,Paperless office" an den Arbeitsplätzen der Prüfer sogenannte Workstations vor, mit deren Hilfe man in einer Volltextpatentdatenbank recherchieren und anschließend aus einer sogenannten Faksimile-Datenbank eine dem Original entsprechende Rückvergrößerung des vollständigen Patentdokuments beschaffen kann. Grundlage der Faksimile-Datenbasis sind die digitalisierten Patentdokumente des sogenannten Patentaltbestands, also die weltweit seit dem Jahre 1920 herausgegebenen Patentdokumente. Wegen des großen Speicherbedarfs (Größenordnung 10^{12}Byte) muß die Faksimile-Datenbasis auf Opto-elektronischen Bildplatten gespeichert werden und mit Hilfe eines sogenannten lokalen Datenübertragungsnetzes dafür gesorgt werden, daß diese Information zwischen der zentralen EDV-Anlage und den Arbeitsplatzstationen ausgetauscht werden. Die zu erwartende Standardisierung der opto-elektronischen Bildplatten führt dazu, daß am Arbeitsplatz zunehmende Mengen an Daten gespeichert und verarbeitet werden können. Besondere Bedeutung haben die unter der Bezeichnung CD-ROM und WORM bekannten Arten opto-elektronischer Bildplatten. Während die CD-ROM von einer ,,Masterplatte" vervielfältigt wird, kann die WORM-Platte vom Benutzer ,,beschrieben" werden, bis der vorhandene Speicherplatz aufgebraucht ist.

Anhang:

Anschriften von Datenbankorganisationen, die u.a. Patentdatenbanken anbieten:

1) Bertelsmann InformationsService GmbH, Landsbergerstraße 191 a, 8000 München 81, Telefon 089 57 90, Telefax 089 57 66 93
2) Derwent Publications Ltd., Rochdale House, 128 Theobalds Road, LONDON WC1X8RP, Tel. 00 44 – 1 – 2 42 58 23, England.
3) Deutsches Institut für Medizinische Dokumentation und Information – DIMDI, Weisshausstrasse 27, 5000 Köln 27, Postfach 42 05 80, Telefon 02 21 – 47 24 – 1.

4) DIALOG, Information Retrieval Service, 3460 Hillview Ave, Palo Alto, CA 94304, USA, Tel. (415) 858 – 37 19; Customer Service PO Box 188, Oxford OX15AX, Großbritannien, Telefon 0044-865-73 02 75.
5) Fachinformationszentrum (FIZ) – Energie, Physik, Mathematik GmbH Karlsruhe, D-7514 Eggenstein-Leopoldshafen 2, Telefon 07247-808-0.
6) Fachinformationszentrum (FIZ) – Technik, Ostbahnhofstrasse 13, D – 6000 Frankfurt/Main 1, Telefon 069 – 43 08-1.
7) INPADOC, Internationales Patentdokumentationszentrum, A 1041 WIEN, Postfach 163, Möllwaldplatz 4, Telefon 0043 – 222 – 65 87 84, Österreich.
8) Mead Data Central Inc., 9393 Springboro Pike, Post Office Box 933, DAYTON/OHIO 4 54 01, USA, Telefon (513) 865 – 68 00; Customer Service: Telefon 1 – 488 – 91 87 (Großbritannien).
9) Pergamon Orbit Infoline Ltd., Achilles House, Western Avenue, London W30UA, Großbritannien. Vertretung in der Bundesrepublik Deutschland für Maxwell Online, Hammerweg 6, 6242 Kronberg/Taunus, Telefon 06173-6 30 25
10) STN International, Postfach 24 65, 7500 Karlsruhe 1, Telefon 07247 – 808-666.
11) Télésystémes Questel, 83 – 85 Boulevard Vincent Auriol, 75013 PARIS, Frankreich, Telefon 1 – 45 82 64 64.

Anschriften der Patentauslegestellen:

Aachen. Bibliothek der Technischen Hochschule, Diensträume: Jägerstraße zwischen Haus 17 u. 19, 5100 Aachen, Tel. (0241) 80 44 80

Berlin. Deutsches Patentamt, Dienststelle Berlin, Gitschiner Straße 97 – 103, 1000 Berlin 61, Tel. (030) 25 94 – 1

Bielefeld. Stadtbibliothek Bielefeld, Herforder Straße 4 – 6/Wilhelmstraße 3, 4800 Bielefeld 1, (0521) 51 68 52

Bremen. Hochschule Bremen, Langemarckstraße 116, 2800 Bremen 1, Tel. (0421) 59 05 – 225

Darmstadt. Hessische Landes- und Hochschulbibliothek, Schloß, 6100 Darmstadt, Tel. (06151) 12 54 27

Dortmund. Universitätsbibliothek Dortmund, Patentschriften- und Normenauslegestelle, Vogelpothsweg 76, 4600 Dortmund 50 (Eichlinghofen), Tel. (0231) 7 55 40 14, Telefax: (0231) 75 15 32

Düsseldorf. Patentschriften-Auslegestelle im VDI-Haus, TECHDATA, VDI-Medienvertriebsgesellschaft mbH, Graf-Recke-Straße 84, 4000 Düsseldorf 1, Tel. (0211) 61 88 – 200, Telex: 8 586 525, Telefax: (0211) 6 21 45 75

Hamburg. Handelskammer, Börse, 2000 Hamburg 11, Tel. (040) 36 13 83 76

Hannover. Universitätsbibliothek Hannover und Technische Informationsbibliothek (UB/TIB). Lesesaal PIN (Patente, Informationen, Normen), Welfengarten 1 B, 3000 Hannover 1, Tel. (0511) 71 59 36.

Kaiserslautern. Universitätsbibliothek Kaiserslautern, Patentschriften-Auslegestelle, Gebäude 32, Paul-Ehrlich-Straße, 6750 Kaiserslautern, Tel. (0631) 2 05 21 72

München. Deutsches Patentamt, Zweibrückenstraße 12, 8000 München 2, Tel. (089) 21 95 – 0

Nürnberg. Landesgewerbeanstalt Bayern, Gewerbemuseumsplatz 1, 8500 Nürnberg 1, Tel. (0911) 20 17 – 516, Telefax: (0911) 20 17 – 504

Ratingen. Zentralstelle für Textildokumentation und -information des VTDI e.V., – titus-Textilinform – Schloß Cromford, Cromforder Allee 22, 4030 Ratingen, Tel. (02102) 2 70 51, Telex: 8 585 374 vtdi d

Stuttgart. Landesgewerbeamt Baden-Württemberg, Kienestraße 18, 7000 Stuttgart 1, Tel. (0711) 123 – 25 58

Literatur

01. Cohausz, H. B.: Mit den neuen Personal Computern wird die Recherche preisgünstiger und schneller. In: Handelsblatt Nr. 59, 22. März 1986. S. 22.
02. Internationale Patentklassifikation. Bd 1 – 9, sowie Stich- und Schlagwörterverzeichnis zur Internationalen Patentdokumentation. 4. Ausg. München u.a.: Carl Heymanns Verlag 1984.
03. Stillger, J.: CD-ROM als Datenbank und Dokumentenarchiv. Herstellungsverfahren und Kosten in Abhängigkeit von der Anwendung. In: Mikrodoc 13 (1987) H. 3, S. 16 – 18.
04. Stillger, J.: Integrierte Informationssysteme der Patentdokumentation. Anwendungsspezifische Zugriffsarten und Systembelastung. In: Mikrodoc 12 (1986), H. 3, S. 90 – 94.
05. Wittmann, A.; Schiffels, R.: Grundlagen der Patentdokumentation. Die Patentbeschreibung – Schutzrecht und Informationsquelle. München: Oldenbourg Verl. 1976. 166 S.
06. Wittmann, A.; Schiffels, R.; Hill, M. W.: Patent Documentation. London: Sweet & Maxwell 1976. VII, 196 S.

D 8 Technische Regeln als Quellen wissenschaftlich-technischer Fachinformation

Horst-Werner Marschall

D 8.1 Das System der technischen Regelsetzung

D 8.1.1 Einleitung

DIN-Normen sind in der Bundesrepublik ein Ordnungselement der technischen Welt. Sie wirken in nahezu alle Lebensbereiche hinein. Sie sind Bestandteil der Wirtschafts-, Sozial- und Rechtsordnung unseres Landes. Sie haben Eingang gefunden in die öffentliche Verwaltung, der Gesetzgeber bezieht sich auf sie, wenn er technische Sachverhalte festlegen will. Gerichten in allen Instanzen dienen sie zur Feststellung des Standes der Technik, Vertragsparteien in Industrie und Handel zur Definition ihrer Liefergegenstände. Arbeits- und Umweltschutz, Energieeinsparung, die technische Sicherheit von Anlagen, Gebäuden und Geräten sind ohne Normen nicht denkbar.
DIN-Normen sind für Handwerker, Techniker und Juristen ein Begriff. Einer breiten Öffentlichkeit sind sie zumindest dem Namen nach bekannt. Sie verbindet damit zumeist Dinge aus dem unmittelbaren Erleben, so z.B. die bekannten Papier-Formate (DIN A 4), aus der Zigarettenwerbung die Schadstoff-Kondensate im Rauch – gemessen in „Durchschnittswerten nach DIN" oder die Filmempfindlichkeit („18 DIN") beim Kauf eines Kleinbildfilmes für die Urlaubsfotos (Lit. 07.).

Hinter DIN-Normen steht das DIN Deutsches Institut für Normung, eine private Institution (e.V.), die als Selbstverwaltungsorgan der Wirtschaft und in enger, vertraglich geregelter Zusammenarbeit mit dem Staat als nationale Normenorganisation der Bundesrepublik Deutschland eine Ordnungsfunktion in Industrie und Technik wahrnimmt. Das Wort DIN war ursprünglich die Abkürzung für Deutsche IndustrieNormen (Lit.04.).
Nachdem der „Normenausschuß der deutschen Industrie" 1926 die Bezeichnung „Deutscher Normenausschuß" (DNA) erhalten hatte, wurde DIN lange Zeit und weitverbreitet als „Das Ist Norm" gedeutet (Duden 1970). Heute gilt DIN als Namensbestandteil des Instituts und Verbandskennzeichen für die Normung und das Deutsche Normenwerk. Mit seinen über 20.000 technischen Regeln ist es das bedeutendste und größte deutsche Regelwerk und umfaßt praktisch alle Bereiche der Technik.
Weit weniger bekannt ist die Tatsache, daß Normen Teil eines komplexen Systems der technischen Regelsetzung in der Bundesrepublik sind, zu dem neben dem Deutschen Normenwerk als „hartem Kern" eine Reihe anderer Regelwerke zählen, die von wissenschaftlich-technischen Vereinen, Fachorganisationen und dem Staat erstellt werden. Die Regelwerke dieses Systems lassen sich in folgende Gruppen gliedern:

– **Normen** der deutschen Normenorganisation DIN, aber auch regionaler und in-

ternationaler Normenorganisationen wie ISO (International Organization for Standardization, Genf) und CEN (Europäisches Komittee für Normung, Brüssel) (von franz. Comité Européen de Normalisation);
- **technische Regelwerke** von Fachorganisationen und wiss. techn. Vereinen, z.B. Verein deutscher Ingenieure (VDI), Deutscher Verein des Gas- und Wasserfaches e.V. (DVGW), Vereinigung der technischen Überwachungsvereine e.V. (VdTÜV);
- **Rechtsvorschriften** des Staates bzw. der von ihm beauftragten öffentlich-rechtlichen Körperschaften, z.B. Gesetze, Verordnungen, Richtlinien und Unfallverhütungsvorschriften;
- und mit zunehmender Bedeutung für einen europäischen Binnenmarkt auch **Vorschriften** und **Richtlinien** der **E**uropäischen **G**emeinschaften.

Ziel dieses Beitrages ist es, die Elemente dieses Systems zu zeigen, sie auf den Begriff zu bringen und das Beziehungsgeflecht der verschiedenen Arten von technischen Regeln aufzuzeigen, soweit es für das Verständnis dieses Systems nötig ist, vor allem aber die Bedeutung technischer Regeln als einer wichtigen, hochwertigen Quelle wissenschaftlich-technischer Informationen hervorzuheben. Der zweite Teil skizziert die eigens dafür geschaffene Fachinformationseinrichtung, das Deutsche Informationszentrum für technische Regeln (DITR) sowie eine Reihe von Besonderheiten und Merkmalen der Informationen und Informationsdienste, was sie bieten und wie sie zu erhalten sind aber auch, wodurch sie sich von der übrigen Literaturdokumentation unterscheiden.

D 8.1.2 Funktion und Bedeutung technischer Regeln/Begriffserklärung

Trotz des hohen ordnungspolitischen Ranges, den technische Regeln in der Technik- und *Rechtsordnung* dieses Landes wie allgemein in hochentwickelten Industriegesellschaften erlangt haben, besteht über die unterschiedliche Bedeutung der häufig synonym gebrauchten Fachbegriffe wie „Norm", „technische Regel", **„anerkannte Regeln der Technik"** in einer breiteren Öffentlichkeit wenig Klarheit. Ursache ist nicht zuletzt die Vielzahl der an diesem System beteiligten großen und kleineren Institutionen mit ihren Regelwerken für die verschiedensten Technikbereiche – eine Folge der historisch-traditionellen Entwicklung der Regelsetzung in Deutschland und sicher auch die Folge des bewußten Verzichts auf eine zentrale, staatliche Normung. Der Staat als Gesetz- und Verordnungsgeber, aber auch als Rezipient der privaten technischen Regeln hat selbst auf eine enumerative Aufzählung dessen, was er in den unterschiedlichsten Technikbereichen als „anerkannte Regeln der Technik" verstanden wissen will, prinzipiell verzichtet und die fachliche Konkretisierung bewußt dem „freien Spiel der Kräfte", den sachverständigen Normen- und Fachorganisationen überlassen.

Rechtssystematisch ist der Begriff „anerkannte Regel der Technik" seit einer Reichsgerichtsentscheidung von 1910 und seither unverändert ein unbestimmter Rechtsbegriff, der in Rechtsnormen mit technischem Bezug als „rechtlicher Maßstab für das Erlaubte und Gebotene" auch in anderen Formulierungen wie „allgemein anerkannte Regeln der Baukunst, der Medizin", *„Stand der Technik"* oder

,,Stand von Wissenschaft und Technik" auftritt und vielerlei Deutungen unterliegt (Lit. 13., Lit. 03.).
Sprachwissenschaftlich gesehen führt die ursprüngliche Bedeutung des Wortes ,,Norm" direkt auf die gleichbleibende Bezeichnung ,,Regel" zurück, denn das lateinische ,,norma" bedeutet Winkelmaß, Richtschnur, Regel – im Sinne von allgemein anerkannten Regeln der Gesellschaft, von Menschen selbst gesetzt mit dem Willen, sich daran zu halten, sie bei Bedarf und im Konsens aber auch gewandelten Verhältnissen anzupassen. In diesem Sinne kennen, akzeptieren und verändern wir auch heute in der modernen Gesellschaft ethische, juristische und eben auch technische Normen als anerkannte Regeln unserer Rechts- und Gesellschaftsordnung.
Ganz ohne eine zeitgemäße Definition und Konkretisierung des technischen Normenbegriffs geht es freilich nicht, mag es auch plausible juristische Gründe dafür geben, den Begriff ,,Stand der Technik" wegen des ständigen Wandels der Technik rechtlich unbestimmt zu lassen.
Die großen regelsetzenden Institutionen haben eine pragmatische Lösung gefunden und im ,,Gemeinschaftsausschuß der Technik (GdT)" technische Regeln als Niederschrift des Standes der Technik erklärt, den sie wie folgt definieren:

,,*Stand der Technik* ist der zu einem bestimmten Zeitpunkt erreichte Stand technischer Einrichtungen, Erzeugnisse, Methoden und Verfahren, der sich nach Meinung der Mehrheit der Fachleute in der Praxis bewährt hat oder dessen Eignung für die Praxis von ihnen als nachgewiesen angesehen wird.
Eine *Anerkannte Regel der Technik* ist die von der Mehrheit der Fachleute als zutreffend erachtete Beschreibung des Standes der Technik zum Zeitpunkt der Veröffentlichung." (Lit. 03.)

Erheblich weitergefaßt und unter Berücksichtigung des Ziels, des Zwecks und der Funktion von Normen und Normung definiert das DIN sein Selbstverständnis wie folgt:

,,Normung ist die planmäßige, durch die interessierten Kreise gemeinschaftlich durchgeführte Vereinheitlichung von materiellen und immateriellen Gegenständen zum Nutzen der Allgemeinheit . . . Sie fördert die Rationalisierung und Qualitätssicherung in Wirtschaft, Technik, Wissenschaft und Verwaltung. Sie dient der Sicherheit von Menschen und Sachen sowie der Qualitätsverbesserung in allen Lebensbereichen. Sie dient einer sinnvollen Ordnung und der Information auf dem jeweiligen Normungsgebiet." (DIN 820 T1) (Lit. 05.)

Zur Vereinfachung der Begriffsvielfalt und zum besseren Verständnisses wird hier im folgenden nur noch der Begriff *,,technische Regel"* gewählt.
Technische Regeln haben kraft Entstehung, Trägerschaft und Inhalt den Charakter von Empfehlungen. Aus sich heraus besitzen sie keine rechtliche Verbindlichkeit. Sie werden nach Regeln aufgestellt, die für eine angemessene Abwägung ihres Inhalts nach technischen, wirtschaftlichen und wissenschaftlichen Gesichtspunkten sorgen. Wer technische Regeln anwendet, folgt einer von der Fachwelt aufgestellten Empfehlung. Ihre Allgemeinwohl-Verpflichtung wie auch ihr Anspruch auf Allgemeingültigkeit bewirken faktisch, daß sie allgemein beachtet werden. In diesem Sinne wirken sie normativ, ohne selbst Rechtsnormen zu sein (Lit. 13.).

D 8.1.3 Das Verhältnis von Rechtsnormen und technischen Regeln

Neben den ca. 45.000 technischen Regeln der privaten Regelsetzer sind weitere rund 5.000 Rechtsvorschriften zu beachten, die juristisch gesehen keine technischen Regeln darstellen, sondern als Rechtsvorschriften des Staates und bestimmter öffentlich-rechtlicher Körperschaften in unserer Rechtsordnung das ,,Recht der technischen Sicherheit" (kurz das *Technische Recht*) darstellen. Die Fachwelt rechnet sie vereinfachend, aber unpräzise den technischen Regeln zu. Sie gehören jedoch als ein eigener Bereich zum System der technischen Regelsetzung. Das Technische Recht, die Gesamtheit der Gesetze, Verordnungen, Verwaltungsvorschriften, Richtlinien und Erlasse sichert den Schutz der Bürger vor Gefahren, die der Gebrauch von Technik erzeugt. Eine Rechtsordnung, die die Technik erlaubt, muß zugleich auch die technische Sicherheit gewährleisten. Daraus erwächst dem Staat die Aufgabe, Rechtsnormen bereitzustellen, deren Beachtung die erforderliche Sicherheit im Umgang mit der Technik garantiert. Diesem Ziel dienen die Rechtnormen der *technischen Sicherheit*, die sich entsprechend der fortschreitenden Technisierung zu einem umfangreichen, weitverzweigten und komplizierten Rechtsgebiet entwickelt haben (Lit. 09.). *Rechtsnormen* unterscheiden sich von technischen Regeln vor allem durch ihre unmittelbare Bindungswirkung gegenüber jedermann. Sie sind also keine Empfehlungen, sondern *als Normen der Rechtsordnung allgemein und unmittelbar geltendes Recht.*

Das Bindeglied zwischen Rechtsordnung und *Ordnung der Technik* bilden die technischen Regeln. Zwar obliegt es dem Staat als Gesetz- und Verordnungsgeber, die zur sicheren Beherrschung der Technik notwendigen Rechtsnormen zu erlassen. Wollten Rechtsnormen dem Postulat der Rechtssicherheit aber vollkommen genügen, so müßten sie technische Festlegungen bis ins letzte Detail selbst regeln. Dazu fehlt den Gesetzgebungsorganen jedoch in aller Regel der dafür erforderliche Sachverstand. Zudem könnten solche Regelungen mit der rasch voranschreitenden wissenschaftlich-technischen Entwicklung nicht Schritt halten und deshalb würden sie auch den technischen Fortschritt behindern. Ein in starren sicherheitstechnischen Detailvorschriften festgeschriebener Erkenntnisstand wäre schon nach kurzer Zeit überholt. Solche Rechtsvorschriften müßten ständig novelliert werden. Aus diesen Gründen verzichtet der Gesetzgeber weitgehend auf technische Einzelregelungen. Er legt vielmehr den Schutzzweck und das Sicherheitsziel des Gesetzes verbindlich fest und verweist zur Erreichung dieser Ziele in ,,generalklauselhaften" Formulierungen auf den Stand der Technik, die anerkannten Regeln der Technik, kurz auf die technischen Regeln und Regelwerke der privaten Regelsetzer. Die Vorzüge dieser *,,Generalklausel-Methode"* im technischen Recht liegen auf der Hand. Die die Technik betreffenden Rechtsnormen bleiben klar und verständlich, die technische Innovation wird nicht behindert. Die eigentliche Konkretisierung der sicherheitstechnischen Anforderungen erfolgt durch Verweisung und Bezugnahme auf technische Regeln; sie erst enthalten die Detailregelungen zur Lösung technischer Fragen und Probleme. Sie geben dem Rechtsanwender, dem Ingenieur und Handwerker den ,,Verhaltensmaßstab für das Gebotene und Erlaubte" (Lit. 02.), nach dem sie sich richten können.

Rechtsnormen und technische Regeln stehen somit in einem engen Rechtsverhältnis. Durch die Verweisung der Rechtsnormen auf technische Regeln wird der Inhalt der von privaten Regelsetzern aufgestellten Regeln, die selbst „nur“ Empfehlungen sind, in die gesetzliche Regelung „rezipiert“ (inkorporiert) und nehmen damit an der rechtlichen Geltung der Rechtsnorm teil. Sie erhalten damit eine wichtige rechtliche Bedeutung. Rechtsnormen und technische Regeln sind also nicht nur eine bedeutende Quelle für wissenschaftlich-technische Informationen, sondern auch wichtige Dokumente zur Ausgestaltung unseres Rechtssystems (siehe auch Abschnitt D 8.2.6).

D 8.2 Das Fachinformationssystem für technische Regeln

D 8.2.1 Anforderungen und Voraussetzungen

Nach der notwendigen Vorklärung der Bedeutung und des Zwecks technischer Regeln richtet sich die Betrachtung in diesem Abschnitt auf die *Fachinformationspraxis* auf diesem Spezialgebiet.

Konventionelle Informationsdienste zu deutschen Regelwerken haben eine lange Tradition. Alle bedeutenden Regelsetzer veröffentlichen seit langen Jahren regelmäßig Kataloge und Verzeichnisse über den jeweils aktuellen Stand ihrer Regelwerke. Die rasant wachsende Vielzahl der Gesamtheit aller technischen Regeln mit ihren vielfältigen Verflechtungen untereinander verlangte bei den Anwendern technischer Regeln jedoch nach mehr Transparenz und einer besseren Übersicht, um sie auch als eine wichtige Wissens- und Erkenntnisquelle für wissenschaftlich-technische Informationen systematisch nutzbar machen zu können. Erforderlich war also eine zentrale Auskunfts- und Clearingstelle, die über alle Fragen nach technischen Regeln Auskunft geben sollte. Diese wie auch die folgenden Gründe legten es nahe, für technische Regeln eine eigens darauf spezialisierte, eigenständige Informationseinrichtung zu schaffen:

- Technische Regeln stellen wie Patente und Rechtsnormen eine quellenspezifische Dokumentart dar, die sich keinem bestimmten Fachgebiet zuordnen läßt;
- die besondere Formaldatenstruktur technischer Regeln wie auch das Erfordernis ständiger Änderungen an den Datensätzen erfordern ein daran ausgerichtetes Datenbank-Konzept mit einem geeigneten „Änderungsapparat“;
- Beschaffung und Verteilung technischer Regeln sowie die Beobachtung des „Lieferantenmarktes“ folgen anderen Gesetzmäßigkeiten als bei der üblichen Literaturbeschaffung und benötigen die dieser Dokumentart gemäße Akquisitions- und Infrastruktur (Lit. 07.).

D 8.2.2 Das Deutsche Informationszentrum für technische Regeln (DITR)

Diese Überlegungen führten in der Planung und Realisierung des „IuD-Programms“ 1979 zur Gründung und zum Aufbau eines Fachinformationszentrums für technische Regeln, dem Deutschen Informationszentrum für technische Regeln (DITR) im DIN. In diesem Hause waren – nicht zuletzt auch aufgrund von langjährigen dokumentarischen Vorarbeiten – die Voraussetzungen gegeben, so daß innerhalb von 5 Jahren (1979–1984) über 120 Regelwerke mit insgesamt 50.000 technischen Regeln, einschließlich 5.000 Rechtsvorschriften beschafft, erfaßt und in einer zentralen Datenbank gespeichert wurden. Die Datenbank ist heute komplett und vor allem europäisch wie international ausgerichtet. Aus ihr wurde ein den spezifischen Benutzerbedürfnisse gerechtes Dienstleistungsangebot entwickelt, das sich inzwischen am Markt etabliert hat und zu einer soliden Grundlage der Eigenfinanzierung des DITR geworden ist. Die Verkaufserlöse aus Diensten und Dienstleistungen decken über 70 % des Gesamthaushalts von ca. 6 Mio. DM (Stand 1989).

Der wirtschaftliche Erfolg dieser Fachinformationseinrichtung bestätigt, daß die ursprünglich gesetzten Ziele auch tatsächlich erreicht worden sind. Angestrebt war insbesondere

a) die allgemeine Öffentlichkeit über den Stand der zu beachtenden technischen Regeln zu informieren, dabei insbesondere den Informationsbedarf kleiner und mittlerer Gewerbebetriebe, Handwerks-, Industrie- und Handelskammern, Verbraucherberatungsstellen, Schulen und anderer Bildungseinrichtungen und nicht zuletzt auch einzelner interessierter Bürger zu berücksichtigen, also jenen zu helfen, denen keine eigene Informationseinrichtung zur Verfügung steht;
b) den Staat und seine Behörden, hier vor allem die Gewerbe- und Bauaufsicht, die Genehmigungs- und Überwachungsbehörden, die Träger der gesetzlichen Unfallversicherung über die z.T. von ihnen selbstgesetzten Vorschriften und die für ihren Bereich gültigen Regeln mit ihren vielfältigen Verknüpfungen zu informieren;
c) durch aktuelle, vollständige und zuverlässige Information des Standes der Technik in der Bundesrepublik Deutschland die grenzüberschreitenden Wirtschaftsverbindungen der deutschen Industrie zu ihren europäischen und internationalen Handelspartnern zu verbessern und durch einen von technischen Handelshemmnissen freien Güteraustausch zur internationalen Verständigung gemäß dem GATT-Abkommen (Allgemeines Zoll- und Handelsabkommen; vom engl. General Agreement of Tariffs and Trade) und dem zwischen den westeuropäischen Ländern vereinbarten sog. *EG-Informationsverfahren* beizutragen.

Die regelmäßige Auswertung der *Benutzerstatistik* des DITR gibt Auskunft darüber, daß mehr als 2/3 der Dienste und Dienstleistungen für Betriebe in Industrie und Handwerk erbracht werden. Für diesen Anwenderkreis ist das DITR eine inzwischen selbstverständlich genutzte Informationseinrichtung, die regelmäßig und zu den geforderten Entgelten in Anspruch genommen wird. Wegen der Bedeutung technischer Normen und Vorschriften für einen von Handelshemmnissen freien *europäischen Binnenmarkt* ist das DITR seit 1989 auch die zentrale, offizielle „*EG-Beratungsstelle für Unternehmen*“ (auch EURO-INFO-Schalter genannt) für alle Fragen zu europäischen Normen und des technischen Rechts, die sich den besonderen Nutzerbedürfnissen von Klein- und Mittelbetrieben widmet.

D 8.2.3 Dokumentarische Besonderheiten und Merkmale technischer Regeln

Eine umfassende Darstellung des komplexen Dokumentationssytems sowie die Darstellung der Methoden und Hilfsmittel der dokumentarischen Behandlung technischer Regeln können im Rahmen dieses Beitrags nicht geleistet werden. Ebenso muß auf die Beschreibung des Datenbanksystems verzichtet werden. Hier sei auf die weiterführende Literatur zu diesem Kapitel verwiesen.
Hervorgehoben werden sollen vielmehr die Besonderheiten der Dokumentation technischer Regeln, die zum Verständnis dieser Dokumentart und ihrer Wissensinhalte nötig sind und durch die sie sich deutlich von der übrigen Literaturdokumentation unterscheiden. Dazu zählen die folgenden Merkmale:

- ☐ ein auffällig umfangreiches Set an *Formaldaten* je Dokumentationseinheit, hierbei typisch die dominierende Rolle von alphanumerischen Kennungen und Abkürzungen bei den dokument-identifizierenden Kategorien (z.B. DIN 17 100, Teil 14, Ausgabe Mai 1980, identisch mit ISO 12345);
- ☐ die vielfältigen Zusammenhänge und Verknüpfungen der Dokumente untereinander, die das System der technischen Regeln durch wechselseitige Bezugnahme und Verweisung teilweise eng vernetzt (s. *Abb. 1*);
- ☐ die durch laufende Anpassung an den fortschreitenden Stand der Technik sich ergebende Dynamik der Regelwerke, die in einer zeitlich definierten Gültigkeit der Dokumente, aber auch in einem ständigen, erhebliche Änderungsaufwand in der Datenbank zum Ausdruck kommt;
- ☐ schließlich die unterschiedlichsten Veröffentlichungsformen von technischen Regeln, entweder als Einzeldruck, Lieferungswerk, Loseblatt-Ausgabe, Veröffentlichung in Amtsblättern oder Fachzeitschriften sowie die erschwerte Akquisition und Zugänglichkeit, da es sich teilweise auch um ,,graue Literatur" handelt (Lit. 07.).

D 8.2.4 Informationskategorien

Die praktische Bedeutung der Besonderheiten und Merkmale technischer Regeln wird für den Benutzer der Informationsdienste deutlich, wenn man den Informationsgehalt eines Eintrags in einem gedruckten Dienst (z.B. dem DIN-Katalog) mit dem dazugehörenden Stammdatensatz in der Datenbank vergleicht. Der Nutzer sucht beispielsweise nach der DIN 17 100 und findet im DIN-Katalog dazu den folgenden Eintrag:

> DIN 17 100 01.80
> Allgemeine Baustähle; Gütenorm (11)(En)
> Steels for General Structural Purposes; Quality Standard

Hieraus sind nur bibliographische Daten in knapper Form zu entnehmen. Für eine schnelle Übersicht reichen solche Angaben zunächst aus und genau diesem Zweck dienen die gedruckten Dienste des DITR, die in hoher Auflage verkauft werden. Benötigt der Benutzer hingegen das gesamte dokumentspezifische ,,Umfeld" zu diesem Dokument, dann gibt der Stammdatensatz in der Datenbank die gewünschten Informationen in der erforderlichen Tiefe preis (vgl. *Abb. 1*).

DOKART	Norm
DOKNR	DIN 17 100 (Januar 1980)
DTITEL	Allgemeine Baustähle; Gütenorm
	Stels for General Structural Purposes; Quality Standard
AUTOR	NA Eisen und Stahl
HERAUS	DIN Deutsches Institut für Normung e.V.
VERLAG	Beuth Verlag GmbH 19 Seite(n), Preisgruppe 11, Originalsprache: deutsch
ERSATZ	DIN 17 100 (1966.09)
IDENT	ISO/R 630(ISO/TC 17)<D>
	EN 25-72
	ISO/DIS 6316(ISO/TC 17)<D>
	ISO/DIS 1052(ISO/TC 17)<D>
AUCHIN	DIN-TAB 181-1982 DIN-TAB 69-1981
	TAB 156-1981 usw.
ZITAT	DIN 1013 Teil 1 DIN 1013 Teil 2
	DIN 1014 Teil 1 DIN 1014 Teil 2 usw.
	EURONORM 20
REGION	BW = Außerkraftsetzung GABl vom 25. 08.1981, S. 71/82
	HA = Einführungserlaß Amtl Anz vom 09. 12. 1980, S. 69/81
	NW = Einführungserlaß MBl vom 25. 08.1980, S. 2010

Abb. 1: Auszug aus dem Datensatz zur DIN 17 100

Der Nutzer erfährt, daß die DIN-Norm 17 100 mit vier ISO- bzw. EN-Normen (Europäische Norm) identisch ist und in diversen DIN-Taschenbüchern veröffentlicht ist. Die Kategorie ZITAT verweist den Benutzer auf 23 weitere Normen, die bei der Anwendung dieser Norm ggf. mitzuberücksichtigen sind. Hinsichtlich der Rechtsverbindlichkeit enthält der Stammdatensatz den deutlichen Hinweis, daß diese Norm als technische Baubestimmung in den dort genannten Bundesländern amtlich eingeführt ist und damit den Charakter einer *Bauvorschrift* hat. Mit solchen gespeicherten Detailinformationen läßt sich über die gesamte Datenbank beispielsweise abfragen:

a) welche technische Regel z.B. in welchen Bundesländern bauaufsichtlich d.h. amtlich eingeführt ist oder
b) welche zusätzlichen Bestimmungen der Baubehörden zu dieser Norm erlassen worden sind
c) welche inhaltlichen Übereinstimmungen es ggf. mit internationalen, europäischen bzw. nationalen Normen anderer europäischer Länder gibt (sog. *EURO-Konkordanzen*).

Das hier stark verkürzte Beispiel läßt sich auf alle Rechtsgebiete erweitern. Es berücksichtigt auch nicht die für die Recherche erforderlichen inhaltskennzeichnenden Kategorien wie Deskriptoren, Klassifikationen und Abstracts, die im Hinblick auf die zunehmende internationale und europäische Bedeutung der DITR-Datenbank grundsätzlich in englischer (z.T. auch französischer) Sprache enthalten sind. Das nachstehend aufgeführte Schema *(Abb. 2)* der wichtigsten abfragbaren Kategorien soll einen allgemeinen Eindruck vermitteln, welches Informationspotenial in der DITR-Datenbank steckt.

Dokument-Art	wie Verordnung, Norm, Entwurf usw.
Dokument-Nr.	z.B. GUV 2.6, DIN 1045
Ausgabe/Fassung	Datum der Ausgabe oder Fassung
Grunddatum	wenn formal ältere Fassung noch gültig
Titel	Sachtitel des Dokumentes in deutscher oder sonstiger Sprache
Englischer Titel	sofern auf dem Dokument oder sonstwie bekannt
Französischer Titel	
Kurztitel	autorisierter Kurztitel des Dokumentes
Abk.-Titel	autorisierter Abkürzungstitel des Dokumentes
Herausgeber	Organisation oder Körperschaft
Autor	i.a. Untergliederung der Organisation
Mitautor	mitzeichnende Organisation oder Körperschaft
Verlag	bei Einzelveröffentlichung
Seiten	Anzahl der Seiten
Auflage	Erstausgabe, Folgeausgabe
Preisgruppe	keine Einzelpreisangabe
Auslieferung	falls der Verlag nicht Vertrieb ist
Quelle	Fundstelle im Publikationsorgan
Auch (abgedruckt)	Sekundärquelle, Nachdruck
Sprache	Originalsprache des Dokumentes
Übersetzung	Sprachen, in die das Dokument übersetzt ist
identisch (mit)	falls Inhalt auch unter anderer Nummer vorhanden, z.B. ISO Standard 123
Mikrofilmcode	für verfilmte Rechtsvorschriften
Deskriptor	freie Suchwörter in der Datenbank
Thesaurus	Thesaurus-Deskriptoren
Register	Schlagwörter für DIN-Katalog
Profilregister	Schlagwörter für Standardprofil
Klassifikation	Dezimalklassifkation (DK)
Gerätesich.-Gesetz	Einteilung im Verzeichnis zum GSG
Juris-Notation	des Juristischen Informationssystems
Patent-Klass.	Internationale Patentklassifikation (IPC)
Regional (gültig)	z.B. in nur einem Bundesland
Bemerkungen	nützliche Hinweise
Einspruch (bis)	Frist bei einem Entwurf
Gültig (ab)	falls nicht ab Ausgabedatum
Ersatz (für)	Nummer des ersetzten Dokumentes
Änderung (von)	Nummer des geänderten Dokumentes
Geändert (durch)	Nummer des ändernden Dokumentes
Ergänzungen	nachträgliche Änderungen usw. des Dokumentes
Zurückgezogen	für Datensatz in der Historischen Datenbank
Ersetzt (durch)	Nummer des ersetzenden Dokumentes
Zitate	anderer technischer Regeln im Dokument
Kurzreferat	Kurzfassung, Andwendungsbereich und Zweck technischer Regeln

Abb. 2: Kategorien in der DITR-Datenbank

D 8.2.5 Dokumentation von Rechtsnormen

Im Abschnitt D 8.1.3 über das Verhältnis von Rechtsnormen und technischen Regeln ist begründet worden, weshalb die vom Staat erlassenen Rechtsvorschriften mit technischen Festlegungen zusammen mit den technischen Regeln dokumentiert und nachgewiesen werden. Das „Technische Recht" ist ein herausragendes Beispiel für die engen Zusammenhänge und die wechselseitige Verflechtung von Technik und Recht in der betrieblichen Praxis. Rechtsvorschriften gelten allgemein als „ubiquitäre" Informationsquellen, doch für den Informationssuchenden sind Suche und Beschaffung solcher Dokumente ohne Hilfe ein mühsames Geschäft. Aufgabe des DITR mit seiner Rechtsdokumentation ist es, speziell hier Abhilfe zu schaffen und neben der (Referenz-) Datenbank auch und insbesondere die gewünschten Dokumente im Volltext bereitzuhalten. Diesen Zweck dient die Rechtsdokumentation mit der „Sammlung Technisches Recht" auf Mikrofilm, auf der über 5.000 Rechtsvorschriften mit insgesamt ca. 60.000 Seiten gespeichert sind.

Die thematische Vielfalt dieser als schwierig geltenden Dokumentart erfordert in der Datenbank eine besondere formal-logische Ordnung, die nachstehend kurz erläutert werden soll.

Die Mehrzahl der Vorschriften erfährt im Laufe der Zeit naturgemäß Änderungen und Ergänzungen, die in aller Regel als eigenständige Dokumente erscheinen, folglich in der Datenbank auch als eigenständige Dokumentationseinheit gespeichert sind, die im Stammdatensatz des Ursprungsdokuments aber verankert, d.h. nachgetragen werden müssen. Am Beispiel der Hamburgischen Bauordnung (BauO HA) zeigt das *Abb. 3*.

BauO HA
Hamburgische Bauordnung (HBauO) vom 10. 12. 1969
In: HA GVBI I, 1969, Nr. 50, S. 249–280
Geändert durch: BauOÄndG HA vom 6. Februar 1974
BauO/WegeGÄndG HA vom 31. Januar 1975
BauOÄndG HA 3 vom 13. März 1978
BauOÄndG HA 4 vom 12. Juli 1979
BauOÄndG HA 5 vom 02. Juli 1981

Abb. 3: Änderungen im Stammdatensatz des Ursprungdokuments

Zu einzelnen Vorschriften können so im Laufe von Jahren beliebig viele Änderungen ergangen sein, ohne daß zu einer in solchen Fällen dringend gewünschten Neufassung des Ursprungsdokumentes kommt. Im Wege des Datenbank-*Änderungsdienstes* werden solche Nachträge und Ergänzungen dokumentiert. In den gedruckten Standard-Diensten (DIN-Katalog) würden solche endlosen Änderungsvermerke die Übersichtlichkeit beeinträchtigen. Deshalb folgt das DITR der üblichen juristischen Zitierweise, dergemäß nur jeweils die letzte Änderung angeben wird:

BauO HA
Hamburgische Bauordnung (HBauO) vom 10. 12.1969,
zuletzt geändert durch BauOÄndG 5 vom 02. Juli 1981
In: etc.

An diesem Beispiel zeigt sich erneut der Unterschied in der Tiefe der Information zwischen gedruckten Diensten und der Datenbank. Die dort verdeckten Änderungsdaten enthalten meist Hinweise auf materielle Änderungen, die in der Rechtsanwendung von erheblicher Bedeutung sein können. Die Datenbank führt deshalb alle Änderungen im Ursprungsdokument zusammen und ergänzt damit auch die Suchhilfe für die Mikrofilmsammlung, so daß der Benutzer mit dem Hinweis auf die Hamburgische Bauordnung zugleich auch alle Fundstellen und den Volltext aller Änderungsdokumente erhält.
Das Beispiel ist eines von vielen für die Tiefe der Information, die die Datenbank in den Stammdatensätzen enthält. Ähnliches ließe sich auch an den vielen mitgeltenden Vorschriften demonstrieren. Hieraus soll deutlich werden, daß die DITR-Datenbank in Verbindung mit der Sammlung Technisches Recht sowohl für die Rechtsanwender als auch für den Gesetz- und Verordnungsgeber einen praktischen Beitrag zur besseren Nutzung der schwer überschaubaren Rechtsvorschriften und damit zur Transparenz des Systems technischer Regeln leistet, die gerade im Hinblick auf die Besonderheiten des technischen Rechts im europäischen Binnenmarkt dringend erforderlich ist.

D 8.2.6 Fachinformationsdienste

Zu den Besonderheiten technischer Regeln gehört schließlich auch ein Angebot an Informationsdiensten, das sich an einem spezifischen Benutzerbedarf entwickelt hat und insofern eher konventionellen Erscheinungsformen von Printmedien entspricht. Dazu zählen im wesentlichen folgende Dienste:
Der **DIN-Katalog für technische Regeln** enthält die bibliographischen Angaben aller DIN-Normen und aller übrigen technischen Regeln einschließlich der Rechtsvorschriften. Er erscheint jährlich und ist der Gesamtdruck der bibliographischen Daten aller gültigen technischen Regeln in der Bundesrepublik. Er wird ergänzt durch einen monatlich erscheinenden Ergänzungsdienst. Der Katalog erscheint in einer Auflage von ca. 10. 000 Exemplaren.
Der **DIN-Anzeiger für technische Regeln** ist gleichsam das ,,Verkündungsorgan" aller neuerscheinenden technischen Regeln und Regelungsvorhaben in der Bundesrepublik im Rahmen des EG-Informationsverfahrens und enthält auch die Ergebnisse der internationalen und europäischen Normung (ISO, IEC, CEN/CENELEC, CECC u.a.).
Die **Sammlung Technisches Recht** auf Mikrofilm, die *Volltext*sammlung der Rechtsvorschriften aus Bund, Ländern und der Europäischen Gemeinschaften, umfaßt derzeit über 5.000 Dokumente. Sie ist in dieser Form die einzige geschlossene Dokumentensammlung des Technischen Rechts in der Bundesrepublik und vereint in sich die meisten einschlägigen Loseblatt-Sammlungen. Vierteljährliche Ergänzungen und eine praktische Suchhilfe mit Registern aktualisieren und erschließen diesen Informationsdienst.
Neben diesen konventionellen, aber praxisgerechten Verlagsprodukten (des Beuth Verlages, Berlin) bestehen die elektronischen Dienste, vor allem:
Der **Online-Zugang zur DITR-Datenbank.** Er ermöglicht den schnellen, interakti-

ven Zugriff auf den aktuellen Stand der technischen Regeln über DATEX-P auf den HOST-Rechner beim Fachinformationszentrum Technik (FIZ Technik). Er wird vor allem von solchen Nutzern gewählt, die die schnelle, gezielte Information benötigen. Die Online-Nutzung der DITR-Datenbank ist allerdings bislang weit hinter den Erwartungen zurückgeblieben.
Der **Magnetband-Service.** Er umfaßt auch PC-Disketten und CD-ROM ist unter mehreren Gesichtspunkten eine besonders vorteilhafte Nutzung der Datenbank und wird von Nutzern gewählt, die ein eigenes Datenbank-System betreiben und beispielsweise ihre eigene Normensammlung (Werknormen) mit technischen Regeln und Rechtsvorschriften kombinieren wollen, um auf diese Weise innerbetriebliche Informationsdienste selbst erstellen zu können oder die eigene Normensammlung zu pflegen und zu verwalten. Für den jeweiligen Anwendungsfall werden entweder standardisierte oder individuell gestaltete MB-Formate angeboten. Hierbei kann zwischen Gesamtabzügen der Datenbank in einmaliger oder periodischer Lieferung mit oder ohne den Änderungsdienst und Teilabzügen ausgewählter Fach- oder Querschnittsgebiete gewählt werden. Der MB-Dienst findet bei Groß- und Mittelbetrieben gute Resonanz und nimmt als wichtiger Umsatzträger an Bedeutung zu. Ergänzend zum MB-Dienst ist inzwischen die CD-ROM „PERINORM" entwickelt worden, die auf den Normeninformationsbedarf des europäischen Binnenmarktes und hier speziell auf Klein- und Mittelbetriebe gerichtet ist.

D 8.2.7 Schlußbemerkung

Trotz aller Fortschritte der Informations- und Kommunikationstechnik, z.B. durch bessere Datenübertragungsnetze, hochentwickelte Massenspeicher, billiger und leistungsfähiger (PC-) Endgeräte und komfortablerer Benutzeroberflächen der eingesetzten Retrievalsysteme, dominieren im DITR nach wie vor die Print-Medien vor den elektronischen Informationsdiensten. Dafür gibt es eine Reihe von Gründen technischer und wirtschaftlicher Natur, sicher aber auch so allgemeingültige wie die generelle Akzeptanzproblematik von Referenzdatenbanken und das kurzschlüssige Wunschbild der Datenbankbetreiber von einer sich zukünftig nur online-informierenden Gesellschaft.
Der wirtschaftliche Erfolg, den das DITR mit seinen Print-Medien erzielt hat, ist Ausweis dafür, daß mit konventionellen Informationsdiensten dem spezifischen Benutzerbedarf entsprochen werden kann. *Es muß nicht immer online sein!* Und auch dies ist eine der vielen Besonderheiten der technischen Regeln: Der Benutzer braucht und erhält mit den gedruckten Diensten stets den *Gesamtnachweis* aller gültigen Regeln und Vorschriften, allenfalls den Gesamtnachweis für ein bestimmtes Fachgebiet. Keine der großen Literatur-Datenbanken könnte dies leisten. Es wäre weder sinnvoll noch möglich, dort jährlich den Gesamtbestand auszudrucken und zu vertreiben. Die DITR-Datenbank ist somit ein Baustein in einem breiter, konventionell angelegten Dienstleistungsangebot. Sie ist nicht das alleinige Informationsmedium, sie ist vorrangig Hilfsmittel zur Herstellung konventioneller Dienste.
Der kühl rechnende Nutzer, der ein stets verfügbares Gesamtverzeichnis aller gülti-

gen technischen Regeln in wahrsten Sinne des Wortes in Händen hält, sieht sich somit kaum veranlaßt, ad hoc aufkommenden Informationsbedarf auf dem Wege der immer noch teueren und durch eine Mindestgeräteausstattung technisch aufwendigen Online-Recherche zu decken.
Das Problem der schnellen *Dokument-Versorgung* des Nutzers ist damit freilich nicht gelöst. Auch die Anwender von technischen Regeln erheben die Forderung nach integrierten Nachweis- *und Volltextdatenbanken*. Das erfordert ein neues Konzept einer methodisch-technischen Einheit von Dokumenten-Herstellung, Dokumenten-Nachweis und Dokumentenlieferung. Die sich heute abzeichnende Endgeräte-Technologie wird in naher Zukunft auch die Darstellung, Lieferung und das Retrieval von Volltexten, mathematischen Tabellen und Grafiken erlauben (ISDN in Verbindung mit mixed-mode-Faximilegeräten der Gruppe 4) und damit auch neue Wege des Informationstransfers von technischen Dokumenten eröffnen. Das 1989 im Rahmen des EG-Förderprogrammes IMPACT begonnene Volltextdatenbank-Projekt über technische Normen in Europa, an dem neben dem DIN die französische Normenorganisation AFNOR mitbeteiligt ist, soll ein erster praktischer Schritt in diese Richtung sein.

Literatur

01. Anleitung zur formalen Erfassung und inhaltlichen Erschließung von technischen Regeln – Indexierungsanleitung. Deutsches Informationszentrum für technische Regeln (DITR) 2. Auflage, Berlin: 1988. 110 S.
02. Budde, Eckart: Die rechtliche Bedeutung der überbetrieblichen technischen Normen. In: DIN-Mitteilungen 53 (1974) Nr. 4, S. 103–106.
03. Budde, Eckart; Reihlen, Helmut: Zur Bedeutung technischer Regeln in der Rechtsprechungspraxis der Richter. In: DIN-Mitteilungen 63 (1984) Nr. 5, S. 95–97.
04. DIN Deutsches Institut für Normung (Hrsg.): Normung. Geschichtliche Daten. Aufgaben, Organisation und Geschäftsgang. 1. Aufl. Berlin: 1979. 16 S.
05. DIN 820 Teil 1 Normungsarbeit: Grundsätze. Januar 1986.
DIN Deutsches Institut für Normung, Berlin: Beuth Verlag 1986.
06. DIN Geschäftsbericht 1986/87
DIN Deutsches Institut für Normung, Berlin: 1987. 34 S.
07. Janke, Eberhard: Nutzung in- und ausländischer Normendatenbanken in Bibliotheken. In: Arbeitsgemeinschaft der Spezialbibliotheken (ASpB): Bericht über die 20. Tagung in Stuttgart. Leverkusen: 1985. S. 124–145.
08. Marburger, Peter: Die Regeln der Technik im Recht. Köln, Berlin, München: Carl Heymanns Verlag 1979. 638 S.
09. Marburger, Peter: Technische Normen im Recht der technischen Sicherheit. In: Der Betriebs-Berater (1985) H. 4. S. 119–209.
10. Marschall, Horst-Werner: DITR – Technische Regeln im Online-Zugriff. In: Nachr. f. Dok. 36 (1985) Nr. 4/5. S. 203–209.
11. Marschall, Horst-Werner: Fünf Jahre DITR – eine Bestandsaufnahme. In: DIN-Mitteilungen 64 (1985) Nr. 1. S. 18–25.
12. Marschall, Horst-Werner: Zehn Jahre DITR – Eine Bilanz für Europa. In: DIN-Mitteilungen 70 (1989) Nr. 11. S. 581–588.
13. Nicklisch, Fritz: Funktion und Bedeutung technischer Standards in der Rechtsordnung. In: Der Betriebs-Berater (1983) H. 5. S. 109–117.

D 9 Fakteninformationssysteme

Friedrich Mie

D 9.1 Faktendokumentation versus Literaturdokumentation

In der Terminologie der Dokumentare und Bibliothekare werden nichtbibliographische Datensammlungen unter dem Begriff *Datendokumentation* zusammengefaßt; letztere ist historisch als Abgrenzung gegenüber der Schriftgutdokumentation zu verstehen. Datendokumentation heißt in erster Linie exzerpieren und ggf. evaluieren von quantitativen Daten aus der Literatur, sowie strukturieren und ordnen dieser Daten nach bestimmten Merkmalen. Dazu zählt auch das *numerische Indexieren*, das Kennzeichnen (flagging und tagging) von quantitativen Daten, z.B. für das Retrieval von Meßdaten in Texten. Seit die Datenverarbeitung Eingang in die Dokumentation gefunden hat und *Texte* in *Daten*banken gespeichert werden, erweist sich die Bezeichnung Datendokumentation in Verbindung mit Datenbanken als nicht trennscharf genug. Im folgenden wird daher nur noch summarisch von Faktendokumentation und Faktenbank gesprochen.
Mit der Wandlung des IuD-Begriffs von der traditionellen Dokumentation hin zur Information gewannen nichtbibliographische Informationsquellen zunehmend an Bedeutung. Heute gibt es bereits mehr nichtbibliographische als bibliographische Datenbanken im Fachinformationsbereich. Auf der anderen Seite sind Kenntnisse über diese neuen Informationsdienste selbst bei Online-Benutzern noch nicht sehr ausgeprägt. Erfahrungen über die Nutzung der vorhandenen Datenbanken bilden eher die Ausnahme. Die allgemeine Unwissenheit und Unsicherheit auf diesem Gebiet hat verschiedene Ursachen. Ein wesentlicher Grund ist, daß diese Datenbanken nicht von Organisationen im IuD-Bereich, sondern überwiegend in wissenschaftlichen Forschungseinrichtungen, statistischen Ämtern und speziellen Daten-Analysezentren entstehen.
In diesen Einrichtungen werden mit viel Aufwand, d.h. auch mit hohen Kosten, in großen Mengen Daten produziert und gesammelt, aber oft nur unter einem bestimmten Aspekt analysiert, bewertet und publiziert, sei es als Zeitschriftenartikel, Fortschrittsbericht, Tabellenwerk oder Katalog. Der potentielle Nutzen vieler Daten für andere als die originären Zwecke wird jedoch dadurch beschränkt, daß das Auffinden spezifischer Daten, selbst wenn sie in der wissenschaftlichen Literatur dokumentiert sind, mit erheblichen Schwierigkeiten und Umwegen verbunden ist. Aufgabe der Faktendokumentation ist es, diesen Engpaß zu überwinden und dem Fragesteller die gewünschten Daten *direkt* bereitzustellen mit dem Ziel, die Suchfragen *richtig, vollständig* und *aktuell* zu beantworten. Die Lösung dieser Aufgabe erfordert ein hohes Maß an fachlicher Kompetenz. Anders als bei der Literaturdokumentation, bei der ein wissenschaftlicher Dokumentar das Dokument inhaltlich erschließt (ohne damit den Inhalt zu bewerten), muß bei der Datendokumentation ein dokumentierender Wissenschaftler die Datenquelle analysieren, die relevanten Daten selektieren und im richtigen Kontext kompilieren. Insbesondere die kritische Bewertung von Daten ist ausschließlich Experten auf dem betreffenden Fachgebiet vorbehalten.

Auch hinsichtlich der Datenpflege gibt es gravierende Unterschiede. Während Datenpflege bei der Literaturdokumentation lediglich das Hinzufügen neuer Dokumentationseinheiten bei unverändertem Altbestand bedeutet, müssen bei der Datendokumentation auch die bereits vorhandenen Datenbestände à jour gehalten werden, um die geforderte Aktualität der Daten zu gewährleisten. (Da neuere Daten in Naturwissenschaft und Technik nicht gleichbedeutend sind mit besseren Daten, sollten DV-gestützte Informationssysteme bei Bedarf auch ältere ,,Versionen" bereitstellen.)
Aufbau und Pflege einer Datensammlung sind wesentlich stärker als eine bibliographische Dokumentation in die Datenerzeugung eingebunden, sowohl unter dem Aspekt der nicht deutlichen Trennbarkeit von Datenerfassung und Datenerzeugung (als Forschungsprozeß), als auch unter dem Aspekt der notwendigen Kooperation mit dem Datenerzeuger. Damit ist auch die Verantwortung des Systembetreibers für die Korrektheit der gelieferten Daten bei Fakteninformationssystemen wesentlich höher als bei bibliographischen Systemen.
Im folgenden sind die wichtigsten Eigenschaften von bibliographischen Datenbanken und Faktenbanken gegenübergestellt:

Bibliographische Datenbanken	**Faktenbanken**
unformatierte Daten variabler Länge (z.B. Texte)	formatierte Daten fester Länge (z.B. numerische Daten in Fest- und Gleitkommadarstellung)
die Datenelemente zur Beschreibung eines Dokuments sind in einem Datensatz zusammengefaßt (Dokumentationseinheit)	die Datenelemente zur Beschreibung des Objektbereichs werden in verschiedenen Datensätzen abgelegt; der Begriff der Dokumentationseinheit verliert seine Bedeutung
eine einzige einheitlich strukturierte Dokumentdatei, verbunden mit zusätzlichen Suchdateien	komplexe Verknüpfung von mehreren Dateien unterschiedlicher Struktur
Redundanz durch Mehrfachspeicherung von Daten	einmalige Speicherung jedes Datenelements und vielfacher Zugriff durch Datensatzverknüpfungen
die Zielinformationen werden explizit gespeichert (statische Nutzung)	die Zielinformationen können durch den Suchprozeß erzeugt werden (dynamische Nutzung)
für Recherchen in unterschiedlichen Datenbanken wird ein einziges Retrievalsystem verwendet	es sind verschiedene Software-Systeme notwendig, um spezielle Anforderungen zu erfüllen; für spezialisierte Datenbanken ist die Software eng bezogen auf die Natur der gespeicherten Daten
für das Retrieval können alle gespeicherten Datenelemente Suchbegriffe sein (invertierte Datei)	Suchbegriffe sind beschränkt (vorprogrammierte Zugriffspfade)
deskriptororientierte Suchsprache mit Boole'schen Operatoren	mehr natürlichsprachige und/oder stark formalisierte Suchsprache

der Inhalt der Dokumentationseinheit ist zeitinvariant; es gibt keine Updating-Probleme (aber das Hinzufügen neuer Datensätze ist relativ aufwendig)	die Lebensdauer der Daten ist zeitabhängig durch Ermittlung verbesserter Daten; daraus ergeben sich Anforderungen für das Updating (ggf. online und im Mehr-Benutzer-Betrieb)
standardisierte Ausgabeformate bieten nur geringe Variationsmöglichkeiten für den Ausdruck von Zitaten	Selektier-, Sortier- und Mischmöglichkeiten zur Aufbereitung des Outputs; flexibler Reportgenerator für Listen, Tabellen und Graphiken

D 9.2 Charakterisierung und Abgrenzung

Gegenstand der Betrachtung sind nichtbibliographische Datenbanken im Bereich der Fachinformation: Faktenbanken. Faktenbanken enthalten Daten über Sachverhalte. Fakteninformationssysteme liefern ohne den Umweg über eine bibliographische Referenz *direkte* Informationen. Fakteninformation ist die unmittelbare Vermittlung von Wissen über Sachverhalte aus einem Speicher. Man bezeichnet die elektronischen Informationsspeicher auch als *Quellendatenbanken* oder *Frage-Antwort-Systeme.*
Der Begriff *Fakten* soll nicht nur Sachverhalte, sondern auch Gegenstände, Tatbestände, Ereignisse und Vorgänge (Prozesse) umfassen. Fakten selbst, wie z.B. chemische Stoffe und ihre Eigenschaften, sind werden speicherbar noch abrufbar; sie können nur mittels Beschreibung in textueller, codierter oder numerischer Ausprägung erfaßt werden. Strukturiert werden die Informationen in einem Merkmalsraster, meist als *Kategorienschema* oder *Datenkatalog* bezeichnet.
Bei *numerischen Datenbanken* können die Informationen auch mit Hilfe von Auswertungsprogrammen gewonnen werden. Damit sind in erster Linie algorithmische Verfahren zur Lösung deterministischer und stochastischer Probleme gemeint, im Unterschied zu Modellen, z.B. bei *Planungsinformationssystemen* oder zu Regeln auf der Basis von Erfahrungswissen bei *Expertensystemen.*
Referraldatenbanken enthalten ebenfalls Fakten, doch haben diese in der Regel den Charakter von Verweisinformationen. Es sind elektronische Auskunftsmittel, die dem Informationssuchenden einen Überblick über Informationsquellen ermöglichen und ihn zu den gewünschten Informationen führen.
Zwischen Fakten- und Referraldatenbanken läßt sich keine scharfe Trennungslinie ziehen; es hängt vom konkreten Anwendungsfall ab, ob das Ergebnis eines Suchprozesses von dem Fragesteller als erschöpfende Antwort oder als Hinweis für weitere Recherchen interpretiert wird. Schwierig wird auch die Abgrenzung gegenüber *problemorientierten* bzw. *wissensbasierten* Planungs- und Expertensystemen, die in der Regel auf sachverhaltstrukturierten Subsystemen aufsetzen. Das hier skizzierte Umfeld der Fakteninformationssysteme ist in *Abb. 1* schematisch dargestellt.

Als *Faktendokumentation* wird eine nach bestimmten Beschreibungsmerkmalen geordnete Sammlung von Daten über Objekte bezeichnet, beispielsweise ein Verzeichnis oder ein Tabellenwerk.
Wird eine Faktendokumentation auf einem Rechner implementiert und mit Hilfe eines *Datenbanksystems* (DBS) verwaltet und kontrolliert, so daß die Daten über

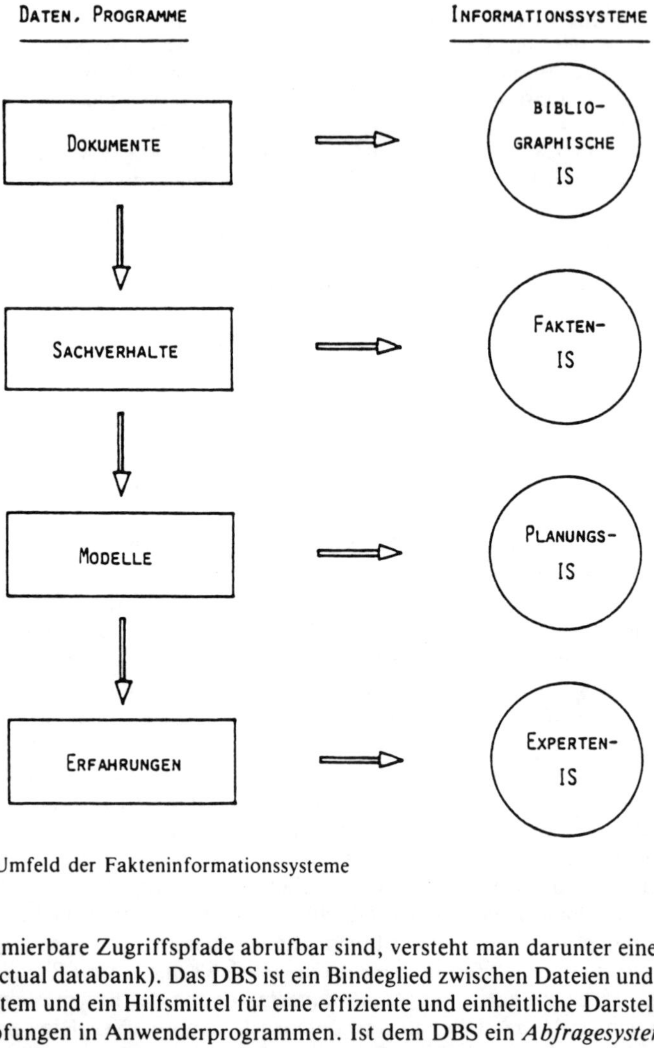

Abb. 1: Umfeld der Fakteninformationssysteme

programmierbare Zugriffspfade abrufbar sind, versteht man darunter eine *Faktenbank* (factual databank). Das DBS ist ein Bindeglied zwischen Dateien und dem Betriebssystem und ein Hilfsmittel für eine effiziente und einheitliche Darstellung von Verknüpfungen in Anwenderprogrammen. Ist dem DBS ein *Abfragesystem* (query system) aufgesetzt, mit dem ein Benutzer im Dialog online auf die Datenbank zugreifen kann, spricht man von *Fakteninformationssystem*. Der Begriff Fakteninformationssystem impliziert in jedem Fall eine *Benutzerschnittstelle* (user interface) für die Mensch-Maschine-Kommunikation.

In einem Fakteninformationssystem können mehrere unterschiedlich strukturierte Datenbanken zusammengefaßt sein (multi databank), vorausgesetzt, die Datenbanken enthalten Schlüsselfelder, über die Merkmalsinformationen aus verschiedenen Datenbanken verknüpfbar sind (z.B. die CAS Registry Number). Der Begriff Fakteninformationssystem schließt bei numerischen Datenbanken das Vorhandensein von Auswertungsprogrammen ein, die dem Benutzer nach Abfrage bestimmter Parameter neue Daten, z.B. durch Modellrechnungen oder durch Aggregierung von Basisdaten generieren.

Ein Fakteninformationssystem ist demnach definiert als ein integriertes System aus einer oder mehreren Faktenbanken, die von einer Datenbanksoftware verwaltet werden, einschließlich der Abfrage-, Auswertungs- und/oder Ausgabekomponente *(Abb. 2)*. Im Hinblick darauf, daß Datenbanksysteme zukünftig generell mit einem

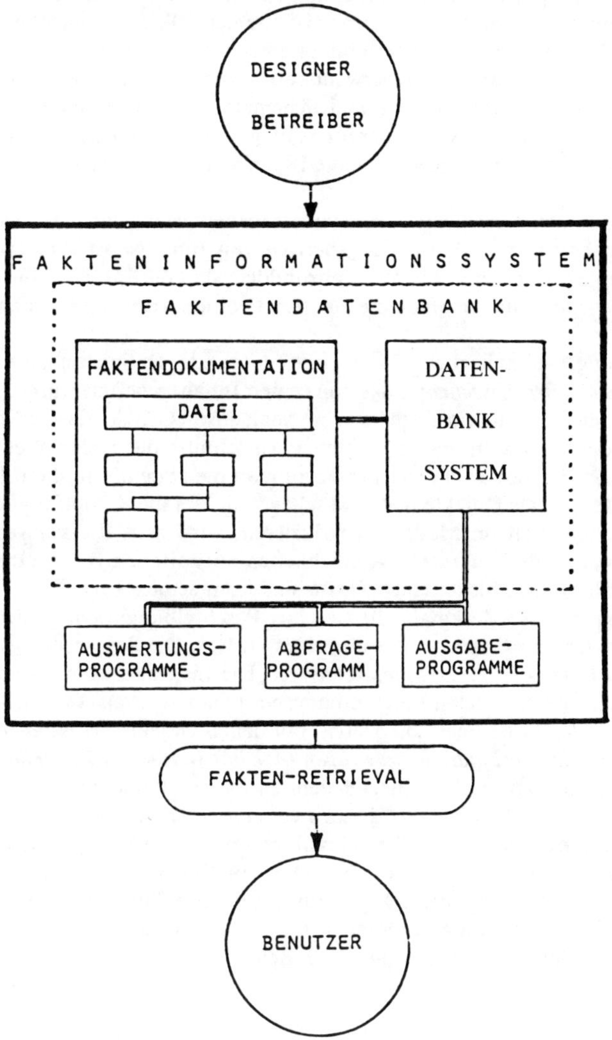

Abb. 2: Elemente eines Fakteninformationssystems

Abfragesystem ausgestattet sein sollen, kann man die Begriffe Faktenbank und Fakteninformatonssystem synonym verwenden, z.B. die Werkstoffdatenbank X ist ein Fakteninformationssystem.

D 9.3 Datenmodell und Datenbanksystem

Während bibliographische Datenbanken mit speziell auf die Literaturdokumentation zugeschnittenen Information-Retrieval-Systemen (IRS) implementiert werden, sind Entwicklung und Aufbau nichtbibliographischer Datenbanken eng gekoppelt mit dem Einsatz von allgemein verwendbaren Datenbankmanagementsystemen (DBMS). Die verwendeten Begriffe und Schemata von Datenbankdesignern und -betreibern sind daher stark von der Informatik geprägt. Zum besseren Verständnis für DV-Laien werden im folgenden einige Begriffe aus dem Datenbankbereich erläutert.

Entwurf einer Datenbank heißt, einen vorgegebenen *Ausschnitt der realen Welt*, der für einen bestimmten Anwendungsbereich von Interesse ist (universe of discourse), so im Speicher eines Rechners abzubilden, daß der Informationssuchende über entsprechende Zugriffspfade die für sein Problem relevanten Daten abrufen kann.

Dem Abbildungsprozeß liegt ein *Datenmodell* zugrunde. Definieren kann man Datenmodell als ein *Begriffsschema*, das von seinen Inhalten befreit wurde. Es liefert die Struktur des Informatiossystems, ein inhaltsloses Gerüst, das die Form beschreibt, in der die Daten des betrachteten Ausschnitts der realen Welt erhoben werden können. Es gibt an, in welcher Form man die Daten, d.h. die Informationen über einzelne reale Objekte (entities) sehen will. Um die Komplexität eines Objektes der realen Welt im Modell zu reduzieren, wird man Klassen von entities bilden, die bestimmte strukturelle Ähnlichkeiten aufweisen, z.B. Spektren chemischer Verbindungen. Objekte einer Klasse sind vom selben Typ.

Ein Objekt hat gewisse Merkmale, die zu seiner Beschreibung wichtig sind, z.B. das Molekulargewicht zur Charakterisierung eines Stoffes. Die Beschreibungsmerkmale nennt man *Kategorien, Attribute, Felder* ect. Die Liste aller vom Datenbankentwickler als relevant erachteten Beschreibungsmerkmale wird als *Kategorienschema* oder *Datenkatalog* bezeichnet. Die Daten, mit denen Objekte beschrieben werden, bezeichnet man als *Merkmalsausprägungen, Attributwerte* oder *Feldinhalte*. In der Sprache des Informatikers heißt das: Jedem entity-Typ kann man eine Reihe von Attributen, jedem konkreten entity dieses Typs eine entsprechende Reihe von Attributwerten zuordnen. Mit dieser Wertekombination wird das Objekt eindeutig beschrieben. Analog der Dokumentationseinheit zur Beschreibung eines Dokumentes sind die Merkmale zu einem Objekt (aus Benutzersicht) in einer *Dateneinheit* bzw. einem *Datensatz* zusammengefaßt. In *Abb. 3* sind die Datenstrukturen verschiedener Datenmodelle beispielhaft dargestellt.

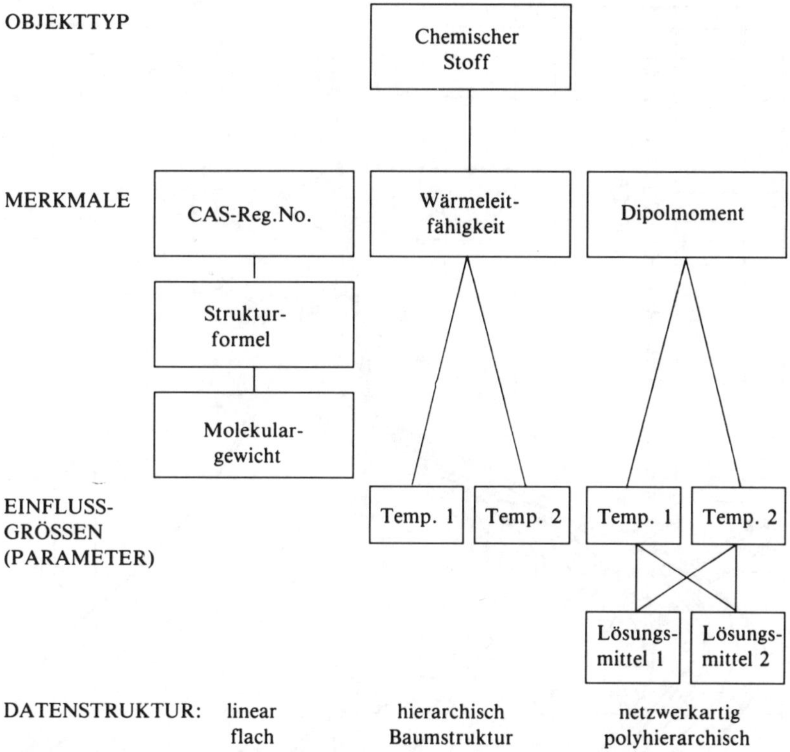

Abb. 3: Grundformen von Datenmodellen

In Wirklichkeit erweisen sich die einzelnen Objekttypen, Objektklassen und deren Beziehungen als sehr komplexe Gebilde, die nach einer logisch-empirischen Vorgehensweise durch immer weiteres Zerlegen in eine formale Struktur überführt werden, die dann als Modell die Wirklichkeit repräsentieren soll.
Am Beispiel Wärmeleitfähigkeit von Kupfer (Lit. 01.) wird deutlich, wie komplex ein relativ enger Ausschnitt der realen Welt sein kann. In der graphischen Darstellung *(Abb. 4)* sind die extrahierten Meßwerte für die Wärmeleitfähigkeit in Abhängigkeit von der Temperatur aus ca. 200 Zeitschriftenartikeln und technischen Berichten aufgetragen, wobei jedes Dokument durch eine Nummer an den entsprechenden Meßwerten markiert ist. Eine Datenevaluierung durch das Datenanalysezentrum CINDAS ergab die als Empfehlung (recommended) gekennzeichnete Kurve.

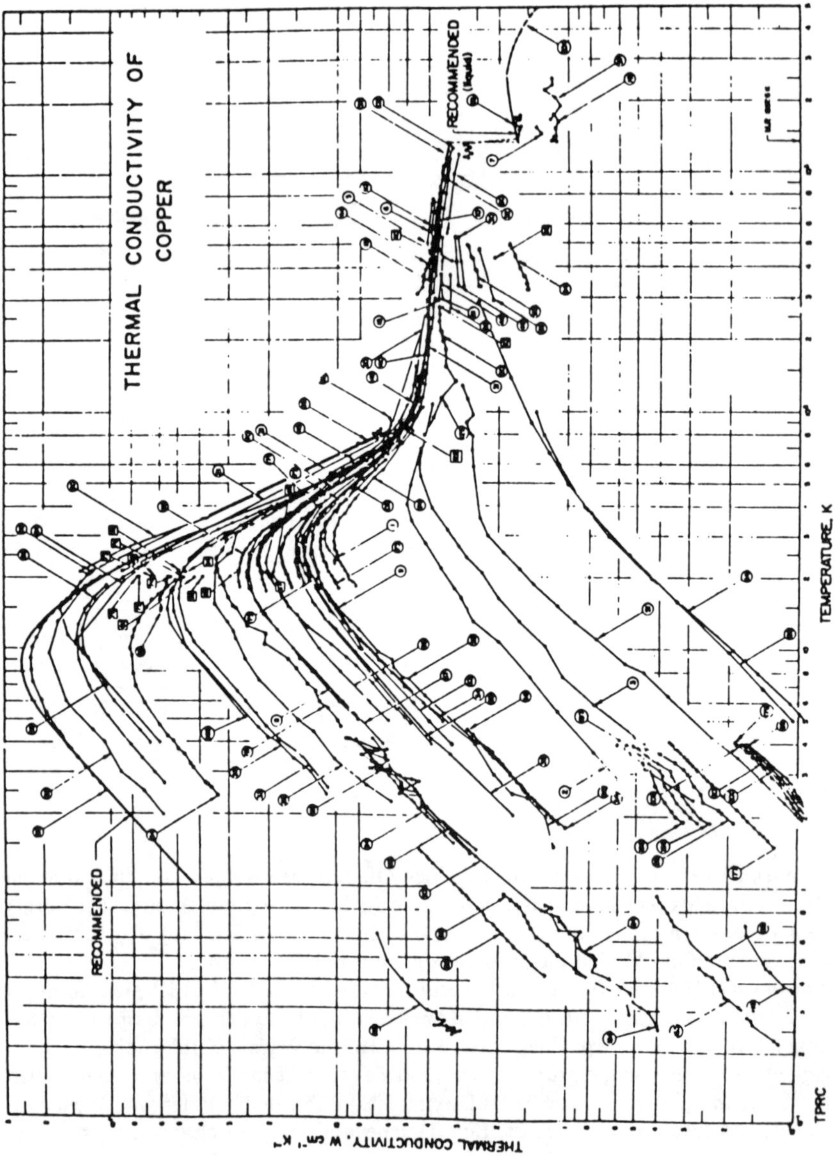

Abb. 4: Wärmeleitfähigkeit von Kupfer in Abhängigkeit von der Temperatur

In dem von Codd entwickelten *relationalen Datenmodell* können die Objekttypen in Form von Tabellen – *Relationen* genannt – dargestellt werden. Die Elemente einer Relation lassen sich anschaulich am Beispiel einer Werkstoff-Normtabelle erläutern *(Abb. 5)*:

- Zeile: Objekt/entity/Tupel/data entry
  hier: Werkstoff (Stahlsorte)
- Spalte: Merkmal/item/Attribut
  hier: mechanische Eigenschaft
- Unterspalte: Einflußgröße/Parameter mit Wertebereich
  hier: Geltungsbereich einer Eigenschaft
- Tabellenwert: Merkmalsausprägung/item value/ Attributwert mit Maßeinheit
  hier: numerischer Sollwert
- Fußnote: Zusätzliche Textinformation:
  1) zur gesamten Tabelle,
  2) zu einzelnen Eigenschaften (Spalten)
  3) zu speziellen Eigenschaftswerten

Mechanische Eigenschaften:

Stahlsorte		obere Streckgrenze K_H [2)]					Zugfestigkeit K_{ro} für Erzeugnisdicken in mm		
		≤ 16	> 16 bis ≤ 40	> 40 bis ≤ 60	> 60 bis ≤ 100	> 100 bis ≤ 150	≤ 60	> 60 bis ≤ 100	> 100 bis ≤ 150
Kurzname	Werkstoff-Nummer	N/mm² min.					für Erzeugnisdicken in mm N/mm²		
UH I	1.0348	195	185	175	–	–	280 bis 400	–	–
H I	1.0345	235	225	215	200	185	360 bis 480	360 bis 480	350 bis 480
H II	1.0425	265	255	245	215	200	410 bis 530	410 bis 530	400 bis 530
17 Mn 4	1.0481	290	285	280	255	230	460 bis 580	450 bis 570	440 bis 570
19 Mn 6	1.0473	355	345	335	315	295	510 bis 650	490 bis 630	480 bis 630
15 Mo 3	1.5415	275[3)]	270	260	240	220	440 bis 590	430 bis 580	420 bis 570
13 CrMo 4 4	1.7335	300	295	295	275	255	440 bis 590	430 bis 580	420 bis 570
10 CrMo 9 10	1.7380	310	300	290	270	250	480 bis 630	460 bis 630	460 bis 630

1) Für Erzeugnisdicken über 150 mm sind die Werte zu vereinbaren.
2) Wenn keine ausgeprägte Streckgrenze auftritt, gelten die Werte für die 0,2 %-Dehngrenze.
3) Für Erzeugnisdicken ≤ 10 mm gilt ein Mindestwert von 285/mm².

Abb. 5: Relation am Beispiel Normtabelle für Stähle (Auszug)

Ein Objekttyp in Form einer Relation repräsentiert selbst ein Datenmodell, da es die Beziehungen zwischen seinen Merkmalen (Attributen) beschreibt. Es wird *lineares* oder *flaches Datei-Modell* (flat file model) genannt, weil eine Tabelle flach, d.h. zweidimensional ist. Bibliographische Datenbanken sind typische Vertreter dieses Datenbanktyps.
Aufgabe eines *Datenbankmanagementsystems* ist es dann, für eine Implementierung eines solchen Datenmodells zu sorgen, indem die Strukuren des Modells in die physischen Strukturen des Speichers und die Operationen in physische Operationen des Rechners übersetzt werden. Das geschieht mit Hilfe von *Transformationsregeln*, die festlegen, wie die Objekte und Beziehungen auf konzeptueller Ebene in systeminterne Datensätze und Felder umgeformt werden und umgekehrt. Das *interne Modell* beschreibt die Ebene der Datenorganisation, d.h. die physische Speicherung der Daten. Für den Benutzer wiederum, der bestimmte Informationen abrufen möchte, ist das interne Modell der Daten ohne Interesse. Für ihn liefert das DBMS mittels anderer Transformationsregeln ein seinen Problemen adäquates *externes Modell*. In Verallgemeinerung des Begriffs des logischen Schemas einer Datei spricht man von der *Sicht* (view) der Benutzer auf die Daten (Lit. 03.).
Ein Datenbankmanagementsystem (DBMS) kann als eine Art *Spezifikationssprache* betrachtet werden für die Darstellung der realen Welt (quasi das Material und das Werkzeug, um z.B. ein Regal zu bauen). Das Datenbanksystem (DBS) ist eine konkrete Ausprägung des Datenmodells, das sind die fertigen Programme (in der entsprechenden Spezifikationssprache) für jenen Ausschnitt der realen Welt, der für den Anwendungsbereich relevant ist (quasi das fertige Regal für einen bestimmten Zweck). Werden mit einem solchen Programmsystem konkrete Daten zur Beschreibung des Weltausschnitts verwaltet und kontrolliert (Instanzierung), spricht man von einer *Datenbank* (quasi das mit Büchern zu einem Themenkreis gefüllte Regal).

D 9.4 Typologie

Ausgangspunkt für die Entwicklung einer Typologie ist die Ermittlung geeigneter, d.h. relevanter und anwendbarer Variablen (Merkmale, Aspekte), die zur Beschreibung von Informationssystemen verwendet werden können. Eine Analyse bisheriger Typologien von Staud (Lit. 04.), Swanson (Lit. 05.) und Wanger/Landau (Lit. 06.) zeigt eine überraschende Vielfalt an klassifikatorischen Ansätzen.
Wählt man den Aspekt ,,Suchprozeß" zur Differenzierung von Faktenbanken, ergibt sich eine relativ stabile Klassifizierung in zwei Gruppen:

- Bei der *statischen* Nutzung sind die Zielinformatinen explizit gespeichert (Datenretrieval). Die Suche erfolgt über Index-Dateien, vergleichbar mit dem Wörterbuch eines Information-Retrieval-Systems. Für Informationssysteme dieser Gruppe wurde die Bezeichnung *Faktenauskunftssysteme* gewählt.
- Bei der *dynamischen Nutzung* werden die Zielinformationen im Laufe des Suchprozesses erzeugt (Datenauswertung). Es handelt sich um *numerische Datenbanken*, die nach der Abfrage Berechnungen mit Hilfe von Auswertungsfunktionen ermöglichen. Daher wurde für diese Gruppe die Bezeichnung *Faktenverarbeitungssysteme* gewählt.

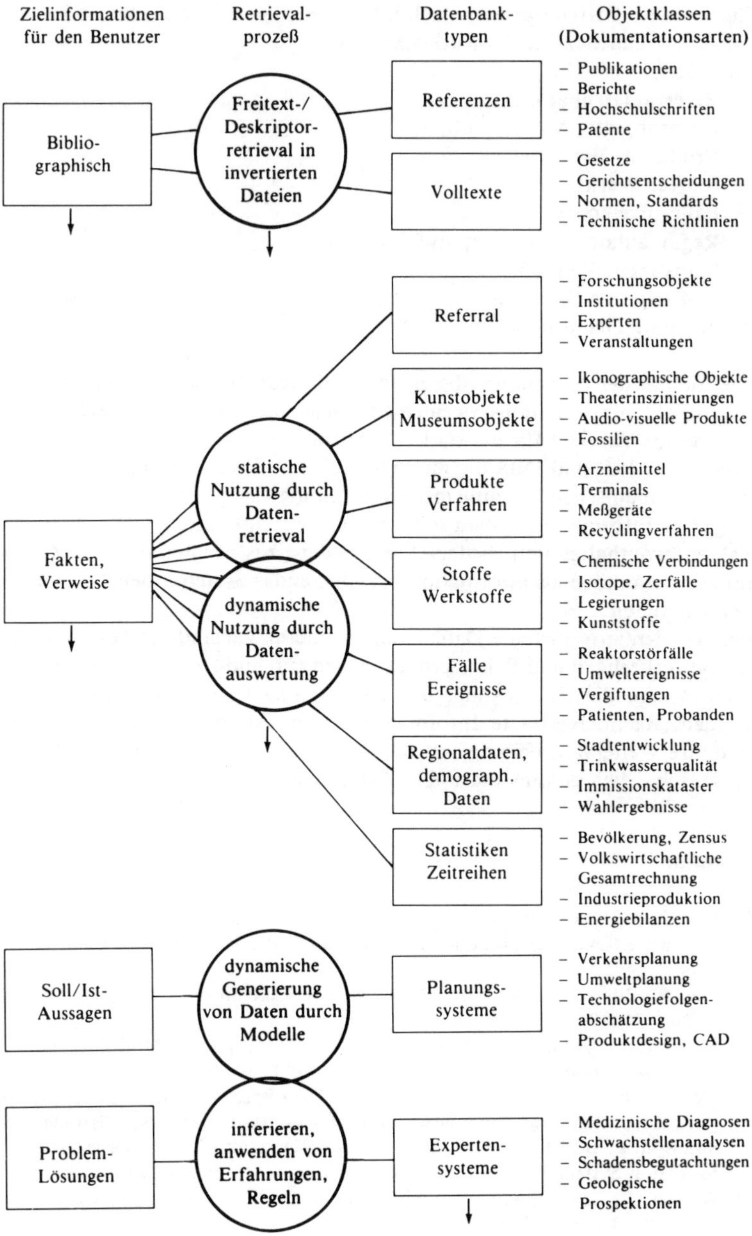

Abb. 6: Typologie von Informationssystemen

Eine weitere Differenzierung nach inhaltlichen Gesichtspunkten, d.h. nach den in Faktenbanken erfaßten Objektklassen, führt zu insgesamt sieben Datenbanktypen (Lit. 02.):
- Referraldatenbanken
- Kunstobjekte, Museumsobjekte
- Produkte, Verfahren
- Stoffe, Werkstoffe
- Fälle, Ereignisse
- Regionaldaten, demographische Daten
- Statistiken, Zeitreihen.

Abb. 6 zeigt die Datenbanktypen mit ihren Merkmalen: Objektklassen, Retrievalprozeß und Zielinformationen.

Die Vielfalt der Anwendungsbereiche macht deutlich, daß die komplexen Strukturen in Fakteninformationssystemen eine neue Generation von Datenbanksystemen erfordern. Während für die statische Abfrage eine Integration der Retrievalfunktionen von IRS und DBS die meisten Probleme lösen würde, gehen die Wünsche bei der dynamischen Nutzung mehr in Richtung CAE – Computer Aided Engineering. Das Informationssystem soll nicht nur als Dokumentationssystem Daten und Fakten bereithalten und wiedergeben, sondern zusätzlich mit integrierten Auswertungsprogrammen als informationsverarbeitendes System „neue“ Daten und Fakten generieren.
Objektorientierte verteilte Datenbanksysteme in Verbindung mit intelligenten Retrievalwerkzeugen und Benutzeroberflächen für Endbenutzer sind die Forschungsthemen, die die Entwicklung der Faktenbanken in naher Zukunft bestimmen werden. Rechnergestützte Informationssuche, Analyse der recherchierten Daten und ihre Weiterverarbeitung entwickeln sich damit zu einem integralen Bestandteil wissenschaftlich-dokumentarischer Tätigkeiten.

Literatur

01. HO, C. Y.; Powell, R. W.; Liley, P. I.: Thermal Conductivity of the Elements: A Comprehensive Review. In: Journal of Physical and Chemical Reference Data, Bd. 3, Suppl., 1974.
02. Mie, F.: Zur Terminologie und Typologie von Fakteninformationssystemen. In: Nachr. f. Dok. 36 (1985) H. 2, S. 66–72.
03. Schlageter, G.; Stucky, W.: Datenbanksysteme. Konzepte und Modelle. Teubner Studienbücher Informatik, Stuttgart: B. G. Teubner 1983.
04. Staud, J. L.: Online Retrieval in Numerical Data Bases. Pecularities and Examples. Universität Konstanz, Informationswissenschaft, Konstanz Sept. 1984 (Bericht 8/84).
05. Swanson, E. B.: The Application of Function Descriptors to the Development of an Information System Typology. In: Journal of the ASIS 28 (1977) H. 5, S. 259–267.
06. Wanger, J.; Landau, R. N.: Nonbibliographic On-line Data Base Service. In: Journal of the ASIS 31 (1980) H. 3, S. 171–180.

D 10 Wirtschaftsinformationen

Josef L. Staud

D 10.1 Einleitung und Begriffsklärung

Wirtschaftsinformationen sind Informationen für und über „die Wirtschaft". Im Kernbereich, wo sich die beiden Aspekte überlappen, wird für Wirtschaftspartizipanten aus dem Wirtschaftsgeschehen berichtet. Daneben spielt aber noch der darüberhinausgehende Aspekt des Berichtens „für die Wirtschaft" aus anderen Bereichen wie Rechtssprechung, Gesetzgebung, Wissenschaft, Technik, Sozialwesen, usw. eine wichtige Rolle. Dieses „für die Wirtschaft" scheint auch zu dominieren in den Vorstellung der großen Beratungsfirmen wie z.B. Knowledge Industry Publications, die in einer Marktanalyse zu „Business Information Markets 1982–87" Wirtschaftsinformation wie folgt klassifizieren: „Business information can be classified not only by medium (magazine, newsletter, book, etc.) but also how it is used in the decision-making process: for a transaction, for skills improvement" (Lit. 05., S. 1). Hier ist der gesamte Bereich abgedeckt und die Definition erfolgt über die Tätigkeit des in der Wirtschaft handelnden. Das Ziel von Wirtschaftsinformation ist dabei die informationelle Absicherung des im Wirtschaftsgeschehen tätigen und dementsprechend kann sie definiert werden.

Schwierigkeiten bereitet die konkrete Umsetzung der Definition, z.B. beim Versuch, Datenbanken zusammenzustellen mit Wirtschaftsinformationen. Nicht so sehr die engere Definition („über"). Hier werden einfach Informationen über das Wirtschaftsgeschehen, seine Objekte (Personen, Firmen, usw.), Subjekte (Produkte, Dienstleistungen, usw.), die Transaktionen und Austauschprozesse (Waren, Geld, Wertpapiere, . . .) zusammengepackt. Diese Informationen bilden Aspekte des Wirtschaftsgeschehens ab; sie modellieren, datenbanktechnisch gesprochen, einzelne Ausschnitte dieser „Welt". Weniger einfach verhält es sich mit der weiter gefaßten Definition („für"). Da die Definition nicht von direkten Eigenschaften der Information ausgeht, sondern sich auf deren (mögliche) Funktion beim wirtschaftlich handelnden bezieht, ist jede Abgrenzung subjektiv gefärbt. Z.B. im Bereich technisch-naturwissenschaftlicher Information. Wann ist eine Datenbank über Produkte noch eine Wirtschaftsdatenbank? Wenn sie nur Produktionsziffern angibt, auf Hersteller verweist oder auch noch, wenn sie die Zusammensetzung der Produkte (unter physikalischen oder chemischen Gesichtspunkten) angibt. Wird letzteres bejaht, wie steht es dann mit einer Datenbank über die kristalline Struktur?

Jede Abgrenzung ist hier schwierig. Sie wird etwas erleichtert durch ein weiteres Kriterium: Die Verständlichkeit der abgespeicherten Information für die in Leitungsfunktionen Tätigen. Informationen aus Datenbanken, die sehr viel „Fachwissen" erfordern, werden eher nicht zu den Wirtschaftsdatenbanken gezählt, als die anderen, die „vom Management" selbst verarbeitbar sind. Damit ergibt sich eine weitere Trennlinie: die zwischen „dem Ingenieur" (oder sonstigen Wissenschaftler) und seinen Informationsquellen und „dem Manager" mit den Datenbanken zur Absicherung seines Handelns.

In der Praxis des florierenden Marktes für Wirtschaftsinformation erweist sich dieses Problem allerdings als nicht so schwierig. Neue Märkte werden versuchsweise erschlossen und Produkte werden nur weitergeführt, wenn sie Absatz finden. So wird quasi täglich, durch das Marktverhalten, Wirtschaftsinformation neu definiert, beeinflußt von gesellschaftlichen, technologischen und wirtschaftlichen Entwicklungen. Man beobachte nur die ständigen Versuche, neue Zeitschriften, Öffentliche Datenbanken, Newsletter usw. auf dem Markt einzuführen.

Wirtschaftinformationen werden über eine Vielzahl von Medien angeboten. Neben gedruckten Veröffentlichungen wie Büchern, Zeitungen, Zeitschriften, Magazinen, Newsletter, Loseblatt-Werken (z.B. zu Steuern, Rechtssprechung, Gesetzgebung) werden in entsprechenden Marktanalysen auch „face-to-face services" wie Messen, Seminare und Konferenzen sowie Öffentliche Datenbanken genannt. Hier werden im folgenden die Öffentlichen Datenbanken (auch Online-Datenbanken genannt) im Vordergrund stehen. Sie stellen, als externe (vom Benutzer aus gesehen) und öffentlich verfügbare (deshalb die Begriffswahl „Öffentliche Datenbank") Informationsspeicher ein zentrales Instrument der Informationsversorgung dar mit unmittelbarem Bezug zum Dokumentationswesen.

Betrachtet werden nacheinander die hier auftretenden Informationstypen zusammen mit ihren Retrievalprozessen, die Datenbanktypen und die derzeit abgedeckten Themen. Abschließend wird ein Blick auf die mögliche zukünftige Entwicklung geworfen.

Der Begriff „Informationstyp" wird weitgehend synonym zum datenbanktechnischen Begriff „Datentyp" verwendet. Miteinbezogen werden allerdings Informationstypen wie Graphiken, chemische Strukturformeln, Daten physikalischer Modelle und andere (alle die als „Ausprägungen" von Datentypen bzw. Datenmodellen auftreten), die in Öffentlichen Datenbanken eine wichtige Rolle spielen, die aber nicht ohne weiteres unter den Begriff des Datentyps gefaßt werden können (vgl. näheres hierzu in Lit. 13.; Lit. 14.).

D 10.2 Informationstypen

Erfassung von Information bedeutet immer auch die Notwendigkeit, Information in eine Form zu bringen, die von möglichen Kommunikationspartnern verstanden wird. Geschieht dies zusätzlich für Datenbanken, müssen darüberhinaus Formen gefunden werden, die der gegenwärtigen Datenbanktechnologie entsprechen. In der heutigen Situation bedeutet dies immer noch in erster Linie eine Erfassung durch Attribute (der Begriff wird unten erläutert) und durch Texte. Daneben finden sich aber in öffentlichen Datenbanken (und gerade da) eine Vielzahl weiterer sehr unterschiedlicher Informationstypen. Diese sollen, soweit sie Wirtschaftsinformationen betreffen, ebenfalls betrachtet werden. Texte stehen, da dieses Kapitel im Bereich „Daten-/Faktenspezifische Systeme" angesiedelt ist, hier nicht im Vordergrund. Diese Informationstypen werden hier aus zwei Gründen betrachtet: erstens, weil sie die Abspeicherung, das Retrieval und – vor allem – die möglichen Verarbeitungsschritte der jeweiligen Daten weitgehend festlegen und zweitens, weil damit eine strukturell orientierte Typisierung der Online-Datenbanken möglich wird.

D 10.2.1 Attribute und Merkmale

In der Datenbankliteratur werden Attribute, soweit sie überhaupt definiert werden, entweder mit Merkmalen gleichgesetzt (vgl. Lit. 09., S. 15), mit Beispielen als Felder (eines Datensatzes) definiert (Lit. 01., S. 7) oder vom (umgangssprachlichen) Eigenschaftsbegriff abgeleitet. Dabei werden ,,Entities" definiert (in Übernahme des ,,entity-Begriffs" der angelsächsischen Datenbankliteratur), womit ,,wohlunterscheidbare Dinge, welche in der realen Welt existieren" bezeichnet werden. Die Eigenschaften dieser ,,Entities" werden dann als ,,Werte" (vom englischen ,,value") bezeichnet, die Zusammenfassung aller Werte einer Eigenschaft wird Wertebereich und die so mit Wertebereich und Entities definierten Eigenschaften werden Attribute genannt (vgl. zum Zitat und beispielhaft für diese Ableitung Lit. 18., S. 39).

Etwas abweichend, wenn auch im grundsätzlichen übereinstimmend, definieren Tsichritzis/Lochovsky (Lit. 16.). Ausgehend vom Mengenbegriff definieren sie ,,domains" als Mengen mit einer bestimmten homogenen Struktur: ,,There are some sets whose members are more or less homogeneous: for example, the set of integers between 10 and 20, the alphabetic strings of length up to 20, and so forth. These homogeneous sets are called domains in data modeling. Domains are used as sets of values from which certain sementically meaningful objects and their properties can take values over time." (Lit. 16., S. 23) Sie kommen dann zu der folgenden Definition des Attributsbegriffs: ,,A named domain that represents a semantically meaningful object is called an *attribute* and represents the intension of the domain (e.g., Salary). The extension of the domain corresponds to *(attribute) values* (e.g., salary values). Attributes and their values are interpretations of real-world objects and their properties." (Lit. 16., S. 24)

Das Konzept der Attribute stellt damit einen zentralen Aspekt unserer Wahrnehmung dar. Wenn wir Realität wahrnehmen oder, um in der Sprechweise der Datenbanktheorie zu bleiben, einen Weltausschnitt modellieren, nehmen wir zuerst Eigenschaften und Dinge wahr. Die Eigenschaften über die Dinge, die Dinge über die Eigenschaften. Es ist daher nicht überraschend, daß dieser Mechanismus auch in der Erstellung einer Datenbank (Modellierung eines Weltausschnitts) eine Rolle spielt.

In der Statistik und der Meßtheorie ist ein ähnliches, wenn auch stärker ausgearbeitetes Konzept vorhanden, das des Merkmals. Merkmale (s. *Abb. 1*) werden einem bestimmten Weltausschnitt (einer Menge von Objekten: Grundgesamtheit oder Objektklasse) zugeweisen bzw. auf ihn angewandt. Diese Zuweisung bedeutet eine Klassenbildung in einem bestimmten Weltausschnitt. Diese Klassenbildung muß zu disjunkten (sich gegenseitig nicht überlappenden) Teilmengen führen. Jede dieser Teilmengen wird durch eine Merkmalsausprägung klassifiziert, die Zuweisung der Merkmalsausprägungen zu diesen Klassen wird als Messung bezeichnet. Damit ergibt sich für die zugrundeliegende Objektklasse, daß alle Objekte durch das Merkmal meßbar sein müssen.

Einfache Beispiele sind das Merkmal Geschlecht in bezug auf die Objektklasse Menschen mit den Ausprägungen männlich und weiblich und das Merkmal Gehalt in bezug auf die Objektklasse, die aus den Angestellten einer Organisation besteht. Auf dieselbe Weise, wie damit beliebigen Objekten Merkmale zugeordnet werden können, ist dies für die Merkmale selbst der Fall. Eines führt zu der Einteilung von

Merkmalen in qualitative, rangmäßige und quantitative Merkmale (auf die weiteren Ausprägungen wird hier verzichtet). *Qualitative Merkmale* erfassen nur die Gleichheit bzw. Ungleichheit von Objekten, so daß nur die Gleich/Ungleich-Relation betrachtet werden kann. Die Ausprägungen eines solchen Merkmals sind nicht numerisch, sondern begrifflich („männlich/weiblich"), sie werden allerdings für die statistische Verarbeitung oft numerisch vercodet. *Rangmerkmale* liefern zusätzlich Informationen über eine bestimmte Rangfolge zwischen den betrachteten Objekten d.h. hier kann auch noch die kleiner/größer-Relation bestimmt werden. Die Ausprägungen sind hier oft begrifflich, z.B. „sehr gut/gut/ . . .", sie können aber auch auf jede Zahlenfolge abgebildet werden, welche die Ordnungsrelation erfüllt. Am weitesten verbreitet außerhalb der Textdatenbanken sind *quantitative Merkmale* mit ihren numerischen Ausprägungen. Sie können weiter danach unterschieden werden, welche Operationen in ihrem Zahlenraum zulässig sind (vgl. für eine fundierte Darstellung Lit. 06.).
Zu einem Merkmal gehören also, neben der Merkmalsbezeichnung, die Merkmalsausprägungen und die Angabe der jeweiligen Objektklasse.

Informationen als Merkmale zu erkennen hat verschiedene Konsequenzen. Eine betrifft das Retrieval dieses Informationstyps (vgl. unten), eine andere hängt mit den Möglichkeiten der rechnerischen und statistischen Verarbeitung zusammen: Aufprägungen qualitativer Merkmale (Nominaldaten) können nicht addiert, multipliziert, usw. werden. Es ist sinnlos, den Mittelwert von 1 und 2 zu berechnen, wenn 1 „weiblich" und 2 „männlich" bedeutet. Dementsprechend sind auch für die übrigen Merkmaltypen nur bestimmte mathematische und statistische Operationen erlaubt.
In der Regel wird bezüglich einer ausgewählten Objektklasse nicht nur ein Merkmal erhoben, sondern mehrere. Insbesondere gilt dies, wenn ein Ziel die statistische Analyse der erhobenen Daten ist und, zum Beispiel, Beziehungen zwischen mehreren Merkmalen von Interesse sind. Ist die Erhebung sinnvoll angelegt, kann jedem Objekt für jedes Merkmal jeweils eine Merkmalsausprägung zugeordnet werden. Ein solches Datenmodell wird *Merkmalsraum* (oder mehrdimensionales Merkmal) genannt. (vgl. auch Kap. C 4)

Die meisten der gegenwärtig in Faktenretrievalsystemen zur Verfügung gestellten numerischen Informationen bestehen aus *aggregierten Daten*. Eine Aggregation bezieht sich auf Merkmalsinformationen im Sinne eines Merkmalsraumes. Dabei wird von der Vielfalt der Merkmalsausprägungen abstrahiert, indem Objekte mit bestimmten Ausprägungstupeln zusammengefaßt werden, z.B. zu nur noch zwei Kassen (bezüglich eines Merkmals) (Dichotomisierung). Dabei erfüllen die Merkmale hier eine unterschiedliche Funktion. Merkmale, die zur Zusammenfassung benutzt werden, sind meist qualitativer Natur. Z.B. wird dann aus einer 30-teiligen Brancheneinteilung eine dreiteilige. Die damit verbundene Gruppenbildung muß alle Objekte erfassen. Sie führt zu disjunkten Teilmengen. Die übrigen Merkmale, die zusammengefaßt werden müssen, müssen nun für die Teilmengen neu bestimmt werden. Sie müssen also von einem Typ sein, der die Zusammenfassung erlaubt. Meist sind sie quantitativ, wodurch Summen, Durchschnitte, usw. berechnet werden können.

Abb. 1: Zum Merkmalsbegriff

- Merkmale werden auf einen Weltausschnitt „angewandt", bestimmte Objekte des Weltausschnitts werden mit ihnen „gemessen".
- Als Messung wird die Zuordnung der Objekte des Weltausschnitts zu den Merkmalsausprägungen bezeichnet. Die mit ihr zusammenhängenden Fragen sind Gegenstand der Meßtheorie.
- Die „Messung" durch solch ein Merkmal führt zu einer Klassenbildung innerhalb der betrachteten Objekte. Die dabei entstehenden Teilmengen müssen disjunkt sein und alle Objekte umfassen.
- Die Charakterisierung der Objekte einer solchen Klasse wird ihre Eigenschaft genannt. Sie entspricht einer Merkmalsausprägung.
- Merkmale von Merkmalen (Meß- oder Skalenniveau):
  - qualitative Merkmale/Nominalskalen
  - rangmäßige Merkmale/Rangskalen
  - quantiative Merkmale
    - intervallskaliert
    - ratioskaliert

Beispiel: Objekte seien Geschäftsabschlüsse von Unternehmen eines Wirtschaftszweiges des Produzierenden Gewerbes.

Mögliche Merkmale:

„Ziel des Abschlusses" mit den Ausprägungen	– Inland – Ausland
„Art des Abschlusses" mit den Ausprägungen	– Kauf – Verkauf
Umfang des Abschlusses" mit den Ausprägungen	– Betrag in DM
„Zeitpunkt des Abschlusses" mit den Ausprägungen	– Datum des Vertragsabschlusses

Sehr viele Wirtschaftsdatenbanken bestehen aus *Zeitreihen* (meist aus aggregierten Werten). Auch diese beruhen auf Merkmalen, wobei das Merkmal „Zeitpunkt" eine besondere Rolle spielt. Eine nähere Beschreibung dieses Informationstyps findet sich im Kap. C 4 Statistische Informationen.

D 10.2.2 Nomenklaturen

Im gesamten Bereich der Wirtschaftsinformationen spielt ein weiterer auf dem Merkmalsbegriff aufbauender Informationstyp eine wichtige Rolle: Nomenklaturen. Sie beruhen auf den vielfältigen, z.T. schon sehr alten und vor dem Entstehen der EDV benutzten Werkzeugen zur mehrstufigen Klassifikation von Objekten. Beispiele im Wirtschaftsbereich sind die Produktklassifikationen der UN für den Aussenhandel (SITC: Standard International Trade Classification) oder die NIMEXE-Klassifikation der EG.

Nomenklaturen bestehen, bei der hier gewählten Sichtweise, auf der obersten Ebene aus einem qualitativen Merkmal mit allen Konsequenzen (Bildung disjunkter

Abbildung 2: Auszug aus der NIMEXE-Nomenklatur

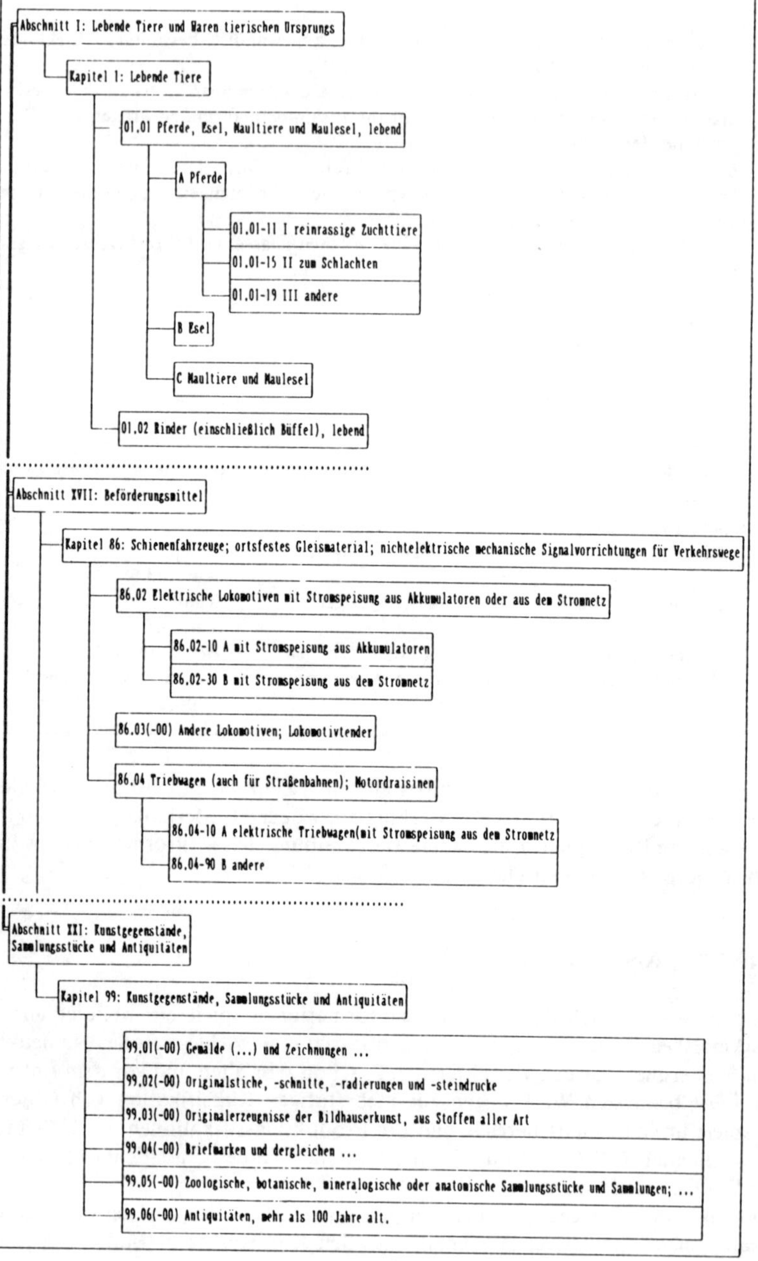

Klassen, . . .). Im Unterschied zu qualitativen Merkmalen werden hier nun aber weitere Ebenen der Klassifizierung eingerichtet. Jede Ausprägung des ,,obersten" Merkmals wird wiederum unterteilt, gemäß den Anforderungen qualitativer Merkmale. D.h. jede Ausprägung wird zu einem Merkmal für die darunterliegende Ebene, so daß die disjunkte Menge der ersten Ebene wiederum (alle Objekte umfassend) in disjunkte Teilmengen aufgeteilt wird. Dieser Prozeß kann fortgesetzt werden. Viele Nomenklaturen im Bereich der Wirtschaftsinformation weisen bis zu 4 oder 5 Ebenen auf.

Abb. 2 gibt einen Auszug aus der NIMEXE-Nomenklatur an. Sie dient zur Auswahl von Produktgruppen für den Außenhandel der EG. Dieses ,,Warenverzeichnis für die Statistik des Außenhandels der Gemeinschaft und des Handels zwischen Mitgliedstaaten (NIMEXE)" liegt als Veröffentlichung der EG in gedruckter Form vor (Amtsblatt der Europäischen Gemeinschaften, L 366, 25. Jahrgang, 27. 12. 1982, (Ausgabe in deutscher Sprache) Rechtsvorschriften, ,,Verordnung (EWG) Nr. 3407/82 der Kommission vom 16. Dezember 1982 zur Änderung des Warenverzeichnisses für die Statistik des Außenhandels der Gemeinschaft und des Handels zwischen ihren Mitgliedstaaten (NIMEXE)"). Sie ist mehrstufig und erreicht auf der untersten Ebene eine hohe Feingliedrigkeit.

D 10.2.3 Texte in Faktendatenbanken

Auch wenn sie im Bereich der Wirtschaftsinformation außerhalb des Literaturbereichs nicht eine zentrale Rolle spielen, tauchen Texte doch in vielerlei Form in Faktendatenbanken auf. Zum einen als längerer Text, der einen Auszug aus entsprechendem Quellmaterial (z.B. aus Geschäftsberichten) darstellt. Dies können dann mehrere Datensätze sein (vgl. z.B. die TEXTUAL ABSTRACTS in der Datenbank Predicasts Annual Reports Abstracts). Zum anderen auch in Form eines kurzen Kommentars, mit einer fixierten Feldlänge. Hier liegt meist auch eine inhaltliche Einschränkung vor (Kommentare zum Geschäftsjahr des Unternehmens, usw.).
In beiden Fällen liegt jedoch eine weniger tiefe Strukturierung vor als bei den oben angeführten (Fakten-)Informationstypen. Retrieval in diesen Feldern, soweit er hier überhaupt angeboten wird, unterliegt den gleichen Gesetzen wie der sonstige Textretrieval.

D 10.2.4 Grafik

Auch graphische Darstellungen finden zunehmend Berücksichtigung in Wirtschaftsdatenbanken. Ein erstes Beispiel liegt mit der graphischen Wiedergabe von Warenzeichen in der Datenbank TRADEMARKSCAN(R) vor (vgl. die Datenbankbeschreibung von Dialog Informations Services, Inc. für einen Beispielsdatensatz). Auf ähnliche Weise werden in Patentdatenbanken auch Graphiken zu Patentzeichnungen erfaßt.

Davon zu unterscheiden ist die graphische Darstellung recherchierter Daten. Diese liegt schon länger für geeignete Informationstypen vor, z.B. für statistische Daten und für chemische Strukturformeln.

Eine höher entwickelte Form der Erschließung von Grafik ist erst in der nächsten Generation von Datenbanksystemen zu erwarten und wird in Öffentlichen Datenbanken noch länger auf sich warten lassen. Gemeint ist die Bereitstellung der Graphik als Datentyp, was sich z.B. so äußern könnte, daß mit Teilen einer Graphik recherchiert werden kann.
Die bei Chemiedatenbanken zum Teil vorliegende Möglichkeit, den Suchbegriff (die Strukturformel) als Graphik zu erzeugen und einzugeben, spielt hier keine Rolle, da Chemiedatenbanken nicht zum engeren Bereich der Wirtschaftsdatenbanken gezählt werden und weil sie in diesem Handbuch an anderer Stelle betrachtet werden (vgl. Kap. D 11).
Abb. 3 faßt die derzeit in Wirtschaftsdatenbanken vorliegenden Informationstypen zusammen. Betont wurde hier auch der Unterschied zwischen dem Modellierungswerkzeug (Merkmal, Merkmalsraum, . . .), der Metainformation und der eigentlichen Information. Letztere (z.B. die „Ausprägungen") wird in der Datenbank abgespeichert und steht für Retrieval und Ausgabe zur Verfügung. Die Metainformation wird entweder im Dateiverzeichnis oder Data Dictionary festgehalten oder sie wird zusammen mit dem Eintrag abgespeichert. Das Wissen um den Daten- oder Informationstyp bzw. das Datenmodell betrifft die semantische Ebene, die in den derzeitigen öffentlichen Datenbanken noch nicht Berücksichtigung findet.

Die Aufnahme weiterer strukturierter (durch eine formale Sprache beschreibbarer) und unstrukturierter Informationstypen auch in Öffentliche Datenbanken ist zu erwarten. Ein ganzer Bereich der gegenwärtigen datenbanktheoretischen Diskussion beschäftigt sich mit den Problemen, die bei der datenbankmäßigen Erfassung und Verwaltung von Graphiken (strukturiert und unstrukturiert), Satellitenbildern, CAD-Zeichnungen, Objekten der Büromodellierung, Bildern, Plänen von Integrierten Schaltkreisen, um nur einige zu nennen, zu lösen sind.

Abb. 3: Informationstypen in gegenwärtigen Wirtschaftsdatenbanken

Ausprägungen von Attributen
Ausprägungen einfacher Merkmale (mit einer festgelegten Menge möglicher Ausprägungen, dem Wertebereich)
Ausprägungen von Merkmalsräumen (mit einer festgelegten Menge möglicher Ausprägungen für jedes Merkmal und mit Kombinationen dieser Ausprägungen)
Ausprägungen von Nomenklaturen (mit einer festgelegten Menge hierarchisch gestufter Ausprägungen).
Text (als Lang- oder Volltext)
Inhalte formatierter Felder (kurzer Text mit fixierter Länge und inhaltlich eingeschränkten Einträgen)
Graphiken (zur Ausgabe)

D 10.3 Retrieval

D 10.3.1 Retrieval von Attributen und Merkmalen

Das Retrieval von Merkmalen ist dadurch gekennzeichnet, daß die Menge der „möglichen Werte", d.h. der Merkmalsausprägungen, eingeschränkt ist. Dies können sehr wenige sein, z.B. beim qualitativen Merkmal „Meldeland" der Datenbank

CRONOS-FRIC (s.u.) oder sehr viele, z.B. bei den „Partnerländern" derselben Datenbank. Immer aber ist die Menge der möglichen Ausprägungen abgrenzbar. Das Retrieval erfolgt dann mit Hilfe der Bezeichnung des Merkmals, der Angabe einer Merkmalsausprägung und dem Abgleich des eingegebenen Ausprägungswerts mit den tatsächlichen Feldeinträgen durch die Retrievalsprache. In der Realität werden allerdings oft mit dem Eintrag auch der Merkmalsname und weitere spezifizierende Information abgespeichert, was das Retrieval vom Abgleich zweier Zeichenketten („gleich/ungleich") in Richtung der eher für Textinformation typischen Zeichenkettensuche (prüfen, ob eine kurze Zeichenkette in einer längeren enthalten ist) hin verändert. (Vgl. weitere Ausführungen hierzu in Lit. 15.)

Typisch für qualitative Merkmale, wie auch und vor allem für die weiter unten diskutierten Nomenklaturen und Merkmalsräume, sind Verzeichnisse der zulässigen Ausprägungen (z.B. Codepläne). Diese dienen der Fixierung der zulässigen Werte und sind eine wichtige Hilfe bei der Recherche. Leider stehen sie im Regelfall noch nicht online zur Verfügung.

Eine gewisse Modifikation ergibt sich, wenn die Menge der Merkmalsausprägungen nicht grundsätzlich, sondern nur zu einem bestimmten Zeitpunkt als abgeschlossen betrachtet werden kann. Zum Beispiel die Namen der Datenbanken in einem Datenbankverzeichnis, die Namen der Firmen in einer Firmendatenbank, usw. Dies sind meist Merkmale mit Schlüsselcharakter (im datenbanktechnischen Sinn).
Ganz ähnliches gilt für Attribute, nur daß hier der kategoriale Aspekt lediglich auf dem Mengenbegriff, der Bildung des kartesischen Produktes von Mengen und der Auswahl einer Teilmenge daraus beruht und nicht auf semantischen Überlegungen.

Für qualitative Merkmale stehen beim Retrieval der Gleichheitsoperator und die logischen Operatoren zur Verfügung. Alle Merkmale mit höherem Skalenniveau erlauben die Anwendung weiterer Operatoren auf die Merkmalsausprägungen. Dies wirkt sich auch auf den Retrievalprozeß aus. So kann z.B. bei Rangmerkmalen zusätzlich der kleiner/größer-Operator in der Suchfrage verwendet werden. Liegt z.B. ein Feld (Rangmerkmal) JAHR vor, können auch (z.B.) Dokumente mit der Eigenschaft JAHR > 1986 gesucht werden. Diese Ausweitung der verwendbaren Operatoren gilt grundsätzlich auch bei höheren Skalenniveaus. Werden z.B. die Abstände zwischen den Ausprägungen (Intervalle einer Skala) interpretierbar, könnte durchaus damit recherchiert werden. Zum Beispiel, indem bei Firmeninformationen nach den Unternehmen (direkt) recherchiert wird, bei denen der Quotient aus dem Jahresumsatz und der Zahl der Beschäftigten einen bestimmten Wert übersteigt. Dies geschieht aber derzeit noch nicht. Die höheren Skalenniveaus (hier als „quantitative Merkmale" zusammengefaßt, vgl. für eine weitere Aufgliederung die Literatur zur sozialwissenschaftlichen Methodenlehre, z.B. Lit. 07.) gewinnen vor allem Bedeutung für die Verarbeitung der recherchierten Information. Dies spiegelt eine wichtige „Arbeitsteilung" zwischen den Merkmalen eines Datensatzes wieder: die qualitativen und rangmäßigen Merkmale dienen der Ansteuerung der Information, die Werte der quantitativen werden ausgegeben.

D 10.3.2 Retrieval in und mit Nomenklaturen

Für Nomenklaturen gelten ähnliche Regeln wie für Merkmale. Die Menge der möglichen Ausprägungswerte ist auf jeder Ebene immer angebbar. Der Retrievalprozeß könnte nun dahingehend unterstützt werden, daß dem System die gesamte Baumstruktur und die Stellung der zuletzt eingegebenen Ausprägung in der Struktur bekannt ist. Damit wäre es möglich, in einem Schritt die jeweils übergeordnete oder eine der untergeordneten Klassen (den übergeordneten oder einen der untergeordneten Knoten) anzusprechen. Dies wird allerdings von den gegenwärtigen Systemen noch nicht geleistet. Ähnlich wie bei Merkmalen ganz allgemein, spielen auch bei Nomenklaturen schriftliche (oder online aufliegende) Verzeichnisse eine entscheidende Rolle. Wünschenswert wäre, daß diese (ähnlich einem Thesaurus in Referenzretrievalsystemen) während der Recherche zum „vertikalen und horizontalen Blättern und Suchen" zur Verfügung stünden.

D 10.3.3 Retrieval von Text

Alle Faktendatenbanken, die Texte enthalten und dies nicht nur zur Ausgabe (wie viele Faktendatenbanken), sondern auch zum Retrieval, erlauben die Suche nach der in den Texten enthaltenen Information mit Hilfe der üblichen Verfahren des Textretrieval, die in diesem Handbuch an anderer Stelle beschrieben werden. Dies gilt gleichermaßen für Texte in Faktendatenbanken, in Volltextdatenbanken, wie in bibliographischen, obwohl hier ein Unterschied hinzukommt: in Fakten- und Volltextdatenbanken beschreibt der Text ein Objekt (oder mehrere) direkt, in bibliographischen Datenbanken beschreibt der Text als Kurzreferat den Text, der erst auf den oder die gesuchten Objekte verweist.
Im Falle eines Textes liegt keine Vorstrukturierung vor, die über die durch die Sprache selbst gegebene hinausgeht. Die Suche nach den im Text enthaltenen Informationen muß sich der üblichen, auf der Kombination von Begriffen beruhenden Suchtechniken bedienen, auf der (technischen) Basis der Zeichenkettensuche („string search"), mit Hilfe invertierter Listen oder neuerer Techniken. Ähnliches gilt für kurze Felder, die meist *eine* textlich formulierte Information enthalten. Auch sie sind nur inhaltlich, bzw. in ihrem Bezug (zu einer anderen Information), festgelegt. Darüberhinaus wird textlich gefaßten Informationen oftmals durch inhaltliche und formale Kategorien eine „Struktur aufgedrückt". Da dies aber die Ebene der Datensätze betrifft und nicht die der einzelnen Felder (Informationstypen), spielt es hier, wo Texte nur als Teil einer faktenmäßigen Beschreibung betrachtet werden, keine Rolle.
In *Abb. 4* sind die Beschreibungen der einzelnen Retrievalprozesse vergleichend zusammengestellt.

Abb. 4: Retrieval unterschiedlicher Informationstypen

Informationstyp	Retrieval mit der Hilfe . . .
Voll- bzw. Langtext	. . . des Textes sowie inhaltlicher und formaler Kategorien.
Formatiertes Feld	. . . der Einträge im Feld.
Einzelmerkmal	. . . der Bezeichnung des Merkmals, *dem Wissen um die Menge und Struktur der Merkmalsausprägungen* sowie mit den Ausprägungen selbst.
– Schlüssel	(wie oben; mit der Besonderheit, daß jedes Objekt mit einer einmaligen Aurprägung (skombination) (Merkmale oder Attribute) versehen ist.)
Nomenklatur	. . . der Bezeichnung der Nomenklatur, der einzelnen Werte bzw. Ausprägungen *sowie mit dem Wissen um die Stellung einer Ausprägung in der Baumstruktur der Nomenklatur.*
Merkmalsraum	. . . der Bezeichnung des Merkmalsraumes und einer Kombination von Merkmalsausprägungen in Bezug auf die Auswahl- und Ausgabemerkmale.
– Rohdaten	(wie oben; mit der Besonderheit, daß alle Merkmale zur Auswahl und Ausgabe nutzbar sind).
– aggregierte Merkmale	(wie oben; mit der Besonderheit, daß bestimmte Auswahl- und Ausgabemerkmale festgelegt sind)
– Zeitreihen	(wie oben; mit bestimmten Auswahl- und Ausgabemerkmalen und den Zeitpunkten als Auswahlmerkmal).
Graphiken	. . . von Merkmalen/Attributen, mit denen die Graphik beschrieben wird *und mit Teilen der Graphik.*
Formalismen	. . . der Ausprägungen des Formalismus, der Kenntnis um seinen Zeichensatz, seine Syntax, usw.
mathematisch – naturwissenschaftliche Modelle	. . . von Basiswerten, die das Modell konstituieren und Werten, die auf Grund des Modells bestimmt wurden, basierend auf der Spezifikation des Modells durch Gleichungssysteme.

Anmerkung: Kursiv gesetzte Texte beschreiben Retrievaltechniken, die in den gegenwärtigen Systemen noch nicht realisiert sind, deren Realisierung aber auf Grund der Eigenschaften des Informationstyps wünschenswert ist (vgl. die Erläuterungen im Text). Die zwei letztgenannten Informationstypen werden hier nicht diskutiert, da sie nicht zum zentralen Bereich der Wirtschaftsinformationen gehören (vgl. Lit. 13.; Lit. 14.) für nähere Ausführungen).

D 10.4 Typen von Wirtschaftsdatenbanken

Alle oben eingeführten Informationstypen finden sich in mehr oder weniger großer Häufigkeit und in verschiedenen Formen in Wirtschaftsdatenbanken. Im folgenden wird nun die Ebene der Informationstypen verlassen und betrachtet, in welcher Form (Zusammenstellung) sie sich in den Strukturen der Datenbanken wiederfinden.

Was für die klassische Datenbank gilt, hat auch hier Bedeutung: jede Online-Datenbank modelliert einen bestimmten Weltausschnitt bzw. repräsentiert einen bestimmten Wissensbereich (vgl. hierzu die Literatur zur Datenmodellierung bzw. zum „Conceptual Modeling“, beispielhaft Lit. 16.; Lit. 17. (einführend); bezüglich neuerer Ansätze Lit. 02. („Conceptual Modeling“) sowie Lit. 03. („Object-Oriented Database Systems“)). Im Gegensatz zu den konventionellen Datenbankanwendungen und in großer Nähe zu den seit einigen Jahren verstärkt diskutierten „nicht-konventionellen“ Datenbankanwendungen (vgl. z.B. die in den GI-Fachtagungen „Datenbanksysteme in Büro, Technik und Wissenschaft“ vorgestellten Systeme (Lit. 08.)) werden Wirtschaftsdatenbanken (wie Öffentliche Datenbanken ganz allgemein) nur teilweise mit Attributen und unter Verwendung eines der üblichen Datenmodelle erstellt, sondern mit anderen Informationstypen, Datenmodellen und Datensatzstrukturen. Die hier zur Modellierung verwendeten Werkzeuge sind (neben Attributen, die immer und grundsätzlich eine wichtige Rolle spielen) auch Merkmale, Merkmalsräume, Nomenklaturen, Graphiken, Texte.

Die im folgenden dargestellt Typisierung beruht im wesentlichen auf den in den einzelnen Datenbanken vorkommenden bzw. dominierenden Informationstypen.

D 10.4.1 „One-Record-Databases“ und Datenbanken ohne Datensätze

Auffallend an der Modellierung Öffentlicher Datenbanken im allgemeinen und von Wirtschaftsdatenbanken im besonderen ist, daß sie, soweit sie überhaupt datensatzorientiert sind, *jedes Objekt und alle mit ihm zusammenhängenden Informationen mit jeweils einem Datensatz beschreiben bzw. darstellen.* Es wird quasi (in der Sprache der relationalen Datenbanktheorie) eine unnormalisierte Universalrelation in einen Datensatz gepackt. Somit entstehen nicht mehrere Relationen, die unter Vermeidung von Redundanz und (Update-, Delete-, Insert-) Anomalien den Weltausschnitt beschreiben. Der Grund für diese Struktur dürfte in der Absicht liegen, den Benutzern eine möglichst einfache Struktur anzubieten, denn es ist einfacher, auf einen Datensatz zuzugreifen, als mehrere (Relationen) in der Abfrage miteinander in Beziehung zu setzen (vgl. beispielhaft SQL mit DIALOG). Es versteht sich von selbst, daß eine solche Struktur meist nur für den Benutzer erzeugt wird. Intern liegt, wie eine Befragung des Verfassers im Sommer 1988 ergab, oftmals eine andere Struktur vor, z.B. eine normalisierte oder eine andere, die, abhängig vom jeweiligen Datentyp, eine einfachere Verwaltung erlaubt.

Diese Regel der „Ein-Datensatz-Struktur“ durchbrechen einige Wirtschaftsdatenbanken, bei denen für unterschiedliche Informationstypen jeweils ein Datensatz vorliegt. Sie sind v.a. im Bereich der Firmeninformation anzutreffen und verbinden faktenmäßige Information mit textlicher und statistischer. Diese Integrierten Datenbanken, wie sie hier genannt werden, sind weiter unten beschrieben.
Ganz anders organisiert sind die Datenbanken, die Merkmalsräume verwalten (statistische Datenbanken). Sie weisen keine Datensätze im herkömmlichen Sinn auf, da hier ein beliebiger Zugriff möglich. In den Beschreibungen der Anbieter dieser Datenbanken werden dementsprechend nicht Datensätze, sondern die für den Zugriff zur Verfügung stehenden Merkmale angegeben.

D 10.4.2 Hauptgruppen

Die erste grundlegende Unterscheidung in dieser Typisierung ist die zwischen *textbasierten und faktenbasierten Datenbanken* (vgl. hierzu und zur gesamten Typisierung Abb. 5). Dieser Unterschied ist zentral, weil er andere Speichertechniken, andere Datenmodelle und andere Retrievalprozesse bedingt. Er schlug sich im übrigen auch in einer Differenzierung der ,,zuständigen" Wissenschaftsdisziplinen nieder. Während Texte überwiegend (zumindest in der Vergangenheit) von der Informationswissenschaft und (natürlich) Linguistik ,,bearbeitet" wurden, sind Fakten zentrales Arbeitsfeld der klassischen Datenbanktheorie (Attribute sind Fakteninformation) und, soweit es um nichtkonventionelle Datenbanken geht, größtenteils Arbeitsgegenstand von Wissenschaftlern innerhalb der jeweiligen Fachdisziplin (Chemie, Physik, . . .). Dies wird sich erst mit den Systemen einer neuen Datenbankgeneration ändern, die sich unter den Schlagworten ,,objektorientierte Datenbanken", ,,Experten-Datenbanksteme" und ,,Knowledge-Based Management Systems" gerade um die Berücksichtigung und Integration ,,nicht-konventioneller" Informationstypen bemühen.

Ganz allgemein kann der Faktenbegriff so interpretiert werden, daß hinter ihm eine stärker strukturierte Information steht als hinter Texten. Texte sind durch unsere komplexe natürliche Sprache und weitere Konventionen festgelegt. Hinter faktenbasierten Informationen stehen dagegen Konzepte (Attribute, Merkmale, usw.) die eine weitergehende Strukturierung bedingen.

Als dritte Obergruppe in dieser Typisierung von Öffentlichen Datenbanken werden noch *Integrierte Datenbanken* unterschieden.

Alle drei können noch weiter unterteilt werden. Für Wirtschaftsinformationen spielen nur die folgenden Unterteilungen eine Rolle: faktenbasierte Datenbanken in Statistische, Quasi-Statistische und Faktendatenbanken, die textbasierten Datenbanken in volltextdatenbanken und bibliographische Datenbanken. Bei den Integrierten Datenbanken sind es die auf Firmeninformation bezogenen, die Texte, Fakten und Tabellen zusammenfassen (vgl. *Abb. 5*, wo die Wirtschaftsdatenbanken hervorgehoben sind).

D 10.4.3 Statistische Datenbanken

Ein wichtiger Teil der Wirtschaftsdatenbanken besteht aus Merkmalsräumen (und nur aus solchen), in allen oben beschriebenen Varianten. Meist handelt es sich um makroökonomische Daten. Statistische Datenbanken gehören zu den Datenbanken, deren Konzept nicht auf Datensätzen aufbaut (auch wenn letztendlich alle konzeptuellen Strukturen das Schicksal der Abbildung in die heutigen Speichertechniken erleiden). Da Statistische Informationen Gegenstand des Kapitels C 4 sind, wird dort die Beschreibung vertieft.

D 10.4.4 Quasi-Statistische Datenbanken

Informationen aus Merkmalsräumen werden oftmals in Form einzelner Tabellen veröffentlicht. Z.B. in den Jahrbüchern der Statistischen Ämter. Hier werden aus dem Gesamtdatenbe-

stand einzelne, als wichtig erachtete, Tabellen veröffentlicht. Alle anderen möglichen Tabellen sind für den Leser in der Regel nicht erstellbar.
Einen ähnlichen Ansatz findet man auch in Wirtschaftsdatenbanken, wo einzelne Tabellen aus einem Merkmalsraum herausgenommen, mit Attributen und weiteren beschreibenden Informationen versehen und dann in einer datensatzorientierten Datenbank angeboten werden. Diese einzelnen Tabellen können dann wie in solchen Datenbanken üblich abgefragt werden. Dies ist dann auch der einzige Zugriff auf die Daten. Andere Tabellen können nicht extrahiert werden. Wegen dieser eingeschränkten Art des Angebots sollen sie Quasi-Statistische Datenbanken genannt werden. Weitere Ausführungen zu diesem Datenbanktyp mit einem Beispiel finden sich Kap. C 4.

Abbildung 5: Typen Öffentlicher Datenbanken
(durchgezogene Kastenlinie: Wirtschaftsdatenbanken)

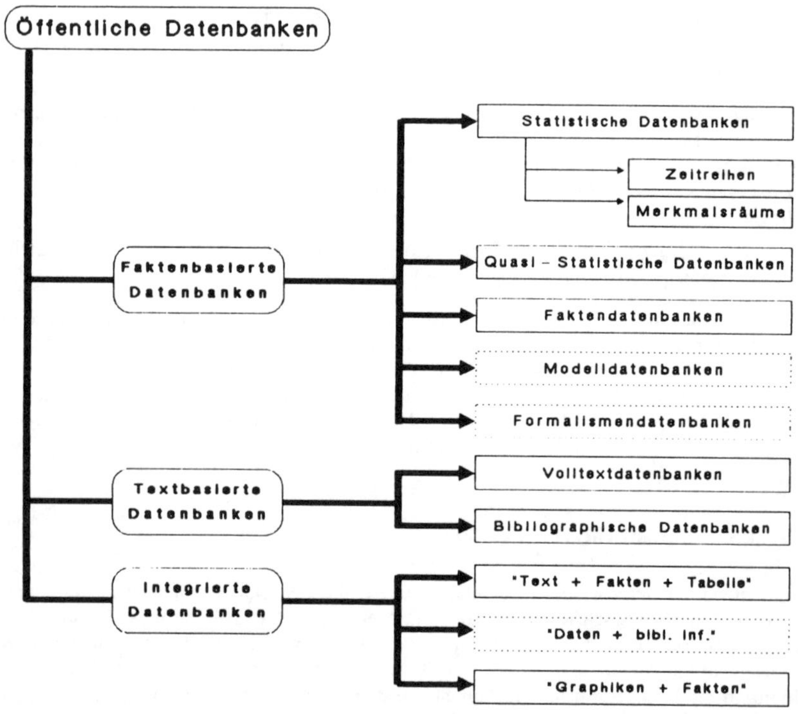

fr01_bwi — Josef L. Staud

D 10.4.5 Faktendatenbanken

Eine weitere Gruppe von Wirtschaftsdatenbanken beschreibt ihre Weltausschnitte v.a. mit Attributen, Merkmalen, Nomenklaturen und kurzen Texten. Ziel ist hier eine nichttextliche Beschreibung, wobei nicht auf die Verarbeitungsmöglichkeiten durch Merkmalsräume gezielt wird. Sie sollten Faktendatenbanken genannt werden, nicht zu verwechseln mit der Obergruppe der faktenbasierten Datenbanken (die früher vom Verfasser gewählten Begriffe ,,Textliche Faktendatenbanken" und ,,Faktendatenbanken im engeren Sinn" sollen wegen ihrer sprachlichen Umständlichkeit damit abgelöst werden). Den Namen *Fakten*datenbanken erhalten sie, weil aus der großen Gruppe der faktenbasierten Datenbanken vor allem an sie gedacht wird, wenn von Faktendatenbanken die Rede ist.

Die Datenbanken sind datensatz-orientiert (,,record-oriented"). Sie sind allerdings in der Regel nicht normalisiert. Als Beispiel ist in *Abb. 6* eine Liste der Felder in den Datensätzen der Datenbank BUSINESS angegeben. Der Weltausschnitt besteht hier aus ,,Ein- und Ausfuhrmöglichkeiten", ,,angebotene oder gesuchte Vertretungen", usw., aus allem, was zu Geschäftskontakten führen kann. Sie dient zur Anbahnung von Geschäftskontakten. Dazu können interessierte Unternehmen Informationen über sich und ihr Angebotsprogramm in die Datenbank eingeben lassen. Zusätzlich können Geschäftsinteressen (Vertretungen/Lizenzen) abgespeichert werden. Die Datenbank dient somit als Vermittlungsagentur für Unternehmen. Sie enthält u.a.

- Firmen- und Produktnachweise
- Angebote von und Nachfrage nach Waren für die Ein- und Ausfuhr
- Vertretungswünsche
- Kooperationswünsche aus in- und ausländischen gedruckten Börsen
- Technologieangebote und -gesuche
- Kontaktadressen zur Unterstützung des Außenhandels (z.B. zu Exportförderungsstellen).

Auch in diesem Datensatz ist ein Textfeld enthalten. Es dient der textlichen Beschreibung eines Produktes. Dominierend sind hier allerdings qualitative Merkmale bzw. Nomenklaturen.

Abb. 6: Felder in den Datensätzen der Datenbank BUSINESS

Feldname	Informationstyp
AB (Kurzreferat):	Text
CO (Kontaktadresse):	zusammengesetztes qualitatives Merkmal
SO (Quelle):	qualitatives Merkmal
TI (Titel):	formatiertes Feld
AN (Zugangsnummer):	qualitatives Merkmal/Schlüssel
BC (Code der Institutionen):	Nomenklatur, bzw. qualitatives Merkmal
BN (Name der Institutionen):	qualitatives Merkmal/Nomenklatur
CC (Ländercode):	" " "
CN (Länder Name):	" " "
LA (Language):	qualitatives Merkmal
PC (Produktcode):	qualitatives Merkmal/Nomenklatur
PD (Publikationsdatum):	Rangmerkmal
PN (Produkt Name):	qualitatives Merkmal mit Mehrfacheinträgen
TC (Art des Angebots, Code):	qualitatives Merkmal/Nomenklatur
TN (Art des Angebote, Name):	" " "

Quelle: Eigene Erhebung nach dem Informationsmaterial des Produzenten

Eine Besonderheit dieser Datenbank ist, daß die meisten Nomenklaturen in numerischer und begrifflicher Form angegeben werden. Weitere Modifikationen der einfachen Datensatzstruktur liegen hier insoweit vor, als Mehrfacheinträge qualitativer Merkmale (CN) und ein zusammengesetzes Merkmalsfeld (CO) vorliegen.
Aus der Konfrontation mit bibliographischen Datenbanken (die auf Literatur zum Informationsbedarf weisen) auf der einen und sog. Quelldatenbanken (in denen die Information selbst enthalten ist) auf der anderen Seite wurde die Kategorie der Verweisdatenbanken gebildet. In ihr werden Datenbanken erfaßt, die zwar nicht Quellinformationen enthalten, die aber auch nicht auf Informationen in Literaturstellen verweisen. Gedacht ist an Datenbanken, die Hinweise darauf geben, wo oder mit wessen Hilfe ein Informationsbedarf erfüllt werden kann. Auf die Einbeziehung einer typischen Verweisdatenbank wurde verzichtet, weil die oben angegebenen Datenbanken deren Strukturmerkmale umfassend widerspiegeln. M.a.W., Verweisdatenbanken fallen in der hier dargestellten Typisierung in die Gruppe der Faktendatenbanken.
Ein weiteres Beispiel stellt die Datenbank EK-VDMA dar. Sie ist ein „Einkaufsführer", die Online-Version des gedruckten Einkaufsführers „Wer baut Maschinen" (er wird vom Hoppenstedt Verlag für den Verband Deutscher Maschinen- und Anlagenbau (VDMA) verlegt). *Abb. 7* gibt eine Felderliste an. Auch hier stehen die Informationstypen qualitatives Merkmal, formatiertes Feld und Nomenklatur im Vordergrund. Einen neuen Aspekt trägt diese Datenbank durch den Aufbau des Nomenklaturfeldes bei. Hier sind nicht nur einzelne Einträge, sondern mehrere hintereinander angegeben, wobei die Anzahl der Angaben nicht fix ist. Auch beide hier denkbare Formen sind in dieser Datenbank enthalten. Zuerst die Eingabe quasi im Fließtext: mehrere Begriffe hintereinander, jeweils durch ein Trennsymbol abgegrenzt (hier der Strichpunkt), bis die Zeile voll ist. Dann die Eingabe Zeile für Zeile, je Begriff eine Zeile, wobei hier auch die Vercodung angegeben wird. In beiden Fällen wird eine weitere Dimension eröffnet, wird die Struktur der Informationseinheit als flache Tabelle (flat table) durchbrochen mit den entsprechenden Konsequenzen für das Retrieval. Die Zahl der Sätze ist dabei nicht fest, natürlich können technisch bedingte Höchstgrenzen bestehen (vgl. näheres zur Struktur der Datensätze von Faktendatenbanken in Lit. 15.).
Auf ein weiteres Strukturmerkmal von Informationseinheiten aus öffentlichen Datenbanken macht dieser Datensatz aufmerkmsam: Teile des Datensatzes können zusammengehörig sein. Hier z.B. der Adressenteil. Während sonst die einzelnen Felder quasi gleichberechtigt nebeneinanderstehen, verbunden durch die „Klammer" der gemeinsamen Datensatzzugehörigkeit, können so Gruppen enger verbundener Felder in einer Informationseinheit bestehen. Dies kann von Bedeutung sein für die Verwaltung und das Retrieval solcher Daten. So ist z.B. denkbar, daß eine solche Feldergruppe geschlossen angesprochen werden kann, was eine entsprechende Kennzeichnung bei der Abspeicherung verlangt.

Abb. 7: Felder im Datensatz der Datenbank EK-VDMA („Wer baut Maschinen")

Feldname		Informationstyp
FIR	(Firmenname)	Schlüsselmerkmal
PLZ	(Postleitzahl)	qualitatives Merkmal
ORT	(Ort (Firmensitz))	qualitatives Merkmal
MGL	(Verbandsmitgliedschaft)	qualitatives Merkmal
EXP	(Exporthinweise (Auslandsvertretungen))	formatiertes Feld
PKL	(Notationen der Produktklassifikationen (alle Gliederungsebenen))	Nomenklatur

Quelle: Eigene Erhebung nach Informationsmaterial von FIZ-Technik

D 10.4.6 Integrierte Datenbanken

Zunehmend taucht ein weiterer Datenbanktyp auf, der mehrere der im letzten Abschnitt eingeführten Informationstypen integriert anbietet und verwaltet. Diese Datenbanken werden Integrierte Datenbanken genannt. Sie sind derzeit v.a. im Bereich der Firmeninformation anzutreffen, wo sie textliche Fakten, Tabellen und Texte integrieren. Weiter ist die Integration bisher noch nicht fortgeschritten. Ein Beispiel ist die Datenbank PREDICASTS ANNUAL REPORTS ABSTRACTS. Diese enthält Informationen, die aus Geschäftsberichten „führender" Unternehmen der USA und ausgewählter internationaler Unternehmen entnommen sind. Die Informationseinheiten sind in die Teile

- Parent Company Abstract
- Textual Abstract und
- Financial Abstract

gegliedert. Der PARENT COMPANY ABSTRACT (*Abb. 8* für die Felderliste, *Abb. 9* für einen Beispielsdatensatz) besteht durchweg aus strukturierten Informationen des Typs Merkmal/Nomenklatur.

Abb. 8: Felder im Datensatz der Datenbank PREDICASTS ANNUAL REPORTS ABSTRACTS, Teil 1: PARENT COMPANY ABSTRACT

Feldnamen	Informationstyp
AB (Abstract, hier Time Series):	Text bzw. Tabelle (!)
AN (Identification Number):	qualitatives Merkmal/Schlüssel
CI (Corporate Information):	Zusammengesetztes Feld aus qualitativen Merkmalen
CN (Country Descriptor & Country Code):	Nomenklatur
CO (Company descriptor):	qualitatives Merkmal/Schlüssel
CS (Corporate Statistics)	Zusammengesetzt aus quantitativen Merkmalen und einem Rangmerkmal
EN (Event Descriptor & Country Code):	Nomenklatur mit Mehrfacheinträgen
PN (Product Descriptor & Event Code):	Nomenklatur mit Mehrfacheinträgen
SE (Stock exchange and symbol):	qualitatives Merkmal
SF (Special feature):	qualitatives Merkmal
SO (Source):	qualitatives Merkmal
TI (Title):	formatiertes Feld
YR (Year of Publication):	Rangmerkmal

Quelle: Eigene Erhebung nach Informationsmaterial von Data Star

Auch hier liegt wieder ein zusammengesetztes Feld vor (CI), das ohne Schwierigkeit in die Form einzelner Merkmale überführt werden kann. Weiter findet sich hier bereits in diesem ersten Teil der Informationseinheit numerische Information im Feld CS (Corporate Statistics). Numerische Informationen in öffentlichen Datenbanken wiederum stellen im Regelfall nichts anderes als Ausprägungen quantitativer Merkmale oder vercodete Ausprägungen qualitativer Merkmale dar. In diesem Fall handelt es sich um klare quantitative Merkmale: SALES (in US-Dollar) und EMPLOYEES, allerdings in einem zusammengehörigen Teil erfaßt.

Abb. 9: Beispielsatz einer Integrierten Datenbank:
PARENT COMPANY ABSTRACT der Datenbank
PREDICASTS ANNUAL REPORTS ABSTRACTS

AN	10046. 8304.	
CI	Anderson Jacobson	ID: 000451
	521 Charcot Ave	
	San Jose, CA 84131	
	United States	408-863-8520
CS	Sales: 50.000.000 US Dollars	Employees: 810.
	Fiscal End: March 31, 1982	
SE	Stock Exchange: ASE	Symbol: AJ
PN	Product Lines:	
	3473 Computers & Auxiliary Equip	
	7376 Computer Leasing	
	35732 Computer Auxiliary Equip	
CN	United States (ClUSA).	
CO	Anderson-Jacobson.	
SF	Corp.	
YR	820331.	

Quelle: Informationsmaterial von Data Star

Die nächste Abbildung *(Abb. 10* für die Felderliste, *Abb. 11* für einen Beispielsdatensatz) zeigt ein sog. TEXTUAL ABSTRACT. In diesem Teil der Gesamtbeschreibung (wovon mehrere vorliegen können) werden einzelne Aspekte der ausgewerteten Materialien (hier: PRODUCT DEVELOPMENT, NEW PRODUCTS) erfaßt. Im Mittelpunkt steht eine textliche Beschreibung, weitere qualitative Merkmale und Nomenklaturen erlauben einen gezielten Zugriff. Damit ist dieser Teil strukturell weitgehend mit den schon besprochenen Datensatzstrukturen identisch. Dies gilt nicht mehr für den dritten Teil, den sog. FINANCIAL ABSTRACT.

Abb. 10: Felder in den Datensätzen der Datenbank PREDICASTS ANNUAL REPORTS ABSTRACTS, Teil 2, TEXTUAL ABSTRACT

Hier angegebene Felder (Beschreibung siehe Abbildung 8): AN, CI, SO, TI, AB, PN, EN, CN, CO, SF, YR

Quelle: Eigene Erhebung nach Informationsmaterial von Data Star

Abb. 11: Beispielsatz einer integrierten Datenbank:
TEXTUAL ABSTRACT der Datenbank
PREDICASTS ANNUAL REPORTS ABSTRACTS

AN	105878. 8304	
CI	Anderson Jacobson.	ID: 000451
SO	Annual Report, 80.03.31	Year end: March 31, 1982
TI	PRODUCT DEVELOPMENT.	
AB	As of June 29, 1979 Anderson Jacobson pruchased from California Computer Products, Inc. its development project for a digital telephone and switching system. The agreed purchase prices was $ 500.000 which was paid in June, and expensed in the year ending March 31, 1980. In addition, the company has the option of paying Californias Computer Products, Inc. an additional $ 500.000 prior to June 30, 1981 or installing a telephone system consisting o0f approximately 960 lines or abandoning the project transferring all rights back to California Computer Products, Inc. //. . .	
PN	PBX-Equipment (P366112).	
EN	Product-Development (E331). Management-Policy (E222).	
CN	United-States (ClUSA).	
CO	Anderson-Jacobson.	
SF	Text.	
YR	829331.	

Quelle: Informationsmaterial von Data Star

Der FINANCIAL ABSTRACTS (vgl. *Abb. 12* für die Felderliste, *Abb. 13* für einen Beispielsdatensatz) stellt den Übergang zu numerischer Information dar. Zwangsläufig ist auch die Form der Darstellung eine andere. Im Mittelpunkt (als Abstract bezeichnet) steht eine Tabelle, die als Auszug eines Merkmalsraumes gesehen werden kann, hier mit Zeitreihencharakter. Das besondere ist, daß diese Informationen quasi als Text mit beschreibenden Feldern usw. zur Verfügung stehen. Für den Benutzer erkennbar wird dies, wenn im Abfragesystem (der Retrievalsprache) dieselben Befehlsteile wie im Referenzretrieval zur Verfügung stehen, nicht aber die weiteren für quantitative Merkmale. Insoweit ist diese quasi-statistische Form der Erfassung numerischer Information nicht zufriedenstellend, sie tritt aber gerade bei Hosts auf, die schwerpunktmäßig bibliographische Datenbanken anbieten, zusätzlich numerische aufnehmen und diese mit dem gleichen Abfrage- und Verwaltungssystem anbieten.
Zum Teil aus Notwendigkeit, zum Teil wohl aus der Absicht heraus, die Aufteilung der Informationseinheiten benutzerfreundlich zu halten, überschneiden sich die einzelnen Teile. Dies erleichtert dem Benutzer das Retrieval, indem er sich z.B. auf einen Teil der Informationseinheit beschränken kann.

Abb. 12: Felder in den Datensätzen der Datenbank PREDICASTS ANNUAL REPORTS ABSTRACTS, Teil 3, FINANCIAL ABSTRACT.

Hier angegebene Felder (Beschreibung siehe Abbildung 8): AN, CI, SO, AB (Tabelle), PN, EN, CN, CO, SF, YR

Quelle: Eigene Erhebung nach Informationsmaterial von Data Star

Abb. 13: Beispielsatz einer integrierten Datenbank: FINANCIAL ABSTRACT der Datenbank PREDICASTS ANNUAL REPORTS ABSTRACTS

AN 102601. 8309.
CI Anderson Jacobson ID: 000451.
SO Annual Report, 83.03.31 Year End: March 31, 1983
AB Million US Dollars

	1983	1982	1981	1980	1979
REVENUE BY SOURCE	52.847	50.261	49.516	41.377	34.697
Lease	28.739	30.034	31.112	26.789	23.019
Sales	24.108	20.227	18.404	14.588	11.678
OPERATING INCOME	—	1.627	2.931	3.609	2.511
NET INCOME	1.900	0.910	1.747	2.202	1.760
TOTAL ASSETS	54.706	37.788	41.095	32.876	30.638
CAPITAL EXPENDITURES	3.287	1.442	2.259	0.982	—
PRODUCT DEVELOPMENT	7.013	6.265	5.858	3.865	1.696
NUMBER OF EMPLOYEES	879.	810.	870.	844.	670.

PN Computers-Auxiliary-Equip (P3573). Terminals (P357327). Computer-Leasing
EN company-sales (EB32). pretax-profits (EB31). employment (E531). expend-f
CN United-States (CIUSA).
CO Anderson-Jacobson.
SF Table.
YR 830331.

Quelle: Informationsmaterial von Data Star

Andere Ansätze zur Integration finden sich nur noch in sehr einfacher Form bei Datenbanken zu Chemie und Physik, indem die eigentlichen Daten ergänzt sind um Dateien mit bibliographischen Informationen zu Literatur bzgl. der modellierten Stoffe usw.

In der Zukunft werden solche Datenbanken eine immer wichtigere Rolle spielen, die zur Modellierung ihres Weltausschnitts alle verfügbaren (und sinnvollen) Informationstypen (d.h.: informationserzeugenden Werkzeuge) einsetzen. Warum sollten z.B. nicht in einer Datenbank zu bestimmten Produkten die Fakten (im engeren Sinn) zum Produkt ergänzt werden durch statistische Daten (Herstellung, Ein- und Ausfuhren, usw.), durch Daten der produzierenden Firmen, durch einschlägige Rechtsvorschriften (Produktion, Umweltverträglichkeit, usw.), durch Formalismen- und Modelldaten der in den Produkten enthaltenen Stoffe, durch Patentinformationen, usw. Die derzeitigen Integrierten Datenbanken sind erste Vorläufer dieser Entwicklung.

Soweit die Betrachtungen der Typen von Wirtschaftsdatenbanken. In *Abb. 5* sind noch weitere Typen angegeben, die im Bereich der Wirtschaftsinformationen aber keine zentrale Rolle spielen.

Ein solcher Ansatz zur Typisierung von Datenbanken nach den dominierenden Informationstypen wird immer mit dem Problem zu tun haben, daß die Typisierung durch die Entwicklung u.U. schnell überholt wird, wenn neue Informationstypen

(Modellierungswerkzeuge) in der Datenbanktheorie und -praxis Einzug halten. Eine einfache Lösung wäre es deshalb, zu jeder Datenbank nur anzugeben, welche Informationstypen sie enthält (vgl. *Abb. 14*, ERSTE DARSTELLUNG). Ordnet man die zentralen Informationstypen auf einer Skala, beginnend mit Texten zu immer strukturierteren Informationen, könnten die Datenbanken auch, wie im unteren Teil der *Abb. 14* gezeigt (ZWEITE DARSTELLUNG), angeordnet werden.

Abb. 14: Typisierung durch Aufzählung (der in der Datenbank enthaltenen Informationstypen) (Auswahl in bezug auf Datenbanken und Informationstypen)

ERSTE DARSTELLUNG:

Datenbank	enthaltene Informationstypen
COMEXT-Datenbank	Merkmalsraum
CRONOS-Datenbanken	Merkmalsraum (Zeitreihen)
Economic Abstracts International	Text, formatiertes Feld, Attribute/Merkmal/Nomenklatur
PTS Annual Reports Abstracts	Text, formatiertes Feld, Attribut/Merkmal/Nomenklatur, Quasi-Statistische Daten
PTS Time Series	Quasi-Statistische Daten
TRADEMARKSCAN (R)	Attribut/Merkmal/Nomenklatur, Grafik
VDI-Nachrichten	Text, formatiertes Feld, Attribute/Merkmal/Nomenklatur

ZWEITE DARSTELLUNG:

Informationstypen				
Text	formatiertes Feld	Attribute/Merkmal/Nomenklatur	Quasi-Stat. Daten	Merkmalsraum

◄—— VDI-Nachrichten ——► ◄— CRONOS —►

◄—— Economic Abstracts International ——► ◄— COMEXT —►

◄— CHELEM —►

◄— PTS Time Series —►

◄—— Predicasts Annual Reports Abstracts ——►

Eine solche Zuordnung würde allerdings dann teilweise ihren Wert verlieren, wenn in (ferner) Zukunft Datenbanken alle sinnvollen Informationstypen integriert verwalten. Sie würde dann allerdings Auskunft über die für einen Weltausschnitt sinnvollen Informationstypen geben. Trotz dieser Überlegungen kann natürlich, zu einem bestimmten Zeitpunkt und mit nur zeitweiliger Gültigkeit, die Menge der real vorliegenden Datenbanken unter Hinzuziehung der angeführten und weiterer Kriterien klassifiziert werden.

Die Abbildung soll auch nicht den Eindruck erwecken, die einzelnen Informationstypen ließen sich grundsätzlich in eine Dimension anordnen, z.B. von geringerer zu größerer Komplexität. Dies ist hier ein eher zufälliges Ergebnis, bei dem der Grad der „Strukturiertheit", den der jeweilige Informationstyp erzeugt, Pate stand.

D 10.5 Retrievalsysteme für Wirtschafts-Faktendatenbanken

Aufbau und Funktionsumfang von Retrievalsystemen werden in erster Linie von den folgenden drei Faktoren bestimmt:
- vom verwalteten Informationstyp und dem dadurch determinierten Retrievalprozeß
- den auf diesem verwalteten Informationstyp möglichen (und gewollten) Informationsverarbeitungsprozessen
- dem in bezug auf die Abfrage und Auswertung der Datenbestände vorliegenden Qualifikationsstand der Benutzer.

Wie sehen nun die gegenwärtig angebotenen Retrievalsysteme für Wirtschaftsfaktendatenbanken aus? Grundsätzlich lassen sich drei Typen erkennen:
- Retrievalsysteme von bibliographischen Datenbanken, die auf Fakten angewandt werden
- menügesteuerte Abfragesprachen
- spezielle Retrievalsysteme für Statistische Datenbanken.

Es erscheint auf den ersten Blick nach den Ausführungen der letzten Abschnitte als Widerspruch, wenn Retrievalsysteme für bibliographische Datenbanken als mögliche Verwaltungssysteme für Fakten, insbesondere für Merkmalsräume, bezeichnet werden. Denn wo bleiben hier die Möglichkeiten der Verarbeitung, der tabellarischen und graphischen Darstellung? Und doch liegt genau diese Situation in der Realität unseres Online-Retrievals vor. So kann z.B. die Datenbank Predicasts (PTS) Annual Reports Abstracts mit dem System DIALOG (vom gleichnamigen Datenbankanbieter) recherchiert werden. Gleiches gilt für eindeutig Quasi-Statistische Datenbanken, wie z.B. die PTS US Time Series (vgl. den Beispielsdatensatz bei Dialog Information Services, Inc.). Dies ist möglich, weil der Merkmalsraum oder die Zeitreihen vom Produzenten oder Anbieter in Tabellen zerschlagen werden, auf die allein (als ganze Tabellen) der Benutzer zugreifen kann und die vom System wie ein beliebiger Datensatz behandelt werden. Dabei wird die Tabelle zur recherchierbaren Informationseinheit und wird, entsprechend den sonst üblichen Verfahren, durch inhaltliche und formale Kategorien beschrieben. Eine Verarbeitung ist nicht möglich, auch ist die tabellarische Form fest gegeben. Möglich sind meist verschiedene Ausgabeformen, zum Beispiel mit unterschiedlicher Periodizität der Zeitreihen. Dies geschieht mit dem Befehl, der auch sonst den Umfang bzw. die Art der Ausgabe regelt. In DIALOG also zum Beispiel mit dem Befehl TYPE. Der Unterschied zum Retrieval in statistischen Datenbanken ist, daß hier die Werte quasi als Text und nicht als numerische Werte gehalten werden. Es dürfte schwierig sein, in existierende Retrievalsysteme für bibliographische Datenbanken ,,echte" Systemteile zu integrieren, wie sie für die adäquate Behandlung statistischer Daten nötig sind.

Die wohl geringsten Ansprüche an das Benutzerwissen stellen menügesteuerte Abfragesprachen, die im Bereich des Faktenretrieval auch anzutreffen sind. Hier kann, auf Grund der Strukturiertheit der Information, in einer baumartigen Struktur in mehreren Schritten die in der Datenbank vorhandene Information erschlossen werden. Dem Benutzer werden entweder Alternativen vorgelegt (mit nur wenigen Ausprägungen) oder er wird um eine Eingabe gebeten (z.B. Name der Firma, über die recherchiert werden soll). Im Bereich der Statistischen Datenbanken existieren solche Systeme allerdings nur da, wo auf Verarbeitung der Information völlig verzichtet wird, wo vom System nur das Retrieval geleistet werden muß. Z.B. für die Datenbank COMEXT unter AREMOS. Dabei werden die Auswahl- und Ausgabemerkmale (sowie weitere Festlegungen) Schritt um Schritt abgefragt, die UND-Verknüpfungen ergeben sich über die verschiedenen Felder hinweg, die ODER-Verknüpfungen (bezogen jeweils auf ein Merkmal) werden durch Eingabe mehrerer Werte bei einem Merkmal angesteuert. Das Ergebnis sind dann die entsprechenden Tabellen. Eine statistische Verarbeitung ist nicht möglich.

Von größter Bedeutung für das Faktenretrieval sind die speziell auf Statistische Datenbanken zugeschnittenen Retrievalsysteme. Sie werden in Kap. C 4 besprochen. Weitere für das Faktenretrieval typische Abfragesysteme liegen in Chemie- und Physikdatenbanken vor, die aber nicht zu den eigentlichen Wirtschaftsdatenbanken gehören.

D 10.6 Themen in Wirtschaftsdatenbanken

Welche Themen werden von den heutigen Wirtschaftsdatenbanken abgedeckt? Zur Beantwortung dieser Frage wurde eine Analyse der Unterlagen aller wichtigen Anbieter vorgenommen. Es wird bewußt das Gesamtspektrum angegeben, da die Abgrenzung von Wirtschaftsdatenbanken gegenüber den anderen fließend ist. Ein Vorschlag des Verfassers ist in den Text integriert, durch Hervorhebung und Kursivsetzung der Themen. Nur hervorgehoben sind dabei die Datenbanken ,,für die Wirtschaft", zusätzlich kursiv gesetzt sind die ,,über die Wirtschaft". Die Angabe des Gesamtspektrums erlaubt dem Leser, diese Abgrenzung mit seiner eigenen zu vergleichen.

Zu den deutschen Begriffen werden meist auch die englischen angegeben, da die meisten Datenbanken und Datenbankbeschreibungen in englischer Sprache vorliegen. Der englische Begriff ist oftmals nicht die wörtliche Übersetzung, sondern der in den U.S.-amerikanischen Unterlagen gebräuchliche. Teilweise wurden auch mehrere angegeben, um die Wortwahl in den Unterlagen deutlicher zu machen. In wenigen Fällen wurde auf eine deutsche Übersetzung der englischen Originalbegriffe verzichtet, insbesondere dann, wenn es sich um die Namen spezieller Dienste handelt (vgl. I. Makroökonomie, d. Services).

Die Themenliste beruht auf der Auswertung der Datenbankunterlagen aller wichtigen Anbieter und einiger zentraler Produzenten im Sommer/Herbst 1988.

Eine umfangreiche Gruppe von Themen ist auf das Wirtschaftsgeschehen hin ausgerichtet, d.h. mit den entsprechenden Datenbanken wird das Wirtschaftsgeschehen modelliert. Dies geschieht in sehr umfangreicher Form, d.h. die Datenbanken zu allem was mit dem wirtschaftlichen Handeln von Menschen zu tun hat, liegen sehr zahlreich vor:

I. Wirtschaft

Einen wichtigen und auch stark nachgefragten Bereich innerhalb dieser Gruppe stellen die Firmendatenbanken dar.

A. Firmen [Company Information]

Zum Beispiel:

- ***Hersteller-, Lieferantennachweise***
- ***Registerauszüge (z.B. Handels- und Genossenschaftsregister)***
- ***Firmennamen (Namensprüfung)***
- ***Jahresabschlüsse***
- ***Bilanzdaten***
- ***Verflechtungen***
- ***Aktiengesellschaften [Public companies]***

Wie die Beispiele zeigen, ist hier das Angebot recht vielfältig. So liegen Firmenbeschreibungen vor, die in Verbindung mit Produktbeschreibungen als Hersteller- oder Lieferantennachweise dienen. Andere Datenbanken stellen die amtlichen Registereinträge zur Verfügung. In amerikanischen Firmendatenbanken finden sich sehr oft Auswertungen der Geschäftsberichte von Firmen mit entsprechend detaillierten Angaben, z.B. auch zum Führungspersonal. Eine Besonderheit stellt eine Datenbank von ECODATA dar. Hier können Firmennamen abgeprüft werden.

Zwischen den Firmen, bzw. zwischen Firmen und Auftraggebern, mit dem Versuch der Herstellung von Geschäftskontakten, steht eine weitere Gruppe von Datenbanken, die zwar klein ist, in ihrer Bedeutung aber nicht unterschätzt werden sollte.

B. Geschäftskontakte, Ausschreibungen [Business Opportunities/Trade Opportunities, Tenders]

Ein Beispiel für eine sehr effiziente und preiswert zu nutzende Datenbank mit Ausschreibungen für die EG ist die bei ECHO (und anderen Hosts) aufliegende Datenbank TED (Tenders Electronic Daily). Hier finden sich im übrigen auch Datenbanken, deren Nutzung auf ein bestimmtes Land eingeschränkt wird. So z.B. die Datenbank TRADE OPPORTUNITIES (angeboten bei DIALOG), die nur U.S.-Kunden offensteht.

Noch eng mit Firmen hängt der nächste Bereich zusammen, die Datenbanken zum „Management", d.h. zur Führung von Unternehmen, usw.

C. Management [Mangement Information/Corporate Intelligence & Management] (auch Nachweis von Experten)

Hierunter können auch Nachweise von Experten aus diesem Bereich gefaßt werden.

Gewissermaßen die Überleitung von den Firmen zu den Produkten stellen die Datenbanken zum Marketing dar.

D. Marketing [Marketing]

Einen nächsten, ebenfalls deutlich erkennbaren Bereich stellen die Datenbanken zu den Objekten des Wirtschaftsgeschehens, den Produkten und Dienstleistungen dar. Zum Teil spielen Produktinformationen bereits oben bei den Hersteller- und Lieferantennachweisen eine Rolle. Hier soll es nun um Datenbanken gehen, bei denen die Beschreibung (die Modellierung) von Produkten im Vordergrund steht. Hier wird trotzdem die vielfältige Gliederungsmöglichkeit deutlich. Produktinformationen finden sich auch in weiteren Gruppen, die weiter unten angeführt sind. Z.B. in eher „technisch" orientierten Datenbanken (s.u.) oder in inhaltlich definierten Themenbereichen.

E. Produkte

a. Produktverzeichnisse, -ankündigungen [Product Listings & Announcements]

b. Verbraucherinformation (bezüglich Produkten) (Bertelsmann)

Zum Beispiel:

- ***Computerprogramme***
- ***Reisen [Travel]***

Produkte, Firmen und Konsumenten begegnen sich auf Märkten. Es überrascht daher nicht, daß Datenbanken vorliegen, die sich spezielle einzelnen Märkten widmen.

F. Märkte [Market Information]

Aus einem etwas anderen Blickwinkel, dem der einzelnen Wirtschaftszweige, betrachten die Datenbanken mit Brancheninformation das Wirtschaftsgeschehen. Hier werden zu einzelnen Wirtschaftszweigen Informationen geliefert.

G. Wirtschaftszweige [Industrial/Industry Information]

Zum Beispiel:

- ***Alle bzw. mehrere Branchen [All Industries]***
- ***Anzeigen [Advertising Industry]***
- ***Bauwesen [Construction]***
- ***Chemie [Chemicals]***
- ***Gesundheitswesen [Health]***
- ***Holzwirtschaft [Forestry and Wood]***
- ***Landwirtschaft [Agriculture]***
- ***Medien [Media Industry]***
- ***Metallverarbeitung [Metals]***
- ***Rüstung [Defense]***
- ***Telekommunikation [Communication and Utilities]***
- ***Transportwesen [Transportation]***

auch:

- ***Prognosen [Forecasts]***

Die (unvollständige) Liste zeigt die Vielfalt der hier angebotenen Information. Hier tauchen auch zum ersten Mal in der Gliederung Informationen auf, die in die Zukunft deuten: Prognosen für die einzelnen Wirtschaftszweige.
Nachfolgend sollen die Datenbanken angeordnet werden, die sich mit ganzen Ländern befassen. Nicht im Sinne makroökonomischer Kennziffern, sondern im Sinne einer faktenmäßigen und textlichen Beschreibung.

H. Länder

Einen ähnlichen Weltausschnitt beschreiben die Datenbanken mit makroökonomischen Kennziffern. Allerdings wird für sie ein völlig anderer Informationstyp verwendet, der zu statistisch verarbeitbaren Informationen führt. Die makroökonomischen Kennziffern spiegeln in irgendeiner Form das Wirtschaftsgeschehen (einer Volkswirtschaft oder mehrerer) in numerischer Form wider. Oftmals werden diese Daten auch auf der Basis ökonomischer Modellvorstellungen erhoben. Ähnlich wie im ersten Block liegt hier, natürlicherweise, eine enge Verbindung von Datenbanktyp und Thema vor: diese Datenbanken sind fast durchweg Statistische Datenbanken, in Ausnahmefällen auch Quasi-Statistische Datenbanken.

I. Makroökonomie (makroökonomische Daten) [Economics]

a. nach regionalem Bezug:
- ***International***
- ***National***
- ***Regional***

b. nach Themen:
- ***Hauptwirtschaftsindikatoren (auch „Allgemeine Statistik" oder volkswirtschaftliche Kennziffern) [Main Economic Indicators]***
- ***Außenhandel [Foreign Trade]***
- ***Bruttosozialprodukt [Gross Domestic Product]***
- ***Energie, Forschung***
- ***Industrial [Activity]***
- ***Konjunkturinformationen***
- ***Gesamtwirtschaftliche Konten [National Accounts]***
- ***Sozialstatistik***
- ***Volkswirtschaftliche Gesamtrechnung***
- ***Zahlungsbilanzen [Balance of Payments]***

c. nach zeitlicher Dimension der Daten:
- ***Historische Daten***
- ***Prognosen [Forecasts]***

d. mit ökonometrischen Modellen [„Services"]
- ***[Centrally Planned Economics Service]***
- ***[Foreign Exchange Service]***
- ***[International Agriculture Service]***
- ***[Latin America Service]***
- ***[Middle East Service]***
- ***[Pacific Basin Service]***
- ***[World Economic Service]***
- ***[Bilateral Trade Service]***

Wie die Auflistung zeigt, lassen sich diese Datenbanken noch mehrfach unterteilen.

a. Zum einen nach dem geographischen Bezug. Es liegt in der Natur dieser Daten, daß sie sich auf bestimmte geographische Einheiten beziehen. Die internationalen Organisationen und ihre statistischen Ämter (z.B. UN, OECD, EG) liefern über einzelne Nationalstaaten hinweg vergleichende Daten. Besonders das Statistische Amt der EG, EUROSTAT, leistet hier für die EG-Länder und darüberhinaus sehr aufwendige Homogenisierungsarbeit (vgl. den Datenbankkomplex CRONOS und die Datenbank COMEXT). Diese ist notwendig, weil die von den nationalen Stellen gelieferten Daten in der Regel nicht gleich definiert sind. Die nationalen Statistischen Ämter liefern dann (tiefergehende) Daten zu den nationalen Ökonomien und, zum Teil in Zusammenarbeit mit regionalen Statistischen Ämtern (z.B. den Statistischen Landesämtern der EG), Regionaldaten. Innerhalb der EG liefert auch EUROSTAT Regionaldaten (vgl. die Datenbank REGIO). Für alle diese Datenbanken gilt, daß überstaatliche vergleichende Information eher bei den Internationalen Stellen gesucht werden sollte, tiefergehende nationale und regionale Daten aber nur in den nationalen Quellen gefunden werden können. So wird der Informationswunsch nach z.B. detaillierten bundesdeutschen, französischen und britischen Daten nicht ohne die Datenbanken des Statistischen Bundesamtes, des INSEE und des CSO befriedigt werden können.

b. Die zweite Untergruppe zeigt einige der angetroffenen Themen (eig. Themengruppe) auf. Diese decken weite Bereiche der makroökonomischen Kennziffern ab. Einen eher umfassenden Anspruch haben die Datenbanken, in denen versucht wird, alle wichtigen Wirtschaftsindikatoren zu erfassen. Nur beispielhaft sind dann weitere wichtige hier anzutreffende Themen aufgelistet.

c. Eine weitere Unterteilung betrifft einen Aspekt, der nur bei Statistischen Datenbanken anzutreffen ist: die zeitliche Dimension der Daten. Die meisten Datenbanken enthalten „historische Daten", d.h. Informationen zum Wirtschaftsgeschehen der Vergangenheit, mit einer mehr oder weniger großen Zeitspanne von der Datenerhebung bis zum Anbieten in der Datenbank. Viele enthalten aber auch, ganz oder teilweise, hochgerechnete Werte für den jeweiligen Vorgang. Dies hat teilweise eine solche Bedeutung, daß ein Host wie WEFA seine Datenbanken explizit nach diesem Kriterium unterscheidet.

d. Diese Prognosen entstehen meist nicht auf der Basis einfacher Extrapolationen, sondern mit Hilfe mehr oder weniger umfangreicher ökonometrischer Modelle. Die darauf spezialisierten Hosts (z.B. DRI, WEFA, I.P. Sharp) bieten dann auch die Ergebnisse dieser Modellberechnungen (oder sogar die Modelle selbst) an, meist in gedruckter Form, zunehmend aber auch in Online-Datenbanken. Im vierten Teil des Abschnitts „I. Makroökonomie" sind beispielhaft einige dieser „Dienste", wie sie auch genannt werden, aufgeführt. Es sind sehr oft Modelle, die gewisse Aspekte des wirtschaftlichen Geschehens eines geographischen Raumes zu modellieren versuchen.

   Deutlich getrennt (auf Datenbank- und teilweise auch Firmenebene) sind die ähnlich strukturierten Informationen zum Finanzgeschehen.

   Es folgen die Datenbanken zur betriebswirtschaftlicher Literatur und solche, mit denen versucht wird, „Prognosen, Trends, Entwicklungen" (vor allem textlich) zu beschreiben.

J. Betriebswirtschaft (als wissenschaftliche Disziplin)

K. Prognosen, Trends, Entwicklungen (auch textlich)

Einen auch quantitativ bedeutsamen Block innerhalb dieser Wirtschaftsdatenbanken stellen die Datenbanken zu den schriftlichen (textlichen) Informationen zum Wirtschaftsgeschehen dar: die Wirtschaftspresse, Nachrichtendienste (Newsletter), die Meldungen von Nachrichtenangenturen, usw:

II. Presse, Nachrichten, Nachrichtendienste *(z.B. mit Wirtschaftsrelevanz)* . . . [/News]

A. Presse

B. Nachrichten [News]

Zum Beispiel:

- **zu Europa [European News]**
- ***zum Wirtschaftsgeschehen [Industrial News]***
- **International [International News]**
- **zu Großbritannien [UK News]**
- **zu den USA [US News]**
- **Wissenschaftliche-Technische Nachrichten [Scientific and Technical News]**

C. Newsletter *(meist „zur Wirtschaft")*

Bei diesen Datenbanken liegt (natürlich) eine enge Beziehung von Thema und Datenbanktyp vor: es handelt sich um Textdatenbanken, entweder bibliographische oder (zunehmend) Volltextdatenbanken. Hier ist auch ein Hosttyp erkennbar, der schwerpunktmäßig solche Daten-

banken anbietet, z.B. VU/TEXT für kanadische und U.S.-amerikanische Zeitungen oder NewsNet mit rund 250 „Newsletters".
Ein zweiter (wesentlich kleinerer) Bereich befaßt sich mit Menschen, ihren Lebensläufen, ihren Tätigkeiten, usw.
In diesem Block finden sich Datenbanken zu beiden Gebieten, Datenbanken „für" bzw. „über die Wirtschaft". Während „Nachrichten zum Wirtschaftsgeschehen" eindeutig zur zweiten Gruppe gehören, sind die übrigen eher (da hier natürlich auch oft Wirtschaftsmeldungen auftauchen) im erstgenannten Bereich anzusiedeln.
Es folgen die Produkte, Verfahren, usw. beschreibenden Datenbanken zu Patenten, Warenzeichen, usw. Ihre Bedeutung braucht sicherlich nicht betont werden. Anzumerken ist hier, daß Patentinformationen nicht nur in den reinen, die Patentdokumente modellierenden Datenbanken vorliegen, sondern auch in anderen. Z.B. in Literaturdatenbanken oder in technischen Datenbanken, die zusätzlich zu anderen Informationen auch noch Patentinformationen anbieten (z.B. die Datenbank DOMA des FIZ-Technik). Zu diesem Bereich des „gewerblichen Rechtsschutzes" gehören natürlich auch die Datenbanken zu Warenzeichen, Gebrauchsmustern, Geschmacksmustern und zum Sortenschutz.

III. Patente, Warenzeichen

A. Patente [Patents]

a. Patentdokumente

b. Patentliteratur

c. Muster

B. Warenzeichen [Trademarks]

Zunehmend wird auch die Bedeutung von Patentdatenbanken als allgemeine Quelle von Wirtschaftsinformationen zu Firmen, Produkten, Verfahren, usw. erkannt und genutzt.
Dieser Bereich dürfte auch in datenbanktechnischer Hinsicht in der nächsten Zukunft interessante Entwicklungen bieten, weil in diesem Weltausschnitt nichttextliche Information (Graphiken, Schaltpläne, usw.) eine große Rolle spielt. Erinnert sei nur an die Erfassung graphischer Information in Patentdatenbanken sowie an die bereits bei DIALOG realisierte Möglichkeit, innerhalb der üblichen Retrievalsprache (allerdings mit spezieller Software im PC des Benutzers) Warenzeichen als Graphik abzurufen (Datenbank TRADEMARK-SCAN(R)).
Es folgt der Bereich, der sich im weitesten Sinn des Finanzwesens annimmt. Viele dieser Datenbanken sind Statistische Datenbanken. Hier finden sich auch die (noch) wenigen Realzeitdatenbanken, v.a. für Börsenkurse.

IV. Finanzen, Bankwesen

A. Finanzen [Financial]

B. Börsen [Stock Exchange]

C. Bankwesen

> Zur Erinnerung: **Hervorhebung** und ***Hervorhebung mit gleichzeitiger Kursivschrift*** geben in dieser Gesamtliste (von Themen in allen öffentlichen Datenbanken) die Themen an, die nach Meinung des Verfassers zu den Bereichen **„für die Wirtschaft"**, bzw. ***„über die Wirtschaft"*** gehören.

Es folgen unkommentiert die weiteren Themen, die der Verfasser bei der Analyse der Hostunterlagen finden konnte. Hier häufen sich jetzt die Datenbanken, die vom Verfasser im Sinne einer aussagefähigen Abgrenzung nicht als Wirtschaftsdatenbanken gekennzeichnet wurden.

V. Recht, Regelungen
- **A. Recht (Wirtschaftsrecht), [Law, Government],**
- **B. Normen, Richtlinien, Verwaltungsvorschriften [Standards, Regulations]**

VI. Zeitgeschehen, Politik, Biographien
- A. Zeitgeschichte [Current Affairs]
- B. Allgemeine Politik, **Wirtschaftspolitik** [Politics]
- C. Biographien [Biographies, Profiles of People]

VII. Energie

VIII. Technik, Ingenieurwesen, Werkstoffe
- A. Technik [Technology]
- ***B. Luftfahrt, Raumfahrt [Aviation]***
- **C. Bauwesen [Building and Construction]**
  - **a. Stadtplanung [Town Planning]**
  - **b. Regionalplanung [Regional Planning]**
- **D. Rüstung [Defense]**
- **E. Computer/Elektronik [Computer Science, Electronics]**
- F. Ingenierwissenschaften [Engineering]
- G. Werkstoffe, [Materials Science/Materials Technology]

IX. Naturwissenschaften [ohne Chemie], Umwelt
- A. Naturwissenschaften
- B. Geowissenschaften [Earth Science]
- C. Umwelt [Environment/Environmental]
- D. Landwirtschaft, Ernährung [Agriculture, Nutrition, Food]

X. Chemie

XI. Medizin, Gesundheitswesen, Pharmazie, Toxikologie
- A. Medizin: Human- und Biomedizin [Medicine, Biomedical Science]
- B. Veterinärmedizin [Veterinary Medicine]
- C. Gesundheitswesen [Health & Safety]??
- D. Pharmazie [Pharmacology/Drug Information]
- E. Toxikologie [Toxicology]

XII. Mathematik, Statistik

XIII. Sozialwissenschaften, Sozialwesen
- A. Sozialwissenschaften [Social Sciences]
- **B. Sozialwesen, Arbeitsbeziehung [Labour Related Aspects]**
- C. Erziehung [Education]

XIV. Geisteswissenschaften, Linguistik

XV. Verweise, Verzeichnisse (die nicht thematisch eingeordnet wurden)
Zum Beispiel:
- **Verzeichnisse von Online-Datenbanken [Directories of Online Database]**
- Bibliographien
- **Informations- und Dokumentationszentren**
- Forschungsprojekte

XVI. Multidisziplinäre Datenbanken [Multidisciplinary/Interdisciplinary]

XVII. Sonstige

Zum Beispiel:

- Stiftungen, Stipendien [Foundations and Grants]
- **Seminare, Konferenzen [Conferences, Meetings]**, auch zukünftige
- Tagungsbände von Tagungen, Konferenzen und Seminaren [Proceedings from Meetings, Conferences, and Seminars]

XVIII. Hilfs- und Übungsdatenbanken

Die Auflistung macht die Vielfalt der gegenwärtig bereits in Öffentlichen Datenbanken angebotenen Wirtschaftsinformationen deutlich. Sie gibt auch einen Eindruck von der Einbettung der Wirtschaftsinformation in die übrigen Bereiche der Fachinformation.
Nicht nur die Einschätzung, welche Datenbanken Wirtschaftsdatenbanken sind, muß subjektiv gefärbt sein, sondern natürlich auch die Reihenfolge der Themen und diese Liste als Ganzes. Sie ist allerdings insoweit etwas objektiviert, als sie auf einem Zusammenspielen der tatsächlich in den Hostunterlagen genannten Themen beruht, wobei dann natürlich Synonyme, unterschiedliche Abgrenzungen, abweichende Ebenen, usw. berücksichtigt werden mußten. Die hier angegebene Liste ist nur eine Kurzfassung der Gesamtliste, die außerdem durch Beispielsdatensätze veranschaulicht ist. (Die Gesamtliste findet sich in Lit. 13.).

Die Analyse der vorliegenden Öffentlichen Datenbanken zeigt, daß zwischen der thematischen Ausrichtung der Datenbank und dem Datenbanktyp ein enger Zusammenhang besteht. Datenbanken zu volkswirtschaftlichen Themen bestehen vorwiegend aus statistischen Daten, Produktdatenbanken bestehen sehr oft aus Zeitreihen, Firmendaten finden sich meist in Faktendatenbanken usw. (vgl. hierzu die Auszählung zum Stand Sommer 1987 in Lit. 11., S. 202). Die Ursache für diese Abhängigkeit von Datenbanktyp und -thema liegt in der unterschiedlichen Verwendung der jeweiligen Information. Firmendaten werden meist zur einfachen Informierung gebraucht („Ist das Unternehmen solide/liquide/ . . .“), bei Produktinformationen spielen Preise eine wichtige Rolle, diese sind numerisch und werden meist in Zeitreihenform gebracht. Volkswirtschaftliche Information wird meist in das Korsett von Kennziffern gebracht, auch mit dem Ziel der statistisch-/ökonometrischen Auswertung.
Dieser Zusammenhang wird auch in der nächsten Zeit noch bestehen bleiben, auch in der Form der strikten Trennung in Datenbanken mit unterschiedlichen Informationstypen (z.B. Text-, vs. Faktendatenbanken), obwohl die Aufteilung teilweise weder inhaltlich noch strukturell gerechtfertigt ist. Warum sollen z.B. volkswirtschaftliche Informationen unterschiedlicher Art (nicht nur verschiedener Typen, sondern auch z.B. unterschiedlich definierte makroökonomische Indikatoren) nicht in einer Datenbank erfaßt werden.

D 10.7 Anbieter und Produzenten

Fast alle großen Datenbankanbieter bieten auch Wirtschaftsdatenbanken an. Diese machen jeweils einen nicht unerheblichen Teil ihres Angebots aus. Daneben sind einige Firmen ganz auf Wirtschaftsdatenbanken konzentriert, wie z.B. Data Star.

In der Bundesrepublik Deutschland lassen sich außerdem einige Anbieter feststellen, die sich ganz auf den Ausschnitt „deutschsprachige Wirtschaftsinformation" spezialisieren. Eine besondere Rolle spielen die Anbieter Statistischer Datenbanken. Sie bieten nicht nur fast ausschließlich das Wirtschaftsgeschehen an (Statistische Datenbanken betreffen fast ausschließlich Wirtschaftsdatenbanken), sondern sind auch weitgehend auf den Datenbanktyp „Statistische Datenbanken" konzentriert. Dies hat sicherlich zum Teil schlicht historische Gründe, ist andererseits aber sicherlich auch durch den völlig andersartigen Informationstyp begründet (vgl. weitergehende Ausführungen zu den Produzenten Statistischer Datenbanken in Kap. C 4.)

D 10.8 Zukünftige Entwicklung: Wünsche, Hoffnungen, Trends

Wohin geht die Entwicklung im Bereich der Wirtschaftsinformation? Wie kann dieses Instrument der Informationsversorgung besser gestaltet und genutzt werden? Auf welche Entwicklungen kann gehofft werden, welche wären wünschenswert? Ein Trend ist unzweifelhaft: *weg von gedruckter hin zu elektronisch verfügbarer Wirtschaftsinformation*. Dabei besteht elektronisch verfügbare Information nicht nur aus Öffentlichen Datenbanken. Auch andere Angebote, die hier aus Platzgründen nicht betrachtet werden konnten, spielen dabei eine wichtige Rolle. Z.B. das unten noch kurz diskutierte Angebot an CD-ROM's, aber auch Angebote auf konventionellen Medien. So kann seit 1988 eine CRONOS-Datenbank (EUROSTATUS) auf Disketten bezogen werden für „ganz normale" Rechner der AT-Klasse.

Es ist in vielen Gesprächen feststellbar: Die meisten Unternehmen wissen nur ungenügend über elektronisch verfügbare Informationsquellen Bescheid. Wünschenswert wären daher fundierte *Informationsbedarfsanalysen*, die in einem Abgleich des Informationsbedarfs eines Unternehmens mit dem Angebot an elektronisch verfügbarer Information besteht. Dies könnte natürlich nur von kompetenten Fachleuten durchgeführt werden, die das Angebot an elektronisch verfügbarer Information sehr gut kennen und die in der Lage sind, durch Gespräche den tatsächlichen und potentiellen Informationsbedarf eines Unternehmens zu erfragen.
Grundlage eines solchen Abgleichs ist eine verbesserte Kenntnis des Angebots. Hier bleibt, insbesondere was den europäischen Online-Markt angeht, noch viel zu tun. Die Forderung geht hier nach *besseren und preiswerteren Verzeichnissen* (vgl. beispielhaft für deutschsprachige Verzeichnisse von Wirtschaftsdatenbanken Lit. 10. und Lit. 11.). Ganz generell fehlen noch Werkzeuge, die dem Informationssuchenden über ein inhaltlich erschlossenes Verzeichnis hinaus Hilfestellung geben, ihm z.B. Hinweise geben, welche Anbieter bei seinen (durchschnittlichen) Informationswünschen „die richtigen" sind.

Die zunehmende Zahl Integrierter Datenbanken gibt Hoffnung, daß es bei Wirtschaftsdatenbanken wenigstens insoweit zu einer *Verbesserung der Modellierung* kommt, daß zunehmend weitere, über den üblichen Kanon hinausgehende Informationstypen Verwendung finden. Dies sollte allerdings nicht in der primitiven Form geschehen, Datensätze einfach nebeneinanderzustellen, sondern mit fortgeschritteneren Techniken der Datenmodellierung. Die dadurch sich ergebende größere Komplexität der Abfrage muß durch *leistungsfähigere Abfragesprachen* abgefangen werden.

Diese Leistungsfähigkeit ist nur mit Mitteln der Künstlichen Intelligenz Forschung, insbesondere aus dem Bereich der Expertensysteme, in vernünftiger Form zu erreichen.
Denn notwendig ist es, das System u.a. mit „Wissen" über folgende Bereiche auszustatten:

a) die in (öffentlichen) Datenbanken grundsätzlich vorkommenden Informationstypen (Text, Merkmal, usw. wie dargestellt). Das System muß diese Informationstypen „kennen", was eine Repräsentation des entsprechenden theoretisch/methodischen Wissens im Rechner verlangt.
b) die tatsächlich in der jeweiligen Datenbank vorliegenden Informationstypen.
c) Funktion und Ablauf von Retrievalprozessen (für die verschiedenen Informationstypen)
d) die grundsätzlich anwendbaren Operatoren (bei den verschiedenen Informationstypen)
e) die Voraussetzungen der Anwendbarkeit statistischer Verfahren (bei Merkmalsräumen).

Mit einer solchen Wissensbasis könnte das System nicht nur den jeweils angemessenen Retrievalprozeß (automatisch) verwenden, sondern auch die für den Informationstyp „richtigen" Retrievaloperatoren (Adjacency-Operatoren nur bei Texten, spezielle boolesche Operatoren bei Merkmalen/Merkmalsräumen, Operatoren zur Bewegung in der Baumstruktur bei Nomenklaturen, usw.) zur Verfügung stellen und deren Anwendung kontrollieren, sondern auch die Informationsverarbeitung (bei allen Typen) in vielfältiger Weise unterstützen: bei der Prüfung der Voraussetzungen, der Anwendung und Auswahl der Methoden. Insbesondere letzteres dürfte große Bedeutung in integrierten Systemen gewinnen, die auch für den Nicht-Fachmann gedacht sind. Denn auf andere Weise wären die vielfältigen Methoden aus unterschiedlichen Bereichen nicht mehr zu beherrschen. In bezug auf Statistische Datenbanken (oder integrierte Datenbanken mit Merkmalsräumen) wäre hier ein maschineller Statistikexperte, der von der Hypothesengenerierung über die Anwendung statistischer Verfahren bis zur Interpretation der Ergebnisse den Benutzer unterstützt, denkbar und wünschenswert (vgl. für ein Konzept eines Expertendatenbanksystems für Faktenretrieval (ES-FAKT) Lit. 13.; Lit. 14.).

In den letzten Jahren begannen insbesondere die auf Wirtschaftsdatenbanken spezialisierten Anbieter ihre Datenbanken thematisch zu bündeln. Dieses *integrierte Angebot thematisch zusammengehöriger Datenbanken* soll dem Benutzer die Suche erleichtern, indem er z.B. zu Firmeninformationen mit einer Abfrage gleich mehrere Datenbanken erreicht. Man vergleiche die „Business Connection" usw. bei DIALOG, die „D-S Company Intelligence", „D-S Investment Intelligence", „D-S Market Intelligence" usw. bei Data Star oder auch die „One Search"-Option bei DIALOG, die es erlaubt beliebige Datenbanken zusammen zu recherchieren.

Auch eine andere Entwicklung im Angebot von Öffentlichen Datenbanken hat Auswirkungen auf den Bereich der Wirtschaftsdatenbanken, das *Angebot von Datenbanken auf CD-ROMS*. Bisher liegen vor allem Herstellernachweise bzw. Firmendaten in dieser Form vor. Die CD-ROMS werden in regelmäßigen Abständen vom Produzenten an den Abnehmer geliefert. Sie sind mit einem eigenen Abfragesystem ausgestattet. Sinnvoll sind allerdings, wegen des hohen finanziellen und technischen Aufwands, nur für den, der die betreffende Datenbank intensiv nutzt. Alle anderen, die z.B. ihren Informationswunsch im Regelfall mit Hilfe mehrerer

Datenbanken befriedigen, sind mit dem üblichen Angebot der Online-Datenbank besser beraten.

Eine effiziente Nutzung gerade der online verfügbaren Wirtschaftsinformation würde erleichtert, wenn mehrere Datenbanken gemeinsam abgefragt werden könnten. Diese Überlegung steckt auch hinter dem entsprechenden Angebot „gebündelter Datenbanken" (vgl. oben). Dies ist auch hilfreich, ebenso wie die generelle Möglichkeit, mehrere Datenbanken „auf einmal" abzufragen (vgl. Dialog's One-Search). Es stößt allerdings an Grenzen, die wesentlich durch die unterschiedlichen Datenstrukturen in den einzelnen Datenbanken gezogen sind. Schwierigkeiten entstehen bereits bei satzorientierten Datenbanken, wenn die Feldnamen nicht gleich und die Datensätze nicht ähnlich strukturiert sind. Von der Abfrage von Datenbanken unterschiedlicher Datenmodelle (z.B. satzorientierter und statistischer) sind die Systeme noch weit entfernt. Hier erweist sich ein weiteres Mal das *Theoriedefizit*, unter dem Betreiber und Nutzer von Öffentlichen Datenbanken gleichermaßen leiden, als entscheidender Hemmschuh zu einem wirksam verbesserten Angebot und zu besserer Nutzung. Denn Öffentliche Datenbanken im allgemeinen und Wirtschaftsdatenbanken im besonderen erfordern bei ihrem Aufbau und bei der Erstellung ihrer Verwaltungssysteme aufgrund der Vielfalt an Informationstypen und Datenmodellen *mindestens* das theoretische Niveau der generellen datenbanktheoretischen Diskussion. Nur wenn dies erfüllt ist, können adäquate (benutzerfreundliche, leistungsstarke, alle Möglichkeiten des Informationstyps nutzende, mehrere Informationstypen verwaltende) Datenbanken bzw. Datenbanksysteme entstehen (vgl. Lit. 13. für eine Darstellung der Strukturen öffentlicher Datenbanken und ein Konzept eines wissensbasierten Expertendatenbanksystems sowie Lit. 14. für eine Diskussion der theoretischen Grundlagen der entsprechenden Modellierungsschritte). Aber nicht nur die Anbieterseite muß dazu lernen, auch die Nutzer müssen besser ausgebildet werden. Die immer wieder anzutreffende Vorstellung, man könne öffentliche Datenbanken ohne Ausbildung effizient nutzen, ist sehr überraschend (auch wenn sie von vielen Anbietern genährt wird). Die Nutzung von Öffentlichen Datenbanken muß gelehrt und gelernt werden, nur dann können die in diesem Medium schlummernden Möglichkeiten umfassend genutzt werden, nur dann werden Wirtschaftsinformationen von einem Werkzeug der Informationsversorgung zu einem Mittel der umfassenden informationellen Absicherung des Handelns der Wirtschaftspartizipanten.

Literatur

01. Bastian, Michael: Datenbanksysteme, Königstein/Ts. 1982.
02. Brodie, Michael L.; Mylopoulos John; Schmidt, Joachim W. (Hrsg.): On Conceptual Modeling. Perspectives from Artificial Intelligence, Databases, and Programming Languages, New York u.a. 1984.
03. Dittrich, Klaus; Dayal, Umeshwar (Hrsg.): Proceedings International Workshop on Object-Oriented Database Systems, September 23 – 26, 1986.
04. Gebhardt, Friedrich: Dokumentationssysteme. Berlin, Heidelberg, New York 1981.

05. Knowledge Industry Publications: The Business Information Markets 1982–87, Knowledge Industry Publications, Inc., White Plains, NY 1982.
06. Pfanzagl, Johann: Theory of Measurement, Würzburg, Wien 1971.
07. Roth, Erwin (Hrsg., unter Mitarbeit von Klaus Heidenreich): Sozialwissenschaftliche Methode. Lehr- und Handbuch für Forschung und Praxis. München 1984.
08. Schek, H.-J.; Schlageter, G. (Hrsg.): Datenbanksysteme in Büro, Technik und Wissenschaft (GI-Fachtagung, Darmstadt, 1.–3. April 1987, Proceedings), Berlin u.a. 1987.
09. Schlageter, Gunter; Stucky, Wolffried: Datenbanksysteme: Konzepte und Modelle, Stuttgart 1983.
10. Scientific Consulting Dr. Schulte Hillen: Handbuch der Wirtschaftsdatenbanken 1985. Inhalte und Anbieter – weltweit. Darmstadt 1985 (erscheint jährlich neu).
11. Staud, Josef L.: Wirtschaftsdatenbanken 1987. Typen und Themen. In: Deutsche Gesellschaft für Dokumentation e.V., 9. Frühjahrstagung der Online-Benutzergruppe der DGD in Frankfurt am Main vom 12. bis 14. Mai 1987, Frankfurt 1987, S. 191–204.
12. Staud, Josef L.: Online Wirtschaftsdatenbanken 1987. Mit einem Verzeichnis von Datenbanken, Anbietern und Produzenten (Bilingual – Zweisprachig). Frankfurt u.a. 1987.
13. Staud, Josef L.: Öffentliche Datenbanken – Typen, Themen, Theoretische Grundlagen. (in Vorbereitung).
14. Staud, Josef L.: (Conceptual) Modeling For Existing and Future Databases. (in Vorbereitung).
15. Staud, Josef L.: Fakten in öffentlichen Datenbanken: Informationstypen und Strukturmerkmale, In: Nachrichten für Dokumentation 1/89.
16. Tsichritzis, Dionysios C.; Lochovsky, Frederick H.: Data Models, Englewood Cliffs, N.J. 1982.
17. Vetter, Max: Aufbau betrieblicher Informationssysteme mittels konzeptioneller Datenmodellierung, Stuttgart 1987.
18. Vossen, Gottfried: Datenmodelle, Datenbanksprachen und Datenbank-Management-Systeme, Bonn u.a. 1987.

D 11 Chemie-Informationssysteme

Gesche Berger

D 11.1 Einleitung

Information und Dokumentation haben auf dem Gebiet der Chemie in Deutschland eine lange Tradition. So erschien schon 1817 – herausgegeben von Leopold Gmelin – das erste Handbuch, in dem Forschungsergebnisse auf dem Gebiet der anorganischen Chemie zusammenfassend dargestellt wurden. Es folgten 1881 das Beilstein-Handbuch der organischen Chemie, dann Referatedienste und schließlich ab etwa 1950 computergestützte Informations- und Dokumentationssysteme. Diese weisen heute einen hohen Entwicklungsstand auf.

Typisch für Informations- und Dokumentationsabläufe in der Chemie ist, daß sie zumeist einen hohen Grad an Komplexität aufweisen. Dieser ist darauf zurückzuführen, daß sich die Chemie als Lehre von den Stoffen, ihren Eigenschaften und Veränderungen mit deren materiellen Erscheinungsformen und Umwandlungen in vielfältigster Weise auseinandersetzt. Schließlich befaßt sich die Chemie auch mit der Erzeugung völlig neuer Stoffe, z.B. der Kunststoffe, neuer Pharmazeutika u.a.m.

Chemische Stoffe zeigen sich uns in einheitlicher Zusammensetzung (Beispiele: Gips, Blei), oder sie sind von uneinheitlichem Aufbau (Beispiele: Granit, Schlamm, Milch). Schon früh war es das Anliegen des Chemikers, natürliche Materialien in ihre Einzelstoffe zu zerlegen. Ein entscheidender Durchbruch gelang hier etwa Mitte des 19. Jahrhunderts, als man erkannte, daß diese Einzelstoffe sich aus chemischen Elementen zusammensetzen. Von da an begann man, Einzelstoffe mit Hilfe von Strukturformeln zu beschreiben. Diesen gilt seitdem das besondere Interesse des Chemikers. Dementsprechend kommt auch in der Chemie-Information der chemischen Strukturformel eine ganz besondere Rolle zu. Sie wird als ein für dieses Gebiet typisches Informationselement in den Mittelpunkt der folgenden Ausführungen gestellt. Auf Wiedergabeformen chemischer Stoffe, die sich nicht durch Strukturformeln beschreiben lassen, wird nicht eingegangen.

Chemische Stoffe sind in allen natur- und ingenieurwissenschaftlichen Fachgebieten vertreten. Die Informationsbedürfnisse des Chemikers erstrecken sich daher oftmals über das Gebiet der Chemie hinaus und betreffen Disziplinen wie beispielsweise die Medizin, die Biologie, die Biotechnologie, die Metallurgie, den Maschinenbau u.a.m. Auf die Probleme, denen sich der Chemiker bei der Benutzung anderer Fachinformationssysteme gegenübersieht, kann jedoch im Rahmen dieser Ausführungen nicht eingegangen werden.

Zu den Abgrenzungen der folgenden Ausführungen gehört weiterhin, daß Faktendaten-Informationssysteme, d.h. Informationssysteme, die beispielsweise Auskunft geben über Eigenschaften von chemischen Verbindungen und Werkstoffen, nicht beschrieben werden. Somit konzentriert sich dieses Kapitel auf Chemie-Informationssysteme, die vorrangig der Speicherung und Recherche von chemischer Fachliteratur dienen.

D 11.2 Problemstellung

Auf dem Gebiet der Chemie und der chemischen Technik werden derzeit weltweit etwa eine halbe Million Publikationen pro Jahr veröffentlicht. Einprägsamer ausgedrückt: jede Minute erscheint eine Publikation, wobei die Anzahl der Veröffentlichungen weiter zunimmt. So brauchte der Chemical Abstracts Service (CAS) – eine Institution in den USA mit weltweiter Bedeutung auf dem Gebiet der Chemie-Information – von seiner Gründung im Jahre 1907 an 65 Jahre, um die ersten 5 Mio. Referate zu publizieren, dann jedoch nur noch 13 Jahre, bis weitere 5 Mio. Referate erschienen waren (Lit. 13.). Man rechnet damit, daß Chemical Abstracts Service im Jahre 2000 ein Publikationsvolumen von 16 Mio. Referaten erreicht haben wird.

Dieses rasante Anwachsen der chemisch-technischen Forschung in den letzten Jahrzehnten macht dem Chemiker das Wiederauffinden veröffentlichter Forschungsergebnisse zunehmend schwerer. Es ist jedoch nicht allein die Informationsflut, die auf dem Gebiet der Chemie sowohl Informations- als auch Kommunikationsprobleme aufwirft. Vielmehr sind es

- spezielle Informationskategorien,
- spezielle Arten von Fragestellungen
  und
- die Art und Weise, wie sich chemiefachliche Informationen in der Literatur darstellen,

die zu einer, dieses Fachgebiet kennzeichnenden, zusätzlichen Problematik führen (Lit. 07.; Lit. 09.)

Insgesamt hat die Chemie-Information vier *Kategorien von Informationen* zu berücksichtigen:

1.) chemische Verbindungen und Verbindungstypen (= *strukturelle* Informationen)
2.) chemische *Reaktionen* und *Reaktionstypen* (= Informationen über das chemische Verhalten)
3.) nichtstrukturbezogene Informationen (= *Sachverhalte*)
    und
4.) die ein Dokument formal kennzeichnenden bibliographischen Daten.

Die beiden zuletzt genannten Informationskategorien finden sich auch in allen Informationssystemen anderer Fachgebiete, während die strukturellen Informationen und die Informationen zu Reaktionen ausschließlich in der Chemie-Information eine Rolle spielen. Sie sollen daher im Mittelpunkt der folgenden Ausführungen stehen.

Zusätzlich zu diesen Informationskategorien sind es die Arten von *Fragestellungen*, welche die hohen Anforderungen an die verwendeten Informationssysteme in besonderer Weise begründen. Ein leistungsfähiges System muß heute – entsprechend der Entwicklung in der Chemie-Information von einer empirischen zu einer deduktiven Suche hin – zwei Typen von Fragestellungen Rechnung tragen: der spezifischen und der allgemeinen Fragestellung.

Mit der *spezifischen Fragestellung* (s. *Abb. 1*) bezweckt man das Wiederauffinden einer Information, für die man eine klare, erschöpfende Definition geben kann. Ein Beispiel hierfür aus der Kategorie 1 wäre die Frage nach einer individuellen chemischen Verbindung, wie z.B. der Salicylsäure mit den systematischen chemischen Namen o-Hydroxybenzoesäure oder 2-Hydroxybenzoesäure und der folgenden Strukturformel:

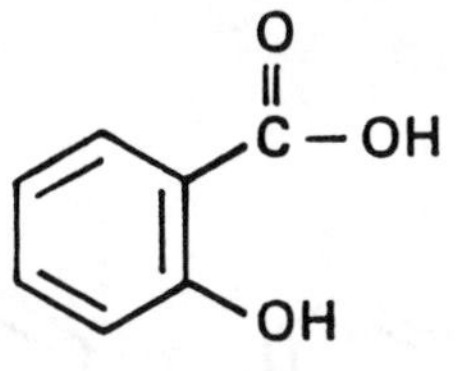

Abb. 1: Strukturformel von Salicylsäure

Eine solche Fragestellung ist schon durch recht einfach ausgelegte Informationssysteme, wie sie beispielsweise Register darstellen, zu beantworten. Sie sind nach einem fest vorgegebenen Ordnungsprinzip (hier den Namen der chemischen Verbindungen) gegliedert und verlangen, daß bei einer Recherche dieses Ordnungsprinzip (= Systematik des entsprechenden Registers) eingehalten wird.

Anders ist dies bei der *allgemeinen Fragestellung* (s. *Abb. 2*). Hier sucht man nicht nach klar abgegrenzten Begriffen, sondern nach Begriffsgruppen wie beispielsweise *Verbindungstypen* (Kategorie 1) oder *Reaktionstypen* (Kategorie 2). Ein Beispiel für eine solche allgemeine Fragestellung wäre die Frage nach einem Verbindungstyp, der sich von der Salicylsäure ableiten läßt und der durch folgende Formelangabe definiert ist:

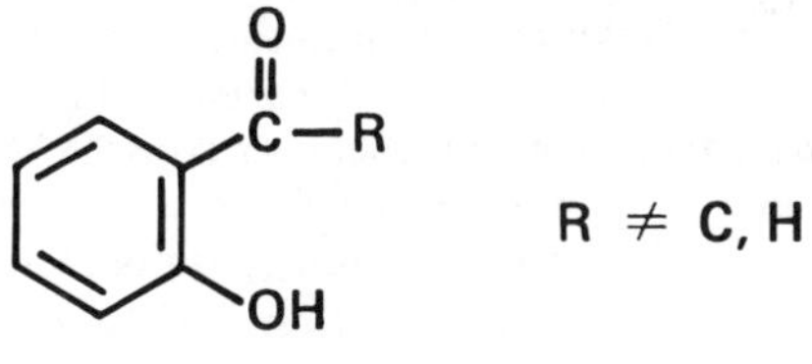

Abb. 2: Beispiel für eine allgemeine Fragestellung

Der Rest R soll ungleich Kohlenstoff (C) und Wasserstoff (H) sein. Man wird als Ergebnis dieser Fragestellung Informationen zu einer Vielfalt von Verbindungen erwarten. Von diesen sei hier nur eine kleine Auswahl wiedergegeben (s. *Abb. 3*).

Fragestellungen solch allgemeiner Art werden heute als „Teilstruktur- oder Substruktur-Recherchen“ bezeichnet.

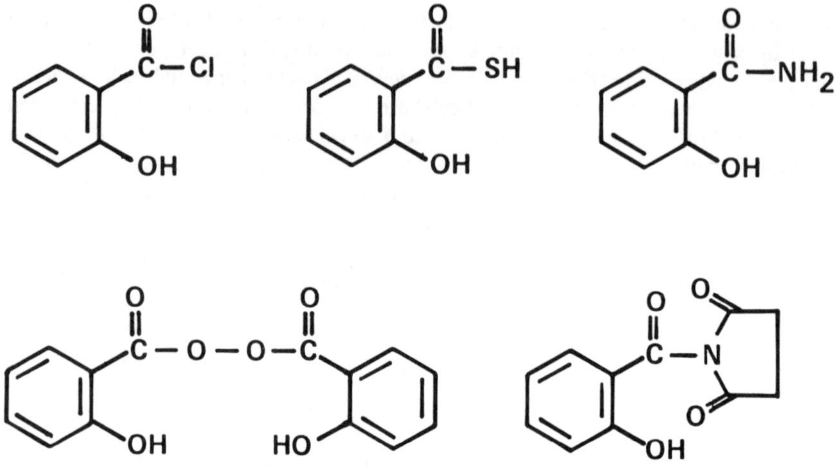

Abb. 3: Mögliche Antworten auf die in Abb. 2 aufgeführte allgemeine Fragestellung

Nicht nur die Fragestellung kann in einer spezifischen oder allgemeinen Weise erfolgen, sondern bereits die *Darstellung im Dokument* weist in der chemiefachlichen Literatur in besonders hohem Maße diese beiden Merkmale auf. Dies ist speziell in der Patentliteratur der Fall. So sind in Patenten in der Regel ganze Verbindungsklassen beansprucht, die dadurch gekennzeichnet sind, daß sie neben gemeinsamen strukturellen Merkmalen, variable Merkmale – wie beispielsweise reaktive Gruppen oder Ringe – aufweisen, die nur alternativ vorkommen. Dieser besondere Typ von struktureller Information wird als „*generische chemische Struktur*" bezeichnet, ihre Wiedergabeform in Dokumenten, nach einem Erfinder, der diese Darstellungsform als erster anwandte, als „*Markush-Formel*" (Lit. 10.).
Die folgende *Abbildung 4* zeigt eine einfache, aber typische Markush-Formel, die zwei variable Reste R_1 und R_2 aufweist, wobei der Rest R_2 nicht nur in seiner chemischen Natur, sondern auch in den Anknüpfungspositionen am Benzolring variieren kann.

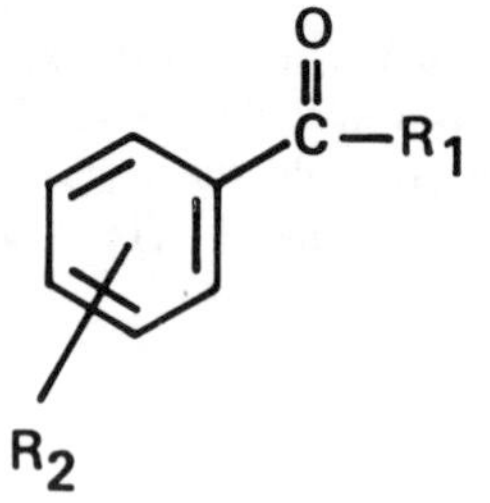

$R_1 \neq C, H$

$R_2 = OH, Cl, NH_2$

Abb. 4: Markush-Formel

Generische chemische Strukturen werden in ihrer Aussage dann besonders komplex, wenn sie, neben spezifischen strukturellen oder statt spezifischer struktureller Aussagen, *verallgemeinernde strukturelle Angaben*, die sog. *„strukturchemischen Allgemeinbegriffe"*, enthalten. Diese stehen für mehrere, meistens sogar für eine Vielzahl von spezifischen strukturellen Aussagen.
Die in Abbildung 4 dargestellte Markush-Formel kann also in Dokumenten auch auf folgende Weise noch umfassender ausgedrückt sein (*Abb. 5*):

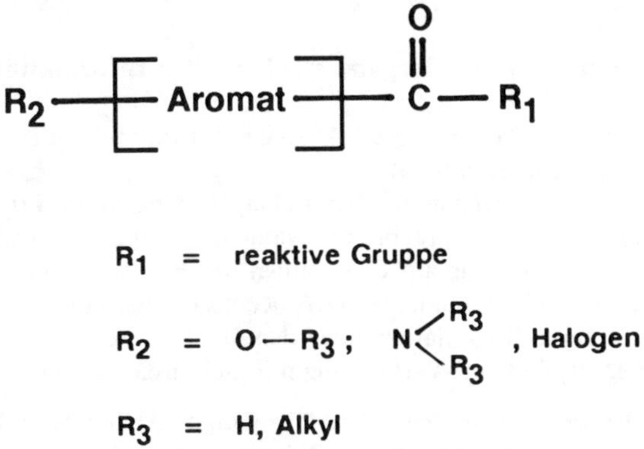

Abb. 5: Markush-Formel mit strukturchemischen Allgemeinbegriffen

Der strukturchemische Allgemeinbegriff „Aromat" steht hier dann nicht mehr nur für den Benzolring , sondern für beliebige isolierte und kondensierte aromatische Ringsysteme, wie beispielsweise das Naphthalin 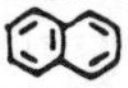 oder das Anthracen 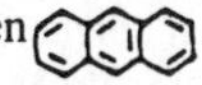.

Die verallgemeinernde Aussage „Halogen" beinhaltet die Elemente Fluor, Chlor, Brom und Jod, die Aussage „Alkyl" umfaßt die spezifischen Alkyl-Gruppen Methyl, Ethyl, Propyl usw.
Man kann sich nun vorstellen, daß komplexere Markush-Formeln als in diesem Beispiel hundert, tausend, in extremen Fällen auch unendlich viele individuelle chemische Verbindungen repräsentieren können (Lit. 03., S. 58). Von einem modernen Chemie-Informationssystem wird erwartet, daß es in der Lage ist, solche komplexen strukturellen Aussagen zu speichern. Darüberhinaus muß gewährleistet sein, daß gespeicherte „strukturchemische Allgemeinbegriffe" auf solche Fragebegriffe ansprechen, die

- genauso allgemein sind wie der Speicherbegriff,
  oder die
- spezifischer sind als der Speicherbegriff (*„Abwärtsrecherche"*).

Das gleiche gilt umgekehrt für die *„Aufwärtsrecherche"* (Lit. 06.).
Weiterhin muß sichergestellt sein, daß Fragestellungen auch von solchen generischen Speicherbegriffen erfüllt werden, die nicht in vergleichbarer Abgrenzung wie die Fragestellung selbst formuliert sind.

Die geschilderten strukturellen Informationen bekommen in der chemiefachlichen Literatur erst ihre eigentliche Bedeutung durch ihre Zusammenführung mit Aussagen zu Reaktionsweisen, sowie zu den als Sachverhalten bezeichneten nichtstrukturellen Informationen. Auch diese können – wie in Abschnitt D 11.4 gezeigt werden wird – in Dokumenten auf vielfältigste Weise angesprochen sein. Im folgenden sollen moderne Chemie-Informationssysteme behandelt werden, die der aufgezeigten Problematik gerecht werden.

D 11.3 Systeme zur Wiedergabe struktureller Informationen

Die Notwendigkeit zur Darstellung struktureller Informationen ist schon früh erkannt worden. (Lit. 03., Kapitel 2).
Zunächst wurden zur Bezeichnung chemischer Verbindungen *Trivialnamen* verwendet, d.h. im deutschen Sprachraum Namen, die meist deutsch oder eingedeutscht worden sind, und die auf den Namen des Entdeckers oder eine wichtige Eigenschaft der Verbindung hindeuten (z.B. Kochsalz, Essigsäure, Ätznatron). Sie enthalten jedoch keine Information über den strukturellen Aufbau der Verbindung. Hinzu kommt, daß eine Verbindung mit mehreren Namen belegt sein kann.

Als zu Beginn des 19. Jahrhunderts diese Unzulänglichkeiten der Trivialnamen offenkundig wurden, begann man damit, Zeichnungen zu benutzen, um Aussagen über die Struktur einer chemischen Verbindung anderen Naturwissenschaftlern zu übermitteln. Dies war die Geburtsstunde der chemischen Strukturformeln, bei denen die Anordnung von einzelnen Atomen durch die Stellung ihrer chemischen Zeichen (Elementsymbole), und die Verknüpfungen zwischen den Atomen durch Bindestriche dargestellt werden.
In der modernen Chemie-Information und -Dokumentation werden solche Strukturformeln als *Strukturdiagramme* bezeichnet. Sie sind zweidimensionale Modelle für dreidimensionale Atomanordnungen und werden weltweit einheitlich verwendet und verstanden. Strukturdiagramme lassen sich schwer mündlich weitervermitteln und nicht registermäßig erfassen. Aus diesem Grund hat es eine Vielfalt von Versuchen gegeben, chemische Verbindungen über einen systematischen Namen textlich zu beschreiben. Zwei Nomenklatur-Systeme haben sich auf diesem Gebiet international behauptet: das System von CAS (Chemical Abstracts Service) und das System von IUPAC (International Union of Pure and Applied Chemistry). Beide verfügen über ein immenses Nomenklatur-Regelwerk, das vollständig zu beherrschen nur den Experten vorbehalten bleibt. Nomenklatur-Systeme setzten sich im alltäglichen Gebrauch daher nur für einfache Verbindungen durch. Deshalb wurde weiterhin die Strukturformel als Kommunikationsmittel verwendet. Hinzu kommt, daß die Nomenklatur nur unzulänglich den eingangs geschilderten Informationsbedürfnissen des Chemikers gerecht wird. Eine Suche nach Teilstrukturen beispielsweise ist über Trivialnamen und systematische Namen chemischer Verbindungen nur in wenigen Fällen möglich (Lit. 08.).
So war man auf dem Gebiet der Chemie mit Beginn der 50er Jahre, als die Literaturmengen manuell nicht mehr zu bewältigende Dimensionen annahmen, mit dem

Problem konfrontiert, Informationssysteme zu schaffen, die insbesondere den chemischen Strukturformeln und den auf diese zielenden Fragestellungen gerecht werden. Außerdem sollten sie die Verarbeitung großer Datenmengen mit vertretbarem Aufwand gestatten. Hier bot sich zunächst der Einsatz mechanisierter Karteisysteme (Lit. 01.), mit fortschreitender Computer-Technologie sodann computer-orientierter Informationssysteme, an. Letztere haben heute vorrangige Bedeutung, auf sie wird daher im folgenden besonders eingegangen.
Für die Realisierung computer-orientierter Informationssysteme mußten Verfahren entwickelt werden, die es gestatten, die dreidimensionale Struktur einer chemischen Verbindung mit Hilfe einer computergerechten, d.h. linearisierten Zeichenfolge, wiederzugeben. Drei Arten von Systemen haben sich in der Praxis durchgesetzt: Lineare Notationssysteme (= Linearnotationen), Fragmentierungssysteme, Topologische Systeme.

D 11.3.1 Linearnotationen

Linearnotationen stellen eine chemische Struktur durch eine lineare Folge von Buchstaben, Zahlen und sonstigen Zeichen in kompakter Weise dar. Sie sollten ursprünglich die Schwierigkeiten der Nomenklatur-Systeme überwinden helfen. Außerdem sollten sie ein Verfahren liefern, chemische Verbindungen eindeutig wiederauffindbar in Register einzuordnen.
Die heute am häufigsten verwendete Linearnotation ist die Wiswesser Line-Formula Notation (WLN), in den 50er Jahren entwickelt von William J. Wiswesser (Lit. 03., Kapitel 9). Die Notation wird gebildet, indem man Zeichensymbole für die eine Struktur aufbauenden Atome, funktionellen Gruppen, Ringe etc. aneinanderreiht, und zwar in der Reihenfolge, in der sie in der Struktur miteinander verknüpft sind. So wird beispielsweise die Struktur der Salicylsäure in der aus der folgenden *Abbildung 6* ersichtlichen Weise mit der Zeichenfolge Q V R B Q beschrieben.

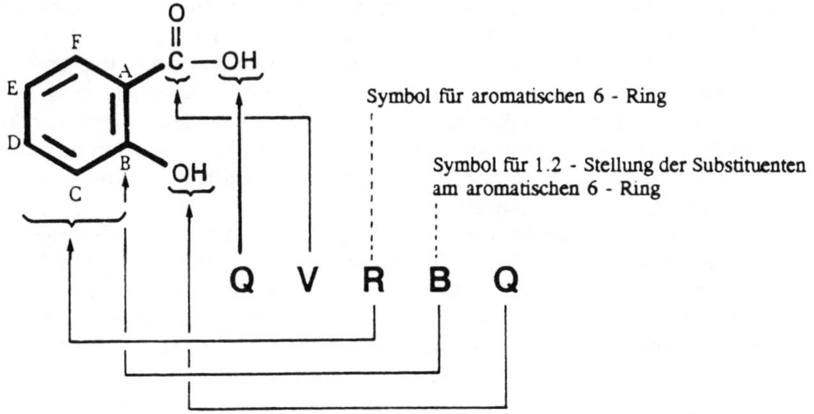

Abb. 6: Wiswesser-Linearnotation von Salicylsäure

Die Reihenfolge, in der die Struktur durchlaufen werden muß, wird durch entsprechende Regeln festgelegt.
Die Wiswesser-Linearnotation stellt eine chemische Verbindung in eindeutig reproduzierbarer Weise dar. Sie wird heute bei einer Vielzahl von Unternehmen sowohl unternehmensintern als auch kommerziell genutzt (siehe auch Abschnitt D 11.6 und Lit. 15.). Sie fand Eingang in Handbücher, Tabellen-Werke, gedruckte und maschinenlesbare Register sowie chemische Datenbanken. Sie kann heute maschinell aus einem über Bildschirm eingegebenen Strukturdiagramm erzeugt werden und hat neuere Bedeutung erlangt in Verbindung mit den ab Seite 602 behandelten topologischen Systemen (Lit. 02.). Sie kann computergestützt recherchiert werden, indem man Techniken nutzt, wie sie für Text-Speicher üblich sind (Wortfragment-Suche = ,,String Search"). Permutiert und sortiert man die chemisch signifikanten Symbole der Struktur maschinell auf geeignete Weise, so können verwandte Verbindungen in entsprechenden Registern zusammengeführt und manuell oder computer-unterstützt recherchiert werden.
Nachteilig ist, daß Teilstrukturen unterschiedliche Kurzbezeichnungen bekommen können, je nachdem, in welcher strukturellen Umgebung sie stehen. Auch bieten Linearnotationen keine befriedigende Lösung für die Speicherung und Recherche von generischen Strukturen, speziell von strukturchemischen Allgemeinbegriffen in generischen Strukturen.

D 11.3.2 Fragmentierungssysteme

Bei den Fragmentierungssystemen werden charakteristische Fragmente einer chemischen Struktur mit Codes beschrieben, welche die Fragmente in strukturelle Klassen einteilen. Diese Codes werden – im Gegensatz zu den Linearnotationen – in beliebiger Reihenfolge aufgezählt. Eines der bekanntesten und industriell genutzten Fragmentierungssysteme ist das von der IDC Internationale Dokumentationsgesellschaft für Chemie m.b.H. in Sulzbach (Taunus) verwendete GREMAS-System (siehe auch Abschnitt D 11.6). Es wurde von R. Fugmann und Mitarbeitern Ende der 50er Jahre entwickelt (Lit. 03., Kapitel 13) und 1967 von der HOECHST AG in die Gründung der IDC eingebracht. GREMAS steht für ,,**G**enealogisches **Re**cherchieren durch **Ma**gnetbandspeicherung", was besagt, daß das Fragmentierungssystem die Recherche von Verbindungsklassen gestattet. Dies wird erreicht, indem charakteristische Fragmente einer Struktur – wie beispielsweise Kohlenstoffatome oder Ringe – mit Hilfe einer hierarchisch untergliederten, dreistelligen Notation beschrieben werden, dem sog. ,,Dreierterm".
Das Verschlüsselungsprinzip sei wieder am Beispiel der Salicylsäure aufgezeigt (s. *Abb. 7*). Diese vereinigt zwei Verbindungsklassen in sich, die Verbindungsklasse der organischen Carbonsäuren und die Verbindungsklasse der Hydroxyverbindungen. Organische Carbonsäuren und von ihnen abgeleitete Verbindungen (= Derivate) werden mit einem Dreierterm beschrieben, dessen erster Buchstabe (= Genus-Symbol) ein **N** ist. Der zweite Buchstabe (= Spezies-Symbol) dient zur weiteren Aufgliederung und damit detaillierten Beschreibung der durch das Genus-Symbol charakterisierten Verbindungsklasse. Er zeigt im Falle der organischen

Carbonsäure, ob es sich um eine freie Carbonsäure (N**N**) oder um ein spezielles Derivat, z.B. einen Säure-Ester (N**O**) handelt. Mit Hilfe des dritten Buchstabens (= Subspezies-Symbol) wird eine Aussage über die nähere Umgebung des durch die Genus-Spezies-Folge beschriebenen C-Atoms gemacht. Auf diese Weise wird z.B. unterschieden, ob eine Carbonsäure-Gruppe in eine kettige, d.h. aliphatische (NN**A**) oder eine aromatische (NN**D**) Umgebung eingebunden ist.

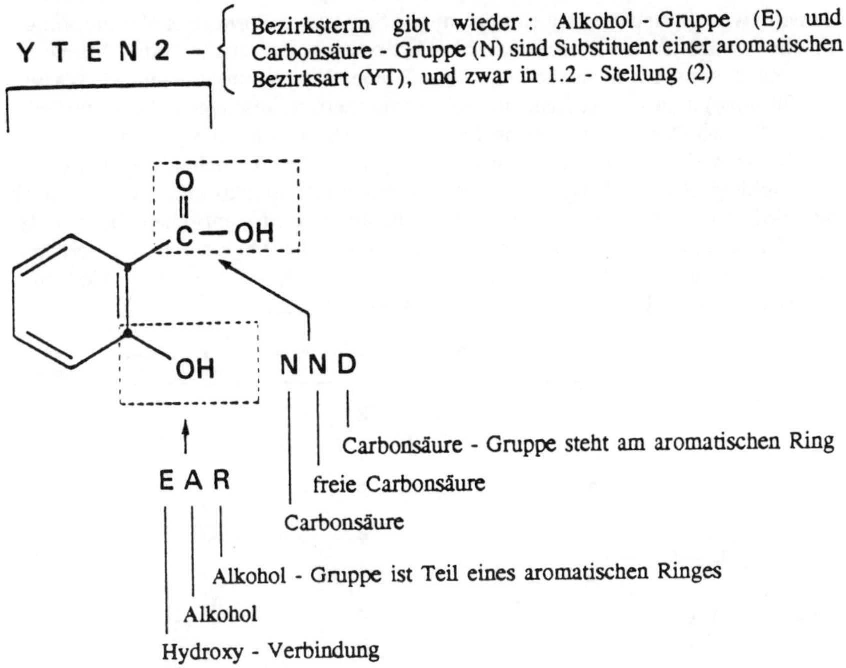

Abb. 7: GREMAS-Code der Salicylsäure

Der GREMAS-Wortschatz in Form seiner Dreierterms sagt nur wenig darüber aus, wie sich die durch ihn beschriebenen Strukturfragmente, der tatsächlichen Struktur entsprechend, zusammenfügen. Diese Lücke in der Wiedergabetreue wird durch den Einsatz einer speziellen „Grammatik" weitgehend geschlossen. Im Prinzip geht man dabei so vor, daß man für bestimmte, in chemischen Strukturen auftretende Bezirksarten (Ketten, Ringe) mit Hilfe der Genus-Symbole aufzählt, welche und wieviele der charakteristischen Strukturfragmente in ihnen vorkommen. Diese Aufzählung geschieht mit einem „Bezirksterm", der durch den Buchstaben Y, im Falle einer aromatischen Bezirksart durch die Buchstabenfolge YT, eingeleitet wird.
Verallgemeinerungen innerhalb einer Verbindungsklasse werden mit Hilfe der Ziffer 0 ausgedrückt. So beschreibt der Term N0D aromatische Carbonsäuren und ihre Derivate, der Term NN0 Carbonsäuren allgemein, ohne Abhängigkeit von ihrer Umgebung.

Der GREMAS-Code ermöglicht die Verschlüsselung und Recherche von definierten Verbindungen, aber auch von Teilstrukturen und generischen Strukturen. Nachteilig ist, daß er chemische Strukturen nicht immer eindeutig repräsentiert.

D 11.3.3 Topologische Systeme und erweiterte topologische Verfahren

Topologische Systeme stellen eine chemische Struktur in Form einer Verknüpfungstabelle (s. *Abb. 8*), auch „connection table" oder „topologische Matrix" genannt, dar. Zu diesem Zweck werden alle Atome einer Verbindung (außer den Wasserstoffatomen) in beliebiger Reihenfolge durchnumeriert; anschließend wird für jedes Atom festgehalten, durch welche Bindungsart (Einfachbindung, Doppelbindung etc.) es mit welchen anderen Atomen verknüpft ist. Die so erhaltenen Listen stellen den topologischen Code für die betreffende chemische Struktur dar, wobei je nach der Reihenfolge der Numerierung, unterschiedliche Codes entstehen. Bei der Recherche kann die Struktur in einer ganz anderen Reihenfolge durchnumeriert werden. Durch maschinellen Vergleich wird festgestellt, ob die unterschiedlichen topologischen Codes einander äquivalent sind (Lit. 02.).

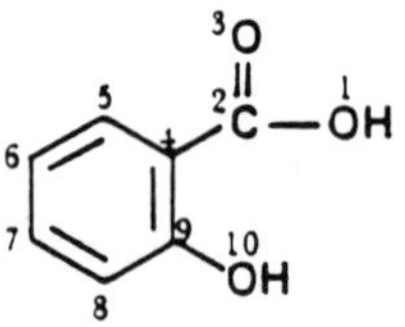

Atom-Nr.	Atom-Art	Bindungs-art +)	zu Atom-Nr.	Bindungs-art +)	zu Atom-Nr.	Bindungs-art +)	zu Atom-Nr.
1	O	1	2				
2	C	1	1	2	3	1	4
3	O	2	2				
4	C	1	2	3	5	3	9
5	C	3	4	3	6		
6	C	3	5	3	7		
7	C	3	6	3	8		
8	C	3	7	3	9		
9	C	1	10	3	4	3	8
10	O	1	9				

+) **Bindungsarten :**

1 = Einfachbindung
2 = Doppelbindung
3 = delokalisierte ringliegende Doppelbindung

Abb. 8: Vereinfachte Form einer topologischen Verknüpfungstabelle für Salicylsäure

Die Erzeugung topologischer Verknüpfungstabellen geschieht heute computerunterstützt, und zwar aus *graphisch* über Bildschirm eingegebenen Strukturen (*Abb. 9*). Eine Recherche wird ebenfalls graphisch formuliert, wobei nicht nur vollständig definierte Verbindungen, sondern auch definierte Teilstrukturen von Verbindungen angefragt werden können.

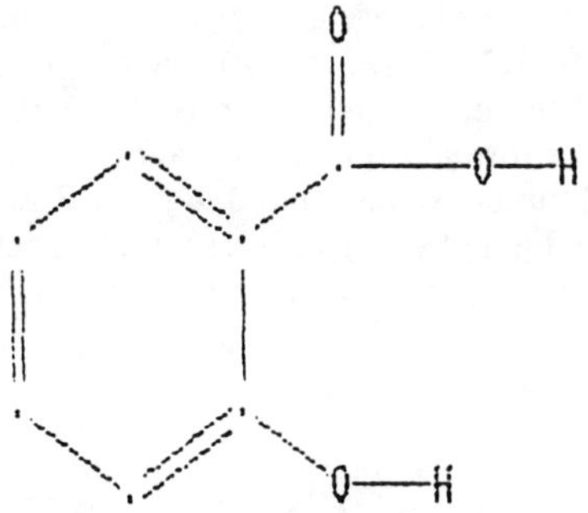

Abb. 9: Graphisch über Bildschirm eingegebene Struktur der Salicylsäure

Früher mußte Atom für Atom und Bindung für Bindung geprüft werden, ob irgendwo in der topologisch gespeicherten Struktur eine Atomfolge vorhanden ist, die nach Art und Anordnung der gesuchten (Teil-)Struktur entspricht. Dieses Verfahren war sehr aufwendig und konnte sich wirtschaftlich erst durchsetzen, als schnelle, leistungsfähige Rechner zur Verfügung standen und zusätzlich wirkungsvolle Vorselektionsverfahren (= *Screens*) angewendet wurden, die den maschinellen Aufwand verringerten. Solche Vorselektionsverfahren können z.B. für topologische Systeme speziell entwickelte Code-Worte sein, die wesentliche Kriterien einer Struktur grob beschreiben. Als „Screens" haben sich aber ganz besonders die bereits beschriebenen linearen Notationen und Fragmentierungscodes bewährt. So wird sowohl die Wiswesser Line-Formula Notation als auch der GREMAS-Fragmentcode als Screenverfahren eingesetzt (siehe auch Abschnitt D 11.6). Sie können aus topologischen Verknüpfungstabellen maschinell erzeugt werden. Bei der Recherche erfolgt zunächst eine Vorprüfung anhand der „Screens", erst bei Erfüllung bestimmter Vorprüfungskriterien wird ein genauer Atom- und Bindungsvergleich durchgeführt. Diese Möglichkeiten werden heute von den verschiedensten chemischen Informationsdiensten genutzt. Sie optimieren die Leistungsfähigkeit ihrer strukturbezogenen Informationssysteme durch die Kombination von topologischen Verfahren mit den beschriebenen Screenverfahren (Lit. 02.)

Über das wirtschaftlich bedeutendste topologische System verfügt der Chemical Abstracts Service (CAS) in Form seiner Registry-Datei (Lit. 13.; Lit. 16.; Lit. 12.). In dieser Datenbase sind derzeit die topologischen Verknüpfungstabellen von über 8 Mio. definierten chemischen Substanzen, die von CAS seit 1965 als neu registriert wurden, gespeichert. Sie enthält außerdem u.a. den systematischen Verbindungsnamen und die sog. CAS-Registry-Number, eine fortlaufende Identifikationsnummer für chemische Verbindungen, die diese eindeutig repräsentiert. Diese beiden Informationselemente ermöglichen den direkten Zugriff auf die zugehörige Verknüpfungstabelle. Mit ihrer Hilfe lassen sich vom Rechercheur Strukturdiagramme am Bildschirm erzeugen.

Ein großer Nachteil topologischer Verfahren ist, daß sie es bisher nicht erlaubten, generische Strukturen (siehe Abschnitt D 11.2) wiederzugeben.
Mehrere Gruppen von Wissenschaftlern arbeiten heute an einer Lösung dieses Problems. Als Beispiel sei der Arbeitskreis um Michael F. Lynch, University of Sheffield/England (Lit. 14., S. 151 – 167; Lit. 10.) genannt, der das topologische Verfahren um eine Möglichkeit zur Erfassung generischer Strukturen wie folgt erweitert hat: Er verwendet eine formale Sprache, genannt GENSAL (Generic Structure Language), mit der strukturelle Aussagen und logische Zusammenhänge in generischen Strukturen vollständig und weitgehend exakt dargestellt werden können (siehe die *Abbildungen 10* und *11*). Mittels eines Interpreterprogramms werden diese

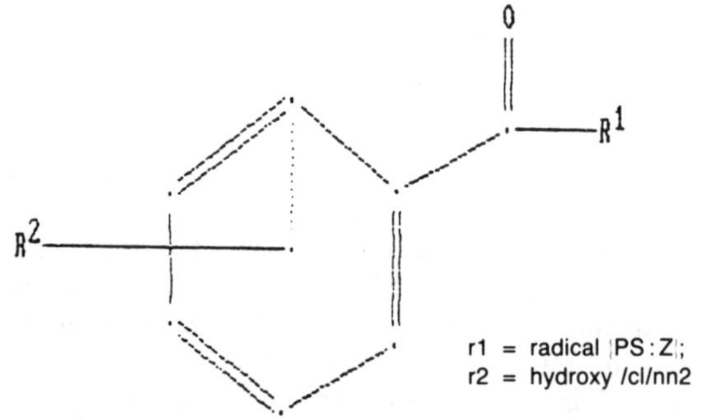

Abb. 10: GENSAL – Formulierung der Markush-Formel aus Abb. 4

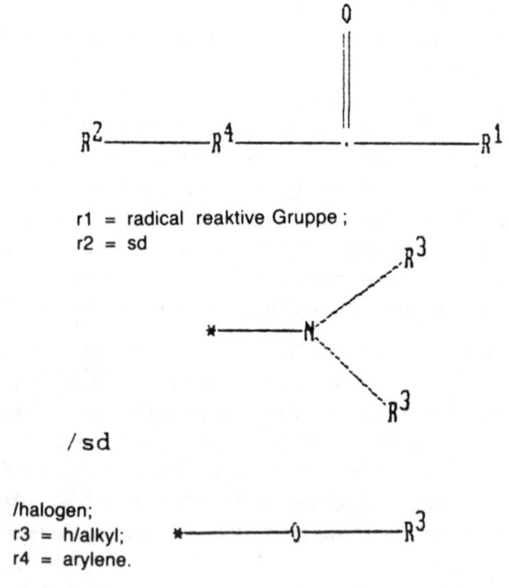

Abb. 11: GENSAL – Formulierung der generischen Struktur aus Abb. 5

GENSAL-Ausdrücke analysiert. Spezifische Teilstrukturen innerhalb einer generischen Struktur werden in Form von Verknüpfungstabellen gespeichert, verallgemeinerte strukturelle Aussagen werden als Parameterliste abgelegt und den Verknüpfungstabellen zugeordnet. Formale Sprachmittel, die der Ausdrucksweise des Chemikers ähnlich sind und deren Anwendung in definierten Syntaxdiagrammen festgelegt ist, geben den Zusammenhang der spezifischen und verallgemeinerten Teilstrukturen zur Gesamtstruktur wieder. Ein Recherchenformalismus soll dafür sorgen, daß Korrespondenz zwischen spezifischen strukturellen Aussagen und den entsprechenden verallgemeinerten Aussagen erkannt werden kann (Lit. 10.; Lit.04.).

Das GENSAL-System wird ab 1989 bei der IDC Internationale Dokumentationsgesellschaft für Chemie m.b.H. in Sulzbach (Taunus) in der Patentdokumentation eingesetzt.

D 11.4 Systeme zur Wiedergabe von chemischen Reaktionen und Reaktionstypen

In einfachster Form können Reaktionen in Publikationen über sie charakterisierende Schlagwörter (z.B. Oxidation, Hydrolyse) oder über den Namen ihrer Erfinder (z.B. Strecker-Synthese) angesprochen sein. Spezifischer jedoch sind Reaktionen durch die Nennung ihrer Ausgangsverbindungen (= Edukte) und/oder der entstandenen Produkte wiedergegeben.
Die Information und Kommunikation auf dem Gebiet der chemischen Reaktionen wird dadurch erschwert, daß es bisher für diese verschiedenen Wiedergabeformen von Reaktionen keine eindeutigen Regelungen gibt, wie man es von den strukturellen Informationen her kennt.
Fragt ein Chemiker nach einem Reaktionstyp, so zielt seine Fragestellung in der Regel zunächst nicht auf die Gesamtstruktur(en) bestimmter Produkte und/oder Edukte, sondern auf die Teilstrukturen (= Partialstrukturen), die sich während der Reaktion verändert haben. Durch sie ist – wie das folgende Beispiel zeigt – der Reaktionstyp (hier die ,,Veresterung") charakterisiert (s. *Abb. 12*).

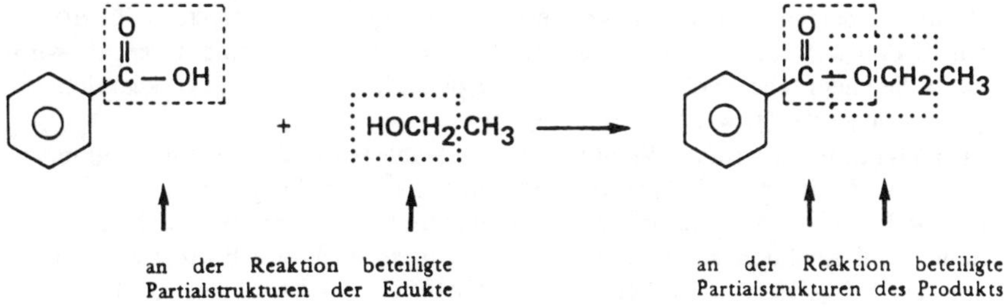

Abb. 12: Beispiel für die an einer Veresterungsreaktion beteiligten Partialstrukturen

Von einem leistungsfähigen Informationssystem für Reaktionen wird daher erwartet, daß es in der Lage ist, die Formulierung von Suchbedingungen nach solchen Partialstrukturen zu ermöglichen. Darüber hinaus darf sich ein Informationssystem nicht auf die Erfassung der reagierenden Partialstrukturen allein beschränken. Zusätzlich sollten recherchierbar gespeichert sein:

- Produkte/Edukte;
- Reaktionshilfsstoffe, wie z.B. Katalysatoren oder Lösungsmittel;
- Reaktionsbedingungen, wie z.B. Angaben zum Druck und zur Temperatur;
- ggf. reaktionsspezifische Faktendaten.

In den letzten Jahren hat es auf diesem Gebiet eine Vielfalt von Entwicklungsarbeiten gegeben (Lit. 02., S. 203 – 220). Zwei Arten von Systemen haben bisher in der Praxis Bedeutung erlangt. Ihre Grundlage bilden Fragmentierungssysteme oder topologische Systeme. Sie sollen im folgenden näher erläutert werden.

D 11.4.1 Reaktioneninformationssysteme auf Basis von Fragmentierungssystemen

Ein Fragmentierungssystem, das sich auch auf dem Gebiet der Reaktionendokumentation seit nahezu 30 Jahren bewährt hat, ist das von R. Fugmann für die Speicherung und Recherche von strukturellen Informationen entwickelte GREMAS-System (Lit. 06.; s.a. Abschnitt D 11.3.2). Im GREMAS-System werden die an einer Reaktion beteiligten Partialstrukturen (C-Atome, Ringe, Bindungen zwischen Nichtmetallen) in ihrem Ausgangszustand und in dem Zustand, in dem sie nach der Reaktion vorliegen, mit Hilfe der gleichen hierarchisch gegliederten GREMAS-Dreierterms beschrieben, die man auch bei der Strukturenverschlüsselung verwendet. Dreierterms, die zu dem gleichen Reaktionsschritt gehören, werden in einer bestimmten Art miteinander verbunden und einem gemeinsamen Speichersegment zugeordnet. Auf diese Weise wird verhindert, daß verschiedene, in einem Dokument genannte Reaktionen bezüglich ihrer Ausgangs- und Endzustände miteinander vermengt werden. Zusätzlich erhält jedes an der Reaktion beteiligte C-Atom eine Identifikationsnummer (Lit. 19.), die es über Reaktionsfolgen hinweg beibehält (siehe das folgende Beispiel). Damit bleibt es immer identifizierbar. Auf diese Weise ist gewährleistet, daß man sich in der Fragestellung davon unabhängig machen kann, ob ein bestimmtes Edukt einstufig oder mehrstufig in ein bestimmtes Produkt überführt wird. Bei Anwendung einer speziellen Fragetechnik, die bewirkt, daß auf Identität von Kohlenstoff-Identifikationsnummern geprüft wird, kann die chemische Veränderung eines reagierenden C-Atoms über Reaktionsfolgen hinweg verfolgt werden (*Abb. 13*).
In ähnlicher Weise wird die Veränderung von Kohlenstoff-Kohlenstoff-Bindungen, Ringen und Nichtmetall-Nichtmetall-Bindungen beschrieben.
Der GREMAS-Code gestattet die Speicherung und Recherche von beliebigen Reaktionen und Reaktionstypen, gleichgültig, ob diese über ihre Produkte und/oder über ein Schlagwort im Dokument ausgedrückt sind. Es wird mit Erfolg bei der IDC (siehe D. 11.6) eingesetzt. Dort sind ca. 2 Mio. chemische Reaktionen rückwirkend bis 1960 mittels des GREMAS-Systems erfaßt.

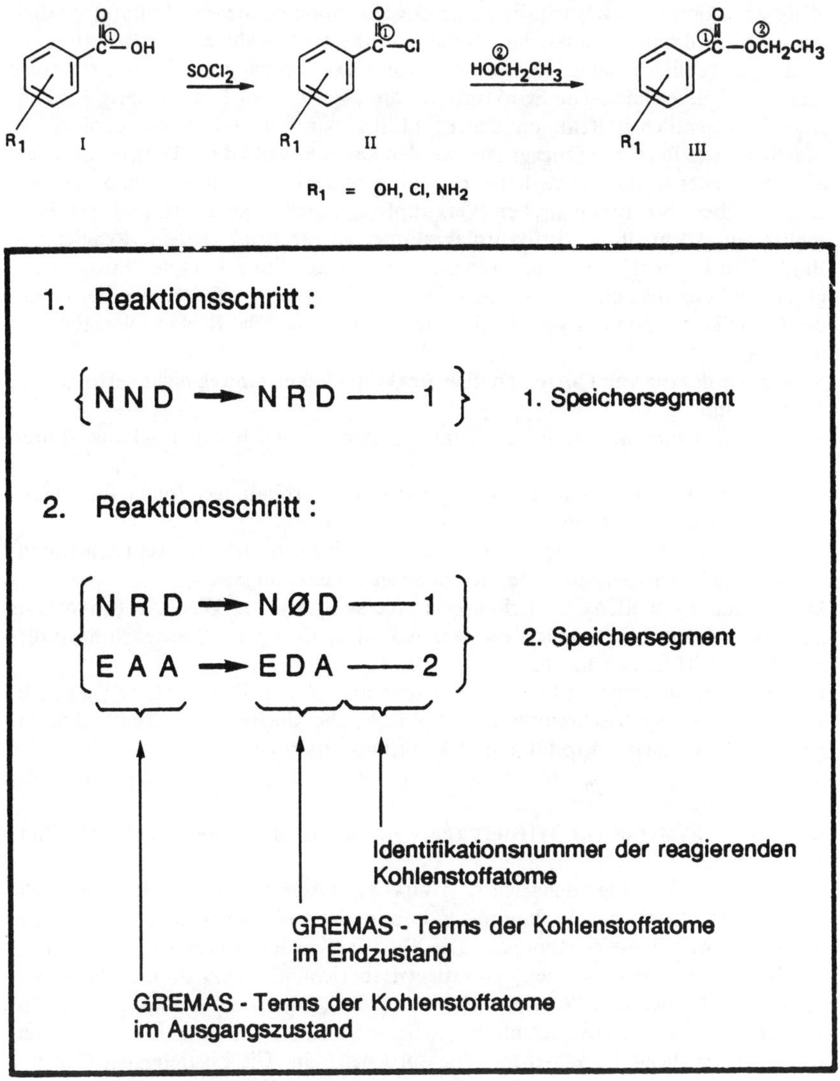

Abb. 13: Beispiel für die GREMAS-Codierung einer Reaktionsfolge

D 11.4.2 Reaktioneninformationssysteme auf topologischer Basis

Die Reaktionendokumentation auf topologischer Basis ist ein junges, aber sich ständig weiter entwickelndes Verfahren. Es stützt sich auf die topologischen Verknüpfungstabellen der Reaktionsprodukte und Edukte (Lit. 16., S. 211 – 214). Mit

Hilfe des Computers werden die gespeicherten topologischen Verknüpfungstabellen zunächst daraufhin analysiert, welche Strukturteile während der Reaktion unverändert geblieben sind. Dieser sehr komplexe Vorgang wird als „structure matching" bezeichnet. Die Strukturteile, die nach diesem Prozeß übrig bleiben, sind die eigentlichen Reaktionszentren (Teilstrukturen), auf deren topologische Matrix bei der Recherche zugegriffen werden kann. Sowohl diese Teilstrukturen als auch die an der Reaktion beteiligten Produkte und/oder Edukte können bei der Recherche über ihre topologischen Verknüpfungstabellen generiert und am Bildschirm in Form ihrer Strukturdiagramme ausgegeben werden. Reagierende Bindungen können – zur Einschränkung der Fragestellung – in den Strukturdiagrammen besonders markiert werden. Damit wird dieses Verfahren der Denkweise des Chemikers besonders gerecht (benutzerfreundliche Oberfläche). Nachteilig ist u.a., daß

- der Werdegang von C-Atomen über Reaktionsfolgen hinweg nicht verfolgt werden kann;
- das „structure matching" zu Fehlschlüssen bezüglich der Reaktion führen kann;
- die Produkte und Edukte nur von spezifischen Verbindungen (nicht von generischen Strukturen) topologisch gespeichert sind;
- der Bestand an gespeicherten Reaktionen z.Zt. noch gering ist (je nach Datenbank zwischen zwanzig- und vierzigtausend Reaktionen).

Die Datenbanken REACCS („Reaction Access System"), SYNLYB („Synthesis Library"), ORAC („Organic Reactions Access by Computer") arbeiten nach dieser Methode (Lit. 17.; Lit. 05.)

Seit 1988 zugänglich ist die Reaktionendatenbank CASREACT von CAS (siehe Abschnitt D 11.6). Sie beschreibt Reaktionen nicht über die beteiligten Teilstrukturen, sondern über Edukte, Produkte und Reaktionshilfsstoffe.

D 11.5 Systeme zur Wiedergabe von chemiefachlichen Sachverhalten

Sachverhalte wie „Eigenschaften", „Wirkungsweisen", „Verwendungsmöglichkeiten" von chemischen Verbindungen können in der chemiefachlichen Literatur auf vielfältigste Weise genannt sein. Diese Vielfalt hat ihre Ursache in der Existenz von Synonymen, Homonymen sowie Begriffsbeziehungen (Lit. 01.). So kann beispielsweise der Begriff „Waschmittel" über Ober-, Unter- und verwandte Begriffe wie „Detergens", „Biowaschmittel", „Seife" und „Textilhilfsmittel" oder den Zugehörigkeitsbegriff „Waschen" angesprochen sein. Die existierenden Chemie-Informationssysteme unterscheiden sich in erheblicher Weise darin, ob sie über ein entsprechendes Ordnungssystem (Thesaurus, siehe Kapitel B 5) verfügen, das diese Vielgestaltigkeit von Sachverhalten berücksichtigt. (Lit. 02., S. 96 – 127).

Als beispielhaft in dieser Beziehung wird im folgenden kurz das Sachverhaltssystem der IDC erläutert (Lit. 11.). Basis dieses Systems ist ein Thesaurus, der Begriffe und Begriffsbeziehungen aus der Chemie und ihren Grenz- und Anwendungsgebieten enthält. Die Begriffsbenennungen wurden maschinell aus dem Dokumentationsspeicher der IDC ermittelt. Der Thesaurus ist mehrsprachig angelegt und wird

Begriffsnummer

194	B	WASCHMITTEL	synonyme Benennungen
	B	TEXTILWASCHMITTEL	
	B	WASCHAKTIVE SUBSTANZ	
	E	WASHING AGENT	
	E	WASH ACTIVE AGENT	
	E	TEXTILE WASHING AGENT	
	E	FABRIC WASHING AGENT	
	E	LAUNDERING AGENT	
	I	WASHING MATERIAL	
	I	WASH ACTIVE SUBSTANCE	
	I	LAUNDERING MATERIAL	
2179	O	DETERGENS	Begriffsbeziehungen
5923	U	UNIVERSALWASCHMITTEL	
18372	U	LIGHT DUTY WASHING AGENT	
2176	U	SEIFE	
8769	U	BIOWASCHMITTEL	
9205	U	GROSSVERBRAUCHERWASCHMITTEL	
197	U	WASCHHILFSMITTEL	
3014	Z	WASCHMITTELZUSATZ	
2781	Z	WASCHEN	
266	V	TEXTILHILFSMITTEL	
580	V	CHEMISCHREINIGUNGSMITTEL	

Begriffsnummern der Beziehungsbegriffe

O = Oberbegriff
U = Unterbegriff
Z = Zugehörigkeitsbegriff
V = verwandter Begriff

Abb. 14: Beispiel eines Begriffssatzes aus dem IDC-Thesaurus

hierarchische Notation	Begriffsnummer	Begriffsbeziehungen (U = Unterbegriff , Z = Zugehörigkeitsbegriff)	
1,0000	194		WASCHMITTEL / TEXTILWASCHMITTEL / WASCHAKTIVE SUBSTANZ / (E) WASHING AGENT / (E) WASH ACTIVE AGENT (E) TEXTILE WASHING AGENT / (E) FABRIC WASHING AGENT / (E) LAUNDERING AGENT
2,0000	5923	U	UNIVERSALWASCHMITTEL / WEISSWASCHMITTEL / KOCHWASCHMITTEL / VOLLWASCHMITTEL / GROBWASCHMITTEL / (E) HEAVY DUTY WASHING AGENT / (E) HEAVY DUTY DETERGENT
3,0000	18372	. U	SPEZIALWASCHMITTEL / (E) LIGHT DUTY WASHING AGENT / (E) SPECIALITY DETERGENT / (E) LIGHT DUTY DETERGENT
4,0000	18645	. . U	FEINWASCHMITTEL / BUNTWASCHMITTEL / (E) DETERGENT FOR COLORED FABRICS
5,0000	10317	. . U	KALTWASCHMITTEL / HANDWASCHMITTEL / (E) COLD WASHING AGENT / (E) MANUAL WASH DETERGENT (E) HAND WASHING AGENT
6,0000	3096	. . U	GARDINENWASCHMITTEL
7,0000	2176	. U	SEIFE / KERNSEIFE / LEIMSEIFE / SCHMIERSEIFE / (E) SOAP / (E) SUPERFATTED SOAP / (F) SAVON
8,0000	2175	. . U	FEINSEIFE / TOILETTENSEIFE / (E) TOILET SOAP
9,0000	5754	. . Z	SEIFENZUSATZ / (E) SOAP ADDITIVE
10,0000	8769	. U	BIOWASCHMITTEL
11,0000	6526	. . U	PHOSPHATFREIES WASCHMITTEL
12,0000	9205	. U	GROSSVERBRAUCHERWASCHMITTEL
13,0000	197	. U	WASCHHILFSMITTEL / (E) LAUNDRY AID
14,0000	6447	. . U1	EINWEICHMITTEL / VORWASCHMITTEL / (E) PRESOAKER / (E) PREWASH AGENT
15,0000	6904	. . U1	FLECKENENTFERNER / DETACHIERMITTEL / (E) STAIN REMOVER / (E) SPOTTING AGENT
…	…		
22,0000	1355	. . U2	WEICHSPUELER / (E) SOFT RINSING AGENT
23,0000	4757	. . U2	STEIFAPPRETUR / FORMSPUELER / (E) FABRIC STIFFENER / (E) STIFFENER / (E) FABRIC FORMER
24,0000	6017	. . U2	TEXTILGLEITMITTEL / TEXTILMANGELBESCHLEUNIGER / (E) TEXTILE LUBRICANT
25,0000	5344	. . U2	WAESCHETROCKNUNGSHILFSMITTEL / (E) TUMBLER ADDITIVE
26,0000	3014	. Z	WASCHMITTELZUSATZ / WASCHLAUGENZUSATZ / (E) WASHING AGENT ADDITIVE / (E) LAUNDERING ADDITIVE
27,0000	11245	. . U	VERGRAUUNGSINHIBITOR / (E) GREYING INHIBITOR / (E) ANTI-GREYING AGENT / (E) ANTI-RESOILING AGENT
28,0000	5754	. . U	SEIFENZUSATZ / (E) SOAP ADDITIVE
29,0000	2781	. Z	WASCHEN / TEXTILWAESCHE / (E) WASHING / (E) TEXTILE WASHING / (E) LAUNDERING
30,0000	2084	. . Z	WASCHSUBSTRAT
31,0000	2804	. . Z	WASCHBESTAENDIGKEIT / (E) WASH PROOF PROPERTY / (E) WASH RESISTANCE
32,0000	12095	. . . Z	WASCHBESTAENDIGES MATERIAL / WASCHBESTAENDIG / WASCHBAR (E) WASH RESISTANT MATERIAL / (E) WASH RESISTANT / (E) WASHPROOF / (E) WASHABLE (E) LAUNDERING RESISTANT MATERIAL / (E) LAUNDERING RESISTANT
33,0000	7191	. . . Z	(E) WASH RESISTANCE IMPROVER
34,0000	12471	. . Z	WASCHECHTHEIT / (E) WASHFASTNESS
35,0000	12472	. . . Z	WASCHECHTES MATERIAL / WASCHECHT / (E) WASHFAST
36,0000	12473	. . . Z	WASCHECHTHEITSVERBESSERER / (E) WASHFASTNESS IMPROVER
37,0000	12209	. . Z	WASCHVORRICHTUNG / TEXTILWASCHVORRICHTUNG / (E) WASHER / (E) LAUNDERING DEVICE
38,0000	16002	. . Z	(E) WASH GLOVE

Abb. 15: Auszug aus der hierarchischen Darstellung des IDC-Thesaurus (vereinfachte Form)

fortlaufend ergänzt und verbessert. Er wird in zwei Ordnungsformen ausgegeben: geordnet nach Begriffssätzen und in einer polyhierarchischen Anordnung.
Ein Begriffssatz (siehe *Abb. 14*) gibt die Begriffsbeziehungen immer nur einer hierarchischen Stufe wieder. Jeder Begriffssatz ist durch eine Begriffsnummer gekennzeichnet, die maschinell fortlaufend vergeben wird. Die Begriffsnummer ist Repräsentant eines Begriffs und seiner synonymen Benennungen.

In der hierarchischen Anordnung des IDC-Thesaurus (siehe *Abb. 15*) sind die einzelnen Thesaurus-Begriffe zeilenweise durch eine fortlaufende Hierarchie-Zeilennummer (= hierarchische Thesaurus-Notation), durch die Begriffsnummer und durch ihre synonymen Benennungen in systematischer Reihenfolge wiedergegeben. Die hierarchische Einordnung eines Begriffs ist durch Einrücken des Zeilenbeginns und die Verwendung von Punkten dargestellt. Je mehr Punkte einem Begriff in dieser Anordnung vorangestellt sind, umso hierarchisch tiefer ist er eingeordnet. Die Recherche von Sachverhalten geschieht nicht über ihre Benennungen, sondern unter Verwendung der Begriffsnummern und/oder hierarchischen Notationen. Auf diese Weise werden alle synonymen Benennungen erfaßt. Es können ganze Notationenbereiche (siehe *Abb. 15*) in die Recherche einbezogen werden. Mit dieser Methode kann das Begriffsumfeld eines Begriffs auf einfache Weise systematisch und vollständig in der Recherche berücksichtigt werden.

D 11.6 Die wichtigsten chemiebezogenen Datenbasenproduzenten

Die folgenden Tabellen 1 und 2 (*Abb. 16* und *17*) liefern eine Übersicht über die wichtigsten chemiebezogenen in- und ausländischen Datenbasenproduzenten und die von ihnen verwendeten Informationssysteme. Die erstellten Datenspeicher werden über die verschiedensten Datenbankenbetreiber (= Hosts) in jeweils geringfügig geänderter ,,Verpackung" angeboten. Eine umfassende Übersicht über Datenbanken, die für den Chemiker besonders interessant sind, findet sich in Lit. 02., S. 77–90 und in dem 1986 erschienen Buch ,,Online Recherchen für Chemiker" von Helmut R. Pichler (Lit. 12.).

D 11.7 Zur Rolle des Fachmanns in der Chemie-Information

Der Schwerpunkt der Informationsnutzung auf dem Gebiet der Chemie liegt im Bereich der Industrie- und Hochschulforschung. Chemiker aus Forschung, Entwicklung, Produktion und Patentwesen stellen das Hauptkontingent der gegenwärtigen Benutzer von Chemie-Informationsdiensten dar. Die von diesen verwendeten Chemie-Informationssysteme stehen hinsichtlich ihrer Leistungsfähigkeit im Spannungsfeld zwischen mehreren Polen:
- den chemiefachlichen Anforderungen an das System,
- der Qualität der Recherchen, die das System ermöglicht,
- der Einfachheit und Benutzerfreundlichkeit des Systems.

Datenbasenproduzent	Datenbase	gelieferte Informationen	vornehmlich verwendete Informationssysteme für: Stoffe	vornehmlich verwendete Informationssysteme für: Reaktionen	öffentlich zugänglich
BEILSTEIN - Institut Varrentrappstraße 40-42 D-6000 Frankfurt/Main 90	BEILSTEIN	Literaturnachweise und Stoffdaten auf dem Gebiet Organische Chemie	topologisches System, zusätzlich systematischer Verbindungsname, Beilstein-Registry-Number u.a.m.	Kennzeichnung von topologisch beschriebenen Edukten, Produkten, Nebenprodukten u.a.m.	ja
Deutsche Gesellschaft für chemisches Apparatewesen e.V. **(DECHEMA)** Theodor-Heuss-Allee 25 D-6000 Frankfurt /Main 97	DECHEMA	Literaturnachweise auf den Gebieten - chemische Technik - chemisches Apparatewesen - Biotechnologie	Verbindungsname (Trivial- und / oder Handelsname)	Name der Reaktion (ausschließlich)	ja
	DETHERM	Stoffdaten chemischer Verbindungen	Verbindungsname und CAS-Registry-Number		
Deutsches Kunststoff-Institut **(DKI)** Schloßgartenstraße 6 R D-6100 Darmstadt	KUNSTSTOFFE KAUTSCHUK FASERN (KKF)	Zeitschriftenliteraturnachweise auf dem Hochpolymer- und Kunststoffgebiet	Fragmentierungssystem für organische Stoffe, Notation für Polymerklassen	Notation für polymertypische Reaktionen	ja
	POLYMAT	Stoffdaten von Kunststoffen			
GMELIN - Institut Varrentrappstraße 40-42 D-6000 Frankfurt/Main 90	GMELIN	Literaturnachweise und Stoffdaten auf dem Gebiet der anorganischen Chemie	topologisches System; zusätzlich systematischer Verbindungsname u.a.m.	Kennzeichnung von Edukten, Produkten u.a.m.	derzeit noch nicht
	GMELIN Formula Index (GFI)	Zitat im GMELIN-Handbuch	Verbindungsname und Summenformel	—	ja
Internationale Dokumentationsgesellschaft für Chemie m.b.H. **(IDC)** Otto-Volger-Straße 19 D-6231 Sulzbach (Taunus)	IDC - Informationssystem	Literaturnachweise (Schwerpunkt Patentliteratur) auf den Gebieten - organische Chemie - Polymerchemie - anorganische Chemie - Verfahrenstechnik - bibliographische Daten zu Patenten	Fragmentierungssystem GREMAS und topologisches System für organische Stoffe; spezieller Code für anorganische Stoffe	Fragmentierungssystem GREMAS für Reaktionstypen, Edukte, Produkte, Reaktionshilfsstoffe u.a.m.	nein

Abb. 16: Tabelle 1: Die wichtigsten chemiebezogenen Datenbasenproduzenten in Deutschland

Datenbasenproduzent	Für den Chemiker wichtige Datenbasen	gelieferte Informationen	vornehmlich verwendete Informationssysteme für		öffentlich zugänglich
			Strukturen	Reaktionen	
Chemical Abstacts Service **(CAS)** 2540 Olentangy River Road P.O. Box 3012 Columbus, OH 43210 USA	CAS Online CAS REACT	Literatur zur organischen, anorganischen, physikalischen, analytischen Chemie, Biochemie, chemischen Technik	topologisches System zusätzlich sytematischer Verbindungsname, CAS-Registry-Number u.a.m.	Kennzeichnung von topologisch beschriebenen Edukten, Produkten, Reaktionshilfsstoffen u.a.m.	ja
Derwent Publications Ltd. 128 Theobalds Road Rochdale House London WC1X8RP U.K.	World Patents Index (WPI)	Patentliteratur	Fragmentiérungssysteme "New Chemical Code" und "Ringcode"	Fragmentierungssystem	ja
	RINGDOC	Pharmazeutische Literatur			
	PESTDOC	Literatur über Pestizide, Herbizide, Pflanzenschutz			
	BIOTECHNOLOGY	Literatur zur Gentechnologie, biochem. Technik u.s.w.			
	CRDS (Chem. Reaction Doc. Service)	Literatur zu Reaktionen und Synthesemethoden in der organischen Chemie			
Information of Industry / Plenum Data Corporation **(IFI)** 302 SWANN Avenue Alexandria, Virginia 22301 USA	CLAIMS	u.a. alle chemierelevanten US-Patente	Fragmentierungssystem "Du Pont Code"	——	ja
Institute for Scientific Information **(ISI)** 3501 Market Street Philadelphia, PA 19104 USA	Index Chemicus Registry System (ICRS) Current Chemical Reactions	Literatur zur organischen Chemie, zu neuen organischen Verbindungen, neuen Synthesen	topologisches System und Wiswesser Line-Formula-Notation	Wiswesser-Line-Formula-Notation	ja
U.S. National Libary of Medicine **(NLM)** Bethesda, MD USA	CHEMLINE TOXLINE MEDLARS (= MEDLINE) CANCERLIT	Terminologie, Toxikologie, Pharmakologie, Eigenschaften chemischer Substanzen	systematischer CA-Verbindungsname, CAS-Registry-Number, Summenformel u.a.m.	——	ja

Abb. 17: Tabelle 2: Die wichtigsten chemiebezogenen Datenbasenproduzenten im Ausland

Nach derzeitigem Entwicklungsstand muß man einem Chemiker, der sicher sein will, einen vollständigen und treffsicheren Überblick über sein Forschungsgebiet zu erhalten, empfehlen, seine Fragestellung an den Informations- und Dokumentationsfachmann zu delegieren. Dieser hat in der Regel sowohl eine chemische als auch eine dokumentations- und informationsfachliche Ausbildung, zudem kommt ihm nach wie vor eine besondere Rolle im Bereich der Informationsvermittlung auf dem Gebiet der Chemie und der chemischen Technik zu. Er muß u.a. sicherstellen, daß die an ihn herangetragene Fragestellung, den Möglichkeiten des zur Verfügung stehenden Systems entsprechend definiert ist. Oft ist dies nicht der Fall. Der IuD-Fachmann muß sich dann als Vermittler zwischen den Wünschen des Fragestellers und den Möglichkeiten des Informationssystems verstehen. Die heute zur Verfügung stehenden Online-Systeme erlauben ihm, sich die entsprechende Orientierung zu verschaffen, und kurzfristig dem Fragesteller Informationen zur Verfeinerung seiner Anfrage zu liefern.
Von zukünftigen Entwicklungen wird erwartet, daß sie die vorgenannten Eigenschaften besser als bisher vereinigen. Schon jetzt zeichnet sich ein Trend dahingehend ab, daß der Chemiker selbst als Endbenutzer des Informationssystems auftritt (Lit. 02., S. 266 – 269). Es wird sich zeigen, ob dies nicht nur für einfache, sondern auch für komplexe Fragestellungen möglich sein wird. Diese Neueinschätzung der Situation führt schon heute zu einem neuen Rollenverständnis des I. u. D.-Fachmanns: Er sieht sich nicht mehr nur als Vermittler, sondern auch als Berater hinsichtlich neuer Technologien der Verarbeitung, Speicherung und Recherche von Informationen.

Grundlegende Literatur

01. Ahrenholz, Gerd M.: Dokumentation. In: Ullmanns Encyklopädie der technischen Chemie. 4. Auflage, Band 4. Verlag Chemie GmbH Weinheim 1974, S. 619 – 644.
02. Ash, Janet E.; Chubb, Pamela A.; Ward, Sandra E.; Welford, Stephen M.; Willet, Peter: Communication, Storage and Retrieval of Chemical Information. Ellis Horwood Ltd., Chichester 1985. 297 S.
03. Ash, Janet E.; Hyde, Ernest (Hrsg.): Chemical Information Systems. Ellis Horwood Ltd., Chichester 1975. 309 S.
04. Barnard, J. M.: Online Graphical Searching of Markush Structures in Patents. In: Database 1987, S. 27 – 34.
05. Borkert, J. H.; Oukes, F., Noordik, J. H.: Chemical Reaction Searching Compared in REACCS, SYNLIB and ORAC. In: J. Chem. Inf. Comput. Sci. 1988, 28, S. 148 – 150.
06. Fugmann, Robert; Bitterlich, Wolfgang: Reaktionendokumentation mit dem GREMAS-System. In: Chem. Ztg. 96 (1972), S. 323 – 329.
07. Fugmann, Robert; Braun, Wilhelm; Vaupel, W.: Zur Dokumentation chemischer Forschungsergebnisse. In: Angew. Chem. 73 (1961), S. 745 – 751.
08. Grünewald, Helmut: Dokumentation in der Chemie. In: Chemie in unserer Zeit 6 (1972), S. 45 – 51.
09. Kresze, Günter: Kommunikation in der Chemie heute. Probleme und Möglichkeiten. In: Angew. Chem. 82 (1970), S. 563 – 568.
10. Lynch, Michael F.: Generic Chemical Structures in Patents (Markush Structures): The Research Projekt at the University of Sheffield. In: World Patent Information, 8 (1986), S. 85 – 91.

11. Meyer, E.; Jansen, R.; Sens, E.: Das IDC-Thesaurus-System. In: Nachr. Dok. 23 (1972) Nr. 5, S. 203–211.
12. Pichler, Helmut R.: Online-Recherchen für Chemiker. Eine Einführung. VCH Verlagsgesellschaft mbH, Weinheim 1986. 257 S.
13. Schulz, Hedda: Von CA bis CAS-Online. Die Datensammlungen des Chemical Abstracts Service und deren Nutzung. VCH Verlagsgesellschaft mbH, Weinheim 1985. 170 S.
14. Warr, Wendy A. (Hrsg.): Chemical Structures. The International Language of Chemistry. Springer Verlag Berlin. Heidelberg 1988. 472 S.
15. Warr, Wendy A.: Diverse Uses and Future Prospects for Wiswesser Line-Formula-Notation. In: J. Chem. Inf. Comput. Sci. 22 (1982), S. 98–101.
16. Zass, Engelbert: Computer als Hilfsmittel für die Informationsversorgung – Online-Literatur- und Struktur-Recherchen. In: Ziegler, Engelbert (Hrsg.): Computer in der Chemie. Praxisorientierte Einführung. Springer Verlag Berlin. Heidelberg 1984. 280 S.
17. Zass, Engelbert; Müller, Stefan: Neue Möglichkeiten zur Recherche von organisch-chemischen Reaktionen: Ein Vergleich der „in-house"-Datenbanksysteme REACCS, SYNLIB und ORAC. In: S. Chimia 40 (1986), S. 38–50.

Weiterführende Literatur

18. Fugmann, Robert; Isenberg, Maria; Winter, Jakob H.: Das Suchen nach verallgemeinerten Informationen. Beitrag Nr. 9 zur Theorie von Retrieval Systemen. In: Inf. Classif. 12 (1985), S. 7–10.
19. Winter, Jakob H.: Problemlösungen bei der Dokumentation von Synthesewegen. In: Mitteilungsblatt Nr. 14 der Gesellschaft Deutscher Chemiker, Fachgruppe Chemie-Information, 1988, S. 39–46.

D 12 Das System der Mediendokumentation

Strukturen und Dienste der Rundfunkarchive

Michael Harms

Die Verschiedenartigkeit der Medien – Film, Ton, Bild, Schrift – kennzeichnet die Dokumentation in Rundfunkanstalten. Vielleicht gilt gerade hier, daß die strengen Unterscheidungen in archivarische, dokumentarische und bibliothekarische Einrichtungen bzw. Tätigkeiten zugunsten einer übergreifenden Funktionsbeschreibung, der *Informationsauswertung* zurücktreten müssen. Informationsauswertung läßt die Aspekte Informationsspeicherung und -pflege, Informationsermittlung, -erschließung und -vermittlung sämtlich anklingen. Der Begriff kennzeichnet sowohl die Verzahnungen und Überschneidungen der archivischen, dokumentarischen und bibliothekarischen Einrichtungen als auch das Zusammenfließen klassischer Berufsqualifikationen zu einem neuen Kompetenzprofil und Berufsbild.
Es ist deshalb vielleicht unumgänglich, im Folgenden zwischen archivarischen, dokumentarischen und bibliothekarischen Bezügen häufiger zu wechseln.

D 12.1 Aufbau und Organisation von Rundfunkarchiven

Die Hauptaufgabe der Bereiche Dokumentation und Archive – inzwischen häufiger kurz „ABD" (Archiv-Bibliothek-Dokumentation) genannt, wurde an anderer Stelle (s. Kap. D 5) bereits erwähnt: *Die Bereitstellung von Materialien und Informationen für die Produktion von Hörfunk- und Fernsehsendungen.*
Damit ist der Benutzerkreis der Einrichtungen umrissen: Nutzer sind in der Regel die programmproduzierenden Journalisten. Außerdem ist der Zeittakt gekennzeichnet, nach dem Rundfunkarchive zu funktionieren haben: es geht um den schnellen Zugriff auf das Material und seine rasche Aufbereitung; zwischen Anfrage und Umsetzung in der Sendung liegen oft nur Stunden.
Beide Merkmale – Nutzertyp und Aktualitätsgrad – haben ihre Konsequenzen für Aufbau und Organisation der Rundfunkarchive. Die Struktur des Bereiches bildet ziemlich genau die programmerzeugenden Strukturen der Sender ab. Die Trennungslinie zwischen der Produktion für das Fernsehen und derjenigen für den Hörfunk (und dort die Aufteilung in Musikproduktion und Wortproduktion), aber auch die Unterscheidung zwischen programmschaffenden Abteilungen und den Querschnittseinrichtungen wie Intendanz und Verwaltung sind in der Struktur des Archivwesens wiedererkennbar. Die Nutzung der Archive durch die Intendanzen und Verwaltungen erstreckt sich quantitativ mehr auf die Bereiche „Historisches Archiv" und Pressearchiv; Fernsehjournalisten arbeiten vorwiegend mit Fernseharchiv und Pressearchiv; Hörfunkjournalisten mit Hörfunkarchiv und Pressearchiv. Das Pressearchiv nimmt – mancherorts sind ihm Recherchestellen für die externe Informationsbeschaffung angeschlossen –, weil es von allen Seiten genutzt wird, im System der Informationsauswertung eine zentrale Stellung ein. Zugleich spei-

chern und vermitteln diese Einrichtungen nicht eigene, d.h. im Haus erzeugte Informationen, sondern sie archivieren und dokumentieren Fremdpublikationen.

Außerdem bestimmt die historische Entwicklung der Medientechnik die Strukturen. Spürbar ist das größere Alter des Hörfunks nicht nur an den logischerweise weiter zurückreichenden Tonträgerbeständen, sondern auch an der größeren Heterogenität der gebräuchlichen Findmittel und – im Vergleich zum Fernsehen – größeren Beständen noch nicht dokumentarisch aufgearbeiteten Materials.
Andererseits führte die rasante technologische Entwicklung in der Bildaufzeichnungstechnik zu speziellen Anforderungen an die Fernseharchivierung, denen gegenüber die Verhältnisse bei der Tonaufzeichnung recht einfach erscheinen. Das modernere Fernsehen verfügt über die fortgeschritteneren Archivierungs- und Dokumentationsmittel.

D 12.2 Archivbestände und Dokumentarische Anforderungen

Die programmversorgende Funktion der Rundfunkarchive führt naturgemäß zu großer stofflicher und thematischer Breite bei den gespeicherten Materialien und Informationen. So wie das Programm in seinen Beiträgen von der Spielshow bis zur Auslandsberichterstattung, vom Krimi bis zur Verbraucherberatung, vom Hörspiel bis zu den Wissenschaftssendungen, stündlichen Nachrichten und Hitparaden täglich die gesamte Bandbreite möglichen Publikumsinteresses abzudecken hat, speichern die verschiedenen Archive Materialien und Informationen in thematisch beinahe universaler Fächerung. Diese Breite des Themenspektrums wird von anderen Medien, große Tageszeitungen und Illustrierte eingeschlossen, kaum erreicht: den unterhaltenden und informierenden Programmteilen werden durch den gesetzlichen Bildungsauftrag des öffentlich-rechtlichen Rundfunks die Telekollegs, Schulfunk- und Schulfernsehsendungen, Sprachkurse etc. noch hinzugefügt.
Eine Folge der Themenbreite ist der weitgehende Verzicht auf Fachdokumentare (eine Ausnahme bilden die Musikdokumentare). Es wäre unmöglich, die im Programm vorkommenden ,,Disziplinen", hier passender: Ressorts mit der entsprechenden Anzahl dokumentierender Spezialisten zu repräsentieren. Deshalb verläuft generell die Arbeitsteilung nicht entlang der Ressort- und Fachgrenzen, sondern die Medien, d.h. die Informationsträger-Arten (Bildaufzeichnung, Tonaufzeichnung, Druck, Buch, Akten, Noten, Bildschirm-Display . . .) bestimmen die *Spezialqualifikation* der Dokumentare.

Weil die Tiefe der Fachkenntnis die erreichbare Erschließungstiefe bestimmt, kann die Erschließungstiefe in den Rundfunkarchiven diejenige von Facharchiven resp. wissenschaftlich-technischen Dokumentationsstellen nicht erreichen; dieser Sachverhalt korrespondiert zu der ebenfalls geringeren Informationstiefe der Programmbeiträge. Aber man muß hier einschränken: Es findet eine fachlich definierte Schwerpunktbildung statt; sie ergibt sich aus der Aufteilung großer Systematikbereiche unter den Dokumentaren, ist oft aber nicht dauerhaft, sondern vorübergehend, weil sie synchron zu Trends und Moden der Themenbildung in der öffentlichen Diskussion erfolgt. Zum Beispiel haben heute Umwelt-Themen Konjunktur; Folge ist eine Schwerpunktbildung im ökologisch-biologisch-chemisch-technologischen Bereich, verbunden mit größerer Erschließungstiefe und steigender fachlicher Kompetenz des zuständigen Dokumentars. Im Laufe der Jahre flaut das öffentliche Interesse an solchem Schwerpunkt und damit auch das Vorkommen im Programm womöglich wieder ab, und auch das Archiv kehrt

zu einer weniger intensiven Speicherung und Auswertung des Themenkomplexes zurück, was zu entsprechenden Kompetenzverlusten des bis dahin zuständigen Dokumentars führt, der sich nun in einen anderen Themenschwerpunkt einzuarbeiten hat.
Hier wird ein Berufsspezifikum deutlich, daß nämlich der Mediendokumentar in einer Rundfunkanstalt nicht nur (sogar weniger) die Ereignisse und Entwicklungen des zu dokumentierenden Gegenstandsbereiches kennen und beobachten muß, sondern auch (und sogar genauer) das Programmgeschehen seines Senders und dessen Entwicklungstrends. Der Mediendokumentar ist allenfalls im Sinne der Expertenschaft für Programmgeschehen ein Fachdokumentar.
Daneben gibt es in Rundfunkarchiven Teilbestände, die, weil sie für Rundfunkanstalten typische und von Rundfunkanstalten geprägte Betätigungsformen betreffen, für ihr thematisches Feld doch erhebliche Informationstiefe aufweisen: z.B. Archivbestände und Kataloge zur Unterhaltungs- und Popmusik, zum Hörspiel, zum Fernsehspiel, zur Mediengeschichte und Medienpolitik. Besonders materialreiche Teilbestände bilden auch die Biografischen Archive, Sammlungen von (bereits veröffentlichten!) Informationen über Personen.

D 12.3 Schnittstellen zwischen Archiv und Dokumentation

Das übergeordnete Kriterium sowohl für die Art des Dokumentierens als auch für die Selektion (Kassation) des Archivmaterials ist die *Wiederverwertung* im Programm. Dieser Gesichtspunkt führt auch zu bestimmten Anforderungen an die *Magazinierung* des Materials. Ton- und Ton/Bildträger müssen schonend aufbewahrt werden, d.h. unter besten Bedingungen; außerdem muß die reibungslose Verfügbarkeit des Materials für den Nutzer gewährleistet sein. In großer Anzahl werden täglich Tonbänder und Platten, Kassetten und Filmspulen den Magazinen entnommen und wieder zugeführt. Die häufige Beanspruchung des Materials (Beispiele für vielverwendetes Material sind Sketche im Hörfunkbereich und vor allem beliebte Musikstücke) wirft für die Archivierung Probleme der technischen Qualitätserhaltung auf. Das Material muß überprüft werden, Einbußen müssen die Archive durch geeignete Maßnahmen ausgleichen oder mildern lassen.
Der Gesichtspunkt der Wiederverwertung bedeutet für die Dokumentation, daß sie *produktionsunterstützend* erfolgen soll. Dies hat einen technischen Aspekt: der Nutzer muß erfahren, wie er den Informationsträger abspielen oder kopieren kann, es muß ihm also beispielsweise das Abspielformat der Ton/Bildkassette mitgeteilt werden. Wesentlicher ist aber, daß die Dokumentation eine bestimmte Zugriffsweise auf die Bestände unterstützt, die für die Rundfunkdokumentation kennzeichnend ist: Der Zugriff soll nicht nur ein definitives Dokument zutagefördern, sondern häufig einen ganzen Fächer verwandter Dokumente dem Nutzer anbieten. Eine solche Dokumentenauswahl kann den Umfang eines Katalogs annehmen oder im Angebot weniger Alternativen bestehen, Voraussetzung ist jedoch stets, daß nicht nur das Auffinden eines bestimmten Titels, sondern die Sortierung des Gesamtmaterials nach vielen unterschiedlichen Kategorien möglich ist. Beispiele wären: 1. Eine Liste der archivierten Werke Beethovens. 2. Auflistung aller Musiktitel in der Instrumentierung Klavier/Cello/Geige aus dem Bereich der Unterhaltungsmusik ab 1964. 3. Nennung einiger Fernsehbeiträge, die Ansichten der Porta Nigra in Trier enthalten, z.B. solche mit Autoverkehr und solche ohne Autoverkehr.

Derartige Titellisten unterstützen die kreative Arbeit des Journalisten, indem sie seine Assoziationen anregen und Vergessenes in die Erinnerung rufen. Die Dokumentation soll das kombinatorische Element journalistischer Arbeit unterstützen können. Dabei muß der Dokumentar den Programmzusammenhang, in den das Dokument gestellt werden soll, bis zu einem bestimmten Grad antizipieren. Dieses vorausschauende Element der Dokumentation ist noch stärker bei der notwendigen *aktiven Information* ausgeprägt. Aktive Information heißt, den Journalistenkollegen Dossiers, Kataloge und Dokumentenauswahlen anzubieten zu *möglichen, noch nicht in der Programmplanung festgeschriebenen Themen, die aber voraussichtlich journalistische Relevanz erlangen werden.*

Die Frage, *was* in den Rundfunkarchiven aufgehoben wird, beantwortet sich ebenfalls unter dem Gesichtspunkt der Verwendung und Wiederverwendung; allerdings tritt – verstärkt – auch der Gesichtspunkt der historischen Überlieferung hinzu. Naturgemäß gibt es keine objektiven Kriterien der Selektion. Man war nur bisher übereinstimmend der Meinung, daß die *Totalarchivierung* aus Raumgründen und wegen der zu gewährleistenden Zugriffssicherheit, die ein Minimum formaler Erfassung und inhaltlicher Erschließung voraussetzt, nicht in Frage kommen kann. Übereinstimmung herrscht auch darüber, daß ein gewisser zeitlicher Abstand zwischen dem Entstehungszeitpunkt des Dokuments und der *archivarischen (Selektion-)Bewertung* liegen soll, weil dadurch die Bewertungssicherheit wächst. Über alle anderen Fragen der Kassation wurde und wird kontrovers diskutiert, auch wenn die Rundfunkanstalten in verschiedenen Regelwerken Richtlinien für die Kassation niedergelegt haben. Neuerdings ändert sich unter dem Eindruck miniaturisierender Speichertechniken und weniger komplizierter, sehr schneller und hoch leistungsfähiger Retrievalsysteme die Blickweise auf das Mengenproblem: weniger rigide Kassationsprinzipien werden möglich. Das Nadelöhr der *intellektuellen Verarbeitung durch den Dokumentar* bleibt jedoch unverändert bestehen.

D 12.4 Professionalisierung: Von der Registratur zum Informationsmanagement

Die Geschichte der Rundfunkarchive ist geprägt vom Fortschreiten von der laienhaft geführten Registratur und Ablage der Archivalien durch die Redaktionen oder Sendeleitungen selber, über eine Phase, in der ehemalige Redakteure sich ganz auf das Archivieren konzentrierten, eine weitere Phase semi-professioneller Verhältnisse, in der archivarisch vorgebildete Archivleitungen installiert wurden, bis zu dem heutigen Zustand, der durch professionelle Führung der Archive und fachlich geschulte Mitarbeiter bei hoher Arbeitsteiligkeit gekennzeichnet ist. So sind die Einstellungsvoraussetzungen und Ausbildungsgänge für die meisten Rundfunkarchive mittlerweile genau definiert. Diese Professionalisierung ging Hand in Hand mit der technologischen Entwicklung, die ihrerseits erhöhte Qualifikationsanforderungen stellt.

Eine neue, wesentliche Qualifikation für Archivare und Dokumentare im Rundfunkbereich ist die Kenntnis computergestützter Informationsauswertungstechniken, die das System der Mediendokumentation zunehmend prägen. Die computergestützte Dokumentation hat zu großen Zeitersparnissen bei der Recherche, also der Titelauswahl geführt; gleichzeitig stieg aber der Zeitbedarf für die Titelaufnahme erheblich an. Die Grenzen heutiger Datenverarbeitungstechniken drücken sich in immer noch komplizierten Erfassungsprozeduren aus, und die Geld- und Zeitinvestitionen für Entwicklung, Installation, Anpassung, Pflege und Austausch (Generationswechsel) der Systeme müssen dem Input-Aufwand hinzugerechnet werden. Vereinfachend gesagt: Das frühere Verhältnis „hoher Rechercheaufwand bei geringerem Verzeichnungsaufwand" hat sich umgekehrt. Die positive Folge ist immerhin, daß der Zeitbedarf nun nicht mehr gerade dann entsteht, wenn der Nutzer in der Tür steht.

War es in der Vergangenheit vielleicht noch vertretbar, die verschiedenen Archivbereiche (Hörfunk-Wort, Hörfunk-Musik, Fernsehen, Presse, Aktenarchive . . .) getrennt zu organisieren, verlangen die modernen Archiv- und Dokumentationstechniken wegen ihrer Komplexität und ihres Investitionswertes eine *integrierte Archivorganisation* , ein System der Informationsauswertung, in dem Fragen der Systemhandhabung und der Systembeschaffung für alle Bereiche gemeinsam und zugleich bedacht werden. Dabei beschränken sich die integrativen Notwendigkeiten gar nicht auf die jeweiligen Rundfunkanstalten allein, sondern betreffen die Kooperation der Sender untereinander und darüber hinaus auch die Kooperation mit externen Informations-Dienstleistern. Fragen der Kompatibilität der Systeme und damit der Kommunikationsfähigkeit der Dienstleister gewinnen im Zeichen der Programmzusammenarbeit – vom bloßen Programmaustausch bis zur gemeinsamen Programmkoordination und -koproduktion, aber auch im Zeichen des Wettbewerbs zwischen öffentlich-rechtlichen und privaten Rundfunkveranstaltern immer größere Bedeutung.

Das praktische, aber noch ferne Ziel solcher Integrationsanstrengungen ist dabei die Vernetzung der Datensammlungen und die Herstellung einer einheitlichen Benutzeroberfläche, die es erlauben, zu jeder Zeit an jedem Senderort über die Archivdaten aller Teilarchive aller Rundfunkanstalten zu verfügen.

Das bisher Gesagte gilt für alle Dokumentationsstellen einer Rundfunkanstalt, gleichgültig, welche Informationsträgerart dort ausgewertet wird. Im folgenden werden die Dokumentationseinrichtungen gesondert betrachtet, um keine allzu abstrakte Darstellung zu geben. Dabei können viele Aussagen und Beschreibungen modifiziert auch auf die übrigen Medien übertragen werden, denn trotz der bestehenden Aufgabenverteilung ist doch immer die Rede von einem S y s t e m der Mediendokumentation.

D 12.5 Schallarchive/Tonträger-Dokumentationsstellen

D 12.5.1 „Musikarchive" bzw. Musik-Dokumentationsstellen

Ausgangspunkt für die Archivierung von Tonträgern war die Musikarchivierung, zunächst von den Musikredaktionen selbst vorgenommen. Mit dem Anwachsen der hauseigenen Tonaufzeichnungsproduktion, vor allem aber mit dem immer reichhaltigeren Schallplattenangebot (Industrietonträger) ergab sich die Notwendigkeit der systematischen Archivierung durch eine gesonderte Archivorganisation. Es entstanden die Schall- oder Lautarchive.

Dabei stand die bloße Aufbewahrung der Tonträger in Magazinregalen noch lange im Vordergrund. Einfache, oft sogar fragmenthafte Titel-, Komponisten- und Interpretenangaben auf Karteikarten oder die Verzeichnung unter dem jeweiligen Tagesdatum der Übernahme ins Archiv in Kladden (Geschäftsbüchern), jeweils unter Hinzufügung einer fortlaufenden Nummer für den hereinkommenden Tonträger waren zunächst die Findmittel.

Auf diesem Stand der Erfassung des Materials spielte das Kopfwissen des Archivars für das Wiederauffinden *bestimmter* Titel eine große Rolle. Die Aufstellung von Titellisten nach gemeinsamen Merkmalen war mühevoll und zeitraubend.

Mit steigendem Anteil vorproduzierter, d.h. auf Tonband konservierter Beiträge mußten sich die Dokumentationstechniken verfeinern. Meist wurden die Produktionen auf verschiedene *Nummernkreise* aufgeteilt und so nach Genres unterscheidbar. Oft standen die den Ziffern vorangestellten Buchstabenelemente der Archivnummer (= Tonträgernummer) als „ sprechender" Bestandteil für Sendegattungen, also die *funkische Form*, Abteilungen innerhalb des Hauses, Redaktionen („EM" wie „Ernste Musik") oder Sendereihen bzw. Genres („SK" wie „Sonntagskonzert"; „KO" wie „Kleines Orchester"). Dabei blieben die Archivnummern immer noch identisch mit den Tonträgernummern, eine Indexierung einzelner Beiträge innerhalb einer geschlossenen Sendung oder innerhalb eines Bandes war nicht üblich.

Mit der Unterscheidung von Nummernkreisen entstanden in den Magazinen in sich geschlossene Teilbestände, für die wiederum Spezialkarteien erstellt werden konnten. Damit wurde das Recherchieren von verschiedenen Ausgangspunkten möglich. Man suchte in Karteien wie „Weihnachtslied", „Fastnachtslied", „Ethnische Musik", . . .

Die Erstellung mehrerer unterschiedlich aufgebauter Karteikarten für ein und denselben Beitrag bedeutete hohen Schreib- und Sortieraufwand, wobei die Anzahl der Zugriffswege sehr begrenzt blieb.

Neben diesen Karteien benutzten die Archivare selbsterstellte und was Schallplatten anging, vor allem die von Handel und Industrie herausgegebenen Kataloge („Bielefelder Katalog", vgl. Kap. D 5). Die Lieferkataloge der Industrie sind nach wie vor wesentliche Hilfsmittel der Informationserschließung.

Mit der Einführung der Hollerithmaschinen und später der elektronischen Datenverarbeitung wuchs die Zahl möglicher Sortierungen der einmal eingegebenen Daten je nach Systemkomfort auf optimale Werte. (Parallel vervielfachte sich der Titelumschlag in der Recherche und im Magazinverkehr durch die größere Anzahl von Radioprogrammen.)

Zugleich bewirkte die EDV, daß hereinkommende Neuproduktionen nun nicht mehr in Teilsammlungen einsortiert, sondern hintereinander weg in die Regale gestellt werden konnten, was eine beträchtliche Raumersparnis und kürzere Transportwege bedeutete. Diese Form der fortlaufenden Archivnummer (jetzt = Tonträgernummer plus Index für Einzelbeiträge) ermöglicht auch die Automatisierung der Tonträgerexpedition aus und in die Magazine (Beispiel: SEKAMOS, vollautomatisches Kassetenabspielsystem, installiert beim Süddeutschen Rundfunk das allerdings wiederum nur einen Teilbestand bearbeitet), die man sich durchaus als zukünftigen Magazinstandard vorstellen kann.

Das Ziel, auch auf die Daten von Musik-Dokumentationsstellen anderer Rundfunkanstalten zuzugreifen, machte zunächst die Standardisierung der Dokumentation durch **Regelwerke** notwendig. Seit 1975 ist das von einer Arbeitsgruppe der

DE-Nr.: 22 **Kurzbezeichnung:** DBTI

DE-Name: Titel der dokumentarischen Bezugseinheit

Titel der gewählten dokumentarischen Bezugseinheit

Regeln und Erläuterungen:

Als dokumentarische Bezugseinheiten können aufgefaßt werden:

1. ein Werk (Werk-Titel)
2. ein Take (Take-Titel)
3. eine vom Dokumentar nach bestimmten Kriterien frei gewählte Einheit, die einen Ausschnitt eines Takes/Werkes oder eine Zusammenstellung mehrerer Takes/Werke darstellen kann (Dok-Titel)

Die jeweils gewählte dokumentarische Bezugseinheit soll durch Vorstellung eines Kürzels kenntlich gemacht werden. "Die AG geht davon aus, daß die von ZSK ausgelieferten Datensätze im DE 21 ausschließlich Take-Titel enthalten. Vor der Auslieferung von Datensätzen, die in DE 22 andere als Take-Titel enthalten, ist eine Abstimmung der Anstalten herbeizuführen."

1. Werk-Titel (WTI):

Vergleiche Richtlinien zur Titelansetzung.
Unter "Werk" kann verstanden werden:

- eine einsätzige/einteilige Komposition, die vom Urheber als abgeschlossenes musikalisches Ganzes konzipiert wurde (z. B. Konzertstück, Romanze für Violine und Orchester, Ballade für Klavier, Schlager)

- eine mehrsätzige/mehrteilige Komposition, deren Einzelteile vom Urheber von Anfang an als Einheit konzipiert oder später zu einer solchen zusammengefaßt wurden (z. B. Sinfonie, Oper, Kantate, Suite, Musical o. ä.)

- eine Komposition, die aus vorliegenden Kompositionen nachträglich zu einem neuen, mehr oder weniger fest gefügten musikalischen Ganzen zusammengestellt wurde (z. B. Medley, Potpourri, musikalische Revue, Pasticcio o. ä.).

Bei mehrsätzigen/mehrteiligen Kompositionen ist jeweils der vom Urheber gegebene Titel des kompletten Werkes anzusetzen; Ausschnitte werden durch - dem Werktitel vorgestelltes - "aus: "eingeleitet.

Handelt es sich bei dem zu erfassenden Werk um eine Musik, die für einen Film oder für die Folge einer Filmserie komponiert worden ist, so kann in diesem DE der Filmtitel bzw. der Titel der Einzelfolge erfaßt werden. Die Information wird durch "aus: "eingeleitet und durch das Attribut "FTI" (= Filmtitel) erläutert.

Muß-Datenelement

Stand: 12.8.1987

Abb. 1: Regelwerk Musik: Beispiel für die dokumentarische Bearbeitung des Datenelementes „Titel"

DE-Nr. 82 **Kurzbezeichnung:** MAT

DE-Name: Materialart

Art des Materials, auf dem der Titel aufgezeichnet vorliegt, und ggf. Art des Materials, von dem der Umschnitt erfolgte.

Regeln und Erläuterungen:

Das Material soll in einem dreistelligen Schlüssel angesetzt werden; die erste Stelle kennzeichnet die Art des vorliegenden Materials, die zweite Stelle kennzeichnet die Art des Materials, von dem der Umschnitt erfolgte. Die dritte Stelle kann hausintern verwendet werden (etwa zur Angabe der Kopien-Generation).
In den Fällen, in denen vom dreistelligen Schlüssel kein Gebrauch gemacht wird, ist zumindest das vorliegende Material zu kennzeichnen.

Schlüssel:

1. Stelle (vorliegendes Material)	2. Stelle (Art des Materials, von dem der Umschnitt erfolgte)	3. Stelle (hausinterne Information)
	0 = Original	
1 = Band	1 = Band	
2 = Platte (analog)	2 = Platte (analog)	
3 = Filmton (Sepmag)	3 = Filmton (Sepmag)	
4 = Videoband	4 = Videoband	
5 =	5 =	
6 = Cartridge-Cassette	6 = Cartridge-Cassette	
7 = Compact Disc	7 = Compact Disc	
8 = CompactCassette	8 = CompactCassette	
	9 = Unbekannt	
D = Draht	D = Draht	
F = Folie	F = Folie	
W = Walze	W = Walze	

Beispiel:

DE 80: 38
DE 82: 17 (= Bandumschnitt von CD)

DE 80: 12
DE 82: 7 (= Compact Disc)

DE 80: 38
DE 82: 142 (Bandumschnitt von Video, 2. Generation)

DE 80: 33
DE 82: 2 (= Platte)

Muß-Datenelement

Stand: 9.7.1987

Abb. 2: Regelwerk Musik: Beispiel für die dokumentarische Bearbeitung des Datenelementes „Materialart“

ARD und des ORF erstellte ,,Regelwerk Hörfunk Musik" in Kraft. Es handelt sich um ,,Richtlinien für die Formalbeschreibung sowie für die Sach- und Inhaltserschließung von Musikproduktionen auf Tonträgern", jetzt in der zweiten, revidierten Auflage (Frankfurt 1987). Diese Richtlinien sind für die beteiligten Rundfunkanstalten verbindlich. Dennoch entstanden überall Anwendungsbesonderheiten, die bei der Formulierung der revidierten Auflage berücksichtigt wurden.

Der Datenaustausch in wöchentlichem Turnus mit dem Deutschen Rundfunkarchiv (DRA) in Frankfurt bei der Zentralen Schallplattenkatalogisierung (ZSK) wurde und wird ebenfalls auf der Basis des Regelwerkes ausgeführt. Im übrigen erscheint das Regelwerk in Lose-Blatt-Form, um ständig weiter ergänzt und aktualisiert werden zu können.

Die Musikdokumentation kennt auch eine *inhaltliche*, d.h. klassifizierende Erschließung ihrer Dokumente durch Kategorien oder Datenelemente wie ,,Teilbereich" (Folklore, Jazz, Tanzmusik, Chormusik, Militärmusik, . . .) oder ,,Art/Charakter" (Melodienfolge, Potpourri, Medley, Tango, Twist, Ballade, Slow, . . .).

Die Eingabe der Daten in elektronische Voll-Retrievalsysteme ist, was die Altbestände angeht, bei weitem nicht abgeschlossen. Der Südwestfunk z.B. begann 1970 mit einem einfachen Datensammelsystem, dann installierte man 1980 das EDV-System MUSIS (Musik-Informations-System); es stellte sich heraus, daß in der Anfangsphase der Erfassung, also vor 1980, viele Eingaben noch fehlerhaft oder – gemessen an heutigen Standards – unvollständig erfolgten, was ein Nachdokumentieren notwendig macht. Daneben existieren überall Bestände, meist Spezialsammlungen, die noch nicht übernommen werden konnten, also nach wie vor konventionell verwaltet werden. Titelneuzugänge können jedoch – vor allem dank der ZSK – mengenmäßig bewältigt werden, obwohl es sich jährlich um ca. 65.000 Titel, davon ca. 50.000 Schallplattentitel (für SWF) handelt.

Ein inzwischen altes, aber historisches doch noch junges Arbeitsgebiet des Musikdokumentars ist die Beratung von Fernsehjournalisten bei Planung und Einsatz von Hintergrundmusiken für Fernsehbeiträge, ein Arbeitsgebiet, das wieder die Tätigkeitskomponente *aktive Informationsauswertung* belegt. Obwohl Fernsehbeiträge häufig musikalische Elemente enthalten, gibt es die Berufsrolle ,,Musikberater für Fernsehjournalisten" nicht; diese im eigentlichen Sinne redaktionelle Aufgabe nehmen in steigendem Umfang Musikdokumentare mit entsprechenden Programmkenntnissen wahr.

Die Musik-Dokumentationsstellen der Rundfunkanstalten verwalten mancherorts außer den Tonträgern auch die Noten-Bestände (vor allem dort wesentlich, wo Rundfunkorchester tätig sind) und das musikbezogene Schrifttum. Oft gibt es eine Musik-Spezialbibliothek; sie kann zur zentralen Bibliothek gehören, bei den Musik-Redaktionen liegen, oder den Musik-Dokumentationsstellen zugeordnet sein.

D 12.5.2 ,,Wortarchive" bzw. Wort-Dokumentationsstellen

Diejenigen Einrichtungen der Hörfunkarchive, die Wortsendungen archivieren und dokumentieren, haben es im Wesentlichen mit den sendereigenen Hörfunkproduktionen zu tun. Schon deshalb haben die Wort-Dokumentationsstellen nicht das Mengenproblem der Musikdokumentation.

Dafür sieht sich die Wortdokumentation zwei schwierigen Aufgaben gegenüber: Erstens liegt der Anteil sogenannter *weicher Merkmale* höher als bei der Musik; zweitens – beides hängt jedoch zusammen – ist der Anteil noch nicht DV-mäßig erfaßter Beiträge ungleich größer. Die Relation von 6,5 : 1 drückt ungefähr die Titelmengen aus, die von der Musik (6,5) bzw. vom Wort (1) im gleichen Zeitraum dokumentarisch bearbeitet werden können. Die weichen Merkmale bezeichnen Zugriffswege außerhalb der *harten Formaldaten* eines Dokuments wie Autor/Komponist, Titel, Abspieldauer, Interpret, etc., also Zugriffswege über den *Inhalt* des Tondokuments, der nur durch den subjektiven Akt des Interpretierens zu erschließen ist.
Die Inhaltserschließung (die es in der Musikdokumentation in einer begrenzteren Dimension auch gibt) soll dem Rechercheur durch *Abstract* und *Schlagwörter* eine möglichst zutreffende Vorstellung vom Inhalt des Hörfunkbeitrags geben. Außerdem soll sie den Rechercheur auf Besonderheiten wie *Originaltöne* (O-Töne) hinweisen: auf Äußerungen wichtiger Personen, auf das Vorkommen besonderer sprachlicher Prägungen (Beispiel: zum ersten Mal wird der Begriff „Waldsterben" benutzt), auf Reportageteile und dergleichen mehr.

Die Inhaltserschließung nimmt nach einer gern benutzten Faustregel durchschnittlich die dreifache Abspieldauer des Beitrags in Anspruch. Es leuchtet ein, daß die Redaktionen, wenn sie Wortbeiträge ganz oder in Teilen (häufig nur die O-Töne als Einblendungen) wiederholen wollen, auf das Findmittel „Inhaltsdatei" viel stärker angewiesen sind als im Musikbereich, wo die Identifizierung von Musikstücken anhand von Titeln, Interpreten und Komponisten wegen des Werkcharakters des Dokuments, also anhand harter Daten eher möglich ist.

Auch für den Wortbereich wurde ab 1985 ein **Regelwerk** entwickelt. Es gliedert sich in drei Teile:
- Richtlinien und Kriterien zur Feststellung der Dokumentationswürdigkeit von Hörfunkproduktionen,
- die Aufführung der Datenelemente zur formalen Erfassung, sowie deren Definition, Ansetzungsregeln und Ausführungsbestimmungen und
- eine Anleitung zu ihrer dokumentationsgerechten, d.h. strukturierten inhaltlichen Erschließung.

Das Regelwerk Wort entstand in Abstimmung mit den Regelwerken „Musik" und „Fernsehen". Eine theoretische Grundlage bilden die „Deutschen Normen des Bibliotheks- und Dokumentationswesens". Auch das Regelwerk Wort läßt sich, wie „Musik" und „Fernsehen", auf DV-gestützte Dokumentationsverfahren *und* auf konventionelle anwenden. Auch das Regelwerk Wort wird kontinuierlich neuen Bedürfnissen angepaßt und schreibt Dokumentationsregeln verbindlich vor; es werden den beteiligten Dokumentationsstellen aber auch eigene, meist traditionelle Detaillösungen ermöglicht.

Das Regelwerk „Wort" unterscheidet Muß-, Soll- und Kann-Elemente. Die Muß-Elemente sind: Rundfunkanstalt (RFA), Sendehaupttitel (SHTI), Archivnummer (ANR), Geschwindigkeit (GES), Betriebsart (BA) und Materialart (MA). Ohne die Angabe dieser Merkmale, lautet die Vereinbarung, soll das Tondokument nicht in ein (EDV-)Informationssystem übernommen werden.
Die Soll-Datenelemente sind keine Bedingung für eine solche Übernahme, gehören aber wesentlich zur Dokumentbeschreibung. Die Kann-Datenelemente vervollstän-

digen die Dokumentbeschreibung nach den Bedürfnissen der jeweiligen Dokumentationsstelle. Diese und alle übrigen im Regelwerk getroffenen Vereinbarungen dienen dazu, die Dokumentationsleistungen an den verschiedenen Arbeitsplätzen innerhalb der Rundfunkanstalt auf gleichen Standard zu bringen, bezwecken aber auch, den Informationsaustausch zwischen den verschiedenen Rundfunkanstalten schneller und zuverlässiger zu machen.

Gerade im Wortbereich stellt sich wegen der täglich erzeugten Materialmenge die Frage der archivarischen Bewertung, der Kassation. Unter dem Gesichtspunkt der Wiederverwendung erscheinen etwa „Berichte zum Tage" (Aktuelles Zeitgeschehen) eher wertlos. Anders verhält es sich mit Hörspielen oder Sketchen, deren Wiederholung sich von selbst anbietet. Das Regelwerk versucht Kriterien für die Dokumentationswürdigkeit aufzuzeigen:

„Archivierung, Dokumentation und Bewertung . . . leiten sich einerseits aus den Aufgaben und Interessen der einzelnen Rundfunkanstalten und andererseits aus ihren kulturpolitischen Verpflichtungen aufgrund ihres öffentlich-rechtlichen Status her . . ."

Entsprechend werden *inhaltliche, medienspezifische* und *gestalterische* Kriterien angeführt. Daß *herausragende Ereignisse* dokumentationswürdig sind, und ebenso *Indikatoren längerfristiger Entwicklungen*, ist schnell einsehbar; weniger geläufig ist wohl das Kriterium *Wiedergabe der Alltagsrealität*; es bestimmt den Wert des Tondokuments nach der Wiedergabe bzw. Bearbeitung der Berufswelt, der Freizeit, der Familie, Nachbarschaft, des Brauchtums . . . Einen wichtigen Platz nehmen hier Beiträge zur *oral history* ein.

Die medienspezifischen Kriterien betreffen die Dokumentation der Programm- und Sendergeschichte; die Programmarbeit der Redaktionen soll im Bestand repräsentiert sein, ebenso „produktions- und sendetechnische Gegebenheiten und Innovationen" und alles, was die allgemeine Rundfunkgeschichte belegen kann.

Die „gestalterischen bzw. ästhetischen Kriterien" heben vor allem auf die funkspezifischen Umsetzungs- und Realisierungsmittel und -formen ab. Das Regelwerk verweist hier ausdrücklich auf den Fachbeistand der Redaktionen bzw. Regisseure (es handelt sich in der Regel um Beiträge mit Werkcharakter) zur Beurteilung dieser Eigenschaften.

Auf dem Gebiet der *formalen Erfassung* treten vor allem definitorische Probleme und Fragen der Ansetzung auf.

Die *Inhaltserschließung* soll erfolgen durch eine Kategorisierung des Gebietes, in das der Beitrag thematisch gehört, und der (Funk-)Gattung; durch das Kurzreferat oder Abstract, sowie durch die Schlagwörter oder Deskriptoren.

Zur sachgerechten Inhaltserschließung durch Deskriptoren gehört für viele Dokumentare ein *Thesaurus*, also ein systematisch und hierarchisch strukturierter Wortschatz, der die Deskriptorenwahl vorschreibt und umgekehrt bei der Wahl des zutreffenden Suchbegriffs hilft (vgl. Kap. B 5). Hier sei zu diesem Thema nur bemerkt, daß die verschiedenen Dokumentationsreferate in den Rundfunkanstalten seit Jahren bemüht sind, die Thesaurusfrage auch für die Mediendokumentation im Rundfunk zu lösen. Die größten Schwierigkeiten dabei scheinen zu sein: die thematische Breite des Materials erfordert einen Universal-Thesaurus – ein Anspruch, der bisher nirgends eingelöst wurde und vielleicht niemals einzulösen sein wird; die Pflege eines solchen Thesaurus würde wegen des schnellen begrifflichen Wandels im Journalismus einen sehr hohen Aufwand bedeuten, der unter Umständen größer wäre als der konkrete Nutzen eines kontrollierten Vokabulars.

Es wurde schon erwähnt, daß bei weitem nicht alle Wort-Beiträge EDV-mäßig erfaßt sind. Der tatsächlich voll recherchierbare Anteil ist im Verhältnis zu den noch nicht erfaßten Produktionen eher klein. Man kann deshalb für den Wortbereich feststellen, daß nach wie vor ein gemischt konventionell/elektronisches Arbeiten vorherrscht, wobei die Recherche überwiegend konventionell ablaufen muß, der Input aber DV-gestützt. Es gibt auch Rundfunkanstalten, die bisher keine DV-gestützte Wortdokumentation betreiben, sondern nach wie vor konventionell arbeiten und von anderen Dokumentationsstellen geschätzte Katalogarbeit geleistet haben (z.B. die NDR-Katalogreihe ,,Tondokumente im Schallarchiv des Norddeutschen Rundfunks, Bde. 1 – 17).
Einen mengenmäßig und technisch dem Musikbereich vergleichbaren Datenaustausch über das zentrale DRA gibt es im Wortbereich nicht, wohl aber die Meldung von Daten zu besonders archivierungswürdigen Dokumenten, die dann Eingang in den zentralen Nachweiskatalog und die Katalogveröffentlichungen des DRA finden und so den übrigen Rundfunkanstalten zur Verfügung stehen. Hier zeigt sich die Funktion der Frankfurter Einrichtung als zentrale Dokumentationsstelle besonders deutlich.

Wie für den Musikbereich oder das Fernsehen gibt es im Wortbereich das Arbeiten mit einem Zwischenmagazin, in das die Neuproduktionen zunächst wandern, um dann in das Archiv hinein abgearbeitet zu werden. Dieses Zwischenmagazin stellt einen ,,Verfügungspuffer" dar: das Material wartet dort mehr oder weniger unvollständig, höchstens aber formal erfaßt auf die weitere Bearbeitung, ist jedoch für die rasche Wiederverwendung griffbereit.
Den Wort-Dokumentationsstellen angegliedert ist häufig – wie im Musikbereich das Notenarchiv – das Manuskriptarchiv, wo die Manuskripte von Wortsendungen gesammelt werden.

D 12.6 Fernseharchive bzw. Fernseh-Dokumentationsstellen

Fernseharchive gliedern sich alles in allem in die Bereiche *Dokumentation, Film- und Bildbeschaffung, Programmaustausch und Magazin/Expedition/Zwischenarchiv*.
Je nach Größe der Rundfunkanstalt werden jährlich zwischen 1.000 und 10.000 Einzeltitel nach dem für alle ARD-Anstalten verbindlichen Regelwerk Fernsehen dokumentiert und archiviert. Dies geschieht überwiegend DV-gestützt; neben dem WDR-Informationssystem RUDI (vgl. Kap D 5) ist die Fernsehdatenbank FESAD (Fernseharchivdokumentation) zu nennen, ein Volltextsystem, mit dem der Süddeutsche Rundfunk, der Bayerische Rundfunk, der Norddeutsche Rundfunk, der Saarländische Rundfunk und der Südwestfunk seit 1985 arbeiten (s. *Abb. 3*).

Auch im Fernsehbereich wird aber über weite Strecken noch konventionell dokumentiert bzw. recherchiert, denn es gibt nach wie vor umfangreiche, nach wenigen formalen Kriterien auf Karteikarten erfaßte Bestände aus den früheren Produktionsjahren; häufig reichte auch die Personalkapazität nicht aus, jüngere Produktionen aus Zeiten, als eine DV-gestützte Dokumentation schon möglich war, vollständig in die Fernsehinformationssysteme zu übernehmen. Wie im Hörfunk besteht also auch für das Fernsehen ein von Rundfunkanstalt zu Rundfunkanstalt unterschiedlich großer *Bedarf an Rückwärtsdokumentation*.

SRTI Menschen und Straßen Seite 1
PNR 0000284321 ANR 0007498 Btr 99 Dauer 43'44" ESDT 10.07.1987 ** VWB **

Titel
SRTI Menschen und Straßen
SHTI Der dritte Stamm
UNTI Polizei in Nordirland

Sendedaten

ESDT	10.07.1987	SWF	2 3	3	1	43'44"	
ESDT	25.11.1987	SWF	1 1	5	1	43'44"	0000300852

Urheberschaft / Produktion / Mitwirkung
RDN Gesellschaft
REG Palmer, Sarah
AUT Palmer, Sarah

Referat und Indexat
KAT: Politik; Gesellschaft; Dokumentarbericht;

IND Irland; Nordirland; Polizei; Royal Ulster Constabulary; Belfast; Gewalt; Terror; Attentat;
KIH Polizei in Nordirland. Bericht über Lebens- und Arbeitsbedingungen von Angehörigen der Royal Ulster Constabulary.
LIH Gewalt und Gegengewalt kennzeichnet das Verhältnis zwischen Katholiken und der überwiegend protestantischen Polizei. Seit zwei Jahren verüben auch Mitglieder extremer protestantischer Gruppen gezielte Anschläge auf Polizisten, ihre Familien und ihre Wohnungen. Sarah Palmer zeigt Ursachen für die Eskalation der Gewalt auf und fragt Betroffene nach ihren Erfahrungen. Gezeigt wird der Arbeitsalltag der Polizei in der Polizeistation Woodbourne, eine Festung im katholischen Ghetto Lenadoon in West Belfast, und im protestantischen Portadown.
BIH Beerdigung David Ead (ermordeter Polizeiinspektor): Trauerzug mit Polizeikapelle, Trauergemeinde, Foto s/w David Ead / West Belfast: Polizisten auf dem Weg zur Arbeit, Vorbeifahrt gepanzerte Polizeiwagen, dazwischen Militärfahrzeug, am Ausguck Soldaten mit schußbereitem Gewehr, junge Polizisten in Polizeifahrzeug / Polizeistation Woodbourne (West Belfast): automatisches Schließen eines gepanzerten Tores, Schwenk festungsähnliche Mauern, Überwachungskamera / Archiv s/w: Demonstration von Bürgerrechtlern am 05.10.1987, prügelnde nordirische Polizisten (1'08" Weltspiegel NDR) / Stat: Polizisten zu ihrer Berufswahl, zu Auswirkungen auf ihr Privatleben / Woodbourne: Blick vom Hof der Polizeistation auf das benachbarte Wohngebiet Lenadoon (katholisches Ghetto), Stat: Bewohnerin (zu Ermordung von Verwandten), Bewohner (zu gewaltsamer Vertreibung aus früheren Wohnungen) / Beerdigung des IRA-Mitgliedes Laurence Marley: Milltown-Friedhof (West-Belfast) am 07.04.1987: gepanzerte Fahrzeuge, Soldaten und Polizisten beziehen Stellung / massives Polizeiaufgebot vor dem Haus des Verstorbenen, Int: Einsatzleiter der Polizei (Polizeipräsenz soll Zurschaustellung von Symbolen des paramilitärischen Kampfes verhindern), Sarg wird aus dem Haus getragen, Polizisten bilden Sperre zwischen Sarg und Anhängern der Sinn Fein, Gewaltausbruch: Werfen von Steinen und Flaschen, schreiende Menschen, Polizisten mit Schlagstöcken, verletzte Polizistin, Martin Mc Guinness (Vizepräsident Sinn Fein) bei Ansprache über Megaphon (Abbruch der Beerdigung), Sarg wird im Gedränge zum Haus zurückgetragen / Milltown-Friedhof am 08.04.1987: Trauerzug, Trauernde und Polizisten drängen sich

SRTI Menschen und Straßen Seite 2
PNR 0000284321 ANR 0007498 Btr 99 Dauer 43'44" ESDT 10.07.1987 ** VWB **

---

um Grabstätte (Grabstelle der Republikaner), Grabrede Martin Mc Guinness (fordert Anhänger der Sinn Fein auf, den Polisten Gesicht zuzuwenden: "..denn in diesen Gesichtern sehen sie ihre eigene Niederlage.. wir sind die Menschen, die nie aufhören werden, Eure Unmenschlichkeit , Euer Unrecht und Eure Brutalität zu bekämpfen. Und am Ende werden wir Euch besiegen..") / Autowracks, ausgebrannte Fahrzeuge / Polizeistreife in West Belfast (Aufnahmen aus gepanzertem Fahrzeug durch Scheibe mit Einschußloch): anfahrende Autos. Stat: Polizist zu langsamer Reaktion der Polizei bei nicht-terroristischen Straftaten (bei jedem Hilferuf muß überprüft werden, ob es sich um einen Lockruf, eine Falle handelt) / Woodbourne: zwei Nachbarschafts-Polizisten auf Fußstreife, gesichert von 16 Soldaten mit schußbereitem Gewehr und über ihnen kreisender Armeehubschrauber / Stat: Polizist (Angst der Menschen vor Kontakt mit der Polizei) / Ballymena: Protestversammlung am Tag des Trotzes gegen neues Ordnungsgesetz und anglo-irisches Abkommen (November 1985), Redeausschnitt Ian Paisley (Parlamentsabgeordneter, Pastor) / Portadown: Traditionneler Umzug der Protestanten am Ostermontag, Straßensperre (verhindert Umzug durch katholisches Gebiet), Interviews zu gewaltsamen Auseinandersetzungen zwischen Polizei und Umzugsteilnehmern bei früheren Umzügen: Augenzeuginnen schildern Gewalttätigkeiten von Polizisten am 12. Juli 1985, Polizist schildert seine Verletzung durch Wurfpfeil am 12. Juli 1986 / Portadown: Nachbarschafts-Polizisten auf Fußstreife (ohne Militärschutz), im Gespräch mit alten Leuten, mit Kindern, Graffiti an Hauswand "RUC out" (Polizei raus), eingeworfene Fensterscheiben, Stat: Polizisten (unkenntlich) zu Anschlägen auf ihre Wohnung, Int: Frauen zu Polizisten als Nachbarn ("..ich würde nie neben einem Polizisten wohnen, nie, nie - ich kann ihnen nicht mehr trauen..") / Sicherheitsvorkehrungen im Haus eines Polizisten: Türschloß, Fenster aus Panzerglas, Int: Polizisten-Ehefrau (zu Gefahren) / Fotodokumentation s/w: Terroropfer April 1987 / blumengeschmücktes Grab eines Loyalisten.

Beh	R	A	B	C	D	E	L-Zeit	Vermerke	Beitrag	Zusätze
01	1	FA	1Z	MAZ	B	MAZS	43'44"	STEREO T		
02	2	FA	16	UO	G	BUO	43'44"	AB		
03	1		16	MF + IT		ST	43'44"			
04	1		16	MF		IT	43'44"			
05	1		16	MF		SPR				
06	1	FA	16	UD	G	AK				

Rechte
PE: 1 Anzahl: X
Copyright: swf 1987
DV: 9 Prod-stand: 3 POOL: J

Verwendungsbeschränkungen
Weltspiegel vom 13.10.68: Unruhen in Nordirland (NDR)

Bearbeiter: ba/me/ja/de/Pl
Status: 9 1
1. Änd.datum: 04.12.87

Abb. 3: Ausdruck eines FESAD-Datensatzes

Das **Regelwerk Fernsehen** betont schon im Vorwort den wirtschaftlichen Wert der in den Magazinen lagernden Bestände: „ . . . (Sie) bilden einen einzigartigen kultur- und zeitgeschichtlichen Fundus, ebenso aber auch ein unersetzliches Programmvermögen, dem im Wettbewerb mit kommerziellen Programmveranstaltern und angesichts der erweiterten Verbreitungsmöglichkeiten von Rundfunk über Kabel und Satellit eine kaum abzuschätzende Bedeutung zukommt."

Genau wie in den übrigen Regelwerken werden die *formale Beschreibung* und die *inhaltliche Erschließung* geregelt und damit die „Richtlinien zur Datenerfassung in Fernseh-Archiven" von 1973 bzw. deren ergänzende Fassung von 1976 abgelöst. Der Aufbau des Regelwerkes entspricht im Wesentlichen dem der Hörfunk-Regelwerke. Die Anzahl der notwendigen Datenelemente zur vollständigen dokumentarischen Beschreibung der Fernsehbeiträge ist, weil hier Bild *u n d* Ton zu erfassen und die Ton/Bildträger zahlreicher sind, jedoch höher. Außerdem tauchen zusätzliche Kategorien wie „Zielgruppe", „Einschaltquote" oder „Auszeichnung für Programmacher" (preisgekrönte Beiträge) und einige mehr auf, die das Hauptziel der Archivierung – die programmliche Auswertung – noch deutlicher werden läßt als in den Hörfunkregelwerken.
Entsprechend ist die inhaltliche Erschließung angelegt: Neben einer Kategorie „Verwendung", mit der ein Beitrag etwa als Pausenfüller oder als Trailer gekennzeichnet werden kann, tritt zusätzlich zu der aus den Hörfunk-Regelwerken bekannten Inhaltsangabe (sie heißt hier: *sachbeschreibender Text*) die *Bildbeschreibung*. Sie dient dazu, aus archivierten Beiträgen einzelne Bildmotive oder Bildsequenzen zur Illustration für neue Sendungen herausnehmen zu können, um Neuaufnahmen längst vorhandener Motive überflüssig zu machen. Diese Verwendung von Bildmotiven entspricht im Prinzip der von O-Tönen im Hörfunk.

Die Dokumentationsstelle wird von den Programmredaktionen der eigenen, aber auch von denen anderer Rundfunkanstalten für Recherchen genutzt. Bei einer mittleren Rundfunkanstalt werden täglich ca. 45 Anfragen bearbeitet. Ergebnis solcher Recherchen anderer ist häufig die konkrete Anforderung von Programmbeiträgen; diese gehen beim *Programmaustausch* ein, der für die Abgabe der Beiträge an die Partner-Rundfunkanstalten sorgt, wie er umgekehrt die Beiträge von den Partner-Rundfunkanstalten entgegennimmt, diese Leihbestände verwaltet und an die Redaktionen weitergibt. Dem körperlichen Austausch von Beiträgen geht in der Regel die Suche nach dem passenden Material und damit die Recherche, wo im In- oder Ausland sich das Passende finden könnte, voraus. Mit derartigen Recherchen, die sich nicht nur auf Film- und MAZ-Material, sondern auch auf Fotos beziehen können, ist die *Film-, MAZ- und Bildbeschaffung* beschäftigt. Die Bildbeschaffungsstellen ordern ihr Fotomaterial bei Bildagenturen, Fotostellen öffentlicher Einrichtungen wie Bibliotheken und Archive oder auch bei Privaten.

D 12.7 Pressearchiv, Recherchestellen, Bibliothek

Über die Pressedokumentation ist in Kap. D 4 bereits ausführlich berichtet worden. Die Pressearchive in den Rundfunkanstalten sind denen großer Tageszeitungen und Zeitschriften durchaus vergleichbar, sowohl was die auszuwertenden Quellen als auch die Art der an die Dokumentare herangetragenen Fragen angeht. Im Unterschied zur Presse ist jedoch der Anteil von Fragen größer, die sich auf weiter zurückliegende Ereignisse beziehen, weil die entsprechenden Beiträge in Rundfunkprogrammen, insbesondere im Fernsehen, häufiger und meist auch umfangreicher sind als in der Presse. So ergab eine interne Untersuchung beim Südwestfunk (Baden-Baden 1988), daß mittlerweile ein Viertel aller Recherchen des Pressearchivs unter Hinzuziehung von Material erledigt werden muß, das zwischen zwei und zehn Jahren alt ist. Meldungen aus dem Zeitraum bis vor zwei Wochen, also das ganz aktuelle Material, wurden nur in 3 Prozent der Recherchefälle benötigt; 1984 lag dieser Anteil noch doppelt so hoch.

Die **Pressearchive** der Rundfunkanstalten arbeiten in der Hauptsache konventionell; den Schwerpunkt bilden jeweils die Ausschnittarchive, eine geringere Bedeutung besitzen die Ganzstücksammlungen. Die elektronische Datenverarbeitung hat in den Pressearchiven der Rundfunkanstalten bisher nur am Rande Bedeutung, dort nämlich, wo man mit Hilfe von PCs Stichwortkarteien ablösen oder bestimmte ausgewählte Quellen (Beispiel: ,,Spiegel") differenzierter erschließen möchte. Im übrigen herrschen die traditionellen Mappensysteme mit möglicher Mehrfachablage vor, bei denen der systematische Katalog auch die Ordnung der physischen Aufbewahrung wiedergibt: jede Systemstelle repräsentiert eine Mappe oder ein Fach in einer Mappe. Dort lagert das Material so lange, bis es durchgesehen, kassiert und das Dokumentationswürdige als ,,Altbestand" abgelegt wird. Die Zeitspanne bis zu dieser Kassation und zur Umwandlung der Mappeninhalte in Altbestand ist von Rundfunkanstalt zu Rundfunkanstalt verschieden; sie dürfte im Schnitt bei eineinhalb Jahren liegen.
Neben dem systematisch geordneten Hauptbestand gibt es in der Regel umfangreiche *Biografische Archive*, also Presseausschnittsammlungen mit personenbezogenen Informationen, die alphabetisch, nur nach Personennamen geordnet sind. Auf biografische Daten zielen ca. 50 Prozent aller Anfragen. Eine ähnliche Behandlung wie die personenbezogenen erfahren die *firmenbezogenen* Informationen; auch auf sie wird häufig zugegriffen.
Eine dritte Art Spezialsammlung stellen die Presseausschnitte zur *Mediengeschichte* und *Medienpolitik* dar, also Informationen, die das Haus unmittelbar betreffen und deshalb bedeutsam sind. Diese Bestände bauen sich aus denselben Quellen wie die übrigen auf; hinzu kommen aber noch die Branchen- und Fachdienste und Fachzeitschriften, die gesondert und mancherorts nach einer eigenen feinmaschigen Systematik ausgewertet werden.

Registerarchive (vgl. Kap. D 4) spielen in den Pressearchiven der Rundfunkanstalten keine größere Rolle. Häufiger wird aber die ,,Graue Literatur", d.h. Broschüren, Berichte, Drucksachen, Pressedienste, PR-Material etc., auf diese Weise erschlossen und greifbar, dieses auch DV-gestützt.
Unterschiedlich ist die Frage geregelt, ob der Nutzer – der Journalist – mit dem Systematischen Katalog in der Hand selbst in den Mappen recherchiert oder ob dies der Dokumentar für ihn erledigt und ihm eine fertige Auswahl von Presseausschnitten vorlegt. Es gibt beide Praktiken, die aber jeweils immer ergänzt werden durch das Angebot der gemeinsamen Recherche.

Die Pressedokumentationsstellen spielen für die *aktive Information* eine besonders wichtige Rolle. Sie speisen in die Programmproduktion eigeninitiativ mehr oder weniger umfangreiche Sonderdokumentationen zu voraussehbaren Medienereignissen (Beispiel: 200. Jahrestag des Sturms auf die Bastille) und Großthemen ein und informieren so den Rundfunkjournalisten über die wichtigen Beiträge der übrigen Publizistik. Eine andere Form der aktiven Information ist die – journalistisch aufbereitete – Argumentenliste (Beispiel: Mit welchen Argumentationen haben die Tageszeitungen auf Lokalfunkversuche reagiert?)

Probleme der Materialerhaltung stellen sich in den Pressearchiven immer dringlicher. Da das Zeitungspapier irgendwann zerfällt, die Kopierbarkeit des Materials sogar schon vorher verloren geht, müssen die Bestände auf andere Informationsträger übertragen werden. Die Umsetzung auf Mikrofilm bot sich dafür bisher an. In der Zukunft sind auch Bildplatten als Informationsträger oder Magnetbänder hoher Packungsdichte für die digitalisierte Speicherung denkbar. Diese Zukunftslösungen verlangen leistungsfähige Retrievalsysteme und einen sehr hohen Aufwand bei der Erschließung (Codierung, Verschlagwortung) der Dokumente; es stellt sich deshalb die Frage, ob derartige Investitionen an Geld und Arbeitsleistung überhaupt von einzelnen Rundfunkanstalten erbracht werden können.

Die meisten Pressearchive der Rundfunkanstalten verfügen zur ergänzenden Beschaffung von Informationen über **Recherchestellen**, die konventionell oder Online bei externen IuD-Stellen und Datenbankanbietern anfragen. Ausrüstungs-Kernstücke dieser Stellen sind an das Telefonnetz angeschlossene PCs, über die man sich an Tausende Datenbanken anschalten kann; die Erfahrung zeigt, daß diese Stellen mit Spezialisten besetzt sein müssen, die nicht nur die gebräuchlichen Retrievalsprachen beherrschen, sondern vor allem Aufbau und Angebote der zahlreichen wichtigen Datenbanken kennen müssen, um zu einigermaßen vertretbaren Kosten dort recherchieren zu können.

Die **Bibliotheken** in Rundfunkanstalten sind nicht nur zuständig für das Beschaffen, Katalogisieren und Bereitstellen von Büchern und Druckschriften, sondern stehen den Redaktionen auch für die Informationsvermittlung zur Verfügung, die alle Informationen betrifft, die aus Büchern entnommen werden können. Häufig müssen Recherchen in allen drei Pools vorgenommen werden, um zum Ziel zu gelangen: im Pressearchiv und/oder in externen Datenbanken *und* in den Nachschlagewerken und Büchern der Bibliothek. Eine Untersuchung beim Südwestfunk ergab, daß in ca. 13 Prozent aller Auftragsrecherchen auch die Bibliothek zur Informationsfindung herangezogen werden mußte (Baden-Baden, 1988). Diese Zahl zeigt, daß ein organisatorischer und räumlicher Verbund der drei Pools sehr sinnvoll sein kann.

Die Bibliotheken leisten ebenso wie die übrigen Dokumentationsstellen ihren Beitrag zur aktiven Information, beispielsweise durch Verzeichnisse verschlagworteter Buch-Neuerscheinungen oder (Fach-)Aufsatzverzeichnisse, die auch den Partner-Rundfunkanstalten zur Verfügung gestellt werden.

D 12.8 Historisches Archiv

Dieser Bereich archiviert und dokumentiert Akten, Schriften, Fotomaterial, grafisches Material. Das Aktenarchiv übernimmt relevantes Schriftgut aus dem zentralen Aktenmagazin (ein Zwischenmagazin), in das die Abteilungen ihre Altakten abgeben, sowie die Verschlußakten aus der Intendanz, dem Justitiariat, den Direktionen und dem Personalratsbüro. Die Publikationen des Hauses werden meist in eigenständigen Sammlungen geführt und dokumentiert. Sie werden relativ häufig gebraucht und müssen deshalb schnell greifbar sein. Eine parallele Behandlung erfahren meist auch die Publikationen der Partner-Rundfunkanstalten, auf die ebenfalls häufiger zugegriffen wird.
Fotos, am häufigsten Standfotos aus Fernsehproduktionen und Portraits von Schauspielern, Sprechern, Mitarbeitern . . . gehen in die Historischen Bildarchive ein und werden dort personen- oder produktionsbezogen dokumentiert. Das Historische Bildarchiv versorgt die Presse (über die Pressestellen) mit Bildmaterial, liefert für hausinterne Veröffentlichungen zu und stellt Material für Austellungszwecke oder zur wissenschaftlichen Auswertung zur Verfügung.

D 12.9 Zusammenfassung

Es sollte deutlich werden, daß das System der Mediendokumentation im Rundfunk geprägt wird von

- der Vielfalt der Quellen
- der Heterogenität der Informationsträger
- der Breite abzudeckender Themen
- der Kürze der für Recherchen zur Verfügung stehenden Zeit
- der Art der Informationsverwendung durch den Nutzer, den Rundfunkjournalisten
- der wachsenden Professionalisierung
- der zunehmenden Vernetzung der Dokumentationsstellen.

Die Komplexität des Bereiches wird durch die *Außenarchive* noch erhöht, die jede Rundfunkanstalt in ihren Landes- und Regionalstudios unterhält, und die im regen Austausch mit dem Zentralarchiv stehen. Diese Studios unterhalten eigene Fernseh-, Hörfunk- und Pressearchive, jeweils zugeschnitten auf die speziellen Programmerfordernisse vor Ort. Es leuchtet ein, daß die Dokumentationsziele, -verfahren und -instrumente dort und im Zentralarchiv aufeinander abgestimmt sein müssen, und daß bei jeder technischen Innovation Verträglichkeits- und Kommunikationsfragen zu bedenken sind.
Diese Verhältnisse erfordern eine *integrierte Archivorganisation* und zunehmend, wegen der Ausdehnung von Computertechniken, ein modernes Informationsmanagement. Sie erfordern aber auch eine Nachwuchs-Ausbildung, die dem einschlägigen dokumentarischen Handwerkszeug Kenntnisse auf dem Gebiet der Datenverarbeitung und im Bereich der Programmproduktion hinzufügt. Kenntnisse im Bereich der Programmproduktion, das meint nicht nur technische Aspekte, sondern vor allem Vertrautheit mit journalistischen Arbeitsweisen.

Literatur

(siehe auch Literatur zu Kap. D 4 und D 5)

01. Audiovisuelle Überlieferung in den Rundfunkarchiven und wissenschaftliche Forschung. Protokoll eines Rundgesprächs auf der Frühjahrstagung 1987 der Fachgruppe Presse-, Rundfunk- und Filmarchivare in Zürich. In: Info 7. Jg. 2. 1987. H. 2. S. 72 – 84.

02. Die Fernsehdokumentation im DRA. In: DRA-Informationen. Nr. 7. 1986. S. 1 – 5.

03. Dusek, Peter: ORF-Fernseharchiv: Das audiovisuelle Erbe einer Nation. In: Info 7. Jg. 3. 1988. H. 2. S. 53 – 56.

04. Dusek, Peter: Die Geschichtswissenschaft und die Müllhalden der internationalen Medienarchive. In: Medien-Journal. Jg. 8. 1984. Nr. 2. S. 7 – 14.

05. Falkenberg, Hans Geert: Für ein Zentralarchiv der Rundfunkanstalten. Diskussionsbeitrag beim Medien-Hearing II der Berliner Akademie der Künste am 6. Juni 1986 In: Studienkreis Rundfunk und Geschichte. Mitteilungen. Jg. 13. 1987. Nr. 2. S. 167 – 174.

06. Heckmann, Harald: Das Deutsche Rundfunkarchiv – Dokumentationsstelle und historisches Archiv der ARD. In: Dokumentation in Presse und Rundfunk. München/New York/London/Paris 1985.

07. Hempel, Wolfgang; Lange, Eckhard: Kooperation zwischen Rundfunkarchiven und sonstigen Archiven. In: Der Archivar. Jg. 33. 1980. H. 3. Sp. 299 – 306.

08. Huck, Frank Rainer: Hintergrundmusik in Rundfunk-Schallarchiven. Probleme der Katalogisierung und Bereitstellung am Beispiel des Saarländischen Rundfunks. In: Forum Musikbibliothek. 1986. H. 4. S. 252 – 262.

09. Jerger, Artur: Datenbanksysteme in Rundfunkanstalten. In: TV-Courier. Dokumentation. Jg. 25. 1985. Nr. 19. S. 7 – 13.

10. Kahlenberg, Friedrich P.: Thesen zur Erhaltung und Verfügbarkeit des AV-Quellenmaterials in den Rundfunkanstalten. In: Entwicklungsperspektiven zukünftiger Informationssysteme. München/New York/London/Paris 1983. S. 233 – 239.

11. Kahlenberg, Friedrich P.; Schmitt, Heiner: Zur archivischen Bewertung von Film- und Fernsehproduktionen. Ein Diskussionsbeitrag. In: Der Archivar. Jg. 34. 1981. H. 2. Sp. 233 – 242.

12. Lange, Eckhard: Der Dokumentationsredakteur – Überlegungen zu einem neuen Berufsbild. In: Info 7. Jg. 1. 1986. H. 2. S. 40 – 43.

13. Lersch, Edgar: EDV-Anwendungen im Historischen Archiv des Süddeutschen Rundfunks. In: Archiv und Wirtschaft. Jg. 19. 1986. H. 1. S. 20 – 23.

14. Lersch, Edgar: Aufgaben und Probleme der Aktenarchive der Rundfunkanstalten. Ein Erfahrungsbericht. In: Der Archivar. Jg. 36. 1983. H. 2. Sp. 157 – 166

15. Lersch, Edgar: Schriftquellen zur Programmgeschichte. Hinweise auf Aktenbestände der Rundfunkanstalten. In: Studienkreis Rundfunk und Geschichte. Mitteilungen. Jg. 7. 1981. Nr. 4. S. 237 – 244.

16. Pressearchive – konventionell oder elektronisch? Protokoll eines Rundgesprächs auf der Frühjahrstagung 1986 der Fachgruppe Presse-, Rundfunk- und Filmarchivare in Mainz In: Info 7. Jg. 1. 1986. H. 2. S. 61 – 73.

17. Scharlau, Ulf: Probleme und Möglichkeiten der dokumentarischen Bewertung Leichter Musik in den Rundfunkarchiven. In: Musikdokumentation gestern, heute und morgen. Kassel/Basel/London 1984. S. 66 – 70.

18. Scharlau, Ulf: Kooperation als Auftrag. Gedanken zur Organisationsreform der Archive des SDR. In: Fernseh-Informationen. Jg. 33. 1982. Nr. 6. S. 145 – 146.

19. Schmitt, Heiner: Zur Situation der Archivierung des ZDF-Programmvermögens. In: Der Archivar. Jg. 41. 1988. H. 3. S. 361 – 366.

20. Schmitt, Heiner: Richtlinien zur Feststellung der Archivwürdigkeit von Fernsehproduktionen. Zum Stand der Programmbewertung in den deutschen Rundfunkanstalten. In: Der Archivar. Jg. 40. 1987. H. 3. Sp. 405 – 410.
21. Schmitt, Heiner: Universeller Dienst für das ZDF-Programm. Archiv – Bibliothek – Dokumentation. In: ZDF-Jahrbuch 1984. Mainz 1985. S. 168 – 172.
22. Schüller, Dietrich: Konservierung, Restaurierung und Obsoleszenz. Gegenwärtige Bemühungen rund um die technischen Probleme der Langzeitstabilität und -verfügbarkeit audiovisueller Medien. In: Das Schallarchiv. Nr. 22. 1987. S. 27 – 35.
23. Stoessel, Klaus: Computereinsatz in der Musikkatalogisierung im Deutschen Rundfunkarchiv. In: Fontes artis musicae. Vol 27. 1980. Nr. 3/4. S. 178 – 183.
24. Welz, Gerhard: Zur Problematik der Lagerung von Videomagnetbändern. In: Archiv und Wirtschaft. Jg. 19. 1986. H. 4. S. 123 – 137.
25. Wicht, Stefan: Bildschirmtext als Recherche-Instrument – Ein Streifzug durch das nicht mehr ganz neue Medium. In: Info 7. Jg. 1. 1986. H. 2. S. 49 – 59.

D 13 Innerbetriebliche Informationssysteme

Hartmut Kroll

D 13.1 Einleitung

Es würde der Absicht dieses Buches nicht gerecht werden, den Begriff ,,Innerbetriebliche Informationssysteme" im Sinne der Wirtschafts- bzw. Betriebsinformatik (EDV-orientierte Industriebetriebslehre) zu behandeln. Die Konzeption der nachfolgenden Abschnitte basiert daher bewußt auf dem Begriff ,,Fachinformation". Dabei ergeben sich freilich naturgemäß auch Informatik-Bezüge (Produktion, Technik, Beschaffung, Kommunikationsfragen usw.). Zur Vertiefung dieser Bezüge wird auf die einschlägige Fachliteratur zur Wirtschaftsinformatik verwiesen.

Innerbetriebliche Informationssysteme sind Bestandteil des Kommunikationssystems innerhalb der Betriebsorganisation und somit wesentlich auch Gegenstand der Betriebswirtschaftslehre. Der Notwendigkeit, innerbetriebliche Informationssysteme zu schaffen, liegen folgende Fakten und Überlegungen zu Grunde.

Die Stärke eines Unternehmens beruht in hohem Maße auf dem Wissen und Können, auf den Erfahrungen und der Kreativität der Mitarbeiter, auf seinen Schutzrechten sowie auf einer zweckmäßigen Organisation. Diese Merkmale stehen in engem Zusammenhang mit dem Begriff Fachinformation. Unter Fachinformation soll diejenige Information verstanden werden, die ein Mitarbeiter benötigt, um eine Aufgabe effizient zu bearbeiten (Planungsinformation, Entscheidungsinformation, Durchführungsinformation, Kontrollinformation u.a.). Fachinformation hat einen *Wert als Ware*, für die ein Preis zu zahlen ist.

Aus betriebswirtschaftlicher Sicht wird Fachinformation daher zunehmend als ein *Produktionsfaktor*, vergleichbar mit den Ressourcen Rohstoffe und Energie, begriffen. Gleichzeitig ist die Ressource Fachinformation eine wichtige Vorgabe für das Führen, Planen, Entscheiden, Steuern und Kontrollieren (*Dispositiver Faktor*). In diesem Zusammenhang wiesen Kroll und Seipel auf neue Anforderungen auch an das betriebliche Controlling hin, das sich, ausgehend von seiner bisherigen hauptsächlichen kurzfristigen Kontrollfunktion im Finanz- und Rechnungswesen (Operatives Controlling), zu einem wichtigen Instrument für die langfristige betriebliche Existenzsicherung (Strategisches Controlling) weiterentwickelt hat (Lit. 08.).

Die Nutzung von Fachinformation ist also eine unternehmerische Aufgabe, wie Hackstein 1985 formulierte (Lit. 02.).

Aus dieser Aufgabenstellung leitet sich die allgemeine Zielsetzung für innerbetriebliche Informationssysteme ab, betriebliche Abläufe, die Erlösoptimierung des Unternehmens, die Sicherung der Position im internationalen Wettbewerb, die Verbesserung der innerbetrieblichen Zusammenarbeit sowie, nach John, betriebswirtschaftliche Entscheidungsprozesse (Lit. 03.) nachhaltig zu unterstützen.

Diese Ziele können erreicht werden, wenn außerbetriebliche und innerbetriebliche Vorgaben berücksichtigt werden. Auf grundsätzliche Probleme dazu sowie auf pra-

xiserprobte Ansätze und Methoden geht Kroll ausführlich ein (Lit. 04.; Lit. 05.). Zu *außerbetrieblichen Vorgaben* gehören beispielsweise informationspolitische Tendenzen, Ergebnisse informationswissenschaftlicher Forschung und der Betriebsinformatik, Informationstechnik, Fragen des Informationsrechtes, das nationale und internationale Fachinformationsangebot sowie Entwicklungen auf dem Gebiet des gewerblichen Rechtsschutzes.
Innerbetriebliche Vorgaben werden im Abschnitt D 13.3 abgehandelt.

D 13.2 Das innerbetriebliche Informationsnetz

Traditionelle innerbetriebliche Informationsstellen sind die Bibliothek bzw. die Literaturabteilung, die Normenstelle, die Patentabteilung, die Berichtsstelle sowie das Archiv. Zunehmend werden auch EDV-gestützte interne Systeme sowie außerbetriebliche Informationsbeschaffungsmöglichkeiten genutzt.
Die steigende Informationsflut und deren effiziente Nutzung bedarf des sinnvollen Zusammenwirkens und gegebenenfalls der Zusammenfassung der Aktivitäten dieser meist organisatorisch getrennt arbeitenden Informationsstellen. Daher ist es erforderlich, ein möglichst umfassendes betriebliches Informationssnetzwerk zu organisieren (Informationsmanagement).
Für die Einrichtung eines den Aufgaben und Zielen des jeweiligen Unternehmens angepaßten Informationsnetzwerkes und für den Aufbau der zugehörigen Wissenslogistik sollten folgende Voraussetzungen gegeben sein:

- Das Vorhandensein eines Informationsbewußtseins im Sinne der Erkenntnis, daß Information, Kommunikation, Qualität, Kosten und Innovationen in *kausalem Zusammenhang* stehen,
- das Vorliegen eines betrieblichen Informationskonzeptes, das ein eventuell bereits vorhandenes EDV-Konzept einbezieht,
- die Schaffung einer *klaren Verantwortlichkeit* für das Netz (koordinierende Funktion mit fallweiser Weisungsbefugnis, z.B. Controlling/Informationsmanagement),
- die Festlegung einer zentralen Stelle innerhalb des Netzes mit *Drehscheibenfunktion* für innerbetriebliche und außerbetriebliche Wissensressourcen (*Informationsvermittlungsstelle*),
- der Wille zur *organisatorischen Anpassung* bisheriger Strukturen, soweit erforderlich.

Was unterscheidet eine betriebliche Informationsvermittlungsstelle (IVS) von einer traditionellen Industriebibliothek? Im Gegensatz zu einer Industriebibliothek, die im wesentlichen beschaffende, verteilende und aufbewahrende Funktion hat und die sich in ihrer meist reagierenden Tätigkeit überwiegend auf klassische Literaturquellen stützt, hat eine IVS weitergehende Aufgaben. Wie bereits die Bezeichnung „Informationsvermittlungsstelle" signalisiert, reagiert die IVS nicht nur, sondern sie greift unmittelbar in das betriebliche Geschehen ein, *agiert* also. Informationsberatung, maschinelle und manuelle Recherchen und das eingebundene Patentwesen sind ebenso wichtige IVS-Merkmale wie Vorgehensweisen zur zweckmäßigen Fachinformationssteuerung und zur innerbetrieblichen Zusammenarbeit. Die ebenfalls vorhandenen traditionellen Bibliotheksaktivitäten sind also für die IVS nur ein Teilaspekt.

D 13.3 Innerbetriebliche Vorgaben für die Informationsvermittlung

Die Arbeitsgestaltung der innerbetrieblichen Informationsvermittlung ist von *betriebsorganisatorischen* Vorgaben und *arbeitspsychologischen* Gegebenheiten abhängig.
Weiterhin muß sich die innerbetriebliche Informationsvermittlung am Informationsbedarf orientieren, der im Unternehmen bei der Bearbeitung seiner Aufgabenfelder, vor allem bei der Planung, bei der Konstruktion, in der Produktion, in der Qualitätssicherung, in der Forschung und Entwicklung und beim Absatz, entsteht.

D 13.3.1 Der Informationsbedarf des Unternehmens

Der wesentliche Informationsbedarf eines Unternehmens resultiert aus seinen Produktions- und Entwicklungszielen, seinen Aufgabenfeldern (Arbeitsgebiete, Produkt- und Verfahrenspalette, Automation, laufende und zukünftige Entwicklungsvorhaben usw.), aus seiner Marktstrategie und aus der Orientierung an externen Entwicklungen (Erfindungen und Innovationen, Marktbewegungen). Dieser Bedarf erfordert sowohl eine langfristige kontinuierliche Versorgung mit Fachinformation als auch ein kurzfristiges Reagieren beim unvorhergesehenen Problemfall.
Der Bedarf an Fachinformation, d.h. an bibliographischen Nachweisen, an Daten, an Fakten, an Konstruktions- und Fertigungszeichnungen, Fließplänen und speziellen Unterlagen, schließt den Bedarf an Informationen allgemeiner firmenpolitischer Bedeutung (Markt, Kunden, Konkurrenz, Verträge, Lizenzen, Beteiligungen, Öffentlichkeit usw.) ebenso ein wie den Bedarf an Informationen, die für die innerbetriebliche Zusammenarbeit von Bedeutung sind (Planungen, Bauten, Investitionen, Sicherheit, Infrastruktur u.a.). Der Bedarf entsteht in praktisch allen Abteilungen, sowohl beim Management als auch beim Facharbeiter.
Dem Informationsbedarf stehen innerbetriebliche und außerbetriebliche Fachinformationsressourcen gegenüber:

1. Interne Ressourcen, darunter das dokumentierte und nichtdokumentierte betriebliche Know-how, ferner das laufende fachliche betriebliche Geschehen.
2. Die klassische Literaturversorgung, wie Bücher, Zeitschriften, Proceedings, die sog. „Graue Literatur" (nicht über Verlage publizierte Fachberichte), Referatedienste, Firmenschriften, Verzeichnisse, Verordnungen, Gesetze usw.
3. Datenbanken, deren Nutzung zweckmäßig im Dialog vom Arbeitsplatz aus (meist innerhalb der IVS) erfolgt.
4. Patente und Gebrauchsmuster als eine der wichtigsten Ressourcen zur Verfolgung des internationalen Standes der Technik, von Trends, zur aktuellen Marktbeobachtung und als Basis für Lizenz- und Kooperationsüberlegungen.
5. Informationen über Möglichkeiten der Zusammenarbeit mit Hochschulen (z.B. Auftragsforschung, Kooperationen).
6. Ergebnisse des Erfahrungsaustausches mit anderen Firmen, Kontakte mit Verbänden, Beratern und Informations-Brokern, die Aufnahme neuer Entwicklungen speziell auch auf dem Fachinformationsmarkt.

D 13.3.2 Firmenorganisation

Die Organisation einer Firma sollte ihrer Aufgabenstellung grundsätzlich angepaßt sein. Änderungen in der Produktpalette, in den Entwicklungszielen, im Dienstleistungsangebot oder Veränderungen bei Beteiligungsgesellschaften erfordern häufig organisatorische und personelle Umstellungen im Unternehmen mit veränderten Zuständigkeiten und Verantwortlichkeiten. Auf derartige Änderungen muß die Informationsvermittlung reagieren, da sie einen geänderten Informationsbedarf nach sich ziehen können.

Die Versorgung der Abteilungen mit Fachinformation setzt sowohl intakte formale Kommunikationswege (durch die Organisation geplanter und strukturierter Informationsaustausch) als auch, ergänzend, eine funktionierende informale Kommunikation voraus, die auf zwischenmenschlichen Beziehungen beruht. Dabei ist zu beachten, daß die informale Kommunikation sowohl Veränderungen durch Mitarbeiterwechsel unterworfen ist, als auch fallweise geplante Informationsflüsse durch Privatflüsse unterlaufen werden können. Ein klares und überschaubares Kommunikationssystem verhindert, daß Informationen einseitig nach Gruppeninteressen interpretiert und häufig einseitig herausgestellt werden.

D 13.3.3 Mitarbeiter

Informations- und Dokumentationstechnik sowie der eingeschaltete Vermittler selbst sind Zwischenglieder, welche ausschließlich dem Endbenutzer dienen. Daher ist die Informationsvermittlung nur dann erfolgreich, wenn die Verhaltensweisen der Mitarbeiter, die Endbenutzer von Fachinformation sind, beachtet werden.

Das Know-how des Unternehmens wird überwiegend von seinen Mitarbeitern erarbeitet. Es liegt als Wissen, Erfahrung und Können vor, das sich u.a. in der Firmenorganisation, in den Produktionsverfahren und in der Produktpalette manifestiert. Es ist teilweise in Berichten, Protokollen, Aktennotizen, Zeichnungen, Vorschriften und Rezepturen festgehalten. Es verbleibt jedoch wichtiges Know-how, das lediglich „in den Köpfen" bewährter Mitarbeiter steckt und anderen nur selten im Detail bekannt ist. Diese nicht dokumentierten Kenntnisse, die durch die Arbeit an zurückliegenden Aufgaben, bei Auslandsaufenthalten, auf der Montage, bei Tätigkeiten in anderen Firmen, Beteiligungsgesellschaften und Niederlassungen, durch den Besuch von Veranstaltungen usw. entstanden sind, stellen eine wichtige Informationsressource dar.

Am gerichteten innerbetrieblichen Fachinformationsfluß nehmen die Mitarbeiter hauptsächlich über Besprechungen und durch Empfangen und Verteilen von Anweisungen und Mitteilungen teil. Häufig liegt es im Ermessen des Absenders, den Empfängerkreis – den sogenannten Verteiler – festzulegen. Dadurch können Privatinformationsflüsse entstehen, die an wichtigen Stellen, dem aktuellen Informationsbedarf und am aktuellen Informationsstand vorbeigehen.

Die innerbetriebliche Informationsvermittlung muß auch berücksichtigen, daß Hoch- und Fachschulabsolventen während ihrer Ausbildung als Naturwissenschaftler oder Techniker nicht immer die Gelegenheit hatten, moderne Informationsbeschaffungsmethoden kennenzulernen, um sich auf ein möglichst rationelles Arbeiten im Beruf vorbereiten zu können.

Für ein Unternehmen ist es wichtig, daß neue Mitarbeiter zügig in einer angemessenen Zeit eingearbeitet werden. Ein neuer Techniker, Meister, Ingenieur oder Laborant benötigt am Anfang vor allem einen Überblick über sein neues Aufgabengebiet. Er sollte zunächst nur wichtige und zielgerichtete Informationen aufnehmen und lernen, wo weiteres Know-how im Bedarfsfalle erhältlich ist. Die Informationsvermittlungsstelle muß für einen möglichst frühen Kontakt sorgen und die Einarbeitung neuer Mitarbeiter unterstützen.
Vor allem junge Mitarbeiter weisen naturgemäß keine oder nur geringe Erfahrungen und Kenntnisse über den gewerblichen Rechtsschutz und die Patentinformation auf. Aber auch bei älteren Mitarbeitern gibt es auf diesem Gebiet vielfach Defizite, Desinteresse, dazu Mißverständnisse und Voreingenommenheit. Die Informationsvermittlung muß sich damit auseinandersetzen und gegebenenfalls Hinweise für die Verbesserung der betrieblichen Patent- und Recherchierarbeit geben. Anregungen dazu gibt u.a. Kroll (Lit. 06.).

D 13.3.4 Zielgruppen für die Fachinformation

Die Anforderungen, die einzelne Abteilungen an die Art der Fachinformation stellen, sind verschieden:
Produktionsabteilungen, deren Arbeit meist durch besonderen Termindruck und kurzzeitige Probleme gekennzeichnet ist, benötigen kurze gezielte Fachinformationen. Zeit zum ausführlichen Studium umfangreicher Unterlagen ist nur selten vorhanden. Hingegen werden schnelle Hinweise zu „wer liefert was?" oder zu „wer kann was im Unternehmen?" verlangt. Promptes Reagieren ist wichtig, um Produktionsunterbrechungen und Qualitätseinbußen zu vermeiden.
Abteilungen, die sich mit der *Planung* neuer Produkte oder mit der *Auslegung* von Verfahren und Anlagen befassen, müssen ständig über den neuesten Stand der Technik und über die aktuelle Schutzrechtssituation ihrer Arbeit informiert sein. Es müssen Erfahrungen, Zeichnungen, Daten und Fakten von früher abgewickelten vergleichbaren Vorhaben des eigenen Hauses in den laufenden Auftrag kostensparend eingebracht werden. Dies gilt sinngemäß auch für die entsprechenden Tätigkeiten im *Marketing-Bereich* und im *Vertrieb*, z.B. für die Akquisitation, für die Angebotserstellung und für die Vorbereitungen von Besprechungen und Geschäftsreisen.
In der für die *Qualitätssicherung* des Unternehmens verantwortlichen Abteilung entsteht der Fachinformationsbedarf u.a. bei der Qualitätsplanung, bei der Ausführung von Prüfungen, im Spezifikations- und Zeugnisbereich sowie bei der Qualitätssteuerung insgesamt (Qualitätsregelkreis, Qualitätskostenanalysen, Produzentenhaftung, Qualitätssicherungsprogramme).
Entwicklungsabteilungen, in denen die Innovationen vorbereitet werden, verlangen ausführliche wissenschaftliche Unterlagen, darunter oft schwer beschaffbare ausländische Originalliteratur. Besondere Hilfe wird bei der meist unter Zeitdruck stehenden Umsetzung von Forschungsergebnissen in den Technikums- und darauf folgend in den Produktionsmaßstab erwartet. Die Informationsvermittlung muß im Umsetzungsstadium meist mehrere beteiligte Abteilungen versorgen und ist dabei auch hinsichtlich der Koordination besonders gefordert.
Unternehmen oder Abteilungen, die *Dienstleistungen* anbieten oder im Handel vermittelnd oder beratend tätig werden, benötigen bevorzugt aktuelle Wirtschaftsin-

formationen. Benötigt werden u.a. Statistiken, Marktanalysen, Planzahlen, Hinweise zur Preispolitik und Unterlagen zu Entwicklungs- sowie Verbrauchertrends, ferner Auskünfte über Branchen und konkurrierende Unternehmen (Strukturen, Produktpalette, Marktaktivitäten, Potenz, Bonität usw.).
Andere *Abteilungen mit zentraler Funktion* (Rechts- und Personalabteilung, Normenstelle, Arbeitsvorbereitung, Vertragsvorbereitung usw.) verwerten überwiegend Daten, Fakten, Normen, Regelwerke, Bestimmungen und Vorschriften neuesten Datums, um für Vertragsverhandlungen, für Diskussionen sowie beispielsweise auch für Genehmigungsverfahren optimal vorbereitet zu sein.
Regelmäßig benötigt auch das *Finanz- und Rechnungswesen* Fachinformation, ebenso *der betriebsärztliche Dienst, das Sicherheitswesen* und nicht zuletzt der *Betriebsrat*.
Bei der *Vorbereitung von grundsätzlichen Unternehmensentscheidungen* (strategische Planung) werden ebenfalls vielfältige Auskünfte und Unterlagen verlangt, die Naturwissenschaften, Technik, Wirtschaft und Gesellschaft betreffen können. Die Informationsvermittlung hat ein Großteil dieser Auskünfte und Unterlagen zu beschaffen und aufzubereiten.
Ein bedeutsamer Aspekt ist die fachliche Beratung und Informationsunterstützung von *Lieferanten* und *Zulieferbetrieben* im Interesse des eigenen Unternehmens. Auch hier ist es erforderlich, sich auf die Mentalität und die Möglichkeiten dieser oft sehr kleinen Firmen einzustellen.
Weitere Zielgruppen für Fachinformation sind *Tochtergesellschaften, Niederlassungen, Servicestellen* und fallweise *Kunden*. Als ein Beispiel sei die Ärzte-Beratung im Pharmabereich genannt.

D 13.3.5 Sprachbarrieren

In kleineren, nur produzierenden Unternehmen ohne besondere Forschungs- und Entwicklungsaktivitäten sind infolge der entsprechenden Personalstruktur Fremdsprachenkenntnisse bei relativ wenigen Mitarbeitern vorhanden. Die betriebliche oder betriebsexterne Informationsvermittlung hat sich darauf einzustellen.
Betriebe mit starker Innovationstätigkeit und bedeutendem Forschungs- und Entwicklungsanteil und demgemäß ausgerichteter Mitarbeiterstruktur weisen solche Nachteile nicht auf. Der teilweise hohe Anteil an Hoch- und Fachschulabsolventen garantiert im allgemeinen den ausreichenden Standard in wichtigen Sprachen.

D 13.4 Hauptaufgaben einer innerbetrieblichen Informationsvermittlungsstelle (IVS)

Eine innerbetriebliche Informationsvermittlungsstelle (IVS) kann als eine mit entsprechenden Rechten und Pflichten ausgestattete zentrale Dienstleistungsstelle im Unternehmen definiert werden, die unter Verwendung interner und externer Wissensquellen sowie Anwendung der Informationstechnik

- Fachinformation möglichst umfassend, auch unter Beachtung von Randgebieten des Unternehmens, beschafft, aufbereitet und übermittelt,
- Mitarbeiter qualifiziert berät,
- von sich aus aufgrund umfassender Kenntnis betrieblicher Erfordernisse Anregungen gibt (sog. „Impulsinformationen"), und ferner
- den Fachinformationsfluß im Unternehmen fördert.

Bei einer kombinierten Informationsvermittlungs- und Patentstelle (IVS-PAT) ist die betriebliche Patentaktivität, da sie typische Merkmale auch einer Vermittlertätigkeit hat, in die Arbeit eingebunden (Lit. 06.).
Die IVS-PAT ersetzt jedoch keine Organisationsabteilung, keine EDV-Abteilung, keine Arbeitsvorbereitung und keine Stelle für Fertigungssteuerung. Die IVS-PAT hilft und berät hier lediglich. Es gehört jedoch zu ihrer Aufgabe, erfahrungsträchtige Informationen möglichst auch aus diesen Abteilungen herauszuziehen und in den Fachinformationsfluß einzuspeisen.

Aus diesen Gesichtspunkten resultieren die *Hauptaufgaben* einer solchen Stelle:
1. Erfassung, Aufbereitung und Bereitstellung von internem und externem Know-how,
2. Informationstransfer innerhalb des Unternehmens,
3. Informationstransfer von außen in das Unternehmen hinein,
4. Einbindung der Patentaktivitäten des Unternehmens, zumindest unter dem Informationsaspekt,
5. internes Marketing für die Dienstleistungen der Stelle zur Entwicklung des Informationsbewußtseins im Unternehmen insgesamt.

Die erfolgreiche Bearbeitung dieser Hauptaufgaben wird erleichtert, wenn die betriebliche Informationsvermittlungstelle den Status einer *Zentralstelle* hat. Die zentrale Organisation der Fachinformation läßt einheitliche Regelungen zu, die die Beteiligung aller Abteilungen im Unternehmen sichern und die Informationsvermittlungsstelle in die Lage versetzt, aus der Position der betrieblichen Wissenskonzentrierung heraus gezielte und auch möglichst kostenmäßig günstige Beiträge zu Problemlösungen anzubieten. Die enge Zusammenarbeit mit dem Normenwesen sowie mit der Abteilung Öffentlichkeitsarbeit ergibt sich aus der Aufgabenstellung.

D 13.5 Arbeitsgrundsätze

Bei der Informationsvermittlung sollten folgende Arbeitsgrundsätze beachtet werden:
- Die Informationsvermittlung hat sich am Unternehmensbedarf zu orientieren, d.h., sie muß die Aufgabenfelder des Unternehmens ständig intern und außerhalb beobachten.
- Benutzerfreundlichkeit ist entscheidend für die Fachinformationsnutzung, damit die angebotenen Dienstleistungen akzeptiert werden und eine Entlastung der Mitarbeiter erfolgt.
- Für die Sicherstellung der Benutzerfreundlichkeit ist ein enger Dialog mit den Endbenutzern und mit den Anbietern von Fachinformation notwendig, um neue Angebote von Verlagen und Hosts, z.B. auf dem Gebiet des Online-Retrievals, dem Unternehmen zu erschließen.

- Eine schnelle Versorgung mit möglichst umfassender Fachinformation muß Vorrang haben vor übertriebener formaler dokumentarischer Perfektion, die nur Kosten verursacht, ohne die Dienstleistungen und deren Aktualität zu verbessern.
- Die Stelle muß in der Lage sein, stets zu helfen bzw. weiterzuhelfen. Dadurch wird bewirkt, daß sich die Mitarbeiter auch bei schwierigen Sachverhalten vertrauensvoll an den Informationsvermittler wenden.
- Mitarbeiter dürfen nicht mit Papier „zugedeckt“ werden. Sie dürfen nur die Fachinformation bekommen, die sie benötigen. Nur aufbereitete konzentrierte Informationen tragen zu einer schnellen Problemlösung bei und vermindern den Bearbeitungsaufwand.
- Die Informationsvermittlungsstelle sollte einen strengen Maßstab an die Wirtschaftlichkeit ihrer Arbeit stellen, da die entstehenden Kosten (Personal, Ausstattung, Mieten) überwiegend von den sogenannten produktiven Kostenstellen des Unternehmens getragen werden.
- Die Qualität der Informationsvermittlung steht und fällt mit den Fähigkeiten und dem Wissen des Vermittlers. Dieser muß agieren, reagieren und sollte sich stets auf der Höhe des betrieblichen und des externen Geschehens befinden, um als Experte akzeptiert zu werden.
- Für die Umsetzung von Fachinformation in ökonomischen Nutzen ist der Endbenutzer verantwortlich. Vermittler und Anbieter tragen jedoch *Mitverantwortung*, da durch sie wichtige Basisinformationen ausgewählt und konzentriert werden, auf die sich der Endbenutzer verläßt. Dabei muß der Vermittler auch die Ambivalenz von Fachinformation (1. manipulierter Aspekt, 2. wahrheitsgemäße, verantwortungsbewußte uneingeschränkte Verbreitung) beachten. Auf ethische Normen in diesem Zusammenhang (u.a.. Wahrheit, Objektivität, Vollständigkeit, Zugänglichkeit) geht Capurro ein (Lit. 01.).

Diese Arbeitsgrundsätze berücksichtigen die Beziehungen der am Informationsvermittlungsprozeß Beteiligten untereinander und gehen von der Mündigkeit des Endbenutzers von Fachinformation aus, der sich in hohem Maße auch selbst informiert.

D 13.6 Das Dienstleistungsangebot

Nachstehend sind Tätigkeiten für die Fachinformationsversorgung, für die Förderung des innerbetrieblichen Fachinformationsflusses sowie für den gewerblichen Rechtsschutz (im Falle einer kombinierten IVS-PAT) zusammengestellt. Aus der Vielzahl der Positionen der Auflistung wird die Komplexität der Informationsvermittlung deutlich:

1. Erfassung, Sicherung und Bereitstellung von firmeneigenem Know-how,
2. Beschaffung von technisch-wissenschaftlicher Literatur sowie von Wirtschaftsinformationen,
3. bibliographische Auskünfte, manuelle Recherchen, Leihe,
4. Zeitschriften-Umlaufdienst,
5. externe periodische Profildienste,

6. externe Auftragsrecherchen,
7. Online-Dialogteilnehmerdienst (direkter Zugang zu technisch-wissenschaftlichen, Wirtschafts- und anderen Literatur- und Faktendatenbanken),
8. Mediothek zur Vorbereitung von Vorträgen und Veröffentlichungen,
9. regelmäßige Herausgabe interner technischer Informationsblätter zu aktuellen Problemstellungen und neuen Aufgaben, um – soweit sinnvoll – das Firmenwissen über die befaßten Abteilungen hinaus für Lösungen einzubeziehen,
10. Durchführung interner Technischer Seminare über Themen vorzugsweise aus den Arbeitsgebieten des Unternehmens, um die Zusammenarbeit und den Fachinformationsfluß zu fördern,
11. innerbetriebliche koordinierende Vorbereitung von Vorträgen für wichtige Kongresse und Tagungen,
12. Beratung und Hilfe bei der Formulierung von Schutzrechten (Erfindermotivation); Anmeldungen im In- und Ausland,
13. Recherchen zum Stand der Technik; Überwachungen, Einsprüche, Stellungnahmen zu Prüfbescheiden, Beschwerden; strategische Patentanalyse,
14. Abwicklungen nach dem Arbeitnehmererfindergesetz, fallweise auch Zusatzprämien für Erfinder (Erfindermotivation),
15. Mitarbeit bei Innovationsüberlegungen und bei Lizenzverhandlungen,
16. Koordinierung der Zusammenarbeit mit Patentanwälten, Patentrechercheuren und anderen Partnern auf dem Gebiet des gewerblichen Rechtsschutzes, wie Patentauslegestellen und dergleichen,
17. Informationen über Anmeldetrends und Marktentwicklungen,
18. Aufbau und Pflege von Patentsammlungen spezieller Thematik als Arbeitsunterlage für die Mitarbeiter in den Abteilungen,
19. Reprographie: Mikroverfilmung auf Planfilm (Mikrofiches), Duplizierung, Rückvergrößerung,
20. Mitarbeit bei brainstormings,
21. auf Wunsch Beratung bei der Einführung abteilungsinterner Ablagesysteme,
22. Kontaktstelle zu wichtigen externen Anbietern und Vermittlern von Fachinformation, Patentauslegestellen, Fachinformationszentren sowie zu Technologietransfer- und -beratungsstellen.

Die Standardtätigkeiten für die Fachinformationsversorgung umfassen die Punkte 1 – 8. Es folgen die Dienstleistungsangebote für den innerbetrieblichen Fachinformationsfluß (Punkte 9 – 11, 13, 15, 17, 18) sowie die Arbeiten auf dem Gebiet des gewerblichen Rechtsschutzes im engeren Sinne (Punkte 12, 13, 14, 16). Die Punkte 19 – 21 stellen ergänzende Dienstleistungen dar, für die auch andere Abteilungen zuständig sein können, die also nicht typisch für die Informationsvermittlungsstelle sind.

Im Rahmen der Standardtätigkeiten, Punkt 1, kann das nichtdokumentierte Mitarbeiterwissen auf folgende Weise erschlossen werden: In einer ersten Stufe wird eine Stichwortliste mit Tätigkeitsmerkmalen des Unternehmens (z.B. Solartechnik, Umwelttechnik Abluft, Preßtechnik, Pumpen, Schweißverfahren, Klima- und Lüftungstechnik, chemische Verfahrenstechnik) erarbeitet. Diese Stichwortliste ist die Grundlage einer Mitarbeiterbefragung (zweite Stufe). Befragt werden alle geeigneten Mitarbeiter (z.B. alle Ebenen bis zum Vorarbeiter), ob zu einzelnen Stichwörtern ein derart ausführlicher Kenntnisstand (theoretisch, praktisch) vorliegt, der für die Beratung anderer nach eigener Einschätzung ausreichend ist. In einer dritten Stufe wird das Ergebnis der Befragung, in die auch besondere Sprachkenntnisse einbezogen

werden sollten, zu „*Know-how-Listen*" zusammengestellt. Diese können für die innerbetriebliche Informationsvermittlung genutzt werden.
Die Gliederung der internen technischen Informationsblätter (Punkt 9) sollte zweckmäßigerweise, als Formular konzipiert, Fragen zur Problemstellung, zu Schwierigkeiten, zur Möglichkeit der Mithilfe und zum Berichtsstand sowie gegebenenfalls zur Patentsituation enthalten. Die Informationsblätter werden von den Abteilungen, in denen ein bis dahin noch ungelöstes Problem besteht, ausgefüllt und beispielsweise über die IVS an andere geeignete Abteilungen weitergegeben, ebenso an ein gegebenenfalls existierendes zentrales Gremium (FuE-Ausschuß, Arbeitskreise usw.). In vielen Fällen kann bereits die IVS selbst zu Problemlösungen beitragen.

Es ist ein verbreiteter Irrtum, daß Online-Recherchen das Recherchieren in Ressourcen aus der klassischen Literaturversorgung ersetzen könnten. Beide Möglichkeiten haben spezifische Vorteile, die sich vorteilhaft *ergänzen*.
In der Aufbauphase der Stelle, die schrittweise erfolgen sollte, damit nicht vorschnell ein zunächst nicht erfüllbarer Erwartungshorizont entsteht, sollte der Schwerpunkt bei denjenigen Dienstleistungen liegen, die für das Unternehmen Neuland erschließen, ohne zu viel Zeit und Aufwand zu beanspruchen. Dazu gehören für die laufenden Tätigkeiten Profildienste, externe Recherchen und die Durchführung von Seminarveranstaltungen als Beitrag zur Förderung des Fachinformationsflusses. Diese Tätigkeiten werden von den routinemäßigen Bibliotheksarbeiten, wozu auch die eigenen manuellen Recherchen gehören, begleitet. In der Aufbauphase muß der Kontakt zu externen Stellen besonders intensiv gestaltet werden, um z.B. das eventuell geplante Online-Recherchieren vorzubereiten und einzuführen. In der Ausbau- und Konsolidierungsphase können schrittweise die übrigen aufgelisteten Dienstleistungen eingeführt werden. Besonderes Gewicht sollte auf die Erfassung des Mitarbeiterwissens, auf die Einschaltung aller Abteilungen bei besonderen Problemen sowie auf die weitergehenden Nutzungsmöglichkeiten von Patentschriften als Informationsquelle gelegt werden.

D 13.7 Organisatorisches, Ausstattung und Finanzierung

Die Stelle ist im Organisationsplan des Unternehmens auszuweisen. Aufgaben und Kompetenzen sind in einer Stellenbeschreibung festzulegen. Schael (Lit. 09.) und Zimmermann (Lit. 10.) setzen sich mit dieser Problematik grundsätzlich auseinander. Ebenso ist die Entwicklung der Stelle bzw. sind die beabsichtigten Ausbaustufen als Rahmenvorgabe aufzuzeigen.
Es ist wichtig, daß die Stelle zentral gelegen und für alle Besucher gut erreichbar ist. Neben dem Bibliotheksbereich sollten separate Räume, z.B. für das Online-Recherchieren, für die evtl. vorhandene Reprographie und für das Patentwesen zur Verfügung stehen. Die Ausstattung (Rollregal, Regalsysteme, Reader-Printer, Kopierer, Mikrofiche-Kamera, Dupliziergerät, Terminal-Arbeitsplatz, Mikrocomputer, Telefonnetz, Datensicherungseinrichtung, Registraturen, Katalogschränke, Arbeitsplätze der Mitarbeiter usw.) ist gut zu planen, da sie für die Akzeptanz der Stelle im Unternehmen wesentlich ist. Den Besuchern sollten mehrere Arbeitsplätze zur Verfügung stehen.

Die Informations- und Patentstelle sollte zweckmäßig als Umlagekostenstelle geführt werden, damit der Zwang zur Selbstfinanzierung vermieden wird. Jedoch kann für externe Literaturbeschaffung, periodische Profildienste, externe Auftragsrecherchen, die Online-Inanspruchnahme und bei speziellen Patentvorgängen eine direkte Belastung der kostenverursachenden Stellen erfolgen. Für verschiedene Routine-Dienstleistungen, z.B. beim Zeitschriftenumlauf, werden zweckmäßigerweise Umlageschlüssel erarbeitet.
Während der Einführungsphase sollte die Stelle durch eine feste Umlage bezahlt werden, um einen qualifizierten Start mit einem überzeugenden Dienstleistungsangebot zu ermöglichen.
Nach der Einführungsphase und dem Ausbau des DL-Angebotes kann eine Teilumlage gemäß Frequentierung erfolgen. Die Umlageschlüssel sind jährlich zu aktualisieren. Werden andere Firmen, z.B. Beteiligungsfirmen, mitversorgt, können diese für die Nutzung Pauschalbeträge zahlen. Diese sind ebenfalls regelmäßig zu überprüfen. Für Sachanschaffungen muß im Rahmen der Investitionsplanung ein Budget zur Verfügung stehen.
Im Zusammenhang mit der Investitionsplanung sei angemerkt, daß die Einrichtung eines Online-Arbeitsplatzes nicht nur unter Auslastungsgesichtspunkten erfolgen sollte, sondern vor allem auch als *Vorhaltemaßnahme* für die Bearbeitung überraschender Problemfälle verstanden werden muß. Können durch eine entsprechende Einrichtung Mehrarbeit oder Stillstandszeiten in der Produktion vermieden werden, hat sich die Investition bereits nach wenigen derartigen Vorkommnissen amortisiert.
Aus organisatorischen und Kostengründen ist es zweckmäßig, innerbetriebliche EDV-Einrichtungen in die IVS-Arbeit einzubeziehen (Bibliotheksorganisation, Leihe, Zeitschriftenumlauforganisation u.a.), bei der Literaturbeschaffung fallweise die Möglichkeiten des Online-Ordering zu nutzen und einen Zeitschriftensammelbezug über einschlägige Spezialanbieter zu organisieren. Auf dem Patentsektor empfiehlt es sich, bei hohem Schutzrechtsaufkommen die Abwicklung ebenfalls elektronisch zu organisierten, wobei aus wichtigen Gründen den sogenannten EDV-Insellösungen der Vorzug vor zentralen Lösungen gegeben wird. Ein weiterer Vorteil einer derartigen EDV-Patentorganisation liegt in der Möglichkeit der Integration von betriebsinternen Ressourcen und von Rechercheergebnissen aus betriebsexternen Datenbanken.

Abschließend sollen Gesichtspunkte, die für den bereits erwähnten *Verbund* von einer Informationsvermittlungsstelle mit einer Patentstelle (IVS-PAT) sprechen, behandelt werden.
Die Arbeit einer Patentabteilung beruht zu einem wesentlichen Teil auf dem Umgang mit Fachinformation. Die erfinderische Tätigkeit, der Stand der Technik, Veröffentlichungen, Anregungen, Prüf- und Einspruchsverfahren, Lizenzabkommen und fallweise Auseinandersetzungen mit Patentgegnern basieren im Grunde genommen auf Elementen innerbetrieblicher und außerbetrieblicher Informationsvermittlung.
Diesem Tatbestand kann durch die organisatorische Zusammenlegung der Tätigkeiten der Informationsvermittlungsstelle und der Patentstelle zu einem Verbund Rechnung getragen werden. Praktische Erfahrungen belegen, daß der Zusammenschluß die Effizienz der Arbeit und den Nutzen für das Unternehmen erhöhen kann, da Know-how-Ressourcen und technische Einrichtungen, wie z.B. Online-Anschlüsse, gemeinsam zur Verfügung stehen. Auf die Möglichkeiten der elektronischen Integration der Patentabwicklung, interner Know-how-Ressour-

cen und von Rechercheergebnissen aus externen Datenbanken wurde bereits hingewiesen. Weitere Vorteile liegen im flexiblen Einsatz des Personals durch den „Verbundbetrieb" und im breiteren Kenntnisstand. Bei der Vorbereitung von Verträgen (Lizenzverträge, Know-how-Verträge u.a.) können diese besonders vorteilhaft eingebracht werden.
Sowohl beim Informationsvermittler als auch beim Patentanwalt bzw. -sachbearbeiter muß allerdings Kooperationswillen vorhanden sein. Da der Informationsvermittler vom Selbstverständnis her eine andere Position als der Patentanwalt einnimmt, sind Einfühlungsvermögen und ein gegenseitiges Aufeinander-Zukommen unerläßlich.
Die Erschließung des Inhaltes von Patentschriften ist auch für den Informationsvermittler, der kein gelernter Patentfachmann ist, erlernbar. Allerdings muß darauf hingewiesen werden (Lit. 06.), daß die Patentdatenbankrecherche nur eine von zahlreichen *sich ergänzenden* Möglichkeiten darstellt.

D 13.8 Der Mitarbeitereinsatz

Die personelle Entwicklung einer Informationsvermittlungsstelle sowie die Qualifikation ihrer Mitarbeiter müssen sorgfältig überlegt werden.
Bei kleinen Firmen wird der prozentuale Anteil des entsprechenden Personalbedarfs in Relation zur Gesamtmitarbeiterzahl des Unternehmens am größten sein. Mit wachsender Unternehmensgröße vergleichbarer Aktivität sinkt er. Ein Unternehmen von ca. 1.500 Mitarbeitern mit starker Forschungs- und Entwicklungstätigkeit kann z.B. in vielen Fällen von einer Informationsvermittlungsstelle (ohne Patentsektor), die einen Personalstand von 4 – 5 Mitarbeitern (1 Leiter, 1 gelernte Fachkraft auf dem Informations- und Dokumentationsgebiet, 2 – 3 angelernte Sachbearbeiter/Schreibkräfte) aufweist, ausreichend versorgt werden. Im Zweifelsfall muß Qualität Vorrang vor Quantität bei der personellen Besetzung der Stelle haben.

Im Zuge des Aufbaues einer IVS bzw. IVS-PAT ist es erforderlich, einen Gesamtverantwortlichen zu benennen, der aufgrund seiner Persönlichkeit und seiner Erfahrungen in der Lage ist, die Zielsetzung der Geschäftsführung in bezug auf die Einführung der Stelle im Unternehmen umzusetzen und eventuelle Widerstände zu überwinden vermag.
Der Leiter der Stelle sollte daher gegebenenfalls ein langjähriger, erfahrener, qualifizierter und angesehener Mitarbeiter sein (z.B. Naturwissenschaftler, Ingenieurwissenschaftler), der die betrieblichen Vorgänge bereits gut kennt, ideenreich ist, Zielstrebigkeit in der Verfolgung von Aufgaben aufweist, argumentationsstark und kooperationsfähig ist. Er sollte bereits vorhandenes Bibliothekspersonal, Dokumentare und Mitarbeiter der Patentstelle auf die vorgegebene Zielsetzung ausrichten, gegebenenfalls Routineaufgaben neu verteilen (Berücksichtigung in der Stellenbeschreibung) und für die Fortbildung auf dem Gebiet der Informationsversorgung sorgen.

Zum allgemeinen Anforderungsprofil von Informationsvermittlern in einer innerbetrieblichen Informationsvermittlungsstelle gehört außer den üblichen Fachanforderungen und Fremdsprachenkenntnissen auch eine möglichst breite Allgemeinbildung, um unterschiedliche Probleme schnell erfassen und selbständig bearbeiten zu können. Weiterhin sind zügige und dennoch sorgfältige Arbeitsweise, die Fähigkeit zur sachlichen Zusammenarbeit und Zuverlässigkeit notwendig. Der Informationsvermittler ist einerseits ein Informationsmanager. Andererseits muß er jedoch auch

bereit sein, mühselige Kleinarbeit des Alltags zu bewältigen. Sein Wirken erfolgt oft im stillen und ist häufig mit Ärgernissen verbunden. Notwendig sind Ausdauer, Lern- und Leistungsbereitschaft. Vieles im Alltagsgeschäft des Informationsvermittlers ist zwar wichtig, erscheint mitunter jedoch auf den ersten Blick wenig attraktiv. Phantasie, Mut und Ausdauer sind also erforderlich.
Nicht immer sind diese Eigenschaften optimal in einer Person vereint. Sie müssen jedoch zumindest innerhalb der IVS in sich ergänzender Weise vorhanden sein.

Der Verbund mit dem Patentsektor erfordert natürlich auf diesem Gebiet versierte Mitarbeiter. Es kann von Vorteil sein, als Leiter der Informationsvermittlungs- und Patentstelle einen Patentfachmann zu benennen, wenn dieser wesentliche Merkmale des beschriebenen Anforderungsprofils aufweist.

Eine bescheidene Personalausstattung muß kein Mangel sein. Eine gute technische Ausstattung und der Vorteil, betriebliche Abläufe und Erfordernisse genau zu kennen, wirken sich personalsparend aus. Weitere Vorzüge einer kleinen, jedoch fachlich kompetenten Personalbesetzung sind Flexibilität, selbständiges Handeln und größere direkte Verantwortung. Aus diesen Vorteilen erwächst zwangsweise die erforderliche Eigendynamik der Stelle.

D 13.9 Aufbereitung von Fachinformation, Fehler bei der Vermittlung

Eine wichtige Aufgabe des innerbetrieblichen Informationsvermittlers ist die *Aufbereitung von Fachinformation*, die zunächst meist in einer für den Endbenutzer nicht überschaubaren Fülle vorliegt. Diese Fülle muß fallweise eingeengt werden. Je nach Zielgruppe und Fragestellung können unterschiedliche Verdichtungsstufen erforderlich sein.

Ein Physiker, der im Entwicklungsbereich Problemlösungen erarbeitet, wird zwar bereit sein, sich bei der Suche nach Informationen unterstützen und durch eine gewisse Vorab-Auswahl helfen zu lassen, doch wünscht er selbst zu lesen, um sich ein genaues Urteil bilden zu können. Der Ingenieur in der Produktion hingegen, der unter Termindruck z.B. ein Materialproblem zu bewältigen hat, benötigt oft nur kurze ausgewählte Daten und Fakten über im Prinzip vorhandene Problemlösungen. Er will lediglich diese Daten und Fakten ohne Zusatzballast verwenden und allenfalls wissen, ob und bis wann sie erhältlich sind.
Ein Vertriebsmitarbeiter, der eine Reise plant, um z.B. neue Märkte zu erschließen und Kontakte zu knüpfen, benötigt vielfältige fachübergreifende Informationen, z.B. über die Konkurrenzsituation, finanzielle Aspekte, Fakten, Personen, Institutionen, Statistiken, Verfahren, Produkte usw. Hier muß sorgfältig ausgewählt und auch gemeinsam analysiert werden, um das Informationsbündel aussagekräftig und überschaubar zu gestalten.

Die Aufbereitung von Fachinformation für den Endbenutzer ist ein unverzichtbares Element der Informationsvermittlung (s. auch Kap. C 6).
Die Arbeit der Informationsvermittlungsstelle und *Fehler bei der Informationsvermittlung* werden von den Abteilungen des Unternehmens genau beobachtet. Für die Mitarbeiter der Informationsvermittlungsstelle ist es wichtig, einen realistischen Erwartungshorizont zu erzeugen, der erfüllbar ist.

Die Zusammenarbeit mit den Abteilungen hat kollegial zu erfolgen. Informationsvermittlung

ist keine ,,Besserwisserei'', sondern hat dienende Funktion. Ständig klagende Mitarbeiter der Stelle haben den Inhalt des Begriffes ,,Dienstleistung'' nicht verstanden und bringen die Arbeit der gesamten Stelle ins Abseits. Dasselbe negative Resultat wird erreicht, wenn durch unselbständiges Arbeiten die Abteilungen, die eigentlich durch die Arbeit der Stelle entlastet werden sollen, sich selbst um Recherchen usw. kümmern müssen. Die Praxis zeigt, daß der eingeräumte Kompetenzrahmen sehr schnell eingeengt und ausgehöhlt wird, wenn er nicht ständig wahrgenommen und ausgefüllt wird.
Die Information muß der Benutzer als sinnvoll empfinden. Die ständige kritiklose Weitervermittlung von Informationen, die für die Lösung eines gegebenen Problemfalles offensichtlich unnütz sind, wirkt belästigend, verursacht unnötige Kosten und schadet nicht zuletzt der Informationsvermittlungsstelle selbst. Sogenannte ,,Impulsinformationen'', also das unaufgeforderte Hinweisen auf Fakten und Vorgänge, können unglaubhaft werden, wenn sie als Instrument der Selbstprofilierung, des sich ständig ,,in Erinnerung bringen'', verwendet werden.

Obwohl Mitverantwortung tragend, kann die Informationsvermittlungsstelle dem Abteilungsleiter bzw. dem Endbenutzer die Entscheidung über die Verwendung der Fachinformation bzw. der gegebenen Empfehlung nicht abnehmen. Erfahrungsgemäß wird der Endbenutzer die vorgetragenen Fakten und Aspekte bedenken und über ihre Verwendbarkeit entscheiden. Ein ,,Hineinregieren'' der Stelle in seine Zuständigkeit wird er jedoch auf keinen Fall zulassen.
Bei der laufenden Arbeit der Stelle bleiben natürlich Irrtümer und Pannen nicht aus. Durch geeignete Arbeitsüberwachung und regelmäßige Arbeitsbesprechungen müssen Fehler, Benutzereigenheiten, Konflikte, aktuelle Schwierigkeiten sowie Einschränkungen der Arbeitsfähigkeit analysiert werden, um Wiederholungen zu vermeiden.

D 13.10 Die Informationsvermittlungsstelle im Bewußtsein des Unternehmens (eigenes Marketing der Stelle)

Das innerbetriebliche Fachinformationsmarketing geht nach Kroll (Lit. 07.) davon aus, daß im Unternehmen ein durch Angebot und Nachfrage charakterisierter Fachinformationsmarkt existiert, der durch Bedarf, Beschaffung, Zielgruppen, Nutzungsverhalten und Kosten gekennzeichnet ist.
Weitere Kennzeichen des betriebsinternen Informationsmarktes sind seine qualifizierten und zeitlich prompten Anforderungen, die fehlende Anonymität, die Hol- und Bringschuld sowie die persönliche Tragweite im Sinne der Mitverantwortung.
Das Ziel des innerbetrieblichen Fachinformationsmarketing ist es, innerhalb dieses speziellen Marktes mit seinen Außenbezügen bei allen Fachinformationsnutzern das entsprechende Bewußtsein zu entwickeln, die Akzeptanz von Informationsdienstleistungen zu vergrößern und die Mitarbeitermotivation (Zeit- und Kostenentlastung, Erfolgserlebnisse) zu fördern. Als Instrumente dazu sind vor allem zu verbreitende DL-Verzeichnisse, Kosten-Nutzen-Analysen, aber auch Vorträge, Seminare, Schulungen, Beratung, die Betriebszeitung, die Analyse ärgerlicher Vorkommnisse, auf Informationsdefiziten beruhend, die Auswertung des Nutzerverhaltens und fallweise Brainstormings geeignet. Auch die Einrichtung eines Benutzerrates, in dem Mängel auf dem Info-Sektor oder IVS-Vorhaben diskutiert wer-

den, ist wegen seiner Rückkopplungsfunktion vorteilhaft. Das Controlling sollte solche abteilungsübergreifenden Maßnahmen aktiv unterstützen.
Mit diesen Maßnahmen wird verdeutlicht, daß die IVS eine Dienstleistungsabteilung ist, die materielle und immaterielle Vorteile für das Unternehmen erwirtschaftet. Insofern sind die formalen betriebswirtschaftlichen Begriffe „produktiv" und „unproduktiv" inhaltlich zu relativieren. Es wäre daher eine unternehmerisch falsche Handlungsweise, in wirtschaftlich schwierigen Situationen an einer derartigen Stelle sparen zu wollen.
Ein innerbetriebliches Informationsmarketing kann jedoch nur glaubwürdig und hilfreich sein, wenn das Informationssystem selbst eine Arbeit leistet, die den Erwartungen entspricht.

D 13.11 Die Informationsvermittlung bei sehr kleinen Industrieunternehmen und Handwerksbetrieben

Auch bei ausgesprochenen Kleinbetrieben hat die Versorgung mit Fachinformation eine wachsende Bedeutung für die Erhaltung der Wettbewerbsfähigkeit und der traditionellen Flexibilität dieses Wirtschaftsbereiches, in welchem ein Großteil des Bruttosozialproduktes erarbeitet wird.
Die Erfahrung lehrt, daß Kleinbetriebe die benötigte Fachinformation aus entsprechenden Fachzeitschriften und durch Besuche von Fachmessen, hauptsächlich jedoch von Kammern und Verbänden, abgesehen von Lieferanten, beziehen. Diese Informationswege sind bewährt, reichen jedoch nicht immer aus und können in einzelnen Fällen auch problematisch sein.
Der Schlüssel für eine Verbesserung des Informationsverhaltens dieser Betriebe liegt im gründlichen Studium der vielfältigen dort bestehenden speziellen Strukturen und Verhaltensweisen. Dabei muß berücksichtigt werden, daß sich die Industriementalität grundsätzlich von der im Handwerk herrschenden Mentalität unterscheidet. Die Verhaltensweisen des Handwerksbetriebs stehen vor allem in Verbindung mit der örtlichen bzw. regionalen Wettbewerbssituation. Hat der Bewerber noch Freiräume im Wettbewerb, wird er meist auf das irgendwo gesammelte Wissen zu seinem Problem einfach verzichten und auf herkömmliche Weise verhandeln, arbeiten und produzieren.
Das Abfragen von extern erhältlicher Fachinformation steht und fällt bei diesen Betrieben in besonders hohem Maße mit dem Verhältnis von Suchaufwand bzw. den Suchkosten zum erzielbaren Nutzen, ferner mit der Verständlichkeit und der unmittelbaren Brauchbarkeit der Informationen. Hinzu kommen erhebliche psychologische Barrieren in bezug auf die notwendige Einsichtigkeit und stets auch die knappe personelle Situation.
Daher können die in diesem Kapitel gegebenen Anregungen bei ausgesprochenen Kleinbetrieben naturgemäß nur in geringem Maße angewendet werden. Zu empfehlen ist in diesen Fällen vor allem eine Einschaltung der zahlreichen Beratungsstellen und privaten Broker, die in der Bundesrepublik vermittelnd und helfend insbesondere auch für Kleinfirmen und Handwerksbetriebe zur Verfügung stehen. Auch die Industrie- und Handelskammern unterhalten Beratungsstellen für Innovationsför-

derung und den Technologietransfer. Diese Stellen erteilen über den Stand der Technik, über den Markt, über Trends, über Möglichkeiten der Lizenznahme bzw. der Anmeldung neuer Produkte sowie über Förderungsmöglichkeiten Auskünfte.

Literatur

01. Capurro, Rafael: Zur Frage der Ethik in Fachinformation und -kommunikation. In: Nachr. f. Dok. 32 (1981) H. 1, S. 9–11.
02. Hackstein, Karl-Gerhard: Die Nutzung von Fachinformation – eine unternehmerische Aufgabe. In: Deutsche Gesellschaft für Dokumentation (Hrsg.): 7. Frühjahrstagung der Online-Benutzergruppe der DGD vom 11.–13. März 1985 in Bad Soden am Taunus. DGD-Schrift (OLBG-6) 5/85, S. 32–45.
03. John, Erich: Fachinformation für betriebswirtschaftliche Entscheidungen. Vortrag, geh. am 24. September 1987 anläßlich des Deutschen Dokumentartages 1987 vom 23.–25. September 1987 in Bad Dürkheim.
04. Kroll, Hartmut: Informationsvermittlung in der Industrie. 2. Auflage, Eschborn, RKW 1986. 122 S.
05. Kroll, Hartmut: Informationsvermittlung in Industrieunternehmen unter besonderer Berücksichtigung der Patentinformation. Dissertation, Phil. Fak. Der Universität des Saarlandes, Saarbrücken 1987, 250 S.
06. Kroll, Hartmut: Kein Kinderspiel für Informationsvermittler: Probleme mit Patenten. In: cogito 2 (1987) S. 55–58.
07. Kroll, Hartmut: Marketing einer innerbetrieblichen Informationsvermittlungsstelle. Vortrag, geh. am 8. Mai 1987 anläßlich der 4. Internationalen Fachkonferenz (Veranstalter: DGD-KWID): Marketing für Fachinformation vom 6.–8. Mai 1987 in Garmisch-Partenkirchen.
08. Kroll, Hartmut; Seipel, Hans: Die Nutzung von Fachinformation – eine wichtige Grundlage für die betriebliche Existenzsicherung. In: controller magazin 12 (1987) H. 4, S. 177–183.
09. Schael, Fritz: Praxisnahe Vorschläge für eine innerbetriebliche IVS-Stellenbeschreibung. Vortrag, geh. am 24. September 1987 anläßlich des Deutschen Dokumentartages 1987 vom 23. –25. September 1987 in Bad Dürkheim.
10. Zimmermann, Dorothea: Die Stellung der Informationsvermittlung im Unternehmen, Fragen der Gehaltsentwicklung. Zwei grundsätzliche Probleme. Vortrag, geh. am 9. 10. 1986 anläßlich des Deutschen Dokumentartages 1986 vom 8. – 10. Oktober 1986 in Freiburg/Brsg.

D 14 System der privaten Informationswirtschaft

Karin Frese

D 14.1 Einführung

Das Wort von der Informationsgesellschaft ist heutzutage im Munde vieler. Information, die zum Beispiel wissenschaftliche Literatur erschließt, Patentschriften zugänglich macht oder Wirtschaftsdaten und Börsenkurse vermittelt, ist zu einer großindustriell hergestellen, mit aufwendiger Technik verfügbar gemachten und zu einem entsprechenden Preis gehandelten Ware geworden. Zu einem Rohstoff gleichermaßen, der gleichberechtigt neben Arbeit, Kapital und Boden tritt.
Eine Ware – so steht zu vermuten – unterliegt auch Marktgesetzen. Und es müßte dementsprechend einen durch Angebot und Nachfrage zusammengeführten Informationsmarkt geben. Das ist aber in der Bundesrepublik aus verschiedenen Gründen (noch) nicht der Fall. Lange Zeit wurde (hier wie anderswo) die Informationsbereitstellung (in Bibliotheken und in herkömmlicher gedruckter Form) als öffentliche Aufgabe angesehen. Und auch mit den als revolutionär zu bezeichnenden Entwicklungen der Informationstechniken, die es ermöglichen, immer mehr Informationen zu produzieren, zu speichern, leistungsfähiger zu verarbeiten und schneller zu übertragen, änderte sich daran im Grundsatz nichts, wenngleich dadurch eine Voraussetzung für die Entstehung der Informationswirtschaft geschaffen war. Noch im ersten IuD-Programm der Bundesregierung nämlich, das eine bessere Versorgung mit Fachliteratur für jedermann anstrebte, war der Aufbau von insgesamt 20 Fachinformationssystemen geplant, die – staatlich subventioniert – die Informationsherstellung, -sammlung, -verarbeitung und -verteilung für verschiedene Fachgebiete (16) und besondere Zwecke (4) übernehmen sollten.
Im zweiten Fachinformationsprogramm (1985 bis 1988) hat sich die (neue) Bundesregierung auch auf diesem Gebiet zur Marktwirtschaft bekannt. Demnach sind Produktion und Vermarktung von Informationsdienstleistungen originäre Aufgaben privater Unternehmen. Und es stellt sich die Frage, wer diese umfangreiche und mit hohen Investitionen verbundene Aufgabe übernehmen soll. Derzeit ist noch ein Nebeneinander von staatlich geförderten und privaten Einrichtungen zu beobachten, die sich mit Produktion und Vertrieb von Information in verschiedener Form befassen. Daß es sich hier um einen sehr vielfältigen und stark expandierenden Informationsmarkt handelt, wird unter anderem auf den Fachmessen deutlich (z.B. Infobase, Frankfurt, Online, London und zunehmend auch Orgatechnik, Köln).
Verlage nehmen in diesem Spannungsfeld eine besondere Rolle ein. Von jeher sind sie dafür zuständig, als Unternehmen der „Massendiffusion" als Vermittler zwischen dem Urheber eines Textes, einer Graphik oder einer Komposition (Informationen im weitesten Sinne) und dem Empfänger aufzutreten. Sie fungieren aber auch als Produzenten, Initiatoren und Anreger von Information und legen das Publikationsmedium (Buch, Zeitung, Zeitschrift, Tonträger, Kassette, Notenblatt, Datenbank, Compact Disc) fest. Im Zeichen der neuen Informationstechniken werden sie mit den Möglichkeiten des Elektronischen Publizierens konfrontiert. Wel-

che Konsequenzen das im einzelnen hat, soll im folgenden am Beispiel dargestellt werden.

14.2 Auswirkungen und Chancen des ,,Elektronischen Publizierens"

Die Zahl der Definitionen für verschiedene Aspekte einer (technischen) Entwicklung, die die Erstellung, Speicherung bzw. Aufbereitung und Verbreitung von Informationen betrifft und gemeinhin als ,,Elektronisches Publizieren" (vgl. Kap. B 10) bezeichnet wird, ist in etwa so groß wie die Zahl derer, die sie – zu je unterschiedlichen Zwecken – verfaßt haben. Schlagworte wie ,,Desktop Publishing", ,,Printing on Demand" oder ,,Computer Aided Publishing" geistern durch Medien und Fachliteratur; auch nicht eben erhellende Wortschöpfungen wie WYSIWYG tragen ihren Teil zur Verwirrung bei. Einige immer wieder auftauchende und hier wesentlich erscheinende Charakteristika seien daher an dieser Stelle zusammengefaßt:

Elektronisches Publizieren ist gekennzeichnet durch
- die einmalige Erfassung des Textes durch Autor oder Redaktion;
- die Bereitstellung der gesamten Information (Volltext) in maschinenlesbarer Form;
- die Speicherung von Text und Bild geräteunabhängig und vielfach verwertbar in einer Datenbank;
- die Möglichkeit der Erzeugung verschiedener Ausgabeformate der Informationen (Retrievalfähigkeit) und
- die Auslieferung der Texte/Bilder als Papier- oder Bildschirmausdruck oder in jeder anderen Lieferform.

Daran läßt sich bereits ablesen, daß mit dem Begriff ,,Elektronisches Publizieren" eine ganze Reihe von Techniken gemeint sein können, die nicht nur den Herstellungsprozeß rationalisieren, sondern auch die Entwicklung neuer Informationsprodukte und -dienstleistungen ermöglichen sollen. Welche Auswirkungen die eine oder andere Komponente dieses vielschichtigen Prozesses auf die Veröffentlichung technisch-wissenschaftlicher Literatur (vor allem in Form von Zeitschriften) hat und künftig haben könnte, ist in zahlreichen Studien und durch Verlegerbefragungen erforscht, in vielen Publikationen eingehend erörtert worden. Einig sind sich die Autoren zumindest darin, daß alle diese Entwicklungen die sogenannte *Publikationskette* (Autor/Redaktion – Verlag – Setzerei – Druckerei – Host – Buchhandel – Bibliothek – Leser) und die Aufgaben und Beziehungen der einzelnen Akteure zueinander in naher Zukunft nachhaltig verändern werden.
In diesem Beitrag soll es vorrangig um die herkömmliche und elektronische Publikation von anschließend noch näher definierten *,,Wirtschaftsinformationen"* gehen. Am Beispiel eines mittelständischen Verlages soll versucht werden, den jetzigen Stand im oft fälschlich als ,,Duell" verstandenen Verhältnis zwischen herkömmlichen und elektronischen Angeboten darzustellen und einen Blick in die noch weitgehend ungeklärte Medienzukunft zu werfen.

D 14.3 Beispiel: Informationsdienstleistungen eines Verlages

D 14.3.1 Gründung und Programm

Die handelsregisterliche Eintragung für den Verlag Hoppenstedt erfolgte am 31. Mai 1926 in Berlin. Erklärtes Ziel und bis heute erfolgreiche Devise seiner Gründer war es, „gründlich recherchierte und ordentlich dargestellte" Informationen aus der Wirtschaft für die Wirtschaft zu liefern. Nämlich firmenkundliche Informationen, Zahlen und Fakten: „Business-to-Business-Informationen", wie wir heute sagen würden. Den ersten Schwerpunkt des Verlagsprogramms und Ausgangspunkt aller weiteren Unternehmungen bildeten Informationen, die Finanzen und Börse betrafen. Nach und nach begann man, immer weitere wirtschaftsrelevante Gebiete zu erschließen, teilweise durch Ankauf neuer Titel anderer Verlage (oder der Verlage selbst), teilweise durch Eigenentwicklungen neuer Titel.

Schritt für Schritt kristallisierten sich die „drei Säulen" des Verlages heraus, die das Programm auch heute noch bestimmen:

1. *Finanz- und Börseninformationen*
mit nach wie vor großer Bedeutung; hierzu gehören die traditionellen Nachschlagewerke mit Unternehmensberichten einschließlich Bilanzen über Aktiengesellschaften, aber auch neue Dienste wie Aktien- und Devisencharts, Börsenführer, Sonderpublikationen im Auftrag von Banken und Börsenseminare.

2. *Nachschlagewerke*
mit Firmen- und Produktinformationen in Form von Personenverzeichnissen, firmenkundlichen Nachschlagewerken und Bezugsquellenverzeichnissen in gedruckter und elektronischer Version und schließlich

3. *die Fachzeitschriften,*
die seit über 25 Jahren wesentlicher Bestandteil des Verlagsprogramms sind.

Seit dem endgültigen Umzug nach Darmstadt (zahlreiche Ortsveränderungen hatten durch Kriegswirren und -folgen in Kauf genommen werden müssen) im Jahre 1953 war erstmals wieder der gesamte Verlag einschließlich Druckerei unter einem Dach untergebracht; alle Arbeiten bis zum fertigen Druckwerk (Texterfassung, Satz, Layout, Reproduktion und Druck) wurden hier in Eigenregie erledigt. Zum Einsatz kam damals noch der gute alte Bleisatz.

D 14.3.2 Die neuere Verlagsgeschichte

Verlage zählen – so sagt man – eher zu den konservativen Elementen der Publikationskette. So nimmt es nicht wunder, daß die Einführung der „neuen Techniken" zunächst weniger dem Gedanken an künftige elektronische Produkte, sondern vielmehr der Notwendigkeit entsprang, Kostenentwicklung und Umsatz in gesunder Relation zu halten.

Rationalisierungsmotive waren es denn auch vorrangig, die Mitte der 70er Jahre zu der Entscheidung führten, Print-Produkte über EDV herzustellen. Den Anfang machten die wichtigsten Publikationen aus dem Unternehmensbereich „Nachschlagewerke". Durch den Einsatz neuer Techniken bei der Herstellung der Handbücher und Zeitschriften von der Datenerfassung über das Setzen bis hin zum Druck konnten nach und nach nicht nur höhere Arbeitsmengen bei gleichbleibender Beschäftigtenzahl bewältigt, sondern auch mehr Informationen auf jeder Druckseite untergebracht werden. Und das bedeutete nicht unwesentliche Einsparungen an Papier- und Versandkosten, aber auch an Druckzeiten. Seit 1979 ging man dazu über, die einmal vorhandenen maschinenlesbaren Daten (recherchiert und genutzt für die Printprodukte), wie sie durch den EDV-Einsatz anfallen, in unterschiedlichen Zusammenstellungen und auf verschiedenen Ausgabemedien zu vermarkten. Technische Voraussetzung für eine parallele Nutzung von Informationen für Print- und elektronische Medien war die seit 1975 eingeführte typographisch neutrale und strukturierte Speicherung der Daten – zwar zunächst in erster Linie für die Satzherstellung, aber immer mit Blick auf die intelligente Verarbeitung und zweckmäßige Nutzung der Daten: innerhalb des Verlags und im Kundenauftrag.

Durch die anwendungsneutrale Speicherung der Daten können zusätzlich Programme je nach Verwendungszweck unterschiedlich eingesetzt, Textteile nach Bedarf zusammengestellt werden. Die Verwendung der Daten hängt nicht von einer starren Anordnung ab, und es ist zum Beispiel kein Problem, den gleichen Eintrag für ein firmenkundliches Nachschlagewerk in jeweils anderer Form mehrfach zu verwerten; sei es für alphabetische Verzeichnisse, sachbezogene Verzeichnisse oder Anschriftenetiketten.
Wenn einmal gespeicherte Daten mehrfach verwendet werden, dann bedeutet das vor allem Wirtschaftlichkeit (durch die Vermeidung von Mehrfacherfassung). Aber auch eine Vereinfachung der Redaktion und Schnelligkeit; Redaktionsschluß ist jeweils kurz vor Druckbeginn. Und nicht zu vergessen: der Korrekturaufwand, der nachhaltig verringert wird. Wenn nämlich einmal berichtigte Daten wieder verwendet werden, sind sie gleich an jeder Stelle richtig, an der sie irgendwann einmal erscheinen.
Daß aber der zentrale Datenpool nicht nur verlagsintern von Bedeutung sein kann, sondern auch die Grundlage des Elektronischen Publizierens liefert, sei im folgenden am Beispiel der Firmeninformationen erläutert.

D 14.3.3 Organisation am Beispiel der Firmeninformationen

Der Bereich ,,Nachschlagewerke" umfaßt bei Hoppenstedt Bezugsquellennachweise, Personenverzeichnisse und firmenkundliche Nachschlagewerke (hier sind in erster Linie der ,,Klassiker" Handbuch der Großunternehmen und das noch junge Handbuch Mittelständische Unternehmen zu nennen), Benutzer dieser Verzeichnisse sind in aller Regel Entscheider in der Unternehmens- und Bereichsleitung sowie in Marketing und Verkauf.
Im Jahr 1979 wurde die Hoppenstedt Wirtschaftsdatenbank GmbH gegründet, und man begann, die ersten elektronischen Produkte zu entwickeln, die zentrale Datenbank also nicht nur für interne Zwecke einzusetzen, sondern die Informationen auch extern anzubieten. Dabei ging es zunächst um eine Offline-Dienstleistung für Direktanwendungen. Das heißt, die vorhandenen Adressen und Daten z.B. deutscher Großunternehmen werden auf verschiedenen Datenträgern (Etiketten, EDV-Listen, Magnetbändern, Disketten) in verschiedenen Standardzusammenstellungen ausgegeben. Das können die reinen Adressen sein (personalisiert oder unpersonali-

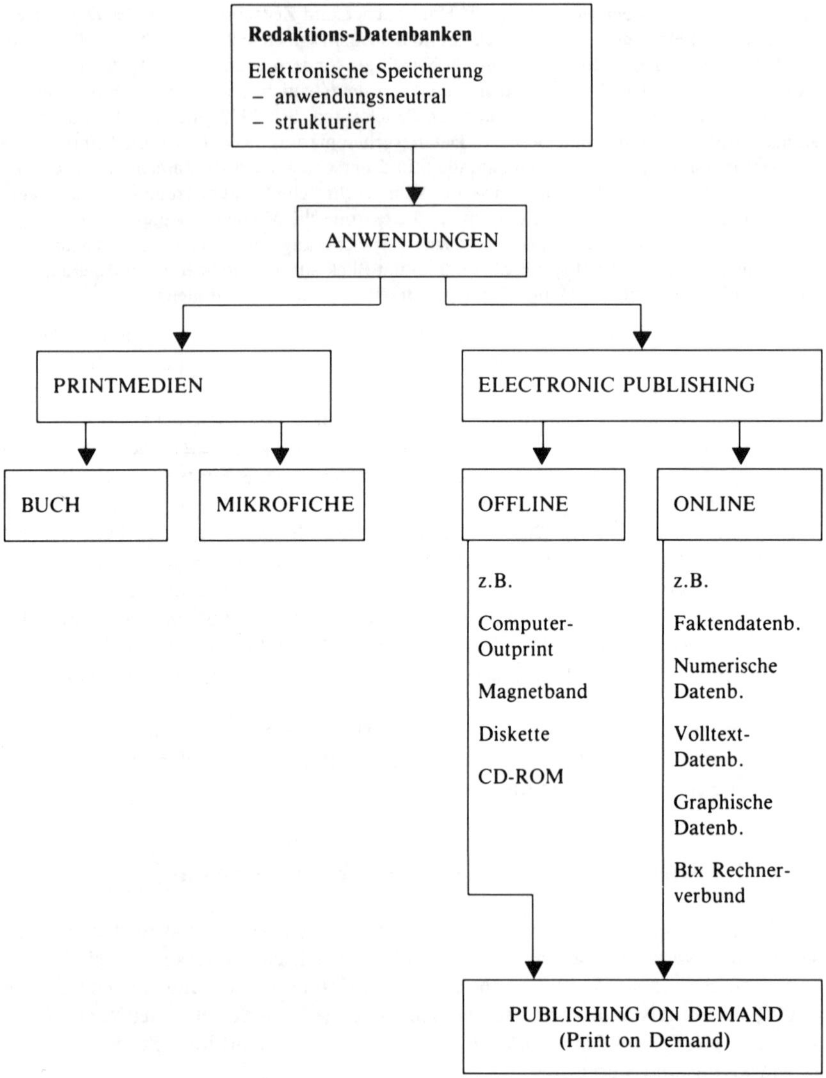

Abb. 1: Diese Darstellung zeigt, wie im Hause Hoppenstedt die Zusammenhänge zwischen der zentralen Datensammlung in den Redaktions-Datenbanken und ihren vielfältigen Anwendungsmöglichkeiten bis hin zum „Publishing on Demand" gesehen werden.

siert) oder auch die Adressen mit firmenkundlichen Zusatzinformationen (wie Umsatz, Beschäftigte, Branchenzugehörigkeit u.ä.). Kunden dieser Anwendungen sind vor allem Firmen, die Direktmarketing im Bereich Business-to-Business einsetzen, wie Verlage, Werbeagenturen, Unternehmensberatungen, Banken etc.
Seit Juli 1983 wird ein weiterer Weg der elektronischen Informationsvermittlung beschritten: Die Daten bestimmter Nachschlagewerke werden auch online über verschiedene Hosts (heute über Data-Star, Genios, FIZ Technik, Dialog, Pergamon Orbit InfoLine, Profile) angeboten, parallel zu den zugrundeliegenden Print-Produkten und dem Offline-Service. Je nach Anwendungszweck können die Kunden wählen zwischen den unterschiedlichen Ausgabemedien. Die neueste Entwicklung auf dem Gebiet des Elektronischen Publizierens betrifft die CD-ROM-Version der Firmendaten.
Nachdem man die Entwicklung dieses neuen Speichermediums aufmerksam verfolgt hatte, wurde Anfang 1986 ein erstes Testprodukt vorgestellt, das nunmehr marktreif ist.
Unsere *Abbildung* verdeutlicht diese Zusammenhänge, deren Ziel das *„Publishing on Demand“* sein wird.
Mittlerweile gibt es einige Wirtschaftsverlage, die Firmeninformationen sowohl in konventioneller Form (als Printmedium) als auch elektronisch (offline und online) anbieten. In jüngster Zeit sind auch einige Datenbanken als CD-ROM-Version auf dem Markt oder zumindest als Testversion auf den Schreibtischen potentieller Kunden eingetroffen. Noch ist die Zeit für abschließende Beurteilungen der Marktchancen der verschiedenen Medien nicht reif; zu kurz ist die Zeitspanne, die hier bisher zu betrachten ist. Gleichwohl lassen sich einige Tendenzen erkennen, die nicht nur für Hoppenstedt-Produkte, sondern auch für Verlage ähnlichen Angebots Geltung haben mögen.

D 14.4 Printmedien versus elektronische Angebote

Bisher sind zum großen Teil elektronisch aufbereitete Datensammlungen auf dem Markt, die mehr oder weniger den gedruckten Vorlagen entsprechen. Vorteil dieser Angebote ist die beliebige Verknüpfung von Auswahlkriterien, die das Printmedium nicht liefern kann. Die Daten sind also in einer dem Printprodukt überlegenen Form nutzbar. Damit ist ein Stichwort gegeben, das in diesem Zusammenhang eine bedeutende Rolle spielt, aber in sämtlichen Diskussionen einhellig vernachlässigt wird.
Wer nämlich, was immer wieder geschieht, den Untergang des gedruckten Werkes zugunsten der elektronischen Medien beschwört, der hat sich noch keine besonderen Gedanken über die jeweilige Nutzungssituation gemacht. Alle Lieferformen eines Datenbestandes haben ihre Vorteile nur in Bezug auf einen bestimmten Nutzungszweck (wobei Überschneidungen nicht auszuschließen sind).
Ein Beispiel aus dem Bereich der Firmeninformationen mag auch das verdeutlichen: Will man möglichst detaillierte Daten über ein namentlich bekanntes Unternehmen haben, so ist sicher der Griff ins Regal und Blick ins Handbuch der einzig

richtige Weg der Informationsbeschaffung. Will man aber darüber hinaus bestimmte Auswertungen vornehmen oder Vergleiche anstellen, die für strategische Planungen oder konzeptionelle Entscheidungen einer Unternehmensführung von Bedeutung sind, dann erst hat die Datenbank unbestreitbare Vorteile. Für eine komplexe Fragestellung, zu deren Beantwortung mehrere Suchkriterien verknüpft werden müssen, ist die Datenbank, die in unglaublichem Tempo auch mehrdimensionale Fragen aus einem Riesenbestand von Informationen beantwortet, unschlagbar. Wollte man zum Beispiel „zu Fuß" herausfinden, ob es Firmen der Elektrotechnik gibt, an denen Siemens, AEG und die Deutsche Bundespost gleichzeitig beteiligt sind, müßte man schon bald resigniert passen – die Datenbank hat die Antwort in Sekundenschnelle parat.
So ist auch die Beobachtung zu erklären, daß mit Einführung der neuen elektronischen Medien der Absatz der Handbücher keineswegs zurückgegangen ist, wie Skeptiker vermutet hatten: Die Anwendungssituationen sind zu unterschiedlich. Eine Konkurrenzsituation könnte schon eher zwischen Online-Angebot und CD-ROM-Version entstehen, da die Nutzungszwecke hier vergleichbar sind. Darauf ist später noch einzugehen.
Noch sind also Datenbanken zumeist Abbild der zugrundeliegenden gedruckten Werke; die Parallel-Publikation überwiegt. Für die Zukunft sind allerdings zunehmend Veröffentlichungen zu erwarten, die ausschließlich in elektronischer Form vorliegen. Langfristig ist eine Auseinanderentwicklung der einzelnen Medien anzustreben und abzusehen, wobei jedes mit unterschiedlichen Inhalten versehen und seinen speziellen Aufgaben und Möglichkeiten angemessen eingesetzt werden kann. Kriterien wie Aktualität und Komplexität der Daten, aber auch Komfort und Kosten der Datenbeschaffung werden dann ausschlaggebend dafür sein, welche Informationen man sich zu welchem Zweck über welches Medium beschafft. So gesehen wird es auch sinnlos, die einzelnen Speichertechniken erbittert gegeneinander auszuspielen und abzuwägen, wie es CD-ROM-, Online- oder Btx-Anhänger gelegentlich tun. Wesentlich interessanter wäre es, die Vorteile der verschiedenen Medien für unterschiedliche Informationstypen herauszuarbeiten.

D 14.5 Motive und Marketing

Bisher hat kaum ein Hersteller oder Anbieter von elektronischen Informationen mit dieser Offerte allein (nennenswerte) Gewinne zu verzeichnen (Ausnahme sind die Anbieter aktueller Börsendaten im internationalen Banken- und Anlagengeschäft). Ganz im Gegenteil müssen im Moment noch erhebliche und zum Teil risikobehaftete Vorinvestitionen auf einem mehr oder weniger unerforschten Markt geleistet werden, in dem ein Bedarf entweder fehlt oder aber nur sehr schwer abzuschätzen ist. Noch gibt es kaum Erfahrungen mit Preisbildung, Marketing und Vertrieb; sicher erscheint lediglich, daß für gedruckte und elektronische Medien ganz unterschiedliche Vertriebs- und Absatzorganisationen vorhanden sein müssen.

Zu den Gewinnaussichten gibt es unterschiedliche Einschätzungen. Allgemein gilt wohl, daß momentan nicht die direkten Einnahmen z.B. aus der Nutzung einer

Online-Datenbank die Verleger animieren, sich mit dem Elektronischen Publizieren überhaupt zu beschäftigen, sondern daß der Datenbankaufbau – wie beschrieben – viel eher im Rahmen betriebsinterner Maßnahmen zur Rationalisierung der Produktion erfolgte und man den Schritt nach außen wagte, um die ,,Zeichen der Zeit" nicht leichtfertig zu ignorieren. Weitere Motive zum Einstieg ins ,,elektronische Publikationszeitalter" sind

- Erprobung der Technik (mit der Anschaffung moderner EDV-Anlagen ergaben sich häufig völlig neue Möglichkeiten, die auch genutzt werden sollten);
- hohe Publizität und Werbewirksamkeit elektronischer Produkte (so führt die häufige Berichterstattung in der Presse über Pionierleistungen auf dem Gebiet der Neuen Medien zu einem deutlichen Anstieg in den Verkaufszahlen der Druckwerke: Man ist ins Gespräch gekommen);
- der Wunsch, den Anschluß zu behalten, wenn sich der ,,Neue-Medien-Zug" in Bewegung setzt und ,,den Fuß in der Tür zu haben", wenn sich die elektronischen Angebote einmal durchsetzen werden;
- Beteiligung an einem der zahlreichen staatlich geförderten Projekte.

Alle diese, zum Teil eher vagen und nicht empirisch abgesicherten Motive haben auch zur Folge, daß die Produktdiversifikationen in vielen Fällen eher zufällig erfolgte, sich an technischen Gegebenheiten orientierte oder eben auf Rationalisierungsbemühungen beruhte. Das wiederum führt dazu, daß die derzeit existierenden Volltextdatenbanken zum Teil ebenfalls Zufallsprodukte und nicht speziell auf die sie tragenden elektronischen Medien zugeschnitten sind oder deren neuartige Möglichkeiten voll ausschöpfen können.

Diese Faktoren wirken sich auf das – eben erst sich entwickelnde – Marketing für die neuen Produkte aus. Eine ernsthafte Nachfrage nach elektronischen Informationen war – zumindest zu Beginn der Bemühungen – so gut wie nicht vorhanden; man nahm also das Produkt vorweg, um überhaupt erst einmal das Interesse des Marktes zu wecken. Mit diesem Vorgehen machte man dann die ersten Erfahrungen, die natürlich auch in alle Marketingüberlegungen eingehen müssen und sich wie folgt zusammentragen lassen:

- Elektronisches Publizieren (online und offline) führt zu einer Qualitätsverbesserung der Print-Produkte (weil Schwachstellen im Informationsangebot relativ schnell aufgedeckt werden).
- Durch die Online-Datenbank wird (im Gegensatz zum Buch) nicht der Endnutzer, sondern meist ein Vermittler (der jeweilige Spezialist für die Online-Informationsbeschaffung) erreicht.
- Durch das Elektronische Publizieren tritt eine deutliche Internationalisierung ein. Man erreicht neue Kunden im Ausland, die man mit dem Handbuch nicht ansprechen konnte.
- Die Nutzer der elektronischen Produkte entsprechen zum großen Teil den Zielgruppen der Print-Medien.
- Elektronisches Publizieren führt nicht zu einem Umsatzrückgang bei den entsprechenden Printprodukten. Im Gegenteil kann Elektronisches Publizieren bei entsprechender Marketingstrategie sogar zu zusätzlicher Nachfrage nach dem gedruckten Werk führen.

Aus den gesammelten Erfahrungen läßt sich als wichtigstes Marketingziel folgende Forderung ableiten: Es muß dem (potentiellen) Kunden deutlich gemacht werden, daß zwischen den verschiedenen Medien (print, offline, online) keine direkte Konkurrenz besteht, sondern daß (wie oben am Beispiel bereits dargestellt) sich diese Medien je nach Problemstellung sinnvoll ergänzen.

Eine Besonderheit ergibt sich offenbar beim Vertrieb der CD-ROM, da sich hier eine gewisse Konkurrenz zum Online- aber auch Offline-Angebot (Adressenverkauf) abzeichnet. Es muß daher überlegt werden, wie man die jeweiligen Angebote gestalten sollte, um einerseits den Kundenanforderungen gerecht zu werden, andererseits die eigenen Produkte nicht gegeneinander auszuspielen. So wäre zum Beispiel denkbar, zwar sämtliche vorhandenen Daten auf eine CD zu speichern, die man dann aber selektiv verkauft. Ein Kunde könnte dann z.B. nur einen bestimmten, ihn interessierenden Teil der Informationen erwerben, wobei ihm der Zugang zu den übrigen auf der CD-ROM vorhandenen Daten verschlossen bliebe.
Gravierendes und noch nicht eindeutig geklärtes Problem gerade bei der Compakt Disk ist die Preisgestaltung. Hier gibt es bei den existierenden Anwendungen die unterschiedlichsten Erwägungen und Regelungen innerhalb der Verlage und demzufolge auch erhebliche Preisunterschiede, die sicher nicht nur auf unterschiedliche Informationsinhalte der Datenbanken, sondern auch auf die dahinterstehende Verkaufsphilosophie zurückzuführen sind.

D 14.6 Ausblick

Die Entwicklung ist im Fluß. Die Akteure der Publikationskette werden ihre herkömmlichen Rollen erweitern, vielleicht sogar tauschen. Wie das im einzelnen aussehen wird, vermag heute noch niemand mit Bestimmtheit zu sagen. Sicher ist, daß vor allem die Verlage, um die es hier in erster Linie ging, mit dem Schritt ins elektronische Zeitalter neue Aufgaben übernommen haben und zunehmend übernehmen werden. So ist durchaus denkbar, daß sie als Datenbank-Produzenten künftig auch Hostfunktionen übernehmen werden. Wichtig ist hier die Tatsache, daß bei den Volltextdatenbanken im Gegensatz zu den bibliographischen Datenbanken der Verlag ein Mitspracherecht hat, ob eine Datenbank aufgelegt wird oder nicht. Wir haben es also mit einem ganz anderen Verhältnis zwischen Host und Produzent zu tun.
Aber auch die Produktpalette wird sich grundlegend ändern. So können künftig die Wünsche und Bedürfnisse des Kunden bei der Produktgestaltung viel stärker berücksichtigt werden, als das zur Zeit noch der Fall ist. Man kann dem Benutzer individuell gedruckte oder elektronische Informationspakete schnüren, zusammengestellt aufgrund einer bestimmten Fragestellung aus allen verlagsintern vorhandenen Datensammlungen. Ein Verlag (wie Hoppenstedt) könnte zum Beispiel jemandem, der Informationen über eine bestimmte Firma benötigt, nicht nur die Firmenberichte aus den Handbüchern liefern, sondern zusätzlich alle Veröffentlichungen, die hierzu in den Fachzeitschriften erschienen sind oder alle Anzeigen, die diese Firma ebendort aufgegeben hat. Hier tun sich völlig neue Möglichkeiten z.B.

der Konkurrenzbeobachtung auf. Und hier könnte man wirklich von einer in absehbarer Zeit realisierbaren Form des „Publishing on Demand" sprechen.
Ansätze der individuellen Kommunikation lassen sich bereits erkennen. Diese Produktentwicklungen stehen eindeutig unter dem Einfluß der zunehmenden Verbreitung von Personal Computern. Es werden nicht länger ausschließlich Daten vorhandener Printprodukte übernommen und in elektronischer Form angeboten, sondern die neuen Produkte sind Komplettlösungen in Form von Informationen plus zugehöriger Software zur Weiterverarbeitung auf dem PC (z.B. zur Vorbereitung einer Direktwerbeaktion).
Beispiel für die individuelle Verarbeitung vorhandener Daten je nach besonderer Problemstellung des Kunden ist auch die Bilanzdatenbank, mit der neben den firmenkundlichen elektronisch aufbereiteten Daten nun auch auf dem Gebiet der Finanz- und Börseninformationen das neue technische Zeitalter anbrechen soll. Hier werden die Bilanzdaten deutscher Gesellschaften über Magnetband, Diskette einschließlich Analysesoftware für den PC und online vertrieben. In Vorbereitung sind ferner elektronische Charts: Aktienkurse, die tagesaktuell auf einem Hostrechner bereit liegen incl. einer PC-Software für Chartsanalysen. In etwas fernerer Zukunft plant man eine Beteiligungsdatenbank, aufbauend auf den zur Zeit gedruckt vorliegenden Schautafeln (Konzerne in Schaubildern).
Für die Zukunft – und das gilt für alle Verlage und am Informationsprozeß beteiligten Akteure – sind nicht Dokumente, sondern Informationen gefragt. Auf Phantasie und Kreativität kommt es an, und die physische Form der Daten(träger) wird eine immer geringere Rolle spielen.
Informationen werden nicht mehr nur als Angebote vom Verlag an den Markt weitergegeben, sondern der Markt kann seine Vorstellungen und Wünsche an den Verlag formulieren, der dann neben der verlegerischen zunehmend eine aktive Informationstätigkeit übernimmt.

Einführende Literatur

01. Claassen, Walter u.a.: Fachwissen Datenbanken. Die Information als Produktionsfaktor, Klaes, Essen 1986.
02. Claassen, Walter u.a.: Fachwissen Online-Recherche. Suchstrategien in Online-Datenbanken, Klaes, Essen 1988.
03. Institut der deutschen Wirtschaft (Hrsg.): Zugriff auf Datenbanken. IW-Dossier 6, Deutscher Instituts-Verlag GmbH, Köln 1988.
04. Kmuche, Wolfgang: Umgang mit externen Datenbanken. Ein praktischer Leitfaden für die maßgeschneiderte Informationsbeschaffung durch externe Datenbanken, WRS Verlag, Planegg/München 1987.
05. Kroll, Hartmut: Informationsvermittlung in der Industrie, RKW, Frankfurt 1985.
06. Löcher, Werner; Schumacher, Frank: Die Nutzung von Datenbanken. Eine Einführung in die Praxis der elektronischen Recherche, Verlagsgruppe Handelsblatt, Düsseldorf 1985.
07. Mathiesen, H.; Palme, K.: Datenbanken im Direktzugriff, Deutscher Instituts-Verlag, Köln 1988.
08. Rompel, Helmut: Mit PCs an Online-Datenbanken, IWT-Verlag, Vaterstetten 1987.

09. Schubert, Steffen: Online-Datenbanken. Zugang zum Wissen der Welt mit Personal Computern, Sybex, Düsseldorf 1986.
10. Wahls, Jürgen: Informationsbeschaffung mit dem PC. McGraw-Hill, Hamburg 1989.

Datenbankführer und Nachschlagewerke

11. AFI/Messe Frankfurt GmbH (Hrsg.): WHO IS WHO – Das Jahrbuch der Online-Szene 88/89, Redaktion und Verlag: b. team, B. Breidenstein GmbH, Frankfurt 1988. Erscheint jährlich im Frühjahr.
12. Cuadra, Carlos: Directory of Online Databases, Elsevier, New York (erscheint zweimal/Jahr mit zwei zusätzlichen Ergänzungslieferungen).
13. Engelhardt, Klaus (Red.): Datenbanken mit Patentinformation, Klaes, Essen 1988.
14. Matner, Hans-Joachim: Produktdatenbank-Führer für Ein- und Verkauf, Verlag TÜV Rheinland, Köln 1988.
15. Gesellschaft für Mathematik und Datenverarbeitung mbH (Hrsg.): Verzeichnis deutscher Datenbanken, Datenbank-Betreiber und Informationsvermittlungsstellen, Saur, München 1988.
16. Scientific Consulting Dr. Schulte-Hillen (Hrsg.): Handbuch der Datenbanken für Naturwissenschaft, Technik, Patente 1988, Verlag Hoppenstedt, Darmstadt 1988. Erscheint jährlich.
17. Scientific Consulting Dr. Schulte-Hillen (Hrsg.): Handbuch der Wirtschaftsdatenbanken 1988, Verlag Hoppenstedt, Darmstadt 1988. Erscheint jährlich.
18. Staud, Joseph L.: Online Wirtschaftsdatenbanken 1987, 2 Bände, Lang, Bern, Frankfurt 1987.

Zeitschriften

19. cogito Neue Wege zum Wissen der Welt. Zeitschrift für die Nutzung elektronischer Medien, Verlag Hoppenstedt, Darmstadt.
20. Information World Review. The Information Community Newspaper, Learned Information Ltd., Woodside.
21. NfD Nachrichten für Dokumentation. Zeitschrift für Information und Dokumentation, Deutsche Gesellschaft für Dokumentation, Frankfurt.
22. OLBG-Info. Nachrichtenblatt der deutschen Online-Benutzergruppe in der DGD.
23. Online Review. The International Journal of Online Information Systems, Learned Information Ltd., Oxford.
24. Password. Praxisberater für elektronische Informationsbeschaffung, Verlagsgruppe Handelsblatt, Düsseldorf.

D 15 Das Öffentliche Informationssystem

Karl A. Stroetmann

D 15.1 Ausgangssituation

Der ‚Sputnik-Schock' im Oktober 1957 führte schlagartig dazu, daß auch in der westlichen Welt wissenschaftliche Forschung und Förderung der Technikentwicklung als eine gesamtstaatliche Aufgabe ‚entdeckt' und in ihrer strategischen Bedeutung für die wirtschaftliche und gesellschaftliche Entwicklung und internationale Konkurrenzfähigkeit der Nationen erkannt wurde. Damit einher ging die Erkenntnis, daß wissenschaftlicher Information und Dokumentation eine zentrale Bedeutung für diesen Prozeß zukommt, wobei der vermuteten Rolle des All-Unions-Institutes für wissenschaftlich-technische Information (VINITI) in Moskau für den Sputnik-Erfolg sicherlich eine wichtige Anstoßfunktion zukam. In den USA führte dies zu einer Vielzahl von Aktivitäten, die schon nach vier Monaten zu einem Vorschlag für ein von der Bundesregierung einzurichtendes ,,National Technical Information Center" und 1963 zu dem weltweit Beachtung findenden ,,Weinberg-Report" führten (Lit. 18.).
In der Bundesrepublik Deutschland nahm sich der Bundesrechnungshof der aufgeworfenen Fragen an und unterstrich 1962, daß die wissenschaftliche Dokumentation eine vorwiegend von staatlicher Seite wahrzunehmende Aufgabe ist: ,,Für die Dokumentation gelten insoweit dieselben Grundsätze wie für die Einrichtung und Unterhaltung wissenschaftlicher Bibliotheken, die überwiegend von der öffentlichen Hand getragen werden müssen. Der Nutzeffekt ist nicht meßbar. Sie bilden aber die Grundlage für wissenschaftliche Arbeit und sind damit für den Staat von wesentlicher Bedeutung. Die öffentliche Hand sollte daher für die Förderung von Dokumentationsstellen Mittel bereitstellen . . ." (Lit. 13., S. 36). Dieses Gutachten wurde maßgeblich für die weitere Entwicklung. 1964 wurde im Bundesministerium für wissenschaftliche Forschung ein Referat Dokumentation eingerichtet, bereits 1967 verkündete die Bundesregierung offiziell ihre Absicht, ,,die strukturlose Vielfalt der vorhandenen Dokumentationseinrichtungen zu einem integrierten, leistungsfähigen nationalen Dokumentations- und Informationssystem zusammenzufassen und die in weiten Bereichen der Wissenschaften (insbesondere auch der Geisteswissenschaften) und Technik noch fehlenden Dokumentationseinrichtungen beschleunigt aufzubauen" (Lit. 05., S. 64). Es dauerte jedoch noch fast zehn Jahre, bis das ‚Programm der Bundesregierung zur Förderung der Information und Dokumentation (IuD-Programm) 1974–77' (Lit. 06.) vorlag, das ausführlich zu Zielen, Struktur und geplanter Entwicklung eines öffentlich geförderten Fachinformationssystems Stellung nahm. Über einen 'BMFT-Leistungsplan Fachinformation – Planperiode 1982–1984' (Lit. 03.) sowie ein ‚Fachinformationsprogramm 1985–88 der Bundesregierung' (Lit. 04.) wurde dieses Konzept fortgeschrieben und modifiziert.
Auf die Details dieser Entwicklung kann hier nicht eingegangen werden (Lit. 11.). Im folgenden werden vielmehr Ziele, Zielgruppen, Funktionen und Struktur sowie

die Träger des öffentlichen Fachinformationssystems behandelt. Weiterhin wird kurz auf die Grundlagen staatlichen Handelns in diesem Bereich und abschließend auf einige Entwicklungsaspekte eingegangen.

D 15.2 Zielsetzungen

Ausgangspunkt staatlicher Bemühungen im IuD-Bereich war die Erfahrung der späten 50er und frühen 60er Jahre, die – abgeleitet aus dem übergeordneten Ziel, Forschung durch die Gestaltung eines unterstützenden Umfeldes zu fördern, aber nicht inhaltlich zu programmieren – zu der Zielsetzung führte, vor allem Wissenschaft und Forschung bei der Bewältigung der Informationsflut einerseits und der effizienteren Nutzung vorhandener Erkenntnisse andererseits zu fördern. Schon bald jedoch wurden umfassendere Konzepte staatlicher Forschungs- und Technologiepolitik entwickelt (Lit. 01., Lit. 02.), die tendenziell alle Bereiche menschlichen Handelns unter dem Aspekt zukünftiger Entwicklungsnotwendigkeiten erfaßten und die ‚Nützlichkeit' von Forschung, nicht den Erkenntnisgewinn als solchen, in den Vordergrund stellten. Entsprechend wurde auch dem IuD-Programm ein außerordentlich umfassendes Zielespektrum unterlegt, in dem der ursprüngliche Ansatz nur noch einen unter mehreren Aspekten darstellte:

- Erhöhung der Effizienz von Forschung, Entwicklung und Ausbildung sowie Beschleunigung der Innovation zur Verbesserung der Lebensqualität
- Stärkung der Leistungs- und Wettbewerbsfähigkeit der Wirtschaft und Technik sowie Unterstützung der Berufs- und Arbeitswelt
- Unterstützung der Planungs- und Entscheidungstätigkeit von Parlament, Regierung, Verwaltung und Rechtsprechung
- Verbesserung der Informationsmöglichkeiten für Bürger wie auch gesellschaftliche Gruppen, vor allem zur Stärkung ihrer Mitwirkungsmöglichkeiten.

Weiterhin sollte ein Beitrag zum internationalen Informationsaustausch und zur Förderung der europäischen Integration geleistet werden.

In ihrem umfassenden Anspruch, der sich vor allem auch in dem dahinterstehenden Strukturkonzept ausdrückt – auf das weiter unten eingegangen wird –, stellten diese Zielsetzungen ein weltweit eimaliges informationspolitisches Konzept dar, das nur vor dem Hintergrund der gesamtpolitischen Konstellation Anfang der 70er Jahre verständlich wird. Jedoch konnten die aus diesen Zielen abgeleiteten Umsetzungsaktivitäten weder politisch noch fachlich realisiert werden. Die Haushaltskrise Anfang der 80er Jahre, sich verändernde politische Prioritäten sowie Kritik aus verschiedenen Lagern, so u.a. vom Bundesrechnungshof (Lit. 14.), führten im ‚Fachinformationsprogramm 1985 – 88' zu einem erheblich reduzierten Zielekatalog:

- Verbesserung der Rahmenbedingungen des Fachinformationsmarktes
- Stärkung des Informationstransfers innerhalb der Wissenschaft und zwischen Wissenschaft und Wirtschaft sowie in die staatlichen Bereiche
- Sicherung des grenzüberschreitenden Datenverkehrs auch bei der Fachinformation sowie Stärkung der internationalen Stellung deutscher Informationsanbieter

- Verbesserung von Nutzen und Akzeptanz der Fachinformation in Wissenschaft, Wirtschaft, Medien, Staat und Gesellschaft
- Verbesserung der Marktchancen der deutschen Wirtschaft, Erschließung von Arbeitsplätzen in der Informationswirtschaft.

Der im IuD-Programm formulierte Anspruch, daß es weitgehend eine öffentliche Aufgabe sei, durch planende, organisatorische und finanzielle Maßnahmen ein leistungsfähiges Informationssystem zu schaffen, wird fallengelassen. Der Primat des Marktes, d.h. die Bereitstellung von Informationsdienstleistungen durch Private auf Märkten, bei denen dem Staat lediglich die Aufgabe zufällt, die Rahmenbedingungen zu verbessern, wird herausgearbeitet. Der Staat wird gemäß dem Prinzip der Subsidiarität nur noch dort tätig, wo Privatinitiative nicht greift; dies ist insbesondere im Bereich von Wissenschaft und Forschung der Fall. Daneben treten ressortbezogene Zuständigkeiten, insbesondere Informationspflichten der Bundesregierung.

Diese Zielsetzungen knüpfen, in weiterentwickelter Form, an den Ausgangspunkt der Diskussion Ende der 50er Jahre an. Es muß konstatiert werden, daß es faktisch nicht gelungen ist, ein tragfähiges informationspolitisches Gesamtkonzept für den öffentlichen Bereich zu entwickeln, das z.B. auf in der Verfassung festgelegten Normen aufsetzt. Auch fehlen aus den übergeordneten Zielen der Bildungspolitik, der Sozialpolitik, der Wirtschaftspolitik etc. stringent abgeleitete informationspolitische Zielvorstellungen, die sich in einen Gesamtrahmen einfügen. Ob dies in Anbetracht der konkurrierenden Ressortzuständigkeiten auf Bundesebene, der Kompetenzkonflikte mit den Ländern usw. überhaupt leistbar ist, muß dahingestellt bleiben.

D 15.3 Zielgruppen und Funktionen

Geht man von den Aussagen des IuD-Programms 1974–77 aus, so sind Zielgruppen des öffentlichen Informationssystems alle Bürger in ihren jeweils spezifischen Rollen: als Wissenschaftler, als Manager, als Mitglied einer Partei, Gewerkschaft, Kirche usw., als einzelner Konsument etc. Auch gesellschaftliche Institutionen und Gruppen sollen als eigenständige Zielgruppen informiert werden. Grob werden hierbei die folgenden drei Gruppen und die zur Befriedigung ihres Informationsbedarfs wahrzunehmenden Informationsfunktionen unterschieden:

a) Wissenschaftler und Forscher

Grundvoraussetzung wissenschaftlicher Tätigkeit ist die umfassende und aktuelle Information über Forschungsergebnisse der Kollegen, über themenrelevante Daten und Fakten usw. Entsprechend sind vor allem den aktuellen Wissensstand vollständig widerspiegelnde Literaturdatenbanken (national und international), aber auch Fakten- und Daten-Datenbanken eine zentrale Funktion des öffentlichen Informationssystems. Die inhaltliche Erschließung hat den individuellen Bedürfnissen der Wissenschaftler gerecht zu werden, die schnelle Beschaffbarkeit der nachgewiesenen Literatur muß sichergestellt sein, Übersetzungsmöglichkeiten sind vorzuhalten.

b) Praktiker

Hierunter fällt eine breite, heterogene Gruppe von Nutzern wie Entscheidungsträger und Führungskräfte (in Wissenschaft, Wirtschaft, Verwaltung und Politik), Mittel- und Kleinbetriebe (Betriebsingenieure, Meister, . . .), Freiberufler, Multiplikatoren (Redakteure, Lehrer, Sozialarbeiter). Einerseits sind sie durch eine große fachliche Breite des Informationsinteresses, andererseits durch eine Konzentration des Interesses auf Fakten, Daten, Anweisungen bei geringem Interesse an methodischen Fragen gekennzeichnet. Entsprechend sind nicht Fundstellen, sondern Informationen selbst in Form von Fortschrittsberichten, Nachschlagewerken, Fakten- und Daten-Datenbanken bereitzustellen; regionale und/oder branchenorientierte Informationsvermittlungs- und Beratungstellen werden erforderlich.

c) Bürger und gesellschaftliche Gruppen

Einzelne Bürger und gesellschaftliche Gruppen benötigen zur Erfüllung ihrer Interessen und Aufgaben fachliche Information in allgemeinverständlicher, übersichtlicher und leicht zugänglicher Form. Die Befriedigung dieses Bedarfes wie auch die Sicherstellung des direkten Zugangs zu wissenschaftlicher und technischer Information wurden ebenfalls als eine Funktion des öffentlichen Systems postuliert.

Entsprechend den weniger umfassenden Zielsetzungen und im Einklang mit der faktischen Entwicklung werden im Fachinformationsprogramm 1985–88 Funktion und Aufgaben des öffentlichen Informationssystems erheblich reduzierter gesehen; Zielgruppe ist nunmehr der „Fachmann". Die zur Bewältigung seiner Aufgaben nützlichen Informationen (Fachinformation – FI) sollen nunmehr primär über den (privaten) Fachinformationsmarkt und nur subsidiär durch das öffentliche Informationssystem bereitgestellt werden. Die weiten Bereiche der „allgemeinen Information" werden gänzlich ausgeblendet. – Die Funktionen des öffentlichen Systems reduzieren sich entsprechend dominant auf die Produktion von Fakten- und Hinweisdatenbanken – vor allem auch, um einen möglichst vollständigen Nachweis der deutschen wissenschaftlich-technischen Fachliteratur sicherzustellen – sowie auf das weltweite Angebot elektronischer Fachinformation über deutsche Hosts. Die Förderung in anderen Bereichen soll nur anregende oder unterstützende Funktion haben, wie z.B. bei der Produktion von Fachliteratur durch Verlage, bei der Verbesserung der Nutzung von Fachinformation oder bei der Weiterentwicklung der Informationswissenschaft. Ressortbezogene und internationale Aufgaben sind jeweils entsprechend zu berücksichtigen.

D 15.4 Struktur (nach IuD-Programm 1974–1977)

Der Mitte der 70er Jahre einsetzenden Planung und Konkretisierung des öffentlichen Informationssystems lag das Strukturkonzept des IuD-Programms zugrunde. Um die Zielsetzungen effizient zu realisieren, sollten auf der Grundlage bereits bestehender Dokumentationsaktivitäten 16 leistungsfähige Fachinformationssysteme (FIS) gebildet werden:

- Gesundheitswesen, Medizin, Biologie, Sport (FIS 1)
- Ernährung, Land- und Forstwirtschaft (FIS 2)
- Chemie (FIS 3)
- Energie, Physik, Mathematik (FIS 4)
- Hüttenkunde, Werkstoffe, Metallbe- und verarbeitung (FIS 5)
- Rohstoffgewinnung und Geowissenschaften (FIS 6)
- Verkehr (FIS 7)
- Bauwesen, Raumordnung, Städtebau (FIS 8)
- Verbrauchsgüter (FIS 9)
- Wirtschaft (FIS 10)
- Recht (FIS 11)
- Bildung (FIS 12)
- Sozialwissenschaften (FIS 13)
- Geisteswissenschaften (FIS 14)
- Auslandskunde (FIS 15)
- Elektrotechnik, Feinwerktechnik, Maschinenbau (FIS 16)

Diese Fachinformationssysteme sollten jeweils alle innerhalb ihres fachlichen Bereiches notwendigen Informationsdienstleistungen überregional erbringen. Ausgehend von dem zunächst konsequent verfolgten Zentralisierungsgedanken – der später zu einem ,,koordinierten Dezentralismus" modifiziert wurde – war für jedes Fachinformationssystem die Gründung eines Fachinformationszentrums (FIZ) als Kerninstitution geplant.
Daneben waren vier Informationseinrichtungen mit besonderer Zweckbestimmung vorgesehen:

- Informationseinrichtung für Patente (IbZ 17)
- Forschungsinformationsstelle (IbZ 18)
- Informationssystem für Umwelt (IbZ 19)
- Informationseinrichtung für technische Regelwerke (IbZ 20)

Weiterhin sollte die Infrastruktur mit einer Gesellschaft für Information und Dokumentation (GID) an der Spitze ausgebaut werden.

D 15.5 Struktur (nach Fachinformationsprogramm 1985 – 1988)

Dieser gestaltend-integrierende, flächendeckende Ansatz wird inzwischen von der Bundesregierung nicht mehr weiterverfolgt. Die bereits erwähnten, aus unterschiedlichen Zuständigkeiten und Kompetenzfragen resultierenden Probleme, fehlende Finanzmittel und andere Faktoren haben seine konsequente Umsetzung verhindert. Auch wenn das IuD-Programm zu bedeutsamen fachlich-inhaltlichen und institutionellen Anstößen geführt hat, präsentiert sich heute die Struktur des öffentlichen Fachinformationssystems als sehr heterogen. Die folgende Darstellung lehnt sich an das Fachinformationsprogramm 1985 – 88 an, wobei hier jeweils nur auf zentrale Einrichtungen verwiesen wird:

D 15.5.1 Produktion von Fachinformation und Erbringung von Diensten

D 15.5.1.1 Wissenschaftliche und technische Fachinformation

Hier werden alle diejenigen wissenschaftlich-technischen Fachinformationsbereiche zusammengefaßt, die vornehmlich als Teil der wissenschaftlichen Infrastruktur von der öffentlichen Hand gefördert werden:

- Natur- und Ingenieurwissenschaften
  - Chemie (FIZ Chemie GmbH, Berlin)
  - Physik, Mathematik, Informatik, Energie (FIZ Karlsruhe, Gesellschaft für wissenschaftlich-technische Information mbH)
  - Rohstoffgewinnung, Geowissenschaften, Wasserwirtschaft (IZ Rohstoffgewinnung, Geowissenschaften, Wasserwirtschaft (GEOFIZ) bei der Bundesanstalt für Geowissenschaften und Rohstoffe, Hannover)
  - Städtebau, Raumordnung, Bau- und Wohnungswesen (IZ Raum und Bau (IRB) der Fraunhofer-Gesellschaft, Stuttgart)
  - Technik (FIZ Technik e.V., Frankfurt/Main)
  - Technische Regeln (Deutsches Informationszentrum für technische Regeln (DITR) im Deutschen Institut für Normung (DIN) e.V. Berlin)
  - Werkstoffe (FIZ Werkstoffe e.V., Berlin)
- Sozial- und Wirtschaftswissenschaften
  - Sozialwissenschaften (IZ Sozialwissenschaften der Arbeitsgemeinschaft Sozialwissenschaftlicher Institute e.V., Bonn)
  - Wirtschaftswissenschaften (HWWA-Institut für Wirtschaftsforschung, Hamburg)
- Geisteswissenschaften
  Hier fehlt es bisher an einer zentralen Anlaufstelle.

D 15.5.1.2 Ressortorientierte Fachinformation

Hierunter werden alle im Bereich des Bundes verfügbaren Informationen, die zur Erfüllung öffentlicher Aufgaben benötigt werden, verstanden, soweit sie allgemein zugänglich sind. Dominant werden sie jedoch in der Regel ebenfalls vom wissenschaftlich-technischen Bereich sowie der Wirtschaft in Anspruch genommen; insofern ist diese Klassifizierung eher formal-artifizieller Natur. Z.T. handelt es sich um querschnittsorientierte Fachbereiche, die nur recht willkürlich in ein disziplinenorientiertes Schema eingepaßt werden können:

- Natur- und Ingenieurwissenschaften
  - Patente (Deutsches Patentamt, München)
  - Umwelt (Umweltbundesamt, Berlin)
  - Verkehr (Zentrale Informationsstelle für Verkehr (ZIV), Köln)
- Biowissenschaften
  - Ernährung, Land- und Forstwirtschaft (Zentralstelle für Agrardokumentation und -information (ZADI), Bonn)
  - Gesundheitswesen, Medizin, Biologie (Deutsches Institut für medizinische Dokumentation und Information (DIMDI), Köln)
  - Sport (Bundesinstitut für Sportwissenschaft (BISp), Köln)

- Sozial- und Wirtschaftswissenschaften
  - Arbeit und Sozialpolitik (Institut für Arbeitsmarkt- und Berufsforschung (IAB), Nürnberg u.a.)
  - Bildung (Leitstelle Dokumentationsring Pädagogik (DOPAED), Frankfurt/Main)
  - Recht (Juristisches Informationssystem (JURIS) GmbH, Saarbrücken)
  - Staatenkunde, zwischenstaatliche und internationale Beziehungen (Stiftung Wissenschaft und Politik (SWP), Ebenhausen)
  - Statistik (Statistisches Bundesamt, Wiesbaden)

D 15.5.2 Online-Angebot elektronischer Fachinformation

Für die zentrale Bereithaltung elektronischer Fachinformation für den Fernzugriff über die Telekommunikationsnetze werden vier Hosts (Fachinformations-Rechenzentren) unterhalten:

- DIMDI, Köln (Datenbanken zu Medizin/Gesundheit, Biologie, Landwirtschaft, Psychologie, Sport und benachbarten Gebieten)
- JURIS, Saarbrücken (Juristische Datenbanken)
- STN International – Scientific and Technical Information Network, Karlsruhe (Wissenschaftliche und technische Datenbanken); mit weiteren Knoten in Columbus/Ohio (USA) und Tokio (Japan)
- FIZ Technik, Frankfurt, über DATA-STAR, Bern/Schweiz (Wissenschaftlich-technische und Wirtschaftsdatenbanken)

D 15.5.3 Bereitstellung von Fachinformation (Literaturversorgung)

Ein zentrales Element des öffentlichen Informationssystems sind die öffentlich finanzierten Bibliotheken (Lit. 10.), denen u.a. die Funktion der Literaturversorgung obliegt. Hier kann nur beispielhaft auf die zentralen Bibliotheken (Lit. 17.) und die von der Deutschen Forschungsgemeinschaft (DFG) geförderten Sondersammelgebietsbibliotheken verwiesen werden:

Zentrale Bibliotheken
- Deutsche Bibliothek, Frankfurt (Nationale Archivbibliothek)
- Staatsbibliothek Preußischer Kulturbesitz, Berlin (Wissenschaftliche Universalbibliothek und Sondersammelgebietsbibliothek)
- Technische Informationsbibliothek, Hannover
- Zentralbibliothek der Landbauwissenschaft, Bonn
- Zentralbibliothek der Medizin, Köln
- Zentralbibliothek der Wirtschaftswissenschaften, Kiel

Sondersammelgebietsbibliotheken
Hierbei handelt es sich um ein System von rund 35 Universalbibliotheken, Zentralen Fachbibliotheken und Spezialbibliotheken, die in einem von der DFG geförderten System die überregionale Literaturversorgung sicherstellen (Lit. 08.).

D 15.5.4 IuD-Infrastruktur

Mit Gründung der Gesellschaft für Information und Dokumentation (GID), Frankfurt, die im Kontext des IuD-Programms aus der Zusammenlegung verschiedener Infrastrukturinstitute entstand, wurden die Voraussetzungen zur Intensivierung von Forschung, Entwicklung, Ausbildung und Standardisierung geschaffen. 1987 wurde die GID wieder aufgelöst und z.T. in die Gesellschaft für Mathematik und Datenverarbeitung (GMD) überführt, z.T. privatisiert. Forschung und Ausbildung verbleiben damit im wesentlichen als eine Aufgabe der Universitäten und Fachhochschulen, wo an verschiedenen Orten in den zurückliegenden Jahren entsprechende Studiengänge und Lehrangebote entstanden sind (Lit. 11.).

D 15.6 Träger

Es gibt keine einheitliche Trägerschaft des öffentlichen Informationssystems in der Bundesrepublik Deutschland. Die ressortorientierten Fachinformationsstellen sind in der Regel der Fachaufsicht des jeweiligen zuständigen Bundesministeriums oder des Bundeskanzleramtes unterstellt; rechtlich handelt es sich um (nachgeordnete) Bundesbehörden, Stiftungen, gemeinnützige GmbH's oder eingetragene Vereine. Fachinformation als Teil der wissenschaftlichen Infrastruktur wird im wesentlichen gemeinsam von Bund und Ländern im Rahmen der „Rahmenvereinbarung Forschungsförderung" auf der Grundlage des Artikels 91 b des Grundgesetzes finanziert. Die rechtliche Trägerschaft teilen sich in der Regel Bund und (Sitz-)Länder; es finden sich jedoch auch rechtliche – und sehr begrenzt finanzielle – Trägerschaften bzw. Beteiligungen von (wissenschaftlichen) Verbänden, Gesellschaften und Institutionen. Im Rahmen der Zuständigkeit der Länder für den Bildungsbereich werden die Bibliotheken überwiegend von diesen getragen, wobei z.T. die DFG-Förderung hinzukommt, welche wiederum von Bund und Ländern gemeinsam aufgebracht wird. Beteiligungen aus dem privatwirtschaftlichen Bereich sind bisher eher die große Ausnahme geblieben.
Das politische Spannungsverhältnis zwischen Bund und Ländern, aber auch Kompetenzwechsel, -lücken und -unklarheiten zwischen den Bundesressorts können und haben sich aufgrund dieser vielfältigen Trägerkonstruktionen z.T. sehr direkt auf Erfolg bzw. Mißerfolg der Fördermaßnahmen im öffentlichen Informationssystem ausgewirkt.

D 15.7 Grundlagen staatlichen Handelns

Ob ein Handlungsbedarf des Staates im (Fach-)Informationsbereich besteht, ist eine Frage, die nicht durch einen wissenschaftlichen Diskurs geklärt werden kann, wie dies versucht wurde (Lit. 14.; Lit. 12.; Lit. 09.); eine solche Diskussion kann Argumente liefern, die Grundsatzfrage jedoch nicht lösen. Sie muß vielmehr politisch beantwortet werden, abgeleitet aus politisch gesetzten Prämissen staatlichen Handelns. Die grundgesetzlich verankerten Rechte der Meinungsfreiheit, der Informationsfreiheit sowie der Freiheit von Wissenschaft und Forschung (vgl. Artikel 5 Grundgesetz) bedürfen in einer demokratisch verfaßten, pluralistischen Gesellschaft nicht nur des (passiven) staatlichen Schutzes, sondern der aktiven Förderung und Ausgestaltung. Für den Staat kann daraus eine originäre (und nicht nur subsidiäre) Verantwortung für den Prozeß der gesellschaftlichen Organisation von Fachinformation abgeleitet werden. Teil unseres Demokratieverständnisses ist es, daß Forschung, Wissenschaft und Bildung öffentlich verfaßt und jedem Bürger zugänglich sind. Die gesellschaftliche Produktion von Wissen, die allgemeine Alphabetisierung, das öffentlich finanzierte Bibliothekswesen und damit die prinzipielle Verfügbarkeit von Information sind zentraler Bestandteil des seit der Aufklärung einsetzenden Demokratisierungsprozesses (Lit. 07.). Auch wenn damit die faktische Verfügbarkeit, d.h. auch die Fähigkeit zur Weiterverarbeitung und Verwertung, nicht für jeden gleichmäßig gegeben ist, so impliziert dies dennoch eine allgemeine Verantwortung des Staates für die Garantierung der demokratischen Zugänglichkeit zur Fachinformation und legitimiert damit sein Handeln in diesem Bereich – wiederum nur im Rahmen der politisch zu setzenden allgemeinen Grundsätze und Grenzen staatlicher Aktivitäten.

D 15.8 Ausblick

Spätestens seit Mitte der 80er Jahre haben die (Fach-)Informationspolitik der Bundesregierung und ihre Umsetzung zu einer Betonung der Funktionen eines privatwirtschaftlich organisierten Informationsmarktes geführt, an dessen Nutzenkriterien sich auch die Institute des öffentlichen Fachinformationssystems zunehmend orientieren sollen (Lit. 15.). Damit einher geht die Gefahr, daß Fachinformation nur noch eindimensional als ein Rohstoff betrachtet wird, der unter wirtschaftlichen Aspekten verwertet werden kann. Fachinformation als Ausdruck nationaler Kultur, als Basis wissenschaftlicher Potenz oder als Medium der Weiterentwicklung der Gesellschaft tritt in den Hintergrund. Da der Zugang zu moderner Fachinformation zunehmend über elektronische Speicher- und Kommunikationsmedien erfolgt, ist statt der vielbeschworenen Informatisierung postindustrieller Gesellschaften eine neue Deinformatisierung und Dedemokratisierung zu befürchten, sofern die elektronische Speicherung zu einer faktischen Reprivatisierung von gesellschaftlich produziertem Wissen führt und interessierte, aber weniger finanzkräftige Wissenschafts- und Bevölkerungskreise vom Zugang zur Fachinformation ausgeschlossen werden.

Neben dem für einen modernen Industriestaat unabdingbaren Aufbau eines privatwirtschaftlichen Informationsmarktes werden in der allgemeinen Diskussion und beim weiteren Ausbau des öffentlichen Fachinformationssystems daher die kulturellen, wissenschaftlichen und gesellschaftlich-demokratischen Aspekte der Fachinformation wieder verstärkt ins Blickfeld rücken (müssen).

Literatur

01. Bräunling, Gerhard; Harmsen, Dirk-Michael: Die Förderungsprinzipien und Instrumente der Forschungs- und Technologiepolititk. Göttingen: Schwartz 1975.
02. Bruder, Wolfgang (Hrsg.): Forschungs- und Technologiepolitik in der Bundesrepublik Deutschland. Opladen: Westdeutscher Verlag 1986.
03. Der Bundesminister für Forschung und Technologie (Hrsg.): BMFT-Leistungsplan Fachinformation – Planperiode 1982 – 1984. Bonn 1982.
04. Der Bundesminister für Forschung und Technologie (Hrsg.): Fachinformationsprogramm 1985 – 88 der Bundesregierung. Bonn 1985.
05. Der Bundesminister für wissenschaftliche Forschung: Bundesbericht Forschung II. Bonn 1967.
06. Bundesministerium für Forschung und Technologie: Programm der Bundesregierung zur Förderung der Information und Dokumentation (IuD-Programm) 1974 – 1977. Bonn 1976.
07. Capurro, Rafael: Informationsethos und Informationsethik – Gedanken zum verantwortungsvollen Handeln im Bereich der Fachinformation. In: Nachrichten für Dokumentation 39 (1988) H. 1, S. 1 – 4.
08. Deutsche Forschungsgemeinschaft, Unterausschuß für die Sondersammelgebiete: Überregionale Literaturversorgung. Index der Sammelschwerpunkte. Bonn 1985.
09. Goebel, Jürgen W.; Schadt, Dieter; Schwuchow, Werner: Zum Verhältnis von Staat und Privatwirtschaft im Bereich der Fachinformation. Frankfurt/Main: Flach 1985 (GID (Hrsg.): Beiträge und Berichte, Reihe A, Nr. 5).
10. Henrichs, Norbert: Wechselbeziehungen zwischen Dokumentation und Bibliotheken. In: Landwehrmeyer, Richard u.a. (Hrsg.): Bibliotheken im Netz – Funktionswandel wissenschaftlicher Bibliotheken durch Informationsverarbeitungsnetze. München u.a.: Saur 1986.
11. Henrichs, Norbert; Scheele, Jürgen (Hrsg.): Die Dokumentation in der Bundesrepublik Deutschland – Rückblicke in ihren Aufbruch. München u.a.: Saur (Veröffentlichung in Vorbereitung).
12. Lenk, Klaus: Anforderungen der Kommunikationsgrundrechte an die Fachinformationsversorgung. In: Archiv für Urheber- Film- Funk- und Theaterrecht 96 (1983), S. 5 – 39.
13. Der Präsident des Bundesrechnungshofes: Untersuchung über die wissenschaftliche Dokumentation in der Bundesrepublik Deutschland. Februar 1962 (Pr 2 – 1011/16 – 01/ 2.62).
14. Der Präsident des Bundesrechnungshofes als Bundesbeauftragter für Wirtschaftlichkeit in der Verwaltung (BWV): Gutachten über die Fachinformation in der Bundesrepublik Deutschland. April 1983 (VII 1 – 90 – 30 – 02).
15. Stroetmann, Karl A.: Fachinformation und Markt: kritische Anmerkungen zu einer auf ökonomische Aspekte reduzierten Diskussion. In: Nachrichten für Dokumentation 37 (1986) H. 1, S. 24 – 28.
16. Williams, Martha E.: Policy Issues for Electronic Databases and Database Systems. In: The Information Society 2 (1984) H. 3/4, S. 381 – 417.
17. Wissenschaftsrat: Stellungnahme zu den zentralen Fachbibliotheken in der Bundesrepublik Deutschland. Köln 1988.
18. Wooster, Harold: Historical Note: Shining Palaces, Shifting Sands: National Information Systems. In: Journal of the American Society for Information Science 38 (1987) H. 5, S. 321 – 335.